혁신의
예언자

혁신의
예언자

우리가 경제학자 슘페터에게
오해하고 있었던 모든 것

토머스 매크로 지음 | 김형근·전석헌 옮김

글항아리

일러두기

_ 본문에서 ( )과 [ ]은 지은이의 설명이고, [*]은 옮긴이의 설명이다.

_ ▼은 인명사전에 수록한 사람을 표시한 것이며, 인명사전은 슘페터의 인생 여정 및 사상과 관련된 경제학자, 그 외 학문 분야의 학자 그리고 기업가를 중심으로 작성했다.

_ 부록으로 실은 '참고문헌 및 더 읽을거리' '슘페터 연표' '인명사전'은 원서에 없는 내용을 한국어판에 새로 실은 것이다. 내용은 본서와 관련 도서, 백과사전, 웹사이트의 자료를 참고로 작성했다.

_ 인명과 지명 및 외래어는 국립국어원 표기법을 따랐다.

사랑하는 수전에게

제3부 현인(1939~1950): 혁신, 자본주의, 역사

정확하고도 우아하게 쓰인 『혁신의 예언자』는 슘페터의 업적뿐만 아니라 급변하고 있는 현대 자본주의 현상을 잘 설명해주고 있다. 매크로는 슘페터의 지칠 줄 모르는 에너지와 카리스마를 비롯해 그의 사고의 원천이 무엇인지를 잘 그려내고 있다. 그리고 경제학자 슘페터의 경제적 시각에 영향을 끼친 파란만장한 생애도 훌륭히 묘사해냈다. 위대한 한 사상가에 바치는 굉장한 책이다.

_ 해럴드 제임스, 프린스턴 대학교 역사학부 교수

기업가정신에 관한 우리의 사고에 커다란 영향력을 미친 한 복잡한 인간의 삶을 매우 잘 그려낸 초상화다.

_ 아마르 비테, 컬럼비아 대학교 교수

환영할 만한 책이다. 가장 영향력 있는 금융자본주의 이론가인 슘페터의 삶을 매우 정확하게 꿰뚫고 있다.

_ 에드먼드 펠프스, 2006년 노벨경제학상 수상자

슘페터의 개인적인 삶은 그의 공적인 삶 못지않게 매력적이었다. 『혁신의 예언자』에서 토머스 매크로는 이 두 가지 측면을 매우 재치 있고 조화롭게 엮었다.

_ 『월스트리트 저널』

경제의 예언자로서 대단히 존경받는 조지프 슘페터는, 그의 사유와 삶 그리고 그가 살던 시대를 완벽히 아우르는 이 훌륭한 전기가 나오기까지 사후 반세기를 기다려야만 했다. 이 책은 『규제의 예언자』로 퓰리처상을 수상한 미국의 가장 존경받는 경영사가 가운데 한 사람인 토머스 매크로의 풍부한 학식이 담겨 있다. 매크로는 슘페터의 삶에서 완벽한 주제를 발견했다. 그는 슘페터의 사고가 과연 무엇인지보다는 왜 그런 사고를 하게 되었는지를 설명하면서 슘페터의 내면을 능숙하게 해부했다. 매크로는 또한 슘페터 시대의 초상화를 잘 그려냈다. 제1차 세계대전 전후의 빈, 바이마르 공화국의 독일 그리고 하버드대에서의 삶. 이 모든 것이 아주 생생하게 묘사되어 있다.

_『이코노미스트』

위대한 경제학자의 삶에 관한 책들은 언뜻 보기에 그다지 흥미를 자아내지 못할지도 모른다. 그러나 로버트 스키델스키의 대작 존 메이너드 케인스의 전기는 한 사람의 삶이 어떻게 사람들의 마음을 사로잡을 수 있는지 보여준다. 토머스 매크로의『혁신의 예언자』도 이에 못지않은 매력이 있다. 슘페터에 대한 거의 완벽한 전기를 쓴 매크로는 그 당시는 물론 지금까지도 영향을 미치고 있는 슘페터의 천재성과 능력에 대해 수많은 증언을 제공하고 있다.

_『네이션』

20세기의 가장 걸출한 경제학자인 조지프 슘페터에 대해 쓴 깊고 뛰어난 전기다. 아쉽게도 그 당시 대부분의 정치인과 경제학자들은 그의 통찰력을 이해하지 못했다.

_『포브스』

매크로는 슘페터의 이상야릇한 이야기에 담긴 세세한 부분도 놓치지 않았다. 과연 슘페터와 논쟁을 벌인 경제학자는 몇 명이나 될까라는 질문에서부터, 그가 추구한 명석하고도 거침없는 주제에 담긴 비밀스러운 이론에 이르기까지 말이다.

_『뉴요커』

"돌아온 주인공인 케인스"의 홍수 속에서 탈출구를 찾는 사람들은 동시대 인물인 조지프 슘페터라는 총명한 경제학자에게 새로운 청량감을 느낄 수 있을 것이다. 매크로의 『혁신의 예언자』는 시장의 격변을 가장 잘 이해하고, '창조적 파괴'가 경제 불황을 타개할 수 있다고 주장한 한 경제학자를 다룬 뛰어난 전기다. 매크로는 슘페터의 개인적인 삶, 『경기순환론』 같은 업적 그리고 그 당시 일어난 정치적 소용돌이 등을 명확하고도 포괄적인 내용으로 만들어냈다.

_ 『스펙테이터』

퓰리처상 수상자인 매크로는 이 책에서 슘페터의 삶을 학자와 개인으로 구분해 아주 맵시 있게 잘 그려냈다. 매크로는 슘페터를 동시대 인물들과 편안하게 지내지는 못했으면서도 지칠 줄 모르는 열정적인 학자로 묘사했다. 자신보다 나이가 많거나 어린 여성들과의 결혼 그리고 부적절했던 관계를 비롯해 제자들과 친밀한 관계를 유지하면서도 종종 벌어진 동료 학자들과의 불협화음이 이를 보여준 사례들이다. 매크로는 슘페터가 남긴 수많은 편지, 강의록, 연설, 기사, 논문 등을 유심히 분석하면서 그의 경제 이론을 명확하게 설명했다. 통찰력 있고 읽을 가치가 높은 전기다.

_ 『라이브러리 저널』

말하자면, 매크로의 승리는 매혹적이고 완벽한 묘사를 통해 독자들이 슘페터에 대해 더 많은 것을 알 필요를 느꼈다는 데 있다. 매크로는 열정적인 학자들이 참고할 수 있도록 200쪽이 넘는 주석과 인용을 담았다. 매크로는 지적인 중요성에 관해 흥미를 돋우는 이야기로 한 경제학 교수의 삶을 그려내는 데 성공했다.

_ 『런던 리뷰 오브 북스』

"대단하고 매우 새로운 전기다 (…) 그와 동시대 인물이자, 학문적 앙숙이었던 케인스처럼 슘페터도 충분히 전기의 대상이 될 만한 인물이다. 케인스는 로버트 스키델스키가 쓴 대작으로 가치를 인정받았다. 매크로의 노력 역시 슘페터의 가치를 높였다."

_『내셔널 리뷰』

슘페터같이 다양한 면을 지닌 사상가에게는 『혁신의 예언자』를 쓴 토머스 매크로처럼 많은 이야기를 전달할 수 있는 전기작가가 필요하다. 매크로는 슘페터의 업적에서 중요한 혁신과 자극을 전달하는 데 뛰어났을 뿐만 아니라 독자들의 관심을 그의 개인적인 삶 속으로 끌어들이고 있다. 파란만장한 슘페터의 삶을 둘러싼 이야기는 소설에 가까울 정도다. 대단한 전기다.

_『아메리칸 컨서버티브』

50년 전에 타계한 한 경제학자에 대해 경쾌한 읽을거리를 제공한다는 것은 그리 쉬운 일이 아니다. 토머스 매크로는 조지프 슘페터에 대한 새롭고 인상적인 전기를 통해 그 일을 성공적으로 해냈다.

_『위클리 스탠더드』

슘페터는 더 많이 인정받을 필요가 있다. 그래서 매크로의 이 책은 환영받고 있는 것이다.

_『아이리시 타임스』

『혁신의 예언자』는 대단히 재미있는 읽을거리다.

_『워싱턴 타임스』

설득력이 풍부하고 유려한 전기다.

_『볼티모어 선』

슘페터는 1950년에 죽었다. 그러나 매크로는 우리가 살고 있는 오늘날까지도, 슘페터가 생동감 넘치는 경제에 대한 우리의 이해를 돕는 데 크게 기여했음을 매우 정확하게 서술했다.

_『하버드 매거진』

매크로는 20세기의 가장 의미 있는 경제학자 가운데 한 사람에 대해 인상적이고 사려 깊은 전기를 썼다. 조그마한 이기심조차 없는 사람으로 간주되고 있지만, 슘페터는 폭넓은 지적 배경 속에서 학문적 논쟁에 큰 영향력을 끼쳤다. 특히 경제 발전과 경기순환에 관한 분석, 창조적 파괴의 중요성과 그 과정에 대한 개념 그리고 기업가정신에 대한 견해는 여러 세대를 걸치면서 경제학자와 사회과학자들에게 계속 영향력을 미쳐왔다. 매크로의 통찰력 가득한 전기는 슘페터의 빈과 본 그리고 하버드대에서의 생활에 이르기까지 그의 학문적 발전과 인간적인 고뇌를 잘 그려내 독자들로부터 사랑받고 있다. 슘페터의 업적은 학생과 교수 모두 가까이 두고 읽어야 할 연구 대상이다.

_『초이스』

슘페터에 관한 매크로의 책은 각 장이 짧아서 독자들이 집중하기 쉽다. 세세하게 쓰인 많은 개인사와 역사적 현장 그리고 반(反)갤브레이스 성향을 띤 경제 관련 주제도 재미있다.

_ 『리즌』

『혁신의 예언자』는 20세기의 가장 중요한 경제·정치사상가 가운데 한 사람을 매혹적인 눈으로 들여다본 훌륭한 책이다. 매크로가 쓴 이 책은 지금까지 경제학자에 대해 쓴 두세 권 밖에 안되는 최고의 전기 가운데 훌륭한 책으로 자리를 굳혔다고 볼 수 있다. 이 책은 정말 뛰어나다. 왜냐하면 각기 다른 여러 관점을 설명하는 데 성공했기 때문이다. 만약 이 책이 단순히 하버드대 경제학부에 대한 설명에 그쳤다면 경제사상사에 커다란 영향력을 끼친 책으로 오래가진 않을 것이다.

이 책은 또한 미국으로 이주한 유럽의 지성인들이 과연 어떤 사람들인지 잘 설명하고 있는 책이기도 하다. 여러분은 왜 그렇게 강성했던 오스트리아 제국이 1920년대에 허물어졌는지 관심이 있는가? 그리고 어떻게 해서 슘페터처럼 현실 세계에 대해서는 거의 모르는 사람이 재무부장관이 될 수 있었는지 흥미가 생기는가? 한편으로 이 책은 사랑 이야기이기도 하다. 계속되는 실패와 비극으로 어쩌면 망가질 수도 있는 한 남자가 여자를 만나 낭만적인 행복을 누릴 수 있음을 잘 묘사하고 있다. 이 책은 지적인 역사서만은 아니다. 해마다 읽을 만한 서너 권의 논픽션이 나온다. 이 책은 그중 한 권이다.

_ 〈아메리칸 닷컴〉

매크로는 슘페터에 관한 묘사를 자신 있고 우아하게 처리했다. 최고의 작품이다. 매크로는 슘페터 연구 논문의 가장 훌륭한 통역사다.

_ 〈이코노믹프린서펄스 닷컴〉

자본주의라는 수수께끼를 좋아했던 남자, 슘페터

이 책에는 필연적으로 두 주역이 나온다. 조지프 알로이스 슘페터라는 혁신가 그리고 자본주의의 혁신 과정에서 나타나는 현상이다. 슘페터는 위대한 경제학자 가운데 한 사람이며 열정적인 성격의 소유자였다. 그는 광적으로 자본주의 연구에 집착했으며, 그의 통찰력은 전쟁의 와중에서 겪은 격렬하고도 요란스러운 경험들, 경제적인 격변, 개인적으로 불행했던 삶 속에서 만들어졌다.

슘페터가 주장한 이론의 영향력은 매우 강하다. 오늘날 자본주의에 대한 사고의 상당 부분이 그가 강조한 혁신, 기업가 고유의 가치관인 기업가정신, 경영 전략, 창조적 파괴에 무게를 두고 있다. 기업분석가들은 혁신과 기업가정신에서 슘페터를 찾으려고 노력한다. 그는 경영 전략을 대중화시켰으며 창조적 파괴라는 말을 만들어낸 사람이다. 인간의 정신 하면 바로 떠오르는 사람이 프로이트인 것처럼, 자본주의 하면 이내 떠오르는 사람이 슘페터라고 해도 과언이 아니다. 슘페터의 사고는 우리 마음속에 깊이 스며들어 이제 매우 친숙한 이론이 되었으며 그의 기본적인 사고와 우리의 사고를 분리할 수 없을 정도다. 이 책에서 내가 전달하고 싶은 의도는 그의 삶과 업적을 되찾아보려는 데 있다. 그러면 슘페터라는 한 개인과 그가 끼친 영향력에 대해 더 나은 평가를 할 수 있으리라 생각하기 때문이다.

슘페터는 숫자에 상당한 매력을 느꼈다. 그러나 이 책은 통계에 관해서 그리 큰 비중을 두지 않을 것이다. 다만 슘페터를 만나기에 앞서 그가 즐겼던 통계적 관점으로 그의 연구 목적인 자본주의가 무엇인지를 한번 짚고 넘어가자.[1]

오늘날 일반 미국인의 현금 수입은 1800년대에 비해 20배가 넘는다. 당신이 미국인이라 가정하고, 전체 수입에서 20분의 1의 비용으로 살고자 버둥거린다고 상상해보라. 그렇다면 1800년대의 조상들이 대부분 그랬던 것처럼 매일 먹는 음식도 손수 키운 농작물에서 장만해야 할 것이다.

21세기인 오늘날, 세계 인구의 80퍼센트는 여전히 가난을 면치 못하고 있다. 부유한 나라에 사는 많은 사람이 이 사실을 안다. 그러나 이 소름 끼치는 현실을 상상하기는 어렵다. 절망적일 정도로 가난에 허덕이는 사람들의 역경을 상상하는 게 쉬운 일은 아니다. 지구촌 인구의 절반은 하루에 2달러도 못 미치는 비용으로 살아남고자 몸부림친다. 이는 100달러를 쓰는 미국인과 비교할 바가 못 된다. 가장 잘사는 20개국의 1인당 국민소득은 가장 못사는 20개국의 37배가 넘는다. 개발도상국이었던 중국과 인도는 큰 재미를 봤지만, 많은 국가가 국민을 위한 자본주의라는 작품을 만드는 데 성공하지 못했다.

그러나 일부는 큰 성공을 거뒀다. 제2차 세계대전이라는 혼돈 가운데 일본과 서독이 얼마나 빨리 회복했는지를 돌이켜보자. 이는 기업가정신과 국가의 경제성장정책이 만들어낸 혁신이 얼마나 중요한지를 생생하게 보여주는 예들이다. 미국은 이 두 나라를 도와줬다. 왜냐하면 냉전체제에서 일본과 서독이 소련에 대항할 굳건한 동맹국이 되기를 희망했기 때문이다.

또 다른 예는 슘페터가 태어난 체코 공화국[1장에 언급되지만, 슘페터는 체코의 수도 프라하 남쪽에 있던 모라비아 지방의 트리슈란 곳에서 태어났다*]으로, 독일과 오스트리아 사이에 있다. 미국으로 이주하기 전 그는 이 두 나라에서 살았다. 체코는 산업화를 통해 오랜 기간 부를 축적한 역사가 있는 나라다.

다만 나치와 소련이 그들의 정치·경제정책을 강요했던 과거 때문에 1990년 민주적 정부가 들어선 뒤에도 오랫동안 큰 손실을 떠안아야만 했다. 그러나 1995년 독일과 오스트리아의 절반에 불과했던 체코의 1인당 국민소득은 2005년에 3분의 2까지 올랐다.

이러한 수치는 대부분 자본주의의 누적된 힘이 얼마나 대단한지를 보여주는 예다. 과거라는 아주 긴 시간을 갖고 생각해보자. 18세기로 들어서기 전, 지난 수천 년간 유럽의 개인소득은 630년마다 2배로 늘어났을 뿐이다. 그러나 근대적 자본주의라는 개념이 확산되기 시작한 뒤 개인소득은 50년, 60년마다 2배로 뛰었다. 미국에서는 40년마다 2배로 늘어났으며, 미국과 유럽 자본주의의 장점을 배우고 비교적 늦게 출발한 일본은 25년마다 개인소득이 2배로 뛰었다. 심지어 카를 마르크스와 프리드리히 엥겔스도 『공산당선언』에서 "불과 수백 년의 역사에 불과한 자본주의에는 지난 수많은 세대의 세월보다 엄청난 생산적인 힘이 있다"고 인정했다. 『공산당선언』이 1848년 처음 나오고 열기가 달아오른 뒤, 슘페터는 이를 "자본주의적 동력capitalist engine"이라고 불렀다. 마르크스와 그의 추종자들이야말로 처음으로 자본주의라는 말을 쓴 사람들이다. 그들은 자본주의를 사회주의에 대한 반의어로 칭했다. 그러나 자본주의가 진정 무엇인지를 알려면 슘페터가 필요하다.[2]

이 책의 목적은 그저 좁은 울타리 안에서 슘페터의 경제학적 소견을 밝히는 것이 아니라, 그의 파란만장한 삶과 자본주의를 이해하고자 했던 숙명적 노력을 살펴보는 데 있다. 이를 위해 경제적·사회적·문화적·정치적 요소를 함께 묶었으며, 자본주의의 장단점, 슘페터 개인과 가족의 삶이 국가에 끼친 영향도 책에 고스란히 녹여냈다.

슘페터는 그가 살던 시대에 나온 가장 강한 지적 유행에 반기를 들었고 자본주의의 베일을 뚫었으며, 협소한 영역의 전문화라는 유행을 거부했다. 슘페터는 단순히 경제 이론에만 몰두한 사람이 아니었다. 그는 역사학, 법학, 문학, 경영학, 사회학, 심리학, 수학, 정치학에 깊이 빠져 있었다. 자본주의란 단순한 경제 이론 이상이기 때문에 그는 자신을 경제학자 이상의 존재로 만들었다. 당대의 한 동료가 이야기했듯이 "그는 아마 최후의 위대한 박식가인지 모른다."[3]

그의 지적 여정에서 우리는 알아차리기 힘든 미묘한 변화 세 가지를 볼 수 있다. 이 책의 세 대목도 그러한 지적 변화와 일치한다. 첫째는 그가 자본주의 경제학에 초점을 맞추었다는 것, 둘째는 사회구조에 중점을 두었다는 것이다. 그리고 셋째는 그가 가장 만족해한 것으로 역사적 기록에 큰 관심을 보였다는 점이다. 슘페터는 폭넓은 분야에서 나온 많은 수수께끼를 푸는 데서 큰 기쁨을 얻었다. 고로 나는 그 이유들이 무엇인지를 독자들에게 전하고 싶을 따름이다.

1883   1926
....

제1부

무서운 아이

1883~1926

혁신과 경제학

그는 반에서 최고의 학생으로 인정받으며 경제학계의 미켈란젤로, 사회과
학계의 다재다능한 레오나르도 다빈치로 거듭났다. 슘페터의 제자 새뮤
얼슨은 나중에 이렇게 말한다. "슘페터 교수님은 최고가 되려고 노력했습
니다. 그리고 늘 최고였습니다." 이러한 슘페터의 야심은 십 대 후반부터
시작됐다. 낭만적인 기교와 명사가 넘쳐나는 빈의 문화 속에서 말이다.

– 제2장 「인격이 만들어지다」 중에서

그는
누구이며
무엇을
했는가

"세상에서 안정적인 것은 없다. 격동만이 당신의 유일한 음악이다."
— 존 키츠, 남동생에게 보낸 편지, 1818

1942년 슘페터는 낡은 것을 계속 대신할 혁신적인 자본주의 상품과 방법이 과연 무엇인지를 설명하고자 "창조적 파괴creative destruction"라는 말을 처음으로 썼다. 그는 "공장은 대장간을 쓸어버렸고, 차는 말과 마차를 대신했으며, 기업은 1인 소유권을 무너뜨렸다" 같은 예를 많이 들었다. 그는 또 다음과 같이 적었다. "자본주의에서 창조적 파괴는 가장 핵심적인 사항이다. 안정된 자본주의란 용어 자체가 모순이다."1

창조적 파괴라는 개념은 충돌하는 두 이념을 표현한 것으로 자신의 인생이 많은 모순으로 얼룩진 사람에게는 결코 놀라운 일이 아니다. 슘페터는 미국 소설가 스콧 피츠제럴드가 개발한 일급지능 테스트의 완벽한 본보기였다. "그는 마음속에 상반된 두 가지 생각을 동시에 품고 있으며, 그러한 생각을 동시에 작동시킬 능력도 있다." 슘페터가 성장할 때 그의 고향 오스트리아는

"낭만적인 기교를 지닌" 문명으로 묘사되었다. 이러한 표현은 그에게도 국가에도 잘 들어맞는 말이다.[2]

한 영국 비평가는 한때 슘페터가 고도의 예술적인 기교를 지닌 캐릭터였고 파란만장한 인생을 겪었기 때문에, 그의 삶이 충분히 TV 미니시리즈의 특별한 각본이 될 수 있으리라 쓴 적이 있다. 그는 원래 중산층 출신으로 자수성가해 유명해졌지만 귀족처럼 행동하기를 즐겼다. 특출하고 학구적인 소년이었던 그는 이십 대에 쓴 책들로 선배들을 놀라게 했다. 삼십 대에 그는 오스트리아의 재무부장관이 되어 짧은 공직 경험을 쌓았다. 그 뒤 그는 은행가가 되어서 많은 돈을 벌었으나 주식시장이 곧바로 무너지는 바람에 모든 것을 잃어버렸다. 학계로 돌아온 뒤, 그는 미국으로 이주해 하버드 대학교 교수가 되었다. 이때 그는 세계적인 유명인사가 되었지만 빈털터리 신세였다. 실제로 그는 대서양 횡단을 위해 비행기 티켓을 사고자 유료 강연을 해야만 했다.[3]

이러한 환경에서 그는 사람들을 파괴시킬 참담한 불행을 겪었으나, (잔인한 복싱 경기에서 쓰이는 표현인) 이른바 주먹 한 방을 날릴 수 있었다. 그는 갖은 어려움에도 불구하고 사람들 앞에서 고전 영화의 매력적인 미남 배우 캐리 그랜트가 열연한 배역처럼, 세상을 즐기며 재미있게 사는 사람으로 행동했다. 자신이 맡은 여러 이미지의 배역에 대해서 골똘히 생각하면서 캐리 그랜트는 한때 이런 말을 던졌다. "나는 내가 원하는 사람이 된 것처럼 행동하면 결국 그러한 사람이 되었다. 혹은 그 사람이 내가 되었다."

슘페터도 마찬가지였다. 그는 재치 있는 대화로 넘쳐흘렀다. 또 활기 넘치는 몸짓을 취하면서 삐죽한 턱을 흔들어대고, 올리브 빛 피부의 얼굴 표정을 재빨리 변화시켰으며, 생기 있는 갈색 눈동자는 흥미로워하는 상대방에게 항상 고정시켰다. 그는 자신을 놀려대는가 하면 동시에 잘난 체하기를 좋아했다. 의기양양한 젊은 시절을 보내면서 그는 "몇 년이 지나면 사라져버릴 인기와 명성"을 얻었다고 썼다. 그는 비싸게 맞춘 옷을 입었고 "옷을 입는 데 한 시간이나 걸리기도 했다"고 털어놓았다. 수많은 여인이 슘페터를 사랑했고 그도 그녀들을 사랑했다. 그는 일기에 이렇게 썼다. "좋아, 나는 여자들에게 줄 선물이 있어." 그는 용기가 신중함보다 낫다고 생각했으며, 가장 위대한 경제학자이자 기수騎手 그리고 사랑하는 연인이 되기를 열망한다고 말하기를 좋아했다. 그래서 그는 급소를 찌르는 듯한 주먹 같은 말을 많이 남겼다. 그러나 승마용 말은 마음대로 할 수가 없었다.[4]

그는 천재들이 흔히 그러는 것처럼 자신의 일을 결코 가볍게 처리하지 않았으며, 일에 빠져들었다. 슘페터는 벤저민 프랭클린같이 매일 혹은 일주일간 성취한 일들을 적고는 점수를 매기기도 했다. 그가 점수를 매기는 규칙은 실패를 뜻하는 0에서 지적으로 아주 훌륭한 "성과"라고 생각한 1까지의 범위로되어 있었다. 그는 심지어 며칠간 밤늦도록 일했지만 0이라고 적어둘 만큼 자신을 엄격히 평가했다. 그의 평가에는 2분의 1이 많았고, 어쩌다가 3분의 2가있었으며 1은 거의 찾아볼 수 없을 정도였다.

이처럼 철철 넘쳐흐르는 겉치장 속에서도 슘페터는 열정적이면서 어두운, 때때로 아주 어두운 감정을 숨기고 있었다. 일생 동안 그는 내면과 격렬히 싸웠으며 자주 상반되던 두 이념을 동시에 떠안지 못했다. 예를 들면 그는 마르크스가 여러 문제에 대해서 매우 옳았지만 다른 특정한 문제는 유연성이 없는 이념 때문에 틀렸다고 믿었다. 슘페터는 이러한 유연성이 없는 이념을 "환상"이라고 불렀다. 그는 자신과 동시대에 살았던 경제학자 존 메이너드 케인스에 대해서도 비슷하게 판단했다. 슘페터는 자신의 주장이 이념에 오염되지않고 가치중립적인 사회과학자가 되기를 원했다. 그는 마르크스나 케인스가빠진 함정을 피할 수 있다고 생각했다.

그러나 이미 판명된 바와 같이 그도 자신만의 분명한 환상이 있었다. 그의가장 깊이 있는 분석에서 느껴지는 긴장감은 곧 결정론과 우연 사이에 나타나는 중압감이었다. 이러한 긴장감은 일생에 걸친 그의 연구에서 나타나는데,

육십 대가 될 때까지도 해결할 수 없었다. 한편 슘페터는 다른 경제체제를 연구할수록 생산성과 경제성장의 측면에서 자본주의가 독특한 이점이 있다고 확신했다.

슘페터는 확실하게 미래를 예견할 "정확한 경제학exact economics"을 마치 물리학 같은 자연과학으로 개발하려는 꿈을 꾸었다. 그는 역사적·사회학적 증거를 바탕으로 추상적 이론과 수학적 모델을 조화시킬 수 있다고 믿었다. 그러나 기술적인 정밀성에 대한 그의 노력은 결국 낭만적인 허구에 불과한 일이었으며, 슘페터뿐만 아니라 다른 어느 누구도 불가능한 일이었다. 그럼에도 불구하고 가치중립성, 과학적 정확성, 역사적 경험의 충실성에 대한 문제들을 해결하려는 그의 노력은 자본주의 분석을 위해 지불한 큰 대가였다.[5]

자본주의를 향한 의문점은 자본주의란 도대체 무엇이며 어떻게, 왜, 어떤 지역에서는 잘 운영되고 다른 지역에서는 그렇지 않은가라는 것이다. 이는 사람과 정부가 맞닥뜨리는 가장 중요한 문제 가운데 일부다. 이러한 문제들은 약 300년간 사실로 나타났다. 그러나 최근에 그러한 문제는 거의 없었다. 20세기의 마지막 10년에서 21세기 최초의 10년 동안 일어났던 급격한 변화를 되돌아보자. 70년간 자본주의의 심각한 도전자였던 공산주의의 갑작스러운 몰락, 민중의 영웅이 된 기업가로 인해 정신없을 정도로 떠들썩했던 1990년대의 번영을. 이뿐만이 아니다. 마치 역병처럼 끊임없이 퍼져나가는 기업 스캔들, 이 때문에 파산한 주주와 노동자 그리고 수치스러운 자본주의, 또 끝없는 전쟁의 징조인 국제적인 테러리즘. 그러나 결국 세계 곳곳에서 자본주의를 통해 획기적인 경제적 이득이 발생했다. 특히 중국은 새로운 자본주의경제체제를 옛 공산주의 정권과 결합시켰다.

이 문제를 어떻게 이해해야 할까? 왜 70년의 투쟁 끝에 자본주의가 결국 공산주의에 승리했는가? 사람들은 테러리스트에게 "그들은 왜 우리를 그렇게 싫어하는가?"라고 묻는다. 그렇다면 자본주의가 "우리"를 정의할 때, 우리의 어떠한 역할을 지적하고 있는 것일까? 중국을 비롯한 다른 국가는 국민에게 더더욱 많은 정치적 자유를 허용하지 않고 얼마나 오랫동안 경제 발전을 유지할 수 있는가?

이러한 종류의 질문에 가장 명백한 답을 제시할 안내서 가운데 일부가 바로 슘페터로부터 나온다. 그는 자본주의란 혁신, 인간 드라마, 순수하면서도 커다란 파괴의 표현이라고 평가하며 이 모든 것이 동시에 진행된다고 주장한다. 그는 대부분의 사람이 경험했던 자본주의를 이야기한다. 끝없는 광고가 발생시키는 소비자의 욕구, 사회계급을 아래위로 바꾸는 강력한 충격, 도달했다가 부서지고 다시 변경되는 목표들 그리고 사람들이 재차 시도해 목표에 도달하는 것들을 자본주의라고 생각했다. 슘페터에게 자본주의의 형태는 곧 불안정이다. 이러한 격동이 유일한 음악인 셈이다.

자본주의를 깊이 생각한 다른 사람들처럼 슘페터도 복합적 감정이 있었다. 그는 자신이 보수주의적이라고 생각하고 보수주의의 의미를 다룬 책을 쓰기로 계획했다. 그는 동료인 캐나다 출신의 경제학자 존 케네스 갤브레이스에게 "나는 그간 만난 어떠한 보수주의자도 있는 그대로 자신의 모습을 인정하지 않는다고 상당히 확신하며, 이것을 다룬 그림을 그리려고 한다"라고 말하기도 했다. 슘페터는 따분한 기업 문화를 싫어했고, 유럽, 아시아, 아프리카를 대표하는 구舊세계가 달성한 예술적 성과를 존경했다. 그는 창조적 파괴가 경제성장을 만들어낼 수 있지만 인간적 가치의 소중함을 약화시킨다는 것을 알았다. 그는 가난이 고통을 가져오지만 그렇다고 번영이 마음에 평화를 가져오지는 않는다고 생각했다.[6]

어느 사회에서나 생활수준의 상승은 우수한 가치의 지표인 것 같다. 그러나 자본주의는 가난한 사람의 것을 빼앗아 부유한 사람에게 이윤을 준다는 끔찍한 명성을 갖고 있으며, 풍요를 결코 공평하게 나누지 못한다. 일부 국가에서 자본주의는 여전히 저항해야 하고 극복해서 없애야 할 저주의 대상이기도 하다. 심지어 부유한 자본주의국가의 운좋은 수혜자들조차도 자본주의는 추구할 가치가 없다는 죄의식을 느끼는 때가 자주 있다. 슘페터가 이야기한 것처럼 "주식거래란 성배聖杯의 빈약한 대체물에 불과하다."[7]

그는 가끔 다른 전문가뿐만 아니라 비전문가를 위해서도 자본주의의 혁신을 분석하고 설명하는 데 엄청난 힘을 쏟아부었다. 그의 흥미진진한 인생 역정과 연구 이야기 그리고 교과서적인 저서를 통해 독자들은 자본주의적 동력의 체계가 무엇인지를 이해할 수 있을 것이다. 그 주제는 중요하며 이와 관련된 모든 사회체제는 몹시 복잡하다. 허나 경제적 본질은 그렇게 복잡하지 않다. 슘페터는 1946년 브리태니커 백과사전에 자본주의에 대한 긴 원고를 썼는데 서두는 다음과 같이 시작된다. "개인 사업가에게 경제적인 과정을 맡긴다면 그 사회는 자본주의(사회)라고 부를 수 있다. 이러한 자본주의는 우선 비개인적 생산수단의 사유권을 의미한다. (…) 둘째로 개인 명의의 예금계좌를 위한 생산, 다시 말해서 개인 이득을 위한 개인 투자에 따른 생산을 의미할 수 있다." 그는 이에 덧붙여 "세 번째 요소가 자본주의를 원활하게 운영하는 데 매우 중요하다"고 말한다.[8]

그 세 번째 요소가 바로 신용창조다. 자본주의의 핵심 정신은 항상 앞을 내다보는 일이며 새로운 모험을 시작하는 데 있어서 신용에 의존하는 것이다. 라틴어의 어근 credo는 "나는 믿는다"라는 의미를 함축하고 있는데, 신용이란 더 나은 미래를 위한 일종의 도박임을 뜻하는 말이기도 하다. 이러한 도박에 매달리는 기업가나 소비자는 종종 과거에 대해서는 거의 주의를 기울이지 않고 현재에 대해서도 별다른 인내심이 없다. 그들은 손쉬운 일에 매달리는 것이 아니라 훨씬 커다란 자원을 요구하는 혁신적인 프로젝트나 비싼 구매(예를 들어 집 구매)에만 집착한다. 신용이 없을 때 소비자와 기업가는 끝없는 좌절을 겪어야 한다.

슘페터는 한때 이렇게 썼다. "기업가는 모든 것이 회전하는 중심축이다." 큰 기업이든 작은 기업이든, 오래된 기업이든 새로운 기업이든 간에 기업가는 혁신과 창조적 파괴의 대리인이다. 그들의 기획은 새로운 직업, 더 높은 임금, 경제 발전을 쏟아내는 샘이다. 그러나 기업가는 창조적인 힘을 발산하면서도 새로운 기업가의 경우 옛것은 제쳐놓는다. 그래서 종종 그들의 꿈과 재산이 파괴되기도 한다. 심지어 부유한 국가에서도 대부분의 사람이 기업가가 되지는 못한다. 어떤 사람들은 성공한 기업에서조차 직장을 구하지 못할 것이다. 머지않아 대부분의 사업은 실패로 돌아가 개인뿐 아니라 공동체 전체에 피해를 줄 것이다.[9]

가장 나쁜 것은 자본주의가 모든 인간관계를 개인비용이나 개인 이익의 차원에서 계산한다는 점이다. 즉 물질적 가치를 정신적 가치보다 우위에 두고 환경을 손상시키며, 인간성의 가장 더러운 면을 이용하고 있다는 것이다. 상품이 팔리는 모든 곳에서 사업은 태만을 제외한 일곱 가지 치명적인 죄악Seven Deadly Sins[칠죄종七罪宗이라 부르는 것으로 교만, 탐욕, 색욕, 탐식, 시기, 분노, 나태를 일컬음*]을 포함한 모든 것을 써서 이윤을 남길 수 있다. 슘페터는 자신의 일기에 이렇게 썼다. "나는 종종 궁금해한다. 만약 (그래도) 사업이 아니라면 누군가 일으켜서 성공할 수 있는 게 과연 무엇인가 하고 말이다."[10]

그러나 만약 자본주의가 좀 더 고귀한 인간의 목적에 기여할 수 있다면, 그것은 아마도 처칠 수상의 그 유명한, 민주주의의 정의를 경제적 해석으로 전환시킨 말과 같을 것이다. 처칠 수상의 정의는 이렇다. "사람들은 민주주의가 최악의 제도라고 말한다. 단 이제껏 시도된 모든 정치 제도를 제외하고는." 자본주의는 결점에도 불구하고, 인생이 외롭고 빈약하고 끔찍하며 잔인하다는 홉스의 자연 상태에서 인간성을 향상시키는 데 필요한 과학적·기술적·의학적 혁신을 만들어냈다.

수백 명의 일류 사상가는 이 문제를 깊이 고민했다. 그중 가장 위대한 두 사람, 애덤 스미스와 카를 마르크스는 서로 반대되는 결론을 도출했다. 스미스는 시장경제를 거의 이상적인 체제로 본 반면, 마르크스는 시장경제를 사회주의로 가고자 불가피하게 거치는 필연적인 경로이자 유쾌하지 못한 한 기간이라 비하했다. 20세기의 성숙기에 자본주의를 공부할 만큼 늦게 태어난 슘페터는 정교한 분석력 측면에서는 이 두 사람을 넘어섰다.[11]

그의 일생 동안 일어난 사건들은 자본주의가 다른 환경에서 매우 다양한 형태로 있었다는 점을 보여줬다. 그는 한때 "자본주의사회는 무한정으로 복잡하게 얽힌 유기체"라는 내용의 글을 쓴 적이 있다. 경제 제도에서만큼이나 사회·문화 제도에서도 자본주의는 좋게 혹은 나쁘게 작동할 수 있다. 자본주의는 도덕적이거나 비도덕적일 수 있으며 혹은 도덕적인 관념이 전혀 없을 수도 있다. 그러나 이 모든 것은 주로 한 집단이나 국가가 파괴적인 부작용을 줄이고 창조적인 요소를 최대화할 수 있는 상황에 의존한다.[12]

슘페터 세대의 많은 사람은 자본주의에 대한 매우 희망적인 시각 속에서 자라왔다. 그들은 민주주의와 기술이 지속적인 평화와 번영을 가져왔다는 19세기의 신념에 젖어 있었다. 그러나 그들은 과거와는 매우 다른 20세기를 지켜봤다. 이는 곧 전쟁, 불경기, 전체주의, 대량학살이었다. 제1차 세계대전에서 벌어진 대량학살은 그들의 낙관주의를 앗아갔다. 1930년대의 대공황은 민주주의와 자본주의에 대한 신념을 흔들어놓았다. 많은 점에서 대공황과 제2차 대전의 시작은 자본주의시장의 실패 대신 사회주의의 우수함을 확인시켜줬다.

그러나 슘페터의 생각은 달랐다. 그는 평화 또는 전쟁이란 경제 제도나 정치적 이데올로기의 우월성을 확인시키고자 죽음을 다해 투쟁하는 것으로 봤다. 그는 가족 또는 공동체가 풍요와 빈곤 사이를 위태롭게 왔다갔다하는 것을 지켜봤다. 그는 자본주의에 대한 환상은 없었지만 자신의 관점을 의심하지도 않았다. 자본주의가 가져다주는 경제적인 풍요는 부정적인 결과를 누그러뜨려 일반인의 생활을 더 낫게 만들 수 있다고 생각했다. 자, 새롭고 더 비싼 상품에 접근하는 수백만 명의 크나큰 자유와 안락함과 비교할 때, 개인 기업가가 파산하거나 불과 몇천 명에 이르는 장인의 기술이 옛것이 되어 점차 사라진다는 게 과연 큰일인가?[13]

대공황 직후 반자본주의에 대한 감정의 물결이 높이 인데 대해 슘페터는 다음과 같이 썼다. "전형적인 자본주의식 생산이 추구하는 바는 값싼 옷, 값싼 면綿, 레이온 섬유, 부츠, 오토바이 등이지 부유한 사람을 위한 개선에 있지 않다. 엘리자베스 여왕은 16세기에 실크스타킹을 신었다. 자본주의가 추구하는 바는 여왕이 더 많은 실크스타킹을 신는 데 있지 않다. 대신 노력의 양을 지속적으로 줄여 그 대가로 가난한 공장 소녀들도 실크스타킹을 사서 신을 수 있도록 하는 데 있다. (…) 자본주의적 과정은 우연이 아니라 자본주의라는 제도의 힘에 따라 진행되는 것으로 일반 대중의 생활수준을 크게 향상시킨다."[14]

그러나 자본주의는 자연 상태의 인간에게 나타나는 상황이 아니다. 만약 그렇다면 역사상으로 좀 더 일찍 나타났을 것이고 오늘날 거의 모든 지역에 퍼져 있을 것이다. 애덤 스미스의 "보이지 않는 손invisible hand"은 여전히 핵심적이다. 그러나 이제 그 이론은 스미스가 그렇게 감탄했던 18세기의 수차水車 이상으로 더 만족할 만한 것은 못 된다. 근대적 자본주의는 정교한 분석을 통해 길들여지고 규제되어야 한다. 기업가가 지속적으로 추진하는 사업 그리고 규제 기관의 세심한 감찰 없이는 자본주의의 잠재력을 충분히 성취하거나 지속시킬 수 없다. 자본주의의 규제는 꼭 필요한 것으로 슘페터를 포함한 자유시장의 많은 옹호자가 과소평가했던 부분이다. 창조적 파괴로 나타난 증기기관, 전기, 디젤, 가솔린, 제트기 등에서 실질적으로 볼 수 있듯이 자본주의의 엔진은 느리고, 털털거리고, 과열되고, 폭발해서, 결국 사람이 죽을 수도 있다.

슘페터는 사람들이 자본주의가 어떻게 돌아가는지를 알면 세계는 자본주의를 통해 만족할 만한 혜택을 얻을 수 있다고 믿었다. 이것이 바로 그가 그렇게 많은 시간을 써가며 자본주의를 이해하고 설명하려 한 하나의 이유다. 우리가 자본주의라는 엔진을 잘 이해한다면 인간적인 가치를 위해 전속력으로 달려나가면서 경이로운 일들을 일궈낼 수 있다.

제1장

고향을
떠나다

"잠시 뒤 나는 어머니의 품에 안겨 잠자리에 눕는다. 잠은 부드럽게 미소를 지으며 나를 어머니에게 데려간다. 묵묵히 대해주는 가족은 나를 사랑하는 사람으로 받아준다. 그러나 지금도 앞으로도 내가 누구인지 모른다. 그리고 말해주지 않을 것이다."
—제임스 에이지, 『가족 속의 죽음A Death in the Family』, 1957

1887년 조지프 슘페터의 당시 나이는 네 살이었다. 가족은 그를 독일어상 발음으로 요쉬Jozsi(YO-shee)라고 불렀다. 요쉬는 태어난 이래 줄곧 아버지가 방직공장을 운영하던 작은 마을에서 자랐다. 마을 사람 모두 요쉬를 알고 있었으며, 그는 현재나 미래를 걱정할 이유가 전혀 없었다.

그러던 어느 날 요쉬의 아버지가 사냥중 일어난 사고로 서른한 살에 세상을 떠났다. 자신감과 개성 넘치던 어머니 요한나는 큰 충격을 받았다. 게다가 1년이 채 가기도 전에 요한나의 부모님도 모두 세상을 떠났다.

1888년 마음의 상처를 입은 요쉬와 어머니는 그 마을을 바로 떠났다. 그들 앞에는 상상하기도 어려운 모험이 놓여 있었다. 두 사람은 기차에 몸을 싣고 본 적도 없는 도시로 향했다. 그곳에서 그들은 이방인으로 정착했고 전혀 다른 삶을 살기 시작했다. 요쉬는 그가 살았던 고향 분위기였다면 전혀 기대할 수 없는 색다른 남자로 자라나고 있었다. 기차를 타고 고향을 떠난 그는 이제 부모의 가족과 영원히 인연을 끊는 신세가 되어버렸다. 이러한 이별로 어린 요쉬는 자신이 과연 누구인지 궁금해지기 시작했다.

약 400년간 슘페터 가문의 후손은 한곳에 모여살았다.—이는 영국인이 북아메리카로 정착해 지금까지 살고 있는 기간과 같다—그곳은 모라비아 지방의 트리슈로 체코의 수도 프라하 남쪽으로 120킬로미터 떨어진 골짜기에 위치한 작은 마을이다. 21세기의 트리슈는 여전히 작고 거의 변하지 않은 채로 남아 있다. 이곳을 여행하는 방문객은 홍보용 안내책자를 받는데, 여기에는 "만약 슘페터의 아버지가 일찍 죽지 않았다면 그는 인생 전부를 트리슈에서 보냈을 가능성이 매우 높다"라고 쓰여 있다.

요쉬가 태어난 큰 석조 저택은 아직까지 마을 중심에 있다. 관광 안내원은 이곳을 자랑스럽게 소개하고 있다. 이 안내원들이 사무실에서 나눠주는 책자에는 요쉬를 "20세기의 가장 중요한 경제학자 가운데 한 사람이며, 오스트리아 초대 재무부장관, 하버드대 교수, 일본 경제에 기적을 이룩한 창조자"라고 설명하고 있다. 물론 "창조자"라는 단어는 과장된 말이다. 그러나 일본이 이룩한 경제 성과가 슘페터가 줄곧 강조했던 기업가정신, 신용, 창조적 파괴의 원칙을 바탕으로 이루어졌음은 분명하다. 따라서 오늘날까지 슘페터는 미국보다 유럽이나 일본에서 더 잘 알려져 있다.[1]

슘페터 집안은 아주 오래된 트리슈의 힘 있는 가문 가운데 하나였다. 요쉬의 조부와 증조부는 독일어를 쓰는 조상의 후손으로 가톨릭교 출신의 자본가였다. 조부와 증조부 모두 이 도시의 시장을 맡았고, 기업을 운영했다. 그들의 혁신적 사고가 아마 어른이 된 슘페터가 늘 강조해온 기업가정신에 영향을 미쳤던 것으로 짐작된다. 그의 증조부는 한적한 시골에 가족과 함께 방직공장을 세웠으며, 조부와 아버지도 고향에서 최초로 증기기관을 설치하는 등 사업을 계속 번창시켰다.[2]

아버지를 비롯한 그의 가족은 현재 마을 공동묘지 안에 하나뿐인 가족묘에 묻혀 있다. 지방정부는 격조 높은 신고전주의적 건물인 슘페터의 고향집을 청결하게 관리·유지하고 있다. 이따금 오스트리아 제국의 이름을 따서 "합스부르크 황색Habsburg yellow"이라고 불리는 빈 황궁의 황금색으로 도색 작업을 하기도 한다. 평화롭게 보이는 이 건물은 유명한 슘페터 가문과 이 가문의 가장 위대한 후손인 슘페터의 지적 명성에 걸맞은 작은 성지로서 관심 있는 방문객에게 깊은 인상을 심어준다.

요쉬가 태어났을 당시 트리슈 주민 4400여 명은 대부분 체코어를 썼고, 거의 모두가 노동자·소작농계급에 속했다. 독일어를 쓰는 엘리트 집안의 계급은 마을 인구의 9퍼센트 정도였지만 체코어를 쓰는 가난한 사람들을 무시했다. 슘페터 집안을 비롯해 독일어를 쓰는 많은 주민이 체코어를 쓰는 하인을 거느렸다. 독일인 가운데 몇몇은 유대인이었으나 나머지는 대부분 가톨릭교도였다. 이들은 대개 유대인과 어울리지 않았고 체코인과 간간히 어울릴 뿐이었다. 그러나 독일인과 체코인 간의 결혼은 상당히 잦았다. 요쉬의 조부와 증조부 역시 체코 여성과 결혼했다. 독일어를 쓰는 가톨릭교도들은 재산을 보유한 덕분에 좋은 직업을 갖게 되었고 정치 참여에서도 월등한 위치에 있었다.[3]

요쉬의 모계 조상도 가톨릭교도였으며 슘페터 가문과 더불어 지역사회 내 서열에서 가장 높은 위치에 있었다. 어머니 요한나는 트리슈와 인접한 이글라우에서 태어났다. 독일어를 쓰는 이글라우에서 그녀의 아버지와 할아버지는 모두 저명한 의사였다.[4]

당시 오스트리아-헝가리 제국의 대부분 지역과 마찬가지로 트리슈 역시 독일어를 쓰는 주민이 자신의 기득권을 유지하려고 애쓰는 곳이었다. 그들은 체코인, 크로아티아인, 슬로베니아인, 폴란드인, 우크라이나인 등등 다른 민족을 배척했다. 그러나 민주주의, 자본주의, 민족주의 세력이 점차 득세하자 상황은 점점 불안정해져갔다. 1883년 요쉬가 태어난 당시의 분위기도 그러했다.

요쉬의 아버지가 세상을 떠나자 요한나는 꽤 영향력을 행사하는 시댁 친척으로 넘쳐나는 고립된 마을에 혼자 남게 되었다. 그녀가 스물여섯 살 때의 일이다. 요한나는 슘페터 가문의 도움으로 충분히 남은 인생을 보낼 수 있었다. 그녀에게는 혼자서 살아가기에는 삶이 무미건조하고 아무런 발전이나 희망도 없다는 생각이 있었다. 또 그녀는 하나뿐인 아들 요쉬를 위한 큰 야망이 있었다. 누추한 도시 트리슈는 그녀의 야망을 채워줄 수 없었다. 그녀는 심사숙고 끝에 오스트리아의 매력적인 도시 그라츠로 떠나기로 결심했다. 그라츠는 독일어 사용 인구가 15만 명이나 되는 도시로 트리슈에서 남쪽으로 약 482킬로미터, 빈에서 서남쪽으로 225킬로미터 떨어진 곳에 있다. 여기에는 오스트리아 제국의 몇 안되는 대학 중 하나인 그라츠 대학교가 있었다. 이러한 새 환경에서 요한나는 자신과 아들이 뜻을 펼칠 좋은 기회를 찾을 수 있으리라 믿었다.

과부가 된 젊은 어머니가 시집왔던 곳에서 다른 곳으로 이사한다는 일은 당시만 해도 오스트리아에서는 상당히 이례적이었다. 요한나는 잘산다고 할 만한 재산은 없었지만, 그렇다고 가난하지도 않았다. 그녀는 부모가 남긴 재산 일부와 남편의 사업에서 나온 약간의 몫을 상속받았다. 그녀는 요쉬와 함께 그라츠대의 중심으로 옮겨 우선 작은 아파트를 빌린 다음, 다시 대학 근처의 모차르트 가에 있는 더 큰 아파트에 자리잡았다.[5]

오스트리아-헝가리 제국에서 독일어를 쓰는 지역은 유럽의 다른 지역보다 훨씬 우수한 교육 제도를 갖추고 있었다. 그라츠에서 요쉬는 우수한 초등학교를 다녔다. 요한나는 아들이 다섯 살이 되던 해에 오스트리아 제국 영토인 이 지역으로 옮겨왔던 터라 요쉬는 자신을 체코인이 아니라 오스트리아인으로 여겼다. 하지만 그는 자신의 정체성에 대해 여전히 고민할 수밖에 없었다.[6]

요쉬가 커가면서 현명한 어머니 요한나는 계급 구분이 확실한 오스트리아 사회에서 더 높은 사회계급으로 올라가기 위한 방법을 강구하기 시작했다. 물론 그녀 자신을 위한 동기에서 비롯된 것이다. 또 시골 지역의 사업가인 아버지를 여읜 자식으로서는 결코 얻을 수 없는 혜택을 아들이 누릴 수 있도록 해주겠다는 생각도 있었다.

요쉬가 아홉 살 때, 요한나는 지그문트 폰 켈러라는 남자를 주목했다. 그는 퇴역한 3성 장군으로 그녀보다 서른 살 이상이나 많았다. 켈러는 오스트리아-헝가리 제국의 군대에서 40년 가까이 복무하다 퇴역한 뒤 그라츠로 건너왔다. 그라츠는 오늘날 미국의 플로리다 주나 사우스캘리포니아 주같이 퇴역한 고위급 장교가 선호하는 휴양지였기 때문에 "연금의 도시Pensionpolis"라고 불리기도 했다. 평생 독신으로 살았던 켈러는 아주 부자는 아니었지만 오랜 군복무 덕에 지내기 넉넉할 정도의 연금을 받고 있었다. 더 중요한 점은 켈러가 오스트리아의 귀족계급에 속한다는 것이었다. 요한나의 목적을 이루는 데 켈러는 더할 나위 없이 적합한 사람이었다.[7]

1893년 요한나는 켈러와 결혼했다. 당시 켈러는 예순다섯 살, 요한나는 서른두 살, 요쉬는 열 살이었다. 동기가 무엇이든 간에 두 사람의 결혼 뒤 어린 슘페터에게 엄청난 변화가 찾아왔다. 그는 의붓아버지의 사회적 위치 덕택에 제국에서 가장 우수한 학교에서 교육받을 수 있었고, 만약 어머니가 결혼하지 않고 옛 고향에 남아 있었다면 결코 가질 수 없는 특권까지 누리게 되었다. 오스트리아의 아이 대부분은 어린 나이에 학교를 그만두며, 전통적인 중등교육 기관인 김나지움―김나지움은 미국에서 볼 때 대학을 들어가기 위한 예비학교에 해당된다―에 들어가지 않는다.[8]

수많은 위대한 사상가는 1000년이 넘는 기간 동안 모자간의 사랑을 다룬 글을 썼다. 기원전 400년경 고대 그리스의 3대 비극시인 가운데 한 사람인 소포클레스는 "아들은 어머니 인생의 닻이다"라고 썼다. 또 미국의 시인이자 철학자인 에머슨은 1860년에 "남자란 무릇 어머니가 만들어낸 존재"라고 말했다. 그렇지 않은 예도 분명 많지만, 요한나와 아들 간의 애정은 결코 예외에 해당하지 않았다. 두 사람은 매우 친밀한 관계를 쭉 이어나갔다. 요한나는 항상 어린 연기자를 뒷바라지하는 어머니의 마음으로 아들이 역량을 펼칠 만한 더 큰 무대를 찾아다녔다. "기업가"라는 말을 넓은 의미에서 보면, 요쉬가 알고 있는 가장 적절한 모델이라고 할 수 있다. 다시 말해서 요한나는 기업가라는 말에 완벽히 어울리는 여자였다. 젊은 과부라는 이유로 트리슈에서 기회를 펼칠 수 없던 그녀는 더 큰 도시로 이주했다. 가족이 이를 완강히 반대했지만 그녀는 이를 무시했고, 아들이 유명한 직함을 가진 아버지가 필요하다고 느꼈을 때 켈러와 결혼했다. 또 자신과 아들의 재능을 펼치고자 더욱더 큰 무대를 원했을 때 그녀는 그 무대를 찾아내는 데 성공했다.

결혼식이 끝난 뒤 얼마 되지 않아 그녀는 새로운 가족과 함께 가장 큰 도시인 빈으로 이사할 준비를 했다. 빈의 인구는 200만에 육박했다. 그곳은 트리슈는 물론 그라츠와도 완전히 다른 성격의 도시였다. 그녀는 아들을 나중에 좋은 대학에 입학시키려고 빈의 유명한 중등입시학교에 등록시켰다. 이 학교는 오늘날 중·고등학교와 비슷한 교육 과정으로, 18세기 오스트리아 제국의 여제인 마리아 테레사의 이름을 따서 "테레지아눔Theresianum"이라 불렸다. 테레지아눔은 중등교육 기관 가운데 가장 우수했으며 교육 과정도 이수하기가 매우 힘든 학교였다. 요쉬의 입학은 단순히 명문학교에 들어갔다는 것만을 뜻하는 게 아니었다. 이튼 칼리지 출신의 케인스, 이튼과 비슷한 그로톤스쿨 출신의 프랭클린 루스벨트같이 요쉬는 귀족사회의 사교계에 발을 내딛게 된 것이다. 훗날 슘페터의 하버드대 동료가 서술했듯이, 슘페터는 테레지아눔에서 "유쾌하게 지내면서도 때론 지나치게 예의 바른 옛 시대의 예절을 익혔다. 이 과정에서 그의 타고난 매력, 친근함, 활력을 통해 우리가 알고 있는 슘페터라는 남자가 태어났다."[2]

슘페터는 케인스와 루스벨트와는 달리 학교에서 기거하지 않고 집에서 왔다갔다했다. 통학생이었기 때문에 슘페터는 기숙사에서 같이 지내는 학생들보다 친구를 사귈 기회가 많지는 않았던 것으로 보인다. 하지만 그에게 통학은 오히려 득이 되었다. 테레지아눔은 변두리에 위치한 이튼 칼리지나 그로톤 스쿨과 달리 거대한 수도와 문화 중심지 가운데서 가장 중요한 곳에 자리잡고 있었다. 그는 날마다 학교로 가는 전차를 타기 위해 빈에서 가장 위엄 넘치는 건물 사이로 걸어다녔다. 그의 가족은 유명한 링슈트라세 근처에 위치한 호화 저택의 한 층 전체를 빌렸다. 유럽에서 가장 큰 거리인 링슈트라세는 4킬로미터 길이에 말발굽처럼 생긴 반원형 도로로, 여기에는 오스트리아의 중요한 정부 기관이 위압적인 건물 형태로 쭉 들어서 있었다. 의회, 시청, 빈 대학교, 극장과 오페라하우스 등이 이곳에 위치했다. 가족이 살고 있는 6층짜리 건물은 의회 뒤쪽으로 300미터 떨어진 곳에 있었다. 그는 역사가 여전히 만들어지고 있는 이런 장소를 매일 걸어서 지나갔다.

이는 마치 웅장한 워싱턴 국회의사당, 런던 의회 혹은 로마 바티칸 등에서 300미터 떨어진 곳에 살며 매일 그곳을 일상적으로 지나쳐가는 것과도 같았다. 슘페터는 열 살부터 스물세 살까지 이렇게 살았다. 다른 취미생활이 무엇이었건 간에 이 섬세하고 야심 있는 젊은이가 그토록 가까운 곳에서 건축, 예술, 정치에 대한 교훈을 얻는다는 것은 당연한 일이다. 그는 오스트리아 제국과 수도 빈을 사랑했다. 그의 일생에서 빈은 그 어떤 곳보다 집처럼 편안했다.

테레지아눔은 오늘날의 학교보다 혹독하게 공부를 가르치는 곳이었다. 당시 영국의 귀족학교처럼 테레지아눔은 수학, 과학, 역사학, 문학 등을 가르쳤고 고대 고전을 교재로 썼다. 슘페터는 8년간 라틴어를 익혔고 6년간 그리스어를 배웠다. 또 자신의 모국어인 독일어를 비롯해 영어, 이탈리아어, 프랑스어 공부에 많은 시간을 보냈다.

예나 지금이나 고등학생은 가능하면 적게 공부하고 게으름을 피우려 한다. 그러나 아무리 놀기 좋아하고 외향적이었던 슘페터일지라도 세상에 대한 지적 호기심은 많았다. 이러한 지식인 기질과 어머니의 열성적인 뒷바라지 덕분에 슘페터는 기대에 부응하며 학교에서 가장 우수한 학생이 될 수 있었다. 테레지아눔을 졸업할 무렵 슘페터는 6개 국어를 유창하게 쓰는 등 우수한 성적으로 중등교육을 끝마쳤다. 슘페터는 폭넓은 독서를 계속했고 아주 뛰어난 기억력을 갖고 있었다. 덕분에 테레지아눔에서 익힌 지식은 평생 그에게 도움이 되었다. 1950년 그가 세상을 떠난 해에 그의 침대 옆 탁자에는 에우리피데스의 그리스어판 희곡이 놓여 있었다.[10]

테레지아눔의 여러 교육 목표 가운데 하나는 어린 학생을 광대한 오스트리아-헝가리 제국을 이끌어나갈 인재로 키워내는 것이었다. 케인스의 이튼 칼리지처럼 테레지아눔의 교육 과정에도 제국에 대한 책임의식이 담겨 있었다. 비단 테레지아눔뿐만이 아니다. 슘페터가 다닌 빈 대학교 역시 마찬가지였다. 빈 대학교는 오스트리아의 옥스퍼드 대학교나 케임브리지 대학교라고 할 수 있을 정도로 최고 수준이었다.

슘페터처럼 근면한 학생에게 테레지아눔에서 수업을 받고 다시 빈 대학교에서 공부를 해서 받은 학위는 더할 나위 없는 지적 자산을 의미했다. 그와 동료들은 고대 그리스와 로마의 학자들이 그랬듯이 추상적 사고 방식을 모방하는 훈련을 받았고, 다양한 주제를 즉흥적으로 논하는 법을 배웠다. 또 어려운 시험을 치르며 압박감을 이겨내는 방법도 배웠다. 지그문트 프로이트는 그의 유명한 저서 『꿈의 해석』에서 "어른이 되어서도 나타나는 시험보는 꿈은 실패에 대한 공포를 나타낸다"고 말했다. 이 책이 출간된 1900년 당시 슘페터는 열일곱 살이었고 프로이트는 빈 대학교에서 정신분석 연구에 매달리고 있었다.[11]

테레지아눔과 빈 대학교는 모두 오늘날 네트워킹이라는 인적 연락망을 중요한 덕목으로 가르쳤다. 많은 학생, 특히 독일 토박이인 학생들은 자신이 제국의 미래와 임무를 준비하는 선택받은 집단의 일원이라고 여겼다. 이들은 자신이 지적인 면에서, 사회적인 면에서 그리고 때로 인종적인 면에서까지 다른 사람들보다 우월하다고 당연하게 생각했다. 슘페터가 빈에 있었을 때만 해도 "인종"이라는 단어가 그 어느 때보다 스스럼없이 쓰이던 시기였다. 유럽인과 미국인이 하는 피부색에 따른 인종 구별은 말할 것도 없고 게르만 인종, 슬라브 인종, 유대 인종 등을 구분해서 말이다. 슘페터도 교육 과정에서 이러한 편견을 어느 정도 받아들였다.

슘페터는 때로 이러한 편견이 자신에게 불리하게 작용한다는 것을 알았다. 생김새 때문에 사람들은 슘페터가 분명 유대인일 것이라 생각했다. 또 그는 평생 동양인처럼 생겼다는 이야기를 듣고 다녔다. 맨 처음 알려진 슘페터의 사진은 열다섯 살 때 찍은 것인데, 이 사진만 봐서는 그가 어떤 인종인지를 알기 어렵다. 사진 속 소년은 인도 출신처럼 보이는가 하면 레바논 사람처럼 보이기도 하고, 어쨌든 다른 인종처럼 보였다.[12]

합스부르크 제국의 대학생들은 병역면제의 특권을 누렸으며 졸업 뒤에는 주로 고위관직으로 진출할 생각을 품고 있었다. 그러나 연줄은 여전히 중요했다. 내로라하는 명사나 귀족의 후원을 등에 업고 최고의 직업을 얻고자 벌이는 경쟁 때문에 구직 과정상에 공정하지 않은 상황이 많았다. 당시 국가공무원이라고 할 수 있는 대학 교수 자리도 마찬가지였다. 첫 경력이라고 할 수 있는 교수직을 희망했던 슘페터도 역시 영향력이 강한 고위층의 후원이 필요함을 깨달았다.[13]

요한나는 아들을 열심히 뒷바라지했다. 그녀는 있는 힘을 다해 아들을 상류층 사교 모임에 소개시켰다. 슘페터 역시 상류층 신사로 놀길 좋아했다. 그는 때때로 요한나의 자부심 넘치는 태도를 따라했다. 남편과 완전히 갈라선 뒤에도 요한나는 아들이 남편 켈러의 지위에 걸맞은 우월함을 지니기를 요구했다. 남편과의 결별은 우연이었는지 모른다. 슘페터가 빈 대학교를 졸업했을 무렵이자 의붓아버지의 도움으로 최고의 고등교육 기관에서 모든 것을 마무리했을 때다. 당시 일흔여덟 살이었던 켈러는 기꺼이 혼자만의 길을 가고자 했다.

슘페터는 가끔씩 자전적 소설[이 소설의 제목은 "안개 속의 배"였다고 한다. 관련된 자세한 내용은 이토 마쓰히루·네히 마사히로 지음, 『조셉 슘페터: 고고한 경제학자』, 민성원 옮김, 소화, 2004, 26~27쪽을 참고할 것*]을 썼다. 그의 미완성 작품에서 슘페터 자신은 헨리라는 이름의 영국인으로 등장하고 헨리의 아버지는 아드리아 해의 트리에스테 출신으로 나온다. 슘페터는 영국을 좋아했다. 그리고 여기서 트리에스테는 그의 고향 트리슈가 확실해 보인다. 이 소설의 한 대목은 슘페터 자신의 정체성을 잘 드러내고 있다. 좀 길지만 인용해보겠다.

그래서 한 사람을 이해하는 데 인종적·사회적 배경은 꼭 필요하다. 트리에스테는 분별하기가 불가능할 정도로 여러 인종이 뒤섞여사는 동네였다. 그리스인, 독일인, 세르비아인, 이탈리아인 등등 (…) 헨리의 가족은 트리에스테에서 돈벌이도, 갖고 있는 재산도 그리 넉넉하지 못했다. 하나뿐인 자식 헨리가 네 살이 되던 해, 어느 정도 돈을 벌고 있던 아버지가 사냥중에 죽었다. 그래서 헨리의 삶에서 어머니는 가장 중요한 사람이 되었다. 헨리의 어머니는 훌륭한 여성이었다. 강인하고 상냥했으며 헨리가 영국 사회의 유쾌한 파티를 마음껏 경험하도록 해줬다. 어머니는 남성적이라고 할 만큼 힘든 일들을 했지만 돌이켜보면 지극히 여성스러운 행동이었다. 그녀의 삶의 목표는 헨리가 의젓한 영국 신사가 되는 것이었다. 남편은 돈을 좀 벌어놓았지만 세상을 떠났기 때문에 이제 어머니에게 남은 돈은 그리 많지 않았다. 그러나 그녀에겐 사랑하는 아들을 위해 그동안 이용했던 연줄이 있었다. 헨리는 상류층보다 훨씬 고귀한 집안의 자제 같은 품위를 지니게 되었다. 그러나 나는 이 점을 분명히 하고 싶다. 헨리에게 사교 모임의 세계는 항상 열려 있었으며 언제든지 참석할 수 있었다. 그러나 그가 굳이 참석하고 싶지 않을 때는 나가지 않았다. 이는 많은 것을 뜻했다. 헨리에

겐 그 어떤 강박관념도, 거짓된 모욕감도 그리고 숨겨진 탐욕도 없었다는 사실이다.[14]

슘페터는 자신에 대한 글을 쓴 적이 거의 없었다. 위의 글은 요한나가 세상을 떠난 지 몇 년 뒤 그가 세계 곳곳을 여행하며 쓴 것이다. 이어서 슘페터가 자신의 뿌리가 어디에 있는지 끊임없이 고민하며 살았다는 것을 어떤 물증보다 잘 보여주고 있는 부분을 소개해보겠다.

헨리에게 집처럼 편안한 곳은 어디란 말인가? 영국은 결코 아니다! 때론 영국이라고 생각한 때도 있지만 매번 조상의 흔적이 나타났다. 일주일 또는 한 달씩 시간이 날 때마다 프랑스나 이탈리아를 떠돌고 있는 자신을 발견한다. 그러나 그곳 역시 아니었다. 과거 오스트리아-헝가리 제국이라 불린 독일은 확실히 아니었다.
그러나 중요한 것은 어느 나라인가가 아니었다. 나라보다 중요한 것은 자신이 속한 계급이었다. 헨리는 사회, 자본가계급, 특정 직업, 혹은 노동조합에서 편안한 안식처를 얻을 수 있었지만 여기에 노력을 기울이지 않았다. 그렇다. 오직 어머니가 살아있던 동안 어머니라는 사회의 조그마한 구석만이 그의 유일한 안식처였다. 아, 어머니, 어머니.[15]

어디를 가든 슘페터는 그곳이 자신에게 어울리는 곳이라고 느끼지를 못했다. 수년의 시간이 흐른 뒤 그의 명석한 제자 폴 새뮤얼슨▾은 "슘페터 교수님의 본능에 불안감이 숨어 있다는 것을 느꼈습니다. 아마 조숙한 어린아이가 가질 법한 불안감이었지요"라고 썼다. 슘페터가 젊은 시절을 보낸 질서 정연했던 빈이라는 도시가 역사의 뒤안길로 사라져가자 그는 완전히 이방인이 된다.[16]
몇 년간 슘페터는 요한나가 시작한 것처럼 자신을 거듭 바꿔나갔다. 자신의 뿌리가 무엇인가가 아니라 앞으로 나아갈 방법을 고민하던 그는 기업가정신의 의미를 정착시킬 적합한 인물로 태어났다. 끈기와 기회를 잡는 능력, 융통성을 기본으로 무장한 그는 다양한 환경에서 걸출한 능력을 발휘했다. 마치 자본주의경제체제 아래 성공한 기업가처럼 말이다. 어머니가 세상을 떠난 뒤에도 그의 가장 중요한 목표는 어머니의 허락이 필요했다. "효자 슘페터의 보고서"라며 슘페터가 자신을 평가한 대목은 작고한 어머니에게 보내는 것임을 암시한다.

"나는 나 자신이 누군지 안다"고 돈키호테는 말했다. 스스로 환상에 빠졌던 그가 내뱉은 말이다. 슘페터는 이런 확신을 가져본 적이 없다. 모라비아 지방의 기업가였던 아버지의 조상은 트리슈라는 작은 마을에서 400년간이나 살았다. 그러나 슘페터가 열 살 때 빈에 도착했을 당시 그는 두 번이나 이사했다. 막상 자신이 살던 고향을 떠나자 그가 기대할 곳은 오직 자신의 능력과 자신을 이끌어줄 어머니의 굳센 사랑뿐이었다. 슘페터는 안전망을 밑에 치지 않고 공연하는 공중그네 연기자처럼 자신만의 재치와 능력으로 절제적인 생활을 하며 여생을 보냈다.

자신의 뿌리가 무엇이든 상관하지 않고 슘페터는 오직 자신의 지성과 낙관적인 천성 그리고 추진력을 바탕으로 스스로를 만들어나갔다. 험한 파도가 일렁거리는 위험천만한 빈과 오스트리아 제국의 파도를 헤쳐나가는 슘페터 모자가 탄 배는 선장인 어머니에게 모든 것을 걸어야 했다. 바로 여기서 그는 빠르게 변하는 세상 가운데 자신의 정체성은 과거의 유산에 있는 것이 아니라 혁신에서 온다는 교훈을 배웠다. 즉 기회를 얻기 위해 위험을 받아들이는 자세는 충분한 보상을 가져다주며, 재능 있는 사람에게는 어떤 일도 가능하다는 가르침을 배운 것이다.

위쪽_ 슘페터가 1883년에 태어난 트리슈(현재는 체코 공화국 영토로 트르제슈티라고 부른다)의 고향집 전경. 2001년 찍은 사진이다. 2004년 재건축을 했고 현재는 슘페터 박물관으로 개장했다.

아래쪽_ 트르제슈티에 있는 가족묘. 슘페터의 조상이 안장되어 있다. 이 우아한 건물은 폭 3미터, 높이 3.5미터에 불과하다.

왼쪽_ 1888년 요한나와 요쉬는 트리슈에서 그라츠로 이사했다. 모자는 도시 중심부에 있는 이 수수한 건물 안 작은 아파트에 살았다. 당시 요한나는 스물일곱 살, 요쉬는 다섯 살이었다.

아래쪽_ 1889년부터 1893년까지 슘페터 모자는 건물에서 가장 저렴한 꼭대기 층에서 살았다. 오늘날 이 건물은 그라츠대 언어학부 건물로 쓰이고 있다.

위쪽_ 빈의 테레지아눔 전경. 슘페터는 1893년부터 1901년까지 이곳에서 공부했으며, 학교 건물과 부지가 도시 내 한 구역 전체를 차지하고 있다.

아래쪽_ 테레지아눔으로 들어가는 정문. 보는 바와 같이 위 사진은 슘페터가 살던 시대를 담은 것이고 아래 사진은 21세기 초 모습이다.

열다섯 살 때 슘페터. 여기서 보기에는 어린 모한다스 간디[독립운동가 마하트마 간디를 말하는 듯하다*], 혹은 두보이스[미국의 흑인 민권운동가*]와 그리 다르지 않다. 두 사람 모두 슘페터보다 열네 살이 많다.

제2장

인격이
만들어지다

"만약 어머니의 한없는 사랑 속에 감싸여 살았다면 그는 인생 내내 의기양양한 기분과 성공에 대한
자신감 속에서 살아갈 것이다. 그리고 실제로 성공을 이루어낼 것이다."
– 지그문트 프로이트, 『괴테의 어린 시절의 기억A Childhood Memory of Goethe's』, 1917

빈에 처음 도착하자 어린 슘페터는 어머니, 의붓아버지와 함께 가로수가 늘어선 도시의 중심에 있는 환상環狀로인 링슈트라세에 위치한 매우 우아한 새 아파트로 이사했다. "올바른" 사람들이 이 아파트에 입주했다는 것을 격려하고자 오스트리아와 빈 시당국은 30년 동안이나 재산세를 감면해주는 혜택을 베풀었다. 또 1860년대부터 정부와 시당국은 1683년 튀르크족의 포위로부터 도시를 방어했던 요새들이 있던 땅을 평평하게 만든 뒤, 링슈트라세를 따라 건설된 공공 건물을 재정적으로 후원해왔다. 새로운 건물의 다양한 디자인과 활용은 오스트리아 제국과 그 도시가 추구한 이상을 잘 반영했다.[1]

빈같이 아주 오래된 도시에서 새 건축물은 창조적 파괴의 한 유형이라고 볼 수 있다. 그러나 링슈트라세에서는 창조적 파괴가 일어나지 않았다. 건축물은 과거 지향적인 상태로 가고 있었다. 1365년에 설립된 빈 대학교 건물은

500년이 넘은 1884년이 돼서야 1400년대의 이탈리아 르네상스 양식으로 재건축되었다. 또 다른 링슈트라세의 새 건물은 16세기 바로크 양식을 따라해 건설되었다. 이러한 건축물은 일상적이고 진부한 향수만을 자아낼 뿐이었다. 다시 말해서 역사적으로 정점에 섰던 시대와 디자인을 건물에 이으려는 시도에 불과했던 것이다. 예를 들어 고전적인 그리스 양식의 건축물인 국회의사당, 고딕 양식의 시청 건물이 그렇다.[2]

겉으로 드러나 보이는 빈의 모습은 시간 속에서 얼어붙은 것처럼 보였다. 그러나 빈 문화는 모더니즘이라는 근대주의의 영향력 안에서 아주 빠르게 발전했다. 세계 어떤 도시에서도 이만큼 지적으로 활발한 모습을 발견할 수는 없었다. 예술 분야를 보더라도 화가 에곤 실레와 구스타프 클림트, 건축가 오토 바그너와 아돌프 루스가 있으며, 소설가 카를 크라우스와 로베르트 무질의 작품도 빠질 수 없다. 사회과학에서는 아주 유명한 프로이트 정신분석학이 빛을 발했으며 슘페터가 대단한 역할을 한 "오스트리아 경제학"도 마찬가지다. 이처럼 모든 분야에 도도한 변화의 기운이 감돌고 있었다. 한 통찰력 있는 역사가는 다음과 같이 기록했다. "새 시대가 오면 영국인은 그것에 적응하고 사회 혼란을 피하고자 무려 200년이라는 세월을 보냈다. 그러나 독일은 물론 오스트리아도 그렇지 않았다. 단지 한 사람의 일생 동안 옛 시대에서 새 시대로 넘어가고, 중세와 근대의 질서가 충돌함을 목격할 수 있었다."[3]

그 일생을 산 사람이 바로 슘페터였다. 그는 문화적 격변기에 살았을 뿐 아니라, 근대적 자본주의가 합스부르크 제국을 송두리째 바꿔버린 시기를 살았다. 오스트리아 제국 주민의 대다수는 여전히 농장에서 살았지만, 상공업 경제를 지탱하던 소규모 기업은 이미 빠르게 도태되고 있었다. 빈은 여러 민족 간의 다툼과 경제적 이익상의 갈등으로 만신창이가 되었고 많은 사람이 근대화에 저항했다. 빈과 합스부르크 제국의 긴장된 분위기 속에서 슘페터는 그 어떤 것과도 바꿀 수 없는 인격과 태도를 지니게 되었다. 그는 제국 문화의 영향으로 호불호가 확실했으며, 인간 행위에 대한 그의 믿음, 기업과 정부에 대한 생각 역시 이 시기에 영향을 받았다. 슘페터는 자신감과 야심이 있었다.

어머니 요한나가 그라츠에서 이사올 무렵, 빈은 오래전부터 여가를 즐기려는 사람들이 찾는 구경거리와 오락거리로 가득한 도시였다. 빈 숲 근처에는 실외 정원과 큰 도시공원이 있었다. 빈 왕궁 근처의 스페인 승마학교는 오늘날에도 빈에서 많은 관광 수입을 올리고 있는데, 슘페터 모자가 도착한 1893년을 거슬러올라가 이미 2세기 전부터 이용되었던 곳이다. 아울러 1897년 프라터라는 놀이공원에서는 60미터 높이의 페리스휠Ferris wheel[대회전식 관람차*]을 선보였는데 지금도 이용되고 있다. 페리스휠은 10분에 한 바퀴를 돌며 웅장한 위용을 자랑한다. 그곳에서 탑승객은 도시의 가장 멋진 전경을 바라볼 수 있다.[4]

또 빈은 전 세계 클래식 음악의 수도라고 자랑스럽게 불릴 만했다. 오스트리아의 하이든, 모차르트, 슈베르트, (세 아들과 그 유명한 빈 왈츠를 작곡했던) 요한 슈트라우스 등 역대의 탁월했던 작곡가와 지휘자가 빈 안팎에서 일했다. 슘페터가 살던 시대에는 요한 슈트라우스 2세가 1874년에 대작 「박쥐 서곡Die Fledermaus」을 완성했고, 다른 작곡가들은 그의 오페레타와 경쟁하며 이 분야를 발전시켰다. 동시에 구스타프 말러나 아널드 쇤베르크 등의 근대 음악가들은 옛 시대에 도전하고 있었다.[5]

작가 슈테판 츠바이크는 "음악의 도시 빈은 모든 모순을 조화롭게 융화시키는 독특한 정신을 품고 있었다"라며 당시를 회상했다. 어린 소년 슘페터가 빈에 도착했을 때 츠바이크는 저명한 전기작가이자 소설가로 주목받기 시작했다. 그는 이렇게 이야기했다. "빈에서 자아내는 정신적으로 조화로운 분위기 속에서 산다는 것은 매우 달콤합니다. 모든 시민은 자신도 모르게 초국가적이며 국제적인, 즉 세계시민이 됩니다."[6]

그렇지만 빈의 유쾌한 분위기와 모더니즘에도 불구하고, 여전히 반봉건제적인 지역 갈등이 얽혀 있었다. 그리고 오스트리아를 다스리는 합스부르크가는 600년의 역사를 지녔지만 망해가는 왕조였다. 빈의 침체된 분위기가 오래 가면서 당시의 수많은 혁신은 좌절되고 말았다. 한 유명한 예술가 모임은 스스로를 분리주의자라 칭하고 자신들의 작업물을 전시할 초근대적인 박물관을 짓는 등 자신들의 행동이 구질서에 대한 공격임을 강조한 바 있다.[7]

유럽의 다른 곳에서도 민족주의와 민주주의가 기존 정권에 도전하고 있었다. 그리고 산업화는 점차 가속도가 붙어 진행되었다. 그러나 빈과 다른 합스부르크가가 지배하는 도시 안 소규모 상점의 대다수 상품은 독일, 영국, 프랑스에서 생산되는 저렴한 상품에 비해 가격 경쟁력이 뒤떨어졌다. 그런데도 계속 물건을 만들어냈다. 물론 몇몇 지역에서 기업가들은 번창했으며, 더 발전한 국가 내 기업에 비해 결코 뒤쳐지지 않았다. 그러나 오스트리아 정부는 자신의 정책을 고치려는 의욕을 거의 보이지 않았다.

이 낡은 문화가 얼마나 오랫동안 근대의 동력을 막을 수 있을까? 바로 이 질문이 슘페터와 그의 동료들이 빈의 커피하우스에 앉아 유럽 각지에서 나온 신문을 들고 한없이 토론했던 주제다. 이 커피하우스는 세계시민, 즉 코즈모폴리턴이 정치, 경영, 예술에—때로는 이 주제를 한꺼번에—대한 의견을 나누는 데 매우 적절한 환경이었다.[8]

정치와 예술에 대한 가장 격렬했던 토론 가운데 하나는 기존 법 질서뿐만 아니라 모더니즘이 전통과 경쟁하는 방식에 대한 것이었다. 당시 빈에서는 작가, 음악가, 배우들이 새로운 유명인사로 떠올랐다. 이러한 분위기는 슘페터에게 매우 매력적이었으며, 이윽고 그는 스스로 유명인사가 되기를 간절히 원했다.[9]

1897년 미국의 소설가 마크 트웨인은 유럽을 여행하며 미국의 『하퍼스 뉴 먼슬리 매거진Harper's New Monthly Magazine』에 기사를 보내고 있었다. 그는 "영국이나 미국 같은 나라는 단일한 언어를 쓰며 공익이 무엇인지 분명히 안다.

정부는 여론을 중시해야 한다. 그러나 오스트리아-헝가리 제국은 각 주당 하나씩, 총 19개의 여론이 존재한다. 아니, 한 주에 두세 민족이 살고 있으므로 한 주당 두세 개의 여론이 존재한다고 해야 겠다"라고 썼다. 오스트리아 제국의회의 의원 425명은 열한 가지 언어로 말했다. 선거권에는 제한이 있었다. 그래서 재산이 있는 사람들이 압도적인 우세의 위치에 있었다. 그리고 그들 대부분은 독일어를 썼다.[10]

합스부르크가의 영토는 대부분 조약이나 왕족 간 결혼을 통해 수세기 동안 마구잡이로 늘어났다. "인구 700만의 제국"이 되길 열망하던—실제로 520만 명에 이르렀다—오스트리아는 역사상 가장 다양한 민족의 집합체가 되었다. 실질적으로 보면 오스트리아-헝가리 제국은 영국과 프랑스가 합친 것만큼 거대했다. 제국 안에는 오늘날의 오스트리아, 헝가리, 체코 공화국, 슬로바키아, 슬로베니아, 크로아티아가 속해 있고 폴란드, 우크라이나, 북이탈리아, 루마니아의 일부분까지 포함하고 있었다. 오스트리아-헝가리 제국의 프란츠 요제프 1세는 수십 개국의 왕위를 갖고 있었다. 이를 보면 마치 농담처럼 들리기까지 한다. 슘페터처럼 제국은 안정적인 정체성을 찾고 있는 듯 보였다.[11]

마크 트웨인은 제국 의회에 대해서 다음과 같이 말했다. "나는 그토록 호화롭게 도금된 의사당이 지속적인 내부 혼란에 초토화된 것을 지금껏 본 적이 없다. 투쟁중인 의원들은 모든 직업과 사회 각계각층을 대표했다. 여기에는 왕자, 공작, 백작, 신부, 농부, 정비공, 노동자, 변호사, 판사, 의사, 교수, 은행가, 상점 주인도 해당되었다."[12]

빈 바깥에 위치한 프라하, 크라쿠프, 부다페스트와 같은 주요 도시에서는 지역적 관심사에 밀려 제국의 이익이 크게 관심받지 못했다. 그럼에도 제국은 여전히 자신의 군대에 명령을 내렸고 외교 업무를 도맡았다. 황제는 여타 다양한 현안에도 권한을 갖고 있었다. 만약 황제가 원한다면, 의회 없이 통치할 수 있었으며 정부를 운영하기 위해 종종 비상계엄까지 발령할 수 있었다.

이처럼 퍼즐 조각 같던 오스트리아 제국이 분열되지 않고 유지된 이유는 무엇일까? 우선 야심찬 주변 국가의 군사 전략을 들 수 있다. 유럽의 강대국들은 합스부르크 제국을 다른 국가의 견제 세력으로 남겨두길 원했다. 오스트리아의 북쪽 국경에는 독일이, 동북쪽에는 러시아, 동남쪽에는 세르비아와 오스만 제국, 남쪽에는 이탈리아가 있었다. 또 서쪽으로는 스위스가 프랑스와의 전쟁을 대비한 완충 지대 역할을 하고 있었다. 물론 알프스산맥은 수십 년 전 나폴레옹의 침략을 막을 수 없었다(나폴레옹은 주로 산맥의 북쪽 경로로 이동했다).

제국 내부를 살펴보면, 연기나는 잿불처럼 민족주의가 공공연한 갈등으로 비화될 징후를 보였다. 빈에서는 노련한 관료들이 전문 소방대처럼 행동하며 민족 갈등에 즉각적으로 대처했다. 제국 내 지역에서 민족주의의 불길이 치솟으면, 관료들은 정치적 타협, 군사행동 또는 공공 사업 같은 경제적 보상책으로 진압하곤 했다. 특히 오스트리아-헝가리 제국 연합군은 모든 지역의 도시와 마을에 소규모 군대의 주둔지를 유지했다. 군대를 직접 목격하면서도 제국 주민은 강요받는다는 느낌 없이 제국을 향한 유대감을 갖게 되었다.[13]

두 번째로 오스트리아를 결속시키는 요인은 로마가톨릭교회다. 슘페터 집안을 비롯한 대부분의 사람이 가톨릭교도였다. 지역 교구부터 바티칸까지 성직자의 인맥이 거미줄처럼 펼쳐져 있었다. 프란츠 요제프 1세는 "사도 폐하"라고 불렸으며, 그는 하느님의 인도하시는 손길이 이 땅 위에 있는 자신의 직무를 이끌어주리라 믿었다. 일반적으로 가톨릭교회는 민족주의, 모더니즘, 자유주의, 민주주의 확대 등에 온건하게 반대해왔다. 때때로 교회는 간접적으로 산업화를 막기도 했다. 18~19세기 동안 교회의 교육과 여타 업무에 대한 통제력이 줄어들었지만 영향력은 여전했다. 비록 좌석은 이따금 텅비어 있어도 오늘날까지 교회 첨탑은 옛 제국의 도시와 마을을 가득 메우고 있다.

가톨릭교회와 밀접한 관련이 있는 세 번째 요인은 바로 합스부르크가에 체화된 상류층에 대한 숭배다. 수세기 동안 합스부르크가는 각 지방에 분포한 영토를 비롯해 유럽의 크고 넓은 영토를 다스렸으며, 대부분의 땅을 소유했다. 황제는 자신이 선택한 누구에게나 권력을 줄 수 있었으며, 황제와 그의 장관들은 때때로 국적에 관계없이 재능 있는 자가 제국의 관료가 되는 것을 기뻐했다. 그러나 프란츠 요제프 황제는 상류층 귀족과만 교류했다. 이들은 황제의 친척이자 아주 충성스러운 신하였다.[14]

그러나 대부분의 귀족은 여전히 자본주의 이전의 봉건제에서 역사가 멈춘 듯 행동했다. 상류층은 춤, 연회, 저속한 음란 행위, 등산, 사냥 등을 끊임없이 즐기며 여가를 보냈다. 한 공작은 죽음을 앞두고 다음과 같이 말했다. "하느님께서 나에게 '너는 인생을 살면서 무엇을 했느냐?'라고 물으신다면, '오! 신이시여, 저는 토끼 사냥! 토끼 사냥을 했습니다'라고 대답할 것이다." 많은 귀족은 도박을 즐겼다. 빈의 어느 세련된 클럽에선 달팽이 경주에 돈을 거는 놀이가 큰 인기를 끌었다.[15]

어쨌든 오스트리아 귀족의 이러한 부패에도 프란츠 요제프 황제는 제국을 결속시켰다. 황제의 굳건한 심성과 빈틈없는 습관이 이를 가능하게 했다. 그는 1848년부터 1916년 여든여섯 살의 나이로 서거할 때까지 무려 68년이나 제국을 다스렸다. 황제는 큰 궁전에 살면서도 철제 침대에서 자고 냉수 목욕을 하는 등 스파르타식 일상을 고집했다. 그는 오전 4시에 일어나 5시부터 결제 업무, 각료회의, 방문객 접견 등 바쁜 하루를 시작했다. 대중 앞에 모습을 드러낼 때 그는 메달이 가득 달린 군복을 입었다. 그의 정성스레 다듬어진 흰 턱수염은 군복을 더욱 돋보이게 했고 황제의 위엄을 더했다. 그는 누구보다도 엄숙히 자신의 일을 돌봤다.

그렇지만 끊임없는 혁신의 시대를 살면서도 요제프 황제는 경제 발전에는 별 관심을 두지 않았다. 그는 전화, 기차, 타자기, 자동차, 전구 등에 신경쓰지 않았다. 물론 그는 못된 통치자는 아니었다. 오히려 인간적인 면이 많았다. 황제는 존경받았으며 나이가 들어가면서 제국의 상징으로 추앙받았다. 황제는 각료들과 함께 잡다한 집단이 뒤섞인 왕국을 온전히 유지하려고 노력했다. 크게 보자면 황제의 노력은 성공했다. 1914년 슘페터가 서른한 살이 되었을 때까지 오스트리아 제국은 온전히 남아 있었고 상당히 번창하며 평화를 유지했다.[16]

제국이 마침내 몰락했을 때, 진보 성향의 정치를 추구하는 지식인들은 깊은 혼란과 슬픔에 빠졌다. 미래 지향적 변화를 이끄는 자본주의에 애정을 갖고 있는 슘페터도 예외는 아니었다. 인간 역사에서 가장 역동적인 순간에 제국이 과거에 집착하고 있었다는 사실을 그 누구보다 슘페터 스스로가 잘 알고 있었지만, 그도 제국에 대한 향수를 품고 있었다. 이는 바로 슘페터 내면에 있는 모순을 반영한다고 볼 수 있다.

19세기 말과 20세기 초는 과학, 산업, 예술, 사회가 급변하던 시기였다. 산업화 추세가 점점 빨라지면서 미국과 서유럽인은 무리지어 농촌에서 도시로 떠났다. 1850년에서 1900년 사이에 빈에서만 인구가 4배로 늘어, 약 200만 명에 이르렀다. 수많은 새 이주자에는 슘페터 가족 같은 중산층뿐만 아니라 매우 빈곤한 폴란드인, 러시아인과 더불어 체코인도 있었다. 모두가 더 나은 삶을 찾고자 제국의 수도로 몰려들었다. 수많은 인종이 뒤섞인 빈은 유럽 도시라기보다는 뉴욕이나 시카고와 닮아 있었다. 1890년대 슘페터 가족은 안락한 아파트에 살았던 반면, 대부분의 새 이주민은 비좁은 셋방에서 살아야 했다. 빈민가는 눈에 띄게 늘어났고 정치적 불안 역시 심해졌다.

또 하나의 두드러진 변화는 매우 가톨릭적인 환경을 가진 빈에서 유대인 수가 늘어났다는 점이다. 빈의 인구가 4배로 늘어나는 동안, 유대인의 수는 27배로 늘어나, 17만 5천명을 넘어섰다. 새로 유입된 유대인은 다양한 집단으로 이뤄져 있었다. 일부는 부유했지만 대부분이 러시아와 루마니아 등지에서 박해를 피해 도망친 가난한 농부들이었다. 많은 기독교인은 빈으로 이주한 유대인을 적대적으로 바라봤다. 그렇지만 프란츠 요제프 황제는 자신의 신념 대로 유대인의 권리를 보호했다. 1890년대 동안 황제는 오스트리아 수상에게 "모든 반유대인운동은 미연에 방지되어야 하오. (…) 경은 즉시 반유대인 집회 를 해산시키시오. 유대인은 용감하고 애국심 넘치는 민족이며, 황제와 조국의 강토를 위해 기꺼이 목숨을 바칠 것이오"라고 명령했다.[17]

　1897년 슘페터가 열네 살이었을 때, 카리스마 넘치던 남자 카를 뤼거는 빈 시의 시장직을 맡았다. 그는 슘페터와 테레지아눔 동문이었는데, 아버지가 노 동자계급으로 테레지아눔의 수위였기 때문에 입학 허가를 받을 수 있었다. 노 련한 정치인인 뤼거는 이미 네 차례나 선거에 당선된 바 있으나 황제는 뤼거 의 반유대인 선거 전략을 이유로 당선 승인을 거부하곤 했다. 그러나 뤼거가 대중의 압도적인 지지를 받자 요제프 황제는 그의 당선을 받아들였다. 미국에 서 정치인이 아프리카계 미국인을 공공연히 비방하며 가난한 백인 계급의 표 를 얻는 일처럼 뤼거 역시 선거 승리를 위해 유대인을 희생양으로 삼았다.[18]

　또 뤼거는 소상공인과 시골에서 이주해온 대중—물론 유대인은 제외되었 다—을 위한 유능한 대변인이었다. 빈의 경제난을 인식한 그는 자신에게 유 용한 수단 가운데 하나인 공공근로 프로그램으로 도시의 현대화에 착수했 다. 그의 여러 정책 가운데 새 공원을 짓고 다뉴브 강을 따라 새로운 강변을 조성하는 정책도 있었다. 그러나 결국 뤼거의 행동은 비참한 결과를 낳게 된 다. 이 시기에 우연히 아돌프 히틀러가 빈에 살고 있었는데, 훗날 히틀러는 그 의 저서 『나의 투쟁Mein Kampf』에서 뤼거의 정치적 술수를 관찰하며 대중 선 동을 배웠다고 언급했다. 또 히틀러는 빈의 다양한 인종 집단을 보며 역겨움 을 느꼈다고 말했다. 그는 빈을 떠나 뮌헨으로 건너간 뒤 이렇게 말했다. "오 오 독일인의 도시, 뮌헨! 빈과 얼마나 다른가! 인종이 뒤섞인 그 바빌론을 생각만 하면 속이 메스껍구나!"[19]

미국이나 서유럽 국가 안에서도 이민이 있었다. 그러나 오스트리아 제국 내 이민의 결과와는 매우 달랐다. 물론 도시 빈곤은 동일하게 넘쳐났다. 서유럽 국가에서는 훗날 역사가들이 제2차 산업혁명이라고 평가할 정도로 경제성장이 전반적으로 급격히 이뤄졌다. 증기기관이 제1차 산업혁명에서 했던 역할을 제2차 산업혁명에선 전기모터와 내연기관이 맡았다. 이러한 기계 발명은 전화, 급증하는 철로 건설과 맞물려 경제성장을 촉진시켰고 사람들의 낡은 사업 방식을 완전히 바꿔놓았다.

어른이 되면서 슘페터가 갖고 있던 경제적 변화의 관심은 집착 수준에 이르렀다. 그는 합스부르크 제국의 일부 지역이 낙후되었다는 사실을 깨달았다. 슘페터는 선진 산업화를 이룬 나라가 행한 혁신에 관한 자료를 열정적으로 읽어나갔다. 테레지아눔과 빈 대학교에서 슘페터는 미국, 독일, 영국 등 선진국에서 온 정보들을 습득했다.

국가경제뿐만 아니라 개별 기업도 자본주의식으로 사업을 운영해나가기 시작했고, 규모도 점점 커졌다. 슘페터가 빈 대학교에 입학한 1901년 당시 세계 3대 제조회사는 US 스틸, 아메리칸 토바코[현재 회사명은 브리티시아메리칸 토바코*], 스탠더드 오일이었다. US 스틸만 해도 17만 명의 노동자를 고용했는데, 이는 전 세계에서 가장 많은 수였으며 오스트리아-헝가리 제국의 노동자에 비해 적어도 20배가 넘었다.

오스트리아 부근에는 철강업의 튀센크루프, 전기장치의 지멘스, 화학공업의 바이어와 훼히스트, 바스프 등이 산업계 강자로 떠올랐다. 이 독일 기업들은 합스부르크 영토 부근과 다른 수출시장에서 번창했다. 역사가들은 합스부르크 제국의 경제성장을 평가할 때 견해 차이를 보인다. 그러나 프란츠 요제프 황제의 영토는 일반적으로 생각하는 바와 달리 심히 낙후된 지역이 아니었음은 분명하다. 제국의 일부는 실질적인 경제성장을 일궈냈다. 특히 보헤미아와 모라비아 지방이 그러했다. 제국은 결국엔 무너졌지만, 이는 경제적으로 허약했기 때문이 아니다. 서로 대립하는 격렬한 민족주의 그리고 제1차 대전 때문이었다.[20]

경제적 이득을 보긴 했지만 1913년 오스트리아의 1인당 국민소득은 영국의 1인당 국민소득의 절반 수준에 그쳤다(이는 헝가리의 1인당 국민소득의 2배 수준이었다). 빈으로 옮겨온 사람의 대다수를 포함해 국민 대부분은 실내 배관 시설이나 오염되지 않은 물은 물론이거니와 대량 생산된 옷이나 신발조차 얻기 어려웠다. 전화기는 희귀한 물건이었고, 중앙난방은 값비싼 주택에서만 쓸 수 있었다. 정부 관료는 친필로 서류 작업을 하며 예전 방식으로 제국의 관료제를 운영했다. 다른 국가에서는 이미 20년이나 타자기를 써왔는데도 말이다. 당시 파악된 바에 따르면, 제국이 다스리는 갈리시아 지방은 미국과 러시아에 이어 세계 3위의 석유매장량을 자랑했다. 그러나 지방정부나 제국정부, 대부분의 관련 회사는 이 "검은 황금"을 채굴하고 정유精油하는 데 매우 서툴렀다.[21]

반면 영국, 독일, 미국에서는 새로운 공업 기술, 신속한 철도운송, 폭발적으로 늘어나는 광고에 힘입어 모든 종류의 상품이 대량 생산·판매되고 있었다. 백화점에는 어느 순간부터 규격화된 드레스와 셔츠가 등장했다. 소비자는 동네 식료품점에서 상표가 붙고 개별 포장된 비누, 스프, 야채 캔, 담배 등 폭넓은 상품을 고를 기회를 얻게 되었다. 런던, 베를린, 뉴욕에서는 캐드베리의 초콜릿, 바이어의 아스피린, 하인즈의 오이피클, 그 외 수많은 상품이 서로 품질을 뽐내는 큰 전기 간판이 등장하기 시작했다. 비록 엄청난 빈부 격차는 변함이 없었지만, 자본주의는 거의 모든 이의 생활수준을 끌어올렸다.

슘페터는 합스부르크 제국이 스태그플레이션 같은 경제 혼란을 겪고 있던 시기에 얻은 교훈을 결코 잊지 않았다. 그는 말년에 경제학자의 비전을 이야기하길 즐겼다. 이는 세계가 작동하는 방식의 분석을 앞서는 직관이라고 할 수 있다. 자신의 기업가적 어머니가 트리슈에서 그라츠로, 다시 그라츠에서 빈으로 연이은 이주를 계획하는 것을 보면서, 슘페터는 환경이 얼마나 빨리 바뀔 수 있고, 무슨 사회·경제체제가 돌아가는지 이해하게 되었다. 그는 자신의 청소년기와 성인기 초반에 빈의 급격한 문화적·경제적 변화를 직접 목격했으며, 다른 지역에서 일어난 경제적인 진보를 글로 읽었다. 슘페터는 이를 누구보다 잘 이해했고 일찍이 이에 대한 글을 쓰기 시작했다.

성인이 된 슘페터는 경제 영역에서의 창조적 파괴가 몹시 파괴적인 방식으로 나타날 수 있음을 깨닫고 정치적 질서를 매우 높이 평가했다. 그는 기업가 정신을 지닌 엘리트가 다른 누군가로 교체된다면 사회 혼란이 발생하고, 자본주의의 엔진은 이내 멈출 것이라 확신했다. 그러므로 경제성장을 위해서는 정부의 지속적인 관리가 필요하며, 특히 강력한 법치와 사유재산이 확립되어야만 자본주의의 발전이 가능하다고 봤다. 슘페터가 판단하기에 최상의 미래는 비당파적인 관료 조직과 대중이 의문을 제기하지 않을 정도로 합법성을 지닌 상징적 리더십하에서만 실현될 수 있었다. 합스부르크 제국에는 이 모든 장점이 있었다. 그러나 이 나라는 국경 안에서 여전히 계속되는 민족주의운동과 경제적 근대화에 대한 저항에 부딪혔다.

의회 안에서의 끊임없는 혼란 역시 제국에 피해를 입혔다. 의회는 슘페터가 사는 곳에서 불과 27미터 떨어진 도로에 있었다. 그곳에서 입법부인 의회는 보드빌쇼의 테너 역할이나, 한 역사가가 묘사한 바와 같이 "정신병원" 같은 곳이었다. 베를린에서 온 한 여행자는 "누구나 의회에 가서 공짜 오락거리를 즐길 수 있다"고 말했다. 의원들은 서로 인신공격을 해댔고 빈 시민은 이 촌극을 감상할 수 있었다.[22]

날이 가고 해가 져도 의회에서 벌어진 토론은 결의안 없이 지연되기만 했다. 의원들은 의회당에서 상대방에게 욕설을 퍼붓는 데 긴 시간을 쏟았다. 마크 트웨인은 1897년 빈에 방문할 당시 이 수많은 욕설을 기록했다. 예를 들면, "이런 싸구려 술집에 사는 놈!" "너는 유다다!" "갈봇집이나 지켜라!" "동독의 썩은 고기야!" "기생충 같은 자식!" "허풍쟁이!" "너 유대인이지!" "술 취한 광대 같은 놈!" "갈봇집 포주!" "폴란드 사람의 두개골이 더 단단할까? 아니면 독일인의 두개골이?" "폴란드 개!"(이 마지막 말은 황제가 의장으로 임명한 사람에게 던진 욕설이다.)**23**

소란스러운 민족주의 투쟁은 빈 대학교 학생 간의 주먹다짐에서 찾아볼 수 있었다. 결투는 매우 흔한 일이었다. 결투의 목적은 상대방을 죽이는 것이 아니라 피 흘리게 하는 것이었다. 그들은 얼굴에 피를 내 눈에 띄는 상처를 남기기를 더 좋아했다. 반면 법정에서는 중상모략에 관한 재판이 급증했다. 보통 재판은 반유대인 기사나 가톨릭교회를 공격하는 이야기를 쓴 기자들의 무죄를 선고하면서 끝났다. 한 피고 변호인은 이 모든 말과 분노는 아무것도 의미하지 않는다고 변론했다. 이 격앙된 비방은 빈의 뜨거운 열기를 드러낸 한 방식이었고, 모두가 이를 잘 알고 있었다.**24**

여러 해가 지난 뒤, 슘페터의 친구들은 왜 슘페터가 듣는 사람을 불쾌하게 만드는 난폭한 말을 이따금 내뱉는지 도무지 알지 못했다. 슘페터의 일기장에는 다양한 분노가 적혀 있었다. 이는 그가 빈으로 돌아가 의미 없는 수사로 자신의 감정을 표출하는 것 같았다.

젊은 시절의 슘페터는 예리한 재치를 섞어가며 멋지게 대화를 하는 사람으로 유명했다. 18세기의 새뮤얼 존슨, 19세기의 오스카 와일드, [20세기 미국 문화를 준엄하게 비평한 문예비평가인*] 헨리 멩켄, [미국의 유명한 시인이자 풍자작가인*] 도로시 파커 등 탁월했던 이야기꾼들처럼 슘페터도 사려 깊음과 빈정거림의 구분을 명확히 알았다. 그를 가르친 한 교수는 슘페터의 영리한 말솜씨를 두고, "신이 주신 위험한 선물"이라고 말했다. 슘페터의 학교 친구인 펠릭스 소머리는 "슘페터는 다른 사람의 자부심에 무척 거슬리는 존재였다"고 회상한다. 사람들은 그를 냉소적이라고 오해했고, 펠릭스는 "이 때문에 슘페터는 일생에서 많은 실패를 경험했습니다"라고 말한다. 결국 슘페터가 빈에서 익힌 모든 습관이 그에게 도움이 되지는 않았다.**25**

슘페터는 매년 의회에서 벌어지는 혼란을 목격하면서 정치를 불신하게 되었다. 독일과 오스트리아의 수많은 지식인처럼 슘페터는 특히 볼셰비즘을 혐오했다. 그는 볼셰비즘이 완벽한 기만이라고 생각했다. 슘페터는 더 나아가 민주적 정부하에서도 온갖 정치인이 유권자에게 영합하려 한다고 믿었다. 정치인들은 유권자에게 이익을 가져다주는 정책을 시행하기로 약속한 가운데 돈으로 선거에서 이겼다. 그들이 내건 정책은 결국 나라에 큰 손해를 끼칠 것들이었다.

슘페터는 의회 내 혼란을 대체할 수 있다는 조건하에 평화로운 선거를 갈망하는 엘리트주의적 성향이 있었다. 모든 정치체제 가운데 슘페터가 가장 칭찬을 아끼지 않은 나라가 영국이었다. 슘페터는 영국의 입헌군주제 그리고 상·하원의 양원제가 정부를 구성하는 최적의 방법이라고 여겼다. 슘페터는 [영국의 정치가·소설가로 보수당의 당수를 지냈던*] 벤저민 디즈레일리를 존경했지만, 그의 영웅은 [자유당 당수로 1868년 이후 네 차례 수상직을 맡았던*] 윌리엄 글래드스턴이었다. 그는 가난한 자에 대한 적절한 복지와 낮은 세율을 지지한 제국주의 정치가였다. 슘페터는 잘 훈련받고 정파와 관련 없는 영국의 공무원 조직을 부러워했다. 또 그가 느끼기에 영국의 모든 제도는 질서 있고 안정적이었다. 슘페터는 보수당의 에드먼드 버크가 "올바른 질서는 모든 선의 근본이다"라고 말한 바에 공감했다.**26**

그러나 대영 제국과 수많은 민족이 모여사는 오스트리아-헝가리 제국은 매우 달랐다. 대부분의 영국 재산은 단일 민족의 본토와는 멀리 떨어진 해외에 있었다. 따라서 질투심 많은 인종 집단이 작은 공간에 북적이며 가방 속의 구슬들이 부딪치는 것처럼 시끄럽게 충돌해도 결코 폭발하지 않았다.**27**

슘페터 자신도 빈으로 밀려들어온 거대한 이주민 무리 가운데 한 사람이었다. 그의 친구들은 슘페터가 외견상 냉담해보여도 이를 그의 본모습으로 받아들일 만큼 어리석지 않았다. 펠릭스는 그 이유를 테레지아눔의 교육 때문이라고 주장하면서, "빈의 테레지아눔에서는 모든 학생에게 공부에 전념하라고 가르치지만, 결코 개인적인 집착을 갖지는 말라고 합니다. 모든 모임이나 이데올로기에서 게임의 법칙은 철저하게 배우는 것일 뿐, 직접 모임에 가입하거나 독단적인 견해를 가지는 것으로 이어져선 안 된다는 것입니다. 이런 점에서 슘페터는 극좌에서 극우를 아우르는 정치적 게임을 즐기는 거장이었습니다"라고 말한다. 나이가 들어가면서 슘페터는 친절하고 예의 바른 사람으로 성장했다. 그는 이러한 태도가 자신의 진정한 생각을 남들에게 드러내지 않게 하는 방법이라고 생각했다.[28]

슘페터는 빈 대학교에 입학할 당시만 해도 그동안 목격하거나 책에서 읽은 유명한 음악가와 예술가같이 자신도 유명인사가 되리라 다짐했다. 그렇지만 당시 슘페터에게는 예술가나 음악가의 재능이 없었기에 그가 정확히 어떻게 다짐을 이루려 했는지 분명치 않다. 그러나 그에게 불과 몇 년 안에 어떻게 자본주의가 세상을 바꾸는지에 대한 비전이 만들어지면서 답이 나왔다. 즉 슘페터는 예술가적 지식인이 되고 싶었던 것이다. 그는 반에서 최고의 학생으로 인정받으며 경제학계의 미켈란젤로, 사회과학계의 다재다능한 레오나르도 다빈치로 거듭났다. 슘페터의 제자 새뮤얼슨은 나중에 이렇게 말한다. "슘페터 교수님은 최고가 되려고 노력했습니다. 그리고 늘 최고였습니다." 이러한 슘페터의 야심은 십 대 후반부터 시작됐다. 낭만적인 기교와 명사가 넘쳐나는 빈의 문화 속에서 말이다.[29]

프란츠 요제프 황제. 그는 1916년 여든여섯 살의 나이로 세상을 떠날 때까지 68년이나 제국을 다스렸다.

빈의 제국 의회. 링슈트라세를 따라가면 높은 탑이 있는 매우 화려한 시청 건물이 보인다. 밑으로 빈 대학교가 있다. 이 건물들 앞에는 어린 슘페터가 테레지아눔으로 등하교하면서 타고 다닌 시내 전차와 철길이 보인다.

왼쪽_ 켈러 가족은 이 커다란 건물의 한 층 전체에 살았다. 19세기 후반에 지어진 이 건물은 면세였고, "임대 궁전"이라 불렸다.

아래쪽_ 켈러의 아파트 앞에서 바라본 빈 의회의 뒷모습이다.

제3장

경제학을
배우다

"나에게 정치경제학자, 청렴한 개혁가, 기술자를 달라.
그러면 성자와 성녀, 유물과 기적을 안겨줄 것이다."
— 찰스 킹즐리, 『누룩Yeast』, 1848

빈은 슘페터의 지적 욕구를 충족시킬 유일한 도시였다. 1901년 그는 8년간의 테레지아눔 교육을 마치고 어머니, 의붓아버지와 함께 살았던 집에서 몇 블록 떨어진 거리에 있는 빈 대학교에 들어갔다. 그가 태어난 바로 다음 해인 1884년에 새로이 단장한 빈 대학교가 문을 열었다. 교정에는 정교하게 장식한 거대한 조각상들이 새롭게 들어섰다. 그 뒤에도 몇십 년간 여러 건물이 새로 들어섰지만 당시 슘페터가 지나다녔던 복도는 변하지 않고 거의 옛날 모습 그대로며, 합스부르크 제국의 통치자, 학계 권위자의 조각상과 흉상들이 공간을 차지하고 있다. 내부 뜰에 있는 기둥에는 유명한 교수들의 초상이 조각되어 있으며 그 가운데 슘페터의 스승들도 찾아볼 수 있다.

테레지아눔에서도 그랬듯이 슘페터와 그의 동료들은 오늘날 대학생이 배우는 것보다 훨씬 어려운 교육 과정을 거쳤다. 더군다나 요즘 학생들이 평균

위쪽_ 빈 대학교 전경. 14세기에 세워졌고 1884년에 재건축했다. 거대한 학문의 요람으로 그에 걸맞은 이탈리아 르네상스 양식에 따라 지은 건물이다. 슘페터는 1901년부터 1906년까지 이 대학을 걸어다녔다. 집은 대학에서 가까운 국회의사당 뒤에 있었다.

아래쪽_ 오늘날 대학 건물 안의 복도 전경. 왼쪽에 보이는 청동기둥에 슘페터의 스승인 비저와 뵘바베르크 그리고 세 사람의 멘토인 멩거의 얼굴상이 조각되어 있다. 이에 반해 오른쪽에 있는 흉상들은 대부분 자연과학 교수들을 기리기 위한 것이다.

적으로 일주일에 12~15시간 정도를 교실에서 보내는 반면, 슘페터는 그 당시 보통 25~35시간 정도 수업을 받아야 했다. 강의는 보통 아침 7시에 시작해 저녁 8시에나 끝났으며 가끔씩 새벽 6시 15분에 시작할 때도 있었다. 대부분 특권층의 자제들이었지만 슘페터같이 진지하게 수업에 임하는 학생들도 있었다. 그가 초점을 두고 열심히 공부한 과목은 법학, 경제학, 역사학이었다.[1]

링슈트라세를 따라 거대한 공공 건물 사이에 위치한 빈 대학교의 1차 목표는 교육을 통해 제국을 관리할 사람들을 기르는 일이었다. 법학과를 졸업한 학생 절반 이상이 공무원으로 취업하게 되며 교수들도 마찬가지였다. 이러한 영광을 얻는 데에는 황제의 승인이 필요했다. 취임식에서 교수들은 제복을 입고 황제와 함께 청중 앞에 모습을 드러냈다(슘페터는 성인이 되고 나서 이러한 재미있는 경험을 했다). 당시 교수들은 오늘날보다 높은 지위를 누렸고, 지금처럼 현실과는 동떨어진 상아탑식의 교육 과정은 별로 없었다. 그들은 학술 연구 외에도 유명 언론에 글을 썼으며 휴가 때에는 관료로 활동하기도 했다.[2]

유럽의 다른 대학과 마찬가지로 빈 대학교 경제학과 교수들은 법과대학에 소속되어 있었다. 따라서 1906년에 받은 슘페터의 학위는 경제학이 아니라 시민법과 로마법이었다. 이는 슘페터가 정치학과 역사학에 대한 감각을 익히는 데 상당한 도움을 줬다. 그는 잠시 변호사로도 활동했는데, 이는 사업에 대한 실무 경험을 넓히는 데 도움이 되었다.

20세기가 시작되자 독일어를 쓰는 대학들이 전 세계의 자연과학과 사회과학 분야를 이끌기 시작했다. 당시 빈 대학교는 경제학 분야에서 손가락에 꼽히는 세계 3, 4대 명문 가운데 하나로 슘페터가 머지않은 장래에 경제학적 재능을 발견하는 데 도움을 준 곳이라 할 수 있다. 슘페터는 역사학과 사회학을 더 좋아했으나, 곧 경제학이 여러 학문 영역을 통합해 질서를 가져다주는 데 중요한 역할을 할 가능성을 찾았다. 그는 "한 가지 기억할 점은 경제학은 오래된 틀을 거의 벗어나지 못한 새로운 학문"이라고 말했다. 당시만 해도 변호사 같은 직종에 있는 사람들은 요즘처럼 자신을 전문가라고 생각하지 않았다. 대신에 그들은 사회를 개혁하겠다는 의도로 정치경제학자의 길로 들어서기 시작했다.[3]

경제학은 수천 년 넘도록 수많은 학자가 연구해온 법학에 비해 크게 뒤쳐져 있었다. 법에 대한 유명한 책인 『영국법 주해Commentaries on the Law of England』의 주인공 윌리엄 블랙스톤 경은 애덤 스미스와 동시대 인물로 스미스가 탄생했던 1723년에 태어났다. 하지만 블랙스톤의 『영국법 주해』가 지적 수준에서 완전히 무르익은 최고봉이었던 반면, 스미스의 『국부론』은 경제 분야를 통합했다는 차원에서 볼 때 지금 막 태동한 첫 책에 불과했다. 경제학이 아닌 수사학과 윤리학 교수였던 스미스의 『국부론』은 1776년에 나왔다.(그 당시엔 경제학 교수가 거의 없었다.) 이 책에서 스미스는 이제까지 주로 언급되었던 고도로 발전한 기계산업이나 대기업 문제가 아니라 소규모 공장과 영세 상인의 세계를 설명했다.

『국부론』이 출간된 뒤 경제학 연구가 탄력받기 시작했다. 정치경제학자들은 19세기 내내 정부와 사회복지, 관련 제도의 본질을 다룬 책을 쏟아냈다. 그들은 사회주의(노동 문제), 금본위 제도(금융 문제), 자유무역과 보호무역에 관해 논쟁하면서 때로는 찬성하거나 반대 의견을 펼쳐나갔다. 이러한 경제 문제를 둘러싼 치열한 논쟁은 1880년대 경제학이 학문으로 인정받기 시작한 뒤에도 계속되었다. 빈 대학교에서는 정책에 대한 관심은 다른 곳보다 훨씬 덜 했다. 빈 대학교의 오스트리아학파[1870년대 오스트리아 빈 대학교를 중심으로 한계효용이라는 개념을 통해 상품가격을 설명하는 학설을 지지하는 학자들이 만든 집단이었다. 주관적·개인적 입장에서 경제 현상에 접근한다는 특징이 있다. 이 학파는 그 당시 독일에서 지배적 위치에 있던 구스타프 폰 슈몰러의 역사학파와 맞서 방법론을 둘러싸고 격렬한 논쟁을 벌임으로써 확고한 기반을 구축했다*] 지지자들은 정치적 사안에 대한 집착을 줄이고 정책상의 엄격한 규제를 주장했다.[4]

하지만 정치적 사안에 대한 집착을 줄이는 게 쉬운 일은 아니었다. 이미 오래전부터 그러한 이데올로기에 젖어 있었지만 학계, 기업, 정부 등에 있는 3만 명이 넘는 경제학 박사가 여전히 경제와 정치를 혼합하려는 습관이 오늘날까지도 계속되고 있다. 그렇지만 정치에 대한 집착은 슘페터가 "과학"이라고 생각하는 경제학의 개념과 부딪칠 수밖에 없었다. 과학으로서의 경제학이란 특정한 이익으로부터 벗어나 지식을 자유롭게 만들어 대중의 논쟁에 답을 줄 수 있으면서도 철저히 중립성을 지향하는 학문이어야 한다는 것이다. 평생에 걸쳐 슘페터는 경제학자가 전문적 토의에 정치를 개입시키는 순간 경제학의 과학적 온전함이 오염된다고 믿었다.

슘페터의 대학 시절만 해도 지금은 굉장히 유명하지만 마르크스와 사회주의를 옹호하는 제자들의 업적은 별로 조명받지 못했다. 슘페터가 등장하기 이전까지만 하더라도 마르크스는 어떤 경제학자보다 끊임없이 변화하는 자본주의의 역동성을 중요하게 생각했다. 이는 마르크스의 가장 큰 업적이었고 슘페터는 지대한 영향을 받았다. 하지만 마르크스는 결국 자본주의의 "피할 수 없는" 결과라고 부른 근거 없는 결론을 내렸다. 그가 예측했던 "프롤레타리아 독재"와 "국가 쇠퇴"는 일어나지 않았다. 그렇더라도 마르크스주의가 정통 이론에 커다란 영향을 끼친 것은 부정할 수 없다. 마르크스주의는 자본주의와 배치되는 대표적인 경쟁 이론이 되었다.

빈 대학교에 입학했을 때 슘페터는 경제학에 접근하는 데 중요한 세 가지 연구법이 있다는 것을 알게 되었다. 그중 첫 번째는 '고전경제학파'에서 나왔다. 이 학파는 애덤 스미스가 창시한 뒤 데이비드 리카도를 비롯해 그의 많은 추종자가 발전시켰다. 이러한 고전경제학 이론을 집대성한 것이 바로 존 스튜어트 밀의 『정치경제학의 원리Principles of Political Economics』(1848)다. 고전경제학자 대부분이 영국 학자였으며 그들은 정부의 공공정책에 깊은 관심을 보였다.

슘페터는 고전경제학파의 장점을 많이 발견했다. 처음 그는 스미스를 문학 작가 정도로 여겼다. 그러나 나중엔 『국부론』을 "현시대에 존재하는 모든 경제학 서적뿐만 아니라 찰스 다윈의 『종의 기원』을 제외한 모든 과학 서적 가운데에서도 이제까지 가장 성공한 책"이라고 극찬했다. 수사학 교수로 교단에 오랫동안 섰던 스미스 교수에게는 아주 어울리는 말일 수도 있다. 수많은 소비자 개개인의 동시 결정이 "공익"을 만든다는 "보이지 않는 손"은 경제학에서 최고의 은유적 표현으로 평가받아왔다. 『국부론』에서 스미스는 정부의 시장 개입을 반대했으며, 이러한 주장은 국가가 철저하게 경제를 규제하던 1776년에는 아주 적절한 메시지였다.[5]

스미스같이 슘페터도 시장의 미덕을 절대적으로 믿고 있었다. 하지만 공공 정책에 대한 고전경제학자들의 고정관념에 대해서는 반대했고 그들이 산업화에 대해 매우 무지하다고 점차 생각했다. 물론 스미스의 『국부론』이 대단한 경제학 고전이지만 그가 묘사했던 경제 상황은 대부분 산업화 이전의 모습이었다. 영국 고전경제학파의 이론 체계를 완성한 리카도가 1820년대에 펴낸 책을 보고 슘페터와 동료들은 그 속에 잠재해 있는 고전경제학파의 잘못된 주장들을 발견했다. 식량 생산 분석가로 유명한 리카도는 "농부들은 그들의 가장 좋은 토지를 제일 먼저 경작하고, 그다음으로 좋은 토지를 그리고 가장 좋지 않은 토지를 제일 마지막으로 경작한다. 이것이 그들이 최고의 수확량을 얻을 수 있는 최고의 방법이기 때문이다"라고 주장했다. 이렇게 타당한 근거를 바탕으로 그는 수확량이 늘어났을 때 나타나는 "수확체감의 법칙 diminishing returns"이라는 일반 이론을 끌어냈다.[6]

하지만 생산물에 대한 설명에서 그가 제기한 이론은 틀린 경우가 많았다. 리카도가 자신의 주장을 내세우고 있을 때 산업혁명은 점점 빠른 속도로 진행되기 시작했다. 리카도의 이론처럼 제조업자들은 수확체감으로 손해를 보고 있는 것이 아니라 수확 증가로 이득을 얻고 있었다. 현대식 방직공장이 천을 더 많이 쓸 수록 직물생산비도 더 싸졌고, 소비자가도 낮아졌다. 훗날 슘페터는 농산물에서만 타당하게 적용되는 원리를 이와는 완전히 다른 맥락이라고 할 수 있는 공공정책에 무차별적으로 적용한 일을 두고 "리카도식 악덕Ricardian vice"이라고 표현했다. 심지어 때때로 "죄"라는 단어를 쓰기도 했다.[7]

슘페터는 19세기 중반 영국 고전경제학자들이 자본주의를 "상상력이 전무한" 상태에서 바라봤다고 비난하면서 이전 관습을 버리지 못했다고 꼬집었다. "이 학자들은 이제까지 목격할 수 없던 경이로운 경제 발전의 문턱에만 머물러 그 이상을 내다보지 못하고 있다. 바로 그들의 눈앞에서 엄청난 가능성이 현실에서 열매를 맺고 있다. 그럼에도 불구하고 그들은 빵 한 조각의 생계 때문에 몸부림치며 눈앞의 비좁은 경제학밖에 보지 못하고 있다." 따지자면 "그들은 모두 정체주의자였다." 슘페터는 심지어 그들 가운데 가장 낙천적이었던 밀에 대해서도 "자본주의라는 생산 동력이 우리에게 무엇을 안겨다줄지 전혀 아는 바가 없는 학자"라고 비난을 퍼부었다.[8]

슘페터의 생각에 많은 영향을 끼쳤던 두 번째 연구방법은 독일 역사학파를 통해서 이뤄졌다. 그는 다양한 산업과 제도의 상세한 역사를 적어가며 경제학을 공부했다. 베를린을 중심으로 세력을 넓혀나간 이 학파의 영향력은 역사학파의 스타라고 할 수 있는 구스타프 폰 슈몰러▼로부터 시작되었다. 슘페터는 슈몰러를 이렇게 극찬했다. "그는 넘치는 에너지, 활기찬 영혼, 일을 수행하는 뛰어난 역량뿐만 아니라, 남다른 전략과 조직력 등을 고루 갖춘 뛰어난 리더였다." 슈몰러는 연구 논문을 발표하기 위해 직접 관련 저널을 냈으며 일련의 역사 서적 출판을 후원하는 데 앞장섰다. 슈몰러와 그의 역사학파 동료들은 경제학자가 공공정책을 수립하는 데 적합한 역할을 담당해야 한다고 강조했다.[9]

슘페터는 역사를 굉장히 좋아했지만 역사학파와 마음에 맞지 않는 큰 문제가 있었다. 그는 이 학파가 경제 이론을 잘못 설명하고 있다고 생각했다. 아무리 논문이 역사적으로 잘 짜여 있다고 해도 보편타당한 이론이라고 단정할 수는 없다고 느꼈기 때문이다. 일관된 이론으로 성립되기 위해서는 먼저 일반적인 가설과 계획을 세운 뒤 여러 검증 과정을 거쳐 견해를 유지하고, 조정하며, 다시 없애야만 했다. 역사학파의 일원이 이러한 일들을 꺼려한 것은 그들이 때로 사소한 일에 시간을 보내고 있음을 의미했다.[10]

하지만 결코 그들의 노력이 무의미하다는 것은 아니다. 사회과학의 위대한 인물 중 한 사람인 막스 베버가 독일 역사학파에서 배출되었다. 그가 남긴 수많은 중대한 업적 가운데 하나가 『프로테스탄티즘의 윤리와 자본주의 정신』이다. 이 책은 서구 자본주의 성립기에 역사 발전의 추진 세력으로서 진보적 역할을 수행한 소생산자[자기의 생산수단과 노동력으로 사회적 생산에 참가하는 사람*]층의 정신적 분위기에서 자본주의 정신의 이상형을 추출해내고, 그것을 그들의 종교와 결부시킨 데서 나왔다. 위대한 학자였던 그는 실증적인 자료가 뒷받침된 방대한 명제를 많이 내놓았다. 베버는 슘페터보다 나이가 열아홉 살 많았으며 슘페터는 그를 존경했고 이따금 일도 같이했다. 하지만 베버는 경제학자가 아니라 사회학자였다. 그는 슘페터의 빈 대학교 스승이 주도하는 오스트리아학파와 독일 역사학파 사이에 방법론을 놓고 서로 투쟁하는 가시밭길 속으로 자신의 몸을 던지지 않았다.[11]

세 번째로 유명한 경제학자 집단인 오스트리아학파는 대학 시절 동안 슘페터의 사고에 커다란 영향을 끼쳤다. 이 학파의 주장 가운데 가장 중요한 점은 혁명적인 새로운 이론이라고 할 수 있는 "한계주의marginalism"로, 일상생활에서 소비자와 생산자는 그들 스스로 선택의 범위를 결정한다는 것이다. 한계주의는 공공정책을 강조하기에 앞서 생산자와 소비자 개개인이 그들의 소비재와 생산방법을 어떻게 특별히 택해 최대한 잘 행할 수 있는지 보여준다. 19세기의 마지막 30여 년 동안 이 이론은 경제학의 기반을 송두리째 흔들어놓았으며 나아가 신고전경제학 혁명의 시작을 알렸다.[12]

새로운 사상의 선구자는 각기 다른 세 나라 출신의 경제학자로, 이들은 바로 프랑스 출신인 스위스의 레옹 발라▼, 영국의 윌리엄 제번스▼, 오스트리아의 카를 멩거▼였다. 이들 가운데 멩거는 슘페터의 일생 동안 강력한 영향력을 끼쳤다고 할 수 있고, 발라는 훨씬 오랫동안 큰 영향을 끼쳤다. 슘페터가 빈 대학교에 다니는 동안 멩거의 사상을 비롯해 그의 제자들이 경제학의 새 분야들을 지배했다. 하지만 멩거는 1903년에 교직에서 물러났으며 슘페터를 가르치지는 않았다.[13]

슘페터는 멩거보다 발라를 더 중요한 경제학자로 평가했다. 그가 "균형 이론Equilibrium Theory"에 관한 선구적인 업적을 이뤘기 때문이다. 즉 경제적 추론에서 가장 중요한 원리 가운데 하나는 모든 것이 서로 다 연결되어 있다는 점이다. 예를 들어 만약 가격이 오른다면 소비자의 구매는 줄어들 것이고(즉 수요가 줄어든다), 이는 새로운 균형을 가져온다. 발라는 이 개념을 확장하고 수학적으로 뒷받침했다. 훗날 슘페터는 "발라는 우리 경제학 역사상 처음으로 경제적 생산량의 상호작용에 관해 순수논리학을 아우르는 질서정연한 청사진을 제시했다. 그의 균형 이론에 대한 수식 체계는 경제학 이론의 대헌장이라고 할 수 있다. 또 한계주의 없이는 균형 이론의 완전한 발전은 거의 불가능했을 것이다"라고 썼다.[14]

전반적으로 한계주의는 가치 이론, 상품가격, 소비자와 생산자 간의 관계 등의 경제 문제를 분석하는 데 있어서 획기적인 방법으로 자리잡았다. 멩거는 특히 마지막 문제, 소비자와 생산자와의 관계 분석에 대한 직관력이 뛰어나, 이러한 심리학적 통찰력을 소비자 선호도("효용성") 분석에 적용했다. 커다란 키에 얼굴을 뒤덮을 듯한 긴 턱수염을 한 뛰어난 이론가이자 잊을 수 없는 스승인 오스트리아학파의 멩거는 독일 역사학파에 대항해 수십 년에 걸친 혹독한 싸움을 시작했다.[15]

멩거는 대학 시절 슘페터에게 많은 영감을 줬기 때문에 그의 사상은 자연스레 슘페터가 연구의 틀을 잡는 데 큰 영향을 미쳤다. 슘페터가 가장 좋아했던 스승 가운데 한 사람은 멩거의 후임자인 프리드리히 폰 비저▼ 교수였다. 왜냐하면 비저가 슘페터 자신이 생각하는 경제학에 가장 근접한 사람이라고 판단했기 때문이다. 비저는 멩거 사상의 본질을 표현하기 위해 오늘날의 경제학 용어인 "한계효용·marginal utility"과 아주 비슷한 용어를 썼다. 비저는 또한 경제학의 핵심 원리라고 할 수 있는 "기회비용·opportunity cost" 이론의 선구자 가운데 한 사람이기도 했다(이 이론은 간단히 말해서 만약 당신이 1달러 혹은 1시간을 어딘가에 쓴다면, 당신은 그것을 다르게 쓸 기회를 잃게 된다는 것이다).**16**

슘페터의 스승 가운데 가장 중요한 사람은 멩거의 제자로 오스트리아 제국의 재무부장관을 세 번이나 역임한 뒤 빈 대학교의 교수가 된 오이겐 폰 뵘바베르크▼였다. 그는 논쟁에서 놀라운 능력을 발휘했는데, 슘페터가 "날카로운 메스·sharp scalpel"라고 부를 정도였다. 뵘바베르크의 주장을 받아들인 슘페터는 "심지어 그의 많은 적대자조차 인간이 인간에게 표할 수 있는 최고의 찬사를 보냈고, 그와 토론을 벌인 것을 부끄러워할 정도로 경이로운 달변가"라고 칭찬했다.**17**

1880년대에 뵘바베르크는 두 권의 책을 냈는데, 두 권 모두 마르크스를 비판한 것으로, 이로 인해 그는 유럽에서 유명인사가 되었다. 1905년에 슘페터는 마르크스에 대한 뵘바베르크의 세미나에서 참석하면서, 자본주의에 대한 시각을 깊이 있게 만드는 중요한 경험을 했다. 그 뒤 슘페터는 이 대단한 경제학파의 일원이 되는데, 여기에는 막강한 경력의 소유자인 오토 바우어▼, 루돌프 힐퍼딩▼, 에밀 레더러▼, 루트비히 폰 미제스▼ 등 4명이 동참했다. 이들은 모두 유대인이었고 특히 바우어, 힐퍼딩, 레더러는 마르크스주의자였다. 이들과 반대로 미제스는 그의 우수한 제자인 프리드리히 폰 하이에크와 함께 뛰어난 저술들을 발표하면서 20세기의 가장 영향력 있는 자유시장의 원칙주의자로 자리잡게 된다. 슘페터는 보수주의에 관한 명확한 시각을 지닌 채, 자기

왼쪽_ 카를 마르크스(1818~1883). 슘페터의 연구에 중요한 영감을 줬으며, 자본주의와 사회계급에 대한 생각을 그의 사고 속에 심어준 인물이다.

오른쪽_ 카를 멩거(1840~1921). 오스트리아학파 설립자. 한계주의 혁명의 선구자. (그림에서도 나타나듯이) 강한 개성의 소유자다.

만의 스타일을 추구하는 보수주의자였다. 그는 몇 년 뒤 이렇게 언급했다. "보수주의는 인간 가치의 손실을 최소화한 채로, 현 사회체제가 다른 사회체제로 바뀔 수 있게 해주는 개념이다."[18]

마르크스 이론에 대한 세계적 권위자인 뵘바베르크가 주관한 세미나에 참석한 매우 우수한 다섯 학생이 있었다. 이들이 서로 나눈 이야기는 슘페터의 인생을 완전히 바꾸는 중요한 계기가 된다. 이후 슘페터는 마르크스가 이룩한 학문적 업적을 놓고 계속해서 자신과 토론을 벌였고, 사려 깊은 통찰이 담긴 글을 통해 마르크스를 비판했다. 훗날 이에 대해 폴 새뮤얼슨이 언급했듯이 슘페터가 마르크스에 대해 늘어놓은 칭찬들, 예를 들어 "풍부한 학식, 대담한 예측 그리고 역동적인 시각"이라는 등의 말은 슘페터 본인을 향한 칭찬이기도 했다. 그러나 새뮤얼슨은 슘페터가 정치적으로 좌파가 아니라는 것

왼쪽_ 프리드리히 비저(1851~1926). 빈 대학교에서 멩거의 이론을 계승했다. 슘페터의 중요한 스승 가운데 한 사람으로 슘페터의 생각과 가장 일치했던 경제학자였다.

오른쪽_ 오이겐 뵘바베르크(1851~1914). 슘페터의 멘토이자, 후원자, 본보기였으며 비저의 처남이었다. 세 번이나 오스트리아 공화국의 재무부장관을 지냈다. 사진은 그가 공무원복을 입은 모습이다.

을 잘 알고 있었다면서 "그는 나의 스승 가운데서 마르크스 경제학과는 본질적으로 거리가 먼 경제학을 가르친 사람이었다"라고 말하기도 했다.[19]

  오스트리아학파는 훗날 사회주의를 강하게 거부하는 학파로 유명해졌고, 경제활동에서 어떤 형태로든 정부의 개입을 반대하는 학파로 알려지게 되었다. 슘페터는 항상 자신을 보수주의라 불렀지만 그는 미제스, 하이에크, 그외 다른 오스트리아학파 내 사람들처럼 극단적인 수준까지 정부의 개입을 반대한 것은 아니다. 대신에 그는 영국 고전경제학파, 독일 역사학파, 오스트리아학파 그리고 마르크스의 자본주의 분석 등 모든 중요한 접근법을 받아들였다. 결국 자본주의를 가장 철저하면서도 정확하게 분석한 사람은 고전경제학자들이 아니었다. 그렇다고 마르크스도 아니었으며, 독일 역사학파나 멩거, 영국의 신고전경제학파도 아니었다. 바로 슘페터 자신이었다.[20]

그는 자본주의에 대한 자신의 이론을 견고하게 정착시켰으며, 무엇보다 자본주의란 단순한 경제 제도가 아님을 강조했다. 1914년에 그는 이렇게 썼다. "우리가 자주 쓰는 자본주의라는 용어는 다양한 해석이 가능한 제도다. 단순히 과학적·정치적·도덕적인 것일 뿐 아니라 사회학적·사회심리학적·문화적·역사적인 것을 넘어 과학 영역으로까지 해석이 가능하다." 슘페터는 이처럼 폭넓은 해석을 통해 얻은 교훈을 합쳐서 아주 일관성 있는 진정한 자본주의 이론을 만들어냈다. 하지만 그러한 이론을 완성하는 데에는 수년을 요할 정도로 긴 시간이 필요했다. 또 그는 경제학에 수학을 접목시켜 그야말로 정확한 경제학 이론을 만들어내고자 야심 가득하면서도 불가능한 싸움을 계속해나갔다.[21]

슘페터가 이제 막 시작된 한계주의라는 건물의 1층에 들어설 수 있었던 건 행운이었다. 왜냐하면 (부분적으로 수학적이긴 하지만) 한계주의라는 접근법이 산업자본주의가 막 일어나던 시기에 시작되었기 때문이었다. 예를 들어 멩거는 재빠르게 변하는 국제무역, 주가변동 같은 새로운 움직임을 심오한 시각으로 열심히 연구했다. 그는 1871년 출간된 자신의 독창적인 책 첫머리에 이렇게 썼다. "지금 우리의 경제적 이득을 볼 때 이보다 컸던 시기는 결코 없었다. 또 지금보다 경제 사정을 이해하는 데 과학적인 기초가 정말 필요하다고 절실히 느꼈던 때는 없다. 더군다나 모든 영역에 걸쳐서 인간에게 과학이 이제까지 이룩한 업적을 이용할 능력이 절실히 요구되었던 시기도 없었다."[22]

멩거, 제번스, 발라 등 한계주의의 개척자들은 유럽에서 떠오르는 당대 기업 경영의 실력자였다. 그들은 미국의 앤드루 카네기, 존 록펠러, 마셜 필드▼, J. P. 모건▼, 제이 굴드▼, 제임스 힐▼, 구스타브 스위프트▼와 비등할 정도의 기업가로 이름을 날렸다. 유명한 한계주의 개척자 10명 가운데 3명은 경제학자

뵘바베르크의 마르크스 강의에 참석했던 슘페터의 동료들(제일 위부터 시계 방향으로): 제자인 하이에크와 함께 왕성한 저술활동을 통해 20세기의 "자유시장" 경제학을 이끈 미제스, 사회주의 이론가이자 작가, 오스트리아 공화국 최초의 외무부장관을 지낸 바우어, 사회주의 경제학자로 1923년, 1928~1929년 독일 재무부장관을 지낸 힐퍼딩, 경제학자·사회주의 학자로 일본, 독일, 미국 등지에서 유명한 교수로 활약했던 레더러

로, 나머지 7명은 기업가가 되었는데 그들은 모두 1834~1840년 사이에 태어나서 나이가 비슷했다. 한계주의 이론가와 기업 선구자들이 서로 어떻게 영향을 미쳤는지에 대한 증거는 거의 없다. 그러나 훗날 슘페터가 언급했듯이 "이론은 상관습商慣習을 관찰하는 과정 속에서 자라난다."[23]

경제학자와 기업가들이 한계주의 이론을 어떻게 잘 응용했는지를 보여주는 한 사례가 있는데, 바로 모든 경제학자가 가장 중요한 주제로 생각하는 가치 이론이다. 물론 이 이론은 일상적인 경영활동에서도 중요하다. 특정한 상품 또는 서비스의 가치를 결정하는 것은 정확히 무엇인가? 무엇이 그런 가치가 있는 것일까? 어떠한 가격에 팔아야 할까?[24]

모든 상품에는 시장의 힘뿐만 아니라 사회 지도층, 성직자, 동업조합에 따라 결정되는 "적정가격just price"이 있어야 하는 것일까? 오늘날과 비교해보면 아주 이상해 보일 것이다. 적정가격은 성직자 토마스 아퀴나스나 중세의 다른 위대한 철학자들이 어렴풋이나마 해답을 내린 바 있다. 이러한 해답은 지난 수백 년간 막강한 힘을 떨쳤다. 가톨릭과 개신교도들을 불문하고 기독교 국가에서 특히 그랬다. 행정 당국은 사실 몇몇 상품의 가격을 정했다. 그러나 공정하지 않게 정한 적정가격으로 교회의 위상이 떨어졌으며 매우 지나치거나 적게 돈을 받는 상인들로 인해 천민이 많이 생겨났다.[25]

하지만 17, 18세기 들어서 적정가격의 개념은 상업적 현실을 지배하기 시작했고, 특히 경쟁이 심한 시장에서 거래되는 상품에서 그러했다. 결과적으로 가격과 가치를 현실적으로 생각하는 방법이 생겨나기 시작했다. 명백하면서도 유익했던 접근법은 모든 노동과 상품 생산에 소요된 온 재료와 노동비용을 더하고, 여기에 이윤을 내기 위해 적절한 비율을 덧붙이는 것이다. 이러한 결과물이 바로 적정가격이다.

상품가치는 그 상품을 생산한 노동에 따라 만들어진다는 노동가치설은 영국 고전경제학파를 따르는 많은 이의 원칙이 되었다. 그러나 나중에 이러한 주장은 대부분 노동 이론에만 매달려왔던 마르크스 경제학과 관련을 맺게 된다. 분노 속에서 태어나 유창한 웅변력을 지닌 마르크스는 노동가치설을 이용해, 생산자는 계산된 가치보다 상품에 훨씬 높은 가격을 매겨 거대한 이득을 취하고 있다고 비난했다. 그러나 마르크스의 이론은 발라, 제번스, 멩거가 지성계에 등장하면서 벽에 부딪치게 된다. 이 세 사람은 각기 개별적인 연구를 통해 상품가치에 대해 더 자세한 정의를 밝혀냈다. 그들은 연구의 초점을 생산자에서 소비자로 돌림으로써 비교적 간단히 목적을 이룰 수 있었다. 어떤 상품가치는 "주관적"(멩거의 언급)이다. 왜냐하면 상품가치는 각각의 상황에 따라 결정되기 때문이다. 따라서 모든 상품의 적정가격이란 개별 소비자가 특정한 시기에 얼마를 내느냐에 달려있다는 것이다. 그 이상도 그 이하도 아닌 가격에서 말이다.[26]

결국 이 생각은 왜 소비자가 같은 가격으로 다양한 종류의 상품과 서비스 가운데 하나를 택하는지를 설명해준다. 소비자는 영화 티켓을 살 수도 있고, 여관방에서 자거나 향수 한 병, 괜찮은 모자 하나, 못 한 통을 사는 등 다양한 선택을 할 수 있다. 이러한 상품들은 적정가격이 없다. 노동가치설이 정의한 바에 따라 가치가 매겨지더라도 말이다. 그러나 특정한 시간에 개별 소비자는 당연히 이 상품과 서비스에 대해 똑같은 소비욕구를 갖는다.

멩거는 소비자는 그들이 보유한 주식을 상황에 따라 바꾸듯이 각각의 상품에 할당했던 가치도 상황에 따라 바꾼다는 것을 입증했다. 꼭 수학적이지는 않더라도 그는 왜 소비자가 하루 먹을 충분한 식량이 있다면, 더 많은 식량을 쌓아두려는 욕구는 점차 줄어드는지 보여주는 간단하면서도 기발한 수적 도표를 만들었다. 반면 소비자는 처음에 음식보다는 상대적으로 가치가 덜하지만 일단 충분한 음식을 손에 넣은 뒤에는 그 가치가 상승하는 담배를 계속 사고 싶을 것이다. "개인은 결국 어느 시점에는 음식을 먹는 욕구에 관한 충족, 담배를 피고 싶은 욕구에 대한 충족이 서로 평형하게 보조를 맞출 수 있도록 노력하게 될 것이다."[27]

계속해서 멩거는 다수의 소비자가 여러 상품을 대할 때 그의 이론이 어떻게 적용되는지를 보여줬다. 소비자의 욕구에서 열 번째 셔츠, 또는 열 번째 드레스는 명백히 첫 번째 것보다는 훨씬 덜 유용하고 따라서 가치도 훨씬 덜할 것이다. 그래서 소비자는 여유가 있다면 열 번째 셔츠나 드레스를 사는 대신 다른 것을 사는 데 돈을 쓸 것이다. 어떤 상품이나 서비스를 살 것인지에 대한 소비자의 선택은, 시간이나 장소에 따라 서로 다른 필요나 욕구에 달려 있다. 다시 말해서 상품이나 서비스의 한계효용을 고려한 뒤 결정된다.[28]

1909년 슘페터가 언급한 바와 같이, "한계효용은 그 사회가 어떠한 사회인지가 아니라 사회 속의 개인이 어떠한지에 따라 달려 있다. 빵의 경우 세계 혹은 자신의 국가에 얼마나 많은 양이 있느냐를 놓고 빵의 가치를 평가하는 사람은 아무도 없다. 모든 사람은 바로 개인 자신이 가진 빵의 양이 얼마나 되는가에 따라 효용을 비교해본다." 선택의 자유가 있는 모든 소비자는 그들이 사고 싶어하는 물건들을 택한다. 가격은 그들의 선호도에 따라 정해지고 소비자라는 집단이 기꺼이 지불하려고 하는 것에 따라 결정된다.[29]

사회주의와 공산주의 정권은 이러한 생각을 완전히 묵살했다. 대신 그들은 중앙정부를 통해 이루어진 가격설정 방식을 택했다. 하지만 자본주의 경제학자들은 새로운 생각에 사로잡히게 되었다. 적정가격과 노동 이론이라는 쇠고랑으로부터 벗어난 수천만 명의 개별 소비자는 그들의 지갑 사정에 따라 상품을 택할 수 있었다. 모든 상품의 가치는 돈을 어떻게 쓸 것인지, 그 선택에 따라 결정되기 시작했다. 슘페터는 이러한 현상을 설명하기 위해 "방법론적 개인주의methodological individualism"라는 용어를 만들었고 오늘날까지도 쓰이고 있다. 이는 개인이 판단의 주체일 뿐만 아니라 개인의 합리성은 완전하다고 판단되기 때문에 그 판단은 항상 정당성을 갖는다는 이론이다.[30]

소비자 분석은 생산자에게도 똑같이 강하게 적용되었다. 한계생산력설이 대표적이다. 이 이론을 통해서 경제학자들은 기업가가 이뤄내야 할 생산량 그리고 기업가가 자본, 원자재, 노동력을 어떻게 달리 나눠서 상품을 만들어내는 것이 가장 합리적인지를 알 수 있는 새 길을 열었다. 이 이론은 특히 많은 자본을 필요로 하는 산업을 분석하는 데 쓸모 있음이 입증되었다.[31]

예를 들어, 조그마한 손세탁소와 거대한 철강공장의 차이점을 생각해보자. 세탁에 필요한 비누, 물, 통, 빨래판 등과 같은 자재는 비교적 싸기 때문에 손세탁비 대부분은 노동에 대한 삯이 될 것이다. 겨울에는 사람들이 땀을 덜 흘리기 때문에 손세탁 서비스의 수요가 줄어들 것이다. 그러면 세탁소 주인은 일감이 줄었기 때문에 간단히 일꾼들을 해고시킴으로써 비용을 줄일 수 있다. 이에 비해 철강공장의 경우, 공장을 짓고 원자재를 사는 데 들어간 큰 비용은 장사가 잘 안 된다고 해서 쉽게 줄일 수 있는 게 아니다. 공장 설립에 필요한 대부분의 자본은 어디로부터 빌린 자본일 가능성이 높다. 그래서 공장주는 손세탁소 주인이 일꾼들을 해고시킨 것처럼 돈을 빌려준 채권자들을 해고시킬 수는 없는 노릇이다.

결론적으로 손세탁소 주인이 장사를 하는 데 드는 비용은 노동임금이 대부분을 차지한다. 셔츠 한 벌을 세탁하는 데 드는 비용은 얼마나 많은 셔츠를 세탁했는지와 무관하게 거의 같다. 하지만 철강공장은 다르다. 철강을 많이 만들수록 철강 생산에 추가로 들어가는 비용이 줄기 때문에 훨씬 비용이 줄어든다. 그래서 이 철강공장에서 배울 수 있는 논리는 일단 큰 공장을 세우고 가동하게 되면, 중간에 어떠한 방해도 받지 않고 계속해서 운영할 수 있다는 것이다. 이 원리는 "규모의 경제economies of scale"를 설명하는 이론에 가깝다. 규모의 경제란 산출량이 2배로 늘어날 때 생산비용이 2배보다 덜 늘어나는 때를 말한다. 다시 말해서 공장의 규모가 크면 클수록 더 많은 양의 철을 만들어낼 수 있고 생산 단가도 더 낮아진다. 생산비용이 낮을수록 생산자는 철강 한 단위당 가격을 더욱 낮게 잡을 수 있다.[32]

1890년 영국 케임브리지대의 유명한 경제학자인 앨프리드 마셜▼은 고전 경제학파 이론과 새롭게 등장한 한계주의 이론을 접목시켜 신고전경제학파를 창시했다. 그 뒤 두 세대에 걸쳐 경제교육상의 유명한 상투어가 된, "가위" 은유를 빌리자면, 마셜은 가격이 어떻게 해서 소비자효용(가위의 수요 칼날)과 특정 상품의 생산비용(공급 칼날)이라는 두 요인에 따라 결정되는지를 증명했다[종이를 자르는 데 가위의 윗날과 아랫날 모두가 필요하다는 사실에서 나온 은유다*].

소비자와 생산자 모두에게 적용되는 강력한 이론이면서 슘페터에게도 이해하기 쉬운 한계주의라는 생각은 쉽게 써먹기에는 어려운 구석이 있었다. 한 가지 예를 들자면 이 이론은 적정가격과 노동가치설에 있는 도덕적 호소력이 부족했다. 그리고 사업상 관행으로 볼 때 그 이론은 생산비용을 계산해내는 오래된 전통 방식에 어긋났다. 산업혁명의 회오리가 휘몰아치기 전만 해도 대부분의 사업가는 "고정"비용(철강공장에서는 건설비)와 "가변"비용(손세탁업자에서는 임금) 간의 차이점에 대해 모호한 개념을 갖고 있었다. 그들은 상식 그리고 경영하는 데 계산이 가능한 필요한 요소 몇 가지에만 의존했다. 그중 하나가 평균원가(평균비용)다.

철강공장이 하루에 철 4킬로그램을 만든다고 가정해보자. 공장의 용광로는 철 생산에 필요한 열을 발생시키기 위해 상당량의 연료를 필요로 한다. 그래서 처음 400그램을 만드는 데 필요한 비용은 10달러라고 하자. 하지만 일단 용광로가 충분히 뜨거워지면 공장 주인은 적은 연료만 더해 추가로 강철 제조가 가능하다. 그래서 두 번째 400그램의 제강비용은 평균 9달러로 줄어든다. 세 번째는 8달러, 마지막 열 번째 400그램의 제강비용은 1달러에 불과하다. 따라서 4킬로그램의 철을 만드는 데 쓰인 총비용은 10달러+9달러+8달러+7달러+6달러+5달러+4달러+3달러+2달러+1달러=55달러다. 평균비용을 계산하기 위해 이를 10으로 나누면 5.50달러가 된다. 그래서 생산자는 철 400그램당 생산가를 5.50달러로 계산하게 된다. 대부분의 제조업자는 지난 수백 년간 이러한 평균비용가격결정법에 의존해왔다.[33]

하지만 산업혁명 이후 평균비용가격결정법은 상품을 대량 생산하는 제조업자나 소비자를 상대로 더 이상 설득력을 갖지 못했다. 평균비용가격결정법을 쓴다면, 제조업자는 소비자가 원하는 것보다 적은 양의 상품을 만들 것이고 가격은 높게 잡을 것이다. 그러나 이에 맞서 소비자는 좀 더 나은 환경이라면 많이 살 수 있지만 높은 가격 체계에서는 여유가 없어 일부만을 사려고 할 것이다. 한계비용에 기반을 둔 새로운 제도하에서는 철의 적정가격은 평균비용인 5.50달러보다는 최종 비용인 1달러에 더 가까워야 한다. 물론 만약 생산자가 철 전체 4킬로그램의 가격을 단위당 1달러로 매긴다면 회사는 400그램당 4.50달러의 손실을 껴안게 된다. 그래서 이러한 생각은 말도 안 되는 파산의 지름길이다.

하지만 이 시각은 중요한 사실 하나를 놓치고 있다. 만약 대단히 많은 소비자가 참여하고 있는 역동적이면서도 격변하는 경제 속에서 가격이 떨어진다면 수요는 급격히 늘어날 것이다. 제강업자는 이 엄청난 수요를 감당하려고 4킬로그램보다 많이 생산량을 늘릴 것이고, 추가적으로 만들어지는 400그램당 철의 한계비용은 계속해서 떨어질 것이다. 그렇게 되면 제강업자는 옛날에 산정했던 평균비용보다 낮게 가격을 정해도 훨씬 큰 수익을 올릴 수 있다. 따라서 제조업자는 가격을 낮출 때, 이에 반응해 소비자의 수요가 얼마나 올라가는지 도박을 감행한다. 그러나 소비자가 옛날 가격인 400그램당 5.50달러보다 1달러에 가까워질 때 더 많은 철을 산다는 것은 매우 당연한 일이다. (대조적으로 술, 담배와 같은 습관성 기호식품은 가격이 높아도 소비자가 꾸준히 살 것이다. 따라서 이러한 사실을 알고 있는 정부 당국은 오늘날까지도 술과 담배에 높은 세금을 매기고 있다.)[34]

철강은 철도, 자동차, 건설 같은 국가의 기간산업에서 중요한 원자재다. 그래서 낮은 가격에 대량 공급할 수 있다면 국가경제에도 도움이 된다. 슘페터가 빈 대학교에 입학했던 그해 미국의 카네기가 운영하는 거대한 회사는 400그램 당 1센트로 낮춰 철강을 대량 생산할 수 있었다! 이는 예전에는 상상할 수 없었던 일로 이제 철강은 여러 용도로 충분하게 쓸 수 있는 값싼 원자재가 되었음을 뜻했다.[35]

21세기에 들어서자 정보 기술에 기반을 둔 IT산업이 비즈니스 역사상 가장 비용을 많이 줄인 사례로 밝혀졌다. 처음에 반도체, 디스크 드라이브, 정보전송 케이블과 컴퓨터를 만드는 데 엄청난 비용이 들었다. 그러나 빠르게 발전한 과학 기술과 생산량의 급증으로 가격이 믿을 수 없을 정도로 떨어졌다. 저렴한 가격 때문에 칩, 마이크로프로세서, 소프트웨어는 온도계, 엔진 레귤레이터, 가전제품 생산에도 쓰이기 시작했다. 이러한 제품 대부분에 반도체가 들어 있다.[36]

거의 매일 일어나다시피 하는 이러한 가격 하락은 일종의 사고 방식으로서의 한계주의가 나타내는 강력한 힘뿐 아니라 경제·사회 제도로서의 자본주의의 본성이 무엇인지도 드러냈다고 할 수 있다. 많은 종류의 상품에서 알 수 있는 중요한 사실은 대량 생산을 통해 이윤을 낼 수 있다고 기업가들을 북돋웠다는 점이다. 이로 인해 기업가는 대량 생산을 행했고, 그것에 의존하게 되었다. 결과적으로 말하자면, 이러한 주장은 소비자가 새로운 상품을 사려는 의욕이 있을 때 행동으로 옮긴다는 전제하에서만 가능하다. 다시 말해서 심리적인 수요가 있을 때만 통할 수 있는 주장인 것이다.[37]

한계비용의 영향력을 고려해서 소비자가격을 정하고 산업 생산 일정을 짜는 것은 하나의 지적인 혁명이었다. 지적 혁명이란 곧 경제적 변화를 의미한다. 이 경제적 변화란 슘페터가 늘 자본주의의 본질이라고 주장했던 것이다. 이 혁명은 구태의연한 과거에서 벗어나 새로운 미래를 향해 나아가는 경영 사고를 제시했으며 철강, 자동차를 비롯해 다른 많은 상품의 생산량을 늘려나갔다. 이제 많은 소비자는 더 값싼 가격으로 상품을 살 수 있기 때문에, 수입이나 축적한 재산과 크게 관계없이 소비자의 생활수준은 눈에 띄게 나아질 수 있었다. 이 진일보한 자본주의의 경제 상황은 슘페터가 숨 쉬며 생생하게 살아 있던 시기에 일어났다.

슘페터가 빈 대학교에서 학위를 마쳤던 1906년 무렵, 그는 대단한 지적 열망에 빠져 있었으며 야망을 실현시키려는 의욕이 가득했다. 그는 아주 멋진 옷을 입고 다녔으며 돈도 맘껏 썼다. 흔쾌히 잘 받아주는 여성들과 자주 관계도 가졌다. 그는 고개를 쭉 뻗고는 살짝 뒤로 젖혔다. 날렵한 턱에 악센트를 줬으며 172센티미터의 키, 65킬로그램의 체형을 약간 크게 보이도록 했다. 자신감과 활기에 찬 그는 약간 거만했으며 위세를 부리고 다녔다. 그는 자주 귀족처럼 행동했다. 그가 고향 트리슈의 중산층 출신이라는 것은 공공연한 비밀로 남아 있었다. 하지만 오스트리아 귀족 가문의 출신이라며 거들먹거리며 다니기에는 피부색이 몹시 짙었다.

오스트리아 제국의 행정부는 새로 졸업한 수재들을 기꺼이 받아들였다. 인사위원회를 구성하여 순수한 능력을 겸비한 인재를 등용했다. 그러나 제국은 오래가지 못했다. 슘페터는 판에 박힌 관료 사회에 적응하기에는 자유분방한 기질이었고, 몇십 년을 기다리며 계급 상승을 통해 차츰차츰 출세하는 삶에 대해서는 인내심이 부족한 성격이었다. 법학 학사학위를 갖고 있던 그는 오스트리아에서 변호사로 일할 기회도 있었지만, 그 자격을 얻기 위해서는 7년이라는 긴 수습 기간이 필요했다. 이는 슘페터에게 시간을 쓰는 최선의 방법이었을까?

5년간의 대학생활을 끝낸 슘페터는 이제 어디에서나 경제학을 가르칠 수 있는 권한을 부여받았다. 이제 스물세 살인 그는 세상이 어떻게 돌아가는지 눈을 뜨고 바라보게 되었다. 그는 경제 분석이 자신의 비전을 명확히 해결해

줄 수 있다고 믿었지만 전적으로 그렇게 생각하지는 않았다. 경제학이 처음 등장했을 때 경제학은 홀로 유지될 수 없었다. 슘페터는 사회학, 심리학, 정치학 등 새 영역뿐 아니라 법학, 수학, 역사학도 대단히 중요하다는 것을 알았다.

그는 재학중에 세 편의 논문을 썼는데 내용은 통계학에 관한 것이었다. 이 논문들은 1905년에 나왔는데 당시 슘페터의 나이는 스물두 살이었으며, 논문 가운데 두 편은 스무 살에 쓴 것이다. 그는 수학에 이렇다 할 재능이 없으면서도 경제학에서 수학이 차지하는 중요성에 관한 논문 한 편을 썼다. 그는 필요한 계산 능력은 있었지만 열심히 하지는 않았다. 이때 그는 경제학에 미적분과 대수학을 쓰자는 운동을 벌이기도 했다. 그래서 슘페터는 정확한 경제학을 찾기 위해 자신과 힘든 씨름을 시작하게 된다. 경제 행위가 유동적이며 심리적인 것을 고려한다면 경제의 흐름을 수학적인 정확성과 정밀도로 파악하려는 것은 역설인지도 모른다.[38]

통계에 관한 논문과 수학에 관한 논문 한 편, 미국의 유명한 경제학자 존 클라크▼에 대한 간단한 연구 노트를 무기로 슘페터는 학술 출판이라는 새로운 세계에 발을 담그기 시작했다. 독자들은 긍정적인 반응을 보이면서 앞으로 그가 경제학자로서 성공할 것이라며 박수를 보냈다. 또 경제학 교수와 고위직 공무원으로 일할 기회는 그의 능력에 꼭 들어맞는 것처럼 보였다. 그의 멘토인 뵘바베르크도 같은 길을 걸었다. 교수와 재무부장관으로서 슘페터는 자신이 되고 싶었던 지적인 유명인사가 되었다.

그러나 이러한 계획은 심각한 문제들을 낳았다. 몰락해가는 합스부르크 제국 안에서는 몇몇 대학만이 있었고 어떠한 분야에서든지 임시 교수직을 얻기도 힘들었다. 그렇다고 슘페터가 교수라는 직업을 얻고자 긴 시간이 필요한 "교육"을 바로 시작할 마음은 없었다. 여기서 교육이란 오늘날 박사학위 자격증에 해당한다. 박사학위를 받으려면 실속 있는 논문을 써야 하며, 담당 교수들이 낸 시험을 거쳐야만 했다. 아울러 강의 경험도 필수였고 돈도 문제였다. 빈에서 13년 동안 생활하면서 슘페터는 사치스러운 생활에 익숙해져버렸다. 훗날 친구는 이렇게 적었다. "그는 학술적 직업을 원했지 학술적 급여를 원한 것은 아니다."[39]

자신의 정체성에 대한 의문은 여전히 가시지 않은 채, 뛰어난 재능에도 불구하고 슘페터는 직업을 정할 준비가 되어 있지 않았다. 가문과 계급은 빈에서 아직도 매우 중요했다. 뵘바베르크는 슘페터보다 좋은 가문에서 태어났다. 슘페터는 이제 지적인 영재가 된다는 것 자체가 이제까지 추구해왔던 부유하고 재미있는 인생을 꾸려나가기에 충분한 조건이 아님을 알게 되었다.

자, 이제 그는 무엇을 하게 되는 걸까?

제4장

여행을
시작하다

"명예란 젊음의 갈증과도 같은 것이다."
– 조지 바이런, 「차일드 해럴드의 순례Childe Harold's Pilgrimage」, 1816

앞으로 나아갈 방향을 정하지 못하고 있던 슘페터는 대부분 귀족 출신의 젊은이가 통상적으로 취했던 방법을 실천하기로 한다. 그것은 바로 유럽으로의 대여행이었다. 그는 세계의 여러 곳을 여행하기를 바랐고, 그가 당시 읽기 시작한 책들의 저자인 유럽의 경제학자를 만나기를 바랐다. 결과적으로 3년에 걸친 이 여행은 그에게는 회오리바람 같았다. 슘페터는 독일, 프랑스, 영국, 이집트 등을 여행하며 다양한 정체성을 경험함으로써 자신의 직업을 결정해보기로 했다.[1]

빈 대학교를 졸업한 슘페터는 독일로 건너갔다. 이후 몇 달 동안 그는 베를린 대학교에서 공부했고 정치경제학 세미나에도 활발히 참여했다. 독일 역사학파의 중심이었던 그곳에서 슘페터는 슈몰러, 베르너 좀바르트▼를 비롯한 유명인사와 친분을 쌓을 수 있었다. 또 슘페터는 독일 역사학파와 자신이 선호했던 이론 성향의 오스트리아학파의 주장을 조화시킬 책을 쓰려고 생각했다. 두 학파는 여태까지 신랄한 비판을 주고받으며 팽팽히 맞서왔기 때문에 슘페터의 작업은 거의 불가능에 가까웠다. 하지만 젊은 슘페터는 당시 그 무엇도 해낼 수 있으리라 믿은 것으로 보인다.

베를린대가 제공한 가르침을 모두 익힌 슘페터는 프랑스로 건너가서 파리와 소르본 문화에 빠져들었다. 그리고 다시 영국으로 건너가 1년 이상을 머물렀다. 그는 그곳의 학계와 사회에서 활동하며 만난 영국인과 빈 상류층의 어조로 대화했고, 때로는 오스트리아 귀족답게 행동했다. 그는 런던 중심부에 아파트를 얻어 생활했으며, 말을 한 마리 마련해 하이드파크에서 정기적으로 승마를 즐겼다. 어머니로부터 배운 사교적 기술을 곧잘 써먹었기에 다른 사람들과 대화할 때 늘 유머와 유창함을 뽐냈다. 이로 인해 그는 상류층과 더욱더 잘 어울릴 수 있었다. 또 그는 런던에 더 머무를수록 열렬한 친영親英파가 되어 갔다. 제1차 대전이 일어나기 전인 수십 년간 의기양양했던 영국 문화에 흠뻑 젖어 있던 그의 입장에서는 영국을 싫어할 만한 점이 전혀 없었다.

슘페터와 동시대를 살았던 케인스는 당시 영국에서 상류층이 누릴 수 있는 분위기와 사회 풍토에 대해 인상 깊은 글을 남기기도 했다. 그에 따르면,

지루한 일상에서 벗어나 상류층에 속하게 되면 런던에서는 큰 비용 없이도 편리하고 편안하며 쾌적한 삶을 맛볼 수 있다. 이는 최상위 계층의 부자나 다른 시대의 영주가 누릴 수 있는 수준이다. 이런 런던 사람들은 전화로 음식을 주문하고 침대에 앉아 모닝커피를 즐기며 지구상에 존재하는 다양한 것을 그들이 원하는 만큼 쓸 수 있다. 그들은 원한다면 저렴한 비용으로 즉시 다른 나라로 여행을 갈 수 있었고 여권이나 어떠한 절차도 필요하지 않다. 언제든지 그들의 하인을 보내어 근처 은행에서 원하는 만큼의 귀금속을 손에 얻을 수 있으며, 이것으로 문화, 종교, 언어 등의 지식을 갖고 있지

않는 지역으로 즉시 여행을 떠날 수 있었다. 하지만 가장 심각했던 것은 이들이 이러한 상태가 그저 당연하고 영원하리라 여겼고, 더 좋아지면 좋아지지 나빠지리란 생각은 전혀 하지 않았으며, 만약 조금이라도 나빠진다면 이상하다고 생각하리란 점이었다.

훗날 슘페터의 한 친구는 "전쟁 전의 영국은 슘페터에게는 자본주의로 빚어진 문명화의 극치로 보였다"라고 썼다. 일생 동안 슘페터는 하인과 다른 사람들이 그가 필요로 할 때마다 돌봐주는 게 당연한 일이라고 여겼다. 그때나 그 이후나 그는 이런 틀에서 생활했다. 그는 요리하는 법이나 빨래하는 법, 수도꼭지를 고치는 법, 운전하는 법을 배운 적이 없었다. 심지어 자신의 원고를 타자기로 치는 일도 스스로 하지 않았다.[2]

하지만 그 역시 종종 무익한 시간을 보내야 할 때도 있었다. 그는 강박관념에 사로잡힌 학자의 틀에 박힌 일상을 보내곤 했고 새로운 지식은 놀라운 속도로 흡수했다. 그는 1895년에 설립된 런던정경대학의 청강생으로 입학 허가를 받음으로써 탄탄한 학문적 기반을 마련했으며, 예전에 영국의 법률가를 길러낸 법학 회관에서 생활했다. 하지만 대부분의 시간은 대영 박물관 내 도서관에서 자료를 찾으며 보냈는데, 이는 반세기 앞서 마르크스가 보낸 생활과 비슷했다. 슘페터는 그가 읽은 책들을 상세하게 노트에 기록했는데, 이 노트들은 뛰어난 기억력과 더불어 그가 쌓은 지식을 오랫동안 간직할 수 있게 해줬다. 특히 그는 영국과 미국에서 나온 책들을 주로 공부했는데, 이 책들은 유럽 본토에서는 찾아보기 어려웠다. 책에 빠져든 그는 "미래의 과학은 미국이 중심지가 되리라 생각하지 않을 수 없다"는 선견지명과도 같은 말을 남기기도 했다.[3]

슘페터는 저녁과 휴일에는 학자의 허물을 벗어던지고 속세에 발을 담근 채 사교계 명사가 되기도 했다. 주말에는 시골집에서 주로 지내며 수많은 파티에 참석했고, 장난꾸러기 같은 매력과 "동유럽계" 특유의 외모를 십분 발휘했다. 그의 표현에 따르면, 그는 "지독한 속물"처럼 행동하면서 본인이 평소에는 도서관에 박혀 생활하는 사람이라는 것에 대한 어떠한 실마리도 주지 않았다. 그는 이상적인 영국인의 모습을 갖추도록 자신을 만들어갔고, 큰 어려움 없이 다양한 주제의 정보들을 소화해냈다.[4]

그는 베를린에서처럼 코앞에 있는 학교 안의 중요한 경제학자들은 모두 만났다. 런던정경대 최고의 두뇌들이 가르친 지식을 모두 습득한 그는 다시 기차를 타고 케임브리지대로 떠났다. 그곳에서 슘페터는 세계에서 가장 잘 알려진 위대한 경제학자 마셜과 아침식사를 하게 되었다. 훗날 슘페터는 마셜을 오만불손하고 교만한 사람이라 표현하기도 했다. 슘페터와 마셜은 경제학이란 과연 경제학 그 자체를 위해서 공부하는 것인지(슘페터의 입장), 아니면 전문가가 상인이나 공무원들에게 지침서를 제시하는 형태가 되어야하는지(마셜의 입장)를 두고 토론을 벌였다. 또 슘페터는 신학자 필립 웍스티드▼와 토론하면서 시간을 보내기도 했다. 필립은 경제 이론에 크게 공헌했지만 수년간 인정받지 못했던 사람이었다.

슘페터는 옥스퍼드대 『이코노믹 저널Economic Journal』의 편집장인 프랜시스 에지워스▼와의 만남을 즐겼다. 당시 『이코노믹 저널』은 경제 분야에서 가장 영향력 있는 주간 학술지였다. 슘페터가 생각할 때 에지워스는 과학적 경제학의 영역에서 마셜만큼이나 중요한 진전을 이룩한 사람이지만, "정작 영향력 있는 인물은 아니었다. (…) 병적일 정도로 늘 멍하게 보이는 에지워스는 연설과 강의에 있어서는 그야말로 최악이었다." 하지만 에지워스는 경제학 자체를 매우 사랑했고, 경제 이론에 대한 그의 접근은 마셜보다는 슘페터의 방식에 가까웠다.[5]

슘페터는 영국 사회와 정부에 대단한 매력을 느끼고 있었다. 그러나 그는 대다수 영국의 경제학자가 기본적으로 지나치게 정책 지향적이라는 이유로 비난을 퍼붓곤 했다. 허나 에지워스와 마셜은 예외였다. 에지워스는 경제학을 정책적인 면뿐만 아니라 지적 행위로 즐기던 사람이었고, 마셜은 기존의 경제 이론에 한계주의를 새롭게 도입했으며, 경영방법을 잘 이해하고 있는 사람이었다.[6]

한편 슘페터는 원래 습관대로 많은 여성과 친하게 지내면서 이 시기에 한 여성과 결혼하게 된다. 1907년 8월에 그는 영국성공회 관리의 딸인 서른여섯 살의 글래디스 시버와 약혼한다. 런던의 한 보석상은 슘페터에게 가격 목록이 들어 있는 편지를 보내어 "정중히 알려드리건대 귀하의 요구에 따라 글래디스 양에게 8개의 반지를 보냈습니다"라고 했다. 빈을 떠난 지 18개월 뒤이자 그의 스물다섯 살 생일에 조금 못 미친 1907년 11월 5일, 슘페터는 글래디스와 결혼식을 올렸다. 그녀는 매우 아름다웠고 인맥이 탄탄했다. 차츰 드러났지만 모험심도 강한 여자였다. 한편 어머니 요한나는 이러한 급작스러운 일을 탐탁하게 생각하지 않았고, 결혼식에도 오지 않았다. 아들의 사랑을 독점해온 그녀로서는 새로운 경쟁자를 반길 수 없었고, 더군다나 영국 출신의 며느리를 기꺼이 받아들일 리도 만무했다.[7]

슘페터가 이 중요한 시기에 왜 결혼이라는 중대한 결정을 했는지는 여전히 의문스럽다. 그는 열두 살 연상의 글래디스와 열렬한 사랑에 빠져 있지도 않았고 가족을 책임질 능력도 되지 않았다. 그는 아직 안정적인 직업도 없었다. 아마도 이 일 또한 그의 정체성에 관한 문제라고 볼 수 있다. 유럽 귀족으로서의 본인의 모습을 재발견하고, 영국 신사로서의 자신의 색다른 모습을 보여주기 위한 것일 수도 있는 것이다. 상류층에 속했던 글래디스는 슘페터의 이러한 노력을 도와주기에 충분했다. 이 결혼을 이끈 것이 무엇이든 간에 슘페터는 이제 직장이 필요했다. 그는 법을 전공했지만 관련 경험은 전혀 없었다. 그의 대학 졸업장으로는 빈이나 런던, 그 어느 곳에서도 일할 자격이 되지 않았다. 그러나 그는 카이로로 건너간다면 일할 수 있다는 것을 깨달았고, 그곳

글래디스와 결혼한 직후인 스물여섯 살 때 영국에서의 슘페터 모습

의 법률사무소에서 일하기로 결정했다. 이렇게 해서 그는 아내 글래디스와 함께 이집트로 건너가게 된다. 당시 이집트는 영국의 보호령 아래에 있었지만 명목상 터키 정부, 즉 오스만 제국이 파견한 이집트 총독이 집권하고 있었다.[8]

카이로에서 지내던 중 슘페터는 영국과 이집트가 설립한 혼합중재재판소와 관련된 사건에서 고객들을 변호하게 된다. 그는 이러한 변호사 업무로 큰 수입을 올릴 수 있었다. 게다가 이집트의 공주라고 할 수 있는 총독 딸의 재정을 일부 관리해줘 돈을 더 벌 수 있었다. 이 때문에 슘페터는 귀족적인 생활에 대한 애착이 더 커졌다. 이보다 중요한 사실은 공주를 대신해 투자해서 추가적으로 수입을 올렸다는 것이었다. 카이로에서 10개월을 보내면서 그는 상당한 돈을 벌었다. 이 금액 정도면 슘페터와 글래디스는 향후 6년간은 충분히 괜찮은 생활을 유지할 수 있었다.[9]

카이로로 떠나기 전에도 슘페터는 종종 경제학자가 되어보려는 생각을 했었다. 유럽을 여행하던 기간과 영국에서 머물던 기간 동안 그는 경제학 이론과 방법에 대한 논문을 쓰기 시작했고 그의 원고는 계속해서 완성되어갔다. 그는 경제학을 가능한 한 넓은 시각에서 바라보려 노력했고 독일 역사학파와 오스트리아학파의 이론을 지속적으로 조화시키려 했다. 결국 이 일을 해낸 사람은 마셜로 그는 새로운 한계주의를 스미스와 리카도의 고전경제학파 이론과 접목시키려 했다. 그런데 왜 슘페터는 유럽의 경제학을 택하여 그들처럼 방법 논쟁을 하지 않은 것일까?

슘페터가 펜을 놓았을 무렵 그의 원고량은 이미 어마어마했고 인쇄된 책은 626쪽에 달했다. 그는 이 책을 『이론경제학의 본질과 주요 내용The Nature and Content of Theoretical Economics』이라는 제목으로 냈다. 그리고 서두에 이 책을 자신을 극진히 사랑하는 어머니 요한나에게 바친다고 썼다. 그는 이 방대한 책을 18개월이라는 짧은 시간 안에 완성시켰는데, 이때의 나이는 불과 스물다섯 살이었다. 그는 이제 카이로를 떠나 빈으로 돌아올 준비가 되어 있었다.[10]

슈페터의 첫 책은 그가 희망했던 것만큼 성공을 거두지는 못했다. 이 책에 담긴 그의 의도는 결코 기존 학파를 아우르는 새로운 길을 개척하려는 것이 아니었다. 그는 중부 유럽의 경제학 판도에 변화를 일으키려 했고, 이 작업으로 명성을 얻을 수 있으리라 믿었다. 이러한 점들이 슈페터가 방대한 양의 책을 그 짧은 기간에 완성시킬 수 있었던 원동력이었다.

하지만 학자의 삶을 어느 정도 알고 있는 사람이라면 잘 이해할 수 있는 일이지만, 슈페터의 이런 목표는 쉽게 이뤄지지 않았다. 그는 단지 한 바보의 천국에서 혼자 지내고 있었을 뿐이었으며, 깊은 실의에 빠지게 되었다. 책은 1000부도 채 팔리지 않았고 그가 깊은 인상을 심어주려고 했던 독일의 학자들조차 별 관심을 보이지 않았다. 오스트리아학파의 젊은 경제학자가 아무리 똑똑하다 해도 독일 역사학파의 경제학자들을 추상적인 이론의 세계로 전향시키기에는 역부족이었다. 슈페터는 훗날 그의 멘토였던 뵘바베르크가 들려준 이야기를 떠올렸다. 그는 거침없고 고집 센 젊은이(슈페터)에게 "과학은 새롭고 영특한 통찰력에 따라 발전하는 것이 아니라 구태의연한 교수들이 죽어 나감에 따라 한 단계 나아가는 것"이라고 이야기했다.[11]

그러나 『이론경제학의 본질과 주요 내용』은 여러 측면에서 매우 인상 깊은 성과를 얻었다고 할 수 있다. 이러한 성과는 훗날 슈페터가 낸 책에서도 찾아보기 어려웠다. 그는 책 서문에 "나는 실질적인 정치에서 한 걸음 물러났으며 지식을 빼고서는 그 어떤 목적도 갖고 있지 않다"라고 썼다. 책의 내용을 보면 그의 문체는 매우 직설적이고 명료했으며 모든 용어를 조심스럽게 정의했다. 슈페터는 가격을 결정하는 생산과 소비를 깊이 탐구했으며 한계효용의 중요성과 수학의 필요성, 사고에 있어서 균형의 중요성을 깊이 고찰했다.[12]

이 책에 담긴 대부분의 내용은 정적균형靜的均衡 상태에 해당한다. 그는 순전히 이론적 세계를 묘사하고 있으며 실제 비즈니스의 변화무쌍한 세계를 묘사하고 있지는 않다. 이 책은 밀, 마셜, 기타 영국의 경제학자들처럼 공공정책에 대해서 어떤 제안도 꺼내놓지 않았다. 또 오스트리아의 멩거나 비저의 심리학적 통찰도 전혀 참고하지 않았다.

이 책의 접근법은 그 누구보다 레옹 발라의 도움을 많이 받았다. 이는 발라가 일반균형general equilibrium[서로 의존관계에 있는 모든 재화의 수요와 공급 간에 이루어지는 균형 상태*]에 대해서 기존의 틀을 깨고 혁신적인 이론을 제시했기 때문이었다. 슘페터는 자기 책의 복사본을 발라에게 보냈으며, 그를 직접 만나기 위해서 스위스로 건너가기도 했다. 한 젊은이가 찾아왔다는 것에 놀랐고 정확히 누가 그 책을 썼는지 헷갈렸던 발라는 슘페터의 아버지가 이뤄낸 업적인 줄 알고 칭찬했다고 한다. 슘페터의 기억에 따르면 당시 발라는 "물론 경제학이란 본디 아주 수동적이다. 그저 주변의 영향들을 받아들일 뿐이다. 그러므로 정적인 과정에 대한 이론은 실제로 이론경제학[경제 현상과 경제 조직의 일반적인 법칙을 이론적으로 연구하는 학문*]의 전체를 구성하고 있다"고 말했다. 슘페터는 발라를 존경하면서도 이 내용을 단호하게 부정했다. "나는 분명 크게 잘못되었다고 느낀다."[13]

그럼에도 불구하고 슘페터는 이 책에서 훗날 그의 주된 영역이 된 변화와 혁신을 별로 강조하지 않았다. 기업가들은 그 단계를 때때로 밟기도 하지만 사람들의 생각처럼 자주 하지는 않는다. 전체적으로 이 책은 슘페터 본인의 논의를 명확하게 하기 위한 예비적 성격이 짙었고, 이는 슘페터가 "안정된 상태", 즉 경제 제도를 순환으로 보고 생산자와 소비자가 이 틀 안에서 재화를 교환하는 과정이라고 묘사한 것에 대한 분석이었다.[14]

슘페터는 마셜을 비롯한 학자들을 통해 전조를 보였던 비교정태학comparative statics을 언급하기도 했다. 이 방법은 균형 상태에서 한 가지 변수가 변화할 때 이전 균형 상태와 새 균형 상태의 앞뒤 변화를 분석하는 것이다. 하지만 비교정태학은 변화 과정을 설명해주지 않는다. 그리고 슘페터의 이 책은 창조적 파괴의 원동력이 되는 자본주의경제에 대한 의미는 별로 다루지 않았다. 비록 이러한 분석은 나중에 슘페터가 다시 내놓은 책들과 유사한 점이 많지만, 전형적인 슘페터식의 책은 아니었다.

슘페터의 주장은 그렇다고 치고, 이 책은 지나치게 길고 반복적이라서 독자에게 불필요한 부담을 준다. 부분적으로 본다면 이 책은 개괄적 구성의 형태를 띠고 있기 때문에 저자의 기본적인 주장을 반복한다. 책의 내용이 긴 이유는 슘페터가 어렸을 적 헤겔, 마르크스 그리고 다른 위대한 독일 학자들의 방대한 책들을 읽었고 그들을 닮고 싶어했기 때문이었다.

천재 소년의 걸작인 이 책은 결국 실패했다. 하지만 이 책은 슘페터를 다른 주요 경제학자들의 관심 속에 올려놓기에는 충분했다. 비저는 독일어로 된 잡지에 자신의 옛 제자가 쓴 책에 대한 좋은 서평을 썼다. 가장 영향력 있는 미국 경제학자 가운데 한 사람인 클라크는 『폴리티컬 사이언스 쿼털리Political Science Quarterly』에 쓴 글을 통해 "이 책은 매우 비판적이며 건설적이다. 또 이 책은 모든 방향에서 경제학의 진전에 기여한다"고 평했다. 그는 이어서 "이 책은 최근 이론의 약점을 보여준다. 이 지점은 매우 논란이 있을 것이다. 그러나 이 책의 목표는 진행중인 논란을 키우는 것이 아니라 줄이도록 하는 데 있다. 아울러 책에 들어 있는 다른 학자들의 대한 평가와 그 솔직함도 매우 좋다. 저자는 초연한 자세로 방법론에 대한 논란에 빠져들지 않았으며 목적에 맞는다면 어떠한 방법도 쓸 수 있다라고 말한다"고 평했다.[15]

여기서 클라크는 슘페터가 쓴 글의 중요한 특징이 무엇인지를 찾아냈다. 그것은 바로 다른 학자들의 연구에 대한 관대함이었다. 책 서문에서 슘페터는 독자에게 지적인 끈기와 상호간의 학습을 강하게 호소했다. 그는 "우리는 이해를 하고 싶은 것이지 싸우고 싶은 것이 아니다. 배우는 것이 중요하다. 비판하는 것이 아니라 분석하고 모든 옳은 원리에서 무언가를 끌어냄이 중요한 것이지 단순히 찬성하거나 비난하는 것은 의미가 없다"라고 썼다. 이런 지적인 관대함이 위대한 학자의 전형은 아니었다. 슘페터는 많은 결함이 있었지만 옹

졸하진 않았다.[16]

숍페터는 무엇보다 어느 누구라도 경제학 연구에 있어서 한 가지 접근법만 고집하는 것을 좋아하지 않았다. 1911년에 그의 책이 세상에 나오고 3년이 지난 뒤 숍페터는 더 이상 신랄한 논쟁은 학술 논문에서조차 바람직하지 않다고 생각했다. "사람들 모두가 방법론에 대한 일반적인 토론의 가치를 두고 각자 다른 의견을 유지할 수 있다. 그러나 문제 해결을 위한 연구에서 생각만큼 방법론에 관한 다양한 이론이 필요한 것은 아니다. 오히려 그것들에 대해 논의하는 것 자체가 좋지 않은 결과를 의미할 수도 있다"고 했다. 1913년에 출간된 짧은 논문에서는 학문과 관련하여 다양한 가치판단 체계를 융합하는 것은 옳지 않다고 경고하기도 했다. 대신 그는 다양한 관점을 헤아려볼 가치중립적 분석이 중요하다고 강조했다.[17]

1914년 저명한 프랑스 사회학자의 논문들을 검토하던 숍페터는 매우 한탄스러운 어조로 "저자는 아주 소심하고 유치하게도 자신만의 이야기만 하고 있으며, 매우 격렬하게 다른 이들의 목소리를 억압하려 하고 있다"고 쓰기도 했다. 그는 경제학과 자본주의는 다양한 면이 있기 때문에 다각도의 접근법이 필요하다고 썼다. 숍페터는 결론에서 이 프랑스 사회학자의 연구를 다음과 같이 결론지었다. "우리는 방대한 사실을 다룰 무기들조차 우선적으로 날조되어야 한다는 사실을 언제쯤 알 수 있을 것인가? 이 방대한 사실은 셀 수 없을 만큼 다양한 측면이 있어서 다양한 접근이 필요하다는 것을 언제쯤 깨닫게 될 것인가? 언제쯤 우리의 학식층이 다른 이들이 무엇을 하고 있는지 알 정도로 두터워질 것이며, 다른 이들이 잘못된 일을 하고 있을 때, 그들을 공격하기보다는 조용히 우리만의 대비를 할 수 있는 경지에 다다를 수 있을 것인가?" 당사자인 숍페터는 유행에 따라 이리저리 몰려다니는 학계의 분위기에 휩쓸리지 않았다(이러한 관행은 지금도 계속되고 있지만 말이다).[18]

1908년 숍페터가 이집트를 떠나 오스트리아로 돌아와 빈 대학교에 자리잡자 그가 낸 새 책이 주목받게 되었다. 그는 자신의 책을 법과대학에 냈다. 이 책은 뵘바베르크와 비저의 평가를 받았다. 슘페터는 이 책을 통해 경제 이론에서 수학을 쓰는 것을 적극 지지했는데, 이것은 두 선배 교수의 방법을 반박하는 것과 다를 바 없었다. 하지만 그들의 시선으로 볼 때 슘페터의 책은 자신들보다 뛰어난 젊은 학자가 거둔 업적이었기 때문에 슘페터의 생각을 인정하지 않을 수 없었다. 결국 학교에 승인을 받은 뒤, 슘페터는 경제학 시험을 무사히 치렀고 교수직을 받기 위해 하는 강의도 잘 진행했다. 이로써 슘페터는 오스트리아-헝가리 제국의 어느 대학에서라도 강의할 자격을 얻은 셈이다.[19]

하지만 성공적으로 교수 자격을 얻었다고 해서 직업으로 곧장 보장되지는 않았다. 슘페터는 빈 대학교에 남아 조교수로 활동하고 싶어했다. 짧은 기간이지만 이 대학에서 몇 차례 강의를 할 기회를 가졌다. 그러나 슘페터가 워낙 변덕스러웠기 때문에 학교 입장에서는 전혀 그를 교수로 반길 리 없었다. 물론 당시만 해도 제국 안 어떤 대학도 평생 교수직은 없었다.

다행히도 슘페터의 멘토들은 그에게 임시로 체르노비츠 대학교에서 조교수로 일할 기회를 마련해줬다. 이 대학은 설립된 지 비교적 얼마 되지 않은 학교로 인구 8만 5000명이 살고 있는 오스트리아 동쪽 끝에 위치한 도시 체르노비츠에 있었다. 이 도시는 빈으로부터 무려 643킬로미터 떨어져 있었다. 합스부르크가가 지배하는 부코비나의 수도인 체르노비츠는 러시아, 루마니아와 접해 있었으며 과거 오스만 제국이 통치하던 곳이었다. 이 도시의 주민들은 대부분 우크라이나인, 루마니아인, 헝가리인으로 이뤄져 있었다. 체르노비츠 인구의 3분의 1은 유대인이었고 독일어를 모국어로 쓰는 가톨릭 인구도 상당수였다.[20]

오늘날 체르노비츠는 체르노프치로 개명되었고 우크라이나의 영토에 해당하며, 슘페터가 이곳으로 옮겨갔을 때와 비슷한 모습을 지금도 여전히 유지하고 있다. 수도에서 멀리 떨어진 도시이지만 제2차 대전과 유대인 학살 이후로 유대어와 독일어를 쓰는 인구는 크게 줄어든 상황이다. 1909년 당시 이곳은 슘페터가 그의 학문적 경력을 쌓기 시작하는 데 좋은 곳은 결코 아니었다. 하지만 당시 그가 선택한 분야에서의 성공은 결코 멀리 있지 않았다.

제5장

학자로
도약하다

"우뚝 솟은 천재는 험난한 길을 아무렇지 않게 여긴다. 천재는 아무도 가지 않은 길을 찾으려 한다.
천재는 늘 목말라 하며 남들과 다르기 위해 자신을 불태운다."
—에이브러햄 링컨, 스프링필드 회관 연설, 1838

당시 스물아홉 살에 불과했던 에이브러햄 링컨은 야망 있는 청년이었다. 그는 "명예와 명성"을 얻은 사람들은 대부분 새 길을 개척하는 사람들이라고 이야기했다. 스물여섯 살의 슘페터는 신중한 선택 끝에 체르노비츠대에서 새로운 길을 개척했다. 이 시골 대학에서 슘페터는 『경제 발전의 이론The Theory of Economic Development』이라는 제목의 책을 써서 그의 천재성을 유감없이 보여줬다. 그는 이 책으로 유명세를 타기 시작했으며, 이 책은 20세기를 빛낸 경제학 고전 가운데 한 권으로 자리잡게 된다.[1]

슘페터가 체르노비츠를 새 거처로 결정한 일은 학계에서 명성을 얻겠다는 그의 결연한 의지를 보여주는 것이었다고 볼 수 있다. 그의 선택은 마치 제2차 대전 이전, 영국의 탁월한 박사들이 첫 교수직을 싱가포르 대학교에서 수행하기로 결심한 것과 다를 바 없었다. 체르노비츠도 싱가포르와 마찬가지로 도심에서 먼 곳에 있으며, 매우 이국적이고 인종이 다른 사람들이 모여사는, 오스트리아의 적국과 경계를 이루고 있는 곳에 위치한 도시였다. 이 도시는 지역적으로 매우 역동적인 문화를 갖고 있었지만 국제적인 명성을 지닌 대학은 없었다. 그러나 슘페터는 이러한 조건을 기꺼이 받아들였다. 어떻게 보면 가장 불확실한 길을 택했다고도 볼 수 있다.

슘페터는 체르노비츠에서의 삶을 꽤 즐겼던 것 같다. 몇 년 동안 그는 친구들을 초대해 이 도시의 여성들과 경험한 섹스 이야기를 하면서 방탕한 파티를 즐기기도 했다. 이러한 이야기가 어떻게 나왔는지는 잘 모른다. 왜냐하면 슘페터 본인이 이야기를 흘리고 다녔기 때문이다. 이것이 분명한 사실이라고 확증하기에는 어려운 부분이 있다. 그러나 그가 종종 이야기한 바에 따르면, 본인이나 아내인 글래디스가 서로의 성적 욕망을 그다지 구속하지는 않았다. 또 여자를 밝히는 것에 관한 한, 그의 명성은 오십 대 중반이 될 때까지 수십 년간 이어져온 것이 사실이다.[2]

조금 과장된 면이 있기 하지만 체르노비츠대에서 일어난 재미있는 일화가 하나 있다. 이 이야기는 이 대학에서 일하는 두 남자의 결투에 관한 것이었다. 1909년 초가을 어느 아침, 두 남자는 결투의 규칙에 따라 각자의 조수를 대동하고 결투에 나섰다. 두 사람 가운데 어느 누구도 검술에 뛰어나지 못했다. 하지만 그렇게 엉성한 싸움으로 두 사람의 칼이 몇 번 부딪치고 난 뒤, 한 남자의 검이 다른 남자의 어깨를 살짝 베게 되었다. 이 남자의 어깨에 흐르는 피를 목격한 조수들은 곧바로 개입해 결투는 끝났다고 선언했다.

과연 이 남자들은 한 여자를 얻기 위해 싸웠던 것일까? 아니면 이 이야기는 각자의 명예를 위해 싸우는 군인에 대한 것일까? 둘 다 아니다. 한 남자는 교수였으며 다른 한 남자는 도서관 사서였다. 그 둘은 학생들이 도서관의 책을 읽을 권리가 있는지 없는지를 두고 싸우고 있었다. 싸움에서 이긴 교수는 바로 슘페터였다. 그는 불과 몇 주 전에 체르노비츠대에 도착했지만, 슘페터 자신의 나이에 비해 학식이 많다는 소식은 이미 급속히 퍼진 상태였다. 또 슘페터의 자기연출에 대한 이야기도 이미 널리 알려진 상황이었다.(슘페터는 종종 승마할 때 입던 승마 바지와 헬멧을 쓴 상태로 직원회의에 늦게 나타나 회의를 방해하기도 했다.) 슘페터는 강의시 요구 사항이 많은 교수였으며, 학생들에게 많은 양의 과제를 내주곤 했다. 하루는 한 학생이 도서관 사서가 슘페터가 숙제를 위해 읽으라고 한 책들을 빌려주지 않는다고 불평했다. 이 이야기를 들은 슘페터는 즉시 달려가 사서를 만났다. 둘의 언쟁은 계속되었고 슘페터는 모욕적인 언사를 퍼붓기 시작했다.

슘페터의 성품을 잘 모르고 있던 사서는 옆에 있는 막대기를 집어들어 슘페터에게 결투를 청했다. 슘페터는 이를 보고 깜짝 놀랐지만 사서의 결투 신청을 받아들였다. 도서 대여 원칙을 지키려 했던 이 사서는 목숨까진 아니지만 부상은 기꺼이 무릅쓰려고 했다. 왜냐하면 이러한 싸움으로 치명적인 상처는 거의 입지 않기 때문이다. 이 결투가 끝날 때쯤 어깨를 살짝 베인 사서는 결투장을 떠났다. 그리고 자신의 명예를 지켰다는 것에 만족해했다. 슘페터는 학생들이 원하는 책을 빌릴 수 있어야 한다는 자신의 입장을 분명히 했다. 슘페터와 사서는 유감스러운 관계였지만 이후 친한 사이가 되었다.[3]

성적인 탈선과 잦은 싸움을 빼놓고 생각한다면, 슘페터는 체르노비츠대에서의 첫 2년을 모두 『경제 발전의 이론』 집필에 쏟았다고 해도 과언이 아니다. 풍부한 통찰력과 독창성으로 가득한 이 책은 슘페터의 자본주의 연구에 기초가 되었을 뿐만 아니라, 수많은 학자의 연구에 토대가 되었다. 슘페터는 이 책에서 여러 새로운 해석을 내놓았지만 마르크스에 특별한 관심을 보였다. 이 책을 통해 자본주의에 붙어사는 혐오스러운 수많은 인간이 이제 슘페터의 손을 거쳐 혁신적이고 선량한 기업가로 다시 태어나게 되었다.[4]

슘페터는 전통적인 경제정책에 대한 평가로 이 책의 문을 연다. 이는 생산과 소비의 원형적 흐름이라는 가설이었다. 이 아이디어는 18세기에 처음 생겨

체르노비츠대의 모습

난 것으로 한 경제가 어떻게 움직이는지 쉬운 언어로 설명하고 있다. 고용자는 재화와 서비스를 만들어내고 근로자에게 임금을 준다. 다음으로 근로자는 소비자 역할을 하며 만들어진 재화와 서비스를 산다. 그리고 고용자는 소비자가 쓴 돈으로 투자하고 생산을 늘려 임금을 주며 이윤을 낸다. 이처럼 새로운 순환은 다시 시작되는 것이다. 이 원형적 흐름은 같은 형태로 지속되지만 가끔은 수위가 불어나기도 하고 줄어들기도 하는 강과도 같다. 하지만 여기서 홍수나 가뭄이 실제로 일어나진 않으며 이 강은 본연의 물길을 벗어나지 않는다.

이런 안정적인 흐름의 경제는 슘페터가 그의 첫 책에서 설명한 것이었는데, 『경제 발전의 이론』에 다시 등장해 자신의 진정한 관심 분야였던 자본주의의 연속된 경제적 변화를 설명하는 시발점 역할을 했다. 그의 첫 책이 서로 상반되는 경제학파의 타협점을 찾는 데 목적이 있었다면 이제 그는 완전히 새로운 작업을 시작한 것이다. 그의 새 이론에서 순환적 흐름은 이제 몹시 불규칙적인 형태로 설정된다. 홍수와 가뭄은 일반적이며, 기업가적인 모험가들은 새로운 일상의 활로를 모색하는 역할을 한다.[5]

이 핵심적인 생각은 사업가 대부분의 경험과 통했지만, 경제학자들의 동의를 얻어내기는 어려웠다. 학자들이 이를 거부했던 이유는, 균형이라는 개념은 보기와 달리 기업가정신이란 방정식으로 수학적 증명을 이끌어내어 "모델화"시키기 어렵다는 것이었다. 이 때문에 오늘날 많은 경제학자가 안정적 경제라는 개념에서는 벗어났지만 여전히 기업가정신이라는 개념에는 큰 관심을 보이지 않는다.[6]

하지만 『경제 발전의 이론』에서 슘페터는 자본주의라는 현실 속에서 기업가가 차지하는 역할이 얼마나 중요한지 거침없이 설명하고 있다. 그의 정의에 따르면 기업가는 결코 평범한 경영진, 회사의 주인, 또는 성공적인 회사의 최고경영인을 일컫는 말이 아니다. 그가 말하는 기업가란 "근대적 형태의 산업 지도자"로서 끈질기게 혁신을 좇는 사람이다.[7]

이러한 이론을 다지기 위해 슘페터는 경제학뿐만 아니라 기업가정신의 사회학도 탐구했다. 이와 더불어 기업가정신이 전통적 계급구조와 진정으로 높은 수준의 능력 결핍이라는 기존의 틀을 무너뜨리는 데 기여한 역할에 대해서도 많은 연구를 했다. 그는 "우리는 노래하고 싶은 사람이라면 누구든 노래할 수 있다고 가정한다. 아마도 한 인종 집단 가운데 절반은 실제로 노래 부르고 싶을 때 부를 능력을 갖고 있을 것이며, 적어도 4분의 1은 분명히 그러할 것이고 이들은 평균 이상의 능력을 가진 사람일 것이다. 그리고 이 상위 25퍼센트의 사람들은 지속적으로 능력 향상을 꾀할 것이고, 결국 다른 사람들보다 능력이 뛰어난 이들의 숫자는 줄어들어 최후의 우수한 카루소[원래 20세기 초엽 오페라의 황금시대를 이룬 이탈리아의 테너 가수를 뜻하는데, 여기서는 최고의 노래 실력을 가진 이를 비유적으로 표현한 듯하다*]만이 존재할 것이다"라고 했다.[8]

이제 경제학에서의 우선순위라는 경계를 모두 뛰어넘어, 심리학적 요소에 특별히 주목한 슘페터는 기업가의 동기를 이야기한다. 여기서 슘페터는 상상력으로 가득하지만 수학적으로 측정할 수 없는 개념을 소개한다. "전형적인 기업가는 다른 이에 비해 더 자기중심적이다. 이는 전형적인 기업가들이 전통과 인척관계에 의존하지 않으며, 이들의 특성이 역사적으로나 이론적으로 옛것을 깨뜨리고 새로운 전통을 만들어내는 데 있기 때문이다."[9]

옛것을 깨뜨리고 새로운 전통을 만들어낸다는 주장은 슘페터 자신이 경제학 분야에서 몸소 실천하고 있는 바가 무엇인지를 보면 알 수 있다. 이러한 면에서 그는 기업가적 행위의 본보기였다. 그는 기업가란 보통의 제조업자나 상인과는 달리, 단순하게 일상적인 생산과 소비의 과정을 지켜보는 것이 아니라 실제로 미래를 만들어가는 사람이라고 주장한다.

슘페터가 이야기하는 기업가는 단순히 부자가 되고 싶다거나, "쾌락주의적인 동기"에서 행동하는 사람들이 아니다. 대신 그가 말하려는 기업가는 "자신만의 왕국, 다시 말해서 한 가업家業을 건설하고 싶은 꿈과 의지"가 있는 사람을 뜻한다. "그리고 여기엔 정복하려는 의지도 포함된다. 즉 경쟁하려는 의지, 다른 이들보다 자신이 뛰어남을 증명하려는 의지, 자신의 이익을 위해 성공하려는 의지 그리고 성공에서 맛볼 수 있는 열매만 기대하는 의지가 아니라 성공 자체에 의미를 두는 의지 말이다. (…) 궁극적으로 이들에게는 무언가를 창조해내고 일을 완성시키며, 자신의 에너지와 재능을 발휘하는 데에서 오는 즐거움이 있다. 이들은 어려움을 피하지 않으며 변화를 모색하고 모험에서 즐거움을 느낀다." 이렇듯 슘페터가 말하는 기업가는 베버가 이야기한 "카리스마적" 지도자와 공통점이 있지만 니체의 "초인"에는 조금 못 미치는 것이었다.[10]

기존 기업가의 퇴보와 더불어 새 기업가가 생겨나는 슘페터의 모델에서 그는 이 과정이 미치는 사회적 영향을 발견한다. 그는 "사회 상류층이란, 사람들이 꽉 들어찬 호텔 같지만 그곳에 머무는 사람은 늘 달라진다"고 했다. 기업이 호재와 악재를 거듭하는 것처럼 기업가와 그 가족들의 운명도 달라지는 것이다. 이것은 자본주의 세계에서 사회계급이 변하는 가장 중요한 요소를 보여준다. 구식 기업을 경쟁적으로 퇴출시키고 새 기업이 탄생하는 과정은 곧 사회계급의 몰락과 소멸을 보여주기 때문이다. 슘페터는 많은 글에서 가족의 중요성을 강조했는데, 여기서 가족이란 기업가가 새로운 기업을 설립하는 근간이면서, 세대를 거치며 사업의 에너지가 점차 사라지는 곳이기도 하다.(토마스 만은 이 생각을 1901년에 나온 기업에 대한 최고의 소설 가운데 하나인 『부덴브로크가의 사람들Buddenbrooks』에 써먹었다.)[11]

『경제 발전의 이론』에서 슘페터는 기존에 확립된 사고 방식에서 벗어나는 것이 얼마나 어려운지 그리고 이 사이에 지적 장벽이라는 평행선을 긋는 것이 얼마나 어려운지를 이야기했다. 그는 "과학의 역사란 우리가 새로운 과학적 관점이나 방법을 적용하는 것이 얼마나 어려운지 확인하는 과정이라고 볼 수 있다. (…) 이는 경제학의 세계에서도 마찬가지일 것이다"라고 썼다. 경영상의 장벽이란 사회적인 것인 동시에 경제적인 것이며, 자신의 이득이 위협받는다고 생각하는 이들은 혁신에 격하게 맞서 싸우게 된다.[12]

이렇게 스스로 사고를 개척해나간 슘페터는 새것을 시도하려는 이에 대한 기존 세력의 완고한 저항을 다음과 같이 묘사한다. 그는 "이러한 저항은 혁신 때문에 이득이 저해되는 집단에서 나타나고, 이득 보호에 필요한 협력을 찾기 어려운 집단과 소비자를 이기기 어려운 집단에서도 나타난다"고 말했다. 경영상 대기업의 발전은 특히 어려운데 이는 대기업에 유용한 모델이 없기 때문이다. 슘페터는 "대기업에는 노동자나 숙련된 직원들을 비롯한 많은 필수적인 시정 조건이 충족되기 어렵다. 끊임없는 사회적·정치적 저항이 대기업에 방해 요소가 되기도 한다"고 했다. 그리고 슘페터는 이러한 장벽들을 뛰어넘기 위해서는 "특별한 기질"이 필요하다고 봤다. 이는 마치 새로운 학문 분야를

만들어내는 것과도 같았다.[13]

경영에서 중요한 것은 기업가가 만들어가는 조직력이다. 이는 과거 정유산업의 존 록펠러, 철강산업의 아우구스트 튀센▼, 사진산업의 조지 이스트먼▼ 그리고 가공식품산업의 헨리 하인즈▼ 등이 거대하고 복잡한 기업의 구조를 잘 이해했던 것에서 예를 찾아볼 수 있다. 이들은 대기업에서 카루소 같은 존재였으며, 이 큰 기업을 영원히 잘 움직이게 하려면 끊임없는 경계심과 관찰을 필요로 했다.[14]

슘페터는 이어서 기업에 대한 개입은 안정적인 경제를 허구로 만드는 데 불과하다고 주장한다. 개입이 있으면 균형이 이뤄진다는 생각 자체는 불확실하다는 것이다. 그는 지속적인 균형의 붕괴가 경제 발전의 기초가 되며 자본주의의 본질을 이룬다고 봤다.

여기서 말하는 자본주의의 본질이란 새로운 시장의 창조를 의미한다. 슘페터는 혁신의 중요성을 거론한 뒤, 기업은 상품의 수요를 만들어내야 할 때가 있다고 주장했다. 그는 "인간의 자발적 수요란 그리 큰 부분이 아니다"라고 이야기한다. 그러므로 "경제적인 변화를 유발하는 주인공은 바로 생산자며 소비자는 필요시 생산자들을 통해 움직이게 되는 것이다. 늘 그래왔듯이 소비자는 새것을 원하도록 길들여진다. 그러므로 소비자의 욕구는 독립적이며, 순환적 흐름의 근본적인 힘이라고 생각하는 것이 필요하지만, 변화가 감지되는 순간 우리의 태도를 바꿔야 한다."[15]

비록 슘페터의 이런 주장이 21세기에는 당연하게 여겨질 수 있다. 그러나 1911년 당시만 해도 이는 매우 급진적인 생각이었다. 슘페터의 생각에는 인간 고유의 욕구는 그리 큰 부분이 아니며, 적절한 자극을 가한다면 좀 더 커다란 욕구를 이끌어낼 수 있는 것이었다. 이 시기에 프랑스 사회학자 에밀 뒤르켐도 슘페터와 비슷한 이야기를 했다. "우리 욕구는 무한하다. 많은 것을 가질 수록 더 많은 것을 원하게 된다." 그러므로 경제적·사회적으로 자본주의의 근간이란 생산자가 소비자에게 무엇을 끝없이 원하게 만드는 것이라고 할 수 있다.

슘페터는 이어서 혁신과 발전을 정의한다. 이 대목에서 그는 정확한 정의를 내리고자 수많은 수정과 압축, 수식과 증명 과정을 거친다. 슘페터는 구체적으로 기업가적 행위를 규정하는 혁신의 다섯 가지 유형을 밝혔다. 목록을 열거하면 다음과 같다.

(1) 새로운 재화의 도입: 소비자가 아직 익숙하지 않은 재화나 새로운 질의 재화
(2) 아직 시험되지 않은 새로운 생산방법의 도입
(3) 새로운 시장의 개척: 한 국가에서 어느 제조업자도 진입하지 않았던 시장의 개척이나 기존에 없었던 시장의 진입
(4) 새로운 원자재 공급원 개발: 이 공급원의 존재 여부나 첫 생산 여부는 중요하지 않음
(5) 새로운 산업구조: 독점 포지션의 형성이나 독점위치를 붕괴시키는 행위[16]

이 내용은 훗날 경제학자나 역사학자를 비롯해 혁신을 연구하는 많은 학자가 인용하게 된다. 만약 다섯 항목 가운데 어떤 것이 진부해 보인다면, 그것은 1911년에 슘페터를 통해 이미 많은 이에게 받아들여진 지식이 되었기 때문일 것이다. 슘페터는 이후 저서에서 각 항목에 해당하는 혁신의 구체적 점수를 선보이기도 했다.

『경제 발전의 이론』에서 슘페터는 특히 혁신을 만들어 순환적 흐름을 저지하는 새 기업의 역할에 주목한다. 새 기업은 기존 기업에서 생겨나는 것이 아니라 그들과는 무관하게 생산을 시작한다. 교통산업을 예로 들자면, 이미 역마차를 갖고 있는 기업이 새롭게 철도를 만든다고 해서 새 기업이 되는 것은

아니다. 또 슘페터는 "기업가란 결코 위험을 즐기는 사람과 같은 의미는 아니다. 자본을 공급하는 이는 만약 기업가가 위험을 감수해서 실패하게 되면 결코 기쁘지 않을 것이다. 비록 기업가가 자신이 쌓은 명성을 걸고 새로운 시도를 할 수는 있겠지만, 실패에서 오는 경제적 책임은 결코 그에게 돌아오지 않는다"라고 주장하기도 했다.[17]

여기서 슘페터는 자본주의체제 안에서 자본이 하는 역할을 분명히 규정지으려 했던 것으로 보인다. 옥스퍼드 영어사전에 나와 있는 자본의 정의는 "지속적인 재생산을 통해 축적된 부"다. 이것은 아주 훌륭한 정의다. 그러나 자본주의란 조금 다르다. 왜냐면 자본주의란 신용에 크게 의존하기 때문이고, 신용이란 축적된 것이 아니기 때문이다. 신용은 미래에 대한 기대를 기초로 무無에서 창조되며, 이것이 바로 자본주의가 모든 경제체제 가운데 유일하게 미래 지향적인 체제인 이유일 것이다.

슘페터는 "자본주의의 중심은 바로 신용이 배분되는 금융시장이다"라고 말했다. 투자자들은 뉴욕, 런던, 베를린(오늘날의 경우 도쿄, 상하이, 실리콘밸리 등) 같은 금융 중심지에 모이게 되고, 이러한 시장에서 어떠한 기업 프로젝트에 금융 지원을 할 수 있는지 평가하게 된다는 것이다.[18] 그리고 "모든 종류의 신용 요건은 금융시장으로 모이게 되고, 모든 종류의 경제 프로젝트도 이곳에 집결되며, 결국 비즈니스가 실현된다."[19]

슘페터는 뒤이어 "새로운 결합을 이룩하는 데 금융은 특별한 역할을 수행하며 성공적 혁신에 핵심 요소가 된다"고 주장한다. 그는 "엄격히 말하자면 여태껏 가장 위대한 혁신이란 소비를 억제하는 근검절약에서 비롯된 것이 아니라, 성공적 혁신 자체에서 얻어지는 자금—후에 '이윤'이라 정의되는 것—에서 비롯되는 것이다"라고 설명한다. 즉 발전의 재정적 기초는 돈을 아껴쓰는 데에서 비롯된 것이 아니라 새로운 자금의 융통에서 비롯된다는 것이다. 그리고 이 자금은 새로운 사업에 자금을 공급하는 은행을 통해 나오는 것이다. 본 과정에서 중요한 역할을 하는 사람은 바로 기업가와 투자자며, 이들은 무에서 새로운 구매력을 창조해내는 사람들이다. 투자은행가란 단순히 투자 자와 사용자를 중재하는 역할이 아니라 화폐와 신용을 만들어내는 사람들인 것이다.[20]

슘페터는 활동하는 내내 금융을 창조하는 데 은행의 기능과 신용의 필요성을 이해시키고자 노력했다. 이처럼 은행이 화폐를 만들어낸다는 경제학적 사실은 가끔은 일부 지성인에게도 이해하기 어려운 일이었고, 20세기의 일부 이론가들도 인정하지 않았다. 하루는 슘페터가 한 일본 경제학자에게 "케인스는 나에게 이 세상에는 화폐 이론을 제대로 알고 있는 사람이 5명도 채 안된다고 얘기했다"고 말한 적이 있을 정도다. 또 이 5명에는 슘페터 자신도 포함된다는 이야기도 전했다.[21]

『경제 발전의 이론』은 굉장한 본보기가 되는 책이다. 그러나 시기를 잘못 타고 세상에 나온 책이기도 하다. 왜냐하면 책이 나온 뒤 바로 터진 제1차 대전으로 독자들은 『경제 발전의 이론』에 관심을 쏟을 여유가 없었다. 그리고 독일이 전쟁에서 패했기 때문에 이 책의 주요 독자층이었던 독일인도 관심을 두지 않았다. 1934년까지는 영어판이 나오지 않았는데, 이때 슘페터가 기업가정신을 강조했지만 당시의 현안 때문에 큰 관심을 받을 수 없었다. 또 세계적인 대공황 와중에 새 기업이 탄생할 리도 없었고 기업가정신이 발휘될 리도 없었다.[22]

그럼에도 불구하고 이 책에 대한 반응은 처음 나왔을 때나, 그 뒤 영어판이 출간되었을 때나 꾸준히 뜨거웠다.[23] 원판을 읽어본 하버드대의 한 교수는 애덤 스미스가 주장한 경제적 자기이득이 최고의 동기가 된다는 생각을 슘페터가 다시 해석한 것에 극찬을 보냈다. 그는 "슘페터가 제시한 기업가의 심리학은 자신의 이득을 위한 활동에 대한 열정, 창의적인 활동에 대한 열정, 차별화에 대한 열정, 다른 이를 이기려는 열정, 게임에 대한 열정, 그 밖에 심리학이 강조하던 새로운 특성을 잘 묘사하고 있다"고 평했다. 독일어로 출간된 원판을 읽어본 컬럼비아 대학교의 경제학자 존 클라크는 슘페터가 이론과 사실을 잘 연결하고 있음을 인정했다. 클라크는 자신의 글에서 경제 이론은 이제 새로운 종류의 진보를 경험하고 있다고 이야기하면서 "이것은 여전히 이론이지만, 이 이론은 인과관계에서 비롯되는 사실에 주목하고 있으며, 원인뿐만 아니라 사실도 인간적 특성의 필수 요소 가운데 하나"라고 이야기했다.[24]

미네소타 대학교 교수로 뒷날 슘페터와 하버드대에서 같이 일한 앨빈 한센▼ 교수는 1934년 출판된 영어판을 읽고서 찬사를 아끼지 않았다. 그는 "어느 누구도 이처럼 정적인 사회의 순환이라는 개념에 상반된 역동적인 발전 과정과 경제적 변화의 원동력에 대한 중요한 특성을 잘 꿰뚫어보지는 못할 것이다"라고 평가했다. 이와 같이 슘페터의 연구는 최초로 "소득 재분배와 자본 형성의 측면에서 신용 확장의 효과를 명료하게 설명했다는 데 중요한 의의가 있다"는 평가를 받았다.[25]

『경제 발전의 이론』은 시간이 흐름에 따라 더욱더 깊은 인상을 심어주게 된다. 이 책의 분석 방식은 아주 절묘했다. 더군다나 어디에 붙어 있는지도 잘 모르는, 그야말로 무명의 체르노비츠대에서 일하는 스물여덟 살밖에 안 된 애송이 학자에게서 나온 책이라는 사실에 사람들은 더 주목했다. 슘페터는 이 책으로 미래의 연구를 위한 거대한 배에 용골龍骨을 세우게 되었다.『경제 발전의 이론』은 슘페터가 쓴 경제, 사회, 역사에 대한 장문의 역작을 예견하는 책이기도 했다. 또 이 책 뒤에 나온『경기순환론』(1939)에 핵심적인 생각을 제공했다. 아울러 슘페터의 최고작으로 꼽히는『자본주의·사회주의·민주주의 Capitalism, Socialism and Democracy』(1942)의 기초를 마련했다.[26]

1911년 슘페터는 체르노비츠대를 떠나 그가 어릴 적 지냈던 도시에 있는 그라츠대로 옮겨 더 큰 명성을 얻게 된다. 그라츠대 당국이 슘페터에게 정치경제학과 교수직을 맡기려고 고민했을 당시 『경제 발전의 이론』은 아직 미출간 상태였다. 따라서 이 책은 슘페터를 교수로 임용하는 데 큰 역할을 하지는 못했다. 만약 그라츠대 교수들이 슘페터의 이 위대한 책을 봤더라면 그를 채용하는 일은 그리 어렵지 않았을 것이다. 하지만 그들이 이 책을 보지 못하면서 채용에 대한 논란이 일어났다.

그라츠대 슘페터의 전임자는 브루노 힐데브란트▼라는 이름의 남자였는데 이 사람은 그라츠대에서 40년간 기둥 같은 역할을 해왔고, 이제는 자신의 후임자를 선발하는 3명으로 구성된 위원회를 이끄는 사람이었다. 독일 역사학파의 추종자(그의 아버지도 역사학파의 주요 학자였다)인 힐데브란트는 근대식 경제 이론을 좋아하지 않았다. 이 위원회의 후보자 가운데 슘페터의 이름은 없었고 다른 주요 이론가들의 이름도 물론 없었다. 또 오스트리아 출신의 경제학자는 단 한 사람도 거론되지 않았다.[27]

힐데브란트는 작심하고 슘페터의 연구를 비판하기 시작했다. 그는 "슘페터는 완전히 불모 상태의 경제학에 추상적이며 형식적인 접근법을 써서 기존의 수학적·기계적 개념들을 우롱하고 있으며, 이는 실제의 삶과도 아무 연관조차 없다. 그가 저술한 『이론경제학의 본질과 주요 내용』은 진부하고 평범한 말로만 가득하다. 하지만 이 양반은 엄청난 자기만족에 빠져 있어 마치 자신의 연구가 위대한 업적인 양 거만하게 행동하고 있다"고 독설을 퍼부었다.[28]

이 위원회의 보고서는 평범한 세 후보를 거론했고, 슘페터와 2명의 다른 이론가를 향한 비난으로 가득했다. 이와 달리 그라츠 법과대학의 분위기는 슘페터의 견해를 대다수 동의하는 것 같았다. 슘페터를 비롯한 학자들의 이론에 대한 위원회의 이유 없는 비판은 법과대학 교수 4명의 의문을 자아냈다. 그리고 이들은 결국 힐데브란트의 의견에 반대표를 던졌다. 이들 4명 가운데 2명은 소수의 의견을 반영해 후보를 더 추천하는 보고서를 썼고, 여기에는 슘페터의 이름이 거론되었다. 반대표를 던진 교수 가운데 한 선임 교수는 로

마법과 상법 분야의 저명한 교수로, 슘페터를 "뛰어난 재능과 독창적 힘을 가진 사람"으로 표현하면서, "이렇게 훌륭한 책의 저자를 무시해서는 안 된다"라고 주장했다. 이 보고서와 힐데브란트의 답변서는 빈의 문화교육부에 전달되었다.[29]

그 뒤에 일어난 일은 기록된 바가 없기 때문에 정확한 내용을 알 수 없다. 하지만 미뤄 짐작해볼 때 슘페터의 스승이었던 뵘바베르크가 그를 도왔으리란 이야기가 있다. 세계에서 손꼽히는 경제학자인 뵘바베르크는 제국과학아카데미에 새로 취임할 원장이기도 했다. 그는 프란츠 요제프 황제를 개인적으로 잘 아는 인물이었으며 재무부장관으로 세 번이나 임명된 바 있었다. 당시 오스트리아의 임용 관행에 따르면, 뵘바베르크의 말은 늘 결정적이었는데 이는 재무부에 국한된 이야기가 아니라 교수를 임용할 권리가 있던 황제에게도 해당되는 이야기였다.

결국 교육부는 슘페터를 택했고 황제는 공식 행사에 슘페터를 초대했다. 새로 임명된 슘페터는 18세기 군복 형태의 모자챙이 젖혀진 모자를 쓰고 정식 공무원 복장을 하고 나타났다. 이렇게 해서 스물여덟 살의 슘페터는 오스트리아 제국에서 가장 젊은 정치경제학과 교수가 되었다. 한편 힐데브란트는 모욕감에 휩싸였다. 슘페터가 체르노비츠대를 떠나 그라츠대로 오기도 전부터 그에게 복수의 칼날을 갈고 있었다.[30]

슘페터와 아내 글래디스는 그라츠에 도착한 뒤 좁은 블록 끝에 위치한 건물에 아파트를 구했다. 이곳은 세 방향에서 햇볕이 들어왔고, 거실에 있으면 그라츠의 아름다운 공원 풍경이 한눈에 들어왔다. 이 공원에는 아주 가파른 언덕이 있는데, 오늘날에도 61도의 경사를 케이블카를 타고 10분 동안 올라가야 하는 곳이다. 이 아파트는 옛날 요한나와 다섯 살 된 슘페터가 23년 전 고향 트리슈를 떠나 정착했던 모차르트 가와도 몇 블록 떨어지지 않은 곳에 있었다.

그라츠대(정확히는 카를 프란츠 국립대학교)는 1585년 반종교개혁에 앞장섰던 예수회학교로 건립되었고 1827년 복원되었다. 사진에 보이는 인상 깊은 건물은 1895년에 개관해 지금까지 쓰이고 있다.

슘페터 교수는 이 아파트에서 정반대 방향으로 약 800미터만 걸어가면 연구실에 다다를 수 있었다. 그는 미국의 한 친구에게 보낸 편지에 "나는 나무가 울창한 언덕에 둘러싸인 예쁜 동네가 마음에 든다"라고 쓸 정도로 이곳을 좋아했다. 또 "그라츠는 알프스 아래의 협곡에 있으며, 내 안사람도 습한 이곳의 영국식 날씨를 좋아하는 것 같다"고 덧붙였다.[31]

1911년 가을, 슘페터는 첫 학기 수업부터 그 당시 학교의 유일한 경제학자로서 매우 열심히 일했다. 1년 뒤에는 그라츠 공과대학에서도 강의를 맡게 되었다. 게다가 이 지역의 시민과 사업가들을 대상으로 강연도 많이 했다. 그들은 슘페터가 매우 화려한 강연자라고 인식하게 되었다. 그래서 슘페터는 연구에 몰두할 시간도 제자들과 보낼 시간도 많지 않았다. 그는 곧 힘든 숙제를 많이 내주는 사람으로 정평이 났다.

옛 그라츠대 본관은 오늘날에도 똑같은 모습을 유지하고 있다. 중앙에 위치한 거대한 조각상은 프란츠 요제프 황제다.

안타깝게도 슘페터가 볼 때 그라츠대 학생들은 빈 대학교나 체르노비츠 대학교의 학생들과 비교하면 그다지 공부를 열심히 하는 편이 아니었다. 학생들을 너그러이 대하던 힐데브란트의 손에서 이들은 경제학 공부를 적게 하는 데 익숙해져 있는 상태였다. 또 이들은 체르노비츠 대학교나 빈 대학교의 학생들보다 자의식이 강해서 쉽게 조직적인 행동을 취하기도 했다. 그래서 젊은 슘페터가 많은 양의 독서를 시키고, 어려운 시험을 출제하고, 인기가 많던 힐데브란트에 대해 거침없는 이야기들을 꺼내자 학생들은 슘페터에게 대놓고 반항하기 시작했다.

오전 9시 30분에 강의가 시작되는 어느 날 아침, 학생들은 항의 소동을 벌여 신임 교수인 슘페터를 강단에서 몰아내려고 했다. 학생들의 무례함에 놀란 슘페터는 이들의 화를 누그러뜨리려 했지만 아무 소용이 없었다. 1912년

10월 14일, 학생들은 슘페터의 수업을 대대적으로 거부하고 그를 해고하라고 학교 측에 요구했다. 이 모든 일은 합스부르크 제국에 있는 어느 대학에서도 없었던 것이었다. 슘페터의 동료 교수들은 그를 도우려 했지만 슘페터에게 이 일은 악몽과도 같았다.[32]

이 사건은 이 지역은 물론 주정부와 제국정부로 흘러들어가면서 더더욱 악화되었다. 학교 담당 관리자들이 문화교육부에 이 사실을 알렸기 때문이었다. 그라츠를 수도로 둔 오스트리아 남부의 스티리아[현재 이름은 슈타이어마르크*]의 주지사는 총장에게 관련 보고서를 내도록 요구했다. 이에 총장은 교수와 학생들 사이에 끼어들어 중재를 시도했다. 슘페터는 자신의 수업은 학생들에게 최고의 경제학을 배우도록 하는 데 있다며 맞섰다. 하지만 사실 그는 이미 구석에 몰린 처지였다. 결국 중재에 응했고 3주에 걸친 보이콧도 끝나게 되었다.[33]

이 호된 시련을 통해 슘페터는 교사와 동료라는 자신의 역할을 다시 생각해보게 되었다. 체르노비츠대에서 그랬듯이 그는 자신의 경솔함 때문에 다른 교수들이 싫어하는 사람이었기 때문이다. 그리고 보이콧이 일어나는 동안 슘페터를 도와주었던 법과대학 교수 대부분이 슘페터의 선임을 반대했다. 이때부터 슘페터는 자신의 건방진 태도를 누그러뜨린 듯하다. 그는 그라츠대의 다른 동료들을 이전보다 친절하고 정중하게 대했고, 그 뒤 다른 대학에서도 그랬다. 학생들에게는 여전히 어려운 과제를 내주곤 했지만 학점을 주는 데에 있어서는 옛날과 달리 너그러워졌다.

그는 또한 교실에서 일어나는 일을 주의깊게 살피기도 했다. 그는 자신의 쇼맨십을 버리지는 않았지만 이젠 친절한 멘토의 역할을 하려 더욱 노력했다. 그는 자신의 사무실에서 학생들과 만나는 시간을 늘렸고 경제학자로서의 어려움도 잘 헤쳐나갔다. 이후 몇 년간 그는 하버드대나 그 어떤 곳에서도 그라츠대에서 벌어진 일을 어느 누구에게도 말하지 않았다. 유럽에서 겪은 모험들

—체르노비츠에서 자신의 지위를 이용해 여성들을 건드렸던 일 등—에 대해 떠벌리기를 좋아했던 그도 그라츠대 학생들의 반란에 대해서는 결코 말하지 않았던 것이다.[34]

그라츠는 매우 쾌적한 도시였다. 그러나 슘페터가 생각하는 세계의 중심지인 빈 정도는 아니었다. 체르노비츠에서 빈은 매우 멀었다. 그러나 그라츠에서 기차를 타면 3~4시간이면 충분히 갈 수 있는 거리였다. 슘페터는 요한나와 옛 친구들을 만나기 위해 자주 빈에 들러 그곳의 예술과 건축, 커피하우스 문화에 젖어들곤 했다.

1913년 그라츠에서의 두 번째 해가 저물어갈 무렵 미국 컬럼비아대는 슘페터가 교환 교수로 뉴욕으로 건너와 다음 두 학기동안 학생들을 가르쳐줬으면 좋겠다는 내용의 초청장을 보냈다. 당시 오스트리아는 컬럼비아대로 교수를 보낸 적이 없었다. 따라서 젊은 슘페터에게는 아주 특별한 영예였다. 아마도 이 초청은 컬럼비아대 정치학부 학부장으로 경제학을 강의하는 그 유명한 한계효용학파 학자인 존 클라크가 주선했을 가능성이 크다. 그와 슘페터는 당시 연락을 주고받는 사이었다. 그리고 이들이 얼마나 서로를 존중했는지는 서로의 책에 대한 평가를 보면 알 수 있다. 클라크는 『경제 발전의 이론』이 나온 지 얼마 되지 않은 시기에 우호적인 논평을 내놓았다. 젊은 오스트리아 경제학자인 슘페터를 극찬하는 이 논평을 통해, 슘페터는 미국의 경제학자들에게 소개될 수 있었다.[35]

1913년 10월, 기쁨으로 가득찬 슘페터는 호화 여객선 루시타니아 호를 타고 6일간의 여정 끝에 미국에 도착했다. 여기서 중요한 사실은 글래디스가 당시 그라츠에 머무르는 것도, 남편을 따라 뉴욕으로 같이 가는 것도 결코 원하지 않았다는 것이다. 대신 그녀는 영국에 있는 고향으로 돌아갔다.

뉴욕에서 슘페터는 몇 달 동안 마르세유 호텔이라는 큰 호텔에 머물렀다. 이 호텔은 브로드웨이가 모퉁이와 컬럼비아대 인근 103번가 근처에 있었다.

교수와 학생들로 꽉 찬 강당에서 슘페터는 아주 근사한 첫 강의를 선보였다. 컬럼비아대의 또 다른 저명한 경제학자 에드윈 셀리그먼▼ 교수는 당시 슘페터의 특별한 강의에 대해 총장에게 다음과 같은 보고서를 제출했다.

> 슘페터 교수는 강의가 끝나는 순간까지 청중의 깊은 관심을 불러일으켰습니다. 여러 관점에서 매우 인상적인 강의였습니다. 그의 영어 실력도 굉장했습니다. 그는 노트 한 장 없이 강의했고, 그의 말은 거침없었을 뿐만 아니라 신중하고 우아했습니다. 또 그는 지금까지 다른 어느 교환 교수보다 명확한 요점을 드러내는 능숙함을 보여줬습니다.

셀리그먼이 쓴 보고서의 주요 내용은 슘페터의 강의는 경제학 이론에만 국한된 것이 아니라 심리학, 사회학과 관계를 맺고 있다는 것이었다. 또 셀리그먼에 따르면, 슘페터는 날카로운 두뇌를 가졌으며 동시에 깊은 생각을 갖고 있었다. 그가 선택한 기발한 설명 방식은 다양한 분야에서 응용된 것으로 다채로운 문화적 경험을 보여주는데, 이는 어느 전문가에게서도 찾아보기 힘들 것이라는 내용도 있었다. 이어서 그는 슘페터를 초청한 것은 정치학부에 매우 행운이며 학생들도 그렇게 생각할 것이라고 이야기했다. 뿐만 아니라 그는 슘페터가 미국에서 성공적인 길을 걷게 되리라는 것은 매우 쉽게 예상할 수 있는 일이라고 덧붙였다.[36]

강의를 많이 할수록 슘페터의 평판은 더 널리 퍼졌고, 다른 대학에서도 강의 요청이 들어왔다. 컬럼비아대는 당시 서른 살밖에 되지 않은 슘페터에게 이미 명예 교수직을 줬다. 이 모든 찬사와 관심은 그에게 냉담한 반응을 보낸 그라츠대와는 정반대였다. 그라츠대 역시 물론 좋은 학교였지만 컬럼비아대에 비할 정도는 아니었다. 슘페터는 이러한 환대와 반응에 몹시 기뻤다.

셀리그먼은 슘페터에게 그의 학문적 배경에 대한 세부사항을 더 물었다. 이에 대해 슘페터가 손수 쓴 답장을 보면 그가 자신의 중요성을 잘 알고 있으며, 얼마나 겸손하게 자신을 낮췄는지를 알 수 있다.

드릴 말씀이 많진 않지만, 저는 매우 평범한 전통적인 교육을 받았으며 저의 첫 책이 출판될 때까지 몇 년간 여행을 다녔습니다. 이 여행을 통해 많은 것을 깨달았고 1909년 빈 대학교에서 강사 자격으로 강의를 맡기도 했습니다. 그 뒤 오스트리아와 독일에서 가장 젊은 교수가 되었고, 스물여섯 살에는 체르노비츠대에서 정치경제학과 학과장도 맡았습니다. 그곳에서 저는 경제 이론에 대한 논문을 몇 편 썼고, 제 두 번째 책도 냈습니다. 저는 새것을 설명해내려고 노력했으나 결과는 그다지 좋지 않았습니다. 1911년에는 오스트리아에서 제가 가장 맘에 들어 했던 학교로, 규모로는 빈 대학교에 이어 두 번째에 해당하는 그라츠 대학교의 정치경제학과 학과장을 맡은 바 있습니다.[37]

슘페터는 대부분의 시간을 미국에서 보냈다. 호기심이 많았던 그는 기차를 타고 캘리포니아로 여행을 다녀오기도 했다. 총 거리가 9566킬로미터에 달했던 이 여행은 광대하고 다양한 미국을 알 기회였다. 또 이 여정으로 그가 믿었던 기업가정신의 중요성과 기업활동을 늘리는 데 신용이 기여하는 역할이 얼마나 중요한지에 대해 더욱 확고한 신념을 갖게 되었다. 그는 미국의 산업 발전 속도를 보고 놀라지 않을 수 없었다. 그는 기업가적 에너지가 발산되는 모습을 직접 목격했다. 그리고 그러한 에너지가 자금의 융통으로 더욱 활기를 띠게 되었다는 사실도 알았다. 기업가적 에너지가 바로 미국을 세계에서 가장 부유한 나라로 만든 것이 분명해 보였다. 나중에 그는 이렇게 이야기했다. "가치를 창조하기 위한 미국의 계획은 19세기 모든 두뇌 집단을 산업으로 집중시켰고, 모두가 국가의 영혼에 어울리는 사업가적 태도를 지니고 있었다."

빈에 있는 슘페터의 친구 펠릭스는 "새로운 발명이나 근대적인 생산 방식이 소개되면 이를 받아들이는 데 오스트리아가 수년이 걸리는 반면, 미국은 수 개월이면 모두 받아들이고 적용한다"고 말한 적이 있다. 슘페터는 미국에 머무르는 동안 『경제 발전의 이론』에서 시도한 자본주의 분석이 맞았음을 확신하게 되었다.[38]

유럽과 영국에서 그랬듯이 슘페터는 미국에서도 중요한 경제학자들을 만나기 위해 노력했다. 그가 존스홉킨스 대학교의 제이컵 홀란더▼에게 썼던 내용을 보면 "나의 목표는 가능한 한 많은 미국의 대학을 가보고, 탁월한 인물을 많이 만나보는 것"이라고 했을 정도였다. 미니애폴리스에서 그는 미국경제학회가 주최하는 연례회의에 참석하기도 했다. 뉴헤이븐에서는 예일 대학교의 세계적인 수리경제학자 어빙 피셔▼를 만났다. 케임브리지대에서는 프랭크 타우시그▼를 만나 친분을 쌓았으며, 훗날 이 만남은 그가 하버드대로 옮길 당시 큰 도움을 얻는 계기가 되기도 했다. 그리고 에밀에서는 프랭크 페터▼의 집에서 하루를 묵었는데 페터는 당시 프린스턴 대학교 경제학부장을 맡고 있었다.[39]

슘페터는 5개월간의 많은 만남 뒤 오스트리아로 돌아왔다. 페터 교수에게 쓴 작별인사 편지에는 "저는 17곳의 미국 대학을 경험했고, 그곳에서 만난 위대한 사람들과 학교에 대한 인상 깊은 기억을 갖고 돌아가게 되었습니다. 미국은 진정 위대한 나라라는 생각이 들었고, 미국을 떠나야 된다는 사실이 몹시 아쉽습니다. 저는 항상 그렇게 훌륭한 동료 교수들과 함께 일한다면 제 능력 이상으로 일할 수 있으리라 생각했습니다. 그리고 무엇보다도 만난 분 모두가 제게 베풀어준 따뜻한 마음이 기억나 떠나기가 더욱 어렵습니다"라는 내용이 담겨 있었다.[40]

당시 미국 경제학의 위상은 영국의 옥스퍼드대와 케임브리지대 급이었다. 미국에서는 이미 유럽에서 배울 수 없는 그 이상의 내용을 다루고 있었다. 슘페터는 미국 안에 우수한 최상위권의 대학이 매우 많다는 사실에 놀라지 않을 수 없었다.

한편 슘페터의 국제적 명성은 하늘을 찌르고 있었다. 그가 유럽으로 다시 돌아왔을 무렵인 1914년에 그는 이미 세계 최고의 자리에 올라앉아 있을 정도로 유명해졌다.

하지만 여기에는 큰 문제가 있었다. 세계가 일촉즉발의 전쟁 상태에 놓이게 된 것이다. 향후 10년간 슘페터에게 큰 영향을 미친 사건은 학문과는 아무 관련이 없었다. 이는 오스트리아나 미국이나 마찬가지였다. 그 사건은 바로 제1차 대전이었다. 수많은 사람이 전쟁으로 받은 상처는 모든 것을 뒤바꿔놓았다. 슘페터에게 이 전쟁은 그의 결혼생활, 직장, 경제적인 상황, 명성 그리고 궁극적으로 그가 살기로 결정한 나라까지도 통째로 바꿔버렸다.

제6장

전쟁과
정치

"유럽 전역에서 빛이 꺼져가고 있다. 우리는 우리 생애에 다시 불이 켜지는 광경을 보지 못할 것이다."
—영국 외무부장관 에드워드 그레이, 1914

이른바 거대한 전쟁이라고 부르는 제1차 대전은 기업가적·미래 지향적인 자본주의에는 대재앙이었다. 이는 슘페터가 『경제 발전의 이론』에서 표현한 내용이다. 이 전쟁은 슘페터 개인에게 패배를 안겨줬는데, 일에 집중하려고 애를 쓸수록 자신이 정치적으로 무기력함을 알게 되었기 때문이다.

이 전쟁은 국가 간 상품 교역, 사람들의 이동, 돈의 원활한 흐름을 방해했다. 자유시장체제는 오히려 후퇴했다. 어느 누구도 아직 "세계화"라는 말을 쓰지 않았다. 세계화 현상은 이후 75년 동안 이루어진 것보다도 1914년에 그 개념에 가깝게 이뤄졌다고 할 수 있다.

1000만에 가까운 군인, 선원, 조종사들이 제1차 대전으로 죽었고 2000만 명이 부상당했다. 게다가 2000만의 민간인이 생활 터전을 잃어버렸다. 이 전쟁은 소련의 공산주의와 독일의 파시즘을 낳았고 제2차 대전이 일어나는 상

황을 만들었다. 여기에는 어떠한 창조적 파괴도 없고 단지 잔해만 있을 뿐이었다.[1]

제1차 대전의 여파는 25년 동안이나 계속되었다. 이 전쟁은 다른 국가로부터 유럽 국가들을 보호하고자 동맹을 체결하려는 가장 두드러진 이유를 제공했다. 그리하여 삼국동맹(독일, 이탈리아, 오스트리아-헝가리 제국)에 대항하기 위해 삼국협상(프랑스, 러시아, 영국)이 체결되었다. 유럽에서 가장 강력한 국가인 독일의 급부상은 슘페터를 포함해 사려 깊은 많은 사람을 곤란하게 했다.

독일의 급부상에 앞서 영국은 세계를 주도하던 산업국이었다. 1870년대에 영국 중공업의 중요 제품인 선철銑鐵 생산량은 세계의 절반 이상을 차지했다. 그러나 1914년 독일의 선철 생산량은 영국의 1.5배나 되었고 독일은 다른 국가보다 많은 철강을 수출했다. 또 독일 기업은 세계시장에서 교역되는 전기 제품의 35퍼센트, 화학제품의 27퍼센트, 염료의 90퍼센트를 수출했다. 독일과 영국 간에 무기 개발 경쟁이 치열하게 벌어지기 시작했는데, 치명적인 새 무기들인 잠수함, 대형 전투함, 탱크, 기관총, 독가스, 장거리 대포, 초계기哨戒機 같은 무기가 등장하면서 전쟁은 더 치명적이고 잔인한 양상으로 변해갔다.[2]

전쟁의 빌미가 된 것은 오스트리아 황제 프란츠 요제프의 후계자인 프란츠 페르디난트 대공과 그의 부인 소피의 암살 사건이었다. 암살은 대공이 신중히 생각해보지 않고 정치적으로 위험한 보스니아의 사라예보를 방문한 기간에 일어났다. 사라예보는 1908년 오스트리아-헝가리 제국에 의해 병합된 지역이다. 암살자는 세르비아의 민족주의자 가브릴로 프린치프라는 열여덟 살 청년으로 슬라브족의 독립을 위한 조직원이었다. 암살 뒤 빈에 있던 외교관들은 삼국동맹이라는 용어를 들먹이기 시작했다. 그들은 "백지수표"로 알려진 전권을 휘두르는 독일 황제 카이저 빌헬름 2세에게 세르비아 침공을 요청했고,

황제는 놀랍게도 이를 즉각 받아들였다.

빈을 달래기 위한 모든 노력을 기울였으나 좌절된 세르비아는 같은 슬라브 족인 러시아에 호소했다. 삼국동맹을 맺은 국가는 삼국협상에 참여한 국가에 전쟁을 선포했다. 한편 터키와 불가리아는 중심 세력인 독일과 오스트리아-헝가리 제국에 합세했다. 이제까지 어떤 전쟁보다 명분이 정당하지 못하면서도 가장 피를 많이 흘린 전쟁이 사라예보에서 시작된 것이다.[3]

슘페터가 즐거운 미국 여행을 마치고 돌아온 세 달 뒤에 첫 번째 총성이 울렸다. 슘페터를 비롯해 다른 이들도 이 전쟁은 몇 개월 만에 끝나리라 생각했으며, 4년 동안이나 지속되리라고는 상상도 못했다. 인간 역사에서 제1차 대전의 대재앙은 제2차 대전의 참상을 넘어섰다. 1914년에서 1918년까지 지속된 이 전쟁은 이루 말할 수 없을 정도로 잔인했다. 그러나 어느 쪽도 전쟁 동안 많은 영토를 얻지도 잃지도 않았다.[4]

전쟁 뒤 군사력만으로 해결할 수 없는 문제는 적극적인 외교로 결실을 보게 되었다. 평화조약을 맺어 중부 유럽, 아프리카의 일부, 중동의 국경선 대부분을 다시 확정했고 이 조약으로 이라크, 시리아, 요르단 같은 중동 국가는 불안정한 국가로 새롭게 태어났다. 또 연합국의 승리는 수백 년간 유럽을 지배해온 합스부르크 제국을 6개국으로 나눠놓았다. 다행히도 68년 동안이나 오스트리아를 다스렸던 프란츠 요제프 황제는 제국이 분열되는 비극을 보지 못한 채 1916년에 눈을 감았다. 그러나 평화조약은 한때 7000만을 자랑하던 유럽의 중심지 오스트리아를 600만에 불과한 작은 국가로 전락시켰다. 이를 두고 오스트리아인은 "살기에 매우 작고 죽기에 매우 크다"라는 표현을 썼다. 옛 제국은 영국과 프랑스를 합쳐놓은 크기였지만 새로운 오스트리아는 포르투갈의 땅보다도 작았다.[5]

전쟁 동안 제국 안에서 독일어를 쓰는 곳은 전투가 거의 일어나지 않았고, 독일어를 쓰는 국가는 대부분 승리했다. 그러나 제국의 군대는 러시아, 로마,

세르비아, 이탈리아 전선에서 끔찍한 손실을 입었다. 전쟁이 끝난 뒤 집계된 피해는 말로 표현할 수 없을 정도였다. 780만에 이르는 제국의 군대 가운데 90퍼센트가 죽거나(120만) 부상당했으며(360만), 포로가 되거나 실종되었다 (220만). 어떤 군대도 그렇게 높은 사상자를 낸 기록은 없으며 전쟁사에서 이토록 큰 비율을 차지한 적은 없었다. 제국정부를 괴롭혔던 언어 문제는 병사들의 활동도 괴롭혔다. 장교 대부분이 독일어로 이야기했던 반면 사병 가운데 4분의 1만이 독일어를 이해할 정도였다.[6]

1918년 11월, 독일과 연합국이 휴전을 맺기 전후 몇 달 동안 중부 유럽의 많은 지역이 좌익 혁명의 분위기에 빠져들었다. 프란츠 요제프 황제의 계승자인 찰스 1세가 물러난 뒤 오스트리아는 곧 대중이 지지해서 선출된 사회주의자들이 지배하는 제1공화국을 세웠다. 이 새로운 공화국에서 오스트리아 국민 600만 명 가운데 3분의 1이 수도인 빈에 사는 불균형 상태가 나타났다. 오스트리아 국민의 이념은 "붉은 비엔나Red Vienna"[1922년 헌법이 개정되고 빈은 란트Land, 즉 반자치기구가 되었는데 당시 빈을 다스리던 사회민주당은 여러 중요한 사회개혁정책을 도입했다. 이 시기를 붉은 비엔나라고 부른다*] 시대와 오스트리아 시대로 나뉘게 되었다. 나머지 오스트리아 편에 선 국민은 합스부르크가가 갑작스럽게 왕좌에서 물러나는 것을 달갑게 생각하지 않았다. 국민 대부분은 오스트리아가 독일의 일부가 되기를 원했고, 서부 산악 지대의 일부 사람들은 스위스 시민으로 새로운 삶을 시작하기를 원했다. 한편 러시아혁명은 유라시아 지역에서 유혈 시민전쟁을 촉발시켰다. 그러나 이 혁명은 향후 70년에 이르는 전체주의 독재 정권을 낳았다.[7]

1914년에서 1916년까지 처음 2년 동안 전쟁은 슘페터에게 거의 영향을 끼치지 못했다. 그는 그라츠대에서 교수로 자신의 일상을 보냈다. 그는 이 기간에 잠시 법학과 학과장을 맡기도 했다. 그러나 전쟁 시기에 슘페터를 속박하는 여러 요인이 그의 개인생활에 간접적이지만 강력한 영향을 미쳤다. 부인 글래디스는 남편이 미국에 머무는 동안 영국에 있었는데, 그가 대학으로 돌아왔을 당시 영국은 오스트리아와 적국인 관계로 모든 것을 단절한 상태였다. 그라츠에 있던 슘페터는 부인과 많은 편지를 주고받았다. 그러나 오스트리아의 강화된 우편검열 제도 때문에 슘페터는 부인의 편지를 거의 받을 수 없었다.

1915년 11월, 사십 대 중반에 들어선 부인 글래디스는 존스홉킨스대 교수로 독일어를 잘하는 제이컵 홀란더를 통해 남편과 연락하려고 시도했다. 홀란더는 전쟁 당시 유럽을 방문중이었다. 홀란더는 슘페터가 존스홉킨스대에서 열린 경제학 세미나에 참여했을 때 알게 된 뒤부터 친하게 지내고 있었다. 글래디스는 전쟁 당시 중립적인 자세를 취하고 있던 미국에 편지를 보내면 유럽으로 전달되리라 믿으면서 홀란더에게 편지를 썼다.

저는 이처럼 슬픈 시기에 이 편지가 당신을 곤란스럽게 하지 않기를 바랍니다. 저는 그라츠대에서 강의중인 오스트리아인 슘페터 교수의 아내입니다. 남편은 1914년 2월에 당신을 찾아간 것으로 알고 있습니다. 저는 남편에게 종종 편지를 썼는데 지난 3월부터 어떤 편지도 그에게 도착하지 않은 것 같습니다. 저는 자주 제가 어떻게 지내는지 알고 싶어하는 그의 편지를 받습니다. 아마도 당신이 독일에서 쓴 편지를 남편이 오스트리아에서 받게 되면 다행입니다. 그래서 당신이 슘페터에게, 불행한 상황에서도 제가 행복하게 잘살고 있고, 계속 그에게 편지를 보냈으며 남편이 보낸 많은 편지를 받았다는 소식을 제게 들었다고 전해줬으면 합니다.[8]

홀란더는 글래디스의 소식을 슘페터에게 전했고 슘페터는 그에게 고마움을 전했다. "부부간의 사랑을 전하는 이로서 (…) 저는 정말로 몇 달 동안 아내의 소식을 듣지 못했습니다. 당신의 친절로 저는 근심을 상당히 덜었습니다." 홀란더는 슘페터가 자신에게 보낸 편지를 동봉해 글래디스에게 편지를 보냈다. 그녀는 매우 따뜻한 마음으로 답장을 보냈으며 재정적으로 도움을 주겠다는 홀란더 교수의 제의에 감사의 뜻을 전했다. "다행히도 전 문제는 없습니다. 그러나 당신의 사려 깊고 관대한 제의를 받아들인 것처럼 여겨주시고 매우 감사하게 생각하고 있음을 알아주십시오." 전쟁 기간 내내 슘페터는 글래디스에게 편지와 함께 그가 보낼 수 있는 최대한의 돈을 붙이려고 한 듯 보인다.[9]

혼란 속에서도 두 사람 간의 편지는 계속되었다. 전쟁은 4년 동안 지속되었고 전쟁 뒤에도 혼란스러운 상황은 3년 이상이나 이어졌다. 부부간의 왕래는 점차 줄어들었다. 1920년이 되자, 1913년부터 글래디스를 보지 못한 슘페터는 자신을 "결혼하지 않은 남자"로 생각하기 시작했다. 결국 두 사람의 결혼생활은 공식적인 이별의 절차도 없이 끝났다. 슘페터는 이혼하는 데 아무런 문제를 겪지 않았다. 그러나 훗날 이 이혼은 그에게 심각한 문제로 다가온다.[10]

1914년 여름, 슘페터는 그라츠대에서 강의를 다시 시작했다. 그해 12월 군대 징집 통보를 받았지만 그 대학의 유일한 경제학 교수였기 때문에 군복무를 면제받을 수 있었다. 그는 학술 연구를 계속하면서 강의에 대한 부담에도 불구하고 중요한 저술활동을 했다. 그는 또한 새로운 경제학 저널을 출판하기 위한 계획을 세우기 시작했다. 그라츠대에서 외로움을 느낀 그는 만나는 데 어려움이 있는 유럽, 영국, 미국의 많은 학자와 편지를 주고받았다. 한편 그는 많은 평론과 기사를 기고했으며 「사회과학의 과거와 미래The Past and Future of Social Science」라는 소논문을 내기도 했다. 또 1750년부터 1900년까지의 짧은 경제사상사를 다룬 세 번째 책을 냈다. 이러한 작품을 통해 그는 경제학에 대해 광범위하면서도 방법론적으로 모든 것을 받아들이는 관대한 접근을 이어나갔다.[11]

1916년에 그는 친구이자 독일의 뛰어난 출판업자인 파울 지베크에게 자신의 마음을 전하는 긴 편지를 썼다. 그는 새로운 경제학 저널뿐만 아니라 몇 가지 다른 시도도 제안했다. 슘페터는 현재 매달리고 있는 큰 프로젝트 두 가지를 설명했고 그의 연구, 강의, 공적인 강연 내용을 모아 간략하게 여섯 권의 책을 내겠다는 개요를 전했다. 지베크는 전쟁의 불확실성으로 조금 걱정하면서도 기뻐했다.[12]

많은 프로젝트에 대한 슘페터의 구상은 대담하고 야심찼다. 그는 진지했으며 지베크에게 보낸 그의 기획은 결코 비현실적이지 않았다. 1915년까지 이미 세 권의 중요한 책을 냈고 4개국 6개 저널에 스무 편의 논문과 육십 권의 책에 대한 논평을 썼다. 그러나 전쟁 때문에 지베크와 만나 추진하려는 공동 기획은 결코 이뤄지지 않았다. 1916년부터 1918년 11월 전쟁이 끝날 때까지 논문과 논평을 계속 썼지만 공적인 일이 많아서 작업의 속도는 느릴 수밖에 없었다. 그럼에도 불구하고 두 편의 논문을 썼는데, 이는 경제학의 고전이 되었다.[13]

한편, 공적 영역에서 슘페터는 개인의 정체성을 둘러싼 문제에 시달리기 시작했다. 그는 결혼했는가? 예 그리고 아니오. 그는 결혼하지 않은 것은 아니지만 전쟁이 시작된 이래 아내를 보지 못했다. 그는 그라츠대 교수인가? 예 그리고 아니오. 그는 이 대학에서 계속해서 강의했지만 언제라도 빈으로 여행을 갈 수 있었다. 그리고 만약 그가 아내와 함께 살고 싶어하는 마음이 분명했다면 전쟁이라는 힘든 현실은 그를 다른 방향으로 이끌었을지도 모른다.

슘페터는 진정 평화론자였다. 그는 오스트리아가 왜 전쟁에 개입했는지 이유를 알 수가 없었다. 슘페터는 그가 좋아하는 호전적인 "독일의 민족주의적인 맥주집"다운 사고 방식은 없었다. 그는 영국 예찬론자이면서도 합스부르크 제국의 신민이었다. 어느 쪽도 이기거나 지기를 바라지 않았다. 그는 능력이 닿는 한 전쟁의 공포를 줄일 수 있기를 바랐다. 그러나 그라츠에서 그는 "매우 고립되어 있었고 (…) 전쟁의 공포를 최소화할 효과적인 가능성으로부터 완전히 단절되어 있었다"고 느꼈다. 그리고 독일과 오스트리아가 맺은 군

사동맹의 동기와 방법을 경계했다.[14]

전쟁이 계속되면서 사망자가 수백만 명에 달했고 음식과 연료가 부족했다. 인플레이션 상황이 지속되면서 생필품 값이 상당히 올랐다. 1916년이 되자 슘페터는 전쟁에서 어느 쪽이 승리하든 상황은 결코 예전과 같지 않으리라고 확신했다. 그는 "시대의 기색은 그저 우울하기만 하고 평화의 기회는 점점 줄어들고 있다"고 썼다. 모국인 오스트리아 제국은 슘페터가 여행을 통해 많은 것을 배웠던 중립국 미국이 제시한 중재 노력에 어떠한 관심도 기울이지 않았다. 그는 "정치적·재정적으로 미국은 현재 우리들을 위해 가장 중요한 국가다"라고 말했다. 슘페터는 미국의 제의에 빈 정부가 망설이고 있기 때문에, 점점 고조되고 있는 독일의 "잠수함 전쟁으로 영국의 분위기는 나빠질 것이며, 미국과 멀어지게 되는 결과가 나오리라 확신했다." 그의 예상은 매우 정확했다.[15]

그는 곧 전쟁에 따른 결과가 어떻게 전개될지 특히 세 가지 측면에 몰두했다. 합스부르크 군주제의 운명, 오스트리아-헝가리 제국 경제의 가능성, 향후 오스트리아와 독일 간의 관계가 그것이다. 마지막 문제는 200년 이상 악화되어온 사항이다. 18세기와 19세기에 오스트리아는 대체로 독일어를 쓰는 많은 공국公國의 영향력 때문에 프러시아와 다툼을 벌여왔다. 이들 공국은 크기도 하고 작기도 했다. 또 일부는 자치 도시로, 다른 공국들은 신성 로마 제국의 작은 지역으로서 지배를 받고 있었다. 19세기에 이르자 독일어를 쓰는 40여 곳의 자치 도시가 오스트리아를 제외한 채 관세동맹을 맺었다. 이 협정은 독일의 통일을 위해 프러시아가 주도적으로 추진한 것이었다.

프러시아는 합스부르크 제국의 인구수보다 훨씬 적었지만 1866년 여름, 독일의 통일을 놓고 7주라는 짧은 기간에 벌인 프로이센-오스트리아 전쟁에서 오스트리아를 이겼다. 당시 프로이센의 위대한 지도자 비스마르크 재상의 지휘 아래 승리한 프러시아는 많은 자치 도시를 북독일연방에 복속시킴으로써 독일 통일의 기초를 세웠다. 프러시아는 1870~1871년 보불전쟁에서 프랑스도 이겼다. 1871년에 비스마르크는 베를린에 수도를 정하고 새로운 독일 제국을 세웠다. 비상한 정치적인 술수를 가진 그는 독일을 유럽의 강대국으로 끌어올렸다. 1890년에 충동적인 성격을 지닌 젊은 황제 빌헬름 2세가 비스마르크를 권좌에서 내쫓았으나 그가 추진했던 일은 다 이뤄졌다.

비스마르크는 오스트리아-합스부르크에 소속된 독일어 사용 지역을 독일 제국에 포함시키려는 생각은 없었다. 대신 프란츠 요제프의 통치 지역을 완충지대로 쓰려고 했다. 합스부르크가는 통일에 대한 생각을 갖고 있지 않았다. 독일계 오스트리아인의 약 97퍼센트가 가톨릭교도였다. 그래서 신교가 다수를 지배하는 프러시아에 대해 믿음이 없었다. 합스부르크의 각료들은 어떠한 마지막 결전에서도 베를린이 결국 빈을 넘어서고 오스트리아는 독립국의 위치를 잃게 될 것이며, 오스트리아-헝가리 제국은 끝나게 되리란 것을 알았다.[16]

그러나 제1차 대전이 시작되자 독일어를 쓰는 오스트리아의 서부 지역 시민은 통일을 원하기 시작했다. 독일과의 통일은 합스부르크가를 분열시키겠지만, 독일어를 쓰는 오스트리아를 해방시킬 것으로 생각했기 때문이다. 그들은 더 이상 헝가리, 체코, 발칸 슬라브, 오스트리아 제국을 난장판으로 만든 다른 지역 사람들과 다투지 말아야만 했다. 그러나 전쟁이 발발하기 시작하자 제국과 독일의 관계는 확실히 변했다. 1916년에 통일을 옹호하는 오스트리아인이 통일을 위한 선봉에 적극적으로 나섰다. 이중 일부는 "더 위대한 독일"이라는 우익 이념을 부르짖었다. 또 일부는 좀 더 공정하고 현대적인 사회로 가는 좌익 성향의 사회민주주의로 노동자계급을 결합시킬 기회라고 생각했다.

슘페터가 정계에 들어오기로 한 결정은 이러한 오스트리아의 복잡한 상황으로 볼 때 어울리지 않았다. 오스트리아의 많은 지식인과 마찬가지로 그는 계속되는 전쟁으로 바라던 환상이 깨졌고 독일과의 통일에 대한 전망도 부정적이었다. 그는 합스부르크 제국이 삼국협상에 참여한 국가와 개별적으로 평화협정을 진행하고 독일의 유혹적인 제안을 막아내면 군주제를 지키는 것이 가능하다고 생각했다. 1916년에 그가 친구에게 편지를 썼듯이 오스트리아-헝가리 제국정부는 실제로 지도자적인 역할을 할 수 있었고 "권위주의적인 화해라는 말을 쓸 수가 있었다." 그러나 오스트리아-헝가리 제국정부는 "독일과 영국 간에 벌어진 거대한 대립 속에서 어떠한 역할도 하지 못했다."**17**

1915년 봄, 독일 의회의 한 입법자가 합스부르크 제국의 독일어 사용 지역에 관세 연합을 제안하는 내용의 책을 냈다. 그해 말 독일 정부는 역외 공동 관세를 포함하는 새로운 관세협정을 제안하는 비밀각서를 빈의 외무부에 보냈다. 이 계획은 누가 제1차 대전에서 승리하든 미래의 적으로부터 독일어를 쓰는 국민의 경제 안정을 향상시키자는 요지를 담고 있었다.

슘페터는 이러한 방법으로 시작한다면 독일의 통일은 몇 십 년 더 일찍 이뤄지리라고 생각했다. 독일과 오스트리아 간에 이런 결합을 두려워한 그는 옛 스승이자 빈 대학교 교수인 하인리히 라마슈▼에게 편지를 보냈다. 라마슈는 오스트리아 의회 의원이자 세계적으로 널리 알려진 헌법 변호사였으며 평화론자였다. 슘페터는 다음과 같이 썼다. "독일과 오스트리아의 통일이 의미하는 바를 깊이 잘 생각해보시길 바랍니다. 군사적으로 무장한 루터교의 프러시아의 영향 아래 있는 중부 유럽은 육식동물처럼 지금부터 계속 다른 국가들과 대립하게 될 것입니다. 또 우리가 알고 사랑해온 오스트리아의 본성은 더 이상 존재하지 못할 것입니다."**18**

정부에서는 라마슈 교수의 개인활동을 돕고자 슘페터를 통해 오스트리아와 독일과의 밀접한 관계가 얼마나 위험한지를 경고하는 제안서를 마련했다. 슘페터는 열정적인 문체로 이러한 위험 가능성을 막기 위한 몇 단계를 제안했고, 요지는 의회를 재소집해서 제국의 전쟁을 막자는 것이었다. 그러나 오스트리아 국왕은 전쟁이 발발하자 이 제안을 묵살했다. 시민 의회는 슘페터가 바라던 영국의 정치체제로, 그가 애착을 가진 영국식 "보수민주주의tory democracy"가 지배하는 새로운 형태의 연방국을 창출할 수 있었다.[19]

1916년 후반, 그는 라마슈 교수와 빈에 있는 다른 동료들에게 두 번째 제안서를 보냈다. 그는 오스트리아-헝가리 제국의 외교적 위상이 매우 나빠지고 있으며 연합국과 개별적으로 평화협정을 진행시켜야만 함을 암시했다. 그렇지 않으면 "우리는 경제적으로 독일에 정복당할 것이고 정치적으로 헝가리에 지배당할 것이다. 게다가 제국은 러시아와 대립만 하는 위태로운 상황으로 빠져들 것이다"라고 하면서 뒤이어 "이탈리아와의 관계도 불투명하게 될 것이며 서구 열강의 영원한 적으로 남게 될 것이다. 그래서 합스부르크가는 그야말로 제1차 대전의 모든 참전국 가운데서 가장 큰 손실을 입은 패배자가 되고 말 것이다"라고 썼다.[20]

1916년에 등극한 당시 스물아홉 살의 젊은 황제 찰스 1세는 프란츠 요제프와는 달리 전쟁이 계속되는 것을 별로 바라지 않았다. 황제를 보좌하는 고문들은 개별적인 평화협정을 위한 잠정 조치를 취했다. 슘페터는 다른 편지에서 다음과 같이 썼다. 이러한 황제의 행동은 "독일 제국의 감성을 자극시켜 매우 복잡한 상황을 만들게 될 것입니다." 오스트리아-헝가리 제국은 이제 한편으로 독일의 거대한 힘, 다른 한편으로는 그 힘이 나날이 커지고 있는 연합국 사이에 갇히게 되었다. 영향력을 얻으려고 치열하게 경쟁하는 빈의 수많은 당파는 그들의 위치를 강화시키려 했고 정치적인 계략도 꾸준하게 시도되었다.[21]

이때 슘페터는 정치에 완전히 빠져들었다. 그리고 자신이 정부에서 할 역할이 무엇인지를 생각하기 시작했다. 전쟁에 휘말린 나라를 생각하는 애국자가 볼 때는 매우 당연하고 자연스러운 일이었다. 그의 새로운 야망은 정치동맹의 구축으로 이어졌다. 이 분야에서 슘페터는 재능이 없었다. 그가 진정 원했던 것은 "절대군주제를 영국식 입헌군주제로 점차 바꾸는 일"이라고 그의 한 친구는 밝혔다. 허나 슘페터는 정말 높은 위험을 무릅써야 하는 격렬한 정치적 내분을 겪어본 적이 없는 학자였다. 그는 정치 현실과는 거리가 먼 대학 교수 경력이 전부였다. 극심한 세계대전 기간에 그가 바라다본 국제정치는 자유주의자들과의 말장난이 아니었으며, 학생들의 보이콧을 해결하는 문제와는 전혀 차원이 달랐다. 1917년에 그는 다음과 같이 적었다. "나는 그러한 문제들을 부드럽게 푸는 것이 쉽지 않다는 걸 알게 되었다."[22]

공적인 관심사에 사로잡힌 그는 또다시 자신이 할 적절한 역할에 불분명한 자세로 임했다. 그는 여전히 어떤 사람이 힘든 일을 애써서 시도할 때 비로소 그 역할이 무엇인지를 알 수 있다며 스스로를 믿었다. 그는 세계 각지를 여행했고, 그 과정에서 만난 우수한 사람들과 자신의 능력을 견주기도 했다. 서른네 살이 되던 1917년, 그는 자신의 앞을 지나가는 큰 사건들을 지켜볼 준비가 되어 있지 않았다. 그는 공적인 일에서 중요한 역할을 맡기를 원했다. 아마도 장관직을 비롯해 권위 있는 신문의 칼럼니스트가 되고 싶었던 것으로 보인다. 그가 쓴 많은 편지는 빈의 한 신문에 쓴 논평들을 주제로 삼았으며 자신이 좋아하는 정책을 지지하기 위한 것이었다.[23]

진퇴양난에 빠진 슘페터의 이러한 개인 경력은 그의 전 생애에 걸쳐 커다란 딜레마로 작용하게 된다. 제1차 대전이라는 참혹한 상황을 겪은 유럽인은 그들이 생각하며 알고 있던 문화와 전쟁의 공포를 조화시키기가 매우 어려웠다. 그들은 과학, 자본주의, "유럽 문명"의 확산이 지속적인 진보를 가져오리라 믿으면서 성장했다. 그러나 1914년부터 1918년까지 계속된 전쟁으로, 그들은 해를 거듭하면서 진보적 흐름에 역행하는 끝없는 대량학살을 목격했다. 대재앙 속에서 아무런 일도 하지 않고 그저 앉아서 구경만 한다는 것은 결코 생각할 수 없는 일이었다.

1917년 4월 미국이 전쟁에 참여했다. 적국뿐만 아니라 미국 같은 중립국 선박에도 독일이 잠수함 공격을 무수히 가했기 때문이다. 이때 슘페터는 빈으로 세 번째 제안서를 보냈다. 강렬한 문체로 쓴 30쪽에 달하는 제안서에서 그는 독일의 무제한 잠수함 공격을 끔찍한 실수라고 비난했다. 그리고 "그러한 결과로 말미암아 불행하게도 오스트리아-헝가리 제국은 (…) 복잡하게 얽혀 들어가는 상황을 맞이할 것이다"라고 언급했다. 아울러 이 상황은 자신이 1년을 넘어 훨씬 이전부터 예견했던 일이라고 썼다. 그는 미국의 관심이 대서양에서의 해전, 서부전선에서의 지상전으로 국한되길 원했다. 서부전선 전투에서 상대국 병사들은 계속 대량학살을 벌이고 있었다. 그는 기회의 창문이 열려 있는 동안 오스트리아가 개별적인 평화협정을 맺는 일만이 조국이 살 길이라고 생각했다. 미국은 1917년 4월에 독일을 상대로 선전포고를 했지만 오스트리아-헝가리 제국에는 아직 하지 않은 상태였다.[24]

미국은 이해 12월 오스트리아-헝가리 제국에 대해서도 선전포고를 했다. 슘페터가 그의 세 번째 제안서를 보낸 것이 이로부터 8개월 뒤의 일이다. 실망스럽게도 중재의 창은 이제 닫혀버렸다. 나중에 슘페터는 이렇게 썼다. "미국이 4월에 독일을 향해 선전포고를 한 일은 경제적 이익을 얻기 위한 것이 아니다. 그곳 사람들에게는 도덕적인 힘이야말로 진정한 힘이었기 때문이다. 정당하든 부당하든 간에 미국인에게 독일이 일으킨 세계대전은 불법적인 공격 행위로 보였다. 이는 문명화된 모든 사람이 배척할 일로, 미국인은 이 상황을 누군가가 길에서 갑자기 강도에게 습격당하는 것을 봤을 때 달려들어 도와야 하는 모든 남자의 의무처럼 생각했다."[25]

슘페터는 자신이 제안서를 보냈던 빈 대학교의 라마슈 교수가 1917년에 새 수상이 되었을 때 매우 기뻐했다. 이제 그는 네 번째 제안서를 쓰고 있었다. 이것은 고조되고 있는 체코슬로바키아의 민족주의에 대한 내용이었다. 그는 체코슬로바키아를 존중했으며 합스부르크 제국의 더욱 민주적인 세 번째 수도가 프라하, 다른 두 수도가 빈과 부다페스트에 세워지면 제국은 보존될 수 있다고 믿었다. 그러면서 그는 "최근 모든 민족주의자 집단은 매우 급진적으로 변했다"고 썼다. 이것은 위험한 일이며 슘페터는 "반드시 평화롭게 해결하되 나라를 분열시키는 나쁜 뿌리를 없애는 정책을 추구해야 한다. 그렇지 않으면 군주제는 사라질 것이다"라고 했다.[26]

이러한 생각 때문에 슘페터는 라마슈 내각에서 어떤 자리를 맡아야 좋을지 생각했다. 아마도 그는 통상부장관을 기대한 것으로 보인다. 1918년 6월, 이 자리를 놓고 요제프 레들리히▼와 경쟁을 벌였으나 아쉽게도 기대했던 자리는 레들리히에게 돌아갔다. 레들리히의 일기에 적혀 있는 대화 기록은 슘페터의 정치적 기량이 부족했음을 보여준다. "어제 아침 슘페터 교수가 방문해 두 시간 동안 이야기를 나눴다. 대화에서 그는 나를 '보수주의 집단'의 한 사람으로 여긴다는 생각을 했다. 그는 이러한 집단의 고문 자격이 충분하며 장관이 되고 싶어했다. (…) 그러나 이 보수주의 집단은 나를 믿지 않았다. 그는 그러한 그의 영향력을 성공적으로 썼지만 (…) 그것은 그야말로 거품에 불과했다! 그는 아무것도 아니다! (…) 그의 칭찬, 과장과 함께 나를 향한 불신을 대담하게 폭로한 것은 그야말로 전형적인 메들리다. 이 남자는 정말로 내가 권력을 얻기 위해 음모를 꾸민다고 믿는다."[27]

전쟁 동안 슘페터는 정부에 잘 알려진 인물이었고 누구도 그의 지적인 능력을 의심하지 않았다. 허나 결코 원하던 관직을 얻지 못했다. 그는 공직생활에 성공하기 위해 필요한 단순한 요령과 신중함이 부족했다. 일례로 1918년 말 슘페터는 그의 친구 펠릭스와 함께 막스 베버와 긴 토론을 벌였다. 그는 베버의 사상과 저서를 대단히 존경했다. 그들은 베버가 최근에 교수로 임명된 빈 대학교의 건너편 커피하우스에서 만났다. 대화의 주제는 이내 러시아혁명에 대한 것으로 바뀌었다. 슘페터는 이 혁명이 마르크스주의가 시험을 받는 실질적인 기회라고 말했다. 베버는 볼셰비키가 매우 잔인하기 때문에 대재앙이 오리라 대답했다. 슘페터는 말했다. "혁명은 충분히 일어날 만도 합니다. 그러나 이 혁명은 우리의 이론을 시험할 좋은 실험실이 될 것 같습니다." 이 말을 들은 베버가 "실험실은 인간의 시체로 쌓일 것입니다"라고 말하자 슘페터는 그러나 "해부학 교실과 같을 겁니다"라며 반대 의사를 보였다.

대화는 계속되었다. 펠릭스는 당시 상황을 다음과 같이 회상했다. "베버는 더 열정적으로 목소리를 높였고, 슘페터는 그의 주장을 냉소적으로 대하면서 목소리를 낮췄다. 옆에 있던 커피하우스 손님들은 카드 게임을 멈추고 우리의 이야기를 열심히 들었다. 화가 난 베버가 마침내 벌떡 일어나 '이것은 참을 수 없는 일이야!'라고 외치면서 문을 박차고는 링슈트라세로 나가버렸다. 한편 내 뒤에 있었던 슘페터는 미소를 지으면서 이렇게 이야기했다. '어떻게 커피하우스에서 그처럼 무례하게 행동할 수 있는가!'"[28]

1918년 슘페터는 빈에서 강의했다. 그는 전쟁 기간을 포함해, 전쟁 뒤 오스트리아의 전망을 담은 논문을 책으로 냈다. 이 논문은 앞으로 자신이 오스트리아 내각의 고위급 장관이 되리라는 예상 아래 쓴 것이다. 그러나 그의 분석은 광범위하고 통찰력이 담긴 내용으로 오늘날까지도 많은 대학의 교육과정에서 읽히며 각광받고 있다. 『조세국가의 위기The Crisis of the Tax State』라는 제목의 이 책은 전쟁, 세금, 자본주의 간의 관계를 면밀히 다룬다(슘페터가 언급한 '조세국가'라는 용어는 자본주의체제의 정부를 의미한다). 이 책에는 역사학, 경제학, 사회학 등 전 분야에 걸쳐 저자의 해박한 지식과 독창성이 충분히 반영되었다.[29]

이 책에서 슘페터는 그의 전형적인 방식이라고 할 수 있는 장기적 시각에서 바라다본 자본주의 이전 시대를 언급하며 주장을 펼쳐나가기 시작한다. 그는 한 국가 재정의 역사, 다시 말해서 재정수입을 어떻게 쓸 것인지를 분석한 사람이라면, 누구든지 세계사의 급작스러운 변화가 왜 일어났는가를 명확하게 알 수 있다고 주장했다. 그는 모든 물리력 가운데 전쟁은 거대한 국가의 번영에 가장 중요하다고 이야기한다. 중요한 전쟁이 시작되면 국가는 존립을 위해 군사비용을 충당할 목적의 새로운 조세 제도를 필요로 하게 된다. 유럽사에서 영국과 프랑스, 오스트리아와 터키, 독일과 러시아-프랑스 간의 전쟁은 이들 6개국 간의 탄탄한 통합을 도모하는 데 중요한 역할을 했다.[30]

당시 국가 지도자들에게 군사적인 모험이 기업 중심의 자본주의가 번영하는 방향으로 이어진 것은 다행스러운 일이었다. 그러한 생산적인 경제 제도만이 정부가 일을 하려는 개인의 인센티브를 파괴하지 않고 충분한 세수稅收를 얻도록 했기 때문이다. 만약 세금이 일에 대한 의욕을 떨어뜨릴 정도로 많이 부과된다면 기업가정신은 뒷걸음치게 되고 세금 중심의 국가는 무너지고 말 것이다.

하지만 이러한 일은 일어나지 않았다. 국가는 단순한 군사행동의 주체를 넘어서서 그 이상의 기능을 수행했다. "세금은 단순히 군주가 요구하는 목적을 위해서 거둬들이는 것이 아니었다. 무상교육 같은 비군사적인 기능을 위해서도 필요했다. 현명하게 관리하면 국가는 세수를 늘리면서도 납세자의 세율은 낮출 수 있었다. 이는 바로 자본주의가 혁신에 매달린 대가로 얻는 수수료인 기업 이윤을 통해서다. 영국 예찬론자인 슘페터는 훌륭한 조세정책을 수립하는 데 처칠과 함께 가장 위대한 영국 수상으로 평가받고 있는 윌리엄 글래드스턴과 ['대大피트'라 불린 영국의 정치가. 국무장관으로 7년 전쟁을 승리로 이끌고 식민지 지배의 확대에 힘써 대영 제국 발전의 기초를 쌓았던*] 윌리엄 피트가 추진했던 정책을 모델로 삼았다.[31]

합스부르크 제국의 경우 과도한 세금이 "기업가가 세금을 덜 내는 국가로 이동하는 이유가 되어" 자본주의의 혁신에 대한 의욕을 떨어뜨려버렸다. 과거 자본주의의 역사를 폭넓게 파악한 슘페터는 사회복지에 대한 과도한 지출은 자본주의의 거위를 죽임으로써 황금알이 나올 흐름을 멈추게 할 수도 있다고 주장했다.[32]

그러나 자본주의는 독특하면서도 강력한 체제여서 거대한 압력을 견딜 수 있다. 제1차 대전을 언급하면서 슘페터는 영국, 프랑스, 독일 같은 강력한 조세국가는 "유럽을 황폐화시킨 무모한 살인을 벌이는 데 필요한 재정을 조달할 능력이 있었다"고 지적했다. 합스부르크 제국같이 이들 유럽국가보다 더 약한 국가들도 그렇게 하려고 애썼다. 그러나 그들은 스스로의 미래를 저당잡히는 신세로 전락하고 말았다.[33]

전쟁이 끝난 1918년 이후 슘페터의 모국 오스트리아는 경제적으로 살아남는 것이 가능했을까? 그는 이러한 질문에 대해 "그렇다"고 대답했다. 그러나 엄청난 어려움도 있었다. 경제 회복에 이르는 적절한 길은 아주 단순하다. 첫째로 인플레이션을 통제하는 "자본과세capital levy"[과세대상이 수익이 아니라 수익을 낳는 자본 또는 재산인 조세 제도*], 두 번째는 전쟁으로 생긴 빚을 갚을 계획의 수립, 세 번째는 외국으로부터 자본 유입을 유도하는 대책의 수립이다. 마지막으로 네 번째는 무엇보다 국내 기업의 투자를 장려하는 일이다.

기업가정신, 신용, 혁신은 어떤 가능한 수단을 쓰던지 강화되어야만 했다. 슘페터는 다음과 같이 썼다. "나는 우리의 부르주아에게 월계관을 씌우는 습관에 젖어 있지 않다. 그러나 부르주아는 지금 당장 필요한 것을 정확하게 해낼 수 있다 (…) 만약 오늘날 마르크스가 살아 있었다면 그도 다른 의견을 내놓지 않았을 것이다. 그는 국가가 모든 것을 지시하는 가장 비민주주의적으로 이뤄지는 정부의 경제정책을 환영하는 그의 추종자들을 보고 우울한 표정을 지으며 비웃었을 것이다." 널리 퍼지고 있는 산업의 사회주의화는 정치의 공정성을 이루는 수단으로 필요했을지 모른다. 그러나 그러한 움직임은 폐허로부터 오스트리아를 구제하기 위해 충분한 물질적인 부를 만들어낼 "경쟁적인 경제"가 수년간 뿌리를 내린 뒤에 나왔어야 했다.[34]

이렇게 해서 정책 결정자들은 "수치와 악으로부터 국가를 구원하는" 임무를 완수할 수 있었다. 확실히 그들은 "기술적인 어려움 때문에 실패할 이유는 없었다." 문제는 적절한 대책을 수행해나갈 용기가 있는가 하는 것이었다. 즉 "이 임무를 해결할 사람은 정치적인 능력이 있고 재무정책에 밝은 사람이어야 한다. 그리고 국가가 믿을 수 있는 탁월한 의지력과 말솜씨가 뛰어난 사람이 어야 한다."[35]

훗날 『조세국가의 위기』라는 제목으로 출간된 내용을 강의했을 때만 해도 슘페터는 자신이 이러한 경제 위기를 해결하는 데 적격이라고 생각했을지는 잘 알 수 없다. 그러나 몇 달 뒤 그는 오스트리아의 제1공화국에서 재무부장 관으로 발탁되어 내각에 진출했다. 이는 미국과 영국에서의 재무부장관, 독 일, 프랑스, 그 외 다른 국가에서의 재무부장관과 동일한 직책이었다.

자본주의의 혁신가 슘페터는 매우 우회적인 경로를 걸쳐 고위 공직자의 길 을 걷게 되었다. 이는 빈이 아니라 베를린의 힘을 통해서였다. 동료인 보수주 의자들을 통해서가 아니라 마르크스주의자였던 힐퍼딩, 레더러, 바우어의 도 움이 컸다. 세 사람 모두 같은 반이었고, 1905년 빈 대학교의 뵘바베르크 교 수가 강의하는 세미나에서 만나 친구가 되었다. 졸업 뒤 힐퍼딩은 정계에서 활발하게 활동했고 전쟁 뒤 독일 재무부에서 중요한 역할을 맡았다. 레더러 는 대학에서 경력을 시작하고 있었다. 그리고 바우어는 군복무중 러시아 전 투에서 부상을 당했는데, 그 뒤 빈으로 돌아와 오스트리아 사회주의운동의 지도자가 되었다. 슘페터와 달리 바우어는 오스트리아와 독일이 합치길 바랐 다. 그는 모든 독일어를 모국어로 쓰는 사람들로 구성된 전후기 사회주의 공 화국에서 인간의 권리 증진을 꿈꿨다.

1919년 초, 힐퍼딩과 레더러는 베를린에서 11명으로 구성된 모임인 독일사 회화위원회에 슘페터가 들어갈 수 있도록 주선했다. 이 위원회의 임무는 독일 석탄산업 조직의 개선을 요구하는 것이었다. 석탄산업에 몸담고 있는 노동자 가운데는 좌익 혁명가가 많았다. 힐퍼딩과 레더러는 독일사회화위원회 회원이 었고 정치적 성향은 슘페터보다 좌익 쪽이었다. 그러나 두 사람은 슘페터가 통찰력이 날카로운 경제학자이며 위원회의 과제는 정치적인 면보다 기술적인 면에 있다는 것을 잘 알고 있었다.

슘페터는 그들의 제안을 받아들여 그라츠대를 떠나 베를린으로 갔다. 그 위원회에서 두 달 동안 일을 하면서, 석탄산업의 경우 효율성을 기반으로 한 경제 원칙에 부합되는 정책을 취하는 것이 중요하다고 주장했다. 그는 이윤을 만들어내는 독립체로 전환할 수 있고 식량난을 완화할 자금을 만들어내는 공기업을 추천했다. 그러나 위원회는 석탄산업을 국유화하지는 않고 국익에 중점을 둬 사회주의화할 것을 제안했다. 슘페터는 이러한 제안이 사회주의에 준하는 원칙을 지지하는 것으로 판단하고 아무런 후회 없이 최종 보고서에 서명했다. 짧은 기간 안에 해결되는 이런 업무는 그에게는 그저 사소한 일에 지나지 않았다.[36]

1919년 2월, 그가 베를린에 있는 동안 오스트리아 공화국은 첫 선거를 실시했다. 슘페터의 친구인 바우어는 사회민주당 당수가 된 사회주의자 카를 레너가 이끌고 있는 새 연합정부의 외무부장관이 되었다. 제1공화국 선포와 함께 의회는 오스트리아가 독일의 일부가 될 의향이 있음을 선포했다. 그것은 바우어가 바라던 목표에 한걸음 다가설 수 있는 조치 가운데 하나였다. 그때 바우어는 힐퍼딩의 추천을 받아 재무부장관으로 슘페터의 이름을 거론했다.[37]

이 특이한 경로를 통해 가입한 정당이나 독립적인 세력 기반이 없던 보수주의자 슘페터는 오스트리아 사회주의 내각의 고위급 장관이 될 수 있었다. 전쟁 기간에 시작된 식량배급제는 여전히 계속되었고 인플레이션도 심해지고 있었다. 오스트리아가 얼마나 오랫동안 독일로부터 독립된 국가로 존재할 수 있을지 어느 누구도 장담할 수 없었다. 러시아뿐만 아니라 독일 뮌헨과 헝가리 부다페스트에서 일어난 일처럼 공산주의 혁명의 잠재력은 대단했다. 지식인이라면 불가능할 것으로 보이는 일을 슘페터가 받아들인 데에는 그의 애국심의 발로나 야망, 혹은 고지식함, 아니면 이 세 가지가 모두 작용했을 것이다. 그는 유명인이 되고자 하는 목표를 이뤘지만 성공할 가능성은 별로 없는 시기를 보냈다.[38]

그는 웅대한 바로크 양식으로 된 재무부 본부로 옮겨 일을 시작했다. 어느 누구의 자문도 구하지 않은 채 혼자서 오스트리아 경제를 살리기 위한 프로그램 구상에 매달렸다. 항상 그랬듯이 그는 장기적인 안목에서 기업가정신과 신용이 경제 활성화를 위한 중심축이라고 봤다. 그의 계획은 오스트리아에서 생산되는 제품을 위한 해외시장 개방과 오스트리아 기업 내에 외국 투자를 유도하는 데 초점을 맞췄다. 자유무역과 국제융자정책을 주장한 그의 프로그램은 여러 면에서 1947년에 나왔던 미국의 마셜플랜과 비슷했다.

전문적 관점에서 볼 때 슘페터의 이 프로그램은 많은 장점이 있었다. 훗날 그의 제자가 묘사한 바와 같이 "그의 계획은 당시 상황을 유일하게 구할 수 있었다." 그러나 그 계획을 택할 가능성은 거의 제로에 가까웠다. 승리한 연합국이 오스트리아에 원한을 품고 평화조약의 초안을 쓰고 있었기 때문이다. 그 협정의 가혹한 조건들로 슘페터와 내각 동료들은 아무 일도 할 수 없는, 전혀 의미 없는 공직자로 전락하고 말았다. 연합국은 오스트리아가 효율적으로 관리할 자원에 대해 어떠한 관용도 허락하지 않으려 했다.[39]

또 연합국이 그런 조치를 취하지 않았다 해도 그의 계획은 순전히 내부적인 문제들로 실패하고 말았을 것이다. 일례로 슘페터는 정부가 회사와 시민이 가진 모든 유동자산 가운데 1퍼센트를 거둬들이는 징세를 통해 인플레이션을 통제해야 한다고 주장했다. 이러한 방법을 쓰면 유통되는 통화량이 상당 부분 줄어들어 인플레이션의 상승을 막을 수 있다고 생각했기 때문이다. 전쟁 중 징세를 부과하자는 생각은 많은 토론거리가 되었지만, 그러한 계획을 수행하기에는 거대한 장애물들이 놓여 있었다.

오스트리아에 새 자본을 끌어들일 목적으로 국내 기업의 주식을 외국인들

1919년 오스트리아의 새로운 공화국의 재무부장관이 된 슘페터. 당시 그는 서른여섯 살이었다.

에게 팔려고 했던 슘페터의 생각도 벽에 부딪쳤다. 그가 추구하려는 정책은 많은 장점에도 불구하고 강력한 반대에 직면할 것이 분명했다. 많은 유권자는 그의 이러한 계획을 오스트리아에 그나마 남아 있는 자산들을 할인해 외국에 헐값으로 팔아넘기려 한다고 생각했다. 슘페터의 명성은 실제로 이뤄진 하나의 큰 거래 때문에 수년 동안 타격을 받았다.[40]

전반적으로 그가 추진하려는 계획은 시작부터 전망이 없었다. 우선 그는 사회주의정부의 각료였지만 사회주의자가 아니었다. 또 그의 계획을 당차게 밀어붙이는 솜씨를 보여주지 못했다. 그는 대중 앞에 수없이 연설을 했지만 자신의 생각만을 무뚝뚝하게 내놓을 뿐이었다. 징세에 관해 슘페터와 인터뷰를 나눈 빈의 한 유력 일간지는 "오스트리아 국민은 그들의 유동자산, 즉 현금, 주식, 채권, 금은 등 일정한 가치 이상의 보석을 정부에 등록할 책임이 있다"고 보도하면서 그의 정책을 헐뜯었다. 당시 재무부는 시민에게 각기 다른 형태로 적절하게 자본세를 부과할 예정이었다. 슘페터는 매우 서투른 말투로 이렇게 표현했다. "그 작업은 혹독한 시련 속에서 종말을 고했다. 이제 국가의 수중으로 들어간 모든 현금과 재산은 불에 타 사라질 것이 분명하다." 그의 이런 자극적인 표현은 오스트리아 국민을 놀라게 했고 혼란을 안겨줬을 뿐이었다.[41]

슘페터의 내각 동료 대다수는 그를 잘 알지 못했다. 또 그라츠대의 젊은 교수 출신인 그가 총명해서 아무리 우수한 정책을 제안한다 해도 잘난 체하면서 발표한 계획을 결코 지지하려 하지 않았다. 내각 동료들은 외국사절과 때로 정적政敵에게 보여준 슘페터의 기량을 달갑게 생각하지 않았다. 그리고 의회 의원들에게 명백한 제안을 하기에 앞서 정책 내용을 언론에 흘려 심사받는 그의 습관 역시 좋아하지 않았다. 그들은 부다페스트의 공산주의 정권을 전복시키는 데 재정적으로 지원하자는 것과 관련해 언론에 모든 사안을 털어놓은 그에게 등을 돌렸다.[42]

독일과의 통일을 비난하는 슘페터의 제안서에 대해 전혀 모르고 있던 외무부장관 바우어는 그에게 몹시 화를 냈다. 독일과의 통일은 바우어의 개인적인 목표가 아니라 새로운 정부의 공식적인 정책이었다. 나중에 슘페터가 추정한 것처럼 오스트리아 국민 가운데 4분의 3이 통일을 바라고 있었다. 바우어 장관은 오스트리아의 산업을 사회화하고 싶었으며, 국가 빚을 모두 갚으려는 슘페터의 계획을 반대했다. 이러한 슘페터의 행동은 그의 임기를 줄여나갔다. 결국 1919년 3월 장관이 된 지 7개월 만인 10월에 그는 재무부장관직에서 물러났다. 빈 거리에서 폭동이 일어나고 수천 명의 시민이 굶어 죽는 상황에 이른 정치적으로 복잡한 시기였다.[43]

게다가 슘페터의 임기 동안 전쟁 뒤에 제시된 해결책은 전승국인 연합국이 주도한 것이어서 그의 정책은 효과를 거두기 어려웠다. 1919년 12월 빈의 한 유능한 언론인은 이렇게 썼다. "그의 재임이 불가능했던 것은 무엇보다 그가 정부 정책에 반대했기 때문이다. (…) 오스트리아 정부와 협상가들은 연합국과 맺은 평화협정을 경제적으로 실현하기가 어렵다는 점을 증명하려고 혼신의 힘을 다했지만, 이와 반대로 슘페터는 3~4년이면 침체에 빠져 있는 오스트리아 경제를 건강하게 회복시킬 수 있다는 연설을 하는 등 낙관적인 주장을 계속 펼쳐나갔다."[44]

그의 연설은 주로 자본주의의 탄력성, 경제 회복을 위해 필요한 대가를 기꺼이 지불하려고 하는 오스트리아 정부의 의지에 무게를 뒀다. 하지만 슘페터는 비관적인 연설도 했다. 슘페터의 행동을 지켜본 대학교 스승이자 경제학자로 상무부장관을 지낸 비저는 "영국을 좋아하고 독일을 싫어하는 그러한 사람"이 어떻게 내각에 들어올 수 있었는지 궁금해했다. 그럼에도 불구하고 비저는 슘페터를 존경하지 않을 수 없었다. 비저는 일기에 이렇게 썼다. "그는 떠도는 분위기로 인해 길을 잘못 들어서는 사람이 결코 아니다. 그는 칭찬할 수밖에 없는 자산인 용기를 가졌다."[45]

중부 유럽은 전쟁이 끝난 뒤 매우 오랫동안 혼란이 계속되었다. 이 오랜 혼란은 부분적으로 (독일 제국과 체결한) 베르사유조약과 (오스트리아-헝가리 제국을 처리하는) 생제르맹조약에서 연합국의 요구 조항이 몹시 무자비했기 때문이었다. 1918년 11월 독일이 평화조약을 제기했지만 그때는 이미 전쟁의 패색이 짙었다. 그러나 독일 군대는 여전히 프랑스 내부에 깊숙히 주둔했고 독일 본토는 결코 침략당하지 않았다. 그러나 국내 전선에서는 여러 어려운 사정이 혁명의 분위기를 자아내기 시작했다. 독일과 오스트리아 협상가들의 눈에는 평화가 도래하리라 생각했다. 우드로 윌슨이 요구한 14개 조항은 받아들일 수 있는 조건이라고 생각했기 때문이다. 그러나 실제로 맺은 평화조약은 매우 달랐다. "전쟁이 모든 전쟁을 끝낸다"는 윌슨의 꿈은 실질적으로 "평화가 모든 평화를 끝낸다"가 되어버렸다.[46]

　　슘페터는 이 조약들의 조건, 연합국이 근본적으로 독일과 오스트리아에 한 거짓을 결코 잊지 않았다. 그리고 그로부터 25년 뒤에 발발한 제2차 대전 동안 그는 또다시 1919년의 상황이 다시 나타날 것이라는 악몽에 시달렸다. 비록 더 나쁜 상황에 처하지 않으리라는 생각을 하지만 말이다. 1943년 미국은 윌슨의 14개 조항과 동일하거나 다른 요구사항을 제시하지 않았다. 대신에 미국은 독일과 일본에 무조건 항복을 요구했다. 이는 슘페터를 전율시켰다. 미국인이 제1·2차 대전이 끝난 1918년과 1945년을 다르게 인식하고 있다는 것은 미국의 전사자 추도일의 단어가 주는 뜻에서 찾아볼 수 있다. 미국은 제1차 대전이 끝난 1918년 11월 11일을 휴전기념일Armistice Day, 또는 재향군인의 날Veterans' Day이라고 부른다. 이와 대조적으로 제2차 대전에서 연합군이 유럽에서 승리를 거둔 1945년 5월 8일의 유럽전승기념일을 V-E(Victory in Europe) 그리고 일본이 항복한 9월 20일 대일對日전승기념일을 V-J(Victory in Japan)라고 부른다. 평화를 기리거나 추모 행사를 하는 날이 아니라 일종의 축제일인 것이다.

1919년 케인스는 베르사유에서 전승국인 영국의 협상가들에게 조언하고 있었다. 그는 슘페터가 추진하고 있는 오스트리아의 재정정책에 포함된 독일을 위한 경제적 지원 조항의 일부를 제안했다. 그러나 케인스가 목격한 것은 이와는 달랐다. 그 조약은 패전국이 전승국에 전쟁 배상금을 지불하도록 요구했고 이로 인해 독일의 자원을 빼앗아가는 것이었다. 케인스는 갑자기 베르사유를 떠나 영국으로 돌아갔다. 그는 분노가 담긴 유창한 문체로『평화조약의 경제적 귀결The Economic Consequences of the Peace』이라는 책을 썼다. 이 책은 그를 전 세계적으로 유명하게 만들었다.

　　한편 연합군이 오스트리아와 맺은 생제르맹조약 역시 무자비하다는 점에서 베르사유조약과 다를 바 없었다. 이 조약은 합스부르크 제국을 무너뜨렸고 오스트리아를 경제적인 파탄에 몰아넣었다. 1919년 여름 이 문서 초안이 나왔을 당시 슘페터는 공직에 있었다. 그는 이 초안을 보고 조국을 죽이는 "죽음의 문장"이라며 공식적으로 비난했다. 이 조약은 경제조항 분야에서 "전체적으로 무분별했다." 슘페터의 말에 따르면 "이로 인해 오스트리아는 생존 가능성을 전부 잃었다. 이러한 결정이 발효되면 어떠한 금융 기관도 살아남을 수 없다. 빈의 대중은 더욱더 가난에 쪼들리게 될 것이다." 슘페터는 이 조약이 "불가피한 재앙을 만들 목적으로 비준되었다"고 덧붙였다. 이 조약 때문에 심지어 오스트리아는 외국에 팔아 이윤을 남길 몇 안되는 제품 가운데 하나인 목재를 손해보면서 팔아야만 했다. 당시 사람들에게 널리 퍼졌던 문구가 있다. "승리한 연합국은 옛 오스트리아 제국의 산업을 체코인에게 줬고, 농업은 헝가리인에게 넘겨줬다. 그들은 독일어를 쓰는 오스트리아인에게 알프스 풍경의 일부, 빈의 관료주의, 전쟁 빚만을 남겼을 뿐이다."[47]

　　생제르맹조약으로 오스트리아와 헝가리 사이의 모든 유대관계는 사라졌고 트란실바니아 지역은 루마니아 영토에 합병되었다. 또 동북부의 광활한 지역인 갈리시아는 새롭게 탄생한 폴란드 공화국으로 넘어갔다. 서쪽의 다른 영토는 이탈리아에 합병되었으며 합스부르크 제국의 남쪽 지역인 슬로베니아, 보스니아, 크로아티아는 세르비아로 넘어가 유고슬라비아라는 나라가 탄생하게 되었다.[48]

오스트리아에 더욱 고통스러운 일은 생제르맹조약 때문에 체코의 산업 지대인 보헤미아와 모라비아가 헝가리와 루테니아의 슬로바키아 지역에 합병되어 새로운 체코슬로바키아로 태어난 것이었다. 이제 오스트리아나 독일 영토에 거주했던 400만 명에 가까운 독일어 사용자인 오스트리아인은 체코슬로바키아라는 새로운 나라에 속하게 되고 말았다. 이러한 상황은 이로부터 20년 뒤인 1938년 10월 히틀러가 독일 동남쪽 국경을 가로지르는 수덴텐란트를 침공하는 빌미를 주게 된다. 침공의 명분은 체코의 지배에서 독일인을 해방시킨다는 것이었다.

독일-오스트리아 통일에 대한 반대를 제외한다면 1919년의 조약은 슘페터에게 나쁜 악몽만을 가져다줬다. 이제 기업가정신을 가진 국내 지도자가 주도하는 오스트리아의 경제 회복에 대한 가능성은 완전히 사라지고 말았다. 대신 슘페터가 물러난 뒤 다시 입각한 오스트리아 재무부장관들도 짧은 임기를 수행했는데, 그들 대부분은 구호물자를 지원받기 위해 미국과 영국에 손을 벌려야만 했다. 당시 빈 시민은 하루에 약 1300칼로리로 생활했다. 이는 일일 평균 필요량의 3분의 2에 불과한 영양분이었다. 또 독일과 마찬가지로 전쟁 기간에 생긴 인플레이션은 전쟁이 끝난 평화기에는 더욱더 극심하게 나타났다. 1922년 인플레이션은 더더욱 기승을 부렸다. 빵 한 조각을 사기 위해서는 현금을 손수레에 싣고 갈 정도라는 유명한 이야기가 현실로 나타났다. 슘페터가 말한 바와 같이 생제르맹조약은 정치적인 면에서는 다소 납득이 갈 수도 있지만 경제적인 측면에서는 전혀 수긍할 수 없는 처사였다. 조약은 경제적 통합과 빈이 중심이었던 다뉴브 강 유역의 무역을 산산조각내버렸다.[49]

케인스가 "카르타고식 평화Carthaginan Peace"라고 표현했듯이 이 조약은 융통성이란 전혀 찾아볼 수 없을 정도로 매우 철두철미했다. 그의 표현은 고대 로마가 정복한 카르타고 농경지에 새로운 곡물이 자라나는 것을 막고자 소금을 뿌렸던 과거를 언급했던 것이다. 그러나 지금 연합국이 효과적이라고 생각하며 패전국에 뿌린 것은 제2차 대전을 탄생케 한 씨앗이었다. 개인적으로 슘페터는 지난 30년 동안 비교적 운이 좋았다고 할 수 있다. 그러나 1918년 그의 행운은 더 이상 계속되지 않았다. 고향인 모리비아의 트리슈에서 빈의 그라츠로, 그다음 영국과 이집트로 그리고 우크라이나의 체르노비츠로 갔다가 그라츠로 돌아와서 다시 미국으로 건너갔으며, 마지막으로 오스트리아의 재무부 장관으로서 명사가 된 화려했던 여정은, 이제는 단지 흘러가버린 세계의 기억과 낡은 유물로 남았을 뿐이었다. 서른일곱 살이 되던 1920년에 그는 매우 불확실한 미래를 맞이하게 된다.

제7장

거대한
낭비

"사람은 그가 저지른 실수로부터 배워야 한다. (…) 실수에서 벗어나는 것이 아니라, 실수로부터."
– 셸비 푸트, 워커 퍼시에게 보낸 편지, 1952

슘페터는 오스트리아 재무부장관을 맡았던 기간과 그 뒤 몇 년을 "거대한 낭비gran rifiuto"[이는 이탈리아 말로 거대한 쓰레기를 뜻한다]의 시간이었다고 이야기한다. 몇 년 동안 그는 정부 업무와 사업 모두 적극적으로 참여했다. 그는 새로운 회사를 시작하는 데 감수할 위험, 무역과 경영의 위험 그리고 변덕스러운 금융 제도가 주는 위험이 무엇인지를 정확하게 알았다. 그는 실수를 많이 했으나 다시 대학으로 돌아왔을 때, 그가 자본주의의 본성과 관련해 직접 겪은 일들은 값으로 매길 수 없는 큰 교훈이었음이 입증되었다.

재무부장관에서 물러난 지 3년 뒤인 1922년, 오스트리아는 여전히 심각한 경제적 혼란에 빠져 있었다. 여건이 좀 나아진 듯 했지만 혼란이 조금 줄어들었을 뿐이었다. 신문에 기고한 논평에서 슘페터는 당시 종합적인 상황을 이렇게 이야기했다. "오스트리아는 폭발적인 대재앙으로 모든 신체 기관이 손상을 입은 환자 같다. 그러한 환자는 단순히 의사에게 찾아와 약을 달라고 요구할 것이 아니라, 차라리 특별한 방법으로 각각의 기관을 치료할 필요가 있다. (…) 이를 위해서는 정말로 수년에 걸친 작업이 필요하다. 이 일이 진지하게 진행되려면 기업가에게 심리적 안정을 주는 것이 급선무라고 할 수 있다."[1]

1922년에 슘페터가 이 내용을 신문에 썼을 때 그는 교수가 아니라 기업가였다. 1919년 공직에서 물러난 뒤 그는 그라츠대로 돌아왔지만 강의에 대해서 별 매력을 느끼지 못했다. 대학에서 교수가 되어 학생을 가르치는 일은 단지 생계유지를 위한 벌이일 뿐이었으며 그의 학술 경력에 새로운 활기를 불어넣어주진 못했다. 그는 베를린의 한 유명 대학의 제안을 거절했다. 1921년 그는 강의를 자주 비웠으며 결국 그라츠대를 그만뒀다.[2]

그는 재무부장관이라는 명성을 갖고 있었고 권력이 있는 많은 사람이 그렇듯이 그 무대를 떠나기 싫어했다. 빈에 머물러서 잘살아보겠다고 다짐한 그는 돈을 벌기로 결심했다. 그는 이전에 카이로에 머물면서 꽤나 많은 돈을 벌었다. 그래서 돈을 버는 일을 그만둘 아무런 이유가 없었다. 이때 그는 새로운 은행가, 전문 투자가로 나타났다.

그의 이러한 모험은 1920~1921년 겨울에 시작되었다. 오스트리아 의회가 그에게 빈의 한 은행을 운영하도록 허가해줬을 때였다. 내각에 몸을 담고 있는 친구들이 그가 일을 잘못 처리해 재무부장관 직책에서 물러난 것에 미안해했고, 이에 대한 적절한 보상으로 이 은행을 그에게 양보하기로 결정내린 것이다. 이 결정에 어떤 특별한 가치는 없었지만 임대받은 은행은 성공할 가능성이 아주 높았다. 왜냐하면 당시 빈에는 은행이 고작 20여 곳밖에 없었기 때문이다. 슘페터는 그 은행을 바로 팔아넘기거나 계속 가질 수도 있었다. 하지만 그는 재빨리 은행 사업에 매달릴 결심을 했다.[3]

은행 사업에 뛰어든 그는 빈에서 가장 오래된 민간은행인 비더만 은행의 아르투어 클라인 은행장과 서로 협력하는 방안을 이끌어냈다. 비더만 은행의 고위급 간부들은 대부분 현재 슬로바키아의 수도인 브라티슬라바의 유대인 토박이들로 1792년에 그 은행을 세웠다. 19세기 동안 그들은 오스트리아의 첫 철로 건설을 비롯해 많은 기업에 투자했다. 이 은행은 영국의 유명한 로스차일드가와 협력하여 런던에 지점을 갖고 있었다. 그러나 비더만가는 가톨릭으로 개종해서 빈의 귀족적인 "제2의 사회[제2의 사회란 모든 삶의 영역에서 자율성을 없애던 사회적 분위기에 반해 동·중부 유럽을 중심으로 만들어졌던 사회 내 자율 조직을 뜻한다. 헝가리에서 주로 쓰인 표현이며, 같은 맥락에서 체코슬로바키아는 '독립사회' 혹은 '병렬사회'로 부르고 있었다. 더 자세한 내용은 박영신 지음, 『실천도덕으로서의 정치』, 연세대학교출판부, 2000을 참고할 것*]"에 합류했다. 비더만의 마지막 남자는 제1차 대전에서 죽고 말았다.

전쟁 뒤 비더만 은행은 곤란한 상황을 맞이했다. 오스트리아의 거의 모든 은행이 손해를 입고 장사했는데, 비더만 은행은 여전히 높은 명성을 유지했지만 자금이 없었다. 이 은행의 총수인 클라인은 유능한 기업가였다. 그는 새 자금의 출처를 확보할 길은 이 민간은행을 공식적으로 법인화하는 것이라는 결정을 내렸다. 그 뒤 이 은행은 130년 동안 두 사람 이상의 영업자가 상호 출자해 공동 사업을 하는 조합 형태로 운영되었다. 그래서 만약 지금 투자가들에게 주식을 제공한다면 새로운 돈을 얻을 수 있었다. 이로써 오늘날 은행이 하는 방식처럼 돈을 기업가에게 빌려줄 수 있었다. 그러나 법인 설립이라는 특권을 얻고자 클라인 은행장은 의회의 승인을 받아야만 했다.

슘페터는 승인받아야 한다는 것을 잘 알고 있었다. 때문에 클라인 은행장은 재무부장관을 지낸 슘페터에게 회장과 사장직뿐만 아니라 비더만 은행의 많은 주식을 줬다. 대가를 받은 슘페터는 비더만 은행으로 옮겨서 법인 설립을 가능하도록 만들었다. 그러나 은행 경영에서 그가 떠맡아야 할 역할은 여전히 불투명한 상태였다.⁴

클라인 은행장의 배려는 슘페터가 꾀하려는 여러 목적에 도움이 되었는데,

적어도 그가 빈에 머물면서 부유하게 살 수 있다는 점이 그러했다. 그의 연봉은 요즘 가치로 환산할 때 약 25만 달러에 맞먹는 수준이었다. 또 은행의 관리였기 때문에 마이너스 통장(당좌대월)을 설정하여 자동으로 돈을 찾을 수 있었다. 그는 이렇게 찾은 돈으로 투자할 수 있었으며, 오스트리아의 기업 전망에 대해 희망적인 생각을 가질 수 있었다. 이처럼 낙관적인 생각을 갖던 그는 1921년에 다음과 같이 말했다. "결국 사업은 성장 가도를 달릴 것이고 금융과 무역을 위한 사회 기반 시설은 온전하게 남아 있다." 그는 상당한 가치의 은행 주식을 받았다. 2년 만에 그는 총 사외주社外株 78만 주 가운데 9만 주를 갖게 되었는데, 비더만 은행에서 두 번째로 큰 주주였다.[5]

이제 슘페터는 본인의 책에서 강조했던 원칙들을 행동으로 보일 기회를 갖게 되었다. 경제성장을 위한 중요한 기업가정신, 새로운 벤처기업에 투자하기 위한 신용창조에 필수적인 은행의 역할 등, 그의 평소 주장을 실천에 옮길 수 있었다. 그러나 1921년의 특별한 상황은 그가 꿈꾸던 새 낙원에서 수많은 독으로 작용했다. 오스트리아의 인플레이션 상승은 슘페터가 『조세국가의 위기』에서 예견했던 것처럼 계속되었다. 1920~1922년 말 사이에 오스트리아의 통화량은 무려 2100배나 늘어났으며 상황은 점점 나빠졌다. 높은 인플레이션은 어떠한 (이자율 변동 같은) 조건 없이 돈을 빌려준 은행에는 그야말로 악재일 수밖에 없었다. 왜냐하면 평가절하된 통화를 받는다는 것은 결국 손해를 보며 장사를 해야하는 꼴이기 때문이다.

이처럼 심각하게 전개되는 인플레이션 상승 속에서 은행이 맞닥뜨려야 하는 문제는 매우 심각했다. 이해타산을 고려해 자금을 계좌에서 급하게 빼내거나 넣으려는 고객들이 많아 거래량은 크게 늘어났다. 예를 들어 슘페터가 비더만 은행에서 일하고 있는 몇 년간, 인플레이션 압력으로 독일의 가장 든든한 금융 기관인 독일 은행은 고객의 계좌 수가 10퍼센트도 채 못 될 정도로 늘어났지만 직원 수를 2배로 늘렸다. 은행 직원은 3만 7000명으로 늘어났

는데 당시 금융 기관으로서는 매우 많은 직원이었다.[6]

슘페터는 새로운 직위를 맡았지만 은행 업무에서는 손을 뗀 상태였다. 은행 운영상 대부분의 결정은 은행 전문가이자 대주주인 클라인을 통해 이뤄졌다. 일상적인 은행 업무라고 할 수 있는 차변과 대변 업무[차변은 장부에서 계정계좌의 왼쪽으로 자산의 증가, 부채 또는 자본의 감소, 손실의 발생 따위를 기입하는 부분이며, 대변은 장부상의 계정계좌의 오른쪽 부분으로, 자산 감소, 부채나 자본의 증가, 이익의 발생 따위를 기입한다*]는 물론 은행을 번창시키기 위한 전략을 세우는 일도 그에게는 주어지지 않았다. 슘페터는 이사회 모임을 검토했으나 클라인과 맺은 계약 내용에 따라 은행 운영의 어떠한 일도 할 수 없었다. 대신 자신의 힘을 개인 투자에 쏟았다. 3년 동안 그는 자금 관리인으로서 탁월한 능력을 발휘했다. 그는 어마어마한 돈을 모으진 않았지만 경제적으로 열악한 시기에 의미 있는 자산을 모았다.[7]

한편 슘페터는 매우 풍족하게 살았다. 그는 원래 어머니 요한나가 살던 의붓아버지 켈러 소유의 아파트가 있었고, 이 아파트 외에도 두 채의 멋진 저택이 있었다. 그는 매우 비싼 레스토랑에서 식사했으며 경마용 말과 승마용 말을 갖고 있을 정도였다. 그는 지속적으로 바람을 피웠고 온갖 종류의 거짓 흉내를 내면서 돌아다녔다. 그는 자주 사람들의 환심을 사고 고상하게 보이려고 보수적인 사업가가 아니라 상속재산이 아주 많은 자유로운 영혼을 지닌 예술가처럼 행동하기도 했다. 아니나 다를까. 그는 결국 언론의 주목을 받게 되었다. 미국의 유력 일간지 『월스트리트 저널』 빈판의 한 기자가 아주 긴 비판적 기사에서 슘페터를 호되게 비난했다. "뛰어난 두뇌, 재치 있는 저술가, 미남 친구인 그는 박사학위 사각모를 머리에 삐딱하게 걸치고 있다. 코미디언 놀음을 즐기는 그의 사각모 위에는 창백한 푸른 구름만이 맴돌고 있다. 그게 바로 슘페터다."[8]

그가 개인 소유의 거대한 부를 거머쥐려는 목표를 향해 노력하던 당시, 이미 거덜거덜한 오스트리아 경제를 타격해 주저앉게 만든 재앙이 일어났다. 1924년에 빈의 주식시장이 무너진 것이다. 이로써 주식가격의 4분의 3이 날아갔다. 이 재앙은 슘페터를 포함한 대부분의 투자가에게 엄청난 충격을 안겼다. 그는 새로 시작한 회사들을 포함해 많은 기업의 주식을 갖고 있었다. 주식시장의 붕괴로 회사들은 파산했고 슘페터는 대부분의 돈을 잃었다. 그때도 그는 여전히 비더만 은행에서 자신의 직위를 유지하고 있었다. 허나 그가 많은 투자 지분을 갖고 있던 회사에 다른 은행이 지급보증을 거절함으로써 커다란 빚더미 위에 앉고 말았다.⁹

동료 이사들의 압력이 거세지자 슘페터는 비더만 은행을 떠났다. 그는 친구들에게 돈을 빌려 마이너스 통장 빚을 갚았다. 그는 결국 모든 빚을 갚았지만 앞으로 몇 년 동안 힘든 일을 해야만 했다. "나의 적 가운데 어느 누구도 잘되길 기도하지 않을 거야." 나중에 한 친구가 쓴 바와 같이 슘페터는 "대단히 봉건적인 도의심道義心"을 갖고 있었다.**10**

슘페터는 비윤리적인 어떤 일도 하지 않았다. 그러나 재무부장관이란 화려한 과거에 비해 열악한 상태에 빠진 그의 현 상황은 기자들이 좋아하는 취재거리였다. 그에게 유난히 많이 쏟아진 비난은, 그가 명문 사립학교 테레지아눔에서 같은 반이었던 옛 친구와 벌인 사업관계 때문이었다. 그 친구는 상도를 넘어 불법적인 장사를 하고 있었다. 이 만남으로 슘페터는 친구가 유리공장을 세우기 위해 빌린 돈의 보증을 서게 되었다. 공식적인 수사 기관의 조사에서 슘페터는 깨끗하다고 증명되었지만 대출 보증으로 완전한 파산 상태에 처하고 말았다.**11**

훗날 그는 다음과 같이 썼다. 그 유일한 오판은 "나에게는 완전한 재정 파탄을 의미했다." 슘페터가 몰락한 진짜 이유는 잘못된 신뢰 때문이었다. 그러나 그는 교묘한 속임수라는 비난에 화를 내면서 계속해서 말했다. "나의 행위를 도덕적으로 비난하는 누구라도 이 일을 직접 겪어봐야 한다. 즉 같은 시련

1923년 마흔 살의 슘페터, 그는 개인 자산관리자이자면서 사교가였다.

을 경험해봐야 한다." 1925년 이후 10년이 넘도록 슘페터는 온갖 저술과 강연으로 받은 돈을 대부분 이 한 사건에서 비롯된 빚을 갚는 데 썼다.[12]

전쟁 뒤 오스트리아의 열악한 경제 상황을 감안할 때 사업가로서의 슘페터의 능력을 평가하기에는 어려운 측면이 많다. 사업가로 새롭게 뛰어들었을 초창기에는 상당히 많은 돈을 벌었다. 이는 대단한 성공이었다. 그러나 다른 한편으로 볼 때 그는 우수한 자금관리자에게 매우 필수적인 냉정한 시간관념이 부족했다. 주식의 가치가 떨어졌을 때 기꺼이 내다 팔려고 하지 않았으며, 이미 실패한 기업들에 대해 여전히 신뢰감을 갖고 있었다. 특히 투철한 기업가 정신을 가진 회사를 개인적으로 선호했고 지분도 갖고 있었다.[13]

결국 큰돈을 벌고 다시 몽땅 잃어버린 경험은, 그의 연구상 중요한 문제를 놓고 이제까지 읽은 책이 줄 수 있는 것보다 더 많은 것을 알려줬다. 나중에 그는 자본주의경제에서 좋고 나쁜 판단의 상벌은 재빠르고 잔인하게 다가온다고 썼다. "상벌은 금전상의 조건에 따라 결정된다. 오르고 내리는 것은 돈을 벌고 잃어버리는 것을 의미한다. (…) (이러한 제도가 갖고 있는) 부의 약속과 빈곤의 위협들은 인정사정없이 재빨리 다가와 대가를 지불한다." 대부분의 학구파와는 달리 그는 이런 일들을 직접 경험하면서 알게 되었다. 재무부장관으로 보낸 시간이 그를 정치적 딜레마에 노출시킨 것과 마찬가지로 사업가로서의 기간은 자본주의의 본성을 직접 배우도록 했다.[14]

영국의 철학자이자 수학자인 앨프리드 화이트헤드는 한때 "지성이란 사물을 재빨리 이해하는 것으로, 이미 알려진 사물에 현명하게 대처하는 것과는 다른 별개의 능력"이라고 말했다. 건망증이 심한 화이트헤드는 실질적인 일에서는 슘페터보다 훨씬 능력이 떨어진다고 할 수 있다. 그러나 이 말은 경제학자인 슘페터의 삶과는 별개로 그가 정치와 사업에서 쌓은 경력의 핵심을 잘 파악한 것이라고 볼 수 있다. 결국 한 국가의 재무부장관으로서의 정치 경력도, 투자가로서의 성과도 실패로 끝나고 말았다.[15]

보다 큰 맥락에서 볼 때 이 기간에 슘페터뿐만 아니라 중부 유럽에서 투자가나 공무원으로서 성공하려고 노력했던 대부분의 사람은 한편으로 거대한 낭비의 시간을 겪었다. 그 이유는 아주 간단했다. 그들은 제1차 대전에서 패배한 쪽이었다. 패전국인 오스트리아, 혹은 독일에서 재무부장관을 지낸 많은 사람 가운데 어느 누구도 큰 성공을 거두지 못했다. 일부 몇 명은 슘페터보다는 좀 더 나은 명성을 얻었다. 그러나 그 밖의 다른 사람들의 삶이 대부분 엉망이었고 한 사람은 암살되기까지 했다. 오스트리아의 정치 상황은 불안정했고 물가는 계속 올라 투자할 돈은 거의 바닥났으며, 괜찮은 직업도 찾기 힘들었다. 많은 사람이 빈의 거리를 방황했고 영양결핍으로 눈이 깊숙이 패어 있었다.[16]

슘페터가 매우 선호하던 기업에 좋지 않은 시기가 찾아왔다. 1921년에 그가 지적했던 것처럼 경제의 핵심은 보안 문서나 생산 장비가 아니라 "사람 간의 심리적인 관계나 개인의 정신 상태에 놓여 있었다." 중요한 요소는 미래로 나아가려는 자본주의적인 성향이었다. 허나 미래가 우울하다고 생각할 때 사람들은 위험을 무릅쓰기를 꺼린다. "자본주의라는 정신적 공동체는 무한하게 복잡하고 민감한 유기적인 조직체다." 그리고 "그것은 자신의 작은 보트를 바다에 띄운 사업가, 혹은 상인 개개인들로 이루어진 조직이다."[17]

그는 계속해서 신용의 중요한 역할을 재차 강조했으며, 오스트리아는 경영 제도를 근대화한다. 왜냐하면 "우리는 현재 자본주의사회에서 필요한 가장 중요한 요소인 신용 앞에 서 있기 때문이다. 신용은 없어서는 안 될 중요한 요소이다." 살아남아 번영하기 위해서 오스트리아는 돈을 투입해 침체에 빠진 경제에 활력을 불어넣어야만 했다. 그러나 전쟁 뒤 생제르맹조약은 국가경제의 중요한 요소를 마비시켜 외국의 투자 유치를 어렵게 만들었다. 또 대외 채권의 기회가 이루어졌을 때도 정부는 잘 관리하지 못했다.[18]

슘페터는 다음과 같이 썼다. "오스트리아는 외국의 투자 유치를 위해 구걸

하다시피 하고 있다. 오스트리아는 외국인에 완전히 압도되어 비명을 지를 정도다." 오스트리아는 "그저 관광 사업이나 관리하는 소도시처럼 행동하고 있다. 그들은 관광 사업 없이는 살 수 없다. 그러나 외국 관광객은 오스트리아인에게 모욕을 주면서 들볶아대고 있다. 또 치사한 방법으로 우리를 이용하려고 애쓴다." 한편 오스트리아는 투자뿐만 아니라 소비를 지원하기 위해 국내 자본과 해외유치 자본 둘 다 이용했다. 심지어 식품과 의류 같은 생필품을 사는 데도 신용거래로 지불했다. "물론 이 상태는 지속될 수 없다."[19]

오스트리아가 경제적인 건강을 회복하기 위해서는 유리한 교역 균형을 필요로 했다. 그러나 슘페터는 전 세계적인 추세인 보호무역주의가 오스트리아의 경제적 노력을 어지럽히고 있다는 것을 알게 되었다. 1922년 오스트리아 국가동맹에서의 연설을 통해, 그는 이 동맹이 경제적인 이유뿐만 아니라 또다시 발발할 수 있는 전쟁 가능성을 최소화하기 위해 높은 관세와 싸워야 한다고 말했다. "자본주의 세계에서 자유무역이야말로 평화의 이념을 견고하게 유지시키는 시멘트와 같다."[20]

요컨대 오스트리아 산업은 신용도와 현대적인 기술이 부족했고, 조세 제도는 잘못된 방향으로 나아가고 있었다. 임금은 노동생산성과 비교할 때 매우 높았다. 또 수출업자들은 전쟁 이전에 오스트리아 제국의 일부였던 국가들을 포함해 대부분 국가의 높은 관세장벽과 부딪혔다. 심지어 중요한 금융 중심지였던 빈의 미래도 불확실해졌다.[21]

특히 형제 국가라고 할 수 있는 옛 오스트리아 제국 지역에서 무역과 재정 상태가 곤두박질치는 것을 바라본 슘페터는 절망감에 휩싸였다. 전쟁 뒤 민족적 증오심이 되살아나기 시작했고 새 독립국은 서로의 야망을 방해하는 데에서 삐뚤어진 즐거움을 찾았다. 그들은 자신들이 받아들일 대가에 아랑곳없이 뚜렷한 정체성을 보여주려는 데에만 골몰했다. 오스트리아는 경제적인 재통합을 이루려는 정책을 추진하려는 지원 방안이 없었다. 새롭게 독립한 국가들의 민족주의적 열망은 그들 모두에게 혜택을 줄 협력 방안을 가로막았다. 또 그들은 옛 제국에서 금융의 중심이라고 할 수 있는 빈을 특별히 싫어했다.[22]

체코슬로바키아, 유고슬라비아, 루마니아 등 새로 독립한 국가 모두 자유무역과 금융 통합을 위한 빈의 제안을 거절했다. 합스부르크 제국에 속했던 국가 가운데 가장 민족주의적 성향이 강했던 헝가리는 외국 상품의 관세장벽을 높였으며 국내 자원에 전적으로 의존하려고 했다. 어느 곳에서나 민족적 정체성을 위한 정치 그리고 이를 추구하려는 노력만이 경제적인 이익보다 더 중요했다. 새로운 국가 가운데 가장 선진국이라고 할 수 있는 체코슬로바키아는 슘페터가 태어난 곳으로 옛 제국 인구의 4분의 1을 차지하고 있었다. 그러나 경제력은 제국의 절반을 넘을 정도였다. 이제 1400만에 달하는 체코슬로바키아 인구는 오스트리아 인구보다 2배로 늘어났고 산업생산량도 거의 6배나 많았다. 체코인은 빈의 오만에 대해 오랜 기억을 가지고 있었다. 이제 쇠약해진 이웃으로 한때 대단한 영광을 누렸던 오스트리아에 대해서 일말의 동정심도 보여주지 않았다.[23]

이것이 슘페터가 빈에서 은행가와 투자가로서 보낸 5년 동안의 배경이었다. 이러한 이유들로 인해 오스트리아는 경제적인 딜레마에서 빠져나올 길을 찾을 수 없었고, 결국 슘페터는 재무부장관 업무나 사업에서도 실패했던 것이다. 그는 실수를 많이 했지만 오스트리아의 절망적인 상황은 그를 더 곤경으로 몰아세웠다. 몇 년 뒤 그는 일기에 이렇게 썼다. "정말로 나는 내 노력과 실패를 후회하지 않는다. 그것 모두가 내 자신과 인생에 대해 중요한 것을 가르쳐줬다. 그 속에는 한결 같은 성공이 숨어 있었다."[24]

슘페터는 다행히 곧 절망에서 벗어나 구원에 이르는 두 길을 찾았다. 대학으로의 복귀 그리고 진실로 낭만적인 사랑이었다.

제8장

애니

> "인생에서 유일한 행복이 있다. 사랑하고 사랑받는 것이다."
> – 조르주 상드, 친구에게 보내는 편지, 1862

슘페터가 보낸 거대한 낭비의 시간 동안 그가 얻은 중요한 소득이 하나 있었다. 아름답고 젊은 안나 라이징거와 사랑에 빠진 것이다. 애니[안나의 애칭*]는 프란츠 라이징거의 딸이었다. 애니의 아버지는 슘페터가 성장한 빈에 있던 아파트의 문지기였다. 애니와 그녀의 형제들인 빌리와 에밀(밀리)은 그 빌딩 안 작은 아파트에서 부모와 함께 살았다. 그녀의 가족은 그곳에 작은 가게도 운영했다.[1]

슘페터는 애니보다 스무 살 연상으로 그녀가 자그마한 어린아이였을 때부터 알았다. 열다섯 살이 되던 해, 집안이 넉넉지 못한 그녀는 고등학교 공부를 하면서 은행원으로 일을 시작했다. 애니는 지적 허세는 거의 없었지만 자기성장을 위한 열렬한 추진력이 있었다. 그녀는 학교 공부 이외에도 속기, 무역 서류 작성 그리고 회계를 배웠다. 또 빈의 인민 대학교에서 영어, 불어, 이탈리아어, 스페인어를 공부했다. 뛰어난 외모와 정열적인 태도 외에도 그녀는 그 시대의 전형적인 젊은 여성이었다.[2]

애니는 자신의 거의 모든 활동을 기록했고 매일 일기를 썼다. 그녀는 자주 영화와 연극을 보러갔고 음악과 춤을 즐겼다. 가족과 친구들과 함께 정기적으로 빈의 숲속에서 하이킹을 즐겼다. 빈의 정치적 긴장이 끓어 넘쳤지만 그녀의 일기에는 이러한 주제를 언급한 내용은 거의 보이지 않는다. 한데 1919년 6월 15일 일기에서는 빈에서 자주 벌어진 공산주의자들의 거리 폭동에 대해 썼다. "시위, 많은 발포, 12명이 죽고, 80명이 부상당했다. 사람들은 공포에 떨었으며 많은 피를 흘렸고 집에 가만히 머물렀다." 이 시기에 슘페터가 재무부장관으로 있었다.[3]

매력적인 애니는 남자들의 많은 관심을 받았고 그들과 많이 즐기기도 했다. 이는 순수한 철부지의 행동이었다. 그녀가 열일곱 살이 되던 해, 당시 서른일곱 살이었던 슘페터는 이웃집에 살던 소녀가 사랑스러운 젊은 여자라고 느끼기 시작했다. 그는 재무부장관에서 물러난 뒤 그라츠로 이사갔지만 자주 빈을 방문했고 아파트를 드나드는 애니와 마주쳤다. 두 사람은 편지를 주고받기 시작했고 종종 함께 외출하기도 했다. 처음엔 이러한 사실을 부모에게 말하지 않았다. 그러나 두 사람의 관계를 알게 된 부모는 나이가 훨씬 많은 슘페터와 더 이상 데이트를 하는 걸 금지시켰다. 어떤 면에서 슘페터는 애니의 부모가 수년간 잘 알고 존경한 사람이었다. 하지만 바람둥이인 그가 애니의 인생에 유일한 남자가 아니라는 것도 잘 알고 있었다. 애니가 열여덟 살이 되던 해, 부모는 매우 엄격한 선 안에서 그녀가 슘페터와 만나는 것을 허락했다. 한편 애니의 아버지는 애니가 만나는 사람 가운데 슘페터가 다소 어리다고 생각해 그와의 만남을 금지시키기도 했다.[4]

그 뒤 몇 년간 애니는 슘페터와 함께 보낸 모든 시간을 일기에 쓴 것으로 보인다. 수백 편의 일기는 그녀가 열일곱 살이 되었을 때부터 시작된 두 사람의 관계가 어떻게 발전했는지 상세하게 보여준다.

1920년 5월 26일 [슘페터가] 처음 내 이름을 불렀다.

1920년 6월 7일 슘과 [나는] 저녁 6시에 시작하는 [뮤지컬을 봤고], 그 뒤에 후퍼스라는 레스토랑 특별실에서 저녁을 먹었다. 나는 그의 여자 친구가 될 수 있는 걸까? 모르겠다.

1920년 6월 18일 그라츠에서 온 슈미의 편지. 대모님 감사합니다.[그녀는 그 편지를 발견하지 못했다.] **5**

그녀는 슘페터와 계속 만나며 편지를 주고받았다. 그러나 같은 시기에 그녀는 비슷한 또래나 그보다 어린 남자들과 데이트를 즐겼다.**6**

애니의 아름다운 매력이 문제임을 안 부모는 그녀를 철저히 단속했다. 그들은 슘페터와 함께 경마를 보러가는 것을 허락했지만 단 둘이서 극장에 가는 것은 허락하지 않았다. 레스토랑에서 데이트를 하기로 한 약속을 어겨 슘페터가 그녀를 바람맞혔을 때다. 그녀는 "무례한 편지"라고 쓴 서신을 보냈다. 애니는 그가 결혼한 것(몇 년간 아내 글래디스를 보지 못했지만), "커다란 이기주의자"라는 것, 많은 여자와 관계를 가진 것을 알고 있다고 썼다. "왜 내가 당신을 만날 수 없느냐고요? 간단히 말해서 나의 좋은 평판이 그를 허락하지 않네요." 그러나 그녀는 그 편지를 보낸 직후 걱정하기 시작했다. 슘페터가 "결국 멋진 남자이기" 때문에 당연히 화를 낼 것이라는 생각에서였다.**7**

매우 어렸던 그녀는 엉뚱한 감정으로 가득차 있었고 안정된 관계에 대한 준비가 되어 있지 않았다. 훨씬 나이가 많았던 슘페터도 마찬가지였다.

무례한 행동이라고 생각하면서 보낸 그녀의 편지에 바로 답장이 왔다. 일기

에는 "마침내 슘페터에게서 온 답장"이라고 적혀 있었다. "그는 모욕을 당하지
는 않았다. 그러나 슬프다고 했다. 나도 슬펐다. 그러나 우리가 할 수 있는 일
은 아무것도 없다. (…) 난 항상 그에게 이야기할 기회가 오기를 기다리고 있
다. 나는 그에게 매우 미안하다. 잘 모르겠지만 그가 나의 인생에서 중요한 것
을 해줄 수 있으리라는 느낌이 든다. 지금은 공허하다. 그러나 사람들이 단지
돈 때문이라고 말하는 그의 좋은 배경도 싫은 것은 아니다. (…) 그러나 동시
에 나는 슘페터에게 매우 미안하고 그를 사랑한다고 말할 수 있다. 아니, 내
가 사랑한다는 것을 안다."[8]

　그녀는 그라츠에 있는 슘페터에게 계속 답장을 보내면서 연락했고, 빈으로
올 때는 서로 만났다. 애니가 직장을 잃자 슘페터는 몇몇 은행에 그녀를 추천
해줬다. 그러나 그녀는 일을 찾지 못했고 경제적으로 어려워졌다. 한번은 "슘
페터의 한 동료가 나에게 데이트를 요구했다. 나는 뻔뻔한 악당이라고 욕설을
퍼부으며 거절했다."[9]

　애니가 열여덟 살이 되던 1921년 초반만 해도 슘페터가 그녀의 일기에 자주
나오지 않았다. 슘페터나 그와 관련된 내용도 거의 없었다. 이 시기에 그녀에
게 가장 중요한 문제는 살기 위해 무작정 돈을 버는 일에 매달리는 것이었다.
이는 빈의 많은 사람에게 냉혹한 현실이었고 라이징거 가족도 어려움에 시달
리긴 마찬가지였다. 애니의 남동생 빌리도 가끔씩 집안이 하는 가게에서 일했
다. 그러나 언니 밀리는 독일로 옮겨 부유한 가정에 잡일을 하는 가정부로 들
어갔다. 애니 자신도 만족스러운 직장을 찾을 수 없었다. 잠깐이지만 그녀도
가정부로 다시 재봉사로 일했다.[10]

　열악한 환경이 더욱 심해지자 애니도 언니처럼 가정부로 일하기로 마음을
먹었다. 열여덟 살이던 그녀는 오스트리아를 떠나 프랑스에서 잘사는 집안으
로 들어갔다. 애니를 고용한 사람들은 파리에서 대부분의 시간을 보내고 있
었지만 유감스럽게도 그들은 그녀에게 퐁타뉴 근교의 농장에서 일을 하라고

시켰다. 그녀는 긴 시간을 쏟는 일에 시달리면서도 농장 사무원들과 잘 지내면서 사교성도 키웠다. 다른 나라의 언어를 배우려고 열심히 노력도 했다. 이 기간에 쓴 그녀의 일기에는 서투른 프랑스어가 등장한다.[11]

애니는 퐁타뉴에서 18개월을 보낸 뒤 새 일을 하고자 파리로 떠났다. 첫 직장은 아주 실패작이었다. "안주인은 가정부들을 다루는 방법을 알지 못했다." 동료들도 거칠었다. 그러나 적어도 빈의 어머니 댁으로 돈을 보낼 수 있었다. 애니는 다시 가정부로서 더 즐거운 일을 찾을 수 있었다. 그녀는 아이들을 돌보는 일을 좋아했는데, 새로 들어간 집주인의 어린 아들을 특히 좋아했다. 애니는 "나는 프랑수아 같은 어린이를 좋아한다"라고 일기에 썼다. 슘페터가 계속 생각난다는 이야기도 있었다. 그러나 파리에서 생활하고 있는 동안 그녀는 "거의 모든 시간이 불행했는데", 파리의 매력을 즐기기 위한 돈은 물론 여가 시간도 적었기 때문이었다.[12]

파리에서 2년 반 동안 지낸 뒤인 1923년 가을, 애니는 빈으로 돌아왔다. 그녀는 시간제로 일하는 직장을 얻었지만 4개월 만에 그만뒀다. 오랜 시간 파리에 떠나 있는 동안 슘페터를 만나지 못했지만 프랑스로 간 처음 몇 주간은 서로 연락하고 지냈다. 그러다가 1923년 마지막 날에 슘페터의 어머니 요한나가 살고 있던 아파트를 방문했고, 거기에서 3년 만에 처음으로 슘페터와 마주쳤다. 그는 여전히 부자였고 잘생긴 사십 대였지만 그녀에게는 별 흥미를 못 느끼는 듯했다. 이후 17개월 동안 슘페터는 애니를 만났고 전화로 이야기를 나눴다. 때로는 같이 외출하기도 했다. 이때 빈의 주식시장이 무너지기 시작했고, 슘페터에게는 재정상의 어려움이 시작되었다. 그 뒤 1년이 채 안되어 그는 비더만 은행에서 물러났다.[13]

한편 오스트리아의 경제난은 계속되었다. 애니는 직장을 계속 찾았으며, 마침내 소매점에서 괜찮은 일을 구했다. 그러나 돈 문제가 해결되자 그녀는 심각한 사랑에 빠지게 되었다. 이제 스물한 살의 매력적인 그녀는 1924년 4월 5일 일기에서 자신에게 경종을 울렸다. "결혼한 남자에게 머리를 돌리지 말라!!!"[14]

그러나 자신에게 한 충고는 이내 무색해졌다. 그녀는 곧 일기에서 "게르하르트 엘", 혹은 "G"라고 표현한 유부남과 열정적인 관계에 빠지게 되었다. 아내와 아이들이 있는 사업가인 G는 자주 스위스, 헝가리, 독일로 여행했다. 그는 애니에게 종종 잔인하게 혹은 친절하게 대했다. 종종 그녀의 일기를 훔쳐보는가 하면("일기에서 그가 원하는 것은 무엇일까? 날 협박하려고?"), 하지만 선물을 안겨다주기도 했다. 둘이서 사귄 지 몇 달 뒤 애니는 자신이 임신했다는 사실을 알게 되었다. 그녀는 가족이 이 사실을 알까봐 두려웠고, 직업을 잃게 될까봐 겁났다. "무서워라!" 그녀는 다음과 같이 썼다. "역겨운 놈이라는 생각이 든다."[15]

1924년 10월, G가 아내와 함께 스위스로 떠나자 애니는 유산을 계획했다. 그녀는 빈 서북쪽에 있는 작은 도시 린츠로 가서 그곳 의사에게 수술을 받았다.[16] 그 뒤 애니는 어려운 시간을 보냈다.

10월 30일 집에서 잤다. (…) 내가 끔찍해 보였기 때문에 모든 사람이 소리를 질렀다.

11월 4일 G가 스위스에서 돌아온다. 그가 내 가까이에 있어서 행복하다. 그러나 내가 사랑하는 사람이 그여서 불행하다.

11월 7일 [G와] 함께했다. (…) 나에게 사탕을 줬다. 오랜 시간을 함께해서 기분이 좋았다.

11월 19일 나는 다시 기분이 매우 언짢아졌다. 정오에 그를 만나 투정을 부렸다. 그래, 그게 어쨌단 말인가?

이후 몇 달 동안 애니는 그와의 만남을 접으려고 노력했다. 그러나 마지막 단계를 밟지 못했다. G의 무책임 그리고 사랑의 열병으로 그녀 역시 감정적으로 어찌할 수 없는 상태에 빠져들고 말았다.[17]

그러나 애니는 슘페터와 다시 알고 지내기 시작했다. 1924년 크리스마스, 그의 어머니를 만났고 가끔씩 함께 외출도 했다. 그녀는 G의 천박한 행위와는 완전히 대조를 이루는 슘페터의 예의 바르고 정중한 모습을 새롭게 떠올리기 시작했다. 슘페터도 애니에게 빠져들었다. 아파트 관리인의 딸로만 알고 지냈던 어린 소녀 애니는 이제 스물두 살의 품위 있는 여성으로 자랐다. 그녀의 특징이라고 할 수 있는 쾌활함은 여전히 가득했다. 다만 지금은 훨씬 침착하고 세련되어 있었다. 슘페터는 이 여자가 자신이 결혼하고 싶어하는 상대라고 느끼기 시작했다. 1925년 봄이 되면서 그들은 거의 매일 만났다. 애니의 일기에는 그들의 관계가 다시 언급되기 시작했고 사랑은 매우 빠르게 진전되었다.

5월 13일 클로버를 넣은 편지를 슘페터에게 보냈다.

5월 15일 슘페터와 전화로 이야기를 나눴다. 그는 클로버를 매우 좋아했다.

5월 16일 사진관에서 슘페터와 언니 밀리를 만나 사진을 찍었다. 산책했다. (…) 저녁식사를 하고, 춤을 추고, 차를 타고 돌아왔다.

5월 17일 밀리와 슘페터와 함께 [빈 근처] 바덴으로 갔다. 그린 트리에 있는 온천공원에서 식사했다.

5월 18일 슘페터의 어머님 댁으로 갔다.

1925년 중반에 찍은 애니, 슘페터, 애니의 어머니 모습(왼쪽으로부터). 애니를 향한 슘페터의 구애는 진지했다.

5월 21일 슈페터와 오페라 「팔려간 신부The Bartered Bride」를 봤다. 그리고 임페리얼 호텔에서 저녁을 먹었다. 차를 타고 피서용 별장으로 돌아왔다. 청혼!**18**

애니는 몇 년 동안 슈페터와 알고 지냈지만 그가 청혼하리라고는 기대하지 않았다. 그녀는 그에게 바로 대답하지 않았다. 그 뒤 두 달 동안 일기에 나온 내용을 보면 그녀는 슈페터와 관계를 지속하면서도 가끔씩 G와 만났다. 슈페터와 온종일 여행을 하기도 했고 아침에는 미술관에서, 저녁에는 레스토랑에서 식사도 했다. 그의 집중적인 관심을 받고 있던 그녀는 결국 그를 택하기로 마음을 먹었다.

1925년 7월 3일 [빈 숲속에 있는] 코벤츨에서 저녁식사를 하고 나서 [빈 부근에 있는] 그린칭 마을까지 걸었다. [슈페터]는 [애니와의 약혼에 대해] 어머니와 이야기했다.

8월 6일 팽팽하게 긴장된 분위기[아마도 G와의 관계 그리고 유산한 것과 관련해 슈페터와 언쟁을 한 것으로 보임].

다음 날 그녀는 슈페터에게 이런 내용의 편지를 썼다. "어제 당신의 행동이 매우 고마웠어요. 당신이 매우 좋아요. 이러한 문제가 항상 우리들 사이에 그림자처럼 따라다녔어요. 지금 난 이러한 문제가 씻은 듯이 해결되어 몹시 기분이 좋고 행복해요. 나를 도와줘서 매우 고마워요. 나에게 품고 있는 당신의 위대한 사랑에 실망하지 않을 겁니다. 나는 최선의 의도를 갖고 있고, 또 우리는 서로 이해하며 모두 행복하다고 믿고 있습니다. 부드럽게 당신과 키스하고 있어요. 당신의 애니가." 훗날 슈페터는 애니가 1925년 8월 14일 자신에게 고백한 내용을 이렇게 썼다. "나는 그녀와 정말로 결혼을 생각하고 그녀에게 진정한 관심을 가진 유일한 사람이었다." 당시 두 사람은 일기에 적힌 "작은 메모에 대해서" 그리고 G에게 느끼는 애니의 분노에 대해 이야기를 나눴다. 슘페터와 결혼하기로 결정한 애니는 8월 22일 G를 만나 그와의 관계를 끝냈다. 9월 초 여전히 양심의 가책을 느낀 애니는 G와의 관계를 감추지 않고 모두 털어놓았다. 그러나 슘페터는 신경쓰지 않았다.[19]

그 뒤 몇 달 동안 그녀의 일기에는 거의 매일 슘페터와 두 사람 사이의 내용들이 등장했다. 여기에는 쇼핑, 결혼 준비, 휴가 여행 등이 있었다.

9월 4일 정오에 만났다. [리조트인] 푸흐베르크 호텔로 여행하고, 다시 세바스티안 폭포로 돌아온 뒤 (…) 첫날밤을 함께 보내다[훗날 슘페터가 인정했듯이 그들은 처음으로 사랑을 나눴다. 이것은 애니와 G와의 사랑에서, 난봉꾼으로 유명했던 슘페터의 관점에서 볼 때 아주 놀랄만한 일이다. 두 사람은 서로 떨어져서 6년을 보내기도 했으며 6개월 동안은 섹스 없이 밤을 보내기도 했다].

9월 5일 아침에 [산을 오르내리는] 슈네베르크반 열차를 타고 (…) 호흐 슈네베르크 호텔로 (…) 정오까지 오랫동안 방에서.[20]

슘페터는 비록 애니에 푹 빠져 있었을지라도 현실적인 문제를 해결할 냉철한 두뇌는 잃어버리지 않았다. 고로 실제적인 일의 활동력이 여전히 살아 있었다. 몇 달 동안에 걸친 강렬한 구애 속에서도 학자의 길을 다시 시작하기로 마음먹은 그는, 논문을 쓰고 교수직을 찾고자 노력했다. 그는 자존심 때문에 그라츠대로는 갈 수 없었으며, 설령 지원한다 해도 대학이 먼저 거절했을 것이다. 그는 오래전부터 오스트리아 최고의 빈 대학교에서 가르치고 싶었다. 그러나 이러한 야심은 그가 "폴리페서"였다는 점 그리고 그동안 그가 보여준 무모한 처신 때문에 영원히 이뤄질 수 없었다.

하지만 창의력이 풍부한 학자로서 그의 명성은 오스트리아와 독일에서뿐만 아니라 전 세계적으로 매우 높았다. 일본 도쿄 대학교와 고베 대학교가 강의를 해달라고 요청했으며 최소 2년 동안 일본에 머물러줄 것을 제안하기도 했다. 그는 이 제안에 감사의 표시를 잊지 않았다. 그러나 2년이라는 오랜 기간을 애니와 멀리 떨어져 살고 싶지 않았다. 한편 그는 유럽에서 좋은 직장을 구하는 데 도움을 줄 지인들을 찾아 호소했다.[21]

영향력이 있는 2명의 친구가 그를 도와주려 했고 이러한 노력은 1925년 10월에 결실을 맺었다. 베를린 당국이 그를 초청해 프러시아의 교육과학부에 면접을 보도록 주선한 것이다. 이 부처는 독일 대학 대부분을 관리했다. 권위 있는 본 대학교가 바로 교수직을 제안했고, 그는 즉시 수락했다. 이제 두 사람이 결혼할 수 있다는 생각에 신난 슘페터는 애니에게 전보를 보냈다. "본이 정복되었다."[22]

애니는 10월 5일, 그 메시지를 받았다. "기뻐라!" 그녀는 일기에 썼다. 이제 모든 일이 재빠르게 진행되었다.

10월 12일 정오에 J.를 만났고, 종교의식으로 [결혼식]을 올리지 않기로 [계획했다.]

10월 13일 결혼반지를 샀다.—매우 행복하다.

11월 5일 결혼.[23]

두 사람의 결혼은 슘페터가 이제까지 소중하게 쌓은 자신의 정체성을 부정하는 것처럼 보일 수도 있다. 그러나 10여 년에 걸친 무질서한 생활과 무기력한 태도에서 벗어나, 그는 이제 아내에게 충실한 헌신적인 남편이 되어 이루

말할 수 없는 행복한 남자가 되었다. 그의 모친과 자신에게 귀족적인 허세가 있었지만 애니의 출신이 노동자라는 것 그리고 그녀가 살아온 배경은 슘페터에게는 결코 문제가 되지 않았다. 사랑은 때로 모든 규칙을 깨뜨린다. 애니와의 사랑은 슘페터 개인이 지켜온 규칙을 무너뜨렸다. 하지만 그 사랑은 새로운 신랑이라는 이미지로 끝나는 것은 아니었다. 그는 위대한 경제학자의 품위 있는 아내인 젊은 애니를 위해 새로운 모습을 보여주기로 결심했다.

하지만 애니가 그리 행복한 것은 아니었다. 애니가 살아온 과정은 슘페터의 어머니에게는 중요했다. 애니는 매우 호소력 있는 사람이었지만 노동자계급이라는 배경은 어머니 요한나에게 큰 의미가 있었다. 더구나 애니는 그녀의 사랑스러운 아들의 애정을 독차지하고 있었다. 그녀는 영국 상류계급 출신인 글래디스 시버와의 결혼을 반대했다. 요한나는 사회적 신분이 높은 계급으로 올라가는 데 노력을 기울이지 않고 오직 천한 아파트 관리인의 딸과 결혼한 아들만을 생각했다. 슘페터와 애니가 스무 살의 나이 차이가 나는 것에 비해 요한나는 서른세 살의 연상과 결혼했다. 그러나 마음속에는 다른 목적이 있었다. 그녀는 상대가 신분이 높다는 이유만으로 결혼했지 사랑 때문에 한 것은 분명 아니었다. 그녀에게 유일한 위안은 슘페터가 결혼으로 빈에서 지저분하게 바람피우는 짓을 그만두게 되었다는 것이었다. 적어도 애니는 존중받을 만한 여성이었다. 그렇지만 요한나에게 애니의 배경은 꽤나 큰 충격으로 다가왔다. 더군다나 결혼하자마자 아들 슘페터가 본으로 멀리 떠나게 되면서 요한나의 극성은 더더욱 심해졌다.

애니의 부모님 역시 그 결혼을 달가워하지 않았다. 슘페터가 딸의 나이에 비해 2배가 될 정도로 많았으며 평판도 좋지 않았고, 전처인 글래디스와의 관계가 청산되지 않았기 때문이다. 슘페터는 10년 동안 그녀를 보지 못했지만 법적으로는 여전히 유부남이었다. 그러나 애니의 부모는 딸의 혼사를 막기 위해 어떠한 조치도 취하지 않았다.

1925년 봄에 슘페터가 애니와 진지한 관계였을 당시, 그는 주식시장 붕괴로 재산을 몽땅 잃었고 비더만 은행에서도 물러나야 하는 처지가 되었다. 그의 재정 상태는 엉망이었고 좋아질 가능성도 거의 없었다. 아마 슘페터는 그의 모든 생활이 우울했기 때문에 애니를 이상적인 여성으로 생각한 것 같다. 그녀의 용솟음치는 정열, 아름다움, 젊음은 그를 삼켜버릴지도 모를 혼란과 우울로부터 벗어나게 할 반가운 안식처였다. 그러나 그 모든 것을 빼고서라도 그녀를 향한 그의 완전한 사랑에는 의문이 없었다. 그의 일생에서 처음이자 유일한 기간에 애니와의 사랑에 푹 빠져 있었다.

애니가 슘페터가 처한 재정상의 문제를 잘 알고 있었는지는 분명히 알 수 없다. 그러나 자신이 경제적인 어려움에 처했다는 사실은 분명하게 알았다. 그는 재산을 잃었고 채권자들에게 큰돈을 빚지고 있었다. 게다가 직업도 없었다. 어떠했든지 간에 애니가 돈을 목적으로 결혼한 것은 아니었다. 그녀의 일기는 그녀가 분명히 슘페터를 극진히 사랑했음을 보여준다. 두 사람 사이에서 사랑의 강도는 남자인 슘페터가 더 컸다. 애니와의 사랑에 빠진 그는, 계급에 대한 편견은 물론 돈 많은 상속녀와 결혼해서 잃어버린 재산을 만회할 가능성의 기대도 몽땅 던져버릴 준비가 되어 있었다. 마흔두 살인 그는 스물두 살의 노동자계급 여성과 사랑에 빠져버렸다. 이러한 사랑을 방해할 수 있는 건 아무것도 없었다. 그에게 요한나와 애니 부모의 반대는 조금도 중요하지 않았다.

전처인 글래디스와의 결혼이 여전히 골칫거리로 남았다. 가톨릭교회는 이혼한 사람과 결혼을 허락하지 않았다. 그러나 사회주의적인 빈 시당국은 최근 이러한 만족스럽지 못한 결혼을 둘러싼 문제를 끝낼 수 있도록 하는 허가 조치를 시행했다. 이는 만약에 본처가 동의한다면 재혼을 허가하는 내용이었다. 허나 교회는 이러한 조치를 반대했다. 슘페터는 만약 글래디스가 애니와 결혼하려고 하는 자신의 의도를 안다면, 분명 그 결혼을 중지시키려고 하든지 아니면 위자료를 요구할 것임을 잘 알고 있었다. 어쨌든 그는 글래디스에게 알리지 않은 채 가까스로 그녀의 빈 시민권을 철회할 수 있었다.[24]

한편 결혼하기 전 몇 주 동안 그와 애니는 아무 문제가 없는 듯이 행동했다. 슘페터는 돈을 빌려서 애니를 위해 상점에서 비싼 선물들을 샀다. 그의 재정 상태를 알지 못하는 사람이라면 어느 누구라도 돈 많은 중년 남성이 미래의 신부를 위해 비싼 선물을 사고 즐거운 여행을 하면서 유럽풍의 고급 리조트로 그녀를 데려가리라 생각했을 것이다. 이것이 슘페터가 행동하고 느끼는 방식이라고 말이다. 1914년 전쟁이 일어난 뒤 슘페터는 기나긴 고통스러운 경험들을 거쳐 이제는 새로운 남성이 된 듯한 기분이 들었다.

조지프 슘페터는 첫 결혼을 한 지 18년이 지난 1925년 11월 5일, 빈에 있는 한 개신교의 루터교회에서 애니 라이징거와 결혼 서약을 했다. 그들은 가톨릭교도였지만 기독교를 비난하고 싶은 마음은 없었다. 재혼을 금하는 가톨릭교 규율로 인해 선택의 여지가 없었다. 요한나와 애니의 부모도 결혼식에 참여했다. 아버지를 대신해서 남동생이 애니를 신랑인 슘페터에게 인도했으며 언니는 신부의 들러리를 했다. 슘페터의 들러리를 선 사람은 그라츠대 동료인 한스 켈젠▼이었다. 그는 유대인으로 오스트리아 공화국 헌법을 기초起草한 뒤어난 변호사였다. 결혼식이 끝나자 새 커플은 이탈리아 북부로 일주일간의 신혼 여행을 다녀왔다. 콜로뉴[쾰른*]를 비롯해 독일의 여러 도시를 방문했고 본에 머물면서 앞으로 가정을 꾸릴 보금자리를 찾아봤다. 빈으로 돌아온 그들은 모든 것을 챙겨서 다시 대학 근처의 새집으로 이사했다. 당시 새 학기는 이미 시작되었다.[25]

첫 결혼으로 인한 문제들을 완전히 해결하지 못한 상태에서 다른 여자와 결혼하기로 한 슘페터의 결정은 대담한 도박이었다. 글래디스가 결국 그 사실을 알게 되었고 그를 고소하겠다고 위협했으며, 슘페터는 이중 결혼 혐의로

기소될 수도 있는 처지였다. 1914년 슘페터가 그라츠로 돌아오라고 했지만 이를 거절한 그녀의 행동은 법적으로 별 고려 대상이 되지 않았다. 그래서 아내를 돌보지 않고 영국에 방치한 처자 유기 혐의로 법정에 서게 될 수도 있었다. 이것뿐만이 아니라, 슘페터가 전처와의 관계를 돌려놓고자 진지한 노력을 했다는 어떠한 증거도 없었다. 그는 항상 글래디스를 상류사회에서 허세를 부릴 수 있는 자격증이자 장식품으로 여겼다. 즉 목적을 이루고 나면 그저 버릴 액세서리로 생각한 것이다. 그는 어머니 요한나가 켈러와 한 결혼에서 이런 모습을 봤다.[26]

그래서 슘페터도 글래디스와 떨어져 지낸 10년 동안 다른 여성들과 만나면서도 진지한 관계를 추구하지 않았다. 그는 정부를 뒀으며 그의 말이라면 고분고분하게 말을 잘 듣는 섹스 파트너에게 위안을 얻었다. 당시만 해도 이러한 난봉꾼은 빈의 남자들에게는 전혀 이상하지 않았다. 그러나 슘페터는 명성이 높아지고 있었기 때문에 그의 불륜 행위는 더 주목할 만한 일이었다. 그렇다고 슘페터가 열망하는 높은 계급에 속한 여자들이 그의 난잡한 놀음을 모르는 것은 아니었다. 요한나도 아들의 행동을 이해했다. 다만 슘페터와 친했던 테레지아눔과 빈 대학교의 옛 동창들, 그라츠대 동료 교수들은 그에게 여동생이나 사촌 여동생, 혹은 존중받을 만한 친구들을 소개시켜주지 않았다.

아마도 슘페터는 그의 인생에서 요한나가 끼친 강력한 영향 때문에 의식적이든 무의식적이든 집안 배경이 좋은 같은 또래의 여성들, 심지어 남자 친구와의 친밀한 관계도 피한 것으로 보인다. 사실 그는 남자 친구가 거의 없었다. 슘페터는 항상 자신보다 나이가 어느 정도 많거나 혹은 훨씬 어린 여자들이 편했으며 이들을 잠자리 상대로 택했다. 또 어떤 여자가 오랫동안 서로 사랑하고 도울 수 있는 반려자인지 자신만의 철학도 없었다. 아버지는 그가 네 살 때 죽었다. 요한나는 아들과 함께 숙모, 삼촌, 사촌들이 함께 살던 고향 트리슈에서 멀리 떨어진 곳으로 이사했다. 슘페터나 요한나는 친척과의 관계를 계속 유지하지 못했으며 옛집도 방문할 기회가 없었다. 외톨이로 살았던 어린 시절, 그가 겪은 잡다한 인생 경험들로 인해 뜻밖에도 애니와의 조건 없는 사랑에 빠진 것으로 보인다.

물론 그라츠와 빈으로 이사한 일은 슘페터에게 소중한 기회를 열어줬다. 테레지아눔에서 보낸 몇 년을 시작으로 그는 탁월한 역할을 보여줬다. 천재 소년, 오스트리아 귀족에서부터 영국 신사, 카이로 변호사, 빈의 경제학자, 대학 교수, 재무부장관, 은행투자가, 사교계 명사 그리고 자유분방한 정신을 가진 카사노바 등이 그의 브랜드였다. 지난 400년 동안 조상 대대로 살았던 트리슈에만 머물렀다면 이처럼 화려한 경력의 소유자가 되기란 불가능했을 것이다.

이런 과거는 슘페터가 애니를 열렬히 사랑하고 아내로 받아들인 배경이라고 할 수 있다. 본 대학교에서 그리고 훗날 하버드 대학교로 옮긴 뒤에도 슘페터는 동료들에게 아파트 관리인이라는 미천한 출신의 딸이 아니라 좋은 가문의 품위 있고 고상한 여자라고 그녀를 이야기해왔다. 몇 년 동안 가정부로 힘들게 지내면서도 배웠던 외국어와 사교술 덕분에 애니는 프랑스와 스위스에 있는 엘리트 교육 기관에서 공부할 기회를 얻었다. 수업료와 생활비는 요한나와 슘페터가 냈다. 이는 애니를 위한 선의의 거짓말이었으며, 죄책감으로 인한 깊은 심리적인 충돌도 생겼다. 여기엔 강렬한 야심, 애니를 보호해야 한다는 의무감 그리고 자신의 정체성에 대한 회의 등이 있었다.[27]

오스트리아를 떠나기 전 슘페터가 애니의 과거를 모두 해결했는진 잘 알 수 없다. 본에 도착하자 그는 자신과 아내가 빈의 상류층 출신이라고 소개했다. 사치스러운 생활을 다시 시작했고 애니와 함께 적극적으로 사교활동도 벌여나갔다. 그들은 호화로운 상류사회로 들어갔고 다시 빌린 돈에 기대어 살았다.

애니 라이징거. 스물두 살 당시 슘페터와 결혼했을 때의 모습

드디어 슘페터는 안정된 삶을 살아갈 수 있었다. 본 대학교의 교수가 된 슘페터는 이제 오랫동안 몸담을 훌륭한 직업을 갖게 된 것이다. 또 그가 존경하는 아름다운 젊은 아내와 결혼했다. 일에 몰두하는 습관이 있던 그는 높은 학문적 명예를 기대할 수 있었다. 아울러 그는 채권자들에게 진 빚을 제때 갚을 분별 있는 계획을 세웠다. 그는 빚에 허덕였지만 깊은 사랑에 더욱더 빠져 있었다. 그는 과거 어느 때보다도 행복했다. 미래는 희망으로 가득차 있는 듯 했다.

제9장

비통에
잠기다

"나는 평화가 자주 찾아왔다고 생각했다. 그러나 평화는 멀리 떨어져 있었다."

– 에밀리 디킨슨, 1890

본에 있는 슘페터의 새 보금자리는 대도시인 콜로뉴에서 남쪽으로 24킬로미터 정도 떨어진 독일 서부 지역 끝자락에 위치한 곳으로, 라인 강둑을 따라 쾌적한 지역에 있었다. 본과 콜로뉴 두 도시는 벨기에, 네덜란드, 룩셈부르크, 프랑스와 국경을 이루는 근처에 있고 빈보다 파리와 런던에 더 가까웠다. 본은 지방정부의 중심으로 예부터 공장 설립이나 다른 산업의 발전을 어렵게 했다. 본의 경제는 주로 서비스와 무역이었는데, 19세기 동안에는 백만장자들의 휴양지가 되었다. 1925년 슘페터 부부가 본으로 이사왔을 때 도시 인구는 약 7만 명 정도였으며, 평화로운 강이 흐르는 골짜기에 위치한 학술의 도시로 그라츠만큼이나 부유한 휴양지였다. 독일의 명문대 가운데 본 대학교는 베를린 대학교, 괴팅겐 대학교, 하이델베르크 대학교, 뮌헨 대학교에 이어 5위에 드는 우수한 학교였다. 1925년 학생 수는 약 4000명으로 대

슘페터가 도착했을 당시의 본 대학교 모습. 넓은 대학 본관의 절반 정도가 보인다. 그리고 커다랗게 움푹 파인 잔디밭 모퉁이도 보인다. 이 건물 바로 뒤가 본의 시내다.

부분이 주변 지역에서 자란 학생들이었다. 오래전 이곳 근처인 트리어의 부유한 집안 출신으로 이 대학에 입학한 카를 마르크스라는 학생이 있었다. 마르크스는 1년 동안 이 학교를 다녔는데 새내기답게 신나게 생활하다 베를린대로 떠났다. 짧은 학기를 다닌 학생으로는 빌헬름 황태자도 있었다. 그는 유럽 전쟁기에 독일 제국의 황제였다.

1925년에는 대부분의 대학 시설이 들어섰으며 오늘날까지도 있다. 특이한 모양의 3층 벽돌 건물로 길이가 91미터, 높이 36미터이며 네 모퉁이에 각각 탑이 있다. 이 건물의 한쪽으로 135개의 거대한 창문이 있는데 각각 가로 4개, 세로 7개의 판유리로 되어 있다. 창문으로 길게 줄지어선 나무들을 경계로 커다랗게 움푹 파인 잔디밭이 보인다. 1920년대 말 대학 당국은 이곳을 스케이트장으로 쓰기 위해 파인 잔디밭에 물을 부어 물바다로 만들었다. 캠퍼스는 또한 본 시내 중심에 있는데, 그 옆으로 북적거리는 광장과 화려하게 장식된 시청이 들어서 있다.

본에 도착한 슘페터 부부는 빌헬름 황태자가 학창 시절에 거주했던 빌라를 빌렸다. 이 빌라는 절벽 꼭대기에 들어선 건물로 커다란 방문 유리창을 통해 유유히 흐르는 라인 강을 바라볼 수 있었다. 이렇게 정교한 저택을 택한 것은 슘페터의 전형적인 방법이었는데, 애니에게는 커다란 선물로 그리고 다른 사람들에게는 부유한 귀족으로서 자신의 위치를 확인시키기 위해서였다. 그는 임대료를 내기 위해 어떻게 많은 돈을 구할지 별로 걱정하지 않았다. 본 대학교에서 받는 봉급은 대학 교수가 생활하기에는 충분했다. 그러나 비더만 은행에 진 빚을 갚기에는 4분의 1도 채 안되었다. 빈에서 겪은 재정상의 불운 때문에 그는 교수직으로 받은 돈을 빚을 갚는 데 써야 했다. 그가 다시 교수의 길을 걸을 수 있었던 것은 자신이 이룩한 학문적 성과, 탁월한 친구 2명의 끈질긴 노력 덕분이었다. 본 대학교의 교수인 아르투어 슈피트호프▼와 빈의 신문기자 구스타프 슈톨퍼▼가 바로 그를 도운 사람들이었다.[1]

권위주의적이며 독선적인 슈피트호프는 열 살 아래이자 놀기 좋아하는 슘페터를 못마땅하게 생각하는 듯했다. 슈피트호프는 슘페터의 스승인 슈몰러를 비롯해 독일 역사학파의 지도자들과 함께 베를린대에서 공부했다. 그러나 그는 선배들과 달리 역사보다 경제 이론에 흥미가 있었다. 최고의 이론가가 되지는 못했지만 경제학의 뜨거운 주제라고 할 수 있는 기업을 철저하게 이해했다.

겉보기와는 달리 슈피트호프는 슘페터와 공통점이 많았고 서로 깊은 우정을 다졌다. 15년 일찍 그라츠대에서 은퇴한 법과대학 학장 힐데브란트를 대신할 교수를 뽑을 당시, 소수파는 슘페터와 함께 슈피트호프를 우수한 후보로 밀었다. 그러나 결국은 슘페터가 그 자리에 앉게 된다. 그로부터 5년이 지난 1916년에 독일이 계획한 오스트리아와의 관세협정에 대해 경고하는 내용의 편지를 슘페터에게 보낸 사람은 바로 슈피트호프였다. 이 경고는 슘페터가 대학에서 잠시 물러나 정치 현장에 뛰어든 계기가 되었다.

1916년 당시 독일에서 태어난 슈피트호프는 체코의 프라하 대학교에서 가르치고 있었는데, 그 대학 교수들은 독일어로 강의할 수 있었다. 전쟁 뒤 체코슬로바키아가 새로이 탄생하고 대학도 체코로 넘어가자, 그는 서부인 본으로 옮겼다. 1921년에 그는 슘페터에게 본 대학교에서 교수로 일할 가능성을 편지로 써서 보냈지만 슘페터는 이를 거절했고, 베를린대에서 온 요청도 거절했다. 그러나 슘페터는 만약 그가 비더만 은행을 접고 학문의 세계로 다시 되돌아간다면 본 대학교의 교수직을 기꺼이 받아들일 것이라고 말했다.[2]

3년 뒤인 1924년 4월, 슘페터의 재정 상태가 더욱 나빠졌다. 슘페터는 슈피트호프에게 편지를 썼다. "저는 교직과 학문적 삶이야말로 제 오랜 고향이라는 생각을 지워버릴 수 없군요." 계속해서 그는 비교적 조용한 본이 매력적이라고 생각하며 초청해준다면 1925년 가을 본에서 슈피트호프와 만날 수 있다는 내용을 덧붙였다. 그때 확실한 기회가 찾아왔다. 때마침 본 대학교의 경제학자 4명 가운데 1명이 퇴직할 예정이었는데, 유능했지만 나이가 많은 경제 이론가 하인리히가 은퇴를 선언해버린 것이다. 이로 인해 슈피트호프는 친구인 슘페터를 채용할 경로가 열리게 되었다.[3]

그러나 1911년, 그라츠대에서 생긴 많은 장애물이 슘페터가 본 대학교의 교수가 되는 것을 방해했다. 본 대학교 당국은 이미 베를린의 교육부장관에게 두 후보자의 이름을 보낸 상태였고, 거기에는 슘페터의 이름이 없었다. 다행히도 장관은 두 후보자의 능력이 부족하다고 판단하고 대학 당국에 다른 후보자를 찾아서 추천할 것을 요구했다. 어려운 로비를 거쳐 슈티프호프는 슘페터의 이름을 올릴 수 있었다. 그는 이렇게 썼다.

슘페터는 비범한 천재로 스물일곱 살에 이미 이론경제학의 주요한 내용을 담은 책을 낼 정도였습니다. 이는 그의 넓고도 특이한 재능의 표시로 인정받고 있습니다. 매우 높은 수준의 학식이 있기 때문에, 그 뒤 그가 낸 글 모두가 학계에서 하나의 사건으로 여길 정도입니다. (…) 경제사상사에서 볼 때 슘페터는 특출나게 뛰어난 독일 학자입니다. 우리 눈으로 판단하건대 사회학 분야에서 그는 어떠한 비교도 두려워할 필요가 없는 유능한 학자입니다. 재정 분야에서 그의 자격은 재무부장관과 정치가로서 그가 했던 실질적인 활동들을 통해 검증되었다고 생각됩니다. 강사와 연사로서 슘페터는 가장 위대한 성공을 이뤘습니다. 우리 대학 교수들은 새로운 이득을 얻을 수 있을 것입니다.[4]

슈피트호프가 과학, 예술, 공교육을 담당한 교육부장관에게 편지를 쓰고 있을 당시 슘페터는 여전히 애니에게 구애 작전을 펼치는 중이었다. 그리고 교수 임용에 도움이 될 수 있는 일이라면 모두 마다하지 않았다. 슈피트호프에게 자신이 얼마나 그와 같이 일하고 싶어하는지를 여러 통의 편지에 담았고 자신의 신원을 보장하는 빈의 유명인사 12명의 개인 추천서도 보냈다. 그는 만약 본 대학교가 빨리 행동하지 않는다면, 자신이 적어도 2년 예정으로 도쿄대로 갈 수도 있다는 내용도 보냈다. 그는 도쿄대에서 가르치다 하이델베르크대로 복귀한 옛 친구인 레더러를 대신해 일본으로 가려는 생각도 있었다.[5]

그 당시는 물론이거니와 지금도 모든 최상급 대학에서는 교수 임용에 있어서 소문과 악마의 대변자들이 늘 따라다닌다. 교수라는 직책은 높은 명성을 안겨다주고 일생 동안 보장되는 직장이어서 경쟁이 매우 치열할 수밖에 없다. 때로 특정한 후보의 지지자와 반대자들은 서로 상대를 비하하려고 애쓴다. 공개적으로, 혹은 안 보이는 곳이나 등 뒤에서 상대를 헐뜯는다.

1925년 당시 슘페터의 경쟁자들은 그를 비난할 탄약이 충분했다. 그들은 슘페터의 최근 학술활동이 일정하지 않다는 것 그리고 그의 개인생활과 관련된 따끈따끈한 소문 등을 포함해 확실한 비난의 자료를 충분히 갖고 있었다.

그를 향한 비방은 조작하기가 아주 쉬울 정도였다. 그는 일찍이 훌륭한 저서인 『경제 발전의 이론』을 비롯해 또 다른 두 권의 책 그리고 몇몇 논문을 시작으로 그의 능력을 인정받았다. 하지만 그 뒤 그라츠대의 종신 교수직에서 물러났고 학술활동도 포기했다. 아울러 그는 베를린대가 제안한 교수직도 거절했다. 또 지난 5년간 중요한 연구 논문을 내지 않았다. 교수직을 팽개치고 뛰어든 정치와 사업도 다 실패했으며, 돈을 헤프게 쓰고 난봉꾼처럼 행동했다. 슘페터에게 가장 나쁜 소문은 오스트리아 재무부장관과 비더만 은행 재직시 불법적인 뒷거래를 했다는 것이었다.

이러한 불법적인 뒷거래에 대한 소문은 사실 이번이 처음은 아니었다. 1923년에 이미 터져나온 사건으로 그때 슈피트호프는 슘페터를 후보로 강력하게 밀었다. 1925년 그는 비밀리에 교육부장관 앞으로 편지를 썼다. "1923년에 떠돈 'X'에 대한 소문은 매우 비판적인 내용이어서 (교수임용심사)위원회에 그의 이름을 제출하는 것이 불가능하다고 판단, 후보 명단에서 제외시켰습니다." 그러나 그 뒤 슈피트호프는 전반적인 문제를 계속해서 철저히 조사했다.[6]

그러나 여전히 슘페터가 명쾌하게 답변할 수 없는 많은 문제가 있었다. 그래서 그는 슈피트호프와 슈톨퍼에게 조언을 구했다. 슈톨퍼는 슘페터를 추천한 12명 가운데 한 사람이었다. 다섯 살 아래인 슈톨퍼는 슘페터와 같은 빈 대학교 출신이었다. 그는 오스트리아 제국의 폴란드 동부(갈리시아)로 이주한 유대인 조부모의 후손으로 빈에서 자랐다. 그와 슘페터는 종종 정책 문제로 의견이 일치하지 않았지만 서로 잘 알고 존경했다. 1925년에 그들은 아직 친밀한 친구 사이가 아니었지만 그 뒤 가까워졌다.[7]

슈톨퍼는 슘페터를 도와줄 특별한 위치에 있는 친구였다. 빈의 유능한 경제 담당 신문기자인 그는 기업, 정부 그리고 학계와 친밀한 관계를 맺고 있었다. 또 슘페터를 교수 후보로 추천하려는 슈피트호프의 경쟁자들이 제기한 모든 문제에 충분한 해답을 줄 수 있는 위치에 있었다. 가장 중요한 문제는 재무부장관 시절 그리고 비더만 은행장 재직 시절 슘페터를 둘러싼 의혹들이었다. 슈피트호프는 "슘페터 교수의 소문"에 대해 해명해달라는 내용의 편지를 슈톨퍼에게 보냈다.[8]

슈톨퍼는 슘페터를 높게 평가하지 않는다는 답장을 보냈다. 그러나 그는 슘페터의 진실성에 관해 떠도는 근거 없는 소문 때문에 교수 임용 후보 자격을 박탈시키는 일은 받아들일 수 없다고 결정했다. 그것은 사실이었으며 슘페터에 관한 소문을 해명하면서 다음과 같이 썼다.

슘페터에게는 항상 적이 많았습니다. 슘페터가 일약 유명인사가 되었기 때문이죠. 또 전반적으로 볼 때 그는 비非오스트리아적인 생활 방식을 꾸려나갔고 그의 생각 역시 비부르주아적이기 때문입니다. 조심성 없는 슘페터는 이러한 그의 성향을 숨기지 않았습니다. 다만 인생 경험이 부족한 탓이며 인간 본성에 대한 적절치 못한 지식 때문이라고 생각됩니다. 한 대학 교수가 싸구려 식당에 가지 않는다는 것, 또는 별생각 없이 경솔하게 정치적으로 좌·우익에 대해서 말을 내뱉는 것이 그렇다고 볼 수 있으며, 소시민으로 구성된 정부의 한 부르주아 장관이 값비싼 실크손수건을 갖고 다니고, 실크셔츠를 입으며, 심지어 승마까지 즐긴다는 것 등, 일반인이 보기에는 올바른 처신이라고 볼 수 없었던 것이죠.

저는 이러한 모든 일이 그에게 불리한 사항임을 잘 알고 있습니다. 물론 이 호화스러운 생활이 교수와 장관의 봉급으로 충당될 수는 없습니다. 그래서 뭔가 불투명한 수입원에서 온 것이라는 소문들이 생겨났습니다. 생각하건대 슘페터는 사실 그의 고유한 자산으로 이러한 생활을 한 것으로 압니다. 장관 재직시 받았던 봉급이 그의 호화로운 생활을 감당하기에 다소 부족했을 수도 있습니다. 그러나 그가 장관에서 물러난 뒤 자리잡은 비더만 은행은 그에게 큰 수입과 재산을 빠르게 모을 가능성을 열어줬습니다. 정치

경험이 없었던 그는 오히려 당파 사이를 오가며 처신을 잘할 수 있으리라고 생각했지만, 이상과 현실 사이를 겉돌며 모두를 적으로 만들어버렸습니다. 사업도 정치처럼 그에게 더 맞지 않는 분야였습니다. 그래서 작년 (주식시장이) 붕괴하기 오래전부터 저는 그에게 은행 업무에서 손을 떼고 그가 진정으로 전념해야 할 대학으로 돌아오라고 말했습니다.[9]

슈톨퍼는 이어서 슘페터처럼 유능한 인재가 학계에서 자리잡는 데 어렵다는 것은 끔찍한 일이라며 그를 변호했다. 슘페터를 싫어하는 한 사람이 이미 빈 대학교에서 그가 교수로 임용될 가능성을 막아놓았는데, 이 사람은 그라츠대 근무 시절에 슘페터 때문에 승진이 막혔기 때문에, 지금은 오스트리아 정부의 높은 직위에 있으면서 슘페터에게 복수하고 있는 것이었다. 슈톨퍼는 "저는 이 잘못된 일을 바로잡는 것이 독일어를 쓰는 대학의 명예에 관한 문제라고 믿습니다"라고 썼다. 그는 이어서 "독일 대학이 이처럼 대단히 학문에 조예가 깊고 이미 그 자격을 검증받았으며, 분명 장래에 많은 업적을 이룰 것으로 기대되는 학자를 악의적인 소문으로 소외시킨다면, 커다란 죄악으로 남을 것입니다"라고 했다.[10]

결국 슈피트호프와 슈톨퍼가 이겼다. 몇 달간 지속된 실랑이 끝에 독일 교육부는 슘페터를 교수로 택했다. 가을 학기가 시작된 지 몇 주만의 일이다. 슈피트호프는 그가 명성을 계속 유지해나가길 바랐다. 그래서 경제 이론을 강의하지 않고 대신 재정학을 가르치라고 주문했다. 이로 인해 그는 유명한 저서 『조세국가의 위기』를 낼 수 있었으며 재무부장관을 지낸 자신의 경험을 학계에서 잘 살릴 수 있었다. 이는 본 대학교에서 근무한 지 오래되지 않은 시간의 일이었다.

1925년은 슘페터 같은 경제이론가가 자신을 돋보이게 할 좋은 시기였다. 단지 본 대학교에서만이 아니었다. 독일 역사학파의 힘이 약해지기 시작했지만

왼쪽_ 빈의 신문기자이고 학자인 구
스타프 슈톨퍼. 1925년에 그의 도
움은 결정적이었고 나중에 슘페터
의 오랜 친구가 되었다.

아래쪽_ 본 대학교에서 경제학과 교
수 동료들과 함께한 슘페터. 왼쪽으
로부터 그의 후원자이자 가까운 친
구 슈피트호프, 베케라트, 슘페터,
후배 교수인 뢰슬레.

독일 내 대부분의 대학은 최고 수준의 경제이론가들이 부족했다. 본 대학교로 가기 전 그는 빈에서 중요한 이론을 주제로 한 논평을 다시 쓰기 시작했다. 그의 옛 습관인 방대한 양의 책을 내는 일이 정점에 이르렀다. 여러 계획 가운데 그는 『경제 발전의 이론』 개정판을 내기로 했다. 당시 그 책은 절판 상태였다. 오스트리아 정부, 사업에서 쌓은 경험들로 인해 사회주의체제하에서 자본주의를 바라보는 새로운 생각이 넘쳐흘렀다. 그는 빈의 한 친구에게 이와 같이 썼다. "동료 교수와 학생들은 나를 환영하고 축하해줬으며 매우 우호적이었다. 나는 바로 연구를 시작하고 싶다."[11]

훗날 그의 제자 가운데 한 사람이 다음과 같이 회고했다. "본 대학교에 도착한 슘페터는 독일 경제학계에 선풍을 일으켰다. 최신 경제 이론이 쏟아져나왔기 때문이다. "나중에 명성을 날린 경제학자 쿠르노▼, 발라, 파레토▼, 빅셀▼, 뵘바베르크, 비저, 에지워스 같은 사람들이 매일 그의 강의실을 찾는 단골손님이었다. (…) 그리고 수학이 강의와 세미나에 언급되기 시작했다." 본 대학교의 경제학 프로그램은 독일에 있는 그 밖의 대학생들은 물론 다른 나라 대학생들의 관심을 끌었다. "괴팅겐 대학교가 수학과 물리학으로 유명하다면 본 대학교는 경제학으로 유명한 대학이 되었다. 비록 슘페터가 경제학 이론을 전공으로 가르치지는 않았지만 본 대학교는 인기를 끌었다." 그는 강의에서 그의 이론적인 특징이라고 할 수 있는 통계학과 역사의 혼합을 과감하게 제시했다. 이러한 강의는 슈피트호프가 승인해줬다. 그는 슘페터의 강의가 자신의 전공인 경제 이론 영역을 침범하고 있다는 생각을 하지 않았다. 슈피트호프는 슘페터의 능력을 잘 알고 있었다. 훗날 그가 쓴 것처럼 "슘페터는 결코 초보자가 아니라 조숙한 천재였다. 그는 학문이라는 영역에서 완전히 성장한 대가였다."[12]

그라츠대에서 쌓은 경험으로 슘페터는 더 훌륭한 교수가 되었고, 본 대학교에서 기억될 만한 대단한 성과를 이뤘다. 한 제자가 말했듯이 "모든 학생이 독창적인 생각으로 가득찼다. 그의 강의를 듣는 학생들은 새롭게 추론하기 시작했고 새 사고를 계발했다. 또 기존의 이론을 새로운 시각에서 바라보기 시작했다. 이처럼 많은 영감을 불러일으키는 학구적인 교수의 강의를 들어본 적은 없었다."[13]

다른 두 제자도 이와 비슷한 시각을 보였다. "처음에 그는 친절한 인상이었다. 그러나 당신은 곧 그가 대단히 탐구적이고 매우 확고한 생각이 있다는 것을 알게 될 것이다. 그의 눈은 조용하고 안정되어 있다. 다소 짓궂어 보이기도 한다. 만약 누군가가 어려운 질문을 하면 그는 아주 빠르고 생동감 넘치게 대답한다. 그는 질문에 또렷하게 답하면서 자신을 승리로 이끈다. 활기가 넘쳐흐르는 교수다." 그는 "항상 빈 사람처럼 분명하면서도 친절하게 이야기한다. 그는 장난기가 조금 있지만 신중하고 단호하다." 그는 학생들에게 요점을 깨닫게 하려고 손으로 공기를 가르듯이 커다란 손짓을 취하기도 했다.[14]

그는 사람들을 즐겁게 하는 재능이 있었으며 교수로서 대단한 경지에 이르렀다. 그러나 보기보다 적응하기가 어려웠다. 슘페터는 친구에게 다음과 같이 썼다. "처음에 나를 이상한 충격에 빠뜨린 건 젊은 친구와 교수들이었다. 난 연륜도 있고 경험도 많다고 생각한다. 내가 어떻게 해야 하는가? 이 학계를 움직이는 사람들과 친하기가 그리 쉽지 않다"[15]

그는 강의와 저술에만 치우치지만은 않았으며, 학생과 자신의 연구를 위해 본 대학교 도서관에 상당한 자료들을 갖춰두려고 노력했다. 슘페터는 본 대학교로 온 지 3개월도 안되어서 베를린 교육부[정확한 명칭은 과학예술공공교육부*]에 청원서를 냈으며, 내용엔 경제학과 사회학 분야의 많은 책과 저널, 특히 영어로 된 자료들을 구입해달라는 요청이 있었다.[16]

한편 그는 애니와 함께 본 사회에서 찬사를 받는 인사가 되어갔다. 슈피트호프 교수와 그의 아내는 강력한 후원자였다. 그들은 자주 외출을 함께했다.

슘페터 부부는 동료 교수와 새로 사귄 친구들의 수많은 저녁식사 요구에 응했고 그들을 즐겁게 해줬다. 다른 대학 교수들도 그를 방문해 호화로운 빌라에서 몇 주씩을 보내기도 했다.[17]

본에서 보낸 처음 몇 개월 동안 그에게 닥친 유일한 심각한 문제는 전처인 글래디스였다. 그녀는 당시 슘페터와 애니가 결혼했다는 것을 알았다. 1926년 1월에 슘페터는 한 친구에게 자신의 고민을 이렇게 털어놓았다. 글래디스는 영국에서 "위협적인 말투의 편지를 보냈습니다. 그녀는 나를 고소하고 추문을 퍼뜨리겠다고 협박했습니다." 그러나 그는 분별 있는 사람이었다. 협박 편지에는 아랑곳하지 않은 채 어느 무엇도 자신의 행복을 위협할 수 없다는 태도를 유지했다. 그는 분주하게 움직였다. 강의와 『경제 발전의 이론』 수정 작업에 매달리는가 하면 논문을 쓰고 다른 대학에 강의를 나가기도 했다.[18]

1926년 4월, 애니는 2주간의 일정으로 파리로 휴가를 떠났고 도시의 매력에 흠뻑 젖었다. 가정부로 살던 시절에는 제때 파리를 즐길 시간과 돈이 없었다. 그녀는 옛날 노동자계급의 위치와 본에서 누리는 더 나은 신분 사이에서 조금은 애통한 감정을 느꼈다. 그래서 옛 친구들을 만나지 않았다.[19]

이때 애니는 임신했다. 그녀의 예정일은 1926년 8월로 결혼한 지 9개월 만이었다. 아버지가 된다는 사실에 고무되었지만 슘페터와 애니는 이러한 소식을 빈의 요한나와 라이징거 가족에게 알리진 않았다. 그들은 아기를 가졌다는 소식으로 그들을 놀라게 하고 싶었으며 늦은 여름에 두 가족이 본을 방문하도록 계획을 세웠다. 슘페터는 어머니에게 7월 학기가 끝날 무렵에 들려달라고 요청했고 애니는 여동생 밀리를 초대했다. 그러나 여름이 다가오자 애니의 임신에 문제가 생기기 시작했다. 한 의사는 그녀에게 출산이 어렵다고 말했고, 다른 의사는 임신중절을 권유했다. 이런 어려움이 2년 전에 벌어진 낙태 수술과 관련이 있는지는 알 수 없었다.[20]

임신 9개월이 되었을 때부터 애니에게 간간이 출혈이 있었다. 만약 오늘날이라면 유능한 의사는 즉시 그녀를 입원시켰을 것이다. 그러나 당시 의사들은 낙태 이외에는 별다른 방법이 없다고 생각했었다. 애니는 낙태 수술을 하고 싶지 않았으며 이 문제를 남편과 세세하게 의논했던 증거도 찾아볼 수 없다. 슘페터는 내면에서 나오는 경고의 표시를 무시하지 않았다(그 뒤 자신의 행위를 비난했지만 말이다). 그러나 어떤 나쁜 일이 애니에게 일어나리라곤 상상하지도 못했다. 그에게는 애니가 정열적이며 아름답고 건강한 젊은 아내라는 생각들로 가득차 있을 뿐이었다.

그 뒤 악몽과 같은 사건들이 계속해서 일어났다. 그녀의 일기에는 다음과 같이 적혀 있었다.

1926년 6월 18일 출혈. 밤에 전보를 받다.

이 전보는 당시 예순다섯 살인 어머니 요한나가 심혈관질환으로 삶을 마감했음을 뜻했다. 그녀는 아들 슘페터가 빈으로 와서 곁에 있어주길 원했다. 그러나 평소 습관처럼 슘페터는 어머니의 병세가 그렇게 나쁘지는 않으리라고 믿었다. 그는 어머니와 이틀간 통화했고 언제쯤 빈에 가는 것이 좋은지 생각했다. 애니는 일기에 이렇게 썼다.

6월 21일 J(슘페터). 빈으로 출발.

6월 22일 요한나 켈러 부인 사망. 슈피트호프 박사가 집에 있었다.[21]

슘페터는 어머니 요한나가 세상을 떠나기 직전에 도착했다. 다음 날 애니는 빈에 있는 그에게 편지를 썼다.

사랑하는 당신. 오후에 당신의 전보를 받고서 매우 슬펐어요. 앞으로 태어날 우리 아기에 대해 당신 어머니에게 말을 할 수 없었나요? 그러면 어머니가 그 소식을 듣고 무척 행복해했을 텐데 (…) 전 늘 아기에 대해 생각할 뿐저 자신의 행복에 대해서는 관심이 없어요. 저는 아침 4시부터 지금 8시까지 버티고 있는데 더 이상 참을 수 없어요. 외려 한 번 소리를 지르면 더 나아지고 편안하네요.

조금 뒤에 슈피트호프 부인과 식사를 했고 소리지르는 일도 끝났어요. (…) 모든 것이 잘되어가고 있고 고통도 없어요. 뱃속의 아기가 막 움직여요. 매우 행복해요. 이렇게 행복한 날이 지속되길 바랍니다. (…) 사랑하는 막무가내 당신, 정말로 저에 대해 추호도 걱정할 필요가 없어요. 저는 아주 건강해요. 단지 조심할 필요가 있을 뿐이에요……. 당신의 회답을 기다려요. 당신, 정말 많이 사랑해요. (…) 당신에게 부드럽게 키스하고 있어요. 당신을 사랑한다는 생각으로만 가득차 있어요. 언제나 당신만을. 당신의 애니가."[22]

일기는 계속되었다.

1926년 6월 25일 켈러 부인의 장례식[애니는 본에 있었고 장례에 참석하지 않았다].

6월 27일(일요일) [본에 있는 친구들] 될레스와 슈피트호프 박사가 여기에 왔다. 저녁에 조시에 도착.

7월 19일 슈피트호프 부인과 함께. [임신합병증으로] 침대에 누워 있었다.

7월 20일 슈피트호프 부인과 함께 영화를 보고 쇼핑했다. 될레스 부인이 집에 와 저녁식사를 같이했다. 그리고 슈피트호프 교수 집으로 갔다. 말싸움

을 벌였다.[23]

이 언쟁은 여전히 계속 날아오는 글래디스의 고약한 편지 때문이었다. 이 편지로 슘페터는 이중 결혼이라는 생각을 품게 되었고 앞으로 낳을 아기도 불법적인 결혼으로 태어난 아기가 될 수도 있다고 생각하게 되었다.

어린 시절의 등불 그리고 인생의 기초를 마련해준 어머니 요한나의 갑작스러운 죽음을 받아들일 수가 없던 슘페터는 멍한 정신에 사로잡혀 있었다. 트리슈, 그라츠 그리고 빈에서 보낸 어린 시절을 연결시켜주고 정체성의 갈등으로 가득찬 격변하는 인생에서 한결같이 유일한 존재가 갑자기 사라져버린 것이다. 훗날 슘페터는 이렇게 썼다. "어머니가 내 곁을 떠난 것은 나를 지켜주는 수호천사가 떠난 것과 같았다." 그는 라이징거 가족에게 그가 돌아올 때까지 빈에서 어머니의 무덤을 돌봐달라고 부탁했다. 그는 어머니의 죽음 외에는 아무것도 생각할 수 없었다.[24]

그러나 불행히도 고민해야 할 다른 문제가 많았다. 글래디스의 위협은 성가신 일이었지만 진짜 문제와 비교하면 사소한 일이었다. 애니의 일기에는 다음과 같이 적혀 있었다.

7월 23일 매우 강한 출혈.

7월 25일 [일요일] 침대에 있다가 다시 난관으로. [또 다른 친구인] 후설 부인이 정오에 왔다. 다음에 될레스 부인이 왔고 저녁에는 슈피트호프 부부가 왔다. 몹시 피곤하다.

7월 26일 출혈 상태는 나아졌다. 하느님께 감사하다. 요한니터 병원에 갈 필요가 없다. 매우 피곤하다. [또 다른 친구인] 슐츠 부인은 항상 멋지다. 될레스

부인이 왔다. J로부터 아무런 소식이 없다. 어머니가 자수刺繡를 보내왔다.

이날은 애니의 수호성인인 안나 크리스타의 축제일이었다. 영명축일[기독교도가 자기 세례명과 같은 성인의 이름이 붙은 축일을 기념하는 날로 선물을 받는 날이다*]에 남편은 어머니를 잃은 슬픔에 빠져 아내에게 줄 선물을 잊었다. 애니는 무심한 남편에게 기분이 상했다.

7월 27일 여전히 매우 피곤하다. 그러나 상태는 다소 좋아졌다. 여전히 침대에 있으며 매우 조심한다. 바느질하느라고 몹시 바빴다. 저녁에 슈피트호프 부부가 집으로 왔다.

7월 28일 침대에서. J와 온종일 같이 보내다. 될레스 부인이 저녁에 왔다.

7월 29일 만약 동생 밀리라도 온다면! 저녁에 슐츠 부인이 친구와 함께 왔다. 될레스 부인과 슈피트호프 부인이 방문했다.

7월 30일 상태가 아주 좋지 않다! 추운 날씨. 밀리가 오늘 올까?

마침내 밀리가 왔다. 애니의 일기는 7월 30일로 끝난다. 이틀 뒤 슘페터는 슈톨퍼에게 애니의 건강이 걱정된다는 편지를 보냈다. 그는 더 이상 일하기 불가능하고 논문도 마감일에 맞출 수 없다는 것을 알았다. 이틀 뒤 애니는 외출했다가 병원으로 급히 실려나갔고 심하게 피를 흘렸다.[25]

1926년 8월 3일, 애니가 아직 스물네 살도 안된 젊은 나이로 분만중에 숨을 거뒀다. 슘페터와 밀리는 심각한 상태인 아기를 안은 채 택시를 타고 더 큰 병원으로 갔다. 그러나 4시간도 채 안되어 아기도 죽었다.

어머니, 아내, 새로 태어난 아들까지 이들 세 사람을 잃어버려 망연자실한 슘페터는 그날 저녁 옛 비더만 은행 비서이자 친한 친구에게 편지를 썼다. "내가 사랑하는 애니는 더 이상 (…) 모든 것이 침울할 뿐 모든 일에 관심이 없어요. 나의 업보라고 생각하지만 이건 아닙니다."[26]

그는 장례식을 치르고 나서 다시 편지를 썼다. "최후의 순간까지 커다란 고통으로 마치 고문당한 것처럼 보이는 그녀의 눈, 그러나 마지막 순간까지 그녀의 모습은 아름다웠고 관에 들어가서도 당당한 모습을 잃지 않았습니다. (…) 갓 태어난 아기를 팔에 안고 말이죠." 슘페터는 한없이 넓은 바다에 버려진 것처럼 갈팡질팡 헤맸고 미래는 암울하고 두렵기만 했다. "난 지옥에서 저주받은 영혼 같다는 생각을 합니다. (…) 난 몹시 정열적으로 애니를 사랑했고 그녀는 충분히 그럴 자격이 있는 사람입니다. 난 내 인생에서 극적으로 찾아온 기억들로 슬픔에 잠겨 있고 아무 말도 못할 것 같습니다. (…) 나는 다른 사람들이 어떤 방법으로 자신을 마취시키는지 알지 못합니다. 신과 운명에 복종하는 건가요? 아니면 반대로 신과 운명과 싸움을 벌이는 것일까요? 그러나 나에겐 아무런 의미도 없습니다. 나는 갑작스러운 이 기적을 이해하고 슬픔을 같이하려고 합니다……. 집을 떠나 그녀의 무덤으로 가겠다는 생각만이 전부입니다."[27]

그는 세상을 떠난 어머니의 일을 해결하고자 빈으로 돌아와 그녀의 아파트로 갔다. 슘페터는 "거기에서 나에게 드리워진 또 다른 암울한 그림자가 나에게 이야기하려 한다"고 썼다. 요한나가 남긴 모든 것이 말이다. "나는 위로를 원하지 않는다. 만약 위로를 찾는다면 오히려 나 자신을 경멸할 것이다." 그는 자신의 고통을 덜어줄 다른 길을 찾았지만 탈출구는 없고 무한한 절망만이 가로놓여 있었다. 세월은 무감각한 어두운 구름을 따라 흘러갔다. "나는 늘 애니를 생각했다. 지금 나는 신이 어떻게 우리의 존재 안으로 들어오는지 이해한다. 오늘 나는 아침 7시부터 일하고 싶었다. 오후 1시까지 영정 앞에 앉아 그녀를 애도하는 일을 이제 끝냈다." 그는 이어서 "나의 인생에서 진실로, 정말로 사랑했다……. 나에게 전부였고, 나 또한 그녀에게 전부였다"고 밝혔다.

몇 년이 지난 뒤 애니의 마지막 일기를 읽고 나서 "집에서 나 홀로 첫날"이 된 것을 맞이해 슘페터는 다음과 같이 썼다.

다가올 세월에 몸서리가 친다.
당신 없는 인생에 몸서리가 친다.[28]

그는 본의 언덕 꼭대기에 있는 공동묘지에 그녀를 묻었다. 그는 자신이 죽었을 때 그녀 옆에 누울 것을 생각해 옆에 다른 땅도 빌려뒀다. 그러나 애니와 어린 아들이 함께 묻힌 무덤의 위치를 찾을 수는 있지만 그녀의 이름이 적힌 무덤은 찾을 길이 막막했다. 그 공동묘지는 특정한 기간만 빌릴 수 있으나 일정한 기간이 지나면 다른 사람에게 임대된다. 그래서 묘지를 오랫동안 보존하기 위해 공동묘지가 아닌 곳을 택하기도 한다.

「우울에 대한 송가Ode to Melancholy」라는 시에서 키츠는 다음과 같이 읊었다. "그때엔 아침의 장미꽃을 보고 그대의 슬픔을 삼켜버려요." 슘페터가 그랬다. 하루 일과를 시작하기에 앞서 슘페터는 매일 아침 800미터 정도를 걸어 애니의 무덤으로 갔다. 그리고 장미 한 송이를 그녀에게 바쳤다. 집 안에서 가장 잘 보이는 곳에 부인과 아들의 데스마스크를 비치해놓았다. 또 수년 동안 장롱 속에 있던 애니의 옷을 치우지 않았다.[29]

그는 애니가 세상을 떠난 지 4주가 지난 1926년 8월 말, 미국 친구인 웨슬리 미첼▼에게 장문의 편지를 썼다. 미첼 교수는 세계적으로 유명한 경제학자로 12년 동안 만나지 못했다. 슘페터는 기업, 정부, 학계에서 일하는 동안 그가 겪었던 모든 일을 이야기하고 싶었다. "전 1925년 11월 본 대학교에서 제 업무를 시작했고 하는 일에 대해 매우 행복합니다. 저는 그간 헛되이 보낸 시간들을 회복하고, 새로운 생각들뿐만 아니라 직접 체험했던 실질적인 경험을 잘 활용하고자 애쓰면서 행복한 시간을 보냈다고 믿습니다. 또 저는 매우 존경하고 우리가 살고 있는 이 지구상의 낙원이라는 꿈의 가능성을 열어준 스무 살 연하인 아내와 결혼했습니다. 그러나 끔찍스럽게도 4주 전에 아들을 낳던 가운데 세상을 떠나고 말았습니다. 이 편지는 그녀의 죽음 뒤 제가 쓰는 편지 가운데 하나입니다. 물론 하루하루가 조금씩 새로운 질서 속으로 변해가곤 있습니다. (…) 그러나 모든 빛이 꺼져버린 듯한 마음입니다."[30]

애니, 요한나, 갓 태어난 아들의 죽음은 슘페터의 인생에서 가장 중요한 사건이었다. 이러한 슬픈 사건은 그가 성인이 되고 나서 뒤늦은 시기에 일어났다. 철없는 무서운 아이가 되기에는 많은 나이지만 그렇다고 해서 매우 많은 상처를 입은 나머지, 독신의 즐거움에 빠져사는 무모한 존재로 살아갈 수 없는 노릇이었다. 그는 슈톨퍼에게 이러한 편지를 썼다. "지금 모든 것은 나의 연구 능력에 달려 있습니다. 만약 그렇다면 그 동력은 나의 개인적인 삶이 끝나더라도 계속 움직일 것입니다."[31]

어쨌든 세월이 지나면서 그는 1926년에 거의 동시에 일어난 세 가지 비극으로부터 어느 정도 자신을 추스를 수 있었다. 그는 훨씬 신중해졌고 자신이 갖고 있다고 생각하지도 못했던 풍부한 재능을 하나둘 계발해나가기 시작했다. 애니와 요한나의 추억으로 생각이 가득찬 슘페터는 하늘에 있는 그들을 향해 자신이 일을 잘 할 수 있도록 도와달라고 간절히 기도하기 시작했다. 가톨릭 교육을 받은 그는 다시 종교를 찾기 시작했다. 도저히 참을 수 없는 슬픔 속에서 그는 다시 자본주의와 인간이 사는 사회에 얽혀 있는 수수께끼를 풀기 위한 노력에 매달렸다. 이후 23년 동안 종종 낙담하기도 했지만 그는 위대하고도 타의 추종을 불허하는 성과를 이뤄냈다.

Dienstag, den 3. August, um ¹/₂5 Uhr nachmittags, verschied an den Folgen einer Frühgeburt meine Gattin, unsere Tochter und Schwester

Frau Annie Schumpeter
geb. Reisinger

im 24. Lebensjahr.

Joseph Schumpeter
Franz und **Anna Reisinger**
Emilie Reisinger
Willy Reisinger.

Bonn, den 4. August 1926.
Koblenzerstr. 39

Die Trauerfeier findet Freitag, den 6. August, nachmittags um 3 Uhr im Trauerhause, die Beisetzung anschließend auf dem Poppelsdorfer Friedhof statt.

친구들에게 보낸 편지. 중간 부분에 애니의 사망 날짜와 시간이 적혀 있다. 그 앞에는 "조산, 나의 아내, 나의 딸과 나의 동생인 슘페터 부인, 라이징거 가문에서 태어나 올해 스물네 살"이라는 말이 있다. 밑에는 장례식 장소와 시간, 공동묘지 이름이 적혀 있다.

1926   1939

제2부

성인

1926~1939

자본주의와 사회

슘페터는 경제 문제의 핵심을 언급하는 그야말로 초일류 정책분석가였다. 그러나 그는 자신이 늘 주장해왔던 과학적인 객관성과 타협해야 할지도 모른다고 생각했기 때문에 공공적인 처방을 싫어했다. 그는 한때 미국의 기업 집단에 이런 이야기를 한 적이 있다. "저는 약국을 운영하고 있는 게 아닙니다. 그래서 나눠줄 알약이 없습니다. 발생 가능성이 있는 현실적인 문제들을 한 방에 풀 수 있는 단기적인 해결책은 없습니다."

— 제11장 「정책과 기업가정신」 중에서

그는
무엇을
배웠는가

"우리는 변화되기보다 오히려 파괴되고 싶어한다."
– 위스턴 오든, 『불안의 시대The Age of Anxiety』, 1948

기업자본주의가 폭넓게 자리잡은 것은 매우 최근의 일이다. 이탈리아의 베니스와 플로렌스, 네덜란드에서는 일찍 시작되었으나 자본주의를 완전히 성숙한 시장경제체제로 발전시키지는 못했다. 21세기적 시각으로 볼 때 뒤떨어졌다고 판단할 수 있는 이러한 자본주의경제는, 평균 75년을 사는 네 사람의 수명을 각각 합친 300년 정도밖에 안될 정도로 역사가 짧다. 약 1700년 전에 인간은 대부분의 지역에서 그들 고유의 전통 양식에 따라 자신이 속한 사회를 만들어나갔다.

경제적 효율성은 별도로 치더라도 자본주의에 대해 가장 놀랄만한 사실은 이러한 경제체제가 늦게 나타났다는 것이다. 그러면 왜 자본주의는 우리에게 도착하는 데 그렇게 오랜 시간이 걸렸을까? 자본주의가 나오자 왜 그렇게 많은 지역에서 저항을 받았을까? 그리고 왜 세계의 다양한 지역에서 매우 많은 지식인이 여전히 자본주의를 택하는 데 반대하며 싸우고 있을까? 왜 그들은 변화되기보다 오히려 파괴되길 원할까? 명백하게 말하자면 이 질문들은 경제적인 질문일 뿐만 아니라 문화적이며 사회적인 질문이다. 어머니 요한나와 애니의 죽음 뒤 슘페터는 경제 이론으로부터 주위를 돌려 문화·사회 현상 탐구에 관심을 기울였다.[1]

그는 자본주의 이전 사회의 양식은 매우 깊이 자리잡은 인간의 가치와 전통을 반영하고 있음을 곧 알게 되었다.

이는 만약에 사람들이 물질주의에 빠져들면 정신적인 생활이 크게 나빠진다는 신념이다. 기원전 6세기경 아테네의 정치가 솔론은 "상당수의 나쁜 남자가 부유하고 선한 사람들은 가난하다"는 것을 알게 되었다. 또 주요 종교 대부분은 부의 추구가 타락을 동반하게 된다고 경고한다. 중국의 성인 공자는 "이利를 추구하면 증오를 낳게 된다"고 말했을 뿐만 아니라, 히브리서는 "돈에 대한 집착은 모든 악의 근원"이라고 주장한다. 또 기독교의 마태복음은 "부자가 신의 왕국으로 들어가는 것보다 낙타가 바늘구멍을 통과하는 것이 더 쉽다"라고 말한다.

이는 사회적·경제적 이동력이 높아질 것이라는 믿음의 부재다. 약 1760년에 시작되어 1840년 이후 본격적으로 휘몰아친 산업혁명 이전만 해도 대부분의 사람은 그들만의 장소에 머물면서 자신의 수단에 기대어 살아가야 한다고 믿었다. 그들은 삶의 운명이라는 것을 알고 있었고, 이를 항상 받아들여야 한다고 생각했다. "살아 있는 모든 사람에게는 장소와 수단이 있다." 이 구절은 셰익스피어의 희곡 「끝이 좋으면 다 좋아All's Well That Ends Well」(1602)에 나온다. 인간이 사회적·경제적으로 폭넓게 움직일 수 있다는 개념은 선뜻 이해할 수 없는 일이다. 만약 장사꾼, 선원, 혹은 유목민이 아니라면 지리적인 이동의 이해도 전혀 할 수 없었을 것이다. 조상들이 400년 동안 자리를 틀고 살아온 고향 트리슈에서 18세기에 태어나, 어릴 때 이곳을 떠나서 19세기에 부르주아가 된 슘페터에게는 새로운 의미의 이동 감각이 있었다고 볼 수 있다. 그리고 슘페터 개인의 재정적인 번성과 몰락은 현대 자본주의의 특징이라고 할 사회적·경제적 상황에서의 급속히 진행되는 변화를 잘 설명해주고 있다고도 할 수 있다. 이는 전반적으로 이전과 완전히 다른 경험이었다.

사람들은 개인의 자유와 자율성에 대한 폭넓은 감각이 없었다. 미국 독립 선언서가 발표되기 4년 전인 1772년, 영국의 농학자 아서 영▼이 추정한 바에 따르면, 지구 인구의 4퍼센트만이 "자유로웠다." 나머지 96퍼센트는 노예, 농노, 계약직 하인, 혹은 가신 등으로 일했다. 그들은 대부분 주군, 왕, 군 지도자, 지주, 부족장, 혹은 다른 주인들을 위해 많은 일을 해야만 했다. 따라서 노동에 대한 그들의 자발적인 동기는 매우 낮았다. 사람들은 일반적으로 다른 사람이 아니라 자신에게 이득이 될 때에는 더 열심히 일하며 혁신적인 성향으로 바뀐다.

프러시아는 1805년까지 농노를 해방시키지 않았고 러시아도 1861년 이후에야 농노에게 자유를 줬다. 미국은 1865년까지, 브라질은 1888년까지, 사우디아라비아는 1962년까지 노예를 법률로 금하지 않았다. 최근 많은 나라에서 상당한 개선이 이뤄졌지만 여성과 압박받는 소수민족이 혜택을 누릴 기회는 여전히 거의 모든 곳에서 제한받고 있는 실정이다. 이러한 예속관계 때문에 아주 오랜 기간에 걸쳐 결코 터져나오지 못했던 인간의 잠재력과 경제적 힘은 계산할 수 없을 정도로 가치가 높았다.[2]

카르텔(시장을 서로 나눠 높은 가격을 유지하는 협정)과 길드(상공업자 간에 결성한 배타적인 조직)는 대부분의 직업과 기술을 독점 관리했다. 이와 같은 독점 형태가 만연했던 봉건적인 상황 때문에 농업이건 기술 분야에 종사하건 간에 수많은 노동자는 그들의 직업을 바꿀 수 없었다. 중세 유럽 도시의 수공업 기술자를 양성하는 제도인 도제는 견습 기간만 무려 7년이나 되었다. 고용주들은 길드가 아닌 곳에서 온 기술자들을 대부분 고용할 수 없었으며, 내부 기술자들도 거의 해고하지 않았다. 이처럼 근대경제학자들이 '노동의 이동성'이라 부른 현상은 거의 찾아볼 수 없었는데, 슘페터는 그 이유를 분석하려고 시도 했다.

심지어 오늘날까지도 이 경향은 큰 힘을 발휘하고 있다. 대부분의 사람은 의식적이든 아니든 그들의 직업을 개인 재산으로 여긴다. 근대 세계에서, 심지어 자본주의 세계에서도 종업원을 해고하기란 매우 어렵다. 소유주나 관리인들은 자신의 안전과 생명의 위험을 무릅쓰고 사람들을 해고한다(만약 이것이 과장으로 들린다면 인도, 멕시코 혹은 다른 국가에서 온 사람에게 물어보라. 그곳은 해고가 어렵거나 불가능한 나라다). 전 세계적으로 미국은 자유롭게 종업원을 해고하는 전통이 있는데, 이것을 법상으로 "해고 자유의 원칙employment at will"으로 부른다. 그러나 이것은 예외 조항이다.

한편 장자상속제로 인해 재산이 세습되었다. 세습재산제와 장남에게 모든 재산을 물려주는 장자상속제는 수많은 결과를 낳았는데, 그 결과 가운데 어느 것도 경제적인 진보를 가져오지 못했다. 무엇보다 세습재산제로 인해 사람들은 위험을 감수하지 않으려 했고, 혁신적인 태도도 열렬한 호응을 얻지 못했다. 대부분의 소유주는 더 많은 이윤을 얻고자 노력하는 기업가이기보다 오히려 자산을 계속 유지하려는 관리인처럼 행동했다. 장남들도 형제자매를 위해 일부 재산을 그들에게 주지 않고 쌓아뒀는데, 이 때문에 다른 곳에 더 유용하게 쓰일 자본을 유출하는 결과가 나타났다. 매우 심각한 것은 세습이 판매를 막았다는 점이다. 그래서 장자들은 광활한 토지를 갖게 되었다.

슘페터가 있던 오스트리아에서 세습과 관련된 법률은 1919년까지 효력이 지속되었다. 17세기 이후 세계의 거의 모든 지역에서 토지소유권이 점차 분산되기 시작했다. 이러한 기본적인 민주주의를 지향하는 움직임은 경제 발전에 강력한 결과를 가져왔다. 사람들은 다른 사람의 토지에 고용된 노무자가 되었을 때보다 자신의 토지 소유자가 될 때 더 열심히 지혜를 짜내면서 일한다.

지폐, 주식, 채권 혹은 다른 신용 기제가 부족했던 원시적인 금융 제도는 자본주의가 왜 늦게 도래했는지를 설명해준다. 또 슘페터가 신용창조를 매우 강조하는 이유에 대한 해답의 열쇠가 여기에 있다. 중세라는 암흑기가 시작된 지 1000년이 넘게 대부분의 주요 종교는 이자를 챙기면서 돈을 빌려주는 일을 금했다. 기독교와 이슬람교가 여기에 포함되었다. 1910년, 슘페터가 이집트에서 변호사 사업을 할 때다. 그는 채권자에게 돈을 빌려준 대가로 이자를 내겠다는 말을 했다. 그러자 이집트인이 자신을 모욕했다며 공격하는 바람에 온갖 설득을 해가며 그 사건에서 빠져나왔다. 물론 중요한 예외도 있었다. 메디치가의 은행가, 푸거가의 은행가 그리고 유대인인 개인 은행가들은 그들의 직업에 종교적인 장애를 결코 두지 않았다. 그러나 기독교와 이슬람교의 금기 사항 때문에 19세기 전까지만 해도 세계 대부분의 지역에서 은행은 흔하지 않았다. 1790년대 말까지만 해도 미국에는 오직 3곳의 은행만이 있었고, 그로부터 100년이 지난 뒤 1만 2000곳으로 늘어났다. 왕족, 귀족, 혹은 종교적인 후원자의 자금 지원이 없었다면 신기술 발명가나 사업가들은 신용만으로는 그들의 모험을 도와줄 자를 찾을 수 없었다. 예를 들어 예술과 건축에서뿐만 아니라 갈릴레오의 실험이나 콜럼버스의 항해 같은 사건도 왕족과 종교계의 후원자가 있었기에 가능한 일이었다. 이러한 상황은 근대적 자본주의를 정의할 중요한 기술과 기업가정신의 등장을 억누르기에 충분했다.

그 당시에는 성공적인 경영 제도를 유지하는 두 기둥, 다시 말해서 사유재산의 현대적 개념 그리고 법의 지배 체계가 없었다. 사유재산을 보호하는 장치, 다시 말해서 재산을 개인이 마음대로 갖고 팔 자유를 보호할 제도적 장치가 없이는 어떠한 자본주의도 번창할 수 없다. 그리고 효과적인 법적 보호 장치가 없는 상태에서는 자본주의가 맺은 결실은 범죄자, 악덕 자본가, 부패한 관료들에게 도둑맞게 될 것이다. 그리하여 열심히 일하려는 사람들의 동기를 파괴시키고 말 것이다. 게다가 자본주의는 강력한 엔진 같은 형태이기 때문에 통제에서 벗어나 걷잡을 수 없는 혼란에 빠지기 쉽다. 자본주의는 매우 혁신적이어서 애매한 법의 영역으로 빠져들기 십상이다. 특히 금융계에서 사업상의 스캔들이 무척 자주 일어나 고질병으로 이어질 수도 있다. 결과적으로 자본주의는 법, 신뢰할 강제력이 있는 체제 그리고 끊임없는 경계 등의 조치가 전제되어야 한다. 계약, 경쟁, 동업, 법인 관련 법 등등, 복잡한 법적 프레임에 대한 정부 규제도 필수적이다.

1925년이 되면서 슘페터는 이 모든 것을 잘 이해했다. 그는 자본주의가 다른 국가에서는 상당히 다른 형태로 나타난다는 것을 알았다. 또 이 체제가 강력한 측면도 있지만 결정적으로 반드시 정치적 영향을 받는 것도 아님을 깨달았다. 오랜 기간 합스부르크 제국의 신민이었던 그는 자본주의가 민주적인 대의정치를 향상시키지만, 그렇다고 꼭 그것을 필요로 하지 않음을 안 것이다. 자본주의가 국가별로 다양하게 나타난 때가 있는데, 1930년대 독일에서는 그 증거가 뚜렷이 나타났다. 히틀러가 이끄는 나치 정부는 전체주의적 통치 아래 개인의 권리를 말살시키면서도 외적으로는 시장경제체제를 유지했다. 이와 비슷한 사례가 21세기에 재등장했는데, 이는 사회주의국가인 중국을 비롯해 일부 국가가 권위주의적인 정치체제를 유지하면서 부분적으로 자본주의체제로 전향한 경우다.

한편 1930년대와 그 뒤 민주주의국가에서는 소위 정부가 경제활동 분야에 개입하는 "혼합경제"가 나타났다. 정부는 더 강하게 규제하면서 복지국가를 세워나가기 시작했다. 안정된 혼합경제의 가능성은 슘페터가 예상하지 못했던 것으로 근대적 자본주의에서는 거의 찾아볼 수 없는 양상 가운데 하나였다. 20세기 후반에 들어서자 빛나는 성공을 거둔 혼합경제는 유럽, 미국, 일본에서 오랫동안 계속될 것이 분명했다. 이러한 성공은 슘페터가 생각했던 것보다 자본주의가 더 신축성 있는 경제·사회 제도임을 보여줬다. 자본주의에서는 공공 부문과 민간 부문이 서로 어우러질 영역이 많기 때문이다.[3]

1911년 초, 슘페터는 저서인『경제 발전의 이론』에서 어느 국가에서건 개인의 기업가정신이야말로 경제성장의 원동력이라고 주장했다. 그리고 그는 제도가 더 자유로울수록, 다시 말해서 정부가 개인의 권리를 더 많이 보장할수록 제한받지 않는 기업가정신은 더욱더 커지며, 이와 더불어 경제성장의 가능성도 훨씬 높아진다고 주장했다. 이러한 측면에서 본다면 그는 자본주의와 개인의 자유를 연결시키는 메신저 역할을 했다고 볼 수 있다.

혁신의 예언자 슘페터가 이미 예측했다시피 그는 특히 미국에 매력을 느꼈다. 1919년 출간한 논문에서 그는 여느 나라들과 달리 19세기 미국에서는 가장 뛰어난 전문가들이 사업계에 모여들고 있다고 썼다. 미국은 처음부터 강한 기업가정신을 가졌기 때문에 세계경제를 주도할 위치까지 다다를 수 있었다. 미국의 역사가 칼 데글러▼가 쓴 것처럼 "자본주의는 (아메리카 대륙으로 온) 첫 배에 실려왔다." 훗날 미국이 된 아메리카의 식민지들은 대부분 17~18세기에 기업가정신이 있는 유럽인이 정착한 곳이었다. 역사적으로 이때가 바로 정확하게 근대적 자본주의가 전통적인 제도를 완전히 무시하기 시작한 시기였다.[4]

슘페터는 일단 충분하게 성숙한 자본주의체제가 정착되면 왕, 군 지도자, 귀족의 삶이 아니라 가장 먼저 보통 사람들의 삶을 향상시킨다고 주장했다. 그는 뒤이어 자본주의의 과실은 같은 국가 내에서, 또는 다른 국가들 사이에서 서로 불평등하게 분배되기 때문에 많은 사람에게 혜택이 돌아가지 않을 수도 있다고 말했다. 자본주의의 결과가 불공평하다는 이 같은 주장은 정확했다. 세계 인구의 15퍼센트에 불과한 21세기의 부유한 국가들은 계속 부유해지고 있다.(지금 세계 190개국 가운데 25개국만이 부유한 국가로 분류된다.) 부유한 국가에서 살고 있는 전 지구 사람들의 15퍼센트는 다른 85퍼센트의 사람들보다 평균 6배 높은 소득을 누리고 있다.[5]

왜 이러한 차이가 생기는가? 이와 관련된 답의 목록은 몹시 길다. 우선 해답 목록의 1번은 전통적인 제도의 특징에서부터 시작된다. 여기에는 비단 경제적 요인뿐만 아니라 문화적·종교적·사회적인 요인도 포함된다. 변화를 경고하는 속담과 격언의 수는 아주 많고 각기 다른 언어로도 존재한다. 19세기 말 스페인에는 이런 격언이 유행했다. "새로운 일이 일어나지 않도록 조심하라." 이 말은 친구들 사이에 헤어질 때 쓰는 인사였다. 대부분의 사람은 선천적으로 불확실성을 두려워한다. 그리고 창조적인 혁신을 수반하는 자본주의의 위험을 받아들이는 데 빠르지도 않다. 일반적으로 자본주의의 풍요로부터 이득을 많이 누리는 사람들은 나라 안팎의 혜택을 받지 못하는 가난한 사람들과 자신의 부를 나누려고 하지 않는다. 그러나 예외도 있는데 앤드루 카네기, 헨리 포드, 빌 게이츠와 그의 아내, 워런 버핏 등 재벌가가 그렇다. 다만 여전히 일반적인 일은 아니다.**6**

슘페터는 경력 가운데 일부를 자본주의를 충분히 이해하는 데 필요한 여러 요인을 설명하는 데 보냈다. 경제적·사회적·정치적, 심지어 심리학적인 제도로 말이다. 이 책의 나머지 부분은 그가 어떻게 자본주의를 충분히 이해하는 일을 해냈고, 이 과정에서 어떠한 대가를 치렀으며, 세계가 그가 이룩한 업적으로부터 얼마나 많은 혜택을 받았는지 보여줄 것이다.

제10장

새로운
지적 목표를
향하여

"나는 내 생애를 불태우며 인생을 찾는다. 오직 마음속의 열정만을."
– 루이스 보건, 「연금술사The Alchemist」, 1923

요한나와 애니의 죽음 뒤, 슘페터는 자신의 슬픔 외에는 어떤 일에도 몰두하지 않았다. 많은 충격이 몹시 빠르게 연달아 일어났다는 점이 그에게는 믿기 어려웠다. 개인적인 비극 외에도 그는 빈에서 진 큰 빚을 걱정해야 했다. 그는 소환장과 기소 등 교수인 자신에게 치명적인 스캔들을 그려봤다. 슬픔으로 이러한 걱정이 더 부풀려진 것은 사실이다. 그러나 이 같은 악몽을 꾸기에는 마음속으로 충분한 고민이 있었고, 그 뒤에도 많은 해 동안 빚 걱정을 하며 살았다.[1]

한편 그는 일에 계속 매달리면서 과거의 슬픔을 잊으려 애썼다. 동료인 슈톨퍼에게 쓴 것처럼 "나는 지금 전혀 뛰쳐나갈 수도 없고 완강한 벽으로 둘러싸인 감옥에서 악을 쓰며 완전히 미쳐가는 사람이 어떤 느낌인지를 알 듯합니다. 오직 미치다가 명료한 순간이 다가오면 그 사람은 (정신병원에서 환자의 자해를 막기 위해) 벽면에 패드를 댄 감방 속에서 자신이 괜찮다고 아마 깨닫는 것 같습니다. 패드로 된 벽면은 저의 노트이고 펼쳐진 책들입니다. 전 그것들을 읽고 다시 답을 씁니다."[2]

슘페터는 일에 빠져들기 매우 어려웠던 것 같다. 일을 하려고 할 때마다 그는 어머니 요한나와 애니를 찾으며 그들이 도와주리라는 생각만 했다. 그는 일기에서 두 사람을 언급할 때면 하젠Hasen(독일에서 쓰는 사랑하는 사람의 애칭으로 의미는 "토끼hares"이고 슘페터의 언어 감각으로는 토끼의 아동어인 "bunnies"에 가까웠다)이라는 말을 썼다. 그는 몇 주 동안 계속해서 "오, 어머니, 부인! 나를 도와주오"라고 썼고 연구와 논문을 쓰는 데 힘을 달라고 부탁했다. 그의 일기와 강의 노트에는 두 이름의 첫 글자인 H와 D로 시작된다. 그것은 Hasen과 Dank로 하젠에게 감사를 표한다는 것이다(독일어로 Hasen sei Dank). 고민과 슬픔을 구할 손길은 일과 연구에서 나왔다. 그러나 그가 여전히 견딜 수 있었던 힘은 사랑했던 아내와 슘페터의 일생을 뒷바라지했던 어머니를 향한 기도였다.[3]

그는 감정을 숨기고 지적으로 엄격하게 살려고 노력했다. 과거라는 좁다란 울타리를 넘어 새로운 "과학적인" 안식처를 찾기 시작했다. 그리하여 그는 경제학과 사회 이론의 창조적인 융합을 통해 학문적 안식처를 발견할 수 있었고, 폭넓고 새로운 시도로 접근하는 연구에 푹 빠졌다. 곧 이어서 나온 논문으로 그는 여러 곳으로부터 강의를 해달라는 초청을 받았다. 그는 독일을 비롯해 영국 등 여러 국가의 학술 단체나 기업 집단에서 강의를 할 수 있었다. 여행은 그가 비통에 잠긴 현장이었던 본에서 벗어날 수 있는 길이었다. 또 빚을 갚을 기회도 생겼다. 그는 혼자 이 여행을 했고, 이 방랑 속에 자신의 모든 것을 맡기고 싶었다. 그는 새로운 사람들을 만났고 새 청중을 매료시켰으며 명성도 얻었다. 그리고 수십 곳의 성당을 방문해 성당의 착색유리창, 돌로 된 장식, 심지어 건물 전체를 스케치했다. 그는 해마다 이런 작업을 했고 기념으

로 드로잉들을 간직했다.[4]

이제 그는 비통한 과거의 기억을 어느 정도 잊고 새로운 학문적인 안식처뿐만 아니라 실제로 들어가 살 집을 찾고 있었다. 이전보다 더욱 쉴 새 없이 유럽 전역을 여행했으며 1931년에는 새 개척지인 아시아로 긴 여행을 떠났다. 그는 일본에 머물면서 3주 동안 강의했다. 이 여행 가운데 중요한 일은 본 대학교와 하버드 대학교 2곳을 오가며 가르치기 시작했다는 것이다. 그는 1927년과 1932년 사이에 다섯 번에 걸쳐 대서양 횡단 여행을 했다.

그러나 그가 정작 급히 매달려야 할 일은 그의 저서인 『경제 발전의 이론』 개정판을 준비하는 것이었다. 이 작업은 애니가 죽기 전부터 이미 들어갔다. 하지만 이 중대한 작업은 제1차 대전이라는 커다란 격변 속에서 희미해지기 시작했으며 1920년대까지 그 책은 절판 상태였다. 출판업자는 개정판뿐만 아니라 영어판도 내고 싶어했다. 슘페터도 이에 찬성했고 새로운 열정으로 작업에 빠져들었다. 이제 『경제 발전의 이론』은 그가 많은 시간과 힘을 쏟아야 할 유일하면서 가장 중요한 작업이 되었다. 그는 다시 생각하고 고치고 다시 생각을 모으는 데 모든 것을 쏟아부었다. 독일어로 된 개정판은 1926년에 나왔고, 세 번째판은 1931년에 그리고 1934년에는 영어판이 출간되었다. 책이 폭넓은 내용을 담고 있다는 걸 강조하기 위해 "이윤, 자본, 신용, 이자, 경기순환 탐구"라는 부제를 넣었다.[5]

영어판은 단지 235쪽에 불과했는데, 이는 1911년 독일어판(548쪽)의 절반밖에 되지 않았다. 언어의 특성상 축약 없이 독일어를 영어로 번역할 때, 대부분 분량이 15~20퍼센트 정도 줄어들게 되어 있다. 그러나 슘페터는 이미 『경제 발전의 이론』 원본을 개정판으로 내기 위해 369쪽으로 줄였으며, 그 뒤 영어판을 위해 훨씬 많이 줄였다. 독자에게 더 다가갈 수 있는 책을 만들기 위해서였다. 독일어 개정판은 원본보다 쉬웠으며 전문적인 대목이 적었다. 1926년에 개정판이 나오자 많은 학술 저널로부터 큰 관심을 받았다. 미국의 경제·시사

전문 주간지 『아메리칸 이코노믹 리뷰American Economic Review』는 그 책을 "경제이론에 따라 쓴 가장 자극적이면서 매력적인 책 가운데 하나"라고 극찬했다. 이는 적절한 표현으로 이 책이 매우 정교하고 혁명적인 첫 번째 '동태경제학 dynamic economics'[시간의 변동을 고려하면서 경제 현상 간의 상호의존 체계를 분석하는 방법이다. 동태경제학은 한 균형점에서 다른 균형점으로 이동해가는 과정을 중요시한다*] 저서였기 때문이다.[6]

슘페터는 영어판 출간에 대한 모든 결정을 당시 신망이 두텁던 경제학자 프랭크 타우시그에게 맡겼다. 두 사람은 20년 동안 알고 지냈으며 타우시그는 1927년에 하버드대 방문 교수로 슘페터를 채용한 장본인이었다. 타우시그는 한 유망한 번역가에게 다음과 같이 썼다. "슘페터는 부글부글 거품이 일 정도로 생기 넘치는 학자로 항상 새로운 영역과 사상에 몰두하고 있습니다. 그의 문장들은 장황한 삽입구들로 가득차 있으며 매우 길어서 (…) 영어로 번역할 때 독일어 한 문장을 두세 문장으로 나눠 정리할 필요가 종종 있을 겁니다." 결국 타우시그는 완벽한 번역가를 찾았다. 그의 사위인 레드버스 오피▼였다. 그는 슘페터를 잘 알고 있을뿐더러 그의 연구를 매우 존경하는 총명하고 젊은 영국 경제학자였다. 타우시그는 슘페터에게 "번역가의 인격으로 볼 때 전혀 당신을 곤란하게 하지 않을 것이고, 능력 있는 사람이므로 믿어주시기 바랍니다"라고 썼다.[7]

오피는 1931년 초부터 번역을 시작했다. 그는 그해 여름 동안 본을 들러서 몇 주 동안 사무실에 갇힌 채 오직 슘페터와 집중적으로 토론하며 시간을 보냈다. 하버드대로 돌아온 그는 1932년 중반까지 번역 작업에 몰두했다. 이 시기가 슘페터에게 영어판 원고를 보낸 때였다. 그해 9월, 많은 수정 작업을 거친 뒤 슘페터는 교정지를 우편으로 보냈다. 활기 넘치는 오피는 교정지를 받아보고서 슘페터에게 이렇게 썼다. "선생님의 영어 실력에 대한 저의 존경심을 뭐라고 표현할 수 없을 정도입니다. (…) 저는 정말로 선생님의 생각이 독일어

1931년 오피와 함께 있는 슘페터. 두 사람이 대학에서 한 블록 정도 떨어진 시내를 걸으며 이야기하고 있다.

보다 오히려 영어로 분명하게 표현되었다고 믿습니다." 실제로도 영어판이 독일어판보다 많이 읽혔다.[8]

타우시그는 하버드대출판부에 이제 막 끝낸 영어 번역본의 출간을 의뢰했다. 이 번역본은 1934년에 나왔다. 책 서문에서 슘페터는 이렇게 강조했다. "이 책에 등장하는 저의 생각 일부는 1907년까지 거슬러올라갑니다. 그러나 모든 사고는 1909년에 모두 완성되었습니다." 다시 말하자면 체르노비츠에서 체류하는 동안 기본적인 분석을 완성했다는 것이다. 그는 정치와 기업에서의 경험을 통해 많은 것을 얻을 수 있었다. 그러나 그 경험들은 단지 자본주의의 본질에 대한 그의 사고를 단단히 했을 뿐이다. 그는 경제성장의 원천이 되는 기업가정신과 신용창조를 이전보다 굳게 믿었다.[9]

『경제 발전의 이론』 개정판을 냈지만 그는 이에 만족하지 않고 또 다른 방대한 원고 집필에 열심히 매달렸다. 그가 "돈의 책"이라고 불렀던 원고다. 경제학에서 돈은 이해하고 설명하는 데 가장 어려운 주제 가운데 하나다. 그러나 슘페터는 이미 1917년에 돈에 대해 훌륭한 긴 글을 출간했다. 이 논문에서 그는 수세기에 걸친 역사를 아우르면서 경제 발전에서 돈과 신용의 역할이 중요하다는 것을 강조했고, 『경제 발전의 이론』에서 언급했던 내용보다 범위를 넓혀 자세하게 썼다. 역사 속에서 경제를 찾는 일은 슘페터만이 할 수 있던 일―슘페터가 전형적으로 하던 일―이었다.[10]

그러나 그가 돈의 책에 대해 매달릴수록 그 연구는 더욱 다루기 힘들어졌다. 1930년 슈톨퍼에게 보낸 편지에 썼던 것처럼, 돈에 대한 연구는 마치 매일 미쳐 날뛰는 물소 같았다. 그는 이 연구를 책으로 내기 위해 끝없는 시간을 쏟아부었으나 내진 못했다. 마침내 그는 자신이 쏟은 모든 노력이 "완전한 실패작"이 되어버렸다고 판단했다. 비록 그는 결과가 나쁘게 나온 것을 받아들일 수 없었지만 그에 대한 해답은 의외로 꽤 간단했다. 우선 그는 세밀한 점을 매우 많이 포함하려고 애썼다. 슘페터는 돈이나 경제와 관련된 주제를 적절히 연구하기 위해서는 역사, 사회, 혹은 다른 분야를 주목해야 한다고 믿었다. 이러한 분야의 통찰력 없이 경제성장에 영향을 주는 요소를 이해하기는 어렵다는 것이다. 예를 들어 자본시장, 법제, 정치체제, 돈의 현상과 직접적으로 관련된 모든 것을 포함해서 말이다.[11]

1930년에 케인스가 바로 그 주제를 다룬 책을 냈다. 제목도 돈에 대한 논문인 『화폐론A Treatise on Money』이었다. 비록 많은 결점이 있었지만 케인스는 이 책에서 슘페터가 말하고자 했던 대부분의 내용을 썼고 글도 더 압축적이었다. 이 책을 읽은 슘페터는 처음에는 케인스가 아무런 허락도 없이 자신의 생각을 몰래 썼다고 믿었다. 그럼에도 불구하고 그는 케인스에게 "훌륭한 성과"를 이룩했다며 아낌없이 축하한다는 내용의 편지를 보냈다.[12]

일급 경제이론가들의 전형적인 특징 가운데 하나는 핵심을 잃어버리지 않고 현실을 잘 설명하는, 그야말로 생생한 모델을 제시하는 능력이다. 이런 면에서 본다면 케인스는 분명 슘페터보다 한 수 위였다. 한때 아인슈타인은 "모든 것은 가능한 간단하게 해야 한다. 하지만 더 이상 간단하게는 안 된다"라고 말했다. 그리고 같은 주제를 다르게 파악하는 시인 엘리엇은 "만약 뼈만 없다면 누구라도 거위를 조각할 수 있다"는 의견을 밝혔다. 슘페터는 돈과 같은 주제를 접하면 거위 전체, 뼈 그리고 다른 모든 것을 갖고서 일에 매달려야 한다고 주장할 사람이다. 그는 다양한 일을 매우 많이 알고 있기 때문에 때로 아인슈타인의 언급처럼 "가능한 한 간단한" 시각을 잃어버리기도 했다.

슘페터는 돈을 비롯한 다른 복잡한 주제에 대해 "정확한" 경제학을 만들어내고 싶었다. 물론 변수가 무척 많았지만 포기하고 싶은 생각은 없었다. 아무리 노력해서 얻는 것이 없다 해도 그만두고 싶진 않았던 것이다.[13]

슘페터는 케인스보다 훨씬 해박했다. 케인스는 역사 지식이 깊지 못하고, 사회학에 대해서도 관심이 빈약했으며 독일어도 잘 읽지 못했다. 그러나 주제를 간단하게 만들어 설득력 있는 논리를 펴는 데 그야말로 천재였으며, 그러한 재능을 이용하는 데 결코 망설이는 경우가 없었다. 돈이나 다른 어떤 주제든 말이다. 훗날 슘페터는 자신보다 우수한 케인스의 분석법을 두고 이렇게 말했다. "우리는 심각한 희생을 무릅쓰고 하나의 거대한 선善인 단순화로 가려고 한다." 물론 지나친 단순화라는 위험도 담고 있는 말이다. 한때 슘페터는 옛 제자에게 다음과 같이 썼다. "내가 주장하는 기업가정신에 관한 모델은 수학적으로 다루기에는 무척 혼란스럽고 어렵게 보일지도 모릅니다. 그러나 그러한 모델은 실로 존재하며 볼 수도 있습니다. 말하자면 케인스 학설의 결정적 요인은 학생과 현실 사이에 가로놓여 있는 종이 스크린과 같습니다." 산업 사회의 성장, 그러한 사회의 역사와 사회학에 느끼는 매력은 그의 분석력을 풍부하게 해줬다. 그는 많은 아마추어 경제학자가 다른 분야의 학자들이 퍼붓는 비난을 피하려는 수단으로 마지못해 사회학에 손을 대고 있다는 사실을 잘 알고 있었다. 그러나 슘페터는 자신을 결코 아마추어라고 생각하지 않았다. 그리고 베버와의 공동 연구를 통해 사회규범이야말로 자본주의와 사회계급을 분석하는 데 필수라는 것을 깨달았다.[14]

1927년에 1년간 방문 교수직으로 하버드대를 갔을 때 그 대학의 사회학자들은 경제학부에서 아직 분리되지 않은 상태였다. 슘페터가 볼 때 이것은 아주 다행스러운 일이었다. 그는 경제학에 대한 접근 방식상 보다 사회학적이었고, 그 분야에서 똑똑한 젊은 사람들과 대화를 나눌 수 있었다. 경제학은 그의 사고의 중심이었으며 지성의 거실로 남아 있었다. 그러나 역사학, 사회학, 심리학은 자신들만의 공간을 주장했다.[15]

편협한 전문화를 피하기 위해 슘페터는 당시 대세를 이루고 있던 학문적 흐름을 거스르고 있었다. 대신에 그는 거시적인 사회 이론을 만든다는 것을 목표로 삼고 유럽의 오랜 전통을 따르기로 했다. 이러한 방식은 헤겔, 콩트, 니체, 밀, 마르크스, 프로이트, 베버와 같은 저술가들에게서 실례를 찾아볼 수 있다. 이들은 모두 자신만의 방식으로 하나의 전체적인 맥락에서 인간의 조건을 개념화하고 과도한 단순화를 피하고자 노력했다.

그들 대부분 사회학, 심리학, 정치학의 새로운 규율뿐만 아니라 철학, 역사학, 법학을 포용하면서 학문의 경계를 자유롭게 넘나들었다. 특히 마르크스와 베버의 글은 슘페터에게 직접적인 영향을 미쳤는데, 그는 이들의 사고를 종합해 자신의 독창적인 시선으로 흡수한 다음, 다시 새 작업에 들어갔다. 한편 그는 고대부터 현재까지 경제학에 관해 쓴 중요한 자료라면 무엇이든지 읽었다.

더욱더 역사적이고 사회학적인 접근을 위한 그의 행보는 1926년에 출간된 「구스타프 슈몰러와 오늘날의 문제점Gustav von Schmoller and the Problem of Today」라는 제목의 논문에 잘 나타나 있다. 여기서 슘페터는 순수 이론을 넘어서 경제학을 넓힌 슈몰러를 존경했다. 그렇다고 해서 독일 역사학파에 대해 관대한 것은 결코 아니었다. 그러나 이제 베버와 더불어 슈몰러가 역사를 기반으로 한 새로운 종류의 학문이라고 할 경제사회학 혹은 사회경제학(독일어로 Sözialökonomie)을 향한 길을 제시했다고 믿었다. 슘페터는 정치와 기업에서의 경험과 연구 때문에 마음을 바꿨는데, 이러한 경험들로 말미암아 그는 사회규범이나 가치 체계가 얼마나 중요한지를 깨달았다. 사상가로서 그의 위대함은 이보다 좋은 사례가 없다. 쉴 틈 없는 지적인 욕구가 그로 하여금 새로운 방법을 모색하기 위한 사고를 추진하게 했고, 과거에 열심히 매달렸던 사고의 관점을 변화시키는 순간이 찾아왔다.[16]

슘페터는 본 대학교와 하버드 대학교를 오가면서 끊임없는 작업으로 슬픈 과거를 잊고자 노력했다. 그는 사회경제학과 관련해 두 편의 논문을 냈다. 두 편 모두 유럽의 전통을 바탕으로 한 거시 이론이었다. 또 이 책들로 인해 슘페터는 사회사상가로 우뚝서는 계기를 마련했다.

첫 번째 논문인 「사회구조의 경향The Tendencies of Our Social Structure」(1928)에서, 그는 한 국가를 구성하는 정치적·사회적·경제적 방법 간의 관계를 면밀히 분석했다. 그는 같은 시대의 독일에서 발생한 많은 문제가 국가의 경제 질서와 사회구조 사이의 부정합에서 생긴다고 썼다. 그는 또한 독일의 경제체제는 이제 충분히 자본주의지만 새로운 질서가 매우 빨리 진행되어 독일의 사회적 행동 양식과 규범이 농촌이나 봉건주의 방식에 여전히 갇혀 있다고 주장했다. 그는 1871년까지만 해도 독일 인구의 3분의 2가 농촌, 혹은 주민이 2만 명도 안되는 소도시에 살았으며, 10만 명 이상의 대도시에 사는 인구는 5퍼센트 미만에 불과하다고 지적했다. 그러나 1925년이 되면서 대도시의 인구는 5배 이상 늘어났고, 농촌이나 소도시 인구는 반으로 줄어들었다.[17]

농업생산력의 큰 상승이 이러한 변동을 일으켰다. 1882년 독일 농가의 4퍼센트만이 기계를 사용한 반면, 1925년 기계 사용 농가는 66퍼센트로 늘어났다. 이 기간에 농가 대부분이 규모가 커지지는 않았지만, 토지 소유주들은 기계화를 통해 적은 노동력으로 더 많이 생산할 수 있었다. 기계화는 노동자를 농가에서 몰아내 도시로 떠나게 했다. 농토가 없는 노동자의 수는 급격히 줄어들었고 작은 농가와 큰 농가 간의 분열을 초래하는 정치 문제는 국가적 논쟁에서 사라졌다. 농가에 남은 사람들은 부유한 자영업자가 되었고 현대식 농기계로 중간 크기의 농지에서 일하게 되었다. 농지 개혁자들이 주장하는 바와 마찬가지로 슘페터는 "농촌 지역 안에서 농부는 자신이 원하는 것을 모두 얻을 수 있어야 한다"고 썼다. 이 과정을 거치면서 농부들은 사회의 가장 급진적인 계급에서 보수적인 계급으로 변해갔다.[18]

한편 산업 노동자의 편에서 볼 때 이러한 사회구조는 상당히 다르게 진화했다. 장사를 개인자산으로 여기는 전통적인 장인들은 새로운 큰 공장을 거점으로 한 자본주의 질서에 저항했다. 장인들의 배타적인 길드는 산업화에 반대해 격렬하게 싸웠고, 때로 기계는 법에 어긋나는 것으로 규정해 처분할 것을 요구했다. 그러나 이러한 후진적인 생각에 사로잡힌 장인들은 결코 이길 수 없는 싸움을 하고 있었다. 자본주의는 산업 생산의 기계화를 실현시

켰을 뿐만 아니라, 농촌 노동자를 도시로 끌어들여 새 기계를 작동시키도록 했다.[19]

슘페터는 계속해서 이야기하기를, 20세기 초에도 옛 장인 일부는 어쩔 수 없이 산업화를 추구하면서 사회에 적응하려는 순진한 시도를 했다고 말했다. 그는 단치히와 베를린의 빵집을 예로 들었다. 주인들은 빵공장 건물을 지었지만 주인이자 노동자, 자본가, 동시에 판매원으로 일한다. 그러나 옛 빵집 장인들은 공장 소유주였고 정치적으로 중·상류층에 속하는 사람들이었다. 그래서 그들은 도시로 이전한 농민들보다 미래를 충분히 예측할 정도로 삶이 훨씬 나았다.[20]

한편 독일에서는 생각처럼 많은 것은 아니지만 대기업이 등장했다. "이것은 일부 부르주아의 태도가 흥미롭게 반영된 것이라 볼 수 있다. (…) 이는 독일인의 특징이다. 만약 한 기업이 1000명 이상의 사람을 고용할 만큼 큰 사업 규모라면 전체적으로 약 210만 명만을 고용할 수 있는 892곳의 기업만이 존재한다. 전체 근로자 수로 볼 때 아주 적은 수에 지나지 않는다. 그래서 슘페터는 더 큰 회사를 만들려는 노력은 계속되리라 예견한다. 그러나 현대 경제체제에서 계급구조는 노동과 자본 간의 뚜렷한 구별을 찾아볼 수는 없다. 이것은 마르크스 이론만큼 간단하지 않다."[21]

슘페터는 대기업과 중소기업 간의 실질적인 차이는 새 산업 질서 안에 놓여 있다고 말한다. "대기업과 중소기업과의 차이점은 다른 두 계급을 이루는 것이라 말할 수 있다." 그럼에도 불구하고 두 집단은 그것을 인정하지 않는다. 그들은 중요한 공통점이 하나씩 있다. 그들이 누리는 사회적 위치는 어떤 다른 계급의 위치보다 불안정하다는 것이다. 새로운 경제 상황에서 보자면 기업은 매우 빨리 망하기도 하고 흥하기도 하기 때문에 사회적으로 어떤 특정한 계급이라고 이야기하기 어렵다. "빠르게 진행되는 상류계급의 변화 속에서" 슘페터는 "훌륭한 인재를 뽑는 매우 민주적이고 효과적인 선택이 나타나고 있다"고 이야기한다. 경제는 세습계급을 적대시하는 능력주의로 진입했다. 이제 기업가정신은 계급의 표시가 아니라 기능이 되었다.[22]

노동자의 경우에도 비슷한 차이점이 있다. 그것은 전통적인 마르크스주의자들의 이야기처럼 노동과 자본 사이에 일어나는 사회적인 투쟁이라고 말하기에는 적절치 않다. 오히려 이런 표현이 더 적절할 것으로 보인다. 즉 다른 노동 영역, 예를 들어 숙련공과 비숙련공 사이의 실력 싸움. 기업 노동자의 수는 계속 늘어날 것이다. 그러나 이들이 "단순히 다른 사람들의 도구로 착취당하고, 생활공간이라고는 전혀 꾸려나갈 수 없는 프롤레타리아라고 이야기하는 것은 올바르지 않다. 사실 오늘날 노동자는 자본주의경제의 가장 큰 주주이다."[23]

새로운 고임금산업체제에서 숙련공이나 숙련되지 않은 노동자조차도 부르주아가 누리는 생활을 할 수 있다. 슘페터는 다음과 같이 말한다. "정확히 보자면 이는 사회학자나 지성을 갖춘 미래학자가 보기에는 틀린 이야기일 수도 있다. 노동자가 사회 진보의 혜택을 받지 못한다는 주장은 헛소리다. 오늘날 기업가들은 대부분 옛날에는 노동자이거나, 아니면 그 아들이라는 것을 결코 잊지 말아야 한다. 노동력은 같은 종류일 수 없다. 계급에 대한 프롤레타리아적 양심이란 이상향에 불과할 뿐이다." 숙련공과 비숙련공은 서로 다른 방식으로 생각한다. 특히 숙련공은 새로운 사회적·경제적 질서에서 상당한 이해관계에 얽매어 있다. 정치적으로 급진적이 되기 더 쉬운 사람은 훈련받지 않은 노동자들이다. 그래서 그들의 미래에 대한 태도는 예견하기가 어렵다.[24]

1928년에 쓴 논문에서 볼 수 있듯이 사회 이론에 대한 슘페터의 독특한 접근은 자본주의, 계급구조 둘 다 새로운 시각에서 분석한 것이다. 그의 통찰력은 동시대의 경제학자, 사회학자들이 주장하는 사고보다 훨씬 앞섰다. 그는 경제학이나 사회학 가운데 어느 하나를 "혁명화"하려는 것은 아니었다. 대신에 그는 경제학과 사회학이라는 두 학문을 자본주의의 성격을 근본적으로 새롭게 설명하는 매우 가치 있는 사회경제학으로 통합하려고 했다. 개인적인 슬픔을 홀로 삼키면서 슘페터는 고집스럽게 자신만의 지적인 문제에 전념했고, 해결책에 가까운 것을 만들어내려고 노력했다.

슘페터는 1928년 독일 화학 업체의 지원을 받는 학술지에 논문을 썼는데, 그 업체는 학술지를 지원한다는 명목 아래 개입해, 학문적인 감각에서 볼 때 그 논문은 과학이라고 단정할 수 없다고 말했다. 슘페터는 비슷한 시기에 「동일한 인종 환경에서의 사회계급Social Classes in an Ethnically Homogeneous Environment」이라는 논문을 발표했는데, 이 책은 사회학에 새로운 바람을 일으키면서 중대한 기여를 했다.

이 책은 유럽사, 즉 중세부터 현재까지 폭넓은 분야를 아우르고 있다. 서두에서 슘페터는 다시 한번 마르크스 사상가들이 유럽 사회의 이념 형성에 매우 큰 영향력을 끼쳤다고 넌지시 내비쳤다. 그는 마르크스에 대한 유혹이 그의 추종자들로 하여금 "강력한 계급투쟁이라는 연료를 털털거리는 엔진에 넣도록 했다"고 말했다. 계급투쟁을 바탕으로 한 마르크스주의자들의 주장은 결국 뒤집어져 모순에 갇히게 된다.[25]

슘페터는 아주 간단한 공식으로 계급 현상을 정의한다. 다시 말해서 특별한 계급의 구성원은 자신과 다른 계급의 사람에게 다른 태도를 보인다는 것이다. "그들은 서로 밀접한 관계를 유지한다. 그들은 다른 계급보다 서로를 잘 이해한다. 그들은 서로 협조해가면서 일을 더 잘한다. 그들은 똘똘 뭉쳐 결속을 다지며 외부 세계와 단절하고자 장벽을 세운다. 그들은 세계를 같은 눈으로, 같은 관점에서 그리고 같은 방향에서 들여다본다." 한 계급의 존재에 대한 가장 좋은 시험은 "어떠한 계급 이론을 배제한 채 그 계급에서 표면적으로 눈에 띄는 점이 무엇인지를 알아보는 일이다. 특정 계급을 이루는 구성원 사이에 결혼이 빈번한 것과 같은 사실을 통해서 말이다."[26]

이 책에서 슘페터는 사실 "엘리트"라는 단어를 거리낌 없이 포기했지만, 자본주의적 엘리트의 흥망성쇠를 언급하고 있다. 그는 중간계급이나 하층계급에 대해서는 거의 언급하지 않고 있으나, 다만 그들도 기업가정신을 통해 엘리트의 위치로 신분 상승할 잠재력을 갖고 있다고 썼다. 여기서 무척 놀라운점은 한 특정한 순간에 자신의 계급은 이전 사건의 결과이며, 그래서 계급을 운운하는 것은 시대에 뒤떨어진 발상이라는 주장이다. 고로 어느 특정한 순간에 존재하는 사회 질서의 대부분은 "자신이 처한 시대적 경향과는 실질적으로 거리가 먼 요인으로 설명될 수 있다." 계급의 원래 단위는 가족이었다. 따라서 개인이나 가족을 위해 더 높은 계급으로 상승하는 가장 일반적인 방법은 결혼이었으며, 이는 수세기에 걸쳐 추구되었다. 산업혁명은 이러한 결혼정책을 더 어렵게 만들었지만 결코 없애지는 못했다.[27]

그래서 슘페터는 이런 질문을 던진다. "한 가문이 흥하고, 다른 가문이 망하는 것은 어째서인가?" 이것은 진짜 풀기 어려운 수수께끼지만 슘페터는 해답을 줄 수 있다고 믿었다. 그는 우선 19세기 중반에 사회를 이끌던 부유한 가문 대부분이 3세대 이상 지탱하지 못하고 무너졌다는 사실을 지적한다. 이 상황은 전체적으로 부자가 더 부자가 되고 가난한 사람이 더 가난하게 되는 마르크스의 주장과는 배치되는 역사적 현실이다. "마르크스주의의 이러한 관점은 마르크스주의자들이 결국 그들의 가설을 왜곡시켜 아주 간단한 사실조차도 발견하지 못했으며, 한쪽으로만 기울어진 편협한 이론이라는 것을 보여주는 전형적인 예라고 볼 수 있다."[28]

보다 진실한 사회 진단은 자본주의식 경영하에서 일어나는 끊임없는 동력과 경쟁적인 혁신에 있다. 마르크스 자신은 이 강력한 동력을 그 시대의 어떤다른 경제학자들보다도 잘 알고 있었다. 그러나 자본주의가 주는 암시를 충분히 이해하려고 노력하지 않았다. 마르크스가 믿었던 것처럼 자본주의의 동력이란 이윤을 "재투자"할 정도의 가족 사업에 불과한 것이지 대단한 것은 아니었다. 슘페터는 마르크스의 주장이 옳지 않다며 받아쳤다. "어떠한 기업도 새

것을 개척하지 않고 마음과 정신을 다 바쳐 사업에 뛰어들지 않고서는 정상의 위치를 계속 지킬 수 없다는 사실을 간과했다”는 것이다.[29]

혹자는 저축, 검소한 생활과 같은 건전한 습관 그리고 기업을 단단한 토대 위에 유지시키는 정도의 능력이라면 기업 운영에 충분하다고 생각할지도 모른다. 언뜻 보기에는 이 관행을 지키는 기업들이 칭찬받을 만하다고 볼 수 있다. 그러나 슘페터는 이 정도의 회사라면 머지않아 공격적이며 위험을 감수하는 경쟁적인 기업에 따라잡힐 것이라고 주장한다. 그는 이 점에서 매우 단호하다. 새로운 생산방법의 도입과 시장 개척 등은 사업의 성공을 위해서 정말로 필요한 일들이다. 이 모든 것은 위험, 시행착오, 저항의 극복이 따르는 다람쥐 쳇바퀴 같은 일상적인 일들이 아니다. 그는 이렇게 결론을 내린다. “왜 그러한가라는 질문에 대해서 해답은 기업 이윤 이론으로 설명할 수 있다.” 새롭게 진입한 기업은 보다 신선한 아이디어로 더 많은 이윤을 낼 것이며, 기존 기업을 넘어 정상이 되려고 노력할 것이다. 즉 새 기업의 유일한 목표인 경제 성장에 안착하는 것이다.[30]

그러나 이 일이 매우 어렵다는 것을 슘페터도 인정한다. 한때 부유했던 성공적인 사람 대다수는 경제성장에 매달리기를 원하지 않는다. 그들은 계속적인 혁신의 요구를 혐오하게 된다. 그들은 즐기면서 더 편한 생활을 하고 싶어한다. 이러한 여러 이유로 대기업의 소유자는 회사를 처음에 설립한 가족의 능력을 갖추지 못해 기업을 사업의 정상 위치에 유지시키는 데 흥미를 잃는 전형적 상태를 맞게 된다. “아무리 힘들지라도 지금 있는 자원을 단순히 절약하는 데 그친다면, 이는 항상 나락으로 떨어지는 특징 가운데 하나다.”[31]

진정한 근대적 자본주의 아래 최고의 지위를 계속 유지하기란 아주 어려운 노릇이다. “기업가들은 때로 비합리적인 일에도 매달려야 한다. 그들에겐 가장 중요한 부분이다.” 기업가들은 대단한 신체적·정신적 에너지를 가져야 한다. 최상의 에너지를 갖췄을 때 높은 강도의 노력을 투자할 수 있으며 “특별한 종류의 비전을 제시할 수가 있다. 또 다른 곳에 관심을 돌리지 않는 사업에 대한 집중력, 냉철하고 빈틈없으며 열정으로 타협하지 않는 불굴의 정신을 가진 지도자가 될 수가 있다." 그리고 큰 회사를 운영하는 기업가일수록 더 많은 재능이 있어야 한다. 그들은 동료 직원 사이에서 "지원을 요청하는" 방법 그리고 능수능란한 솜씨로 사람들을 다루는 법을 알아야 한다. 또 직원들에게 조직의 목표를 달성할 수 있도록 충분한 신뢰감을 줘야 한다.[32]

다만 단순히 우수한 가문에서 태어났다고 해서 이러한 능력을 다 부여받는 것은 결코 아니다. 따라서 근대 산업사회에서 "계급이나 지위가 계속되리라는 것은 환상에 불과하다. 계급이라는 벽은 정상과 바닥을 오르내리면서 극복될 수 있다." 한 개인이 더 높은 계급으로 오르기 위한 열쇠는 "관습에 얽매이지 않고 색다른 길을 따라 용감히 힘쓰는 일이다. 이것은 하나의 사례에 불과할지 모르지만 자본주의 세계에서 가능하다." 대부분의 성공한 기업은 노동자와 기술자 가문에서 나왔다. "왜냐하면 그 가문의 누군가가 매우 새로운 어떤 것을 이뤘기 때문이고, 이로써 그들은 상류계급으로 위대한 도약을 할 수 있었다." 슘페터가 영국의 귀족사회를 숭배하는 단 하나의 이유는 정확하게 따지자면 다양하고 융통성이 풍부하다는 특징 때문이었다. 그가 빈에서 경험했던 달팽이가 기어다니는 듯한 매우 느리고 퇴폐적인 정체된 사회와는 완전히 다른 모습이었던 것이다.[33]

슘페터는 "계급이라는 장벽은 항상 예외 없이 극복될 수 있다"고 결론짓는다. 어떻게? 사회적으로 필요로 하는 환경의 기능에 꼭 들어맞는 우수한 소질을 통해서다. 그리고 경제적 진보가 사회적으로 필요한 기능이 될 때, 뛰어난 소질을 갖춘 기업가들이 정상으로 뛰어오른다. 그러나 자본주의적 동력의 특징은 기업가와 그 가족의 지위를 불안정하게 만들었다. 이것은 중대한 변화를 의미한다. "반군 지도자는 절로 모든 면에서 사람들을 이끄는 지도자가 된다. 그러나 현대 기업가들은 결코 이러한 지도자는 아니었다."[34]

종합해보자면, 슘페터의 사회계급에 대한 논문은 관련된 역사, 날카로운 관찰, 반직관적인 진실로 가득하다. 이러한 이유로 이 논문은 처음 나온 뒤 사회학 분야에서 중요한 위치를 차지하는 이론이 되었고, 이로 인해 전 세계 대학의 졸업 세미나가 활발하게 진행되었다.[35]

가족의 죽음으로 인한 오랜 충격의 세월 동안 슘페터가 쓴 세 번째 중요한 논문은 「자본주의의 불안정성The Instability of Capitalism」이었다. 이 논문은 1928년 경제 분야에서 세계를 주도하는 계간지이자 케인스가 편집장으로 있던 『이코노믹 저널』에 실렸다. 여기에서 슘페터는 "자본주의의 지속적인 변화와 혁신에 대한 특징 때문에 자본주의의 전체적인 이념이라고 할 수 있는 '균형'에 대해 오해하고 있다"고 주장한다.[36]

또 그는 경제학을 추상적인 이론으로만 국한시켜서는 안 되고 근대적 기업에 경험에 입각한 실체와 연관지을 수 있어야 한다고 주장한다. 반대로 이론 없는 실체는 충분하지 않다. 그가 서술한바 "사실에 대한 단순한 '인식'은, 만약 사실이 논쟁의 다른 부분과 결합되어 한 덩어리가 되지 않는다면, 또는 이론적인 작업을 거치지 않는다면 아무런 가치가 없다."[37]

슘페터는 계속해서 일반적인 경제성장을 이해하는 방법은 특정 산업을 상세하게 조사해 분해해보는 것이라고 말했다. 폭넓은 성장은 원래 항상 특정 산업의 혁신으로부터 나와, 다시 경제의 다른 부분으로 가지를 내는 것이다. 가지는 특정 산업의 공급자, 분배자, 궁극적으로 소비자를 말한다. 19세기와 20세기 초의 경제성장은 산업적으로 주도적인 분야가 연이어 돌파구를 마련하면서 이뤄졌다. 예를 들어 방직에서 처음 시작되어 다시 증기기관과 철강으로 그리고 전기와 화학산업까지 이어졌다. 종합해보건대 특정한 산업 혁신은 "경제 활성화 뒤에 이뤄지는 것이 아니라, 경제 활성화를 만들어내는 것이다."[38]

이중 어느 것도 경제학자들이 균형이라고 곧잘 말하는 용어로 설명될 수 없다. 대신에 혁신은 자신의 사업에 몰두하고 있는 기업가들이 이끌어나가는 계속적인 불균형을 필요로 한다. 원래 혁신이란 무엇보다 "지성의 개가가 아니라 의지의 개가다." 리더십이라는 사회 현상의 특별한 경우, 혁신을 가로막는 장벽은 "과거에 하지 않았던 일을 이제는 하는 것에 대한 저항과 불확실성이라고 할 수 있다." 이러한 어려움은 매우 크게 나타난다. 그러한 문제들을 극복하는 일이야말로 기업가만의 고유한 기능이라고 할 수 있다.[39]

여기에서 슘페터는 중요한 신용의 역할을 재차 강조한다. 그것은 기존의 사업을 운영할 목적인 보통의 신용이 아니다. 새로운 모험이 성공을 거두기만 한다면 탁자 위에 놓일 많은 돈으로 이어지는 신용이다. 그러나 반대로 모험이 실패하면 투자한 돈을 몽땅 날려버릴 수도 있다. "불연속적이면서도 엄청난 변화를 내포하고 있는 혁신은 (…) 전형적으로 새 기업에서 구체화되고, 수익을 거둬들이기에 앞서 커다란 지출을 요구한다. (…) 그래서 신용창조는 그것을 설명하는 이론과 과정의 메커니즘 모두에서 핵심적이다."[40]

슘페터는 이 요인 모두 자본주의에서 일상적으로 일어나는 고유한 특징이라고 썼다. 전쟁, 지진, 심지어 많은 신기술과 발명 같은 외부 영향들은 자본주의를 특징짓는 지속적인 변화의 원천이 아니다. 대신에 변화는 자본주의 자체의 핵심이고 그것은 체제 안에 속한 기업가의 행위에서 나온다. 변화가 "자본주의적 과정에서 나타나면 기업가의 형태와 기능에서 구체화되는 이 한 가지 요인은" 어떠한 균형도 파괴할 것이다. 다시 말해서 끝날 줄 모르는 요동이야말로 자본주의의 본래 모습이며, 실질적인 균형이란 불균형의 지속적인 상태를 말한다.[41]

1928년에 슘페터가 「자본주의의 불안정성」을 냈을 때 독일과 미국을 비롯해 그 밖의 지역에서 제조회사들이 더욱더 번창하고 있었다. 이러한 내용을 언급하면서 그는 혁신이 대기업의 성장 속에서 더 많이 이뤄진다고 주장했다. 대기업이 새로운 기술에 투자할 수 있기 때문이었다. 그들은 다른 분야에서 이윤을 낼 자신이 있기 때문에 일부 새로운 벤처기업 투자에서 손실을 기꺼이 감당할 것이다. "어떤 특정한 때에 실패는 위험을 줄여준다. 그리고 혁신은 당연히 전문가의 조언에 따라 진행되는 경향이 있다." 대기업은 그들이 벌어들인 이윤으로 기본적인 총액을 부담할 수 있고 외부 금융시장으로의 접근이 더 쉽기 때문에 은행 대출은 덜 중요하게 된다.[42]

슘페터는 가장 좋은 예로 미국을 인용한다. 20세기 초 미국전신전화회사, 제너럴 일렉트릭, 이스트먼 코닥, 듀폰 같은 대기업은 신제품을 개발하기 위한 목적으로 연구개발부를 만들었다. 그들은 혁신을 사업의 일상적인 부분으로 만들었다. 이것은 중대한 변화였다. 20세기 말 모든 국가에서 많은 대기업이 연구개발부를 세웠다.

이와 동시에 슘페터가 예견한 바와 같이 새 회사들은 계속해서 생겨났고 대기업들과 함께 사업했다. 많은 다른 분석가의 예측과는 달리 "트러스트화된" 자본주의는 혁신을 짓누르지도 않았고 계속해서 생겨나는 기업들의 창업을 막아서지도 않았다. 또다시 슘페터는 그의 분석과 예견에서 일반적인 상식이라는 이치와 어긋나는 길을 걸었다. 그러나 시간이 지날수록 그의 시각이 맞아떨어지며 확신을 갖게 되었다.

슘페터의 대기업 분석은 계급사회학 연구와 함께 강렬한 집중력을 요하는 작업이었다. 자본주의적 과정의 바닥까지 파헤치기 위한 탐구를 계속하면서 그는 오랜 시간을 노력했고 모든 재능을 쏟아부었다. 때때로 돈의 책을 쓰면서 결과적으로 헛수고를 한 것처럼 종종 실패하기도 했으나 더욱더 빛나는 성공을 거두었다. 그의 『경제 발전의 이론』 개정판은 사회학과 경제학을 하나로 결합시킨 사회경제학으로 사회계급과 자본주의의 불안정성에 대한 시조격의 글이었다. 이 모든 것은 개념적 돌파구가 되어 사회학이라는 학문의 미래를 만드는 데 기여했다.

남은 인생을 살면서 슘페터는 계속되는 스트레스 속에서 연구에 몰두했다.

끊임없는 작업을 통하지 않고서는 1926년의 비극을 잊을 수 없었다. 1926년 부터 1930년대 중반까지 계속된 고통의 세월 동안 어머니 요한나 그리고 특별히 애니는 마음속에 언제나 현실로 남아 있었으며 생활의 일부였다. 슘페터는 그들을 글쓰는 작업에도 끌어들였다. 밤마다 세상을 떠난 그들에게 과제를 완성시키는 데 도움을 달라고 기도했다. 그의 일기에 나타난 기도의 수만 해도 수천 번에 달한다. 그리고 그는 애니의 일기를 복사한 다음, 거기에 날마다 해마다 자신의 기억을 떠올리며 주석을 달았다. 때로 그의 일기와 아내의 일기가 하나로 합쳐지기도 했다. 이런 기간에도 그는 애니의 가족에게 편지를 계속 보냈고 때마다 위로받기도 했다. 특히 그녀의 여동생인 밀리 라이징거에게 위로를 많이 받았다. 애니가 죽은 지 4년이 지난 어느 날 밀리는 슘페터가 보낸 한 편지에 답장하면서 이렇게 썼다. "당신은 편지에 나이는 점점 들어가고 슬프기만 하고 세상이 온통 회색빛이라고 썼어요. 그리고 당신은 별달리 할 일이 없을 때 고독을 느끼고 있어요." 이러한 편지를 보낸 지 얼마 되지 않아 갑자기 밀리는 슘페터에게 결혼하자는 편지를 보냈다.

애니는 확실히 당신과 행복했어요. 저는 본에 머무는 며칠간 언니가 제게 되풀이해서 행복하다고 말하는 것을 봤지요. 언니가 병원에 실려가기 전에 제게 이런 말을 했어요. "난 너를 잘 돌봐야 해. 그래서 모든 것을 갖고, 혼자 쓸쓸함도 느끼지 않도록 말이다." 저는 언니가 한 이 말들을 계속 생각해봤어요. 그때 제게 한 생각이 떠올랐죠. 저는 기꺼이 당신과 결혼하고 사랑하고 싶다는 것을 말예요. 어쨌든, 저는 정말로 당신이 혼자 외롭게 있는한 다른 남자를 원하지 않습니다.

슘페터가 격려하는 반응을 결코 보이지 않자 밀리는 자신에게 구애한 남자 가운데 한 사람과 결혼했다. 그러나 슘페터는 그의 여생 내내 빈에 있는 라이

징거 가족에게 돈을 보냈다.[43]

애니와 요한나가 죽은 뒤 몇 년에 걸쳐 그는 자서전격인 단편을 썼는데, 다음과 같았다.

그리고 현대의 남자에게는 그의 일이 모든 것이었고, 남아 있는 전부였다. (…)
아무런 목표도 희망도 없이 효율적인 작업을 하는 것 (…)
가족도 없고.
진정한 친구도 없고.
품에 안겨 머물 수 있는 여자도 없다.

끊임없는 일은 그가 계속해오던 것이었다. 물론 일의 목적이 그의 슬픔을 억누르기 위한 것만은 아니었다. 그는 여전히 빈에서 갚아야 할 엄청난 빚이 있었다. 그가 맡은 과제는 그가 추구하고 있는 "과학적" 경제학과 사회학과는 다른 형태의 일이었다.[44]

제11장

정책과
기업가정신

"그에게 정책에 대한 어떠한 구실이라도 줘라, 고르기아스의 매듭이라도 풀 것이다."
—셰익스피어, 『헨리 5세The Life of King Henry the Fifth』, 1599

본에 머물던 슘페터는 일의 부담감이 더 커지자 가정을 돌봐줄 누군가를 고용하기로 결정했다. 다행히 좋은 후보자가 가까이 있었다. 1926년 1월, 그와 애니가 본에 도착한 지 3개월이 지나 그는 비서로 마리아 슈퇴켈을 고용했다. 그녀는 본에서 서북쪽으로 64킬로미터 떨어진 윌리히라는 마을 출신으로 총명하고 젊은 여성이었다. 애니가 죽은 지 약 1년 뒤 슘페터는 미아(Mia, 슘페터는 그녀를 이렇게 불렀다)에게 집으로 이사와 자신의 큰 저택을 관리해달라고 요청했다. 미아는 곧 매우 능력 있는 조수임이 입증되었다. 그녀는 비서로서 그의 원고를 타이핑하고 편지를 정리하는 일을 계속했다. 그녀는 또한 비계획적으로 살던 슘페터의 집안에 질서를 가져다줬다.[1]

1927년에 스물한 살이 된 미아는 매력적이고 패션 감각이 뛰어났다. 그녀의 장난스러운 얄궂은 얼굴은 슘페터 자신이 매우 행복했던 시기에 흘러넘쳤던 생기를 자주 자아내게 했다. 애니와 요한나를 한꺼번에 잃은 그는 몹시 기죽어서 미아 같은 누군가의 도움뿐만 아니라 동료에도 필요했다. 그녀가 함께 일하기 시작한 그해 뒤부터 그녀는 더욱더 그의 행복을 위해 헌신하려고 했다. 그녀는 아주 효율적으로 일을 해서 그가 쓰는 속도와 거의 비슷하게 빠른 속도로 편지와 원고를 타이핑할 수 있었다.[2]

본에서 살던 1925~1932년 동안, 슘페터는 그의 일생에서 가장 많은 출판물을 냈다. 이는 그가 그 시기에 지속되었던 슬픔의 고통을 피하기 위해 일에 집중했다는 것을 의미한다. 모두 예순다섯 편에 달했던 출판물은 1920년부터 1924년 사이에 낸 여덟 편의 출판물과 대조를 이룬다. 새로운 작업 대부분은 그가 전문적인 저널에 쓴 논문이나 책을 그렇게 불렀던 것처럼 "과학"이었다. 그는 더 많은 독자를 위해 수십 편의 정책 지향적인 글도 썼다. 이 글들은 크기가 중간 정도 되는 책 두 권에 해당하는 분량이었다.[3]

이러한 전문적인 작업에 혼신의 노력을 다하는 한편, 빈에서 진 많은 빚을 갚고자 전문적인 노력을 덜 필요로 하는 작업에도 매달렸다. 이 글들을 통해 경제 전문가로서 그의 명성이 널리 알려졌다. 시민은 물론 기업에서도 강연해 달라는 요청이 잇달았다. 이제 대중 강연의 쇼맨이 된 슘페터는 때때로 지역을 돌아다니면서 순회 강연을 즐겼다. "독일의 유리 제조업자들 앞에서 강연한 뒤" 슘페터는 비더만 은행의 비서로 일했던 오틸리 예켈이라는 여성에게 편지를 썼다. "나는 편안한 순간을 보내고 있소. 이상하게도 내가 사람들 앞에서 강연을 할 때면 다른 사람들뿐만 아니라 나 자신도 사로잡는 무엇인가가 내 몸에서 나오는 느낌이오." 슘페터보다 열네 살 아래인 예켈은 그의 가까운 친구 가운데 한 사람이었고 그는 그녀에게 솔직하고도 진실한 편지를 많이 보냈다.[4]

그러나 슘페터는 자신이 하고 있는 이런 종류의 덜 전문적인 작업들에 대해 자주 싫증을 냈다. 1928년 9월에 그는 예켈에게 다음과 같이 말했다. "독일 및 해외 도매상인 연맹회의에서 강연을 하기 위해 내가 이곳 뮌헨으로 오게 되었다는 사실, 독일시멘트연맹에서 한 강연으로 콜로뉴에서 열여덟 번이나 한 연설 등 이런 고리타분한 사실은 나에게 가장 참을 수 없는 괴로운 일들입니다." 슘페터가 돈을 벌려고 한 활동들은 그의 "과학적" 연구 시간을 빼앗아갔으며 엄청난 부담을 줬다. 그는 "돈벌이를 위한 이런 식의 강의와 글은 매춘 행위야!"라고 하기도 했다. 그러나 그는 많은 채권자에게 진 빚을 갚을 수 있다면 강연과 글쓰기를 계속해야 한다고 생각했다. 그의 빚은 매우 많아서 모두 갚는 데 무려 21년이 걸렸을 정도며, 빚을 다 갚는 1935년까지 7년 이상이나 걸렸다.[5]

슘페터는 오늘날 『포춘』 『파이낸셜 타임스』 『월스트리트 저널』 같은 경제전문지와 일간지에 글을 쓰면서 주로 기업과 관련된 독자들에게 자신의 주장을 전했다. 친구인 슈톨퍼는 슘페터의 많은 글을 편집해 기간별로 책을 냈다. 슈톨퍼는 본 대학교를 그만둔 직후 베를린으로 이사했다. 슘페터의 도움으로 슈톨퍼는 『저먼 이코노미스트The German Economist』라는 시사·경제 주간지를 창간했고 편집장이 되었다. 이 경제지는 오늘날 경제와 기업 분야 기사로 세계를 주도하고 있는 유력한 시사주간지인 영국의 『이코노미스트』를 모델로 창간한 것이었다. 1926년 슘페터는 슈톨퍼에게 이 새 잡지에 글을 쓰면서 다른 재능 있는 기고가도 추천해주겠다고 약속했다. 이 잡지는 불안하게 출발했으나 그 뒤 매우 성공적인 길을 걸었다.[6]

슘페터는 경제 문제의 핵심을 언급하는 그야말로 초일류 정책분석가였다. 그러나 그는 자신이 늘 주장해왔던 과학적인 객관성과 타협해야 할지도 모른다고 생각했기 때문에 공공적인 처방을 싫어했다. 그는 한때 미국의 기업 집단에 이런 이야기를 한 적이 있다. "저는 약국을 운영하고 있는 게 아닙니다. 그래서 나눠줄 알약이 없습니다. 발생 가능성이 있는 현실적인 문제들을 한 방에 풀 수 있는 단기적인 해결책은 없습니다." 이러한 공공 처방에 대해 슘페터 자신은 말을 아껴왔기 때문에, 경제학자나 역사가들은 마치 마르크스나 케인스에게 그랬던 것처럼 행동주의자로서의 "슘페터주의식" 정부라는 말에 입을 다문다. 슘페터는 스미스, 하이에크, 프리드먼같이 엄격한 자유시장주의자로 규정되지는 않는다.[7]

그러나 어떤 정도의 분석 수준을 택한다 해도 슘페터주의식 프로그램이 무엇인지 밝히기란 그리 어려운 일이 아니다. 개인 사업가, 기업, 산업, 심지어 국가도 그러하다. 모든 수준에서 슘페터의 리트머스시험지는 행위자가 과연 혁신을 추구하고 있는지, 창조적 파괴를 일으키고 있는지와 관련되어 있다. 만약 택한 분석법이 이와 관련되어 있다면 그 프로그램은 슘페터주의적이라고 할 수 있다. 그러나 혁신과 창조적 파괴에 대한 주장이 없다면 슘페터주의적인 것이 아니다.

약국을 운영하지 않고 있다는 일관된 규칙을 깨고 특별한 공공정책을 제안했을 때도 그는 처음부터 끝까지 기업가정신을 열성적으로 밀어붙였다. 그의 정책 제안은 주로 동료인 슈톨퍼가 운영하는 『저먼 이코노미스트』와 그것과 비슷한 경제·시사 주간지에 기고한 글에서 나온 것들이다. 그러나 1920년대 말과 1930년대 초 독일을 비롯해 다른 주요 국가들은 슘페터주의식 프로그램을 추구해 이익을 낼 유리한 위치가 아니었다. 세계적으로 불어닥친 대공황이 몰고 온 급작스러운 경기 침체로 기업가가 새 계획을 고려해 사업에 전념하는 것이 매우 어려웠다.

슘페터가 본으로 이사했을 때인 1925년만 해도 독일은 혼란스럽지 않았다. 1919년 재무부장관으로 있을 당시, 오스트리아의 무기력하고 정체된 상황과는 달랐다. 그럼에도 불구하고 독일의 분위기는 경제적·정치적인 안정과는 거리가 멀었다. 1928년에 그는 이렇게 썼다. "정말 정치계와 경제계의 거물급 인사들을 볼 때마다 여러 번 독일에 안타까운 느낌을 갖는다." 슘페터는 독일 정부의 "무능력"과 "원칙의 결핍"을 이야기하면서, 독일 정치가와 공무원들보다 먼저 독일과 오스트리아를 지배했던 호엔촐레른가와 합스부르크가의 비교를 통해 부정적인 평가를 내렸다. 슘페터가 본에 도착했을 당시, 독일은 극심한 인플레이션에서 벗어나 회복기에 접어들었지만 패전으로 영국과 프랑스에 줘야 할 전쟁배상금으로 인한 부담감에 시달렸다. 여기서 더 굴욕적인 일은 프랑스 군대가 1919년부터 본을 포함한 독일 서부 지역인 라인란트를 점령했다는 점이다. 군대 주둔은 1930년까지 계속되었다.[8]

1920년대 중반엔 독일 정부가 미국에 차관을 주는 형태의 상당한 금융지원이 이루어졌다. 이러한 지원을 받은 독일 기업들은 국가의 산업 재건에 열심히 참여했다. 노동자의 임금과 기업의 이윤 창출을 통해 기업들은 조세수입상의 커다란 도움을 받았고, 독일은 1923년 유예되었던 배상금 지불의 길을 마련할 수 있었다. 영국과 프랑스는 전쟁 배상금의 대부분을 미국에 진 전쟁빚을 갚는 데 썼다. 미국에서 나온 자금은 이러한 세 지역에 삼각형식 방향으로 흐르면서 영국과 프랑스 그리고 독일 경제에 도움을 줬다. 또 금융의 흐름을 통해 이 국가들은 1920년대에 경제 발전을 위한 기초를 마련할 수 있었다. 슘페터가 본에 도착해 머물렀던 처음 2년간 독일은 불경기에 시달렸으며, 1928년이 되어서야 국내총생산량이 전쟁 이전 수준에 다다랐다.[9]

슘페터가 본에 머물렀던 시기는 제1차 대전이 끝나고 1933년 히틀러가 권력을 거머쥐기 전이었다. 이 기간에 독일은 바이마르 공화국이라 불렸다. 바이마르는 전쟁 뒤 새로운 헌법 초안자들이 베를린의 소란한 혁명을 피해 작업하려고 머물렀던 소도시였다. 이들이 만든 헌법을 토대로 민주적 정부가 세워졌으나 새 정부는 무척 약했고 여러 파벌로 나뉘어져 효과적으로 운영되지 못했다. 무려 12개가 넘는 정당이 권력을 잡기 위해 경쟁하는 가운데, 대부분의 정당은 비례대표제를 통해 의석을 차지했으며 그들은 협상에 따른 타협을 거의 이끌어내지 못했다. 정당의 이념은 극좌에서 극우까지 폭넓게 나뉘어져 있었으며 어떤 특별한 이익이나 특정 지역을 대표하는 데 몰두한 나머지 서로의 영향력을 무효로 만들어버렸다. 이는 슘페터의 젊은 시절 오스트리아-헝가리 의회의 당파와 다르지 않았다.

일부 정당은 공개적으로 바이마르헌법을 반대했으나 독일 사법부는 그들을 처벌하지 않았다. 그럴 자격이 있기 때문이다. 사법부는 우익 이데올로그보다 좌익 공산주의자들을 훨씬 엄격하게 대했다. 우익 세력인 히틀러는 정부를 전복하려는 혐의가 있었지만 단지 몇 개월 동안 감옥에 있었을 뿐이다. 어떤 정당도 혼자서 집권당이 될 수 없었기 때문에 연립정부가 필요했다. 그러나 공직에 오래 있는 경우는 없었다. 중앙의 연방정부와 지방의 주정부 간 계속되는 다툼은 정책 입안을 마비시킬 정도였다. 독일 국민을 통합시키는 유일한 정치적 정서는 가혹한 조건을 담은 베르사유조약에 대한 저항이었고, 이는 특히 배상금을 반대하는 국민적 정서로 모아졌다. 이러한 가운데 독일을 부흥시켜 강대국과 동등한 위치에 세우려는 민족주의적인 분위기가 무르익기 시작했다.[10]

이 기간에 독일은 세계에서 가장 강력한 사회주의와 공산주의 정당들의 본거지였다. 1928년 총선거에서 의회 전체 491석 가운데 사회민주당은 153석을 차지했으며 공산당은 54석이었다. 히틀러가 이끄는 나치로 대표되는 국가사회주의독일노동자당은 단지 12석에 불과했다. 이는 전체 의석의 40분의 1에도 못 미치는 수였다. 1930년 선거에서 16개에 이르는 정당이 의석을 얻었다. 또다시 사회민주당이 전체 577석 가운데 143석을 차지해 의회를 주도했다. 이때 공산당은 77석을 얻었다. 한편 나치는 5분의 1인 107석을 얻어 약진했다. 히틀러의 나치가 보인 약진은 불길한 사건이었으나 이를 눈여겨보는 사람은 별로 없었다. 독일 사회구조의 변화에 대한 슘페터의 분석을 근거로 보자면, 그는 당연히 새로 대체된 기술공 그리고 새롭게 도시화된 농민이 이제 원숙하게 성장했으며, 이 신흥 세력이 히틀러의 호소에 부응하리라는 것을 주의깊게 파악했어야 했다. 그러나 그는 하지 않았다.[11]

이때 독일 사업체들은 정부보다 훨씬 잘 조직되어 있었다. 7년간 독일에 머물면서 슘페터는 진정한 의미의 현대식 사업 제도를 처음 접할 수 있었다. 정교한 기술을 가진 회사들은 강철(튀센크루프), 자동차(메르세데스와 BMW) 같은 중공업 분야에서 뛰어난 능력을 발휘했다. 독일 기업은 화학 분야에서도 세계를 이끌었고 전기 장비 분야에서도 미국에 이어 두 번째였다.

1920년대 독일 기업에서 나타난 주요 경향은 생산물에 대한 기준을 만들어 제조업을 자체적으로 규제하려는 움직임이었다. 민간 분야에서 이러한 제휴가 결실을 맺었고, 정부는 이 노력을 법률로 규정해 추진했다. 1926년에 설립된 독일표준위원회는 다른 국가에서 비슷한 조직을 세우는 데 본보기가 되었으며, 독일 안에 여러 기준을 만들었을 뿐만 아니라 전 세계적인 기준이 되었다. 본에서 보낸 7년 동안 독일 내 공업표준의 수는 1925년 1100개에서 1932년에는 4500개로 늘어났다.[12]

오늘날 자본주의적 기업이 여러 분야에서 놀라운 성과를 많이 이룰 수 있었던 것은 엔진의 단위라고 할 수 있는 마력, 목재를 자른 면의 크기, 강철 면의 두께, 전기 장비를 위한 안전 규정 같은 표준을 채택한 덕분이다. 미국의 경우 건설업에서는 폭 5센티미터에 길이 10센티미터, 가전제품에서는 UL(미국보험업자안전시험소) 라벨, 모터오일 등급에서는 SAE(자동차기술자협회)와 같이 기준을 정한 장치들이 있다. 이러한 표준을 정하지 않으면, 오늘날 일상생활에서 당연한 것으로 여기는 일들이 불가능하게 된다. 예를 들어 자동차의 기어 변속, AM과 FM의 라디오 방송, 컴퓨터의 작동 같은 것이다. 표준은 한 산업에 새롭게 진입하는 회사들을 배제시킬 수 있지만, 전체적으로 볼 때 당연히 생산자와 소비자에게 이득을 줬다.

슘페터가 본에 있는 동안 수십 곳의 독일 회사가 조직을 개편했다. 이는 그에게 자본주의가 지속적으로 변한다는 증거를 보여준 현상이었다. 가족 소유인 중소 규모의 회사들은 조업 능력을 상향 조정하고 품질을 높여 세계적인 명성을 얻었다. 대부분의 이 중소업체[저자는 여기서 미텔슈탄트^{Mittelstand}라는 단어를 썼는데, 이는 독일에서 중간계급을 뜻한다. 글의 맥락을 고려해 중소업체로 번역했다*]는 제조업과 서비스업 분야에서 여전히 건재를 과시하고 있다. 이 회사들은 그들의 공동체와 친밀한 결속을 유지하고, 여러 면에서 독일 경제의 핵심에 있다. 일부는 대기업에 합병되기도 했지만, 브랜드 대부분이 여전히 전 세계적으로 친숙하다. 슈틸의 동력 사슬톱, 차이스의 광학제품, 호너의 하모니카 등이 여기에 속한다. 20세기 후반에 생겨난 새로운 브랜드도 있다. 테트라의 열대어 음식, 크로네스의 라벨링 머신, 휴고보스와 질샌더의 의류 등이다.[13]

1925년과 1932년 사이에 대기업들도 여러 방법을 쓰며 많이 변했는데, 대부분 대규모 합병을 통해서였다. 슘페터가 본으로 이사했을 때만 해도 독일의 대기업 10곳 가운데 5곳이 철강회사였다. 그러나 그가 본을 떠날 때에는 5곳의 회사 가운데 크루프를 제외한 4곳 모두가 독일에서 가장 큰 규모인 연합철강의 이름으로 합병되었다. 1925년 독일의 대기업 12곳 가운데 3곳은 화학 분야였다(바스프, 바이어, 훼히스트가 이에 해당한다). 1932년에 이 세 기업에 다른 일곱 회사가 합쳐져 IG 염료공업이라는 이름으로 합병되었으며 독일에서 두 번째로 큰 기업이 되었다. 이러한 대규모 합병은 금융업계에서도 생겨났다. 이 과정에 매료된 슘페터는 이를 두고 미국식 용어로 "트러스트화^{trustification}"라고 불렀다.[14]

기업 경영에서 기업합병의 동기는 주로 가격경쟁을 줄이고 생산성을 높이며 시장의 기능을 향상시키려는 데 있다. 독일 철강회사 간의 합병은 독일에서 규모가 가장 큰 일로 미국의 US 스틸을 모델로 했다. 독일의 이러한 합병 전략은 잘 맞아떨어졌으나 그렇지 않은 경우도 많았다. 이 전략의 전반적인 판결은 곧 불어닥친 대공황으로 경제계에 먹구름이 잔뜩 끼었다는 것이다. 이 타격으로 독일은 처음으로 수출 감소세로 돌아서는 경제 불황에 휩싸였다.[15]

세계적인 경제 침체는 영국에서 제일 처음 뚜렷하게 나타났고, 다른 국가로 재빨리 퍼지기 시작했다. 이러한 여파가 미국에 도달한 시기는 1929년이다. 수출로 벌어들인 현찰은 완전히 동나기 시작했고, 독일 경제도 대규모 불황 속으로 곤두박질치기 시작했다. 1929년 실업률은 10퍼센트에 다다랐고, 1931년에 25퍼센트로, 1932~1933년 겨울 동안에는 무려 33퍼센트라는 충격적인 수치를 기록했다. 슘페터는 공공정책에 관해 쓴 많은 논문에서 이처럼 경제 침체의 불길한 전조가 된 사건들을 직접 다뤘다.

독일이 더 큰 경제 위기로 빠져들자, 슘페터는 학술적 성격의 글에서 벗어나 더욱 접근하기 쉬운 형태의 분석과 제안에 초점을 맞추고 작업을 진행했다. 1925년과 1932년 사이에 그는 독일의 경제 상황과 정부의 경제정책에 관한 중요한 글들을 연속해서 썼다. 『저먼 이코노미스트』와 일부 비전문적인 시사·경제 주간지에 기고한 글들을 통해, 그는 가장 좋은 수사를 써서 새로운 동포인 독일인이 경제난으로부터 벗어나 건전한 사업적 판단을 할 수 있도록 도와주려 했다. 그는 네 가지 주제에 집중했는데, 이 주제들은 당시 독일의 정책 논의상 논란이 많았다. 배상금 문제에 직면하여 세금수준과 공공 예산 문제, 임금과 실업 문제, 기업 호황과 파산 그리고 자본주의사회의 근본적인 본성 등이 해당된 주제였다.

그는 오래되고 성장률이 매우 낮은 산업에 대한 정부의 긴급 구제책을 공격하면서 자신의 첫 번째 글을 시작한다. 이 분야에 고용된 사람들의 참정권이 엄청나기 때문에 오늘날에도 많은 국가에서 여전히 대면하고 있는 익숙한 주제다. 슘페터는 정부 개입을 지지한다. 그는 독일이 다시 번영할 방법으로, 높은 성장 가능성이 있는 산업 내 기업에 선택적으로 금융 대출을 해주는 것을 꼽았다. "[경제적 성장 가능성을 따져볼 때*] 기반이 튼튼하거나 점차 튼튼해질 수 있는 기업은 계속 키워줄 수 있지만, 그렇지 않은 기업은 보호해줄 수 없다." 그는 공적 지원을 받을 조건으로 회사는 혁신적인 실천을 앞서 이뤄야 한다고 주장한다. 정치가는 유권자의 지원을 필요로 하고, 유권자는 기존 회사로 돌아가려는 성향이 있기 때문에 이런 종류의 프로그램을 실행하기가 어려우리란 것도 알고 있었다. 그러나 그는 경제정책에서 이른바 즉효 처방은 어떤 것도 피해야 하며, 오직 진취적이고 장기적인 전망을 봐야 한다고 촉구했다.[16]

다음으로 그는 독일의 조세 제도와 예산 제도가 왜 잘 운영되지 않는지를 논의의 주제로 택했다. 그는 바이마르헌법하에서 중앙정부는 최소한의 기본적인 서비스만을 제공하고 있으며, 주세와 지방세로 메우는 대부분의 중요한 공공 서비스에는 손을 떼고 있다고 설명했다. 그리고 정부가 모든 단계에서 조세 제도를 조정하는, 이른바 "재정의 형평성"을 이루려면 구체적으로 어떠한 개혁이 시행되어야 하는지 구체적으로 밝혔다.[17]

그는 새 기금의 밑바탕으로 사치품, 임대료 수입, 특히 주류부가세를 주장한다. 그는 맥주와 독한 술에 부과하는 세금이 매우 낮아서 주정부, 연방정부, 시당국에서 동시에 올릴 방안을 마련해야 한다고 말한다. 시민들은 징세가 발생하는 지역에 머물기 때문에 대부분 이러한 조치를 받아들일 것이다.[18]

슘페터는 독일 경제가 쇠락하기 전부터 조세정책에 대한 많은 글을 썼다. 1929년 독일은 심각한 문제에 직면하기 시작했고, 그의 글의 논조는 더욱 탐구적이면서 고집스럽게 변했다. 그는 왜 독일이 현재 위험한 풍랑 속에서 떠도는지 물었다. 빈약한 조세 제도와 예산정책에 책임을 돌릴 수 있었다. 조세와 예산 모두 쉽게 개선될 수 있는 사항이다. 기업 성장을 목표로 공공투자와 민간투자를 이끌어내기 위한 "자본 축적"이야말로 그의 마술 같은 말이다. 다른 부문을 무시한 채 한 분야에만 혜택을 주는 것에 대해, 그는 목표를 설정한 투자는 몇 년 안에 파급 효과가 경제 전반으로 돌아와 모든 사람을 돕게

된다고 주장했다.[19]

개인소득세라는 민감한 주제에 대해 슘페터는 이 세금이 정당하지만 매우 높게 책정되어 있다고 주장했다. 그의 관점에서 볼 때, 개인소득세는 사회 전체가 아무런 비난 없이 받아들일 만큼 충분히 낮아야지 효과적이다. 어려운 시기 동안, 만약 세금을 통해 누군가의 수입이 4분의 1, 혹은 5분의 1가량 빠져나간다면 그야말로 파괴적이라고 볼 수 있다. 개인소득에 높은 세금을 부과한다면 투자를 막고 소비를 줄이며, 나아가 탈세를 부추길 것이다. 이것은 정확하게 1920년대 독일에서 발생한 일이다. 물론 오늘날 기준에 따르면 당시 소득세 비율은 낮았지만, 그 당시엔 매우 높은 편이었다. 슘페터가 독일에서 미국으로 이주했을 때, 비록 월급은 훨씬 많았지만 소득세는 25퍼센트에서 약 4퍼센트로 줄었다.[20]

슘페터는 특히 정부의 재정 적자를 줄이기 위한 수단인 상속세의 과도한 부과도 반대했다. 부자를 대상으로 상속세를 지나치게 부과하면, 미래 자산에 대한 세금을 피하는 방법으로 저축보다 소비를 많이 할 것이다. 낮은 상속세율이 바람직하지만 정부는 소비 심리도 고려해야 한다. 상속세 비율은 잠재력 있는 저축자가 생각하기에 합리적이라고 여길 수준에서 책정되어야 하며, 그래야 사람들은 가족을 위해 돈을 모으려고 할 것이다.[21]

독일 경제가 나빠지자 슘페터의 논조는 점점 격앙되어갔다. 특히 가격을 더 내리라고 하는 소비자의 요구에 그러했다. 그는 만약 가격이 몹시 오랫동안 떨어지면, 투자가 위축되리라 주장한다. 더 나은 접근법은 그가 줄곧 주장해왔던 대책을 실행에 옮기는 일이었다. 그것은 판매세를 최소한 1.5퍼센트로 책정하는 것(약 1퍼센트 오른), 담배와 알코올에 더 높은 세금을 부과하는 것, 가능한 수단을 동원해 투자와 저축을 높이는 것 등이다. 그는 이 정책들이 초기에 채택되었다면 독일 경제가 1930년에 이르러 훨씬 나은 상태가 되었으리라고 말한다. "자본에 적대적인" 세금을 동시에 줄임으로써 독일은 높은 수준의 투자를 이끌어낼 수도 있었을 것이다. 지금 독일의 "운명"은 건전한 예산과 조세정책을 택하느냐에 달려 있고, 경제적인 교차로에 서 있다.[22]

슘페터는 저소득층 집단의 유권자나 지도자들이 절망적으로 변했고, 그래서 우익과 좌익의 민중 선동이 판치는 기회가 두드러졌다고 걱정하기 시작했다. 1930년에 출간된 한 논문에서 그는 실제로 "퓌러führer"란 용어를 썼다. 이는 대중 선동가인 히틀러나 일부 공산주의 지도자를 암시하는 말이다. 이런 부류의 선동가는 대중에게 기업의 방향과는 반대되는 사회주의 프로그램을 요구하도록 부추길 수 있다. 슘페터는 만약 온건한 형태의 사회주의가 자리잡는데 실패한다면, 이보다 가혹한 형태의 사회주의가 뒤따를 것이라고 주장했다. 그리고 정말로 그런 일이 벌어지면, 경제성장은 멈추고 사람들의 생활수준 대부분이 곤두박질칠 것이라고 말했다.[23]

임금과 고용정책에 대해서 슘페터는 이런 주장을 했다. 많은 사람이 믿을지는 모르지만 독일의 경우 노동조합의 힘이 고임금과 실업을 야기하진 않는다. 대신에 이 문제는 주로 진부한 산업구조에서 파생된다. 이는 생산을 제한하고 고용을 줄이는 길드, 카르텔, 그 밖에 유사한 형태의 독점으로 연결된 사업이다. 잘 운영되지 못한다면 진행중인 합병에 대한 노력도 고용수준을 더욱 위축시킬 수 있다.[24]

독일섬유산업협회에서 한 연설에서 슘페터는 임금 인상은 생산량(시간당 생산량) 증가와 연결되어야 한다고 주장했다. 기업 이윤이 고용주로부터 노동자에게 가는 단순한 재분배는 고용주에게 많은 도움이 되지 못하며, 오히려 기업의 전체적인 번영에 손상을 입힌다. 그리고 만약 독일에서처럼 생산성은 증가하지 않은 채 임금만 올라간다면 전체적인 생활수준은 곧 낮아질 것이다. 임금 인상 자체는 결코 더 빠른 경제성장으로 이어지지 않는다. 만약 투자비용을 잃어가면서 임금 인상이 이루어진다면 더욱 그렇다. 돈을 부자로부터 가난한 사람에게 재분배하는 일도 생산성 증가로 이어질 수 없기 때문에 이 또

한 지속될 수 없다. 어떤 경우라도 재분배를 위해 돈이 만들어지진 않는다.[25]

이때 독일에서는 가장 강력한 노동운동이 일어났으며 이로 인해 노동자들은 이득을 보았다. 경영인들은 사회복지의 이념을 받아들이면서도 그들의 회사가 매우 무거운 부담에 시달려 더 이상 경쟁할 수 없다고 항의했다. 1924년 중요한 기업 단체인 독일경제회의 의장은 다음과 같이 말했다. "우리는 사회정책 분야에서 '그것을 좋아하든가, 아니면 관두든가' 하는 미국식 정책을 따를 필요가 없다. 그것은 단순히 '일하든가, 아니면 죽든가'라는 것과 같다. 미국에서는 사회복지정책이란 결코 없다. 우리는 확실히 그것을 원하지 않는다." 그는 이렇게도 이야기했다. "우리는 대외채권이 필요하다. 외부에선 우리에게 묻는다. 당신은 그 채권으로 무엇을 하려고요? 우리는 그들이 안 되는 것을 할 형편이 못 된다."[26]

슘페터는 복지 예산을 중요한 문제로 생각하지 않기 때문에 이러한 사고에 부분적으로 동의했다. 1928년에 쓴 글에서 그는 독일 회사들이 임금 지불, 세금, 사회복지에 쓴 총액이 매우 많음을 인정했다. 시간이 지나면 이 점은 독일의 경제 하락과 사회 붕괴를 초래할 것이 뻔했다. 임금수준의 문제에 대한 해결책으로 그는 정부와 민간이 각각 지원하는 새로운 두 기구를 세울 것을 제안했다. 하나는 고용주를 대표하고 다른 하나는 노동자를 대표하는 것이다. 두 기구는 계속해서 서로 만나 임금수준을 조정한다. 그렇다고 이것이 마르크스주의 모델처럼 "노동 대 자본"이라는 적대적인 이념 구도는 아니다. 이는 공공선을 위한 협력적인 운영이라는 현실의 문제다.[27]

슘페터는 장기간 실업은 독점 파벌과의 싸움으로 완화될 수 있지만 독일의 현재 상황은 그러한 싸움이 적절치 않다고 썼다. 대신에 그는 대기업과 일부 카르텔은 당분간 적절하며, 특히 첨단 기술을 보유한 외국과의 경쟁에 직면한 기업들이 이에 해당한다고 했다. 신설 기업은 국내시장에서 당분간 보호해야 한다는 "유치산업infant industry"정책을 주장한 슘페터는 한시적인 카르텔은 앞으로의 더 나은 발전을 위해 유용하다고 옹호했다. 그러나 이 생각을 실행으로 옮기기 위해서는, 카르텔이 보통 그렇듯이 생산을 인위적으로 제한하지 말아야 한다고 주장했다.²⁸

슘페터는 정부가 정책으로 경기순환을 매끄럽게 유도하면 임금과 다른 문제에 관한 심각한 위험을 미리 막을 수 있다고 생각했다. 그러나 경기순환을 완전히 없애려는 노력에 대해서는 경고했다. 그는 이 무모한 노력이 미래의 경제적 번영을 위해 필요한 혁신을 막을 것이라고 말했다. 그는 경기순환에 대해 많이 알게 되었지만 이를 모두 없앨 가능성은 거의 없다고 봤다. 순환은 자본주의에 고질적인 성격을 띠지만, 혁신엔 필수적이기 때문이다.[29]

슘페터에게 자본주의체제하에서 혁신의 한계란 없으며 경제적 진보도 마찬가지였다. 1930년에 발간된 「세계 경제의 변화Change in the World Economy」라는 소논문에서 그는 당시 널리 퍼진 일반적인 사고였던 기술적 진보의 한계가 매우 빨리 다가오고 있다는 생각에 강력히 반발했다. 그는 이것이 터무니없는 생각이라고 주장했다. 새로운 기회는 풍부하고, 새로운 혁신이 옛것과 상호작용해 더 빠른 진보를 이뤄낼 것이라 믿었다.[30]

그는 또한 사람들 사이에 널리 퍼진 다음의 주장에도 의문을 제기했다. 그 주장은 즉 제1차 대전의 여파는 미국에 엄청난 경제적 이득을 안겨다줬기 때문에, 결코 유럽은 다시 일어나 미국과 효과적인 경쟁을 벌일 수 없다는 생각이었다. 슘페터는 이렇게 대꾸했다. "비관론자들은 언제나 미국이 탄탄하게 성장할 수 있었던 것으로 풍부한 원자재를 지적한다. 그러나 진정 미국이 유럽을 앞설 수 있었던 것은 이러한 자원들을 효율적으로 쓸 줄 알았기 때문이다."[31]

1932년 「계속되는 위기Enduring Crisis」라는 글에서, 슘페터는 만약 경제가 외부 환경에 따른 영향을 받지 않는다면 번영과 불황이 나타날 수 있을까라는 질문을 던진다. 그러나 이에 대해 그는 외부 변화란 항상 일어나기 때문에 이것은 근본적으로 잘못된 질문이라고 지적한다. 기업가의 혁신에서 나온 내부 변화도 마찬가지다. 의미상으로 볼 때, 혁신은 노후화를 일으킨다. 그래서 슘페터는 옛것이 새것을 막으리라고 경고한다. 뭔가를 새롭게 하는 방식은 진부한 방법들을 없애고 현존하는 경제 "유기체"에 적합하게 맞아들어야 한다. 이런 혁신은 불황 국면에서도 일어난다.[32]

1927년 노동계를 위한 잡지에 기고한 「기업가의 기능과 노동자의 이익The Function of Entrepreneurs and the Interest of the Worker」이라는 중요한 글에서 슘페터는 왜 장기적 관점에서 기업가와 노동자의 이익은 거의 같은지를 설명하려고 노력했다. 이를 위해 그는 19세기 영국의 산업화에 대한 설명을 시작으로, 부富가 거대하게 늘어났지만 소득 분배는 거의 변함이 없다고 설명하면서 일반적으로 산업화가 군중의 빈곤화를 초래한다는 개념은 잘못된 것이라 주장한다.[33]

그러면서 그는 과연 영국 부자들이 산업화의 보상으로 많은 몫을 챙겼는지 묻는다. 그 대답은 아마도 "예"일 것이다. 그러나 이 질문 자체에는 결함이 있다. 보다 적절한 예는 높은 소득이 기업가의 혁신을 실제적인 생산으로 이끌게 하려는 동기라는 것이다. 그렇게 해서 혁신은 기업가뿐만 아니라 일반 사람들의 생활수준도 향상시킨다는 것이다. 그는 영국 부자들이 실질적으로 얼마나 많은 돈을 갖고 있는지 단순한 계산으로 자신의 주장을 뒷받침했다. 결과를 보면 그 돈을 나머지 사람들에게 나눠준다고 해서 생활수준을 향상시킬 수 있는 액수는 결코 아니었다. 다시 말해서 그렇게 많은 액수를 갖고 있지는 않았다.[34]

잘사는 사람에 대한 슘페터의 요점은 하나로 여러 번 강조되었다. 즉 만족할 줄 모를 정도로 성공을 추구하는 것, 지불해야 할 턱없이 솟는 웃돈, 기업가와 투자가들이 쏟아붓는 많은 시간과 노력, 미래가 불확실한 새로운 프로젝트에 대는 돈 등이다. 기업가에게는 높은 수익이 돌아와야 한다. 왜냐하면 기업가는 새로운 일자리를 만들어냄으로써 비단 개인뿐만 아니라 사회를 위해 수익을 내는 핵심이기 때문이다. 비록 심한 압박에 시달리기도 하지만 금융 "투기"는 이 과정에서 중요한 부분이다. 투기꾼은 결국 경제를 통해 혁신을 추진하는 기업가에게 자금을 조달하는 기업금융 전문가라고 할 수 있다.[35]

슘페터는 이러한 내용이 신화가 될 수도 있다고 주장한다. 처음에 기업을 시작할 돈만 어느 정도 있다면 큰돈을 거머쥘 사업가가 될 수 있다. 곧 이 이야기는 새로 시작하는 회사의 소유주는 일반 노동자와 별다를 바 없이 시작한다는 것이다. 그러나 그 노동자는 상상을 현실로 만들 비전과 용기가 있는 사람이다. 성공적인 기업가의 아들딸 등 그 자손의 경우, 만약 어느 정도 자리잡은 가족회사가 일정한 혁신을 계속 추진한다면 창업자의 지위를 이어나갈 수 있다. 슘페터는 사회계급에 대한 글에서도 이러한 주장을 하면서, 기업가정신의 역사를 보면 가족이 창업자의 지위에 다다르거나 그 지위를 잃어버리면서 기업의 흥망을 계속 겪는다는 내용을 소개한다. 세습 귀족과 달리, 자본주의경제에서 대부분의 부자는 한 세대에서 다음 세대로 이어지는 동안 인생의 흥망이 무척 빨리 진행되는 경향이 있다. 여기서 슘페터는 미국에 머물 때 누구에게 들었던 격언을 인용한다. "삼대까지 가는 부자는 없다."[36]

슘페터는 왜 노동자와 기업가들이 사회적으로 같은 뿌리이면서도 서로를 반대하는가라는 질문의 결론을 내린다. 그는 기업가가 작업 계획을 짜고 관리해야 하기 때문에 날마다 근로자와 만나야 하는 접촉에서 답을 찾는다. 결국 매일 진행되는 노사 간의 접촉은 의견 충돌로 나타나고, 때로는 기업가가 노동자의 이익을 위해 행동하지 않는다는 인식으로 이어진다는 것이다. 그래서 새 직업이 생기면, 사회 전체를 위한 장기간의 혁신이 주는 이익보다는 외려 개인을 위한 단기간의 부정적인 상황에 주의가 쏠린다. 이러한 이유로 기회주의적인 정치가와 급진적인 지식인들은 항상 단기간의 비용만을 강조한다. 그래서 기업가가 노동자를 착취한다는 이미지가 사람들의 마음에 자리잡고 지워지지 않게 된다.[37]

슘페터는 『독일 경제의 구조 변화Structural Changes in the German National Economy』(1929)라는 책의 한 장으로 쓴 것과 유사한 글에서, 회사가 매우 커져 개인이 관리하지 못할 지경에 이르게 되면 기업가의 기능은 변한다고 지적한다. 그래서 큰 회사에서 중요한 역할을 맡은 기업가는 회사 내부 전문가들이 제안하는 혁신을 승인하거나 거절하는 사람의 위치를 떠나, 새로운 아이디어를 만들어내는 사람으로 진화하게 된다. 대기업에서 기업가는 전문적인 지식을 필요로 하며, 전반적으로 회사의 이익을 염두에 두는 능력을 필요로 한다. 여기서 이른바 "신뢰"라는 것이 필요한데, 거대한 회사의 기업가들은 가족이 더 이상 회사 경영에 개입하지 못하도록 막고, 대신에 전문성을 갖춘 인재에게 기대게 된다.[38]

요약해보자면 슘페터의 주장은 이렇다. 기업가의 역할은 다른 두 형태로 진화한다는 것이다. 하나는 앞에서 서술한 것처럼 대기업에서 볼 수 있는 양상이다. 그러나 새 회사를 시작한 기업가들은 이 양상과는 다르다. 기업이나 산업을 규제하는 기관은 이 점을 명심해야 한다. 과연 언제 공격적인 반독점 고발로 대기업을 해체하는 것이 좋은지 말이다. 슘페터는 분명히 이러한 규제 기관이 경제적으로 개입하는 것을 반대하지는 않는다. 그는 단지 기업가정신의 중요성에 대해 지속적으로 깊은 관심을 기울여주기를 바란다. 국가가 추상적이 아니라 현실 속 경제적 "유기체"에 개입할 때는, 기업가정신 없이는 어떠한 성장도 이룩할 수 없음을 명심해야 할 것이다.[39]

슘페터는 보통 어떠한 국가를 위해서도 경제적인 처방을 내는 일을 삼갔다. 그래서 1925년부터 1932년까지 쓴 그의 비전문적인 글들은 그의 평상시 연구에 담긴 태도와 비교할 때 상당히 예외적이었다. 그는 그의 경력 내내, 경제학자는 정치적 대변자임을 자처하면서 자신의 분석을 오염시키고 판단을 흐리게 하지 않도록 오직 과학에 충실해야 한다고 주장했다. 이와 동시에 그는 항상 정부의 정책은 혁신을 향상시켜야 한다고 말했다.

슘페터주의식 혁신이라는 시험은 기업가의 수준에서는 적용하기 쉽고, 회사에서는 좀 더 어렵다. 기업의 역사를 배우는 학생들은 긴 목록의 대혁신가에게 익숙하다. [영국의 도예가로 퀸즈웨어, 재스퍼웨어 등의 도자기를 만들어 영국 도예계에 공헌했던*] 18세기의 조사이어 웨지우드와 [영국의 발명가이자 실업가로 수력을 이용한 방적 기계를 발명하여 산업혁명의 선구자가 되었던*] 리처드 아크라이트, 19세기의 카네기, 록펠러, 튀센, 노벨, 20세기의 포드, 조반니 아녤리▼, 에스티 로더▼, 모리타 아키오▼, 샘 월턴▼ 그리고 20세기 말~21세기 초의 빌 게이츠, 오프라 윈프리, 리처드 브랜슨▼, 스즈키 도시후미▼, 비록 시대는 다를지라도 마이크로소프트, 이케아, 노키아, 구글 같은 21세기의 혁신적인 기업도 마찬가지다. 그러나 슘페터의 정의에 따르면, 성공을 이룬 모든 기업은 어느 한 순간에만 기업가적이었다. 비록 어떤 순간에는 더 기업적이고, 다른 순간에 덜 기업적이었다 하더라도 말이다. 그들의 혁신이 빛을 바래면 기업은 사양길로 접어든다.

산업 전체로 따지면 혁신의 리트머스시험지는 더욱 복잡해진다. 몇 년 이상만 되면 어떠한 산업도 반대 요소가 생기게 마련이다. 흔히 현재 시장을 이끄는 일부 회사는 새 회사들보다 보수적이고 위험을 싫어하는 경향이 있다. 반대로 1900년대 자동차회사처럼 수백 곳의 회사를 거느리고 있는 새 산업에서는 특정한 기업 문화가 슘페터주의적일수록 경쟁에서 승리할 기회도 더 많은 듯 보였다. 오늘날 타이어, 직물, 철강, 자동차 같은 "성숙한" 산업에 속한 기업들은 전혀 슘페터주의적이지 않다. 관건인 혁신이 일단 이뤄지면 회사의 일상적인 틀 안에 자리잡게 된다. 그러나 슘페터가 자주 지적하기 좋아하는 것처럼, 혁신적인 회사들은 예기치 않게 몇 번이고 계속해서 산업의 성숙도를 바꿔왔다.

근래에 일어난 예를 들자면, 1940년대 프랑스 회사 미슐랭이 [고속 주행용 자동차 타이어인*] 레이디얼 타이어를 대량 생산하기 시작했다. 그것은 1980년대

1931년 슘페터가 본 근처의 나무가 우거진 언덕 벤치에 앉아 여가를 즐기고 있다. 그는 당시 경제적 진보의 중요한 요소로 혁신을 꼽은 그의 신조를 전하며, 맹렬한 속도로 글을 쓰고 있었다.

에 접어들어 오랫동안 세계 타이어산업을 이끌었던 미국의 지배권을 산산조
각내는 연속적인 창조적 파괴의 시작이었다. 레이디얼 타이어는 굿이어를 제
외한 5곳의 타이어 대기업을 모두 도산시켰으며, 또 세계적인 고무 자원 밀집
지인 오하이오 주 아크론에 위치한 고무회사의 지배를 끝장내버렸다. 오랜 성
공에 머물러버린 기업 문화로 미국 기업들은 효과적인 대응책을 마련하지 못
한 것이다.

20세기 동안 혁신적인 회사들은 레이온, 나일론, 폴리에스테르, 스판덱스
그리고 다른 종류의 합성섬유들을 개발함으로써 기존의 성숙한 섬유산업을
변화시켰다. 철강산업의 경우, 기본적인 산소 용광로와 고철재생공장의 출현
으로 그동안 지배권을 행사해왔던 US 스틸, 브리티시 스틸 같은 대기업이 더
이상 힘을 낼 수 없었다.

가장 좋은 예 가운데 하나는 도요타의 혁명적인 생산 제도였다. 1930년대
에 설립된 도요타 자동차는 1960년대만 하더라도 불과 4만 2000대의 자동차
를 만들었다. 그러나 1980년에는 230만대를 만들어 20년 만에 생산량이 무
려 5240퍼센트가 늘어났다. 그리고 새로운 생산 제도는 70년 동안 세계를 지
배해온 디트로이트 시대에 종지부를 찍음으로써 자동차제조법을 변형시켰을
뿐만 아니라 일반적인 제조업의 양상도 변화시켰다. 1970년대부터 도요타의
품질관리 기제, 낭비를 찾는 린 생산 방식lean manufacturing, 조립라인 근로자
에게 권한 부여 등의 독특한 생산 제도는 전 세계의 수많은 공장으로 확산되
었다.

국가 전체로 볼 때는 어떠한가? 국가의 경제성장을 위해 슘페터주의식 프로
그램을 일관성 있게 실현시키는 것이 가능한가? 특별한 양식의 세금, 회계, 금
융, 고용정책에 대한 유형은 만들어져 있는가? 슘페터는 건전한 국가경제를
체계적으로 향상시키기 위해 정치적 처방을 꼼꼼히 제시해본 적이 있는가?

그 대답은 "그렇다"이다. 그는 리카도, 마르크스, 케인스처럼 정책에 집착한

경제학자가 결코 아니었다. 다만 그는 동료인 오스트리아의 하이에크, 혹은 미국의 프리드먼처럼 열정을 갖고 정부의 정책에 끼어드는 정치적 행동주의를 비난하진 않았다. 슘페터는 또한 노벨상 수상자이자 제자였던 새뮤얼슨과 제임스 토빈▼을 포함해 수천 명의 다른 경제학자가 그랬던 것처럼, 정치가들을 위한 조언가로 기여하지도 않았다. 그럼에도 불구하고 슘페터가 바람직하다고 생각했던 정책에는 충분히 많은 증거가 있다. 그 증거들은 주로 두 군데서 나온다. 오스트리아 재무부장관으로 재임했던 그의 경력 그리고 본 대학교에 머무른 동안 썼던 공공정책에 대한 수많은 논문이었다.[40]

슘페터가 좋아했던 정책들은 특정 상황과 관련된 것이 많다. 그러나 특정한 국가의 경제 성과에 영향을 미치는 요인이 많기 때문에 어떠한 정책에도 같은 식으로 통하리라고 생각한다. 20세기 동안 정책에 대한 슘페터주의식 사고에 따른 결과를 보면, 높은 성장을 구가한 동아시아 국가들, 특히 20세기 말의 일본, 한국, 대만, 싱가포르에서 매우 분명하게 나타난다. 일본의 경우, 미 점령군이 떠난 1952년과 석유파동이 일어난 1973년 사이에 정책 입안자들이 슘페터의 제안을 상당 부분 채택했다. 슘페터가 항상 강조한 저축과 투자, 전 산업에 걸쳐 광범위한 혁신 그리고 소니, 산요, 혼다와 같은 새 기업에서 대단한 기업가정신이 나타난 것이다. 이 기간에 일본은 세계사에서 어떤 조용한 국가가 이룩한 것보다 가장 높은 경제 성과를 지속적으로 이뤘다.[41]

1925~1932년 동안 슘페터는 정책에 특별한 관심을 기울였으나, 독일에서 전부 그러한 쪽으로 관심만 쏟은 것은 아니었다. 사실 본 대학교에서 자리잡기 전에도 그는 도쿄대와 고베대 같은 독일에서 멀리 떨어진 일본 대학에 강의 초청을 받기 시작했다. 그는 본에 일단 자리를 틀자마자, 곧 경제학계의 주요 인물로 떠올랐다. 1926년 그는 베를린의 한 공과대학으로부터 교수로 일해달라는 초청을 받았다. 1927년에는 프라하 대학교에서 제안이 들어왔고, 이어서 곧 프라이부르크 대학교에서도 본 대학교보다 훨씬 많은 봉급을 제안

하며 그를 초청했다. 이뿐만이 아니다. 킬 대학교에서도 그에게 손짓했다. 그는 잠시 옮길까도 생각했지만 결국 제안을 전부 거절했다.[42]

1927년엔 미국 하버드대에서 요청이 들어왔다. 불과 2년 동안 여러 대학에서 받은 초청 가운데 일곱 번째였다. 이번엔 아주 매력적인 제안이 들어온지라 바로 거절할 수 없었다. 슘페터는 철두철미한 오스트리아 빈 시민이었다. 그가 독일에 대해 많은 애착이 있진 않았다. 하지만 그는 지금 본을 자신의 고향으로 만들었다. 각종 신문이나 잡지에 기고한 그의 모든 글은 오스트리아 독자가 아니라 독일 독자를 향했다. 그는 정말로 독일을 떠나고 싶지 않았다. 죽은 애니에게 장미를 선물하기 위해 날마다 그녀의 묘지로 향하는 순례는 그에게 안정감을 줬다. 그의 명성이 높아지면서 매우 우수한 학생들이 그의 매력에 이끌렸고, 슘페터를 대리 부모로 생각할 정도였다. 또 경기순환의 권위자인 슈피트호프를 비롯해 몇몇 다른 학자들과 쌓은 따뜻한 우정도 지속할 수 있었다.[43]

그러나 하버드대는 매우 많은 봉급을 제시했으며, 무엇보다 몹시 큰 엘리트 경제학부로 알려진 하버드대의 경제학부는 다른 대학과는 아주 딴판이었다. 여전히 빚의 부담에 시달리고 있던 슘페터는 하버드대가 제시한 많은 돈을 유용하게 쓸 수 있고, 순회 강연 등 자신의 지식을 돈을 받고 파는 강의 형태를 그만둘 수 있다고 생각했다. 빈에서 진 옛 빚을 갚아야 할 마감일이 다가오고 있었다. 만약 독일을 떠나 있으면 빚을 갚는 기한을 늦출 수 있다고 생각했다. 그는 한 친구에게 이렇게 썼다. "여보게, 이게 체면을 유지하면서 도망칠 기회가 아닐까?" 그는 결국 하버드대와의 1년 계약을 받아들였다. 물론 여전히 대서양 횡단 증기선 티켓을 사려면 더 많은 강연을 해야 했다. 그는 독일 교육과학부 장관에게 하버드대에서 강의하는 1년은 안식년이기 때문에 월급을 계속 줄 것을 요청했다. 그리고 자신이 당분간 없더라도 유능한 슈피트호프가 강좌를 대신해서 잘 가르칠 것이라고 알렸다. 이렇게 해서 그는 본 대학교와 하버드 대학교에서 모두 돈을 받았다. 중요한 것은 그가 14년 전 미국 컬럼비아 대에서 받았던 지적인 자극을 다시 느낄 수 있으리라는 기대감이었다.**44**

그는 만약 하버드대에서의 생활이 마음에 맞고 강의하는 동안 교수직 제안만 보장된다면 본을 영원히 떠날 수도 있었다. 그러나 인생을 송두리째 바꾸는 결정을 한다는 것은 섣부른 판단이었다. 다만 방문자 신분으로 하버드대로 가는 데에는 아무런 위험이 없었다. 만약 원한다면 미아가 그가 없는 동안 집을 관리하고, 자신이 해야 할 일들을 맡아서 할 수 있었다. 그녀의 동의를 얻어낸 슘페터는 결국 1927~1928년까지 1년간 하버드대에서 강의하기로 결정했다. 그의 새로운 업무는 애니가 죽은 뒤 13개월이 지나서 시작되었다.

제12장

본 대학교와
하버드 대학교를
오가며

"그 세계는 양편으로 우뚝 서 있다. 마음이 넓은 것보다 더 넓은 것은 없다."
— 에드나 밀레이, 「재생Renascence」, 1912

슘페터가 『경제 발전의 이론』 개정판과 영어판을 출간하기 오래전부터 이 책은 하버드대 경제학부의 호기심을 자극했다. 이 학부의 한 교수는 1911년에 쓰인 독일어판 원본을 읽고 슘페터를 좋게 평가하는 내용을 책으로 낸 적이 있다. 하버드대는 떠오르는 스타인 경제학 전문가 슘페터에게 일찍부터 관심을 보였다. 오랫동안 경제학부장을 지낸 프랭크 타우시그는 1912년에 처음 슘페터와 편지를 주고받았고, 슘페터가 컬럼비아대에서 교환 교수로 있을 때 처음 만났다. 1913년 10월 타우시그는 하버드대 총장인 애벗 로웰에게 "이처럼 명성이 매우 높고 존경받는 학자는 하버드대에서 강의할 수 있도록 마땅히 초청받아야합니다"고 편지를 썼으며, 이어서 "슘페터는 영어 실력이 뛰어나고, 꼭 마음에 드는 좋은 강의를 할 것입니다"라고 했다. 1년 동안 하버드대에 머물면서 슘페터는 연구뿐만이 아니라 연설도 했다. 이 과정에서 만난 타우시

그는 그의 일생 가운데 가장 두터운 우정을 나누는 친구가 되었다.[1]

타우시그는 하버드대를 졸업했고 스물네 살에 교수가 되었다. 이는 1883년의 일로 슘페터가 태어난 해다. 그 뒤 반세기 동안 타우시그는 하버드대의 마음과 영혼의 일부가 되었다. 빈 대학교에서 슘페터의 교수들이 그랬던 것처럼, 타우시그 교수도 정부를 위해 일하고자 정기적으로 휴직기를 가졌다. 그는 베르사유조약에서 윌슨 대통령에게 조언하기도 했으며, 미국관세위원회[현 미국국제무역위원회의 전신*]의 초대 회장을 맡기도 했다.[2]

타우시그는 건장한 체형에 외모가 몹시 인상적이었다. 나중에 슘페터가 그에 대해 "이제까지 살았던 사람 가운데서 가장 위대한 경제학 선생님 중 한 분"이라고 썼는데, 특히 그는 강의시 소크라테스식의 미묘한 문답법을 썼다. 그는 학생들로부터 가장 좋은 것을 끄집어내고, 새로운 재능을 찾아내는 특별한 재주가 있었다. 1927년, 타우시그가 슘페터를 방문 교수로 초청하도록 하버드대를 설득했을 때, 예순여덟 살의 타우시그는 대학 안에서 숭배의 대상이었다. 슘페터에게는 더 이상의 후원자가 필요 없었다.[3]

타우시그만큼 가까운 정신적인 동료도 없었다. 타우시그의 아버지는 프라하로부터 이민온 유대인이었고, 세인트루이스에서 기업가로 성공했다. 그의 어머니는 미국으로 이민온 독일 프로테스탄트 가문 출신이었고 이 때문에 타우시그는 독일어를 매우 잘했다. 슘페터처럼 그는 신동이었다. 열여섯 살에 하버드대에 입학해 스무 살에 졸업했고 경제학 박사학위 이외에도 법학 박사학위까지 받았다. 슘페터와 타우시그 두 사람 모두 베를린대에서 잠시 공부했고, 역사학과 사회학에 깊은 관심이 있었다. 교수로서 두 사람은 학생과 동료들에 관한 일에 많은 시간을 보냈다. 가장 중요했던 점은 두 사람 모두 서로를 좋아한다는 것이었다. 슈피트호프가 본에 있긴 했지만, 타우시그는 슘페터에게 대부와 같은 존재였다. 다른 가까운 동료들이나 타우시그의 가족이 그랬던 것처럼 슘페터도 그를 "아빠"라고 불렀다.[4]

프랭크 타우시그의 모습. 슘페터를 하
버드대로 데려온 주역이다. 그는 슘페
터의 가장 친한 동료가 되었다.

타우시그는 외국무역 전문가였다. 특히 관세 문제를 다룬 많은 책을 내 국
제적인 명성을 얻고 있었다. 그는 또한 인기 있는 교재를 썼고, 슘페터가 기업
가에 매력을 느끼는 점을 공감했다. 그가 쓴 몇 권의 책 가운데에는 1915년에
낸『발명가와 돈벌이꾼Inventors and Money Makers』이 있었고, 1932년에 낸『비즈
니스 리더들Business Leaders』이라는 제목의 책도 있었다. 나중에 슘페터는 타우
시그의 글에서 볼 수 있듯이, 학제간 경계를 넘나드는 것이야말로 "가능성으
로 가득찬" 미래로 나아가는 방법이라고 썼다. 그는 이어 "이론적 문맹은 더
이상 경제사가들을 위한 명예의 배지가 될 수 없고, 역사적 문맹은 이론가들
을 위한 명예의 배지가 될 수 없다"라고 했다. 슘페터는 같은 척도로 자신을
묘사했을 것이다.[5]

1920년대가 되자, 하버드대 경제학부는 재능 있는 젊은 학자들을 필요로

했다. 최고의 교수들이 상당수 나이들기 시작했고, 하버드대 경제학부에서는 1927~1928년 새 학기에 다른 학부보다 훨씬 많은 학생을 뽑을 예정이었기 때문이다. 중진 교수들은 새로운 교수들을 초빙하고자 유럽을 주목했다. 1927년 초, 중진 교수들은 슘페터를 하버드대에 영구적으로 임용할 가능성을 생각하면서 1년 방문 교수로 그를 데려오도록 추천했다. 당시 경제학부의 제안은 관료주의적인 절차를 거쳤는데, 클리퍼드 무어 학장부터, 로웰 총장 그리고 마지막으로 대학 내 운영위원회의 승인을 거쳐 이뤄졌다. 당시 사회과학(문리과 대학) 소속 교수들은 약 100명이었으며 오늘날에는 거의 500명에 이른다.[6]

비록 일시적이었지만 슘페터는 본을 떠나는 일에 대해 복잡한 감정이 일었다. 불과 몇 달 전에 어머니와 애니를 잃었고, 여전히 극심한 비탄에 잠겨 있었을 때다. 그래서 그는 몇 주 동안 하버드대의 제안에 망설였다. "초조한 마음으로 답신을 기다리던" 앨린 영 학부장은 1927년 5월 12일 본 대학교에 있던 슘페터에게 전보를 보냈다. 그러나 슘페터는 미적지근한 태도로 답했다.

5월 31일 여전히 결정하려고 애쓰고 있음. 일주일 내로 대답하겠음.
6월 15일 실제로 확실히 제안을 수락함. 편지를 보낼 것임.

그는 미국으로 옮기는 게 내키지 않았으나 명문대에 합류할 기회를 놓치고 싶지도 않았다. 드디어 그는 가기로 결정했다. 티켓을 살 돈을 벌려고 유럽에서 몇 차례 강연을 한 뒤, 1927년 10월 20일 암스테르담이라는 증기선에 몸을 실었다. 그는 10일 뒤에 보스턴에 도착했고 그날은 토요일이었다. 슘페터는 월요일에 "돈과 금융"이라는 과목으로 하버드대에서 첫 강의를 시작했다.[7]

케임브리지에 있었을 때의 일이다. 슘페터는 당시 대학 교수 클럽인 콜로니얼 클럽이라는 리조트에 있던 조그마한 하버드 야드와 인접한 방으로 자리를 옮겼다. 그 건물은 [미국의 소설가로 심리적 사실주의의 선구자로 꼽혔던*] 헨리 제임스와 [절대적인 실체를 부정함으로써 실용주의를 이론적으로 심화했던 기능적 심리학의 제창자*] 윌리엄 제임스가 그의 가족들과 함께 살았던 집이었다. 타우시그 교수는 슘페터에게 그 클럽을 쓸 멤버십을 줬다. 클럽의 위층에는 시설이 잘 갖춰진 객실이 있었다. 슘페터는 새로운 이 객실이 좋았다. 그의 연구실과 교실에서도 가까워 편리할 뿐만 아니라 비싸지도 않았다. 그리고 사람들을 만날 수 있는 사교적인 곳이었다. 본에서 매일 오직 미아만 접촉하던 큰 집과는 달리, 그 교수 클럽은 활동적이었고 부산스러웠는데, 특히 식사 시간이 그랬다.[8]

슘페터가 하버드대에 대해 가장 인상적이었던 점은 경제학부의 규모가 크다는 것, 학생과 동료들의 주의력이 대단하다는 것이었다. "나는 매일 한 시간 동안 강의한다. 집중력이 강한 학생들은 마치 나를 집어삼킬 것 같았다. 나는 그러한 분위기가 매우 좋다!" 한편 경제학을 매우 중요하게 생각했던 빈 대학교는 단지 3명의 정교수와 4명의 계약제 교수가 있었는데 반해, 하버드대 경제학부는 8명의 정교수와 32명의 계약제 교수들이 있었다. 대학원생 수만 해도 거의 100명에 가까웠다. 그는 친구인 예켈에게 "비교가 안 될 정도"라고 썼다. "나는 만약 본이 아니었다면 여기에 머물렀을 걸세. (…) 나는 천천히 초자연적인 심령으로 가득찬 수도원에 머무르고 있으며, 자주 마음의 안정을 느끼네. 만약 모든 일이 잘된다면 정말 정교수로 강의하는 날을 기대해볼 수 있을 것 같네."[9]

예켈에게 보낸 또 다른 편지에서 슘페터는 학생과 젊은 교수들이 주위에 매우 멋있게 모여 있고, 이 사람들과 일하는 것이 즐겁다고 썼다. 언제나 그랬듯이 슘페터는 사람들과 개인적으로 접촉할 때는 자신보다 젊거나, 혹은 연상인 세대에게도 편안함을 느꼈다. 가부장적이거나 자식 같은 사람들 모두 그랬다. 타우시그는 대부 같았고, 하버드대 학생과 젊은 강사들은 사랑하는 아

이처럼 느껴졌다. 이 하버드대 경제학부는 훗날 유명한 경제학자가 되는 에드
워드 메이슨▼과 시모어 해리스▼, 나중에 그의 세대 동안 가장 영향력 있는 사
회학자로 이름을 떨친 탤컷 파슨스 같은 젊고 똑똑한 학생들로 가득했다. 학
생들은 슘페터가 필요로 하는 지적인 흥분을 줬고, 그는 학생들 속에서 이를
한껏 즐겼다.[10]

한편 사랑하는 애니와 어머니 요한나의 그림자가 항상 슘페터의 마음속 깊
이 남아 있었다. 그는 예켈에게 계속 말했다. "우리는 이게 사는 게 아니라는
걸 압니다. 그저 인생을 다르게 쓰는 것에 불과할 뿐이죠." 심지어 케임브리지
에서도 그는 쉬지 않고 활동했다. 슘페터는 미국에 도착한 지 한 달도 안되어
기차를 타고 뉴욕으로 가 정치학 아카데미에서 강연하기도 했다. 그리고 다
시 한 달 뒤에 경제 관련 저널을 출판하는 미국경제학회 연례회의에 참석하
기 위해 워싱턴 D.C.로 가는 열정을 선보였다. 또 10일 뒤인 1928년 1월 초에
는 2주간의 일정으로 카리브 해 지역 여행을 위해 유람선을 탔다.[11]

카리브 해 여행에서 돌아온 그는 봄 학기 강의를 준비했으며, 학생들과 타
우시그 그리고 다른 동료들과 함께 생생한 토론을 계속 즐겼다. 그는 강의와
집필에 열심히 매달렸다. 한 번 더 돈의 책을 정리하려고 했지만, 다시 헛된
노력으로 끝나버렸다. 그러나 그는 사회계급에 대한 글과 케인스가 편집장으
로 있는 『이코노믹 저널』에 쓴 「자본주의의 불안정성」이란 논문으로 큰 성공
을 거뒀다.

1928년 4월, 그는 본에서 여름 학기 강의를 해야 했기 때문에 일찍 떠날
수 있도록 하버드대에 요구했다. 그의 하버드대 임용 기간은 원래 1927년 9월
부터 1928년 9월까지였다. 고로 하버드대는 그가 4월에 대학을 떠나는 것을
못마땅하게 생각했다. 여름에 연구 대신 강의를 하는 교수는 거의 없었고,
이를 감안해 그를 9개월 동안 강의하도록 고용한 것이나 마찬가지였기 때문
이다. 그러나 그는 10월 말부터 4월 중순까지 6개월이 채 안된 기간만 머물

렀다.[12]

　그러나 전반적으로 볼 때 슘페터의 하버드대 첫 방문은 여전히 깊은 슬픔에 사로잡힌 그에게 큰 성공이었다. 우선 하버드대 체류로 독일에서 지낼 때보다 많은 돈을 벌 수 있었고, 또 지적·학문적으로 좋은 자극을 받을 수 있었다. 새로운 생활을 향한 탈출과 전환 그리고 접촉 가능성도 열어줬다. 슈톨퍼에게 쓴 편지처럼, 하버드대는 세계의 다른 대학이 결코 접근할 수 없는 대단한 매력이 있었다. 그는 이제 하버드대 측이 자신이 머물기를 원한다면 영원히 그러고 싶다고 생각했다. 다만 그는 여전히 경제적인 압박에 시달리고 있었다. 본 대학교로 돌아온 뒤에도 여름 내내 강의만 해야 했다. 지친 그는 슈톨퍼에게 말했다. "나는 8월에 휴식을 취할 겁니다."[13]

　그러나 슘페터는 몇 시간 이상 쉬는 경우가 거의 없었고 심지어 휴가중일 때도 그랬다. 그는 계속 일하면서 강연과 집필로 자신의 고통을 잊어나갔다. 그는 이 기간에 학술적인 글쓰기를 비롯해 돈을 벌기 위해 언론에 기고하는 등 엄청나게 많은 글을 썼다. 또 하버드 대학교에 있든, 본 대학교에 있든 간에 학생들이 하는 프로젝트를 통해 그들이 훌륭한 사고를 할 수 있게 도우면서, 그들과의 지적인 토론에 더더욱 많은 시간을 쏟았다. 그는 특히 애니의 죽음 뒤 이러한 일을 시작했는데, 때로는 똑똑한 학생들과 일대일 만남을 갖기도 했다. 그의 이러한 습관은 하버드대에 있는 동안 더 많아졌고, 1928년 본 대학교로 돌아왔을 때는 더욱더 그랬다.

　슘페터는 애니와 함께 살았으며 지금 미아와 같이 지내는 큰 저택으로 돌아왔다. 미아는 거기에 계속 살면서 집을 돌봤고, 유럽 쪽과 관련된 슘페터의 여러 일을 대신 처리해줬다. 두 사람은 곧 섹스를 하는 사이로 발전했다. 훗날 미아는 이렇게 썼다. "지난 여러 일을 생각해보면 저에게는 매우 생생하게 떠오릅니다. 당신의 침대 앞에서 무릎을 꿇었던 일까지."

그날은 어느 봄날 저녁이었어요. 저는 영화를 본 뒤 집으로 돌아왔고, 당신 방에 불빛이 켜진 것을 보고 행복을 느끼면서 인사하려고 당신에게 갔지요. 당신은 아마도 연구에 깊이 파묻혀 있던 것 같았어요. 나를 쳐다보지도 않은 채 불친절한 어투로 말했습니다. "안녕." 전 [창세기에 나오는 소돔과 고모라의 일화처럼*] "소금 기둥"이 되어버렸지요. (…) 나는 비틀거리며 방으로 돌아갔습니다. 침대 위에 몸을 던지고 비탄에 잠겨 울었습니다. 당신이 나를 미치게 만들었다는 생각, 당신을 화나게 만드는 무언가를 내가 했다는 생각 때문에 몹시 불행하다는 생각이 들었죠. 나 자신을 위로할 수 있는 것은 아무것도 없었어요. 결국 전 용기내서 당신에게 가 내가 무엇을 잘못했는지 알려고 했어요. 그런데 당신은 아주 달콤하게 나를 안고 쓰다듬으며, 우리 사이에 잘못된 것은 아무것도 없다고 나에게 확신시켜줬어요. 당신은 따뜻하고 부드러운 입술로 저에게 키스를 했지요. (…) 오랫동안 전 당신의 감정이 무엇인지 잘 알지 못한 채 살아왔어요. 그러나 이제 충분히 알 것 같아요.[14]

슘페터는 미아의 관계를 계속 발전시켜나갔지만 애니를 사랑하는 마음도 지속되었다. 그는 그녀의 일기를 계속 베껴쓰면서 그녀를 떠올렸고, 자신의 연구를 잘할 수 있게 해달라며 그녀와 요한나에게 기도로 호소했다. 슘페터는 미아와 심각한 사이였지만 결혼할 뜻은 없었다. 미아는 그가 자신과 결혼해주길 원했지만, 사랑의 강도에서 볼 때 그녀는 애니와 경쟁할 상대가 결코 아니었다. 슘페터는 장미를 갖고 애니의 무덤에 매일 찾아갔고 마침내 크고 비싼 묘비를 세울 수 있었다. 그가 본에 없는 동안 미아가 대신해서 애니의 무덤을 보살폈으며, 그녀는 애니의 무덤이 슘페터에게는 단순한 무덤을 넘어 일종의 성지를 뜻함을 알게 되었다.[15]

많은 경제학자가 본에 있는 슘페터를 찾았고 자주 그의 집에 머물렀다. 그

스물세 살 때의 미아 슈퇴켈의 모습

는 여전히 방문객을 즐겁게 맞아들였지만, 그의 대화는 사회 문제보다 지적인 문제에 쏠려 있었다. 애니가 죽기 전에 그 집을 가득채웠던 행복은 결코 되살아나지 않았다. 미아는 공개적으로 안주인 역할을 하지 않았지만, 그녀가 없었다면 커다란 방에서 덩그러니 혼자 외롭게 지내는 슘페터의 생활은 매우 달라졌을 것이다. 그는 가족이나 가정부의 도움 없이 자신이 매일 필요로 하는 일을 온전히 처리할 수 없었다. 그의 편해 보이기까지 한 무능력이 그의 귀족적 허세에서부터 온 것인지, 아니면 정말 무능력해서인지는 별 문제가 되지 않았다. 이때 그는 마흔다섯 살이었고, 되도록 자신의 습관을 바꾸려 하지도 않았다.

자주 기차 여행을 하던 그의 오랜 습관이 다시 나타났다. 그는 강의를 하고 세미나에 참석하기 위해 독일의 주요 대학을 거의 모두 방문했을 정도다. 그는 기업 집단을 대상으로 수많은 강연을 했지만 여전히 빚을 갚고자 돈을 벌어야 했다. 그는 스위스, 프랑스, 이탈리아로 짧은 여행을 다녀왔다. 이 여행에서 그는 다른 사람들에게 미아와의 관계를 밝히기를 원치 않았다. 그래서 그녀는 여행 기간 내내 집에서 생활했다.[16]

그는 일상 업무를 보듯 매일 강의와 집필을 해나갔다. 그러나 가정일이나 대학의 행정 업무, 사회적인 일에 좀처럼 관여하지 않았다. 다만 학생들에게는 결코 소홀하지 않았다. 많은 학생이 자신들이 열망하는 지적인 학자와 스승의 본보기로 슘페터를 꼽으며 찬사를 보냈다.

슘페터가 가장 좋아하는 학생 가운데 재능이 많은 클레레 티슈라는 제자가 있었다. 슘페터의 지도 아래 이 학생은 사회주의에 관해 매우 영향력 있는 논문을 썼다. 유대인인 그녀는 1933년 히틀러가 정치계에 등장한 뒤에도 독일에 남았다가 1941년 나치에 살해되었다. 한스 징거라는 유대인 제자도 있었다. 그는 영국으로 탈출해 미국개발기구에서 한동안 몸을 담고 있다가, 결국 서식스 대학교에서 강의했다. 징거 교수는 "선생님으로서 슘페터는 경제학과 일반적인 사고의 틀에서 새로운 세계를 열어놓은 학자"라고 회상했다. 본 대학교의 세미나 활동은 대부분 그를 중심으로 전개되었다. 징거는 이렇게 썼다. "그는 우리의 이상이자 멘토였다. 좋은 교수가 학생들 마음속의 문을 연다는 문구는 이 경우에 정확하게 옳은 표현인 듯하다."[17]

슘페터의 제자 가운데 일부는 뛰어난 경력의 소유자가 되었다. 아우구스트 뢰슈▼와 에리히 슈나이더▼는 대학의 유명한 경제학자가 되었다. 헤르베르트 차센하우스는 국제금융기금에서 높은 직위를 차지했다. 구스타프 슈톨퍼의 아들인 볼프강은 슘페터를 따라 하버드대로 가서 경제학자가 되었고, 개발도상국에 관한 조언자로 오랜 경력을 쌓았다. E. F. 슈마허는 1973년 베스트셀러인 『작은 것이 아름답다Small Is Beautiful』를 낸 뒤 존경받는 인물이 되었다.[18]

『작은 것이 아름답다』라는 책의 메시지는 슘페터의 사상으로 볼 때, 그가 박수를 보내면서 지지할 내용은 아니었다. 그러나 많은 선생님과 달리 슘페터는 학생들에게 자신의 관점을 강요하는 학자가 결코 아니었다. 그는 교단에서 하는 강의를 좋아했다. 그리고 몇몇 주제에만 매달렸으며, 많은 것을 늘어놓는 커피하우스식의 수다스러운 지적 논쟁은 즐기지 않았다. 그러나 그는 항상 가르치면서 학생들을 즐겁게 하려고 애썼다. 그는 한곳에만 머무를 수가 없었다. 교실에서, 바깥에서도, 재능 있는 변호사처럼 유창한 언변으로 논쟁하는 양쪽 모두에게 유리한 주장을 하며 지지를 보냈다. 그의 성장기 가운데 일부가 이러한 기질을 만들어냈다. 우선 테레지아눔에서 보낸 교육 과정, 빈에서 받은 법교육, 변호사로서 짧은 경험, 각기 다른 대학의 경제학과에서 흡수한 지식 등이 이에 해당된다. 그러나 가장 중요한 요인은 그의 장난스러운 지적 기질이었다. 슈마허는 본 대학교에서 배우고 있었을 당시 가족에게 이런 편지를 썼다. "슘페터는 대단한 사람이다! 나는 벌써 다음 월요일에 그가 할 강의를 기대하고 있다. 그의 강의에는 건조한 학문적 색채는 찾아볼 수 없다. 믿을 수 없을 정도로 생생한 지식을 전해준다. 한마디 한마디에 그의 모든 걸

느낄 수 있다."[19]

학생들이 보이는 존경심은 슘페터에게 힘을 불어넣었다. 그러나 그는 일이라는 것이 있던 그대로 결코 존재할 수 없다고 되씹곤 했다. 1931년 말, 일기에 그는 이렇게 썼다. "나는 인생을 즐기며 행복을 느낀다고 생각하지 않는다. 나는 힘과 욕망이 있을 때면 언제라도 놀고, 이야기하고, 소리내어 웃고, 우쭐해하고 싶다." 그러나 일에 대한 집착은 계속되었다. "다시, 다시 일하라, 나의 빵을 위해, 내 마음속의 신을 위해 그리고 하젠[애니와 어머니 요한나*]을 위해."[20]

그는 본 대학교와 하버드 대학교를 오가며 수십 편의 논문을 썼지만 돈의 책은 더 이상 진전이 없어 그만두고 말았다. 1929년 9월에 슘페터는 예켈에게 말했다. "나는 무능력함과 실패라는 느낌을 맛보고 있소. (…) 그래서 우울증과 계속되는 투쟁과 고민이 쌓여만가오." 애니와 어머니가 죽은 뒤 그가 자신의 일에 그렇게 많은 노력을 쏟아부을 수 있다는 것은 놀라운 일이었다. 그는 목표 가운데 일부를 이뤘다. 그러나 "과거의 즐거웠던 창의력은 떠나버렸다." 그의 강의는 아무런 문제없이 잘 진행되었으나 집필은 그렇지 않았다. "날마다 전날 썼던 모든 것을 집어던져버렸다. 정말로 슬픈 일이다."[21]

슘페터는 자신의 직장을 어디로 할지 아직 정하지 않은 상태였다. 1928년 4월, 하버드대를 떠났을 때 두 대학에서 그가 돌아오길 희망했다. 휴가와 함께 시작된 그간의 편지들이 이에 대한 답을 보여준다. 그해 말 하버드대는 슘페터를 다시 미국으로 데려오고자 많은 노력을 기울였다. 그러한 노력은 하버드대 경제학부의 새로운 학부장 버뱅크가 보낸 긴 편지에서 찾아볼 수 있다. 그는 자신보다 재능 있는 동료들과는 달리 통통하고 쾌활한 성격의 경제학자로 행정 업무를 맡길 좋아했다. 1928년 12월에 그는 슘페터에게 다음과 같은 편지를 썼다. "달이 지나갈수록 당신을 필요로 하는 우리 대학의 마음은 더욱더 절실해지고 있습니다. 그래서 우리는 당신의 향후 계획을 알고 싶습니다."[22]

슘페터는 직접 쓴 긴 편지에서 이렇게 답했다. "유감스럽게도 제가 이렇게 답하는 것을 이해하시기 바랍니다. 저는 지금 당신의 편지에 부정적인 대답을 해야만 할 처지입니다. (…) 있는 그대로 지금 상황을 말하자면, 귀하의 초대는 제가 [교육부] 장관에게 빚을 진 상황에서 나왔습니다. 장관은 초청에 대한 답변으로 '아니오'라고 할 것입니다. 만약 이러한 초대가 몇 년 동안 연기된다면 상황은 많이 달라질 것입니다. 그러나 현재 상황으로는 이곳에 머물 수밖에 없는 형편입니다."[23]

슘페터는 본 대학교에서 물러나도록 노력해보겠다고 덧붙였다. "일주일 전에 저는 장관으로부터 저의 사임을 '막으려들' 방도는 없다는 이야기를 들었습니다. 그러나 장관이 제가 떠나는 것을 동의하면, 자신의 임무 수행이 실패라고 생각할 겁니다." 슘페터가 안식년 휴가를 받아 하버드대를 처음 방문해 가르치는 동안 본 대학교로부터 월급을 계속해서 받은 일이 다시 일어날 수도 있었다. 하버드대에서 돌아온 지 얼마 되지 않은 상황에서 다시 떠나는 것, 슘페터가 사임하는 것 모두 일을 복잡하게 만들 것이다. 편지를 보면 슘페터가 높은 안목을 가진 교수처럼 두 대학을 갖고 저울질하며 갖고 논 것은 결코 아니었다. 대신에 그는 과연 살길 바라는 곳이 어디인지 정말 진지하게 결정하지 않은 듯 보인다.[24]

슘페터는 하버드대 로웰 총장에게도 편지를 받았다. "저는 지난번 당신에게서 앨린 영 교수가 [쉰세 살에 갑자기] 세상을 떠났다고 들었습니다. 우리로서는 슬픈 손실이며 경제학부에도 심각한 공백입니다. (…) 당신은 이곳의 제안을 수락하는 문제를 다시 고려해보지 않겠습니까?" 슘페터는 하버드대와 타협할 수 있을 것이라고 대답했다. "그 희망은 이렇게 열어놓고 싶습니다. 여기서 일부 제 업무를 하면서, 하버드대의 큰 업무 가운데 일부를 제가 부담하는 타협안 말입니다."**25**

학부장인 버뱅크는 한 번 더 편지를 썼다. 그리고 슘페터에게 부정적인 두 번째 대답을 들은 뒤인 1929년 5월, 슘페터가 존경하는 타우시그의 마음을 함께 담은 전보를 보냈다. "매우 유감스러운 일이지만 이해합니다. 이와 같은 계획을 고려해보시기 바랍니다. 당신은 매년 1학기 동안 올 수 있습니다. 아마도 1학기 동안이지만 당신의 여건이 허락한다면 더 오랜 기간도 가능합니다. 지금처럼 본 대학교에 당신의 일을 남겨두면 됩니다. 이 제안이 가능한지 편리한 시간에 연락 바랍니다. 당신과 교육부를 언제나 환영합니다."**26**

슘페터는 1930~1931년에 업무를 시작할 수 있다고 대답하면서 6개월간 강의에서 두 과목을 가르치겠다고 제안했다. 하나는 경제사상의 학파에 대한 것으로 "경제학 이론의 최근 문제점Current Problems of Economic Theory"이라고 이름붙였다. 다른 과목은 "경기순환Business Cycles"으로, 이는 대공황으로 인한 여파 때문에 그때그때마다 가장 두드러진 문제 가운데 하나였다. 슘페터는 편지에 "저는 이러한 주제를 충분하게 다룰 기회를 환영합니다"라고 썼다. 그의 새 강좌는 1939년에 출판된 같은 제목의 거대한 책에 대한 예고편 격이었다. 슘페터는 하루 동안 겹쳐서 강의하며 2~3일을 자유롭게 지내기보다 매일 한 강좌를 열기를 요구했다. 게다가 "가능하다면 저는 저만의 강의실을 갖고 싶습니다. 그리고 저의 강의 다음 시간에는 그 강의실에 강의가 없길 바랍니다. 저는 원하는 학생들과 토론을 계속하는 것이 매우 즐겁고 유용하다고 생각하기 때문입니다."**27**

당시 하버드대에는 새로운 교수 클럽이 아직 완공되지 않아서 머무를 곳이 문제였다. 그 당시 하버드대는 기숙사를 "하우스" 시스템으로 바꾸고 있었다. 이곳은 큰 벽돌 건물로 이루어져 있는데 학부생, 교수, 대학원 강사들이 함께 모여살 예정이었다. 중진 교수들은 이 옥스퍼드-케임브리지 모델하우스에서 "마스터"로 군림하며 대부분 배우자와 함께 살게 되었다. 이 새로운 집에는 스위트룸, 침실, 연회장, 식당, 작은 도서실이 있었다. 하버드대 행정가의 눈으로 볼 때, 찰스 강 언덕 위에 건설된 우아한 건축물인 던스터 하우스의 거주자로 슘페터가 완벽한 후보자 같았다. 그 건물의 주인은 슘페터에게 이렇게 썼다. "학부생들과 잘 알고 지내고 그들에게 당신의 존재를 좋게 인식시킬 그야말로 다시없는 기회입니다."[28]

하버드대의 초청에는 자유로운 숙식을 포함해 금전적으로 큰 보너스가 있었다. 슘페터가 여전히 빚을 내고 있던 터에 타우시그의 아내가 죽었다. 슘페터는 하버드대 교정에서 몇 블록 떨어져 있는 멋진 집의 방을 주겠다는 타우시그의 제안을 받아들였다. "나를 초대한 것은 몹시 고마웠다. 비록 혼자 있게 되지만 저축을 많이 할 기회였다." 슘페터는 자신에게 모든 시설이 갖춰진 연구실이 있는 던스터 하우스와도 가까이했다. 거기에는 젊은 동료이자 떠오르는 경제학자 그리고 수석 교사로 근무하고 있는 메이슨도 있었다. 허나 그는 거기서 산 적은 없었다.[29]

미국을 떠나기 전, 슘페터는 베를린 교육부에 하버드대에서 대부분의 시간을 보내겠지만 가능하면 미국의 다른 대학에서도 강의할 수도 있다고 말했다. 그는 또다시 자신이 없는 동안 본 대학교로부터 급료를 달라고 요구했다.

한편 그는 독일의 미래에 더욱 비관적이었다. 유럽을 떠나 미국으로 항해하면서 그는 케인스에게 이렇게 썼다. "저는 재정적인 문제와 정치적인 상황에서 벗어나서 기쁩니다. 정말로 그럴 수도 있을 겁니다. [정부 내] 한 개인의 잘못이 쉽게 국가적인 재앙으로 전개될 수도 있으니 말입니다."[30]

1930년 두 번째 하버드대 방문을 위해 보스턴에 도착했을 때, 슘페터는 스콧 2번가에 있는 넓은 집으로 이사했다. 이 집은 타우시그가 1880년대에 세웠다. 이제 이 커다란 집에는 두 홀아비, 마흔일곱 살의 슘페터와 일흔한 살의

슘페터가 존경했던 타우시그가 살던 케임브리지의 집. 1930~1931년 하버드대에 두 번째 방문했던 시기에 잠시 머물렀다. 그 뒤 슘페터는 1932년 가을부터 5년 동안이나 머물렀다. 이 집은 사진으로 나타난 것보다 더 크다. 그러나 지금은 여러 아파트로 나뉘어져 있다. 이 사진은 2003년 봄 가벼운 눈이 내린 뒤 찍었다.

타우시그가 몹시 자유롭고도 편안한 시간을 같이 보냈다. "나의 인생은 그렇게 낭만적이지는 않다." 슘페터는 예켈에게 보낸 편지에서 이렇게 표현하면서 미국이 안락한 나라가 아님을 알게 되었다고 덧붙였다. "그러나 대저택이 있는 케임브리지는 여전히 문명화된 곳이고, 동료들은 멋있으며, 학문적 관심이 도처에 넘쳐흐른다. 나는 다른 것에 대해서는 생각하지 않는다." 그는 곧 다시 썼다. "나의 친구이자 주인인 그와 사랑에 빠졌다. 타우시그는 매력적인 사람이고 매우 친절하고 현명하다. 강한 성격으로 다른 사람들을 돌보며 소중하게 대한다. 그는 지난 3개월 동안 나를 매우 잘 대해줬다."[31]

　슘페터는 하버드대에서의 두 번째 방문을 매우 즐겼다. 그리고 언젠가 하버드대에 영원히 머물고 싶다고 한 친구에게 썼다. 1930년 가을 학기가 끝날 무렵 그는 다시 예전처럼 조금 일찍 독일로 떠나도록 허가해줄 것을 요청했다. 그는 12월 초에 시험을 치르도록 했다. 그래서 한 달 정도 일찍 시간을 벌 수 있었다. 슘페터는 그 기간에 유명한 경제 저널인 『아메리칸 이코노믹 리뷰』를 발행하는 미국경제학회 연례회의에 참석하고, 유람선으로 세계 일주를 다시 시작하려던 참이었다. 학부장인 버뱅크는 늘 협조적이었다. 그는 슘페터의 계획을 앞장서서 주선해줬다. 슘페터는 버뱅크에게 1932~1933년도 학기에 하버드대로 꼭 돌아오겠다고 말했다.[32]

1930년 12월 말 클리블랜드에서 열린 미국경제학회 모임에서 슘페터는 「오늘날의 세계공황: 잠정적인 진단The Present World Depression: A Tentative Diagnosis」이라는 내용의 보고서를 낭독, 연설했다. 더 중요한 것은 그가 1930년 12월 29일 16명의 경제학자가 모여 새롭게 설립한 계량경제학회의의 회의를 주재했다는 사실이다. 학회의 주요 회원으로는 슘페터를 비롯해 노르웨이 경제학자 랑나르 프리슈▾와 예일 대학교의 어빙 피셔가 있었다. 이들 세 경제학자는 경제학에서 더욱 정확한 수학적·통계적 방법을 원했다. 프리슈는 '계량경제학econometrics'이란 용어를 처음으로 만들었다. 그러나 슘페터는 그 학회가 오슬로 대학교나 다른 대학과 연계해야 한다는 프리슈의 계획을 반대했다. 슘페터는 그 학회가 세계적인 조직이 되어야 하지만 본부는 미국에 있어야 한다고 생각했다.

계량경제학회 첫 모임에서는 어빙 피셔가 회장으로 선출되었다. 그리고 슘페터, 프리슈와 함께 7개국을 대표하는 7명의 경제학자가 첫 자문위원회 회원으로 뽑혔다. 계량경제학회를 설립한 뒤 몇 년이 지나지 않아서 학회는 수십 국가 수천 명의 회원이 가입하는 큰 모임으로 성장했다. 슘페터는 학회지인 『이코노메트리카Econometrica』의 창간호에 논설을 썼다. 1933년에 나오기 시작한 이 학회지는 권위 있는 저널로 오늘날에도 여전히 주목받고 있다.[33]

1931년 1월 미국경제학회 모임이 끝난 뒤 슘페터는 클리블랜드에서 샌프란

코네티컷 주 뉴헤이븐에 있는 예일대 피셔 교수의 집에서 함께한 슘페터. 두 사람은 계량경제학회를 창립하는 데 중요한 역할을 했다.

시스코로 그리고 일본으로 여행했다. 매번 거둔 성공에도 불구하고 그의 관심사에서 사라지지 않는 두 가지 생각이 있었다. 첫 번째는 독일에서 발생하는 사건들에 대해 점점 늘어나는 우려, 두 번째는 가는 곳마다 그림자처럼 따라다니는 무시무시한 외로움이었다. 그는 본에서 슈피트호프에게 보낸 편지에서 4월부터 그곳에서의 강의를 재개하겠다고 요청했다. 슘페터는 당시 그 편지에서 점차 커지는 독일의 정치적 갈등에 주목하고 있었는데, 한편으로는 사회주의, 다른 한편으로는 파시즘 문제였다. 슘페터는 이런 각각의 세력이 서로를 억제할 것이며, 기대하는 대로 경제 회복만 이루어지면 유권자들은 극단주의자들에게 멀어지리라 믿었다.[34]

태평양 횡단과 일본에서 지냈던 3주간의 생활을 설명하면서, 슘페터는 하버드대 무어 학장에게 편지를 썼다. "제 여행의 목적이 휴식이었다면 실패했습니다. (…) 그러나 저는 여행을 즐기고 있습니다. 일본 동료 그리고 학생들뿐만 아니라 사업가와 정치인들에게서도 매우 좋은 인상을 받았습니다. 일본 정치인으로부터도 좋은 인상을 받았다는 것은, 어쩌면 유럽에 비해 일본 정치인이 자신을 잘 보이려고 더욱 나서길 좋아하는 일본 정치계 귀족의 특성에 연유한 것일 수 있습니다. 지금 저는 일본에서 책을 내기 위해 여섯 번의 연설을 해야 합니다! 아주 기분좋은 일입니다."[35]

슘페터의 강의는 일본 전역에 걸쳐 큰 환호를 받았다. 일본 언론은 그의 출현을 전면에 도배하다시피 했다(슘페터는 이를 라디오 전면폭격Radiobombardement이라고 표현했다). 이는 오늘날 어떤 학계의 어느 누구도 상상하기 어려운 규모였다. 일본은 그를 매료시켰다. 그는 구스타프와 토니 슈톨퍼에게 편지를 썼다. "여기에 한 문화가 있다. 우리와 동등할 뿐만 아니라 어쩌면 우월한. 이곳은 기술 장치를 응용·채택할 준비가 되어 있다. 더 이상 다른 것은 없다." 특히 일본인의 미학적 감각이 슘페터에게는 인상적이었다. 그는 구스타프와 토니에게 관광할 시간이 없는 것이 유감이라고 썼다. 실제로 그는 도쿄, 하코네, 나라, 고베, 니코, 교토의 고대 도시 내 신궁을 방문했다. 슘페터는 방문한 신궁에서 고요하고 평화로운 분위기를 자아내는 건축물인 일본 사찰을 감상할 수 있었다. 그곳은 슘페터가 몹시 좋아하는 유럽 성당처럼 몇백 년이나 된 건물이었다.[36]

그는 일본에 머물면서 승리감을 만끽했고 아시아에서도 여러 흥미를 느꼈으나 여행이 마음의 평화를 가져다주지는 못했다. "여행이란 없었다." 그는 싱가포르에서 예켈에게 썼다. "항상 나 스스로에게만 빠져 있어서 진정한 의미에서의 해방이란 없었다." 그는 자신의 마음 상태를 분석하려고 애쓰면서 다음과 같이 회상했다. "실수, 실패, 고통 그리고 돈을 모두 잃어버렸을 때인 1924년이 몹시 분명하게 뇌리에 떠오른 것은 심리학적으로 볼 때 매우 재미있는 일이 아닐 수 없다. 심지어 내가 인도양을 횡단하는 아름다운 배를 타고 매우 안전하고 안락하게 여행할 때조차, 그 괴로운 문제들이 줄곧 나를 따라

1931년 초 의기양양한 모습으로 일본을 방문한 슘페터. 그는 일생 동안 일본의 독특한 문화와 매우 빠른 산업화에 매료되었다.

다녔다. 그리고 정신적·육체적 쇠락의 감정이 자주 죽음의 예감으로 엉겨서 항상 떠나지 않았다."[37]

본으로 돌아온 그는 강의와 연구를 위한 중대한 일정을 재개했다. "무엇보다 코펜하겐 대학교, 스톡홀름 대학교, (⋯) 크리스티아니아 대학교[오늘의 오슬로 대학교] 그리고 6곳의 네덜란드 대학교에서 초청이 있었다. 나는 이 일정을 더 이상 미룰 수 없었다." 시간이 지나면서 슘페터는 여전히 독일의 정치적 불안정이 더욱 더 염려스러웠다. 세계 각지를 여행하면서 그는 세계의 다른 국가들이 현재 독일이 겪고 있는 경제난을 도울 수 있으리라 믿었다. 그가 볼때 이것은 현 상황과 제1차 대전 직후 상황의 중요한 차이점이었다.[38]

하버드대에서 일본을 거쳐 본 대학교로 돌아온 두 달 뒤인 1931년 봄, 그는 베를린대의 유력한 교수 후보가 되었다. 베를린대의 유명한 경제학자가 막 퇴임하자 유럽에서 가장 잘 알려진 학자 가운데 한 사람인 슘페터가 그를 대신해 선택권을 받게 된 것이다. 베를린대 교수로서의 그의 두 번째 경력이 곧 시작되었다.

베를린대의 경제학 교수 대부분은 여전히 독일 역사학파의 영향력 아래 놓여 있었고, 그들은 슘페터를 불신의 눈으로 쳐다봤다. 그들은 슘페터를 급작스레 치고 올라와 명성을 얻은 이론가라 생각했다. 그는 구스타프 슈톨퍼에게 이렇게 썼다. "베를린대 경제학자들은 나의 친구가 아닙니다." 그는 베를린대에 가고 싶지 않았다. 그러나 베를린대가 제안하는 명예욕은 버릴 수 없었다. 1930년 슈톨퍼는 좌익 성향의 정당을 통해 독일 의회에 진출했다. 그는 슘페터를 위해 교육부를 상대로 로비를 벌였다. 두 사람은 1929년 이후 교수 임명의 가능성을 논의해왔다.[39]

슘페터의 대단한 자격 때문에, 그를 반대하는 베를린대 경제학자들은 곤란하게 되었다. 그러나 학계에서 자주 일어나는 일종의 정치 문제로 반대자들은 논의의 장을 바꿨다. 먼저 그들은 슘페터 같은 경제이론가가 아닌 농업경제학자가 필요하다고 주장했다. "이로 인해 나는 처음으로 베를린대 동료들의 천재성을 존경하게 된 것이죠"라고 슘페터는 슈톨퍼에게 썼다. "왜냐하면 이 계책이 내 연구에 대해 터무니없는 제안을 하고, 대신 자신들은 우스꽝스러운 사람들이 아니라는 것을 과시할 방법이기 때문입니다."**40**

이러한 계책이 실패하고 교육부에서 슘페터를 강하게 지지하자, 반대자들은 다시 슘페터의 진실성을 비난하기 시작했다. 그들은 슘페터가 오래전 비더만 은행에서 근무할 당시 받은 비난을 끄집어내어, 7년 동안이나 계속되었던 문제의 공식적인 조사를 시작했다. 슘페터는 대단한 열정으로 맞섰고 그 사건을 반박하는 긴 해명서를 썼다. 하지만 그는 이 과정에서 몹시 심한 좌절감을 느꼈다. 그는 슈톨퍼에게 학문생활에서 "나는 이제 중상모략이란 아주 뿌리박힌 관습을 알게 되었습니다. 내가 보내는 모든 편지가 악의를 품은 사람들의 손에 들어간다면 잘못 해석될 수 있다고 생각합니다"라고 썼다. 슈톨퍼는 슘페터에게 고소하라고 촉구했고, 끝까지 싸운다면 이길 것이라고 말했다. 그러나 법정에서 설사 이긴다 해도 베를린대의 제안을 받을 가능성은 별로 없어 보였다. 그는 어쨌든 하버드대로 돌아갈 결심을 굳혔다.**41**

그는 곧 슈톨퍼에게 말했다. "베를린대를 향한 제 희망을 접으려고 합니다." 하버드대에서라면 "아는 많은 사람에게 즉각적으로 다가갈 수 있었을 것입니다. 이것은 파벌이 아니라 학자로서의 능력이 중요한 상황이기 때문입니다. 그러한 이유와 자존심 때문에 나는 더 이상 베를린대[교수직]에 매달릴 수가 없습니다." 그러나 그는 개인적인 공격도 무시할 수 없다고 생각했다. 모든 문제가 그를 화나게 했다. 자신의 명예를 의식한 그는 반대자들의 조사가 계속되길 원했다. 결국 그 논쟁은 고려할 가치조차 없는 문제로 일단락되었다. 슘페터는 자신이 맡게 되었을 교수직이 옛 친구이자 빈 대학교 세미나 동료인 레더러에게 가게 되었음을 기뻐했다.**42**

1932년 초, 슘페터는 전쟁 배상금과 관련된 논문 한 편을 썼다. 이는 베르사유조약이 체결된 지 12년 뒤에도 여전히 의견이 분분한 주제였다. 『로이드 먼슬리 리뷰Lloyd's Monthly Review』에 실린 그 논문에 대해 한 독일 신문이 공격했다. 그러자 슘페터는 본 대학교의 행정 관리에게 그 비평을 쓴 작가가 자신의 글을 이해할 만큼 총명하지 않다고 말했다. 그는 논박자의 접근법이 마치 히틀러가 복잡한 문제에 대해서 연설할 때 불분명한 방법을 쓰는 것과 비슷하다고 생각했다.[43]

슘페터는 작별 연설에서 제자들에게 자신의 길을 가라고 말했지만 어느 누구도 나치당원이 되지 않았다. 그들이 나치에 친근하게 다가갔다면 당의 경제적인 도움을 받으며 전문가로 활동할 수도 있었을 것이다. 훗날 그의 옛 제자인 한스 징거는 이렇게 썼다. "히틀러가 등장하기 이전 우리 그룹[슘페터의 본 세미나]은 학생 조직인 경제학부 학생회보다 지적인 면에서 우수했다. 또 어느 정도 조직적이었으며 자유로웠고, 반나치 성향을 띠고 있었다." 슘페터는 나치가 벌이는 운동을 심각하게 생각하지 않았으나 그것을 알았을 때는 이미 늦었다. 히틀러가 집권하기 6개월 전 그는 친구인 고트프리트 하벌러▼에게 이렇게 썼다. "나는 독일 정치에서 어떤 심각한 일이 벌어지리라고 믿지 않아요. 독일은 지난 500년 동안 지속되었던 그 정부 그대로입니다." 그러나 그로부터 정확하게 10년 뒤 사색에 잠겨 그는 이렇게 이야기했다. "난 정치분석가로서는 믿을 만한 놈이 못 돼요. 나는 히틀러가 곧 등장할 것이라고 전혀 짐작도 못했어요."[44]

나치의 반유대적 성향은 슘페터가 20년 전 정치선동가 카를 뤼거가 집권한 빈에서 목격한 유대인의 희생양과는 아주 다르게 보였다. 이는 유대인을 아주 혐오하는 증오심이었다. 그렇다고 러시아에서 수십 년간 행해진 유대인에 대한 피의 학살과 같은 것은 아니었다. 그때만 해도 대부분의 사람처럼 슘페터는 『나의 투쟁』에서 뿜어댄 히틀러의 독설에도 불구하고 나치의 계획을 조금도 이해하지 못했다. 그가 정말 걱정한 것은 독일 유권자들이 열악한 경제 상황에 염증을 느끼고 베르사유조약의 상처로 여전히 속상한 나머지 공산주의와 파시즘 그리고 극단적인 사회주의의 선동가들이 주장하는 실현 불가능한 약속에 현혹될 수도 있다는 점이었다. 슘페터는 정말로 경제 위기의 시기에 유권자들이 그럭저럭 살아나갈 능력이 있으리라는 생각은 별로 없었다. 이러한 느낌은 미국으로 이주한 뒤에도 지속되었다. 그래서 그는 루스벨트가 독재자가 되려는 야망을 갖고 있는 것은 아닌지 의문을 갖기도 했다.

전반적으로 1920년대 말과 1930년대 초기 동안 슘페터가 공적·사적으로 쓴 글들을 보면 유럽의 정치 상황을 대하는 태도가 복잡하게 뒤섞여 있다는 것을 알 수 있다. 그는 베르사유조약에서 독일이 몹시 불리하게 처리되었다고 확신했다. 또 무기력한 정부에 진절머리가 날 지경이었다. 전쟁이 끝난 1919년 뒤 새로 탄생한 독일 의회와 내각은 슘페터가 유명한 언론에 기고한 많은 글에서 밝힌 것처럼 건설적인 정책을 택하는 데 계속 실패했다. 그는 히틀러가 적어도 경제 문제에 대해서는 머리 회전이 빠른 유능한 사람이라고는 생각하지 않았다. 그래서 누군가가 국제사회에서 독일이 올바른 방향으로 나가야 한다고 강력하게 주장하는 것에는 박수를 보냈다. 슘페터는 히틀러가 실제로 권력을 장악할 것이라는 생각에 회의적이었고, 설사 그가 정권을 잡는다고 해도 살인적인 독재자의 위치에 설 것이라는 생각은 하지 못했다.

히틀러가 취임하기 전만 해도 아마 많은 영국, 미국, 유럽 대륙뿐만 아니라 비유대인으로서의 독일인 대부분이 슘페터와 같은 생각을 했을 것이다. 그들은 『나의 투쟁』을 읽는 데 전혀 어려움이 없는 사람들이다(슘페터가 이 책을 읽었다는 증거는 없다). 말할 필요도 없이 슘페터를 포함해 나치를 더 심각하게 받아들이지 못한 사람들은 비참할 정도로 순진했다. 그들은 비판하지 못했고 돌이켜보면 이는 무척 끔찍한 일이었다.[45]

1932년 2월, 하버드대 경제학부장인 버뱅크는 슘페터가 미국으로 돌아오도록 모든 노력을 기울였다. "저는 혹시 무리하게 당신의 결심을 강요하는 것 같아서 편지쓰기를 망설였습니다." 그러나 경제학부 측은 슘페터를 확실히 필요로 했다. 그가 경제학부에서 예산에 대한 강의를 진행해주길 원했기 때문이다. 버뱅크는 하버드대가 바실리 레온티예프▼를 모시고자 모든 노력을 다하고 있다고 재차 강조했다. 레온티예프는 러시아 출신의 총명하고 젊은 유대인 경제학자로서 당시 베를린대 교수였다. 그는 슘페터를 채용하라고 강력하게 촉구한 교수였다. 또 하버드대는 슘페터의 젊은 동료인 하벌러를 영입하고자 노력했다. 그는 빈 대학교 교수로 당시 휴가중이었다. 버뱅크는 이렇게 썼다. "이러한 이야기들은 흥미 있는 소문거리가 아니라 진실입니다." "이러한 우리의 정책이 어느 정도 당신의 결정에 관련될 것이라고 생각됩니다. (…) 당신이 허락한다면 우리 모두 행복할 것입니다."**46**

본 대학교는 아직 슘페터의 사직서를 공식적으로 받아들이지 않았다. 그는 이렇게 답장을 보냈다. "저는 벌써 당신의 동료인 것처럼 편지를 쓸 수 있습니다. 당신은 저에게 커다란 즐거움을 줬다고 확신합니다." 버뱅크는 이렇게 썼다. "조에게: 타우시그 교수는 편지와 전보를 통해 당신에 대한 교수 임용이 관리이사회를 거쳐 이제 발표만 기다리고 있다고 말했습니다." 불확실한 4년이 지난 지금 문제는 완전히 해결되었다. 슘페터는 슈톨퍼에게 이렇게 썼다 "그것은 하느님이 내린 어려운 결정이었습니다. 그러나 고통스러운 일들이 끝나 좋은 일이라는 생각이 듭니다."**47**

그러나 아직 두 난제가 남아 있었다. 첫 번째는 그의 비서이자 애인인 미아였다. 그녀는 슘페터가 하버드대에 있었을 당시 그가 없었던 기간을 포함해 수년간 집안일과 편지를 챙기고 능숙하게 잘 관리했다. 그는 미아를 떠나보내면서 죄책감을 느꼈다. 스물여섯 살인 그녀는 여전히 그와의 결혼을 바라고 있었다.

하버드대로 출발하기 한 달 전, 그는 그녀를 데리고 짧은 휴가 여행을 다녀왔다. 그 뒤 일기에 이렇게 썼다. "나는 일에 전념하기를 원하오. 그리고 만약 일하지 않는다면, 나는 정말로 쉬고 싶은 것이 내 생각이오." 미아는 매우 젊기 때문에 슘페터 가족과는 다른 방식으로 그의 일에 끼어들 수 있었을 것이다. 이어서 슘페터는 "당신은 나의 고향이자 사랑하는 가족이오"라고 썼다. 그는 미아에게 결혼은 불가능하다고 솔직하게 털어놓았다. 결혼 문제를 곰곰이 생각하면서 그는 일기에 다음과 같이 썼다. "1년 이상 지나면, 미아는 만족하지 못하고 불행해하며 나를 떠날 것이다. 만약 그녀와 결혼한다 해도 하버드대에서 좋은 생활을 보내기가 쉽지 않고 그녀 또한 행복하지 않을 것이다. 결혼은 안 된다고 한 이야기는 좋은 일이다. 내가 떠나는 것이 좋다. 그렇지 않다면 더욱 불안감만 쌓일 것이다." 슘페터는 미아와 마지막 인사를 하지 않았고, 그녀에게 다음 여름을 유럽에서 같이 보내리란 말만 했다. 한편 미아는 슘페터를 대신해서 애니의 무덤을 정기적으로 찾고 돌볼 것을 약속하면서 앞으로 수년간 그 약속을 지키겠다고 맹세했다.[48]

두 번째로 정리해야 할 일은 오랫동안 같이 지냈던 본 대학교의 동료 교수와 제자들이었다. 그는 슈피트호프와 친밀하게 지냈다. 슈피트호프는 7년 전 슘페터를 그 대학에 올 수 있도록 주선해줬으며 어머니 요한나와 애니의 장례를 치르는 데 많은 도움을 준 동료였다. 슈피트호프는 학생들에게 매우 헌신적이었다. 그는 떠나는 슘페터를 위해 학생들과 함께 기억에 남을 만한 작별 파티를 열어줬다. 본 대학교의 요청에 따라 슘페터는 긴 고별 연설을 했다. 연설의 요지는 과학과 정치학에서 경제학의 역할이 무엇인지에 대한 개인적인 신조였다.

강의실에서 정치적인 의지를 표현하는 사람이 다시 이론을 설명하는데, 이는 서로 다른 두 사람입니다……. 신사 숙녀 여러분, 특히 저는 결코 결론 내리기를 원치 않기 때문입니다. 만약 제가 할 역할이 있다면, 그것은 문을 닫는 일이 아니라 열어놓는 일입니다. 그리고 저는 결코 슘페터학파 같은 것을 세워서 어떠한 것을 만들어내라고 촉구하고 싶은 생각이 추호도 없습니다…….

많은 사람은 이러한 저의 관점을 혼란스러워 합니다. 왜냐하면 독일에는 이러한 학파의 리더라고 느끼고, 어두움에 맞서 저항해 빛을 위해 싸우는 전사라고 생각하는 여섯 사람이 있기 때문입니다. 그것은 한 학파가 다른 학파와 전쟁을 치르는 듯한 양상의 신랄한 비판으로 나타납니다. 이 문제를 둘러싸고 싸운다는 것은 결코 이해할 수 없는 일입니다. 삶은 언젠가 어느 순간에 사라지고 맙니다. 싸우지 말아야 합니다. 학문에서 거둔 순간적인 성공은 경제나 혹은 정치에서 얻는 성공만큼 중요하지 않습니다. 만약 학문에서 어떤 것[이론*]이 지배적이라면 그것은 단지 존재할 권리를 입증시켰다고 말할 수 있을 뿐입니다. 저는 자기 자신을 위해 자라나는 다음 세대의 의견을 완전히 받아들일 것입니다.[49]

독일을 떠나 대서양을 건너면서 슘페터는 매우 감정적인 어조의 마지막 편지를 구스타프와 토니 슈톨퍼에게 보냈다. 여기에 그는 독일을 떠나는 일이 얼마나 어려웠는지 심경을 밝혔다. 그는 라인 강 언덕에 있는 자신의 집이 마치 고향처럼 느껴졌고 구스타프와 토니와의 오랜 우정은 "나의 전 생애 동안 결코 잊을 수 없는" 소중한 것이라고 썼다. "당신은 내 이야기가 들리나요? 당신은 결코 당신과 맺었던 이 인연을 없애지 못할 겁니다. 두 분 가운데 한 분만이라도 정기적으로 편지를 보내주시길 바랍니다." 그는 여름휴가마다 유럽을 방문할 계획을 세우곤 했다. 하지만 이제부터 그의 새집은 미국이었다.[50]

제13장

하버드대에서

"우리가 항해로 발견하고 탐험한 저 새로운 지역들 (…) 당연히 신세계라고 부를 수 있다."
– 아메리고 베스푸치가 로렌조 데메디치에게 보내는 편지, 1503

1923년 슘페터가 하버드대에 도착했을 때, 캠퍼스의 초점은 하버드 야드였다. 이곳은 그늘이 드리워진 수풀로 되어 있는데, 1636년 대학이 처음 설립되었던 장소이기도 하다. 하버드 야드는 오래된 검은 벽돌로 된 구조물로 둘러싸여 있는데, 가운데 건물은 17세기부터 있었다. 하버드대의 조그맣고 중간 정도 크기의 많은 건물은 빈 대학교, 체르노비츠 대학교, 그라츠 대학교, 본 대학교의 건물과 놀라울 정도로 대조를 이뤘다. 이 유럽 대학에서는 하나의 커다란 건물 안에 교실, 도서관, 사무실 등이 있었다.

오늘날 하버드 야드에는 매년 수십만 명의 관광객을 매료시키는 생생한 건축 박물관이 있다. 그러나 21세기의 하버드대는 1932년 슘페터가 만났던 조용하면서도 지역 공동체의 성격을 띤 것과는 매우 다른 장소다. 대학에 불어닥친 건축 붐으로 하버드 야드 바깥쪽에 수십 곳의 새 건물이 들어섰고, 많

은 기부금을 받아 세계에서 가장 풍요로운 대학이 되었다.[1]

하버드대 안에는 현재 9곳의 전문적인 단과대학이 있으며, 슘페터가 재직할 당시처럼 대학원과 인문과학부가 핵심을 이루고 있다. 이곳엔 오늘날 미국의 50개 주와 전 세계 약 75개국의 학문적으로 높은 재능을 지닌 학생이 모여든다. 2010년의 학생분포도를 보면 입학한 학생들 52퍼센트가 여성이었고, 18퍼센트가 아시아계 미국인, 11퍼센트가 아프리카계 미국인, 10퍼센트가 라틴계, 1.4퍼센트만이 본토인이었다.[2]

1932년 슘페터가 교수진에 합류했을 때만 해도 하버드대는 1200명의 지원자 가운데 83퍼센트인 약 1000명에게만 입학을 허가했다. 이는 오늘날 수치로 따지면 9퍼센트를 차지하는 입학생 비율과 대조를 이룬다. 그 당시 지원자들의 배경은 매우 비슷했다. 모두 남자에 거의 백인이었으며 지방색도 무척 강했다. 약 40퍼센트가 매사추세츠 주 출신이었고, 나머지는 대부분 동북부의 다른 주에서 왔다. 학생들 가운데 과반수가 대학 진학을 위한 비싼 사립형 예비학교를 다녔다. 입학한 학생 가운데 30~40퍼센트는 성적이 별로 좋지 않았다. 입학한 학생들의 표준 성적은 남학생의 경우 C였으며, 그것은 일반적이진 않지만 사실이었다. 1932년의 예를 보면 미국 학부생 가족 가운데 단지 12퍼센트만이 연간소득 2500달러인데 반해 하버드대는 84퍼센트에 달했다.[3]

하버드대는 부유한 상류층 가족의 자손을 위한 대학이 되어버렸다. 그들의 아들 세대는 일부는 총명했지만 나머진 보통 수준이었으며, 머리가 둔한 학생도 많았다. 그들은 거의 의례적인 통과 수순을 걸쳐 입학 허가를 받았다. 하버드대의 정치적 성향은 특히 이 학과 졸업생들을 볼 때 공화주의 색채가 강했다. 1934년 학생과 교수진을 상대로 실시한 여론조사에 따르면 2 대 1의 비율로 루스벨트의 뉴딜정책을 반대했다. 가톨릭교 학생은 찾아보기 힘들었으며 유대인은 12퍼센트의 비율로 제한되어 있었다. 하버드대 문화 속에는 반유대주의가 넘쳐났고, 이러한 감정은 자주 공공연하게 표출되기도 했다. 많은 학생 조직이 유대인에게 폐쇄적이었으며, 대학의 공식 기록 가운데 일부는 유대인 학생의 경우 이름 앞에 유대인을 상징하는 별표가 있었다. 유대인 교수들은 상당히 드물었으며 정체성이 일부 억압당하기도 했다. 이 점에서 슘페터의 친구이자 후원자인 프랭크 타우시그는 전형적인 미국인이었다.[4]

하버드대는 대학과 인접하는 곳에 래드클리프대라는 여자대학을 산하에 두고 있었지만 별로 중요하게 취급하진 않았다. 이 여자대학 학생들은 하버드대 강의 대부분을 들을 수 있었다. 그러나 대학 내 공간 시설 사용은 금지되었다. 심지어 당시 의회 도서관에 이어 두 번째로 가장 큰 장서를 보유하고 있던 와이드너 도서관의 열람실 이용도 허락되지 않았다. 의학부에는 극히 일부의 여성만 입학이 허락되었지만 법률과 경제학부는 모두 거절되었다. 구스타프와 토니 슈톨퍼가 1937년 슘페터를 방문했을 때, 슘페터는 새로운 하버드대 교수 클럽에서 저녁 만찬을 준비했다. 그러나 그는 당황해하며 옛 친구에게 편지를 썼다. "숙녀들은 이곳에 오는 게 허용되지 않기 때문에, 올 때는 당신 혼자서 와야만 해요."[5]

하버드대는 그 밖의 다른 것들을 모두 대표할 대학일지 모른다. 그러나 중산층 학생에게 개방된 더욱 수준 높은 교육을 위한 신선한 세계는 결코 아니었다. 미국의 이상은 미 대륙이라는 방대한 영토 전역에 걸쳐 주립 혹은 시립 대학을 건설해 좀 더 나은 이미지를 추구하는 것이었다. 그래서 이러한 공립대학은 대부분 사립대학과 경쟁할 수밖에 없었다. 그리고 오늘날도 이러한 공립과 사립의 경쟁은 여전하다. 1937년 당시 미국의 대학을 대상으로 한 전체 대학원 과정 등급 순위를 보면 상위 10곳 가운데 3곳은 주립, 하나(코넬 대학교)는 주정부와 사적인 지원 둘 다 받는 혼합 형태였다. 순위를 보면, 1위 하버드대, 2위 시카고대, 3위 컬럼비아대, 4위 예일대, 5위 캘리포니아대, 6위 존스홉킨스대, 7위 코넬대, 8위 프린스턴대, 9위 미시간대 10위 위스콘신대

순이었다.[6]

하버드대는 대부분의 대학보다 큰 규모인 연방적인 운영 제도하에서 관리 되고 있으며 지금도 여전하다. 하버드대의 전문적인 단과대학은 특이한 독립 체제로 운영되며, 대개 독자적으로 자금을 조달하고 고용과 승진을 책임진다. 오늘날 단과대학과 인문과학부 교수진은 모두 종신으로 재직하는 프리마돈 나다. 1930년대 하버드대는 학계의 스타들이 넘쳐났지만, 프리마돈나의 비율 은 아주 적었다. 하지만 각 분야의 전문가들을 열거하자면 (가장 유명한 경제학 자인) 슘페터를 위시해 철학자 화이트헤드, 역사가 새뮤얼 모리슨▼과 아서 슐 레진저 경▼, 정치학자 아서 홀콤▼과 찰스 매킬웨인, 문학비평가 조지 키트레 지와 아이버 리처즈, 사회학자 피티림 소로킨▼과 그의 후배이자 경쟁자인 탤 컷 파슨스까지 끝이 없을 정도였다.[7]

슘페터는 사회학자인 파슨스와 특별한 관계였다. 그는 1920년대 말 슘페 터가 방문 교수였을 때 경제학 강사였다. 파슨스는 훗날 그의 세대에서 가장 영향력 있는 사회학자 가운데 한 사람이 되었다. 그는 제자들에게 체계적으 로 생각하도록 자주 가르친 사람이 슘페터라고 말했다. 또 파슨스는 베버의 많은 연구를 번역했고 미국에서 폭넓은 주목을 받았다. 때문에 베버에서 슘 페터 그리고 파슨스로 이어지는 지적 영향력이 막강한 지형이 만들어질 수 있었다.[8]

1930년대 하버드대 자연과학부도 자랑할 만한 저명한 학자를 보유하고 있 었다. 그 가운데에는 천문학자 할로 섀플리와 화학자 제임스 코넌트 등 내로 라하는 석학이 있었다. 코넌트는 1933년 당시 일흔여섯 살이 된 하버드대 총 장 로웰의 뒤를 이었다. 마흔 살에 불과한 코넌트는 매우 특출한 인재로 때로 불 같은 열정을 지녔으며, 기민하게 움직이는 중산층 출신이었다. 그는 하버드 대라는 현실에 머무르려는 안일한 상류층 문화를 실력 중심주의 문화로 대체 하는 캠페인을 벌였다. 그는 고용과 승진 제도를 면밀히 검토했으며, 더 좋은 자질을 가진 학생들을 뽑으려고 노력했다. 20년 동안 총장으로 일하면서 그는 하버드대 역사에서 지적인 위상을 향상시키기 위해 어느 누구 못지않게 활약한 인물이었다.[9]

엘리트인 슘페터는 코넌트가 로웰의 뒤를 이어받을 시기에 하버드대에 도착했다. 그리고 코넌트가 추구하는 이 노력들을 지지했다. 그러한 변화가 일기 전에도 그는 자신이 본 대학교 혹은 그라츠대와는 상당히 다른 세계로 나아가고 있음을 느꼈다. 그는 친구인 타우시그에게 어떻게 행동해야 할지 조언을 구했다. "저는 교수진 혹은 행정위원회를 상대로 어떻게 처신해야 하는지, 그런 종류의 일을 잘 알지 못합니다. 그리고 제가 조언을 구하는 것은 강의에 관한 것입니다. (…) 강의에서 제가 무엇을 표현하고 싶어하는지 이해하기를 희망합니다."[10]

1932년 가을, 미국에 도착한 지 한 달 가까이 지나서 슘페터는 하버드대 경제학 세미나에서 미국 행정부의 금융법을 주제로 연설해달라는 초청을 수락했다. 이 연설이 루스벨트와 후버가 맞붙는 대통령 선거 일주일 전에 있다는 것을 안 슘페터는 로웰 총장에게 이렇게 썼다. "제가 그 세미나에서의 연설을 수락했을 때, 저는 토론이 전적으로 비정치적인 문제라고 생각했습니다. 그리고 연설 수락 또한 정치적 의미가 함축되지 않기를 기대했습니다. 그러나 결국 결정했기 때문에 제가 할 일은 세미나가 개최될 때 참석하지 않는 것 이외에는 선택이 없다고 생각합니다." 로웰은 답변을 보냈다. "제가 어떤 다른 국가의 한 대학에서 비슷한 입장에 있었다면, 제가 취해야 할 선택은 당신이 한 것과 같다고 생각합니다. 그리고 그런 염려에 대해 편지를 보내줘 고맙게 생각합니다."[11]

타우시그, 로웰 그리고 다른 사람들이 강력하게 슘페터를 채용하려고 했을 때 그의 봉급을 두고 많은 논의가 있었다. 타우시그는 자신과 마찬가지로 하버드대에서 최대한 많이 받아야 한다고 제안했다. 슘페터가 1927년 처음 방문한 뒤, 하버드대는 정교수에게 연봉을 1만 달러에서 1만 2000달러로 올려 최고 수준으로 대우해왔다.[12]

1930년 10월, 무어 학장은 로웰 총장에게 다음과 같이 썼다. "만약 슘페터와 이야기를 나누게 된다면 연봉 1만 2000달러를 제안할 것입니다. 그러나 아마도 총장님은 직접 그와 이야기하고 싶어할 겁니다." 이에 대해 로웰은 상세하게 답변했다.

프랭크 타우시그 교수가 나에게 와서 슘페터 교수가 본 대학교에서 받은 연봉과 연금 내역 그리고 하버드대에서 받게 될 연봉과 연금을 알려줬습니다. 내용은 다음과 같습니다.

본 대학교의 연봉과 강의료 3만 6000마르크
소득세 25퍼센트 이하 9000마르크
합계 2만 7000마르크
연금 2만 마르크(매년)

하버드대 연봉 1만 2000달러
소득세(연방정부와 매사추세츠 주) 500달러
하버드대 공제(연금?) 600달러
퇴직수당 약 2800달러(매년)

독일과 미국에서 화폐상 구매력이 서로 다르다는 관점에서 보자면, 연봉은 다소 줄어들었다고 볼 수 있습니다. 그리고 연금에서도 그렇다고 할 수 있습니다. 어떻게 된 걸까요? 문제가 있다면 어떻게 해야 하는 거죠?

로웰 총장이나 타우시그 교수 가운데 한 사람은 잘못 알고 있었다. 하버드대에서 슘페터가 받을 보수는 본 대학교에 비해 훨씬 많았으며, 심지어 세금 공제 전에도 그랬다. 당시 환율로 보자면 슘페터가 본 대학교에서 받은 연봉 3만 6000마르크는 미국 돈으로 8600달러와 같았다. 하버드대가 제공하는 1만 2000달러와는 퍽 대조적이다.[13]

한편 연금 수당에 대해서는 로웰 총장의 비교가 옳았다. 2만 마르크는 4761달러와 같았다. 그래서 타우시그는 슘페터의 하버드대 연금을 매년 2800달러에서 4000달러로 올려야 한다고 제안했다. 학장은 이 제안에 불만을 표했다. 왜냐하면 슘페터가 당시 마흔일곱 살로 비교적 젊기 때문에 퇴직할 나이가 될 때까지 그러한 관대한 처사에 부응할 만큼 충분한 돈값을 하기가 어려우리란 불만이었다. 그러나 타우시그는 단호했으며 그의 요구를 관철시켜 하버드대 운영위원회가 받아들이도록 하는 데 성공했다. 로웰 총장은 훗날 이렇게 썼다. "어떤 일반적인 규정을 정하지 않고 있는 대학 당국은 슘페터 교수가 그의 직위를 15년 동안 유지한다면 퇴직 연금을 4000달러 정도 보장해주는 것은 현명한 의견이라는 데 생각을 같이 했습니다. 말하자면, 꽤 오랜 기간이기 때문입니다."[14]

이 수치들은 여러 의미를 나타내고 있다. 명백하게 독일에서 슘페터와 비슷한 계급에 속한 사람들의 경우 소득세 비율은 미국보다 훨씬 높았다. 또 1932년 대공황의 시기에도 그랬다. 당시 미국의 1인당 국민소득은 1만 2000달러의 약 30분의 1 정도인 394달러로 매우 낮았다. 하버드대 경제학부에서 일하는 직원 가운데 가장 낮은 연봉은 1375달러였다. 슘페터는 혼자였기 때문에 직장을 잃고 돌봐야 할 가족이 없었다. 1930년 그는 한 유럽 친구에게 보낸 편지에서 하버드대 방문 교수로 일하면서 한 달 생활비용이 150~200달러, 1년에 1600~2400달러 정도 된다고 말한바 있다. 따라서 연봉 1만 2000달러는 그에게 매우 많은 보수였다.[15]

대부분 타우시그가 중재한 협상의 막바지에 이르러, 슘페터는 버뱅크에게 이렇게 썼다. "나는 이방인들 사이에 있는 게 아닙니다. 그러나 그렇게 말할 수도 있겠죠?" 슘페터는 원래 개인적으로 편지를 쓸 때는 항상 우아하면서도 복잡할 정도의 수사적 표현이 많았다. 로웰 총장에게 그는 이렇게 썼다. "학문의 영역에서 하버드대라는 위대한 명성의 가치를 증명하고, 당신의 선택을 실망시킬 어떠한 이유도 결코 찾을 수 없길 바라는 것이 저의 가장 중요한 소망이 될 것입니다."[16]

1932년에 임용된 시기부터 1950년에 죽을 때까지, 슘페터는 하버드대 교수 가운데 가장 많은 보수를 받았다. 돈을 많이 받을 수 있다는 점은 그에게 많은 걸 의미했다. 생활을 즐기는 것뿐만이 아니라 재정적으로 곤란을 겪는 유럽의 동료와 옛 제자들에게 규칙적으로 돈을 보낼 수 있었다. 라이징거 가족, 미아, 클레레, 다른 사람들에게 말이다. 1935년 그는 빈에서 진 나머지 빚을 전부 갚았다. 그 빚은 지난 10년 동안 그를 괴롭혀온 걱정거리였다.[17]

하버드대 교육자로서, 슘페터는 곧 이 캠퍼스의 개성적인 인물이 되었다. 유별나다는 것은 아니었지만 전통적인 교수와는 확실히 달랐다. 폴 새뮤얼슨은 그에 대해 이렇게 썼다. "그는 미국의 [왜소한 체구에 미국의 서민상을 대표하던 〈앤디 하디〉 시리즈로 큰 사랑을 받았던 미국의 영화배우*] 미키 루니와 코카콜라에 대해 거의 몰랐다." 하버드대에서 재직하던 기간 내내 미식축구 시합에도 가지 않았던 그는 1913년 컬럼비아대에서 교환 교수로 방문했을 때 한 번 참석했을 뿐이고, 그것으로 충분했다고 생각했다. 그는 하버드대 광장 지하에서 우르릉거리며 소리내는 지하철을 정확히 한 번 탔다. 운전을 못하는 그는 택시를 타거나 혹은 운전하는 친구와 함께 여행을 떠났다. 아주 긴 여행 동안에도 기차로 다니기를 좋아했던 그는 1937년에 비행기를 처음으로 탔다. 이유는 한겨울이 오고 방학 동안 시카고에서 열린 학술회의에 참가했다가 마이애미로 가기 위해서였다. 그는 마이애미에서 편지를 썼다. 보스턴으로 돌아오는 동안 비행기가 추락할 것 같다는 내용이었다.[18]

그의 동료 경제학자인 갤브레이스는 슘페터보다 2년 뒤에 하버드대에 도착했다. 그는 슘페터를 "탄탄한 체격에 약간 거무스름하고 평균 키보다는 조금 작은 남자"라고 기억했다. 슘페터는 키가 172센티미터로 거의 평균이었다. 그러나 2미터 4센티미터인 갤브레이스가 보기에는 대부분의 사람이 작게 보였을 것이다. 슘페터는 "즐겁고 표정이 풍부한 얼굴이었고, 동료들과의 대화에서 무한한 사랑을 느꼈으며 (…) 옳거나 혹은 기억될 만한 일 사이의 선택에서 절대 망설이지 않았다."[19]

그는 어떤 경우든 늘 즐거워했다. 훗날 새뮤얼슨은 이렇게 썼다. "그에게 옷은 매우 중요했다. 그는 셔츠, 타이, 딱 달라붙는 바지, 손수건과 무척 잘 어울리도록 멋있게 재단한 다양한 종류의 트위드를 입었다. 대학원 동료인 아내는 무한한 수의 조합처럼 주기적으로 변하는 그의 의상을 눈여겨봤다. 주기적인 변화는 결코 단순하지도 무작위한 것도 아니었다."[20]

매일 아침 정성들여 옷을 갖춰 입는 의식을 끝내고서 슘페터는 타우시그의 집에서 하버드대 교내로 여섯 블록을 걸어간다. 정확하게 약속된 시간에 그는 학생들로 꽉 찬 교실에 등장해 자신의 상징인 외투, 중절모, 장갑을 벗는다. 한 학생이 이렇게 회상했다. "모든 사람이 지켜보고 있는 데에서 천천히 하나씩 벗는다. 이 모든 과정이 매우 인상적이었다." 그다음에 슘페터는 칠판 위에 어떤 내용을 쓰고, 학생들을 향해 빙그르르 몸을 돌려 강의를 시작한다. 그는 귀족적인 빈풍의 억양으로 이야기한다. 물론 수업에 대비해 세심한 주의를 기울여 준비했지만 학생들에게는 완벽할 정도로 자연스러운 인상을 준다. 어떠한 강의 노트도 쓰지 않고, 오직 자신의 해박한 지식으로 학생들을 현혹시킨다. "그는 결코 농담을 하지 않았다." 새뮤얼슨은 이렇게 기억했다. "그러나 어쨌든 교실에 재치가 넘치게 만들었다. 빠르게 앞뒤로 왔다갔다하는 재담으로, 그는 메마르고 지루한 교재에서 우리를 3차원의 살아 있는 경제학과 경제학자의 세계로 이끌었다."[21]

이러한 강의를 할 때 슘페터는 결코 주저하지 않고, 자주 종이에 새로운 생각을 적어서 주머니에 넣어둔다. 학생들은 슘페터가 교재 없이 수업에 오는 유일한 교수지만 재킷과 바지에 메시지가 가득차 있다는 것을 알았다. 교실 안에서든 바깥에서든 그는 이 노트에 휘갈겨 적지 않고는 못 참는 교수였다. 슘페터는 종이 위에 더 많은 글을 쓰기 위해 도착한 편지들을 잘라 작고 네모나게 만들었다. 그는 한때 자신의 서류 보관 방식을 "아주 무질서한 사람의 방식"이라고 언급한 적이 있다. 그리고 그의 일부 기록은 색종이 조각으로 된 상자더미와 유사했다. 그러나 그 노트들은 쓰지 않은 적이 거의 없고 기억을 더듬기 위한 일회용으로, 또는 앞으로 곧 있을 연구를 위한 자료로 쓰였다.[22]

강의와 글쓰기 작업 모두를 즐기는 교수는 거의 없다. 두 영역 모두 뛰어난 교수들은 아주 극소수에 불과하다. 거기에 슘페터가 포함되었다. 그는 그야말로 수백만 개의 단어를 책으로 보여줬다. 또 강단에서는 결코 잊을 수 없는 교육자로서 가장 즐겁고 접근하기 쉬운 선생님이었다. 그는 부담스러울 정도의 독서 과제를 요구했지만 학생들에게 A학점을 잘 줬다. 대학원생에 대한 그의 공식적인 보고서를 보면, 그는 거의 모든 학생에게 좋은 점을 발견하려 애썼다.[23]

공식적인 자리에서 슘페터는 밝고 쾌활했지만 개인적으로 계속되는 절망감 때문에 마음속으로는 우울증과 다투며 다른 삶을 살았다. 그가 주간마다 쓴 일기에는 여전히 어머니와 애니가 등장했다. 일기는 그들을 향한 감사와 호소로 시작했다. 그리고 자신의 연구가 늦게 진행되는 것에 대한 자기학대에 빠져들었다. 1930년대 초, 그는 자신의 힘을 불운한 돈의 책에 쏟아부었다. 또 그가 "위기의 책"이라고 한 방대한 저서인 『경기순환론』에 더욱더 집중했다. 마침내 그는 1939년 이 책을 완성했다. 당시 그의 일기에는 복잡하게 얽힌 감정이 보인다. 또 이러한 감정과 함께 학술적으로 자질구레한 내용들로 말미암아 혼란스러워진 좌절감도 나타나 있다.

1933년 10월 9일 월요일에서 10월 15일 일요일까지

나는 일요일 저녁에 이번 주를 마감한다. 이날은 애니와 약혼한 날이다.

내 의무를 다할 수 있도록 해준 가족에게 감사한다.

가족과 함께한 시간은 불행하지 않았다. 즐거웠으며 고통스럽지 않았다.

그럼에도 불구하고 나는 지금 슬프다.

나의 생각, 강의 등이 물위에서 떠돈다. 정착할 수 없다.

현재 나의 연구로 인해 중요한 문제들, 심지어 강의에서도 진척이 없다.[24]

하버드대에서 처음 보낸 몇 년 동안, 그는 거의 매일 점심, 저녁을 학생 혹은 동료 교수들과 같이 먹었다. 장소는 타우시그의 던스터 하우스였고, 나이는 십 대에서부터 지금은 일흔 살이 넘은 타우시그처럼 다양했다. 한 대학원생은 이렇게 말했다. "나는 이처럼 자신이 가르치는 학생들에게 개인적으로 애쓰며 관심을 보이는 선생님을 만난 적이 없다. (…) 그는 대학원 내 경제학 클럽의 지도 교수였고, 항상 프로그램을 만드는 데 도움을 줬다. 그는 개인적으로 세미나와 토론 집단을 만들었으며, 국적이 서로 다른 외국 학생들에게 맛있는 와인을 대접하며 그들을 즐겁게 해줬고, 서로 친밀한 관계가 되도록 노력했다." 슘페터는 대학원생들과 셀 수 없을 정도로 많은 점심을 먹으면서도 점심값은 항상 그가 냈다. 그는 또한 많은 학생이 주선한 파티에 참가했으며, 참석자 가운데 가장 젊고 생기발랄한 사람으로 행동하곤 했다.[25]

그는 수많은 작은 토론 집단도 조직했다. 주로 자신이 조직해 젊은 동료들을 뽑았다. 일기장에 이른바 내부 서클이라고 써놓은 것이었다. 한 집단은 '가능성, 사랑 그리고 논리사회Chance, Love and Logic Society'라고 불렀고, 다른 집단은 19세기 프랑스의 유명한 수리경제학자를 향한 존경의 표시로 '쿠르노 그룹Cournot Group'이라고 지었다. 또 다른 세 번째 집단은 '7명의 현명한 남자로 구성된 슘페터 그룹Schumpeter Group of Seven Wise Men'이었다. 서클 회원 대부분이 떠오르는 젊은 경제학자들이었다.[26]

이 그룹들은 비공식적인 모임을 1주나 2주마다, 때때로 한 달마다 가졌다. 종종 점심을 같이했으며, 주로 저녁을 같이 먹었다. 한 회원이 연구 보고서를 내면 다른 회원들은 적어도 2시간 동안 토론했다. 저녁 모임은 보스턴의 고급 레스토랑에서 열렸다. 와인을 마음대로 마시면서 대화는 자주 자정을 지날 때까지 계속되었다. 이러한 대부분의 토론 집단, 특히 '현명한 남자들'은 경제학부의 정예 멤버로 이뤄져 있었다. 슘페터를 비롯해 에드워드 메이슨, 시모어 해리스, 에드워드 체임벌린▼, 고트프리트 하벌러, D. V. 브라운, O. H. 테일러, 슘페터와 특별히 절친한 사이로 러시아로에서 망명한 훗날 노벨상 수상자인 바실리 레온티예프 등이 포함되어 있었다. 연장자인 슘페터는 이 모임을 대단히 즐겼다. 젊은 시절 빈의 커피하우스 분위기처럼 어떤 논의를 다시 만들어보려고 애썼다.[27]

그는 후배들의 연구가 어떤 성과가 있는지의 여부에 관계없이 그들의 노력을 높이 평했다. 이런 유명한 한 학자의 관심을 받는 사람은 우쭐한 기분이 들기도 하지만, 때때로 두렵기도 했다. 해리스는 수십 년 동안 경제학 교수로 충실하게 보냈다. 그는 자주 슘페터와 점심을 같이 먹는 것이 "두려웠다"고 기억했다. 연장자인 슘페터는 아주 공손한 태도로 해리스가 제기한 주장에 일격을 가해 그의 남은 하루를 내내 우울하게 한 적도 많았다고 말했다.[28] 슘페터는 자신이 가르치고 있는 대학원생들이 최선을 다하도록 도모했으며, 연구를 위해 그들의 시간을 보장해줬다. 당시 하버드대의 교육 제도는 젊은 강사들이 학부생과 일대일로 지도하는 데 많은 시간을 보내도록 했다. 이러한 전

위 왼쪽_ 슘페터가 처음 하버드대를 방문했을 때 만난 파슨스. 두 사람은 공통적인 관심사가 많았고 서로를 대단히 존경하는 사이로 발전했다. 파슨스는 당대의 가장 유명한 사회학자가 되었다. 이 사진은 1949년 당시 그의 영향력이 절정기였을 때의 모습이다.

위 오른쪽_ 농업경제학자로 1934년 하버드대에 도착한 젊은 갤브레이스. 그와 슘페터는 결코 친한 관계로 발전하지 않았지만 서로 존경했다. 갤브레이스는 슘페터의 재직 기간에 세 가지 이유로 하버드대를 떠났다. 영국에서 공부했으며 제2차 대전 동안 정부에서 일했다는 점 그리고 수년 동안 경제 전문지 『포춘』에 글을 썼다는 점 등이었다. 그는 1948년에 다시 하버드대로 돌아와 1949년에 종신교수가 되었다. 대중을 향해 비교할 수 없을 정도의 풍부한 재치로 가득차 있는 그의 많은 책은, 1960년대에 그를 하버드대의 가장 유명한 교수로 만들었다.

아래 왼쪽_ 슘페터가 '내부 서클'이라고 즐겨 부른 재능 있는 젊은 경제학자 가운데 한 사람인 에드워드 메이슨. 내부 서클의 다른 회원들처럼 메이슨은 뛰어난 교수가 되었다. 그는 독점 금지를 포함하는 산업, 또는 관련 조직의 하부 분야를 전공했다.

위 왼쪽_ 내부 서클의 또 다른 구성원으로 하버드 대에서 가장 많은 저술활동을 한 경제학자 가운데 한 사람인 시모어 해리스. 그는 사십 권 이상의 책을 쓰고 편집했다. 아마도 그는 유대인이라는 신분 때문에 다른 사람들보다 더 늦게 종신 교수가 된 것으로 보인다.

위 오른쪽_ 슘페터가 동료 가운데 가장 명석한 학자라고 여긴 레온티예프다. 러시아에서 망명한 바실리 레온티예프는 유대인 출신이라는 이유 때문에 늦게 종신 교수가 된 것으로 짐작된다. 당시 경제학 분야에서 최고의 수학적인 기술을 가진 레온티예프는 투입산출 분석법을 고안해냈다. 이 방법은 꽤 복잡했는데 컴퓨터가 나오자 더 쉽게 계산할 수 있게 되었다. 그는 슘페터가 가깝게 어울린 훗날 노벨상 수상자 3명 가운데 1명이었다.

아래 왼쪽_ 내부 서클의 또 다른 구성원인 볼프강 슈톨퍼. 구스타프 슈톨퍼의 아들인 그는 본 대학교에서 하버드대로 슘페터를 따라왔다. 미시간대에서 오랫동안 훌륭한 경력을 쌓았다. 개발도상국의 조언자 역할을 했다.

통은 로웰 총장이 학생교육에 대해 대단히 강조한 사항으로 그의 유산이나 다를 바가 없었다. 총장은 이러한 제도로 인해 하버드대 학생들이 더욱 실력을 갖추고 부지런히 공부할 것이라고 생각했다. 그러나 슘페터는 이 제도를 싫어했다. 훗날 해리스가 썼던 것처럼, 슘페터는 젊은 학자들이 그들의 왕성한 에너지를 학생들과 일대일 교육을 하면서 쓰는 것은 낭비라며 "혹평"했다. "젊은 학자들이 그러한 교육에 에너지를 쏟다보면 결국 피곤해지며 창의적인 연구에 매달릴 수 없다. 그들은 과학적인 연구에 매달려야 한다"는 것이다.[29]

슘페터는 종종 학자의 창의적인 시기는 스무 살에서 서른 살 사이에 나온다면서, 서른 살을 "신성한 세 번째 10년"에 해당하는 나이라고 말했다. 이러한 이유로 학문에 집중할 수도 있으니 젊어서 결혼해 산만해지는 것은 피하라고 권했다. 즉 자신의 두뇌가 신선한 생각을 골라낼 수 있도록 일에 집중해야 한다는 것이다. 능력이 뛰어난 스물여섯 살의 레온티예프에게 『이코노믹 저널』에 논문을 쓰도록 권유한 뒤에 슘페터는 케인스에게 이렇게 썼다. "나는 레온티예프의 일로 사과하고 싶습니다. 그는 정말로 제가 매우 독창적이고 흥미 있는 일이라고 생각하는 연구들을 해왔는데, 저의 반대에도 불구하고 논문을 완성하는 대신 결혼해버렸습니다. 이로 인해 논문이 늦어졌습니다. 정말로 미안하게 생각합니다."[30]

한편 슘페터는 강의에 대한 부담감이 컸다. 한 교수는 "슘페터는 다른 사람들에게는 와인을 마시라고 하고 자신은 물을 마셨다"고 말했다. 해리스는 이렇게 썼다. "그가 세 강좌를 강의하는 것은 순전히 에너지 낭비다(만약 그가 그러한 방식대로 한다면 거의 모든 강좌를 해치울 수 있었을 것이다)." 그는 또한 사무실을 방문한 학생들과 "끝없는" 상담을 하면서 시간을 허비하기도 했다. 이처럼 학기중에는 학생들에게 학술적인 주제뿐만 아니라 인생에 대해서도 조언을 아끼지 않았다. 하버드대 경제학부를 졸업하고, 다시 로스쿨을 졸업한 뒤 경영학 석사학위를 따려고 생각하고 있는 옛 제자에게 보낸 편지에서, 슘페터는 기꺼이 하버드대 경영대학원에 추천서를 보내주겠다고 썼다. "그러나 내가 자네를 꾸짖고 싶은 것이 하나 있네. 그것은 '기득권으로 가득차 터질 듯한 하나의 도구'라는 표현일세. 자신이 매일 해야 할 일과는 반대로 남들과 충돌하고, 그래서 적대적 감정에 빠져드는 것만큼 인생에서 나쁜 일은 없네. 예를 들어 왜 회사 고문변호사의 활동이 노동조합의 임원보다 더 나쁜 것이겠나? 둘 다 인간의 문명을 위해서는 방해가 되는 일들이란 말일세."[31]

슘페터는 자기를 찾아오는 거의 모든 사람에게 개방적이었다. 멀리 떨어진 한 도시에서 격렬하게 토론을 벌인 학술회의가 끝난 뒤의 일이다. 해리스와 슘페터는 보스턴으로 돌아가는 기차에서 평범한 능력을 지녔다고 생각되는 한 학생을 우연히 만났다. "슘페터는 본래의 정력적이고 열정적인 태도로 그 학생의 논문 개요를 점검해줬다. 정확하게 무려 7시간 동안이나 말이다. 너그러운 일인가? 그렇다. 점차 약해지는 힘을 현명하게 쓰고 있는 것인가? 아니다. 정다운 일인가? 그렇다."[32]

1933년 말, 그는 좀처럼 쓰지 않았던 마음의 평화를 나타내는 시적 표현이 담긴 일기를 썼다.

1933년, 올 한 해를 보내는 마지막인 12월 25일 그주에

엄마 그리고 애니

올해 마지막 주를 지키고 있습니다!

모든 것에 감사한 마음을 느낍니다. ―나는 그럴만한 가치가 있는 사람이 아닙니다.

나의 어리석음으로부터 나를 구원해주세요.

아, 올해를 보내게 되어 감사합니다.

당신은 나를 훌륭하게 인도했습니다.

그리고 그동안 제가 걸어가는 길에 아름다운 것들을 뿌려줬습니다.

어떤 일이 올지라도······

그리고 당신이 살아 있음을 느끼게 해주세요.

결과가 어떻게 나오든 간에······

우리의 하젠, 우리는 늘 같이하고 있어요. 아!

하버드대에 머물면서 처음 몇 년간 쓴 많은 편지를 보면 슘페터가 열심히 일하고 강의하며 글을 쓰는 데 균형을 맞추는 게 얼마나 어려웠는지 알 수 있다.[33]

본인의 연구에 대한 접근 방식상 슘페터는 자신의 결점에 대해 전혀 신경쓰지 않았다. 오스트리아 출신으로 슘페터의 동료이자 컬럼비아대에서 가르쳤던 프리츠 매클럽▼은 슘페터를 이렇게 회상했다. "다른 사람들이 편견이 심한 말들을 되풀이할 때면 슘페터는 그들의 이야기에 귀 기울이지 않고 자신의 메시지로 돌아간다. 그는 방법론상으로 인내를 촉구하면서도 경제학 이론에 대한 무지를 참지 못했으며 편견 자체도 용서하지 못했다." 노르웨이 출신인 동료 프리슈는 경제학 분야에서 처음으로 노벨상을 공동 수상한 학자다. 그는 슘페터의 가장 중요한 자질은 "관대하며 남의 말을 기꺼이 잘 들어주는 점"이라고 썼다. 프리슈는 이렇게 덧붙였다. "경제학자, 통계학자, 수학자들이 가장 자주 부딪치게 될 때 관대함으로부터 자신이 얼마나 멀어져 있는지를 생각한다면, 슘페터의 너그러운 태도의 진가를 더욱 인정하게 된다."[34]

자신은 탁월하다고 생각하지 않은 수학을 경제학에 도입했다는 것이 바로 슘페터의 학문적인 관대함을 보여주는 사례라고 볼 수 있다. 1905년에 출간된 그의 첫 논문은 수학적 접근으로 쓰였다. 그는 자주 "정확한" 경제학을 옹호했다. 정확한 경제학이란 수학과 통계학에 따라 뒷받침되는 과학을 의미했다. 경제학은 사회학, 혹은 역사학보다 물리학에 더욱 가까운 어떤 학문이었다. 그는 계량경제학회를 같이 세웠고, 나중에 2년 동안 부회장으로, 그다음 2년 동안은 회장으로 활동했다. 그는 정상급의 수리경제학자들과 따뜻한 우정을 키워나갔다. 그러한 경제학자 가운데는 프리슈, 피셔 그리고 그의 제자로 경제학에서 노벨상을 받은 첫 번째 미국인인 새뮤얼슨이 있었다.[35]

슘페터가 경제학에서 수학의 역할이 얼마나 중요한지 언급한 것은 1933년의 일이다. 그는 계량경제학 학술지인 『이코노메트리카』 창간호 서두에 다음과 같이 썼다.

우리는 과학적이거나 다른 어떤 것에도 신조를 부과하지는 않는다. 그리고 우리는 알고 있는 것 이상의 공통된 신조를 가지고 있지 않다. 여기서 첫 번째로 이야기하고 싶은 건 경제학은 과학이라는 점이다. 두 번째로 이 과학은 매우 중요한 수량적 측면이 있다는 점이다. 우리는 파벌 집단도 아니다. 또 학파도 아니다. 우리의 마음에는 수학적 방법이 배타적일 정도로 우월하다는 신념이 있는 것도 아니며, 그렇다고 역사학자, 민족학자, 사회학자들의 연구를 하찮게 여기는 것도 아니다. 우리는 누구와 싸우고 싶은 것도 아니고, 일종의 취미를 즐기는 아마추어 이상이기를 원하지 않는다.[36]

슘페터의 글 가운데 이 부분이 스스로의 마음을 가장 사로잡은 곳이다. 동시에 그는 『이코노메트리카』 창간사에서 경제학에 수학적인 엄격함과 정확함을 더욱더 도입해야 한다고 역설했다. 수학은 단순한 게임이 아니며, 다른 학문의 원칙이 경제학 발전에 분명 도움을 줄 수 있다고 생각했다. 그는 시류에 기댄 열의를 거부하는 데 매우 유별나게 열정적인 사람이었다. 슘페터는 경제학에서 수학의 필요성을 믿었다. 그러나 그는 위대한 사상가였기 때문에 숫자와 방정식 자체만을 믿지만은 않았다. 그의 견해로 볼 때 대수와 미적분학은 원대하고 복잡한 경제학을 다 설명할 수는 없다고 생각했다. 인생 내내, 그는 어떠한 모순을 느끼지 않고 항상 역사학, 사회학, 심리학을 경제학으로 통합·발전시키려고 노력하는 한편, 수학의 원리도 도입하려고 시도했다.

『이코노메트리카』에 쓴 그의 글은 경제학자들은 연구를 위해 매우 많은 수량적 정보를 필요로 하기 때문에 그들은 기업에 대해 더욱더 많은 점을 배워야 한다는 것이다. 슘페터는 독일 경제학자 요한 튀넨▼이 1826년에 일찌감치 원가계산과 부기 그리고 이와 관련된 방법들이 어떻게 경제학자들이 전적으로 소홀히 했던 수많은 주제를 해결할 수 있었는지를 주목했다. 경제학자와 경영학 전문가들은 모두 반대로 걸어갔으며, 이는 경제학자와 경영학자 모두에게 상처를 입혔다. 슘페터는 경제학이 협조적인 시도를 보여야 한다고 강조했다. "우리 목표는 미래의 경제 이론을 세우기 위해서 처음도 마지막도 과학적이라야 한다는 것이다."[37]

슘페터는 경제학에서 더욱더 정확성을 기하려는 목적으로 수리경제학을 계속 유지하고자 모든 노력을 기울였다. 우선 자신의 연구뿐만 아니라 강의에서도 그러한 태도로 일관했다. 그는 본 대학교에서 했던 것처럼, 그가 이름붙인 "경제 이론에 대한 수학적 접근법의 도입Introduction to Mathematical Treatment of Economic Theory"이라는 주제의 세미나를 시작했다. 그는 이것이 "변변치 않은 목표"라고 고백했다. 그는 "경제학을 시작하는 사람들에게 수학적인 도구를 많이 공급해 쿠르노, 발라, 마셜, 에지워스, 피구▼, 파레토, 피셔의 글들을 이해하도록 돕고 싶었다." 1934년에 그는 이렇게 썼다. "물론 그 세미나는 학부생을 위한 것이었다. 그러나 주로 작년에 세미나를 시작하는 데 중요한 역할을 했던 사람들을 위한 것이었다."[38]

슘페터는 수학적 자질이 매우 부족하다고 생각했다. 그래서 경제학과 수학에 정통한 다른 교수를 찾았다. 그는 네 살 연상으로 탁월한 통계가 에드워드 윌슨 교수를 찾았다. 윌슨은 하버드대 공중보건대학원에서 가르치고 있었으며 미국예술과학아카데미 회장이었다. 슘페터는 윌슨에게 이렇게 썼다. "저는 당신이 그러한 주제[통계*]와 관련 사안에 몰두하고 있다는 것에 진심으로 고맙다는 말씀을 다시 드리고 싶습니다. 당신은 이 정도까지 일을 완성해낼 수 있는 가장 우수한 과학자라고 해도 손색이 없는 분입니다. 그리고 만약 하버드대에서 결과를 내고 이 분야에서 경제 사상을 만들어낼 수 있다면, 그것은 전적으로 당신의 공헌이라고 할 수 있습니다." 그는 교수의 강의를 듣는 학생과 똑같이 윌슨의 세미나에 참석했다. 한 반은 4명으로 이뤄져 있는데, 당시 스무 살의 새뮤얼슨, 열아홉 살과 스물한 살인 다른 2명의 수학 귀재 그리고 쉰두 살의 슘페터 교수는 최선을 다하고자 노력했다.[39]

한 단계 나아간 경제학 이론을 강의하고 있을 때의 일이다. 그는 수학적인 실수를 저질렀고, 대담한 새뮤얼슨이 이를 꼬집어 바르게 고쳤다. 그러나 그는 결코 그에게 화를 내지 않았다. 대신에 또 다른 학생은 이렇게 회상했다. "그는 새뮤얼슨을 칭찬했다. 그는 총명함을 존경한 교수다." 1937년에 슘페터는 하버드대 학장에게 이렇게 썼다. "저는 몇 년 동안 새뮤얼슨이 가장 천재적인 능력이 있는 졸업생이라고 생각합니다." 그럼에도 불구하고 슘페터는 새뮤얼슨이 경제학에 대해 수학적 태도를 중히 여기기 때문에, 그가 전통적인 방법이 수리경제학을 통해 위협받고 있다고 여기는 경제학자들의 공통 원칙을 받아들이지 않을까 염려했다. 그러나 경제학사에서 신기원을 마련한 새뮤얼슨은 그의 멘토인 슘페터의 생각을 충분히 지지했고, 결국 수학을 경제학 원칙의 핵심으로 옮겨놓았다.[40]

슘페터는 경제학부에서 수학을 가르칠 필요성을 퍼뜨리고자 노력했고, 여러 학자에게 많은 조언을 구했다. 1933년 그는 시카고대 경제학자 헨리 슐츠▼에게 이렇게 썼다. "독일에 있을 때, 저는 정확한 방법이 일반 학생들의 교과 과정에 없다는 것은 당연한 일이라고 생각했습니다. 저는 작은 집단(경제학부 학생들)에 어쩌다 가끔씩 수리경제학을 강의하는 것만으로 대단히 만족해했습니다. 그러나 미국에서는 다릅니다. 가장 좋은 대학에서는 매우 높은 수준의 경제학을 가르칩니다. 저는 정말로 우리의 과학을 강의하기 위해 할 수 있는 일은 무엇이라도 다 하는 게 저의 의무라고 생각합니다."**41**

동시에 그는 젊은 친구이자 앞으로 동료 교수가 될 하벌러에게 수학이 경제학에서 상당히 중요한 역할을 한다고 거듭 강조했다. 그때 하벌러는 빈 대학교에서 가르치고 있었다.

저는 가끔 모세가 약속의 땅을 봤을 때, 자신이 그 땅에 들어가는 것을 신이 허락하지 않았음을 이미 안 것처럼 생각됩니다. 그러나 당신은 그 약속의 땅을 보지 못했지만, 젊은 당신은 그것의 존재를 부정하지만 않으면 확실하게 들어갈 수 있을 겁니다. 잘난 체하는 제 설교를 용서해주시기 바랍니다. 경제학에서 측정이 필요하다는 것은 당신도 언급한 내용이라고 생각합니다. (…) 만약 우리가 그런 일이 불가능하다고 규정해버린다면 결코 불편한 과도기를 넘어서지 못할 것입니다. 지금 필요한 것은 대담한 용기입니다.**42**

슘페터를 가장 위대한 학자로 숭배하는 사람들 가운데에는 폴 스위지▼도 있었다. 경제학 이론 강의에서 그의 조교로 일했으며 젊은 마르크스주의 경제학자였다. 스위지는 슘페터가 그의 모든 강의에서 자신이 일궈낸 연구들에 대해서는 거의 언급하지 않았으며, 이는 상당히 예외적이었음을 알게 되었다. "나는 슘페터 교수님에게 많은 학생이 교수님의 강의를 들으러온다고 설명했습니다. 그래서 그 학생들에게 교수님의 이론이나 연구를 가르치고 설명하는 것은 일종의 의무라는 생각을 확신시키려고 노력했습니다. 교수님은 저의 말에 공감한다고 했지만 결코 실행에 옮기려 하지 않더군요." 사람들이 슘페터가 독일 역사학파나 오스트리아학파와 유사한 슘페터학파를 세우고자 노력하지 않는다고 주장하자, 새뮤얼슨은 이렇게 응수했다. "슘페터는 (특별한 학파는 아니지만 굳이 말하자면) 과학적인 훈련으로 무장했다고 볼 수 있는 종류의 학파를 남겼다. 그의 가르침을 따르는 경제이론가들로 구성된 학파를 후세에 전했다."[43]

슘페터는 "아주 드물게도 선생님으로서 모든 자질을 갖추었다." 스위지는 이렇게 썼다. "슘페터는 자신의 사고에 동의한다고 해서, 그런 시각에 치우쳐 학생들이나 동료 교수들을 판단하는 모습은 전혀 없었다. (1936년 이후 절대다수를 점한) 케인스학파와 (내가 케임브리지에 있을 때 소수파였던) 마르크스주의학파는 슘페터의 서클에서는 동등하게 환영받았다. 그는 우리가 사고하는 한, 우리가 무엇을 가르치든 상관하지 않았다. 그러나 사고하지 않는 연구자들에 대해서는 조롱을 서슴지 않았다. 그는 이러한 보수주의자들을 지적으로 무기력하다며 코웃음치기도 했다. "나는 내 생각을 지지하는 사람들을 볼 때마다, 오히려 내 입장이나 생각이 과연 정말로 타당한 것인지 다시 의문을 갖게 된다."[44]

날마다 성과를 평가하면서, 그는 자신의 저술과 연구에 점수를 매겼다. 여기에는 수학을 통달하려는 그의 끝없는 노력이 담겨 있다. 강의, 학생 지도, 혹은 어떤 다른 의무는 거의 평가하지 않았다. 그는 유럽 소설과 전기뿐만 아니라 라틴어와 그리스어 문헌을 읽는 것을 좋아했다. 톨스토이의 『안나 카레니나』, [미국의 소설가이자 언론인이었던*] 크리스토퍼 몰리의 방대한 저서인 『글래드스턴Gladstone』, [미국의 전기작가로 심리소설의 수법을 도입해 새로운 전기문학을 창시했던*] 자일스 스트레이치의 『탁월한 승리자들Eminent Victorians』 등을 좋아했고, 때로는 [수수께끼의 풀이를 주제로 하는 본격추리소설을 써서 인기를 얻었던 유명 추리작가*] 엘러리 퀸의 작품을 비롯한 다른 탐정소설에 빠지기도 했다. 그는 외식을 좋아했고, 예술 전시회와 클래식 음악회에 가기를 즐겼다. 그러나 그는 때로 이러한 활동들이 그의 저술과 연구상의 집중력을 흐트러뜨리는 일이라고 생각하기도 했다. 우리가 진정 주안점으로 둬야 할 것은 그의 연구다. 그런 점에서 본다면 슘페터는 도달할 수 없는 목표에 자신을 묶어놓고, 그 목표를 이뤄 만족할 때까지 노력했다. 그는 계속해서 정확한 경제학을 달성하고자 노력했다. 이 과정에서 슘페터는 스스로 파놓은 지적인 함정에 얽매여 있던 경제학자라고 할 수 있다.

제14장

고통과
외로움

"갈등하고 있는 인간 마음의 문제들."
– 윌리엄 포크너, 노벨상 수락 연설에서, 1950

하버드대로 간 뒤 처음 몇 년 동안 슘페터는 한 번에 두 권의 방대한 책을 쓰려고 노력했다. 하나는 돈에 관한 책이고, 다른 하나는 경기순환에 관한 책이었다. 그는 미국으로 오기 전 두 기획을 시작했다. 그는 두 기획 모두 예상할 수 없을 정도의 과학적 정확성을 요하는 수준에 이르도록 애썼다. 그의 목표는 통계학, 수학, 경제학, 역사학 그리고 다른 사회과학 분야까지 모두 아울러 거대한 두 주제로 종합하려는 것이었다. 하지만 돈의 책은 몇 년간의 노력을 헛수고로 만들었다. 슘페터는 종종 거의 완성되었다고 주장했지만 원고는 결국 빛을 보지 못했다. 이유는 책에 결점이 있었기 때문이며, 이는 또한 슘페터가 내린 현명한 선택의 결과이기도 했다. 1939년에 마침내 경기순환을 다룬 책이 나왔다.[1]

이 기간에 슘페터는 초인적인 노력을 쏟아부었다. 그가 구상한 커다란 책 가운데 단지 한 권에 자신의 시간과 힘을 헌신적으로 쏟았다. 그리고 이 한 권을 잘 쓰기 위해 그는 책임지고 있던 다른 일을 최소한으로 줄여야만 했다. 한데 그의 독특한 성향으로 인해 일이 반대로 진행되었다. 경제학부에서 인정받는 스타인 그는 교수들로 구성된 토론 집단을 조직했다. 또 대학원생들과 끝없는 시간을 보냈으며 수많은 학부생을 상담했다. 그리고 청중이 원하는 쇼맨으로서 그는 강의 부담까지 짊어져야만 했다. 조지프 슘페터가 되는 일은 위대한 경제학자가 되는 일만큼 그에게 중요했다.

그는 유럽이나 일본에서 하버드대를 방문하는 많은 경제학자를 만나는 데 시간을 썼다. 슘페터는 특히 젊은 학자 집단을 좋아했다. 그는 록펠러 장학재단이나 영연방장학금협회의 지원을 받아 하버드대로 온 젊은 연구원과의 토론을 즐겼다. 이들 연구원 대부분은 나중에 유명한 교수가 되었다. 오스트리아의 프리츠 매클럽과 오스카 모르겐슈테른▼, 영국의 니컬러스 칼도어▼와 아바 러너▼, 폴란드의 오스카 랑에▼ 루마니아의 니콜라스 제오르제스쿠로에젠, 호주의 아서 스미시스가 여기에 속한다.(스미시스는 슘페터의 박사 과정생으로 훗날 하버드대 교수가 되었으며 아주 가까운 동료가 되었다.) 그는 외국에서 온 손님들을 위해 수많은 점심과 저녁을 대접했으며 자주 그들과 밤늦도록 대화했다. 그때나 지금이나 다른 유명한 많은 교수처럼 이런 친분을 유지하면서 슘페터는 장기적인 연구에만 머물지 않고 매일 선택적으로 주의를 환기시킬 수 있었다.**2**

그러나 이 때문에 불가피한 결과가 나타났다. 그의 저술 계획이 더디게 진행되었고, 그는 자신의 능력을 의심하기 시작했다. 이는 좌절감으로 이어졌다. 이러한 좌절은 슘페터에게는 아주 새로운 감정이었다. 젊은 남자로서 그는 경이적이라고 할 정도로 많은 성과를 내던 학자였다. 많은 지적인 작업을 책임지고 잘 완수할 능력이 있으며, 작업에 임하면 믿을 수 없는 속도로 완벽한 수준으로 마무리하는 대단한 능력의 소유자였다. 그는 18개월 만에 626쪽에 달하는 첫 책을 썼다. 한편으로 카이로에서 충분히 긴 시간 동안 변호사 사업을 하기도 했다. 그는 체르노비츠대에서 강의하고, 수많은 글과 논평을 내면서도, 2년도 채 안되어 『경제 발전의 이론』이라는 책을 완성했다. 이 모든 일은 그가 아직 이십 대였을 때 이뤄졌다. 그러나 어떠한 재능 있는 사람일지라도, 슘페터가 '신성한 세 번째 10년'(서른 살)이라고 부르는 속도로 오십 대에도 일을 할 창의적인 사람은 거의 없다. 그는 오십 대에도 여전히 엄청난 추진력과 에너지를 축복으로 받고 있었지만 시간과 비극의 상처를 견뎌내는 상황이기도 했다. "나의 일은 인생에서 유일한 흥미입니다." 그는 친구인 예일대의 피셔에게 이렇게 썼다. 그의 목표를 현실적인 수준에 맞추는 것은 불가능할 듯 보였다. 결과적으로 그는 고질적인 우울증에서 나타나는 불만족 그리고 건강에 아무런 문제가 없는데도 문제가 있다고 생각하는 건강염려증과 무기력감에 시달렸다.[3]

슘페터는 자주 신체 부위 가운데 어디에 이상이 생겨서 병이 들었다고 믿었다. 그는 일기에 "나는 이제 몹시 병약하고 늙었다"고 썼다. 그러면서 "나는 죽어가고 있는가?"라는 염세적인 생각에 빠지기도 했다. 그는 피셔에게 이렇게 말했다. "몇몇 의사에게 상담할 때마다 결과는 신체적으로 아무런 문제가 없고 처방할 것도 없다고 합니다. 그러나 이것은 정확하게 진실과는 동떨어진 이야기입니다. 지금 제 몸에서 느껴지는 이상은 몸이 완전히 망가지기 전에 나타나는 서곡에 불과한 것이죠. 그래서 의사들은 명백한 문제점을 발견하지 못하고 있는 겁니다." 허나 의사들의 말이 옳았다. 그의 문제는 육체적인 것이 아니었다. 그의 마음속에 머물고 있는 슬픔, 연구에 대한 야망, 청중이 필요로 하는 쇼맨십 그리고 각종 의무감 등으로 빚어지는 온갖 감정들이 계속 충돌했다. 이 감정을 잘 조율하지 못해 무기력해지면서 스트레스의 원인이 되었다.[4]

슘페터는 공적인 자리에서는 어두운 감정을 드러내지 않으려고 더욱 애쓰면서 겉으로 활기찬 모습을 유지했다. 그러나 밤이 되면 이따금 지속적인 고통을 겪었다. 그는 자신의 영혼을 하젠에게 맡기고, 그들에게 도움을 청했다.

1934년 5월 21일~27일

오! 어머니 그리고 애니, 당신이 무엇을 원하든지 간에

단지 나에게 가까이 머물러만 주세요!

위안을 찾을 곳이라곤 아무 데도 없어요!

오직 고통만이 있고 결실은 없어요. 돈의 책이 그렇고,

수학에서 얻은 것이라곤 아무것도 없네요.

1935년 2월 11일~17일

오! 어머니 그리고 애니, 아름다운 많은 것을 주서서 감사합니다.

그러나 제발, 제발 나의 일에 진전이 있도록 도와주세요!

일주일 동안 아주 쾌활하고 멋진 활동, 광범위한 통찰력으로 한 주를 시작했어요.

그러나 일에서 아무런 진전을 이루지 못했어요!

(저녁식사와 콘서트), 조용한 저녁이 아니었죠!

새로운 계획, 그러나 일요일, 나는 일할 수 없었다.

목요일과 금요일, 매우 지치고 마비가 올 정도였기 때문에.

1935년 5월 6일~12일

그렇지 않길 바랐지만 산만해 집중할 수 없다.

보스턴 경제학 클럽과 이야기를 나눴다.

아침에 편지를 썼다. 학생들과 상담 (…)

일요일에 아무것도 하지 않았다.

저녁에는 네 시간 동안 일했다.

그러나 충분히 해내지 못해 좌절하고 말았다.

분명한 것이 하나 있다. 내가 만약 혼자이고 다른 할 일이 없다면

더 많은 일을 할 수 있다는 것.

1936년 10월 19일 월요일~25일 일요일

오! 어머니 그리고 애니,

모든 것에 감사드립니다.

오! 매일마다 모든 도움을 주세요!

연구에 몰두하면서 일주일을 보냈다.

의심할 바 없이 필사적으로.

이번 주는 불안한 작은 결과 그리고 무서운 의문과 함께 끝났다.

만약 나의 두뇌가 정말로 더 이상 작동하지 않는다면,

단지 원만 그리다가 끝난다면,

성공하지 못한 채 완전히 끝나버린다면?

이틀 동안 완전히 녹초가 되었다.

심지어 나의 의지조차 일을 받아들이지 않았다.

여전히 성공을 거둔 것은 거의 없는 것 같다.

(일일 점수) 0, 4/6, 0, 0, 1/3, 5/6, 1

(주간 점수) 1/2

하버드대에서 가르치는 기간이 길어질수록 슘페터는 연구와 저술에 지장을 주는 판에 박힌 관료주의적인 일정에 더욱더 분노를 느꼈다. 특히 그는 학부 단위의 모임을 싫어했다. 몇 년 뒤에 그는 동료들을 바보fools와 나귀asses라고 부르기 시작했다. 바보는 정교수를 뜻하며 독일어 발음으로 'full'을 말하고,

나귀는 부교수나 조교수를 뜻했다. 그는 한 친구에게 이렇게 썼다. "아, 이렇게 많은 위원회! 하나의 위원회(회원들)가 저녁을 먹고 다른 위원회를 위해 보고서를 만들고, 다른 위원회가 다시 저녁을 먹는, 그러한 무미건조한 일상을 핵심이라고 믿는 사고 방식이 어디서 나오는 것일까?" 그러나 슘페터는 공손한 태도를 유지하면서 자신의 감정을 조절하기 시작했다. 해리스는 이렇게 회상했다. "때때로 요령 부족, 과시하고 싶은 경향, 남들이 주목하는 데 있어 중심에 서고 싶은 바람, 그에 대한 일부 동료들의 저평가, 학생들과 젊은 동료들에게 받는 인기, 슘페터의 이러한 모든 요인 때문에 그는 동시대의 학자들과 멀어졌고, 그의 영향력도 줄어들었다."[5]

슘페터 자신의 문제 때문에 마음의 한 구석에서 하버드대를 향한 분노가 싹트기 시작했다. 1934년 그는 프린스턴대 고등연구소 소장인 에이브러햄 플렉스너▼에게 자신이 이끌고 있는 수리경제학자들이 고등연구소에 참여할 수 있도록 초청장을 보내주면 무척 고맙겠다는 내용의 편지를 썼다. 이곳은 아주 최근에 설립된 기초과학연구소로 세계 각지의 우수한 학자들이 모여들었다. 강의나 수업에 대한 의무에 전혀 구애받지 않고 대부분의 시간을 자신들의 연구에만 집중할 수 있으며, 연구 보조금도 충분히 받을 수 있는 곳이었다. 알베르트 아인슈타인이 이 연구소의 가장 유명한 회원이었다.

슘페터는 플렉스너에게 경제학은 지금 "정확하지 않은 철학에서 정확한 방법"으로 가는 "불편한 전환기 단계"라고 말했다. 그는 런던정경대와 같은 몇몇 활기찬 연구 중심지를 언급했다. "저는 처음에 본 대학교에서, 나중에는 하버드 대학교에서 희망하던 또 다른 무엇을 창조하는 데 다가온 저의 무능력으로 인한 좌절감을 어떻게 적절히 설명을 드려야 할지 모르겠습니다." 연구상 도움을 받는 데 꼭 필요한 관료들은 이 목표의 중요성을 이해하지 못했다. "제가 알기에 당신은 이해와 방법 모두를 지휘하고 관할하는 유일한 분이며, 이곳을 정확한 경제학 연구의 최고 중심지로 만드는 데 도움을 줄 좋은 기회

또한 갖고 계신 분이라고 믿습니다." 플렉스너는 막 영국으로 가려는 계획이 있었고, 슘페터는 플렉스너가 고려 대상으로 생각할 수도 있는 영국의 일류 경제학자들의 목록을 만들었다. 그러나 슘페터가 혼자 마음속으로 생각하던 초청은 이뤄지지 않았다.6

1년 뒤인 1935년에 그는 오슬로대에 있는 친구 프리슈에게 이렇게 썼다. "나에게는 아주 유쾌한 기간이 있습니다. 마치 어떤 강렬한 지적인 환경이 결국 여기에서 만들어질 듯한 시간 말입니다." 유럽으로부터 온 몇 명의 특출한 방문객이 하버드대의 경제학부 분위기를 활기차게 만들었다. "그러나 내 주위에서 모든 논의와 작업이 진행되어 많은 비중을 차지한지라 내 자신의 연구는 무척 늦게 진행되고 있습니다." 그래서 『경기순환론』 원고를 빨리 마무리하려 했던 목표는 불가능하게 되었다.7

1936년 슘페터는 하버드대 경제학부의 상황에 대해 총장인 제임스 코넌트에게 긴 편지를 썼다. 그는 경제학부에 몇 명의 새로운 교수를 임용해 줄 것을 대학 측에 제안하면서 6명의 뛰어난 후보자를 거명했다. 모두 해외 학자들이었는데, 폴란드의 랑에, 루마니아의 제오르제스쿠로에젠, 호주의 스미시스, 노르웨이의 프리슈 그리고 영국의 두 경제학자 존 힉스▼와 그의 아내 우르술라였다. 슘페터는 코넌트 총장에게 5명의 남성 교수와 유일한 여성 교수를 추천하면서 "하버드대는 그동안 여성의 교수 임용을 명백히 반대하는, 그 누구도 결코 꺾을 수 없는 편견에 굴복해왔다"고 말했다. 그는 뒤이어 다른 여성 교수도 추천했다. "영국 케임브리지대에서 경제학자로 국제적인 명성을 떨치고 있는 조앤 로빈슨▼ 교수를 택한다면 아주 훌륭한 임용이 될 것이며, 아마도 4000달러 정도의 비용이 들 것입니다. 덧붙여 말씀드리는데, 솔직히 제가볼 때 반여성주의 전통을 깨고 싶은 생각이 든다면, 그녀의 임용은 아주 좋은 기회가 될 것입니다."8

슘페터는 계속해서 하버드대 내부의 정책에 대해 "승진정책은 마치 옛 프러시안 군대처럼 매우 엄격하게 규정되어 있다"고 지적했다. 만약 어떤 한 후보자가 오랫동안 대학 강당에 머물려고 한다면 당연히 승진이 이뤄져야 한다. 그러나 승진 과정이 몹시 길어서 "정말로 능력 있는 인재들"이 종종 하버드대를 떠나버리는 사태가 일어났다. 한편 "다른 대학에서는 떠오르는 인재를 발견하기 위해 제도적 차원의 탐색 작업을 벌이지도 않았다."[9]

슘페터는 코넌트 총장에게 하버드대에서 요구하는 강의 조건이 몹시 큰 부담이 되기 때문에 교수들은 "더 야심찬 일에 집중할 수 없을뿐더러, 심지어 학문의 일반적인 진전에도 보조를 맞출 수 없는 때가 허다합니다. 제가 이끌고 있는 다양한 토론 집단을 통해, 새로운 진실을 위한 숨 가쁜 연구 작업에 기꺼이 종사하는 일련의 지친 선생님들을 계속해서 관찰해왔습니다. 이러한 경우는 더 높은 직위에 있는 교수들에게도 동일하게 적용됩니다. (…) 목표 달성을 불가능하게 하는 현재의 부담스러운 일을 계속하면서 목표 달성을 고집한들 무슨 소용이 있겠습니까? 저는 경제학부의 많은 선배·동료 교수가 이 열악한 상황을 받아들이고, 대신 지적인 야망의 가치로 자신들을 채우려는 희망을 포기하고 있는 데 동의할 수 없습니다." 연구 프로젝트에 대해서는 말할 것도 없고 "보다 나은 강의를 하기 위해서는 강의 수를 줄여야 하며 직책의 수도 줄여야 합니다"라고도 말했다.[10]

하버드대 상황을 개선하기 위한 투쟁을 벌이면서도, 그는 구세계[유럽*]와의 인연을 끊으려는 의향은 전혀 없었다. 1933년 초에 그는 미국 시민이 되기 위한 조사를 했지만 1939년까지는 실제로 구체적인 단계를 밟지 않았다. 한편 그는 미아와 옛 제자 및 동료들에게 자주 편지를 보냈다. 그러면서 유럽에 대해 많이 생각했다. 그는 대부분의 미국인이 유럽 상황에 대한 정보가 거의 없다고 판단했다. 슘페터는 영국의 황태자와 미국의 이혼녀 월리스 심프슨 사이의 열애 사건이 이탈리아의 에티오피아 정복보다 미국 언론의 더 많은 주목을 받고 있다고 자신의 일기에 적었다.[11]

슘페터는 교수로 있는 동안 정치에 관여하는 대학을 계속 비난했다. 설사 개인적으로 친분이 있다 해도 특정 정당을 지지하는 사람이라면 추천하지 않았다. 예를 들면, 1932년 12월 케인스에게 보낸 편지에서 『이코노믹 저널』독일 통신원인 자신을 대신할 사람으로 거론되는 레더러에 대해 의구심을 표했다. 비록 우수한 경제학자이지만 레더러는 당파성이 강한 사회주의자로 "어떤 회의감이나 의문 없이 그저 위에서 내린 명령에 복종하는 유형이었다. 그리고 정치와 관련된 모든 문제에 있어서 그는 자신이 속한 정당의 정치적 시각으로 바라볼 뿐, 다른 시각으로 보는 것이 불가능한 사람이었다. 문제는 레더러가 사회주의라는 차원이 아니라 당파성이었다." 그러나 설사 케인스가 레더러를 임명하기를 원한다 하더라도 슘페터는 "내가 항상 측은하게 생각했으며 아주 오랫동안 친분관계를 유지했던 친구로, 그것은 행복한 일"이라고 생각했을 것이다.[12]

슘페터의 친구 슈톨퍼[구스타브*]가 1933년 1월 31일 베를린에서 편지를 보냈다. 그날은 공교롭게도 "독일인이 히틀러를 수상으로 임명한 수치스러운 날이었다." 한데 그 편지는 히틀러의 정치적 탄생을 축하하는 내용이었다.

쉰 살인 당신이 더 이상 바랄 것이 뭐가 있나요? 당신은 여전히 건강하고 운명적으로 희귀한 경우로 명성과 권력을 누렸으며, 여자 또한 마찬가지입니다. 지구상에서 얻을 수 있는 모든 것을 얻은 분이죠. 당신은 과학이라고 할 수 있는 우리의 경제학사에 있어서 황금빛 서술로 잊지 못할 성과를 이룩한 대단히 운좋은 분입니다. 50이라는 나이에 제2의 젊음을 만끽하고, 또 현명한 인간이 걸어갈 길이라는 차원에서 당신이 정원에서 가꾼 탐스러운 과실을 맛보는 것도 좋은 일이죠. 제가 임명된다면 이 두 가지를 한꺼번에 얻을 수 있으리라 생각됩니다.

히틀러의 불길한 지명에 대해 슈톨퍼는 이러한 결론을 내렸다. "1914년, 1918년 그리고 1923년을 경험한 사람이라면 누구나 재앙을 운명적으로 받아들여야만 한다는 생각이 조금은 있을 것이다. 아마 그 당시에도 지금 이 순간처럼 매우 전적으로 나쁘게만 보이지는 않았을 것"이라고. 슈톨퍼는 유대인인 덕에 현명했던지라 정세를 잘 알았을 것으로 짐작된다.[13]

1933년 1월, 히틀러가 나치당 당수로 독일 총리가 되었을 때 대공황의 충격이 세계경제를 강타했다. (비록 몇 개월 전만 해도 독일의 경제 회복 징후들이 여러 곳에서 나타나긴 했지만) 가격은 거의 모든 분야에서 내려가고 있었다. 가격 하락을 멈출 방법으로 정부 주도의 인플레이션 조치에 대한 논의가 많은 나라에서 진행되었다. 이미 10년 전 오스트리아에서 극심한 인플레이션을 목격한 슘페터는 정부가 주도하는 "경기 자극책"은 좋지 않은 생각이라고 믿었다. 그렇다고 그가 자유방임형 경제학자는 아니었다. 공공사업과 그에 따른 한 번에 쏟아붓는 정부의 적자 지출이 불경기에서 벗어날 가장 좋은 방법이라고 생각했다. 그러나 그는 정부의 폭넓은 개입에 대해서는 회의적이었다.[14]

1933년 2월, 그는 어빙 피셔에게 "물론 새로운 히틀러 정권의 등장은 당분간 독일 내 사업의 신뢰성에 다소 충격을 주겠지만 회복은 충분하게 진행중에 있습니다. 매우 커다란 진전이 이뤄져 정상적인 환경에서 진행되고 있으며, 이러한 진전은 정부의 어떠한 경기 자극책 없이 이뤄졌습니다"라고 썼다. 그는 "지난 2년 동안 국제적으로 힘들었던 고통들을 단순히 악의 측면에서만 바라볼 수만은 없습니다"라고도 덧붙였다. 슘페터는 당시 13년간 계속된 대공황의 세 번째 해를 미국에서 경험했다. 대부분의 다른 경제학자처럼, 슘페터는 대공황이 심각하긴 하지만 경기순환의 측면에서 볼 때 정상적인 경기 침체이며, 대공황은 1870년대와 1890년대에 일어난 경기 침체와 비교할 때 매우 다른 종류의 현상은 아니라고 생각했다. 그러나 슘페터를 포함해 대공황을 이런 방식으로 생각한 모든 사람은 실수를 범한 것이다. 1933년 실업률이

25퍼센트에 도달했을 때, 그들은 상황이 얼마나 심각했는지 잘 검토했어야만 했다.[15]

다음 달인 3월에 그는 빈 대학교의 동료 교수이자 나중에 하버드대에서도 동료가 된 하벌러에게 이렇게 썼다. "저는 (히틀러가 정권을 잡은) 시기가 빈의 경제 토론 집단의 과학적인 활동에 영향을 주지 못했다는 소리를 듣고 매우 기뻤습니다. (…) 독일에 대한 제 견해를 표현하기가 매우 어렵습니다. 최근의 사건을 보자면 재앙이지만, 이는 구원을 의미할 수도 있습니다."[16]

그러나 1933년 3월 히틀러 정부는 유대인, 사회주의자, 공산주의자의 모든 활동을 중단시켰고 그들의 교수직을 박탈했다. 몇 주 뒤, 나치는 독일 교육자 가운데 약 3000명에 이르는 학자를 해고시켰다. 해고된 교육자 가운데에는 슘페터의 가까운 친구들을 포함해 수백 명의 경제학자가 있었다.

슘페터는 이 대담한 조치를 주목했다. 그는 컬럼비아대의 웨슬리 미첼과 협력해 구조를 개선하는 운동을 추진하려고 최대한의 노력을 기울였다. 그는 6~10명의 경제학자로 이루어진 상임위원회 설립을 제안했다. 이 위원회의 목적은 다음과 같은 기능을 수행하는 데 있었다.

1. 히틀러주의의 야망 때문에 희생된 사람들을 위한 (…) 고용 기관으로 행동한다.
2. 일시적인 급료, 연구 기금과 같은 문제들을 큰 재단들과 함께 떠맡는다. 또 미국에서 그들의 동족(유대인)에게 동정심을 갖고 있는 헤브루 공동체 구성원들과 함께 대응책을 마련한다…….
3. 만약 이러한 독일의 희생자들이 어느 날 아무런 대책도 없이 미국에 도착하게 된다면 기꺼이 이들을 도와야 한다…….
   나는 하버드대와 인근 대학교를 돌볼 수 있지만, 볼티모어, 워싱턴, 세인트루이스, 덴버 혹은 태평양 연안, 중서부의 주립대 같은 곳은 잘 모른다.

슘페터는 독일의 상황이 대부분의 사람이 믿는 것보다 더 나쁠 수 있다고 덧붙였다. 본의 옛 동료는 "과연 얼마나 오랫동안 과학과 독일에 훌륭하게 보탬이 될 수 있을지 잘 모르겠다"고 편지를 보냈다. "이제 그 남자(히틀러)가 유대인이 아니라는 것이 여실히 나타났습니다. 그는 아주 강력한 반유대주의자입니다. 그 남자는 라인 강 유역의 옛 산업 지대 출신이며 지극히 보수적이고 민족주의로 가득찬 사람입니다. 지금 그가 기분이 뒤틀리기 시작하면, 사태는 정말로 복잡해질 겁니다."[17]

구제위원회 회장직은 미국인 출신이 맡아야 한다고 생각한 슘페터는 뉴욕 리버사이드 교회의 저명한 목사인 해리 포즈디크에게 회장직을 맡아달라고 요청했다. 포즈디크는 거절했지만 슘페터는 계속 요청했다. 슘페터는 자신이 잘 알고 있고, 연구 성과가 뛰어나 어느 곳에서나 일을 잘해낼 9명의 오도 가도 못하는 유대인 경제학자의 명단을 웨슬리 미첼에게 보냈다. "물론 그들 모두가 일을 얻고 싶어합니다. 그러나 얼마나 오랫동안 그들에게 봉급을 줄 수 있을지는 의문스러워요. 저에게 레더러로부터 온 편지가 있습니다. 그러나 내용을 뜯어보면 위엄은 있으나 불안과 절망감도 있습니다."[18]

슘페터는 당시 미네소타대 경제학자인 앨빈 한센에게 프랑크푸르트대의 사회학자인 카를 만하임을 추천했다. 그는 한때 슘페터가 본 대학교에 채용될 수 있도록 노력한 사람이었다. 물론 카를 만하임은 유대인이었으며 독일 나치 정부가 해고한 많은 교수 가운데 한 사람이다. 1933년 5월, 슘페터는 록펠러 재단의 에드먼드 데이에게 2명의 경제학자를 추천했다. 그 재단은 미국으로 이주한 학자들을 위해 단기간의 기금을 지원하고 있었다. 슘페터는 자신의 노력이 "예외적인 남자들"을 위한 일임을 데이가 이해하기를 원했다. 또 독일 정부에 대해 "비우호적인 행위"로 해석되지 말길 바랐다. 슘페터는 "당신도 아마 앨빈 존슨▼의 종합 계획을 듣게 될 것입니다"라고 덧붙였다.[19]

존슨은 당시 쉰 살로 뉴욕에 있는 사회 연구를 위한 뉴스쿨[지금의 뉴스쿨대*]의 경제학자였다. 이 학교는 성인교육의 실험 과정을 목적으로 1918년에 세워졌다. 컬럼비아대의 에드윈 셀리그먼과 공동으로 설립한 1933년 당시, 존슨의 계획은 피난온 학자들을 위해 "망명 대학교University in Exile"를 세워 그들을 받아들이는 일이었다. 슘페터는 1933년 5월 존슨에게 독일 경제학자들이 처한 어려운 상황을 도와주고자 한다는 편지를 보냈다. 그는 편지에 타우시그 교수가 "당신의 훌륭한 계획을 저에게 알려줬습니다. 저는 당신이 그 계획을 실현할 기회가 있는 한 돕는 일을 망설이지 않을 것입니다"라고 적었다. 슘페터는 미첼에게 보낸 학자 9명의 명단도 이 편지에 동봉했다.[20]

같은 날, 그는 미첼에게 존슨-셀리그먼의 공동 계획에는 2년 동안 매년 15명의 경제학자에게 3000~4000달러를 지원하는 내용이 포함되어 있으며, 따라서 약 12만 달러까지 기금을 지원받을 길이 실제로 열렸다는 편지를 보냈다. 그러나 "만약 그러한 계획이 실패로 끝나고 우리가 다시 시작한다면, 많은 시간을 잃게 될 것입니다. 또 누군가가 거절한다면 우리와 협력을 지속해온 일부 사람이 이 계획에 접근하기 더 어려워지게 될 것입니다"라고도 했다. 하지만 결국 존슨은 망명 대학교를 위해 기금을 마련하는 데 성공했다. 수십 명의 망명학자를 구제할 큰 길이 열리게 된 것이다.[21]

1933년 4월, 슘페터는 베를린의 상황을 슈톨퍼에게 한 번 더 들었다. 경제학술지 『저먼 이코노미스트』를 운영하며 뛰어난 통찰력을 지닌 슈톨퍼는 나치 정권에 순응하기에는 무척 자유를 신봉하는 학자였다. 그는 될 수 있는 한 빨리 독일을 떠날 계획을 세우고 있었다. 슘페터는 미첼에게 그를 9명의 학자 가운데 1명으로 추천했다. 또 그는 슈톨퍼를 위하여 뉴스쿨의 존슨에게, 록펠러재단의 데이에게, 우수한 하버드대 졸업생이며 J. P. 모건 은행 동업자인 토머스 라몬트에게 편지를 보냈다. 슘페터는 "슈톨퍼는 열정적인 민주주의 정신으로 수년간 히틀러체제에 항거한 학자입니다. 그리고 히틀러 정부가 들어서자마자 복수하기 위해 『저먼 이코노미스트』를 자진 폐간시켰습니다"라고 썼

다. 슈톨퍼는 1933년 말이 되기 전 간신히 탈출해 이민의 길을 향한 미국 여행에 나서고 있었다.[22]

슘페터는 "추방된 동료들"을 도우려는 자신의 노력이 좋은 결실을 맺었다고 하벌러에게 편지했다. 그는 편지를 보내는 노력을 계속하는 한편 하버드대 안에 이러한 망명 학자를 위한 기금을 마련하려고 노력했다. 그는 스미스 칼리지와 브린마워 대학교에 프리다 분데를리히▼ 교수를 추천하는 편지를 보냈다. 그녀는 유대인이었고 더군다나 여성이었기 때문에 다른 해고된 경제학자들보다 형편이 더욱 어려웠다. 즉 여성은 고용 가능한 범위에서 남성보다 더욱 제한받아왔다는 뜻이다. 분데를리히는 뉴스쿨에서 교편을 잡았다. 1934년 슘페터는 미국가톨릭대에 카를 보데▼를 추천했다. 그는 보데를 추천하면서 "본 대학교에서 저의 최고의 학생이었으며 열렬한 가톨릭 신자"라고 강조했다. "나치가 지배하던 독일 정부의 집권기만 해도, 물론 그는 사회주의자도 유대인도 아니었기 때문에 전혀 영향받지 않을 학자였습니다. 그러나 그는 새로운 정치적인 시기에 자신의 영혼이 무엇을 해야 하는지 알았고, 따라서 자신의 신념에 혐오를 느껴 빈으로 가서 연구를 계속해야 한다는 생각을 고집했습니다."[23]

1935년 슘페터는 미국사회과학연구위원회에 본 대학교의 같은 서클 멤버였던 차센하우스를 도와줄 것을 촉구하는 편지를 썼다. "아마 일이 정상적으로만 진행되었다면, 그는 가장 쉽게 록펠러 장학금을 받았을 것입니다. 그는 독일에서 합리적인 절차로 교수 임용을 받았음을 보여줄 기회가 없었습니다. 다시 말해서 현 정권에 대한 그의 태도가 늘 부정적이었기 때문입니다. 그러나 해임된 독일 학자들을 돕고 있는 여러 기관은 그에게 지원의 손을 벌리지 않고 있습니다. 그는 유대인도 사회주의자도 아니기 때문에 박해받은 것이 아닙니다. 다만 독일이라는 나라에서 교수직을 얻는다는 것에 대해 자신이 부적격자라는 신념 때문입니다."[24]

계속해서 슘페터는 많은 편지를 보냈다. 그러나 대공황 기간에 교수직을 얻기는 어려웠다. 따라서 독립적인 기금 지원 없이는 더 이상 일을 해나갈 수 없었다. 그와 미첼은 록펠러 프로그램에 노력을 다시 쏟았다. 수많은 학자가 탈출할 수 있게 비자를 얻도록 도왔으며, 존슨의 망명 대학교에도 많은 노력을 기울였다. 슘페터는 이 대학을 1930년대 내내 지원했다. 친구들인 레더러(유럽에서 존슨의 가장 중요한 협조자가 되었다), 프랑크푸르트대의 아돌프 뢰베▼와 다른 경제학자들은 뉴스쿨에 채용되었다. 그리고 정치학, 심리학, 음악 같은 다른 학문을 하는 학자들도 슘페터의 주선으로 대학에 채용되었다. 전쟁이 다가오면서 1930년대의 끝 무렵, 마침내 하버드대는 망명 학자들을 위한 장학 프로그램을 마련했다.[25]

자세히 살펴보자면, 221명의 경제학자가 독일, 오스트리아, 혹은 독일 점령국에서 외국으로 성공적으로 이주했다. 미국으로 151명, 영국으로 35명, 나머지는 다른 국가로 갔다. 221명 가운데 131명은 대학에서 직장을 찾았으나 상당수는 탈출하지 못했다. 많은 사람이 나치의 손아귀에서 사라졌고, 일부 학자들은 자살했다.[26]

유럽에 대한 슘페터의 감상적인 집착은 결코 사라지지 않았다. 그의 옛 고향에 대한 생각도 남은 삶 동안 복잡하게 남았다. 때때로 그는 국외 거주자도 망명자도 아님을 느끼면서도 자신에 대해 더욱 나쁜 감정을 느꼈다. 결국 어떤 고국도 없으면서 끝없이 헤매는 방랑자의 운명이라고 느낀 것이다. 그는 독일에 특별한 애정이 있지는 않았다. 그러나 그의 젊음과 사랑을 함께한 오스트리아는 영원히 사라져버렸다. 대부분의 친구는 빈을 떠났다. 한때 훌륭했던 경제학 교수들의 명성도 사라졌다. 뛰어난 교수들은 다 떠나고 평범한 인물들로 교체되었다. 슘페터는 1930년대의 빈을 방문하고 싶지 않았다.[27]

그러나 슘페터의 마음속에는 유럽이 남아 있었다. 하버드대에 있던 처음 3년

1933년 6월, 어느 추운 날 본 대학교에 서 있는 슘페터와 미아. 사악한 나치 정권이 어떻게 전개되는지 명백하게 밝혀진 뒤, 슘페터는 미아와 여름휴가 동안 독일로 자주 가는 모험을 하지는 않았다.

동안에는 3분의 1에 가까운 시간을 유럽에서 지냈다. 그에게 학술 관련 업무로 주어진 최대로 긴 기간이었다. 1933년부터 1935년까지 6월에는 학생들의 시험을 끝내면 바로 유럽으로 떠나 여름휴가를 보냈다. 그는 가을 학기가 시작하기 바로 직전인 10월 말까진 돌아오지 않았다. 그는 신세계로 넘어오지 않고 한 발을 구세계에 담그고 있었다.[28]

슘페터는 배로 대서양을 건너 영국에서 보통 일주일 혹은 2주일 동안 머물렀다. 슘페터는 런던대, 옥스퍼드대, 케임브리지대 경제학자들을 방문해 항상 외향적이고 의욕 넘치는 모습을 보였다. 런던정경대의 유명한 경제학자 리오넬 로빈스▼는 "1934년 연례 세미나가 열리는 그날 슘페터가 미국에서 이곳으로 예기치 않게 날아왔다. (…) 6월의 아름다운 날이었다. 우리는 같이 트윅커넘과 대쳇 사이의 템스 강을 내려다봤다. 나는 지금도 그날의 열정적인 영혼의 소유자들인 니키[니컬러스*] 칼도어, 아바 러너, 빅토르 에델베르크, 우르술라 힉스에게 둘러싸여 배의 앞머리에 명랑하고 편안히 자리잡고 있었던 그를 생생하게 기억할 수 있다"고 회상했다. 그들 모두 일류 경제학자들이었다. 슘페터는 그 파티의 중요한 주최자로서 다른 사람들에게 영향을 주었고, 세련되고 재치 있는 대화로 파티 분위기를 이끌었다.[29]

슘페터는 영국해협을 건너 벨기에의 오스탕드로 가곤 했는데, 거기서 미아와 만나기 위해서였다. 그녀는 이십 대 후반이었고 여전히 미혼이었다. 슘페터는 차를 임대한 뒤 미아와 함께 프랑스, 이탈리아, 스위스에 이르기까지 탁 트인 길을 자유로이 돌아다니며 사랑을 즐겼다. 때때로 그들은 독일로 몇 킬로미터까지 운전해가기도 했다. 본이나 미아의 고향인 윌리히에 잠시 멈추기 위해서였다. 그때 그들은 2~3주를 휴양 도시에서 보냈다. 독일의 바트 키싱엔, 프랑스 대서양 연안의 비아리츠, 본에서 서남쪽으로 80킬로미터 떨어진 벨기에의 스파 같은 곳이었다. 슘페터는 스파를 좋아하지 않았으나 스파의 유명한 광천수가 자신의 건강에 도움이 될 것이라고 믿었다.[30]

여행 동안 미아는 슘페터의 동료처럼, 때로는 잠자리 상대인 애인처럼 행동했다. 이를 두고 미아는 자신이 슘페터의 "운전사"라고 즐겨 말했다. 옛 시절처럼 그녀는 그가 말하는 것을 받아쓰고는 편지나 짧은 원고에 타이핑했다. 슘페터는 보통 여름에 최대한 일을 많이 했고, 글의 초안을 쓰며 밀린 것들을 읽어봤다. 그는 돈의 책, 혹은 경기순환에 관한 책을 위해 중요하게 해야 할 일을 거의 할 수 없었다. 그러나 커다란 두 기획을 열심히 생각했으며 영국을 포함한 유럽 경제학자들과 토론했다.

유럽에 체류하는 동안, 그는 보통 때보다 가혹하게 자신을 평가했다. 4주나되는 기간에 자신의 성과에 대해 0점을 줬다. 1934년 여름, 그는 6개국 30곳 이상의 마을과 도시를 방문했다. 그곳 대부분은 슘페터가 관심 있어 하는 성당이 있었다. 그는 데생으로 많이 스케치했다. 또 그는 일기 첫 장에 하젠에 대한 감사의 마음을 전하면서 여행의 세부 일정을 다시 점검했다.

1934년 6월 18일~24일, 영국에서

오, 어머니 그리고 애니 ― 모든 것에 감사합니다.

매우 아름다운 한 주다!

어머니가 돌아가신 기일 (…) 월요일은 여전히 원양 정기선 라코니아를 탑승한 상태다. 화요일과 수요일은 런던에서 학교와 미술관. 목요일은 옥스퍼드에서. 그곳에서 금요일과 토요일: 윈체스터, 솔즈베리, 윌트셔, 맘즈베리.

1934년 7월 9일~15일

오, 어머니 그리고 애니 ― 모든 것에 감사합니다.

나는 정말로 그만한 가치가 있다고 여기지 않는다.

아미앵, 보베, 망트, 샤르트르―파리, 상스, 오세르, 애니가 프랑스에서 하녀로 일하면서 시간을 보낸 곳이다, 베즐레이도 (…) 아름다운 많은 것 (…)

고마워요, 여보. 당연히 내가 고통받아야 해요. 그러나 혼자가 아니라는 것이 얼마나 완벽하고 생산적일 수 있는지! [비록 그 남자(슘페터)는 미아와 함께하고 있지만……]

1934년 7월 23일~8월 5일(2주간 보고서)

본에서 알자스, 자우어란트, 모젤탈.

그때 (…) 키싱엔.

네 번째 토요일, 돈의 책에 대한 일을 시작했다.

1934년 8월 27일~9월 2일 (여전히 바트 키싱엔에 머물고 있다. 일하려고 노력하면서)

스파, 가끔 테니스, 또한 바카라, 음악회, 문학 (…) 그러나 돈의 책에 대해 고심하며 한 주 대부분을 보냈다. 네 번이나 1점을 받았다. 그러나 다른 3일 동안 나 자신을 채찍질하면서 보냈다. ― 결과가 거의 없었다.

1934년 이후 슘페터는 한 번 더 미아와 여름 여행을 떠났다. 그때까지 그들의 육체적 관계는 줄어든 반면 정신적으로는 더욱 다정한 사이가 되었으며, 1930년대 내내 친밀하게 편지를 주고받았다. 미아와 슈퇴켈 가족은 슘페터가 유럽에서 계속해서 생활할 수 있고 머물 매우 중요한 근거지였다. 그러나 이때쯤 슘페터는 자신의 일생에서 대단히 중요한 역할을 차지할 또 다른 여성을 만났다.

1933년 슘페터는 로메인 엘리자베스 부디 피루스키를 우연히 처음 만났다. 그때 그녀는 서른다섯 살로 하버드대 경제학부 대학원생이었다. 그녀의 친구들은 엘리자베스를 리지라고 불렀다. 그녀는 케임브리지에서 북쪽으로 48킬로미터 떨어진 매사추세츠 주 로렌스에서 자랐다. 어머니는 스웨덴에서 이민온 여성이었으며, 괜찮게 사는 옛 뉴잉글랜드 출신이었다. 그녀는 로렌스 공립학교를 다녔으며, 졸업 뒤 다시 래드클리프대로 갔다. 거기서 그녀는 [미국 대학의 우등생들로 구성된 친목단체였던*] 파이 베타 카파의 명예를 얻었으며, 하키 대표팀에서 활동하기도 했다. 그녀는 반의 일지를 기록하는 일을 맡았으며 래드클리프대 『뉴스』편집장으로도 활동했다. 또 사회주의 클럽의 회장으로 뽑히기도 했다. 1920년 그녀는 경제학부 학생으로는 처음으로 수석 졸업했다.[31]

엘리자베스는 학교를 1년 정도 떠나 있으면서 영국, 프랑스, 그녀의 어머니의 고향인 스칸디나비아를 3개월 동안 여행하고 난 뒤, 케임브리지대로 돌아와 석사학위 공부를 시작했다. 자립하기 위해 그녀는 하버드대경제연구소에서 직장을 얻었다. 그곳은 경제학부와 관련된 연구소로 주로 자료를 수집하는 곳이었다. 그녀는 1925년 석사학위를 받았고, 래드클리프대가 주는 휘틀리 여행 장학금으로 영국에서 거의 2년을 보냈다. 그녀는 런던정경대에서 강의를 들었고 대영 박물관과 정부기록보관소에서 연구와 관련된 업무를 하면서 오랜 시간을 보냈다. 18세기의 많은 공식 문서를 연구하면서, 그녀는 영국이 대영 제국으로 크게 확장하던 시기의 해외무역에 관한 통계 기록을 모을 수 있었다. 그녀는 미국으로 돌아와서 이러한 내용을 토대로 논문을 쓰려고 생각했다. 한편 그녀는 바사르 대학교에서 조교수직을 맡았다. 1927년 1월에서 1928년 6월까지 그녀는 경제사, 이론, 노동 문제를 가르쳤고, 1년에 2500달러의 급여를 받았다.[32]

교수직과 관련된 장래를 두고 우유부단했던 그녀는 바사르대 교수직을 그만두고 서른 살이 되던 해에 네 살 연상인 책 판매상 모리스 피루스키와 결혼했다. 브루클린이 고향인 피루스키는 하버드대 스퀘어에서 가게를 운영했고, 곧 매사추세츠 주 서쪽 경계선에 있는 코네티컷 주 솔즈베리에서 두 번째 서점을 차렸다. 또 모리스는 종종 솔즈베리 공립학교에서 가르치기도 했다. 그는 솔즈베리로부터 멀지 않은 작은 코네티컷 마을의 타코닉 근처 버크셔 산맥에 부동산을 갖고 있는 부유한 남자였다. 그의 본 주거지가 있는 윈디힐은 쾌적하면서 시골 분위기가 나는 흔치않은 휴양지였다. 그 집을 둘러싼 여러 재원財源을 살펴보면서, 엘리자베스는 조경 디자인과 개발을 통한 평생 계획을 시작했다. 그녀는 나중에 이렇게 썼다. "1929년부터 1933년 말까지만 해도 나는 코네티컷 시골에서 단순히 가정주부로서 살고 있던 여성이었다."[33]

그러나 오래되지 않아서 그녀는 케임브리지가 주는 지적인 자극을 그리워하기 시작했다. 그리고 피루스키와의 결혼도 행복하게 지속되지 않았다. 결국 두 사람은 갈라섰다. 그녀는 1933년 3월부터 6월까지 그리스와 이탈리아로 휴가 여행을 갔다. 케임브리지로 돌아오자 피루스키와 이혼하는 데 합의했다. 이혼 과정에서 그녀는 타코닉에 있는 부동산을 받았다.[34]

엘리자베스는 래드클리프대로 돌아왔다. 그녀는 하버드대 출신의 다른 경제학자로 이미 잘 알려져 있었다. 그녀는 하버드대 경제학부 세미나에 연구조교 자격으로 슘페터를 비롯한 다른 경제학자들과 같이 참석했다. 그녀는 자신이 연구했던 영국의 외국무역에 대한 논문을 다시 쓰기 시작했다. 그녀의 논문 지도 교수는 슘페터와 같은 나이의 뛰어난 경제사가인 애벗 어셔▼였다. 슘페터는 이 주제에 흥미를 느껴서 공동 지도 교수가 되었다. 엘리자베스는 1934년에 박사학위를 받았다.[35]

1933년 슘페터는 쉰 살이었으며 엘리자베스보다 열다섯 살이 더 많았다. 그는 몸무게가 약 72킬로그램에, 키가 172센티미터의 체격으로 초창기 성인이었을 때보다 6킬로그램이 더 나갔다. 그는 옛날처럼 잘생겨 보이지는 않았지만 여전히 섬세하고 따뜻한 매력이 있어 많은 여성의 마음을 사로잡았다. 엘리자베스는 162센티미터의 키에, 몸무게는 약 56킬로그램의 체격이었다. 감성적으로 기초가 든든하고 교육을 잘 받은 몹시 매력적인 그녀는 조용하고 침착했다. 또 학문적으로는 엄정한 만만찮은 지식인이었다.(그녀의 삼십 대 사진을 보면 애니와 닮은 구석이 있다.) 그녀의 가까운 한 친구는 이렇게 회상했다. "엘리자베스는 평생 학자였다. 또 여성다움이 넘쳐흘렀다. 그녀의 엄청난 학문적 열의가 결코 그녀의 여성다움을 빼앗아가진 못했다. (…) 그녀는 개성이 넘쳐흐르는 여성이었다. 솔직담백했고 정직하고 확고했으며 충직한 친구였다."[36]

　엘리자베스는 슘페터의 낭만적인 삶에서 만난 어떤 다른 여성보다 지적인 동료로 그와 가까워졌다. 그녀의 탁월한 분석력이 깃든 내면, 우아한 문장력, 어떤 면에서는 슘페터보다 우수한 수학적 능력을 겸비하고 있었다. 그녀는 학자의 길을 걷기로 결정했고, 노골적으로 여성을 차별하는데도 불구하고 하버드대를 선호했다. 엘리자베스는 1934년부터 1937년까지 래드클리프대와 하버드대 국제연구소에서 연구원으로 근무했다. 1년 치 봉급이 2400달러에서 시작해 3000달러까지 올랐다. 이것은 강사가 최고로 벌 수 있는 그 이상의 금액이었으며 대공황이라는 당시 상황을 고려할 때 상당한 수준이었다. 그녀는 학술지 『리뷰 오브 이코노믹 스태티스틱스Review of Economic Statistics』의 직원으로 근무하다가 나중에는 편집에도 직접 참여했다. 그녀는 부유한 편은 아니었다. 그러나 피루스키로부터 이혼 위자료로 받은 주택이 있었으며 뿐만 아니라, 가족으로부터 물려받은 약간의 돈, 무엇보다 자신이 마음대로 쓸 봉급이 있었다.[37]

　그녀는 래드클리프대 근처 집에서 시간 대부분을 보냈으며 나머지 시간은 케임브리지의 서쪽으로 185킬로미터 떨어진 윈디힐에서 지냈다. 그녀는 이 두 곳에서 논문을 썼고, 1934년 8월 런던으로 가서 논문 주제에 관련된 연구를 6개월 동안 했다. 그녀는 곧 일본의 급속한 산업 발전에 매료되었다. 그러나 미일관계가 악화됨에 따라 일본에 대한 그녀의 관심은 하나의 작은 슬픔 이상으로 커지기 시작했다.

　1934년 박사학위를 받고 난 뒤 엘리자베스는 종종 슘페터와 저녁식사를 같이했다. 그때부터 그들은 더 자주 만나기 시작했다. 1935년이 되자 그들은 하버드대 사회 속의 단짝이 되었다. 슘페터는 조용히 집중하는 데 가장 적합한

1920년 래드클리프대 졸업식 때의 엘리자베스의 사진과 학교생활의 경력이 담겨 있는 앨범. 그녀의 학교생활 목록은 어느 다른 학생의 목록보다 길다.

장소로 윈디힐을 찾았다. 그는 두 권의 책을 내기 위한 기획에 매우 곤란을 겪고 있었다. 그는 또한 갑작스럽게 일어나는 감정의 변화에 매우 약했다. 1936년 봄, 그는 미아의 강력한 항의에도 불구하고 유럽으로 네 번째 여름 여행을 떠나지 않기로 결정했다. 이때 그는 자신의 일기에 엘리자베스를 호칭한 듯한 'E.B.F.'를 매우 많이 만나고 있었고, 윈디힐에서 많은 밤낮을 보내고 있었다.[38]

엘리자베스는 자유로운 사고 방식을 가진 이혼녀는 아니었다. 그러나 성숙하고 겸손하며 신중한 여성으로 그녀의 주요 관심사는 학문이었다. 뛰어난 미모와 결혼 경험에도 불구하고, 그녀는 슘페터가 이제까지 만났던 여성들에 비해 남자와의 성관계가 적은 여성이었다. 그녀는 슘페터에게 조금은 현혹되었지만, 대부분의 남자 연구원과 달리 슘페터의 외향적인 유쾌한 분위기에 끌린 적은 거의 없었다. 대신에 그녀는 재빨리 슘페터의 우울한 면을 알아차렸다. 그가 위대한 정신을 갖고 있는 것을 알게 되었고, 그가 분명 필요로 하는 감정적인 지지를 보낼 수 있다고 믿었다.

엘리자베스는 슘페터에게 일어난 모든 일 때문에 그가 균형을 잃을 위험에 처했다고 결론내렸다. 슘페터가 일기에서 자기 자신을 비난하는 내용을 보면 엘리자베스의 판단이 옳다는 것을 보여준다.

당신은 영특하지 못한 바보
그들은 당신을 보고 비웃고 있어.
그리고 그들이 맞아.
그리고 당신은 자신을 보호할 줄 몰라.
그리고 아무도 당신에게 관심 없어.[39]

이러한 글을 썼던 1937년쯤, 엘리자베스는 결국 그에게 매료되었다. "당신은 (이전 남편을 제외하고) 내가 정말로 사랑하고 친밀하게 아는 유일한 남자랍니다." 그리고 또 다른 편지에서 "비록 저는 다른 남자에게 웬만하면 굴복하지 않는 편이지만, 지금은 당신에게 완전히 빠진 것 같아요"라고 썼다.[40]

그녀는 슘페터와 결혼하기를 원한다고 추호의 의심도 없이 결정했지만, 슘페터는 준비가 되어 있지 않았다. 그는 결코 미아와 결혼하지 않으리라는 것을 알고 있었지만, 여전히 애니의 기억의 노예가 되어 다른 여성에게 전념하는 것이 상상하기 어려움을 알았다. 그도 마찬가지로 엘리자베스를 매우 좋아했다. 결혼 문제를 이성적으로 생각했을 때 그는 더 나은 배우자를 떠올리기 어렵다는 것을 알았다. 전문적인 경제학자인 엘리자베스는 자신의 일에 대해 많은 것을 이야기해줄 수 있었다. 그녀는 20년 동안 케임브리지에서 간헐적으로 살았고 마을이나 학교 등 어느 지역사회에서도 낯선 사람이 아니었다. 한 번 결혼에 실패한 것을 참아낸 그녀는 가정생활의 스트레스에 대한 환상도 없었다. 그리고 슘페터를 깊게 사랑할 뿐만 아니라 학자인 그의 위대함을

이해하는 사람으로서, 그녀는 그의 연구를 발전시킬 모든 가능한 일을 할 분명한 여성이었다.[41]

다만 유일한 장애는 그녀의 건강이었다. 엘리자베스는 당뇨병이 있었다. 그녀는 아기를 가지려고 애쓰는 일이 현명한지 아닌지 알지 못했다. 1926년에 그의 새로 태어난 아들이 죽은 뒤, 슘페터는 쉰 살이 넘었는데도 아버지가 되려는 희망을 놓지 않았다. 만약 그가 그녀와 결혼한다면, 엘리자베스는 그의 희망을 위해 기꺼이 자신의 행복에 다가올 위험을 감내할 것이 분명했다. 문제는 그가 자신의 희망이 무엇인지 알아차리지 못한다는 것이었다. 몇 달 동안 계속된 그의 모호한 태도로 그녀는 매우 불편한 위치에 있었다.[42]

1937년 여름, 두 사람의 문제가 새로운 전기를 맞이하게 되었다. 그녀는 슘페터에게 이렇게 썼다. "사랑하는 당신, 당신은 저와 아무런 희망도 없이 타협했음을 기억하시기 바랍니다. 모든 결정은 자동적으로 따라오는 결과물이겠지요. 그렇게 어려운 결정에 대해 어떤 책임감을 느낍니다. E.B.F." 또 다른 편지에서는 다음과 같이 썼다.

저는 당신에게 여전히 귀찮은 존재에 불과한가요? 만약 그렇다면—그리고 지금 당신이 그렇게 생각한다는 의심이 든다면—이것은 당신의 책임이라는 생각이 듭니다. 저는 당신이 지금 절 귀찮게 여긴다고 생각하진 않습니다. 정말로 좋아하는 일이나 사람을 위해 싸워야 한다고 반복해서 말한 사람은 바로 당신이었으니까요. 저는 개인관계에서 체면이나 자긍심 때문에 어려움이나 저항에 부딪혔을 때 아무런 분란을 일으키지 않고 조용히 물러서는 게 좋다는 견해를 갖고 있습니다. 당신의 충고를 따라 문제를 일으킨다고 해서 저 때문에 괴로워하지 않기를 바랍니다.

시계의 추처럼 움직이는 당신의 행동들로 인해 인생이 다소 불확실하고 어려워진 것은 사실입니다. 그러나 이 때문에 생기는 어려움은 당신의 생활

슘페터와 사랑에 빠진 1936년의 엘리자베스 모습

유형이나 성향의 결과라고 받아들입니다…….

우리가 서로를 사랑하는 가운데 전 당신과 싸우기도 했지만 그것이 일관되지 않았다는 것도 중요합니다. 다만 당신은 이런 문제가 제게 사소한 일이 아니라는 걸 알고 있을 겁니다.[43]

이 문제를 계속 밀고 나가야 한다고 생각한 엘리자베스는 그에게 최후통첩에 가까운 이야기를 했다. 그녀는 윈디힐에서 이런 편지를 써서 보냈다.

당신은 지난 3년 동안 제가 매우 행복하지 않은 사람임을 알았을 겁니다. 저는 작은 자존심과 긍지로 많이 버티고 있던 편이죠. 그러나 지금 이마저 사라졌습니다. 그리고 당연히 작은 슬럼프가…….

이 편지를 쓴 이유는 당신이 이제까지 보여준 행동과 대화의 의미에 대해 제가 따를 준비가 되어 있다는 느낌이 없다면 이제 정말로 "안녕"이라고 말하기 위해서입니다. 만약 당신이 정말로 나에게 작은 시간을 내어 배려해주길 원하지 않는다면, 제발 전화를 걸거나 편지를 써서 괴롭히지 말아주세요. 저는 그렇게 많은 것을 기대하지 않습니다. 당신은 그렇지 않을 경우에 우리의 문제를 분명하게 해주시길 바랍니다. 그러나 어떠한 진짜 우정도 한 사람만의 노력만으로 존재할 수는 없습니다.

당신에게 내 모든 사랑과 아름다운 희망이 있습니다.

엘리자베스가[44]

슘페터가 그래도 마음을 잡지 못하고 계속 흔들리자, 그녀는 마지막 기회를 한 번 더 주기로 결정했다. 마지막 편지에서 그녀는 그의 망설임, 빈번하게 흔들리는 감정, 의기소침함, 우울함을 드러내고 비난했다. 그리고 이번에는 인사에서 사랑하는 당신이라는 말도 쓰지 않았다.

존경하는 J. A. S.에게

화난 것은 아닙니다. 그러나 혼란스럽고 풀이 죽어 있으며 불행합니다. 저는 모든 것에 불확실해져 극도로 지쳐 있습니다. 긴급한 문제 두 가지가 있습니다. 하나는 당신이고 다른 하나는 타코닉에 있는 집입니다[그녀는 소유하고 있는 두 집 가운데 한 채를 팔려고 계획하고 있었다].

당신에 대해 가장 어려운 점은 당신이 추처럼 앞뒤로 흔들린다는 것입니다. 당신이 조금 앞으로 나아가면, 그래서 그럭저럭 살아가다가도 믿음이 없어지면 원래의 위치로 다시 돌아온다는 것입니다. 그러한 과정은 마치 지난밤에라도 일어난 것처럼 조금 심해지는 경향이 있습니다. 이것은 어떤 비난이나 못마땅하다는 생각에서 비롯된 게 아니라 단지 사실을 말하려고 하는 겁니다. 그것은 지금 상황에서 마지막 순간까지 당신이 나를 실망시키지 않았다는 것을 깨닫는 것보다 중요합니다. 어디서 언제 우리가 만날 것인지 모든 결정을 하는 것은 당신입니다. 저는 전화를 걸어 잠시 "담소"를 나누는 것이나, 혹은 잠시나마 당신의 서재에 당신을 보러 들르는 것 같은 지극히 평범하고 정상적인 일을 마음대로 할 수가 없습니다. 저는 왕의 명령만을 기다려야만 합니다. 당신은 제 마음속으로 들어와 저를 달궈놓고는 그대로 가버립니다. 그리고 어두운 생각에 빠집니다. 저는 당신을 또다시 돌려놓으려고 노력해왔습니다. 왜냐하면 제가 당신을 사랑하기 때문입니다. 그리고 당신이 이끌고 있는 모든 것에 제가 속해 있다는 게 더욱 좋기 때문입니다. 물론 이처럼 좋은 건 당신을 병들게 하고 아프게 하는 당신의 육체보다 당신의 마음이겠죠?

저는 이제 더 이상 이 마음을 지속시킬 수 없습니다. 당신은 이러한 불확실한 것을 (일, 돈, 타코닉 같은) 다른 불확실한 것들에 더해놓았다는 점을 아셔야 합니다. 그리고 지난 5년 동안의 불안감이 심지어 안정되고 평화로운 사람에게도 무척 짐이 되었다는 것도 아셔야 합니다. 만약 당신이 빅혼 산으로 간다면 당신은 또다시 장차 외롭고 우울하며 불신으로 가득찬 생활로 돌아가게 될 것입니다[그곳은 그가 여름휴가시 약혼에 대해 이야기하려고 계획하고 있던 장소다]. 그리고 그때 저는 당신이 돌아와도 예전과 같지 않을 겁니다. 그리고 저를 그곳에서 빼내어 데려올 수도 없을 겁니다. 당신을 많이 사랑합니다. 그러나 다시는 더 이상 노력하지 않을 겁니다.[45]

여기서 슘페터는 항복했다. 그는 엘리자베스에게 약혼반지를 고르는 것을 포함해 모든 세부적인 일을 뒤처리하라고 해놓고서 결혼하기로 마음먹었다. 그녀는 두 사람이 뉴욕에서 가장 편하게 결혼할 수 있다는 것을 알았다. 그곳은 기다릴 필요가 없었다. 있다 해도 불과 며칠밖에 걸리지 않았다. "저는 어제 『뉴욕 타임스』를 읽던 와중에 뉴욕 주에서는 2개월 안에 신청만 하면 바로 결혼할 수 있다는 것을 알게 되었어요." 엘리자베스는 맨해튼으로 가 며칠간 머물면서 결혼 준비를 했고, 다시 편지를 보냈다. "저녁이 끝나면 이곳으로 전화를 주세요. 일찍 잠자리에 들어 충분한 수면을 취하려면 당신이 매력적이고, 잘난 남자라는 생각은 좀 접어둬요."[46] 뉴욕에서 그녀는 의사를 만나 자신의 당뇨병에 대해 이야기를 나눴다. 그리고 슘페터에게 아이를 갖는 것에 대해 의사가 부정적인 조언을 했음을 알렸다. 이것은 다른 의사들이 그녀에게 말한 것과는 반대였다. ("저는 인생의 사실들에 관한 모든 것을 알기까지는 긴 시간이 걸린다는 것을 압니다.") 슘페터는 실망했지만 흔들리지 않았다. 그리고 아이가 태어날 때 죽은 애니를 회상했다. 그때 엘리자베스는 보스턴에서 슘페터와 만났다. 10일 뒤인 1937년 8월 15일 아침, 두 사람은 맨해튼으로 가는 기차를 탔고 월도프·아스토리아 호텔에 방을 얻었다. 그들은 그다음 날 특정 종교와는 관계없고 여러 종파가 어울리는 한 작은 지역 교회에서 조촐하게 결혼식을 올렸다. 슘페터의 일기에서 그의 감정 상태가 무너질 지경에 이르렀다는 내용을 본다면, 그에게 세 번째 결혼은 삶에서 가장 어려운 일 가운데 하나였다. 그러나 이 결혼은 곧 그가 선택한 가장 현명한 일 가운데 하나임이 입증되었다.[47]

1939   1950

....

제3부

현인

1939~1950

혁신, 자본주의, 역사

─────────

슘페터가 살면서 수백 차례 언급했던 것처럼 그에게 자본주의는 종착역이 없는 지속적인 진화 과정이었다. 기업가도 소비자도 그들이 가진 물질에 절대 만족하지 않을 것이다. 그들은 언제나 더 많은 것을 원한다. 열망과 욕구는 인류에 담겨 있는 본성이다. 그들의 이러한 노력은 슘페터가 자주 언급한 "쾌락주의"적 동기만을 바탕으로 하고 있지 않다. 기업가들은 뛰어나게 잘하기 위해, 자신에 대한 기대를 충족시키기 위해 그리고 인정받기 위해 "사회적 거리"를 두고 싶어한다.

─ 제25장 「혼합경제를 향하여」 중에서

그는 어떻게,
왜 역사를
선택했는가

"역사는 늘 승리해왔다. 역사를 이길 수 있는 것은 영겁의 세월뿐이다."
— 월터 롤리 경, 『세계의 역사History of the World』, 1614

1930년대 중반, 이미 슘페터는 사회학을 경제학에 접목시켜 경제학에 대한 새로운 접근법을 만들었다. 제2차 대전이 일어나기 바로 직전, 세계사와 슘페터의 연구사도 그 중심에 있었다. 그가 새롭게 강조했던 역사의 중요성은 전혀 급진적이거나 갑작스러운 것은 아니었다. 또 이로 인해 그가 이전에 몰두해왔던 여러 일을 포기한 것도 아니었다. 그는 단지 삶의 폭넓은 복잡함을 이해시켜줄 경제학의 힘을 키워나가고자 다른 학문에 눈길을 돌렸을 뿐이다. 그는 자본주의 연구를 역사라는 기름진 토양에 뿌리내리게 함으로써 경제학을 더 확장시키고 있던 것이다.

슘페터가 살아온 인생은 결코 평탄치 못했고 더욱더 험난한 기로에 놓여 있었다. 독일에서 미국으로 이주해온 오스트리아인으로서, 그는 1930년대에 일어난 일들과 미국 정부의 외교정책으로 정신적 갈등을 겪었다. 머지않아 그는 자신이 세계 문제에 무관심한 미국인과는 많이 다르다는 것을 깨달았다. 그리고 그는 미국이 참전을 선언한 뒤, 적국에 "무조건 항복"을 요구하는 광신적이고 호전적인 애국주의 문제에 직면하게 된다. 이 생각은 참혹한 남북전쟁을 겪은 미국인에게는 익숙했지만, 지구 반대편에 있는 많은 사람에게는 그저 새롭고 잔혹하기만 한 정책으로 다가왔다.

아내 엘리자베스 슘페터도 미국의 특정한 외교책에 불신을 가졌던 그의 남편과 생각이 같았다. 슘페터 부부는 소련의 도움 없이는 나치를 물리칠 수 없다는 것과, 소련이 장기적으로 볼 때 독일이나 일본보다도 세계 평화에 더 큰 위협이 될 수 있다는 데 의견을 같이했다. 엘리자베스는 당시 미국 내 비⽐아시아계 사람 가운데 일본 경제에 해박한 지식을 가진 몇 안되는 사람이었다. 따라서 태평양에서 전쟁이 일어날 때 어떤 일이 벌어질지 분명하게 예측하고 있었다. 1930년대 후반 동안, 일본이 진주만을 공격하기 바로 직전까지만 해도 그녀는 일본 산업이 대단한 수준이라는 점을 들어 일찍이 경고하기도 했다. 또 일본에 대한 책을 공동 저술한 그녀는 수많은 글을 통해 태평양에서의 전쟁은 무자비한 장기전이 될 것이며, 결국 소련에 매우 유리한 사건이 되리라 내다봤다. 하지만 당시 대부분의 사람은 일본을 그저 약하고 외딴 국가로 여길 뿐이었다. 당연히 그녀의 의견도 무시될 수밖에 없었다. 일본이 진주만 공격을 감행한 1941년 12월 7일까지는 말이다.

일본의 진주만 공격 뒤, 슘페터 부부는 국가에 충성을 보이지 않았다는 혐의로 FBI의 조사를 받게 된다. 더 자세한 이유는 엘리자베스가 일본에 대해 우호적으로 쓴 책과 슘페터의 독일 시민권 문제 때문이었다. 이들은 당시 나치와 소련의 박해를 피해 미국으로 떠나온 수많은 "혐의자" 가운데 일부였을 뿐이었다. 한편 당시 미국 정부는 미국 내 일본계 미국인들을 강제 억류하기도 했다. 슘페터 부부는 이러한 당국의 정책이 아주 야만적인 처사라고 생각했다. 또 일본과 독일 본토 시민에게 가한 무차별한 폭격으로 수백만 명을 죽인 군사작전 역시 야만에 가까운 처사라고 생각했다. 슘페터 부부는 일본과 독일의 극도로 잔인한 전술이 미국으로 하여금 지금까지 지켜온 전통적인 정책을 버리고 그들과 비슷한 보복을 하게 했다고 생각했다. 이러한 견해 때문에 두 사람은 가까운 동료들로부터도 평판이 나빠졌다. 두 사람은 잘못되었다고 생각하는 이러한 미국의 정책에 맞서 싸우는 것을 접고 조용히 학문 세계로 되돌아가는 길을 택했다.

계속 연구에 몰두하던 슘페터는 역사가 자본주의뿐만 아니라 경제학 일반을 이해하는 데 필수적이라 인식하고, 역사에 더욱더 초점을 맞춘 연구를 해나갔다. 그의 연구에서 이러한 변화는 1930년대와 1940년대에 쓴 세 권의 책에서 분명히 드러난다. 이 책들이 바로 1939년에 쓴 『경기순환론』, 1942년의 『자본주의·사회주의·민주주의』 그리고 1954년 슘페터가 세상을 떠난 뒤 출간된 『경제 분석의 역사History of Economic Analysis』다. 이 책들의 단어 숫자를 모두 합하면 무려 200만 단어에 달한다. 보통 책이 300쪽에 10만 단어 정도가 된다는 것을 고려할 때, 보통 길이의 책으로 치면 그는 스무 권의 책을 쓴 것과 다름없었다. 또 이 시기에 그는 서른여섯 편에 달하는 논문을 썼고, 대중 강연과 추도식에도 참석했다.

그의 저작에는 형태와 상관없이 모두 역사라는 접근법이 활용되었다. 또 저술 과정에서 사회 이론, 수학, 법학, 정치학에 대한 관심을 놓지 않았다. 단지 그는 위와 같은 분야들을 역사와 경제학 이론의 바탕 위에 두고자 했다. 그 결과 슘페터는 그의 모든 관심, 지식, 문학적 기술을 아우르는 여러 학문의 결합을 이끌어낼 수 있었다.

하지만 종종 그가 만들어낸 이 학문적 조합은 그의 책 『경기순환론』에서 보듯, 현실과 잘 들어맞지는 않았다. 슘페터는 자본주의의 역학관계에 대한 그의 메시지를 다른 이론가들에게 빌려와 그럴듯하지만 조금은 미심쩍은 틀에 적용시켜보려 했다. 그의 시도는 뒤이은 다른 두 권의 책에서는 매우 설득력 있는 결과로 나타났다. 『자본주의·사회주의·민주주의』에서 두드러지게 나타난 이 결과에 대해 네덜란드의 경제학자 헨드릭 람버르스는 이렇게 논평했다. "슘페터는 기업, 시장, 제도, 문화적 가치, 사회 지도자라는 다섯 요소를 마치 하나의 잘 짜인 역동적인 과정으로 만들어내는 대단한 업적을 일궈냈다. 그는 남들과 비교할 수 없는 뛰어난 솜씨로 역사를 시간과 하나 되어 흘러가도록 했다."[1]

슘페터의 마지막 저작 또한 그 제목이 보여주는 것처럼 역사 연구가 우선적이었다. 그는 이 방대한 분량의 책에서 2000년이 넘는 학문 속 지성사를 다뤘고, 일반적인 사회학 지식을 깊이 탐구했다. 캐나다 출신의 저명한 경제학자로 시카고학파인 제이컵 바이너▼는 『경제 분석의 역사』에 대해 "학문 분석의 역사에서 광범위한 섭렵으로 빚어낸 가장 건설적이고 독창적이며, 박학하고 훌륭한 업적"이라고 평했다. 이러한 평가는 오늘날에도 분명한 사실로 보인다.[2]

그는 죽음의 문턱에 이르면서도 경제학에서 역사가 얼마나 중요한지 강조하기 위해 애썼다. 다시 말해서 이론, 통계, 역사라는 경제학의 세 토대 가운데서 가장 중요한 것은 바로 역사임을 강조했다.

만약 내가 지금 경제학을 새롭게 시작해 세 분야 가운데 하나를 골라 연구할 수 있다면 내 선택은 분명 경제사라고 말하고 싶다. 내가 역사를 선택하고 싶어하는 데에는 세 가지 이유가 있다. 첫째, 경제학의 주제는 본질적으로 역사적 시간의 독특한 과정이기 때문이다. 만약 역사적 사실에 대한 적절한 지식과 역사적 경험에서 비롯되는 어느 정도의 감각이 없다면, 어느 누구도 어떠한 시대의 경제학적 현상을 이해할 수 없을 것이기 때문이다. 둘째, 역사는 단순히 경제학적인 것만이 아니라 경제학적이지 않은 "제도적" 사실들이 반드시 포함되기 때문이다. 그래서 역사는 경제학적 요소와 비경제학적 요소들이 어떻게 관련되는가, 다양한 사회과학 분야가 어떻게 서로 연결되어야 하는가를 이해하는 데 적절한 방법을 제시해준다. 셋째, 내가 믿는 바로는 경제 분석에서 나타나는 근본적 오류들은 경제학자의 자질에서 나타나는 어떠한 단점 가운데 그 학자의 역사적 경험 부족에 기인하기 때문이다.[3]

이처럼 슘페터는 경제학 연구에서 역사가 절대적으로 필요하다는 믿음이 있었다. 이 믿음은 세 권의 방대한 책을 쓰면서 더욱 커졌다. 그러나 이와 동시에 인간을 향한 환멸감도 커져갔다. 그는 겉으로는 명랑한 기분인 척했지만, 속으로는 절망에 빠져 세계정세에 무관심한 사람처럼 보이기도 했다. 정치와 외교에 관심을 둘수록 그의 눈엔 어리석은 것만이 보일 뿐이었다. 그는 자신의 유년 시절을 빼앗아간 제1차 대전과 그 후유증으로 빚어진 비극이 이제 제2차 대전에서 재현되리라는 것을 알고 있었다. 또 슘페터는 유럽에서 승리를 거두고 있는 스탈린식 사회주의를 크게 우려하면서 냉전이 오리라 예측했다. 이와 더불어 미국이 군사적으로 무장한다면 앞으로 어떤 일이 벌어질지도 예견했다. 1940년대 초에 그가 쓴 일기에는 수백 개의 신랄한 격언이 적혀 있었다. 슘페터는 이것들을 "경제학과 정치학에서부터 시작해 학문적 삶과 인간의 본성에 이르는 모든 것에 관한 내용"이라고 덧붙였다. 그는 이렇게 세상을 두루 알고 미래를 예측하는 이 시대의 현인이 되어갔다. 허나 그가 잘 모르는 것이 있었는데, 그는 종종 다른 사람들이 자신의 이야기에 관심이 없다고 생각했지만 정작 그렇지 않았다는 점이다. 물론 그의 책 가운데 일부는 실제로 큰 관심을 얻지 못했지만 『자본주의·사회주의·민주주의』는 20세기에 나온 모든 분야의 책에서 최고로 꼽히는 책 중 하나가 된다. 그리고 그의 마지막 책『경제 분석의 역사』 또한 경제학 분야에서 역작일 뿐만 아니라 지성사와 전기 분야의 역작으로 손꼽게 되었다.

제15장

『경기순환론』과
경영사

"역사는 결정론을 혐오하지만, 기회에는 관대하다."
– 버나드 디보토, 『제국의 행로The Course of Empire』, 1893

슘페터와 아내 엘리자베스는 결혼 전 5년 그리고 결혼 뒤 2년 동안 그 어떤 일보다 『경기순환론』을 위한 연구와 저술에 몰두하고 있었다. 이 작업은 예상보다 2배가 넘는 시간이 걸렸고, 이 과정에서 엘리자베스의 도움을 많이 받았다. 그리고 1939년에 1095쪽에 달하는 두 권의 역작이 탄생하게 된다.[1]

『경기순환론』은 몇 가지 목표와 기준으로 볼 때 슘페터의 저서 가운데 가장 성공하지 못한 책이라고 할 수 있다. 그러나 이 책은 자본주의에 대한 슘페터의 관점을 바꿔놓았다. 그는 늘 "완벽한 경제학"을 추구해왔던 학자다. 그러나 이 책을 쓰기 위해 필요했던 방대한 연구는 그의 고집스러운 태도를 조금이나마 바꿔놓게 되었다. 또 이 책에서 묘사된 이야기들은 근대경영사라는 새롭고 엄격한 하위 학문이 태어난 전조가 되었을 뿐만 아니라, 그가 이후에 저술한 『자본주의·사회주의·민주주의』의 견실한 기초가 되었다.

오늘날 경기순환 연구는 대개 6명 남짓의 통계학자, 경제학자, 사회학자들로 구성된 팀으로 이뤄진다. 그러나 1920년대와 1930년대에는 이와 같은 연구 체계가 막 자리잡기 시작했던 터라, 슘페터는 경기순환 연구를 거의 혼자 해나가야만 했다. 슘페터의 연구에 약간의 도움을 주던 하버드대 사회과학연구위원회에 슘페터가 제출한 1937년도 보고서에 따르면, "연구는 내가 생각했던 것보다 매우 힘들고 시간이 많이 걸렸다"고 나와 있다. 1938년 초 당시 경제학부장인 버뱅크에게 쓴 편지에서 그는 "원고를 읽고 또 읽고 검토하느라 반쯤 죽었다고 느낄 정도로 정신이 없었습니다"라고 쓰기도 했다.[2]

『경기순환론』은 자본주의의 신기원을 이룩한 미국, 영국, 독일 등 세 국가에 걸친 연구였고, 다른 연구를 추구하던 슘페터에게 분명 만만찮은 일이었다. 슘페터가 경기순환의 통계 연구에 업적을 남긴 미국의 경제학자인 미첼 교수에게 언급했듯이, 슘페터는 그가 닿을 모든 영역의 역사적 유형을 연구하는 데 몰두해야 했고 그 양은 분명 어마어마했다. 슘페터의 연구 기획은 규모가 매우 커서 모든 연구원이 그의 연구에만 매달려야 필요한 세부적인 조사들을 모두 해낼 수 있을 정도였다. 슘페터가 또 다른 동료 교수에게 쓴 글에서는 "저는 여전히 원고 작업의 노예가 되어 있습니다. 예를 들어…… 저는 지난밤 새벽 2시까지 감자가 과연 1790년대 독일의 경기순환에 중요한 요소였는가? 이 같은 질문을 고민해야 했습니다"라고 언급하기도 했다.[3]

슘페터가 책 제목을 『경기순환론』이라고 이름을 붙인 데에는 여러 이유가 있었다. 경기순환은 당시 유행하던 연구 주제였을 뿐만 아니라(경기순환은 이 당시부터 대공황 전까지 경제학의 수수께끼로 여겨졌다), 자본주의를 정의할 경제학적 변화와 흐름을 더 강조할 수 있다고 생각했기 때문이다. 그의 책 서문에 쓰여 있듯이 '순환'이란 "편도선같이 독립적으로 다뤄질 수 있는 별개의 주제이면서, 또 심장박동같이 어떠한 유기체의 본질과도 같은 것"이었다.[4]

그의 이러한 생각은 충분히 진실에 가까웠다. 그러나 경기순환에 관한 슘페터의 접근법은 위험하게도 역사결정론에 가까운 방향으로 바뀌게 된다. 그는 더욱더 정확한 경제학을 추구하는 과정에서 경기불황·호황의 역사적 유형을 예측 가능한 파동의 기간으로 표준화시키는 어려운 시도를 하게 된다. 그에 따르면 "몇몇 예외를 제외한다면, 역사적·통계적 방법을 통해 경기 순환의 유형을 찾아낼 수 있다. 그것은 여섯 번의 쥐글라파동(8~10년)에서 한 번의 콘드라티예프파동(50~60년)으로의 유형과 세 번의 키친파동(40개월)에서 다시 한 번의 쥐글라파동으로의 유형이다. 이것은 단순히 평균을 내구할 만한 유형이 아니라 개별적으로 모든 사례를 적용했을 때에도 찾을 수 있다."[5]

조제프 쥐글라▼, 조제프 키친▼, 니콜라이 콘드라티예프▼는 당시 저명한 경제학자로 경기순환 이론가들이었다. 슘페터의 책에는 이들의 연구에 대한 언급이 수백 차례나 나와 있어 읽기에 매우 어렵다. 대표적인 예로 다음과 같은 문장들이 있다. "두 번의 위기(1826년과 1836년의 경기 침체)는 쥐글라파동과 콘드라티예프파동의 단계들을 연결시키면 확인할 수 있다. 이때에는 상품가격과 가치가 크게 떨어지는 시점을 찾아야 한다. 콘드라티예프파동의 불황 국면에서 쥐글라파동이 후퇴하는 국면이 바로 첫 번째 경기 침체기다. 그리고 콘드라티예프파동의 회복 국면에서 쥐글라파동이 불황으로 접어드는 시기가 바로 두 번째 위기에 해당한다."[경기는 일반적으로 불황, 회복, 호황, 후퇴의 네 단계를 거치며 순환하는데, 이러한 경기순환은 원인과 주기에 따라 다양한 양상을 보인다*] 이러한 내용이 담긴 슘페터의 책을 읽은 새뮤얼슨은 훗날 "옛날 피타고라스가 한 터무니없는 헛소리를 상기시킨다"라고 혹평하기도 했다.[6]

슘페터 자신도 그의 이론 체계에 대해 엇갈린 생각을 했던 것으로 보인다. 동료인 미첼 교수에게 "혹시라도 오해하는 이들이 있을까 해서 하는 이야기지만, 저는 '3단계 순환 이론three-cycle schema'에 관해 어떠한 이론적 주장도 하지 않았습니다. 그것은 단지 제가 생각하기에 유용한 기술적 도구라고 생각했을 뿐이죠"라고 말하기도 했다. 또『경기순환론』본문에서 호황과 불황의 유형이 어떻게 정확한 간격으로 나타나는지 그 원인을 찾기란 정말 어렵다고 인정하기도 했다. 그러한 유형의 원인을 찾는 작업은 실제로도 매우 어려운 일이고 슘페터의 입장으로 볼 때, 이러한 유형은 경험을 통해 얻은 지식이기 때문이다. "경기순환의 모든 진단은 역사적 증거로 뒷받침되지만 이 역사적 증거를 통해 거부당하기도 한다." 이론은 경기순환과 자본주의를 이해함에 있어 분명 없어서는 안 될 중요 요소다. 그러나 상세한 역사 연구도 이 못지않게 필요한 요소다.[7]

통찰력 있는 한 평론가는 슘페터의『경기순환론』을 두고 "자본주의 역사에 대한 슘페터의 해석이 이 책의 유일한 목적이다"라는 평가를 내렸다. 슘페터 자신도 이 책의 부제목인 '자본주의적 과정에 대한 이론적·역사적·통계적 분석'이 자신이 표현하고 싶었던 내용들을 잘 설명해주고 있다고 말했다. 슘페터가 경영의 진화라는 주제에 몰두했고, 수많은 기업명을 언급한 점을 고려할 때,『경기순환론』은 경제학 연구일뿐만 아니라 역사 연구라고도 할 수 있다.[8]

아주 이상하게도 그 당시나 오늘날이나 경제학자들은 자신의 전문적인 연구에서 실제 기업을 통상 언급하지 않는다. 오늘날 기업과 산업에 대한 철저한 역사 분석은 경영사 연구에서 중요한 영역이 되었다.『경기순환론』이 세상에 나오기 전까지만 해도 경영사 연구의 역사는 수년에 불과했다. 이 분야의 연구는 대부분 하버드대 경영대학원 수업에서 단순한 사례 연구에 한정되어 있었다.[9]

그렇다고 이 당시 인기 있는 매체에 글쓴 사람들이 경영사나 기업사를 다루지 않았던 것은 아니다. 미국을 비롯해 영국과 독일을 비롯한 몇몇 나라에서는 개별 기업에 대해 상당량의 연구가 이뤄지고 있었다. 그러나 그들 대부분은 기업에 대한 칭찬으로 가득해 학술적으로 큰 가치가 없었다. 하지만 이와는 반대로 미국의 폭로 저널리즘과 유럽의 사회주의 전통을 따르는 사람들은 기업과 산업 그리고 자본주의 자체에 대한 비판 여론을 많이 제기하기도 했다. 미국 출신 작가들이 쓴 것 가운데 [미국의 언론인으로 미국의 진보 시대에 유력한 지도자였던*] 아이다 타벨의『스탠다드 석유 회사의 역사』(1904)처럼 특정 기업을 비판하거나, 혹은 [미국의 저널리스트이자 19세기 프랑스 문학과 20세기 미국 경제사에 관한 책들을 쓴*] 매슈 조지프슨의『약탈 귀족들The Robber Barons』(1934)같이 특정 기업인을 비판하기도 했다. 산업 전체에 비판을 제기한 책들도 있었다. [미국 작가로 20세기 전반부에 큰 인기를 얻었으며 캘리포니아 주지사 후보로 출마한 이색 경력이 있던*] 업턴 싱클레어의『정글The Jungle』(1906)과 변호사 출신으로 철도회사의 독점 사업과 맞서 싸워 명성을 얻은 루이스 브랜다이스의『타인의 돈Other People's Money』(1914) 같은 책들이 그런 경우다. 이러한 책과 관련 논문들은 탄탄한 줄거리와 개성 있는 인물을 등장시켜 문학적으로 매우 가치 있는 서적이 되었다. 하지만 그 밖의 책은 대부분의 단순히 선악의 대립을 보여주는 데 그칠 뿐이었고, 적어도 미국에 대해서는 어떠한 이론도 담고 있지 않은 책들이었다.[10]

이와는 대조적으로 슘페터의『경기순환론』은 경제학·사회학적으로 많은 이론을 담고 있다. 이 책은 또한 실제 등장인물과 줄거리에 역사적 가치도 담고 있었다. 그는 이 책을 쓴 직후 "나는 평생을 이론가로 살아왔고 역사가들의 믿음을 뒤바꾸려 하지도 않았다. 나는 역사에 기초를 두고 있으되 경제학적이지 않은 이론은 있으나 마나 한 것이라는 결론에 도달했다"고 말하기도 했다.[11]

『경기순환론』의 핵심은 주로 영국과 독일, 특히 미국 산업 제도의 발전에 대한 내용들이다. 슘페터는 이 책에서 경제 발전을 이끌었던 다섯 가지의 산업 분야(섬유, 철도, 철강, 자동차, 전기)에 초점을 맞췄다. 또 자본주의의 발전에 필수적이었던 혁신적인 세 가지 제도(공장, 주식회사, 근대 금융 제도)도 논하고 있다.

그의 이야기는 자본주의의 진화에 대한 일반 이론을 우화에 가깝게 풀어내면서 시작된다. 그의 모델에서는 지속적인 "혁신"이 경제의 추진력이 된다. 물론 이러한 경제는 계속된 격동 상태에서 존재한다. "새로운 사람New men" 혹은 "기업가"는 "새로운 기업New Firms"에서 혁신을 이끌어낸다(당시 대부분의 저자처럼 슘페터도 핵심어의 첫 글자를 대문자로 표기했다). 모든 기업은 변화에 대해 "적합한" 대응을 한다. 그러나 이러한 변화에 대한 창의적인 "반응"은 오직 기업가의 창의적 행동을 통해서 나오게 된다. 이들의 혁신은 다양한 형태를 띤다. 예를 들자면 "새로운 상품"이나 "기업합병과 같은 새로운 구조"를 만들어내거나, "새로운 시장을 구성"하는 일이 이에 해당한다. 이러한 혁신적 기업들은 경제 전반에 있는 것이 아니다. 어떤 산업 분야에서 제도적·기술적 혁신이 일어났을 때 이러한 기업이 많이 등장하게 되는 것이다.[12]

그럼에도 불구하고 사회의 힘 있는 자들은 이 변화들이 사회를 파괴하고 황폐하게 하는 것이라 생각해 반대하려는 경향을 보인다. 그 결과 자본주의 역사에는 사회적 대이변과 파열이 가득하게 된다. 이 과정은 어떠한 변화에 대한 부드러운 조정 과정이라기보다는 "폭발"에 가깝다. 예를 들어 한 지역에 철도가 들어서게 되는 경우를 생각해보자. 이 과정은 "그 지역의 모든 상황이나 이 철도가 영향을 끼치는 모든 것의 생산 기능에 큰 혼란을" 불러온다. 이렇게 된다면 혁신이란 양날의 칼처럼 되는 것이다.[13]

다음으로 슘페터는 자본주의에서 주인공과도 같은 기업가(혹은 그의 표현에 따르면 새로운 사람)와 기업가의 벗과도 같은 "이윤"에 주목한다. 여기서 슘페터 본인도 기업가를 정확히 정의내리기 어렵다고 이야기한다. 이것은 누구도 언제나 창의적인 기업가일 수 없고 유일한 기업가가 될 수 없기 때문이다. 특히 대기업에서 기업가는 혁신에만 집중할 수 없고 일상적인 경영에도 힘써야 하기 때문이다.[14]

혁신을 추구하는 기업가는 때에 따라 기업에 자본을 댈 수도 있고, 그럴 필요가 없을 때도 있다. 많은 경제 제도 가운데 충분한 자본이 없는 개인들에게 기업을 꾸릴 기회를 제공하는 제도는 오직 자본주의뿐이다. 결국 기업가에게 중요한 요소는 기업 자본의 소유권이 아니라 리더십이다. 고전경제학자들과 마르크스 같은 사회주의 경제학자들은 이러한 기업가적 행동을 별개의 기능으로 구분해내지 못했다. 이것이 그들 연구의 치명적인 단점이었다. 그러나 슘페터는 연구에서 늘 그러한 구분을 중요시해왔다.[15]

물론 자본을 가진 사람이 더 쉽게 기업가가 될 수 있는 것은 사실이다. 그리고 이러한 기업가가 성공하면 자본이 없는 기업가보다 많은 것을 향유할 수 있다. 하지만 슘페터가 연구했던 국가에서 모은 증거에 따르면, 기업가는 자본을 가진 계급에서만 태어난 것이 아니라 각기 다른 여러 사회계급에서 태어난다. 슘페터에 따르면 "자본에 대해 위험을 안고 있는 것은 기업가가 아니라 자본가다. 기업가가 동시에 자본가일 때만 자본에 대한 위험을 안게 되는 것이다. 즉 다시 말해서 자본가가 아닌 순전한 기업가는 사업이 실패할 때 다른 사람의 돈을 잃게 된다는 이야기다."[16]

슘페터는 기업가의 독특한 역할에 대해 의견을 분명히 밝히면서 "기업가적 이윤"이야말로 기업가에게 가장 중요한 동기부여라고 강조했다. 여기서 기업가적 이윤이란 기업가가 단행하는 성공적인 혁신에서 비롯된 보상 성격의 수수료다. 새 이윤을 낼 기회를 발견한 동일 산업 분야의 다른 기업가도 그 혁신을 본뜨려 한다. 이제 혁신을 만들어낸 기업가는 또다시 다른 혁신과 특허, 비밀 작업, 광고와 같은 수단으로 자신의 이윤을 보존하고 극대화하려 노력한다. 이 과정이 바로 슘페터가 그의 책 『자본주의·사회주의·민주주의』에서 언급한 창조적 파괴다.[17]

따라서 기존 산업에 새롭게 들어오는 기업과 기존 기업 간의 치열한 전쟁이 일어나고 이 과정에서 기존 기업은 그들이 만들어낸 혁신의 혜택을 보려는 새 기업의 공격을 막아내고자 노력한다. 물론 특별한 경우도 있겠지만, 어쨌든 기업가의 혁신으로 만들어낸 높은 이윤은 일시적인 것이 되고, 혁신을 모방하는 기업들을 통해 상품가격이 떨어져 결국 이윤의 소멸로 이어지게 된다. 이렇게 가격이 떨어지는 일련의 과정을 슘페터는 "경쟁적 하락competing down"이라고 불렀다. 그는 이 현상이 정부의 허가를 받아 생겨난 독점 기업을 제외한 모든 산업 분야에서 나타난다고 설명했다. 이러한 경쟁으로 발생한 가격 하락은 수년이라는 좀 오랜 시간에 걸쳐 일어나기 때문에 기업이 당장 피부로 느끼기에는 어렵다. 하지만 어쨌든 가격 하락은 필연적으로 일어나게 되어 있다. 고로 슘페터는 정부의 허가나 지원을 받아 탄생한 독점 기업(오스트리아-헝가리 제국에서 흔했다)들을 제외한 다른 독점 기업이 정하는 고정가격정책을 늘 우려했다.[18]

슘페터는 자신이 만든 자본주의적 행동 모델을 내어놓으면서 그에 해당하는 수많은 역사적 증거도 책에서 보여줬다. 우선 그는 가장 빨리 산업화가 진행된 영국 공장제의 기원을 이야기한다. 그에 따르면 1500년대 후반 영국 기업가들은 그들이 만드는 제품 단가를 낮추기 위해 생산비용을 줄였다. 이렇게 해서 낮은 가격은 수요를 일으켜 생산자에게 대량 생산을 가능케 하고 그들의 판매 영역을 넓혀줬다는 것이다. 장기적으로 볼 때 이러한 공장제는 애당초 생각보다 많은 이득을 가져다줬다. 공장은 많은 노동자를 한데 불러 모아 하나의 품질 기준을 유지하도록 해줄 수 있었을 뿐만 아니라, 모든 생산단계를 분업화해 노동자가 각 단계의 전문가가 될 수 있도록 해줬다.[19]

슘페터는 신중한 태도로 접근하면서도 이러한 공장제가 섬유산업 같은 "옛 산업"의 생산성을 높였다는 태도를 취하고 있다. 가정에서 이뤄지던 작업들을 기계화하는 과정은 제1차 산업혁명(1760~1840)을 일으키기에 충분할 정도로 혁신적이었다. 당시 공장에서 만드는 옷의 수요도 폭발적이었다. 남성들은 이제 한두 벌의 옷이 아니라 예닐곱 벌이나 되는 옷을 가질 수 있었다. 여성들도 단지 몇 벌의 드레스와 블라우스가 아니라 많은 옷을 가질 수 있었다. 여기서 더 중요한 사실은 이렇게 만든 옷은 기존의 모직물과는 달리 자주 세탁해도 문제가 없었다는 점이다.[20]

이러한 공장제는 기존의 다른 산업들이 근대화되는데도 일조했다. 예를 들어 철강산업에서 더 큰 규모의 용광로가 만들어져 더더욱 크고 많은 양의 주괴, 장대, 철판, 철사 등의 중간재를 만들어낼 수 있었다. 공장들은 다양한 제품의 생산량을 늘려갔다. 구리와 황동 등을 쓴 가공제품을 비롯해서 종이, 유리, 비누, 화약, 소금을 끓이는 시설 등에 이르기까지 다양한 제품이 만들어졌다. 이러한 공장은 영국 경제에 새 시대를 열어줬고, 삶의 질을 높였으며, 기업가에게는 막대한 부를 안겨다줬다.[21]

하지만 이 같은 변화가 쉽게 찾아온 것은 아니었다. 슘페터의 『경기순환론』의 주제를 보면 예전 방식에서 벗어나 새로움을 추구하는 것이 얼마나 어려운지 알 수 있다. 어떤 경제분석가보다도 슘페터는 창조적 파괴에서 파괴에 해당하는 부분이 늘 실질적이었음을 강조했다. 또 그로 인해 기존 이득이 파괴되는 기업가는 그들 이득을 유지하기 위해 노력하게 된다고 설명했다. 영국을 비롯한 다른 국가에서 소량 생산을 하던 장인들과 그 장인들로 이루어진 배타적인 동업조합인 길드는 싼 제품가격이나 대량 생산, 수출 판로를 찾는 것보다는 예술성과 공동체의 전통을 늘 더 중시했다. 그들의 이러한 경향은 수세기 걸쳐 지속되었기 때문에 이들의 인식을 바꾸려면 새로운 제도의 경제적 우월함을 보이는 수밖에 없었다.[22]

이처럼 견고한 입장을 지켜왔던 장인들과 길드는 기계화에 대응해 끈질긴 싸움을 벌였다. 1579년 리본 베틀을 탄생시킨 프로이센의 발명가가 단치히 시정부의 명령으로 처형당한 것과는 달리, 당시 똑같은 혁신가인 기업가의 목을 조인 경우는 없었다. 그렇다고 그들이 위험에서 자유로운 것은 아니었다. 영국의 많은 장인조합은 조합 외부인은 물론 내부인까지도 혁신적인 방법을 써가며 생산하는 일을 금하는 법안을 만들려고 노력하기도 했다. 그들은 공장과 특정 기계 장치를 불법화하도록 당국을 상대로 청원했다. 1555년 제정된 방직 공보호법과 "1624년 바늘 제작에 사용되는 기계들을 모두 없애도록 한 왕실 포고령[원래는 여왕이 포고하는 법령을 말한다*]"이 실질적인 예였다. 특정 기계 의 사용을 금지했던 법의 존재 여부를 떠나서 이 시기의 장인들 스스로 이 기 계들을 거부하고 있었다.[23]

이 움직임의 대응책으로 영국 기업가들은 장인조합의 영역 바깥으로 공 장을 옮기게 되었다. 이들은 지방에 공장을 세워 더욱 값싼 노동의 이점을 누리게 되었고, 당국의 억압으로부터도 자유로울 수 있었다. 물론 이곳에서 도 지방 당국과의 작은 마찰은 불가피했다. 하지만 기업가들은 일부 산업 분야에서는 그들에게 어떠한 장애물이 다가오더라도 장기적으로 자신들이 승리하리란 사실을 잘 알고 있었다. 큰 공장은 더 많은 일자리를 만들어냈 고 소비자에게 더욱 값싼 재화를 공급할 수 있었다. 또 정부 측에서도 세입 이 늘어나 큰 도움이 되었고, 나아가 국제무역의 경쟁력 차원에서도 영국은 다른 나라보다 우위를 점할 수 있었다. 이러한 사실을 바탕으로 런던의 정치 계 인사들도 그들의 믿음을 바꾸기 시작했다. 결국 이들의 주장에서 산업 발전이 우선순위를 차지하게 되었고, 결국 영국 의회도 이러한 체제를 받아 들였다.[24]

기업가들은 생산 과정에서의 혁신뿐만 아니라 소비자 행위도 바꾸기 위해 노력했다. 이들은 주저하는 소비자에게 정말 이 재화가 필요하다는 인식을 심 어줘야 했다. 이 부분이 바로 슘페터가 대량 소비와 경제 발전에서 중요하다고 강조한 마케팅의 역할이었다. 그는 "소비자에게 만족스러운 비누를 만들어내 는 것만으로는 충분하지 않다. 더 필요한 것은 사람들이 씻게 만들고 비누를 쓰게 하는 것이다." 뒤이어 "그것이 바로 광고의 사회적 기능이다. 광고의 역 할에 대해 사람들은 종종 엇갈린 반응을 내놓기도 한다"라고 썼다.[25]

생산자와 투자자의 관점에서 본다면 새 수요가 정말로 필요한 것인지 아닌지는 그리 중요하지 않다. 슘페터에 따르면, "수요"란 그 실체가 무엇이든 간에 조건에 불과하며 항상 기업가적 행위의 결과물일 뿐"인 것이다. 의식주 같은 필수적인 수요가 자본주의를 움직이는 동력이 아니다. 그렇기 때문에 이러한 생필품 같은 재화만 풍부하게 공급했던 국가들은 경제 발전을 경험할 수 없었던 것이다. 그래서 자본주의를 분석하려는 연구자들은 항상 개발도상국보다는 경제적으로 더 발전된 국가를 대상으로 연구해야 한다. 『경기순환론』을 통해 슘페터가 한 작업이 바로 이것이다. 이 책에 수록된 대부분의 연구는 영국, 독일, 미국의 기업사를 기반으로 하고 있다.[26]

슘페터의 첫 번째 주제였던 면직물산업 연구는 중세의 독일과 스위스를 배경으로 시작된다. 여기서 이야기의 주인공은 농부가 아닌 기업가였다. 또 목화를 수입해오던 동인도회사 때문에 이야기 가운데 중요한 사건은 영국을 주배경으로 했다. 실제로 동인도회사가 벌인 목화의 대량수입은 영국 산업혁명의 단초가 된 것이 사실이다. 그러나 이러한 산업혁명도 다른 변화의 과정처럼 강한 저항에 부딪히게 된다. 1721년 모직물과 실크를 만들어내던 기업들은 새롭게 수입한 옥양목이라는 인도산 캘리코의 판매를 불법화시키는 데 온 힘을 쏟았다. 심지어 이들 기업은 이 옥양목으로 만든 옷을 입는 것조차도 법으로 금지하려 했다.[27]

당시 영국에서는 규모가 작은 면직물산업 내 기업들은 혼합 직물에 쓰이던 씨실을 공급해왔다. 1736년 영국 정부는 면직물산업체에 면화 사용 금지 조치를 풀어줬다. 그러자 실에 대한 새로운 수요가 생겨났다. 이어서 정부는 1774년 면화 사용을 금지하는 모든 법안을 없앴다. 따라서 영국의 생산업체들은 면만 써서 직물을 만들어낼 수 있게 되었다. 게다가 1780년대에는 많은 혁신이 일어나 생산량이 급격히 늘어났다. 면직물의 사용은 급격히 전국으로 퍼졌으며 이 과정에서 수많은 "개선과 학습, 모방과 경쟁"이 일어났다. 또 가격이 떨어지면서 "재화의 수요가 쏟아졌다."[28]

역시 이 과정에서도 전통적인 생산방법을 고수하던 장인들의 저항이 거세게 일어났다. 초창기에 이들은 [영국의 발명가로 대량 생산의 기틀을 마련한*] 존 케이가 1733년 발명한 방직기를 이 기계의 부품인 "자동 북flying shuttle"[방직기의 씨실을 넣는 장치. 영국 산업혁명 당시의 획기적인 발명품이며, 직조기의 조작을 쉽게 하고 직물 생산을 능률화한 것으로 유명하다*]으로 부수기도 했다. 이러한 저항이 거세지자 결국 존 케이는 프랑스로 달아났다.

또 그들은 제임스 하그리브스가 1770년 발명한 제니방적기를 박살내기도 했다. 19세기에 진입하기 바로 전인 1792년까지도 일부 반대자들은 에드먼드 카트라이트의 동력방직기를 만들던 공장을 파괴하기도 했다. 1811년에서 1816년 사이 몇몇 악명 높은 신기술 반대자는 수많은 방직기를 산산조각내버렸다.[29]

슘페터는 산업혁명 그리고 그의 이론의 심장과도 같았던 변화의 본질을 묘사하는 데 발명가와 기업가 사이, 발명과 혁신 사이를 정확히 구분한다. 슘페터는 "발명하는 것과 그에 따른 혁신이 이뤄지는 것은 경제학적으로도 사회학적으로도 분명 별개의 것이다"라고 말한다. 이 두 가지는 종종 상호작용이 필요하지만 결코 같지 않으며 주로 혁신이 발명보다 중요하다고 강조했다.[30]

방적기를 고안해낸 리처드 아크라이트의 생애를 들여다보면 발명과 혁신의 구분이 더욱 명확해진다. 아크라이트는 발명가이면서 동시에 매우 혁신적인 기업가였다. 면을 빠르게 회전시키고 더욱 견고한 실을 만들어내는 이 기계가 발명되기 전만 해도 당시의 직공들은 면실과 리넨섬유를 섞는 데 많은 어려움을 겪고 있었다. 따라서 그의 방적기 발명은 방적산업에 큰 혁명을 불러일으켰다. 다른 산업가들도 그에게 많은 돈을 내면서 그가 특허를 냈던 이 기계를 쓰려 했고, 아크라이트가 직접 방적공장을 운영하기도 했다. 얼마 뒤 그는 많은 부를 거머쥐게 되었고 심지어 왕실로부터 기사 작위까지도 받았다. 슘페터의 표현에 따르자면 아크라이트는 그가 세운 전형적인 새 기업을 통해 높은 기업가적 이윤을 만들어낸 새로운 사람의 전형이라고 말할 수 있다.[31]

아크라이트가 개발해낸 수많은 혁신과 기업가로서의 솜씨는 그가 이뤄낸 발명의 중요성을 더욱더 높였다. 이처럼 슘페터가 이야기했던 새 생산 기능을 이끌어내는 기술은 발명 그 자체와는 현저히 다른 개념이다. 혁신이란 하나의 도미노가 다른 도미노를 넘어뜨려 연속된 혁신의 도미노를 만들어내는 것이다. 슘페터는 "우리는 이 과정의 각 단계가 어떻게 다른 단계들을 만들어내는지 쉽게 발견할 수 있다. 예를 들면 실과 직물이 서로 수요를 만들어내고 이 과정은 역경을 지나 새로운 성과를 이뤄낸다"라고 말하고 있다.[32]

필요는 발명의 어머니다. 그러나 필요가 있다고 해서 자동적으로 발명으로 이어지는 것은 결코 아니다. 섬유산업의 아크라이트, 도기산업의 웨지우드 그리고 스팀엔진산업의 제임스 와트와 [영국의 기계기술자 출신으로 와트와 산업혁명의 부흥을 이끌었던*] 매슈 볼턴 같은 신흥 기업을 이끄는 새 사람들이 바로 그런 일을 해야만 했다. 하지만 영국의 섬유시장을 지배했던 실크와 모직 분야에서는 이 과정이 없었다. 이 산업들은 이미 1700년대에 다시 조직되었어야 했다. 슘페터는 다음과 같이 지적한다. "자리를 확실히 잘 잡았던 모직산업은 이제 많이 뒤쳐진 채 1830년대를 맞이했다." 이 시기에는 실크산업도 잘 발전했지만 더욱 확장되진 못했다. 그럼에도 불구하고 당시 면직물의 생산은 폭발적이어서 수많은 양의 면직물이 쏟아져나왔으며 영국이 전 세계시장으로 진출하는 데 크게 기여했다.[33]

결국 이처럼 수십 년간의 번영을 누린 끝에 면직물산업은 스스로 퇴보의 길을 걷게 된다. 영국 기업은 매우 풍족했기 때문에 혁신의 필요성을 찾지 못했다. 그들은 그저 전통적인 방법을 지켰을 뿐이었다. 그들의 생각은 상식에 머물렀고 당시 쓰던 기계와 장치들을 고수했다. 하그리브스와 카트라이트의

발명 뒤 150년이 지나, 수천 곳의 기업은 전체 생산단계 가운데 몇몇 단계에
만 집중하는 형태를 띨 수밖에 없었고 혁신과 거리가 멀었다. 이 크고 작은
단위의 기업들은 매우 비효율적이었다. 그러나 당시 환경이 매우 좋아 문제될
것이 없었으므로 비효율적인 상태로도 그럭저럭 사업을 이어갈 수 있었다. 이
점이 바로 면직물산업이 퇴보하는 원인이 되었던 것이다. 슘페터에 따르면 "이
시기에 기업 대부분은 기존에 발명된 제니방적기와 동력방직기만을 주로 썼
고, 심지어 어떠한 동력 장치도 쓰지 않던 기업도 많았다"고 한다.[34]

한편 미국에서는 1830년대부터 혁신이 시작되었다. 방적기와 옷감을 짜내
는 작업이 큰 공장 한 곳에서 동시에 이뤄졌다. 영국은 19세기 말에 이르러
효율성에서 앞선 미국과 유럽 국가에 자리를 내줘야만 했다. 이때가 되어서
야 비로소 영국도 근대화를 서둘렀지만 때는 이미 늦었다. 이러한 영국 면직
물산업의 부흥과 쇠퇴는 슘페터의 주장과 거의 완벽히 맞아떨어진다. 영국
의 가장 중요했던 산업이 슘페터가 강조했던 구조 혁신에 게을렀던 것이다.
기업가적 태만 때문에 20세기 영국의 면직물산업은 큰 대가를 지불해야만
했다.[35] 독일에서는 면직물산업이 영국과 미국에서 이뤄진 혁신의 혜택을 톡
톡히 받고 있었다. 영국의 핵심적인 혁신이 일어난 지 한 세기 뒤인 1871년까
지도 독일은 단일국이 아니었다. 독일은 화학산업과 전기장비산업의 선구자
가 되었지만 직물산업의 선구자가 될 수는 없었다. 대신 독일 직물산업의 기
업가들은 해외에서 이미 입증된 기술을 받아들여 문제없이 공장을 움직이
고 만들어내는 것만으로도 만족했다. 그럼에도 불구하고 독일인은 면직물산
업을 체계화시키고 조직화시키는 부분에서 영국인보다 뛰어났던 것은 사실
이다.[36]

슘페터는 세계 최초의 합성섬유인 레이온 관련 산업의 부흥 과정을 설명하
면서 그의 연구 분석을 결론짓는다. 이야기인즉슨 혁신이 이미 무르익은 단계
의 산업에서도 혁명이 일어날 수 있다는 것이다. 레이온산업에서 혁신을 이끈

사람은 바로 "전형적인 기업가"였던 프랑스인 샤르도네 백작이다. 19세기 후반 샤르도네는 새로운 화학 공정을 개발했고 프랑스와 스위스에 새 공장을 세웠다. "그는 이 산업의 창시자 같은 존재였으며 진정한 새 사람이었다."[37]

프랑스, 영국, 미국의 또 다른 혁신자들은 그들만의 레이온 생산방법을 빠르게 개발해냈다. 그들은 값싼 인공 실크를 만들어내려고 노력했으며 1924년에 이르러 결실을 보게 되었다. 이러한 노력으로 레이온산업은 매년 1만 3154톤의 직물을 만들어내는 주요 산업으로 성장할 수 있었다.[38]

이처럼 레이온은 섬유산업에 새로운 형태의 경쟁을 불러왔다. 수천 곳의 작은 기업 간의 경쟁이 아니라 몇몇 대규모 화학회사 간의 치열한 경쟁이 벌어지기 시작한 것이다. 수요는 급격히 늘어났다. 초창기에는 기업가적 이윤이 늘었고, 소수의 재력을 가진 기업들이 시장을 차지했다. 미국에서는 수많은 회사가 구조조정을 실시한 끝에 결국 세 회사가 이 산업을 차지하는 형태가 되었다. 이 회사들은 바로 미국 섬유산업을 이끈 아메리칸 비스코스, 셀라니즈, 인더스트리얼 레이온이다. 이 회사들은 각각 영국의 레이온회사들과 모두 제휴를 맺어 관세정책 때문에 어려움을 겪는 영국 회사들이 미국 시장에 진출하는 데 도움을 주기도 했다.[39]

새 사람과 새 기업이 일으킨 혁신의 모델 가운데 슘페터가 최고로 꼽는 분야는 바로 미국의 철도산업이었다. 1830년대 후반 기업가들은 일부 노선에 철로를 세워 내륙 지역에서 만들어지는 원자재를 항구로 운송하는 데 썼다. 얼마 뒤 증기기관의 발명으로 철도는 효율성 측면에서 더더욱 탄력을 받게 되었다. 또 탄광이 개발되면서 철도는 기존 운하와 도로를 통한 운송수단을 완전히 대체하게 된다.[40]

1840년대 시작된 미국의 "철도화"는 미국 산업의 기념비적 성과였다. 또 미국 산업과 국가 발전상 매우 획기적인 과정이기도 했다. 그 뒤 수십 년에 걸쳐 유럽에서 수백만 명의 이민자가 몰려들었다. 그들은 매우 값싸거나 거의 공짜에 가까운 철도 주변 땅에 매력을 느꼈다. 또 정부가 철도회사와 개척에 참여하던 농장에 토지를 준 까닭에 수많은 사람이 서부로 이주해왔다.[41]

1890년대에 이르러 거대한 철도망이 만들어져 미국 전 지역을 연결하게 되었다. 이렇게 값싸고 신속한 물류를 가능하게 해준 철도망 덕분에 국내에는 다양한 공업품과 소비재의 교역이 가능해졌다. 따라서 생산자, 도매자, 소매자들은 이제 더욱 빠르게 물건을 주고받을 수 있었다. 아울러 전신 기술이 이 흐름에 합쳐져 그들은 더욱 빠르게 교신할 수 있었다.[42]

이처럼 철도산업의 발전은 다른 산업의 발전도 촉진시켰다. 슘페터에 따르면 "다른 모든 산업이 철도로 눈을 돌리게 되었고, 철도에 많은 영향을 받았다." 철도의 발전은 석탄, 철, 강철, 기계, 석유 등의 사용도 늘렸고, 대륙 전역에 걸쳐 크고 작은 마을이 탄생하게 되었다. 대도시 시카고는 철도가 낳은 도시다. 오마하, 포트워스, 덴버 등도 철도산업이 만든 대표적인 도시들이다. 피츠버그 같은 기존의 산업 도시 등도 철도로 인해 더욱더 많은 인구가 몰려들어 대도시로 발전했다.[43]

그러나 이러한 철도산업에도 가격 인하 경쟁의 바람이 불기 시작했고, 곧 새 기업들이 나타났다. 이로 인해 압박을 받은 기존 회사들은 화물운임과 승객운임을 낮춰야 했다. 심지어 가격경쟁에서 다른 회사에 밀리지 않으려고 때로는 원가수준까지 가격을 내려야만 했다. 따라서 철도 건설의 과정이 점차 느려졌고, 새롭게 들어오는 기업도 많지 않았다. 철도산업에도 구조조정의 회오리가 불어닥쳤다. 기업합병과 재융자가 다시 이뤄졌고, 재산을 몽땅 잃은 사람들도 나타났다.

슘페터는 이렇게 썼다. "당시의 철도는 기업이라는 '유기체'의 일부가 되었고, 기업과 철도는 다방면에 걸쳐 '상호의존성'을 띠고 있었다." 이것은 자본주의의 진화상 매우 전형적인 과정이다. "혁신이 더 많이 일어날수록 혁신은 더욱더 본래 성질을 잃게 된다. 그리고 새로운 혁신을 만들어내기보다 더더욱 기존 혁신을 따라가게 된다." 철도산업에서 기업합병과 재융자는 일부 지배적 기업 간의 거대한 투쟁 끝에 이뤄졌다. 때로 이러한 철도산업의 재정비는 대중에게 운임 전쟁, 격렬한 경쟁, 차별, 규제되지 않은 산업의 포악함이라는 측면으로 비쳐지기도 했다. "그러나 그 속을 들여다보면 통폐합과 건전한 재무를 추구함으로써 미국 철도산업을 최고의 단계에 접어들도록 하는 데 기여했다고 볼 수 있다."[44]

당시 철도 건설에는 수많은 비용과 시간이 쓰였다. 기업가들은 그들과 기업에서 새로 만들어진 자본보다 많은 돈이 필요했다. 그래서 철도 건설 대부분에 필요한 자본은 신용창조를 통해 조달되었다. 영국과 다른 유럽 국가에서는 철도 건설용 채권을 발행하고, 은행으로부터 신용장을 활용한 초과 인출을 단행하면서 엄청난 자본이 마련되었다. 이렇게 개설된 신용장 가운데 일부는 조건이 매우 자유로웠다. 미국에서 볼 때 이러한 신용창조는 무모하게 보일 정도로 위험했지만 동시에 매우 혁신적인 도전이기도 했다.[45]

투자자의 관점에서 볼 때, 이러한 철도회사들의 금융조달 방식은 자본주의 경제에서 전형적인 경기순환을 보여주는 대목이다. 1873년 세계적인 경기 불황이 닥쳤을 무렵, 철도산업에서 나타난 호황·불황이라는 기복을 통해 알 수 있는 것은 "혁신이 동반된 파산, 병합, 적응"은 기업가에게 매우 길고도 고통스러운 일이라는 점이었다. 철도산업의 발전은 주식과 채권을 통한 새로운 수준의 금융을 불러왔다. 미국에서 이런 변화는 1850년대 근대 월Wall 가를 탄생시키기도 했다. 1897년에 이르러 철도산업의 "순자본"은 91억 6807만 2000달러에 달했다. 당시 달러 가치로 볼 때 상상하기도 어려울 정도의 많은 액수였다.[46]

당시의 "철도화"는 슘페터의 모델이 어떻게 작용하는가를 보여주는 전형적인 예였다. 수백 건에 달하는 크고 작은 혁신이 일어났다. 어마어마한 양의 자본이 유통되었고, 교역 속도가 매우 빨라졌으며, 방대한 종류의 새 재화가 국내시장에 판매되었다. "이러한 특성들이야말로 슘페터가 연구하던 산업혁명 과정의 본질적인 특성이다."[47]

철도산업은 새 금융 수단을 등장시킨 것 이외에도 주식회사의 탄생을 불러왔다. 주식회사라는 기업의 새로운 형태는 매우 중요한 조직적 혁신이었다. 그러나 주식회사의 발전은 하루아침에 이루어진 것은 아니다. 가장 초기의 주식회사는 16세기와 17세기에 주로 영국과 네덜란드에서 생겼다. 이들 주식회사는 지자체, 대학교, 조합, 해외무역회사 등의 설립처럼 특정한 목적에 여러 사람이 참여하는 공개 업무를 하는 역할을 맡았다.[48]

그러나 17세기부터 19세기까지 주식회사의 기능에도 변화가 일어났다. "당시 주식회사는 동인도회사에서도 볼 수 있는 것처럼 최초 벤처기업들이 썼던 효율적 자본조달을 위한 형태였다." 이러한 변화는 기존 주주와 기업주의 자본이 아닌 "독립적이면서도 개인적이지 않은 자본"을 등장시켰다.[49]

회사들은 단기 벤처 사업에 일정동안 자금을 공급해줬다. 이로 인해 기존 합명회사 형태의 회사 간 교역은 원만히 이뤄졌다. 여기에 참여한 모든 투자자가 이윤은 물론 위험을 공유하는 형태였다. 참여자들은 투자 금액에 따라 자신의 지분을 할당받았고, 회사의 빚에도 책임이 있었다. 이러한 제도는 벤처기업에 마련된 금액이 개별 사원의 자산을 넘어서지 않는 한에서 매우 잘 운영되었다.

그러나 광산업에 속한 기업과 광산업 초기 소수의 공장은 부유한 투자자보다 많고 지속적인 자금 조달을 필요로 했다. 이것이 산업 발전에 필수적이라 생각했던 정부는 새 법을 제정하여 합자회사라는 새로운 형태의 기업 설립을 가능하게 해줬다. 이는 오늘날 주식회사의 근간이 되었다. 이를 통해 수많은 잠재적 투자자가 회사의 주식을 서로 사고팔 수 있게 되었다. 슘페터는 "이 제도가 원활히 이루어지기 위해서는 증기기관이 산업 발전에 필수적이었던 것처럼 법·금융 제도들이 마련되어야 한다"고 생각했다.[50] 현재 주식회사가 흔한 형태인 국가를 보면, 왕이나 입법가들이 순차적으로 특정한 법을 제정해 주식회사 형태의 기업이 있게 했다는 사실을 알 수 있다. 운하를 건설하는 회사나 은행같이 주정부의 후원을 받던 기업들의 설립 허가 여부는 투자자에게 달려 있었고 이중 몇몇 기업은 독점 형태로 운영되었다. 19세기에 접어들면서 주식회사는 또 다른 종류의 기업으로 확산되었다.[51]

오늘날까지도 여전히 주식회사가 합명회사보다 큰 강점을 띠는 부분은 회사의 존속(이는 창립자가 죽어도 회사는 계속 있기 때문이다)과 부채에 대한 유한책임이다. 또한 회사 간 합병을 위해서 기존에는 왕의 허가나 법적 절차가 필요했지만 이 부분에 대한 조정 과정도 있었다. 19세기 후반에 이르러서는 영국, 미국 및 다른 소수 국가의 기업가들은 그들의 관할 지역에 회사 등록을 신청함으로써 간단하게 회사를 세울 수 있게 되었다.

주식회사는 결국 매우 중요한 혁신이었음이 입증되었다. 주식회사가 오랫동안 유지될 수 있던 것은 일부 동업자가 죽었을 때 영향을 받지 않으며, 그들의 임의대로 회사를 청산할 수 없었기 때문이다. 또 주식회사는 유한책임이라는 특성이 있기 때문에 많은 개인이 더욱 쉽게 투자에 참여할 수 있었다. 회사 소유권과 경영권을 분리함으로써 재능 있는 경영자들은 그들의 역량을 발휘해 큰 기업을 이끌 기회를 가질 수도 있었다. 당시 증권거래소가 운영하던 주식시장은 투자자들이 원한다면 언제든 그들이 소유한 주식과 채권이 자유로이 돌아갈 수 있게 해줬다.[52]

슘페터는 주식회사 때문에 가장 발전할 수 있었던 산업은 바로 철도산업이라 생각하고 있었다. 그는 "기존 기업가들과는 다르게 새로운 유형의 사람들이 철도를 갖게 되었다"고 썼다. 슘페터가 말하는 이 경향은 1850년대에 시작되었다. 그러나 새 경영자의 필요성은 1890년대가 되어서야 나타났다. 당시 슘페터의 책에는 새 경영자들은 회사를 조직하고 자금을 조달하는 역할을 했다고 쓰여 있다. 이들은 기업 청산, 합병, 결합, 합동 및 흡수 합병 등의 복잡한 일도 담당했다고 한다. 19세기 수백 곳에 달했던 철도회사는 20세기에 들어서 합병되기 시작했고, 이 추세는 정점에 달했다. 결과적으로 결국 10곳의 주요 회사만이 남게 되었다. 이 회사들은 각각 수천 킬로미터에 달하는 철도를 갖게 되었다.[53]

대기업을 예로 들자면, 우선적으로 꼽히는 분야가 철도지만, 이것만이 유일한 경우는 아니었다. 철도산업에서의 합병은 제조업과 유통업 그리고 소매업 분야에도 영향을 끼쳐 이들 산업에도 수백 건에 달하는 합병이 일어났다. 따라서 내부적으로 규모가 커진 회사도 많이 생겨났다. 1897년에서 1904년 사이 미국에서는 4227곳의 기업이 합병되어 257곳의 대기업이 새롭게 탄생했다. 이러한 과정을 거쳐 대기업으로 발전한 업체들은 오늘날까지도 있다. 굿이어, 펩시코, 제너럴 다이내믹스, 켈로그, 질레트, 몬산토, 3M, 텍사코 등이 대표적이다. 이러한 변화는 내수시장의 발전을 불러온 철도망의 발전 없이는 불가능했다. 인수와 합병과 내부적 성장으로 기업가들은 제품가격을 안정시키고, 당시 이른바 "가격의 살인적 인하 경쟁"을 막아보려고 노력했다.[54]

슘페터는 기업 간 합병을 비롯해 당시 새로운 사람들이 주도한 기업들의 발전을 지켜보면서, 이는 금융과 경영상 매우 중요한 혁신이라 생각했다. 새롭게 등장한 대기업들을 좋지 않은 시선으로 바라보던 사회의 반대 여론과는 달리 슘페터는 이 기업들을 매우 긍정적으로 봤다. 그는 이 기업들이 "새로운 경영 단위와 경영 원칙 그리고 새 사업의 기회와 새 형태의 공장 설비"를 탄생시킨 주역이라고 생각했다. 또 이 기업들이 신기술을 상품화시킬 최적의 환경을 만들었다고 주장했다.[55]

물론 슘페터는 이 대기업들이 저지른 파괴적일 정도의 권력 남용을 인정했다. 그러나 『경기순환론』을 통해 이러한 변화는 경제성장의 매우 논리적인 단계라고 이야기하고 있다. 언제나 새 기업은 생겨나기 마련이고 이들 기업은 대기업들과 어깨를 나란히 하게 될 수도 있다는 것이다. 슘페터는 그 예로 지방을 돌면서 제품을 팔던 판매원이 인수 합병의 주역이 된 예를 들고 있다. 이러한 현상은 슘페터가 미국으로 건너오기 전부터 생겨났다. 그래서 그에게 아주 현실적이면서도 명백한 사실로 다가왔다. 그는 대기업의 등장으로 어떤 기업가가 새로운 기업을 일으켜 성공할 기회가 사라졌다는 일부 주장을 늘 부정하며 반박했다.[56]

언제나 그랬듯이 슘페터는 이 문제에 대해서도 장기적인 시야로 접근했다. 그는 왜 많은 정치인과 사회 여론이 길드를 포함해 장인과 소규모 사업자와 비숙련 노동자를 보호하고 그들의 주장을 옹호했는지, 그 이유를 누구보다도 잘 알고 있었다. 그에겐 확신이 있었다. 혁신이 국가경제의 발전을 이끌었고, 장기 발전을 위해서 단기간의 사회적 고통은 따라올 수밖에 없다는 것이다. 또 대기업의 막강한 정치적 영향력에 대해서, 그는 기업을 통제하는 권리는 반드시 민간이 아닌 정부에 있어야 한다고 믿었다. 그러나 그의 책을 통해 드러나듯이 이를 위해서는 많은 인력이 필요하며 각종 제도와 규제가 기업가정신을 억압할 수 있으므로 매우 조심스럽게 접근해야 한다고 주장했다.

슘페터는 자본주의의 성장을 이끈 원동력은 철도산업만이 아니라 자동차산업에도 있었다고 즐겨 이야기했다. 철도산업 못지않게 자동차산업에도 많은 혁신이 일어났다. 호환성 부품이나 신식 공구, 내연기관 그리고 새로운 강철 제조법 등을 그 예로 들 수 있다. 이 모든 과정은 "매우 기업가적인 성과였고, 기존 자원을 더 효율적으로 쓰게 했을 뿐만 아니라 새로운 수요도 만들어냈다." 슘페터는 철도와 자동차를 둘러싼 기술상의 문제 대부분이 이미 1890년대와 1900년대 초기 프랑스와 독일의 자동차산업에서 해결되었다고 설명한다. 그러나 더 중요한 점은 이 산업에서의 진정한 혁신이 미국에서 일어났다는 것이다. 1902년 이후 5년간 미국에서 322곳 이상의 기업이 자동차

산업에 뛰어들었다. 1907년 자동차산업의 생산량은 8423대에 달했고, 총 매출액은 5550만 달러에 이르렀으며, 순이익은 100만 달러에 이르렀다. 슘페터에 따르면 1908년 당시 출시된 포드 모델 T는 "아주 위대한 새 자동차"였다. 이 차는 부유층뿐만 아니라 대중을 위한 것이기도 했다. 1925년 자동차산업에 뛰어든 지 22년밖에 안되던 포드는 모델 T를 1200만 대나 팔았다. 가격도 지속적으로 낮췄다.[57]

또 슘페터는 새로운 금융 기술을 발명하는 데 자동차산업이 단연 최고로 기여했다고 썼다. 제너럴 모터스가 처음 시작한 할부판매제는 소비자를 채무자로 전환시키면서 어마어마한 신용을 만들어냈다. 이 제도로 많은 사람이 차를 살 기회를 갖게 되었다. 또 기존 모델을 타던 사람들은 더 좋은 새 모델로 바꿔 탈 수 있었다. 기업 입장에서는 이자 수익이라는 새 수입원을 내게 되었다. 또 분할비로 차를 사고 싶지 않은 소비자도 은행 대출금으로 차를 살 수 있게 되었다. 대출을 통해 차를 사려는 사람이 매우 많았기 때문에 자동차회사들은 빚을 최소화할 수도 있었다. 슘페터는 혁신을 목적으로 한 비공개적인 신용창조에서 "이보다 더 좋은 예는 없을 것이다"라고 이야기했다. 이는 신용창조가 매우 교묘하고 비공개적으로 이뤄질 수 있다는 것이다. 자동차 디자인과 마케팅과 조직의 구성을 비롯한 제너럴 모터스의 이러한 금융 혁신은 포드의 생산라인만큼이나 매우 중요한 것이었으며, 1920년대 후반 제너럴 모터스가 포드를 앞지르는 중요한 원동력이기도 했다.[58]

1900년대까지만 해도 주요한 분야가 아니었던 자동차산업은 당시 원자재 가격, 임금 그리고 상품 가치에서 최고를 달리게 된다. 처음에는 수백 곳의 기업이 이 산업에 뛰어들었지만 1920년대가 되어서는 몇 안되는 기업이 자동차산업을 지배하게 된다. 슘페터가 말하듯이 이러한 현상에는 그의 기업가적 행위 이론 외에는 또 다른 이유가 없었고, 이는 높은 실패율과 이익이 공존하고 있다는 사실을 잘 설명해주고 있다. 자동차산업의 이야기를 통해 알 수 있는 점은 "순전히 경제적인 사람과 기업가 간의 분명한 차이일 것이다."[59]

기업가들은 이미 기술적·제도적 성공을 거둔 철강산업을 토대로 자동차 제국을 건설했다. 슘페터가 강조하듯이 자동차와 철강산업의 발전에서 가장 중요한 것은 바로 가격 하락이었다. 영국 철강산업에서 나타난 이러한 변화는 1850년대 [영국의 야금 기술자·발명가로 연료 공급이 불필요한 제강법을 발명했던*] 헨리 베서머가 대량 생산 공정을 개발한 뒤 시작되었다. 슘페터는 베서머를 기업가의 가장 순수한 예로 꼽고 있다.[60]

처음에 베서머의 동시대인들은 그를 발명가로 여겼지만 분명 그의 가치는 발명가 이상이었다. "그는 진정한 천재였다. 그러나 분명히 전형적인 기업가였고 값싼 강철에 대한 뚜렷한 비전이 있었다." 목표가 확고했던 그는 기존 기술과 새 기술들을 결합시켜나갔고, 그의 새로운 시스템을 특허출원했으며 많은 사람이 그의 기술을 쓰길 바랐다.[61]

하지만 그의 기술을 쓰려는 사람은 많지 않았다. 그래서 그는 스스로 철강산업에 뛰어든다. 그는 당시 철강의 중심지로 손꼽히던 셰필드로 직행했다. 그의 의도는 기존 기업보다 철강을 싼 가격에 대량 판매하려는 데 있었다. 초창기에 그가 만든 철강은 예상했던 것처럼 그렇게 많이 저렴하진 않았지만 품질이 매우 우수했다. 머지않아 그와 그를 모방하던 기업들은 철도산업에 철강을 납품할 수 있게 되었고, 선박 제조에 필요한 철판도 팔 수 있었다. 다리 건설에 쓰이는 강선도 납품하게 되었다. 하지만 1860년대에도 여전히 새로운 혁신에 대한 기존 세력의 저항이 있었다. 다소 비쌌던 가격도 제품 판매의 걸림돌이 되곤 했다.[62]

이때 베서머의 공법과 [세계 최초로 실용적인 전기로를 개발해 강철 등을 녹였던*] 빌헬름 지멘스의 평로공법open-hearth, 제강용 반사로 사이에 가격경쟁이 일어나면서 철강 가격은 떨어졌고, 생산량은 늘어나게 되었다. 1873년 영국 기업들이 평로로 만든 철은 7만 7500톤에 달했고, 1882년에는 43만 6000톤으로 급격히 늘어났다. 1896년에는 베서머의 공법에 따라 만들어진 180만 톤 이외에도 240만 톤이 만들어졌다.[63]

값싼 강철에서 비롯된 혁신은 이제 다른 산업으로 퍼져나가게 된다. 증기기관은 관련 공작기계들과 함께 더욱 견고하고 효율적으로 변해갔다. 이제 제조업자들은 "사실상 경제 모든 분야"에 강철을 쓸 수 있게 되었다. 더 좋은 철로, 더 좋은 교량, 케이블, 펌프, 자전거, 크레인, 건물의 구조물 등 모든 분야에 쓰이게 된 것이다. 사람들은 견고한 철판과 용골, 추진기를 써서 더욱더 탄탄한 배를 설계하고 만들 수 있었다. 또 강철에 소량의 주석을 넣음으로써 녹을 예방할 수 있다. 뿐만 아니라 건물 지붕이나 음식 캔 제조에도 주석을 써 새로운 시장을 개척해나갔다. 재봉틀이나 무기 같은 다른 산업에서도 이러한 호환성 부품을 쓰는 게 가능해지면서 이들 산업에 혁명을 불러일으켰다.[64]

처음에 미국은 철강 생산에서 영국보다 뒤처져 있었다. 그러나 19세기가 끝나기 전 다시 우위를 점하게 된다. 카네기는 피츠버그에 에드거 톰슨 강철회사를 세웠다. 이것이 바로 카네기가 베서머 공법을 써서 지은 첫 번째 공장이었다. 회사 이름은 그에게 최고의 고객이었던 펜실베이니아 로드의 주인 이름을 땄다. 카네기는 이후 홈스테드와 듀케인 등의 철강공장을 인수하면서 사업 규모를 늘려가게 된다. 일리노이 철강이나 콜로라도 연료 철강도 그중 하나였다.[65]

저렴해진 철강보다 더 중요한 것은 바로 슘페터가 "새로운 산업혁명"이라고 칭한 전기 개발이었다. 전기는 전보와 더불어 1840년대부터 산업에 쓰였다. 하지만 모든 새 발명품이 겪는 것처럼 전기도 상용화되는 데 무척 긴 시간이 걸렸고 많은 과정을 거쳐야만 했다. 가장 중요했던 혁신은 토머스 에디슨이 발명한 백열등 그리고 직류의 장점을 넘어선 교류의 사용이었다. 이로 인해 전기를 면 곳까지 보낼 수 있게 되었다.[66]

나이아가라폴스는 거대한 터빈(독일 기업이 만들었는데 슘페터는 이를 언급하지 않았다)을 1895년부터 가동하기 시작했다. 해당 지역의 기업가들이 운영하는 수력발전회사들도 이를 따랐다. 뉴잉글랜드 지역의 미시시피 강(키오쿽 시 주변 지역)에는 홀리요크 수력회사가 있었고, 몬태나 주의 세인트 매리 강에는 합병회사 형태의 레이크 슈피리어라는 발전회사가 있었다. 서던 파워와 앨라배마 파워 그리고 테네시 주의 알코아를 비롯한 태평양 남부 해안 지역에 많은 기업이 번창했다. 이 회사들은 생산한 전기를 서로 사고팔았다. 이로 인해 일찍이 철도망이 발전한 것처럼 미국의 전기공급 제도도 발전하게 된다.[67]

슘페터는 책에서 자본주의의 특이한 점을 지적하고 있다. "자본주의라는 체제에서 중요한 특징은 연속성과 타이밍을 필요로 한다"는 것이다. 전기의 발전과 더불어 전력으로 도움받고 있던 대부분의 기업은 이제 새로운 혁신이 필요했다. 슘페터는 이 기업들뿐만 아니라 다른 산업에 대해서도 혁신의 이점을 지속적으로 언급했다. 전기는 구리와 알루미늄 광석을 정제하는 회사에 필요한 열을 줬다. 전기를 사용한 모터는 옷감을 만들고 광산의 물을 퍼올려주는 데 도움을 줬다. 아주 빠른 속도로 톱을 작동시켜 나무를 잘라줬고, 전동 드릴과 압축기를 써 금속의 형태를 변형시킬 수도 있었다. 슘페터의 주장에 따르면, 자본주의에서 성공을 거두려면 추상적 판단에 따른 행동만으로는 충분하지 않다. 더 중요한 것은 주어진 타이밍에 맞춰 시기적절하게 행동하는 것이다. 실제로 기업가의 성공은 대부분 이렇게 자신에게 주어진 기회를 얼마나 잘 잡느냐에 달려 있었다.[68]

비록 슘페터가 『경기순환론』을 대공황이라는 경제 침체와 혼란의 시기 가운데 썼지만 전기의 발전은 미래에 다가올 변화를 이미 예측하고 있었다. 새로운 전기는 이제 라디오, 냉장고, 전화기 등 모든 곳에 쓰이게 되었다. 가정이라는 개인의 울타리는 물론 모든 산업의 전기화가 이뤄졌고, 농장의 전기화

도 차츰 시작되고 있었다.[69]

슘페터는 전기화와 관련된 선진 기업들의 이름을 애써 열거했는데, "미국의 전기 장비는 제너럴 일렉트릭과 웨스팅하우스를 비롯해 다른 많은 기업이 생산했다. 이 가운데 일렉트릭 스토리지 배터리 등 일부 기업은 1880년대부터 있던 회사들이다. 일렉트릭 보트와 내셔널 카본 같은 주요 회사들은 매우 분업화되어 있었다"라고 썼다. 또 전기산업체들은 많은 양을 수출했다. 예를 들어 런던 언더그라운드 레일웨이는 1897년에 미국 기업 대부분에 부품을 공급하고 있었다. 물론 당시 모든 기업이 성공한 것은 아니었다. 1914년에는 40곳이 넘은 회사가 전기와 자동차산업에서 매우 어려운 상황에 처하기도 했다.[70]

"자본주의적 진화는 사회 동요를 불러일으킨다." 이는 슘페터가 거듭 강조하는 부분이다. "자본주의는 필요불가결하게 사회 내부에서 벌어지는 경제 변화의 과정이다. 변화가 없다면 자본주의사회는 존재할 수 없다." 즉 만약 자본주의라는 엔진이 멈추게 된다면 경제 제도도 무너지게 된다는 것이며, 그 엔진을 작동시키는 건 바로 지속적인 혁신이라는 것이다. "혁신이 없다면 기업가도 없다. 기업가적 발전이 없다면 자본주의적 이윤도 경제의 추진력도 잃게 되는 것이다." 자본주의가 살아남을 길은 바로 산업혁명이다. 그래서 산업 내부의 지속적인 변화는 절대적으로 필요하다. 슘페터는 "이러한 관점에서 볼 때 안정된 자본주의라는 말은 용어상 매우 모순적인 것이다"라는 말로 결론짓는다.[71]

두 권으로 된 『경기순환론』은 경제학적·기업사적인 측면에서 볼 때 모두 장점이 있는 책이다. 그러나 슘페터가 다소 복잡한 경기순환의 유형을 쉽게 설명해내지 못했다는 평가 때문에 이 책은 성공작이라고 볼 수 없었다. 평가는 대체로 호의적이었지만 독자들의 시큰둥한 반응은 그를 실망시켰고 독자들에게는 조금씩의 불만이 섞여 있었다. 펜실베이니아 주립대의 한스 나이서▼는 슘페터의 주장에 몇 가지 문제점을 지적했지만, 그의 책을 보고 놀라움을 감추지 못했다. 그는 "이러한 책을 한 사람이 썼다는 사실은 언제 봐도 놀랍다"라고 말하기도 했다. 폴란드 경제학자로 경제학에 화폐효용이라는 개념을 도입한 랑에는 "슘페터의 의도와 안목을 고려할 때 이 책은 마르크스의 『자본론』과 비교할 수 있을 정도로 대단하다. 이 비교는 독자가 할 수 있는 최고의 칭찬일 것이다"라고 이야기했다. 또 브룩클린대의 한스 로젠베르크▼는 경제 저널 『아메리칸 히스토리 리뷰Americal History Review』에서 "이 책은 단순히 읽는 책이 아니라 공부해야 하는 책"이라고 극찬했다.[72]

세계 최초의 경영대학원인 펜실베이니아대 와튼스쿨의 경기순환 이론가이자 거시경제학의 개척자인 사이먼 쿠즈네츠▼는 『아메리칸 히스토리 리뷰』를 통해 슘페터의 역작에 가장 중요한 비평을 내어놓았다. 쿠즈네츠는 책 속 견해에 일부 동감하면서도 회의적인 시선을 매우 길게 드러냈다. 그는 슘페터가 매우 "기념비적인 논문"을 써냈다는 점은 높이 평가했다. 그러나 경기순환이라는 주제를 다루는 데 가장 중요한 양적 분석 차원에서 『경기순환론』은 위치를 매우 벗어나 있다고 꼬집었다. 실제로 슘페터의 책에는 수많은 숫자가 나온다. 그러나 역사적인 예들과 더불어 이 숫자들을 취급하는 데 있어서 마치 "지성인의 일기"를 보는 듯한 느낌을 준다. 슘페터 본인도 자신의 책에 대해 "많은 가설과 다양한 역사적 사실 그리고 통계적 실험이 포함되어 경기순환과 자본주의적 진화로의 여정"을 떠나는 것 같다고 이야기했다. 이러한 그의 노력은 칭찬할 만하지만 수학적인 분석으로 보기에는 무리가 있는 게 사실이다.[73]

1939년에 슘페터의 제자들이 슘페터의 『경기순환론』을 두고 토론하고자 하버드대에서 세미나를 열었다. 이때 드러난 사실은 참석자 가운데 그 누구도 이 책의 원문을 읽지 않았다는 것이었다. 훗날 학생들은 이렇게 말했다.

"슘페터가 그토록 격노하는 모습은 어느 누구도 본 적이 없을 것이다." 한 학생에 따르면 참석자 대부분은 당시 화제가 된 케인스의 역작 『고용, 이자 및 화폐의 일반 이론The General Theory of Employment, Interest and Money』[이하 『일반 이론』으로 표기*]에 대해서만 열띤 논의를 했을 뿐 슘페터의 『경기순환론』에 대해서는 그 누구도 언급하지 않았다. 그래서 자존심에 상처를 입은 슘페터는 이렇게 말했다고 한다. "내 책에 대해 동의하건 반대하건 그것은 여러분의 자유입니다. 그러나 여러분이 최소한 한 번 정도는 읽고 토론에 참가하길 바랍니다." 학생들은 "그래서 우리는 이를 부끄럽게 생각했고, 슘페터 교수에게 죄송하다는 내용의 편지를 보냈다"고 말했다. 몇 년 뒤 슘페터는 그의 친구 하벌러에게 "그 누구도 많은 분량으로 된 내 책을 제대로 읽지 않았기 때문에, 거기서 내가 한 이야기를 모두 잘못 이해하고 있었다"라고 말했다고 한다.[74]

『경기순환론』의 분량이 어마어마한 것이 문제임은 분명했다. 그러나 더 심각한 문제는 슘페터가 매우 무리해서 정확한 경제학을 실현하려고 했다는 점이다. 그는 경기순환 이론을 세우는 데 지나치게 주관적이었다. 예를 들면 외부에서 일어난 사건들의 수치를 조정하는 것이 문제였다. 전쟁이나 자연재해 등이 어떤 짧은 기간 안에 풍요를 파괴시켰는데도 불구하고, 그는 여전히 그 기간을 풍요로운 기간에 포함시켜버렸다. 이러한 조정은 비록 논리적이었지만 정확성과 거리가 있었다. 슘페터를 비롯한 분석가들은 외부에서 일어난 사건을 임의로 선택하고 원하는 판단을 내림으로써, 그들의 결과를 기존에 만들어진 이론적 틀에 끼워 맞추려 했다.[75]

정확한 화학이나 물리학 같은 차원으로 정확한 경제학 이론을 만들어내겠다는 아이디어는 사실 공상이라 해도 과언이 아니다. 그래서 『경기순환론』의 실패는 슘페터가 벌여온 자신과의 싸움에서 커다란 전환점이 되었다. 그는 경제 연구라는 여정을 포기하진 않았다. 다만 그가 이제까지 지켜왔던 정확한 경제학을 향한 집착은 다소 줄어들었다.

슘페터의 책이 좋은 평가를 받지 못한 또 다른 이유는 바로 타이밍이었다. 슘페터는 이러한 경험을 이미 한 적이 있었다. 그의 훌륭한 업적으로 평가되는 『경제 발전의 이론』은 당시 제1차 대전의 발발 때문에 누구도 주목하지 않았다. 『경기순환론』도 케인스의 『일반 이론』에 가려 빛을 발하지 못했다.

슘페터가 1936년부터 생을 마감할 때까지 한 유령이 늘 따라다녔다. 그것은 바로 케인스였다. 『경기순환론』에 비해 케인스의 『일반 이론』은 대공황이 왜 일어났는지에 대한 적절한 설명을 제시했고 세계경제를 구해낼 방법까지 제안했다. 케인스는 거시경제학이라는 방법으로 "총량"에 주목했다. 여기서 총량이란 소비 혹은 투자에 들어가는 국가경제 내 총 자원의 양을 의미한다. 케인스와 그 외 거시경제학자들의 모델로 볼 때 슘페터가 강조해온 개별 기업가 그리고 기업과 산업은 그리 중요한 개념이 아니었다. 이를 보여주는 단적인 예가 있는데, 403쪽에 달하는 케인스의 『일반 이론』에는 개별 기업의 이름이 단 하나도 나오지 않았다는 점이다.

케인스의 책에는 수많은 경제학자의 이름이 언급되어 있다. 그러나 그들 대부분은 영국인이다. 그는 경제학자들을 자세하게 묘사하면서 혹독한 비난을 가하기도 했다. 슘페터에 대한 언급은 나오지 않는다. 또 유럽의 경기순환 이론가의 이름조차도 거의 없다. 이는 독일이나 오스트리아의 위대한 경제학자들에 대한 충분한 경의를 표현하지 않았다는 해석이 가능하다. 슈몰러, 좀바르트, 베버, 슈피트호프, 뢰베, 멩거, 비저, 뵘바베르크, 미제스, 하이에크 등과 같은 유명한 경제학자들이 바로 그런 경우에 속했다.

1936년, 『일반 이론』이 처음 나왔을 때 일부 독자의 평가는 그리 좋지 않았다. 여기엔 바로 슘페터를 비롯해 영국의 데니스 로버트슨▼과 아서 피구도 있었다. 미국에서는 프랭크 나이트▼와 앨빈 한센이 좋은 평가를 내리지 않았다. 시카고대의 저명한 경제학자 바이너는 경제 저널 『쿼털리 저널 오브 이코노믹

위쪽_ 『경기순환론』이 출간된 지 얼마 뒤 하버드대에서의 슘페터

왼쪽_ 케인스의 모습. 그의 책 『고용, 이자 및 화폐의 일반 이론』 은 슘페터의 『경기순환론』보다 높이 인정받았다.

스』에서 케인스의 책을 논평했다. 그는 몇몇 부분을 좋게 평가했지만, "오래된 개념을 설명하는 데 옛 용어를 써야 하는 것은 맞지만, 그는 새 개념을 설명할 때도 그냥 옛 용어를 써버렸다"라고 평했다.[76]

숨페터도 케인스의 책에 대한 평가를 그만의 능숙한 솜씨로 풀어낸다. 그는 다음과 같이 이야기했다. "이 책을 기대해온 학생들이 복사본을 구하지 못해 안달하는 모습과 앵글로색슨계 미국인이 이 책에 보인 관심을 조금이라도 아는 사람이라면 우선 책을 완성한 저자에게 축하의 말을 전해야 할 것이다." 이야기는 이어진다. 케인스는 "경제학적 문제에 대해 수많은 노력을 쏟아낸 위대한 학자 가운데 한 사람이다."[77]

그러나 여기서 숨페터의 정중한 평가는 끝난다. 대신 어떻게 보면 학문적 차이에 따른 갈등과 질투심 때문일지 모를 가혹한 평가가 시작된다. 그는 케인스가 경기 침체라는 한 측면만 연구했음에도 "일반"이라는 제목을 썼음을 비판한다. 이보다 안 좋은 평은 케인스가 "순수한 이론적 논의"를 가장해 그가 선호하는 국가의 정책을 은근히 지지하고 있다는 것이었다. 즉 정치적 의도가 깔려 있다는 지적이다. 숨페터는 이는 학문과 거리를 둬야 할 지점으로 매우 부정한 행위라고 비판했다. 숨페터는 이 책에서 간단하게 용납될 수 없는 지점이 과학[경제학*]이라는 것과는 아무 관계도 없는 "불경스러운 야합"이라고 혹평했다. 이어 "케인스는 자신의 책을 통해 특정 정책을 옹호하고 있다. 그리고 분석 내용, 문맥, 이야기 전개 모두 이러한 국가의 정책을 의식하고 있다"고 비난했다. 케인스가 염두에 둔 영국의 장기적 재정적자에 대한 정책은 당시 상황을 고려할 때 적절한 방안일 수도 있었을 것이다. 하지만 숨페터는 이 주장은 현실적인 쟁점과 과학적인 쟁점을 헷갈리게 하며, 나아가서 경제학자들 사이에 정치적 성향, 순수한 분석력을 둘러싸고 편 가르기를 자초할 수 있다고 쏘아붙였다.[78]

숨페터의 비판은 충분히 일리가 있었다. 그러나 오늘날까지도 흔하게 쓰이는 승수 효과나 한계소비성향, 유동성선호 등의 개념을 만들어낸 케인스의 노력에 대해서는 슘페터도 어느 누구도 충분한 평가를 내리지 않았다. 이러한 개념들은 실제로 실용적인 계산을 가능하게 해줬으며 슘페터가 추구했던 정확한 경제학과도 부합되었다. 케인스는 이 개념들을 써서 정확성과 관련된 모든 문제를 쉽게 해결하고 있는 것이다. 그는 획기적인 방안으로 각각의 개념을 떨쳐버렸다. "거기에는 모든 신이 모여사는 올림퍼스 산이 있었다."[79]

반면 케인스가 자본주의의 본질을 다소 왜곡했다는 슘페터의 비판은 매우 적절했다. 한 가지 예를 들자면 기업이 투자를 꺼리는 경향에 대한 케인스의 설명 방식은 혁신의 역할을 매우 낮게 평가하고 있다는 것이다. 즉 이 지적은 케인스가 기업에 필요한 기술과 방법들이 끊임없이 혁신되고 있는 자본주의의 독특한 특성을 놓치고 있다는 것이다. 결국 자본주의란 본질적으로 변화의 과정이다. 그러나 케인스의 책은 그 점을 소홀히 다루고 있다. 물론 케인스의 통찰력은 "여전히 몇몇 이론가에게는 매우 유용할 수 있다. 하지만 그것은 다른 세계의 이론이다. 현대 산업에 관련된 사실과는 거리가 멀다."[80]

슘페터가 공개적인 논평에서 보인 비판적인 태도는 그가 개인적으로 반응을 보인 것에 비하면 그리 혹독하지는 않았다. 시카고대의 랑에 교수에게 쓴 편지에는 다음과 같은 내용이 있었다. "저는 케인스의 생기 넘치는 성격에서 나오는 장점에 대해서는 아무런 의문이 없습니다. 하지만 제가 이해하기 어려운 점은 그의 형편없는 솜씨를 알 만한 사람들조차 이를 너그럽게 봐주고 있다는 겁니다." 케인스의 책이 정확한 경제학을 표방하고 있지만 슘페터의 『경기순환론』과 비교할 때는 부족한 것이 사실이다. 특히 슘페터는 젊은 경제학자들 사이에 케인스가 큰 인기를 끌고 있는 것에 크게 분개하고 있었다. 하버드대에서 열린 케인스의 『일반 이론』에 대해 토론이 열렸을 때다. 슘페터는 "이 주제에 대해 나의 인색하고 좋지 않은 감정을 드러내기 싫기 때문에 나는 어느 편에도 서지 않겠다"라고 말하기도 했다.[81]

『일반 이론』이 독자에게 호소력을 가지는 대목은 대공황에 대한 처방이었다. 그러나 바로 이 부분을 슘페터가 탐탁지 않게 생각했다. 슘페터가 이 책의 잘못을 어떻게 비판했던 간에 당시 대부분의 사람들은 다른 어떤 것보다도 대공황을 끝내는 대책에만 주의를 기울였다. 추상적인 관점에서 보자면 케인스의 논의는 정확하지 않았다고 볼 수 있다. 그러나 당시 상황을 고려할 때 대공황을 벗어나기 위한 방법으로 어느 정도 올바른 주장을 하고 있었던 것이다. 그는 대공황을 벗어나는 좋은 방법을 제시했는데 이 부분은 매우 대단했다.

반대로 슘페터는 해결책을 제안하는 데 중점을 두지 않았다. 이로 인해『경기순환론』의 가치가 떨어졌다. 가치중립적인 "과학"으로서 그 책은 가치 있었다. 그러나 케인스의 시대가 시작될 무렵이었던 당시, 사람들에게 인정받기엔 몹시 좋지 않은 시기였다. 책 서문에는 이렇게 쓰여 있다. "이 책에는 어떠한 정책도 어떠한 계획도 들어있지 않다. 하지만 나는 이것이 학문의 사회적 의무를 소홀히 하는 것이라 결코 생각하진 않는다." 당장 필요한 것은 논쟁이 아니라 이해이고, 이것이 학자가 할 수 있는 오직 하나의 일이라는 것이다. 이 점에서『경기순환론』은 가장 보수적이면서도 동시에 가장 급진적인 실용적 결론을 내릴 수 있게 해준다. 그러나 당시 독자들은 자세한 해결책을 원하고 있었다. 이 점이 바로 케인스의 책과 슘페터의 책이 지닌 차이점이었다. 케인스는 슘페터의 학문적 중립성에는 아무 관심이 없었다. 그의 책에는 항상 구체적인 정책 목표가 들어 있었다.[82]

케인스의 연구법은 슘페터의 것과는 반대였다. 그는 기업가 그리고 기업과 산업 등의 세부적 사실에서 출발하여 위로 올라가는 상향식 접근법이 아니라, 정부의 정책이라는 큰 틀에서 시작해 아래로 내려가는 하향식 접근법을 썼다.『경기순환론』을 읽은 경제평론가들은 이 차이점을 파악해냈다. 한 평론가는 슘페터가 집합적 사고를 거부하고 있다는 점에 대해서도 언급했다.[83]

슘페터는 7년에 걸쳐 『경기순환론』을 쓰면서 당시 최고의 경제학자로 부상할 것이라고 기대했을지도 모른다. 이 책의 부제인 '자본주의적 과정에 대한 이론적·역사적·통계적 분석Theoretical, Historical, and Statistical Analysis of the Capitalist process'을 통해 그의 야망을 엿볼 수 있다. 케인스의 책에 가려 빛을 발하지 못한 것과는 별개로 『경기순환론』은 다른 결함이 있었다. 두 권으로 된 방대한 양을 읽고 나면, 저자가 다양한 주제에 걸쳐 쓴 어마어마한 내용을 하나의 완성품으로 만들어내려 쥐어짜고 있는 듯한 느낌을 받는 것이다.

슘페터의 문장은 무척 길었다. 그는 영미권 논문과 달리 수백 단어로 된 긴 문장으로 이뤄진 어마어마한 양의 독일 논문을 읽으며 자랐다. 그의 장황하면서도 긴 문장은 케인스의 간결한 문체와 대조를 이뤘다. 케인스를 유명하게 만든 『평화의 경제적 귀결』(1920)이라는 책은 매우 쉽게 읽을 수 있다. 이 책은 문체상의 간결함을 보여주는 좋은 예다. 『일반 이론』은 그보다는 다소 전문적이고 어렵다. 그러나 케인스의 수사학적 승리를 보여준 책이기도 하다. 케인스는 그의 어떤 책에서도 핵심 주제를 벗어나지 않았고, 강한 자신감을 보였다. 종종 그가 인용한 예시들은 부족하긴 했지만, 케인스는 완벽에 가까운 솜씨로 그가 목표로 삼은 결론에 다다를 때까지 독자들을 압도했다.[84]

그 어떤 것도 우연한 결과가 아니었다. 케인스는 『일반 이론』을 쓰면서 케임브리지대의 젊은 경제학자들로 구성된 동아리를 통해 끊임없이 그의 생각을 검증해나갔다. 케인스는 그들의 생각을 받아들였으며 특히 승수 효과를 고안해낸 리처드 칸은 케인스의 이론을 완성하는 데 매우 중요한 역할을 했다. 케인스는 잘못된 주장들은 제외시키고 군더더기 없이 자신의 생각을 정리해 완성도를 높였다.

반면 모든 작업을 혼자 했던 슘페터는 그의 작업을 다른 누구에게도 보여주지 않았다. 그에게 정말 필요했던 방식은 케인스가 했던 작업이었다. "이건 안 돼"라는 조언을 해줄 동료 집단이 없었다. 그러나 그는 이런 동료 집단을 만들려 하지도 않았으며, 모든 것을 홀로 처리하는 독불장군식 학자였다. 노벨경제학상 수상자인 레온티예프, 새뮤얼슨, 토빈을 비롯해 하벌러, 스위지 등이 그를 충분히 도울 수 있었는데도 말이다. 슘페터는 결코 그들에게 조언을 구하지 않았다. 심지어 그의 부인 엘리자베스에게도 자신의 연구에 대해 어떠한 언급도 하지 않았다. 그는 거침없이 연구를 진행하며 검증되지 않은 생각과 검토되지 않은 원고를 방대한 분량으로 쏟아냈다.[85]

토빈은 이렇게 기억했다. "슘페터는 혼자서 책을 완성시키려 했다. 슘페터는 그의 작업을 도와줄 학생들도 뽑지 않았다. 그의 연구 주제를 학생들에게 공개하지 않았을 뿐만 아니라 세미나에서 그의 아이디어와 원고를 검토할 기회도 갖지 않았다." 토빈은 이렇게 엄청난 양을 혼자서 처리하는 것을 보고 슘페터가 위대한 학자임을 알 수 있었다고 했다. 토빈은 뒤이어 "그러나 동료들의 논문에 대해서는 관대하게 평가하는 경향이 있었다"고 썼다. 슘페터의 『경기순환론』은 분명히 장황한 문체와 혼란스러운 내용 때문에 일반 대중과 다른 경제학자에게 호응을 얻지 못한 것이 사실이다.[86]

슘페터는 실제로 저자에게 책을 완성하는 데 도움을 주는 편집자는 필요 없다고 생각했다. 책이 나오기 전 다른 경제학자들의 조언도 필요 없는 것처럼 행동했다. 케인스의 『일반 이론』이 주제를 뚜렷이 드러내며 어떠한 반대도 허용하지 않았던 반면, 슘페터의 책은 관련된 모든 분야의 언급을 생략하지 않아 주제와는 다소 벗어난 듯한 느낌을 준다. 슘페터가 보인 전형적인 학문적 글쓰기의 특징이 바로 책을 읽기 어렵게 만들었고 반론을 허용한 것이라면, 더 이상 변명의 여지가 없을 것이다. 그는 서문에 "독자들은 이 책의 구조를 파악하기 어려울 것이다. 실제로 읽기 어렵다면 반대할 여지는 없지만 처음부터 쉽길 기대한 것은 아니길 바란다"라며 매우 도전적인 어조로 말했다. 이것이 저술가 자신의 한계를 넘어설 정도로 대단하다손 치더라도 슘페터의

이 책은 그 이상을 요구하고 있었다.[87]

이러한 슘페터의 접근법은 미국 소설가 토머스 울프의 그것과 매우 비슷하다. 울프도 슘페터와 비슷한 시대에 방대한 양의 글을 써내던 천재적이지만 깃들여지지 않은 야성적인 작가였다. 슘페터처럼 그는 명석한 두뇌로 거침없이 글을 써내려가는 유형이었다. 그러나 슘페터와는 달리 그의 뒤에는 맥스웰 퍼킨스라는 훌륭한 편집자가 받쳐주고 있었다. 스크라이브너라는 출판사에 근무하고 있던 퍼킨스는 울프의 역작 『천사여, 고향을 보라Look Homeward, Angel』를 편집하면서 원고의 전체 분량 가운데 3분의 1가량을 줄였다.[88]

만약 퍼킨스 같은 사람이 슘페터의 『경기순환론』도 이처럼 편집해줬더라면 그 책은 슘페터의 야망을 채워줄 수도 있었을 것이다. 즉 퍼킨스는 슘페터의 책을 두 권으로 된 하나의 방대한 논문이 아니라 각기 다른 세 권의 역작으로 만들어줄 수 있었을 것이다. 그가 있었다면 우선 첫 번째 책은 가장 어려운 대목인 세 가지 파동에 관한 내용을 분리시켜 불황과 호황이라는 도전적 가설이라는 책으로 따로 출판했을 것이다. 두 번째 책은 1920년대와 1930년 사이의 사건들을 정리한 250쪽 내지 309쪽 분량이 될 것이다.[89]

마지막으로 세 번째 책은 영국, 독일, 미국에서 일어난 혁명의 화려한 행보를 모아 한 권으로 만들었을 것이다. 이러한 형태로 책이 쓰였다면 역사와 이론이 멋지게 결합된 훌륭한 걸작이 되었을 것이다. 무엇보다도 경영사라는 새로운 하위 학문의 탄생이 뚜렷하게 보일 수 있었을 것이다.[90]

하지만 『경기순환론』은 이러한 문제점을 그대로 안은 채 나왔고, 슘페터의 차기작인 『자본주의·사회주의·민주주의』에 가려 전혀 빛을 보지 못했다. 다만 참을성 있고 식별력 있는 독자들에게는 여전히 경영사에 대한 그의 예리한 통찰력을 엿볼 기회를 제공했다. 또 『경기순환론』을 위해 수행한 폭넓은 연구가 없었다면 『자본주의·사회주의·민주주의』도 없었을 것이다. 슘페터가 수년간 쏟아부은 노력은 그의 경험적 지식의 범위를 넓혔다. 그리고 기업의 원리에 대해 많은 것을 알게 해줬다. 기업과 산업에 대한 슘페터의 깊은 연구로, 그는 근대적 자본주의를 누구보다 더 잘 이해할 수 있는 계기를 맞았다.

제16장

유럽에서
온 편지

"우리는 어둠 속에서 활동한다. 우리는 우리가 할 수 있는 것들을 하고, 우리가 가진 것들을 준다."

— 헨리 제임스, 『중세The Middle Years』, 1893

『경기순환론』이 완성되기 전부터 슘페터는 독일의 정치 상황이 나빠져가는 것을 걱정했다. 미아에게서 받은 수많은 편지가 보여주듯이 그는 걱정거리가 많았다. 그 문제들이 독일에만 국한된 것도 아니었다. 제1차 대전 뒤 새롭게 태어난 민주주의국가들이 서서히 무너지기 시작했다. 베르사유조약을 이끌어 낸 자들은 민주적인 다원주의를 추구했으나 이는 성공하기에 매우 까다롭고 어려웠다.[1]

1919년 베르사유조약이 체결된 뒤부터 『경기순환론』이 출판된 1939년까지 20년 동안 유럽 국가 가운데 12곳이 넘는 국가의 정치 제도에 두 가지 큰 변화가 일어났다. 첫째는 의회 민주주의로의 변화였고, 둘째는 종종 독재로 변하기도 하는 권위주위체제의 등장이었다. 제1차 대전 이전만 해도 유럽 국가 가운데 오직 스위스, 프랑스, 포르투갈만이 공화국이었고 나머지 17개국은 군주국이었다. 이들 군주국에는 오스트리아-헝가리 제국의 합스부르크 제국, 러시아의 로마노프 왕조, 터키의 오스만 제국이 있었다. 이들 왕국은 모두 거대한 지역을 수세기 동안 다스렸다. 하지만 1919년에 이르러서는 약 5년에 걸쳐 모두 멸망해 역사의 유물로만 남게 된다.

전쟁이 끝나자 각 국가는 왕국이 아닌 공화국의 형태를 갖추게 되었다. 이 과정에서 슘페터 본인도 오스트리아의 재무부장관으로 국정에 참여했고, 곧이어 다른 나머지 국가도 이러한 과정을 거치게 된다. 1920년대 초 유럽에는 13곳의 공화국과 13곳의 왕국이 있었는데, 이 가운데 왕국은 대부분 입헌군주제로 참정권과 의회 선출권이 보장되었고 시민의 권리 확장이 이뤄졌다. 결국 이러한 변화는 민주주의를 향한 큰 걸음이었다고 할 수 있다.

그러나 하나의 거대한 국가로서의 소련은 볼셰비키당이 이끄는 전제주의와 독특한 좌파 정권으로 변해갔다. 이러한 소련은 크든 작든 어떤 다른 유럽 국가도 무시할 수 없었다. 많은 정치인은 소련을 두려운 시선으로 바라봤지만, 좌파 성향의 정치인들은 소련의 이러한 움직임을 몹시 유쾌하고 흥분한 상태로 바라보고 있었다. 독일, 폴란드, 프랑스, 이탈리아 등 여러 국가의 공산주의는 왕성해져가고, 공산주의와 자본주의 간에 기나긴 싸움이 벌어지게 될 듯 보였다. 슘페터는 러시아를 비롯한 소련의 공산주의가 세계 평화에 큰 위협이 되리라 생각했다.[2]

1920년대 공산주의에 대한 공포와 무기력한 기존 의회제에 맞서 파시즘이 등장한다. 베르사유조약 뒤 많은 국가에서 시행된 비례대표제로 정당 수는 크게 늘어났으며, 어떤 정당도 의회에서 절대적인 수적 우위를 점할 수 없었다. 이 상황에서 일부 국가의 의회는 미국, 영국, 캐나다처럼 2~3개의 정당으로 짜인 안정된 형태가 아니었다. 1897년 미국의 소설가 마크 트웨인이 묘사한 것처럼 오스트리아-헝가리 제국의 체제와 비슷했다. 이러한 양상이 단지 16개 정당이 의회의 의석을 차지했던 바이마르 공화국만 일어난 것은 아니었다. ―이 가운데 "영적 갱신Spiritual Renewal"이라는 정당도 있었다.― 체코, 유고슬라비아, 폴란드, 라트비아, 에스토니아 등에선 20개 이상의 정당이 있는 경우도 있었다. 그 결과 정치적 연립은 불안정하게 전개되었고 선거상의 커다란 지장을 초래했다. 독일과 오스트리아에서는 이들 내각의 존속 기간이 평균 8개월밖에 되지 않았다. 더군다나 이탈리아와 스페인의 경우도 각각 5개월과 4개월에 불과할 정도였다.[3]

이러한 상황에서 정부가 어떤 정책을 시행하기란 쉽지 않았다. 대중은 이를 견디지 못했고 권력은 점차 국수주의 독재자들에게 넘어갔다. 1922년 베니토 무솔리니가 이탈리아 수상이 되면서 전조가 보였다. 무솔리니는 1925년에 독재권을 잡게 된다. 무솔리니는 엄격한 규율의 필요성을 주장하며 다음과 같이 말했다. "파시즘은 정치적 평등이라는 민주주의의 전통적인 거짓말을 거부한다. 지금은 권위의 세기이자 우익의 세기이며 파시즘의 세기다." 무솔리니는 곧 "기차를 제시간에 달리게" 했다. 이 말은 유명한 문구가 되어 세계 여러 곳에서 쓰였다. 그의 정치적 효율성은 영국과 미국을 비롯한 세계의 명사에게 인정받기도 했다.[4]

12곳 이상의 유럽 국가가 권위주의적 우파로 방향을 바꾸게 된다. 이탈리아는 1922년에, 스페인, 불가리아, 터키는 1923년에, 알바니아는 1925년에, 포르투갈, 폴란드, 리투아니아는 1926년에 그리고 유고슬라비아는 1929년에 각각 권위주의로 전환한 것이다. 독일은 1930년에 그런 변화가 일어났다. 당시 의회는 마비되었고 새로운 우파 성향의 독일 수상은 바이마르헌법 48조에 따른 긴급조치에 매달릴 수밖에 없는 상황이었다. 1933년 오스트리아가 독재의 시대가 되었고, 1934년에는 라트비아와 에스토니아가 똑같은 전철을 밟게 된다. 스위스와 스칸디나비아, 베네룩스 삼국만이 독재의 물결에서 벗어나 있었다.[5]

1937년에 이르자 그 정도는 달랐지만 각국의 독재자는 대대적으로 독재정치를 펴고 있었다. 소련의 스탈린, 독일의 히틀러, 이탈리아의 무솔리니, 스페인의 프랑코, [1932년 총리에 취임한 뒤, 국민통일당의 일당 지배를 추진해 독재정치를 행했던*] 포르투갈의 살라자르, [소비에트 정권을 무너뜨리고 섭정에 의해 독재정치를 폈던*] 헝가리의 호르티, [장군 출신으로 1941년 죽을 때까지 독재정치를 폈던*] 그리스의 메탁사스가 권력을 행사하고 있었다. 비슷한 시기에 라틴아메리카의 많은 국가도 독재자가 다스리고 있었다. 쿠바는 [이른바 '중사들의 반란'을 일으킨 뒤 대통령에 당선되어 국민의 인기를 얻었지만 카스트로에 의해 축출되었던*] 바티스타가, 브라질은 [1930년 임시 대통령으로 중앙집권화 정치를 실행했고 1937년 친정 쿠데타로 새로운 체제 아래 전체주의적 헌법을 발포해 그 뒤 브라질 근대화의 기초를 닦았던*] 바르가스가, 니카라과는 [1937년 정권을 장악해 대통령이 된 뒤 친미정책을 취하고 20년간 니카라과를 독재적으로 지배했던*] 소모사 같은 독재권력이 다스리고 있었다. 도미니카 공화국은 [육군사령관으로 있다가 쿠데타를 일으키고 대통령이 되어 32년간 독재정치를 폈던*] 트루히요가, 과테말라는 [대통령이 된 뒤 외형상 진보적인 경제정책을 펼쳤으나 어떠한 정치적 결사체나 노조의 결성도 불법화시켰던*] 우비코가, 엘살바도르는 [선거 유세시 공산주의와 자유주의 가운데 하나를 선택하라고 선전하여 결국 승리했던*] 에르난데스가, 온두라스는 [1933년 2월 집권 뒤 자신의 지지 계층에게 정치적·경제적으로 특혜를 베풀고 정당과 의회를 장악해 장기간 자유주의 지도자들을 추방하면서 언론을 탄압했던*] 카리아스가, 베네수엘라는 [1936년 5년 임기의 대통령으로 정식 취임한 뒤 1936년 새로운 헌법을 제정해 내정 개혁을 단행하기 시작했지만, 질서 수립이라는 구실로 다시 억압정책을 구사하면서 조직운동과 좌익 정당들을 불법화했던*] 콘트레라스가 독재자로 자리 잡았다. 그리고 아르헨티나에서는 1943년 파시스트인 후안 페론이 권력을 잡았다.

1930년에 들어서자 견실하던 의회 민주주의마저 안정성이 흔들리면서 새로운 현실은 한 치 앞을 내다볼 수 없었다. 유럽에서의 또 다른 전쟁을 우려하던 영국 정치인들은 독일과 소련에 그들의 태도를 분명하게 보여주지 못했다. 프랑스에서는 제3공화정의 헌법 아래 정권의 평균 재임 기간이 4개월로 줄었고, 1931~1939년 사이에만 무려 20개가 넘는 내각이 생기고 사라졌다. 이 기간에 대공황도 일어났다. 대공황은 지속적으로 내리는 침침한 비와 어둠의 전선처럼 머물렀다. 대공황에 맞서 각 국가의 경제정책은 환율과 관세 등을 통해 "근린궁핍화정책beggar-my-neighbor policy"[타국의 희생으로 자국의 번영이나 경기회복을 도모하려는 국제경제정책*]으로 자국 경제를 보호하는 보호무역에 초점이 맞춰졌다. 이로써 국가 간 수출규모도 최저점을 찍게 되었다.[6]

자본주의를 내세운 민주주의국가에는 유감스러운 일이겠지만 새로운 독재정권은 좌파든 우파든 간에 일자리를 만들어내는 데 탁월한 성과를 거뒀다. 1933년 독일의 히틀러가 정권을 잡았을 당시, 실업인구는 전체 노동인구의 3분의 1인 600만에 달했다. 그러나 히틀러가 정권을 잡은 지 2년이 채 지나지 않아 이 수치는 300만으로, 무려 반이나 줄어들었다. 그리고 6년째가 되던 해에는 30만으로 줄어들었다. 이는 1933년 실업자의 20분의 1 규모다. 허나 이 같은 독일 경제의 회복 조짐은 히틀러가 정권을 잡기 이전에 시작되었다. 그러나 나치 정권이 벌인 공공사업이나 전시 동원 같은 정책으로 경제는 더욱더 회복의 길을 걷게 되었다.[7]

1930년대 후반, 슘페터는 『경기순환론』 저술에 매달렸고 부인 엘리자베스에게 관심을 쏟은 나머지 세계정세에는 관심을 잘 보이지 않았다. 1935년 이후 그는 더 이상 여름휴가를 유럽에서 보내지 않았다. 유럽의 정치적 혼란 때문이었다. 그는 라디오를 거의 듣지 않았다. 그러나 유럽의 친구들로부터 "불안한 소식들"은 늘 접할 수 있었다.[8]

친구 가운데 가장 중요한 인물은 바로 미아였다. 1932년 본을 떠난 뒤 약 10년간 매주 긴 편지를 보내주던 사람이었다. 슘페터가 미국으로 떠나기 전 미아는 약 3년을 그와 지냈다. 하버드대에서 교환 교수로 지낸 시간은 미처 생각지 못한 꽤나 긴 시간이었다. 슘페터가 본과 이별하고 미국으로 영원히 떠난 뒤에도 미아는 여름휴가 동안 그와 동행하며 독일을 비롯해 서유럽 국가를 여행했다. 미아의 역할은 다양했는데, 비서이자 기사였고 친구였으며 연인이었다. 슘페터를 대신해서 애니의 무덤도 관리해주곤 했다. 또 라인 강이 보이는 슘페터의 저택도 관리했다. 슘페터가 일이 있어 유럽 등지를 여행할 때는 함께하기도 했다. 1932년 슘페터가 영영 유럽을 떠나자, 그녀는 슘페터의 집을 베를린의 한 변호사에게 빌려줬다.

미아에게는 오토라는 남자 형제와 토니와 트레셴이라는 여자 형제가 있었다. 아버지와 여자 형제가 22년 동안 애니의 무덤에 꽃을 가져다놓곤 했고, 묘지 임대료도 지급했다. 이들 가족은 슘페터가 죽을 때까지 소식을 주고받았다. 슘페터에게 슈퇴켈 가족은 유럽 생활을 하는 데 절대적으로 필요한 생명줄 같은 소중한 인연이었다. 그가 엘리자베스와 1937년 결혼하기 전 미국 케임브리지에서 타우시그 교수가 돌봐줬던 것처럼 말이다.[9]

슘페터는 1927년부터 세상을 떠난 1950년 1월까지 슈퇴켈 가족에게 선물을 많이 했다. 주로 돈을 보냈으며 때로는 아주 큰돈을 보냈다. 또 빈에 있는 라이징거 가족에게도 많은 선물을 보냈다. 1920년대 슘페터는 그들에게 어머니 요한나의 아파트에 있는 가구들을 전부 선물했으며, 1930년대에 들어서는 애니의 어머니에게 매달 200마르크를 보내줬다. 지금으로 환산하면 연간 7000~8000달러에 달하는 금액을 그녀에게 준 것이다.[10]

슘페터는 프랑스 그르노블 대학교에서 프랑스 문학을 공부하던 미아를 위해서 몇 학기 다닐 학비를 대줬고 용돈도 넉넉하게 줬다. 그녀를 위해 그가 본에 살 때 장만한 가구를 사주기도 했다. 매년 슘페터는 그들의 옷과 병원비도 대줬는데 미아의 충수염, 토니의 편도염, 트레셴의 각종 질병을 치료하는 데 썼다. 이들의 어머니도 암 투병을 했는데, 이 과정에 들어간 방사선 치료비도 슘페터가 부담했다. 하지만 미아의 어머니는 암과의 싸움을 이겨내지 못하고 세상을 떠나게 되었으며, 슘페터는 그녀의 묘비에 들어간 비용도 냈다. 또 그는 트레셴이 1934년 결혼하자 어마어마한 금액을 결혼 선물로 보냈고, 1936년 미아의 결혼 때도 1939년 동생 토니의 결혼 때도 많은 돈을 선물로 보내줬다. 오늘날로 치자면 슘페터가 미아에게 결혼 선물로 준 돈은 6000달러는 될 것이다. 제2차 대전 기간에 그리고 그 뒤에도 슘페터는 계속해서 돈을 보내 애니의 가족을 보살폈다.[11]

어떻게 본다면 슘페터는 슈퇴켈 가족의 일원이나 다름없었다. 애니와 어머니를 제외한다면 그는 가족이라고 할 만한 사람이 딱히 없어서 더욱 슈퇴켈 가족과 유대감을 느꼈고, 가까운 친척인 것처럼 그들과 지냈다. 그는 미아에게 수백 장의 편지를 써서 다른 누구에게도 알려주지 않은 이야기들을 전하곤 했다. 그가 보낸 편지보다 미아와 그녀의 여형제들에게 받은 편지가 더 많았다. 하버드대에 있을 당시 슘페터는 받은 편지들을 네모로 잘라 뒤에 노트를 쓸 수 있도록 만들어놓았다. 그러나 슈퇴켈 가족이 보낸 편지들은 자르지 않고 대부분 보관했다. 하지만 슘페터가 그들에게 보낸 편지들은 전쟁 때문에 아무것도 남아 있지 않다. 그의 서재는 물론 유럽의 지인들로부터 받은 사적인 편지, 어머니 요한나와 애니에 대한 노트들도 다 사라졌다. 1944년 11월, 미 공군은 벨기에 국경에서 16킬로미터 남짓 떨어진 슈퇴켈 가족들이 살던 도시를 폭격했다.

그 전쟁으로 슈퇴켈 가족이 겪어야 했던 우여곡절은 1930~40년대 당시 유럽 시민이 공통적으로 겪어야 했던 참담한 상황을 잘 보여준다. 다른 모든 독일인이 그랬듯이 슈퇴켈 가족도 히틀러의 집권을 처음부터 반대하진 않았다. 그들은 히틀러가 집권하면서 베르사유조약 때문에 생긴 멍에를 벗겨주고 독일의 존엄성과 번영을 되찾아주길 바랐다. 세상이 히틀러와 독일인을 비판할 지경에 이르자 미아는 분노했다. 유대인을 향한 편견은 더더욱 깊어져갔다. 슘페터에게 보낸 편지에서 그녀는 당시 독일 사회의 중요한 화제를 묘사했다.

그 가운데 "당신도 영원히 반유대주의적 감정을 갖게 될 것입니다"라는 내용도 들어 있었다.[12]

하지만 미아도 곧 나치 정권 아래 자행된 억압적인 현실을 깨닫는다. 1934년에 그녀는 정부가 미국에 있는 슘페터에게서 온 편지를 미리 뜯어보고 검열하고 있다는 사실을 알게 된다. 그녀는 슘페터가 독일 잡지에 기고한 논문이 문제가 되었기 때문에 그가 독일로 돌아오면 히틀러 정부가 그를 억류하지 않을까 걱정했다. 그르노블대에서 서너 번째 학기를 보내는 동안 그녀는 프랑스를 떠나 독일로 가지 않으려고 애썼다. 점차 시간이 흐르면서 암담한 미래는 더이상 남의 일만은 아니었다. 미아의 편지에 담겨있던 반유대주의적 내용은 히틀러 정권의 미래를 예측하는 듯했다.

슘페터와 미아는 그리 간단한 관계가 아니었다. 미아는 슘페터의 비서로 시작했지만 슘페터가 외도하는 여러 여자 가운데 한 사람으로 자리잡게 되었다. 그러나 그들의 관계는 성적 대상이라는 차원을 넘어 더욱 깊어졌다. 둘이 처음 만났을 당시 슘페터는 미아보다 나이가 2배나 많았다. 심지어 미아의 편지에서 볼 수 있는 것처럼 종종 그를 "아버지"라는 애칭으로 부를 정도였다. 그녀는 자신을 메디Mädi라고 불렀는데 이는 "소녀Mädchen"라는 뜻의 애칭으로 보인다. 그녀는 슘페터의 학문적 명성에 반해 열정적으로 그를 사랑했고, 시간이 지나면서 슘페터에게 경제적으로 도움받는 신세가 된다.

그러나 슘페터 본인에게 미아의 존재는 본과 전처인 애니의 기억에 관해 자신을 이어주는 연결고리라기보다 섹스 상대로 자리잡고 있는 듯했다. 그는 때때로 햄릿처럼 두 사람의 미래를 고민했다. 언젠가 미아와 유럽에서 같이 살게 될 것이라는 막연한 이야기만 되풀이했다. 1930년대 초반, 그는 미아에게 머지않아 하버드대를 떠나 본으로 돌아갈 것이라는 암시를 줬다. 그러나 1936년이 되자 그녀는 슘페터가 유럽으로 영영 돌아오지 않으리라는 걸 깨달았다. 결국 그녀는 슘페터가 자신을 미국으로 데려가주리란 희망을 접게 된다. 그래서 미아는 그해 12월 그르노블대에서 만난 세르비아 출신의 경제학자 스토얀 비찬스키와 결혼식을 올린다. 슈토얀은 유고슬라비아 정부에서 일했고 두 사람은 결혼 뒤 헝가리 국경에서 80킬로미터가량 떨어진 유고슬라비아의 중소 도시 노비사드로 이주했다.

슘페터와 미아의 관계는 미아가 결혼하기 전 서로 주고받은 편지에서 더욱 더 생생히 알 수 있다. 그녀의 편지는 1930~1940년대 유럽에서 벌어진 비극을 자세히 보여준다. 이들이 주고받은 편지는 번역된 적이 없다. 그러나 슘페터의 일생과 그의 숨어 있는 기질을 어느 자료보다도 면밀히 보여준다. 고로 그 내용을 자세히 들여다볼 가치가 있다.[13]

1932년 11월 9일, 윌리히 목마른 여행자에게 샘물과도 같군요. 바로 나에게 오는 당신의 편지입니다. 우리 미래에 대해 당신이 저에게 한 말들이 몹시 기쁘기 그지없군요.

1932년 12월 3일, 윌리히 오늘 슐라이허 장군[바이마르 공화국의 마지막 수상으로, 군부 독재를 시도하다 실패했던 인물*]이 수상이 되었습니다. 이곳 상황은 날이 갈수록 다채로워지고 있는데, 결국 히틀러와 하일 모스코 두 사람 간의 싸움이 될 듯합니다[슐라이허는 두 달간 수상으로 재직했고 1933년 1월 31일 히틀러가 결국 수상이 되었다].[14]

1932년 12월 8일, 윌리히 일에 대한 당신의 질투가 매우 심할 때가 있어서 걱정이 되는군요. 미국인이 당신을 레몬 짜듯이 쥐어짜는 것 같은데, 때로는 싫다고 거절할 줄도 알아야 해요. 아직까지도 거절하는 방법을 모르시는 것은 아니겠죠?

1933년 3월 15일, 트롱슈[프랑스 동남부 도시, 미아가 그르노블대에서 불어를 공부한 곳] 바로 어제 당신의 마지막 편지를 받았어요. 그런데 거기에 좀 이상한 문장이 있더군요. "우리가 만날 때까지 독일과 프랑스 사이에 전쟁이 일어나지 않길 바란다"라는 이야기요. 사랑하는 당신, 그런 전쟁이 일어나리라 생각하는 건가요?

1933년 4월 5일, 취르스 히틀러가 이미 위대한 성과를 내고 있는 것 같아요. 어머니 말씀이 철도 사업으로 일자리가 만들어지고 큰 공장들이 들어서고 있대요.

1933년 4월 9일, 취르스 유대인들은 여권을 빼앗겼어요. 재산을 갖고 나가 외국에서 조용히 살 수가 없게 된 거죠. 유대인이 아니더라도 모든 사람은 비자가 있어야 해외에 나갈 수 있어요.

1933년 4월 14일, 윌리히 이젠 평화와 질서가 찾아왔어요. 모든 게 목적에 맞게 통제되고 있어요. 9만 명이나 되는 사람이 철도산업에서 새로운 일자리를 얻게 되었다고 해요.

1933년 4월 29일, 윌리히 당신의 동료인 구스타프 슈톨퍼 교수가 만드는 경제학술지 『폴크스비르트Volkswirt』가 불법 서적이 되었다는 것을 몰랐어요. 미안해요. 그리고 당신에게 듣는 소식에 별로 놀라지 않을 테니 저도 모든 소식을 전하고 싶어요. 부디 유대인들을 감싸려 하지 말아요[슈페터는 나치로부터 석방된 교수들을 구하는 캠페인을 열기도 했다]. 후회할 수도 있어요. 당신과 상관없는 일이잖아요. 사실 당신이 이곳에서 일어나는 변화를 직접 보지 않고 있으며, 이곳에 없다는 게 저로선 기쁜 일이에요. 당신이 쓰는 논문 때문에 위험에 처할 수도 있으니까요. 로이드의 논문을 생각해봐요!15

1933년 9월 21일, 옥스퍼드 저는 히틀러를 지지하지 않아요. 그런 적도 없었고 앞으로도 그럴 거예요. 지금의 상황을 본다면 말이죠. 그러나 독일의 이런 상황이 해외에서는 어떻게 비춰질지 정말 모르겠지만 저는 독일을 지지할 수밖에 없네요[이 문장은 1521년 종교 개혁가 마르틴 루터가 보름스 국회에서 한 유명한 연설을 넌지시 암시하는 것으로 나중에는 흔한 말이 되었다] (…) 당신이 돌아올 수 있었으면 좋겠어요.

미아는 슘페터와 여름을 보내고 난 뒤 마지막 편지를 썼다. 슘페터는 약속대로 유럽으로 돌아왔다. 당시 슘페터도 하버드대에 얼마나 남아 있을지 본인의 마음을 정하지 못한 상황이었다. 미아에게 이야기한 대로 5년이 될 것인가? 연금을 받기 위해 머물러야 하는 15년이 될 것인가? 슘페터 본인도 여름 여행이 되었건, 영구 귀국을 하건 마음만은 항상 독일로 돌아갈 수 있길 바랐다. 이러한 생각은 미아와의 결혼과 상관없이 분명한 사실이었다. 이제 그는 쉰 살이 넘었다. 그들의 성생활도 서늘하게 식어갔다. 미아가 다른 남자에게 눈이 갈 것이라는 질투심이나 의구심조차도 점차 줄어들었다.

1933년 11월 26일, 윌리히 [슘페터의 질문에 대한 답으로 미아는 슘페터와의 공감대 유지를 위해 미술사에 대한 책을 읽고 있다고 이야기한다.] 또 다른 공감대가 생겼네요. 우리 사이에 언제나 있을 사랑이라는 공감대라고 얘기하고 싶진 않아요. 그보다는 열정이라는 공감대였으면 해요.

1934년 3월 28일, 윌리히 당신의 편지를 보고 당신이 얼마나 일에 지쳐 있는가를 느꼈어요. 저 또한 힘이 없네요. (…) 머리가 아프네요. (…) 당신이 앞으로 5년이란 시간을 어떻게 버틸지 걱정되네요. (…) 15년보단 짧은 기간이지만.

1934년 4월 5일, 윌리히 [미아의 여형제 트레셴이 아파서 슘페터가 치료에 쓰도록 200마르크를 보내줬다.] 저희에겐 기쁜 일이에요. 마지막 남은 저축한 돈을 다 써버리고 부모님은 곤경에 처해 있어요.

1934년 4월 12일, 윌리히 새 소식이 있어요. 유고슬라비아 출신의 젊은 경제학자가 얼마 전 청혼을 해왔어요. 아빠의 조언을 듣고 싶어 아직 대답을 주진 않았어요. 그는 정말 좋은 사람이고, 당신도 그를 만나봤으면 해요. 그의 이름은 스토얀 비찬스키랍니다.

1934년 4월 16일, 윌리히 [스토얀의 이야기로 넘어간다.] 지금까지 저는 당신을 만나 매우 평화롭고 행복하게 살아온 것 같아요. 하지만 제게도 시련이 찾아오네요. 호의호식하며 살아온 제가 힘들게 살아오신 아빠에게 얼마나 큰 짐이 되는지 이제야 알 것 같아요. 아이가 아버지에게 감사하듯이 이 사랑을 어떻게 표현해야 할지 이제야 알 것 같아요. 하지만 이젠 새로운 남자가 제 삶에 들어와야 하는 운명을 받아들여야 할 듯해요. 언젠가 제 아이를 낳고 엄마가 된다는 생각이 이제 몹시 생생하게 다가오는 것 같네요. (…) 저는 당신에게 속해 있다는 걸 절대 잊지 마세요. 그리고 절대로 다른 사람을 따르지 않을 거예요. 당신이 허락하지 않는다면.

1934년 4월 29일, 윌리히 [4월 15일과 20일, 슘페터는 편지로 그녀의 배우자를 반대하지 않는다고 이야기하자 미아가 답장한다.] 제가 이미 말씀드렸듯이 그는 유고슬라비아 사람이고, 빈 대학교에서 법과 정치를 공부했고, 스물두 살에 박사학위를 받은 뒤 독학으로 국제법도 공부했어요. 정부가 그의 가치를 높게 샀는지 현재 정부에서 외교 관련 일을 하고 있어요. 그는 정부에서 정한 대로 결혼을 해야 하기 때문에 당장은 결혼을 할 수 없어요[스토얀은 군생활이 끝나는 1936년까지 결혼식을 올릴 수 없는 처지였다].

1934년 5월 23일, 윌리히 [미아는 여름이 오면 슘페터와 함께 지내게 되길 기대한다고 편지를 보냈다. 그러나 슘페터가 몹시 지친 상태였기 때문에 일을 멈추고 쉬어야 하는 건 아닌지 걱정했다.] 스토얀이 보낸 편지가 당신에게 좋은 인상을 심어줬다고 하니 저도 무척 기쁘네요. 그에게 그와 결혼하더라도 최소 세 달은 당신과 보내고 싶다는 이야기를 했어요. 이에 대해 그는 어떠한 질문도 의문도 갖지 않고 "당신 없이 지내는 시간은 정말 힘들겠지만 당신이 원하는 건 뭐든 들어주고 싶다"는 말만 했어요. 그는 꿈에서라도 제가 당신같이 훌륭한 사람과 지낸다는 건 알지 못할 거예요.

1934년 5월 29일, 윌리히 NSAP[나치]가 슈피트호프가 쓰는 책들을 맘에 들어하는 모양이에요. 많은 강의를 하고 논문들을 쓰고 있어요. 신문에는 온통 그에 대한 찬사로 가득차 있어요. 정작 가치 있는 사람들은 처단당하는, 왜 이런 상황이 벌어지는지 모르겠어요. 그가 정말 싫어요.

당시 미아의 나이는 스물아홉 살이었다. 독일의 상황은 나치의 억압 아래 점차 나빠졌고 그녀는 조국 독일과 자신의 미래를 향한 걱정으로 가득했다. 그녀는 아이를 갖고 싶었지만 슘페터의 조언도 계속 구하고 싶었다. 어쩌면 그르노블대에서 공부할 때 학비를 대주던 슘페터의 경제적 도움을 잊기 싫었는지도 모른다. 또 그녀는 자신의 뜨거운 성적 욕망에 놀라기도 했다. 슘페터와 유럽을 같이 다니며 지낸 두 번째 여름이 끝나갈 무렵, 그녀는 이러한 모든 이야기를 그에게 전한다.

1934년 9월 27일, 윌리히 『채털리 부인의 사랑』의 결말은 정말 만족스럽지 않아요. 주인공인 여자가 남자를 너무 옥죄는 듯해요. 그는 그녀와 결혼할 마음이 없는 데도 말이죠. 여자들이란 섹스에 대한 욕정으로 가득차 있는 것 같아요.

1934년 10월 27일, 윌리히 [슘페터의 편지에 고마움을 표하면서] 모든 편지를 빠짐없이 읽었어요. 아무렴 어때요. 결국 사람이란 무엇이든지 익숙해지는 거겠죠.

1934년 11월 30일, 그르노블로 돌아와서 고향에선 긴장과 불안으로 무척 떨었지만 이곳은 즐겁고 고요한 환경이라 정치적 쟁점이 신경쓰이지 않아요. 결국 당신도 비관적이 되었군요. 저도 전쟁이 불러오는 위험을 지나치지 않으려 해요.

1934년 12월 10일, 트롱슈 당신이 거의 밤을 지새울 정도로 일을 했다니 기분이 영 좋지 않네요. 누가 당신처럼 그렇게 힘들게 일하겠어요. (…) 당신은 당신의 강인함을 숨길 줄도 알아야하는데 앞으로도 그렇게 되진 않을 것 같네요.

1934년 12월 18일, 트롱슈 [슘페터가 베푼 모든 것에 감사한다.] 당신이 보내주는 용돈 덕분에 제 삶이 무척 아름답고 행복해요. 셀 수 없는 선물과 당신과 함께한 여름 여행도 제겐 행복이었어요. 나중에 12명이나 되는 수많은 아이를 낳고, 정부의 무상급식자가 될 정도로 어렵게 되면 지금 이때를 떠올리게 될 것 같아요.

1935년 1월 14일, 트롱슈 제가 만약 본에서도 지금처럼 잘했더라면, 더 많은 돈을 벌었을 것 같아요. 저는 당신 편지에 담긴 철학이 좋아요. 덕분에 이제 세상을 다른 눈으로 보게 되었고요. 분명한 사실은 경제학적 관점으로 세상을 보게 된다면 정치란 바보들에 의해 돌아가는 분야일거라는 점이에요.

1935년 3월 31일. 트롱슈 당신의 열아홉 번째 편지를 받았어요. [연구를 완성할 능력이 부족하다는 내용을 보니] 당신이 매우 우울한 듯해 걱정이네요. 그래서 인지 정치도 비관적으로 바라보게 되는 것 같은 기분이군요. 이곳 프랑스에서 독일의 재무부장관을 수긍하는 분위기를 당신이 안다면, 미래에 대해서 당신 자신이 더 걱정될 텐데요.

1935년 5월 5일, 트롱슈 라클로의 책 『위험한 관계』를 비롯해 여러 권의 책을 샀어요. 당신의 올레에[그녀가 좋아하던 애칭]가 이제 이렇게 성숙한 취향의 책을 읽게 되었네요. 몇 달 뒤면 서른이 되는 제 나이에 이까짓 책이 무슨 상처가 되겠어요?

미아와 슘페터는 세 번째 여름을 맞이하며 유럽을 함께 여행했고 주로 이탈리아에 머물렀다. 여름이 끝나갈 무렵 미아는 둘이 보낸 여행에 대한 글을 사진과 함께 넣어서 독일 자동차 클럽이 지원하는 한 잡지에 기고한다. 하지만 그녀가 보낸 글은 卍자가 새겨진 종이에 출판할 수 없다는 답장과 함께 거절당한다. 이 메시지의 마지막엔 "히틀러 만세!"라고 쓰여 있었다. 미아는 이 용지의 뒷면에 "돼지 같으니! 울 뻔 했잖아"라고 써놓기도 했다.

그 뒤 몇 개월 동안 미아의 편지에는 주로 우울해하는 슘페터, 둘이 함께 보낸 시간, 미아와 스토얀의 결혼, 유럽에서 전개되는 좋지 않은 상황 등에 대한 이야기로 가득했다.

1935년 10월 12일, 윌리히 당신이 9월 27일에 쓴 달콤한 편지를 받았어요. 당신은 가치 있는 일들에 대해 몹시 불평하고 있어요. 당신은 이미 학계에선 불멸의 존재가 되었잖아요? 더 이상 무얼 원하는 거예요? 당신이 책을 더 쓰건 안 쓰건 누가 뭐라 하겠어요. 왜 당신은 황혼의 시기에 이룰 수 없는 것들을 좇으며 괴로워하는지 모르겠네요.

1935년 10월 17일, 윌리히 네, 애니가 죽은 지 벌써 10년이 지났어요. 바로 며칠 전 당신의 약혼 소식을 알게 됐고 짧고 행복한 결혼생활이 눈에 보였어요. 그리곤 다음 장을 펼쳐봤죠. 애니의 죽음에 대한 내용이었고 제 눈에선 뜨거운 눈물이 흘러내렸어요. 그리곤 종이를 접어 봉투에 넣고 "소중한 추억 cher souvenir"이라고 적었죠.

1935년 11월 13일, 윌리히 당신 결혼식 날 아버지가 본에 들려 애니의 무덤을 찾아 헌화하고 왔다네요. 위령일에 올려놓은 꽃들은 아직도 싱싱해요. 그 옆에는 누군가 올려놓은 꽃들로 가득했어요. 마치 [꽃으로 만들어진] 바다를 보는 느낌이에요.

1936년 1월 10일, 트롱슈 당신이 이 편지를 읽을 쯤이면 우리가 알고 지낸 지 10년째가 되는 날이 지나가 있겠네요. 왜 저랑 결혼하지 않으신거죠? 대답해주세요. 서로의 안녕을 위해 내린 결정인지 (…) 저는 힘을 잃었어요. 하지만 당신의 선택은 잘못되었다고 생각해요! 그건 분명한 사실이고 제가 마지막으로 본에 갔을 때 매우 견디기 어렵고 불공평하다고 생각했어요. 저는 당신이 제 소유라 생각했지만 그건 아니었나봐요. 애초에 우리 사이에는 큰 벽이 있었던 것 같아요. 그래도 지금은 당신이 사회적 분위기와 당신 일에 대해 더 큰 고민이 있었기 때문이었을 거라 이해하고 있어요. 당신의 아내가 된다는 만족감은 친밀한 관계 그리고 엄마가 되고 싶은 소망과 이어지는 것이죠. 성적 욕망이 아니라 서로에 대한 우정과 믿음을 만들고 싶었어요. 스토얀과 결혼했지만 당신에게 돌아갈 수 없는 저의 삶은 무감각하고 황량하기까지 해요. 당신 곁에 수많은 여자가 있더라도 저를 거절하지는 않을 거죠?

1936년 2월 2일, 그르노블 히틀러가 심각한 병에 걸렸어요. 그를 좋아해주던 사람들에게나마 영원히 기억되고 싶다면 하루 빨리 죽는 게 나을 것 같아요.

1936년 3월 25일, 트롱슈 당신은 무솔리니와 히틀러의 게임이 시작될 거라 생각하시나요? 절대 그렇지 않을 거예요. 잠시 잘될 수는 있겠지만 그의 몰락은 머지않을 거예요. 저는 한 번도 전쟁을 생각하진 않았어요. 프랑스도 전쟁을 벌이진 않을 거고요. 독일도 전쟁을 일으키진 못할 거예요. 전쟁을 일으킨다면 모든 것이 끝날 테니까요. 게다가 그들은 힘을 잃어가고 있어요. 그 누구도 이젠 배급에 기댈 수밖에 없게 되었고 독일 사회는 점차 악화일로로 치닫고 있어요. 정부가 지켜보는 선거는 의미도 없게 되었고, 그 누구도 정부를 이길 수 없게 되었어요. 제 생각에 히틀러는 힘을 앞세우면 사람들의 지지를 얻게 되리라 기대하는 것 같아요. 그러나 허망하게 끝날 거예요. 그리고 만약 히틀러가 성공한다면 다음 차례는 오스트리아를 합병하는 일이 되겠죠? 그는 오스트리아를 얻기 위해 무솔리니가 힘을 잃길 기다리고 있어요. 모든 어머니와 할머니의 얼굴에서 전쟁의 공포를 읽을 수 있어요.

1936년 4월 2일, 트롱슈 당신의 스물세 번째 편지를 받고 무척 우울해요(슘페터는 이번 여름에는 미아를 만나지 않겠다는 내용의 편지를 보냈다). 당신은 조금씩 저와 거리를 두려고 하네요. 제 느낌에는 나이든 미국 여자une vieille carne americaine[1936~1937년 미아의 편지는 대부분 불어로 되어 있었다]와 결혼하려는 것 같아요. 이제 밤이 되면 그녀가 당신의 신발을 벗겨주고, 아침에는 넥타이를 매어주겠죠.

1936년 4월 18일, 미아는 스토얀의 고향인 베오친에서 슘페터에게 편지를 보내면서 스토얀의 가족들이 자신을 매우 따뜻하게 맞아줬다고 이야기했다. 당시 정치적 상황이 악화되고 있었지만 두 사람의 관계는 잘 유지되고 있었다. 미아의 글에 따르면 스토얀은 매우 달콤하고 점잖으며 그녀에게 헌신적이었다고 한다. 둘은 베오그라드로 가서 스토얀의 친구와 가족들을 만난다.

1936년 5월 1일, 베오친 [미아는 나치가 오스트리아를 점령하기 직전이라 전해준다.] 이탈리아는 힘이 다한 듯해요. 프랑스는 홀로 움직일 기색이 보이지 않고, 영국은 이탈리아의 영향력이 더 이상 동쪽[유고슬라비아와 그리스]으로 가지 않는다는 것에 기뻐하고 있고요. 유대인을 제외한 모든 오스트리아인은 국가사회주의자이고 히틀러를 환영할 사람들이에요. 하느님이 우릴 지켜주셨으면 (…) 전쟁이 난다면 아주 끔찍한 전쟁이 날 것 같아요. (…) 전쟁이 정말 일어난다면 고향으로 돌아가지 않고 이곳[유고슬라비아]에 머무르는 게 더 안전하겠어요.

1936년 5월 18일, 베오친 [미아는 무솔리니가 유럽에 매우 위협적인 존재라고 설명한다.] 독일은 이탈리아에 비하면 천국이나 다름없어요. 프랑스는 결국 자업자득인 셈이 되었고요. 영국과 이탈리아와 관계가 악화되면서 결국 남게 된 건 러시아뿐이죠. 프랑스 좌파 정치인들이 소련을 언급하기 시작했고 이는 히틀러의 예언이 맞아 떨어지는 듯한 상황이에요. (…) 자유여 안녕!

1936년 6월 25일, 윌리히 [미아는 스토얀과 편지를 주고받지 못했는데 아마 중간에 사라진 듯하다.] 제 생각에는 경찰이 우리 편지를 열어본 것 같아요. 근데 당신과 주고받는 편지는 다 프랑스어로 되어 있으니, 읽진 못하겠죠?

1936년 8월 3일, 본 [미아는 스토얀의 청혼을 수락했다.] 많은 밤을 눈물로 지새우고, 걱정도 많이 되고, 가슴이 몹시 아파요. (…) 당신은 제게 늘 과분한 존재였어요. 그런 제가 당신을 배신하게 되네요……

마지막 말에는 미아가 그동안 마음속에 담아둔 슘페터와의 관계를 둘러싼 심리적 갈등이 포함되어 있다. 그녀의 나이는 이제 서른 살이 되었고 아이도 갖고 싶었다. 하지만 표현할 수 없는 죄책감도 들었던 것이다. 물론 그녀가 슘페터를 배신했다고는 볼 수 없다. 외려 슘페터가 그녀를 배신한 것이다. 둘의 관계를 10년 동안이나 지속하도록 만든 당사자는 바로 슘페터였다. 미아에게 결혼이라는 허망한 희망을 줘 그녀의 이십 대를 모두 허무하게 흘려보내게 한 것도 슘페터였다. 미아는 귀족풍의 생활을 좋아하는 슘페터에게 매우 궁핍한 모습을 보였다. 또 슘페터처럼 감정의 기복이 심했다. 하지만 그들의 관계가 어떻게 끝났던 간에 서로에 대한 배려와 보살핌이 없었다면, 그렇게 오랫동안 가깝게 지낼 수는 없었을 것이다. 슘페터의 삶을 볼 때 다른 누구에게 미아처럼 그토록 많은 편지를 쓴 적은 없었다.

슘페터가 여름마다 계속해온 유럽 방문을 더 이상 하지 않자 미아의 편지 내용은 갈수록 정치에 더욱더 국한되었고, 스토얀과의 생활을 언급한 부분이 더 많아진다.

1936년 9월 8일, 생틸레르 갈수록 독일에 반대하는 움직임이 거세지는 듯해요. 스페인에서 생긴 일[내전]도 유럽 정세에 아무런 도움이 되지 않는 상황이

고요. 모든 나라가 중립국임을 표방하고 있지만 그들은 군대를 파병중이에요. 지금은 저도 모든 상황을 비관적으로 보고 있어요. 분명 세계대전이 머지않아 일어날 것 같아요.

1936년 12월 14일, 윌리히 [미아와 스토얀은 앞으로 2주 안에 결혼식을 올리게 되고 미아는 슘페터가 여태껏 베풀어온 것들에 대한 고마움을 표한다.] 당신이 베풀어준 사랑과 관대함 (…) 무척 고마워요.

1937년 1월 9일, 베오친, 유고슬라비아 [결혼식에 대해 이야기한다.] 그는 부드럽고 감미로웠어요. 그는 어린아이처럼 방방 뛰었죠. (…) 그는 성적으로 경험이 거의 없고 미숙해 보이는 거 있죠? 혼잡한 이 나라에 오니 비로소 조국 생각에 기분이 좋아지곤 해요. [둘은 빈에서 신혼 여행을 마친 뒤 유고슬라비아에 정착해서 살고 있었다.] 오늘 아침 신문을 통해 독일이 스페인 식민지 모로코를 점령했다는 소식을 들었어요. 이게 무슨 뜻일까요? 히틀러는 모든 것을 괴링의 손에 넘겨준 거죠. 비참하기 그지없네요. (…) 이제 그 무엇도 우리의 것이 아니랍니다. 식용유나…… 계란이나…… 이제 모든 것이 전쟁을 위해 동원될 거예요.

1937년 2월 17일, 노비사드 [슘페터의 기분이 좋아지고 있고 건강을 되찾는다는 소식에 기뻐한다.] 당신이 다른 여자와 있다는 생각에 질투나요. (…) 이해해주세요.

1937년 3월 19일, 윌리히 [미아의 어머니가 죽음에 임박했다. 그녀는 동생 토니의 부름으로 고향으로 돌아간다.] 인생이 무엇인가요 대체? (…) 살 가치가 있는 것인가요. (…) 불행과 좌절만이 가득하네요.

1937년 4월 2일, 윌리히 편지를 통해 당신 소식을 듣지 못했네요. 슬퍼서 눈물이 날 뻔 했어요. 특히 지금은 당신의 힘이 필요해요. 저는 매우 지치고 고통스러워요 지금. [하지만 그녀가 이 편지를 쓸 당시 슘페터가 3월 11일 보냈다고 표시된 편지가 도착한다. 슘페터는 그녀 가족들에게도 편지를 보냈으며 미아에게 300마르크를 넣어 보냈다.] 아주 선량한 사마리아인이 다름 아닌 바로 당신인 듯해요. 저는 죽어도 당신처럼 될 순 없을 거예요.

1937년 5월 18일, 노비사드 제 남편이 저를 즐겁게 해주려 무척이나 노력한답니다. 하지만 진심으로 즐거운 적은 극히 드물었던 것 같아요. 분명 그의 잘못은 아니랍니다. 그를 사랑하지만, 제 마음속에는 말로 표현할 수 없는 차가움이 있는 것 같아요.

1937년 9월 10일, 노비사드 윌리히로 음식을 싸 보내야겠어요. 이곳의 식량 배급 상황은 매우 절망적이에요. 일주일 동안 1가구에 주는 것이라곤 돼지기름 113그램과—베이컨도 없이—약간의 버터뿐이에요. 목사들도 학교에서 쫓겨나 더 이상 종교교육은 기대할 수 없게 되었어요. 대신 학생들은 이제 사격 훈련을 받고 있죠.

1937년 10월 6일, 노비사드 6주차가 되어도 편지를 못 받으니 분명 여자 때문일 거라 생각이 들어 얼굴을 찌푸리게 되네요! 당신이 조용한 바다 위에서 노닐며 쉬었으면 해요. 저도 물론 같이요. 자꾸만 질투가 나네요. (…) 혹시 당신 아픈 건가요? 아프다면 당신의 친한 동료인 타우시그 교수가 저에게 알려줬겠죠? [슘페터는 가을이 지나도록 1937년 8월 16일에 치뤘던 엘리자베스와의 결혼에 대해 알려주지 않았다.]**16**

1937년 11월 20일, 노비사드 어젯밤 당신이 젊고 아름다운 여자와 재혼하는 꿈을 꾸었어요. 저는 슬픔으로 가슴이 무너져내렸죠. 당신의 침묵으로 수천 가지 감정과 어리석음이 교차하면서 머릿속이 어지럽네요. 당신의 연락이 없는 이유가 대체 무엇일까. (…) 요즘은 정기적으로 윌리히로 음식을 보내고 있어요. 독일의 상황이 몹시 절망적이에요. 독일로 간 사람들의 이야기를 들으면 정말 믿지 못할 일들이 벌어지고 있는 것 같네요.

1937년 11월 30일, 노비사드 [슘페터는 8월에 한 결혼 소식을 드디어 미아에게 전한다.] 며칠간 제 마음을 진정시키려 노력했어요. 오늘은 이제 당신을 축하해줄 수 있을 것 같네요. 당신에게 찾아온 완벽한 행운이 당신 삶의 황혼기를 아름답게 채워주길 바라요. 당신은 충분히 그럴 자격이 있는 사람이니까요!

1937년 12월 1일, 윌리히, 토니로부터 [애니의 무덤 사진에 관한 슘페터의 질문에 답한다.] 위령일에 사진을 찍었는데 아직 인화하진 못했어요. 무덤은 국화꽃으로 가득해 아름다운 모습이었어요. 교수님 덕분에 어머니가 큰 고통 없이 떠날 수 있었어요. [과거에 슘페터가 방사선 치료비를 대주었다.] 마음속 깊이 감사드려요.

1938년 2월 22일, 노비사드 [미아의 첫째 딸 조라가 태어났다.] 이제 한 아이의 엄마는 건강을 되찾고 일상으로 돌아왔답니다. [슘페터가 미아의 부모님에게 보내준 돈에 대해 미아가 감사한다.] 부모님이 얼마나 어려운지 당신이 알게 된다면 당신도 놀랄 거예요.

1938년 3월 15일, 노비사드 [히틀러가 오스트리아로 입성했다.] 지금의 사태가 모든 것을 앗아가 이젠 제 목숨뿐만 아니라 제 아이도 굶주림으로 힘들게 되었어요. 농담이 아니라 사람들은 이제 자신이 독일인이라는 것에 부끄러움을 느끼고 있어요.

1938년 4월 4일, 노비사드 [미아는 아이를 돌보며 조금이나마 안정을 찾았다.] 이제야 제가 있을 곳을 깨달은 것 같아요. 고백하자면 결혼생활 가운데 가장 행복했던 시간들 속에서도 늘 당신을 그리워했고 어떻게 당신 곁으로 돌아갈까 생각했어요. 하지만 당신이 우리 사이의 관계를 끝내자고 이야기했는데, 제 아기 곁에 가기 전엔 아직도 믿기 어려운 사실이에요.

1938년 7월 8일, 윌리히 [스토얀은 록펠러 장학금을 받으려 했지만 미아의 말에 따르면 슘페터는 정작 스토얀이 아닌 그의 학생들을 더 많이 추천해줬다고 한다. 하지만 이건 사실이 아니었다.] 당신은 아마도 그가 미국으로 가는 걸 원하지 않았나 봐요. 근데 저도 이미 미국으로 간다는 희망을 접고 이곳 윌리히에서 조용히 지낼 생각이에요.[17]

이때부터 미아의 편지에는 더욱 슬픈 내용이 담겼고 편지를 보내는 횟수도 줄어들게 된다. 미아에게 일어난 일들은 그녀를 무기력하게 만들었다. 그리고 더 이상 책이나 여행 이야기 같은 즐겁고 명랑한 이야기도 없어진다. 그녀에게는 몇 가지 극복해야 할 문제가 있었다. 어머니가 세상을 떠났고, 스토얀이 티푸스에 걸렸으며, 재정적으로도 어려움에 처해 있었다. 뿐만 아니라 그녀는 외로웠고 유럽의 암담한 상황도 그녀를 괴롭혔다.

1938년 11월 9일과 10일 사이 밤 독일 군중은 반유대주의를 외치며 폭동을 일으킨다. 그들은 수십 명의 유대인을 죽이고 폭력을 휘둘렀으며 유대인이 운영하는 가게를 약탈하기도 했다. 그들은 이 가게의 유리를 부수기 시작해 크리스탈나흐트 Kristallnacht라고 불리는 사건을 일으켰고, 이후 이들은 더욱 폭력적으로 변해갔다[1938년 나치는 파리 주재 독일 외교관이 유대인 차별에 항의하는 한 유대인 소년에게 피살된 사건을 기점으로 유대인 회당인 시너고그와 유대인 상점에 대대적인 방화와 약탈을 자행, 유대인 91명을 살해하고 3만 명을 체포했다. 당시 깨진 유대인 상점의 진열대 유리창 파편들이 반짝거리며 거리를 가득 메웠다고 해서 '수정의 밤' 사건으로 불린다. 수정의 밤 때문에 나치 대원들의 광적인 유대인 말살정책이 시작 됐으나 언론과 지식인들은 당시 독일 인구의 3퍼센트 정도밖에 안되면서도 전체 국부의 4분의 1을 차지했던 유대인에 대한 질시 때문에 침묵으로 일관했다*].

미아는 다음과 같은 내용을 전했다:

1938년 12월 5일, 노비사드 어머니가 지난밤 일어난 반유대주의 폭동을 못 보신 게 얼마나 다행인지 몰라요. 어머니는 늘 유대인을 감싸주고, 그렇지 않은 정부에 대해 비판하곤 하셨죠. 그들이 벌이는 만행은 편지로 다 전하지 못 할 정도랍니다.

1939년 3월 1일, 노비사드 그렇게 감미로운 편지는 오랜만에 받는 것 같네요. 며칠 전 문득 우리가 주고받는 편지가 뜸해지고 우리 관계도 멀어지는 것이 두렵다는 생각이 들었어요. 하지만 이제 뭔가 나아지는 듯한 기분이네요. [그녀는 슘페터가 타코닉에서 쓴 글에 찬성했고, 슘페터가 평화롭게 지낸다는 사실에 안도했다] 요즘엔 당신이 지내는 모습이 몹시 궁금해요. 여전히 깊은 생각을 할 때면 손가락을 입에 갖다 대곤 하나요? 여전히 책을 읽을 때 왼눈을 감으시나요? [슘페터는 죽을 때까지 안경을 쓰지 않았다. 하지만 그는 책을 매우 많이 읽어 눈에 피로가 가실 날이 없었다.]

1939년 3월 18일, 노비사드 민감할 수도 있는 제 질문에 잘 답해주셔서 매우 고 마워요. [미아는 잠자리에 미숙했던 스토얀과의 성생활에 대해 조언을 구했고, 슘페

터는 어떻게 사랑으로 스토얀을 유도해야 하는지 상세히 설명해줬다.]

1939년 6월 1일, 노비사드 신이 우릴 갈라놓았지만 당신을 거대한 악으로부터 지켜주네요. 이 모든 정치적 상황이 하루빨리 나아졌으면 좋겠어요. 저와 제 가족들은 몹시 무서워요. 정말이에요……

1939년 8월, 미아는 윌리히에서 보낸 편지에서 토니의 결혼으로 가족을 방문한 뒤 다시 노비사드로 돌아오는 길이라고 썼다. 토니의 남편 헤르만은 독일 군인이었기 때문에 그들은 베를린에서 신혼 여행중이었다. 미아는 베를린에 들러 이들을 만나고 오려 했다. 헤르만은 결혼 뒤 2주가 채 안되어 폴란드로 떠나게 되었다. 그래서 미아는 토니를 위로하려 했다. 슘페터가 미아의 편지를 받기 전 히틀러는 폴란드를 이미 침공해 제2차 대전에 불씨를 지폈다.

1939년 10월 30일, 노비사드 유럽에서 또 한 번 전쟁이 일어난다면 유럽의 종말이 올 것이라 하셨죠. 지금은 당신의 말이 조금도 지나치지 않았음을 느끼고 있어요. [스토얀은 자신이 맡은 분야에서 성공적인 생활을 하고 있었다] 스토얀이 잘하고 있어서 다행이에요. 그리고 우리의 잠자리도 나아지고 있어요.

1940년 1월 28일, 노비사드 새해엔 당신의 건강과 일 모두 잘되길 바라요. 당신은 그럴 수 있는 나라에 머물고 계시잖아요. 이곳에서는 이제 새해 인사도 주고받지 않아요. 상황이 이러한데 그런 덕담은 몹시 웃기는 것이죠. [토니는 독일 정부가 친척이 죽었을 때를 제외한 모든 해외 여행을 제한하게 되어 미아를 방문할 수 없었다.] 가족을 언제 보게 될지 정말 모르겠어요. 적어도 히틀러가 물러나기 전엔 독일로 돌아가고 싶지 않아요.

1940년 7월 1일, 노비사드 당신이 건강하고 일도 잘되어가고 있길 바라요. 그래서 소식이 없는 거겠죠? 저는 8월 3일[애니가 죽은 날]을 절대 잊지 않을 거예요. 프랑스의 불행한 운명[프랑스도 독일군에 점령당한다]에 가슴이 아프네요. 한 줄의 편지라도 보내주세요. 당신의 편지가 얼마나 큰 위안이 되는지 모를 거예요.

1940년 12월 6일, 노비사드 [미아는 또다시 임신을 하게 되고 출산 예정일은 1941년 봄이었다.] 조라[미아의 큰 딸로 당시 세 살이었다]가 부쩍 자라 이제 말썽꾸러기가 되었네요.

1941년 2월 8일, 노비사드 오늘이 당신 생일이네요. 당신에게 평화와 연구의 성공과 인생의 즐거움이 항상 함께하길 바라요. 여전히 당신의 눈을 바라보고 싶고 당신의 곁에 있고 싶네요. 아직도 당신이 연구하는 모습이나 일하는 모습이 눈에 선해요. 그리고 저도 제 삶을 평범하지만 나름의 방식대로 살아가고 있고요. 이제 3개월 뒤면 아이가 세상에 나온답니다. 용감한 세르비아의 건아가 태어나야 할 텐데요. [토니는 노비사드로 와 미아를 만나고 있었지만 병에 시달리고 있다] 지금의 상황은 몹시 처참해요. 당신이 알다시피 저도 힘들지만 토니를 보면 더 견디기 어려워요. 추운 날씨에 코트도 신발도 없어요. 열흘이 지나면 토니도 독일로 돌아가야 해요. 모든 걸 이겨내길 바라고 있어요. 늘 토니가 보고 싶었지만, 막상 이런 모습을 보니 무척 실망스럽고 도와줄 수 없다는 사실이 슬프네요. [슘페터에게 미국에서 그녀의 이름으로 만든 계좌를 통해 200달러를 보내달라 부탁한다] 만약 이후에 송금이 어려워질 것 같으면 아이가 태어나기 전에 돈을 좀 부탁해요. 아주 늦기 전에요. 애니의 무덤에는 3월 22일에 가볼 생각이에요. 그리고 무덤 관리비는 잘 냈어요.[18]

1941년 3월 20일, 노비사드 제 절망적인 상황에 대한 걱정이 당신과의 만남을 더 재촉하게 하네요. 제 안정을 위해서도 그렇고 불만을 털어놓고 싶어서도 그렇고, 당신의 의견도 듣고 싶고요. 이곳 상황은 이제 더 안 좋답니다. 모두가 폭력적이고 유혈 사태도 일어나고요. 애니의 생일날 잊지 않고 묘를 찾았어요! 나중에 꽃을 또 사야 하니 계좌에 돈을 조금 남겨뒀어요. 크리스마스 선물이랑 생일 편지는 받은 거예요? 편지 기다릴게요. 단 몇 줄이라도. 우리 모두 당신이 그리워요. 미아, 조라, 스토얀으로부터.

스토얀이 미아가 아들 블라도를 낳았다는 소식을 담아 보낸 카드를 제외하면 이것이 슘페터가 받은 마지막 편지였다. 3월 20일 미아의 편지를 받은 지 5일 뒤 유고슬라비아는 독일과 동맹을 맺는다. 그러나 일주일 뒤 유고슬라비아 정부는 쿠데타로 전복되자 히틀러는 유고 침략을 계획한다. 1941년 4월 6일 독일군은 미아의 집으로부터 80킬로미터 떨어진 베오그라드에 폭격을 감행한다. 유고슬라비아는 결국 4월 17일에 항복하고 여러 독일 동맹국의 통치를 받게 되었는데 노비사드는 헝가리에 속하게 되었다. 이 유고슬라비아 지역에서 나치 정권에 반대하는 격렬한 폭동이 일어나지만, 폭동에 참가한 사람들은 비참한 대가를 치르게 된다.

전쟁이 끝난 뒤, 슘페터는 미아의 아버지 오토에게 한 통의 편지를 받는다.

교수님께,

유감스러운 소식을 전하게 되었습니다. 저와 트레센, 헤르만, 토니의 남편과 제 아들만이 살아남게 되었습니다. 미아와 남편, 토니는 세상을 떠났습니다. 전 헝가리 임시 행정 수반의 명령에 따라 1942년 1월 21~23일까지 노비사드가 포위되었습니다. 변호사, 의사, 성직자 관료, 유대인, 기업인, 지주 등 수많은 사람이 총살당했습니다. 제가 들은 바로는 그들은 나치 정권에 반대했거나 영국 클럽에 소속되어 있던 사람들이었습니다. 미아와 스토얀은 오랫동안 이 클럽의 회원이었죠. 두 사람 모두 살고 있는 아파트에서 총살당했습니다. 저희도 전보를 통해 들은 소식입니다. 트레셴과 저는 즉시 그곳으로 가 아이 둘을 데려왔습니다. 조라는 네 살이었고 블라도는 생후 6개월이었습니다.

우리는 모두 나치 정권에 반대했습니다. 독일에 찾아온 고통과 절망은 신이 내린 벌이라고 생각하고 있습니다. 불행하게도 죄 없는 이들이 그 고통을 다 겪고 있습니다. 하지만 저도 독일인이고 그들 가운데 한 사람입니다. 늘 아이들에게 이야기하곤 합니다. 세계 곳곳에서 생겨난 절망적인 일들은 모두 독일인 탓이라고 말입니다.

1942년 총살당했을 당시 미아의 나이는 서른여섯 살이었다.

세상을 떠나기 바로 직전, 미아의 모습

제17장

하버드대,
떠날 것인가
머무를 것인가

"절박한 사람을 시험하지 마라."
— 셰익스피어, 『로미오와 줄리엣』, 1596

1937년 8월, 미아가 스토얀과 결혼한 지 8개월이 되었을 때다. 미아는 여전히 슘페터에게 온 정성을 기울였지만 슘페터는 엘리자베스와 결혼하게 된다. 당시 슘페터는 하버드대에서 여섯 블록 떨어진 곳에 있는 동료 교수인 타우시그의 저택에 딸린 아담한 방에서 5년째 머무르고 있었다. 엘리자베스는 하버드대 반대편에 위치한 주택에서 살고 있었다. 둘은 결혼식을 올린 지 두 달 뒤 엘리자베스가 살던 곳에서 멀지 않은 거리에 있던 작은 집을 얻는다. 나중에는 하버드 야드에서 걸어서 5분 거리인 아카시아 가 7번지에 지붕 있는 집으로 거처를 옮긴다. 아카시아 가는 전체가 한 블록인 작은 거리로 아파트가 많고 차들이 북적대는 곳이다. 일방통행인 이곳은 매우 작아서 찾기 힘들 정도다.[1]

슘페터는 여생 동안 엘리자베스와 함께 아카시아 가에 있는 집과, 코네티컷

주 타코닉에 있는 윈디힐이라는 엘리자베스의 시골집에서 시간을 보냈다. 슘페터는 연구중 소음에 시달리곤 했는데 이 두 집은 그가 원하던 조용함을 느낄 수 있었다. 타코닉에서 그는 온전히 고요함에 빠져들 수 있었고 엘리자베스도 그를 배려해줬다. 그녀는 심지어 시끄러울까 염려되어 그들에게 오는 편지조차 집 근처의 가게로 배달되도록 해놓았다. 1930년대 후반 윈디힐에 살던 이웃이 주변에 도로공사를 한다고 했을 때다. 엘리자베스는 변호사까지 고용해 공사를 막으려 했다. 이유는 "이 공사는 내 남편의 신경과 건강에 직접적인 영향을 끼칠 수 있다"는 것이었다. 그녀는 공사에 반대한 이유에 대해 다음과 같이 설명했다.

> 그는 과중한 업무를 많이 맡아왔고 과거에 어려운 일들도 많이 겪었다. 그 결과 신경계가 무너져가고 있다. 조용한 곳에서 충분한 휴식을 취해야 하버드대에서 연구를 계속할 수 있었다. 물론 그는 치료도 받아왔다. 슘페터는 모든 종류의 소음에 매우 민감하다. 그 가운데서도 특히 자동차와 관련된 소리(멈추는 소리, 시동 거는 소리, 지나가는 소리 등)에 더욱 민감하다. 우리가 케임브리지에 집을 선택한 이유도 길가에서 멀리 떨어진 조용한 곳이기 때문이다. 집에 있는 전화기조차도 부엌에 두어 집안이 시끄럽지 않도록 했다. 만약 윈디힐에서 도로공사를 하게 되어 이 조용한 곳에 차가 다닌다면 차가 드나들 때마다 그는 소음에 시달릴 것이다. 저녁에 누군가 나갈 일이 생겨 차에 시동을 건다면 그는 그때마다 잠에서 깰 것이다.[2]

종종 슘페터 부부는 윈디힐로 손님들을 초대했다. 엘리자베스의 친구들이나 슘페터의 대학원생 제자들 그리고 후배 동료들을 비롯해 외국에서 온 경제학자들을 부르기도 했다. 슘페터는 때때로 집에 마련된 작은 테니스 코트에서 테니스를 즐겼다. 운동과는 거리가 멀었던 그는 비교적 작은 라켓을 썼다. 그리고 근처 쌍둥이 호수 주변을 걷거나 나무가 울창한 타코닉의 언덕을 거닐기도 했다. 그렇지만 두 사람은 대부분의 시간을 논문 작성에 썼다. 그 뒤 몇 년간 그들은 많은 시간을 케임브리지보다는 점차 윈디힐에서 보내게 된다.[3]

슘페터가 그의 저서 『경기순환론』의 결과에 실망한 뒤, 그는 일기에서 보듯이 "에세이집" 혹은 "사회주의에 대한 책"이라는 제목으로 새로운 기획에 돌입한다. 훗날 이 기획이 그의 책 가운데 가장 많이 사랑받은 『자본주의·사회주의·민주주의』다. 그는 스스로 많은 스트레스에 시달렸다고 한다. 『경기순환론』의 실패, 케인스주의의 성공, 유럽에서 발발한 전쟁, 악화되는 건강 등이 그를 괴롭혔다. 쉰다섯 살이 되던 1938년에 쓴 일기에서 자신의 건강에 대해 빈번히 늘어놓은 불평을 찾아볼 수 있다.

하버드대에서 슘페터는 여전히 학생들을 잘 가르치고 있었으며 연구도 활발하게 하고 있었다. 1939년에 슘페터와 사회학자 파슨스는 "합리성"의 문제를 논하는 세미나를 열었다. 슘페터의 초기 논문이 나온 뒤부터 시작된 이 세미나는 갈수록 성공적이었다. 그러나 슘페터는 파슨스에게 "이제 이 활동도 진부하고 무익하게 느껴진다"라고 이야기할 정도로 하버드대 생활에 불만이 쌓여갔다.[4]

하버드대의 고집스러운 정책 가운데 가장 슘페터를 괴롭혔던 것은 바로 학부생을 개별적으로 가르치라는 것이었다. 그는 이러한 정책이 과거 형편없는 유럽, 특히 독일의 교육 방식에 영향을 받은 결과라 생각했다. 이러한 방식 가운데 대표적인 것이 교수가 낡은 원고를 들고 읽어주거나 활기 없고 형식적으로 진행되던 세미나였다. 슘페터는 다른 미국의 명문대는 이미 이러한 문제점들을 발견해 고쳐나갔다고 생각하고 있었다.[5]

슘페터는 경제학부에 대해서도 점점 인내심을 잃어가고 있었다. 그는 1938년 10월, 총장인 코넌트에게 하버드대 정책에 관한 콘퍼런스에 참가할 수 없다는 내용의 편지를 썼다. 이 콘퍼런스에서는 교수단이 만든 긴 내용의 보고서

위쪽_ 케임브리지 아카시아 가 7번지에 위치한 커다란 저택. 1930년대 눈이 조금 왔을 때 찍은 사진이다. 오늘날 이 집은 여러 아파트로 나뉘어져 있다.

아래쪽_ 코네티컷 주 타코닉 근교에 있는 시골풍의 은신처인 윈디힐. 이 집은 슘페터가 살던 시기에 사진에서 보이는 것보다 컸으며 집 뒤엔 테라스도 있었다. 면적이 매우 크고 오늘날에도 여전히 엘리자베스의 솜씨가 묻어 있는 것을 볼 수 있다.

에 대한 토론이 진행될 예정이었다. 불참 이유에 대해서 슘페터는 강의 일정 때문이라고 덧붙였다.

이번 콘퍼런스에 참석하는 일은 당연히 제 의무라고 생각합니다. 대학에 대한 저의 의무를 소홀히 하는 것은 결코 아니며 참석할 수 없는 이유를 설명하고자 합니다. 처음 하버드대에 왔을 때 저는 하버드대 교육의 효율성과 특히 개별 과외 제도에 매우 깊은 인상을 받았습니다. 하지만 시간이 지나고 나니 그런 생각도 바뀌게 되었습니다. 무리한 일정의 과외를 소화하기엔 하버드대의 인력이 부족하기 때문입니다.

제 동료들이 있는 다른 대학과 비교해볼 때 우리 대학의 정책은 적잖은 차이가 있다는 걸 알게 되었습니다. 이제 학부는 기업적 이해와 엮여 그들의 시선으로 만들어진 유기체와 같아졌으며 학부의 의견과 맞지 않는 견해는 무시되어왔습니다. 어느 정도까지는 저도 그 취지를 이해하고 있고 그래서 여태껏 당신께 이의를 제기하지 않았던 것입니다. 비록 저도 한때는 다른 대학에서의 경험이 하버드대에서 일하는 데 도움이 될 것이라 생각했습니다. 그러나 얼마 되지 않아 저는 깨달았습니다. 제가 그렇게 한다면 그것은 제 동료들에겐 좋게 보이지 않을 수 있고 제가 존경하는 사람들과 같이 일하고 싶은 사람들에게도 좋게 보이지 않을 수 있다는 것입니다. 이와 비슷한 이유로 그간 저는 그러한 행동을 당신께 보이지 않으려 노력한 것입니다.

슘페터는 대학의 정책에 반하는 행동을 시작했다. 그는 대학정책에 관한 콘퍼런스 보고서를 상세히 분석하고는 코넌트에게 편지를 보냈다. "하버드대의 채용이 만족스러운 수준이 아니었으며 이는 경제학부만의 경우가 아닙니다." 새로 채용된 교수들도 머지않아 하버드대의 제도에 불만을 갖게 되었다. 그들은 연구와 개별 과외를 병행해야 했기 때문이었다. 이 문제의 해답은 더 많은 교수를 뽑는 것도, "연구와 과외 일정의 민주화"도 아니었다. 그는 한 편지에서 "학문적 삶에서 기쁨과 만족이란 오직 학문적 성과에 있을 뿐이며 이를 더욱 중요하게 생각하고(필요하다면 승진 같은 것도 학문적 성과에 따라 결정되도록 하는), 개인 과외에 할당된 일정을 줄여주는 것만이 현재의 어려움을 해결할 유일한 방법인 듯하다"라고 언급하기도 했다.[6]

코넌트는 다음 날 바로 슘페터에게 답장을 보냈다. "당신은 당신의 의견과 학부 내 다른 이들의 견해차를 지나치게 부각시키는 경향이 있는 것 같군요. 저는 언제든지 당신의 편지를 받아 당신의 생각이 어떤지 알고 싶습니다. 우리가 직면한 문제들에 대해 서로 토론하고 이야기할 부분이 있다면 언제라도 편지를 쓰거나 절 만나주신다면 고맙겠습니다." 하지만 이 정도로 슘페터를 달래기엔 부족했다.

그는 학부의 유명한 젊은 교수들과도 친분이 깊었다. 하벌러와 메이슨, 특히 슘페터의 집 건너편에 살던 레온티예프와 친한 사이였다. 그러나 슘페터는 자신과 나이가 비슷한 교수들은 크게 존경하지 않았다. 해럴드 버뱅크, 엘리먼로, J. H. 윌리엄스, 존 블랙 교수 등이 여기에 해당했다.(그러나 비교적 나이가 많았던 앨빈 한센, A. P. 어셔, 섬너 슬리처 같은 교수들은 다소 존중하는 편이었다.)[7]

슘페터는 자신과 비슷한 나이 대에서는 친한 친구가 거의 없었다. 그가 아버지처럼 좋아하고 의지했던 타우시그가 1940년, 여든한 살의 나이로 건강이 나빠져 은퇴하자 그는 홀로 남게 되었다. 학부 내 모임에서 선배 교수들과의 자리가 있을 때면 그는 마음속으로 일기를 썼다. "분위기가 몹시 지루하고 적극적으로 이야기를 하면서 도달하는 결론이 없다. 자신의 의견만 과시할 뿐이다. 한 교수가 질문하지만 대화로 이어지는 경우가 없다. 그들에게 열정을 찾아볼 수 없다." 또 1940년대 초 학부를 이끌고 있는 나이 많은 교수가 폴 새뮤얼슨에게 조교수 직책을 주는 것에 반대하자 극도의 불쾌감을 느꼈다.[8]

1930년대 후반, 오랫동안 재직한 교수 대부분이 그렇듯이 슘페터도 교육 일정상으로 조금씩 여유가 생기기 시작했다. 그는 가능한 한 많은 시간을 타코닉에서 보냈다. 가끔 학부 조교가 다음 수업의 강의계획서나 면담 일정을 늦게 정해 불만이 생기기도 했다. 슘페터는 많은 양의 강의 자료를 만들어 학생들을 괴롭게 했지만, 한편으로 A학점을 주는 데 너그러워 학생들 사이에서 평판이 좋았다.

슘페터가 겪었던 문제들은 어느 대학에서나 충분히 있을 수 있는 일이고 서로 이야기를 나누며 얼마든지 해결할 수 있었다. 하지만 하버드대 경제학부 교수들은 1940년 1월 학부회의 자리에서 이 문제를 꺼내들었다. 이 자리는 참석자 가운데 유난히 튀는 슘페터를 비판하려는 사람들에게 좋은 기회였다. 슘페터는 일기에 "평생을 일했건만 결국 돌아온 것은 학부가 나에게 이래라저래라 하며 명령하는 것이다. 불쾌하고 굴욕감을 느낀다. 내 나이에 이러한 상황을 받아들여야 하는지 잘 모르겠다"고 쓰기도 했다(당시 슘페터는 쉰일곱 살이었다).[2]

이 사건으로 하버드대는 커다란 대가를 치러야만 했다. 어느 집단이건 천재를 관리하는 일은 쉽지 않다. 하버드대 경제학부의 분위기가 점점 꼬이기 시작했다. 아리스토텔레스는 "가족 경영은 재산이 아니라 사람에 관련된 일을 잘하는 데 있다"라고 말한 바 있다. 하버드대 경제학부를 향한 슘페터의 불만이 다른 곳에도 알려지면서 그의 경쟁자들은 이를 절호의 기회로 생각했다.[10]

1940년 봄, 예일대는 슘페터를 채용하기 위해 갖은 노력을 다했다. 5월 1일 예일대 총장 다음으로 힘이 센 교무처장 퍼니스가 슘페터에게 대학의 명예 교수직을 권하는 편지를 보냈다. 예일대에서 명예 교수란 최고의 교수직이었다. 슘페터가 하버드대에서 받던 보수가 1만 2000달러라는 것을 모르고 있던 퍼니스는 1만 달러의 보수에 더해 "조교를 고용하는 데 도움이 될 수 있을 정도의 돈"을 별도로 주겠다고 제안했다. 이는 슘페터가 하버드대에서 누리지 못한 커다란 특전이었다. 또 퍼니스는 "학생들을 가르치는 일에 관해서는 교수님이 생각하는 대로 직접 교육 프로그램을 편성하도록 해드리겠습니다"라는 내용도 덧붙였다. 이는 슘페터가 다른 과목과 더불어 자신의 주특기라고 할 수 있는 경기순환에 대해서 강의할 수 있다는 뜻이었다. 이러한 자유는 학자로서는 쉽게 얻기 힘든 기회였다. 슘페터는 예일대가 제시한 이 부분에 바로 관심을 보였다.[11]

슘페터는 곧장 교무처장 퍼니스를 뉴헤이븐에서 104킬로미터 남짓 거리—케임브리지에서는 185킬로미터 거리였다—인 타코닉으로 초대했다. 슘페터와 엘리자베스는 윈디힐에서 주로 시간을 보냈으므로 이러한 지리적인 요인도 예일대로 옮겨가려는 동기가 되었다. 타코닉은 코네티컷에서 가장 높은 곳에 있었고 눈오는 겨울에는 차로 접근하기 불가능할 때도 있었다. 그리고 연중 내내 타코닉은 뉴헤이븐으로 다니기가 더 편리한 곳이었다. 보스턴이나 케임브리지와는 달리 당시 뉴헤이븐과 타코닉을 직접 연결하는 열차가 있었기 때문이다.

슘페터의 답장을 받은 퍼니스는 타코닉으로 슘페터를 찾아가 본격적인 논의를 시작했다. 예일대 측에서는 보수를 2만 달러까지 올려 제안했다. 그리고 퇴직 연금의 형태로 4000달러까지 꺼내들어 슘페터가 하버드대에서 받던 수준에 맞춰줬다. 뉴헤이븐으로 돌아온 퍼니스는 슘페터에게 편지를 써서 그의 시골 자택에서 받은 환대에 고맙다는 말을 전했다. 퍼니스는 뉴헤이븐의 주거환경이 더 낫다는 점을 이야기했다. 이는 더 낮은 집값 때문만은 아니었다. 퍼니스는 슘페터에게 "우리 학교는 몇 채의 집을 보유하고 있는데 맘에 드는 곳이 있다면 어렵지 않게 집을 마련해줄 수 있습니다"라고 전했다. 또 "예일대 경제학부는 당신의 영입을 적극 지지하고 있으며, 예일대로 온다면 학부 프로그램 개발은 물론 인원 채용에 관한 부분도 맡기고 싶다"라는 제안까지 했다. 이는 매우 이례적이었다. 즉 예일대가 슘페터에게 경제학부를 본인의 비전에

맞게 재건할 기회를 주겠다는 의미였던 것이다.[12]

슘페터는 긍정적인 대답을 전했다. "당신이 보낸 편지에 담긴 내용들을 보건대 현재 문제가 될 만한 사항은 모두 해결된 듯합니다." 그는 예일대로 거처를 옮기는 일을 본격적으로 진행하기에 앞서 하버드대 측에 이를 알리고 싶었다. 이미 5월 말이었고 가을 학기까지 강의 일정이 잡혀 있었기 때문이다. 슘페터는 하버드대를 떠나게 되더라도 마무리를 잘한 채 떠나고 싶었다. 그래서 그는 퍼니스에게 1940~1941년 동안은 하버드대와 예일대 2곳에서 강의를 하고 싶다고 부탁한다. 그는 과거에도 본 대학교와 하버드 대학교 2곳에서 10년간 이러한 형태로 강의한 바 있었다. 그는 예일대에서 일반경제학 강의와 더불어 경기순환을 강의할 계획이었다. 퍼니스는 이 문제를 확실하게 해결해줬다. 그는 예일대 측이 슘페터를 바로 모시고 싶지만 하버드대에서 남은 기간을 잘 마무리하길 바란다는 말을 전했다.[13]

슘페터는 진정으로 뉴헤이븐으로 가고 싶었다. 경기순환 이론을 무시해온 하버드대의 태도는 그의 맘을 상하게 하기에 충분한데 반해 예일대 측은 오히려 경기순환에 대한 강의까지 할 수 있도록 제안했던 것이다. 게다가 뉴헤이븐은 당시 은퇴한 경제학자이자 그의 절친한 동료인 어빙 피셔의 고향이기도 했다. 슘페터는 퍼니스에게 하버드대를 통해 받았던 록펠러재단의 연구 지원비 등의 문제를 처리하려면 시간이 조금 걸릴 것이라고 썼다. "그러나 예일대의 제안을 전격적으로 받아들이며 환영한다"는 내용을 덧붙였다. 한편 하버드대에 자신이 예일대로 떠날 것이라는 강한 암시가 담긴 메시지를 전했다.[14]

학문적 인생에서 보통 어느 저명한 학자가 한 학교를 떠나 다른 학교로 옮겨갈 때, 해당 학교에서 같이 지낸 교수 대부분은 일반적으로 버림받았다는 느낌 때문에 애써 무관심한 태도를 보인다. 하지만 슘페터의 경우는 달랐다. 매사에 관심을 두지 않던 경제학부는 하버드대 측에 빠르게 대응했다. 17명의 경제학부 교수는 슘페터에게 하버드대를 떠나지 말아달라고 권유하는 편지를 쓴 뒤 지지하는 마음을 담아 모두 서명했다. 그들은 항상 하버드대가 예일대보다 우수한 학교라고 자부하는 교수들로 슘페터 본인에게도 하버드대가 더 좋은 대학이라는 메시지를 전하려고 노력했다.

우리 경제학부 교수 일동은 당신이 예일대로 옮기는 것을 심각하게 걱정하고 있습니다. 우리가 느끼는 하버드대에서의 당신의 역할과 능력은 이루 말할 수 없고, 당신이 떠난다면 빈자리가 무척 클 것입니다. 반면 당신에게 예일대란 까다로운 기준 때문에 당신의 능력을 모두 발휘하기 어려운 곳이라고 생각됩니다. 우리는 당신을 우리의 동료라 여기고 있고 당신이 떠나지 않길 바라고 있습니다. 우리는 당신의 결정이 당신에게도 도움이 되지 않을 것이고 당신이 몸담고 있는 경제학에도 좋은 영향이 없으리라 믿어 의심치 않습니다. 이러한 점들을 깊이 고려해서 올바른 결정을 하길 바랍니다. 그리고 당신의 마지막 결정이 이곳 하버드대이길 간절히 바랍니다.[15]

슘페터는 이보다 가슴 따뜻한 편지를 받았다. 그의 대학원생 제자 26명이 공동으로 보낸 편지였다. 이들 가운데 훗날 노벨경제학상을 받은 새뮤얼슨과 토빈도 포함되어 있었고, 각자 자신의 분야에서 리더가 된 12명이 있었다.

우리 모두 교수님께서 하버드대를 떠나려한다는 소식을 들었습니다. 교수님과 수년을 함께한 저희에게 이보다 슬픈 소식은 없을 겁니다. 저희 모두 교수님의 생각과 비전에 깊은 감명을 받아왔습니다. 다른 누구도 아닌 교수님만이 저희가 공부하는 분야에 깊은 관심을 보여주셨습니다. 교수님께서는 늘 저희에게 소중한 시간과 힘을 할애하셨고, 이에 감사하지 않을 수 없습니다. 저희가 완성한 연구도 교수님의 비평과 격려 없이는 불가능했을 겁니다. 교수님께서는 늘 더 정확하고 객관적인 경제학의 중요성을 심어주섰고, 덕분에 저희도 이 분야의 발전을 꿈꿔왔습니다. 무엇보다도 교수님은 저희에게 선생님 그 이상이었습니다. 교수님이 저희의 든든한 친구라는 사실에 늘 자랑스러웠습니다. 교수님이 떠나신다면 그것은 저희에겐 돌이킬 수 없는 손실일 것이며 미래의 하버드대 학생들에게도 그럴 것입니다. 경기순환 연구에서 하버드대는 세계의 중심이고, 더 크게 본다면 이것은 모두 교수님의 업적이라고 할 수 있습니다. 교수님 없이는 이마저도 더 이상 사실이 아닐 것입니다. 경제학적 토론과 개개인의 관계에 있어 교수님은 중요한 분이었습니다. 교수님 없이는 이 또한 무너질까 두렵습니다.

저희가 보내는 이 편지가 우리의 간절한 마음을 다 표현하지 못할까 걱정됩니다. 하지만 저희의 진심을 알아주시리라 믿고 있습니다. 우리의 진심을 고려해 결정해주시길 간절히 부탁드립니다.[16]

슘페터는 일부 학생과 동료 교수들에게 답신을 보냈다. "저도 당신들의 이야기가 맞다고 스스로 믿고 싶습니다. 저도 이 학교와 경제학부에 깊은 애정이 있고 이처럼 뛰어난 집단의 일원이 되는 것이 아주 커다란 특권이며 가치 있다는 걸 잘 알고 있습니다. 제가 떠나는 것은 우리 학부의 구조에 있어 도움이 될 것이고, 제 자신에게도 그러하리란 생각이 들었습니다. 하지만 여러분이 제 결정에 동의하지 않는다는 것에 저도 매우 기쁘고, 제가 틀렸길 진심으로 바라고 있습니다"라고 답했다.[17]

당시 슘페터의 동료 가운데 젊고 뛰어난 에드워드 메이슨 교수는 총장인 코넌트가 슘페터를 만나도록 약속을 잡았다. 코넌트는 슘페터를 달래기 위해 갖은 노력을 다했다. 그의 업적을 칭찬하면서 경제학부의 보석이라고 치켜세웠다. 예일대로부터 첫 제안을 받은 지 7주 뒤인 1940년 6월 21일, 슘페터는 마치 무의식중에 실수라도 한 것처럼 부인 엘리자베스에게 "예일대의 제안을 포기하게 되었네요"라고 말하게 된다.[18]

이 소식을 전해들은 예일대의 퍼니스는 "당신의 결정에 실망했다는 사실을 숨기지는 않겠습니다. 당신이 정말 오길 바랐습니다. 다시 생각해보라고 설득해 당신을 불편하게 하진 않겠습니다. 그래도 내년에 파트타임으로라도 예일대로 오신다니 그것이 기쁠 뿐입니다"라고 답했다. 예일대 경제학부장 찰스 시모어는 나중에 슘페터에게 "이렇게라도 예일대에 올 수 있어서 매우 기쁩니다"라는 편지를 전하기도 했다.[19]

슘페터는 1940년 가을 학기가 될 때까지 기다렸다. 마침내 하버드대에서 강의를 하면서 동시에 일주일 가운데 하루는 예일대에서 강의하는 형태로 하버드대와 계약을 맺게 된다. 체임벌린은 당시 학부장직을 맡으며 합리성에 대한 슘페터의 최근 논문을 읽은 사람이었다. 그는 슘페터에게 "당신의 결정은 '합리적' 결정의 모든 면을 갖고 있네요"라고 편지를 써 보내기도 했다. 하버드대 학장 윌리엄 퍼거슨은 "당신이 내린 결정을 축하합니다. 이제 제 걱정은 우리와 예일대가 당신이 힘들지 않도록 노력해야 한다는 것입니다"라고 말했다.[20]

슘페터가 하버드대에 머무르기로 결정한 데에는 동료 교수와 학생들의 편지가 큰 몫을 했다. 새로운 도시로 옮겨가 새 삶을 사는 것에 큰 걱정을 하지 않던 엘리자베스의 감정도 그러했다. 당시 그녀는 래드클리프대 새내기였고, 25년 동안 케임브리지에서 그녀의 친구와 동료 그리고 직장과 가까이하며 살았다.

하지만 예일대의 제안은 슘페터에게는 여전히 기쁜 일이었고 그의 맘도 점차 예일대로 쏠리게 된다. 그가 썼던 "기업가"의 모습처럼 슘페터는 본인도 항상 새로운 시작에 자신이 있었고 실제로도 많은 경험이 있었다. 테레지아눔, 빈 대학교, 체르노비츠 대학교, 그라츠 대학교에 이어 오스트리아 재무부, 비더만 은행 그리고 본 대학교를 거쳐 하버드 대학교까지 다양한 경력을 쌓은 그였다. 슘페터에게 예일대는 다시 한번 자신을 재발명할 기회와 같았다. 만약 조금만 더 젊고 미혼이었다면, 그는 분명히 예일대를 택했을 것이다. 그렇게 되었더라면, 하버드대가 입을 피해는 몹시 컸을 것이며, 하나의 밝은 별을 잃는 데서 그치지 않았을 것이다. 더욱더 컸을 피해는, 2년 뒤 출판되는 슘페터의 거작이자 20세기 최고의 책 가운데 한 권으로 꼽히는 『자본주의·사회주의·민주주의』가 하버드대 교수가 아니라 예일대 교수의 저작이 될 뻔했다는 것이다.

제18장

기질을
거스르다

"나는 나 자신을 속이고 있는가? 그래, 나는 나 자신을 속이고 있어."
(나는 거대하며, 아주 많은 것을 품고 있지.)
– 월트 휘트먼, 「나 자신의 노래Song of Myself」, 1851

슘페터가 하버드대와 예일대 사이에서 고민하고 있을 당시 국제 정세는 세계의 주목을 끌 정도로 요동치고 있었다. 사상가로서 슘페터의 선견지명과 독특한 견해는 동료나 친구들과는 분명 구별되었다. 슘페터 자신도 세계 곳곳에서 일어나는 사건들에 대한 그의 견해가 가끔은 모순적이고 일관되지 못하고, 때로는 잘못되었음을 알고 있었다.

합스부르크 제국의 빈 시민이었던 그는 독일에 특별한 감정이 있는 것은 결코 아니었다. 그러나 1918년 제1차 대전의 전승국이 저지른 만행에 대해서는 반감을 갖고 있었다. 또 역사를 연구하던 학자로서, 그는 모든 사건을 장기적인 관점에서 바라봤다. 열강의 정치구조와 이 나라들이 지니고 있는 영향력의 변화라는 관점도 깊이 파고들었다. 슘페터가 우려했던 강대국은 독일이 아닌 바로 소련이었다. 강대한 소련 정부는 자본주의와 민주주의를 끝장내야

한다고 주장하고 있었다.[1]

1930년대 슘페터는 러시아의 세력 확장에 독일과 일본이 걸림돌이 되리라 생각했다. 그러한 이유 때문에 그는 이들 정부가 저지른 잘못을 절대적 잣대보다는 상대적 잣대로 판단하려 했다. 그는 무시무시한 나치즘이 얼마 가지 못할 것이라고 믿었다. 이는 슘페터의 희망을 반영한 생각이었고, 동시에 그의 인생에서 가장 큰 실수였다. 결국 그는 유대인 동료와 사회주의자 친구들이 독일 학계에서 해고당하는 것을 지켜보게 되었다. 또 미아에게 나치가 저지르는 만행을 생생하게 모두 들었다. 하지만 그는 독일이 소련만큼 위협적인 존재가 되리라고는 믿지 않았다. 장기 집권한 히틀러가 스탈린만큼 위험한 존재가 될 것이라는 생각도 못했다.[2]

1930년대가 지나면서 슘페터는 점점 풀이 죽어갔다. 머지않아 일어날 세계적인 충돌 가능성에 대해서 매우 냉소적이었다. 1937년 그는 프랑스 경제학자에게 이런 내용의 편지를 보냈다. "정말 그렇습니다. 정치가 삶의 모든 곳에 침투한다면, 그때 정치란 문화가 추구하는 가치와 목표에 있어서는 곰팡이 같은 존재일 겁니다. 모든 쟁점 그리고 모든 유대관계, 모든 가치와 학문적 야망은 의미 없게 될 것입니다. 우리가 문명이라 말하는 것들은 하나의 국면이라기보다 공산주의와 파시즘이라는 두 국면이 될 겁니다."[3]

1930년대가 끝날 무렵 유럽에서는 공산주의와 파시즘이 팽팽하게 맞섰다. 국가 대 국가라는 상황에서 이데올로기적인 당파 대 당파로 변질되면서 치열한 싸움을 벌였다. 그들은 때로 누군가의 대리인으로 맞서기도 했다. 1936~1939년 스페인내란 당시 공산주의의 소련이 한쪽을 돕고 파시즘의 나치 세력이 다른 쪽에 서서 싸움을 벌였다. 의회 민주주의를 수호하던 정부들은 그 가운데에 끼어 또 다른 유럽 전쟁을 막아보려 애쓰면서도 자체의 군사력을 키워나갔다. 슘페터는 다른 학자들보다 분명한 분석을 내어놓았다. 그것은 당시 팽팽히 맞서고 있던 파시즘, 공산주의, 민주적 자본주의 그 어떤 세력도 혼자 힘으로는 다른 세력을 무찌를 수 없다는 내용이었다. 전쟁이 발발하기 전 슘페터가 예견한 것은 각각의 세력 간에 어색한 동맹이 만들어지리란 점이었다. 자본주의와 공산주의, 민주주의와 군주제, 사회주의와 파시즘 등의 동맹이 바로 그것이었다. 하지만 실제로 어떤 세력이 누구와 손을 잡을지, 또 그 결과가 어떻게 나타날지 어느 누구도 장담할 수 없을 정도로 정세는 복잡하게 전개되었다.

가장 먼저 형성된 동맹은 파시즘과 공산주의의 결합이었다. 1939년 8월, 독일과 소련이 독소불가침조약을 체결했다. 이 조약이 명시한 공식 내용 가운데 주요한 부분엔 양측이 한 국가가 전쟁에 참여할 때 이에 관여하지 않는다는 점이 있었다. 하지만 비공식적으로는 양 국가가 주변국 폴란드를 함께 침공해 영토를 나눠 갖기로 합의한 내용이었다. 이러한 조약 체결로 독일은 9월 1일, 폴란드 서부를 상대로 전격전을 행하게 된다. 이로부터 3주 뒤 소련은 폴란드 동부를 침공해 영토를 얻는다. 이에 영국과 프랑스가 독일에 전쟁을 선포했다. 이 때문에 제2차 대전이 발발하게 된 것이다.

히틀러와 스탈린이 폴란드의 영토를 나눠 가진 뒤 소련은 독일과 또 다른 비밀조약을 맺었고 에스토니아, 라트비아, 리투아니아를 침공한다. 그 뒤에 핀란드가 침공 대상이 되었다. 며칠 뒤 독일은 네덜란드, 벨기에, 프랑스를 공격한다. 이로 인해 스탈린의 소련은 이제 동유럽을 지배하게 되었고, 히틀러의 독일은 서유럽을 지배하는 패권국가가 되었다. 서유럽에서 독일 지배에 벗어나 있는 나라는 오직 영국뿐이었다. 독일 공군이 1940년 당시 영국전에 패하자, 히틀러는 1941년 6월에 다시 동쪽으로 고개를 돌렸다. 함께 음모를 꾀한 동맹국인 소련에 대한 공격을 개시한 것이다. 이는 세계를 충격에 휩싸이게 한 사건이었다. 히틀러는 1939년 독소불가침조약을 깨고 계속해서 소련에 엄청난 공격을 감행한다. 이로 인해 소련은 급히 적국이었던 영국과 동맹을 맺는다. 당시 영국의 생존도 걸린 문제였기 때문에 적국의 적국은 이제 사상을 뛰어넘어 친구가 된 것이다.

슘페터도 다른 많은 미국인과 마찬가지로 영국이 미국을 전쟁에 개입시키리라 걱정했다. 일기에도 썼듯이 "이제 새로운 조국인 미국은 스스로의 뜻이 아닌 다른 국가의 뜻에 따라 선택해야 하는 상황이다. 미국인을 제외한 모든 사람은 미국의 이익을 안전에 두고 있지 않다. (…) 그러나 별 문제가 안 된다. (…) 어리둥절한 채 주눅이 든 그들은 이제 조용히 중얼거릴 뿐이다. 스스로 대비해야 한다. (…) 이제는 이 상황을 벗어날 수 없다……." 슘페터는 1915년과 1916년, 그라츠에서 머물던 시절 조국 오스트리아에 대해 느낀 감정을 다시 새로운 조국 미국에 다시 한번 느끼고 있었다. 미국이 전쟁에 본격적으로 참가하기 전 슘페터는 다음과 같은 글을 남겼다.

이 나라가 알 수 없는 미래를 향해 달려가고 있다.
오른쪽과 왼쪽이라는 것에 모든 기회를 놓쳐버리고 있다.
난 아무것도 할 수 없다. 그들에게 경고를 할 수도, 도움을 줄 수도…….

1916년에 비슷한 상황을 겪었던 슘페터는 1940년을 살고 있는 자신에게 경고했다. "정치에 연루되기 전에 다시 한번 심사숙고해야 해. (…) 기억해야 해. 만약 정치에 뛰어들게 된다면 반드시 내 의지에 따라 해야 한다는 것을." 그러나 결국 그는 그러지 못했다.[4]

유럽에서 전쟁이 발발하자 슘페터는 감각을 잃어버린 것 같았다. 이 놀라운 모든 상황을 믿지 못하는 듯했다. 그는 일기장에 이렇게 썼다. "슬픈 일이다…… 하지만 내 인생도 항상 역경과 함께해왔다. 크게 반응을 할 필요도 없다. 이것이 정말 세계대전인지 느끼지 못할 정도로 무감각한 상태다."[5]

그는 유럽 전쟁을 영국과 독일 간에 벌어진 불필요한 전쟁이라고 생각하고 있었다. 그는 "때로 전쟁이란 싸워야 하는 일이 생겨서 일어나는 것이 아니라,

정말 싸우고 싶어하는 사람들을 통해 일어나기도 한다"라는 말을 하기도 했다. 그의 일기를 보면 일관성 없는 다양한 감정이 드러나 있는 것을 알 수 있다. 세계대전이 발발한지 3주 뒤, 히틀러가 소련을 침공한 지 10개월 뒤에 슘페터는 다음과 같은 글을 남겼다.

어리석게도 독일은 프랑스와 영국의 정책으로 러시아 편이 되었다. 이제 독일은 성공할 기회를 잡은 것이다. 서부전선에서 실패나 실수도 있을 수 있다. 중립국을 향한 공격과 이로 인한 세계대전(아직 본격적으로 일어나지 않았지만)도 그렇다. 이탈리아와 일본이 독일에 설득당했을 수도 있다. 그러나 이 전쟁은 순전히 독일의 의도에 따라 시작된 것이며 미국도 독일의 선택을 바꿀 수는 없었을 것이다.
하지만 애써 위로가 될 만한 것이 있다면 독일이 더 이상의 공격을 그만두고 동유럽에서 얻은 결과에만 만족해한다면, 유럽에는 오히려 옛날보다 균형 있고 안정적인 평화가 찾아올 수도 있다. 하지만 히틀러주의는 어떻게 될 것인가? 역사를 돌이켜보면 히틀러주의가 결코 좋은 게 아님을 알 수 있다. 과거 볼셰비즘이 외면당했던 것을 생각해보자. 물론 히틀러 체제가 당분간 유지될 가능성도 있지만, 독일이 전쟁에서 패한다면 계속 유지될 것으로 보이진 않는다.

이 글에서 알 수 있는 것은 슘페터가 나치의 힘과 능력을 무척 과소평가했다는 것이다. 하지만 동시에 그는 1945~1989년에 걸친 소련과 미국 간의 기나긴 냉전을 예견하기도 했다.[6]
그는 미국 내에서 거의 유일하게 국제 정세를 다각적인 시각에서 바라본 학자라고 할 수 있다. 미국인 대부분은 1917년 미국이 어쩔 수 없이 제1차 대전에 말려들게 되었다고 확신했다. 이 때문에 1920년대와 1930년대에는 해외에서 일어나는 분쟁을 애써 외면하려는 분위기였다. 1920년 미국 의회는 베르사유조약을 기각시키고 국제연맹에서 탈퇴했다. 1932년 일본이 만주를 점령해 세운 만주국을 꼭두각시로 삼았을 때, 미국과 국제연맹은 아무런 행동도 취하지 않았다. 또 1935년 무솔리니가 에티오피아를 침공했을 때 미국 의회는 사상 초유의 중립국 선언에 관련한 법을 통과시켜 해외에서 일어나는 전쟁에 일체 간섭하지 않기로 결정했다.

"고립주의자"란 용어는 당시 미국의 태도를 설명하기엔 매우 광범위한 단어일 것이다. 하지만 1930년대 중반 미국의 통일된 입장은 무사안일주의였다. 수십 년에 걸쳐 실시한 여론조사 결과를 보면 미국이 외교 문제에 간섭하지 않기를 원하는 이가 대부분이었다. 또 그러한 분쟁에서 한 발치 물러서길 바라는 것이 미국인의 한결같은 입장이었다. 심지어 국제주의자로 잘 알려진 루스벨트 대통령조차 1940년 대선 캠페인 당시 "여러분 가운데 어느 누구도 전쟁에 결코 내보내지 않을 것입니다"라고 공약했을 정도였다. 영국과 독일 간의 전쟁이 일어난 지 만 1년 되던 날 그리고 일본이 진주만을 공격하기 몇 주 전인 1941년 10월 이뤄진 여론조사에서도 미국인 대부분이 미군이 전쟁에 참여하는 것을 반대하는 것으로 나타났다.[7]

이러한 분위기는 국제주의의 요새와도 같았던 하버드대에서도 마찬가지였다. 1940년 입학생으로 훗날 애틀랜틱 리치필드와 RCA의 CEO가 된 손턴 브래드쇼도 "스페인내란은 미국과는 전혀 상관없는 일이다. 만약 독일과 이탈리아, 러시아가 개입한다면 내 견해는 '염병할 놈들'이라는 것뿐이다"라고 말했다. 또 다른 학생이었던 아서 슐레진저 2세는 "하버드대는 보호막 같은 곳이며, 하버드대 학생들은 순진한 세대"라고 표현하기도 했다. 다시 말해서 국제 정세에 누구보다 밝은 하버드대조차 유럽 전쟁에 끼어들길 바라지 않았다.[8]

슘페터 또한 전쟁에 관여하고 싶지 않던 사람이었다. 하지만 그가 완전히 순진하다고 이야기할 수 있는 사람은 아니었다. 그는 미국인과 똑같이 전쟁을 혐오했다. 그러나 때론 그들과 다른 의견도 있다는 것을 알고 있었다. 그는 특히 루스벨트 대통령을 싫어했다. 그는 루스벨트 대통령을 늘 저평가했는데 이에 대한 오해도 있었다. 오늘날 루스벨트 대통령은 20세기 가장 훌륭한 미국 대통령으로 손꼽힌다. 루스벨트는 1933년 대통령이 되었다. 당시 미국은 경제 불황을 겪고 있을 때였다. 그의 집권기 5년에 걸쳐 실행한 뉴딜정책은 대공황에서 비롯된 모든 문제를 훌륭하게 해결했다.[2]

당시 부유한 미국인들은 뉴딜정책에 반기를 들었다. 그것은 루스벨트의 혁신적인 경제정책 때문이었다. 즉 이 정책에는 복잡한 자본법이 포함되어 있었는데, 월 가를 비롯한 자본시장에 법적 규제가 시행되었기 때문이었다. 예를 들어 1935년 부유세법은 기업의 고소득자들이 더 많은 소득세를 내게 만들었고, 미국 역사상 최초로 상속세가 도입되기도 했다. 대부분의 부유층이 루스벨트에게 불만을 품었다. 그러나 신중했던 그는 오히려 그들의 반감을 이용하려 했다. 1936년, 재선을 위해 치밀하게 선거 캠페인을 벌일 당시 그에게 반기를 들던 자들에 대해 루스벨트는 "경제적 귀족주의자들economic royalists"이라며 쏘아붙였다. 선거일 바로 전날 뉴욕 매디슨 스퀘어에서 한 연설에서 루스벨트는 흥분한 청중에게 "부유층은 만장일치로 나를 싫어한다. 그리고 나는 그 증오를 환영한다"라고 말하기도 했다. 참고로 그는 선동에 능한 정치인이었지만 그러한 기술을 자주 쓰지는 않았다(당시 매디슨 스퀘어에서의 발언은 얼마나 선동적이었는지 영부인이었던 엘리노어도 화나게 했을 정도였다고 한다).

슘페터는 보수적인 성향의 사람이었다. 그가 자란 배경을 볼 때 루스벨트는 위험한 정치인으로 보였을 것이다. 그는 수많은 민주주의국가의 몰락을 바라본 유럽 학자의 관점으로 뉴딜정책을 지켜봤다. 절대 권력자의 탄생을 여러 번 지켜봤던 그는 이제 미국에서도 그런 일이 일어나지 않을까 하고 걱정했다. 이 걱정은 루스벨트를 두고 하는 것이기도 했다. 그는 어떤 정치인도 믿지

않았다. 그의 일기에는 "정치인은 약장수보다 많은 거짓말을 한다"라고 쓰여 있다.[10]

하지만 슘페터는 루스벨트 대통령의 경제 회복을 위한 노력을 대부분 잘못 이해하고 있었다. 루스벨트 대통령을 권력만을 추구하는 독재자로 잘못 생각했던 것이다. 사실 뉴딜정책의 경제철학에 일관성이 있었던 것은 아니었다. 하지만 슘페터가 지나쳤던 부분은 바로 루스벨트가 소외된 미국인을 끌어들이기 위해 실시했던 활동가 프로그램의 강력한 효과였다. 뉴딜정책은 경제, 구조적 불평등, 인종차별, 빈곤 등 그 어떤 문제도 완전히 해결하지는 못했다. 하지만 뉴딜정책이 이 모든 문제를 조금씩 개선시킨 것은 분명했다. 프랭클린 루스벨트와 엘리노어 루스벨트는 비록 유복한 가정에서 태어났지만, 미국인에게 다가설 수 있는 인간적인 친구의 이미지가 있었다.

그렇다고 루스벨트가 슘페터에게까지 친구의 이미지는 아니었다. 뉴딜정책은 슘페터의 눈에는 여전히 권위주의의 상징으로밖에 보이지 않았다. 그는 점차 루스벨트의 정책은 파시즘이나 사회주의와 연결될 것이라고 확신하기 시작했고, 나중에는 독재로 이어지리라고 예측했다. 친구에게 쓴 편지에서 그는 루스벨트를 마치 어린아이와 같다고 묘사하고 있다. 루스벨트의 주장을 따라가다 보면, 루스벨트는 어떤 기계의 구조를 이해하지 못해 그저 부숴버리려는 아이 같다는 것이다. 그는 루스벨트 대통령이 자신을 빈 대학교 시절 슘페터의 동료였던 미제스의 팬이 되게 만들고 있다고 말하기도 했다. 미제스는 당시 자유시장 원리를 믿으며 시장에 대한 정부의 어떤 간섭도 반대하던 학자였다. 1937년 봄, 대통령이 연방대법원을 자신이 지명한 법관들로 구성하려 했을 때 많은 미국인이 대통령의 의도가 무엇인지 의구심을 품었다. 슘페터는 일기에 "루스벨트 대통령이 모든 것을 그의 의도대로 할 수만은 없을 것이다"라고 썼다.[11]

1930년대 후반, 유럽에서 전쟁이 곧 시작될 조짐이 보이자 슘페터는 루스벨트 대통령의 의도대로 미국도 영국 편에 서서 참전하게 될 것이라고 생각했다. 이러한 예견에 있어서는 슘페터가 더욱 정확했다. 하지만 슘페터는 미국 정부의 정책을 여전히 이해할 수 없었다. 당시 행정부가 국내 프로젝트와 군비 증강에 더 많은 노력을 쏟아붓자 슘페터는 일기를 통해 "루스벨트의 새로운 지출이 좋은 징조인가? 만약 전쟁을 하려는 것이라면 국내 지출은 불필요하다. 돈을 풀어서 그에 대한 반감을 줄이려는 것인가? 아니면 이것이 뉴딜정책의 마지막 카드인 것인가?"라는 의문을 품었다. 미국 정부는 당시 할 수 있던 조치는 모두 취했다. 그러나 경제 회복은 더디기만 했다. 1933년, 실업률은 여전히 25퍼센트에 머물렀다. 뉴딜정책 초기엔 다소 줄어들기는 했지만 다시 이전 수준으로 돌아온 상태였다. 1939년에도 실업률은 여전히 대공황 때와 같은 수준인 17.6퍼센트에 머무르고 있었다.[12]

루스벨트가 실행하지 않았던 몇 가지 정책 가운데 하나는 슘페터가 1930년 초반에 고안했던 정책과 같다. 90억 달러의 긴급 자금을 단 한 번의 공공지출로 시중에 푸는 것이었다. 당시 큰 액수였던 90억 달러라는 금액은 뉴딜정책이나 그 어떤 주류 경제학자도 제안하지 않았던 규모였다. 이는 루스벨트가 당선되었을 당시 연방정부의 연간 예산총액의 3배에 달했다. 슘페터는 케인스가 제안한 재정정책을 반대했다. 그 정책은 적자 지출이었고, 저축 의욕을 꺾었다. 하지만 케인스도 슘페터같이 응급책의 일환으로서 미국 경제에 거대한 액수의 공공지출이 투입되어야 한다고 생각하기는 했다.[13]

물론 슘페터가 미국의 경제정책에 영향을 끼친 바는 없다. 그러나 그는 다양한 방법으로 그의 정책을 세상에 알리려고 노력했다. 1940년, 예일대의 제안을 거절하고 하버드대에 남기로 결정한 그해에 슘페터는 새로운 기획을 시작했다. 이를 통해 자신의 관점을 새롭게 구성하고 정리하는 계기를 갖게 된다. 슘페터는 보스턴에 본부를 둔 유명한 사회교육 연구 기관인 로웰 연구소의 초청을 받아 대중 강연을 할 기회를 갖게 된다. 1941년 3월에 시작된 이 강연은 "현 시대의 상황에 대한 경제학적 이해An Economic Interpretation of Our Times"라는 제목으로 진행되었다. 로웰 연구소는 세계 유명인사가 참여하는 '로웰 강의'로 널리 알려져 있다. 슘페터는 1839년 강연이 시작된 뒤 백두 번째 시즌에 해당하는 연사가 되었다. 당시 세계적인 석학들이 이 강연에 참가했는데, [미국의 소설가이자 의학자로 의학적 지식을 반영한 에세이집『아침 식탁의 독재자』로 널리 알려진*] 올리버 홈스가 "법의 길The Path of the Law", 윌리엄 제임스가 "실용주의Pragmatism", 앨프리드 화이트헤드는 "과학과 현대세계Science and Modern World", 버트런드 러셀은 "외부 세계에 대한 우리의 지식Our Knowledge of the External World"이라는 주제로 강연한 바 있었다.

슘페터와 엘리자베스는 당시 매우 바쁜 나날을 보냈다. 그러나 이 연구소의 초청엔 흔쾌히 응했다. 1940~1941년 그는 일주일 가운데 하루를 예일대에서 강의하고 있었고 하버드대에서도 일반 교수직을 맡아 정규 강의를 하고 있었다. 또 계량경제학회 회장인 그는 학회 프로그램을 계획하고 연례회의도 추진해야 했다. 여러 명의 발표자와 비평가와 연락도 해야 하는 등 시간이 많이 걸렸다. 그리고 그는 당시 『자본주의·사회주의·민주주의』를 쓰는 데 많은 노력을 기울이고 있는 터였다.

로웰 강의에서 슘페터는 앞으로 나올 책에 쓰일 내용의 전조가 되는 생각을 쏟아냈다. 1941년 3월 한 달 동안 매주 월요일과 금요일 오후 5시에 강연했는데, 이 강연에서 슘페터의 상징이라고 할 수 있는 귀족적이면서 고리타분한 문장들과 특유의 쇼맨십이 드러났다. 하지만 전반적으로 그의 강연은 매우 우울했다. 유럽과 아시아에서 일어난 대학살에 가슴 아파했고 미국이 전쟁에 나서게 될 것이라는 확신도 있었기 때문이다.[14]

슘페터의 첫 강연은 당시 서구 대중의 감정과 27년 전인 1914년의 대중 사이에 팽배했던 감정들을 비교하면서 시작되었다. 1914년에 전쟁이 발발하기 전 대부분의 문명화된 국가는 민주주의를 외치며 단결하는 듯한 모습을 보였다. 그리고 그들은 미래에 대해 긍정적이었다. "공교육과 선거권 확대는 당시 당연한 정책이었다. 개인의 발언, 사상, 행동의 자유 또한 일반적으로 인정되던 분위기였다."[15]

1914년에 전쟁이 발발하기 전까지 진행된 문명화는 "기본적으로 합리주의적이며 공리주의적인 성향이 강했다. 국가의 영광이나 싸움에서의 승리 등을 숭배하는 사고가 없었다." 전쟁을 낭비로 생각하는 경향이 짙었다고 할 수 있다. 당시 문화는 전반적으로 중간계급의 신념과 태도를 반영하고 있었다. 시간이 흐르면서 사람들은 경제적 성공을 당연한 것이라고 생각하기 시작했지만 비즈니스의 핵심 원리를 간과하기 시작했다. 1930년대에 이르러 세계는 자본주의에 물들게 되었고, 그 결과 현재 매우 분명한 원리조차도 가볍게 여기고, 심지어 거부할 정도에까지 이르렀다. 결국 대공황은 1929년 주식시장 붕괴 이전부터 있던 반자본주의적·반민주주의적 감정들을 더욱 악화시켰다.[16]

그래서 당시 학계는 자본주의적 가치를 낮게 평가하기 시작했다. 그중엔 니체, 베르그송, 소렐, 파레토가 있었다. 그러나 이 가운데 누구도 자본주의의 친구가 아니었고, 그 누구도 자본주의의 윤리를 변호하지도 않았다. 결국 당시 "세계는 제1차 대전 때문에 얼룩진 불안정한 상태에 놓여 있었다."[17]

전쟁은 대부분 갈등을 해결하는 역할이 있다. 그러나 이와 달리 "1914년의 태풍"은 세계가 안고 있는 문제점들을 더욱 부각시켰을 뿐이다. 소위 전쟁이 끝난 뒤에 체결된 평화조약이라는 것은 허울좋은 이름뿐으로 패전국에 엄청난 경제적 부담을 떠안게 했다. 많은 국가에서 민주주의를 뿌리내리려는 움직임이 있었다. 그 가운데 가장 심각했던 것은 소련이 시민의 자유를 억압하는 사회주의를 구축함으로써 자본주의와 민주주의를 가장 위협하는 큰 세력으로 나타난 것이다.

슘페터는 서구 학자 대부분이 소련 문제에 몰두하고 있었고, 앞으로 전개

될 심각한 실제 상황을 머릿속에 그려내고 있다고 믿었다. 그러나 현실 상황은 그의 생각과는 달랐다. 미국의 존경받는 저널리스트 링컨 스테펀스는 러시아를 방문한 뒤 "나는 미래의 모습을 보고 왔다. 거기에는 아무런 문제가 없었다"라는 말을 남기기도 했다. 지성인들은 스탈린 정권의 잔혹성을 알지 못하는 것 같았다. 하지만 1940년에 이르러 무자비하게 진행된 농업의 공영화 그리고 식량이 도시로 몰리게 되면서 500만~800만 명의 사람이 기근에 시달리다 굶어 죽었다. 홀로코스트와 비교할 수 있을 정도로 이 엄청난 수치는 제2차 대전이 끝난 뒤에야 세계에 알려졌다. 하지만 분명한 사실은 전쟁이 일어나기 전인 1933~1939년 사이에도 수천 명의 소련 시민이 정치적 박해와 강제 이주 등으로 희생당했다는 것이다. 슘페터에 따르면 당시 러시아 공산주의는 "마르크스가 아니라 '폭군 이반Ivan the terrible[공포정치로 알려진 러시아 황제 이반 4세를 뜻한다*]'에 가까웠다.[18]

한편 자본주의국가에서는 1929년에 시장 붕괴가 일어났다. 제1차 대전의 여파가 남긴 유산이었다. 자본주의의 본성으로 볼 때 "자본주의는 본질적으로 자본가에게 너그럽지 않다." 그리고 1929년의 대공황은 약화된 세계경제에 직격탄을 날려 더욱 궁지로 몰아넣었다. 이 재앙은 "자본주의를 무너뜨릴 정도였으며 전례가 없던 사건이었다. 물론 오늘날에는 정부의 시기적절한 개입으로 당시만큼 문제가 커지지는 않을 것이다. 그러나 1929년의 일은 세계사에 영원히 기억될 것이다."[19]

슘페터는 당시 청중이 본인의 분석을 전부 인정해주지는 않을 것이라 생각하면서 로웰 강의를 계속 이어나갔다. 그는 대공황이 일반적인 경기하강에서 비롯되었다고 했다. 그는 "자본시장의 붕괴는 그렇게 깊게 연구하지 않아도 될 일상적인 현상이며, 이를 도덕적으로 본다고 해도 아주 깨끗한 일이었다"고 말했다. 1920년대 "걷잡을 수 없는 특별한 과정들"이 증권시장을 괴롭히고 있었다. 사람들은 돈 벌 기회를 노리기에 바빴고 법을 무시했다. 주식가격은 단기차익 거래로 부풀었다. 슘페터는 이것이 경제 부흥기에 자본가가 보이는 매우 일반적인 현상이라고 했다. 그래서 부풀어오른 거품이 무너져 내리는 것은 당연한 일이었다. 미국의 증시는 1929~1933년 사이 무려 90퍼센트에 달하는 가치가 상실되었다. 대부분의 손실은 대공황이 정점을 이룬 1931년 이후 발생했으며 은행이 도산하는 등 커다란 문제가 일어났다.[20]

슘페터는 이 은행 부도 사태야말로 진정한 재앙이었으며 정부의 정책이 문제를 더 키웠다고 주장했다. 그는 미국의 은행 제도는 극도로 지방으로 분산되어 있어서 "세계에서 가장 취약하다"고 지적했다. 대부분의 국가는 중앙정부가 운영하는 은행을 수십 곳에서 수백 곳을 거느리며 지점을 많이 내도록 장려했다. 반면 역사적으로 볼 때 미국은 오히려 중앙집권적 권력을 견제하는 분위기였고 금융 기관의 집중을 막고 있었다. 다른 주에 지점을 내거나 주 간의 거래를 법적으로 금하는 경우도 있었다. 1929년 은행 붕괴 당시 미국에는 3만 곳에 이르는 독립 은행이 있었다. 그러나 이 가운데 대부분은 규모가 작았고 보유액도 적었다.[21]

1931년에서 1933년 사이 약 7000곳의 미국 은행이 도산했고 수백만 시민의 재정 상태는 파탄에 이르렀다. 슘페터는 바로 이 결과로 대중이 전반적인 자본주의경제체제를 고발하게 되었다고 분석했다. "1933년이 되자 자본주의는 어떤 대중의 동의도 얻지 못할 정도로 비난받는 지경까지 이르렀다. (…) 비판으로 끝나지 않았던 부분은 뉴딜정책이 실행됨과 함께 더 이상 문제가 되지 않았다. 나는 미국인의 이러한 사고구조를 비판하는 게 아니다. 나는 단지 이 문제에 대한 여러분의 관심을 다시 한번 이끌어내고 싶을 뿐이다"라고 말했다.[22]

이러한 상황 속에서 월 가의 수상한 소문이 맞물리면서 수많은 기업가가 이성을 잃었다. 그들은 마치 무언가 숨길 게 있는 것처럼 행동했다. 사실 그렇게 숨길 만한 나쁜 일을 저지른 것도 아닌데도 말이다. 반면 지성인들은 그들 스스로 떠오르는 태양이라 믿었던 사회주의를 다시 들여다보기 시작했고, 자본주의를 반대하는 선전활동을 펼치기도 했다. 분별력 있는 사람들조차 당시 벌어진 이해할 수 없는 사건으로 극단적인 계획에 말려드는 모습을 보일 정도였다. 비록 이름을 직접 언급하지는 않았지만 슘페터는 청중이 포퓰리스트였던 휴이 롱과 반유대주의 "라디오 선교사" 찰스 코플린 목사 등이 주장했던 극단적 프로그램을 알고 있을 것이라고 생각했다.[23]

슘페터는 계속된 강의를 통해 여러 국가에서 실행된 1930년대 경제정책에 관한 분석을 내어놓았다. 미국을 포함한 많은 국가가 특정한 형태의 "계획"을 제시했다. 그는 이렇게 질문했다. "시장경제체제에서 계획이란 대체 무엇을 의미하는 건가?" "계획이란 얼마나 어떻게 무엇을 만들어낼지에 대한 기업가들의 판단을 사회유기체가 대신 결정하는 일일 것이다." 뉴딜정책의 일환으로 시행된 실험은 절대적 유형이나 일관성이 없었다. 그럼에도 불구하고 전국부흥청과 같은 국가 기관은 많은 산업에서 담합을 형성해 마치 무솔리니가 다스리던 이탈리아와 다를 바가 없었다. 모든 권력이 한 사람에게 몰린 현상을 직접 목격한 유럽인인 슘페터는 이 과정이 미국에서 일어나지 않으리라고 장담할 수 없었다. 그는 루스벨트가 유럽의 독재자 못지않은 카리스마가 있는 인물이라 여겼고, 이런 측면에서 당시 루스벨트는 어떤 정치인보다 노련한 인물이라 평가했다.[24]

이어서 슘페터는 국제 외교에 눈을 돌렸다. 전쟁 당시 적국에 가한 경제제재정책에 대해 "이보다 불행한 생각은 없었다"라고 평했다. 이렇게 가해진 제재는 각 국가가 독재(경제적 자급자족)를 추구하도록 만들었다. 이 과정에서 그들은 국가 간 평화와 외교적 다리 역할을 하던 대외무역의 비율을 줄였다. 예를 들어 일본에 가해진 엄한 제재는 일본이 스스로 원자재를 공급하게 했고, 또 다른 침략으로 새로운 자원을 찾게끔 했다는 것이다. 슘페터에 따르면 "매우 많은 사람이 바보 같은 믿음을 갖고 있었다. (…) 이는 원자재를 통제하면 다른 국가를 향한 영향력을 키울 수 있다는 믿음이었다. 오히려 이 정책은 독재국가와 군국주의자에게 더 큰 혜택이 돌아갈 뿐이었다."[25]

경제제재는 세계를 자유무역이라는 이상과 더 멀어지게 만들었다. 슘페터는 아시아와 유럽에서 전쟁이 끝난 뒤, 각 국가 안에서 보호무역주의의 함의가 짙은 무역 블록이 생겼다고 추측했고 특히 미국, 유럽, 러시아, 일본이 당사자라고 여겼다. 만약 이들이 각자 독립적인 영향력을 갖게 되고 구역 안에서 경제통합을 이룬다면 또 다른 전쟁의 필요성도 없어지게 된다고 생각했다. 물론 이것이 자유무역주의가 표방하는 이상적인 상황은 아니다. 그러나 전쟁 등의 다른 대안보다는 훨씬 나은 경우라고 할 수 있다.

제가 하나 유추해보겠습니다. 현재 노동당 간부들의 주장에 대해 열광하는 사람은 아무도 없습니다. 하지만 그렇다고 해서 그들을 쏴 죽여 없애야 한다는 주장에도 동의하지 않을 것입니다. 우리는 그러한 생각이나 행동을 아주 비윤리적이고 비합리적이라 생각하면서도 받아들입니다. 우리 가정에도 고집이 센 아이가 있게 마련이기 때문이죠. 이처럼 세계라는 커다란 지역을 각기 그룹별로 나눠 주장이 각기 다른 사람이 맡도록 한다면 전쟁을 피할 가장 좋은 방법일 것입니다. 만약 그렇지 않다면 분명 참혹한 전쟁이 계속해서 일어날 것입니다. 거기에는 오직 한 사람의 승리자만이 존재할 것입니다. 그건 바로 러시아와 볼셰비즘일 것입니다.[26]

슘페터는 그의 마지막 강연 "미국을 위해 가능한 결과Possible Consequences for the United States"에서 어떻게 보면 청중이 듣고 싶지 않은 메시지를 전했다. "세계 각지에는 앵글로아메리카인의 권력과 그 오만함에 반기를 드는 국가가 많습니다. 이러한 반감은 19세기 '영국의 패권주의Rule, Britania'로 거슬러올라갑니다. 또 제1차 대전과 1919년에 맺은 잔혹한 베르사유조약으로 더욱 증폭되었습니다.

하지만 그것과는 별개로, 다른 나라 사람들이 우월하지 못하다는 단순한 생각, 그런 나라에 공격을 당했다는 단순한 생각들이 유럽과 일본에 대한 국내외 정책에 많은 영향력을 미치고 있습니다. 인정할 것은 인정해야 하는 데도 말입니다."[27]

그는 이어서 다음과 같이 이야기했다. "다른 한편으로 미국은 영국의 이해관계에 따라 움직인다고 보는 시선이 많습니다. 미국은 자급자족하는 능력이 충분하고 거대한 바다라는 방벽을 이용해 자주 방어가 가능한 나라입니다. 또 독일이나 일본이 군사적으로 직접적인 위협을 가할 수 없는 국가입니다. 그럼에도 불구하고 미국은 전쟁에 뛰어들려 하고 유럽 문제에 대해 영국 편을 들며 일본을 향한 적대감을 유지하고 있습니다. 이것이 바로 윤리적 제국주의 국가인 미국이 펼치고 있는 정책입니다. 이 제국주의는 세계의 모든 것을 미국의 생각에 맞춰 규정지으려는 민족주의적 정신과도 같습니다." 여기서 슘페터는 오늘날 미국 제품과 문화를 수출하기 위해 도를 넘을 정도로 펼치고 있는 마케팅, 이에 대해 여러 국가의 국민이 갖는 반미 감정을 정확히 예측하고 있다는 것을 알 수 있다.[28]

슘페터는 이어서 아주 위험한 이야기를 끄집어냈다. 이는 그의 탁월한 선견지명을 잘 보여줬다. "만약 미국이 군사적 움직임을 보이기 시작한다면 이것은 미국의 민주주의에도 치명적일 것입니다. 만약 이 가능성을 느끼고 있으면서도 결과가 꼭 그렇지는 않을 것이라고 기대하는 사람이라면 그 사람은 지나친 낙관주의에 빠져 있는 사람일 겁니다. 만약 이 가능성을 느끼고 있으면서도 도덕적으로 행동하며, 미국의 움직임이 결과적으로 맞아떨어질 것이라고 생각하는 사람이라면 그는 성직자에 가깝다고 할 수 있습니다. 이러한 위험을 아예 알지도 못하고 있는 사람은 바보라고 할 수 있습니다."[29]

슘페터가 미국의 미래에 대해 비관적인 어조로 강연을 이어가긴 했지만, 미국에 재앙이 닥치리라 예견하지는 않았다. 그는 마지막 강연에서 "감기가 반드시 폐렴으로 이어지는 것은 아니다"라는 말도 남겼다. 하지만 루스벨트 대통령을 향한 의심은 여전히 극에 달했다. 로웰 강의를 마치고 얼마 뒤, 그는 친구에게 보낸 편지에서 "10년의 전쟁과 10년의 루스벨트 임기는 사회구조 자체를 망가뜨릴 것이다"라는 내용을 전하기도 했다. 또 그는 점차 당시 정세에 대한 자신의 판단력 자체를 의심하기 시작했다. 그의 일기에는 "음…… 볼셰비즘이나 파시즘이나 히틀러주의나 (…) 그 무엇도 계속 존재할지 몰랐다. 내 판단력도 많이 흐려졌다. 내 눈에는 이들 국가가 프로이트의 방어용 위장을 하고서 파시즘과 제국주의로 치닫고 있는 게 보인다"고 쓰여 있었다. 그리고 또 다른 일기에는 본인의 느낌이 무척 강력해 혼란스러워 하는 내용도 있었는데, 그는 "왜 나는 늘 [정작 남의 처지만 생각하고*] 내 처지에 대해서는 연민을 갖지 않는가?"라고 썼다.[30]

제19장

그녀의
신념에 담긴 용기

"낡은 오류만큼 새 진리에 위협적인 것은 없다."
– 괴테, 산문 속 속담, 1819

슘페터는 유럽과 독일에 대한 자신의 견해를 걱정했고 혼자라는 느낌을 받았다. 이는 엘리자베스가 아시아와 일본에 대한 자신의 견해에 대해 느낀 것과 비슷했다. 엘리자베스는 1930년대가 저물어갈 무렵 남편 슘페터처럼 매우 바쁜 나날을 보내고 있었다. 1938~1939년 학기 동안 그녀는 방문 교수로 보스턴에서 64킬로미터가량 떨어진 곳에 위치한 작은 대학인 휘턴 칼리지에서 강의했다. 이 기간에 그녀가 가장 노력을 쏟아부은 일은 일본 근대산업사에 관한 저술이었다. 그녀는 1934년 3명의 일본 전문가와 함께 일본 연구를 시작했다.

1940년, 일본 근대산업사에 관한 책이 나올 무렵 일본과 미국의 관계는 무너진 상태였다. 그녀가 고른 주제는 매우 시기적절했으나 큰 논란을 불러왔다. 엘리자베스는 자신이 당초 의도했던 것과는 달리 이 주제를 둘러싼 문제에 더욱 직접적으로 말려들게 되었다. 그녀는 논문 작성과 연설을 병행하며 미국인에게 다소 복잡하고 불편한 사실들을 전달해야 했다. 이 과정에서 그녀는 자신의 처지에 연민을 느끼기 시작했다.[1]

1930년대 일본의 군사력은 크게 증가했고 군부는 정부 안에서 큰 힘을 얻고 있었다. 팽배하는 민족주의와 함께 일부 유명한 각료와 기업인들이 암살되기도 했다. 1930년대 말 일본은 민주주의를 표방하는 정치인과 저널리스트 등으로 구성된 "자유 분대"와 공격적인 영토 확장을 옹호하는 "격한 극단론자"의 두 집단으로 나뉘게 되었다. 이 두 용어는 엘리자베스가 붙인 이름이다.

당시 일본은 동아시아에서 이미 주도권을 쥐고 있었다. 1895년 이후 대만은 이미 일본의 영토가 되었다. 한국은 1905년 일본의 보호국이 되었다가 1910년 합병되었다. 하지만 일본 군국주의자들은 여기서 만족하지 않았다. 그들은 만주로 눈을 돌려 몽고와 시베리아와 접해 있으며 세 지역으로 나눠진 중국 만리장성의 북쪽 영토를 탐했다. 만주 지역은 이미 수십 년에 걸쳐 일본과 중국, 러시아가 격렬한 싸움을 벌여왔던 곳이다. 일본은 1904~1905년 러일전쟁에서의 승리를 기회로 그곳에 주둔지를 세우고 상권을 정해 지배력을 키우고자 노력했다. 1931년 일본은 만주를 빼앗기 위한 계획을 세웠다. 1932년 만주 지역을 만주국이라는 이름으로 자신들의 영토로 삼았다. 그들은 청나라의 마지막 황제인 푸이溥儀를 만주국의 형식상 통치자로 내세웠다. 그는 다섯 살에 베이징에서 폐위되어 만주로 이주해온 상태였다.[2]

일본은 쉴 새 없이 크고 작은 공격을 해댔지만 블라디보스토크 근처에는 얼씬거리지도 못했다. 블라디보스토크는 일본과 근접한 러시아의 주요 도시일 뿐만 아니라 시베리아 횡단 열차 노선의 종착역이기도 했다. 러시아와 일본은 1904~1905년에 벌어진 러일전쟁 이전에도 늘 경계심을 늦추지 않고 있었다. 루스벨트 대통령이 제안했던 포츠머스조약을 통해 러시아는 전승국인 일본에 만주 남부를 양보해야 했다.

당시 중국은 2000년에 걸쳐 강성한 제국으로 군림했지만 이제는 가난하고 매우 뒤쳐진 농업국가 수준에서 벗어나지 못한 상태였다. 중앙정부는 힘이 없었고 영토 대부분은 지역 군벌이 다스리고 있었다. 3세기에 걸쳐 만주를 지배해온 청 왕조는 1911년 혁명가 쑨원孫文에 의해 막을 내리게 되었다. 쑨원은 민족주의와 민주주의를 표방하며 세운 국민당의 지도자로 미국과 같은 서양 세력에는 영웅과도 같았다.

제1차 대전 이후 국민당은 소련의 경제 모델과 정책을 적용하려 했다. 1923년부터 국민당은 공산주의 성향으로 흘러가고 있었다. 그들은 군벌이 다스리던 중국의 넓은 지역을 통합하려 했다. 그러나 국민당은 급격히 부패하기 시작했다. 이러한 과정에서 쑨원의 동서인 장제스蔣介石 장군이 권력을 잡게 되고 국민당은 결국 군사독재체제로 변하게 된다. 1927년 당시 마흔 살이었던 장제스는 국민당 내 공산주의자들을 쫓아내고 민족주의정부를 세움으로써 1928년에 중국을 통합시킨다. 하지만 머지않아 마오쩌둥毛澤東과 저우언라이周恩來가 협심해 공산주의 혁명을 일으킨다. 당시 불과 서른네 살이었던 마오쩌둥과 서른 살이었던 저우언라이는 마르크스-레닌주의자들이었다.

만주에 주둔하던 일본군은 중국의 다른 영토까지 침범하려 했다. 중국 공산주의자들과 국민당 민족주의자들은 이 기회를 틈타 싸움을 벌였으며 1937년에는 싸움의 강도가 더욱 거세졌다. 그러나 공산당과 국민당은 일본의 야욕에 대응해 임시 정전을 선언하고, 이른바 국공합작이라는 동맹을 맺었다. 이는 매우 어색한 동맹으로 마치 유럽 국가들이 맺은 동맹의 성격과 비슷해 언제든지 깨질 가능성이 많았다. 마오쩌둥은 장제스에게 군을 다스릴 권한을 모두 넘겨줬다. 중국 군대는 다소 허술하긴 했지만 일본군과 용감하게 맞서 싸웠다. 이 전쟁은 갈수록 참혹하게 전개되었다. 난징대학살로 대표되는 일본군의 잔혹함은 세계에 널리 알려졌을 정도다.

한편 미국 내 여론은 중국 편으로 기울고 있었다. 미국의 전직 개신교 선교사들, 국회의원을 포함한 "차이나로비China lobby"[1940년 중국이 대일 항쟁을 벌일 당시 미국에서 생겨난 원외 압력단체로, 중국의 이익을 지키기 위해 미국 의회에 청원, 진정하는 활동을 주로 했다*]'는 비공식적으로 중국을 도와주고 있었다. 많은 미국인은 장제스와 국민당 정권이 표방하는 민주주의와 자본주의를 높이 평가하는 듯했다. 장제스의 부인은 유창한 영어 실력을 갖고 있었고 매우 매력적인 인물이었다. 하지만 당시 서구인들은 일본이나 중국에 대해 아는 바가 거의 없었다.

엘리자베스는 이러한 문제에 무심코 발을 들여놓게 되었다. 그녀는 주로 17세기 영국에 관심이 있었지만 근대 동아시아에 대해서는 큰 관심이 없던 터였다. 하지만 1934년 일본 경제에 대한 큰 연구 프로젝트를 부탁받았을 때 그녀는 단호히 거절할 수 없었다. 1937년부터 그녀의 책이 출판된 1940년 사이 엘리자베스는 일곱 편의 논문을 발표했다. 이 논문들은 『퍼시픽 어페어스Pacific Affairs』 『파 이스턴 서베이Far Eastern Survey』 『오리엔탈 이코노미스트The Oriental Economist』 『아날스 오브 더 아메리칸 아카데미 오브 폴리티컬 앤드 소셜 사이언스Annals of the American Academy of Political and Social Science』 같은 저널에 실렸다. 그녀는 이 분야에서 늘 다른 집단보다 앞서 있었고, 일본에 대해 그녀와 같은 시각을 갖고 있던 정치인과도 끊임없이 의견을 주고받았다. 이들 가운데에는 저널리스트 월터 리프먼과 데이비드 로런스가 있었으며, 휘트니 그리즈월드와 찰스 비어드와 같은 학자들도 있었다. 아울러 자선가인 데이비드 록펠러 등과도 의견을 교환했다. 록펠러재단은 하버드대와 래드클리프대의 국제연구소를 통해 엘리자베스의 연구와 출판 작업을 지원해주기도 했다.[3]

1931년, 슘페터가 일본 방문을 통해 그들의 경제 발전에 크게 놀랐던 것처럼 엘리자베스는 일본의 전쟁이나 외교정책보다는 급격하게 발전된 산업화에 더 큰 관심을 보였다. 그녀는 1868년 메이지 유신 이래로 가장 급격한 속도의 경제 근대화에 주목하고 있었다. 또 일본은 대공황에서 빠르게 회복했는데 이는 엘리자베스를 비롯한 여러 경제학자의 호기심을 자극하기에 충분했다.

1936년 미국의 경제지 『포춘』—당시 매우 두껍고 비쌌던 월간지—은 당시 9월호의 모든 면을 엘리자베스의 일본 연구에 대한 내용으로 채웠다. (오늘날 이 내용이 실린 『포춘』 9월호는 애호가들의 수집 대상이 되고 있다) 당시 포춘에 실린 글은 「떠오르는 태양 일본Rising Sun of Japan」 「푸딩의 증명Proof of the Pudding」 등이 있었으며 매우 길고도 복잡한 분석이 포함되어 있었다. 이 9월호는 일본이 중국을 침략하기 몇 달 전 나왔고 대체적으로 일본에 대한 동정심과 감탄 섞인 어조로 가득했다. 한편 이 가운데 일본의 정치나 외교정책을 언급한 내용은 거의 없었다.[4]

하지만 일본이 1937년 중국을 침략해 중일전쟁을 일으키자 일본에 대한 그녀의 태도는 급격히 변하기 시작했다. 그녀는 한 매체에 기고한 「일본의 경제정책과 생활수준」(1938)이라는 제목의 논평을 통해 "지금 일본 경제에 가장 심각한 위협은 일본군의 야망이다. 그들이 야욕을 억누른다면 일본인의 삶의 질은 더욱 높아질 것이다"라고 쓰기도 했다. 또 다른 칼럼에서는 일본을 바꾸는 데 당시 미국과 다른 국가들이 시행하던 경제제재(철강과 석유 수출 통제)로는 부족할 것이라고 평했다. 왜냐하면 일본은 이들 국가가 아니더라도 수입원을 (네덜란드 동인도회사 등과 같은) 다른 곳으로 돌려 자원을 계속 공급받아 전쟁을 계속할 것이란 생각 때문이었다.

슘페터가 3년 뒤 로웰 강의에서 언급할 별로 재미없는 주제를 미리 예견이라도 한 듯 엘리자베스는 1938년 "경제제재는 전쟁을 막기에는 부족할 것이다. 모든 것을 희생해서 전쟁을 하겠다고 마음먹은 국가에 대해 부분적인 제재는 아무런 효과가 없을 것이다. 이미 전쟁을 시작한 국가에 뒤늦게 강한 제재를 가하는 것은 전쟁을 더 크게 만들 뿐이다"라고 했다.[5]

그녀는 국민에게 일본의 힘을 알리려고 노력했다. 또 일본에 대해 더 강력한 제재를 가해야 한다고 주장하는 세력인 차이나로비와 맞서야만 했다. 그녀는 『파 이스턴 서베이』와 『아메라시아Amerasia』 발행을 담당하고 있는 태평양문제연구소의 프레더릭 필드에게 보낸 편지에서 "귀하의 연구소가 발행하는 저널에 실린 글들을 보면 일본 경제에 대해 매우 비관적인 견해를 갖고 있는 듯합니다"라고 썼다. 이는 이 연구소가 주장하는 일본의 경제 상황이 취약하기 때문에 경제제재정책을 취하면 성공할 것이라는 생각이 잘못되었다는 지적이었다. 또 그녀는 "정치적으로 볼 때 저도 일본이 중국과 싸우는 것이 그리 좋은 생각은 아니라는 데 동의합니다. 그러나 사실 일본은 최근 귀하의 저널에 실린 기고문에 나타난 내용보다 전쟁에 대해 훨씬 많은 준비가 되어 있습니다"라고 덧붙였다. 즉 필드의 저널에 실린 기사들은 지나칠 정도로 일본에 적대적인 입장을 취하고 있었으며 이러한 사실에 연구소는 별로 신경을 쓰고 있지 않다는 것이었다. 그녀는 다시 이렇게 덧붙였다. "태평양문제연구소가 중국에 대해 지나칠 정도의 우호적인 선전을 자제한다면 더 유력한 매체가 될 것입니다. 그 누구도 일본이 중국에 하고 있는 행동이 성공하길 바라진 않습니다. 일본은 끔찍한 실수를 하고 있는 겁니다. 제가 만난 일본인 가운데 어느 누구도 이 전쟁에 동의하고 있지 않습니다." 또 그녀는 나중에 필드에게 글을 써 "일본에 대한 수출 금지 조치에 저도 동의하지만, 일본과의 전쟁이 어려운 일이 아닐 것이라는 당신의 입장에는 동의할 수 없고, 제가 만난 그 어떤 군인도 이 전쟁이 쉽게 끝날 것이라고 생각하고 있지 않습니다"라는 내용을 전했다.[6]

1940년 「극동 지역에 대한 미국의 정책The Policy of the United States in the Far East」이라는 제목으로 실린 글에서 엘리자베스는 미국 정부에 신랄한 비판을 가했다. 이 글에 따르면 미국은 아무런 대가도 치르지 않고 다른 국가에 설교하려 하고 있고, 일본을 비롯한 수출국이 고통을 겪는 와중에도 미 당국은 보호무역정책을 실시하고 있다는 것이다. 또 미국은 아무런 근거도 없이 다른

국가의 지도자가 무솔리니나 히틀러처럼 될 것이라고 판단하고 있다는 내용
도 있었다. 그리고 대부분의 미국인은 전쟁을 단호하게 반대하는 입장이었지
만 일부 몇몇 사람이 다른 사람들을 부추겨 전쟁에 찬성하도록 몰아가고 있
다는 내용도 포함되어 있었다. 그녀는 미국이 유럽에서는 큰 힘이 못 되지만
(엘리자베스는 프랑스가 무너지고 영국과의 전쟁이 일어나기 전인 1940년에 이 글을 썼
다), 극동 지역에서는 큰 영향력이 있다고 생각했다. 중국은 일본과 대항하면
서 소련의 도움을 받으려 했고, 이러한 동아시아의 모든 상황은 미국의 정책
입안자들이 생각하는 것보다는 훨씬 복잡했다.

중국 안에서 점점 커져가는 스탈린의 영향력을 멈추고자 미국이 중국에 대
대적인 지원을 하고 있는 마당이라면 1939년 독소조약과 마찬가지로 앞으
로 왜 러일협약의 가능성이 왜 짙은지 그 이유를 분명히 알 수 있다. 물론
장기적으로 본다면 일본과 러시아의 이해는 서로 부딪힐 것이다. 하지만 당
장 두 국가는 민주주의와 자본주의 세력을 약화시켜야 한다는 공통 관심
사가 있다. 또 유럽에서 프랑스와 영국이 처한 급박한 상황과 인도가 공산
주의의 선전에 영토를 빼앗긴 현 상황을 고려할 때 두 국가의 동맹은 분명
가능성이 있다. 현재 발트 해와 흑해, 태평양을 잇는 공산주의 전선의 위협
은 일본의 군사적 야욕보다 큰 문제가 될 것이다. 다른 국가는 각자 전쟁을
치르느라 힘이 빠진 상태다. 그러나 러시아는 어떠한 전력 손실도 없는 상
태다. 따라서 러시아가 유럽뿐만 아니라 극동 지역에서도 실질적인 승자가
될 가능성은 충분하다.

엘리자베스의 예상대로 일본과 소련은 1941년 4월 불가침조약을 맺고 외부
세력에 대해 서로 보호해주는 관계로 발전한다.[7]
엘리자베스는 이어 미국이 일본에 대한 경제제재를 고수하고 만주국에 대

한 일본의 영향력을 제대로 알지 못한다면 중국에서 전쟁을 끝낼 수 없다고 주장했다. 그녀는 "일본이 중국에 악랄한 짓을 하고 있지만 우리 미국에도 일부 책임이 있다"고 주장했다. 즉 서구 세력이 일본의 공격적인 팽창정책에 맞서 훈계하려 들면서 이와 동시에 평화적인 경제적 확장의 노력마저 막아버렸다는 것이다. 일본의 수출은 처음에는 높은 관세와 무역 규제로 다소 제한을 받는 정도였지만 나중에는 차별적인 관세와 쿼터제로 이어졌다. "게다가 인종적 편견 때문에 미국, 영국령, 시베리아, 아프리카 등지에서 일본인의 이민이 모두 금지되었다."[8]

그래서 엘리자베스는 일본의 도발을 어떻게 생각하던 간에, 일본이 불만을 가질 만한 상황으로 이해할 수도 있다고 주장했다. 이 부분에서 아이러니한 점이 있었다. 당시 아시아의 광대한 영토를 영국, 프랑스, 네덜란드, 미국이 지배하고 있었는데, 이들도 탐험과 무역과 정복으로 영토를 늘린 것이었다. 하지만 이 방법은 더 이상 허용되지 않았다. 이러한 상황에서 이들 강대국은 그들의 식민지를 개방시켜야 하는 게 당연했다. 하지만 서구 열강은 완전히 반대의 행동을 했다. 그들은 일본의 핵심적인 무역 상대인 말레이반도, 인도, 프랑스령 인도차이나, 네덜란드령 동인도 제도, 필리핀 등의 무역 경로를 차단시켰다.[9]

엘리자베스는 강대국이 일본이 중국에서 물러나게 조치를 취하는 것은 매우 올바른 일이라고 지적했다. 그러나 이러한 서구 열강도 약 100년에 걸쳐 중국을 간섭해왔다. 일본의 일부 위험한 극단론자가 영토 확장의 야욕을 갖고 있었던 것은 사실이었다. 하지만 엘리자베스는 그들이 여러 곳으로 분리된 지방정부에 포함된 일부 세력일 뿐이고, 대부분의 일본인은 민주적인 정치 제도를 원했으며 일본의 침략정책에 반대하고 있다고 믿었다. 또 그녀는 일본 군대 안에도 중국에서 물러서 정말로 위협적인 적국인 소비에트러시아와의 일전을 준비해야 한다고 생각하는 장교도 많다고 했다. 그럼에도 불구하고 미

국과 그 외 서구 열강은 일본에 분노를 표하며 일본의 무역 형태를 망가뜨려 놓고 있었다.[10]

일본 군국주의정부에 반대하던 장교들은 서구 열강이 일본인 이민 금지 조치를 취하자 그들의 주장이 명분을 잃게 되어 어려운 상황에 놓이게 되었다. 이는 사실이었다. 미국 정부는 전쟁 기간 동안 10만 명이 넘는 일본계 미국인을 억류하기도 했다. 한편 엘리자베스는 당시 억류되었던 이들을 타코닉의 원예농업훈련소에 취업시키고 주거를 제공하는 방안을 제안했지만 연방정부는 이를 거절했다. 미국과 독일과 일본에 맞서 싸운 지 16년이 되던 해인 1943년, 미국 국민을 상대로 "전쟁이 끝난 뒤 가깝게 지낼 수 있는 나라는 어디입니까?"라는 내용의 설문이 실시되었다. 응답자 가운데 67퍼센트가 독일이라 답했고 8퍼센트만이 일본을 지목했다. 나머지 25퍼센트는 잘 모르겠다고 답했다.[11]

엘리자베스가 쓴 글의 대부분은 소련에 대한 경계심에서 비롯되었다. 소련은 만주에 군대를 주둔시켰다. 아울러 중국 내 마오쩌둥의 공산주의 혁명을 도왔으며 일본과 대립 구도에 있었다. 볼셰비키혁명 뒤 일본은 극동 지역에서 소련의 세력 확장을 막는 장벽 같은 역할을 했다. 남편 슘페터는 소련이 유럽의 평화에 가장 큰 위협이라고 믿었다. 그러나 엘리자베스는 한 발 더 나아가 소련이 유럽뿐만 아니라 아시아 지역의 평화에도 큰 위협이 되리라 생각했다.

엘리자베스가 쓴 글은 친중국 세력의 강력한 반발을 일으켰다. 그러나 그녀는 주장을 굽히지 않았다.『퍼시픽 어페어스』에 기고한 긴 논평에서 그녀는 일본에 대한 경제제재로는 일본 국민이 정부에 반감을 갖긴 어려울 것이라고 주장했다. 그녀는 "인간의 본성을 고려할 때 대부분의 사람은 극단의 궁지에 몰리기 전까지는 행동을 쉽게 바꾸지 않는다"고 했다. 만약 지금의 경제제재를 계속한다면 그나마 일본군의 편을 들지 않던 세력들마저도 무기력함을 느끼고 군대에 힘을 실어줘야겠다는 생각을 하게 될 수도 있다는 것이다. 이는 극단적인 경우 필요에 따라 러시아와의 동맹도 가능하다는 뜻이었다. 또 그녀는 일본이 미국의 압박에 굴복하거나, 아니면 남태평양에 최후의 공격 감행이라는 두 가지 선택이 남게 될 때 일본은 후자를 택할 것이라 주장했다. 그녀는 이러한 내용의 글을 1940년 7월에 썼다. 이는 일본이 1941년 12월 진주만을 공격하기 약 1년 전의 시점이었다.[12]

그 뒤에도 엘리자베스는 많은 논문을 썼다. 그녀의 주된 주장은 그녀의 책 『1930~1940년 일본과 만주국의 산업화에 대한 연구: 인구, 원자재, 산업을 중심으로The Industrialization of Japan and Manchukuo 1930~1940: Population, Raw Materials and Industry』(1940)에 실렸다. 이 책에 필요한 연구를 하면서 전체 28장 가운데 여섯 주제의 장을 새로 보충해 책의 서론과 결론을 완성했다. 944쪽에 달하는 이 책은 전체적으로 보면 매우 학문적이고 진지한 내용으로 일관했으며 일본의 경제력과 당시 일본이 당면한 문제들을 잘 설명하고 있었다. 또 많은 도표와 수치들을 더해 영어로 낸 책 가운데 일본 경제의 부흥을 가장 훌륭하게 설명한 책으로 평가받을 만했다.[13]

그녀의 책은 걸작이었지만, 일본과 중국의 전쟁을 다룬 부분은 학계에 많은 논란을 불러일으켰다. 책 서문에는 다음과 같은 내용이 담겨 있었다. "오늘날 그 어떤 학자도 전체주의국가의 정치와 경제에 대해 솔직한 진단을 내어놓기란 매우 어렵다. 만약 어떤 학자가 일본 같은 국가의 야욕이 경제적으로 정당한 것이며, 이들의 경제정책이 성공적이고, 다른 국가들의 경제체제보다 강력한 것이라고 결론짓는다면 그는 분명히 그러한 국가를 동정하는 '제5열'[적과 내통하는 집단*]일 것이다. 이러한 위험한 생각은 일본 같은 국가의 침략이 어떻게 가능했고, 이 세력을 어떻게 무너뜨릴까 생각하는 데 도움이 되지 않는다."[14]

책의 결론에서는 일본 문제는 매우 심각하지만 고칠 수 없는 정도는 아니라는 내용이 담겨 있다. 엘리자베스는 일본 문제가 극단적인 군국주의자에게서만 생겨나는 것이 아니라 서양의 배타적인 외교정책에서도 비롯된다고 주장했다. 이어서 미국을 비롯한 서양 세력이 이들 식민지와 일본과의 무역을 개방한다면 일본의 생산력이 만들어내는 시장의 잠재력도 어마어마할 것이라고 말했다. "하지만 일본과 중국의 전쟁이 계속된다면 일본 국민이 감당해야 할 희생은 더욱 커질 것이다. 왜냐하면 전쟁을 시작하기는 쉽고 평화를 이뤄내기는 어렵기 때문이다."[15]

1940년 이 책이 나올 무렵 중일전쟁은 3년째를 맞이했다. 1939년에는 히틀러도 유럽에서 전쟁을 일으켰다. 이러한 상황이 전개되자 엘리자베스의 책을 읽은 사람들은 다양한 반응을 보였다. 이들 가운데 대부분은 대중이 일본이 처한 상황에 얼마나 무지한지 동의했다. 그러한 맥락에서 엘리자베스의 책을 미래를 꿰뚫어본 매우 훌륭한 저서라고 평가했다. 많은 독자가 이 책에 담긴 어마어마한 양의 통계 자료에 찬사를 보냈다. 반면 일부 독자는 일본 정부가 제공한 수치와 통계들이 과연 정확한지 의문을 제기하기도 했다. 또 이 방대한 분량의 책을 여러 권으로 나눠 출판했다면 더 좋았으리라는 의견을 준 사람들도 있었다. 하지만 대부분의 독자는 이 책을 높이 평가했다.[16]

이 책에 비판적이던 독자들은 엘리자베스가 일본에 대한 우호적인 편견을 갖고 있다며 공격했다. 일부 독자는 일본의 경제 회복은 대공황을 이겨낸 국가 가운데 가장 성공적이었고, 특히 미국과 프랑스보다도 성공적이었다는 주장에 반감을 표했다. 엘리자베스는 일본의 경제 성과가 비록 전체주의의 영향 속에서 이루어졌지만 서구의 민주주의도 일본의 성공에서 분명히 배울 점이 있다고 주장했다.[17]

엘리자베스의 책에 평가를 내린 사람 가운데 가장 분명한 입장을 밝힌 학자는 케임브리지대에서 경제사를 강의하고 있던 C. R. 페이 교수였다. 그는 엘리자베스의 연구는 매우 훌륭한 것으로 "이 책을 통해 서양이 얻을 수 있는 교훈은 두 가지다. 첫째는 일본에 대한 서구의 경제제재는 일본보다는 결국 자신들의 피해로 돌아온다. 둘째는 일본의 군사력은 미국과 유럽이 취하는 식민지와의 무역정책과는 상관없이 유지될 수 있다"고 평했다. 이어서 페이 교수는 "일본에 경제제재를 계속 가한다면 일본이 미국과 멕시코로부터 공급받는 원유를 쓰지 못하게 할 수는 있다. 그러나 결국 일본은 네덜란드령 동인도 제도에 공격을 감행해 계속 원유를 공급받으려 할 것"이라고 주장했다. 그는 또한 "엘리자베스를 비롯한 이 책의 저자들이 일본이 당면한 상황을 잘 설명하고 있는 것 같지만, 군국주의정부를 만족시키지 못하는 정책을 내어놓는 재무부 관료가 처형당할 정도로 잔혹했던 일본의 상황을 논하지 않은 것은 다소 안타까운 부분"이라고 언급했다.[18]

엘리자베스 자신도 일본을 향한 그녀의 시각이 미국 내 대중의 시각과는 다소 차이가 있다는 것을 잘 알고 있었다. 일본에 대한 강력한 제재를 주장하는 태평양문제연구소의 미국 위원회는 그들이 주최하는 프로그램에 더 이상 엘리자베스를 초청하지 않겠다는 내용을 공표했다. 이러한 미국 내 여론에 대해 엘리자베스가 보인 태도는 『US 뉴스United States News』 편집자인 데이비드 로런스에게 보낸 편지에서 엿볼 수 있다. 그녀는 "일반적으로 미국 대중은 일본 상황에 대한 정보를 잘못 알고 있다. 즉 미국 국민은 일부 선교사나 공산주의에 물든 여행자와 무능한 기자들이 퍼뜨린 잘못된 정보로 일본의 경제력을 과소평가하는 잘못된 시각을 갖고 있다"고 썼다.[19]

한편 일본 정부는 동아시아 지역에서 침략정책을 주장하는 군국주의 세력의 손으로 넘어갔다. 1941년 10월, 궁지에 몰린 34대 총리인 고노에 후미마로近衛文麿는 군 세력에 밀려 물러나게 된다. 그 자리는 권위주의 성향의 장군 도조 히데키東條英機가 이어 받는다. 그는 당시 제국주의 세력의 우두머리 같은 존재였다. 고노에는 오랫동안 미국과의 관계 회복을 위해 노력해왔다.

그러나 무모한 도조 총리가 이끄는 내각은 그러한 정책 기조를 유지할 리 없었다.

엘리자베스는 연구를 통해 일본이 미국의 강력한 적이 되리라 확신했고 전쟁의 기운이 몰려들 때에도 그녀의 시각에는 변화가 없었다. 오히려 그녀가 걱정했던 것은 자신의 의견에 귀 기울이지 않는 당시의 사회 분위기였다. 1940년 그녀는 데이비드 록펠러에게 "제 책에 동의하려 애쓰지 않으셔도 됩니다. 저에게는 참지 못하는 고약한 버릇이 있거든요"라는 내용의 편지를 보내기도 했다. 고노에 정부가 무너지기 전 엘리자베스는 계속해서 일본에 대한 제재의 위험성을 경고하는 글을 써나갔다. 1941년 가을, 그녀는 국회의원들에게 편지를 보내 "지난 3월 미국 우편국이 일본 내 발행물의 미국 반입을 금지시켰다"는 사실을 알렸다. 이러한 조치는 학자들이 최신 정보를 얻지 못하게 하는 것이며 해외 발간물에 대한 무차별적인 검열이라고 탄원했다. 1941년 11월 무렵, 엘리자베스는 미국과 일본의 전쟁 가능성은 이제 50 대 50일 정도로 임박했다는 결론을 내렸다.[20]

같은 해 12월 7일, 일본은 진주만 미국 해군기지에 기습 공격을 감행했다. 미국은 일본에 전쟁을 선포하게 되고 3일 뒤 히틀러는 미국에 전쟁을 선포했다. 1941년 12월 15일, 엘리자베스는 미국의 대표적인 문예평론지 『하퍼』의 편집자 프레더릭 앨런에게 편지를 보냈다. 그녀는 이 잡지에 일본 경제력의 분석을 골자로 논평을 기고해 미국 국민에게 앞으로 길게 지속될 전쟁을 알리는 메시지를 보내겠다며 다음과 같이 제안했다.

만약 우리가 일본과 독일을 이기고자 한다면 우리는 현실을 더 차갑게 직시해야 하고 더 이상 그들을 과소평가해서는 안 된다. 예를 들어 만약 일본이 싱가포르를 점령하게 된다면 일본은 더 이상 원자재에 대한 고민을 하지 않게 될 것이다. 일본은 싱가포르를 통해 철광석을 비롯해 보크사이트와 원유 등 필요한 모든 자원을 얻게 될 것이다. 이로 인해 독일도 풍부한 양의 고무와 주석, 텅스텐을 얻게 될 것이다.

그러나 앨런은 엘리자베스의 제안을 받아들이지 않았다. 그리고 두 달이 지난 뒤 3만 명의 일본군이 싱가포르를 점령해 세계를 놀라게 한다. 이들은 8만 5000명의 적군을 생포했다. 처칠은 "이는 세계적인 재앙이며 영국 역사상 (포로에 대한) 가장 큰 합의를 해야만 하는 사건"이라고 말했다.[21]

이렇게 싱가포르가 무너졌을 무렵, 저널리스트 윌리엄 체임벌린은 『뉴욕 타임스』에 기고한 글에서 일본을 다룬 두 권의 책을 논평했다. 그는 대부분의 미국 대중이 일본에 갖고 있던 고지식한 시각을 언급했다. 그는 "여태까지 일본이 6주 안에 무너질 것이라 예상했던 사람들은 낙관주의자다. 그리고 일본의 힘이 6개월 이상 지속될 것이라 생각하는 사람은 비관주이자다"라며 당시 상황에 대한 의견을 내어놓기도 했다. 결국 이 전쟁은 4년 동안 지속되었다. 두 권의 책을 모두 논하기에는 논평이 충분히 길지 않았다. 그래서 체임벌린은 독자들에게 엘리자베스가 저술한 책 『1930~1940년 일본과 만주국의 산업화에 대한 연구: 인구, 원자재, 산업을 중심으로』를 직접 읽어보길 권했다.[22]

한편 엘리자베스는 워싱턴 생산관리국에 자리를 얻으려고 면접을 보게 되었다. 전시 동원을 담당하는 이 기관은 경제학자들로 가득했다. 그녀는 훗날 "나는 슘페터와 이야기해 생산관리국이 나를 필요하다고 생각한다면 기꺼이 그곳에서 일하겠다는 의사를 밝히고 워싱턴행을 결정하려 했다"고 말했다. 이 결정은 엘리자베스 본인과 남편 슘페터에게 큰 희생을 요하는 일일 수도 있었다. 하지만 머지않아 그녀는 이러한 고민을 하지 않아도 되었다. 일본의 힘을 추켜세우는 듯한 내용의 그녀의 책 때문에 생산관리국은 자체 투표를 실시했고, 결국 그녀를 받아들이지 않기로 결정했기 때문이다. 그녀는 친구에게 보낸 편지를 통해 "일본의 힘에 대해 사실대로 표현한 것이 어디가 잘못되었는가?"라며 안타까움을 표했다. 하지만 갈수록 미국 내 여론은 그녀와 남편 조지프 슘페터에게 반감을 보였다. 이로 인해 두 사람은 적잖은 불이익을 달갑게 받아들여야만 했다.[23]

고립무원

슘페터 부부는 미국의 잠재적 적국에 대한 견해로 미국이 전쟁에 치닫게 되자 곤경에 처한다. 1941년 4월, 엘리자베스는 FBI의 수사를 받게 되었는데 그녀가 쓴 일본에 관한 책 때문이었다. 그리고 같은 해에 남편 조지프마저 조사를 받게 되었다. 그들은 많은 조사를 받아 이들에 관한 서류만 해도 5센티미터 두께의 330쪽에 달하는 서류철이 될 정도였다. 정보공개법하에서는 이러한 서류를 열람하는 것이 가능했다. 이름이나 기관명 등이 실린 쪽은 수정되거나 삭제되기도 했다. 남아 있는 많은 부분은 잘못된 정보와 오류로 가득했다. 아래에 FBI 문건 가운데 잘못된 부분은 고쳐서 꺾쇠괄호로 처리했다.[1]

1941년 4월 18일자 FBI 문건에는 엘리자베스가 케임브리지 아카디아Arcadia[아카시아Arcasia] 7번가에 거주하며 『일본과 만주국의 산업화The Industrialization of Japan and Manchuko[Manchukuo]』의 저자로 설명되어 있다. 이 보고서에서는 엘리자베스의 "미국인답지 않은" 행동과 기타 개인활동이 미국 국방에 치명적일 수 있다는 내용이 적혀 있다. 또 이 문건은 "용의자"를 면담하는 데 주의하라는 내용도 포함되었다.

1941년 7월, FBI 문건의 첫 표적이 된 사람은 바로 조지프 슘페터였다. 이 문건은 슘페터를 "전직 오스트리아 재무부장관으로 많은 돈을 모았으며 미국으로 건너온 인물"이라 묘사하고 있다. 이 파일에는 슘페터가 1940~1941년 하버드대와 예일대에서 받던 연봉이 정확하게 쓰여 있기도 했다. FBI가 지시한 바에 따르면 뉴헤이븐 지부 요원들에게 엘리자베스의 거처를 파악하고 그녀의 행동을 예의주시하라는 내용이 담겨 있었다. 보스턴 지부는 조지프 슘페터에게 비슷한 조사를 진행했고 이들에 대한 조사는 별도의 경우로 분류해 관리하고 있었다.

1942년 7월 22일자 보고서에는 슘페터가 1935년[1937년] 엘리자베스 부디 Elizabeth D.[Romaine Elizabeth] Boody와 결혼했다고 밝히고 있다. 또 슘페터는 "독일에 동정심을 갖고 있기는 하지만 대체로 미국에 대한 애국심이 있는 사람이며 스파이로 볼만한 증거는 없다"는 내용도 있었다. 아울러 엘리자베스는 일본이 진주만을 공격하기 전 중국보다도 일본 편에 서서 일본을 높이 평가하는 책을 썼다는 내용도 있었다. 그뒤 1942년에 FBI 책임자 에드거 후버는 보스턴 지부 책임자에게 엘리자베스가 하버드대 및 래드클리프대Radcliff[e][단과대학]와 어떤 관계를 맺고 있는지 조사하라고 지시하기도 했다. 나아가 그는 이 요원에게 일본의 정보원과 면담을 통해 엘리자베스가 일본의 홍보 프로젝트에 도움을 준 정황을 붙잡으라고 했다. 이 요원이 1943년에 쓴 메모를 보면 엘리자베스가 간첩행위금지법을 위반했을 가능성이 매우 크다고 적혀 있다. 후버는 그녀와 관련해서 조사의 강도를 더욱 높이라고 지시하기도 했다.

3개월 뒤 후버는 엘리자베스를 '하워드[하버드]대와 래드클리프대 소재 국내[국제]연구소의 회원이라고 했다. 그는 보스턴 지부에 지시를 내려 과거 일본 영사관이나 일본 상공회의소 등 관련 기관에 근무했던 직원들을 면담해 엘리자베스의 선전활동과 관련된 증거를 수집하라고 지시하기도 했다. 같은 해 4월 15일, 보스턴 지부는 FBI와 육·해군정보부와의 주간회의에서 다음과 같은 내용을 발표했다. 해군정보부 요원의 부인이 슘페터 부인과 매우 친밀한 사이이고, 슘페터는 빈에서 그의 부인과 은행에서 일한 바 있으며, 슘페터는 반나치주의자지만 FBI가 그를 심문하고 있다는 내용이었다.[2]

다음 달 후버는 엘리자베스의 책에 대해 더 심도 있는 조사를 하라고 지시했다. 여기에는 그녀의 책뿐만 아니라 책을 낸 맥밀런MacMillan[McMillan을 MacMillan으로 오기함] 출판사에 대한 조사도 포함되어 있었다. 그는 이 책이 일본 내 선전활동의 일환으로 출판되었을 가능성이 크며 엘리자베스가 저자에 다른 사람들도 포함시켜 그러한 의심을 피하려 한 것이라고 주장했다. 또 그는 보스턴 지부에 지시를 내려 엘리자베스가 어떠한 출처로 큰돈을 은행에 예금하고 있는지 알아보라고 하기도 했다.

1943년 5월, 보스턴 지부의 한 요원은 자신이 직접 엘리자베스의 책에 대해 분석한 내용을 워싱턴 본부로 보냈다. 네 저자의 이름은 이니셜로 되어있지만, 엘리자베스 로메인 부디[Romaine Elizabeth]와 엘리자베스 로메인 퍼스키[피루스키]라는 가명을 쓰는 E. B. 슘페터라는 자가 바로 엘리자베스임이 분명하다는 내용이었다. 이 요원이 작성한 9쪽짜리 요약문에는 "엘리자베스는 선전활동을 했고 일본에 우호적인 인물이라 추정된다는 내용이 담겨 있었다. 그리고 책의 나머지 부분은 큰 문제가 없으며 순전히 경제학적인 내용을 담고 있다고 덧붙였다."

이 보고서에는 계속해서 다음과 같은 내용이 있었다. "슘페터 부인의 책은 충성스런 미국인의 시각을 보여주는 것일 수도 있지만 국제적 마찰을 일으킬 소지는 없다. 어떤 경우이건 간에 그녀가 일본에 어떠한 도움을 주거나 혹은 일본에 반대 의사를 표하려고 이 책을 썼다는 정보는 없다. 또 친일본 성향의 선전원이 이 자료를 썼다는 정보도 없다." 이어서 이 보고서에는 하버드대의 위드너[와이드너]Widner[Widener] 도서관을 찾아본 결과 다른 추가 정보를 얻을 수 없었다는 내용도 있다. 보고서를 쓴 이 요원은 슘페터 부부에 대한 보고서 「미확정 결론Undeveloped Leads」에서 다음과 같은 내용으로 조사를 마무리한다. "슘페터 부인은 로메인 퍼스키[모리스 피루스키]라는 남자와 결혼한 적이 있으며 당시에는 하트퍼드 근처에 거주했다"[실제로는 하트퍼드에서 88킬로미터 떨어진 곳에 거주했다].

이로부터 2주 뒤인 1943년 5월 27일 쓰인 메모에서 에드거 후버는 현장 요원에게 이번 사례는 실제 구속으로 이어질 가능성을 갖고 조사하는 것이라고 이야기했다. 이에 따라 그는 현장 요원에게 지속적인 수사를 지시했다는 것이 밝혀졌다. 이 조치로 보스턴 지부는 1939년 10월, 조지프 슘페터가 케임브리지 클럽에서 유럽 전쟁에 대해 강연한 바 있다는 사실을 보고했다. FBI 보고서에 따르면 슘페터는 이 강연을 통해 연합군이 전쟁에서 이기더라도 독일은 나치나 볼셰비즘 세력 위주의 독재체제를 유지하게 될 것이며, 전쟁을 멈출 가장 최선의 방법은 독일에게 양보하라고 했다는 것이다.

같은 문건에서 FBI는 긴 분량을 할애해 슘페터가 로웰에서 1941년 3월 강연한 사실을 묘사하고 있다. 보고서에 따르면 슘페터는 독일 국민은 히틀러를 존경하지 않을지라도 그들의 나라를 위해 몸 바칠 것이며, 베르사유조약으로 입었던 피해를 다신 입으려 하지 않을 것이라 주장했다. 그는 가장 유력한 시나리오로 러시아가 전쟁의 승자가 되어 동맹군의 의사와는 별도로 동유럽에서 막강한 권력을 행사하게 되는 것을 꼽았다. 그는 또한 스스로를 민주주의의 챔피언이라 외치며 현재 세계가 처한 암담한 현실을 벗어나고자 냉철하게 현실을 바라볼 사람이라 했다. 한편 이 문건을 작성한 요원은 대부분의 자료를 신문에서 구할 수밖에 없었다고 인정했다. 그는 슘페터에 대한 자세한 정보를 알려면 슘페터에게 직접 관련 내용을 출판한 적이 있는지 물어보거나 그가 작성한 메모가 있는지 직접 묻는 수밖에 없는 상황이라고 했다.

이제 FBI는 엘리자베스의 논문에 눈을 돌렸다. 이들의 보고서는 1940년 발표된 그녀의 논문 「극동 지역에서의 미국의 외교정책」에서 발췌한 내용을 직접 인용했다. 같은 해 4월, 유럽 전쟁은 8개월째로 접어들었고, 중국에서의 전쟁은 3년째가 되던 시기였다. 또 미국이 전쟁에 참여를 선언하기 20개월 전인 시기였다.

FBI가 관심을 돌린 엘리자베스의 논문에서 그녀는 미국의 외교정책이 실효성이 없다고 판단했다. 그녀는 미국의 정책은 비현실적인 희망만 나타내고 있을 뿐 일본의 실제 경제력을 크게 평가절하하고 있다고 주장했다. 또 이탈리아나 독일, 일본과 같은 경제수준에 있는 국가들은 경제제재를 가한다고 해서 쉽게 영향력을 행사할 대상이 아니라고 했다. 그러한 시도는 오히려 그들이 야욕과 침략을 범하는 데 일종의 도덕적 합리화의 기회를 줄 뿐이라는 것이었다.

한 FBI요원은 1943년 8월, 한 보고서에서 상부에서 슘페터 부부의 일이 실제 구속으로 이어질 수 있는 사안이라 언급했다는 내용을 밝혔다. 이 보고서는 이어서 슘페터가 로웰 연구소에서 실시한 강연에서, 만약 독일이 전쟁에서 이긴다면 세계 평화를 유지할 방법은 그들이 전쟁에서 얻은 것들을 그대로 갖게 해주는 것이라는 내용도 싣고 있었다. 하지만 이것은 사실과 다른 진술이었다. 엘리자베스가 두 번의 결혼생활 실패 뒤 조지프 슘페터와 결혼했다는 내용도, 엘리자베스가 일본을 방문했다는 내용도 모두 사실과는 달랐다. 엘리자베스는 전쟁이 있기 전에도 후에도 일본을 실제로 방문한 적이 없었다.

그 뒤 몇 달은 아무런 문제없이 조용히 지나갔다. FBI 책임자 후버는 1944년 3월 17일 남긴 메모에서 슘페터를 조사한 요원을 질책했다. 그는 "이 사건은 극도로 뒤쳐져 있으며 하루 빨리 결론을 내야할 것"이라고 호통치면서 질질 끌고 있는 수사 진행에 대해 꾸짖었다. 후버는 보스턴 지부에 엘리자베스를 심문하라고 지시했고 심지어 심문을 위한 스물다섯 가지의 질문도 줬다. 여기에는 그녀가 어떻게 일본의 경제 상황을 연구하게 되었는가? 그녀가 펴낸 책이 선전활동에 가깝다는 것을 스스로 알고 있는가? 1941년 이전 중국과 일본 가운데 어느 쪽이 전쟁에 이기길 바랐는가? 일본에 대한 미국의 정책이 불공평하다고 생각하는가? 책을 펴내기 전 본인의 책을 일본인이 사볼 것이라 생각했는가? 책이 나오기 전 일본인이 사전에 책을 검토하고 어떤 제안을 했는가? 등의 질문들이 포함되어 있었다.

FBI 요원들은 1944년 7월 엘리자베스를 심문했다. 그녀는 요원들에게 1934년 누군가가[이름은 삭제되었다] 일본에 대한 연구를 감수해달라는 부탁을 했다고 말했다. 당시 그녀는 일본 경제를 해박하게 알고 있지 못했고 미국을 비롯한 다른 국가의 경제학자들은 경제력에 있어서 경쟁자였던 일본에 관심이 많았다는 내용도 이야기했다. 또 그녀는 당시 미국인 대부분이 생각했던 것처럼 자신도 전쟁에 대해 생각해본 적이 없었으며, 지금 같은 충돌이 일어나리란 상상도 해본 적 없다고 답했다.

그녀의 책에 인용된 대부분의 자료는 일본의 발간물에서 발췌했던 것이었다. 또 그녀가 접촉했던 일본인 대부분은 일본 정부에 반감이 있던 학자들이었다. 그들은 도조 정부의 정책에 반대했고 극동 지역 문제는 분명 피할 수 있는 것이라 믿던 사람들이었다. 그녀는 이들은 전쟁을 싫어하던 사람들이었고 어떤 문제이건 간에 상호 협상으로 해결할 수 있다고 믿는 사람들이라고 생각했다.

일본의 경제 상황에 대한 그녀의 책은 그 이상의 어떤 의미가 있진 않았다. 그녀는 절대로 일본 정부에 돈을 받지 않았고, 책을 통해 말하려 했던 것은 일본이 언제든지 전쟁을 할 준비가 되어 있는 국가며 서양 세력이 경제제재를 가한다고 해도 이들은 무력으로 필요한 것을 얻어내리란 사실을 지적했을 뿐이다. 그녀가 이러한 내용을 요지로 피력했던 의견은 당시 이와 관련된 분쟁이 실제로 생겨나면서 문제가 되었다. 이 책을 쓰는 데 필요한 자료조사는 1938년에 이미 완료되었으며, 극동 지역에서의 분쟁이 생겨나기 오래전 시점의 일이었다. 이러한 내용의 진술을 확보한 FBI 요원은 엘리자베스에 대해 더 이상의 수상한 혐의를 발견하지 못한 채 조사를 마무리하고 수사를 종결시켰다.

하지만 후버 국장은 이에 동의하지 않았다. 요원들의 심문 내용에 만족하지 못했던 그는 이 사건이 종료되는 것을 탐탁지 않게 생각했다. 엘리자베스의 책은 하버드대 국제연구소 지원으로 출판된 것으로, 여기에는 어떠한 인세도 포함되지 않았다. 따라서 후버 국장은 책 출판에 소요된 비용은 어떠한 경로건 간에 일본이 줬을 가능성이 많았을 것으로 추측했다. 또 은행 기록을 찾아본 결과, 1930년대 엘리자베스의 통장에는 많은 돈이 쌓였다는 사실도 이러한 추측에 근거가 된다고 봤다. 후버는 다시 지시를 내려 이 돈의 출처를 조사하도록 했고, 지부에서 조사한 결론은 매우 피상적이고 결과를 내는 데에만 급급한 것으로 보인다고 화를 냈다. 그는 엘리자베스를 심문할 적절한 준비가 되어 있는 민첩한 요원이 하루빨리 그녀를 재심문해야 할 필요가 있다고 지적했다.

이렇게 해서 FBI 요원들은 1944년 10월 말, 슘페터 부부가 사는 시골집이 있는 타코닉에서 3회에 걸쳐 심문을 재실시하게 된다. 이 과정에서 심문을 진행한 요원은 1938년 그녀의 통장에 큰돈[총 1만 2000달러]이 쌓이게 된 것은 타코닉의 집(이곳은 슘페터 부부가 단 한 번도 살지 않았던 집이었다)을 팔면서 생긴 것이란 사실을 알아냈다. 엘리자베스는 심문에서 그녀가 쓴 책을 팔아 생긴 그 어떤 돈의 일부도 받지 않았다고 했다. 하지만 『오리엔탈 이코노미스트』와 『리빙 에이지Living Age』에 실린 일본에 대해 쓴 글을 통해 55달러를 받은 사실은 있다고 털어놓았다. 이중 후자는 출판되지 않았다. 또 그녀는 하버드대 국제연구소에서 펴낸 책은 모두 맥밀런 사와의 계약 내용에 따라 출판되었다는 이야기를 했다. 이러한 인터뷰를 실시한 요원은 이번 일에 추가적으로 필요한 증거가 더 이상 없으므로 종결짓도록 하며, 나중에 조사 지시가 있을 때 추가로 조사를 재개할 것이라는 내용과 함께 슘페터 사건을 마무리지었다.

3주 뒤인 1944년 12월 1일, 미국 법무부(훗날 대법원) 차관 톰 클라크는 에드거 후버에게 조지프와 엘리자베스의 기소 안건은 아직 형사부에서 고려하지 않고 있다는 이야기를 전했다. 이후 슘페터에 대한 조사는 잠정적으로 종결되었다. 한편 이 조사 내용이 들어 있는 두꺼운 서류철에는 슘페터의 저서 『자본주의·사회주의·민주주의』에 대해 그 어떤 언급도 없었다. 전쟁이 끝난 뒤 1948년 4월 19일, FBI 내부에서 작성된 메모에는 다시 슘페터가 언급된다. 『시카고 트리뷴』에 실린 "미국 하버드대 안에 공산당이 침투해 활동하고 있다"는 내용의 기사였다. 1950~1951년 엘리자베스는 다시 FBI의 조사를 받게 된다.[3]

이렇게 다시 시작된 조사는 1941년 4월부터 1944년 12월까지 약 3년 8개월 동안 계속되었다. 이 기간에 엘리자베스의 계좌를 관리하던 은행은 그녀의 계좌를 설명해야 했고, 하버드대와 예일대는 슘페터의 보수에 대한 정보를 알려줘야만 했다. FBI 요원들은 슘페터 부부에 대해서만 아니라 그들의 친구, 동료, 이웃까지 조사 대상을 넓혀나갔다. 이러한 소식은 케임브리지, 타코닉, 뉴헤이븐을 비롯한 여러 곳에 빠르게 퍼져나가 미국이 참담한 전쟁을 치르고 있는 상황에서 슘페터의 사상이 의심받고 있다는 소문으로 퍼지게 되었다. 주변 사람들은 이제 슘페터 부부를 다르게 바라봤고, 슘페터 부부는 그들의 차가운 시선을 받아야만 했다. 당시 미국의 상황으로 미뤄볼 때 어떤 이유로든 독일이나 일본과 관계가 있는 사람들은 이러한 시선을 감수해야만 하는 처지였다. 슘페터 부부는 단지 이런 무차별적인 냉담함의 피해자일 뿐이었다.[4]

전쟁을 거치면서 슘페터 부부는 그들이 유지해왔던 대부분의 사교활동을 포기했다. 수백 명에 이르는 친구, 학생, 동료가 군대에 들어갔다. 다른 이들은 워싱턴에 남아 동원 기관에서 일했다. 엘리자베스도 만약 취업 신청이 거부되지 않았다면 그들처럼 워싱턴에 있는 동원업무처에서 일했을 것이다. 이 기간 하버드대도 군사 양성의 한 역할을 맡게 된다. 이로 인해 학생 수는 크게 줄어들었고 학교 대부분의 프로그램은 군 장교를 양성하는 데 활용되었다.

한편 슘페터는 전쟁이 깊어지면서 유럽쪽 지인과의 연락을 줄여나갔다. 1940년, 킬 대학교의 한 교수가 슘페터에게 보낸 편지에는 "슘페터의 책이 중부 유럽에서는 많이 보급되지 않고 있다"라는 내용이 있었다. 이 교수조차도 슘페터의 『경기순환론』이 나온 지 오랜 시간이 지난 뒤에야 받아봤을 정도였다. 이 동료 교수는 독일에 있을 당시 주변 동료들이 슘페터의 책을 보지 못했다고 말했다는 소식도 전했다. 비슷한 시기인 1941년 3월, 슘페터는 미아가 보내는 편지도 더 이상 받아볼 수 없었다. 이에 대해 슘페터는 그의 일기에서 "이 세상에는 온통 파시스트뿐이다"라며 불평을 늘어놓기도 했다. 그는 "어느 누구도 그런 세상을 바라지 않으며, 그런 원시적인 지질 시대가 와서는 안 된다"고 썼다.[5]

1941년 6월, 학기가 끝난 뒤 슘페터는 타코닉으로 돌아와 속세와 단절된 삶을 살기 시작했다. 그는 친구 레드버스 오피에게 편지를 써서 "학문적인 작업에만 파묻히고 싶고, 이 모든 복잡한 상황을 그저 흘려보내기 위해 최선을 다하고 싶을 뿐이오"라며 복잡한 심경을 내비치고 현실을 한탄했다.[6]

이 상황에서 커다란 위안이 된 것은 바로 학문이었다. 엘리자베스는 극동 문제의 연구를 계속했고 슘페터도 타코닉과 케임브리지를 오가며 일에만 몰두했다. 그는 로웰 연구소 강의를 준비하고 『자본주의·사회주의·민주주의』를 쓰는 데에만 온 힘을 쏟았다. 슘페터는 또한 경제 분석의 역사에 길이 남을 만한 기획을 시작하고 있었다. 학기중에는 경제 이론과 경기변동, 경제사상사에 대해 강의했다. 그는 주로 하루에 하나의 수업만 맡았고 일주일 중 6일을 강의했다(당시 미국 대학에서 토요일은 휴일이 아니었다). 가끔 같은 주제를 갖고 수업을 여러 학기에 걸쳐 강의한 적은 있지만, 내용까지 같았던 적은 결코 없었다. 학문의 길을 걷는 사람에게 이는 흔한 일이 아니었다. 대부분의 교수는 토씨 하나 틀리지 않고 똑같은 내용의 똑같은 강의를 학기마다 하는 게 일반적이기 때문이다.[7]

슘페터는 다른 학교에서도 강연과 세미나를 계속했으나 예전보다 횟수는 줄었다. 그는 1940년 존스홉킨스대에서 학생들과 계속 연락하며 지내고 싶다고 했고 원하는 학생이 있다면 개인적으로 시간을 내어 면담도 해줄 생각도 있다고 했다. 하지만 당시는 케인스의 시대였고, 상대적으로 학생들의 관심을 끌지 못하던 슘페터는 이에 큰 불만을 갖고 있었던 것으로 보인다.[8]

슘페터가 『자본주의·사회주의·민주주의』 원고를 쓰면서 세계정세에 대한 우려는 더욱 깊어졌다. 이 시기에 그가 쓴 일기에는 점차 그의 동료나 친구나 엘리자베스에 대한 이야기는 줄어들었다. 어머니와 애니에 대해 언급한 내용도 이전처럼 쉽게 찾아볼 수 없었다. 또 자신의 연구에 대한 자세한 이야기도 거의 없었다. 때때로 그가 새롭게 시작한 경제학적 분석의 역사에 대한 기획이 언급되는 정도였고, 『자본주의·사회주의·민주주의』 원고의 이야기도 조금 실려 있었다. 일기 내용 가운데 "이 책의 저술에 몰두하고 있고, 현재 상황으로 볼 때 절대적인 집중이 필요하다. 글을 쓴다는 것이 이렇게 어려운 일인가!"라는 내용도 담겨 있었다.[9]

그가 선택한 고립과 힘든 작업의 연속이라는 삶의 유형은 계속되었다. 그래서 다른 사람에게 편지를 쓰는 일조차 그만뒀다. 몇 달 동안 편지함조차 열어보지 않을 정도로 고립무원으로 일관했다. 일본이 진주만을 공격하기 직전, 그는 자신이 어떻게 삶을 살고 있는지 편지를 써서 플로리다 대학교의 한 동료 교수에게 보냈다. 이 동료는 슘페터와 그리 친한 사이는 아니었다. 슘페터는 이 동료에게 플로리다대에서 강연을 부탁하는 메일을 받고도 답장을 빨리 보내지 못한 것을 사과하면서 자신의 입장을 전달한다.

제 행동에 부끄러움을 느끼고 있습니다. 당신의 편지를 받고 결정을 내리진 못했지만 많은 생각을 했습니다. 최근에 엄청나게 많은 일을 하지 않지만 평소보다 많은 시간을 일에 쏟고 있습니다. 그래서 제 연구의 질이 점점 떨어진다는 사실도 잘 모를 정도입니다. 종종 아침에 시간을 조금 내어 학생들과 이야기를 나누고 있으며 새로운 기술을 배우는 데에는 아직 큰 어려움이 없다는 판단이 듭니다. 하지만 이런 것들을 제외한 제 삶의 다른 부분들은 어느새 모두 멈추게 되었습니다. 예술에 대한 흥미도 잃었고, 사교적인 모임에서도 전혀 활동을 하지 않고 있습니다. 예를 들자면 이곳 케임브리지에는 많은 친구가 있지만 그들을 최근에 만난 적은 없습니다. 이것만 봐도 제가 편지를 주고받는 일을 얼마나 병적으로 멀리하는지 아시리란 생각이 듭니다. 편지함은 산더미처럼 쌓여 있고 정말 중요한 사항이 아닌 듯한 편지면 웬만해서는 열어보지도 않고 있으니까요. 몹시 장황한 설명을 하고 있는지 모르겠지만 오해하지 않길 바라는 마음에 말씀드리는 겁니다. 당신은 물론 다른 사람들을 향한 존경심은 계속 간직하고 있으며 이런 상황이 계속되지 않길 바라고 있다는 말씀도 드리고 싶었습니다.[10]

이렇게 계속된 고립과 자기회의의 시간 속에서 그는 『자본주의·사회주의·민주주의』의 저술에 온 힘을 쏟았다. 이 과정에서 그가 느낀 감정의 고통은 그대로 남아 있었지만 그의 천재성에는 아무런 영향을 주지는 않았고, 오히려 그의 창의력을 높여주는 원동력이 되기도 했다.

슘페터는 이 과정에서 그가 쓰게 될 책이 역사에 길이 남을 고전이 되리란 생각은 전혀 못했던 것으로 보인다. 1942년 4월, 그는 뉴욕의 저명한 출판사인 하퍼 앤드 브라더스의 편집인인 카스 캔필드에게 편지를 썼다.

편지 보내주셔서 감사합니다. 일정이 늦어진 점 죄송하게 생각하며 원고를 이제 보내드릴까 합니다. 출판사에 대한 정보가 없어 이렇게 개인적으로 편지를 보냅니다.

제가 보내드리는 원고에 대한 복사본은 한 부만 만들어놓았습니다. 그렇기 때문에 만약 제 원고가 출판되기에 부적절하다고 판단이 되신다면 원고는 꼭 돌려주셨으면 합니다.

하퍼 앤드 브라더스는 이 책을 내고 큰돈을 벌었으며, 오늘날까지도 적잖은 수입을 올리고 있다. 이 책에 관련된 사람들(편집자, 저자, 출판사)에게는 다행히 당시 케임브리지와 뉴욕을 잇는 우편 제도는 믿을 만한 수준이었으며, 슘페터의 원고는 무사히 출판되어 독자들에게 널리 사랑받게 되었다.

『자본주의·사회주의·민주주의』

슘페터가 쓴 『경기순환론』은 좋은 성과를 얻지 못했다. 그러나 슘페터는 3년이 지난 1942년에 『자본주의·사회주의·민주주의』라는 걸작으로 화려하게 돌아왔다. 이 책을 내기까지 30개월이 걸렸고 시간상의 어려움도 많았다. 그는 이 책에 40년간 학자로서 쌓아온 학문적 지식을 모두 쏟아부었다. 양적인 면에서 본다면 이 책은 381쪽으로 『경기순환론』의 3분의 1에 불과했다. 그러나 질적인 차원에서는 비교할 수 없을 만큼 풍부한 내용이 담겨 있었다. 또 아주 유려한 문체에다가 많은 비유와 이야기가 있었다. 내용적인 면에서는 고대 그리스와 로마 시대에서부터 출판 당시의 세계사가 모두 들어 있었다.[1]

『자본주의·사회주의·민주주의』는 16개국 언어로 번역되어 오늘날에도 여전히 전 세계 독자에게 많은 사랑을 받고 있다. 비록 저자 본인은 겸손하게 돈벌이를 위해 책을 썼다고 종종 책의 가치를 폄하하곤 했지만 이 책은 수천 명의 저널리스트, 정치학자, 사회학자, 경제학자, 역사학자 등이 즐겨 인용하는 책이 되었다.

1930년대에 들어서 마르크스주의가 주목받고 인기를 얻게 되자 이에 대한 반응으로 슘페터는 여러 편의 논문으로 구성된 이 책을 쓰게 되었다. 그는 일기에 이 책을 "사회주의에 관한 책"이라고 불렀다. 그러나 『자본주의·사회주의·민주주의』의 주된 내용은 자본주의에 관한 것이었다. 더욱 정확히 표현하자면 이 책은 『자본주의』가 되어야 한다는 것이다. 슘페터는 이 책을 통해 자본주의가 어떻게 우리 경제생활을 구성하고 있는지 더 나아가 자본주의가 지성과 사회와 정치 문화에 끼치는 영향은 무엇인지 이야기하고 있다. 이 책은 자본주의를 다룬 현존하는 책 가운데 가장 통찰력 있는 내용을 담고 있다.

그중에서도 가장 훌륭하다고 손꼽히는 부분은 바로 대기업에 관한 내용이었다. 이것은 『경기순환론』을 쓰지 않았다면 불가능했을 것이었다. 『경기순환론』이 좋은 평가를 받지 못하고 게다가 케인스의 『일반 이론』에 비해 우수하지 못하다는 평가를 받자, 슘페터는 『자본주의·사회주의·민주주의』에서는 전혀 다른 내용과 어조를 선보였다. 그는 마치 그를 둘러싼 모든 우려의 시선을 물리치고 경제학 외의 다른 분야에 대한 부담을 덜어내려는 듯했다. 그래서 이 책은 전례가 없는 내용과 은근한 유머도 있다. 이중 일부는 조너선 스위프트나 마크 트웨인처럼 매우 진지한 어조를 띠고 있으면서도 풍자도 많이 실려 있다. 슘페터는 이 책에서 자본주의를 찬양하려 하지 않았는데— 책 내용 가운데 슘페터가 사회주의적 사고를 지지하는 내용이 있다— 독자들은 실제로 이 책의 내용을 있는 그대로 받아들여서는 안 되는 부분도 많다.[2]

비록 『자본주의·사회주의·민주주의』의 상당 부분이 슘페터의 이전 책 내용에 기초를 두고 있지만 『자본주의·사회주의·민주주의』는 대공황과 제2차 대전이라는 특정한 배경을 기초로 쓰였다. 이 책에서 슘페터는 중대한 질문 세 가지를 던진다.

첫째, 자본주의는 그 본성과 과정상 실패할 수밖에 없는가?

둘째, 만약 사회주의가 자본주의를 대체하게 된다면 자본주의가 이룬 경제 성과를 똑같이 이뤄낼 수 있을 것인가?

셋째, 민주주의가 자본주의 혹은 사회주의와 공생할 수 있는가?

슘페터는 이 책의 서두에서 58쪽을 할애해 마르크스의 책을 분석했는데, 예언가로서의 마르크스, 사회주의자로서의 마르크스, 경제학자로서의 마르크스 그리고 교육자로서의 마르크스를 분석해 총 4장으로 구성했다. 그리고 이 책을 통해 알 수 있는 것은 슘페터 자신도 마르크스가 맡았던 이 네 가지의 역할을 맡고 있다고 생각했다는 점이다. 슘페터는 마르크스가 자본주의에 대해 갖고 있던 역동적인 관점을 높이 평가했다. 그는 "마르크스는 우리가 겪고 있는 산업의 변화를 더욱 분명하게 분석하고 있었으며, 그 핵심에 대해 당시 어떤 경제학자보다 잘 알고 있었다"고 언급했다. 또 그는 "마르크스는 일류 경제학자 가운데 경제학을 체계적으로 가르치고 경제학 이론이 어떻게 역사 분석과 결합될 수 있는지 보여준 첫 번째 학자다"라고 극찬하기도 했다. 마르크스는 역사와 이론을 결합시켜 다른 누구도 만들어내지 못한 결과를 만들어냈다는 것이다.[3]

그럼에도 불구하고 슘페터는 마르크스의 주장을 반박하기도 했다. 사회주의자였던 마르크스는 각 사회계급을 지나치게 단순화시켜 바라봤기 때문에 많은 부분이 잘못되었다는 이야기였다. 마르크스주의체제에서 자본주의사회는 두 계급이 있다. 첫째는 생산수단을 소유하고 통제하는 자본가계급이고 다른 하나는 그렇지 못한 노동자계급이다. 슘페터는 이 부분에 대해 노동자도 단순히 하나의 계급으로 봐서는 안 된다고 생각했다. 근대에는 비범한 지성과 에너지를 가진 일부 노동자계급이 사업을 시작해 스스로 자본가로 거듭날 수도 있다고 봤기 때문이다.[4]

슘페터가 보기에 마르크스의 여러 모습 가운데 가장 허점이 많았던 것은 바로 경제학자로서의 마르크스였다. 그가 저지른 여러 오류 가운데 하나는 자본주의가 성숙해질수록 사회 총소득에서 노동자가 차지하는 부분이 줄어들 것이라는 주장이었다. 오히려 그는 노동자가 더 빈곤에 빠져 반란을 일으키고 자본가의 생산수단을 빼앗을 것이라고 생각했다. 이렇게 되면 결국 노동자의 반란으로 자본가의 자본이 강제로 취합되고, 이들 노동자는 사회 전체의 이득을 위하는 방향으로 자본을 통합 운영할 것이라는 주장이었다.[5]

이러한 마르크스의 주장에 대한 슘페터의 반박은 두 가지로 나뉘어졌다. 첫째, 그는 역사적 사실을 돌이켜볼 때 노동자의 소득이 사회 총소득에서 차지하는 비율이 갈수록 늘어나지 도리어 줄어들지는 않는다고 주장했다. 백분율로 계산했을 때 이들의 소득은 일정하거나 늘어났다. 그리고 절대적인 수치를 보아도 노동자의 소득은 늘어났고 생활수준도 높아졌다. 이는 자본주의가 소득을 늘렸고 재화의 가격도 떨어뜨렸기 때문이었다.[6]

또 마르크스는 생산수단의 기계화가 실업자들을 "산업예비군reserve army"으로 태어나게 하리라 주장했다. 하지만 이것 또한 현실로 이어지지 않았다. 그는 리카도가 내세웠던 기계화가 실업에 미치는 치명적 영향의 이론을 아무런 비판 없이 곧이곧대로 믿었다. 마르크스가 이러한 오류만 범한 것은 아니었다. 슘페터는 그의 책을 통해 마르크스가 잘못 짚은 점을 다소 장황하게 설명했다. 그는 마르크스가 기업가와 자본가를 구별하지 못했다고 비판했고 대기업의 개념도 정립되어 있지 않았다고 꼬집었다. 또 그의 사유 체계는 경기순환을 고려하지 않고 있으며 고전경제학자들처럼 항상 "완전경쟁"의 관점에서 문제들을 다루고 있다고 비판하기도 했다.[7]

슘페터가 마르크스의 오류를 찾아 설명한 것과는 별개로 그는 마르크스 이론의 폭과 깊이를 높이 평가했고, 대중적인 담론을 제공했다는 데 의미를 뒀다. 한편 1930년대 예언가와 교육자로서 마르크스가 왜 그렇게 유명세를 탔는지는 더욱 분명하게 알 수 있었다. 사람들은 마르크스의 이론이 단순히 당대의 문제들을 해결해줄 수 있어서 좋아한 게 아니다. 당시 마르크스가 좌절감을 느끼고 학대받는 사람들에게 희망을 줄 수 있는 인물이었기 때문에 더욱 좋아했던 것이다. 마르크스주의는 항상 늘 사회적으로 병든 사람들에게 구원을 약속했다. 경제학뿐만 아니라 역사적 사실까지 아우르는 체제를 만들어낸 마르크스는 보통 사람들에게 "더 이상 그들 삶 속에서 좌절감을 느끼지 않고 살 수 있도록 손길을 내민 사람처럼 보였다."[8]

1930년대 대공황을 거치면서 생겨난 엄청난 수의 실업자는 마르크스 이론의 산업예비군과도 무척 닮은 모습이었다. 슘페터가 분석한 바에 따르면 낙담에 빠진 부르주아와 의기양양한 지성인들은 당시 경제 불황과 그 뒤의 회복과정을 "마르크스가 예상했던 자본주의의 구조 변화에 관한 증상"이라 이해하고 있었다. 하지만 슘페터는 당시와 비슷한 불황이 전에도 여러 번 있었고 1930년대 경제 회복의 이해하기 어렵던 부분들은 마르크스 이론으로 설명할 수 없다고 지적했다. 케인스는 이에 대해 그럴듯한 설명을 제공했는데, 그는 소비자의 구매력이 충분하지 못한 점을 지적했다. 반면에 슘페터는 "새 재정정책과 새 노동법과 민간 부문에 대한 정부의 태도 변화 등에 잘 적응하지 못한 상황"이 대공황의 골을 더 깊게 만든 원인으로 꼽기도 했다. 하지만 여러 원인 가운데 슘페터가 꼽은 가장 심각했던 요인은 은행 파산으로, 다른 은행에도 급격히 파산이 확산되면서 공황을 더욱더 파국으로 몰아넣었다.[9]

이제 슘페터는 마르크스의 단조로운 이론에서 눈을 돌려 자신에게 질문을 던졌다. "과연 자본주의가 살아남을 수 있는가?" 그리고 이 질문에 대한 그의 답은 비관적이었다. "그럴 수 없을 것이다."[10]

『자본주의·사회주의·민주주의』 2장에 나오는 내용은 더욱 복잡하고 면밀히 분석되었고 역사적 사실까지 포함하고 있었다. 슘페터는 여기서 그의 주장을 매우 조심스럽게 펼치고 있다. 2장에서 그가 실제로 목표했던 바는 자본주의가 몰락하리란 예언이 아니라 자본주의가 움직이는 원리를 설명하는 것이었다. 그는 항상 자본주의가 왜 좋은지 설명하는 데 몰두하고 있었다. 또 자본주의의 취약함도 강조해 설명했다.[11]

한편 슘페터는 그의 책을 읽는 독자들이 책을 읽는 데 집중력을 잃을 수도 있다는 점을 인정했다. 심지어 그는 "대중의 시각도 많이 변화해, 그들은 자본주의를 비판하거나 이 체제가 필연적 결과라 한다"고 말하기도 했다. 당시 정치에 관련된 글과 연설에서도 자본주의가 불러오는 결과에 대한 비판이 가득했을 정도였다. 대부분의 사람은 이제 자본주의를 반사회적이며 심지어 부도덕한 체제로 여기곤 했다. 따라서 슘페터가 이러한 여론에 반론을 던지는 것도 쉽지 않았다.[12]

슘페터는 반론을 펼치면서 우선 근대 산업자본주의가 가장 높은 1인당 국내총생산을 달성하게 해줬다는 점을 언급한다. 그리고 마르크스가 노동자의 소득이 줄어들 것이라 예상했던 주장에 대해서는 "실제로 소득의 비율이 늘어난 것은 저소득층이었다"며 반박한다. 그에 따르면 저명한 저자나 지성인들의 주관적 평가와는 상관없이 실제 작성된 통계는 평균 근로자의 형편이 더 나아졌음을 나타내고 있었다. 즉 자본주의는 대중의 삶의 질을 높여놓았는데, "그 이유는 우연적인 결과가 아니라 자본주의의 본질에서 오는 것이란 이야기였다."[13]

슘페터의 제자로 하버드대 최고의 학생이던 노벨상 수상자 토빈은 "슘페터는 늘 역사에 길이 남을 이론을 만들겠다는 야망에 부풀어 마르크스에 버금가는 업적을 쌓고자 했으며, 이 과정에서 마르크스의 생각을 모두 뒤엎으려 했다"고 말하기도 했다. 슘페터가 마르크스의 이론을 뒤집은 것 가운데 가장 주요했던 것은 바로 독점에 관한 내용이었다. 산업구조의 과점화가 문제가 되던 1930~1940년대, 슘페터의 이 책에서는 "대중의 삶의 질이 크게 나아진 것은 대기업이 자유롭게 활동하던 시기에 이뤄졌다"는 내용이 있었다. 또 "대기업은 소비자의 이익을 빼앗기보다는 오히려 그 이익을 늘렸다"는 내용도 담겨 있었다.[14]

왜 이런 일이 일어나는지에 대한 설명에서 슘페터가 도입한 용어가 바로 창조적 파괴라는 말이다. 그는 "국내외 시장의 개방, 소규모 상점이나 공장에서부터, 심지어 US 스틸 같은 대기업에 이르기까지 기업의 조직적인 발전이야말로 바로 창조적 파괴라는 산업화의 변화—생물학적으로 이야기하자면 변이—를 잘 설명하고 있다. 이 변화는 경제구조 안에서 끊임없는 혁신과 파괴와 창조가 반복되며 나타남을 뜻한다. 이러한 창조적 파괴의 과정은 자본주의의 근본적인 요소이며 핵심이다"라고 설명했다.[15]

창조적 파괴란 혁명적인 과정이기 때문에 자본주의의 성과란 10년이나 100년에 이르는 긴 시간을 두고 평가되어야 한다. 이 부분에 대해 슘페터는 동료 경제학자들이 대기업을 연구했던 방법을 비판했다. 즉 그는 대기업을 한 시점이라는 단기적인 차원에서 평가하는 것은 아무 실익이 없는 행위라고 비판했던 것이다. 이것은 학계에서는 전통적인 연구법이었다. 보통 경제이론가나 정부위원회 위원들은 주요 기업을 분석하는 데 "과거사를 돌이켜보거나 기업이 계속 유지되도록 하는 시도로써 현재 어떠한 변화가 일어나는지 등은 주목하지 않았다. 즉 [기존 연구법을 통해*] 드러난 자본주의에 관한 문제는 자본주의가 어떻게 기존 사회구조를 유지하는가라는 점이며, 그 밖의 문제는 자본주의가 사회구조를 어떻게 만들어내고 파괴시키는가라는 점이었다."[16]

창조적 파괴는 끊임없이 옛 재화와 기업과 구조를 없애버리며 새것으로 대체시킨다. 기업 전략의 모든 부분은 생성 과정과 생성 배경이 있어야 진정한 의미를 갖게 되는 것이다. 이어서 슘페터는 기업 전략은 끊임없는 변화의 바람 속에서 행해지는 측면으로 분석되어야 한다고 말했다. 이러한 측면을 고려하지 않는다면 그 분석은 "의미가 없는 것이란 이야기였다."[17]

"경영 전략business strategy"이라는 용어를 쓰는 데 있어서 이를 군사행동에 비유하곤 했던 슘페터는 오늘날에도 발전을 거듭하고 있는 기업행동을 분석하는 데 큰 업적을 남겼다. 경영 전략과 "기업 전략Corporate strategy"은 오늘날 경제 관련 매체에서뿐만 아니라 일반 대중매체의 보도에서도 흔히 쓰이는 개념이 되었다. 다수의 컨설팅 업체는 이러한 전략을 주목하게 되었고, 심지어 경영대학원에서도 전략은 하나의 중요한 과목으로 자리잡아갔다. 대부분의 대학은 이제 "전략" "전략적"이라는 용어가 포함되는 하나의 학부를 갖고 있을 정도다. 또 지난 60년간 발간된 수천여 편의 경영 관련 책과 논문에도 전략이라는 단어를 쉽게 찾아볼 수 있다. 이렇게 전략이라는 것은 1940년 이래로 경영 분야에서 가장 중요한 개념 가운데 하나로 자리잡게 되었다.[18]

『자본주의·사회주의·민주주의』에서 슘페터는 당시 경제학자들 사이에서 가장 주요한 이론적 틀이었던 완전경쟁 이론에 대해서도 맹렬히 비판했다. 완전경쟁 모델은 경영 전략이라는 개념을 포섭하기 어려웠다. 이는 완전경쟁이란 정의상 어떠한 전략으로도 다른 기업에 큰 영향을 줄 수 없는 수많은 기업으로 이뤄져 있기 때문이었다. 완전경쟁의 중요한 가정은 무한에 가까운 구매자와 판매자가 있고 이들은 모든 재화와 서비스에 대한 완벽한 정보를 갖고 있을 때다. 이 모델은 완전한 거래를 가정하므로 변호사나 회계사나 중개인, 합명회사, 주식회사 계약 등 실제 기업에 필요한 그 어떤 것도 필요하지 않게 된다.

완전경쟁은 수학적 모델과도 잘 맞아떨어지는 개념이다. 그러나 이것이 대부분의 경제학자에게 어려움으로 와 닿기도 했다. 하지만 완전경쟁은 창조적 파괴의 동학과는 연관이 없기 때문에 슘페터는 완전경쟁을 근대적 자본주의 경제를 이해하는 데 적합하지 못하다고 판단했다. 예컨대 시장에 새로운 재화가 소개되었을 때 모든 구매자와 판매자는 그 재화가 시장에서 이끌어낼 수요를 알 수 없을 것이다. 슘페터는 이를 두고 "실제로 완전경쟁은 항상 새 재화가 시장에 들어올 때 잠정적인 유예 상태가 되곤 한다"고 썼다. 그리고 이렇게 새 재화가 끊임없이 생겨나고 새 방법이 생겨나는 현상은 "자본주의를 움직이는 원동력이라 여겼다."[19]

슘페터는 이어서 대기업으로 대표되는 자본주의는 완전경쟁과는 관련이 없을지라도 장기적으로 더 많은 경제 생산과 삶의 질의 향상을 불러온다고 주장했다. 그는 "생산에서 대기업을 위주로 하는 자본주의 동력의 효율성은 이전에 소기업이 이끌던 때보다 우수하다. 이는 물론 통계에 관련된 것일 수 있지만 완전경쟁 모델에서의 기술적·조직적 요소로는 지금과 같은 성과를 내기 어렵다. 그러므로 근대적 자본주의가 완전경쟁하에서 어떻게 작동할 것인가라는 점은 아주 의미 없는 질문이 된다"고 했다.[20]

슘페터는 항상 완전경쟁과 정태적 가정이 빚어내는 문제점에 주목했다. 이러한 시도에 있어서 그는 애덤 스미스를 비롯해 다른 고전경제학자들의 이론과 근대 산업자본주의의 현실을 비교하곤 했다. 스미스나 다른 고전경제학자들은 완전경쟁을 예외라 여겼고 가령 완전경쟁이 원칙이라고 할지라도 그 역할은 크지 않을 것이라 봤다. 실제 우리 삶에서도 완전경쟁이라 볼 수 있는 시장 형태는 극히 드문 게 사실이다.[21]

대신에 선진 산업국가에서 보다 흔하게 나타나는 형태는 이른바 "과점"이었다. 이 용어는 1516년 『유토피아』를 저술한 토머스 모어 경이 처음 소개했다. 그로부터 410년 뒤 슘페터의 하버드대 동료인 에드워드 체임벌린이 다시 쓰기 시작했다. 지금 과점이란 단어는 소수의 대기업이 서로 경쟁하며 특정 상품시장의 대부분을 지배하는 상태를 일컫는데 여기에는 주로 석유, 철강, 자동차, 화학 분야 등이 해당된다. 이 회사들은 대량 생산 혹은 대량 유통을 하거나 심지어 둘 다 하는 게 대부분이다. 특성상 대량의 자본 투자를 필요로 한다. 슘페터는 과점에 "결정적 균형이란 있을 수 없으며 끝없는 균형의 이동과 그에 따른 변화가 반복되어 기업 간에 전쟁 상태가 존재한다"고 했다. 여기서 그는 기업 간의 경쟁을 군사행동에 비유했던 것이다. 하지만 이러한 새로운 상황은

균형 분석을 어렵게 만들고 수학적으로 모델을 완성시키는 데에도 큰 어려움이 있는 게 사실이다.[22]

이에 대해 슘페터가 대안으로 제시한 접근법은 상품의 품질과 마케팅이라는 요소를 경쟁 요소로 포함시키는 일이었다. 이러한 새 관점은 기존 가격 분석의 어려움을 조금이나마 덜어줄 수 있었다. 그는 "교과서 지식과는 달리 자본주의 현실에서 중요한 것은 경쟁의 종류가 아니라 새 재화에 따른 경쟁과 새 기술과 새 공급과 새 종류의 조직일 것이다"라고 주장했다. 그는 "이러한 새 형태의 경쟁은 기존 기업의 이윤과 산출량에 위협적인 것이 아니라 그들의 존속 자체에 매우 위협적이다"라고 했다. 그에 따르면 과점에서 이러한 위협은 늘 있다. 그러므로 과점에 대한 근본 요소들을 감안하지 못한 이론 분석은 "그 논리가 성립하더라도 의미가 없다고 봐야 하는 것이다. 마치 덴마크 왕자 햄릿이 등장하지 않는 『햄릿』을 읽는 것과 다를 바가 없다."[23]

이러한 내용을 읽는 독자들은 슘페터가 늘 급진적인 태도를 취한다는 것을 어느 정도 감안해야 한다. 슘페터는 항상 그의 학문적 실수를 범죄만큼이나 잘못된 것이라 여겼다. 특히 계속된 혁신이 자본주의의 내생적 요소라는 점을 인정하지 못한 것이 그중 하나였다. 만약 이러한 개념상의 변화가 실제 정통경제학에 접목되었다면 경제학 방법론에는 큰 차이가 생겼을 것이다. 경제학자들이 차츰 "변화"에 대해 관심을 가지면서 그들은 변화의 "역사"에도 관심을 가졌다. 그들은 경제학과 기업경영사에 더 많은 시간을 쏟아 조사했고, 이는 슘페터가 『경기순환론』을 쓸 당시에 했던 방법과도 같았다. 이제 경제학자들은 그들이 조사한 역사적 배경을 통해 대기업이 사회에 악을 끼치는 요소가 아님을 알아냈다. 그들은 대기업도 경제구조의 한 부분이며 경제 전체의 산출량을 장기적으로 극대화시키는 경제계의 동력이라는 점을 역사를 통해 알아냈던 것이다.[24]

이제 슘페터는 독점에 다시 눈을 돌렸다. 그는 독점과 대기업을 같은 개념으로 보는 미국인 대부분의 잘못된 시각을 고치려 했다. 슘페터는 독점이라는 용어 자체가 예전 영국이 미국을 식민지로 만들었을 당시, 왕이 특정인에게 특권을 줘 한 지역을 독차지하는 형태에서 기원했기 때문에, 대중의 반감을 일으킬 만한 뜻을 품고 있다고 생각했다. 또 독점의 악독한 측면은 앤드루 잭슨부터 시어도어 루스벨트와 우드로 윌슨과 프랭클린 루스벨트에 이르기까지 대부분의 대통령이 추진한 정책에서 여실히 드러나기도 했다. 하지만 근대적 자본주의체제하에서는 장기적인 독점은 결코 있을 수 없다. 그러므로 높은 기업가적 이윤이란 항상 있는 것도 아니며, 대기업도 결국 혁신과 성장에서 중요한 요소가 된다.[25]

슘페터는 미국 내에서 독점과 대기업은 같은 개념이라는 잘못된 생각이 팽배해 있다는 점에 주목했다. 사실 미국은 그 당시 대기업들의 온상이었다. 큰 내수시장과 기업가적 문화로 인해 미국에는 전 세계 대기업이 대부분 모여 있었다. 슘페터는 이 점을 통감하고 있었고, 나름의 심리학적 이유를 찾았다고 믿었다. 그의 일기에는 "미국 내 여론은 대기업에 매우 비판적이다. 이는 대기업이 지금의 미국을 만들어냈고 미국에 깃든 영혼의 비밀스러운 기준을 만들어놓았기 때문일 것이다. 대기업에 속하지 않은 사람들은 삶의 기준에도 미치지도 못한다고 느끼게 되고 결국 대기업에 대한 반감을 갖게 되는 것이다"라는 내용이 있었다.[26]

슘페터가 대기업이 이룩한 일반적인 성공 요인으로 꼽은 것은 독점적 이윤이 아닌 연속적인 기술혁신과 조직적 구조의 변화였다. 『자본주의·사회주의·민주주의』를 통해, 그는 이 요소들이 창조적 파괴와 통계적 도식을 통해 생겨나기도 하지만 주로 이것은 자신만의 시장을 만들어냄으로써 성공하게 된다고 설명한다. 독점적 이윤이 물론 일시적으로 생길 수 있지만 그것은 오직 일시적인 현상일 뿐이며 자본주의사회가 성공적인 혁신가에게 주는 일종의 보상이라는 것이다. 슘페터는 그의 분석을 더 발전시켜 자본주의적 기업가와 그들이 만들어내는 기술적 진보를 규명하려 했다. 그는 이 두 요소가 역사적 기록을 통해 본다면 결국 같다고 할 수 있으며 자본주의적 기업가가 기술적 진보를 만들어내는 요소라고 두 관계를 정리했다.[27]

슘페터는 이러한 분석을 둘러싼 논쟁을 그가 주로 썼던 풍자적인 표현으로 결론짓는다.

> 독자들은 내가 어떠한 결론을 내리길 기대하겠지만 그러지 않을 것이다. 말하자면 어떠한 시도도 해보지 않은 사람이 내 연구에 대한 믿음도 없이 결론만을 보게 하고 싶지 않다. 독자들은 내가 자본주의적 질서에 대해 인상적인 경제적·문화적 분석을 어떻게 했는지 보길 바란다. 나는 이러한 내 업적과 약속들이 자본주의적 과정의 모든 면을 잘 설명할 수 있으며 빈곤을 해결할 방법을 제시했다고 주장하지는 않겠다. 또 나는 내 연구로 인해 자본주의적 간주곡이 더 늘어나리라 주장하지도 않을 것이다. 실제로 나는 그와 정반대의 추론만 내어놓을 것이다.[28]

다음으로 슘페터는 자본주의가 스스로 그 체제를 붕괴시킬 요인을 안고 있다는 주장이 어떻게 나왔는지 설명하려 한다. 이는 경제적 요인이 아니라 사회적 요인이었다. 이런 맥락에서 그는 자본주의가 시초부터 현재까지 어떻게 진화해왔는지 보여주려고 노력했다.[29]

슘페터는 자본주의 이전 시대만 하더라도 누군가의 삶의 질을 지배계급의 수준까지 끌어올릴 그 어떤 경제 성과도 있을 수 없었다고 이야기한다. 하지만 자본주의가 우리 삶 속으로 들어오면서 "비범한 능력과 야망"을 지닌 개인은 기업을 통해 더욱 높은 삶의 질을 누릴 수 있게 되었다. 물론 그는 기업가로서의 성공이 봉건시대의 영주를 비롯한 다른 시대의 지도자들이 누리던 카리스마적 영광을 누리게 해주진 않는다고 했다. 다시 말해서 "기업가로서의 성공이 무력의 번영, 힘의 과시를 가져다주는 것이 아니며, 무장한 말에 올라타 적진으로 뛰어들 기회를 가져다주는 것도 아니다"라는 것이다.[30]

하지만 시간이 흐르면서 자본주의의 커진 힘 때문에 봉건사회의 토대가 무너지기 시작했다. 이에 따라 기득권층의 특권도 사라지게 되었다. 귀족과 기사, 영주와 소작농, 수호자와 장인 등의 상호관계는 이제 자본주의의 효율성과 기회라는 요소로 바뀌어가고 있었다. 사람들은 이제 더 이상 사회유기체의 일부분에 지나지 않은 시대에 사는 것이 아니다. 그들은 물질적 부를 쌓을 수 있게 되었고, 동시에 그들 삶에 책임을 스스로 져야만 했다. 이제 그들은 매달릴 "개인적 줄"을 갖게 되었다.[31]

한편 기업가적 성공을 거두는 데 필요한 재능은 삶의 다른 영역에는 적용되지 못했다. 기업 내 사무실에서 천재라고 해서 또 다른 영역에서 다른 사람들을 놀라게 할 만한 실력이 있는 것은 아니었다. 화실이나 정치의 무대에서 그들의 기업가적 재능이 잘 활용될 수는 없었다. 그래서 "다른 이들의 보호 없이는 자본가계급도 나라를 이끌거나 특정 계급의 이득을 보장하기에는 역부족인 상황이 나타났다."[32]

슘페터는 이들이 필요로 했던 "보호"란 것이 자본가들을 통해 제공되었다고 했다. 상인과 제조업자가 점차 경제 영역을 지배하게 되었고 자본주의 시대 이전에 지도층은 그들의 정치적·사회적 위치를 유지하고 있었다. 이들은 스스로 투자한 자본에 이득을 보며 삶을 누렸고 이 이득은 기업가계급이 활발히 활동하면서 더욱 커졌다. 그리고 이에 대한 대가로 이들은 기업가계급을 위해 전통적인 정부가 맡았던 역할을 대신했다.[33]

그럼에도 불구하고 자본주의와 대기업의 번영은 영주와 왕을 비롯한 다수의 생산자와 상인의 이득을 갉아먹었다. 이것은 사소한 문제가 아니었다. 그들은 분명 다수였기 때문에 정치적·사회적 영향력도 막강했다. 대기업은 이 같은 힘을 갖지 못했다. 근대적 자본주의에서 실물 자산을 증권의 지분으로 대체하는 일은 사유재산이라는 생각을 통째로 흔들어놓았다. 그리고 이 추세가 계속된다면 그 누구도 자본가계급의 부를 유지시켜줄 수 없게 될 것이며, 대기업도 더 이상 노동자로부터 이전의 충성심을 얻기도 어려울 것이었다. 직원들은 경제적 진보를 이제 당연시 여기게 되고 회사의 성공에 더 이상 감정을 갖지 않으며, 크게는 자본주의체제 자체에도 아무런 감정을 갖지 않게 되었다. 기업이라는 바퀴에 달린 톱니 가운데 하나로 언제 대체될지 모르는 상황에서 그들은 극도의 불안감을 느꼈다.[34]

뿐만 아니라 다른 사회적·심리적 요소들이 자본주의의 성공에 영향을 줄 수 있다고 슘페터는 생각했다. 사람들은 새로운 생산물과 생산방법이 계속해서 생겨나리라 기대하기 때문에 혁신 자체도 일상이 되어버리고 경제적 진보도 객관화·자동화되는 상황이 된다는 것이었다. 관료주의적 절차와 지루한 위원회 따위가 천재들의 재능을 대신하게 되며, 혁신이 멈추지는 않지만 개인들의 기업가정신이 점차 더 중요하게 된다.[35]

게다가 자본주의는 개인들의 이성 속에서 조금씩 변화를 겪게 된다. 세상 모든 것을 비용과 편익이라는 두 요소로 압축시킴으로써 자본주의는 사람들의 생각을 "합리화"시킨다. 자본주의는 이성의 구조를 만들어내어 다른 도덕적 요소는 의미를 잃게 된다. 결국 이것은 자본주의를 향한 반감으로 나타난다. 그러나 불행하게도 자본주의에 대한 철학적 합리화도 일반 시민이 이해하기에는 무척 어렵고 복잡한 수준이다.[36]

슘페터는 자본주의를 둘러싼 문제는 장기적인 관점에서 바라봐야 한다고 생각했다. 단기적으로 일반인은 물론 지성인조차도 비합리적인 "이윤"과 "비효율성"에 대해 적절한 판단을 내리기 어렵다는 생각에서였다. 그러므로 이들은 자본주의가 사회에 미치는 장기적 순기능을 생각할 수 없게 된다. 여러 경제 제도 가운데 자본주의만의 특성은 사회적으로 불안한 상태에서 새 기득권을 만들어내며 이를 지지하게 된다는 것이다. 또 자본주의는 풍부한 생산

성을 이끌어내며 자본주의에 반대하는 이들을 포용하게 된다.[37]

더 큰 관점에서 인간의 감정이란 몹시 복잡해 사람들이 일반적으로 자본주의체제하에서 "행복하다"거나 이전보다 "더 낫다"라는 판단을 하기가 어렵다. 경제적 효율성이란 인류가 지향하는 여러 목표 가운데 하나일 뿐이고 모든 개개인에게 가장 중요한 문제는 아닐 수도 있다. 그러므로 자본주의의 미래란, 우월한 경제 성과라는 단편적인 잣대로는 판단하기 어렵다.[38]

사회가 자본주의에 반감을 갖는 것에 대해 슘페터가 주장한 것을 보면, 매우 명석하지만 시기적으로 주목받지 못하는 20세기의 억눌린 유럽 출신 엘리트의 모습이 엿보인다. 하지만 슘페터의 관점에서는 미국만 하더라도 자본주의의 위기가 보였다. 미국을 덮친 대공황, 유럽에서 파시즘의 발전 그리고 제2차 대전이 이러한 상황을 만들었다. 또 슘페터의 마음과는 별개로 1930년대 학자들 사이의 분위기 또한 전례 없이 자본주의에 반대하는 형태였다.

미국 내에서 자본주의의 존재 자체를 위협하는 큰 사건은 과거에는 없었다. 슘페터는 그 원인을 미국 경제를 향상시키려는 계획의 주인공이 바로 기업이었다는 점에서 찾으려고 했다. 미국은 우수한 인재를 기업으로 끌어들였으며, 그로 인해 기업가의 태도는 국가의 영혼에 깊이 아로새겨져 있었다. 19세기 후반 흐리멍덩한 자질을 갖춘 미국 대통령들을 보면 슘페터의 주장과 잘 맞아떨어진다. 1896~1901년 사이 러더퍼드 헤이스와 체스터 아서 같은 대통령이 백악관에 있었지만 지금은 기억에서 사라졌다. 반면 그 시기 유명세를 떨치고 지금도 유명한 사람들은 바로 앤드루 카네기와 존 록펠러 같은 기업가다. 하지만 1940년대에 들어서는 "모든 지성을 기업에 투입하는" 시대는 지나가고 있었다.[39]

슘페터는 마르크스에 대한 비평과 자본주의에 대한 자신의 논리를 『자본주의·사회주의·민주주의』라는 한 권의 책에 모두 쏟아냈다. 이 가운데 3장 「사회주의는 가능한가?」는 훗날 가장 위대한 업적으로 평가받았다. 여기서 그는 직설적인 문체에서 벗어나 경제학 분야에서 거의 드문 풍자적인 시각을 보여 줬다. 그의 목적은 탄탄한 논리를 갖추면서도 결론을 몹시 수상하게 냄으로 써 사회주의를 지지하는 것처럼 보이게 하려 했다. 따라서 독자는 이 두 느낌을 동시에 풀어내어 이해해야 하는 어려움에 맞닥뜨리게 된다. 그 과정에서 독자는 사회주의의 진정한 문제점이 과연 무엇인지를 다시 파악하게 되는 것이다.

3장을 열면서 던지는 질문인 "사회주의는 가능한가?"에 대해 슘페터는 매우 도발적인 어투로 "물론 가능하다"라고 답한다. 하지만 이어지는 내용을 잘 읽어보면 그가 진정 이야기하려고 했던 것은 사회주의를 자본주의와 비교했을 때 "물론 불가능하다"라는 의미였다. 그러면서 그는 다시 유명한 풍자가 조너선 스위프트처럼 신랄한 풍자를 늘어놓는다. 스위프트는 1729년 그의 유명한 풍자수필인 『겸손한 제안A Modest Proposal』에서 기근과 과잉인구라는 문제를 단 하나의 방법으로 쉽게 해결할 수 있다고 썼다. 즉 부를 분배하는 한 가지 방법으로, 가난한 집안의 아이들을 부유한 집안으로 보내서 기르도록 한다는 내용이었다. 이 수필에서 스위프트는 자신의 제안이 "순진하고 쉽고 값싸며 효과적인" 방법이라고 주장했다.**40**

슘페터가 사회주의를 분석하는 데 스위프트의 방식을 쓴 것은 슘페터가 어린 시절 빈의 커피하우스에서 보냈던 즐거운 시간이 떠올랐기 때문이다. 그는 그곳에서 정치와 예술의 화제에 대해 이야기 나눴으며, 때로는 늦은 밤까지 대화가 이어지곤 했다. 이곳에서는 어떠한 제안도 터무니없는 이야기로 여기는 사람이 없었고 모두가 자신의 의견을 조건과 예외 없이 터놓고 말했다. 참석자들은 말하는 사람이 타당성과 설득력이 있는지 관심을 보였으며, 풍자와 유머를 뽐내는 사람에게 찬사를 보내곤 했다. 사람들은 이야기 도중에 어떤 순간 상대방의 자존심을 상하게 하는 것 같으면서도 은근히 권유하는 듯한

어투를 좋아했다.[41]

슘페터의 동료로 오스트리아 출신의 매클럽이『자본주의·사회주의·민주주의』에 대한 비평을 쓸 때 그는 슘페터의 "유쾌하면서 아이러니한 로코코 양식"의 사고에 주목했다. 매클럽은 슘페터를 잘 알고 있었으며 슘페터가 자본주의에 갖고 있던 경외심도 모르는 바 아니었다. 게다가 그는 "슘페터가 사회주의를 단순히 싫어하는 것이 아니라 증오하는 수준이라는 인상을 받았다"라고 평하기도 했다. 하지만 이 책의 내용에 대해서는 주장이 매우 미묘해 "행간을 읽는 데 주력했다"라고 언급했다.[42]

슘페터가 사회주의를 처음 분석할 때 사회학이 경제학 영역에서 그렇게 중요한 것이라 여기지는 않았다. 이는 그가 저술활동을 하면서 사회주의에 대해 보여줬던 모습과는 모순이었다. 그는 "사회주의의 경제적 우월성에 강한 믿음을 갖게 되는 때가 있다"고 말했다. 하지만 머지않아 그는 이러한 경우, 장기적으로 볼 때 몇 가지 설득력 없는 조건이 있어야 가능하다는 것을 알게 되었다. 논리적인 부분에서 그는 이러한 조건이 무엇인지 분석했고, 사회주의가 승리할 수도 있다는 전망을 내어놓기도 했다.[43]

이 대목에서 그는 사회주의가 성공하려면 사회주의체제가 대기업 위주로 이루어지는 성숙한 자본주의를 완전히 대체할 수 있어야 하며, 변화 과정도 폭력적인 혁명이 아니라 통상적인 정부의 절차를 통해 이뤄져야 한다고 했다. 그리고 이 과정은 짧게는 50년에서 길게는 100년이 걸릴 것이라 했다. 슘페터의 이러한 접근법은『자본주의·사회주의·민주주의』에서 쓴 방법에 비하면 더욱 추상적이었다. 그는 영국, 미국, 독일에서 얻은 지식을 토대로 내용을 이어간다. 이 지식은 그가『경기순환론』을 쓰기 위해 모아놓은 경제사에 대한 것이었다. 1942년 당시 남아 있던 유일한 사회주의국가는 소련이었다. 소련은 피비린내나는 혁명과 내전으로 세워진 나라다. 하지만 슘페터에게 온전한 사회주의체제란 그런 것이 아니었다. 그리고 그는 "러시아의 예를 본받으려 하는 나라는 어디에도 없으리라고 생각했다."[44]

숨페터에게 자본주의나 사회주의나 단순한 경제 현상 그 이상이었다. 대부분의 사회주의자에게는 비경제학적 특성이나 동기는 중요하지 않을 수도 있다. 그러므로 사회주의를 믿는 자들의 심리적 보상은 경제적 효율성을 포기한 대가라고 볼 수도 있었다. 그는 "사회주의의 빵은 그들이 사회주의를 믿기 때문이라는 단순한 이유 때문에 자본주의의 빵보다 맛있을 수 있다는 이야기를 했다. 또 사회주의를 맹신하는 자들은 빵 속에 쥐가 들어 있더라도 아무런 불만을 갖지 않을 것"이란 이야기도 남겼다.[45]

사회주의 역시 매우 신축성이 강할 수 있다. 숨페터는 대문자를 써서 "사회주의의 문화적 부정성Cultural Indeterminateness of Socialism"이란 용어를 쓴 적이 있다. 그는 사회주의란 귀족적일 수 있는가 하면 노동자적일 수도 있고, 권위주의적인가 하면 민주주의적인 것으로, 신 중심적인가 하면 무신론적인 것으로, 평화적일 수도 폭력적일 수도, 동적일 수도 정적일 수도 있어 정의내리기가 어렵다고 했다. 이어서 숨페터는 잠시 숨을 돌려 그렇다면 과연 사회주의가 자본주의에서 생겨나는 혁신적 동기를 사람들에게 줄 수 있는가를 주목한다. 이 부분에서 그는 반대 입장에 서 있는 이들에게 한 발 물러서 반격의 계기를 마련했다.[46]

숨페터는 잠시 반격을 미루면서 담백한 어조로 "사회주의경제의 논리에는 어떠한 문제도 없다"고 말한다. 실제로 사회주의체제가 대기업 위주의 자본주의경제보다 우월한 경제 성과를 낼 경우도 있긴 하다. 명석한 변호사가 자신의 약점을 미리 앞서 이야기하듯이 숨페터는 다소 머뭇거리는 태도로 사회주의체제 지배하에서 좋은 경제 성과를 낼 수 있는 다섯 가지 이유를 든다.[47]

첫째, 사회주의의 경영자는 자본주의의 경영자가 겪어야 하는 불확실성을 걱정할 필요가 없다. 사회주의정부는 일종의 정보 센터와 같은 역할과 각종 결정을 내려주는 역할을 맡는다. 이는 자본주의체제하에서 카르텔의 형태와도 비슷하다. 끊임없는 결정과 이에 대한 다른 주체의 대응에 필요한 에너지는 더욱 생산적인 목적으로 쓰일 여지가 있으며, 이러한 제도를 운영하는 데에는 자본주의 경쟁체제보다 엄청난 지성을 필요로 하지 않는다.[48]

둘째, 기술적·조직적 개선은 한 자본가에서 다른 자본가로 점진적으로 이뤄지는 것이 아니라 집권하고 있는 중앙정부를 통해 강제로 진행될 수 있다는 점이다. 이를 통해 (자본주의의 경우) 도중에 나타나는 완강한 저항요소를 극복할 수 있다.[49]

셋째, 사회주의의 중앙정부는 경기순환을 통제할 수 있다. 중앙집권적 계획은 경기과열이나 침체를 막는 데 효과적일 수 있다. 조심스런 계획을 통해 사회주의정부는 "경기과열과 침체를 막을 수 있다. 이는 자본주의에서는 어려운 일이다."[50]

넷째, 실업은 별로 심각한 문제가 아니다. 진보된 기술로 일자리를 잃은 노동자는 중앙정부의 계획에 따라 다른 분야로 재배치될 것이다. 이렇게 해서 극심한 경기 침체도 최소화시킬 수 있다.[51]

가장 중요한 다섯 번째는 경제 영역에서 사적인 개념이 없어지기 때문에 기업과 정부 사이의 마찰을 줄일 수 있다는 점이다. 이로 인해 비용이 줄어드는 분야가 있다. 각종 수사나 검거에 필요한 비용이다. 이는 자본주의에서 변호사가 주로 수행하는 부분이다. 자본주의체제하에서 강제로 거두는 세금 따위는 사회주의체제에서는 사라지게 될 것이다. 사회주의경제에서는 중앙정부가 단순히 임금수준을 낮춰서 세금을 대신할 수 있다.[52]

슘페터는 이런 내용을 통해 사회주의경제의 "청사진"을 내어놓는다. 이 부분에서 그는 이전에 언급했던 "조건"과 "예외"의 경우를 다시 주목한다. 그는 이제 사회주의의 변호인에서 검사로 돌변하지만, 숙달된 풍자가처럼 결코 속셈을 드러내지는 않는다.

그는 또 한 번 양보하고 계속 주장을 펼쳐나간다. "사회주의에는 일반적인 경우란 존재하지 않으며 오직 사회적 조건과 역사의 단계에 비춰볼 때 추론 가능한 경우가 있을 뿐이다." 그는 여기서 조건과 단계란 현재 대기업 위주의 자본주의에 얽매인 현재 자본주의의 모습과 비슷하다고 했다. 이러한 상황에서 정부는 경제 문제에서 더욱 큰 정부가 되며 더욱더 큰 역할을 맡게 된다. 그리고 기업 안에서는 기업 간부와 이사회와 주주의 수는 개인 기업가의 수를 넘어서게 된다. 이러한 상태에서 사회주의로의 전향은 대기업을 국유화시키는 것으로 쉽게 시작될 수 있다. 한편 정부는 이 과정에서 농부와 소규모 장인과 소매업자와 노동자와 점원 등을 무시하는 듯 보일 것이다. 그들은 아무런 근본적 변화 없이 같은 형태의 삶을 계속 살아갈지 모른다.[53]

이제 자본주의를 상징하는 집단에 대한 시험이 남아 있다. 이들은 바로 자본가계급이다. 이들이 자신의 소유물을 넘길 것인가 유지할 것인가에 따라 사회주의 질서 안에서의 성공과 실패가 달려 있다. 슘페터는 이 집단의 재산을 국유화시키는 것보다 중앙정부가 이들이 계속 경제활동을 하게 만드는 것이 더 좋은 선택이라고 주장한다. 그렇지 않다면 경제는 더 이상 번창할 수 없다고 생각했기 때문이다.[54]

그렇다면 과연 사회주의체제하에서 정부는 높은 보수를 주지 않으면서 관리자들에게 동기부여를 잘할 수 있을까? 어떻게 하면 가장 민감한 문제인 "사회적 거리"라는 것을 해결할 수 있을까? 슘페터에 따르면, 과거 소련은 이 문제를 정부에서 관리자계급을 따로 정해 해결하려 했다. 이들은 그 대가로 사회적 명예를 누렸으며, 뿐만 아니라 나랏돈으로 운영되는 관사를 제공받았고, 해군의 함정이나 요트를 쓰게 해줬는가 하면 국제무대에서 활동하는 경우에 특별 보수를 받기도 했다. 이외에도 사회주의정부가 사회적 거리라는 문제를 해결하고자 썼던 방법들이 있다. 예컨대 좋은 성과를 보인 관리자에게는 그들의 바지에 동전 도장을 찍어주는 방법이 그중 하나였다. 사회 구성원들은 이 도장을 보면 사회적 업적을 남긴 사람이라는 것을 인식할 수 있었다(이 부분에

서 풍자가 슘페터는 특유의 유머를 보이며 본인의 의도를 은근히 드러낸다).[55]

슘페터는 소련을 계속 언급하며 투자의 원천이 되는 저축을 권유 형태가 아닌 법으로 정해 강제로 하는 것이 가능하다고 이야기한다. 과거 소련은 사람들의 가처분소득을 최소화시켜 저축을 강제하는 매우 간단한 방법을 쓴 바 있다. 이렇게 사회주의체제에서는 자본주의체제에서 불가능한 "고통"과 "절제"를 강요하고 있었다. 사회주의라는 틀 안에서는 규율과 도덕적인 충성심을 강요하는 것이 가능했다. 자본주의체제하에서 필수적인 개인의 경제적 생존은 더 이상 필요 없어진다. 이제는 국가가 나서서 스스로 먹고살 능력이 없는 25퍼센트의 국민을 돌봐야 한다.[56]

다소 표면적으로만 동기와 저축이라는 부분을 다룬 슘페터는 이제 사회주의가 어떻게 노동자를 가르칠지 주목한다. 자본주의 내 직장에서 상관에 대한 복종은 자본가의 힘을 이미 경험한 세대로부터 전해들어 자연적으로 체득하게 된다. 하지만 최근에는 정치에서도 평등을 주장하고 노동자도 다른 시민과 똑같이 가치 있는 사람이라는 인식이 교육을 통해 확립되면서 부르주아계급은 특권을 빼앗기게 되었다. 그리고 과거 귀족사회의 특권을 누리던 계급은 여기서도 노동자와 경영자의 관계를 중재하는 데 어떤 도움도 되지 못했다.[57]

하지만 슘페터에 따르면, 사회주의에서는 산업관리자계급은 권위적 규율이라는 도구를 자유롭게 쓸 수 있었고 지성인이라는 집단은 더 이상 반감의 대상이 아니다. 그래서 관리자에게 저항하는 것은 국가에 대한 저항과도 같은 것이며 대중도 노동자의 저항을 "범죄와 동일하게 인식한다. 파업은 이제 반란과도 같은 것이다."[58]

슘페터는 소련에 대해 다시 언급했다. 1932년경 제1차 5개년 경제계획이 끝나갈 무렵 산업 프롤레타리아는 이전의 재정러시아 시대보다 더 정부의 손에 좌지우지되었다. 정부는 노동조합을 옹호하는 척하면서 실제로는 이들을 훈련

목적에 이용했다. 공장 관리자들은 노동시간을 늘렸고 퇴근에 대해서도 재량권을 갖게 되었으며 높은 성과를 보이는 노동자나 개인적으로 아끼는 노동자에게만 호의를 베풀기도 했다. 또 이들은 이러한 환경을 만드는 데 노동자의 어떠한 반대도 받아들이지 않았다. 따라서 그 속에 어떠한 사악함이 내재되어 있더라도 볼셰비키 정권은 효율적인 국가 운영을 하고 있었다고 볼 수 있었다.

러시아는 자본주의국가와는 달리 젊은이를 가르치고 선동하는 데 이들이 순응하도록 강력한 강제력을 갖고 있다. 이러한 사실은 러시아의 사회규율을 확립시키는 데 커다란 도움이 된다. 지성인조차도 자유롭게 국가가 하는 일에 간섭할 수 없는 분위기다. 또 이러한 규율을 어기려는 어떠한 대중적 움직임도 찾아볼 수 없었다. 정부는 종종 군대 같은 물리적 강제력이 있는 집단을 이용해, 그 법적 근거가 무엇이든 간에 시민을 감시하면서 질서를 유지했다. 러시아는 이럴 만한 동기가 충분히 있었다. 알려진 사실로 볼 때, 러시아는 어떠한 것에도 굴하지 않고 떳떳하게 이러한 방법을 지켜왔다.[59]

슘페터는 이런 내용도 여전히 풍자적인 어조로 써내려가면서 러시아의 야만적인 행위가 사회주의의 이론적 근간을 무너뜨리지는 않는다고 썼다. 당시 러시아 산업의 "미성숙함"은 러시아 정부의 포악함을 더 강화시키는 요인이었다. 이러한 상황에서 이의제기란 사회주의 자체가 아니라 특정한 경우에 해당된다. 또 "사회주의가 소위 민주주의와 양립할 수 있는가란 질문은 별개의 부분일 것이다."[60]

머지않아 슘페터는 러시아 정부의 이러한 사례가 다른 사회주의정부에서도 반복될 것이라 믿게 된다. 하지만 그는 온갖 족쇄들로 가득찬 자본주의라고 해도 사회주의라는 대안과 비교할 수 있는 건 매우 "목가적인 형태"의 사회주의체제하에서만 가능할 뿐이라고 잘라 말한다. 그리고 슘페터가 생각하기에 이러한 목가적 형태에서 비롯된 사회주의의 토대는 수많은 조건과 가정들이 있어야만 가능했다. 20세기 중반 영국이 그러했다. 하지만 그 외에는 사회주의가 피비린내나는 혁명 없이는 정권을 차지할 수 없던 게 사실이었다.[61]

그러면 영국은 어떠했길래 슘페터가 생각하는 목가적인 형태의 사회주의에 해당될 수 있었던 것일까? 우선 영국은 노동조합주의라는 강력한 전통이 있었다. 또 제1차 대전 뒤 수년간 영국은 "결손국가state-broken" 상태였다. 그래서 국민은 강력한 정부에 무척 익숙했다. 또 영국 산업도 매우 성숙한 단계에 있었으므로 이러한 조건들이 합쳐져 영국은 사회주의로의 체제 전환이 한결 쉬웠다.[62]

성숙한 상태의 국가를 사회주의화시키는 작업의 일환으로, 주요 기업 간부들은 명예와 특권을 부여받는 대가로 경영권을 쥔 일선에서 물러났으며, 기업은 협동조합 방식으로 바뀌었다. 당시에도 주식, 채권, 부동산, 보험 등의 자산을 강제로 빼앗는 것은 어려웠고, 대신 이들의 소유권은 연금 형태로 대체되거나 세금을 통해 점차 소유권이 이전되는 방식이 쓰였다. 물론 이렇게 된 이상 새 기업이 더 이상 세워질 리 없었다. 하지만 방법상 조심스럽고 혁명에 대해 지나친 염려만 없다면 이러한 모든 전환 과정도 점차적으로 그리고 무난하게 실행될 수 있었다.[63]

영국같이 사회주의로의 전환이 쉬운 환경이 아닌 경우에는, 국가경제가 자본주의적 성숙 단계에 들어가기 전, 사회주의 세력이 정권을 잡음으로써 성공적인 전환이 가능할 수 있다. 슘페터는 마지못해 이 부분을 인정하는 태도를 보인다. 그는 "물론 평등주의에 대한 지나친 주장은 모든 일을 망칠 수 있다"고 언급하고 있다. 하지만 불행하게도 헌신적인 사회주의자들은 늘 지나친 주장을 하는 경향이 있는 게 사실이다. 이에 대해 슘페터는 "그들 대다수는 프롤레타리아인 성 게오르그가 자본주의라는 악룡을 죽이는 놀라운 광경보다 덜 매력적인 것은 인정하기 어려울 것"이라는 비유로 답했다[사노 디 피에트로의 작품으로 신자의 세례를 위해 나쁜 용과 싸우는 성 게오르그의 영웅담을 그린 「성 게오르그와 용St. George and the Dragon」에 나오는 내용을 인용하고 있다*].⁶⁴

하지만 이론적으로 볼 때 모든 사회주의 지도자들이 몰수라는 극단적인 방법을 택하진 않는다. 대신 그들은 통화팽창이란 방법을 써서 목적을 이룰 수도 있다. 과거 레닌이 지적했듯이 물가상승만큼 사회를 혼란에 빠뜨리는 것은 없다. 그에 따르면 자본가 위주의 사회를 붕괴시키려면 우선 화폐가치를 떨어뜨려야 한다. 표면적으로 그들은 어떠한 보상도 받을 수 있지만, 만약 정부가 국가화폐를 매우 낮은 가치로 만든다면 자본가는 손쓸 방법이 없게 된다. 이렇듯이 인플레이션은 화폐로 표시된 모든 소유권의 가치를 손쉽게 빼앗아간다. 슘페터는 이를 만족스럽게 지켜보는 듯한 태도를 보인다.⁶⁵

물론 이런 상황에서 자본주의체제 아래 관리자의 전문적 숙련도를 유지하는 것도 어려운 일이며, 이를 비슷한 재능이 있는 다른 사람으로 대체하는 일도 매우 불확실하다. 그럼에도 불구하고 사회주의로의 전환은 무난히 달성될 수 있으며 이는 1917년 러시아의 볼셰비키 정부가 증명한 바 있다. 만약 사회주의 지도자들이 모든 사회적 저항을 억누를 정도로 충분히 사악하다면 가능할 것이다. 또 유감스럽게도 사회주의 지도자들은 이 상황에서 "범죄자 같은 잔인함을 보일 수밖에 없을 것이다."⁶⁶

슘페터는 이 과정이 분명 생겨날 것을 혐오했다. 이에 대해 그는 선동자의 역할과는 반대되는 분석가의 역할을 언급한다.

우리가 꼭 알아야 할 것은 혁명이란 방법이 꼭 필요할 만큼 미숙한 상황에서 사회주의로의 전환은, 장기적이든 단기적이든 간에, 그것을 설계한 사람 외 그 누구에게도 이득이 될 수 없다는 점이다. 이러한 전환을 위해 대중의 열광을 이끌어내고, 그에 수반되는 위험마저도 영광스럽게 만드는 작업은 이를 맡은 선동자가 해야 하는 역할 가운데 가장 덜 유익하다. 하지만 학계의 지성인이라면 이를 비판하고 경고하고 억제하기 위한 용기가 있어야 한다.[67]

전체적으로 볼 때, 슘페터가 사회주의에 대해 논의를 펼친 구조는 사기의 요소를 갖고 있다. 그는 처음에 사회주의의 가능성을 이야기하면서 사회주의가 자본주의를 대체할 수 있다는 듯이 이야기한다. 하지만 이어서 그는 장황하고 복잡한 조건과 가정들을 거론하며 그의 원래 주장, 다시 말해서 사회주의의 가능성에 의문을 표하기 시작한다. 그는 자신의 논리를 주장하는 데 논쟁을 펼치기보다는 조사 내용을 전달하는 방식을 택하고 있다. 그러나 그의 글을 자세히 읽어보면, 진정한 목적은 자본주의를 찬양하고 사회주의를 비판하는 게 아닌가 하는 의문이 들기도 한다.

그렇다 하더라도 이러한 슘페터의 역설은 많은 독자의 눈을 피해갔다. 이 책을 읽은 사람 가운데 한 비평가는 슘페터를 사회주의자라고 결론내렸을 정도다. 그리고 분명 사회주의를 찬양하는 이들은 『자본주의·사회주의·민주주의』를 흥미롭게 읽었을 것이다. 그들은 이 책을 자본주의에 대한 정면공격이라 여겼을 것이다. 스위프트는 "풍자란 마치 구경꾼이 다른 모든 이의 얼굴은 보지만 정작 자신의 얼굴은 보지 못하는 유리와도 같은 것이다. 이 점은 세상이 풍자를 좋아하는 이유이기도 하며, 많은 이가 자신이 풍자의 대상이 된다는 사실을 깨닫지 못한 채 기분 나빠 하지 않는 이유이기도 하다"고 말했다.[68]

슘페터는 다음 장에 「사회주의와 민주주의」라는 제목을 붙였다. 하지만 책의 나머지 대목처럼 여기에 나오는 분석은 사회주의나 민주주의 못지않게 자본주의와 연관되어 있다. 슘페터는 바로 여기서 가장 생기 넘치는 질문인 "과연 민주주의가 살아남을 수 있는 배경은 자본주의인가? 사회주의인가?"에 대한 답을 제시한다. 그는 자본주의를 바라보는 사회주의의 시각과 기준이 어떠한지를 설명하면서 시작한다. 여기에는 생산수단의 소유가 자본가계급으로 하여금 노동을 착취하고 정치를 장악하게 만들었다는 점이 포함되었다. 비록 자본주의정부가 외향적으로 민주주의를 표방하더라도 사회주의의 시각에서는 이는 표면적인 수준이다.[69]

슘페터는 이제까지의 풍자적인 태도를 버리고 역사적 기록을 들춰내면서 사회주의체제에서는 민주주의를 나타내기 어렵다고 재차 이야기한다. 그는 경제체제로서의 사회주의는 정치 과정에 대해 어떠한 의미도 갖지 않으며, 극단적인 때에만 민주주의적인 모습을 띨 수 있다고 주장한다. 예컨대 독일 사회주의자들은 제1차 대전 전후로 민주주의를 표방하는 듯한 태도로 정치적 선동을 꾀했다. 그러나 그들은 실제로 민주주의를 구현하지 못했고 효율적인 정부 운영에도 실패했다. 심지어 그들은 히틀러의 파시즘이 힘을 얻게 되면서 내심 만족하는 모습을 보이기도 했다. 또 볼셰비키의 러시아와 [1919년에 혁명을 지도하고 헝가리 소비에트 정권을 수립했던*] 벨러 쿤의 공산주의체제 아래 헝가리를 볼 때, "사회주의에서는 민주적인 수단으로 권력을 얻는다는 것이 어려움을 잘 입증하고 있다."[70]

민주주의를 구현하려는 사회주의자의 능력에 의문을 품은 슘페터는 이제 민주주의 자체에 시선을 돌린다. 결론을 보면 그는 "민주주의란 법적 절차와 행정상의 결정을 이끌어내기 위한 정치적 '방법'에 해당한다. 그러므로 민주주의는 그 자체로 완전할 수 없다"고 이야기하고 있다. 민주주의의 어원은 고대 그리스어인 데모스demos로 시민에 의한 정부를 뜻한다. 하지만 역사를 통해서 봤을 때 시민이라는 단어의 정의 속에는 여성이나 노예나 외국인 및 기타 소수 집단을 배제시켜 온 것이 사실이다.[71]

이제 이 책은 극도로 진지한 내용으로 나아가기 시작한다. 이 대목에서 저자는 독자가 "사고실험mental experiment"[실행 가능성이나 입증 가능성에 구애되지 아니하고 사고상으로만 성립되는 실험으로 하나의 이론 체계 안에서의 연역 추리를 하는 데 보조 수단으로 쓰인다*]을 하게 한다. 다수결 원칙에 따라 다스리는 민주주의정부를 생각해보자. 그 정부는 "종교적 이단자를 처형하는 결정"을 내렸다. 예를 들면 제네바 공화국은 16세기 마녀사냥이라는 이름으로 여자 마법사들을 불태워 죽였다. 또 근세에 들어와서도 많은 나라에서 반유대주의가 뿌리깊이 박혀 기회주의자들이 이를 이용하기도 했다. 슘페터가 자라난 유년기에도 빈의 유명한 정치인 카를 뤼거가 시장직에 오르기 위해 반유대정책을 선전하고 나서기도 했다.[72]

이제 실험에 들어가도록 하자. 그리고 상상해보자. 민주적으로 운영되는 이 가상의 국가는 기독교인을 학대하려 한다. 또 여자 마법사들을 불태우고 유대인을 학살한다. 우리는 분명 이러한 행동들이 민주적인 절차에 따라 실행되었다고 동의하지 않을 것이다. 하지만 중요한 질문을 해봐야 한다. "과연 우리는 이러한 결과를 만드는 민주적인 정부를 택할 것인가, 아니면 이 사태를 피할 비민주적인 정부를 택할 것인가?" 만약 우리의 선택이 후자라면 우리의 행동은 자본주의가 마녀사냥보다 악한 것이라 여기고 비민주적인 방법들을 택할 사회주의 맹신자들의 행동과도 같다.[73]

"엄밀히 따지자면 과연 '민중에 의한' 정치가 가능한 것인가?" 이에 대한 답은 진정한 민주주의란 모든 성인이 모든 정치적 쟁점에 대해 한곳에 모여 투표를 할 때 가능하다. 마치 불과 몇몇 사람이 사는 시골 마을에서 하는 투표처럼 말이다. 더 폭넓은 논리에서 보자면 민주주의란 "민중에 의한 정부"가 아니라 "민중이 승인한 정부"일 것이다. 하지만 이러한 성질은 민주주의에 국한된 것은 아니다. 수많은 비민주주의 정권—나폴레옹의 프랑스 등—도 많

은 민중이 승인한 정부다.[74]

이어서 슘페터는 공익에만 관심을 두는 정치가 과연 민주주의의 충분조건인지 의문을 표한다. 그는 물론 공익이라는 것이 이상적이라고 생각한다. 그러나 여기엔 두 가지 문제가 생긴다고 지적했다. 우선 사람마다 공익에 대한 의미가 모두 다르다는 것이다. 또 과연 공익이 무엇인지에 대한 결론은 합리적인 토론을 통해서도 쉽게 나올 수 없다. 아울러 그는 투표자의 의사에서 명확함과 독립성, 그들이 객관적 사실을 이해하는 능력, 합리적 결론을 이끌어내는 능력에도 의심할 여지가 있다고 이야기한다. 여기서 슘페터는 소비자의 경제 행위에 관련해 비슷한 사례를 보여준다. 근대적 자본주의에서 소비자의 욕구는 교과서에서 나타난 것처럼 합리적이지 않다. 그에 따르면, 소비자가 약삭빠른 광고자의 쉬운 먹잇감이었기 때문이다.[75]

따라서 이 문제는 투표자와 정치인의 문제가 된다. 투표자는 종종 그들의 장기적인 이득에 관해서 올바른 판단을 내리지 못하며 오직 단기적인 공약에 이끌릴 뿐이다. 또 다른 문제는 투표자의 일상생활에 관련된 것인데, 이들은 일상생활을 통해 합리성에서 더욱 거리가 멀어지게 된다는 것이다. 이렇게 합리성과 거리가 멀어질수록 이것을 이용하려는 세력의 기회는 더욱 많아진다. 즉 그들의 계획대로 선거가 이루어질 수 있다는 것이다. 결국 투표자의 의도는 "순수한 것이 아니며 의도적으로 만들어지는 것이다. 이는 상업광고가 작동하는 원리와 비슷하다."[76]

그럼에도 불구하고 슘페터는 민주주의라는 차원에서 볼 때 사회주의가 자본주의보다 많은 문제를 불러일으킨다고 주장한다. 자본주의가 좋은 점은 자본가계급이 사회에서 힘을 얻음으로써 정치인들의 세력을 견제할 수 있다는 점이다. 일단 필요한 법적인 구조가 만들어지면 자본주의는 어느 정도 사회를 스스로 통제할 수 있게 된다. 이 상황에서 자본주의는 더 이상 일정한 정치적 간섭도 필요로 하지 않게 된다. 이는 자본주의체제하에서 성립된 법은 개인의 자유와 자치권을 자동적으로 보호하기 때문이다. 슘페터는 "근대적 민주주의는 자본주의와 함께 형성될 수 있었으며 이들 사이에 상호적인 인과관계가 존재한다"고 지적했다.[77]

따라서 사회주의자가 자본주의적 민주주의는 부정적인 개념이라고 주장하는 것이야말로 터무니없는 소리가 된다는 것이다. 이것은 대공황 시기에 사실로 확인되었다. 당시 권위주의정부는 실제로 실업을 줄이고 경제를 회복시키는 데 더 나은 성과를 냈기 때문이다. 하지만 이 기록은 순전히 특정한 시기의 역사적 사실에 불과하다. 심지어 극심한 경기 침체 상황에서도 자본주의적 민주주의는 동등한 기회의 제공이라는 측면에서 더 나은 결과를 불러왔다. 또 개인의 자유 보장이라는 측면에서도 더 우수한 결과를 낳았다라는 사실을 보여줬다. 이처럼 논리 자체로 볼 때, 자본주의적 민주주의는 사회주의보다 바람직한 정치 개념이다. "왜냐하면 자유가 허용되면서 최대의 이득을 얻을 계급은 순전히 국가에 매달리고 의존하며 살아가는 계급보다 민주주의적인 자제력을 실천하기가 쉽기 때문이다."[78]

그렇다면 민주주의적 사회주의라는 것도 존재할 수 있을까? 슘페터는 가능하다고 답한다. 그러나 여기에는 많은 어려움이 따른다고 지적한다. 역사적으로 민주주의적 사회주의가 있던 경우도 전혀 없을뿐더러, 슘페터는 이 부분에 대해 본인의 실제 경험만을 언급한다. 1919년 독일에서 생겨난 독일석탄사회화위원회를 보건대, 사회주의가 민주주의 원칙에 따라 이뤄져야 한다는 주장은 거의 찾아볼 수 없었다. "당시 공장 관리자들이 해당 공장 안에서 일하는 노동자들에 의해 뽑혀야 한다는 생각은 완전히 묵살되어 비판받았다." 더군다나 노동자의 권익을 대표하는 노동자회의는 다른 이들의 "혐오와 의심의 대상으로 취급받기도 했다."[79]

그럼에도 만약 자본주의가 사회주의로 변화해야만 하는 상황이라면 근대적 민주주의도 이론적으로는 민주주의적 사회주의로 구현될 수 있었을 것이다. 하지만 다수의 사람이 민주주의의 원칙을 따르지 않는다면 민주주의적 사회주의는 제대로 작동할 수 없을 것이다. 또 그러한 조건들이 현재로서는 성립될 수 없다. 이는 많은 사람이 자본주의를 비난하는 데 매우 가혹하기 때문이다. 아마도 민주주의적 사회주의를 구현하기 위해서라면 미래의 사회주의자들은 사회구조에 대한 사회적 동의를 재구성해야만 할 것이다. 하지만 대부분 국가의 실례를 본다면 "사회주의경제체제하의 효율적 관리란 주로 노동자계급을 탄압하는 독재를 뜻했다."[80]

전반적으로 볼 때 슘페터가 『자본주의·사회주의·민주주의』에서 거론한 민주주의에 대한 논의는 풍부한 생각을 담고 있었다. 하지만 이러한 사실이 잘 알려지지는 않았다. 비록 슘페터가 당시 일류 경제이론가이자 착실한 역사연구자였지만 그의 책은 정치에 관련된 사람들이 많이 읽을 만한 책은 아니었다. 플라톤과 존 로크 그리고 토머스 제퍼슨에 이르기까지 민주주의의 위대한 수제자들은 슘페터의 책에 많이 나오지 않는다. 슘페터의 주장은 20세기의 비극에 집중되어 있으며, 전쟁 상황에서 유럽이 민주주의를 구현하는 데 실패한 사례에 초점을 맞추고 있다. 만약 독일과 이탈리아에서 민주주의가 성공을 거뒀다면 파시즘도 제2차 대전도 역사의 한 장에 존재하지 않았을 것이다.

슘페터는 민주주의의 형태에 비교적 회의적인 시각을 보였다. 이는 그가 자본주의에 호의적인 시각을 보인 것과는 대조된다. 그는 마치 미국에 대해서는 자본주의를 논하고 유럽에 대해서는 민주주의를 논하는 듯했다. 영국 출신의 역사학자 에릭 홉스봄은 『자본주의·사회주의·민주주의』에 대해 "중부 유럽에 대한 매우 인상적인 연구"라고 평가했다. 슘페터의 옛 제자 가운데 한 사람은 슘페터가 민주주의를 큰 체제의 차원에서만 분석하려 했고, 민주주의가 주는 강점인 윤리적 측면은 아쉽게도 논의하지 않았다고 평가했다. 즉 슘페터가 마치 미국 민주주의의 기초가 된 『연방주의자 논고』Federalist Paper[미국 헌법 제정의 배경과 의미를 설명한 문건*] 같은 민주주의 이론의 고전들을 읽어보지

않았다는 느낌을 받았다는 것이다.[81]

『자본주의·사회주의·민주주의』가 1942년 처음 나왔을 때 이 책은 긍정적인 관심을 많이 불러일으켰다. 그러나 바로 베스트셀러가 되지는 못했다. 제2차 대전이 경제를 비롯해 정치 등 사람들의 모든 삶을 지배하고 있었기 때문이다. 그렇기 때문에 새로 나온 슘페터의 세 번째 책도 적절한 시기에 나왔다고는 할 수 없다.

하지만 『자본주의·사회주의·민주주의』의 2판(1947)은 더 많은 관심을 불러일으켰고, 이어서 3판(1950)은 2판보다 많은 관심을 불러일으켰다. 그의 책에 담긴 메시지는 당시 일어났던 사회적인 사건과도 밀접하게 연관되었다. 공산주의와 자본주의라는 양대 진영은 핵무기로 무장해 서로 우위를 점하려고 사투를 벌였다. 소련은 1949년 첫 원자폭탄을 터뜨려 원폭 실험에 성공했고, 마오쩌둥은 중국 공산주의 혁명을 일으켜 승리했다. 인도를 비롯한 수많은 과거 강대국의 식민지는 주로 소련의 지원을 받으면서 사회주의경제 발전 계획을 추구해나갔다. 이제 세계 인구의 40퍼센트의 사람들은 공산주의 정권 아래 얽매이게 되었고, 약 25퍼센트 이상의 사람들이 부분적이나마 사회주의 경제체제 속에 살게 되었다. 『자본주의·사회주의·민주주의』 초판을 읽은 케임브리지대의 경제학자 로빈슨은 "이 책은 현 시대의 우파, 좌파, 중도에 관한 정설을 담고 있는 가치 있는 책"이라고 평가했다. 슘페터의 신랄한 표현이 보여주듯이 그는 사회주의에 대한 애정이 거의 없었고 사회주의자들에 대해서도 같은 입장이었다. 로빈슨에 따르면, 슘페터는 오직 당시 확장되고 있던 자본주의에 대해서만 연민을 갖고 있었을 뿐이었다. 로빈슨은 불완전경쟁에 관한 유명한 이론가였는데, 슘페터의 책 가운데 언급된 경쟁에 관한 분석에 대해 "가장 뛰어난" 내용이라고 평했다. 그는 "슘페터의 논의는 황량한 정적 분석에 바람을 불어넣은 것 같았다"라고 칭찬하기도 했다. 슘페터가 비록 자본주의가 퇴보하고 사회주의가 이를 대체하리라는 풍자적인 예언에 반하는 증거를 많이 제시한 것은 아니다. "그러나 독자는 슘페터 교수의 신선하고, 진취적이며, 열정으로 가득찬 주장에 반하지 않을 수 없을 것이다."[82]

슘페터의 책을 인상 깊게 읽은 또 다른 독자가 있다. 오하이오 주립대학교의 A. B. 울프 교수는 『자본주의·사회주의·민주주의』는 꼭 읽어봐야 할 책으로 미국에서 태어나거나 미국에서 교육받은 그 누구도 완성할 수 없는 위대한 작품이라고 평가했다. 울프는 "슘페터 교수는 자본주의의 예레미야다. 마르크스와 달리 그는 자본주의를 좋아하며 자본주의의 장점을 믿고 있다. 만약 자본주의에 대한 그의 논의가 가장 효율적이고 생산적이지 않을지라도 자본주의는 적어도 현존하는 경제체제 가운데서는 최고일 것이다"라고 평가했다. 또 울프는 슘페터가 사회주의와 자본주의를 다루는 방식에 대해 "독자들은 이 책이 완전한 풍자로만 이뤄지지는 않았다고 생각하게 될 것이다"라고 덧붙였다.[83]

슘페터를 가장 기쁘게 했던 평가는 그의 동료와 옛 제자들에게서 온 편지에서 찾아볼 수 있었다. 전쟁이 한창이던 1943년, 슘페터의 지인으로 작가이자 성인교육의 선구자 바버라 우튼이 런던에서 편지를 보냈다. 여기에는 "이곳에서 당신의 책이 출판된다는 이야기가 있었을 때 앨런&언윈이 제게 원고를 보내 책을 읽을 수 있었습니다. 그들은 당신 책이 어떤지 알기 위해 서둘렀지만 저는 당신의 책을 내라고 이야기를 해주고자 책을 많이 읽어볼 필요도 없었습니다. 저는 굉장한 책이 될 것이라 말했습니다. 실제로 그렇잖아요? 진부한 책들만 읽다가 당신의 신선하고 현실적인 글을 읽는 것이 얼마나 큰 기쁨인지 모릅니다. 저는 당신 책에 실제로 큰 자극을 받았고, 많은 생각을 하게 되었으며, 당신의 주장에 반대되는 생각도 들었지만 동의도 많이 했습니다. 그 결과 저도 책을 한 권 쓰기 시작했습니다. 40년간 수많은 생각을 했지만 책 한 권 못 썼는데 당신 책 덕분에 책을 쓰게 되다니요. (…) 제 이번 책 제목은 『계획 아래 자유Freedom Under Planning』이고, 그러다 보니 자연히 당신 책이 다룬 민주주의에 대한 대목에 큰 관심을 갖게 되었습니다. 제가 어떤 책을 읽고 이렇게 큰 도움을 얻기는 처음인 것 같네요"라는 내용이 담겨 있었다.[84]

슘페터의 제자로 버지니아 대학교의 경제학자 데이비드 라이트는 슘페터에게 따뜻한 축하의 편지를 보냈고 다음과 같은 답장을 받았다.

당신이 저를 신뢰할 정도로 "대단한" 지식을 갖고 있다는 점을 고려해보건대, 저도 당신에게 간단한 조언을 드릴 수 있을 것 같습니다. 절대 기회를 놓치지 말고 여가에 읽었던 책들도 소중히 여기고 참고하시길 바랍니다. 이렇게 모은 지식은 당신이 상상하는 것 이상의 결과를 내게 해줄 것입니다. 이것이야말로 제 이론적 연구에 자부심을 가질 수 있는 하나의 예입니다. 이것은 사실이며 이러한 측면에서 볼 때 제 논의의 그 어떤 부분도 현실이란 배경을 빠뜨리지 않은 적이 없습니다. 물론 이것이 모든 면에서 도움이 되는 건 아닙니다. 예를 들자면 이 때문에 제 이론을 다루기가 어려워져 수학적인 모델을 만드는 데 힘들기도 합니다. 케인스의 논리만큼 날카롭고 건조한 것도 없겠지만 그것을 보상할 만한 장점이 있다고 생각합니다. 그중 하나는 많은 사람이 내게 이야기해줬듯이 "그렇다. 내 경험과 관측을 통해 봤을 때도 그게 맞다"라는 말을 들을 수 있다는 것입니다.[85]

1947년 개정판을 읽은 역사학자 아서 슐레진저 2세는 이 책이 불모지와 같던 정치적 논의에 폭죽을 터뜨리고 불을 붙였다고 평가하면서, 그는 "슘페터의 분석은 미국인이 여태껏 독점의 사악함에 대해서 무분별하게 반대해왔던 것을 의미 없게 만들어버렸다. 만약 슘페터의 주장이 틀렸더라도 그가 보여준 날카로운 지적을 피해갈 수는 없을 것이다. 그의 분석에 담긴 학문적 엄격함은 자유주의의 저자들이 갖추어야 할 기준을 제시했다고 볼 수 있다. 이 책은

문제를 날카롭고 복합적이며 완벽하게 다룬 거장의 대작이라고 할 수 있다"고 언급했다.[86]

1981년에 슘페터의 책을 돌아보는 분석이 등장했는데 제목은『슘페터의 비전: 자본주의·사회주의·민주주의 그후 40년Schumpeter's Vision: Capitalism, Socialism, and Democracy after 40 Years』이었다. 이 책을 위해 슘페터의 옛 제자와 동료들은 유럽의 저명한 학자들과 협력해 슘페터의 책을 평가하는 데 나섰다. 네덜란드 학자 람버르스는 슘페터가 청년 시절 자신에게 어떠한 영향력을 미쳤는지, 『자본주의·사회주의·민주주의』가 학생들 사이에서 얼마나 큰 흥미를 불러일으켰는지 언급하기도 했다. 수많은 졸업 구술시험에서 그는 "솔직히 말하자면 가장 감명깊게 읽은 책은 슘페터의 책이었다"라는 말을 많이 들었다고 했다. 급진적인 학생이나 보수적인 학생이나 모두 입을 모아 그들만의 방식으로 "그의 책을 읽고 수수께끼 같다는 느낌을 받았다. 이게 누구의 잘못인지 모르겠다"는 말을 했다고 전했다.[87]

슘페터의 책이 갖는 꾸준한 매력은 그가 즐겨쓴 아이러니한 어투와도 관련 있다. 하지만 더 깊은 매력은 역시 저자가 집요하게 추구해온 학문 연구와 떼어놓을 수 없다. 물론 그도 연구를 진행하는 데 서로 일을 나눠서 하는 것이 중요함을 알고 있었다. 그도 혼자서 많은 분야를 연구하는 일은 수박 겉핥기 식의 결과가 나올 수 있음을 알고 있었던 것이다. 하지만 그는 만약 한 학자가 이 숙제를 풀 수만 있다면 결과도 더 나으리라 믿었다. 자본주의와 사회주의에 대한 그의 간학문적 연구 방식은 [성직자 출신의 프랑스 정치가로, 나폴레옹의 몰락 뒤 유럽의 전후 처리를 위해 열린 빈회의에 참석했던*] 탈레랑의 "전쟁이란 장군들만이 혼자 감당하기엔 어려운 것이다"라는 격언과도 통했다.[88]

무엇보다 슘페터는 사람들이 세상을 성숙하게 인식하려면 모든 학문 분야에 대해 부분적·일반적 통찰력을 갖춰야 한다는 것을 잘 알고 있었다. 그가 학자로서 길을 걷기 시작한 1905년부터, 그는 학문이라는 보호막 뒤에 숨어 있는 학자들을 가혹하게 비판하곤 했다. 반면에 슘페터 자신은 어떠한 분야라도 그의 연구에 필요하다면 서슴없이 발을 디뎌 모습을 드러냈다. 이렇게 다양한 출처에서 지식을 얻은 슘페터는 무언가 새로운 결과를 낼 수 있었다. 이는 마치 서로 다른 화학물질이 결합해 새로운 성질과 구조를 갖게 되는 것과 같았다. 과연 수소와 산소라는 분자만을 아는 사람이 물이라는 화합물을 이해할 수 있을까?[89]

『자본주의·사회주의·민주주의』 말미에는 최고의 복합 분석이 등장한다. 여기서도 이 책은 독자를 수수께끼에 빠지게 만들고 자극을 유발시킨다. 이것은 슘페터가 독자로 하여금 생각하게 하고, 그들의 인식을 그들의 이데올로기에 빗대어보게 하며, 심지어 저자의 의도까지 의문을 품게 하려 했던 것이다. 이 일은 오직 위대한 책만이 할 수 있는 것이다.

제22장

전쟁과
혼란

"전쟁은 당신의 모든 적과 친구를 뺏어간다. 그래서 마음을 아프게 한다."
— 마크 트웨인, 『적도를 따라Following the Equator』, 1897

슘페터는 제2차 대전이 일어나기 전 미국의 여론과는 생각이 달랐다. 슘페터는 전쟁중에 『자본주의·사회주의·민주주의』를 썼다. 그래서 전쟁에 참여한 양 진영 군인의 잔혹한 행위에 큰 혼란을 겪었고 마음의 갈등도 생겼다. 전쟁중에는 그가 과연 무엇을 위해 기도해야 하는지조차 생각하기 어려울 정도였다. 그가 쓴 일기를 보면 하루는 한쪽 입장에 섰다가도 다른 날에는 입장이 바뀌기도 했다. 일기에는 지난 시절 그가 유럽의 커피하우스에서 보여줬던 영특함을 찾아볼 수 없었다. 오직 복잡하게 뒤얽힌 자신의 감정을 바로잡는 데에만 신중하게 노력을 기울인 듯했다.

슘페터가 독일에서 지냈던 7년 동안 히틀러주의는 그저 정신이상자나 꿈꾸는 비주류 사상에 불과했다. 당시 미아와 주고받은 편지와 더불어 슘페터 본인이 직접 유대계 지식인이 박해당하는 것을 지켜보고 나서 나치 정권의 반유대적 행위는 매우 잔인하면서도 체계적이며 광범위하게 이루어지고 있다는 것을 잘 알게 되었다. 유대인을 비롯한 대부분의 유럽인처럼 슘페터도 당시 독일 사회의 한 부분을 차지하고 있던 나치의 억압이 무시무시하긴 했지만 그 저 잠시 생겨난 독일 내부의 문제라고만 여겼다. 그러나 이런 생각은 결국 오산이었다.

슘페터가 젊었을 때 수만 명의 유대인이 억압과 학살을 피해 빈으로 건너왔다. 하지만 이 학살과 억압은 독일이 아닌 러시아에서 일어났다. 그래서 당시 거의 모든 유럽인이 그랬듯이 슘페터도 러시아를 가장 반유대적인 국가로 여겼다. 실제로 러시아의 유대인촌에서 탈출한 대부분의 유대인은 독일로 건너갔다. 이는 1917년 뒤 재정러시아 정권과 반볼세비키 세력하에서 공산주의자와 사회민주주의자들이 억압을 피해 독일로 정치적 망명을 했던 것과 비슷했다.

러시아와 독일에 대한 슘페터의 생각은 그가 1932년 미국으로 건너오기 전 유럽에서 생활할 당시에 느낀 모습과 연관이 깊다. 그래서 1930년대와 1940년대 초반에 슘페터의 사상은 대부분의 미국인이 느끼는 것과 크게 달랐다. 미국인은 러시아가 무척 동떨어져 있는 나라여서 위협적인 존재로 여기지 않았다. 당시 소비에트 정권의 문제가 무엇이었든지 간에 과연 이 체제가 군주제와 귀족정치를 종결짓지 않았다면 모든 노동자가 동등한 권리를 갖는 사회주의체제가 생겨날 수 있었을까? 밴 브룩스, 루이스 피셔, 대실 해미트, 릴리언 헬먼, 그랜빌 힉스, 막스 러너, 링컨 스테펀스, 리처드 라이트를 비롯한 당시 수많은 미국의 지식인은 신문·잡지 등의 매체를 통해 소비에트체제를 찬양하기도 했다. 모두는 아니지만 이들 가운데 대부분은 1939년 나치-소련 평화협정 뒤 소련을 높게 평가했던 자신들의 목소리를 낮췄다.[1]

슘페터는 마음속에 히틀러의 행동과 전쟁이 독일 및 독일 문화에 끼칠 영향을 자기 나름대로 구분했다. 그러나 미국인 친구들이 그의 마음을 이해하기란 힘들었다. 또 슘페터의 제자였던 해리스에 따르면, 슘페터는 미국의 외교 정책을 과감하게 비판했는데, 이 때문에 동료들에게 좋은 평가를 받지 못했다. 이러한 슘페터의 견해는 그가 늘 다수의 입장에 서기를 거부했다는 이상한 특성을 나타내는 것이었다. 그는 종종 자기 자신이 가장 큰 적으로 여기는 자신의 입장 변화가 곧 대중에게 웃음거리가 될 상황을 염두에 두고 더더욱 자신의 입장을 완고히 하고자 했다.[2]

슘페터의 하버드대 동료 교수이자 친구였던 하벌러는 나중에 "슘페터가 나치 정권과 같은 사상을 가진 사람이 아님은 분명한 사실이다. 그는 만약 자신이 독일에 남아 있었다면 누구보다 먼저 수용소에 갇혔을 것이란 얘기를 자주 했다"고 썼다. 사실 그의 경제 이론은 독일인답지 않다는 이유로 나치 정권에 종종 비판받기도 했다. 그럼에도 불구하고 슘페터는 제1차 대전 뒤 패전국인 독일이 적절한 대우를 받지 못했다는 이유로 불만을 드러냈다. 그리고 독일이 극단적인 국가주의로 가게된 것은 바로 패전 뒤 생긴 불행한 결과들 때문이라고 생각했다. 이러한 이유와 함께 그는 소련이 훗날 유럽과 미국에 중대한 위협이 되리라 예상했기 때문에, (반나치주의자와는 구별된) 반독일주의적인 정책과 선전에 격한 반응을 보이기도 했다. 그러므로 슘페터의 삶에서 이 전쟁 기간은 가장 우울했다.[3]

1941년 9월, 슘페터는 일기에 "나는 왜 몹시 친독일적인 걸까? (…) 나는 (나치의 침공으로) 러시아에서 재앙이 커져간다는 신문의 헤드라인을 볼 때마다 두려움에 휩싸인다. (…) 그리고 러시아를 향한 나의 증오는 어디서 오는 것일까?" 1943년 봄과 여름에 쓰인 일기에서는 "도대체 나는 왜 결과가 뻔한 전쟁을 이토록 슬퍼해야 하는 것일까? 내 생각은 왜 달라질 가능성조차 없는 것일까?"라는 내용도 담겨 있었다. 사람들은 원칙을 위해서 싸우기보다는 "그저 싸움을 좋아하기 때문에" 싸우는 듯했다.[4]

심지어 전쟁 초기에 슘페터는 민간인 사상자 수를 보고 경악을 금치 못했

위쪽_ 1943년경 슘페터가 교수 회관에서 동료와 식사하는 모습. 『자본주의·사회주의·민주주의』가 출판된 뒤인 당시, 전쟁의 긴장감은 슘페터의 감정적 절제력을 잃게 할 정도였다.

왼쪽_ 1942년에 그려진 슘페터의 초상화. 이 초상화는 『자본주의·사회주의·민주주의』 표지에 쓰였다.

다. 인류 역사상 그 어떤 전쟁에서도 이처럼 많은 민간인이 죽어나갔던 적은 없었다. 그리고 이 섬뜩한 전쟁이 치뤄야 할 대가는 점점 커져갔다. 아시아의 일본, 동유럽의 소련, 혹은 강제수용소에서 나치가 저지른 흉악한 범죄가 그러했다. 1944년 11월 독일이 항복하기 6개월 전, 여론조사 기관 갤럽은 미국인을 대상으로 설문조사를 벌였다. 질문은 "당신은 독일인이 강제수용소에서 수많은 사람을 학살했다는 이야기를 믿습니까?"였다. 76퍼센트가 그렇다고 대답했지만 이들이 추측하는 사망자 수는 다양했다. 27퍼센트는 10만 명을 조금 밑돌 것이라 예상했지만 25퍼센트는 사망자 수에 대해 어떠한 추측도 하고 싶지 않다고 했다. 이외에 600만에 이를 것이라는 답변도 9퍼센트나 있었다. 실제로 히틀러가 유대인 학살을 감행한 것은 1942년과 1943년이었다. 그 뒤에 밝혀진 바로는 1944년에 히틀러는 상상조차 하기 어려운 일을 감행했다. 히틀러가 전방에 배치된 군 전력을 돌려 최대한 많은 유대인을 가능한 빨리 체포하고 사살하라는 명령을 내렸다는 것이었다.[5]

슘페터는 미국인이 이상적이며 원칙적이라는 생각을 오랫동안 갖고 있었다. 1919년 그는 미국이 제1차 대전에 참여한 것은 국가적 이익 때문이 아니라 "도덕적인 뜻" 때문이었다고 썼다. 하지만 이제 그는 미국의 외교정책에는 무자비한 면이 있다고 생각하게 되었다. 그중 한 가지는 "무조건 항복"이었다. 이는 루스벨트 대통령이 1943년 초 카사블랑카회담에서 언급한 내용이었다. "왜 우리는 완전한 승리를 좇는가?" 슘페터는 궁금해했다. 그리고 이 질문의 답은 "사람들은 완전한 승리를 좋아하기 때문"이었다. 비록 이 생각이 남북전쟁을 겪은(당시 그랜트 장군의 별명이 무조건 항복이었다) 미국인에게는 친숙한 것이었지만, 오랫동안 협상으로 해결책을 모색하는 것이 전통이었던 유럽인에게는 낯설었다.[6]

독일의 범죄 행위에 대한 질문도 슘페터를 괴롭혔다. 제1차 대전이 끝난 1919년, 연합국은 독일의 "전쟁범죄"에 대한 조항을 강조했고 이는 베르사유조약으로 이어졌다. 이 조약은 독일에게 어마어마한 보상과 처벌을 강요했다. 그리고 나약한 형태의 의회제를 도입하게 함으로써 제2차 대전의 씨앗을 뿌렸다. 슘페터는 "슬프게도 모든 실수는 반복된다"고 했다. 그리고 당시 세계의 눈에는 독일은 사악한 국가로 비춰지고 있었다. 그는 히틀러 정권이 아닌 "국가 전체에 죄를 적용한다"는 생각에 반대했다. 대부분의 미국인도 슘페터의 관점에 동의했고 특히 전쟁 초기에는 더욱 그랬다. 1942년 실시된 여론조사에서 약 80퍼센트의 응답자가 전쟁의 주범은 독일 정부이며 6퍼센트만이 독일인이라고 응답했다. 평소 시각처럼 슘페터는 이 또한 역사의 관점에서 바라보려 했다. 그는 1814년과 1815년 나폴레옹의 패배 뒤 프랑스가 "사악한 국가"로 지목된 것은 잘못된 일이라 생각했다. 또 17세기에 일어난 30년 전쟁 뒤 프랑스 전체가 비난받은 일도 잘못되었다고 주장했다.[7] 대부분의 유럽인처럼 슘페터도 1919년의 경험이 되풀이되는 게 두려웠다. 그리고 이 공포는 소련이 동유럽을 지배하게 되면서 더 커졌다. 그러나 그는 소련식 공산주의가 아직 성공한 적이 없다는 사실에 안도하면서 간신히 평화에 대한 믿음을 유지했다. 그것은 사실이었다. 『자본주의·사회주의·민주주의』에서도 슘페터는 "공산주의 공화국은 바바리아[바이에른*]와 헝가리에서만 이뤄졌다고 했다. 하지만 독일과 오스트리아와 이탈리아의 사회구조는 매우 위험해서 무너지기 직전이었다. 이들 국가를 비롯한 서유럽에서 앞으로 무슨 일이 벌어질지 예측할 수 없었다. 또 트로츠키의 군대가 준비된다면 그때도 앞일은 예측할 수 없는 노릇이었다."[8]

1945년 슘페터는 더 이상 독일을 "채찍질"할 필요가 없다고 믿었다. 그는 독일이 이미 많은 벌을 받았으며 황폐화되었다고 했다. 독일어를 모국어로 쓰는 1700만 명에 달하는 사람이 다른 나라에서 추방당해 본국으로 돌아오고 있었으며 이들은 본국의 상황을 보고 대기근이 일어나리라 예측할 정도였다. 그리고 당시 독일에는 그 어떤 통치 기관도 없었다. 이러한 상황에서 이미 송장이 된 국가를 제재하는 일이 무슨 의미가 있겠냐는 것이 슘페터의 생각이었다. 그는 소련군이 죄 없는 독일 시민에게까지 무자비한 조치를 취하는 것을 받아들일 수 없었다. 소련군은 과거 독일군이 4년 전 소련을 침범했을 당시와 거의 같은 수준으로 독일인을 약탈하고 강간하는 짓을 서슴지 않았다. 이러한 잔인함을 넘어 슘페터는 소련에서 생겨난 강력하고 새로운 지정학적 상태를 깊이 걱정했다. 1945년 4월 14일에 쓰인 그의 노트에는 "오스트리아가 자유를 되찾다!"라는 내용이 있었다. 하지만 이 당시 붉은 군대[1918~1946년까지 소련 육군의 명칭으로 정식 명칭은 노농적군이다. 1918년 1월, 인민위원회의 결정에 따라 러시아혁명을 방위하고 세계 프롤레타리아 혁명운동의 군사적 전위 임무를 수행하기 위해 노동자와 농민을 중심으로 조직되었다*]는 오스트리아에 자유를 줬지만 정작 소련은 1955년까지 오스트리아에 대한 영향력을 놓지 않고 있었다.[9]

"독일의 끝." 슘페터는 1945년 5월 유럽 전쟁이 끝나자 이렇게 말했다. 또 그는 매우 천진난만하게도 1938년 뮌헨에서 일어났던 사건을 묘사하면서 독일이 만약 겸손한 태도로 민주주의국가들에 다가간다면 자신들이 원하는 것을 얻어낼 수도 있으리라고 덧붙였다. 그는 무엇보다 붉은 군대가 이 광범위한 지역을 침략했던 직후에, 앞으로 유럽에서 어떤 일이 일어날지 궁금증과 우려가 컸다. 그는 "앞으로 무슨 일이 일어나게 될지 향후 500년을 지켜보고 싶은 심정이다"라고 쓰기도 했다.[10]

한편 슘페터는 미국인이 고통의 울음소리를 듣지 않으려 한다고 생각했다. 그는 미국이 적으로부터 자신을 보호할 수는 있지만 과연 동맹국으로부터는 자신을 지켜낼 수 있을지 의문이 들었다. 미국은 영국의 목표를 귀찮아 했고 소련의 목표는 무시무시했다. 그는 "이제 세계는 무장한 거인에 좌우될 것이다. 다만 이 거인은 뇌가 없다"라고 묘사했다.[11]

『자본주의·사회주의·민주주의』의 말미에서 슘페터는 소련이 동유럽뿐만 아니라 미국과 영국이 건설한 "도덕적 제국"까지 지배하게 되리라 예측했다.

전쟁 현장에서 미국, 영국, 소련은 승리자였다. 그러나 앞으로 이 승전국은 그들의 이익과 야망에 따라 이해할 것이고, 그러한 이해가 허락될 때만 서로 인정해주는 새로운 세계 질서가 만들어지리라 내다봤다. 그는 이러한 이해관계를 유지하기 위해서 언제라도 힘을 행사할 군사력이 바탕이 되리라 생각했다. 이것은 미국 역사에 새로운 일이었다. 그러나 이는 제2차 대전을 통해 실제로 일어났던 일이다.[12]

1943년에서 1945년 사이 쓰인 그의 일기 속에는 "영미 동맹"은 아시아 지역에서 "백인의 지배"를 이루려 할 것이고, 이것은 슬픈 결과를 낳으리라는 내용이 있었다. 그는 대영 제국을 세우기 위한 처칠의 천재성을 언급했다. 자신의 인종적 편견주의에 바탕을 둔 대영 제국 건설에 미국을 이용하려는 처칠의 전략을 꼬집고 있는 것이다. 한편 유럽에서는 "독일을 어떻게 요리할까?"라는 거만한 태도가 넘쳐났다. 유럽은 루스벨트를 처칠과 스탈린의 앞잡이로 묘사하기도 했다. 그리고 머지않아 미국은 영국이 치를 전쟁에 참여하게 되고 점차 자국의 이익을 추구하기 어려워지는 상황을 맞게 되리라고 생각했다. (한편 다수의 영국 지도자는 루스벨트가 미국을 망하게 할 것이라 생각하고 있었다.) 아울러 영국과 소련에 대한 자신의 생각을 보내면서 "팽창하는 제국" "전쟁의 근원" "세계의 다른 국가도 정복의 목표가 되고 있다" "이들은 신의 뜻에 따라 이러한 행동을 하고 있다"라는 표현을 자주 썼다. 그는 전후기가 "불만스러운 독일과 일본"이 영국, 소련과 한통속이 되어 세계 지배를 모색하는 시기가 되리라 생각했다.[13]

전쟁중에 쓰인 또 다른 일기를 보면, "어떻게 영국은 다른 국가가 싸우는 동안에도 조용히 앉아 자국의 자원을 아끼고 있는 것인가?"라는 내용이 나온다. 그는 "아, 이 영국인들은 미군과 함께 싸웠고 이제는 미국 돈을 이용해 세계를 지배하려는 것이구나!"라고 했다. 그는 버트런드 러셀이 "영국이 미국에 느끼는 감정은 증오다. 하지만 이것이 전부는 아니다. 이 감정은 증오에 스며든 경멸감이며 과분한 행운을 타고난 미국을 향한 질투에서 비롯되었다"라고 말한 것을 인용하기도 했다.[14]

더욱 불길한 것은 슘페터는 미국의 정책이 소련의 계략에 걸려든 결과라고 믿었다. 그는 루스벨트 대통령이 독일과 일본을 무너뜨린 뒤 미국의 시대가 왔다고 생각해 이제는 소련의 스탈린에 집중하고 있다고 생각했다. 하지만 이는 무서운 생각이었다. 중부 유럽의 깊은 문화사를 잘 알고 있는 슘페터는 미국에 바라는 점이 있었다. 즉 미국이 독일을 무너뜨린 뒤 어떤 짓을 하건 독일의 잘못에서 배우는 게 있어야 한다는 것이다. 또 이제까지 이룩한 것[경제]에 대해 잘 생각하고 갓 부상한 국가로서 자신의 영토나 잘 다스리라는 요청이기도 했다. 1945년 5월, 붉은 군대가 동유럽과 중부 유럽을 점령해 하나둘씩 주변 국가를 집어삼킬 즈음 슘페터는 미국과 영국이 "가장 흉악한 독재자에게 수많은 목숨을 넘겨주고 있으며 그들은 방어만을 위해 기다리고만 있다"고 쓰기도 했다. 그는 "아, 자유여, 불명예스러운 범죄 위에는 불명예스런 가식밖에 존재하지 않는구나"라고도 썼다.[15]

슘페터는 독일군과 소련군이 보여준 흉측한 짓을 예상하고 있었다. 또 엘리자베스의 글을 통해 일본군의 괴물 같은 기질도 잘 알고 있었다. 하지만 오랫동안 미국의 도덕성을 지켜본 슘페터로서는 미국이 감행한 독일과 일본 민간인을 향한 폭격에 충격받을 수밖에 없었다. (영국이 더 심했지만) 영국과 미국이 행한 독일에 대한 폭격은 상상하지 못할 수준까지 다다랐다. 전쟁이 공중전으로 커졌기 때문이다. 이 상황은 다수의 유럽 연합군 작전 계획자들도 반대할 만큼 매우 논란이 컸다. 그러나 공중전은 전쟁 초기에 처칠과 루스벨트가 독일을 공격할 유일한 전략이었다. 그리고 그들은 이 방법을 쓰는 데 소련이라는 동맹국을 달래야 했다. 이 때문에 서유럽 "2차 전선"의 개방이 늦어질 수 있었다. 1942년 이후 스탈린은 연합군이 서유럽에서 지상전을 펼쳐주기를 요구했다. 이는 당시 소련군이 동부전선에서 받던 독일의 압박을 조금이나마

덜어내기 위한 것이었다.[16]

그래서 연합군은 북아프리카에서 독일과 이탈리아군에 맞서 싸웠고 1943년에는 이탈리아를 침공했다. 하지만 영국군과 미국군은 이 어마어마한 보병 손실을 받아들일 수 없었다. 따라서 2차 전선에 대한 대대적 공격은 1944년 6월 6일인 디데이까지 이뤄지지 않고 있었다. 당시 독일군은 소련군의 반격으로 전력이 극도로 약해진 상태였다. 그리고 당시 영국 폭격사령부와 미국 공군은 유럽 주요 도시를 향한 "지역 폭격"에 집중하고 있었다. 디데이까지 계속된 연합군의 폭격 전략은 슘페터의 정의감에 불을 질렀고 견딜 수 없는 수치심을 느끼게 했다.

일본에 대한 정책과는 대조적으로 미국의 군사계획자들이 독일에서 시도했던 것은 주로 낮에 치러질 독일 군대와 군 시설을 향한 정확한 타격이었다. 영국의 폭격사령부는 지난 전투에서 큰 손실을 입었기 때문에 대공방어가 비교적 허술한 밤에 공격하는 것을 택했다. 독일이 런던과 리버풀 등의 도시에 가했던 끔찍한 폭격과 마찬가지로 영국도 무자비한 폭격을 단행했다. 연합군의 폭격은 슘페터가 살던 고향인 본과 빈에도 가해졌다. 1944년 말, 영국과 미국의 수많은 비행기가 독일 도심지를 융단폭격했다. 독일이 영국에 1톤의 폭탄을 퍼부었다면 영국은 이것의 17배에 달하는 폭탄을 독일에 투하했다. 종종 이 폭격은 독일군의 밀집 지역과는 거리가 먼 드레스덴에도 일어났다. 1945년 봄에 대부분의 대도시가 황폐화되었다. 슘페터가 윌리히의 슈퇴켈 가족에게 맡겨두었던 책과 논문들도 97퍼센트가량 붕괴된 마을 건물과 함께 이때 모두 소실되었다.[17]

1945년 매주 미국의 B-29기가 도쿄를 비롯한 일본의 주요 도시를 폭격하기 시작했다. 슘페터가 절망에 빠지기 직전 그는 당시 벌어지는 일들을 믿을 수 없었다. "헤드라인 뉴스: 일본의 모든 도시가 파괴되어." 또 다른 속보 기사도 있었다. "황폐화되고 있지만 어떤 유감의 목소리도 없다. 이들은 오히려 흡족한 시선으로 바라보고 있으며, 자신들의 우세에 우쭐거리고 있다." 1945년, 원자폭탄이 투하된 뒤의 기사들에는 "이것은 무지한 잔인함 혹은 잔인한 어리석음이다" "폭력성이 용인되다. 이것은 희생자에 대한 살인자의 증오와는 다른 증오였다"라는 언급이 나오기도 했다.[18]

일본 폭격 작전을 계획했던 커티스 르메이 장군은 만약 미국이 전쟁에서 패했다면 자신들이 분명 전범이 되었을 것이라는 데 동의했다. 하지만 슘페터는 굳이 미국이 전쟁에 패하지 않았더라도 그들은 이미 수많은 민간인을 죽인 전범과 같다는 것을 잘 알고 있었다. 슘페터의 다른 일기에는 "미국의 폭격을 보면서 과연 세계 평화나 민주주의가 가능할 것인지 의문이 든다"라고 쓰여 있었다. 당시 미국의 폭격으로 40만 명에 달하는 일본의 민간인이 죽었다. 이 수치는 제2차 대전시 미군의 총 사망자 수와도 같았다.[19] 제2차 대전에서 죽은 군인 수는 소련이 1100만, 중국 국민당 군인이 250만, 독일군이 500만, 일본군이 200만, 미국군과 영국군이 각각 50만에 달했다. 전쟁중 영국과 미국은 해전과 공중전의 중요성을 강조했다. 이것이 육지전에서 보병의 사상자 수를 줄일 수 있으리라 생각했기 때문이었다. 더 중요한 것은 이들에게 대서양에서의 승리란 영국의 생존과 이어졌다는 점이다. 그리고 태평양에서도 이들은 여러 섬을 거쳐 일본을 공격하기까지 해전과 공중전의 우위가 필수적이었다. 노르망디 전투, 발지 전투 그리고 태평양의 여러 섬에서 벌어진 전투에서 나온 영국과 미국의 육군 사상자 수는 어마어마했다. 하지만 서부전선의 사상자 수나 태평양에서의 사상자 수는 동부전선에서의 규모와는 비교가 되지 않았다. 동부전선의 스탈린그라드전투 하나만 두고 보더라도 헤아릴 수 없는 소련군과 추축국the Axis powers[제2차 대전 당시 일본, 독일, 이탈리아가 맺은 삼국동맹을 지지하여 미국, 영국, 프랑스 등의 연합국과 대립한 여러 나라를 가리킨다. 1936년에 무솔리니가 "유럽의 국제관계는 로마와 베를린을 연결하는 선을 추축으로 해 변화할 것이다"라고 연설한 데서 유래한 말이다*]의 치열한 전투에 의해 48만 6000명

의 소련군과 27만 명의 추축국 군인이 죽어나갔다.[20]

미국과 영국이 지상전에서 사상자 수를 줄이려 했던 반면 소련은 아랑곳하지 않았다. 강력하고 거대한 붉은 군대는 나치와의 전투에서 잃은 전투력을 회복한 뒤 머지않아 1944년과 1945년에 동유럽을 가로질러 중부 유럽 중심부로 행군했다. 그리고 전쟁이 끝나고 40년이 지난 뒤 소련군은 여전히 이 당시 큰 희생을 치르고 얻은 영토에 머물러 있게 된다. 이때의 크렘린 정권은 폴란드, 동독, 헝가리, 체코 등의 국가에 꼭두각시와도 같은 전체주의정부를 세웠다.

소련의 사상자 수는 끔찍했다 그러나 슘페터에게 소련은 차지한 영토나 영향력 면에서 볼 때 그야말로 전쟁의 승자로 보였다. 그는 『자본주의·사회주의·민주주의』의 결론에서 "심지어 오늘날[1942년 4월]에도 수많은 사람이 러시아가 전쟁으로 힘과 명성을 얻게 될 것이고 스탈린은 진정한 승리자가 되리라 예상하고 있다"고 했다. 슘페터는 이 때문에 소련이 지배하게 된 지역에서 자본주의가 없어질 뿐만 아니라 유럽의 많은 지역에서 융성했던 사회민주주의도 종말을 맞으리라 믿었다. 슘페터는 소련 자체에 대해서는 "스탈린 정권의 정말 심각한 문제는 과거 스탈린이 수백만의 피해자에게 가했던 행동이 아니라 그가 자신의 체제를 유지하고자 그러한 선택이 불가피했음을 피력했다는 점이다. 즉 스탈린주의의 원칙과 그 원칙을 실행으로 옮기는 일은 결코 뗄 수 없는 관계다"라고 언급하고 있다.[21]

전쟁이 끝나갈 무렵 동유럽의 모든 국가와 중부 유럽의 국가 대부분이 소련의 지배를 받게 되었다. 소련은 이 국가들의 산업 기계, 예술품, 금 그리고 다른 유동자산을 모두 빼앗아 러시아로 가져왔다. 이들이 당시 빼앗은 물품의 가치는 미국 역사상 가장 큰 규모의 해외원조였던 마셜플랜을 통해 서유럽에 제공했던 원조 액수와 같은 수준이었다. 한편 중국에서는 긴 내전이 다시 시작되었다. 1949년 마오쩌둥의 공산당이 승리하고 장제스 세력은 대만으로 도피하면서 내전은 일단락되었다.[22]

슘페터는 그의 아내 엘리자베스처럼 소련이 중국에 미쳤던 영향력에 섬뜩할 정도로 놀라고 있었다. 1945년 그의 일기에는 "오 미국이여…… 으스대던 중국이 스탈린에게 굴복했다. (…) 영국은 최소한 맹수 정도는 되지만 미국은 루스벨트 집단을 중심으로 중국이 스탈린에게 항복하도록 괴롭힐 뿐이다. 그리고 미국 내 그 밖의 사람들은 푸념만을 늘어놓을 뿐이다"라고 적혀 있었다. 엘리자베스와 슘페터가 이처럼 소련을 두려워했지만 결국 구소련과 중국공산당의 전투는 1940년에 끝났고 전 세계 40퍼센트의 인구가 소련의 지배를 받게 되었다.[23]

제2차 대전의 결과는 매우 심각했기 때문에 감히 분석하기가 어려울 정도였다. 이 전쟁으로 세계의 국경이 변했으며 오랫동안 지속된 식민지체제도 끝났다. 아울러 수많은 새로운 독립국이 생겼다. 이 전쟁은 독일, 이탈리아, 일본에 처음으로 효과적인 민주주의를 뿌리내리게 했으며 미래 핵심 산업의 성장 배경이 되기도 했다. 미국을 비롯해 남아공이나 인도에서는 인권, 시민권, 여성운동, 복지국가, 정부의 경제적 책임 같은 문제를 둘러싼 사회혁명이 일어나게 되었다.

하지만 전쟁으로 인해 어떠한 발전이 있었든, 이 사건은 1346~1353년 흑사병이 휩쓸고 간 큰 사건 이후 가장 많은 사람을 죽음으로 몬 사건으로 기록되었다. 최후로 합산한 통계를 보면 6000만~7000만의 사람이 목숨을 잃었다. 이중 2100만 명은 군인이었고 이 수치의 2배에 달하는 죄 없는 민간인이 죽어나갔다. 이들은 빈곤이나 폭격으로 죽었고 600만 명의 유대인과 또 다른 600만 명의 비유대인은 강제 노동, 수용소 등지에서 나치에 목숨을 잃었다. 특히 러시아, 중국, 폴란드의 경우 민간인 사망자 수는 천문학적이었다. 그리고 추축국 군인을 통해 목숨을 잃은 민간인 수는 연합군을 통해 죽은 사람 수의 9배에 달했다.[24]

슘페터는 이 전쟁을 자신만의 시각으로 지켜봤는데, 일부분은 매우 뚜렷했지만 어떤 부분은 전개되고 있는 현실과 달랐다. 전쟁을 겪은 사람들과 마찬가지로 슘페터도 히틀러의 힘을 과소평가했다. 대신 대영 제국의 영속성을 과대평가했다. 슘페터가 올바르게 판단했던 것은 오직 소련의 영토 확장 야욕과 목표 달성을 위한 희생에 담긴 인내력과 잔인함이었다.

훗날 케인스의 전기작가였던 로버트 스키델스키는 다음과 같은 글을 남겼다. "루스벨트 대통령은 누가 누구를 해방시켜야 하는지 걱정하지 않았다. 이것은 그가 스탈린과 함께 많은 영토를 누리고 싶어했기 때문이었다. 이 부분은 우리가 잘못 알고 있는 미국 역사다. 그리고 이러한 그릇된 판단은 미국 재무부와 각 기관에 심어진 소련의 스파이들 때문이었다." 이 같은 내용은 다소 지나친 면이 있다. 그러나 한편으로는 1940년대에 슘페터와 비슷하게 생각하는 이들이 있었으며, 전혀 근거 없는 내용은 아니라는 사실을 잘 보여준다. 슘페터는 소련의 스파이 행위를 의심하지는 않았다. 다만 정치적 술수에서 그는 스탈린이 루스벨트보다는 한 수 위였다고 믿고 있었음이 분명하다.[25]

슘페터는 미국 경제를 깊이 이해했지만 미국 정부에 대한 이해는 다소 떨어졌다. 그는 이보다 오스트리아, 독일, 영국, 심지어 소련의 정치나 전통에 더 깊은 지식을 갖고 있었다. 1940년대 다른 유럽 출신의 이주민처럼 그 또한 제1·2차 대전의 공통점을 잘 알고 있었다. 결국 슘페터는 루스벨트의 후원자였던 우드로 윌슨이 1919년 베르사유에서 보여준 행동만큼 루스벨트 대통령도 국제정치를 모르는 사람이라 믿었다. 슘페터는 루스벨트를 마키아벨리가 울고 갈만한 정치적 술수의 대가라고 생각했다. 하지만 1930년대 미국의 쇄국주의는 슘페터가 미국인이 국제정치에 관해서는 정말 초짜라고 생각하게 만들었다. 그리고 1940년에 루스벨트 대통령이 처칠과 개인적으로 친했다는 점을 들어 슘페터는 미국이 국제정치에 관해서는 독립적인 생각과 결단을 내릴 수 없는 나라라는 확신을 가졌다.

슘페터는 미국이 전쟁중 외교나 동원 측면에서 이뤄낸 성과들은 그다지 높이 평가하지 않았다. 그는 자신과 엘리자베스의 경험을 통해 미국 FBI와 생산관리국이 얼마나 무능한지 잘 알고 있었다. 하지만 그는 워싱턴이나 해외에서 근무하는 미국 고위 간부들의 정상급 능력에 대해서는 잘 알지 못했다. 이들은 독일과 일본을 무너뜨리는 훌륭한 전략을 구상했으며 동맹국에 대한 군수물자 대여정책을 구상해 나치를 무너뜨리는 데 기여했다. 그리고 전쟁 뒤에는 국제 기관을 세워 전후기 안정에 크게 기여했지만 슘페터는 이러한 사실을 잘 알지 못했던 것이다.

슘페터는 또한 그와 동시대에 살았던 위대한 군인들에 대해서도 잘 알지 못했다. 가령 [제1차 대전 때 대서양 잠수함대 참모장을 지내고 맥아더가 담당한 태평양 남서부를 제외한 태평양에서의 최고사령관이 되었던*] 체스터 니미츠 제독, [제2차 대전 당시 미국 군대의 움직임과 관련한 결정을 내리는 데 중심에 서 있었으며, 친구인 프랭클린 루스벨트의 뜻을 따라 푸에르토리코 대사로 일하기도 했던*] 윌리엄 레이히 제독, [항공모함 렉싱턴 함장, 항공국장, 수색함대 항공부대 사령관, 전투함대 항공부대 사령관 등을 역임했고, 해군부 일반고문회의에서 일했으며 제2차 대전 당시 모든 작전의 지휘를 맡았던*] 어니스트 킹 제독, ["황소" 할시라는 별명을 가졌으며 태평양전쟁 초기에 남태평양을 지휘했던*] 윌리험 할시 제독, 조지 마셜 장군, 드와이트 아이젠하워 장군, [제2차 대전중 북아프리카와 유럽에서 미국 육군을 지휘한 주요 사령관 가운데 한 사람으로 마지막으로 살아남았던 5성 장군이자 미국 합동참모본부의 초대 의장을 지냈던*] 오마르 브래들리 장군, 조지 패튼 장군과 그 외 유능한 책략가들의 재능을 잘 몰랐던 것이다. 또 슘페터는 [극동 위기에 있어서 소위 '스팀슨 독트린'을 선언한 미국의 정치가·외교가·법률가로 대통령 특사로 니카라과 분쟁 조정에 기여했고, 일본을 향해 강경 태도를 취하면서 원자폭탄 제조 계획의 최고 책임자로 활동했던*] 헨리 스팀슨, [미국 민주당 출신의 정치인이자 사업가이자 외교관으로, 트루먼 정부에서 상무부장관을 지냈으며 케네디와 존슨 정부 때 큰 외교 업무를 담당했던*] 애버렐 해리먼, 조지 케넌▼, [제2차 대전 전후의 외교 문제 해결의 중책을 수행했고 '애치슨라인'과 '애치슨플랜'으로 유명하며, 대對소련유화론자라는 비난을 받기도 했으나, 다른 한편 서유럽의 경제 부흥과 안전보장을 중시했던*] 딘 애치슨, [케네디 정부 당시 고문으로 활동하며 군비 규제와 군축법 초안을 만들었으며, "현명한 사람들wise man"이라고 일컬어지던 당시 미국 외교 정책 담당자 가운데 한 사람인*] 존 매클로이같이 해외에 근무했거나 사설 법률사무소에서 근무했던 훌륭한 인물들에 대해서도 무지했다. 아울러 그는 워싱턴으로 가 미국의 전시 동원을 계획했던 연방법원의 로버트 패터슨, 월 가의 [미국의 첫 국방부장관으로 미 해군사관학교에 자신의 이름을 딴 포리스틸 강연 시리즈를 통해 장교후보생 집단에게 중요한 군인 정신과 시민의 지도자로서 어떻게 살아가야 하는지를 전했던*] 제임스 포리스틸과 [변호사이자 증권 인수업자 그리고 미국 정부에 중요한 정책 조언자로 활동하면서 국가안전보장의회 창설에 힘쓰기도 했던*] 페르디난트 에베르슈타트, 시어스 로벅 사의 도널드 넬슨▼, US 스틸의 에드워드 스테티니어스▼, 제너럴 모터스 사의 윌리엄 크누센▼ 같은 변호사나 경영 전문인들도 알지 못했다. 이러한 1940년대의 유능한 공직자들은 과거 오스트리아 공직자들이 프란츠 요제프 황제를 위해 수십 년간 해왔던 일과 영국의 공직자들이 150년간 했던 일과 같은 역할을 담당해왔다.

슘페터는 10년 이상 미국 최고의 엘리트 대학에서 교수로 지냈지만 미국 사회의 이런 부분에 관한 지식이 부족했다. 그는 물론 하버드대에서 지내면서 코넌트나 갤브레이스같이 전쟁중 공직을 지낸 사람들과는 친분이 있었다. 하지만 그는 그의 전 학생이자 동료였던 아브람 베르그송, 에드워드 메이슨, 폴 스위지, 바실리 레온티예프 같은 인물들이 현재 CIA의 전신인 전략사무국에서 비밀리에 일했다는 사실을 모르고 있었다. 그는 그들이 단지 군인에 불과하다고 생각했다. 그는 워싱턴이 런던, 파리, 빈, 로마, 베를린, 도쿄, 모스크바같이 크고 문화의 역사가 깊은 도시가 아니라고 생각했고 많은 만남을 갖지도 않았다. 그가 보스턴과 매사추세츠 대부분의 지역에서 지내면서 미국 정치에 대해 알았던 것은 부패했던 시장 제임스 컬리[미국 민주당 출신으로 총 네 번의 보스턴 시장과 매사추세츠 주지사를 역임한 정치인으로 유명했다*]나 그 외 유명하지 않은 하원의원들뿐이었다.[26]

슘페터는 전쟁이 끝나기 전까지만 해도 미국의 국제정치에 대한 능력을 인정하지 않았다. 그는 미국이 UN, 세계은행, IMF, 마셜플랜, NATO, GATT(현재 WTO)와 같은 전후 기구를 발의하는 데 리더십을 갖고 나서리라는 예상을 결코 하지 못했다. 또 그는 연합국점령군당국이 1945~1950년에 독일, 일본, 이탈리아, 오스트리아에서 펼친 지혜로운 정책도 몰랐다.[27]

반면에 슘페터는 전쟁 이후 경제적 번영에 대해서는 다른 대부분의 경제학자나 미국인에 비해 매우 낙관적인 시각을 갖고 있었다. 1942년 부활절에 슘페터는 슈톨퍼에게 편지를 보내 워싱턴이 이미 전후 경기 침체를 대비하고 있다는 내용을 전했다. 하지만 이 당시 대부분의 사람은 경제공황을 예상하고 있었다. 1944년 12월 실시된 여론조사에서 "전쟁 뒤 취직을 원하는 모든 이가 직장을 얻을 수 있으리라 생각합니까?"라는 질문에 68퍼센트가 아니라고 답했고 오직 25퍼센트만이 그렇다고 대답했다. 슘페터를 제외하고는 그 어떤 경제학자도 전후기 소비자 수요가 미국 경제의 호황기를 가져다주리란 예상을 못했다. 하지만 경제 부흥은 실제로 일어났다. 전쟁중 전례 없는 경제적 풍요가 시작되었고 이 추세는 1970년대까지 이어졌다.[28]

1939년 미국의 실업률은 17.2퍼센트에 달했다. 1944년에는 1.2퍼센트였고 이는 미국 역사상 가장 낮은 수치였다. 19만 명에 이르는 미 육군은 1939년 규모 면에서 불가리아에 이어 세계 18위였다. 전체 군대의 규모도 33만 4000명에 불과했다. 1944년 이 수치는 34배로 증가했고 여군을 포함한 군인 수는 1150만 명이 되었다.[29]

전쟁에 모두 동원되었던 미국 산업은 소비재와 군수품 생산에서 세계사에 기록될 만큼 큰 경제 성과를 거뒀다. 1940~1945년 사이 미국은 30만 대의 전투기, 81만 3000개의 전투기 엔진을 만들어냈다. 이와는 대조적으로 전쟁이 일어나기 전인 1939년 전에는 미국의 전투기 생산량이 1만 3500대에 불과했다. 1944년만 두고 보더라도 미국은 9만 6000대의 전투기를 만들었고 여기에는 거대한 폭격기나 수송기가 주를 이뤘다. 같은 해 독일과 일본은 모두 합쳐 6만 8000대의 전투기를 만들었다. 대부분 폭격기의 공격에 대비한 소형 전투기였다.[30]

이처럼 미국이 전시 동원에서 보여준 기적은 슘페터가 30년간 주장해온 자본주의의 여러 장점을 확인해주는 계기가 되었다. 또 미국의 전쟁중 생산구조는 슘페터가 주장한 대기업의 중요성과 효율성에 힘을 실어줬다. 슘페터가 『경기순환론』의 저술을 위해 한 연구는 위와 같은 결론을 내리는 데 중요한 역할을 했다. 그러나 이것은 『자본주의·사회주의·민주주의』의 내용에는 해당되지 않았다.

미국 정부는 전시 동원이라는 압력 속에서 오직 안정된 기업만이 모든 종류의 군수품을 안정적으로 공급할 수 있다는 사실을 확인했다. 루스벨트 정부는 독점에 호의적이지 않았지만 전시 동원과 같은 일을 성공적으로 수행하기 위해서는 대기업이 꼭 필요하다는 사실을 깨달았다. 1942년 상원의 한 소위원회는 이러한 정부 결정을 비판했다. 이는 군수품에 관련된 계약의 6분의 5가 미국 18만 4000곳 기업 가운데 오직 56곳의 기업에 할당되었다는 이유 때문이었다. 전시 동원 초기 4년 동안 총 가치의 30퍼센트는 10곳의 기업에만 할당되었다. 이들 기업 가운데는 제너럴 모터스, 커티스 라이트, 포드, 벌티 항공, 더글러스 항공, 유나이티드 항공, 베들레헴 철강, 크라이슬러, 제너럴 일렉트릭, 록히드 항공이 포함되어 있었다.[31]

이러한 주요 기업을 비롯한 비슷한 규모의 기업 200곳은 전쟁에 필요한 방대한 양의 물자 생산을 이끌었다. 전쟁 초기 2년 동안 전시용 생산 조직 체계는 매우 혼란스러웠다. 수많은 기관의 법적 기능이 중복되어 있었고 군 당국 안에서도 경쟁이 치열했다. 하지만 1943년에 이르러 정부는 조달 체계를 철강, 알루미늄, 동의 세 가지 주요 항목으로 단순화시켰다. 그리고 정부는 이 세 항목을 기준으로 평가를 실시해 우선적으로 공급 업체를 선정한 뒤 이들이 수천 곳의 기업에 물량을 분배하도록 체계를 갖추었다.[32]

이와 더불어 군수품 통제를 담당한 전시생산국은 군수물자와 경쟁이 될 모든 제품의 생산을 금지시켰는데, 여기에는 민용 라디오, 전기세탁기, 다리미, 토스트기, 스토브, 와플 굽는 틀, 열 패드, 전기면도기 등이 해당되었다. 이로 인해 1941~1943년 가정용 냉장고의 생산량은 99.7퍼센트나 떨어졌다. 연방 기관은 고부, 연료, 휘발유, 육류, 나일론, 커피, 설탕, 유지, 기름 같은 품목은 배급을 통해 공급했다. 가장 중요한 것은 정부가 당시 자동차 생산을 금지시켰다는 것이었다. 1942년 3월 당시 디트로이트에서 마지막 자동차가 출고되었다. 이 일은 진주만 전투가 있은 지 3개월 뒤에 일어났다. 결국 1946년이 되기까지는 그 어떤 쉐보레, 포드, 플리머스 자동차 모델도 새로이 만들어지지 않았다.[33]

한편 갤브레이스를 중심으로 한 물가통제국은 전쟁 때문에 생긴 인플레이션이라는 중요한 문제를 아주 잘 다루고 있었다. 1919년, 슘페터가 오스트리아 재무부장관에 오를 수 있던 계기가 된 것이 바로 인플레이션이었다. 그리고 슘페터가 과거 하버드대에서 가르쳤던 학생과 동료들은 물가통제국의 경제학자들과 합류해 여러 측면에서 아주 성공적인 성과를 냈다.[34]

슘페터가 루스벨트 대통령의 뉴딜정책에 가졌던 불만 가운데 하나는 바로 부유층에 대한 무자비한 세금정책이었다. 그가 이러한 방식의 과세에 반대했던 것은 부유층을 대변해서가 아니라 그 방식이 기업의 자본 투자를 저해하는 효과가 있다고 믿었기 때문이다. 그는 1935년 부유세법The Wealth Tax Act[기업과 부유한 개인에 대한 세금을 증가시킨 법*]을 예로 들며 경제 회복에 저해가 된다고 생각했다. 제2차 대전은 이렇게 미국의 세금 제도에도 영향을 미쳤다. 그러나 이 영향은 이전과는 달리 과세표준을 늘리는 방향으로 나타났다.[35]

1932년, 슘페터가 하버드대로 옮겼을 당시 미국인의 3퍼센트도 채 안되는 사람들이 소득세 신고를 해야 했다. 1만 2000달러의 연봉을 받던 슘페터는 소득 상위 2퍼센트에 속했으며 소득세를 신고했다. 하지만 1942년, 정부는 승리세를 추가시켜 연간 총소득이 625달러 이상인 사람들은 소득의 5퍼센트를 내도록 했다. 이 조치는 납세자 수를 4배로 늘렸다. 1943년에 이르러 전쟁을 치르면서 재원이 더 필요했기 때문에 1933년 인구의 3퍼센트가 납세자였던 과거와는 달리 1943년에는 69퍼센트의 미국인이 소득세 납부자가 되었다. 결국 1939년 400만 명이었던 납세자 수는 1945년 4300만 명으로 늘어났다.[36]

전쟁 초기 미 의회는 루스벨트 행정부의 의도보다 많은 세금을 중산층에 부과하려 했다. 이는 대통령이 거부한 법안을 재가결하는 것이었다. 1943년에 이 조치를 실행하고자 정부는 근로소득에 대한 원천징수제를 도입했다. 오늘날 근로자에게 매우 익숙한 이 법안은 과거 자발적으로 매년 혹은 매분기 세금을 내던 제도에 변화를 가져왔다. 이로 인해 고용자는 근로자의 임금에서 세금을 제하고 그 금액을 국세청에 내게 되었다. 전체적으로 정부는 이 세금 제도로 전쟁에 지출된 금액의 절반에 해당하는 재원을 마련할 수 있었고 나머지 지출은 크고 작은 액수의 채권을 발행해 충당했다.[37]

전쟁은 다른 경제적·사회적 변화도 불러일으켰다. 수많은 여성과 소수민족이 군에 입대했으며, 오랫동안 거절되었던 직장에서도 일을 구할 수 있게 되었다. 미군의 훈련 기지나 생산 기지가 플로리다, 텍사스, 캘리포니아에 있어서 이 지역으로 인구의 대이동도 일어났다. 연구와 개발 분야에서도 큰 발전을 거듭해 항생제, 합성화학, 통신, 민간항공, 제약 등의 새 산업이 발전해갔다. 또 연방정부와 주정부가 국가 번영에 더 많은 노력을 기울임으로써 전체적으로 경기순환도 많이 완화되었다. 이러한 추세는 경제체제로서의 자본주

의가 얼마나 융통성 있고 생산성 있는지 보여주는 증거였다.[38]

항공기 생산과 더불어 미국 산업은 8만 6000대의 전차, 19만 3000문의 대포, 1700만 자루의 소총, 410억 발의 탄약, 1만 2000척의 전함, 6만 5000척의 소형 초계함, 200만 대의 군용 트럭, 60만 대의 지프 등을 만들어냈다. 이 거대한 생산량은 대부분 민간 기업이 책임졌으며 정부는 35만 건의 수주 계약을 4만 명의 원청업자에 배분했다. 게다가 미국 상무부가 전쟁 뒤 제출한 자료에 따르면 위 수치에 해당하는 계약들은 원청업자와 또 다른 하도급자 사이에서 거래되었다. 미국 근로자의 주 노동 시간은 38시간에서 45시간으로 늘어나게 되었으며, 방위산업 종사자의 비율은 1941년 9퍼센트에서 1943년 40퍼센트로 늘어났다.[39]

전쟁중 민간기업체는 전쟁 특수로 부당이득을 얻을 기회가 많았지만 법을 위반한 경우 매우 많은 벌금이 부과되었으므로 쉬운 일은 아니었다. 무엇보다 당시 나치의 극악함은 혐오 대상이었고 일본에 자국 영토가 공격받았으며 미국의 전쟁정보사무소가 자국민의 애국심을 고취시켰던 터라 미국인은 그 어느 때보다도 한마음이 될 수 있었다.[40]

뒤돌아본다면 제2차 대전 가운데 미국이 거둔 경제 성과는 슘페터와 케인스의 이론을 확인하게 된 계기가 되었다. 과거 대공황을 끝내는 문제에 대해서 케인스식 처방은 민간투자 촉진을 위해 적자재정을 운영하는 것이었다. 이것은 전쟁중에 막대한 비용을 채우기 위해 큰돈을 빌려오는 형태로 이어졌다. 슘페터는 대규모 신용창조와 민간 부문에서의 혁신이 막대한 경제 생산을 불러오리라 생각했고, 이것은 기대 이상의 현실로 나타났다. 미국이 전쟁중 매우 뛰어난 경제 성과를 보였기 때문에 슘페터는 자신이 생각했던 자본주의의 본질이 잘 드러났다고 믿었다.

슘페터는 전쟁중 뜻하지 않은 영예를 거머쥐기도 했다. 바로 그의 예순 살 생일을 기념해 그의 동료와 학생 14명이 하버드대의 영향력 있는 저널인 『리뷰 오브 이코노믹 스태티스틱스』 1943년 2월호에 글을 실어 특집판을 만든 것이다. 이 글의 도입부에는 "이 분석 연구는 슘페터 교수를 향한 우정의 표현이자 그가 경제학에 기여한 바에 대한 감사의 표시다. 그리고 이 분야에서 슘페터 교수가 보여준 글과 말의 영향력을 다시 북돋기 위해서다"라는 내용이 수록되어 있었다.[41]

이렇게 학생들이 슘페터에게 경의를 표했던 것에서 알 수 있는 사실은 당시 슘페터가 가졌던 외교정책에 대한 시각이 그리 대중적이진 않았으며, 그가 의도했던 집단에 그다지 많은 영향을 미치지 않았다는 것이다. 이 글을 기고했던 사람 가운데 절반은 유대인이었고 5명은 1930년대 유럽에서 미국으로 건너온 사람들이었다. 이 기고문이 실렸던 호에는 주로 슘페터의 업적이 담겨 있었다. 이중 두 편에는 슘페터가 자주 쓰지는 않았지만 그가 많은 사람이 쓰도록 권했던 수학적 표기들에 대한 내용도 있었다. 이 가운데 전시경제학에 대해서는 어떠한 글도 없었지만 몇 편은 전쟁과 관련이 있었다. 각각의 글은 중요한 경제학적 질문을 다뤘고 글의 질이 아주 뛰어났다.[42] 이러한 찬사와 『자본주의·사회주의·민주주의』의 성공에도 불구하고 슘페터는 이 기간에 그리 기쁘지 않았다. 그는 하버드대의 환경에 만족하지 못했으며 전쟁은 그를 감정적 혼란에 빠져들게 했다. 미국 사회에서 소외받는다는 느낌이 들었고, 슘페터 자신도 미국 사회에 대해 잘 이해하지 못하고 있었다. 예컨대 1944년 11월, 사실로 여긴 여론조사에서 갤럽은 미국인을 대상으로 전후 세계정세에 관한 의견을 물었다. "당신은 러시아가 전쟁 뒤 우리와 협력관계가 될 수 있다고 생각하십니까?"라는 질문에 47퍼센트의 응답자가 그렇다고 응답했다. 18퍼센트의 응답자는 별다른 의견이 없다고 답했으며 35퍼센트는 그렇지 않다고 답했다. 슘페터는 이러한 결과가 미국인이 역사와 외교에 대해 얼마나 무지하고 고집불통인지를 잘 보여준다고 생각했다.[43]

반대로 슘페터는 심층 분석을 통해 유럽과 아시아를 바라봤으며 이 지역에서의 불안을 어떤 학자보다 잘 예측하고 있었다. 그는 제2차 대전 뒤 40년간 지속된 냉전도 거의 비슷하게 예견했다. 1945년, 루스벨트 대통령이 세상을 떠났을 당시 슘페터는 일기에 자신의 생각을 드러냈다.

> 그의 죽음에 부적절한 감정을 느끼지는 않는다. 다만 두 가지 생각이 든다고 말할 수 있다.
>
> 첫째, 그는 행운아였다. 그는 누구도 가질 수 없는 충분한 힘을 누렸다. 만약 4년만 더 살았다면 불명예와 패배와 함께 세상을 떠났을 것이다.
>
> 둘째, 그의 죽음은 아무런 변화도 가져오지 않을 것이다. 세상의 해악은 이미 일어나 러시아에 의해 미국의 입지도 다시 흔들렸다. 트루먼에 대해 아는 바는 없다. 그러나 내 추측엔 그가 루스벨트가 만든 것들에 자신만의 색을 입힐 것 같다.
>
> 우리는 우리가 두려워하는 것들을 만들어냈다. 유럽과 아시아를 지배하는 막대한 군사력의 소련을 만들어냈다. 그리고 이것은 독일의 혐오자들조차도 독일에 대해 상상하지 못했던 수준이다. 우리는 앞으로 싸워야 할 대상을 우리 손으로 만들어버렸다.[44]

1990년대 체코가 소련의 지배에서 벗어나게 된 뒤 슘페터가 태어났던 마을 길은 루스벨트라는 새 이름을 얻게 되었다. 슘페터는 살면서 단 한 번도 그를 신뢰하지 않았는데 그의 고향에 이 이름이 붙여졌다는 것은 또 다른 아이러니가 아닐 수 없다.

『자본주의·사회주의·민주주의』를 출판한 하퍼 앤드 브라더스는 슘페터에게 1947년에 개정판을 낼 것이냐고 물었다. 이에 슘페터는 1946년 본문은 전혀 손대지 않고 단지 마지막에「제2차 대전의 결과」라는 제목으로 쓴 긴 글을 새롭게 추가했다. 이 새로운 장은 소련이 벌인 세계 평화의 위협을 다뤘다. 슘페터는 이를 「러시아 제국주의와 공산주의」라는 대목에서 주로 다뤘다. 그의 예전 방식처럼 슘페터는 오랜 세월에 걸쳐 일어난 역사적 힘과 현재 상황을 연결시키려 했다. 여기서 그는 좋아하던 주제를 다시 한번 꺼내든다. 이는 바로 개인의 리더십이었는데, 여기서는 스탈린의 리더십을 다뤘다.

그는 아주 도발적인 언사로 서문을 시작한다. "만약 독자 여러분이 1939년 이래 미국 정부가 목표했던 정책들—민주주의, 공포 및 결핍으로부터 자유, 작은 정부 등—을 돌이켜본다면 지금 일어난 결과는 항복이나 다름없음을 깨닫게 될 것이다." 이어서 그는 "이 패배는 승리를 거둔 일본이나 독일 때문이 아니라 영국과 미국이라는 두 연합국에 비해 더 우세한 군사적 승리를 거둔 러시아 때문이다"라고 썼다. 미국과 영국은 동부와 중부 유럽에서 소련이 막대한 힘을 갖게 되길 결코 원하지 않았다. 그리고 당시 소련이 영토를 늘려나갔던 방식은 단순한 영토 합병 이상의 힘을 가져다줬다. 소련이 정복했던 국가 수는 UN 회원국 수와도 맞먹을 정도였다.[45]

슘페터는 스탈린이 전쟁을 치르는 데 "대가다운 솜씨"가 있다고 생각했다.

일반적·객관적인 요인으로 러시아를 판단할 수는 없다. 러시아의 막대한 군사력은 단순히 어마어마한 인구와 부유한 경제의 산물만은 아니다. 그것은 수많은 사람이 절망적 가난에 허덕이더라도 복종하게 만들고 오직 군사력 확장에만 집중할 수 있도록 만든 스탈린의 솜씨였다. 하지만 이것만으로 충분하지 않다. 정치에서의 천재란 호의적인 가능성을 이용할 줄 알고, 적대적인 조건을 완전히 무력화시킬 줄 알아야 한다. 하지만 우리는 스탈린에게서 전자의 경우만 발견할 수 있었다.[46]

슘페터는 미국이 소련의 지배를 지켜보기만 했다는 점을 강하게 비판했다.

그리고 미국은 스스로 왜 이런 일이 일어나게 되었는지 잘 알고 있다고 생각했다. 그는 "스탈린의 러시아에서는 이전 재정러시아 시대의 황제처럼 외교정책은 그저 외교정책일 뿐이다. 미국에서 외교정책이란 국내 정책과도 같다"며 비판의 목소리를 냈다. 또 미국은 "오랫동안 해외 동맹국에 반감을 갖고 있었기 때문에 복잡하고 미묘한 외교정책을 소화할 어떤 기관도 전통도 없다"고 일침을 놓았다(1949년까지 소련의 팽창을 저지하는 NATO는 발의되지 않았다). 또 슘페터는 일본의 진주만 공격 뒤에 제기된 미 의회의 결의안을 두고도 미국인은 평화적인 삶에 집착했다고 비난했다. 이것은 1946년 미국 안에서 팽배했던 국민 대다수의 분위기를 정확히 진단한 것이다.[47]

슘페터는 미국의 그 어떤 이익 집단도 소련의 힘에 대항하지 않았다고 주장했다. 미국 노동자들은 1940년 때보다 1946년에 더 전쟁을 반대하고 있었다. 그리고 기업인의 태도도 러시아 문제에 더 이상 개입하지 않기를 바라는 듯했다. 슘페터는 이 부분에 대해서 다양한 계급으로 이뤄진 미국인의 생각을 뒤섞어 표현하고 있다. 그는 "러시아는 미국의 큰 고객이 될 수 있다. 러시아는 자신들이 받은 것의 대가를 잘 지불하는 나라다. 그저 러시아가 다른 나라 몇 군데를 더 정복하도록 놔두자. 러시아가 원하는 것을 갖도록 놔둔다면 그들도 더 이상 불만을 갖지 않을 것이다. 러시아나 태평양의 섬나라들도 20년 뒤에는 우리처럼 민주주의를 이룩하게 될 것이다. 게다가 그때쯤이면 스탈린도 이미 세상을 떠났을 것이다"라고 했다.[48] 하지만 슘페터는 소련과 관련된 문제가 스탈린이 죽은 뒤에도 계속되리라 걱정했다. 슘페터는 결코 시대의 주류가 되려는 이론에 동의하지 않았다. 그러나 그는 당시 상황의 주도권을 쥐고 있는 자의 생각과 감정은 광석 안에 철이 있는 것처럼 객관적이라 생각했다. "비록 스탈린의 능력이 소련이라는 괴물을 만들어내는 데 필요했다고 할지라도 국가가 세워진 뒤에는 그러한 천재는 더 이상 필요 없다고 생각했다. 러시아의 세기가 일단 시작된 이상 앞으로 러시아식 행보를 이어갈 것"이란

예상이었다.[49]

슈페터는 자신이 느낀 여러 흐름을 고찰한 끝에 스탈린이 이제는 국가경제를 위해서나 군사력을 키우기 위해서나 더 이상의 전쟁은 싫어하리라 예측했다. 그는 "이에 대한 나의 견해는 [철의 장막이라고 한] 처칠의 경고와 본질이 같으며, 이미 시작된 군비경쟁의 이론적 바탕과 같은 맥락이다"라고 했다.[50]

슈페터는 소련의 영토 확장이 단순히 제국주의에 기초한 것이지 모든 세상을 마르크스의 가르침을 따라 계급 없는 세상으로 만들겠다는 의도는 아니라고 판단했다. 그는 "러시아의 문제는 러시아가 사회주의국가라는 점이 아니라 러시아가 러시아라는 그 자체에 있다. 실제로 스탈린 정권은 군사독재 정권이다"라고 했다. 또 만약 새로운 전쟁이 발발한다면 그 대가는 몹시 커서 이데올로기는 아무 의미도 없게 될 것이다라고 말했다.[51]

슈페터가 『자본주의·사회주의·민주주의』를 쓰면서 동시에 준비했던 것이 『경제 분석의 역사』라는 방대한 책이었다. 이 책의 내용 가운데 간략하면서도 핵심적인 부분은 바로 "전체주의국가의 경제학"에 할애되었다. 이 주제는 히틀러의 독일이나 무솔리니의 이탈리아, 스탈린의 소련을 대상으로 하고 있다. 슈페터는 경제학적 측면에서 세 나라의 국가 경영은 어떤 전문가가 예상하는 것과도 다르다고 주장했다.[52]

독일에서는 나치가 인종의 우월함을 바탕으로 경제학 자체와 거리가 먼 정책을 폈다. 이들의 정책은 경제학의 전문적인 면과 모순이 되지 않을 뿐만 아니라 다양한 어떤 정책과도 모순적인 관계에 놓이지 않았다. 독일 대학에서는 경제학의 정치화가 1919~1933년 바이마르 공화국 시대에 이미 상당히 진행되고 있었다. 이것은 경제학이 물리학같이 순수과학이라기보다는 철학과 더 거리가 가깝다는 이유에서였다. 이들 대학은 이러한 압력에 저항하고 있었지만 경제학의 정치화는 상당 부분 이미 진행되고 있었다. 그리고 나치 정권은 이러한 분위기를 이용해 나치 당원들을 선발했고 유대인과 사회주의자들을 척결하려 했다. 일부 대학 행정가들은 누구보다 입장이 난처해졌고, 경제학을 가르치던 교수들은 나치의 노선에 합류하지 않을 수 없는 상황에 놓였다.[53]

하지만 이상하게도 전문적인 연구는 허용되었다. 물론 경제학 연구보다는 물리학 분야에서 더 활발하게 연구가 진행되었다. "당시에는 어느 누구도 기존 지식에서 벗어나 새로운 이론적·통계적 분석을 연구하는 데 문제가 없었다. 케인스의 『일반 이론』 같은 연구는 아무런 문제없이 세상에 나올 수 있었다." 이것은 사실이었다. 나치의 상당수는 케인스가 이야기한 정부 부채를 통한 경기부양이 히틀러가 1933년에 실제로 실행에 옮겼던 계획과 비슷하다는 점에 동의했다.(실제로 바이마르 공화국 수상들은 1932년에 케인스식 정책을 쓰고 있었다.) 나치가 주장하는 경제학에 대해 슘페터는 히틀러만이 이 주제에 관심이 없었고 개별 의사결정은 부하들에게 맡기고 있다고 생각했다.[54]

반면 이탈리아에서는 무솔리니가 히틀러보다 강력하면서도 뚜렷한 경제학적 견해를 지니고 있었다. 파시스트의 경제학은 복합적인 자본주의 형태였다. 이는 정부 통제하에 개별 경제주체가 자신의 경제활동을 계획하고 관리하는 형태였다. 경쟁적 개인주의를 뛰어넘은 이 개념은 국가의 위대한 영광을 위해서라면 뜻을 하나로 모을 수 있었다. 전직 기자 출신의 지식인 무솔리니는 이러한 쟁점에 대해 글을 썼다. 무솔리니 정부의 경제정책은 그가 개인적으로 고안한 정책에 가까웠다.

독일에서는 엄격한 과학적 연구가 허용되었다.[55] 반면 소련에서는 그렇지 않았다. 소련에서 전체주의정부의 토대는 경제학에 있었고 누구도 정부의 공식적인 교의에서 이탈할 수 없었다. 특히 1927년에 스탈린이 완전한 주도권을 쥔 뒤 더욱 그러했다. 당시 러시아 엘리트 경제학자 대부분이 추방되거나 숙청되었으며, 아니면 추방된 다음 숙청되었다. 슘페터의 『경기순환론』의 토대를 제공했던 콘드라티예프는 1930년에 시베리아로 추방당했고 1938년에 벌어진 대대적인 숙청에서 처형당했다. 슘페터는 이렇게 기록했다. "정책상의 논쟁뿐만 아니라 과학적인 연구 자체는 독일과 이탈리아에서와는 아주 달리 엄격하게 통제받았다. 이는 볼셰비키 정부의 본질과 방법론 때문만이 아니라, 서로 상충되지만 동시에 보강해주는 두 이유 때문이다."[56]

이중 첫 번째 이유는 바로 소련이 독일과는 다르게 인종주의보다는 경제학적 토대를 사상적 교의로 따랐기 때문이었다. 그래서 독일의 인종차별주의처럼 신성한 교리적 사실에 대한 저항은 허용되지 않았다. 그리고 또 다른 이유는 (종종 모순적이기도 하지만) 볼셰비키 정부가 매우 자연스럽게 혁명을 원하던 사람들의 순진한 감정을 잘 이용했다는 점이었다. 이 사람들은 새로운 1000년이 다가왔기 때문에 이제 더 이상 "경제학적 법칙"은 필요가 없고 경제를 연구·분석하는 사람들도 필요가 없다고 믿었다. 이러한 기괴한 환경에서 경제학적 토론은 크렘린 정부의 관료들을 만족시키는 목적으로 변질되었다. 이렇게 당시에는 근거 없는 반대자들의 비난만이 남게 되어 과학적 근거의 반대의견은 더 이상 찾아볼 수 없다.[57]

볼셰비키 정부가 주장했던 자신들만의 마르크스주의는 어느 누구의 저항도 받지 않았다. 이것은 러시아 경제학자들이 1917년 사회주의혁명 이전에 이미 마르크스주의를 따르고 있었기 때문이었다. 즉 1927년 스탈린의 전제주의가 승리하기 전까지 이론가들 사이에서 어떠한 이견도 받아들여지지 않았던 것이다. 1927년 이전 환경에서 니콜라이 콘드라티예프나 니콜라이 부하린 같은 위대한 사상가들은 경제학 본래의 통찰을 주로 연구했다. 이 업적에 대해 슘페터는 "이 불행한 사실을 통해 알 수 있는 점은 스탈린 정권이 들어서기까지 이처럼 중요한 경제학이 소련에서 살아남았다는 증거라고 생각했다."[58]

스탈린이 완전한 주도권을 쥐게 된 뒤 가끔은 우스운 일도 생겼다. 1937년 인구조사국은 소련의 인구를 1억 6200만 명이라고 발표했다. 하지만 소련의 인구통계학자들은 스탈린에게 총 인구수가 1억 7700만 명에 이를 것이라 보고했다. 이 때문에 스탈린은 인구조사국 직원들을 체포한 뒤, 자신들의 힘을 이용해 인구를 줄이려 했다는 이유로 범죄자로 몰아 사살했다. 소련공산당의 경제학자 S. G. 스트루밀린▼은 "우리 본업은 경제학을 연구하는 것이 아니라 경제학을 바꾸는 것이다. 우리는 어떤 법의 경계에도 포함되지 않는다"라고 발표하기도 했다.[59]

하지만 이러한 소련도 상식을 벗어나는 데 한계가 있었다. 소련의 사회주의 경제정책가들은 스탈린 이전 시기에 쓰인 기술들을 계속해서 썼다. 특히 손쉬운 정치적 공격에 쓰기에는 몹시 어려운 통계적·수학적 방법들이 계속해서 쓰였다. 이 영역에서 소련의 업적은 종종 세계적으로 인정받기도 했다. 1940년, 슘페터는 당시 러시아 경제학의 추세는 보험 통계에 관한 기준이나 가치의 개념, 한계생산성, 이자 등의 개념을 몰래 소련체제로 들여오는 것이었다고 진술하고 있다. 비록 이러한 면에서 진보의 속도는 매우 느렸고 탄핵의 볼모가 되기도 했지만 슘페터는 이 추세가 계속되리라 예상했다. 그 이유는 경제학 자체는 자본주의를 뛰어넘는 논리를 포함하고 있기 때문이었다. 즉 어떤 정권이라도 정부를 운영하려 한다면 현대적인 방법으로 예산을 집행하는 기술, 국가 수입을 관리하는 회계 방식이 필요한데 소련도 예외는 아니라는 것이었다.[60]

하지만 슘페터는 계속해서 소련 안에서 생긴 과학적 경제학의 특정한 문제를 집중 분석했다. 트로츠키, 스탈린 그리고 특히 레닌과 같은 볼셰비키 지도자들은 스스로 무수한 양의 책을 냈는데 이것은 대부분 경제학자들의 몫이었다. 슘페터에 따르면 그들은 자신들의 주장을 상세하게 묘사하지는 않았다. 이는 그들의 책이 순전히 경제학적 지식에 대한 것이 아니라 심오한 역사 분석이기 때문이었다. 물론 이 사상가들은 정치적으로는 더 많은 지식을 갖고 있었을 것이다.[61]

결과적으로 슘페터는 부분적으로는 옳게 예측했으며 또 어떤 부분에서는 잘못된 판단을 했다. 소련의 경제정책가들은 복잡한 미시경제학적 방법들을 택했다. 하지만 소련은 종종 자신들의 업적을 만들어내기 위해 자료를 조작해 없는 성과를 만들어내기도 했다. 소련의 이데올로기는 전체주의적인 방식으로 새로운 제도를 만들어냈다. 그러나 이러한 제도는 일상적으로 정부의 한 부처가 다른 부처에 거짓말을 하는 일이 만연했음을 말해 준다. 이것은 1991년 소련의 공산주의가 무너진 원인이기도 했다.

그럼에도 불구하고 소련의 이러한 특성은 20세기 주목할 만한 점으로 남게 되었다. 74년간 정권을 잡았던 공산주의 정권은 재정러시아 황제의 꿈을 뛰어넘어 국가를 산업화시키는데 성공했다. 이들은 대조국전쟁The Great Patriotic War[제2차 대전 가운데 소련과 독일이 벌인 전쟁으로 '독소전쟁'이란 명칭으로 더 잘 알려져 있다*]에서 나치를 당당히 물리쳤다. 그리고 세계에서 가장 막강한 육군뿐만 아니라 강력한 해군과 공군을 가졌으며, 핵무기도 만들어냈다. 이들은 지구상에서 가장 큰 국가를 다스렸으며 이와 더불어 수많은 종속국을 지배했다. 또 이들은 세계 최초의 인공위성 스푸트니크를 발사시켰으며 최초의 우주비행사(유리 가가린)를 탄생시켰다. 소련의 공산주의 정권은 70년 동안 서구의 자본주의국가와의 패권 경쟁에서 위협적인 존재였던 것이다.

한편 소련 정부가 제대로 기능하지 못했음에도 어떻게 이런 업적을 남길 수 있었는지는 수수께끼다. 아마도 식품, 의류 같은 소비재 생산에 별 관심을 보이지 않았던 점이 이러한 업적에 커다란 보탬이 되었다고 봐야 할 것이다. 그리고 소련의 계획경제는 종종 핵무기 제조나 우주 개발 같은 커다란 프로젝트를 수행하는 데 매우 효율적인 체제였다. 실질적으로나 잠재적으로 정부에 위협이 되었던 범인들을 가두고 대량 학살했던 것은 그들의 체제를 존속시키기 위해 꼭 필요한 수단이었을지 모른다. 물론 그렇지 않았을 수도 있다. 하지만 공포의 전제정치는 인류 역사상 가장 극악했던 정권을 존립시키는 데 필수적이었다.**62**

제23장

자기성찰

"나는 내가 만들지 않은 이 세상에서 겁 많은 이방인일 뿐이다."
– 앨프리드 하우스먼, 「하느님의 율법The Laws of God」, 1922

슘페터에게 제2차 대전이 일어난 몇 년은 자신을 돌아보는 시간이기도 했다. 1942년에 『자본주의·사회주의·민주주의』의 원고를 냈을 때만 해도 그는 자신이 썼던 그 어떤 책보다 별로 기대하지 않았다. 그는 다른 저자들처럼 책에 대한 대중의 호응이란 알 수 없음을 잘 알고 있었다. 그래서 출판에서 큰 재미를 느끼지 못했다. 그가 당시 전체적으로 느꼈던 감정은 계속해서 이어졌는데, 건강에 대한 걱정, 즐거웠던 시간에 대한 향수, 전쟁으로 인한 낙담 등이 이에 해당되었다.

1939~1945년에 작성된 수많은 일기에서 그는 대체로 전쟁 이야기를 자주 했지만, 자기 자신에 대한 이야기를 더 많이 했다. 어느 때보다 그는 자신을 반성했다. 또 자신의 성공, 실패, 죽음 그리고 세상에 물려줄 유산에 대해 고민하곤 했다. 그가 언급한 자신의 환경과 하버드대 이야기들은 대개 부정적이

었다. 1942년, 그는 "가장 심각한 것은 내 반응이다"라고 썼다. 그리고 "교수라는 철장 안에서 즐겁기보다 강의로 인해 내 일을 할 수 없다는 사실에 좌절감을 느낀다. (…) 몹시 좌절스럽다! 실망도 매우 크고 나는 몹시 늙고 지쳤다. 하버드대의 숨 막히는 환경이 날 이렇게 만든다"라고 푸념을 늘어놓았다. 그리고 1945년에는 "비열한 압제자의 놀이터가 바로 하버드대다. 하버드대는 이렇게 자신의 무한한 가능성을 파괴하고 있다"라고 쓰기도 했다.[1]

슘페터는 일기에 인간성, 전쟁, 소련, 자신의 건강과 경력을 주로 두서없이 휘갈겨썼다. 때로는 새로운 봄을 비롯해 계절의 변화에서 느끼는 즐거움을 차분하게 표현하기도 했다. 또 흑인, 유대인, 저능한 사람, 영국인 등에 대한 부정적인 언급이 담겨 있었다. 그가 예전에 취했던 친영국적인 태도는 이제 반제국주의적으로 변해갔다. 하지만 이러한 내용의 일기가 쓰였던 빈도나 그 안의 감정들은 루스벨트 대통령이나 소련이나 하버드대같이 그가 혐오했던 것들에 대한 비판에는 미치지 못했다.

그가 가장 걱정했던 것은 자신의 죽음이었다. 그는 1940년대 초반에 몸무게가 9킬로그램 이상 불었고 고혈압에 시달리기 시작했다. 그는 타코닉의 호숫가를 산책하는 것 빼고는 운동을 거의 하지 않았으며 겨울이 시작되고 날씨가 나빠진 뒤에는 이조차도 쉽지 않았다.

그는 자주 신체적인 상쾌함을 느끼지 못했으며 이러한 감정을 투박한 형태의 시에 담아 표현했다. 다음 내용은 1944년 9월 6일 타코닉에서 쓴 것이다.

충실한 하인처럼 죽음이 내게 다가온다.
잔치가 끝난 뒤 방에 들어와
촛불을 불어 끄는구나.
내 삶과 즐거움이 계속되는 동안에는
촛불이 꺼지지 않을 것이다.

그러나 잔치가 끝난 뒤에는 꺼질 것이다.

괜찮아.

잔치가 끝나기도 전에 촛불을

꺼버린다면 매우 슬픈 일이겠지.

하지만 잔치가 끝나고 나서 촛불을 꺼야 해.

우리에게 주어진 삶을 산다는 것

우리에게 주어진 일들을 해낸다는 것

그게 바로 사람들이 원하는 것이겠지.

삶은 영원히 사라질 거야.

그리고 우리가 해야 할 일들도

함께 사라지겠지.

삶과 일은 모두 우리가 해야 할 일들이지.

그래서 뭐?

하지만 언제나 그랬던 것처럼 슘페터는 일로 구원받았다. 이러한 그의 감정
도 1942년 1월 일기에 나타나 있다.

나는 더 이상 늙어갈 시간이 없다.

비탄에 빠질 시간도 없지

내가 갖고 있는 건……

내가 할 일들뿐이야.

1942년 초에는 자신에 대해 극화한 내용들이 나와 있다.

그리고 만약 내가 내 삶의 많은 부분에서

쓸모없고 하찮은 존재라면……
하찮은 속물이라면……
오늘도 여전히 하루가 저문다.
그리고 어둠과 처량함이 날 감싼다.
나는 적어도 내 의무를 다하고 있다
막다른 길목에서, 죽음의 벼랑 끝에서
끝까지 용감히 싸우고 있다.

그리고 1942년 1월 6일 미국이라는 이국땅에서 계속해서 느끼는 외로움을
두고 그는 또 다시 펜을 들어 이렇게 썼다.

이 세상은 더 이상 내 세상이 아니다.
나는 죽음을 면할 수 없는
꼭두각시 같은 존재에 불과하다.

하지만 위 일기와 같은 날에 쓰인 또 다른 일기에는 "나는 오래된 세상 아
니면 죽음을 향해 나아가고 있다. 나의 심장과 두뇌와 팔다리는 모두 그렇게
흘러가고 있다. 내가 이 변화에 대해 무엇을 할 수 있는지 모르겠다. 내가 무
엇을 원하고 있는지 모르겠다. 이 사실을 알고 내 계획을 바꿔나가야 하지만
그렇지 못하고 있다. 하느님 감사합니다! 그것이 내 삶이고 즐거움이며 내가
할 수 있는 한 계속해서 유지해야 할 내 마음임에 (…) 사실은 내 태도도 바꿔
야 할 것이다. 하지만 이조차도 못하고 있기 때문에 나는 마치 자식이 있는 것
처럼 걱정하고 있다"는 내용이 담겨 있었다.
이 모든 일기는 그가 1942년 여름 『자본주의·사회주의·민주주의』의 원고
를 제출하기 전에 쓰였다. 그후 10월과 11월에 슘페터는 자기성찰을 계속했

다. 그는 "내 생각에 삶에서 가장 흥미진진한 것은 바로 죽음이다. 신은 나에게 죽기 위해서는 많은 것이 필요하지 않음을 친절하게 보여줄 것이다. 그나마 위안이 된다. 문명과 같이 결국 사라지며 무익한 것들이 이 세상에서 나에게 무슨 의미가 있단 말인가?"라는 내용을 남겼다.

전쟁중인 세계에 변화를 일으키는 힘을 예측하던 내용에는 다음과 같은 구절이 있었다.

> 편애와 편견이 큰 역할을 한다……
> 나는 내 일생을 연구와 이성에 쏟았다.
> 이성은 분명 가치가 있다……
> 인간사에 이성을 적용시킨다면 무엇이 남을까.[2]

그리고 슘페터는 그가 연구를 더 하려고 하는 데 방해되는 요소들이 무엇인지 깊이 생각했다. 꺾쇠괄호 안의 말은 그가 직접 끼워넣은 것이다.

1. 여자
2. 예술[그리고 건축]
3. 스포츠[그리고 승마]
4. 과학[그리고 철학]
5. 정치[공직]
6. 여행
7. 돈[사업]

이렇게 쓰고 나서 그는 "내가 인생을 그리 못산 것은 아니군!"이라며 일기를 끝맺는다.[3]

이러한 생각들은 전쟁 초기에 쓰였다. 이 내용들은 불규칙적으로 쓰였으며 외교나 하버드대의 불만이나, 소련의 전후 전망에 대한 내용이 일기에도 나오곤 했다. 그의 일기를 종합해서 볼 때만, 이것이 슘페터가 자신을 드러냈던 방법이라는 것이 명백해진다.

"나는 특이하게도 리더십이라는 자질이 부족하다. 내 생각이 잘 합쳐졌다면 새로운 경제학이 탄생했을 수도 있다." 슘페터는 이렇게 말하면서 글을 이어갔다.

인생을 돌아보고 다시 현재 상황을 생각해보면 정말 웃지 않을 수 없다. 나는 여러 방면에서 사람들의 인정을 받아왔고 일부분 성공도 거뒀다. 하지만 전체적으로 보자면 대부분의 시간에 나는 개인적으로 불행한 적이 많았기 때문에 실패라고 할 수 있다. 그 이유는 매우 명확하다. 비록 나의 학문과 연구 성과 등에서 유명세를 타 성공했을지라도 사실 나는 그다지 중요한 인물이 아니다. 특히 나에게는 뿜어져나오는 독특한 기운인 "아우라"가 없다. 나는 내 모든 것을 연구에만 쏟아부었으므로 앞으로 역사가 어떻게 만들어졌는가? 하는 문제를 공부하고 연구도 계속할 예정이다. 과연 아우라라는 것은 무엇일까? 그것은 사람들이 갖고 있는 유머 감각도 아닐 것이고 전술상으로 능숙하다는 것도 아니다. 그것은 또한 힘에 관한 것도 효율성에 관한 것도 아닐 것이다. 그것은 아직 내가 발견하지 못한 모든 것과 거기서 나오는 힘일 것이다.

순전히 지적인 차원에서만 두고 볼 때, 슘페터는 스스로 생각하는 것보다 중요한 사람이었다. 아마도 그는 슈몰러나 마셜, 케인스가 갖고 있던 리더십을 이야기하고 싶었던 듯하다.[4]

그는 훗날 이 학자들에 대한 생각을 글로 쓰기도 했다. 여기서 슘페터는 이

학자들이 자신이 주도하는 경제학파로 다른 이들을 이끌어들이는 힘을 특히 강조했다. 하지만 그는 그들이 만든 모든 학파를 경멸했다. 이는 마치 그가 수학학파나 물리학파 같은 것을 혐오했던 바와 같았다. 그는 세상엔 학파가 아니라 오직 좋은 경제학자와 나쁜 경제학자만이 있으며 우월하거나 열등한 경제학자는 없다고 주장했다. 그러므로 한 경제학파의 지도자가 되는 것은 자신의 원칙을 거스르는 일과도 같았다.

어떤 면에서 볼 때 그는 흥행을 몰고 다니는 사람이었고 홀로 일했으며 자신의 학문 분야에서 리더가 되고 싶어했다. 일류 이론가와 예술가 가운데 무대에서도 일류인 사람은 많지 않다. 그러한 일류가 되는 것이 슘페터가 생각한 리더십이었고, 그러한 리더십을 갖춘 사람은 많지 않았다. 모차르트도 리더십이 없었다. 찰스 디킨스나 마크 트웨인도 예외는 아니었다. 오선 웰스, 존 레넌이나 미국의 노벨상 물리학자 리처드 파인먼도 마찬가지였다. 누구도 자신의 학파를 구성하고자 자신의 업적을 이루는 데 소홀하지 않았다.

슘페터는 그가 생각했던 것보다 뛰어난 쇼맨십을 갖고 있었다. 그는 늘 자신의 제자보다 청중의 박수가 필요했던 사람이다. 예순 살이 넘은 1940년에 쓴 슘페터의 자기성찰적인 글을 보면 그는 극적인 방식을 연출했다고 썼다. 교실에서뿐만 아니라 교수회의 자리에서도 그러한 방식을 좋아했다. 새뮤얼슨은 슘페터의 말솜씨를 두고 누구도 그처럼 최고의 솜씨를 갖고 있지 못할 것이라고 이야기했을 정도다. 그리고 슘페터가 경제학, 역사학, 사회학을 넘나들며 자기 자신을 자유롭게 선보였던 교실에서 학생들은 슘페터에게 큰 매력을 느꼈다. 1944년 하버드대 학생 신문에서는 "슘페터 교수는 그저 환상적이다"라는 글이 실리기도 했다. 언제나 그랬듯이 대중 앞에서 그의 자아는 내적으로 무슨 갈등이 있었던지 간에 여전히 열정적이었다.[5]

슘페터는 학파를 혐오하면서 쇼맨이 되려 했다. 그러나 이와 달리 자신이 리더십[학파의 리더가 되는 것을 의미함*]이 없다고 했던 또 다른 이유는 바로 그가 격언을 좋아했다는 점이다. 이 내용은 그의 일기에도 드러나 있는데, 일기를 보면 당시 그가 얼마나 자신을 고립되고 회의적인 학자라고 생각하고 있었는지 알 수 있다.

1942년 10월 9일 인류는 언제나 사실을 제외한 모든 것을 믿는다.

1943년 4월 25일 의사는 내 병세를 완화시키려 하고 있다. 그는 최선을 다하고 있다.

1943년 5월 29일 인간성이란 자유와는 상관없다. 다수의 사람은 자유를 감당할 수 없다. 그들은 주는 대로 먹고 가는 대로 따라가고 즐거워하며 죽기도 한다. 그들은 자유를 모른다. 그러나 자유라는 말은 늘 중요하게 생각한다.

1943년 11월 11일 로마 제국의 통치는 극악하고 비효율적이고 부패했다. 그러나 그 때문에 망하지는 않았다. 로마 제국은 세계의 문화적 중심이 된 뒤 망했다.

1943년 11월 19일 잡아먹을 동물을 사냥하고 여자를 유혹하고 적을 죽이는 일. 그것이야말로 남자들이 하고 싶어하는 일이며, 남자들에게 잘 맞는 일이다. 그리고 대부분의 남자는 여기서 행복을 느낀다.

1943년 12월 12일 증오와 독을 묻힌 단검도 상관없다. 하지만 증오와 독이 기도문 안에 숨겨져 있다는 것은 참을 수 없는 일이다.

1943년 12월 21일 내가 믿지 않는 두 종류의 사람이 있다. 저렴한 비용으로 건물을 짓겠다는 건축가 그리고 경제에 대해 간단한 답을 주려는 경제학자.

1943년 12월 21일 삶에는 두 가치가 있다. 첫째는 승리요, 둘째는 복수다.

1944년 1월 2일 일상이란 무엇이며 삶이란 무엇인가? 그것은 신이 우리에게 대리석 조각을 쥐어주고 나서 걸작을 만들어보라고 한 것이다.

1944년 1월 3일 휴머니티는 즐거움과 고통에 대해 신경쓰지 않는다. 마치 조각가가 대리석에 대해 느끼는 감정과 같다. 손안에 있는 대리석처럼 말이다.

1944년 2월 28일 삶이란 사랑하는 것이다.
하지만 삶이란 증오하는 것이기도 하다.
삶은 싸우는 것이다.
하지만 삶은 거짓말하는 것이기도 하다.

1944년 6월 ?일 정치인이란 마치 말에 올라타기만 좋아하고 정작 말이 어디로 가는지는 모르는 바보와 같다.

1944년 ?월 ?일 이 나라[미국]는 결코 사실을 직시하지 못한다. 그저 그들은 자신들이 사실을 본다고 과하게 선전할 뿐이다.

1944년 5월 27일 진정 희한한 인물은 바로 정직한 이상주의자다.

1944년 8월 ?일 근대의 인간성을 더 많이 알수록 칭기즈칸은 그나마 온순했던 사람이라는 걸 알 수 있다.

1944년 11월 ?일 승리-복수-사랑-증오 : 삶의 네 가지 중심점.

1945년 2월 ?일 정치가란 범죄자다. 도둑은 쇠 지렛대를 쓰는데 정치가들은 유창한 말을 쓴다.[6]

슘페터가 쓴 이 암울한 유머들은 거의 오스카 와일드나 [미국 작가이자 저널리스트로 남북전쟁 때 참여했던 전투에서 보고 들은 처참한 상황들을 바탕으로 공포와 그로테스크가 어우러진 몇 편의 걸작 단편소설을 남겼으며 대표작으로 『악마의 사전』이 있는*] 앰브로즈 비어스, [영국 희극의 대표자로 인간 심리를 정밀하게 묘사하고, 노래를 혼합한 레뷰 형식으로 극문학의 새 경지를 개척했던*] 노엘 카워드, [오스트리아의 평론가이자 작가로 평론지 『횃불』을 창간해 모든 예술의 뒤에 있는 부패한 정신과 허위를 통렬하게 풍자했던*] 빈의 카를 크라우스에 맞먹을 정도였다. 하지만 이중 누구도 리더십을 열망하지 않았다.

슘페터는 대화중이나 강단에서 간단한 격언을 쉽게 썼다. 그러나 자신의 글을 단순화시키지는 못했다. 스미스나 케인스 같은 다른 주류 이론가들과 비교할 때면 슘페터는 자신의 의무를 넘어서 반론을 펼쳤다. 이러한 그의 태도가 바로 『자본주의·사회주의·민주주의』를 탄탄하게 만들었던 요인이기도 했다. 이 책은 매우 도발적이고 어려워서 독자가 읽기 어려운 책으로 꼽혔다. 책의 결론은 확실하다. 하지만 이 결론이란 책에 담긴 논리와 관점들을 이해했을 때에만 분명하게 보인다. 슘페터는 어떤 중대한 질문이라도 간단한 답이 있을 수 없다고 말한다. 그는 모든 것을 간단하게 설명했지만 단 하나의 주제로 논쟁을 펼치지는 않았다.

슘페터는 그의 일이나 예술적 기호에 대해서도 그 누군가 쉽게 이해할 수 있도록 간단히 설명하는 걸 혐오했다. 하버드대 학생 신문에 슘페터 교수의 유창한 말솜씨에 대한 글이 실렸을 때였다. 그는 자신의 일기에 하버드대 경제학 강의 가운데 한 과목이 무척 단순한 생각을 가진 동료 교수에게 맡겨졌다고 썼다. 그리고 그 수업이 인기가 있었던 것은 내용이 교훈적이기 때문인데, 그것은 어느 누구나 할 수 있는 단순한 일이라고 언급했다. 그는 이런 성공은 예술에서나 가능한 것이라 생각했다. 마치 「밀로의 비너스」나 「라오콘」이나 라파엘로의 「시스티나의 마돈나」처럼 말이다!"[7]

훗날 『경제 분석의 역사』라는 제목으로 나온 책에서 슘페터는 애덤 스미스에 대해 이야기한다. 스미스의 매력은 분명한 견해를 간단히 표현하는 방식이라는 내용이었다. 그는 "만약 스미스가 좀 더 총명했다면 그는 그렇게 심각한 처지에 있진 않았을 것이다. 만약 그가 좀 더 깊게 들어갔다면 더욱더 심오한 사실을 발견할 수 있었을 것이다. 그리고 만약 그가 더욱 어렵고 독창적인 방법을 썼다면 그의 생각은 대중이 이해하지 못했을 것이다. 하지만 그는 그러한 야망이 없었다. 사실 그는 평범한 상식을 벗어나는 것들을 좋아하지 않았다. 그는 늘 우둔한 독자만을 생각하고 있었다. 그는 그들에게 친절하게 설명했고 시시하고 흔한 개념들을 이해하기 쉽도록 설명하려고만 했다"고 썼다. 또 슘페터는 무엇보다 스미스의 매력이란 "더 폭넓은 대중의 인기를 끌만한 대변자 노릇을 했다"는 것이라고 생각했다.[8]

만약 슘페터가 진정한 지도자가 되고자 했다면 그는 스미스, 리카도, 슈몰러, 케인스, 하이에크, 프리드먼, 갤브레이스, 새뮤얼슨 같은 젊은 경제학자들처럼 어떤 것을 분명히 옹호하거나 지지한다고 표현했을 것이다. 그러나 슘페터는 한 정책이나 이념을 옹호하거나 지지하는 것을 싫어했다. 뿐만 아니라 논쟁을 계속하는 것도 별로 좋아하지 않았다. 그는 어떠한 주제에 대해 그것에 관련된 모든 사실을 쓰기를 끝까지 고집했다. 그는 그의 첫 책에서부터 독일 역사학파와 오스트리아학파 간의 충돌을 중재하려 했다. 그는 무모한 논쟁이란 과학적 진보에 전혀 도움이 되지 않는다는 확신을 처음부터 갖고 있던 학자였다.[9]

하지만 달리 보면 그는 심한 과오를 범하고 있었다. 과학사는 한쪽에 대한 지지와 논쟁 없이는 존재할 수 없다. 이러한 논쟁 과정을 통해 학문이 교착 상태에 빠졌거나 잘못된 논리에 빠졌을 때 올바른 길을 찾을 수 있다. 종종 학문적인 갈등은 정치적 혼란을 빚기도 한다. 그러나 그보다 중요한 점은 논쟁이 지식의 진보를 가져왔다는 것이다. 플라톤의 "대화"에서부터 갈릴레오의 우주에 대한 이단적 이론에 이르기까지 그리고 생물학 같은 분야를 어떻게 공부하는 것이 최선인가에 대한 논란까지 논쟁은 분명 필요했다. 분자생물학자와 진화생물학자 간의 학문적 논쟁은 생물학계의 분열을 일으키기도 했다. 그러나 이로 인해 과학은 발전했고 이는 경제학에서도 마찬가지였다. 제2차 대전 뒤 케인스주의자와 통화주의자들은 서로 논쟁했다.[10]

하지만 슘페터는 이 논쟁에 뛰어들려 하지 않았다. 그는 학부 강의, 대학원 강의에서 자신의 연구의 밑바탕이 무엇인지 조금도 말하지 않았다. 그는 책과 강의를 따로 생각했다. 그는 자신 안에 있는 뜨거운 대중적 자아와 일기에서 드러난 절망적 자아를 분리한 듯 보였다. 시카고대의 경제학자 조지 스티글러는 이렇게 말했다. "그는 이론과 정책을 완전히 구분지으려 한다. 그리고 그는 마치 대중과 같은 생각을 하지 않는 것에서 유치하게도 즐거움을 느끼는 듯하다"고 평했다. 슘페터는 그가 학자로서의 삶을 시작할 때부터 늘 가치중립적인 입장을 취하려 했다. 이러한 요인이 바로 그를 리더십과는 거리가 멀게 만들었다. 이러한 이유 때문에 슘페터 스스로 뿐만 아니라 당시 많은 사람이 슘페터가 리더십과는 어울리지 않는 사람이라고 생각하게 되었다. 만약 그가 진정 리더가 되고 싶었다면 혼란스러운 논란 속에 뛰어들었을 것이다. (새뮤얼슨은 "현시선호 이론"이라는 새로운 용어를 만들어냈는데 이는 한 사람의 행동을 통해 그가 진정으로 원하는 것을 측정한다는 개념이었다.)[11]

하지만 슘페터는 마음속 깊이 순수한 학자였다. 관조적이지만 동시에 훌륭한 쇼맨이었다. 이러한 극도로 드문 성격은 그의 리더십에 방해가 되었다. 슘페터는 쇼맨십을 통해 학식과 유머를 보여줌으로써 청중을 설득하고, 그들의 반응에서 행복을 느끼는 듯했다. 이것은 슘페터가 빈에서 보낸 청년 시절 가장 중요한 특징이었고 여전히 그의 삶에서 중요한 부분이었다.

제2차 대전이 끝나갈 무렵, 그는 전쟁 초기와 비슷하게 또 자기성찰을 하고 있었다. 1944~1946년에 쓰인 그의 일기를 보면 마치 자신이 창조하지도 않은 세상에 놓인 방랑자이거나 추방당한 사람이 썼을 법한 내용이 담겨 있다. 1946년 2월, 슘페터는 그의 동료 피셔에게 말했다. "내 몸과 정신이 병든 것 같소. (전쟁 때문이 아니라) 늘 피곤하고 힘이 없군요. 일이 싫은 건 아니지만 나는 하루하루 억지로 내 자신을 일하도록 채찍질하고 있습니다. 이건 당신만 알았으면 합니다."[12]

1946년 봄, 그는 이전에도 종종 그랬듯이 미국경제학회 연례회의에 참석하지 않기로 결정한다. 그는 일기에서 자신에게 말했다 "그래. 하지만 앞으로도 학회에 빠진 것을 초조해하거나 걱정하지는 말자. 세상에서 벗어나 내 갈 길을 가는 일에 잘못된 건 없어. 그러기 위해서는 내 스스로 신경을 끄고 이 상황을 인정해야 해." 이때 슘페터는 세상이 더 이상 커튼 뒤에 누가 있는지 알려고 하지 않는 한 세상이란 무대에 서지 않아도 되는 것에 만족해하고 있었다. 다만 그는 더욱더 비관적으로 변해갔다. 그의 걸작은 곧 출판을 앞두고 있었다. 그는 머지않아 동료들에게 전례 없는 인정을 받게 될 입장에 처했다.[13]

제24장

영광과 위기

"그러므로 우리에게 우리 날들을 세도록 가르치시어 우리 마음이 지혜에 이르게 하소서."
— 「시편」, 90장 12절

전쟁이 끝나자 슘페터의 생각이 틀렸음이 드러났지만, 세계무대에서 슘페터의 영향력과 명성은 본인의 평가를 훨씬 뛰어넘었다. 그러나 슘페터가 삶에서 고통을 겪지 않았더라면, 새로운 찬사를 받지 못했을 것이다. 엘리자베스와의 결혼, 하버드대에서의 교수직이라는 두 일은 슘페터를 굳게 지탱하고 있었다. 그러나 두 일과 관련해 급격한 변화가 일어났다. 한편 1947년에 나온 『자본주의·사회주의·민주주의』 2판이 큰 인기를 끌었다. 그래서 슘페터의 왕성한 저술활동은 본궤도에 올랐다. 슘페터는 『경제 분석의 역사』를 꾸준히 썼을 뿐만 아니라 기업가정신, 인플레이션, 역사, 지식사회학 등 다양한 주제를 다룬 중요한 논문들을 쓰기 시작했다. 슘페터는 이전처럼 많은 학술회의에 잘 참석하지 않았다. 그러나 그의 참여가 줄어들었다고 해서 어떤 큰 의미가 있는 것은 아니었다. 슘페터는 다른 사람들과 농담을 주고받곤 했고, 자신을

"조 슘페터Joe Schumpeter"로 소개하기도 했다. 그리고 연단에서 연설할 때는 기억에 남을 만한 행동을 보여주는 등 항상 공적인 자리에서 타인에게 상냥했다.[1]

1947년 12월, 슘페터의 동료들은 그를 미국 경제학자들에게 가장 권위 있는 단체인 미국경제학회의 회장으로 선출했다. 이는 75년의 협회 역사상 처음으로 외국 출신 학자가 회장이 된 의미 있는 일이었다. 미국경제학회 회장은 명예직에 불과한 자리가 아니었다. 왜냐하면 회장이 직접 다음에 열릴 연례회의의 계획을 짜야했기 때문이다. 연례회의를 계획하기 위해서는 수백 통의 편지를 보내고, 전화를 걸어야 하는 수고가 필요했다. 자존심이 강한 학자에게는 편지로 초대하면 거절당할 수도 있는데, 이를 고려해 정중하게 초대하는 치밀한 전략도 세워야만 했다. 이 학회의 계획위원회는 과도기를 겪었지만, 슘페터는 뛰어난 계획을 세우면서 1948년 내내 열심히 일했다. 한 동료의 회상에 따르면, 슘페터는 매우 뛰어난 계획을 세운 나머지 실질적인 문제를 해결하는 데 자신이 그토록 끈질기게 유지해온 무심하고 무기력한 인상을 확실히 잃어버리고 말았다. 슘페터는 케임브리지에서 오는 중요한 연락이나 전화도 자신이 거주하는 타코닉에서처럼 쉽게 받도록 해놓았다.[2]

슘페터는 자신이 이룩한 학문과 아내 엘리자베스가 자신을 위해서 이룩해놓은 학문이라는 두 안식처 속에서 살았다. 이 안식처는 외부 세계로부터의 침입을 막아주는 요새와 같았다. 1940년대 내내 슘페터 부부는 학문 연구에 몰두했다. 특히 슘페터는 『경제 분석의 역사』를 쓰는 데 많은 노력을 기울였으며, 『일반 이론』 저술에도 큰 힘을 쏟았다. "케인스가 『일반 이론』을 그의 관점에서 썼듯이 나는 내 관점에서 출발해서 쓴 책이 될 것이다." 그러나 실제로 슘페터는 『경제 분석의 역사』에 더 신경을 곤두세웠다. 엘리자베스는 그의 저술을 위한 연구활동에 많은 도움을 줬다. 엘리자베스는 슘페터가 (하버드대 내의) 크레스 도서관에 소장된 진귀한 책과 책자에서 잘 알려지지 않은 논문들

을 찾을 수 있도록 하버드대 경영대학원을 수백 번 같이 갔다.[3]

엘리자베스는 남편의 연구를 도우면서, 자신의 분야인 일본 경제 연구도 계속했다. 엘리자베스는 일본어를 공부하면서 더 많은 논문과 책을 쓰고 싶어했다. 그러나 전쟁 발발과 그 여파로 중요한 최신 자료 가운데 일부를 접할 수 없게 되었다. 동시에 미국인이 일본에 갖는 지속적인 편견은 엘리자베스가 일본의 진주만 공격 이전부터 경험해왔던 비슷한 문제들을 더욱 야기했다. 독자들은 일본에서의 삶 자체를 생각하려 하지 않았고, 엘리자베스가 중요시한 경제적인 측면에서의 접근조차도 생각하려고 들지 않았다.

그렇다고 이런 팽배한 반일 감정이 반드시 학자들의 연구활동을 가로막은 것은 아니다. 장기간 걸쳐 지속된 반일 감정도 엘리자베스의 연구활동을 가로막지는 못했던 것이다. 그러나 팽배해진 반일 감정이 엘리자베스가 내고 싶어했던 책 출간에 영향을 끼친 것은 사실이다. 록펠러재단이 하버드대를 지원하는 기간이 만료되자 엘리자베스의 책을 처음으로 냈던 출판사 맥밀런에 대한 하버드대의 보조금도 중단되었다.

슘페터의 『경기순환론』을 냈던 맥그로힐도 엘리자베스가 쓴 책을 내지 않고 싶어했다. 다른 출판사들도 더 이상 엘리자베스의 출간 의뢰를 들어주지 않았다. 상황이 여의치 않자 엘리자베스는 어쩔 수 없이 일본 경제 연구를 중단하고, 박사학위 논문 주제인 영국 대외무역의 역사를 다시 연구하기 시작했다. 엘리자베스는 남편 슘페터의 『경제 분석의 역사』를 위한 연구를 돕는 한편, 17~18세기까지 영국 무역 통계를 편집·요약했다. 옥스퍼드대출판부는 1960년대가 되어서야 엘리자베스의 이 연구를 냈다. 이 연구 책자의 두께는 얇지만 너비는 양장본으로 된 잡지와 같은 특대 사이즈였다. 이 책은 짧은 분량의 본문과 저자인 엘리자베스가 정교하게 직접 제작한 수십 쪽 분량의 통계 자료로 구성되어 있다. 그러나 엘리자베스는 생전에 이 책이 출판되는 것을 보지 못했다.[4]

엘리자베스는 1937년 슘페터와 결혼한 뒤 줄곧 가사에 필요한 모든 물품을 구입하는 등 가정을 꾸려나갔다. 학기중에는 케임브리지와 타코닉을 오가면서 슘페터를 차로 데려다줬다. 1940년대 말, 슘페터는 주로 월요일과 수요일에 있었던 강의를 위해 185킬로미터의 거리를 통학하기 시작했다. 슘페터 부부는 한 주를 절반으로 나눠서 일요일에는 케임브리지 집으로 갔고 조지프가 강의와 업무를 마치는 수요일 늦은 시간이나 화요일 이른 시간에는 185킬로미터 떨어진 타코닉으로 여행을 떠나곤 했다.

엘리자베스의 노력으로 슘페터는 연구 성과물을 내는 능률에 있어 전성기를 찾을 수 있었다. 그의 강의활동과 저술활동 모두 매우 순조롭게 진행되었다. 케임브리지에서 슘페터가 20제곱미터 남짓한 방과 벽장에 책과 원고를 아무렇게나 쌓아놓았을 때도 엘리자베스는 아무런 불평을 하지 않았다. 엘리자베스는 타코닉의 윈디힐에서 위층 침실에 계단을 놓아 슘페터의 주 연구실로 마련해줬다. 겨울철에 벽난로에서 장작불이 지글지글 타는 소리를 제외하고는 조용했고 글쓰기에 아주 적합한 장소였다. 또 엘리자베스는 아래층의 집기실을 보조 연구실로 바꿨다. 엘리자베스는 슘페터가 케임브리지에 머물 때처럼 노트와 연구 자료, 작성중인 논문 등을 집 전체에 엉망진창으로 널어놓았을 때도 일체 불만을 터뜨리지 않았다. 또 엘리자베스는 슘페터가 침대 옆 탁자에 애니의 사진을 두는 것에 대해서도 아무런 이의를 제기하지 않았다. 그것은 옛 사랑에 대한 슘페터의 사려 깊지 못한 행동이었지만, 엘리자베스는 사진을 치울 수 없었다.[5]

1948년 초에 슘페터는 저술활동에 전념하고자 하버드대 교수직에서 은퇴할 것을 고민했다. 그는 막 예순다섯 살이 지났으며 교수 연금을 받기 위해 필요한 기간인 15년을 이미 다 채운 상태였다. 1931년 슘페터는 로웰 총장과 은퇴수당으로 4000달러를 받기로 합의했다. 하지만 인플레이션 때문에 1948년 4000달러의 가치는 1932년 동일한 액수의 3분의 1에도 미치지 못했다. 그리고 이는 당시 학내에서 최고 수준이었단 슘페터의 1만 4000달러 연봉의 3분의 1에도 못 미치는 수준이었다.

슘페터는 일기에 이렇게 썼다. "나는 은퇴에 대해 엘리자베스에게 가능한지 물었다. 하지만 엘리자베스는 주저하면서 타코닉에 있는 집이 팔리게 될 때에만 가능하다고 말했다. 그녀의 대답은 은퇴가 사실상 불가능함을 의미했다" 엘리자베스는 슘페터가 은퇴 뒤 얼마나 목가적인 생활을 원하는지 잘 알고 있었다. 1948년 6월, 슘페터는 은퇴가 지금 상황엔 적절치 않음을 받아들였다. 비록 더 이상 물가상승이라는 인플레이션의 위험이 없다 하더라도 그가 관여해야 할 여러 문제가 있었으며, 은퇴하면 빈의 라이징거 가족과 (트레셴이 미아의 두 아이들을 길렀던) 윌리히의 슈퇴켈 가족 그리고 비참한 상황에 놓인 약 12명 남짓의 다른 유럽인 친구에게 송금을 계속할 수 없었기 때문이다. 슘페터가 특별한 이유로 은퇴를 갈망했던 것도 아니었다. 슘페터는 강의를 들어줄 청중이 필요했고, 여전히 인기 있는 교수였다. 그리고 타코닉과 케임브리지 사이의 출퇴근길은 어떤 시절보다 슘페터의 삶에 평화와 안정을 가져다줬다.[6]

그런데 슘페터 부부에게 재앙이 닥쳤다. 1948년 8월, 엘리자베스는 쉰 살 생일을 앞두고 자신이 유방암에 걸렸다는 사실을 알게 되었다. 슘페터는 최악의 상황을 염두에 뒀다. 이는 22년 전 애니가 병에 걸렸을 때, 자신이 정반대로 반응했던 걸 절대 잊어버리지 않은 행동이었다. 슘페터는 그의 일기장에 큰 글씨로 거의 한 쪽 가득하게 "절망"이라는 글자를 적었다. 슘페터는 이런 생각을 이성적으로 정리하려고 노력했다. 그러나 2주일 동안 그는 결코 공황 상태에서 벗어날 수 없을 듯 보였다.

맑은 하늘에 친 날벼락이 나를 놀라게 했다. 첫째, 하늘은 맑았다. 둘째, 내 모든 게 엘리자베스에게 있었다. 그래서 나는 아무 감정도 느낄 수 없었고, 설사 어떤 감정을 드러낸다고 해도 이는 단지 사기나 기만이었을 뿐이다. 그녀가 나에게 준 것은 내가 그녀에게 준 것보다 많았다. 나는 이 사실을 모르고 있었다. 셋째, 여전히 우리 사이엔 깊은 애정이 있었다. 함께한 1년의 세월이 가져다준 애정이다. 넷째, 나는 그녀 없이 살아갈 수 없다. 물론 이는 푸념에 지나지 않는다. 그러나 갑자기 모든 것이 심각해졌다. 어떻게든 끝이 다가오고 있고, 즐거운 일은 전혀 찾아오지 않을 테니 말이다. 삶을 이어나가는 일이란 불합리할 뿐이다.

타코닉 근처의 병원에서 엘리자베스가 유방 절제술을 받기 전날 밤, 슘페터는 일기장에 또 긴 글을 썼다. 그에게는 또다시 자살에 대한 생각이 뇌리를 스쳐갔다.

바로 내일이 수술이다. 나의 일기에는 용감한 여자인 아내에게 고된 시련이 찾아왔을 때 일어난 모든 일과 이를 대처해나갈 용기에 관한 내용은 없다. 그리고 이는 최후를 예고하는 징조의 시작이다. 나는 이 사실을 심각하게 이야기하거나 기록하고 싶지 않다. 단지 매우 심각할 뿐이다. 사람들은 가라앉고 있는 배에 대해서는 심각하게 이야기하지 않는다. 그리고 더 이상의 계획이 있는 것도 아니다. 단지 조그만 종이 몇 장과 중요한 편지만이 있을 뿐이다. 지금 넌 무얼 가지고 있는가? 네가 원하는 것은 무엇인가? 정말 믿기지 않는 것은 공허함과 무시무시함이다. 죽음을 피할 수 있는가? 만약 그렇지 않다면 아무것도 아닌 게 분명하다. 혼자 가버리지 그래? 나는 엘리자베스가 세상을 떠나야만 할 때, 그녀를 가엽게 여기지 않을 것이다. 그녀에게도 나에게도 좋은 시절은 다 지나갔다.

그러나 슘페터에게 매우 놀랍고 위안이 될 만한 소식이 있었다. 엘리자베스의 수술과 그 뒤의 방사능 치료가 성공적이었으며 병세가 나아지기 시작했다는 것이다. 엘리자베스는 이전처럼 건강하고 활기가 넘쳐흐르진 않았지만 불치병에 걸린 사람처럼 보이지는 않았다. 그러나 엘리자베스는 다른 암환자들처럼 병의 재발을 걱정해야 했다.[7]

한편 슘페터는 엘리자베스가 필요한 것이 무엇인지 더욱 신경쓰게 되었고, 다른 한편으로 엘리자베스가 그녀 자신에게 실망하진 않을까 하는 걱정으로 더욱더 주의를 기울였다. 슘페터는 일기에 많은 시련을 겪어온 엘리자베스를 두고 "이 가없은 어린이"라고 표현했다. 사실 그녀는 모리스 피루스키와 결혼했으나 실패했다. 또 일본에서 연구활동 가운데 겪은 극도의 좌절, 슘페터에게 관심받지 못했던 일 그리고 삶을 위협하는 현재의 병에 이르기까지 수많은 시련을 겪어왔다. 슘페터는 암담한 현실을 극복해나갈 힘을 얻기 위해 어머니와 애니에게 간절히 호소했다. 그리고 신에게 기도했다. "제가 그녀를 도울 수 있게 해주세요 그리고 넘어지지 않고 짐이 되지 않게 해주세요." 그 뒤 몇 달 동안 슘페터는 엘리자베스가 죽을 때를 대비해 가끔씩 자신의 자살 가능성을 언급하곤 했다.[8]

1949년 봄이 되자 엘리자베스는 슘페터가 극진하게 보살펴준 덕분에 휘턴 칼리지에서 다시 강의할 수 있을 만큼 상태가 많이 좋아졌다. 엘리자베스는 여전히 과로를 조심해야 했지만, 타코닉의 육아 시설[타코닉에서 '슘페터를 보살폈던 엘리자베스의 역할'을 지은이가 비유적으로 표현했다*]에서 다시 일하게 된 것을 기뻐했다.

엘리자베스의 병만이 슘페터를 삐뚤어지게 한 것은 아니었다. 1940년대에 슘페터는 자주 일기장에 하버드대 상황에 불만을 토로했다. 엘리자베스가 유방암 판정을 받기 1년 전인 1947년, 슘페터는 일기장에 이렇게 썼다. "나는 왜 자신에 대해 역겹게 느끼고 있는 걸까? 나는 왜 이렇게 슬픈 것일까? 나는 왜 다른 사람들과 공통점이 없다고 느끼는 걸까? (…) 이것은 더 이상 나의 세계가 아니야." 또 그해가 얼마 지나지 않아 "당신[슘페터*]은 문명이 파괴되고 있는 것을 슬퍼할지 모른다. 그러나 하버드대는 이를 비웃을 것이다"라고 적었다. 심지어 그는 종종 자신이 몸담고 있는 하버드대를 비판하는 편지를 쓰기도 했다.

쓰루 시게토重人都留는 당시 일본의 대표적인 경제학자로 제2차 대전에는 슘페터의 제자였다. 그는 스승인 슘페터에게 가능하면 하버드대를 방문하겠다는 입장을 편지로 전했다. 그러나 슘페터는 그의 하버드대 방문 계획을 탐탁지 않게 여겼다. "물론 하버드대는 멀리 떨어져 있어서 언제나 아름답게 보일 수 있네. 그러나 하버드대에 아주 가까이 있는 나로서는 하버드대 주변 환경 속에서 어떤 자극적인 것을 경험하고 있다고는 말할 수 없다네. 실질적으로 이야기하자면 바실리 레온티예프만이 살아 있는 유일한 사람이지. 비록 그가 현재 엄청난 양의 행정 업무에 매몰되어 있긴 하지만 (…) 행정 업무가 그의 삶을 크게 차지하진 않아. 자네가 이미 알고 있는 근본적인 생각, 방법, 접근 그리고 독창적인 업적은 보스턴이나 도쿄에서도 충분히 이룰 수 있는 것일세."2

전쟁이 끝나자 군인으로 참전했던 학생들이 복학했고 하버드대 재학생 수가 급증했다. 학내 다른 과와 마찬가지로 경제학부는 이러한 새 상황에 대처할 충분한 준비가 되어 있지 않았다. 슘페터도 마찬가지였다. 슘페터에게 등록한 학생의 급격한 증가는 곧 그가 읽어봐야 할 과제와 시험 답안지가 더욱 늘어난다는 의미였다. 또 상담 시간이 길어지고 행정 업무 처리에 더 많은 시간이 걸린다는 의미이기도 했다. 슘페터의 강의를 들었던 한 학생의 회고에 따르면, "하버드대에 새로 등록한 학생 가운데 다수가 기혼자였다. 따라서 대부분의 학생이 학문 연구보다 경력을 매우 중시했고 서둘러 직장에서 일을 시작하길 원했다. 그들은 경제 이론을 실리적인 관점에서 바라봤으며 하버드대 경제학부를 조만간 미국 내에서 내로라하는 한 자리를 차지하기 위한 일종의 수단으로 여겼다. 슘페터는 학생들의 이러한 관점을 증오했다. 슘페터는 새뮤얼슨, 마게츠, 스미시스, 후버, 매클럽, 메이슨, 해리스, 체임벌린, 스위지, 슈톨퍼 같은 학자들과 비교해볼 때 이런 점에서는 역량이 부족했다. 교수진과 학생들 모두 저마다의 적절한 역할을 수행했으나, 그들 사이의 유대감은 학부의 규모가 작았을 때보다 약했다.”[10]

이처럼 달라진 생활이 고착화되면서 주목할 만한 사건 하나가 벌어졌다. 슘페터와 그의 친구이자 옛 제자인 스위지가 벌인 공개토론회였다. 유명한 J.P. 모건 은행 내 중역의 아들이었던 스위지는 확고한 마르크스주의자로 그 당시 최고의 경제학자였다. 1947년 보스턴 사회주의 클럽은 하버드대 경제학부에 자본주의와 사회주의의 장점을 비교하는 토론회 개최를 요청했다. 당시 슘페터의 책 『자본주의·사회주의·민주주의』가 큰 성공을 거뒀기 때문에 경제학부는 슘페터에게 토론회에 참석해줄 것을 요청했다. 그러자 슘페터는 하버드대 대학원 경제학 클럽에 공개 토론을 위한 지원을 부탁하겠다고 사회주의 클럽에 전했다. 하지만 대학원 경제학 클럽은 이 지원을 거절했다. 그러자 슘페터는 할 수 없이 하버드대 리타우어 센터의 공개 토론에 후원자 없이 참여하기로 결정했다.

리타우어 센터 강당에 슘페터와 스위지가 자리했다. 훗날 새뮤얼슨은 이날 벌어진 공개 토론을 다음과 같이 묘사했다.

훌륭한 토론자에게는 그에 걸맞은 훌륭한 사회자가 있어야 마땅하다. 그날 밤 레온티예프는 공개 토론을 순조롭게 이끌었다. “현재 자본주의가 폐단을 안고 있습니다. 과연 자본주의의 운명은 어떻게 될까요? 사실 우리 두 토론자께서는 자본주의의 종말은 필연적이라는데 동의하셨습니다. 그러나 두 토론자가 판단을 내린 근거는 매우 달랐습니다. 스위지 교수는 자본주의라는 이름의 환자가 암으로 죽어가고 있다는 사실을 이끌어내는 데 마르크스와 레닌의 분석을 활용했습니다. 한편 슘페터 교수의 입장을 살펴보면, 슘페터 교수도 자본주의라는 이름의 환자가 죽어가고 있음을 분명하게 인정했습니다. (…) 하지만 슘페터 교수는 자본주의가 심신증으로 죽어가고 있다고 보았습니다. 이는 자본주의가 앓고 있는 병이 암이 아니라 신경증상 (노이로제)이라는 주장입니다. 자기혐오로 가득찬 자본주의라는 이름의 환자는 사실상 삶의 의지를 잃었다는 주장인데요. 이러한 관점에서 본다면 자본주의는 사랑스럽지 못한 체제이고 사랑스럽지 못한 것은 사랑받을 수 없습니다. 폴 스위지 교수 자신은 바로 자본주의라는 환자의 죽음을 꽉 막힌 정신착란의 요인이자 전조라고 봤습니다."

스위지와 슘페터의 개막 연설이 있은 뒤 진행자인 레온티예프는 청중을 토론에 초대했다. 부인 엘리자베스 슘페터가 일어나 몇 가지 코멘트를 던졌다. 그러자 스위지는 슘페터가 가족 가운데 힘이 센 사람에게 의지해 토론 진행의 정신을 어겼다고 농담을 던졌다. 결국 슘페터는 자기보다 어린 친구 스위지가 토론에게 이겼다는 것을 인정했고, 토론장의 모든 사람은 즐겁게 집으로 돌아갔다.[11]

슘페터는 하버드대에 전반적으로 환멸을 느꼈다. 그러나 학생들을 가르치는 일에 대한 열정은 변하지 않았다. 학부생들은 슘페터가 자신들이 입학해서 강의를 들을 만한 가치가 가장 많은 열정적인 교수라고 계속 느꼈다. 대학원생들도 슘페터를 매우 존경했다. 1930년대 대학원생들은 교수 인기투표에서 압도적인 차이로 슘페터를 최고로 뽑았다. 그리고 1948년 비밀리에 행해진 여론조사에서 대학원생들은 슘페터를 중서부 출신의 가장 열렬한 케인스주의자이자 상냥한 앨빈 한센 다음가는 이로 평가했다. 당시에 메이슨, 하벌러, 레온티예프, 체임벌린 같은 젊고 총명한 교수가 많이 등장했기 때문에, 이러한 평가는 슘페터에게는 엄청난 찬사였다. 대학원생들은 자신이 가장 좋아하는 수업을 열거하고 이유를 적어달라는 부탁을 받았는데, 다음과 같은 평가를 남겼다.

슘페터의 진보적인 경제 이론. 자극을 줬다.

경제사상사. 시야가 넓은 교수. 두드러진 특징에 주안점을 둔다. 오로지 경제학만 안다는 비난을 전혀 받지 않았던 균형 잡힌 시각의 멋진 교수.

경제학 분야의 완벽한 전문가. 그리고 경제 문제 안에서 사회의 일반적인 흐름을 읽어내는 심오한 통찰력.

슘페터의 경제사상사. 슘페터의 강의를 진행하는 역량.

슘페터의 경제 이론의 역사. 잘 구성된 강의 자료들과 이를 바탕으로 강의마다 발전된 형태를 보여줬다. 그리고 매 강의가 처음부터 끝까지 재미있고 유익했다. 유머와 교수님의 개인적인 통찰력 등등이 강의 내내 어우러져서 좋은 강의를 들을 수 있었다.

슘페터는 세계 최고의 경제학자다.[12]

슘페터는 컬럼비아대에서의 교환 교수 시절을 포함해 5곳의 대학에서 학생들을 가르쳤다. 이렇게 수십 년 동안 학자로서의 삶을 보냈기에 슘페터는 교수진이 어떠한 기능을 하는지 잘 알고 있었다. 1946년 슘페터는 다음과 같이 썼다.

그저 평범한 사람들은 교수가 무엇인지 잘 알고 있다고 생각한다. 그러나 교수라는 말은 형태, 기능, 사고 방식이 서로 크게 다른 한 집단의 사람들을 의미한다. 예를 들면, 학교 운영자, 대학 행정가, 지식의 전달자라는 의미에서의 교육자, 뛰어난 정책과 방법의 전수자, 박학다식한 학자, 연구 책임자, 좋은 아이디어를 가진 연구원, 능숙한 기술이 있는 연구원, 사회과학 분야의 실험자 등이 있겠다. 이런 사람 모두 다른 사람들과 매우 다르다. 따라서 서로를 완벽하게 이해할 경우는 거의 없다. 그러나 그들 모두 학교를 현대화시키면서, 학교가 무엇이고 어떻게 기능하는지 이해하고자, 서로 협력하고 협력에 실패하기도 하면서 적합한 방법을 배우고 이런 모든 과정을 인정해나간다. 그러나 이 모든 것을 하나의 전문적인 형태로 모으고 이를 그대로 유지해나가자고 주장하는 사람이 있다. 이러한 사고는 부차적인 세부 사항들뿐만 아니라 교수의 본질 자체를 없애버리고 말 것이다.[13]

슘페터는 이런 역할들을 그의 동료 교수 대다수가 했던 것보다 더 많이 맡았다. 슘페터는 연구와 저술활동에 심혈을 기울일 때조차 계속해서 학생들을 가르치는 데 고된 노력을 기울였다. 그리고 학생들에게도 많은 노력을 요구했다. 슘페터는 막대한 분량을 읽어야만 하는 과제를 내줬다. 뿐만 아니라 강의나 세미나에서도 수준 있는 연설을 했기 때문에 학생들로서는 그의 강의를 이해하기 위해 많이 노력해야만 했다. 그의 강의를 들었던 한 학생의 이야기에 따르면, "슘페터는 수업 시간에 학생들에게 질문이 들어오면 비록 그 질문이 어리석은 것일지라도 정말 친절하게 대답해줬다. 그리고 학생들을 위한 슘페터의 상담 시간은 매우 인기가 높았고, 상담을 통해 슘페터에게 도움을 받지 않은 학생이 거의 없었다." 슘페터는 이 기간에 1930년대보다 훨씬 적은 수의 논문을 지도해야만 했다. 왜냐하면 경제 이론, 경기순환, 경제사상사와 같이 그가 선호하는 주제에 대해 논문을 쓰는 학생이 많지 않았기 때문이다. 슘

페터는 적어도 1년에 한 번씩 다른 교수들보다 자주 대학원 클럽에 참석해서 연설했다.[14]

또 슘페터는 박사학위 지원자들이 속한 위원회에 정식 회원이 아니었을 때도 많은 박사학위 지원자들을 상담했다. 1947년 슘페터는 젊은 해리 존슨▼이 리카도의 『정치경제학과 조세의 원리에 대하여On the Principles of Political Economy and Taxation』에서 수학적 오류(전화율an inverted ratio)를 찾아낸 사실을 알게 되었다. 수천 명의 경제학자가 1817년에 처음 출간된 리카도의 명저를 읽었지만, 존슨을 제외한 어느 누구도 오류를 지적하지 못했다. 즉시 슘페터는 존슨에게 이에 대한 논문을 쓰라고 조언했다. 그리고 존슨이 쓴 논문이 하버드대에서 발행하는 『쿼털리 저널 오브 이코노믹스』 1948년호에 실릴 수 있도록 도왔다. 존슨은 케임브리지대에서 공부한 캐나다 학자로 나중에 케임브리지대에 있을 당시, 누구도 슘페터만큼 자신에게 이런 관대함과 친절함을 베풀지 않았다고 언급했다. 슘페터는 동시대의 경제학자 가운데 가장 통찰력 있으며 유능했던 한 사람이었다.[15]

그러나 전반적으로 볼 때 하버드대 경제학부의 성향은 슘페터를 매우 성가시게 했다. 장기 계획의 일환으로 경제학부가 1947년에 준비한 보고서를 살펴보면 인구통계학에 급격한 변화가 일어나고 있었다. 이 보고서는 지난 20년간의 일을 짚는 것을 시작으로 쓰였다. 그리고 이 기간은 슘페터가 하버드대에 재직했던 기간과 일치한다(슘페터는 1927년에 처음으로 하버드대에 방문했었다). 대공황과 전쟁 그리고 전후기 성장의 여파는 매우 확연히 드러났다. 또 이 보고서는 "항상 미묘한 조정 상태"에 있던 학부 강의와 대학원 강의 간에 균형이 어긋나고 있다는 것을 보여줬다. 교수들은 강의 시간 대부분을 대학원생들과 보냈으며, 오직 3분의 1에 불과한 시간만을 학부생들과 보내고 있었다.[16]

이 보고서는 개인지도제를 없앤 경제학부의 초기 결정을 폐기해야 한다고

왼쪽_ 슘페터가 아꼈던 제자 가운데 한 사람인 폴 스위지의 모습. 수석 장학생이자 참전용사인 그는 마르크스주의자이기도 했다. 스위지는 하버드대에서는 정교수가 되지 못했다. 그의 정치적인 성향 때문인 것이 거의 확실하다. 이 사진은 그가 편집한 급진주의적 잡지 『먼슬리 리뷰 Monthly Review』의 표지에 실린 것으로, 슘페터와 토론을 벌인 뒤 약 10년이 지났을 때의 모습이다.

아래쪽_ 슘페터와 스위지가 토론을 했던 장소인 리타우어 센터의 모습. 1937년에 완공된 이 건물은 식민지 시절의 양식과 조지아 양식으로 지어진 전통적인 하버드대 건물들과는 전혀 어울리지 않는다. 이 건물에는 2개의 방이 딸린 슘페터의 사무실이 있었다.

1947년 세미나를 지도한 뒤 슘페터의 모습. 당시 슘페터는 정서적으로 안정을 되찾았다.

하버드대 구성원의 수적 변화

학년도	정교수	대학생	대학원생
1925~1926	10	324	75
1935~1936	13	376	47
1947~1948	17	726	264

권고하고 있다. 슘페터는 일종의 가정교사제나 다름없는 이 제도의 폐지를 오랫동안 촉구해왔지만 1930년대 말부터 시행되었다. 따라서 개인지도제를 진행하기 위해서 필요한 조교수나 1년 계약직 교사들로 인해 "젊은 교사들로 이루어진 강한 집단"이 만들어졌다. 학부생 수가 급속히 늘어났기 때문에 새로운 교수의 채용도 늘려야만 했다.[17]

슘페터 입장에서 학부생의 개인지도제를 강화하는 일은 결코 좋은 소식이 아니었다. 이는 다수의 젊은 교수진이 새 대학원생들에게 배정되어야 한다는 것을 의미했다. 슘페터는 당시 어떤 집단과도 이전처럼 친숙한 관계를 만들어 나갈 수 없었다. 그리고 어떠한 집단도 슘페터의 경제학을 받아들이려 하지 않았다. 경제학부는 훨씬 더 편협해져갔고 세분화되었으며 정책 지향적인 집단이 되었다. 이런 모든 변화에 슘페터는 실망감을 느꼈다. 슘페터에게 적합한 주제들은 공공정책에 관련된 문제를 즉각적으로 해결하는 데 그다지 어울리지 않는 듯 보였다. 그로 인해 대학원생들의 관심도 줄어들었다. 하버드대에서 슘페터가 가르쳐온 경제 이론은 점점 더 케인스주의적 성향이 강해졌다. 그래서 슘페터는 해마다 윈디힐에서 혼자 연구하는 것을 더 좋아했고, 학내 업무를 점점 기피했다.

그러나 슘페터는 하버드대를 방문하는 저명한 학자들을 대접했고 때로는 그들을 타코닉에 초대해 밤을 지새우곤 했다. 여름에 슘페터 부부는 저명한 학자들과 탱글우드 근처의 보스턴 교향곡 연주회에 함께 가기도 했다. 어느 날 본 대학교 교수시절의 제자였던 에리히 슈나이더가 찾아왔다. 훗날 예전의 한 대학원생은 "당시 독일의 유명한 경제학자였던 슈나이더 박사는 마치 조교가 담임 교수를 대하는 식으로 강아지처럼 슘페터를 계속 따라다녔다"고 회상했다.[18]

한편 대학 안에서뿐만 아니라 외부에서도 슘페터의 명성은 계속해서 오르고 있었다. 1948년과 1949년 슘페터에게 다른 대학이나 전문가 집단을 대상으로 강연해달라는 빈번한 요청이 들어오자 그는 과거에 그랬던 것처럼 이에 응했다. 또 슘페터는 미국경제학회에서 학회장 연설을 했을 뿐만 아니라, 멕시코시티에서 총 5회에 걸친 강연을 두 차례나 했다. 슘페터는 이렇게 많은 활동에 참석했지만 많은 학자나 연사들이 으레 하는 것처럼 동일한 연설을 반복하는 행동을 하지는 않았다. 슘페터는 강의 전에 미리 준비한 요약본만을 가지고 즉흥적으로 연설해나갔다. 그는 "자본주의의 부패The Decay of Capitalism" "낡은 사고와 새로운 사실Old Ideas and New Facts" "경제학의 부적합성Inadequency of Economics" 같은 주제에 대해 도발적인 의견을 제시하면서 학생들의 관심을 끌었다. 그는 이러한 주제를 설명하면서, 영국과 유럽 대륙 그리고 미국에서 발전해온 공공경제와 사경제가 결합된 새로운 형태를 더 잘 이해시키려고 노력했다.[19]

슘페터가 미국경제학회의 회장 임기를 마친 이듬해인 1949년, 그는 회원 5300명에 파리에 본부를 둔 국제경제학회 초대 회장에 뽑혔다. 이는 슘페터가 미국과 해외의 경제학자들로부터 전적으로 인정받았다는 최고의 찬사였으며 슘페터 본인에게도 엄청난 의미였다. 전쟁 뒤 하버드대에서 자신이 처한 상황에 대한 불만 그리고 엘리자베스의 암 투병에 대한 두려움에도 불구하고 슘페터는 경제학자로서 최고의 정상에 마침내 오르게 되었으며 만족감을 느꼈다. 육십 대 중반에 접어든 그가 빈에서 십 대 시절에 세웠던 목표 가운데 하나를 이뤄냈다는 사실은 의심할 여지가 없다. 슘페터는 짧은 기간 재직했던 재무부장관으로서가 아니라 세계에서 현존하는 가장 유명한 경제학자가 되었다.(참고로 케인스는 1946년에 죽었다.) 그 당시엔 경제 분야에 노벨상이 없었다. 그러나 만약 있었다면 의심할 여지없이 슘페터도 노벨상 수상자로 영광을 누렸을 것이다.[20]

제25장

혼합경제를
향하여

"혼합경제는 말 그대로 혼합된 것이다. 이는 바로 혼합경제의 강점이다.
혼합경제는 인간이 목표하는 바를 이루기 위해 시장경제 제도를 도입하고,
공공의 목표에서 매우 벗어나지 않도록 시장경제 제도를 감시하는 형태다."
— 폴 새뮤얼슨, "현대 미국 경제에서 공적 역할The Public Role in the Modern American Economy", 1980

1943년 『자본주의·사회주의·민주주의』가 나오고 얼마 지나지 않았을 때다. 슘페터는 해리스가 편집한 『전후기의 경제 문제Postwar Economic Problems』라는 제목의 책을 쓸 생각으로 간단한 논문을 썼다. 이 논문은 역사적인 사실에서 출발해 이를 바탕으로 미래를 예측하는 방식으로 쓰였다. 슘페터는 자유방임주의가 당연시되던 시대 상황에서도 "법, 관습, 여론, 행정이 공공 계획의 일정 부분에 강제력을 행사했다. (…) 가까운 미래에 대한 우리의 질문은 '자본주의'만의 관점 또는 '사회주의'만의 관점으로 이뤄져서는 안 된다. 이 두 체제 간의 절충 가능성은 무수히 많다"고 주장했다.[1]

슘페터는 그의 전형적인 개척자 정신을 바탕으로 나중에 "혼합경제mixed economy"로 우리에게 알려진 경제 형태가 도래할 것을 거의 완벽히 예측해냈다. 사기업이 번영의 책임을 맡고 있는 공공 부문에 지원받는 종류의 경제 제

도는 제2차 대전이 끝난 뒤 수년간 선진국 사이에서 표준 모델이었다. 이는 오늘날까지도 여전히 유효하다. 1943년에 슘페터는 이런 사실에 대해 발언했지만 슘페터 본인이나 다른 분석가들도 혼합경제가 이처럼 오랫동안 지속적인 힘을 갖게 되리라고 생각하지 못했다. 그들은 모든 체제가 전통적인 자본주의체제 혹은 순수한 사회주의체제로 이행하리라 예측했다. 마르크스가 사회를 오직 두 계급의 대립으로 나눠서 본 것처럼 슘페터를 포함한 많은 학자도 이 두 체제가 오랫동안 결합을 유지하리라고는 생각하지 못했다.

이러한 개념상의 어려움은 슘페터가 1943년 기사에서 언급한 부분에서 잘 드러난다. "그러나 우리가 뉴딜정책의 전부 또는 일부를 인정한 만큼, 뉴딜정책에 대해 어떠한 심각한 저항도 발생하지 않는 것에 관심을 갖지 않을 수 없다. 전후기 재건활동을 하는 데 자본가의 방식은 결코 평등하지 않을 것이라는 게 일반적이었다. 이런 견해는 그 자체로 가장 중요한 정치적 요인이 될 것이다." 슘페터는 전쟁 기간에 임시로 취한 경제 대책이 전쟁에서 승리한 뒤 자본주의의 길로 나가던 국가의 정책을 사회주의쪽으로 틀게 만들지는 않을까 우려했다.[2]

이는 전쟁 기간 내 미국의 경제 관련 통계를 살펴보면 대단히 아이러니한 결과가 아닐 수 없다. 1944년 국가총동원체제 당시 국민총생산은 1939년에 비해 2배나 늘어났다. 그리고 슘페터는 당시 많은 생필품이 배급되고 있던 상황에도 불구하고 군수물자 생산과 함께 소비경제가 실질적으로는 급속도로 늘어나리라 믿었다. 이 점에서 슘페터의 예측은 옳았다. 그 당시 통계 자료에 따르면 미국은 1938년부터 1944년까지 1인당 소비자지출이 22퍼센트까지 늘어났다. 이는 큰 전쟁을 겪은 다른 어떠한 국가에서도 찾아볼 수 없는 미국 경제의 믿기 힘든 결과였다.(같은 기간 내 영국에서는 소비자지출이 20퍼센트까지 떨어졌다.) 괄목할 만한 성과는 미국 경제 생산의 약 40퍼센트가량이 소비재 생산이 아니라 군수물자 생산이었을 때 이뤄졌다는 것이다.[3]

이미 1943년에 슘페터는 이른바 "억압된 수요pent-up demand[현금의 뒷받침 없이 잠재 구매력만을 가지는 수요*]"를 군수물자 생산이 급격하게 줄어든 뒤에도 미국 경제를 이끌어나갈 요인으로 봤다. 사람들은 전쟁 기간에 많은 돈을 모았다. 또 소비자지출이 늘어났지만 신형 자동차, 냉장고, 그 밖의 다른 종류의 생활품을 살 수 없었다. 전쟁을 마치고 돌아온 미국 군인은 정착해서 이러한 제품들을 사고, 새집을 마련해 가족들과 생활하기를 원했다. 그래서 경제 문제를 풀기 위한 해결책을 찾는 것은 대부분의 전문가가 생각했던 것보다 훨씬 쉬워진 셈이었다.⁴

슘페터는 문제가 되는 사안들은 경제적인 것이 아니라 이념적인 것이라고 생각했다. 다시 말해서 뉴딜정책으로 무소불위의 막강한 권력과 부를 갖게 된 기업에 대해 만연해 있던 편견 같은 것이다. "대중의 마음은 자본가의 계략에 따른 가치를 더 이상 맹신하지 않는다. 자본가가 사적으로 부를 축적하는 일은 도덕적으로 금지되어야 한다." 그 결과 기업가들은 "대중의 적대감에 직면한 채 기업을 운영해야만 했다. 또 자본주의적 동기를 잃고, '모험 자본venture capital[고도의 기술을 갖고 있어 장래성은 있지만 경영 기반이 약해 일반 금융 기관에 융자를 받기 어려운 분야에 투자를 실시하는 기업의 자본*]'을 모으는 것이 불가능한 부담을 안아야만 했다."(모험 자본이라는 말은 슘페터가 일찌감치 쓴 용어로 40년이 지난 뒤에는 일반적으로 쓰이게 되었다. 슘페터가 이 용어를 만들어낸 것은 아니다. 그러나 그는 이 용어를 처음으로 쓴 경제학자였다. 이 용어의 기원은 분명하지 않다.) 슘페터는 1919년에 그랬던 것처럼 경제를 통제하기 위해 신설된 많은 연방 동원 기관이 전쟁 뒤에도 사라지지 않고 있는 상황을 걱정했다. 대신에 이러한 기관은 농민과 노동자층의 지지로 영구적인 국가 기관이 될 것처럼 보였다. 따라서 미국은 경제적인 이유 때문이 아니라 선거로 뽑힌 관료들의 전략으로 인해 사회주의의 길로 더 나아가게 될 듯 보였다. 슘페터는 이러한 정책 설정으로 대기업은 정부 규제에서 벗어나 다시 효율적이고 자율적으로 운영하는 데 방해를 받게 되리라 추측했다. "작업환경과 임금수준은 끝없이 반복되는 정치적 사안이 될 것이다. 비록 사람들은 아직 그들의 사회체제를 '자본주의'체제라고 부르고 있지만, 이는 사실상 '산소텐트에 기대고 있는 시한부적인 자본주의'에 불과하다."[5]

숨페터는 미국과 다른 자본주의국가가 시행하는 전후기에 높은 비율의 공공지출이 정부의 전면적인 투자 규제로 이어질 수 있다는 주장을 계속해나갔다. 일부 산업은 국유화될 수 있고 만약 "정부가 경영의 합리성이라는 측면에 따라서 국유화된 산업을 운영해나가려고 한다면 '수정자본주의Guided Capitalism'[자본주의체제 자체를 변화시키지 않고 고쳐서 모순을 완화하려는 사상이나 정책을 뜻한다. 실업이나 공황 같은 자본주의의 여러 모순을 국가의 개입으로 완화하려는 미국의 뉴딜정책이 대표적인 사례라 할 수 있다*]는 정부가 기업을 소유해 산업 분야를 선별적으로 경영하고, 노동과 자본시장을 완벽히 규제하며, 국내외 기업을 주도하는 특징을 지닌 '국가자본주의State Capitalism'로 차차 변해갈 것이다."[6]

정부는 오직 대기업 위주로 국유화하길 원할 것이다. 왜냐하면 농민층과 중소기업가들은 국유화에 반대하고, 어떤 면에서 작은 기업들을 정부의 통제하에 둘만한 특별한 이유가 없기 때문이다. 예측 가능한 지점에서 볼 때 총체적인 결과는 숨페터의 표현을 빌어 "양서류국가amphibial state[혼합경제 상태의 국가를 비유한 것으로 보인다*]의 형태"로 나타나게 될 것이다. 양서류국가는 기업, 노동자, 정부 간의 갈등을 잘 조정할 수 있을 것이다. 반면에 자본주의 혹은 사회주의적인 동기로부터 힘을 얻는 이점은 없을 것이다. "다른 한편 양서류국가는 다른 국가 사이에서 이미 소멸되어버린 많은 인간적인 가치를 지킬 수 있다. 그래서 어떤 사람에게는 두려움이, 어떤 사람에게는 희망이 되는 것과 같은 경우는 거의 없을 것이다."[7]

숨페터는 사회보장법, 국가노동관계법을 포함한 많은 뉴딜 법안이 미국의 자본주의를 더 인간적으로 만들 것이며, 이러한 조치들이 폐지되지 않으리라는 사실을 알고 있었다. 1930년대부터 증권법과 증권거래법 같은 다른 핵심적인 법안들은 자본시장을 만성적인 부패에서 구출했고, 이 법안들은 아직도 유지되고 있다. 그러나 슘페터는 1943~1945년 동안 정부가 취한 생산과 분배에 대한 세부적인 운영이 전쟁에서 이긴 뒤에도 계속될 것인지 더 큰 의문을 갖지 않을 수 없었다.

슘페터는 양서류국가와 산소텐트에 기댄 시한부적 자본주의에 대해 쓰면서, 떠오르고 있는 혼합경제의 다양한 측면을 생생하게 그려냈다. 슘페터는 이러한 은유적인 표현들을 쓰면서 미래의 국가 형태는 아무도 예측할 수 없고 풍부한 상상력이 요구되는 새로운 모습이 될 것이라는 그만의 직관력을 드러냈다. 그러나 전시체제에 있던 기관들이 유지될 것이라는 두려움 그리고 상당부분 국유화될 것이라는 슘페터의 예측은 완전히 빗나갔다. 결국 실질적인 국유화는 이뤄지지 않았다. 1946년에 선출된 공화당 의회는 심지어 뉴딜정책의 일부 항목을 없애려 했지만 실제로 성공을 거두지 못했다. 그리고 강제성이 없는 징병제인 선발징병제Selective Service System를 제외하고 거의 모든 중요한 미국의 전시체제 기관이 1945년 말부터 빠르게 해체되기 시작했다(일부 기관은 1947년과 1949년 사이에 냉전 분위기가 고조되면서 다시 세워졌다). 슘페터가 1943년에 쓴 논문은 대체로 미국보다는 영국과 유럽 대륙에 더 잘 적용될 만한 내용이었다. 슘페터가 살아온 배경으로 볼 때 그의 이러한 주장은 어쩌면 당연히 예측 가능한 것이라고 볼 수 있다. 슘페터가 1943년 이 논문을 썼을 때, 그의 나이 예순 살이었다. 그리고 슘페터는 미국에서 그의 일생 가운데 오직 12년을 살았을 뿐이다.

전후기 영국과 유럽에서는 국유화가 널리 진행되고 있었던 반면, 미국식 혼합경제는 수요 측면에서 거시적인 운영 방식으로 변하고 있었다. 이러한 방식은 1940년대부터 1970년대 중반까지 워싱턴에서 우위를 점하고 있던 케인스주의의 지류로 소비자의 구매력을 위한 정부 지원책에 주안점이 맞춰졌다. 이러한 "재정 혁명fiscal revolution"에는 매우 가파르게 적용되는 누진세와 그 밖에 슘페터가 반대한 다른 조치들이 포함되었다. 그러나 슘페터가 1943년에 "양서류국가는 다른 국가 사이에서 소멸되어버린 많은 인간적인 가치를 지킬 수 있다"고 언급한 것을 보면, 그가 두려움에도 불구하고 혼합경제의 장점에 매력을 느꼈으며 혼합경제가 미국의 자본주의를 보존하고 강화했으며, 이러한 상황이 지속될 것이라는 사실을 분명히 지적했음을 알 수 있다.

슘페터는 1945년 브리태니커 백과사전에 실린 자본주의라는 제목의 긴 글에서, 현재 상황을 검토하면서 앞으로 어떠한 상황이 일어날 수 있을지 추측했다. 슘페터는 세계경제가 특별한 역사적 순간에 놓여 있고 앞으로 매우 긍정적이거나 부정적인 사건이 발생할 수도 있음을 정확하게 감지했다. 여기서 슘페터가 말한 것은 다시 한번 미국보다는 영국과 유럽 상황에 더 적합하게 들어맞았다. 그리고 슘페터는 혼합경제의 등장을 정확하게 꿰뚫어보고 있었다.

이미 시작된 변화가 얼마나 진행되었는지 바로 우리 눈앞에 미래가 펼쳐질 것이다. 이미 정부는 과세정책과 소득재분배정책을 실시해 자본과 노동시장 그리고 가격정책을 통제하고 있는 상황이다. 그렇기 때문에 사회주의라고도 부를 수 있는 수정자본주의로의 변화를 위해서 산업 시설에 대한 대규모 국유화와 각종 규제보다는 주택 건설 계획, 해외투자 등의 일반적인 생산 라인에 정부가 적절한 유인을 제공하는 제도적 보완이 필요한 상황이다. 그래서 자본주의의 존속 여부에 대한 예측은 어느 정도 용어상의 문제라고 볼 수 있다.

슘페터는 『자본주의·사회주의·민주주의』 가운데 제1차 대전과 대공황 그리고 제2차 대전 기간에 집필한 논문들에서 위기의 시기가 닥쳐오기 전에 위와 같이 말했다. 1945년에 슘페터의 가장 큰 관심사는 자본주의의 존속 여부였다.[8]

똑같은 문제에 여전히 다른 각도로 접근하려 했던 슘페터는 1945년 11월, "현대 사회주의 경향에 직면한 사기업들의 미래The Future of Private Enterprise in the Face of Modern Socialistic Tendencies"라는 주제로 강의했다. 슘페터는 하버드대 대학원 제자 가운데 한 사람인 예수회 수사 에밀 부비어의 부탁을 받고, 몬트리올에 있는 가톨릭기업가연합에서 강연했다. 슘페터는 프랑스어로 강연할 수 있었던 것에 매우 기뻐했다. 슘페터는 사회주의에 우호적인 주장들은 모두 자본주의의 노동 착취 같은 경제 척도를 두고 하는 것처럼 보이지만 현실은 이러한 주장들이 거짓임을 보여준다고 말했다. 슘페터가 이미 여러 번 지적했던 것처럼, 자본주의국가에서 노동자의 실질임금은 오직 불황기에만 영향을 받았으며 수십 년간 높아져갔다. 실질임금은 경기 침체기를 제외하면, 국민소득 비율과 같이 꾸준하게 유지되었다. 그리고 실질임금의 비율은 서구 민주주의사회에서 누진세 제도와 함께 높아져갔다. 대공황 기간에 사회주의 사상이 팽배해진 것은 당연한 현상이었다. 그러나 우리가 "산업이 엄청나게 발전할 수 있다고 기대할 때 이러한 사회주의는 더 이상 영향력을 발휘할 수 없었다." 계급투쟁에 관한 주장들은 부적절했다. 스미스와 마르크스 모두 "심각한 오류"라고 믿었듯이 현대 기업가들은 대개 자신만의 자본을 갖고 있지 않았다. 대신에 기업가의 역할은 군 지휘관의 역할과 비교할 만하다. 즉 기업가는 본질적으로 노동자를 통솔하는 지도자 역할을 하는 노동자일 뿐이었다. 기업가는 노동자와의 갈등만큼이나 자금을 대준 물주와 갈등이 있었다.[2]

슘페터는 전후기 경제 문제의 답을 급진적인 볼셰비즘이나 심지어 민주주의적 사회주의에서도 찾을 수 없다고 주장했다. 대신에 슘페터는 바티칸의 영향력이 상당한 가톨릭 국가들을 상대로 로마 교황 비오 11세가 1931년에 공포한 회칙인 쿠아드라제시모 안노Quadragesimo Anno 정신에 따른 기업 조직을 추천했다. 이 회칙은 자본주의와 사회주의의 잘못을 지적하고 대신 복음서의 정신에 기초해서 만들어진 사회 개선책을 말한다. "회칙의 경제적인 부분은 현대 경제의 모든 면을 담고 있다. 그리고 이 회칙은 현재의 혼란 상태에 관한 치료책을 가져다주는 한편, 새로운 틀 안에서 개인적인 주체성의 기능을 보장한다. 기업의 원리는 있지만 연대 같은 개념은 아니다. 이는 중앙집권적 성향의 모든 사회체제나 관료주의체제와는 상반된 특성을 지닌다. 사실 이는 모든 관료주의체제를 불가능하게 만드는 유일한 방법이다."[10]

쿠아드라제시모 안노의 원리는 정치이론가 사이에서 부르는 이른바 "협동조합주의corporatism"라는 것이다. 이는 정책의 결정 과정에서 사회적 합의를 유도하고자 정부가 이익 집단 등 민간 부문에 강력한 주도권을 행사, 정부와 이익 집단 간에 합의 형성이 이뤄지도록 하는 국가체제를 말한다. 이 체제하에서는 더욱 넓은 사회적 이해관계 속에서 그들 스스로를 통제하고 다른 집단과의 조화를 촉진시키고자 농업, 공업, 광업, 건설업 그리고 노동조합 분야 사이에 자발적인 결속이 이뤄진다. 역사적으로 협동조합주의는 19세기, 특히 가톨릭교 이론가들에 의해서 사회주의와 자유방임주의식 자본주의의 대안으로 제창되었다. 협동조합주의는 사회주의에 적용할 때보다 자본주의에 적용할 때 훨씬 오래가는 경향이 있다. 그러나 국가조합주의는 인간적인 가치, 특히 가족관계에서 파괴되는 인간적인 가치들을 보존하기 위해 경쟁을 일정하게 제한한다.

교황 레오 13세가 1891년에 발표한 유명한 회칙인 레룸 노바룸Rerum Novarum 은 사회주의적 권리를 반대하는 한편, 자본주의를 조건적으로 옹호했다. 레룸 노바룸은 개인적인 재산권의 합법성, 노동권의 집단적 타결, 노사협력, 최저 생계비를 보장할 필요가 있을 때 정부 개입 등 협동조합주의의 원칙들을 제창했다. 교황 비오 11세의 1931년 회칙 쿠아드라제시모 안노(레룸 노바룸 회칙 발표 사십 번째 기념일이었기 때문에 이름을 이렇게 붙였다)에서 이러한 원칙들을 재확인했고 노동자의 임금이 회사를 파산으로 이끌지 않고 인플레이션을 조장하지 않는 수준에서 정해져야 한다는 사실을 받아들이기 시작했다. 두 문서는 각별한 주의를 기울여 신중하게 썼다. 그리고 두 문서는 레룸 노바룸 회칙 사십 번째 기념일에 가톨릭 경제 원칙의 초석으로 남게 되었다.[11]

1920년대 말 슘페터는 독일의 한 경제지에 임금수준을 둘러싸고 일어나는 위기의 해결책을 골자로 한 협동조합주의식 대응책 가운데 일부를 제안하는 글을 썼다. 그 당시 슘페터는 한편으로 기업가의 협력 조직체 구성을 제안했고 다른 한편으로는 노동자의 협력 조직체 구성을 제안했다. 이러한 두 협력 조직의 역할은 정기적으로 만나 모든 측면에서 공정한 임금, 가격, 고용 안정 등의 문제들을 다루는 것이었다. 1930년대 독일과 이탈리아 양국 모두가 협동조합주의식 원칙에 따를 것을 주장했는데 협동조합주의는 파시즘과 결합되었다. 그러나 1945년에 슘페터가 제안한 것은 1891년과 1931년 두 교황이 제안했던 회칙보다는 파시스트적이지 않았다. 왜냐하면 슘페터의 제안은 모두 극렬한 국가주의와 권위주의에 반대했기 때문이다. 슘페터는 불안정한 시기에 대중이 불평등하다고 인식함으로써 지지를 잃을 수밖에 없는 자유방임주의식 자본주의 그리고 미래에 역기능적이고 거의 확실하게 권위주의적인 모습을 띠게 되리라 믿었던 사회주의 사이에서 일정한 타협점을 찾고자 노력했다.[12]

슘페터는 전후기 세계의 경제 문제와 정치 문제들은 오로지 고전적인 자유방임주의식 자본주의만으로는 해결될 수 없다고 인정했다. 문제 해결을 위해서는 기업가와 노동자 간 그리고 산업체 간의 협력을 통해 합의에 다다를 수 있도록 정부의 개입이 필요하다고 생각했다.

일례로 불황기에 무슨 일이 일어났는지 스스로 물어보자. B라는 기업이 제대로 돌아가지 않기 때문에 기업 A도 사정은 마찬가지일 것이다. 또 기업 B는 기업 C가 생산할 수 없기 때문에 제 기능을 할 수 없다. 이런 식으로 기업들은 다른 기업과의 협력 없이는 스스로 이 "악순환"의 고리를 끊을 수 없다. 한 산업이 마비되면, 그 마비는 몹시 간단히 모든 기업을 폐허로 몰고 간다. 그리고 노동자는 희생물이 되고 만다. 기업 조직 간의 협력 제도는 이런 상황에서 가장 적절한 대비책이라고 할 수 있다. 기업의 협력 제도는 고용주와 노동자 간의 순탄한 협력을 저해하는 가장 큰 요소를 없애준다.

전 세계적으로 볼 때 일부 지역에서 공산주의체제의 힘이 점점 강해지고 있었기 때문에 이러한 방식의 합의가 이뤄지긴 어려웠다. 그러나 협동조합주의의 유용성은 단순히 경제적이거나, 또는 사회주의적인 것만을 뜻하진 않았다. 이는 "도덕적인 개혁도 의미했다."[13] 협동조합주의식 해결책은 그 특성상 기업가와 노동자 간의 조화가 잘 이뤄져 있음을 전제로 한다. 마르크스와 달리 슘페터는 노동자와 고용주 사이에 대립을 피할 수 없는 것으로 보지 않았다. 그리고 역사적으로 일부 분야에서 협동조합주의식 합의가 잘 이뤄졌다. 독일은 제1차 대전 뒤 산업계의 자치를 북돋웠다. 그 이유는 산업계의 기준을 마련하고 가격과 급료수준을 일정하게 유지하고 안정적인 노동환경을 만들어나가기 위해서였다. 이런 독일식 체제의 핵심은 산업 집단의 모든 구성원이 현존하는 시장의 몫을 할당받고, 각 구성원이 합의한 기준에서 벗어나 가격을 내리거나 임금을 올리지 않는 카르텔을 결성하는 데 있었다. 미국 점령하에 있던 일본도 비슷한 방식을 도입하려 했었다. 특히 미국처럼 서로 먹고 먹히는 식의 이른바 밀림의 경쟁이 전통적으로 지속되어온 국가에 이 제도를 적용하려면 어려움이 많았다. 동일한 산업 내 기업체들이 서로 협정을 맺고서는 재빨리 이를 취소하기 때문이다. 그리고 미국 관습법의 특성상 무역 규제를 반기지 않기 때문에, 기업 간 계약은 법률적으로 강요되지 않았다. 심지어 기업 간에 합의하게 되면 소비자는 때로 인상된 가격과 생산량 감소의 고통을 달갑게 받아들여야 했다. 1933년 제정된 전국산업부흥법에 힘입어 갖춰진 협동조합주의식 합의하에 많은 기업이 운영되고 있었던 1933~1935년 동안,

미국의 사례가 이에 해당되었다. 노동자와 기업가를 돕고자 하는 의회의 노력으로 전국산업부흥법은 노동운동에 상당한 자극제가 되었다. 1935년 미 연방대법원은 행정부에 입법권을 부당 위임했다는 이유로 전국산업부흥법이 위헌이라는 판결을 내려 폐지했다. 그러자 의회는 노동자에게 적용되는 법을 개정하는 것으로 법안을 강화해 재의결했고 법원은 이 법안을 확정했다.[14]

슘페터가 어떠한 종류의 특정 프로그램도 지지하지 않았기 때문에, 그의 몬트리올 연설은 과학적 객관성이라는 측면에서 볼 때 급진적인 출발이었다고 볼 수 있다. 또 이를 통해서 슘페터는 창조적 파괴가 많은 사람에게 피해를 주는 것이 아님을 다시 한번 확인했다. 오히려 창조적 파괴는 혁신적인 기업에 추월당한 자본가에게 피해를 줬다. 협동조합주의가 창조적 파괴의 정도를 일부 완화시킬 수는 있어도 중단시킬 수는 없었다. 슘페터는 미국경제학회에서 회장 취임 연설을 하고 나서 몇 년 뒤 다시 쿠아드라제시모 안노 회칙을 언급하면서 이를 높이 평가했다. 그 이유는 슘페터가 전후기에 전 세계적으로 사회주의로의 정치적 전환이 일어나는 것을 봤는데, 이러한 가톨릭 회칙이 사회주의적 움직임으로부터 하나의 탈출구를 마련할 수 있다고 생각했기 때문이다. 슘페터는 『자본주의·사회주의·민주주의』에 매우 생생하게 묘사한 급진주의와 사회주의의 대응책인 권위주의를 배격하는 대안을 찾고자 필사적인 노력을 기울였다.[15]

1946년 여름, 슘페터는 『자본주의·사회주의·민주주의』 개정판을 썼다. 책에 새로 추가된 장에서도 그의 걱정이 계속되었음을 엿볼 수 있다. 슘페터는 자본주의의 생존에 대한 원대한 희망은 다른 체제와의 타협에 있는 것이 아니라 미국의 번영 그 자체에 있다고 주장했다. 슘페터는 개정판에서 다음과 같은 부분을 강조하기 위해 이탤릭체로 썼다. "미국이 경제성장과 국민의 실질소득 향상 사이에서 근본적인 딜레마를 안고 있는 현대사회의 개발 프로그램 뒤에 홀로 숨어 있을 필요는 없다." 슘페터는 전후기 미국이 맞이한 풍요를 목격하면서 이러한 전례가 전 세계적으로 뻗어나갈 수 있다고 추측했다. 국민소득이 높은 국가는 기업에 대립적인 입장을 보일 수도 있고, 동시에 사회복지 프로그램에 많은 예산을 투입할 여유도 있다. 만약 한 국가의 경제가 미국의 경제 규모만큼 크다면 강력한 추진력을 바탕으로 자본주의 세계 전체를 번영의 세계로 되돌릴 수 있을 것이다. 슘페터는 전쟁비 지출로 높은 세율이 지속되고 있고, 몇 차례의 대전 뒤에 모든 국가에 인플레이션이 생겨 막대한 영향을 끼치고 있는 점 그리고 미 연방정부가 관료주의적인 미숙함을 보이고 있는 등의 잠재적인 문제점 몇 가지를 분명히 목격했다.[16]

그러나 전반적으로 볼 때 우리가 목격한 거대한 산업의 성공은 진정한 낙관주의를 가져왔다. 이러한 자본주의적 산업의 성공은 잠재적으로 매우 높은 임금수준을 뒷받침할 수 있다. 이처럼 순수한 경제적 특성이 있는 한 사회주의의 전반적인 면을 잠재우는 것이 가능하다. 전쟁 기간에 미국 경제의 놀라운 성장이 단지 몇 년 동안 더 지속된다면 노년층과 실업자, 장애인들을 포함한 사회 빈곤층의 경제상 필요조건을 충족시킬 수 있을 것이다. 이는 일주일에 40시간 정도 노동을 한다면 어떠한 고통과 부족함도 느끼지 않는 상태일 것이다. 물론 슘페터가 『자본주의·사회주의·민주주의』 초판에서 언급한 것처럼, 사회주의의 매력이 단지 경제적인 것만은 아니다. 전후기에 다른 경쟁체제가 지향하는 이념상의 방어를 위해 미국이 취한 대처 방식은 매우 극적이었다. 미국 경제는 호황을 맞아 산업생산량에 지장을 주지 않은 채 약 20퍼센트의 세금 부담을 줄일 수 있었다. 이는 세금을 혐오하는 슘페터에게 나온 강력한 내용이다.[17]

그러나 국내적으로 미국의 번영을 위협하는 장애물들이 있었다. 첫째는 단순히 정부 기관의 운영상 문제였다. 서로 중복되는 다수의 이사회와 관계 기관 그리고 연방정부 기관, 주정부 기관, 지방정부 기관 등 각기 다른 정부 기관 모두 제각각의 방책이 있었다. 이는 조화로운 운영에 걸림돌이었다. 미국 정부는 능숙하고 서로 결속된 모습을 한 영국과 유럽의 공공 기관에 비해 분열되고 후진적인 모습을 보여줬다. 두 번째는 전시 상황에 필요해 정치적으로 도입·지속되어온 임금과 가격통제가 벌집처럼 중구난방이었다. 슘페터는 이러한 다양한 통제 방식이 기업 경영을 방해하고 경제 발전을 저해할 것이라고 믿었다. 마지막으로 "여론에 따른 지지를 바탕으로 하는 관료주의의 기업형 자치행정에 대한 적대감, 예를 들어 자체 조직, 자체 규제 및 협력 등에 대한 지속적인 적대감이 순탄한 발전을 가로막는 세 번째 장애물이었다."**18**

이런 발전에는 경기순환과 사회주의적 경향에 대한 간접적인 실망감을 잘 대처해나가는 일도 포함된다. 여기서 슘페터는 그가 몬트리올 강연에서 높이 평가했던 협동조합주의의 자치정부 같은 체제를 다시 한번 지지했다. 그러나 미국의 정책은 목표를 향해 나아가고 있기보다는 많은 분석가가 깨닫지 못한 방식으로 기업의 운영을 악화시키고 있었다. 슘페터는 극단적 좌파주의자를 향해 "정확하게 말해서 자본주의의 경제 발전에 피해를 주는 게 일부 극단적 좌파주의자들이 가장 좋아하는 개혁의 형태다. 그리고 자본주의에 피해를 주지 않는 개혁은 극단적 좌파주의자들에게는 별로 매력적인 것이 아니다. 또 자본주의의 성공을 보장하는 정책과 비슷한 개혁은 그들에게는 최악의 상황이 될 수 있다"라며 분노를 드러냈다. 반면 전후기 미국의 제도상 문제들에 대한 슘페터의 해답은 그가 항상 과거에 주장했던 것들이었는데, 즉 기업가정신을 보다 권장하는 유의 것들이었다. 슘페터가 구상한 재정정책은 새 벤처기업에 자금을 지원하고 먼 미래에 미국의 번영을 공고히 할 수 있도록 저축을 장려하는 데 있었다.**19**

케인스주의자들은 슘페터가 주장한 투자보다는 소비를 강조했다. 케인스주의의 원칙은 오직 대중의 소비 촉진이 기업 운영진에게 더 많은 생산설비 투자를 유도할 것임을 전제하고 있다. 즉 기업의 투자는 정부가 인위적으로 소비에 대한 자극을 주지 않고서는 촉진되지 않으리라는 내용이다. 하지만 슘페터는 이 생각이 옳지 않다고 봤다. 그는 경기순환에서 일시적인 침체기를 제외하고는 저축이 자연스럽게 투자로 이어질 수 있다는 확신이 있었다. 케인스는 투자와 고용이 미진한 상태에서 지속적인 균형 상태가 유지될 수 없다고 믿었다. 그는 이러한 예로 전前 자본주의의 암흑기를 들었다. 그러나 슘페터의 자본주의에 대한 완벽한 전망에는 장기 불황 가능성이 없었다. 또 슘페터는 "그가 의심을 품은 이론이 비웃음당하지 않고 그저 넘어갈 놀라운 사실에 관한 단 하나의 이유를 찾을 수 있었다."[20]

그 이유는 대공황과 전쟁이 끝난 뒤에 다시 공황이 찾아온다는 공포의 확산 때문이었다. 경기 침체가 과잉 저축과 투자 부족으로 이어진다는 시각은 1930년대에 힘을 얻은 일반적인 견해였다. 대공황은 사람들을 몹시 불안하게 만들었기 때문에 대공황에 관한 케인스의 견해 위주로 사람들은 경제 논리를 잘못 생각하고 있었다. 슘페터는 이 현상을 "좋은 마르크스/ 나쁜 마르크스good Marx/bad Marx" 문제와 비슷하다고 봤다. 다시 말해서 비록 잘못된 초기 가정에 근거해 잘못된 결론에 도달할지라도 한 기발한 분석가가 내린 결론이 널리 채택되었다는 말이다. 이러한 경우 케인스의 잘못된 가정은 낡고 침체된 자본주의에 있었다. 케인스의 이론은 슘페터의 견해뿐만 아니라 실제로 호황을 맞은 미국의 경제 상황과도 정반대였다.[21]

1948년 슘페터는 멕시코의 유수한 대학의 초청으로 멕시코시티에서 5회 강의를 두 번에 걸쳐 진행했다. 슘페터와 부인 엘리자베스는 멕시코에서 머무는 3주 동안 도시 문화를 즐겼다. 또 박물관과 교회들을 둘러보고 유카탄 반도의 마야 유적지까지 다녀오면서 매우 즐거운 시간을 보냈다. 슘페터는 "과도기적인 사회의 임금과 세금정책Wage and Tax Policy in Transitional State of Society"이라는 강의에서 다시 전후기 경제 문제를 둘러싼 질문을 던졌다. 슘페터는 "미국과 영국 모두 자유방임주의식 자본주의도 아니고 사회주의도 아닌 이 두 제도가 결합된 형태의 나라다. 이는 불가피하지만 그럼에도 불구하고 불합리하다"고 지적했다. 미국과 영국의 조세정책은, 전쟁비를 충당하기 위한 필요한 조치들과 거리가 먼 케인스가 언급한 적자재정의 유형을 따라가고 있었다. 또 케인스가 주장하는 상속세와 누진소득세를 통한 부의 재분배정책 등을 택했다. 슘페터는 비록 임금수준 논쟁 같은 중요한 정치투쟁이 사회계급 간에 발생할 수 있을지라도, 진정한 투쟁은 "현재의 즐거움과 국가의 미래를 위한 경제 가운데 어떠한 것을 더 중시하는지에 대한 두 이해관계의 대립이라고 봤다."[22]

이는 슘페터가 여전히 케인스의 의견에 동의하지 않는 부분이었다. 슘페터는 항상 장기적인 관점에서 바라봤던 반면, 케인스는 "장기적으로 본다면 우리 모두 죽는다"라는 말을 남긴 것으로 유명하다. 케인스는 나중에 이 발언을 취소하려고 했다. 그러나 그의 발언은 한낱 농담에 불과한 건 절대 아니었다. 케인스가 많은 논문에서 주장했던 것처럼, 그가 가장 원하는 것 가운데 하나는 경제적 번영의 최소 기준에 도달한 다음에 중요한 문제점들을 최종적으로 해결해내자는 것이었다. 이는 곧 경제 목표가 종착역에 도달했을 때야 비로소 사람들은 더 나은 삶과 높은 문화적 수준을 누리는 데 집중할 수 있다는 것이다.

그러나 슘페터는 이런 환상을 가지고 있지 않았다. 슘페터가 살면서 수백 차례 언급했던 것처럼 그에게 자본주의는 종착역이 없는 지속적인 진화 과정이었다. 기업가도 소비자도 그들이 가진 물질에 절대 만족하지 않을 것이다. 그들은 언제나 더 많은 것을 원한다. 열망과 욕구는 인류에 담겨 있는 본성이다. 그들의 이러한 노력은 슘페터가 자주 언급한 "쾌락주의"적 동기만을 바탕으로 하고 있지 않다. 기업가들은 뛰어나게 잘하기 위해, 자신에 대한 기대를 충족시키기 위해 그리고 인정받기 위해 "사회적 거리social distance"를 두고 싶어한다. 그리고 자본주의체제하에서 재산과 수입은 중요한 평가 수단이다. 자본주의사회는 케인스의 상상 속 문화 천국에는 절대 포함되어 있지 않았다.

현재의 즐거움과 미래의 경제성장이라는 문제를 비교해볼 때, 슘페터에게 성장을 위해선 투자가 필요하기 때문에 현재 얻을 수 있는 만족이 다소 미뤄져야 한다는 사실은 분명했다(물론 케인스를 비롯해 다른 모든 유능한 경제학자도 그렇게 생각했지만 말이다). 슘페터는 멕시코 강연에서 이러한 균형을 유지하는 한 가지 방법은 자유방임주의이고, 또 다른 방법은 사회주의라고 지적했다. 그러나 이러한 양면성을 지닌 체제 사이에서 명확한 정책은 과소비를 억제하고 투자를 유도하는 것이 필수적이다. 과거와 비교해볼 때 과시적 소비Conspicuous Consumption[부를 과시하는 것을 의식하면서 행하는 소비를 뜻하는 것으로 소스타인 베블런이 주장한 개념이다*]는 비현실적이다. 현대 자본주의는 매우 생산적이어서 모든 국민에게 일정하게 최소 연간소득을 보장할 수 있게 되었다. 이런 맥락에서 슘페터의 주장은 매우 대담했다. 이는 1948년 슘페터가 자본주의의 잠재력에 대해 얼마나 확신을 가지고 있는지에 대한 암시였다고 할 수 있다.[23]

1948년 말, 멕시코 강연에서 돌아오자 『네이션스 비즈니스Nation's Business』의 편집자들은, 슘페터에게 이미 전후기에 매우 난해한 문제였던 인플레이션에 대한 글을 써달라고 부탁했다. 제2차 대전 기간에 연방정부는 인플레이션을 억제하기 위해 매우 강력하고 실효성 있는 조치를 단행했다. 그러나 전쟁이 끝난 뒤 이러한 조치 가운데 대부분이 해제되면서 흐지부지하게 끝나버렸다. 이러한 정부의 통제 조치 가운데 일부는 다시 필요한 것처럼 보였다. 그러자 인플레이션을 억제하기 위해 정부가 과연 어느 정도까지 역할을 수행해야 하는지에 대한 논란이 전국적으로 일어났다.

슘페터는 1932년에 독일을 떠난 뒤 일반 대중 앞에서 직접 연설하는 방식의 강연 초대에는 거의 응하지 않았다. 하지만 슘페터는 인플레이션이 미국경제가 당면한 최고의 위협이라고 믿었기 때문에 초청을 받아들였다. 슘페터는 제1차 대전 뒤 오스트리아, 프랑스, 독일, 이탈리아 등지에서 아주 높은 인플레이션이 발생한 것을 직접 목격한 사실을 언급하면서 강연을 시작했다. 전쟁 때문에 그 당시에는 감당할 수 없을 정도의 극심한 인플레이션이 일어났지만 다행히 몇 년 사이에 회복될 수 있었다. 그러나 이 때문에 여러 나라의 공무원이 치른 정치적 대가는 몹시 컸다. 다만 이탈리아는 예외였다. 무솔리니는 인플레이션이 멈추길 원했고, 그리하는 데 성공했다. 무솔리니가 전 세계적인 악당으로 떠오르기 전인 1920년대 초·중반 서방의 많은 영향력 있는 인물이 무솔리니가 인플레이션의 상승을 억제시킨 일과 그가 이룬 다른 성과를 추켜세웠다. 반면 프랑스 정치인들은 늘 그래왔듯이 인플레이션을 잡는 데 필요한 조치를 주저하고 있었다.[24]

슘페터는 지금 미국이 프랑스같이 행동하고 있다고 주장했다. 즉 정치인과 중요한 이익 집단들이 가격 규제로 생긴 단기적인 고통으로 이러한 문제들을 피하고 있다고 생각했던 것이다. 유럽의 회복을 돕기 위한 마셜플랜 때문에 엄청난 지출이 발생했다. 이는 연방 예산에서 중요한 부분을 차지했다. 이 정책에 장점이 있는 것은 사실이지만 이 때문에 생겨나는 인플레이션을 억제하기란 더욱더 어려워져만 갔다. 1948년 11월에 열리는 미국 의회 선거가 다가옴에 따라 문제는 매우 복잡해졌다. 슘페터는 전적으로 인플레이션을 억제하는 것은 오히려 불황을 가져올 수도 있다는 경고로 그의 연설을 마무리했다. 그래서 인플레이션은 오직 여신규제와 공공지출의 감축, 투자의 장려를 통해서만 통제되어야 하고, 이러한 조치들이 민간 부문을 통해 수행될 수 있는 것은 결코 아니며 정부 차원의 조치가 이뤄져야 한다는 주장을 폈다.[25]

슘페터는 진화하는 혼합경제를 특징짓기 위한 지속적인 연구를 하면서 "노동조합주의laborism"라는 용어를 생각해냈다. 1949년 여름, 슘페터는 한 공개 세미나의 프레젠테이션을 통해 제국주의가 자본주의의 마지막 단계라는 정통 마르크스주의를 반박하면서 다음과 같은 대안을 제시했다. "나는 자본주의의 마지막 단계는 제국주의가 아니라 노동조합주의라고 생각한다. 여기서 노동조합주의란 자본주의사회에서 노동자 집단이 우세한 위치에 있는 단계를 의미한다. 마르크스는 이 단계가 결코 오지 않는다고 생각했다." 그러나 이미 영국은 노동조합주의를 향해 멀리 나아갔고, 스웨덴도 마찬가지였다. 슘페터는 이에 덧붙여, 소련은 노동조합주의국가가 아니라 완벽한 독재국가라고 주장했다.[26]

다시 찾아온 세계경제의 급속한 변화 때문에 슘페터는 미래에 과연 어떤 일이 벌어질지 예측하고자 더 풍부한 상상력을 가동했다. 그는 6명의 영국 경제학자가 쓴 책들에 대한 긴 논평에서 노동조합주의를 더 깊이 있게 다뤘다. 슘페터는 제2차 대전 뒤 영국 유권자들이 처칠의 보수당을 거부하고 하원의 다수당인 노동당을 택했다는 사실을 떠올렸다. 그해 노동당이 지지하고 행하며 제안하는 모든 것을 언급하자면 사회주의보다는 노동조합주의라는 표현이 더 적합했다. 노동조합주의는 "노동자의 이익을 위해 가능한 한 공공지출을 최대한으로 늘리는 것뿐만 아니라 임금 이외의 수입에 대해서는 이득을 최소화시키는 것을 의미한다." 영국 노동당이 바로 이러한 일을 하고 있었다. 노동당은 부유층이 그들이 가진 재산에서 차츰 멀어지도록 설계된 세법을 제정했다. 한편 슘페터가 어릴 적 빈에서 머물 때부터 존중해왔던 영국의 행정조직은 노동당이 장려하는 새로운 경제계획을 위해 그들의 역할을 기꺼이 받아들였다. 공무원의 기업에 대한 태도도 "완연하게 관료주의 속성에서 벗어나" 있었다.[27]

1949년 12월 30일에 열린 미국경제학회 연례회의에서 슘페터는 최근에 일어나고 있는 서구의 경제정책상 변화에 대한 또 다른 논문을 준비했다. 「사회주의로의 전진The March into Socialism」이란 제목의 간략한 논문은 1950년에 나온 『자본주의·사회주의·민주주의』의 3판에 새롭게 추가되었다. 여기에서 슘페터는 영국, 미국 그리고 다른 선진국에서 지난 20년간 제정된 노동정책을 논평했다. 슘페터는 다시 한번 쇼맨으로, 빈정대는 풍자가로 사람들의 이목을 끌었다.

만약 당신이 이 노동정책에 동의하지 않거나 비판하고 싶다는 생각을 한다면 내 주장을 완전히 오해하게 될 것이다. 그리고 나는 이러한 노동정책의 전부, 또는 일부를 사회주의적인 것으로 분류하는 사람이 아니다. 심지어 18세기조차도 그러한 정책 가운데 일부는 보수주의자나 혹은 독재자에 의해 옹호되었다. 다른 정책들은 보수 정당의 프로그램으로 뉴딜정책이 실시되기 훨씬 이전부터 시행되었다. 내가 강조하고 싶은 모든 것은 우리가 자유방임주의식 자본주의의 원칙들로부터 사실상 멀리 떨어져 있다는 것, 더 나아가 본래의 사회주의식 계획과는 다르지만 별 차이가 없는 방식으로 사기업을 길들이기 위해 자본주의와 관련 기관들을 발전시키면서 규제하는 것이 가능하다는 점이다. 내가 관심 있게 지켜보는 경제학자들은 의심할 여지없이 자본주의와 사회주의 간의 차이점을 강조한다. 경제학자들은 이동 가능한 집처럼 유동적이어서 [두 체제의*] 중간 지점에 정확한 시선을 부여할 수 있다고 생각하지 않았다.[28]

슘페터는 많은 경제학자가 노동조합주의 방식이 진정한 저력이 있다고 주장한다고 생각했다. 그러나 그는 자본주의가 하나의 경제체제 이상을 의미한다고 다시 한번 강조했다.

자본주의는 단순히 주부가 집에서 콩을 가꾸면서 완두콩과 일반 콩 가운데 어떤 것을 택해야 생산에 영향을 끼칠 수 있느냐라는 생각과는 다르다. 다시 말해서 어린아이가 공장에서 일하는 것과 농장에서 일하는 것 가운데 어떤 것을 원하며 택할 것인지, 또 공장 관리자가 어떠한 생산 품목과 방식을 결정할 것인지의 문제와는 그 의미가 다르다는 것이다. 자본주의는 가치 체계, 삶에 대한 태도 그리고 불평등과 가산家產의 문명사회를 의미한다. 그러나 이러한 문명사회는 아주 빨리 사라지고 있다. 우리 모두가 각기 좋아하는 대로 그 사실에 대해 기쁘거나 슬퍼하자. 그러나 그것을 보는 우리의 눈을 감지는 말자.[29]

슘페터는 "사회의 생산력이 엄청나게 향상되었다"는 것을 인정하면서도 이러한 상태가 영원히 지속되리라 믿는 낙관주의자를 주목했다. 그러나 슘페터가 전에도 빈번하게 그랬던 것처럼 이번에도 자본주의는 결코 지속되기 쉬운 체제는 아니라고 주장했다. 낙타의 등에 더 많은 짚단을 얹으려는 끊임없는 유혹이 있다. 그리고 낙타는 짚단과 함께 쓰러질 진정한 위험에 처해 있다. 만약 이러한 일이 발생한다면, 사회주의적 대안은 과거에 이를 반대했던 사람들에게조차도 매력적으로 다가올 것이다.[30]

슘페터는 1948년 멕시코 강연중 자본주의에서 노동조합주의로 이행하는 단계에 있는 과도적 상태의 국가들을 언급했다. 그러나 "과도적transitional"이라는 말은 적절한 형용사라고 볼 수는 없다. 슘페터의 멕시코 강연 뒤 두 세대라는 시간을 걸쳐보면, 자본주의체제는 혼합경제의 형태로서 여전히 살아남았다. 뿐만 아니라 슘페터의 예상을 뛰어넘어 전 세계의 많은 지역에서 번영했다. 현대 자본주의는 때로 산소마스크에 의지해 생명을 유지하기도 했다. 경기 침체와 실업률 증가로 자본주의는 정부가 지불하는 공공복지정책에 의존해왔다. 이는 사실상 양면적인 자본주의다. 동물 세계에서 양서류는 오직 물에서만 살거나 육지에서만 사는 생물들처럼 똑같이 왕성하게 번식했다. 그리고 이는 현대의 혼합경제에도 똑같이 적용된다.

1952년에 하버드대 동료 교수 갤브레이스는 『미국의 자본주의American Capitalism: The Concept of Countervailing Power』라는 책을 냈다. 이 책에서 갤브레이스는 기업이 지배했던 미국 사회가 현재는 정부와 노동조합의 힘이 커짐에 따라 균형을 이루게 되었다고 주장했다. 1930년대 이후 노동조합 회원 수는 꾸준하게 늘어나 1960년까지 그 추세가 계속되었다. 갤브레이스는 혼합경제라는 용어를 쓰지 않고 이에 대해 설명만 했다. 슘페터는 1948년 멕시코 강연에서 이러한 혼합경제는 "비논리적"이라고 말했다. 그는 동시대의 경제학자 대부분이 생각했던 것처럼 또 하나의 다른 체제가 틀림없이 살아남아 승리할 것이라고 확신했다. 그의 표현을 빌리자면, 결코 반박할 수 없는 이러한 생각은 명백하게 순수 사회주의와 순수 자본주의 간에 양립이 불가능한 중간 지점에 놓여 있었다. 1940년대 당시 슘페터나 대부분의 다른 경제학자는 장기적으로 균형 상태를 유지하고 전례 없는 경제적 호황을 가져올 혼합경제체제가 실현될 수 있다고 생각하지 않았다.

그러나 21세기 초반인 지금까지 주요한 민주주의국가 대부분에서 최소 40년 동안은 혼합경제가 성공을 거뒀고 일부 국가에서는 70년간 성공을 거뒀다. 이러한 국가들은 지방정부, 중앙정부 그리고 주정부를 포함해서 정부의 총 세금 부담률이 최소 약 25퍼센트에서 최대 60퍼센트나 되었다. 부담률이 다른 것은 공적 자금에서 지불되는 은퇴수당, 보건수당, 주택수당, 보육수당 등이 서로 다르기 때문이다. 전형적으로 스웨덴과 네덜란드가 가장 높고 일본, 스위스, 미국이 가장 낮은 비율을 보였다. 그러나 이 폭넓은 혼합경제체제는 자본주의와 사회주의 사이에서 민주주의국가가 벌인 투쟁의 장기적인 결과물인 것처럼 보였다.

1940년대 슘페터의 생각은 당시 세계적으로 가장 영향력 있는 두 흐름에 집중되었다. 첫 번째 흐름은 소련과 동유럽 국가들, 즉 1949년 마오쩌둥이 혁명에 성공한 중국 등 전체주의적 공산주의국가 집단의 규모와 힘이 점점 커지고 있는 것이었다. 또 다른 흐름은 영국을 포함해 북유럽과 서유럽 국가들, 특히 인도처럼 새롭게 독립한 과거 식민지 국가 등 폭넓은 지역에서 사회주의

정부가 빈번하게 총선거, 지방선거에 승리했다는 것이었다. 이러한 흐름은 프랑스, 이탈리아, 다른 서구 민주주의국가의 선거에서 소련공산당이 지속적으로 영향력을 발휘하면서 오히려 더 공고해진 것처럼 보였다. 1970년대 후반 이탈리아 의회 투표에서 공산당 후보자들은 3분의 1가량 표를 얻었으며 서유럽 국가의 지방 공무원 대다수가 공산주의자였다.

슘페터가 1948년에 멕시코에서 강연한 지 30년이 지난 뒤에도, 국내외적으로 이 흐름이 변할 조짐이 보이지 않았다. 공화당의 아이젠하워와 닉슨이 대통령으로 뽑혔다고 해서 뉴딜정책을 기반으로 한 미국이란 복지국가에 어떠한 중요한 지각변동도 가져오지 못했다. 사회보장, 실업보험 그리고 노동자의 단체교섭권을 줄이기 위한 제안은 거의 없었을 뿐더러 효과도 없었다. 닉슨 행정부 시절 [사회학자 출신의 민주당 정치인으로 1976년 뉴욕 주 상원의원으로 당선된 뒤 세 번 더 의원직 지냈으며 케네디 정부부터 포드 정부까지 훌륭히 행정부 업무를 보좌했던*] 대니얼 모이니핸 같은 정부 관료들과 심지어는 프리드먼같이 매우 보수적인 경제학자들도 보장된 연간소득을 전통적 복지 방식의 대체물이라고 여겼다. 한편 대부분의 북유럽 국가에서는 복지국가적인 성향이 더 강해졌다. 경제학자들은 미래의 해결책이 될 수 있는 자본주의와 사회주의 간의 절충안이나 제3의 길로서 특별히 스웨덴의 철저한 사회보장 제도를 언급하기 시작했다.

1980년대 레이건주의와 대처주의가 시작될 때야 수사적으로나 실질적으로나 우파의 "자유시장"운동이 실질적 영향력을 발휘할 수 있었다. 그리고 대부분의 국가에서 국민소득이 차지하는 세금의 비중은 많이 줄어들지 않았다. (미국의 경우 국방비의 증가로 인해 이러한 사실 가운데 일부만이 적용된다.) 영국을 포함해 전력, 철도 수송, 통신, 광업, 자동차 등과 같은 산업에 공적인 요소를 혼합한 국가에서는 공공 분야의 외주 위탁과 민영화 그리고 많은 기업에 대해 규제를 완화시켜주는 움직임이 일어났다. 1980년대와 1990년대 규제 완화

왼쪽_ 슘페터는 혼합경제를 전부 받아들이지는 않았다. 그러나 그의 몇몇 뛰어난 제자는 혼합경제의 열렬한 지지자가 되었다. 그들 모두 케인스주의자였지만 항상 슘페터를 존경했다. 그 가운데 가장 유명한 슘페터의 제자는 폴 새뮤얼슨이다. 사진은 그가 1950년대 매사추세츠공대에서 강의할 때 모습이다.

아래쪽_ 유명한 슘페터의 제자 제임스 토빈의 모습. 1945년 제2차 대전이 끝난 뒤 그가 군복무를 마치기 직전 크리스마스를 집에서 가족과 함께 하고 있다. 토빈의 동료 장교 중 한 사람으로 퓰리처상을 받은 허먼 오크는 그의 소설 『케인호의 반란』에 토빈의 이름을 그대로 딴 인물을 등장시켰다. 토빈은 예일대에서 교수 활동을 하면서 대부분의 시간을 보냈다. 케네디 정부의 경제자문위원회에서도 활동했으며 새뮤얼슨처럼 노벨상을 받았다.

슈페터의 제자 아서 스미시스의 모습이다. 그는 혼합경제에 관심이 있었다. 그는 호주 출신으로 1930년대 영연방 장학생으로 하버드대에 처음으로 오게 되었다. 1949년 하버드대에서 교수 재직권을 받았으며 특히 슈페터 부부와 가깝게 지냈다. 스미시스는 그의 아내 캐서린과 함께 슈페터 부부가 있는 윈디힐에 자주 찾아갔다.

와 민영화보다 자주 등장한 경제적 쟁점은 거의 없었다. 규제 완화와 공공 분야의 민영화는 규제 없는 자본주의의 부활을 위한 주문이었다. 그러나 이는 사실상 노동조합주의로부터의 후퇴를 뜻했고 혼합경제의 예측 가능한 재조정을 의미했다. 가장 큰 피해자는 노동조합이었다.

혼합경제, 산소텐트에 의존한 시한부적 자본주의, 노동조합주의, 이동식 중간 지점, 관료가학주의와 같은 기발한 비유 그리고 그가 본 것을 묘사한 용어들에 담긴 예리한 상상력에도 불구하고, 슘페터는 여전히 혼합경제의 장기적 생존력에 의구심을 보였다. 이는 슘페터만의 생각이 아니었다. 경제학자와 일반 시민 모두 스미스의 자본주의와 마르크스의 사회주의라는 이분법적 대립 구도로 생각하는 데 길들여져 있었다. 이러한 이분법적 대립의 절충안이 케인스주의였다. 그러나 이는 곧 일부 자칭 보수주의자들에게 케인스 자신의 의도와는 완전히 다르게 정치적으로 쓰여 극단적 좌파의 상징이 되어버렸다.

대공황을 둘러싼 이념 논쟁이 벌어지고 선동으로 가득찼던 제2차 대전 기간에 만들어진 이러한 사고 방식은 냉전기가 시작되면서 더욱더 군건해졌다. 미국에서는 "미국인의 삶의 방식"과 "무신론적 공산주의" 세력 간에 다툼이 일어났다. 슘페터가 자주 불평했던 것처럼, 이러한 슬로건들이 명확한 사고와 냉철한 분석 대신에 다시 자리잡게 된 것이다. 미국인의 생활 방식(영국, 프랑스, 독일, 일본 그리고 혼합경제체제하에 있는 모든 국가를 포함해서)을 유지해가는 데 기업과 마찬가지로 국가에도 크게 기대고 있다는 사실을 아는 사람은 거의 없다. 그러나 단지 몇십 개국에서만 영향력을 행사했던 혼합경제체제는 여러 국가로 퍼지면서, 60여 년이 지난 오늘날까지도 여러 자본주의의 방식으로 나타났고 앞으로도 군건히 지속될 듯하다.[31]

제26장

『경제 분석의 역사』

"대단한 책을 쓰려면 대단한 주제를 택해야 한다."
– 허먼 멜빌, 『백경』, 1851

 1940년대 내내 슘페터는 그의 가장 방대하고도 야심에 부푼 책인 『경제 분석의 역사』를 쓰고자 열심히 노력했다. 이전에 시작했던 어떤 기획보다도 이 책이 성공을 거두는 데에는 슘페터가 건강할 때나 아플 때나 사심 없이 지원했던 엘리자베스의 공로가 컸다. 10년 내내 슘페터 부부는 대부분의 시간을 타코닉에서 보냈다. 때로는 하버드대 경영대학원에 있는 크레스 도서관에 틀어박혀 지냈다. 엘리자베스는 진심으로 남편과 일하기를 원했다. "우리가 아이를 가질 수 없으니 책이라도 함께 가져야 되는 거 아닌가요?" 그는 일기에 아내가 한 말들을 자주 인용했다. "왜 우리가 아이를 가질 수 없겠어요? 많이 가질 수 있어요." 이는 곧 많은 책을 가질 수 있다는 말이었다.[1]

 물론 이 말은 매우 적절하면서도 뜻깊다. 엘리자베스에게 훌륭한 남편과 일하는 것은 단지 학문 연구를 도와주는 것보다 큰 의미가 있었다. 남편과의 작업은 그녀의 전문적인 학식 그리고 결혼 환경 속에서 만들어진 깊은 정서적 욕구를 채웠다. 그녀가 하버드대나 다른 주요 대학의 종신 교수였다면 일본에서 자신의 연구를 계속하고 있었을 것이다. 그러나 그 당시 여성은 학술활동이 엄격하게 금지되었던 터라 그러한 선택을 할 수 없었다. 그녀는 공부도 할 수 없었고 아이도 가질 수 없었기 때문에, 남편의 작업을 돕는 것이 못다 이룬 기회를 대신하는 것이라 생각하며 열심히 도와줬다. 또 열다섯 살 연상의 유명한 남편을 자신보다 나은 사람으로 만들고 싶었으며, 부부 사이에 다른 사람이 끼어들어 방해받는 것이 싫었다.

슘페터가 새 연구를 시작한 것은 1940년대다. 그때 그는 매 학기 논문을 내서 한 해씩 조그마한 책을 낼 수 있을 거라는 생각을 했다. 그는 이러한 계획을 1916년에 이미 생각했다. 당시 그는 출판사에 이와 비슷한 제안을 대강 설명했다. 매년 한 권의 책을 낸다는 일은 지나친 욕심이었으나 그러한 생각에 버금가는 목표를 실제로 이뤘다. 그의 간판급 저서라 할 수 있는 『경제 분석의 역사』가 결국 세상에 나왔을 때 그 책은 80만 단어로 이루어진 어마어마한 분량이었다. 이는 일반적으로 나오는 책 여덟 권에 해당할 정도로 방대했다.[2]

작업을 시작한 1940년대 내내 슘페터는 진도가 별로 나가지 않았고, 주제를 잘못 선택한 것 때문에 자신을 크게 꾸짖었다. 1943년 초, 그는 일기에 이런 글을 남겼다. "내가 할 수 있는 한 깊은 이론적 초안을 마련해야 하는 것 아닐까?" 그는 몇 달 뒤 또다시 자신을 호되게 나무랐다. 당시 그는 아내와 같이 타코닉에서 일할 때였다. "나는 최근 며칠간 긴장을 풀고 쉬었다. (…) 그러나 내가 쓰려는 [역사책]은 여전히 제자리걸음이다." 그러나 사실 따지자면 그는 앞으로 나아가고 있었고 1945년 2월에는 진척된 모습을 보인다. 그는 이렇게 썼다. "내가 어떻게 이렇게 엉망진창으로 방대한 양을 역사와 접목시키려고 시작했던 걸까? 그러한 수고를 할 만한 가치는 결코 없는 걸까? 간단한 스케치를 하는 데 무엇이 더 나을까? (…) 그러나 문제는 내가 현재 무엇을 하고 있느냐다. 이에 대한 유일한 답은 이성적으로 이 문제를 빨리 끝내는 것이다." 하버드대의 한 동료에게 슘페터는 이렇게 썼다. "저는 이 저주스러운 경제 분석의 역사를 시작하고 있습니다. 확신하건대 이 작업의 끝은 저의 죽음이 될 것입니다." 그 뒤 수년이 흘렀다. 1949년 그는 다른 한 동료에게도 편지를 썼다. "이 책은 내게 모진 병과도 같습니다. 방대한 양을 짤막하게 줄일 수 없군요."[3]

슘페터는 자신이 간단한 스케치의 전문가고 다른 경제학자의 이론에 대한 비평에 있어서 천재적인 능력을 갖고 있으며, 그들의 삶에 대해 전문적인 연구자라는 사실을 잘 알고 있었다. 그는 이 작업을 매우 즐겨했다. 그리고 마침내 『경제 분석의 역사』는 수많은 단편 비평으로 된 아주 긴 시리즈물이 되었다. 그러나 이 책은 그 이상이다. 상세한 묘사로 경제적 사고의 점진적인 진화를 그리고 있다. 모든 위대한 사상사처럼 이 책은 선행자들의 연구를 구체화하거나, 그것을 실패한 경제분석가들을 잘 묘사하고 있다. 책은 생산적 혹은 비생산적인 경로를 통해 위대한 사상가를 추적했다. 책은 또한 어떻게 해서 잠재적으로 중대한 사상이 쉽게 사라져버리고, 다시 10년, 심지어 수세기 뒤에 재발견되는지를 보여준다.

슘페터는 그의 인생의 마지막 9년을 이 책을 쓰는데 대부분 보냈다. 그리고 결국 책을 완성하지 못한 채 세상을 떠났다. 엘리자베스는 암이라는 중병에 시달리면서도 잡다한 부분을 정리하고 출간 준비를 하는 등 그야말로 대단한 일을 해냈다. 책은 1954년 옥스퍼드대출판부에서 나왔다. 1260쪽에 달하는 방대한 분량으로 페이지 당 약 700단어로 되어 있다. 이 책은 슘페터가 쓴 책 가운데 가장 길고, 어떤 면에서 가장 인상적인 책이다. 주목할 점 가운데 하나는 자신이 쓴 이 이론서의 어마어마한 내용 속에 그의 이름이 보이지 않는다는 것이다. 그의 이름은 엘리자베스가 덧붙인 일부 삽입구나 주석 정도에만 나올 뿐이다. 그래서 잘 모르는 독자는 슘페터가 경제 분석에 기여한 것이 없다는 결론을 내릴 수 있다.

그녀는 긴 서문과 부록을 통해 책의 구성을 비롯해 그녀가 어떻게 해서 이 책을 내게 되었는지 설명하고 있다. 엘리자베스는 이 기획은 슘페터가 1914년에 낸 『이론과 학설에 대한 간단한 스케치little sketch of doctrines and methods』를 번역·수정하려는 데서 시작되었다"고 썼다. 이 간단한 책은 막스 베버가 편집하고 오직 독일에서만 출판된 유명한 사회과학 시리즈 가운데서 가장 처음으로 나온 책이었다.[4]

1914년에 나온 이 책은 오랫동안 출판이 중단되었다. 그러나 수년간 많은 학자가 영어판을 요구했다. 엘리자베스는 이렇게 말했다. "슘페터는 1938년 그의 기념비적인 작품 『경기순환론』을 끝냈다. 그리고 수개월 내에 마칠 것으로 기대했으며 사람들에게 인기가 있을 것이라고 여긴 『자본주의·사회주의·민주주의』에 위안을 삼았다." 1939년부터 1948년까지 슘페터는 경제사상사를 강의했다. 엘리자베스는 이 강의가 슘페터가 『경제 분석의 역사』라는 책을 쓰기 시작하는 데 자극제가 되었을 것으로 생각한다고 술회했다.[5]

슘페터는 하버드대 경영대학원에 있는 L자 모양의 크레스 도서관에서 연구에 집중하며 도서관이 제공한 작은 방에 파묻혀 지냈다. 크레스 도서관은 하버드대의 아름다운 명소 가운데 하나로 슘페터가 마음에 들어 하던 곳이었다. 그리고 슘페터가 틀어박혀 연구하던 방은 사람들이 별로 찾지도 않는 곳이라 조용했다. 그곳에는 값을 매길 수 없는 고대부터 1850년까지의 여러 언어로 된 원서가 벽을 따라 나란히 정렬되어 있었다. 그 방에서 연구하는 것은 마치 학문의 신성함을 느끼는 듯한 감정을 자아낸다. 엘리자베스는 훗날 이 크레스 도서관을 "일종의 학자들의 낙원"과 같은 곳이라고 묘사한 바 있다.[6]

시도중인 기획을 좀 더 깊게 파고들어가면서 슘페터는 이 연구로 제2차 대전의 공포에서 벗어날 수 있을 뿐만 아니라, 경제학에 대한 자신만의 다양한 접근법을 합칠 수 있다고 생각했다. 1943년 옛 제자에게 쓴 편지에서 "이것은 현재 일어나고 있는 사건들로부터 가장 동떨어진 주제였다"라고 썼다. 엘리자베스가 회상하듯이 "슘페터는 철학, 사회학, 역사학, 이론뿐만 아니라 돈, 경기순환, 재정, 사회주의를 비롯해 경제학에 적용되는 여러 분야 등 자신의 모든 관심사를 통합할 수 있었던 사람이었다. 나는 이것이 전쟁과 관련이 있다고 믿는다. (…) 이러한 작업은 불쾌한 현실, 다시 말해서 그가 좋아하는 문명을 파괴할 것이라고 확신했던 전쟁이라는 슬픔을 순간적이나마 잊게 해줬다."[7]

하지만 엘리자베스가 표현했듯이 어떤 의미에서 슘페터는 전 생애를 이 책을 쓰는 데 바쳤다. "심지어 많은 책 가운데서도 즐거운 오락으로 읽었던 많은 전기물은 그에게는 역사를 통해 증명된 인물과 사건의 훌륭한 배경지식이 되었다. 이러한 연구는 학자적 소임일 뿐 아니라 소일거리도 되었다.[8]

그는 출판 담당자에게 "이 책은 고대 그리스·로마 시대부터 현재에 이르기까지 경제학 분야에서 과학 분석의 발전과 운명에 대해 쓴 것"이라고 말했다. 그는 책에서 경제란 무엇이고 경제는 무엇이어야 하는지에 대한 차이점을 그렸고, 그 차이점을 최대한 줄이기 위해 노력했다. 슘페터는 특히 후자에 전념했다.[9]

슘페터는 항상 다른 논문에서와 마찬가지로 원고를 자필로 직접 썼다. 비서의 도움이 거의 없었기에 그는 육필 원고를 그가 신뢰하는 타자수打字手들에게 보냈다. 그의 문서가 체계적으로 정리되지 않아 혼란스러웠지만, 엘리자베스는 슘페터가 죽은 뒤 여러 곳에서 필사본 원고를 찾아냈다. "일부는 문서 상자 안에, 일부 문서는 아카시아 가에 있는 케임브리지 서재 진열대에 있었으며 타코닉에도 있었다. 또 경제학부 건물인 리타우어 센터에 위치한 그의 사무실에도 일부 있었다." 몇 달간 그녀는 더 많은 문서를 발견했다. 많은 문서에는 숫자가 적혀 있지 않았으며 단지 짧은 묶음만으로 되어 있었다.[10]

방대한 분량의 그 책은 구성과 순서 등 만만찮은 문제를 제기했다. 엘리자베스는 "비록 편집 경력이 있는 경제학자였지만, 오랜 기간에 걸쳐서 여러 언어로 쓰인 많은 경제학자의 내용을 다루는 것은 쉽지 않은 일이었다"고 썼다. 여러 번에 걸친 반복적인 수정 작업 그리고 슘페터 친구들의 도움, 옥스퍼드 대출판부 직원들의 도움으로 마침내 논리 정연한 책을 만들 수 있었다.[11]

슘페터는 거대한 과제에 들어갔다. 일찍이 자신의 책에서 슘페터는 "전문적인 경제학자들은 바벨탑과도 같은 아무 소용도 없는 국외자를 떠올리게 한다"라고 말한 적이 있다. 그는 아무 소용도 없이 높이 올라가는 바벨탑이라는 건축물, 다시 말해서 경제학 분야에 창조적 파괴를 적용했다. 그의 목적은 "경제 현상을 이해하고자 인간은 어떤 노력을 통해 영속적으로 진행되는 분석구조를 생산하고 개선하며 그리고 허물게 되는지에 대한 과정"을 쓰는 데 있었다.[12]

그가 말한 최선의 연구법은 "학설사doctrinal history"에 대한 면밀한 연구다. 물리학 같은 자연과학과 달리 경제학에서 "현대적인 문제와 방법 및 결과는 경제학자들이 어떻게 그들이 주장하는 논리를 갖게 되었는지에 대한 지식 없이는 완벽하게 이해될 수 없다. 『경제 분석의 역사』의 장점 가운데 하나는 그 시대의 기억할 만한 중요한 사건이나 수많은 부수적 사건을 설명했다는 것이다.[13]

플라톤에 대하여(기원전 427~기원전 347년)

플라톤의 목적은 결코 분석에 있지 않았다. 그의 목적은 이상적인 폴리스의 초현실적 비전 혹은 우리가 선호하는 하나의 예술적 창작물에 있었다. 그가 『국가론』에서 그린 완벽한 국가상은 한 화가가 비너스 상을 그리면서 과학적으로 해부한 분석력보다도 못하다. 무엇인지와 어떠해야 되는지의 대조가 의미를 잃어버렸다는 점은 말할 필요도 없다.[14]

토마스 아퀴나스에 대하여(1225~1274년)

사상사에서 성 토마스 아퀴나스의 『신학대전』은 건축사에서 샤르트르대성당의 서남쪽 첨탑과 같다고 볼 수 있다……

개인주의와 공리주의의 얼룩, 합리적이라고 인식되는 공공선에 대한 역점이 성 토마스의 사회학에 전반적으로 퍼져 있다. 하나의 예만으로도 충분할 것이다. 바로 재산권 이론이다. 신학적인 측면의 생각을 버리고 토마스는 재산이 자연법칙에 위배되는 것이 아니라 인간 이성의 발명품이라고 주장했다. 이것은 정당화될 수 있다. 왜냐하면…… 누구의 소유인지가 분명하면 사회 질서는 더욱더 잘 지켜질 수 있기 때문에 공동소유물을 쓰면서 일어나는 분쟁이 없다는 것이다.[15]

애덤 스미스에 대하여

이 인물에 대해, 그의 안전하고도 특별한 사건 없이 반복된 삶(1723~1790년)에 대해서는 자세한 설명이 필요치 않다. 다음과 같은 언급으로 충분할 것이다. 첫째로, 그는 뼛속까지 순수하고 완전한 스코틀랜드인이었다. 둘째로, 그의 집안은 공무원 출신인지라 사업활동에 비판적이었다. 셋째로, 그는 태생적으로 교수였다. 넷째로, 어머니를 제외하고는 그의 삶에서 여자가 어떤 역할을 한 적이 없다. 그의 순수경제학이 아니라 인간 본성에 대한 이해와 관련, 여자 문제를 관련지어 고려하지 않을 수 없다. 다른 측면도 그렇지만 그의 화려한 삶과 열정은 그에게는 단지 문학에 불과할 뿐이었다.[16]

슘페터는 스미스가 연구를 위해 쏟은 헌신(이라고 감히 말할 수 있다)을 칭찬한다. 그러나 그는 이렇게 말했다. "『국부론』에는 단 하나의 분석적인 생각, 원리, 방법이 없다. 사실 이 책은 출간된 1776년 당시에는 아주 새로웠다. 스미스가 이 작품을 통해 획기적이며 독창적인 업적을 일궜다고 극찬하는 사람들은 무엇보다 그가 옹호했던 정책들을 떠올릴 것이다. 다시 말해서 자유무역, 자유방임주의, 식민지정책 기타 등등." 스미스의 주장은 기존의 수많은 사람이 믿어왔던 것과 완벽히 어우러졌다. 그러나 슘페터는 18세기를 통틀어 가장 설득력 있는 작가 가운데 한 사람이자 수사학을 전공한 전직 교수인 스미스의 당당한 믿음에 대해, 자신의 생각을 논리 정연하게 표명한 사람이 아직 없었다는 사실에 주목했다.

자유무역과 자유방임주의 없이 『국부론』은 어디에 존재할 수 있단 말인가? 또 씨를 뿌리지 않은 채 수확만을 바라는 "냉혹"하면서도 "나태한" 지주들, 모임 때마다 작당하여 음모를 꾀하는 고용주들, 자신은 신나게 즐기면서도 직원과 회계사들에게 일을 모두 맡기는 상인들 그리고 나머지 사회 부유층을 부양하는 가난한 노동자들. 이들 모두가 『국부론』이란 무대의 중요한 부분이다. 스미스는 일찍이 사회적 동정심에 대해 표현함으로써 떨어진 인기에 용감하게 대처했다. 다만 그의 인기가 꼭 떨어졌다고만 볼 수는 없다. 스미스의 진정성에 대해 나는 조금도 의문을 품지 않는다. 그의 시각이 인기가 없었던 것은 아니다.[17]

스미스를 통해 슘페터는 자신의 신념 일부분에 커다란 좌절을 맛봤다. 스미스에게 인간은 "단순한 자극에 단순한 방법으로 똑같이 반응하는 선천적으로 비슷한 존재다." 가장 중요한 것은, 스미스는 "그 시대의 인간애로서 동정심을 철저하게 가지고 있었고, 따라서 그의 주장과 자료는 폭넓은 대중을 이끌 지지를 얻는 데 더욱 돋보일 수 있었다." 반대로 슘페터는 사람들이 서로 전혀 다르다고 믿었다. 개별화된 개성은 그들의 욕구, 특히 그들의 타고난 재능에 있어서 다르다. 학자로서 그는 대중적인 반응을 얻으려고 독자가 알아보도록 쉽게 쓰는 것을 좋아하지 않았다. 그는 자주 화를 내서 동정심도 얻지

못했다. 그리고 청중이 많든 적이든 관계없이 변호하거나 아첨을 떠는 것을 몹시 혐오했다.[18]

숨페터는 『국부론』에서 많은 결점을 찾아냈다. 그는 수사학자로서의 스미스가 지닌 강점을 사상가로서의 그가 가진 약점과 동일 선상에서 보곤 했다. 그러나 그는 결국 『국부론』은 대접받을 만한 성공적인 작품이라고 생각했다. "시대를 앞선 커다란 걸작이 있다. 변론에서뿐만 아니라 분석에서도 걸작이다." 스미스는 경제학 분야에서 단연코 가장 영향력 있는 저자였다.[19]

18세기가 지나가기 전에 『국부론』은 아일랜드와 영국에서 출판된 것을 세지 않고도 9종의 영어판이 나왔다. 그리고 (내가 알고 있는 바로는) 덴마크어, 네덜란드어, 프랑스어, 독일어, 이탈리아어, 스페인어로 번역·출판되었다. (이탤릭체 표시를 한 나라에서는 한 언어 이상의 번역판이 나왔다. 첫 번째 러시아어판은 18세기가 막 지난 1802년 6월에 나왔다). 이것은 이 책이 처음부터 얼마나 대단히 성공했는지를 가늠해볼 잣대라고 할 수 있을 것이다. (…) 그러나 출판에서 거둔 성과도 그야말로 셀 수 없을 정도로 의미 있는 성공과 비교한다면 아무것도 아니다. 그 성과는 『국부론』 출판 뒤 스미스는 1790년부터 일반 대중이나 초보자뿐만 아니라 경제전문가, 특히 교수들을 가르치는 선생님이 되었다는 것이다. (…) 그는 그의 동년배 가운데 아무도 그가 받을 것이라고 생각하지 못했던 "창립자" 휘장을 받았다.[20]

숨페터는 스미스와 그를 앞서간 학자들을 상세하게 다루면서 잠시 일을 멈추고 미국인이 대부분이었던 "행정 고문과 소논문 집필자들"을 칭찬했다. 그는 특히 미국 재무부장관으로 「제조업에 관한 보고서Report on Manufactures」(1791)를 쓴 알렉산더 해밀턴을 높이 평가했다. "이 보고서는 논문이라기보다 단지 제조업 자체에 대한 서술을 목표로 한 것이었지만 응용경제학 분야에서 단연 최고였다." 한편 슘페터는 지나가는 말로 "[보고서의 내용을*] 전적으로 분석할 가치가 있을 정도로 추천할 점은 없다고" 하면서, 벤저민 프랭클린이 경제 관련 주제로 쓴 뛰어난 글을 인용하기도 했다.[21]

스미스가 많은 것을 배운 프랑스 중농주의자에 대한 장에서, 슘페터는 이 중농주의 집단은 단지 한 사람의 노력을 통해 만들어졌다고 썼다. 중농주의의 창시자라고 할 수 있는 프랑수아 케네는 현재까지도 가장 위대한 경제학자로 존경받고 있다. 케네의 가르침을 따르는 중농주의자들을 다룬 장에서 슘페터는 "경제학의 전체 역사에는 두 종류가 있는데, 마르크스 이론을 전적으로 따르는 정통 마르크스주의자와 케인스의 사상에 충실한 정통 케인스주의자"라고 언급했다. 이 세 집단은 각각 사적인 관계와 학설상의 동의로 이루어진학파를 이루고 있다. 이들 멤버는 "항상 무리지어 행동하고, 서로를 칭찬하며, 적들과 함께 싸우며, 각 멤버는 집단을 선전하기 위한 각자의 역할을 분담한다."[22]

여기에 슘페터의 분석에는 자신의 판단 기준이 다시 들어선다. 그의 전반적인 연구생활에서 슘페터는 학파의 개념을 버렸다. 그러나 『경제 분석의 역사』에서 그는 개인적 리더십의 역할에 대단한 중점을 뒀다. 케네, 마르크스, 케인스뿐만 아니라 리카도, 슈몰러, 멩거, 마셜의 예를 든 것이 그랬다. 각각의 예에서 볼 때, 경제학적 메시지가 성공하는 상당 부분이 선구자들의 스타일과 인격에서 비롯된 것이라고 믿었다. 비록 그는 이러한 단어를 쓰지 않았지만 이 인물들은 확실히 그들 분야의 사업가라고 여겼다.[23]

슘페터는 이 부분을 대단히 강조한다. 슘페터는 이들 가운데 리카도가 끼친 영향을 분석하면서 다음과 같이 썼다.

내가 가장 중요하게 생각하는 리더십은 값으로 따질 수 없는 선물이라고 생각한다. 리카도는 새로웠으며 거슬리기도 했다. 어떤 경우든 내게 충격을 준 사람이다. 그의 중간계급과 상류계급 간에 대한 분석은 열등하고 오래되고 진부한 분석과 비교할 때 새로웠다. 그의 집단(학파)은 아주 빨리 새로운 장난감을 선물 받아 아주 기뻐하면서도, 다른 한편으로는 아! 하며, 우울한 어린이 같은 태도를 발전시켜 나아갔다. 그들은 그것이 세상이라고 생각했다. 자신의 경지에 오르기에는 무척 멍청해서 바르게 판단할 수 없었던 사람들에게 호응을 얻지 못했던 그의 분석은 헤아릴 수 없을 정도로 고귀한 가치였다. 이것은 모두 논쟁과 충격, 새로운 묘미, 새로운 생활을 뜻한다.[24]

슘페터는 리카도의 업적을 다루면서, 업적상의 본질적인 장점뿐만 아니라 리카도가 쓴 주제가 어떻게 정해진 것인지도 상세히 언급했다. 이를 통해 슘페터의 경력은 화려한 데 비해 리더십에 대한 감각은 별로 없었다는 게 분명해졌다. 리카도는 시대의 가장 중요한 정치 현안들, 통화정책이나 자유무역 등의 문제에 대해 적극적으로 참여하면서 자신의 명성을 쌓아갔다. 그는 항상 정책 논쟁에서 이길 가능성이 있는 편에 서 있었다. "그의 권고안에 동의했기 때문에 사람들은 그의 이론을 택했다. 그는 다른 사람을 인도하고 옹호하는 집단의 중심이 되었다. 본질적으로 이 집단은 리카도가 논쟁에서 이긴 정책들을 옹호하고자 한 것도 아니고, 그의 이론을 고수하고자 한 것도 아니다. 혹자는 그를 항상 최고의 경제학자라고 보기도 한다. 하지만 어떻게 보면 그 집단 안에 두 가지가 교묘하게 겹쳐 있다." 슘페터는 독자들에게 리카도와 케인스 사이의 유사함에 주목하라고 한다. "위 단락에서 모든 내용은 후자를 참조하여 작성되어 있다."

케인스처럼 리카도는 대체로 경제학이라는 학문 바깥에서 삶을 살고 있었다. 그는 다른 문제로 무척 바빴다. 그래서 "경제학자란 모름지기 오른손을 등 뒤에 묶고 왼손으로 경기하는 레슬러와 같아야만 한다"라는 말을 남기기도 했다.[25]

슘페터가 판단하기에 이런 점은 (케인스를 포함해서) 리카도의 분석 방식에 심각한 결점이 있는 이유 가운데 하나였다. 즉 그들은 학문의 깊은 곳까지 파고들어가지 못했으며 자신의 이론을 반대하는 주장에 믿음을 줄 해답을 제시하지 못했다는 것이다. 2명 다 어떤 문제에 접근하는 데 원칙이 제대로 적용되거나 충분한가를 검토했는지 차치하고서라도, 그들은 어떤 주제에 대해서 불과 기본적인 원리 몇 가지 만을 썼을 뿐이었다. 그 원칙은 스스로 "동력"을 얻었다. 이러한 동력은 임금정책이나 세금 효과이거나, 가격 규제, 가격 보호 등 문제가 무엇이든 간에 넓은 범위 안에서 결과물을 만들어냈다. 따라서 이 동력은 그 범위 안에서 만들어지기도 하고 무한하고 다양한 목적이 담긴 요구가 있을 때마다 쓰고자 만들어진 것일 수도 있다. 물론 결함 있는 엔진이 성공과 만난다면, 그러한 진보는 직선으로 간 것이 아니라 우회했다는 게 증명될 것이다. 우회적인 리카도의 분석이 그렇다.(케인스는 이러한 평가에 동의했다. 만약 리카도가 아니라 맬서스가 19세기 경제학 발전의 뿌리가 되었더라면 오늘날의 세계는 더욱 부유하고 현명하게 되었을 것이다.)[26]

특히 스미스와 리카도를 통해 고무된 고전경제학자들이 경제학을 독립적인 학문 분야로 이끌었음은 누구도 부인할 수 없는 사실이다. 이 과정은 19세기 동안 아무런 걸림돌 없이 천천히 진행되었다. 새로운 사회가 만들어지고 새 학술지들도 나왔다. 아울러 미국 컬럼비아대는 1818년 도덕철학과 정치경제학 강좌를 개설했다. 1824년 사우스캐롤라이나대는 화학과 교수가 경제학 강의를 할 수 있도록 했다. 영국의 옥스퍼드대는 1825년, 런던대는 1828년, 더블린대는 1832년에 강좌를 개설했다. 이에 앞서 1805년 헤일리베리의 동인도대는 역사, 상업, 재정에 관한 강좌를 개설했는데 그 자리에는 토머스 맬서스가 임명되었다.[27]

빅토리아 시대에 영국 경제학자들은 자본주의경제가 정체되어 있다는 잘못된 관점을 가지고 있음에도 불구하고 경제학 내 모든 분야를 이끌어나갔다.

일면 탁월한 경제력을 바탕으로 하는 영국의 리더십은 의아하게도 대단히 역동적이었고 전혀 머물러 있지 않았다. 여기에는 경제분석가 대부분의 높은 지적 능력이 반영되었다.[28]

예를 들어 영국의 자유무역 이론은 빅토리아 통치기에 정점에 달했다. 자유무역 옹호자들은 "논쟁을 위해 자유무역의 온전한 보편성을 주장했다. 자유무역은 그들에게 시간과 장소를 불문하고 절대적이고 영원한 지혜였다. 이를 받아들이기를 거부한다면 멍청하거나 사기꾼, 아니면 둘 다에 해당되었다." 그러나 슘페터는 자유무역이 제품들을 만들어 가장 낮은 가격으로 공급하는 제조업자에게 이점을 주는 정책이면서도 한편 당시 많은 제품이 영국에서 만들어졌다는 점에 주목했다. 이런 환경은 영국에서 자유무역이 성공하게된 비결이었다. 이론적인 논리가 유효했다는 주장을 넘어서 말이다. 유럽인은 대부분 자유무역을 믿지 않았다. 그리고 전문적인 경제학자들이 자주 강조했지만 미국에서는 자유무역정책이 거의 실행되지 않았다.[29]

슘페터는 이 기간에 경제학의 지적 발전이 전반적으로 서구 문화와 잘 조화되지 못했다는 견해를 밝혔다.

사업이나 전문적인 일을 하는 계급은 일반적으로 유행이 한참 지난 것들로 꾸며진 불명예스럽고 볼품없는 집에서 활기 없이 살았다. 그들은 비슷한 유형의 조잡한 가구와 특징이 없는 그림들을 샀다. 그리고 과거의 영광스러운 시대에서 내려온 전통 연극이나 음악을 좋아했다. 또 전문적인 과학 서적을 제외하고는 대체로 평범한 문학을 읽었다. 이러한 모든 목록에 나타나는 삶의 방식을 영국에선 빅토리아 시대라고 불러왔다. 지금으로 보면 따분하고 황량하게 보이지만 말이다. 이러한 사실은 부르주아의 문화적 리더십을 받아들이는 능력의 부족을 나타내며, 정치적 리더십의 부족을 표명하는 것이기도 했다.[30]

슘페터는 여기에 덧붙여 "뚜렷한 차이점이 없는 부르주아 문화는 자체적인 저항은 있었지만 또 다른 형태의 창조적 파괴가 일어났다"고 말했다. 19세기 말 유럽에서는 문화, 예술, 음악, 회화, 건축, 문학에 모더니즘이라는 사조가 나타났다. 이 새로운 르네상스는 무감각한 선행자들을 낳은 부르주아적 배경을 업고 나타났다. 자본주의사회는 새 형태의 문화를 만들어내는 과정에 있었다. 다만 이러한 자본주의는 "세상을 통제 불가능하게 만들어 무의미한 재앙 속으로 빠지게 한 제1차 대전 때문에 꼼짝 못하는 포로 신세가 되어버렸다."**31**

제1차 대전이 발발하기 전 50년 동안을 다룬 슘페터의 글에서 보인 주요 경향은 그가 경제 분석의 "전문화와 교수화"라고 부른 것이었다. 1870년대 이전만 해도 대부분의 경제학자는 극히 일부를 제외하고는 학술적인 협력을 거의 하지 않았거나 아예 하지 않았다. 그러나 다음 세대에는 모든 것이 바뀌었다. 하버드대는 1871년에 처음으로 정치경제학 교수직을 만들었다. 1872년에는 예일대에서 그리고 미국 전 지역에 걸쳐 극적으로 확산되었다. 반면 독일, 이탈리아, 스페인 그리고 북유럽 나라들은 기존 학과에 경제학 과목을 추가시켰을 뿐이다. 그러나 1878년 프랑스는 대학 내 모든 법학부에 경제학 교수를 두는 큰 걸음을 내딛었다. 대부분의 국가, 특히 독일에서 대학들은 2명의 경제학 전담 교수를 뒀으며 영국과 스코틀랜드에서는 대학에 따라 1명만을 뒀다. 따라서 교수들의 능력 부족은 당연한 결과였다. 이 가운데 방법론을 둘러싼 무지한 논쟁이 지속되었다. 경제 분석의 전문화는 사회개혁에 대한 경제학자의 선입견을 극복하지 못했다.**32**

정치적으로 볼 때 교수들은 사상적 스펙트럼 전반을 기반으로 하고 있으나 특히 미국과 프랑스 교수들은 고전경제학파의 자유방임주의 경제학을 지지했다. 하지만 이 학설의 발생지인 영국 케임브리지학파의 창시자인 마셜은 "사회주의가 지향하는 목적에 공감한다고 주장했으며, 이때까지 어떠한 주장이나 설명도 없이 (자본주의가 야기한) 불평등의 해악에 대해서만 이야기했다"고 밝했다. 독일 경제학자 대부분은 영국 고전경제학파 선행자들보다 마셜에 더 초점을 맞추고 있었다. 독일 학자들은 사회주의 정치학의 기둥으로 애덤 스미스의 이론 또는 자유무역주의에 철저히 반대했다. 그들은 이 이론들이 사회복지를 거의 범죄적으로 간주하고 있다고 생각했다. 슈몰러는 한번은 공개적으로 "스미스가 교수 자리에 부적합한 인물이라고 말한 적이 있다. 심지어 미국의 뉴딜정책론자들도 이와 동떨어진 생각을 갖고 있진 않았다."[33]

슈페터는 1870년대부터 제1차 대전이 일어난 1914년에 영국이 경제학의 실천자로 가장 훌륭한 자격을 갖추었다(혹은 자격이 없지 않다고 표현했다)고 믿었다. 미국에서는 특히 남부와 중서부 지방에서 일부 경제학자들이 1880년대와 1890년대 대중운동과 함께 토지 균등 분할 프로그램에 동조했다. 또 다른 이들은 개혁가 헨리 조지가 주장한, 땅을 많이 가진 사람들의 토지 가치를 적절히 평가해서 국고에 귀속시켜야 한다는 단일세정책을 지지했다. 자본주의를 진정으로 반대하는 견해는 사회학자 소스타인 베블런 같은 특이한 예를 제외한다면 일부 전문가를 통해 미미하게 제기되었을 뿐이다. 어떤 의미이건 간에 "'지도층'이라고 불리길 원하는 어떤 경제학자도 자신이 사회개혁에 대한 급진적인 계획을 가진 경제학자라고 생각하지 않았다." 슈페터가 판단하기에 20세기 초 미국 최고의 경제학자들은 컬럼비아대의 존 클라크, 하버드대의 프랭크 타우시그, 예일대의 어빙 피셔였다.[34]

일찍부터 미국은 전문적인 경제 분석이 상대적으로 열악했다. 왜냐하면 사업할 기회가 많아서 뛰어난 경제 엘리트들이 대학이 아니라 상업이나 산업에 몰려들었기 때문이다. 19세기 중반이 되어서야 대학에서 경제학을 가르치기 시작했다. 그러나 교육 과정과 교과서에 대한 수요가 교육 과정과 교과서를 만든 것이지 별다른 요인이 있는 것은 아니었다. 책에 대한 수요는 수요일뿐 경제 분석의 발전에 대한 필요충분조건은 아니었던 것이다. 이와 더불어 교육의 수요도 수요 그 자체일 뿐 그것이 반드시 과학적인 성취를 보여주는 것은 아니지 않는가?"**35**

훌륭한 교수가 된 많은 미국 경제학자는 1880~1890년대 독일 역사학파의 영향을 많이 받았다. 그리고 『경제 분석의 역사』는 역사학파에 대해 쓴 가장 우수한 짧은 분석 가운데 하나로 평가받는다. 여기서 핵심 사고는 "연구자로서의 경제학자는 먼저 경제사가가 되어야 한다는 명제로 정확하게 정리될 수 있을 것이다." 독일의 뛰어난 경제학자 슈몰러의 지도 아래 역사학파는 사회발전 과정에 대한 경제학자의 이해를 엄청나게 발전시켰다. 슈페터는 책에서 사회계급, 수공업자와 상인조합, 도시의 성장형 재정정책, 은행신용, 특수산업, 정부와 민간 부분에서의 역할 분담에 관한 역사학파의 분석을 언급했다.**36**

이어 슈몰러의 독일 역사학파와 멩거의 오스트리아학파 사이의 방법론 논쟁을 정리하면서 슈페터는 과학적인 논쟁은 종종 상호 간의 기질 차이나 지적 편견에 기초한 오해에서 비롯된다고 추론했다. 어떤 분야든 연구자들은 그들 자신의 접근법을 더 선호하고, 이러한 경향은 다른 사람의 방법론에 대해 일종의 과민 반응을 보인다. 순수 학문에서 이러한 현상은 아마도 불가피할 것이다. 왜냐하면 지적인 사고를 가진 학파들은 사회학적인 실체, 즉 그들만의 기치, 정치적 강령, 감정 그리고 매우 인간적인 관심사와 함께하는 "살아 있는 사람"이기 때문이다."**37**

여러 학파를 지지하는 사람들 사이에 논쟁은 피할 수 없으리라 생각한 슈페터는 일반균형론의 대가인 프랑스 경제학자 레옹 발라에게 자긍심을 세워주면서, 그를 비평한다. "순수 이론에 관한 한 내가 생각하기에 발라는 모든 경제학자 가운데서 가장 위대하다. 그의 일반균형론은 전형적인 통합의 특징을 가진 혁신적 창조의 산물로, 과학에서 보자면 이론물리학의 업적과 비교할 만한 경제학적 연구다."**38**

반대로 슈페터는 무능한 분석가들을 통렬하게 비판했다. 그는 당시 인기 있고 영향력 있던 영국의 사회진화론자인 허버트 스펜서를 다음과 같이 묘사했다.

> 탁월함이 무엇인지를 대표할 수 있는 사람, 놀라울 정도로 학문에 조예가
> 깊고 현명하며 어리석은 (…) 그 사람에게는 "어리석은"이라는 말 외에는 적
> 당한 단어가 없다. 이 양반은 시장자유주의를 옹호한 나머지 깨끗한 규제,
> 공공교육, 공공 우편 서비스 같은 제도조차도 탐탁지 않아 했다. 그는 자신
> 의 사상을 조롱거리로 만들었다. 사실 그는 지지하는 정책에 대해 풍자적
> 인 글을 멋들어지게 썼다. 다만 그의 경제학이나 윤리(규범적인 것뿐만 아니라
> 분석적인 것으로서의) 둘 다 우리에게 가치 없는 것들이다.[39]

『경제 분석의 역사』를 통틀어 볼 때, 출처에 관계없이 슘페터에게는 나쁜
일을 향해 빈정대거나, 좋은 일을 평가하는 일 둘 다 고통이었다. 이러한 시험
에서 중요한 건 동기부여가 아니라 분석상의 유효성이다. "가장 엄격한 수준
의 관심은 진실하고 가치 있는 분석을 유도할 수 있지만 가장 흥미 없는 동기
는 실수와 하찮은 것으로 이어진다." 동기는 별로 중요하지 않을지라도 문제
를 야기할 만큼 위험하다. "우리에게 접근할 유일한 마음은 우리 자신이다. 개
인의 동기를 말할 때 우리는 단지 우리 성향을 내보일 뿐이다."[40]

슘페터가 볼 때 경제 이론의 핵심은 정치철학이 아니다. 오히려 케임브리지
대 경제학자 조앤 로빈슨의 글 가운데 나오는 "가장 적절한 문구"인 "도구 상
자"에 있었다. 경제 이론이 잠재력을 충분히 다 발휘하지 못했다는 것을 안 그
는 경제 이론에 대한 비평의 많은 부분이 자주 정치적인 것에 뿌리를 두고 있
음을 주목했다. 왜냐면 경제학자들이 정치에 발을 담거나 정치적 처방에 시
간을 소비하거나 경제적 삶의 철학자로 처신하려는 강한 경향에 빠져들기 때
문이었다. 그리고 그들은 추론을 이끌어내는 가치판단을 명백하게 시작해야
하는 의무를 무시했다. 많은 이론가의 정치적 태도를 불신하게 되었고, 이 불

행한 결과는 경제 이론 자체의 불신으로 이어졌다.[41]

슘페터는 사회과학의 실제적 기반 가운데 하나는 인간의 감정을 분석하는 심리학이 되어야 한다고 생각했으며, "그러한 조건 속에서 근원적 설명이 이뤄져야 한다"고 생각했다. 슘페터는 경제학자 멩거와 자신들의 개인적인 면을 강조하는 오스트리아학파 학자들이 심리학을 경제적 사고의 중심에 뒀다는 것을 잘 알고 있었다. 그러나 유감스럽게도 멩거는 경제학자들은 일반적으로 전문적인 심리학자와 상의하거나 일을 같이하지 않는다고 언급했다. 그 대신 오스트리아학파는 생산자와 소비자 그리고 사람들의 정신적 과정에 대해서 그들만의 가설을 만드는 것을 좋아했다고 언급했다.[42]

『경제 분석의 역사』의 통합된 주제는 슘페터의 초기작에서 중요하게 다뤘던 심리적 관점에서 설정되었다. 모든 인간은 잠재적으로 세상이 돌아가는 법에 대한 감각을 지니고 자란다. 어떤 주제에 관해서 글을 쓰는 사람들이라면 "분석하기 위한 노력으로 기본적인 소재를 제공하는 사전 분석의 성격을 띤 인지적 행동을 경험해왔다. 이 책에서 분석 이전의 인지 행위는 비전이라고 불리고 (…) 이러한 종류의 비전은 역사적으로 어떠한 영역에서나 분석적 노력의 출현에 선행되어야 할 뿐만 아니라, 누군가를 통해 매 시간 창조되는 과학사 속으로 재진입할지 모른다. 새롭게 태어나는 과학은 우리에게 존재 이전 상태의 과학적 사실, 방법 그리고 결과물에서 발견되지 않는 근원에서 사물을 보는 법을 가르친다." 슘페터는 케인스의 『일반 이론』을 후자의 예로 사용한다. 케인스의 시각은 오래되고 허약한 영국 자본주의 개념에 기초했다. 옳든 그르든 미래의 암울한 경제에 대한 시각은 케인스가 형식적인 경제 분석상의 체계를 개발하기에 앞서 이미 널리 퍼져 있었다.[43]

슘페터는 모든 분석은 뚜렷한 직관에서 시작된다고 말한다. 그 직관은 애초부터 이념적이다. "분석은 우리가 대상을 보는 것처럼 구체적인 모습으로 형상화된다." 그리고 때로는 우리가 그 대상들을 우리 방식대로 형상화한다.

따라서 우리가 보고 싶어하는 방식과 거의 구별할 수 없다. 이것은 연구자에게 대단히 위험한 상황이라고 할 수 있다. 왜냐하면 그러한 방법은 결국 연구자들의 결론을 일반적인 의견으로 제한해버리는 경향이 있기 때문이다.[44]

그러나 학문의 원칙은 전형적으로 이념에서 나온 모든 잘못을 바로잡는다. 각기 다른 연구자는 제각각의 시각과 이념을 갖고 시작하며, 상반되는 결론은 서로 대립되는 문제를 해결할 수가 있다. 학문의 원칙은 바로 이러한 결과를 "자동적으로 이끌어내는 데 있으며 연구자의 욕구와는 상관없는 문제다. 그래서 의심할 필요 없이 확실하다고 입증할 만 것이 거의 없는 경제학에서, 일정한 원칙 때문에 특정 이념을 몰아낸다거나, 또는 고의적인 부정 행위를 막을 수 없는 노릇이다. 연구자는 그러한 겉과 속이 다른 이중성을 염두에 두지 않은 채 문제가 되는 증거를 덮어버릴 수도 있다. "자신의 이상을 위해 사람이 가장 먼저 하는 것이 거짓말이다."[45]

『경제 분석의 역사』 후반부에서 슘페터는 19세기에 널리 퍼져 있던 경제 분석법에 자신의 "비전"을 적용했다. 그는 스미스를 시작으로 고전경제학자들이 미래에 실현되리라 생각한 조건과 현 상황을 설명하려고 "정체 상태stationary state"라는 용어를 썼다는 점에 주목했다. 그들의 비전은 경제 분석의 발전에 있어서 정말 장애물이 되었다. 왜냐면 고전경제학자들의 논의에는 변화 과정에 대한 설명이 전혀 없었다. 슘페터는 변화 과정이 자본주의의 본질이라고 여겼다. 그리고 그 문제는 정체주의자의 논문으로 지금까지 이어지고 있다. 혁신의 시대는 이미 지나고 "성숙한" 자본주의가 가까이 왔다는 개념으로 말이다. 슘페터는 이 발상이 우스꽝스럽다고 생각했다.[46]

경제학자들이 어떻게 이런 잘못된 길을 따랐는지 설명하고자 그는 대략 1790년에서 1870년대 사이에 체계적인 경제 분석이 시작된 초창기를 다시 추적했다. 그 시기에는 경제 발전의 미래에 관한 중요한 세 가지 전망이 있었다. 첫 번째는 『인구론』의 저자인 맬서스, 리카도, 존 스튜어트 밀의 아버지인 제임스 밀 같은 "비관주의자들"이 제기한 전망이다. 비관주의자들은 인구 증가, 그로 인해 생겨난 농업 생산물의 감소에 따른 압박으로 경제성장은 제한될 수밖에 없다는 생각에만 몰두했다. 이 전제하에서 그들은 "산업에서 순이익은 떨어지고, 실제 임금은 더 나아질 수 없고, (절대적이든 상대적이든 간에) 토지 임대료는 증가할 수밖에 없다"고 생각했다.[47]

슘페터는 비관주의자들의 전망이 나타나게 된 것은 상상력의 결핍에서 시작되었다고 꼬집었다. 비관주의자들은 산업혁명이 경제적인 삶의 유형을 완전히 바꿔놓고 있다고 서술하고 있지만 그들은 경제를 오직 결핍과 빈곤의 측면으로만 봤던 것이다. "그들에게 정체 상태라는 것은 단지 분석 수단만이 아니라 미래에 일어날 현실"이었다. 여러 문제가 있지만 이러한 비전은 개인의 진취적인 창의성의 요소가 무엇인지 설명하지 못한다. 다시 말해서 슘페터가 늘 강조해왔던 중요한 기업가정신과 창조적 파괴라는 이론에 결코 미치지 못했다.[48]

두 번째 전망은 19세기 초에 나타난 것으로 경제에 대한 낙관적인 경향이었다. 이에 관해 슘페터가 든 최고의 사례는 국민주의 경제학의 토대를 완성한 미국의 경제학자 헨리 케어리와 보호무역을 옹호한 독일의 프리드리히 리스트다. 프랑스의 유명한 경제학자 장바티스트 세처럼 케어리와 리스트는 리카도를 비롯해 다른 비관주의 학자들이 그린 미래는 거짓임을 깨달았다. 대부분의 낙관론자들은 기술 분석을 그리 잘하는 편은 아니었다(단 경제학자 장 바티스트 세는 예외였다). 하지만 그들의 관점은 비관주의자들보다 훨씬 현실과 잘 맞아떨어졌다. 슘페터는 낙관주의자들의 예에서 한 쌍의 일반적인 원칙을 이끌어냈다. 우선 경제학적 관점의 정확성은 그것을 지닌 사람의 분석력과 언제나 비례하는 것은 아니다. 그리고 거의 모든 사물과 현상에 대한 비관주의론은 대개 낙관론보다 더 박식한 견해로 대중에 받아들여진다는 것이다.[49]

동시대의 또 다른 주요 전망은 마르크스라는 특출한 인물에서 나왔다. 수

많은 착오에도 불구하고, 마르크스는 다른 누구보다도 명확하게 자본주의의 역동성을 정확히 봤다. 슘페터의 관점에서 볼 때 그가 계급투쟁과 대중의 착취라는 문제에 깊이 빠져들지만 않았더라면, 그가 다른 분석가들에 끼친 영향은 더욱더 굉장했을 것이다.[50]

전통적인 경제학자들이 끊임없는 변화, 기업가정신 그리고 대기업의 진화가 경제 발전에 대단히 중요하고도 정당한 역할을 하고 있음을 목격하면서도 자신들의 시각을 수정하기 꺼려한 것은 쓰라린 결점이었다고 슘페터는 믿었다. 여러 측면에서 이런 생각은 심지어 오늘날까지도 주류 경제 이론에서 결점으로 남아 있다.[51]

『경제 분석의 역사』에서 슘페터가 제기한 기업가정신에 대한 폭넓은 논의는 학문적 경력이 시작되던 때부터 그를 매혹시킨 대표적인 주제였다. 슘페터가 판단하건대, 기업가라는 용어를 쓴 최초의 분석가는 아일랜드 출신의 프랑스 경제학자 리샤르 캉티용으로 기업이 실질적으로 미치는 영역에 대한 논문에서 언급되었다. 그러나 캉티용은 자신의 통찰력을 철저히 추구하지는 않았다. 그로부터 두 세대가 지난 뒤 애덤 스미스는 기업인은 "장의사, 휘하에 많은 하인을 거느린 주인이나 고용주, 상인들이라고 했다. 굳이 말한다면 스미스는 어떠한 기업도 제 스스로 움직이지 않는다는 사실을 부인하지 않았을 것이다. 그럼에도 불구하고 이는 정확하게 독자들이 그에게 받은 인상 전부다[참고로 애덤 스미스는 『국부론』에서 장의사의 행위를 순전한 인간의 이타심으로 보기보다는 이기심의 차원에서 접근하고 있다*]." 세는 자신의 주장을 일보 전진시켜 "자기 주장의 골자는 기업가정신의 기능이란 생산요소를 결합해 생산 조직으로 끌어들이는 일"이라고 말했다. 그러나 세는 일상적인 기업의 개념을 넘어선 정의를 내린 것 같지는 않다.[52]

리카도와 마르크스 둘 다 캉티용과 세의 통찰력을 따라잡지 못했다. 그러한 통찰력을 따라잡은 것은 존 스튜어트 밀이다. 그는 기업가라는 용어를 영국 경제학자들이 일반적으로 쓰도록 만들었다. 그리고 기업가적 기능을 분석함에 있어서, "감시superintendence"라는 말에서 "통제contro"라는 말로, 심지어 "지휘direction"라는 말까지 쓸 정도로 기업가의 의미를 부드럽게 만들었다. 그리고 기업가는 평범한 기술 이상을 필요로 한다는 것을 인정했다. 그러나 밀의 기업가에 대한 정의는 "관리administration"라는 의미 이상의 진전은 아니었다. 그리고 밀은 기업가를 불확실한 미래를 떠맡는 "위험 부담자risk-bearer"로서 "무작정 잘못된 길로 수레를 밀어대는 사람과 동일시했다. 그는 그러한 생각에서 벗어나지 못했다."[53]

21세기 경제학자들은 전통적으로 알아온 세 가지 생산요소(땅, 노동, 자본)에 기업가정신을 추가한다. 이는 슘페터가 자신의 논문에서 크게 다뤘기 때문이다. 그러나 여전히 많은 분석가는 이러한 생각을 폄하한다. 기업가정신은 추상적이라 측정하기 매우 어렵고 수치상으로 표현하기가 불가능하며, 이는 공식적인 모델에 쉽게 들어맞을 성질이 아니라고 여기기 때문이다. 슘페터가 지적했듯이 기업가의 소득은 "평등 지향적"이지 않다. 왜냐하면 그것은 영원한 소득이 아니기 때문이다. 대신에 소득은 개인 기업가가 어떤 중요한 방법으로 혁신을 일으킬 때 나타나며 혁신이 확산되면 사라진다. 그러나 임금은 일반적으로 경제성장에 중요한 역할을 한다.[54]

임금은 기업가를 부유하게 만든다. 왜냐면 "기업가의 수익은 실제로 독점적인 가격 결정과 늘 어떤 연결점이 있기 때문이다. 이러한 수익이 만들어내는 것이 무엇이든지 간에, 아주 짧은 기간이나마 경쟁자가 따라할 수 없어야만 한다." 가장 적절한 예는 신제품이나 브랜드의 출시다. 비록 일시적이라고는 하지만 성공적인 기업가가 써먹을 수 있는 수단이 있는데, 바로 특허 전략이다. 그렇게 해서 "기업가는 시장에서 자신의 독과점적 지위를 유지하고 경쟁 기업이 자기 위치에 가까이 오는 것을 더욱 어렵게 만들 수 있다."[55]

슘페터는『경제 분석의 역사』에서 그러한 전략을 구체적으로 기업가정신과 연결함으로써『경제 발전의 이론』을 썼을 때보다 그 관계를 잘 이해할 수 있게 되었다. 그는 기업가정신에 대해서 수차례 다뤘지만 정작 기업 전략에 대해서는 아무것도 말하지 않았다. 이러한 태도 변화상의 핵심은 기업사 연구로 이어져 유명한『경기순환론』이라는 책의 탄생을 보게 되었다는 점이다.

전략이라는 아이디어는 자본주의에 대한 경제적 사고상 도입이 상대적으로 늦었다. 왜냐하면 경제이론가들이 가설로 내놓는 기업의 단위가 중소 규모였기 때문이다. 이런 규모의 회사들은 다른 회사들의 행동은 물론, 전략이 아주 중요한 동종 업계 내에서조차 영향을 끼치지 못했다. 따라서 전략의 개념은 이러한 이론가들의 생각 속에 자리잡지 못했던 것이다. 슘페터의 이야기처럼 "대량 생산과 관련된 것에 관한 한 주식회사가 당면한 문제들은 사람들이 다 알고 나서야 경제학자들이 알게 되었다." 대부분의 이론가들은 서로 전략적으로 행동하는 큰 회사들의 복잡한 실체보다 완전경쟁의 모델을 연구하기를 좋아했다. 슘페터는 "우리는 이것을 '배제된 전략의 원칙Principle of Excluded Strategy'이라고 불러도 좋다"라고 제안한다.[56]

배제된 전략의 원칙은 케인스의 연구에서 특성이 확연하게 드러난다.『경제 분석의 역사』마지막 장인 「케인스와 현대 거시경제학」에서 슘페터는 케인스적 사고의 원천과 영향이 무엇인지를 분석한 끝에 1936년 이후 계속해서 그를 사로잡아왔던 망령을 몰아낸다.

슘페터는 케인스의 연구 작업의 중점 과제는 "영국의 노쇠한 자본주의에 대한 선先 분석적인 전망과 이에 대한 그의 직관적 진단에서 비롯되었다"고 주장했다(그는 다른 가능한 진단들에 대해서는 전혀 고려하지 않았다). 즉 케인스는 "풍부한 기회의 시대에 형성된 낡은 절약 습관이 계속되어, 활기를 되찾을 수 있는 모험성 투자가 줄어드는 동맥경화 형태의 경제에 대해서만 다뤘다." 케인스가 직접 목격했듯이 이러한 과정의 결과는 경기 침체로, 대공황 동안 세계

를 괴롭혔던 것과 정확히 같았다.[57]

슘페터는 계속해서 케인스의 근본적인 전망은 (1919년에 쓰인) 『평화의 경제적 귀결』 초반부에 분명하게 나타나고 있다고 언급한다. 또 『화폐개혁론Tract on Monetary Reform』(1923)과 『화폐론』(1930)에서는 더더욱 명백하게 드러난다. 그 가운데서 『화폐론』은 "케인스의 가장 야심찬 학문적인 모험이었다. 『화폐론』은 용어 사용에 관해서는 잘못이 없었다. 그러나 이 책은 경의의 대상이면서도 케인스의 명성을 훼손시킬 만한 비판도 받았다. 무엇보다도 케인스의 전망을 적절히 표현하는 데 실패했다."[58]

이러한 문제에 처하자, 케인스는 미래에 자신의 주장들을 약화시킬 수도 있는 모든 증거와 선별된 진술들을 지우기로 결정했다. 그는 "자신의 근본적인 생각만을 표현하고 그 외 다른 것들은 표현하지 않는 분석 체계를 구상하는 일에 노력을 기울였다." 이러한 작업의 가장 큰 성과라고 할 만한 책이 『일반 이론』으로 아마도 그를 완벽하게 만족시킨 책이다. 몹시 만족한 나머지 케인스는 이 책을 통해 150년 동안 오류에 빠졌던 경제학을 명백한 진실의 세계로 이끌어냈다고 느꼈다"(사실 케인스는 그의 사적인 편지에서뿐만 아니라 『일반 이론』에서도 동일한 이야기를 한다). 케인스의 많은 제자가 그의 견해에 공감했다. 그러나 슘페터를 포함한 비평가들은 이 책이 케인스의 이전 연구가 낳은 업적에 불신을 초래하는 망신거리라고 생각했다.[59]

1936년에 나온 뒤 몇 년 동안 『일반 이론』은 급진적인 평등주의를 자주 실천한 명단에 올려졌다. 슘페터는 이 결과가 모순적이라고 생각했다. 왜냐하면 케인스 자신은 "여러 면에서, 특히 기업의 자유와 관련된 점에서 대단히 보수적이었기 때문이다. 케인스가 실제로 쓴 내용은 큰 정부big government[사람들의 삶과 경제에 대해 많은 통제력과 영향력을 행사하는 정부*]를 열렬하게 지지한 제자들에게 종종 왜곡되었다. 그러나 우리가 이미 앞서 본 것처럼 케인스의 메시지가 끼친 영향력은 "일반 대중, 변두리 작가들뿐만 아니라 전문적인 분야의 최고 자리에 있는 많은 사람에게도 자본주의적 과정에 대한 새 견해를 드러내는 듯했다." 케인스의 학설은 젊은 이론가들에게 가장 많은 반응을 이끌어 냈다. 하지만 이런 논의를 오랫동안 접한 이들은 케인스의 생각에 반대했다.[60]

슘페터의 관점에서 볼 때 『일반 이론』은, 놀라운 분석을 경제공황 가운데 세계가 참패당하고 있는 틈을 이용해 시기적절하게 도입함으로써 감탄할 만한 책이 된 것이다. "리카도의 경우와 마찬가지로 그 이론은 어느 누구도 이러한 경제 분석에서 달성하지 못했을 격렬한 쟁점의 시기에, 사실이나 사실로 추정되는 타당성에 의해 묘미가 더해진 지적인 성과였다."[61]

슘페터는 케인스를 존경하고 부러워했다. 그리고 그를 학구적인 경제학자 이상으로 여겼다. "그는 원기왕성하고 불굴의 의지를 가진 여론의 선도자이며, 조국의 현명한 조언자였다." 그는 "특별한 과학적 업적에 일격을 가하지 않았더라도 역사의 한곳을 정복했을 것이다. 그는 여전히 동일한 통찰력에 용기가 부족한 사람들이 그리고 동일한 용기에 통찰력이 부족한 사람들이 침묵했을 때, 국제적인 명성을 얻고 있는 『평화의 경제적 귀결』을 썼을 사람이다."[62]

슘페터는 또다시 케인스를 리카도와 비교 분석했다. "그의 연구는 이른바 '리카도식 악덕'의 두드러진 예라고 할 수 있다. 다시 말해서 빈약한 기반 위에 현실적 결과들이라는 무거운 짐을 올려놓는 습관이다. 그것은 여전히 불공평하며 매력적이지도 설득력이 있지도 않았다. 그러나 이러한 모든 것은 항상 우리가 관심을 갖는 질문의 대답이 아니다. 즉 그의 메시지 속에서 사람들이 들으려고 하며, 왜, 어떻게라는 질문에 대답을 던진 게 아니라는 것이다." 이 마지막 논평이 바로 슘페터가 거대한 저술인 『경제 분석의 역사』를 쓰도록 이끈 일부분이라고 할 수 있다. 한 비평가는 이러한 책의 계획은 "야심찬 포부라는 차원에서 전례가 없는 일이다. 그러나 적어도 내가 볼 때 왜 슘페터나 아니면 다른 사람들이 이러한 규모의 책을 쓰고 싶어했는지 명확하게 말할 자신은 없다"고 시인했다.[63]

이 흥미로운 질문에 대한 답은 『경제 분석의 역사』에 있다. 엘리자베스가 서문에서 말한 것처럼 이 책은 슘페터가 관심을 갖고 있었던 철학, 사회학, 역사학, 이론 등 거의 모든 분야를 총집합시켜 실로 짜듯이 올올이 엮었다. 그다음에 그것들을 엄청나게 넓은 범위의 경제적 쟁점에 적용시켰다. 슘페터는 순수한 학자였고 자신의 호기심을 만족시키고자 책을 썼다. 학문에 대한 호기심은 책을 쓰는 데 가장 중요한 도움을 준 계기이기도 했다. 그러나 이 책은 구성면으로 볼 때 많은 것을 암시한 슘페터의 주장들로 가득차 있다. 예를 들어 그는 위대한 철학자인 아리스토텔레스, 플라톤, 토마스 아퀴나스 그리고 많은 다른 학자의 경제 사상에 대해서 논하고 있다. 경제에 대한 적절한 연구는 반드시 관련된 모든 학문 분야에서 도출되어야만 한다는 그의 주장을 다시 한번 강조한다. 그는 영국의 경제학자 조앤 로빈슨이 경제 이론을 유명한 도구 상자로 정의한 이론을 중요하게 생각했다. 그렇다면 도구들이란 무엇을 의미하는가? 결국 지적 자본의 형태가 아닌가? 슘페터는 많은 훌륭한 경제학자를 자본에 대한 이론, 즉 도구 상자를 잘 이용하거나 또는 잘못 이용하기도 한 학문의 기업가들로 묘사한다. 자본은 오랜 시간에 걸쳐 축적되는 것이다.

슘페터는 『경제 분석의 역사』를 통해 경제적 진보에 대한 추론을 비선형으로 나타낸다. 경제는 대부분 앞으로 나아가지만 어떤 것은 후퇴하기도 한다는 것이다. 의미심장한 많은 통찰력이 아무것도 아닌 무용지물이 되어버리고, 잊힌다. 가장 성공적인 진보는 예전의 산업혁명 같은 것이다. 더 구체적으로 말해 슘페터가 『경기순환론』에서 설명했던 증기기관, 철도, 전기, 회사, 신용 창조 같은 것들이다. 그리고 그가 초창기에 썼던 책들처럼 『경제 분석의 역사』는, 인간의 얼굴을 한 경제학을 추상적인 사고로 모은 소박하면서도 무익한 연대기라는 반석 위에 올려놓았다. 과연 누가 슘페터가 스펜서에게 "어리석다"고 한 표현을 잊을 수 있겠는가? 그리고 누가 스미스는 여성의 부재(결혼을 하지 않았음) 때문에 "문학과 같은 황홀한 매력과 삶의 열정"을 누릴 수 있다고 묘사한 것을 잊을 수 있겠는가? 이것뿐만이 아니다. 플라톤이 묘사한 완벽한 이상적 국가는 "한 화가가 비너스를 그리면서 시도한 과학적 해부보다 분석적이 아니다"라고 한 그의 언급을 어떻게 잊을 수 있겠는가?

『경제 분석의 역사』는 우리 시대의 많은 경제학 책이 실패하는 바로 그 측면에서 성공했다. 왜냐하면 이 책은 수학적으로 정연한 논리라는 제단^{祭壇}에 너저분한 인간성을 희생시켜 바쳤기 때문이다. 무엇보다도 슘페터의 『경제 분석의 역사』는 서사시적이며 분석적인 묘사가 주종을 이루는 책이다. 이 책은 시간 속에 묶여 난제를 해결하기 위해 발버둥치는 소설 속 인물 같은 실제 인간을 대상으로 한 책이다. 때로 문제들은 순수하고 지적이며 대중을 위한 정책을 대상으로 했다. 대개 문제들은 둘 다 포함된다. 하지만 슘페터가 이 책을 통해 무엇을 말하려고 했는지 그리고 실제 무엇을 했는지에 대해서는 책 앞부분에서 그가 제기한 믿기 어려울 정도의 간단한 질문으로 사실상 답했다. "경제학이 과연 어떻게 추론하는지"를 발견하기 위해서다.

『경제 분석의 역사』는 슘페터의 모든 책 가운데 가장 많이 검토되었으며 평론 대상이 되었다. 슘페터가 죽은 뒤 발간된 이 책 속의 긴 에세이들은, 관련된 비평들이 없었지만 대단한 찬사를 얻었다. 대표적인 학자는 슘페터와 동시대의 인물로 그의 기업가정신에 관심을 공유했던 유명한 경제학자인 시카고 대의 프랭크 나이트 교수였다. "이 책은 정말 방대하다. 진정 거대한 저서다!" 나이트처럼 이 책에 대해 평을 쓴 대부분의 비평가는 경제학 분야에서 최고를 달리는 학자들이었다.[64]

경제 학술지 『아메리칸 이코노믹 리뷰』에 17쪽 분량의 논평을 쓴 캐나다 출신의 미국 경제학자 제이컵 바이너는 다음과 같이 경외심을 표했다.

독일, 프랑스, 영국 문헌은 물론이고, 고대 그리스어, 고전 라틴어, 중세 라

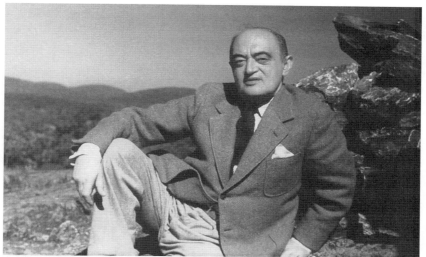

위쪽_ 1947년 코네티컷에 있는 가장 높은 곳 가운데 하나인 리가 산 타코닉 근교에서의 슘페터의 모습. 이때 그는 『경제 분석의 역사』 집필에 매달려 있었다. 이 당시에 쓴 슘페터의 일기에는 그가 새로운 마음의 평화를 느끼고 있었다는 내용이 자주 언급된다. 그러나 때로 "기쁨이 없는 평화"라고 묘사하기도 했다.

아래쪽_ 1948년 윈디힐에서 손님과 같이하고 있는 모습. 이곳에서 슘페터는 『경제 분석의 역사』 대부분을 썼다. 왼쪽이 그의 아내 엘리자베스다. 슘페터 부부는 애완견 아이리시 세터(레드 세터라고도 함)를 몹시 좋아했다. 개가 조그마한 강아지였을 때 슘페터는 수컷인 줄 잘못 알아 피터라는 남자 이름을 지어줬다. 암컷인 줄 알게 되었지만 그대로 피터라고 불렀다.

하버드대 경영대학원 내 베이커 도서관의 모습. 여기에서 슘페터는 『경제 분석의 역사』에 관한 연구를 하면서 많은 시간을 보냈다. 이 도서관 안에 있는 작은 크레스 도서관은 건물 2층에 있다.

틴어, 스페인어, 스웨덴어, 네덜란드어로 된 자료들은 모두 원문에서 가져온 것이다. 가장 중요한 점은 이 책은 독창적이고 힘이 넘쳐흐르는 다재다능한 이론가인 경제학자가 자신이 주도해 쓴 거대한 규모의 이론사라는 것이다. 내 생각에 경제학이라는 학문의 저술 분야라는 공간에서 이에 비길 만한 성과는 다른 어디에서도 찾을 수 없었다. 이제 단 한 사람을 찾을 수 있다. 그는 뛰어난 이론가이자 겸손한 학자다. 슘페터는 여러 분석으로 큰 업적을 남긴 많은 경제학자 가운데 가히 최고의 경제학자라 할 만하다.[65]

훗날 노벨경제학상을 수상한 세 학자도 나름의 방식으로 슘페터를 높이 평가했다. 사이먼 쿠즈네츠(1971년 수상): "이것은 거대하고 웅장한 책이다." 조지 스티글러(1982년 수상): "사악한 동기를 갖고 이론을 만든 저자들을 설명하고 평가하는 데 담긴 슘페터의 경멸은 훌륭하다. 결혼 상태에 있던 정부의 정책과 진정한 분석 사이를 분리시키려고 했던 슘페터의 시도야말로 지적인 기사도 정신이라고 할 수 있다." 프리드리히 폰 하이에크(1974년 수상): "어느 누구도 젊은 세대의 경제학자들보다는 이 책에서 이득을 얻을 수 없을 것이다. 만약 그들이 단지 경제학자가 되는 것뿐만 아니라 이 복잡한 세상에서 그들의 전문적 지식을 유능하게 쓸 교양 있는 사람이 되고자 한다면, 그들이 무엇을 알아야 하는지 보여주는 것으로 이 책보다 적합한 것은 없다."[66]

『경제 분석의 역사』에 대해 가장 통찰력 있는 보고서 가운데 두 편은 옥스퍼드대의 G. B. 리처드슨과 런던정경대의 리오넬 로빈스에 의해서 작성되었다. 두 교수는 슘페터와 케인스를 비교하는 보고서를 썼다. 리처드슨은 『경제 분석의 역사』를 "지난 반세기에 걸쳐 출판된 경제학 책 가운데서 가장 중요한 책 중 하나"로 결론지으면서, 슘페터는 "갈피를 못 잡고 어리둥절하게 만드는 반박을 통해 놀랄 만한 천재적인 능력을 보여준다"고도 말했다. 그는 또한 "그의 인격이 모든 쪽에 나타나는데, 이 때문에 책에 생기가 넘쳐흐른다"고 지적하면서 슘페터를 높이 평가했다.

> (보고서의 목적 가운데) 하나는 분명히 케인스와 비교하기 위한 시도다. 명석
> 함, 권위, 민첩함과 마음의 유연함, 유머 감각은 두 사람 모두의 공통점인
> 것 같다. 두 사람 모두 부르주아의 미덕에 반대하는 것으로 보이며, 공리주
> 의에 대해서 개인적으로 강한 혐오감을 갖고 있다. 하지만 다른 면에 있어
> 서 두 사람은 근본적으로 아주 다르다. 내가 생각해보건대, 경제학 분야에
> 서만큼은 슘페터는 케인스보다 적어도 우수한 학자였다. 어떤 사람들에게
> 는 슘페터의 삶[경제*]에 대한 전망은 공간과 시간에 덜 제약을 받았으며 더
> 심오하게 보였을지도 모른다. 슘페터의 삶의 전망이 케인스보다 비관적이었
> 다면 그의 저술은 더 체계적이고 완전무결했을 것이다. 슘페터와 케인스가
> 서로 다른 점은 대개 국적의 차이에서 나온다. 케인스는 확실하게 의심할
> 여지가 없는 영국인이었고 영국의 경험철학을 이어받은 직손이었다.[67]

학술지 『쿼털리 저널 오브 이코노믹스』의 머리기사로 나온 로빈스의 비평은
23쪽에 달한 분량으로 슘페터의 모든 경력이 담겨 있다. "그는 유럽의 총명하
고 교양 있는 사회 속에서 태어나 자랐다. (…) 그곳[빈*]은 이론경제학의 중심
지 가운데 하나다. 어린 시절 그는 넓은 세계를 여행하고 여러 곳에서 공부했
다. 어디서나 수많은 근대 경제 분석 연구의 선구자들과 개인적으로 접촉했
다." 이렇게 해서 슘페터는 "마음에서부터 이론이 무엇인가"를 알게 되었다.
"그는 권위가 높은 한 당국의 정책 책임자와 대화했고, 게다가 훌륭한 강사이
자 사람들의 이목을 끌고 즐겁게 하는 재능이 있는 쇼맨이었다. 우리의 전문
적인 경제학 분야에서 케인스라는 단 한 사람을 제외한다면 슘페터는 아마도
그 세대의 최고로 말을 잘하는 담론가였다." 리처드슨이 그의 평론에서 언급
한 내용을 되풀이하면서 로빈스는 슘페터가 영국 경제학에 대해 큰 불만을 보

였던 것은, 경제학의 접근 방식이 외골수에 가까운 규제와 느슨한 진보적 성격이라서였다고 언급한다. 슘페터의 세계관에는 "수많은 단절과 엄청난 격변들이 담겨 있다." 이러한 색다른 차이점이 케인스의 연구에 대한 슘페터의 분석 비평에서만큼 생생하게 나타난 곳은 어디에도 없었다. 로빈스는 이어서 다음과 같이 썼다. "그 당시 케인스학파의 장황한 학설이 슘페터에게 거의 육체적으로까지 불쾌감을 주었던 것은 분명하다. 또 케인스의 학문적 관심에 대한 무관심, 앞서나간 경제학자들에 대한 기이하고도 부적절한 판단 그리고 앞서 나온 연구들에 대한 무지 등으로 종종 심각한 충격을 받은 것도 분명하다."[68]

1946년 케인스가 죽었다. 그때 슘페터는 그의 영국인 라이벌에 대해 통찰력이 담긴 두 글을 썼다. 하나는 『아메리칸 이코노믹 리뷰』에 그의 부고에 관해 쓴 긴 글이었다. 그러나 슘페터의 친구이자 동료 경제학자인 스미시스가 나중에 썼듯이 "슘페터는 모든 찬사 속에서도 경제 분석 기술의 주요한 진전에 대해서만큼은 케인스를 믿지 않았다. (…) 사실 케인스가 자신의 이론으로 문명화된 보수주의를 향해 노력했을 수도 있다는 내용의 양보나 타협의 암시는 전혀 없었다."[69]

스미시스는 계속해서 케인스 이론에 대한 슘페터의 주요 반론은 "케인스는 자신의 견해에 있어서 마르크스 다음으로 반자본주의적 성향이 화려하게 꽃핀 지적 토양에 자라났다"는 것이다. 슘페터의 관점에서 볼 때 케인스가 가진 최악의 결함은 "그는 반자본주의적 성향이 있어서 스스로 반자본주의쪽으로 가는 것이 아니라 그런 성향이 없는 사람이 반자본주의 방향으로 가는 게 지적으로 바람직하며 존경스러운 일이라고 사람들을 부추겼다"는 점이었다. 1930년대 케인스의 논문은 공공지출만을 늘리면 만사형통이라는 생각으로, 터무니 있고 없고를 떠나 지출만 장려하는 듯했다. 정치가의 마음속에 심어진 매우 위험한 생각 그리고 케인스의 이러한 단기정책의 선입견 속에는 장기정책을 위해서 이러한 단기정책을 보호해야 한다는 전제가 담겨 있는 것으로 보인다. "슘페터가 이에 항의한 것은 결코 놀라운 일이 아니다. 단기정책이 정치적 견해의 흐름에 따른 것이 아니라 일반적인 개념에 따른 것이라 할지라도 슘페터의 관점에서 볼 때는 반자본주의적이 될 수 있다. (…) 단기정책이 야기한 불공정은 자본주의가 이룰 수 있는 생활수준의 향상을 위해 대중이 희생을 치러야 할 대가다."[70]

스미시스의 말이 옳았다. 그것이 문제의 요점이었다. 슘페터는 자본주의가 만들어낸 과실을 불균형적으로 나누는 것을 아주 유감스럽게 생각했다. 그러나 그것은 어쩌면 모든 사람은 결국 죽는다는 문제를 애통해하는 것과 같다. 그는 장기적인 관점에서 단순히 자본주의의 효율성을 위한 불가피한 정책만을 생각했다. 슘페터가 1946년 브리태니커 백과사전에 썼듯이, 경제적 사고에 대해 대중이 저지르는 가장 흔한 오류 가운데 하나는 "소수의 부자가 있기 때문에 대다수의 사람이 가난하다는 믿음이다." 그는 이러한 믿음이 거의 전적으로 단기적 관측에서 비롯되었다고 생각했다. 장기적인 관점은 고사하고 중기적인 관점에서 개인의 번영이 아래위로 엄청나게 변화하는 것을 놓쳤다고 생각한 것이다. 그리고 이는 부분적으로 부자의 투자에 의존하는 기업가적인 혁신으로부터 얻을 만한 광범위한 이익을 무시한 것이라 봤다.[71]

스미시스의 말은 계속 이어진다. "케인스의 영향은 정부가 단기적인 관점을 가지고 정책을 진행시키도록 장려했을 뿐만 아니라 단기적인 면에서 볼 때 정부가 중요한 전통적인 규제에서 벗어나도록 도와줬다는 것이다." 케인스는 경솔하게도 무모한 적자재정지출, 거대한 국채 및 낮은 비율의 저축 등을 야기하는 잘못된 이론적 근거를 제공했다. 케인스는 정부가 항상 합리적으로 행동할 수 있으며 전체 국민의 이익을 위해 행동할 것이라는 믿음을 지닌 것처럼 생각했다. "슘페터는 이런 모든 것이 어린아이처럼 몹시 순진한 것이라고 느꼈음에 틀림없다. 그는 또한 케인스주의를 상황에 따라 원래대로 되돌릴 수 있다고 생각하는 것 역시 어리석고 안일한 생각이라 봤다. 도식적으로만 볼 때 케인스의『일반 이론』은 디플레이션뿐만 아니라 인플레이션의 치료법을 제공했다. 그러나 정치적인 해법을 제공했는지는 더욱 의심스럽다." 즉 정부는 경기순환에 있어서 하강 국면의 대응책으로 세금을 내리고 소비를 진작시킬 수 있다. 이러한 조치는 변함없이 유권자에게 인기가 좋다. 그러나 하강 국면이 해결되어 그런 정책을 쓸 이유가 사라졌을 때 정치가들이 다시 세금을 올리고 소비를 억제하는 반전을 꾀하는 것은 유권자들의 불만 때문에 불가능하다는 것을 발견하게 된다. 다시 말해서 과열된 경기를 냉각시켜 재정 적자를 줄이고자 세금을 높이고 소비를 줄이도록 만드는 노력은 커다란 벽에 부딪치게 된다는 것이다. 이런 면에서 볼 때, 정치·경제에 기여한 슘페터의 공헌 가운데 중요한 지점이 하나 있다. 그는 "케인스가 국가의 기능에 대한 개념이 잘못되었음을 입증하는 것이 아니다. 효율적인 정부의 정책상 활동 방식이 케인스가 상상하고 싶지 않은 것보다 고통스럽고 어려움을 보여줬다는 것이다."[72]

슘페터는 케인스에 대한 학문적 분석보다 비평을 훨씬 많이 다뤘다. 두 사람은 정확히 동시대인으로 모두 1883년에 태어났다. 하지만 그들이 각기 달리 살아온 삶의 영향은 자본주의를 향한 완전히 다른 시각으로 나타났다. 그리고 두 사람이 지닌 통찰력의 구조에서 볼 때도 더 이상 관련이 없었다.[73]

케인스는 영국 상위 중산층의 울타리라는 보호막 안에서 자랐다. 가정의 안정은 그의 삶의 중요한 기조였다. 그는 어떠한 것에도 불안을 느낄 이유가 없었다. 아버지 존 네빌 케인스는 케임브리지대에서 오랫동안 존경받아온 경제학자이자 지체 높은 공무원이었다. 어머니 역시 케임브리지 시장으로 근무할 정도로 인텔리였다. 그의 형은 영국 최고의 외과의로 명성을 얻었다. 그는 명문 귀족학교로 유명한 이튼 칼리지와 케임브리지대를 다녔다. 두 학교에서 그의 동성애적 성향은 평범한 것으로 받아들여졌다. 그리고 케인스의 또 다른 지적 고향이라고 할 수 있는 블룸즈버리 그룹에서 저명한 여류소설가 버지니아 울프와 그녀의 남편 레너드, [영국 출신의 작가이자 비평가로, 전기『빅토리아 여왕』으로 제임스 테이트 블랙 기념상을 받았던*] 리턴 스트레이치를 비롯해서 [영국의 후기인상파 화가이며 디자이너로 야수파와 입체파의 영향을 받아 생생한 색조와 구도, 분석적 형태를 추구했던*] 화가 덩컨 그랜트, 버지니아 울프의 언니이자 장식가로 [오메가 공방의 책임자로 예술을 실생활에 응용하는 새로운 감각을 보여줬던*] 버네사 벨 그리고 [화가로서의 수업과 미술사 연구를 겸했으며 후기 인상파의 숭배자로 1910년 런던의 그라프턴 갤러리에서 열린 '마네와 후기 인상파전'을 조직한 것으로도 유명했던*] 예술비평가 로저 프라이와 버네사 벨의 남편이자 [미술비평가이자 철학자로 형식주의를 선호했던*] 클라이브 벨 같은 인사들과 교류했다. 그들 간에 동성애는 실제로 축하받는 일이었다. 그러나 이러한 동성애는 유럽의 오스트리아나 독일, 슘페터의 제2의 고향인 미국에서는 결코 있을 수 없는 일이었다.

케인스에 비해 슘페터에게 인생이란 저절로 즐길 수 있는 어떤 것이라고 생각할 처지는 아니었다. 한 사람은 안정과 부유함 그리고 수많은 전쟁 가운데 항상 승리하는 영국에서 자랐고, 다른 한 사람은 한때 화려했으나 비참하게 몰락한 합스부르크가인 오스트리아에서 젊음을 보냈다. 슘페터의 삶의 전망은 연속적으로 그에게 다가온 강풍으로 인해 연상되는 창조적 파괴 같은 자본주의에 대한 전망과도 닮았다고 할 수 있다.

그의 아버지가 세상을 떠났을 때인 네 살 때부터, 그에게는 어머니의 사랑과 그의 순발력 말고는 의존할 바 없는 상황이 또렷이 전개되었다. 인생 내내 곤경이 계속 연이어 다가왔다. 미국에서 엘리지베스와 결혼하기까지, 9곳의 도시, 5개국에서 살았다(오늘날에는 국경이 변해 7개국이 되었다). 그의 가족은 스물세 번 이사를 했다. 그래서 당연히 그의 전망이 스미스, 리카도, 밀 그리고 다른 영국 경제학자뿐만 아니라 한곳에만 머물러왔던 고정적인 성격의 케인스와 완전히 다르다는 것은 놀랄 일이 아니다. 그리고 그가 영국에 복합적인 감정이 있었던 것도 그리 놀랄 일은 아니다. 그는 영국의 정치체제를 존경했다. 그는 그 체제가 가져다주는 안락과 안전을 갈망했다(그의 첫 번째 아내는 상류계급의 영국 여자였다). 그러나 그는 다른 한편으로 영국인을 정체주의자와 편협한 사고자로 여기며 경멸에 가까운 감정을 가졌던 학자이기도 하다.

여느 경제학자와 달리 슘페터는 자신 스스로를 여러 번 다시 태어나게끔 해야 했다. 그의 저술도 마찬가지였다. 슘페터는 파괴적인 모든 사건을 겪은 자신의 경험을 경제학 측면에서 재창조 또는 재발견으로 바꿔보려고 노력했다. 여러 해를 걸친 그의 오랜 연구의 긴 아치arch는 그가 추구해온 끝없는 야망과도 같다는 것을 설명해준다. 슘페터는 사회과학의 역사에서 위대한 지적 혁신가였다.

『경제 분석의 역사』는 그 자체만으로 새뮤얼 존슨의 사전과 비견될 만큼 웅장한 책이며, 방대한 저술에다 일념으로 탄생한 믿을 수 없을 정도의 박식한 연구다. 그리고 슘페터의 헌신적인 아내 엘리자베스가 지닌 수단과 결단력, 책의 결실을 이룬 그녀의 불굴의 의지로 볼 때 슘페터는 운좋은 사람이었다고 할 수 있다.

제27장

불확정성의 원리

"발이 빠른 자라고 해서 경주에 이기는 것은 아니며, 강한 자라고 해서 전쟁에서 이기는 것도 아니다.
지혜로운 자라고 해서 음식이 생기는 것도 아니고, 슬기롭다고 해서 재물이 더해지는 것도 아니며,
재주가 있다고 해서 은총을 얻는 것도 아니다. 때와 기회는 모든 사람에게 찾아온다."
― 「전도서」 9장 11절

　　슈페터는 여러 이론을 경제학으로 끌어들여 합치는 데 선구적인 노력을 했다. 그러나 1940년도 중반에 그는 여전히 확정적이고 예측 가능한 과학이라는 의미에서 "정확한 경제학"의 해법을 찾고자 노력하고 있었다. 슈페터는 일기에 "PV"[예비 서적Preliminary Volume을 줄인 단어*]―그가 구상해둔 예비 서적에 쓰이는 이론과 어마어마한 양의 책 서문―에 대해 자주 언급했다. 그러나 그는 거기서 더 이상 진전하지 못했다. 당시 슈페터는 『경제 분석의 역사』를 쓰는 데 대부분의 시간을 보냈다. 그는 수학과 더불어 더 엄밀한 이론을 세우기 위한 발판으로 자신의 계획을 활용하려고 애썼다.

　　엘리자베스는 다음과 같이 회상했다.

　　슈페터는 발라의 체계가 통계경제학을 종합한 것과 같은 방법으로 언젠가

는 동태경제학으로 종합할 수 있는 이론을 머릿속에 그리고 있었다. 그러나 결국 슘페터는 『일반 이론』이 케인스주의 이론이 된 것처럼 계획을 바꿔 도입부를 다소 고쳤다. 슘페터는 최신의 이론 서적들(대부분 정기간행물)을 읽었고, 수학을 연구했으며, 방대한 분량의 노트를 정리했다. 이런 작업의 결과는 『경제 분석의 역사』 후반부, 특히 현대의 경제 발전을 요약한 부분에 잘 나타나 있다.[1]

슘페터가 『경기순환론』에서 정확한 경제학을 이루기 위한 노력에 실패한 뒤 사람들은 그가 이러한 탐구를 완전히 포기하리라 예상했을지 모른다. 그러나 그는 아직 포기할 준비가 되지 않았다. 그는 대학원생을 가르치는 일도 그만 두지 않았다. 1946년 슘페터는 하버드대 동료 교수인 W. J. 크룸과 공동으로 『경제학자와 통계학자를 위한 기초수학Rudimentary Mathematics for Economics and Statisticians』이라는 간단한 책을 냈다. 이 책에는 슘페터가 본 대학교에 교수로 있을 때부터 기울인 노력이 한데 압축되어 있다. 슘페터는 한 친구에게 "이 책은 경제학도를 걸음마 단계에서 벗어나도록 해주는 책"이라고 말했다.[2]

슘페터는 매일 미적분과 행렬대수 같은 고급 기법을 공부했다. 슘페터는 자본주의의 핵심으로 역동적인 변화를 꼽았으며 이를 담아낼 새 형식의 수학을 생각해내려고 노력했다. 1948년 초, 슘페터는 일기장에 의문 부호와 함께 "진화수학Evolutionary mathematics"이라는 게 과연 무엇일까?라는 질문을 던졌다. 그는 기존의 수학이 발라식 정태적 균형에 맞춰 행해졌다면, 진화수학은 자신의 체계에 맞춰 행해질 도구라고 생각했다. 그러나 슘페터가 의도했던 것과 같은 방식의 진화수학은 없었다. 그리고 당시 상황으로 볼 때 슘페터가 구상한 체계를 완전히 나타내기에는 상당히 무리였다. 슘페터는 자신이 수학에 별 재능이 없음을 알았다. 그러나 그는 계속해서 도전했고 즐겼다. 슘페터는 일기에 "수학에 어떤 다른 이점이 있든, 수학은 확실히 인간의 가장 순수한 기

뿜 가운데 하나다"라고 밝혔다.[3]

한편 슘페터는 계속해서『경제 분석의 역사』집필에 계속 매달렸다.『경제 분석의 역사』는 예측 불가능한 역사적 전환에 대한 내용의『경기순환론』과 『자본주의·사회주의·민주주의』가 연이어 출판된 뒤에 나온 것으로 슘페터는 새로운 지적 지평에 도달하게 되었다. 처음에 그는 이를 깨닫지 못했다. 슘페터는 여전히 확실한 예측력이 담긴 정확한 경제학을 위한 시도를 포기하지 않았다. 그러나 자신도 모르게 더욱더 불확실한 특성을 지닌 사회학과 정치학 그리고 가장 중요한 역사학 등을 받아들이고 있었다. 수학은 여기에 포함되어 있지 않는 듯했다.[4]

1945년부터 1949년까지 슘페터는 많은 연설을 하고 논문을 자신의 방식대로 소개했다. 이때가 바로 슘페터가 비유적 표현, 예를 들어 양서류국가, 중간 지점 그리고 산소텐트에 기댄 자본주의 같은 비유적 표현을 사용하면서 혼합경제에 대한 실용적인 이해를 향해 나아가고 있던 시기였다. 그러나 슘페터는 새로운 다른 연구에서는 좀 더 학자적인 측면에서, 사람들이 어떻게, 왜 지금과 같이 생각하는지 탐구하는 자세로 저술활동을 해나갔다. 그는 이러한 질문은 경제학 자체를 넘어 역사학이나 "경제사회학" 같은 학문 분야라고 믿었다.

슘페터는 1948년『공산당선언』출판 100주년을 맞아 쓴 에세이에서『공산당선언』에서 언급한 경제사회학은 경제적 적합성 여부를 떠나 훨씬 중요하다고 주장했다.『공산당선언』에서 마르크스와 엥겔스는 경제적 쟁점이 사회구조와 문화를 바꾸는 유일한 요인이라고 지적했다. 그 당시 마르크스는 이렇게 적었다. "나는 경제학자가 전혀 아니었다. 경제학자가 된 것은 1850년대에 들어서다." 마르크스가 그의 책『자본론』과 그 뒤에 나온 많은 책에 도입했던 "사회적 전망social vision"은 "『공산당선언』을 썼을 때 상당한 체계를 갖추고 있었다." 경제학 연구에 앞서 마르크스의 경제결정론에 대한 믿음은 확고했다.

다만 초기의 잘못된 전망으로 다른 오류가 많이 생겼다. 이 일련의 과정은 경제 분석의 사고 방식을 담고 있는 경제사회학의 좋은 예가 될 수 있었다.[5]

물론 역사가의 저술에도 사회학적 지식이 있다. 슘페터는 이미 쓰인 역사적 내용은 경제학에서와 마찬가지로 사실에 의존하면서도, 한편으로는 역사가 개인의 주관적 판단에도 의존한다는 것을 알게 되었다. "모든 연구자는 강조하는 바를 자신이 좋아하는 관점대로 쓸 것이다. 때로 관심 있는 주제에 주안점을 둘 것이다. 다른 측면에서와 마찬가지로 경제학 이론에서도 더 이상 타협할 수 없는 개인적으로 고유한 방정식이 있다. 다시 말해서 결코 타협할 수 없는 개인적인 관점의 차이가 있기 마련이다. 예를 들어 사람들은 아우스터리츠 전투the battle of Austerlitz[1805년 12월 2일 나폴레옹 1세가 지휘하는 프랑스군이 제정러시아 황제 알렉산드르 1세와 오스트리아 황제 프란츠 2세의 연합군을 빈 북방 아우스터리츠에서 격파한 전투*]의 대승리가 나폴레옹에 의한 것인지, 사회체제 때문인지, 아니면 프랑스에 의한 것인지, 아니면 군사혁명으로 인한 군대와 기술 때문인지 항상 다른 의견을 가질 것이다. 그렇다고 해서 역사학자들의 주관적 견해 때문에 역사적 주제에 대한 과학적 분석이 불가능한 것은 결코 아니다."[6]

슘페터는 이러한 내용을 담은 논문의 제목을 「기업가정신 연구 계획의 견해Comments of a Plan for the Study of Entrepreneurship」로 지었다. 슘페터는 1946년에 기업가정신을 연구하고자 하버드대에 연구센터 설립을 제안했던 슘페터의 친구이자 경제사학자인 아서 콜의 요청으로 이 논문을 썼다. 콜은 당연히 기업가정신 연구에서 세계적으로 일류라고 할 슘페터 교수가 저자로 포함되기를 희망했다. 슘페터는 콜이 기업가역사연구센터를 설립하기 위한 기금을 조성하기 위해 록펠러재단을 설득하는 일을 도왔다. 이 연구센터는 하버드대에서 1948년부터 1958년까지 활발하게 운영되었다. 슘페터는 자신의 연구에 몰두하느라 한 번도 이 연구센터의 활동을 이끌어나가지는 못했다. 그러나 콜은

왼쪽_ 경제사학자로 기업가를 연구한 아서 콜 교수의 1930년대 모습. 콜 교수는 경제학부에서 강의하다가 하버드대 경영대학원으로 옮겨왔다. 이곳에서 교수와 도서관 사서로 일하면서 베이커 도서관을 기업 연구에 있어 세계 최고의 도서관으로 만들었다. 또 끊임없이 로비를 벌여 기업가역사연구센터를 세웠다.

아래쪽_ 슘페터가 기업가역사연구센터에 있는 동료들에게 경제사에 관해 쓴 논문 가운데 한 편을 내고 있다.

훗날 "슘페터의 열의와 도움이 없었더라면 연구센터는 설립되기도 전에 없어졌을 것"이라고 썼다. 슘페터는 초창기에 개최되었던 이 연구센터의 회의에 참석했고, 매우 파격적인 논문들을 발표했다.[7]

슘페터는 「기업가정신 연구 계획의 견해」에서 도전적인 가설 두 가지를 설정했다. 첫째는 역사학자의 연구가 경제학에 이데올로기적인 영향력을 끼치는 중요한 부분으로 작용할 수 있다는 것이다. 둘째는 이러한 역사 연구가 경제 모델과 폭넓은 경제 이론을 세우기에 앞서 이뤄져야 한다는 것이다. 슘페터는 센터 내 한 팀의 학자들에게 "엄선해서 분석한 역사적 사례"를 시리즈로 준비해보라고 제안했다. 그러면 각 사례는 표준이 될 만한 질문의 기준이 될 것이다. 그리고 이 질문에 대한 답은 이론가들에게 전략적인 가설을 제시할 것이며, 경제 분석에서 골칫거리인 "조작적인 구호를 추방하는" 데에도 도움을 줄 것이다. 이러한 방식은 연구자가 분석할 문제를 정하는 데 도우미가 되어 자신의 이데올로기에 대한 대체물을 생각해낼 수 있다. 그렇게 함으로써 연구자는 비인간적인 역사의 힘과 인간의 힘 사이의 균형을 설명할 수 있을 것이다.[8]

슘페터는 이렇게 썼다. "표준적인 질문 목록은 다시 하나의 질문으로 요약될 것이다. 즉 모든 국가, 시간, 산업 그리고 가능한 주요 관심사 등이 이에 해당된다." 어떻게 그리고 왜를 결정짓는 행동은 무엇인지 그리고 이러한 행동으로 야기되는 효과는 무엇인지에 대한 관심사란 것이다. 손안에 충분한 비교 자료가 있으면 이론가들은 "경제적 변화 그리고 그로 인한 기업가정신에 대해서 과학적으로 믿을 만한 명제를 도출할 여건을 마련할 수 있다."[9]

슘페터가 설명한 이런 식의 비교 연구는 하버드대에 새로 들어선 기업가역사연구센터의 천재적인 젊은 학자들도 따라했다. 유능한 학자 가운데 대표적인 인물로 앨프리드 챈들러를 꼽을 수 있다. 챈들러는 그의 선구적인 책과 논문들을 통해 슘페터가 『경기순환론』에서 예시했던 방식으로 현대 산업사 분야를 새롭게 개척했다. 1946년 슘페터는 그의 에세이에 만약 그가 생각하고 있는 종류의 역사 연구들이 성공적으로 수행된다면, 이는 경제학자들의 연구 활동에 큰 도움을 줄 것이라고 적었다. 그리고 챈들러와 그의 동료 기업사가들은 결국 이러한 작업을 성공적으로 이뤄냈다.[10]

슘페터는 또한 「기업가정신 연구 계획의 견해」에서 그가 이미 『경기순환론』에서 언급했던 소위 기업행동에서 "적응적adaptive" 대응과 "창조적creative" 대응 사이의 중대한 구분을 더욱더 확실하게 했다. 슘페터는 만약 경제, 산업, 기업이 단순히 기존 관행에 대한 적응만으로 환경의 중대한 변화에 대응한다면 "우리는 이를 '적응적 대응'이라고 칭할 수 있을 것이다. 그리고 경제나 산업, 일부 기업이 기존 관행의 범위 밖에서 무엇인가를 한다면 우리는 그것을 '창조적 대응'이라고 칭할 수 있을 것이다."[11]

절대 예측이 불가하고, 불확정한 면이 있는 창조적 대응은 한 국가, 산업, 기업에 있어서 장기적인 결과를 얻게 된다. 창조적 대응은 흔히 특정 개인의 리더십에 달려 있다. 슘페터는 창조적 대응이 사회적·경제적 상황을 개선시킨다고 주장했다. 또 창조적 대응은 이런 대응이 없다면 절대 이룩할 수 없는 새로운 환경을 만든다. "이러한 이유 때문에 창조적 대응은 역사의 진보에 필수적인 요소라고 할 수 있다. 이에 반하는 결정론적 신조는 도움이 되지 못한다."[12]

슘페터는 그의 많은 논문이 단지 추론과 추측에 불과하다는 말로 이 논문의 말미를 장식했다. "우리는 이론을 실효성 있게 일반화할 만큼 충분한 지식이 없으며, 수립할 일반화가 있는지의 여부도 확실히 알지 못한다. 현 상황으로 볼 때 대부분의 경제학자는 이에 대해 단편적인 견해만을 갖고 있을 뿐이다. 그리고 이는 굳건한 사실이기보다는 예측이거나 이상에 더 가까운 것이 사실이다. 다시 말해서 우리에게 주목받는 빗나간 사례들을 통해 증명하려는 우리 습관 자체가 신중한 연구를 형편없게 만드는 것이다." 다행히도 이 연구에는 필요한 자료가 많았다. 그리고 "규모가 크고 수익성이 좋은 일이 그것을 떠맡을 한 연구자, 또는 한 집단의 연구자들을 기다리고 있었다." 슘페터는 "모든 학문적 직업이야말로, 공공경제학의 중요한 부분을 이루는 많은 조작적 구호에 정확성을 가져다주는 시민적 의무감"이라고 믿었다.[13]

슘페터는 기업가역사연구센터에 낸 논문들을 통해 역사는 일종의 지적인 화해를 가져다주는 중요한 화두가 될 수 있다고 했다. 다시 말해서 이론이나 통계에서 표현할 수 있는 정확한 경제학 그리고 확실한 이론이나 통계 측정치도 아닌 학문의 다른 측면과 지적인 조화를 이끌어낼 수 있다고 주장했던 것이다. 슘페터는 "개인적으로 나는 역사 분석과 이론 분석 사이에 끊임없이 주고받는 연구가 이루어졌다고 믿는다. 그리고 의문에 대한 각기 다른 주관적인 연구 때문에 당분간 한쪽 방향으로만 항해할 필요가 있었는지도 모른다. 그러나 원론적인 것은 역사 분석과 이론 분석은 서로를 잊어서는 결코 안 된다는 것이다"라고 쓰기도 했다. 서술 기법, 숫자 그리고 이론을 잘 종합시킬 때, 비로소 이 세 가지가 개별적으로 있을 때 막강한 힘을 나타낼 수 있다. 여기서 이론이란 각색된 이론을 뜻한다. 그러나 진정한 이야기와 통계 자료가 뒷받침되지 못한다면 각색된 이론은 영향력을 잃게 된다. 슘페터는 그가 평소에 자주 언급했으며 학문 세계에서 오늘날까지도 반향을 불러일으키는 문장으로 논문을 마무리했다. "경제사가와 경제이론가들은 중요하고 사회적으로 가치 있는 여행을 떠날 수 있다. 그들이 이러한 일을 실천할 의지가 있다면 말이다."[14]

슘페터는 역사를 연구하면서 경제 이론의 수정 가능성이 크다는 사실과 더불어 그가 "불확정성의 원리principle of indeterminateness"라고 말하는 것을 두 번째 중요한 요소로 봤다. 슘페터는 불확정성의 원리를 마르크스가 주장한 경제결정론, 케인스의 『일반 이론』에서 발견한 어디서나 폭넓게 적용되는 금융 대책과 비교했다. 슘페터는 시간과 기회가 대부분의 경제학적 예측을 위험하게 하고 모든 결정론을 헛되게 한다는 결론을 얻었다. 자본주의경제에서 시간이란 내생적 경제개혁의 끊임없는 흐름을 드러낸다. 실제로 우리가 사는 세계에서 전쟁과 자연재해는 가장 정교한 예측을 방해한다. 이는 역사적으로 유럽 전체에 전례 없는 인플레이션을 일으킨 아메리카 대륙으로부터 스페인으로의 금은 유입 같은 다른 많은 사건에도 적용된다. 시간과 우연성 때문에 슘페터가 일컫는 "결정론적 신조deterministic credo"는 결코 제대로 적용될 수 없다.[15]

마찬가지로 슘페터가 기업가의 혁신에서 가장 중요하게 생각하고 있는 인간적으로 서로 다른 리더십도 불확정성의 원리에서 중요하다. 『경제 발전의 이론』에서 슘페터는 경제학의 카루소를 썼다. 그의 뛰어난 능력은 기업들뿐 아니라 심지어 국가들을 변화시켰다. 몇 년이 지난 뒤 그는 록펠러, 포드, 해밀턴, 글래드스턴 같은 기업과 정치 분야에서 핵심적인 지도자들이 경제학에서 대단히 중요한 위치를 차지한다고 강조했다.

1949년 슘페터는 권위 있는 월그린 강연에서 "인간적 요소와 우연적 요소: 불확정성의 원리The Personal Element and the Element of Chance: A Principle of Indeterminateness"라는 제목으로 전체 강의를 진행했다. 여기서 슘페터는 시간이야말로 경제학들이 직면하게 되는 문제로 오랫동안 피하고 싶었던 사항이라고 썼다.

> 탁월한 각 사람이 미칠 수 있는 영향력의 문제, 가장 뻔한 예상도 없이 거의 다뤄지지 않은 문제, 뛰어난 개인의 출현 자체가 과학적 일반화를 이뤄주지 않는다. 그렇기 때문에 우리는 영웅 숭배, 또는 불합리하게 무작정 반대를 외치지 말아야 한다. 무작위적으로 우연적 요소를 알고 미래를 예측하려는 우리 능력이 제한되어 있다는 사실을 깨달아야 한다. 이것이 "불확정성의 원리"가 의미하는 바다. 다소 다르게 표현하자면, 사회결정론은 그

것이 작동하지 않는 곳에서는 완전히 다른 비과학적인 신조 같은 것이다.[16]

드디어 정확한 경제학을 위한 슘페터의 탐색이 끝났다. 자신을 포함해 특히 마르크스, 케인스 같은 다른 경제학자와 계속해서 벌인 기나긴 전투가 마침내 끝난 것이다. 넓은 범위에서 볼 때 정확한 경제학은 절대 이뤄질 수 없다. 그러나 다른 원리, 특히 특정한 역사적 사실 같은 내용을 도움받아 끊임없이 발전해나갈 수는 있다. 벽을 향해 조약돌을 끊임없이 던져도 중간 이상은 가지 않는 것처럼 경제학도 "정확성"의 벽에 도달하는 것은 불가능하다. 다만 점점 더 가깝게 다가갈 수는 있다.

슘페터는 1948년 12월 30일 클리블랜드에서 열린 미국경제학회가 주관한 연례회의 연설에서 그가 벌인 지적 대결의 판정을 발표했다. 슘페터는 뛰어난 기교의 연주로 가득찬 자신의 삶에서 가장 훌륭한 공연 가운데 하나를 보여줬다. 이는 슘페터가 던지는 메시지가 담고 있는 위험 때문에 더욱 중요한 의미를 가진다. 그는 "과학과 이데올로기Science and Ideology"라는 주제로 연설하면서, 동료 교수들이 주관적인 편견에 대한 판단이 지나친 나머지 경제학을 바로 보지 못하고 있다며 그들의 무지를 힐난했다. 이러한 비난을 듣고 싶어하는 사람은 거의 없었다. 동료 학자들은 자신들을 힐난하는 슘페터에게 충동적으로 화를 냈다.

그러나 이런 상황 속에서도 청중은 연설자인 슘페터의 탁월한 능력과 주장이 현명하다는 것을 알았다. 그리고 다음 세대까지도 이 과학과 이데올로기는 "과학적" 주장이 얼마나 허구적인지의 여부와는 상관없이, 경제학을 포함한 모든 사회과학을 특징지을 핵심적인 사실을 뜻하는 유명한 표현이 되었다. 슘페터의 이 연설은 영어, 독일어, 이탈리아어, 일본어, 노르웨이어 그리고 그외 몇몇 나라의 언어로 번역되어 책으로 나왔다.

슘페터는 경제 분석에 있어서 "과학"의 결과물은 각 사상가가 처해 있는 사회적 상황에 크게 의존한다는 사실을 처음으로 언급한 학자인 마르크스에 대한 이야기로 연설을 시작했다. 마르크스는 "과학적 연구자의 사회적 위상이 현실을 바라보는 그들의 견해를 결정하는 요인이라고 믿었다. 더 나아가 그들이 보는 대상과 방법 등을 결정한다는 신념을 갖고 있었다"고 슘페터는 말했다. 이런 점에서 사회과학은 자연과학과는 근본적으로 다르다.

논리학, 수학, 물리학 등의 자연과학은 관찰자의 사회적 위치가 변해도 크게 달라지지 않고, 역사적 변화에도 불구하고 변하지 않는 경험들을 다룬다. 자본주의나 프롤레타리아에게나 떨어지는 돌은 같다. 사회과학은 이러한 자연과학의 장점을 공유하지 못한다. 모든 과학의 명제가 도전받을지도 모르는 상황에서, 경제이론가가 자신이 속한 계급을 뛰어넘을 추가적인 배경을 갖고 있지 못한 상황에서 그들의 연구 결과에 이의를 제기하는 것은 가능하다고 생각된다. 이처럼 글쓴이가 속한 계급적 입장에 대한 명시 없이 참과 거짓을 가리기 위한 공간은 없다고 해도 과언이 아니다.

대부분의 경제학자는 그들 자신이 이데올로기적 편견을 갖고 있다는 점을 강력하게 부인한다. 그들은 이데올로기적 편향이 피할 수 없는 저주와 같다는 사실과, 이것이 경제학 연구에 해가 된다는 사실을 인정하지 않으려고 한다. 깊은 확신에 빠져 있는 연구자들이 어떻게 진정한 본연의 모습을 볼 수 있으며, 그들의 입장을 수정하려고 하겠는가? 이러한 점 때문에 청중은 슘페터의 강연에 정말로 깊은 관심을 보였다.[17]

『경제 분석의 역사』에 나오는 핵심 구절을 인용하면서 슘페터는 첫 단계가 "관련 현상의 고정된 인식이야말로 과학 이전의 행동임을 아는 것이다. 이러한 첫 단계는 과학 연구를 하기 위해 우리 마음속에 무엇인가를 줄 수 있는 목적으로 수행되어야 한다. 다시 말해서 연구 대상에 대한 판단을 신중하게 해야 한다. 물론 그렇다고 이것 자체가 과학적이라고 할 수는 없다. (⋯) 이러한 인식과 과학 이전의 분석이 혼합된 형태를 우리는 연구자의 예시력, 또는 직관이라고 부를 수 있고 이는 선천적인 이데올로기라고 할 수 있다. 그리고 여기에는 개인의 사회적 위상도 좇을 수 있다는 상당한 환상도 포함되어 있다"고 말했다.[18]

다음 단계는 약간 더 복잡하다. 슘페터는 경제학자들이 "모델 구축model building"이라고 말하는 것을 좋아하며, 그 모델을 정당화하려 한다고 지적했다. 슘페터 자신은 이 용어가 매우 쓸모 있다고 믿었다. 그러나 그는 이에 대해 만약 "모델"이라는 용어가 아주 정확하게 정의되지 않는다면 문제가 될 수 있다고 덧붙였다. 경제학자들이 이야기하는 모델 구축은 채택된 사실을 다듬고 반대 증거가 있다는 사실을 인정한 다음에 이론적인 구조를 정하는 것이라기보다 특정한 사실들을 지속적으로 택하는 것이라는 게 슘페터의 지적이다. 이러한 방식으로 "사실적" 연구와 "이론적" 연구는 끊임없이 주고받는 관계 속에 놓이게 된다.[19]

그러나 사실적 연구와 이론적 연구 간의 구분은 연역적 사고 대 귀납적 사고 사이의 대결 구도 같은 성질의 차이를 단정하지 않는다. "교육자들"은 여전히 이러한 방식으로 차이를 묘사할지 모른다. 그러나 과학의 본질은 이 두 요소 사이를 끊임없이 왔다갔다하는 상호작용에 있다. 이를 통해 과학은 이데올로기적 편견을 제거하면서 한 단계 더 나아갈 수 있는 것이다. 사실과 가설들은 입증·논박되고, 혹은 아니다라고 할 가능성을 보여줄 수 있어야 한다. 이러한 방식으로 연구자는 이데올로기적 편견에서 벗어날 수 있으며, 이데올로기를 통제할 수 있다. 그러나 이데올로기의 문제는 여기서 끝나지 않는다. 왜냐하면 연구자가 갖는 본래의 시각은 연구자의 통제하에 놓여 있지 않기 때문이다.[20]

그러면 다음과 같은 질문이 나오게 된다. 즉 이는 진정한 사상가들의 이데올로기적 시선이 고쳐지지 않은 채 이제까지 얼마나 전해졌는가? 그리고 이러한 사상가들의 시선이 우리의 분석 과정을 방해하기 때문에 우리는 여전히 오류가 있는 지식을 갖게 된 것은 아닌가? 하는 것이다. 슘페터는 스미스, 마르크스, 케인스라는 세 사상가들의 시각에서 이데올로기적 편견을 찾음으로써 해답에 접근해나갔다. 이때까지 클리블랜드 연회장 안 청중의 이목은 슘페터의 모든 언사에 집중되어 있었다.[21]

슘페터는 이 3명의 훌륭한 경제학자 가운데 스미스의 이데올로기가 가장 해로움이 없다고 평했다. 공무원 집안에서 태어난 스미스 자신 또한 공무원이자 교수였다. 그래서 그의 사상은 교수와 공무원이라는 두 집단이 공통적으로 지닌 선입견을 조명하고 있다. 지주계급과 자본가계급에 대한 그의 접근 방식은 외부에서 바라보는 관찰자의 태도와 같았다. 이는 그가 지주를 불필요한 존재로 여기고 ('근면한 사람들'을 고용하는) 자본가들을 필요악으로 여긴다는 사실을 분명히 해줬다. 그래서 스미스의 분석은 사실적이고 견고하다. 그리고 자신이 가지고 있는 이데올로기의 영향으로부터 비교적 자유로울 수 있었다.[22]

마르크스는 서로 다른 장단점을 함께 안고 있다. 우선 장점은 "마르크스가 우리가 필요한 이데올로기를 발견했고, 그 특징을 이해하고 있는 학자였다는 것이다." 반면 "단점은 이상하게도 그 자신이 어느 정도 걱정했던 것처럼 이데올로기의 위험에 대해서는 완전히 몰랐다는 것이다. 다름 아닌 부르주아 경제학자들과 유토피아적 성향의 사회주의자들은 이러한 이데올로기의 희생양이 되었다." 마르크스는 프랑스 국경과 근접한 옛 독일 도시 트리어의 부유한 부르주아 집안에서 태어났다. 대단히 강렬한 감정을 지닌 마르크스는 "기존의 부르주아식 급진주의의 틀을 깬 새로운 부르주아 급진주의자였다. 마르크스의 사상은 독일철학을 바탕으로 하고 있었다. 그가 서른한 살이 되던 1840년대 말 당시만 해도 자신을 전문적인 경제학자로 생각하진 않았다." 슘페터는 "마르크스는 중요한 연구를 시작하기에 앞서 이미 자본주의적 과정에 대한 시각을 세워놓았으며, 그는 자신의 과학 연구를 고치기 위해서가 아니라 완성하려고 노력했다"고 말했다.[23]

사실 마르크스의 특별한 시각은 그가 궁리해낸 것이 아니다. 이것은 당시 파리의 급진주의자들에게 확산되어 있었다. 더 거슬러올라가면 18세기의 많은 작가에게서 찾을 수 있다. 이 시각은 착취라는 개념과 함께, 가진 자와 갖지 못한 자로 정의되는 계급 간 투쟁의 틀로 삶을 바라보는 매우 영향력 있는 것이었다. 이는 "갖지 못한 자 사이에서 빈곤과 고통이 계속해서 커지고 이로 인한 엄청난 폭동의 발생은 필연적인 것이라는 주장이다."[24]

이러한 주장 가운데 프롤레타리아계급의 고통이 점점 커진다는 시각은 마르크스가 살아 있는 동안에 전개되었던 역사를 통해 잘못된 예상임이 입증되었다. 그럼에도 불구하고 프롤레타리아계급은 이미 버림받은 마르크스의 주장에서 가장 핵심적인 곳까지 연관되어 있었다. 또 마르크스 이론의 가장 본질적인 부분과도 관련되어 있었다. 프롤레타리아계급은 마르크스 이론의 추종자들에게 호소력 있게 다가갔고, 열렬한 충성심을 불러일으켰다. 결국 마르크스의 저작은 분석을 넘어서 이념의 승리를 나타내게 되었다. 마르크스가 예측한 모든 결과물은 사회적인 신조로 바뀌었다. 이는 분석상에 아무 도움을 주지 못했다. 클리블랜드 연설의 청중은 대부분 마르크스주의자가 아니었다. 그래서 슘페터의 연설에 전적으로 동의했다.[25]

슘페터가 세 번째 학자로 케인스를 택했을 때의 상황은 마르크스를 논할 때와 달랐다. 슘페터는 케인스주의자가 대부분인 청중에게 케인스에 대한 비난으로 일관한다면 논리적으로 거센 공격을 당할 위험에 처할 수도 있다는 것을 알았다. 그러나 그는 이러한 두려움을 접고 그의 주장을 계속 펼쳐나갔다. 슘페터는 마르크스의 시각과 마찬가지로 케인스의 이데올로기적인 시각도 꽤 일찍부터 만들어진 것이라고 말했다. 서른일곱 살 되던 해에 케인스가 쓴 "『평화의 경제적 귀결』 도입부 몇 문장 속에 케인스주의가 만들어진 이유"의 흔적이 일부 나타나기 전만 해도, 그의 책에는 그의 사상이 확실하게 드러나지 않았다. 슘페터는 "『평화의 경제적 귀결』의 몇 문장이 현대의 경기 침체를 만든 요인"이라고 주장했다. 이 문장들은 케인스의 확고한 신념의 흔적을 보여주는 것으로 현대적 경영 제도가 영구적인 궁핍 상태로 향하고 있다고 설명했다. 가까운 미래에 자본가는 좋은 투자 기회를 제공할 수가 없게 된다. 금전적 이해관계 속에서 축적된 자본은 쓰이지 않을 것이다. 또 임금은 늘어나는 소비를 뒷받침하기에 충분하지 않을 것이라는 내용이 담겨 있었다. 따라서 정부의 부양책 없이는 자본주의 자체만으로는 경기 침체를 면할 수 없을 것이라는 게 케인스의 주장이다. 슘페터는 "이러한 케인스의 시각은 결코 사라지지 않았다"고 말했다. 케인스의 시각은 그의 많은 다른 논문에 재등장했다. 그러나 1936년 『일반 이론』이 나올 때까지만 해도 그의 주장에 대한 분석 작업이 이루어지지 않았다.[26]

바로 여기서 슘페터는 (케인스같이) 매우 영리한 이론가에 의해 경제학이 심각한 피해를 입을 것으로 믿는다면서, 점점 더 자신의 목소리를 높이기 시작했다. "그날 청중에게 호소해 얻은 승리는, 케인스가 1936년 『일반 이론』에서 완성한 것은 분석 작업이 아니라 이데올로기라는 점을 밝힌 것이다. 아마도 그 책 속에 숨어 있는 이데올로기가 나타났다면 그는 커다란 비난에 직면했을지도 모른다. (…) 케인스는 1914년까지 이론가들이 지닐 수 있는 최고의 기교가 있었으며, 계속 최고의 기교를 지닌 이론가로 각광받았다. 케인스는 그의 많은 추종자가 이데올로기적 요소를 전혀 간파하지 못하도록 하면서 그의 시각을 제시할 수 있었다."[27]

슘페터는 계속해서 모든 결과가 원리로서의 경제학을 매우 기이한 상태에 빠지게 했다고 말했다. "(케인스)의 경제 이론에서 수용할 만한 새로운 원리들

미국경제학회 연례회의에서 특유의 제스처를 지으면서 연설하고 있는 슘페터의 모습. 케인스를 비판하면서 경제 이론의 새로운 접근법을 제시한 이 연설은 슘페터 인생에 하나의 클라이맥스가 되었다.

은 없었다. '실업 균형unemployment equilibrium'에 대한 케인스주의식 이데올로기는 (…) 어떤 (현실이든 가정이든 간에) 사실들을 강조하는 일부 제한적인 가정 속에서만 구체화할 수 있다고 생각된다." 이처럼 케인스는 모든 것을 그가 생각하는 것에 꿰맞춰 다룰 수 있었으며, 자신이 생각한 방식 그대로 계속해서 추진할 수 있었다. 이는 케인스주의에 대한 논란을 기술과학의 수준으로까지 잠재울 수 있었다. 케인스의 메시지는 매우 강력했다. 그래서 그의 설득력에 의문을 제기하기 어려웠다. 더구나 대공황을 직접 겪은 사람들은 케인스의 경기 침체에 대한 전망에 더욱 공감하게 되었다. 또 대공황이라는 세계적인 경기 침체와 혼란을 겪으면서 대부분의 경제학자가 어느 정도는 케인스주의식 성향을 갖게 되었다.[28]

그러나 케인스주의의 거시경제학에 대한 경제학자들의 초점, 다시 말해서 거시경제학이 수학적 모델에 충실하며 국민소득 회계의 새로운 방법으로 쓸모 있는 것이라는 그들의 생각은, 밑바탕이 되는 시각에 대한 관심을 다른 데로 돌리도록 만들었다. 대공황의 발생이 경기 침체에 대한 케인스주의적 신념을 확고하게 만들었지만 이러한 대공황이 전례 없는 호황에 접어들면서 그의 신념은 점점 약해져갔다. 상당수의 경제학자는 여전히 케인스주의식 기술에 매력을 느끼고 있었다. 대부분의 경제학자들은 자신들이 케인스가 제시한 기존의 메시지에서 벗어났는지, 아니면 그 메시지를 잘못 해석하고 있는지 여부를 판단하기 어려운 지경에 놓여 있는 것처럼 보였다. 슘페터가 이전부터 자주 언급했던 것처럼, 이러한 상황에 놓인 대부분의 경제학자는 케인스의 정체주의와는 반대로 끊임없는 활력을 지닌 자본주의적 진화 과정의 핵심을 더 이상 생각하지 않게 되었다.[29]

이러한 지적은 슘페터의 강연을 듣던 청중에게는 매우 강한 말로 다가왔다. 슘페터는 더욱 위험한 물속으로 뛰어들었다. 그는 청중이 독과점, 대기업에 대한 그들의 생각을 주장하려고 자신들만의 이데올로기를 만든 점을 비난했다.

물론 순수한 의미의 독점에 대한 부정적인 태도는 당연시된다. 이러한 독점은 최소한 아리스토텔레스 시대까지 거슬러올라간다. 그러나 슘페터는 최근에 불거진 문제들은 독점에 대한 반대가 아니라 대기업에 대한 경제학자들의 단순한 반감에서 비롯되었다고 판단했다. 경제학자들은 이러한 대기업을 향한 반감을 독점과 동일시하는 잘못된 판단으로 그들의 주장을 정당화시키고 있다. "이러한 주장은 나의 판단과 어울리는 적합하고 가치 있는 판단이 아니다. 누군가가 현대 문명의 많은 특성을 좋아하지 않는 것처럼, 가장 큰 규모의 기업들을 좋아하지 않을지도 모른다. 그러나 이러한 사실에 대한 분석과 이러한 분석들이 나타내는 이데올로기적 영향력은 서로 다른 것이다. 이는 대기업을 향해 팽배해 있는 적대감의 일반화가 정밀한 검토를 거쳐서 이뤄진 것이 아님을 보여준다." 이러한 경제학자들이 보여주는 적대감의 증거 가운데 하나가 "무차별적인 '트러스트 해소indiscriminating trust-busting'를 여전히 지지하고 있다는 것이다. 또 흥미로운 점은 그들 가운데 특히 사기업 제도를 열렬하게 지지한 사람들이 대기업에 대해 특히 반감을 갖고 있다는 것이다."[30] 슘페터는 사회과학자라고 칭할 수 있는 집단의 이러한 태도가 무엇에 따라 만들어지는지 거의 알 수 없다고 고백했다. 그들은 문제를 잘 알아야만 한다. 그러나 "대기업이 이룩하는 성과가 무엇인지, 대기업의 등장이 왜 필연적인지에 대해서 어떠한 주장도 먹혀들어가지 않고 있다. 또 기존 구조를 파괴함으로써 생기는 사회비용에 대해서 그리고 (그들이 주장하는) 신성하고 순수한 경쟁이라는 속 빈 강정이란 허구에 대해서 아직 어떤 주장도 도움이 되지 못하고 있다."[31]

긴 연설의 후반부에 이르자 슘페터는 주제를 경제사로 돌렸다. 그리고 슘페터는 경제사야말로 어떤 경제학의 하위 분야보다도 이데올로기적 편견을 생생하게 드러내고 있다고 주장했다. 경제 발전에 대한 책과 논문들을 통해, 국가 경제를 다루고 사회를 변혁하는 데 적극적인 역할을 담당하는 활동가적 정부activist government의 효과성을 굳게 믿어온 학자들은, 건전한 성장을 이룩하기 위해서 공공정책의 역할이 무엇보다 중요하다고 강조한다. 이와 반대로 정부의 능력을 더 적게 보는 학자들은 항상 국가가 경제에 기여하는 바를 줄이려고 노력한다. 슘페터는 "하나의 집단으로서, 경제사학자들은 근대과학 이전 상태를 들먹이는 방식으로 정부 계획의 중요성에 대해서 체계적으로 다소 과장하거나 축소해서 말하는 경향이 있다"고 말했다.[32]

그러나 경제사학자들에게는 그들의 이데올로기가 분명하다는 특색이 있다. 경제학의 모든 분야에서는 신조로 굳어져버린 근대과학 이전의 시각을 찾아 볼 수 있다. 비록 슘페터가 연설중에 자기 자신을 직접적으로 언급한 부분은 없었다. 그러나 슘페터도 다른 모든 분석가와 마찬가지로 본인의 시각과 이에 따른 자신만의 이데올로기를 갖고 있다는 사실을 깨닫게 되었다. 이 이데올로기는 슘페터가 그의 책 속에서 자본주의의 동력을 설명하고 보호할 필요가 있다는 주장을 보여주는 증거였다.[33]

그렇다면 이뤄진 것은 무엇인가? 슘페터는 이뤄진 것은 아무것도 없다고 대답했다. 시간의 흐름, 다시 말해서 역사 자체는 이데올로기적 편견들을 주의 깊게 관찰할 것이다. 그리고 결국 오류를 고쳐나갈 것이다. 지적인 자유가 풍부하게 허용되는 한, 한 경제학자의 다소 편향된 시각은 다른 경제학자의 시각과 균형을 이룰 것이다. 이러한 방식으로 역사는 이데올로기에 취약한 역사학자를 곤경에서 벗어나게 해줄지 모른다. 이는 여전히 창조적 파괴의 또 다른 형태로 이루어질 것이다.

창조적 파괴는 사회유형이 변화하며, 그로 인해 경제 이데올로기가 쉽게 사그라진다는 사실에서 나온다. 뿐만 아니라 우리가 예지력이라고 부르는 근대과학 이전의 인식적 행위를 낳은 이데올로기와의 관계로부터 나오기도 한다. 이러한 행동은 사실인정fact finding과 분석을 유도하기 때문에, 또 검증 과정을 통과하지 못한 모든 것을 없애버리는 경향이 있기 때문에, 경제 이데올로기는 정체적인 사회에서조차 영구적으로 살아남을 수 없다. 그러나 이러한 사실 속에서 우리가 알 수 있는 것은 여전히 일부 이데올로기가 늘 우리와 함께 존재해왔으며, 앞으로도 그럴 것임을 믿어 의심치 않게 해준다는 사실이다.[34]

역설적이게도 슘페터는 이데올로기적 시각의 지속이 나쁜 것이 아니라 긍정적인 것이라고 결론지었다. 왜냐하면 어떠한 과학 분야에서도 학자에게 연구를 수행할 동기를 부여하는 시각이 없다면 새 출발 자체가 불가능하기 때문이다. "우리는 이러한 시각으로 과학적 노력을 위한 소재들을 얻을 수 있다.

또 학설을 세우고 이를 토대로 공격하고 방어할 무엇인가를 얻을 수 있다. 비록 이데올로기라는 장벽으로 인해 진보하는 것이 다소 느릴 수도 있다. 그러나 이데올로기 없이 우리는 전진할 수 없을 것이다."[35]

이러한 말로 강연을 마치자 청중은 일제히 일어나 슘페터에게 오랫동안 우레와 같은 기립 박수를 보냈다. 이는 그간 어떤 사안에 대해서도 만장일치의 지지를 보낸 적이 없던 전문 지식인 집단에 소속된 이들로부터 받은, 그야말로 진정한 마음에서 우러나오는 존경과 감사의 표현이었다. 그러나 이 지식인 집단은 슘페터가 자신들이 속한 분야에서 가장 박식한 자신들을 깊은 바다와 같은 일상적인 업무에 빠져 허우적거리는 사람들로 정의했다는 것을 눈치챘다. 그러나 그들이 예상했던 것과는 반대로 세상에 대해 느끼는 감정과 이데올로기 그리고 개인적인 시각이 어떤 가상의 궁극적 진실에 도달하는 데 장애물은 아니었다. 이는 정당한 것이며, 그들 자신의 인간 본성에 쓸모 있는 요소다. 청중은 모두 그들 자신의 영혼을 들여다봐야 했다. 그리고 각자가 왜 특별한 주제를 연구하게 되었는지 물어봐야 했다. 또 어떤 종류의 예상이 그들을 과학적 연구로 이끌었는지도 물어야 했다.[36]

슘페터는 청중이 보낸 매우 열렬한 반응에 놀랐다. 슘페터는 학자로서의 기나긴 생활 동안 여러 번 기립박수를 받았지만 이만큼 만족감을 느낀 적은 없었다. 슘페터가 격의 없이 발언하고 거침없이 개인적인 소견을 밝히는 것은 위험 부담이 높았지만, 이를 상쇄하는 일이 벌어진 것이다. 엘리자베스와 자신의 건강에 대한 두려움이 매우 크게 닥쳤을 때, 그는 왜 이러한 위험 부담을 짊어지지 않았을까?

슘페터는 평소처럼 매우 감성적이었던 1948년 12월 30일의 연설을 마친 뒤 어머니 요한나와 애니와의 인연을 일기에 적었다.

하젠의 힘이 영광스럽게 돋보인 날이에요. 고마워요 하젠. 나를 지탱해주고 가장 값진 선물을 줘서. 모두가 나의 연설을 축하하기 위해 일어났어요. 클리블랜드 연회장의 모든 청중이 전부 일어나서 나에게 박수갈채를 보내줬어요. 이는 결코 초라하거나 작은 규모가 아니었습니다. 이는 나에게 몹시 과분한 것이었습니다. 고마워요, 하젠. 나에게 힘을 주신 하느님, 하젠. 그리고 내가 자살을 생각하는 데 서서히 익숙해지도록 도와주세요. 내가 자살하는 걸 도와달라고 꼭 말해야만 하나요? 오 하느님 그리고 하젠, 고마워요. 만약 당신이 원한다면 1949년을 축복해주세요. 내가 원하는 기간인 1년보다 더 길게는 말고요.[37]

제28장

글을
맺으면서

"무척 진귀한 존재가 있다. 경제학자치고 삶에 대해 매우 비극적인 감각을 지녔던 슘페터 교수 말이다."
– 대니얼 벨, 『자본주의의 문화적 모순The Cultural Contradictions of Capitalism』, 1976

슘페터가 일기에 종종 언급한 자발적 죽음voluntary death이라는 말은 우리가 보통 이야기하는 자살suicide을 의미했던 것은 아닌 듯하다. 그의 평상시 사고에서 자살을 암시하는 내용은 찾아볼 수 없다. 심지어 성실한 아내 엘리자베스가 없는 미래를 생각하면서조차 자살하고 싶다는 의향을 내비친 적은 없다. 아마 교수직 사임, 하젠과의 의견 일치, 세상에 대한 묵인 등을 뜻했던 것이 아닌가 하는 생각이 든다. 그런 시간이 다가와도 슘페터는 꺼져가는 불빛에 분노하지 않았다. 슘페터에게 기분좋은 날은 거의 없었다. 1949년 1월, 슘페터에게 해외 여행을 떠나보라고 권유했던 한 친구에게 "나는 지금 정신적으로 유럽으로 갈 용기가 없다. 모든 것이 계속해서 나를 화나게 하고, 이것들이 내 혈압 상태를 악화시켜서 갈 수 없는 상황이다"라고 썼다. 자신이 1년 이상 살지 못할 것이라는 슘페터의 예언은 정확하게 들어맞았다.[1]

한편 슘페터는 평소처럼 연구와 저술에 힘을 쏟았고, 미래를 위한 연구 계획을 세우는데 열중했다. 슘페터는 클리블랜드에서 연설을 마치고 다시 일상으로 돌아와 학생들을 위한 강의, 『경제 분석의 역사』 저술, 일부 논문의 초안을 쓰는 데 열정을 다 쏟았다. 그는 일기에 "[예순 살] 생일을 맞은 것이 놀랍다. 고통, 피로, 좌절이 전혀 없이 말이다. 너의 의무를 다하라. 너의 의무는 무엇인가? 그것은 그날에 필요한 일들이다. 괴상한 괴테가 이와 같이 말했다"고 적었다. 항상 그래왔던 것처럼 슘페터가 날마다 해야 하는 필수적인 일은 책과 논문을 쓰고 학생들을 가르치는 것이었다. 그는 이러한 일을 지칠 줄 모른 채 훌륭하게 해냈다.[2]

슘페터는 1949년 한 해와 1950년 1월 첫째 주 동안 열두 편의 논문을 쓰고, 이를 모아 편집했다. 이는 1920년대 이후 동일한 기간으로 본다면 가장 많은 일을 한 셈이 된다. 첫 번째 논문은 슘페터가 미국경제학회 연설을 정리해서 1949년 초에 출간한 「과학과 이데올로기」였다. 그리고 마지막 논문은 슘페터가 1950년 2월 둘째 주에 시카고에서 강의하기로 계획되었고, 당시 명성이 높았던 월그린 강의에서 한 내용이었다. 그리고 나머지 열 편의 논문 가운데서 가장 중요한 것은 슘페터가 1949년 12월 28일 미국경제학회 연례회의에서 연설한 바 있고, 『자본주의·사회주의·민주주의』의 세 번째 개정판의 한 장을 차지하고 있는 「사회주의로의 전진」이었다. 새로운 서문에 따르면, 이 장은 슘페터가 예측한 자본주의의 붕괴에 대한 최종 결론을 담고 있다.[3]

빈번하지는 않았지만 여러 경우를 통해 슘페터는 자본주의에 대한 사회주의의 승리를 분명하게 예측했다. 그러나 이와 관련한 모순에도 불구하고 슘페터는 항상 관점을 유지했으면서도 최종 결론에서 사회주의가 승리할 것이라는 의미를 명확히 밝히는 데 상당한 어려움에 처했다. 그는 서구 민주주의 경제가 더욱더 국가 주도 형태로 움직인다는 것을 봤다고 반복해서 말했다. 그러나 슘페터는 이러한 이동이 반드시 사회주의로 이르게 되리라는 사실에 동의하지 않았다. 슘페터를 비롯한 다른 경제학자들은 아직도 여전히 혼합경제의 확고한 구상안을 갖고 있지 못했다. 혼합경제는 1940년대 이래 지금까지 여전히 진화중이다. 이는 마치 1800년에 나폴레옹전쟁의 최종 결과를 예측하는 것과 다를 바 없다. 슘페터는 또 다른 예를 들었다. 제1차 대전이 일어나기 전만 하더라도 러시아에는 레닌주의와 스탈린주의의 승리를 예측한 유능한 인재가 없었다는 것이다. 그는 "이러한 사실은 곧 전쟁으로 인한 군대와 행정 마비로 이어졌다. 이로 인해 볼셰비키 정권이 탄생했으며 이 사실을 두고 비과학적인 결정론만 난무했다"고 썼다.⁴

사회주의의 승리를 두려워한 슘페터는, 1949년 자신은 "이러한 생각을 예측한 바도, 예언한 바도 없다. 어떤 예측은 관측 가능한 경향을 진단해서 논리적인 결론을 이끌어낸다기보다 더 많은 것을 시도하는 초과학적인 예언일 경우도 있다"고 역설했다. 당장 슘페터가 걱정한 것은 미국에서 일어나고 있는 인플레이션의 위협 그리고 경제에 대한 영국 정부의 지속적인 개입이었다. 영국 정부의 개입 가운데는 영국의 중앙은행인 영국 은행의 국유화와 철강산업의 사회주의화, 샐러드 양념으로 쓰이는 푸른 양파를 비롯해 그에 준하는 상품들의 세부적인 규제들이 포함되었다. 은행의 국유화, 양파 같은 식료품의 표준화 조치는 사회주의로 옮겨가는 첫걸음일 수도 있다. 그러나 그렇게 되지는 못할 것이다. (시대의 도도한 흐름을) 피할 수 있는 것은 아무것도 없다.⁵

생의 마지막이었던 그해 내내 슘페터는 제2차 대전이 일어난 뒤부터 지금까지 어느 때보다도 활발하게 학술회의에 참여했다. 그리고 더 많은 저술 작업과 강연활동에 시간을 보냈다. 1949년 하버드대 봄 학기가 끝난 뒤 슘페터는 일기장에 이렇게 썼다. "2학기 강연은 정말 멋졌다. 가르친다는 일이 나에게 큰 기쁨을 안겨줬다. 몇몇 그리스 학생은 내게 진정으로 가르치는 일을 즐기는 것 같다고 말했다. 하지만 지난해에는 가르치는 일을 옛날만큼 즐기지 못했다. 내 세계관과 감각들에 대한 신념이 사라져버렸기 때문이다." 특히 엘리자베스의 수술 뒤에 슘페터는 마음의 안식을 찾고자 종교를 향해 한걸음씩 나아갔다. 슘페터는 "이런 프로그램은 어떨까? 매일 기도와 명상을 하며 하루를 마치는 것 말이다"라며 자신에게 물었다. 슘페터는 이전에도 그렇게 했다. 그러나 지금은 하젠뿐만 아니라 신에게 직접 호소했다.[6]

1949년 슘페터 부부는 여름을 타코닉에서 보냈다. 그들은 지난해 강연을 위해 멕시코로 갔었던 것과 비슷한 또 다른 여행을 앞두고 있었다. 슘페터는 1950년 새롭게 탄생한 국제경제학회의 회장단 연설을 하기 위해 파리를 들를 계획을 세웠다. 그는 미아와 함께 유럽에 들른 1935년 이후에 유럽에 가지 않았다. 그러나 그 당시만 하더라도 슘페터가 학문적으로 뛰어난 활약을 하기에는 매우 이른 시기였다. 그는 여름 내내 대부분의 시간을 역사책을 읽고 연구하는 데 보냈다. 여름이 끝나갈 무렵 슘페터는 일기장에 "아, 피곤하다. 이제까지 나는 자유롭고 활기찬 나날들을 보냈다. 그러나 엘리자베스가 수술을 받은 뒤로 모든 것이 바뀌었다"라고 썼다. 비록 지치고 피곤했지만 그는 매우 낙천적인 모습을 잃지 않았다. 슘페터는 일기장에 다시 "9월 새 학기가 다시 시작되어서 매우 기쁘다. 학기가 시작되어 모든 것이 다 순조로웠으면 좋겠다 [하젠에게 감사한다]"라고 썼다.[7]

그해 가을 여러 달 동안 슘페터는 가르치면서 성공적인 학기를 보냈다. 저술 역시 순조롭게 진행되었다. 그러나 슘페터는 그때부터 매우 빡빡하고 바쁜 일정을 소화해야만 했다. 1949년 12월 28일, 슘페터는 뉴욕에서 열린 미국경제학회 연례회의에서 강연하는 내용인 「사회주의로의 전진」에 관한 논문을 내야 했다. 그리고 월그린재단에서 해마다 후원하는 저명한 강연 시리즈에 초청받아 1월 9일부터 20일까지는 시카고에서 강연하기로 예정되어 있었다. 슘페터는 뉴욕에서 발표할 논문은 거의 마무리했다. 그러나 시카고 강연을 위해서는 간략한 노트만을 작성했을 뿐이었다. 시카고 강연 뒤 바로 봄 학기가 시작되었다. 그는 다시 지나치게 부담이 되는 강의를 자원했다. 게다가 슘페터는 미국에서 발행하는 국제외교·안보 전문지인 『포린 어페어스Foreign Affairs』에 실릴 논문을 쓰기로 약속한 상태였다. 더군다나 최후의 역작인 『경제 분석의 역사』 저술이 마무리 단계에 접어들어 아직 할 일이 많이 남아 있는 상황이기도 했다. 그래서 슘페터는 과도한 업무로 인한 압박감을 느꼈다. 그해 크리스마스 직후 슘페터와 엘리자베스는 기차를 타고 뉴욕으로 갔다. 슘페터는 연설할 주제인 「사회주의로의 전진」에 관한 논문을 이상 없이 냈다. 그리고 뉴욕에 있는 많은 동료를 만났다. 그해 마지막 날 그들은 기차를 타고 225킬로미터 떨어진 타코닉으로 향했다. 타코닉에 도착한 뒤, 슘페터는 연구 논문을 쓰기 위한 비상 계획에 돌입했다. 그는 위층 서재에서 열중한 채 논문을 거의 완성했으며, 이미 출간된 바 있는 「사회주의로의 전진」의 수정 작업을 마무리했다. 또 여섯 번에 걸쳐 한 월그린 강의 내용들을 더욱 충실하게 보완했다. 이 보완한 논문의 제목은 「미국의 제도와 경제 발전American Institutions and Economic Progress」으로 정하고 요약문을 12월 22일 시카고로 보냈다.[8]

슘페터는 그의 건강에 심각한 이상이 생겼다는 조짐을 전혀 알지 못했다. 슘페터는 1월 8일 일요일 오후에 출발 예정인 시카고행 기차표를 예약했고 7일 토요일 하루 종일 서재에서 시간을 보냈다. 저녁식사 뒤 잠들기 전까지 슘페터는 계속 연구했다. 그리고 슘페터는 잠시 동안 에우리피데스 희극의 그리스 원전을 읽었다. 슘페터는 그의 평소 습관대로 침대 옆 탁보에 놓인 애니의 사진 옆에다 책을 편 채로 올려놓고 잠이 들었다. 그날 한밤중이 되기 전에 슘페터는 뇌출혈이 발생해 고통받고 있었다. 엘리자베스는 그가 혼수 상태에 빠져 있는 것을 발견했다. 슘페터는 그 뒤 몇 시간이 지나지 않아 2월 8일 이른 아침에 숨을 거뒀다. 이는 그의 예순일곱 살 생일을 한 달 앞두고 일어난 일이었다. 슘페터는 의식을 다시 찾을 수 없었고, 결국 어떠한 고통도 느끼지 못하는 상태가 되었다. 사망진단서에는 그가 최소 1년 전부터 동맥경화증을 앓고 있었다고 기록되어 있었다.[9]

이는 대부분의 사람이 희망하는 종류의 죽음이었다. 고통 없이 육체적으로나 정신적으로나 악화되지 않고, 다른 사람에게 측은하게 보이지도 않는 죽음이었던 것이다. 슘페터가 살아온 인생 가운데서 운좋은 사건 하나를 뽑으라면 그가 행복하게 세상을 떠난 것이었다. 슘페터는 뇌출혈로 갑자기 세상을 뜬 프랭클린 루스벨트의 죽음에 대한 표현처럼 "운좋은 사람: 능력이 충만함 속에서 죽음"을 맞이했다.

슘페터의 장례식은 코네티컷 주 솔즈베리의 영국성공회 교회에서 치뤄졌다. 눈보라가 몰아쳐서 도로가 거의 마비되어 장례식에 참석하길 원했던 슘페터의 많은 케임브리지 친구와 동료들은 좌절했다. 슘페터는 타코닉으로부터 4킬로미터가량 떨어진 솔즈베리 공동묘지에 묻혔다. 슘페터의 사망 기사와 사진이 『뉴욕 타임스』와 『보스턴 글로브』 등 전국 각지 신문에 실렸다. 유럽 그리고 특히 일본의 언론 매체들은 슘페터의 죽음을 비중 있게 보도했다. 일부 도쿄 신문들은 1면 기사에 슘페터의 사망 소식을 알렸다. 세상을 등진 1950년 슘페터는 세계에서 가장 저명한 경제학자였다. 죽었을 때 그리고 자신의 명성에 대해 가장 신경쓰지 않았던 그때에 그는 어떤 다른 때보다도 가장 유명한 사람이 되었다.

하버드대 안에서 고인이 된 슘페터에게 쏟아진 많은 찬사는 특히 엘리자베스와 슘페터의 친한 동료들을 감동시켰다. 슘페터가 죽고 한 달 뒤, 대학 당국은 그를 기리기 위한 예배를 슘페터의 예전 연구실이 있었던 리타우어 센터에서 단지 몇 걸음 떨어진 하버드 야드 메모리얼 교회에서 열었다. 제자와 동료들로 구성된 추모위원회는 슘페터를 위해 긴 추모록을 만들었다. 이 추모록은 레온티예프, 하벌러, 해리스, 메이슨이 썼다. 이들은 슘페터 추모위원회를 주도한 교수들이다. 유럽 출신의 레온티예프와 하벌러는 하버드대로 오는 데 슘페터의 도움을 받은 교수들이었다. 해리스와 메이슨은 젊은 경제학자들 사이에서 슘페터를 따른 핵심적인 인물들이었다. 이들은 추모록에서 슘페터를 "하버드대가 낳은 위대한 인물 가운데 한 사람"이라며 경의를 표했다. 그리고 여기에서 그들은 자신들의 멘토이자 동료 교수인 슘페터의 개인적인 면을 언급했다.

설령 슘페터가 가장 세계적인 인물이 되었을지라도, 그가 초년 시절 빈에서 가진 경험은 그를 논할 때 절대로 빠질 수 없다. 슘페터는 끝까지 세련된 신사로 남았다. 무한한 에너지를 갖고 있었던 슘페터는 이러한 경험을 바탕으로 왕성하게 활동할 수 있었다. 그는 항상 학생들과 상담할 준비가 되어 있었으며, 다양한 분야에 대해서 젊은 학자들에게 조언했고 충고를 아끼지 않았다. 다른 사람들에게 무절제에 가까울 정도로 자신을 아끼지 않고 도움을 주었던 것이 자신의 죽음을 앞당겼을지도 모른다. (…) 그러나 슘페터 자신도, 그의 동료들도 그가 다른 삶을 살기를 원치 않았을 것이다. 활력은 그의 삶의 일부분이었다. 아낌없이 에너지를 쓰는 것이 그의 삶의 특징이었다.[10]

아주 흔치 않은 경우였다. 슘페터의 제자와 동료 교수들은 하버드대에서 편집하는 권위 있는 경제 학술지인 『리뷰 오브 이코노믹스 앤드 스태티스틱스』를 슘페터에게 바치는 특별판으로 만들기로 결정했다. 제자와 교수들은 학자들에게 슘페터에 대한 논문을 의뢰했다. 이 학술지에 열다섯 편의 논문이 실렸고 이 논문들은 1951년 5월에 발표되었다. 이런 논문과 다섯 편의 추모 기사는 엘리자베스의 요청에 따라 『사회과학자 슘페터Schumpeter, Social Scientist』(1951)라는 책으로 나왔다. 이 논문 가운데 일부는 경제학의 실질적인, 또는 방법론상의 사례들을 담고 있었다. 물론 슘페터에 대한 개인적인 회상들이 주를 이뤘다. 그러나 쪽수를 넘길수록 슘페터의 묘사는 없고 경제학에 대한 내용이 주를 이룬다. 여기에 실린 스무 편의 논문 가운데서 우리에게 친숙한 것은 해리스, 하벌러, 스미시스가 쓴 것들이다.[11]

해리스는 논문 도입부에 이렇게 썼다. "슘페터가 완벽한 사람이라고 주장하는 사람은 거의 없다. 슘페터는 많은 결점이 있었다. 그러나 이러한 결점에도 불구하고 슘페터는 정말 훌륭하고 멋진 사람이었다. 겉모습을 넘어 마음속에는 항상 고매한 품성이 있었다. 그는 어떤 누구보다 충실하고 헌신적인 친구였다. 통찰력 있고 창의적인 감각의 소유자이며 도움이 필요한 누구에게나 충실한 조언자가 되어줬다." 슘페터는 이처럼 훌륭한 경제학자였다. 또 "그는 뛰어난 역사학자이자 사회학자로 이 분야에서 스타였다"고 해리스는 평가했다. 그가 슘페터를 평한 것 가운데 주목할 만한 내용이 있다.

> 19세기의 극단적인 진보주의 사상이라고 할 수 있는 준^準케인스주의, 케인스주의 그리고 마르크스주의의 관점과 견해의 그늘 속에서 지내는 경제학자들도 슘페터에게 열렬한 찬사를 보내는 데 동참했다는 것은 의미 있는 일이었다. 어떤 경제학자도 이처럼 다른 모든 학파의 경제학자들로부터 같은 찬사를 받은 적은 없다. (…) 그에 대한 많은 사람의 찬사는 주어진 이데올로기적 성향 속에서 연구와 관련된 자질에 있었다. 슘페터는 인간관계에 있어서 따분하고 무딘 보수주의보다는 밝고 진보적인 마르크스주의나 케인스주의를 더 선호했다. 한번은 슘페터는 다음과 같은 재치 있는 말을 했다. "[종종 보수적인] 내 주장의 이유를 지지하는 사람들을 볼 때, 나는 내 사상의 다양성을 의심하기 시작할 것이다."

해리스는 계속해서 하버드대의 많은 사람은 슘페터에 대해 잘 안다고 생각하지만 실은 그렇지 못하다고 말했다. 그들은 슘페터를 대다수의 견해에 따르기를 결코 원하지 않고 그에 반대되는 의견만을 고집하는 학자로 잘못 생각하고 있다. "대외정책에 대한 문제건, 아니면 애주가들로부터 사랑받는 드라이 마티니의 장점에 대한 평가건 간에 말이다."[12]

하벌러는 이 주제를 다시 한번 환기시켰다. 그는 슘페터를 대충 아는 사람들은 슘페터의 독립적인 사고를 "단지 타인의 의견을 반박하기 위한 열정 정도로밖에 보고 있지 않다. (…) 그러나 슘페터는 매우 잘 웃고 활발하게 대화했으며, 농담도 자주하면서 좋은 이야기를 많이 전해줬다. 하지만 그는 기본적으로 행복한 사람이 아니었다. 그의 고매하고 엄격한 이상과 다른 사람을 대할 때 갖는 인간적인 감정이나 자극들 사이에 연결할 수 없는 만(灣)이 있었다. 슘페터 자신도 이 점을 알고 있었다. 슘페터는 청중에게 그들이 듣길 원하는 원리들을 말하는 데 주저하지 않고 잘 적응해나가는 경제학자들을 부러워했다.[13]

슘페터의 제자이자 절친한 동료로 윈디힐에 자주 찾아왔던 스미시스는 슘페터에 대한 모든 찬사 가운데 가장 인간적이고 통찰력 있는 찬사를 보냈다. 이는 어느 정도 엘리자베스가 그에게 슘페터의 일기장과 개인적인 메모를 볼 수 있게 해줬기 때문에 가능했다. 스미시스는 1932년에 슘페터가 "학문에 대한 열정이 아니라 학문을 그만두겠다는 기분 속에서" 하버드대로 왔다고 썼다. 그러나 슘페터는 가라앉은 기분을 극복하고 끝없는 연구를 통해 활기를 되찾았다. 슘페터는 엘리자베스와의 결혼을 통해 대단한 버팀목도 얻을 수 있었다. 엘리자베스와의 만남 그리고 "그녀의 충실한 지원이 없었더라면 슘페터는 참을 수 없는 우울함과 외로움의 상태에 빠져들었을지도 모른다. 케임브리지에서, 특히 코네티컷 주의 타코닉에서 엘리자베스는 슘페터에게 이전에 전혀 경험해보지 못했던 아름다운 가정생활이 무엇인지를 일깨워줬다."[14]

스미시스는 슘페터가 매우 어릴 적 대부분의 시간을 과부가 된 홀어머니와 보낸 것이 그의 미래에 펼쳐질 관계에 영향을 줬다고 생각했다. 하버드대 동료인 타우시그는 슘페터보다 스물네 살이 많았다. 그리고 동료인 스위지는 그의 아들뻘에 가까울 정도로 나이가 어렸다. 스미시스는 슘페터가 특히 그와 비슷한 연배의 사람들과 어울릴 때, "그들을 설득하는 데 어려움을 느꼈다"는 점을 알게 되었다. "슘페터는 모든 점에서 승리했지만 다른 사람과의 논쟁에서 이기는 데 실패했다. 슘페터는 그보다 훨씬 능력이 떨어진 사람들도 성공하는 설득에 실패하고 말았다. 사실 슘페터는 번번이 마치 카드 게임에서 부정 행위를 하듯 남을 속이는 것처럼 보였고, 이로 인해 그의 명예가 땅에 떨어질 수도 있었다." 이러한 슘페터의 성격은 그가 오스트리아에서 보여준 미숙한 정치 경력 그리고 "그의 후기 저작에서 드러난 모순들"로 설명할 수 있다. "특히 『자본주의·사회주의·민주주의』는 아이러니하게도 슘페터의 의견에 동의하는 사람들조차도 냉소하며 비아냥거리는 상황으로 가득했다. 이는 자본가는 물론이거니와 사회주의자와 지식인 모두에게 슘페터의 주장에 반대하도록 만드는 강력한 감정적 기반을 제공했다."[15]

스미시스는 슘페터가 그에게 열렬한 지지를 보내는 학생들이나 청중 앞에서도 자신의 책에 대해 언급하는 것을 피했다고 말했다. 또 "슘페터의 삶에서 많은 아이러니한 일 가운데 하나가 또 있다. 슘페터는 경제학 분야에서 수학적 요소가 대단히 중요하다고 생각해서 수학을 경제학에 도입하려고 노력했다. 이러한 그의 지적인 노력은 오히려 학생들을 슘페터로부터 멀어지게 했다. 다만 결과적으로 이러한 노력으로 슘페터는 자신의 연구를 매우 중요한 것으로 만들 수 있었고, 슘페터 자신이 이전에 무익하다고 생각했던 지점에서 많은 결과물을 이끌어낼 수 있었다."[16]

슘페터는 정치와 정책 분야에도 큰 영향력을 행사했다. 그러나 독일에서 미국으로 옮긴 뒤에는 이 분야에 거의 관심을 갖지 않았다. 스미시스는 슘페터의 책들이 실용적인 가치에서 매우 뛰어났기 때문에 이 사실은 불행한 일이이라며 매우 안타까워했다. 예를 들어 1943년 슘페터는 억압된 수요 이론을 바탕으로 전쟁이 끝난 뒤에는 오히려 경기가 회복되어 번영하리라고 예상했다. 또 1인당 소득도 엄청나게 늘어날 것으로 내다봤으며, 사회 개혁이 요구되면 자동적으로 이 과정을 다 거치게 될 것이라고 말했다.[17]

아마도 슘페터가 자신을 독창적으로 보이게 한 가장 중요한 방법은 당시 경제학의 최고 전문가인 케인스에게 중요한 것을 배우길 거부하는 데 있었는지도 모른다. 케인스주의는 1940년대에 전문적인 학술 토론의 핵심이었다. 그러나 고집스러운 태도로 인해 슘페터는 자신의 의견을 개진해나가는 데 케인스의 생각들을 적용하지 않았다. 스미시스는 슘페터와 케인스라는 두 경제학 거목이 서로의 연구에 혐오감을 가진 것은 매우 유감스러운 일이라고 믿었다. 슘페터의 저작들은 자본가의 진화라는 측면에서 케인스가 혁신의 중요한 역할을 빼먹은 치명적인 점을 이상적으로 바로잡아줬다. 반면 슘페터가 이론적으로 약점이 있는 부분에서는 케인스의 이론이 빛나고 있는 것이 분명했다. 케인스는 소비와 투자를 하나로 묶어서 고려했다. 이로 인해 분석가들은 국가 경제의 총 산출량에 대해 거시경제학적 관점에서 생각할 수 있었다. 이러한 사실은 앨빈 한센이 또 다른 에세이 『사회과학자 슘페터』에서 쓴 것처럼, 슘페터 자신이 현대 거시경제학 분석의 선구자 가운데 한 사람이었기 때문에 더욱 아이러니했다. 한센은 슘페터의 친구이면서도 케인스를 지지하는 미국인이었다.[18]

슘페터의 좋지 못한 성격은 친구들과의 우정 그리고 동료 교수와 학생들과의 관계에도 영향을 미쳤다. 스미시스는 슘페터가 제2차 대전 기간보다 불행하고 침울했던 적은 없었다고 적었다. "슘페터는 전쟁의 허무함과 전쟁으로 인한 가치관의 파괴를 극복하지 못했다. 그러나 그의 많은 동료가 당시 여러 감정으로 전쟁에 관여하게 되었을 때, 슘페터는 극단적인 자세를 취하면서 거리를 뒀다. 말할 필요도 없이 1940년대 슘페터의 견해는 그가 타계한 1950년이 되어서는 아주 다른 반응을 불러 일으켰다." 독일과 일본을 포함한 소련의 팽창을 견제하기 위해 강력한 완충 장치가 필요하다는 사실은 전쟁 기간을 포함해 10년이라는 개입 기간에 더욱더 분명해졌다. 그의 특유한 직설적인 어조가 담긴 연설에서 비난해온 내용이기도 했지만 전쟁 기간에 케임브리지에서 슘페터가 겪었던 고립된 경험은 상처로 오래 남았다.[19]

또 슘페터가 자신에 대해 확실한 개념을 가지지 못했다는 사실은 슘페터 자신을 더더욱 좌절시켰다. 소년기부터 시작된 자기 정체성에 대한 혼란은 완전히 해결되지 못했다. 스미시스가 본 슘페터는 "귀족도 부르주아도 아니었다." 슘페터는 부르주아적인 가치를 따르지 않았다. 왜냐하면 부르주아에게는 "화려한 매력이나 열정"이 부족하다고 봤기 때문이다. 이런 점에서 스미시스는 "우리는 화려한 매력을 지녔으며, 중산층에 구애받지 않는 혁신적인 기업가에 대한 그의 시각이 커갈 풍부한 기반이 마련되었을 것"이라고 생각했다. 경제학자들 사이에서 이러한 시각을 가진 학자는 슘페터가 거의 유일했다. 이 시각이 슘페터 자신과 그가 지닌 전문성을 잘 설명해주고 있다.[20]

독일 태생의 미국 경제학자 모르겐슈테른은 "슘페터만큼 많은 충성심을 불어넣은 인물은 없었다"고 말했다. 슘페터가 가진 기이함과 단점들 그리고 한때 매우 절망 속에 갇혀 느꼈던 외로움에도 불구하고, 그의 재치와 지적인 힘은 제자와 동료들, 그 밖의 많은 다른 사람에게 기쁨을 줬고 자신에게 매력을 느끼도록 만들었다.[21]

슘페터에게 쏟아진 모든 찬사 가운데 그의 총명한 후배로, 소련에서 미국으로 망명해 훗날 노벨경제학 수상자가 된 레온티예프가 보낸 찬사는 슘페터가 어떠한 학자인지를 가장 잘 떠올리게 한다. 그는 슘페터가 살았던 아카시아 가의 이웃이기도 했다.

슘페터의 강의나 학술회의를 한 시간 정도 듣는다면, 더 좋은 것은 슘페터의 시골집이 있는 코네티컷의 타코닉 근처 나무가 우거진 호수 주변을 같이 산책한다면, 우리가 받을 수 있는 가장 강력한 인상은 놀라울 정도로 깊은 그의 지적 지평이다. 슘페터는 초기 그리스철학, 영국 의회의 역사, 이탈리아 문학 그리고 프랑스 로마네스크풍의 건축 등에 대해 소상히 알고 있었다……

그의 기질이나 신념으로 볼 때 슘페터는 실천가라기보다는 사상가였다. (…) 그러나 그가 세운 상아탑은 범상치 않은 것이었다. 슘페터는 우리 시대의 지적 통로 한가운데에 상아탑을 세웠고, 여기에는 항상 방문자들이 끊이지 않았다. 모든 사람은 널리 개방된 문을 통해 상아탑을 방문했다. 즉 경제학이나 사회학 그리고 역사학이나 예술 등의 다양한 분야에서 토론할 주제를 가진 모든 사람이 방문하는 곳이 된 것이다. 비록 서구 문명에 대한 슘페터의 견해에 대해 비관적이고 회의주의적 입장을 지닌 사람들이 있었지만, 슘페터는 끊임없는 탐구심을 통해 자신의 믿음을 향해 낙관주의적인 태도를 견지했다.[22]

전반적으로 볼 때, 훌륭한 친구이자 "매우 복잡한 사람이었던" 슘페터에 대한 이야기는 더 이상 풍부할 수도, 더 이상 자세할 수도 없다. 『경제 분석의 역사』라는 책에 대해 한 비평가는 "간략한 설명만으로는 슘페터의 모든 진실을 이야기할 수 없다"고 썼다. 말하자면, 슘페터에 대한 이야기는 하나의 지치지 않는 모험이었고, 믿을 수 없을 정도로 힘든 일이었으며, 끊임없는 불운에 맞서 싸워 얻어낸 궁극적인 승리였다. 이는 미국인의 이야기고, 다른 한편으로는 유럽인의 이야기이기도 하다. 아마 충격적인 것은, 이 이야기가 인류 역사상 한때 가장 부유했고, 가장 과학적으로 발전했던 20세기의 영광과 공포의 이야기였다는 사실이며 가장 피의 수난이 많았던 시기의 이야기라는 점이다.[23]

또 이 이야기는 슘페터가 한 어린 소년이었을 때 그리고 한 성년 남자였을 때, 한 남자의 행복을 자신보다 중요시했고, (요한나, 미아, 엘리자베스, 어떤 점에서는 글래디스, 애니까지 포함해서) 그 한 남자를 사랑한 여인들에게 여러 번 구원받은 이야기이기도 하다. 슘페터의 내면에서는 이성과 감성 간의 투쟁이 매우 격렬했다. 때문에 슘페터는 이런 여인들이 없었다면 이성의 비범한 힘과 강력한 감성의 극단에서 좌절했을지도 모른다.

슘페터에 대한 이야기에서 가장 고상한 사람을 꼽으라면 아마도 아내 엘리자베스일 것이다. 그녀는 남편을 보호하고자 계획을 꼼꼼하게 세우고 이를 아무런 차질 없이 해나갔기 때문에 슘페터는 좌절감에 빠지거나 다른 길로 빠져 몰락하지 않았다. 만약 그런 불행한 일이 발생했더라면, 전 세계 사람들은 『자본주의·사회주의·민주주의』나 역사, 과학, 이데올로기에 대한 그의 위대한 글을 알지 못했을 것이다. 또 1954년에 나온 『경제 분석의 역사』 같은 어떠한 일관성 있는 글도 접하지 못했을 것이다. 엘리자베스는 남편이 세상을 떠난 뒤 3년 동안 이 책을 정리하고 편집하는 데 온 힘을 쏟았다. 엘리자베스는 케임브리지에 위치한 아카시아 가의 집을 팔았다. 그 돈으로 막대한 양의 출판 가능한 원고를 완성하는 데 헌신적인 역할을 했다. 암과 투병중인 그녀는 건강이 점점 악화되고 있음을 느끼면서도 출판 계획에 맞춰 전력을 다했다.

엘리자베스는 슘페터의 개인적인 문서를 하버드대에 냈을 때에도, 그녀는 어떠한 것도 선별하지 않고 있는 그대로 냈다. 애니의 사진 몇 장, 미아의 사진 몇십 장, 엘리자베스 자신이 쓴 연애 편지, 애니가 쓴 연애 편지, 미아에게 온 방대한 분량의 성적인 묘사들이 가득한 연애 편지, 애니의 일기장, 슘페터의 좌절과 편견, 하버드대에 자주 쏟아낸 불만이 담겨 있는 일기장, 무엇보다도 하젠에 대한 슘페터의 흔들리지 않는 마음, 이 모든 것을 엘리자베스는 그대로 낸 것이다. 엘리자베스가 아픈 뒤에도 슘페터의 일기장에는 그녀에 대한 언급이 별로 없다. 엘리자베스가 슘페터를 만나기 7년 전인 1933년, 슘페터는 어머니 요한나, 애니, 자신을 포함시킨 한 클럽을 결성했다. 엘리자베스는 자신이 슘페터로부터 절대 완벽한 결혼 승낙을 얻지 못할 것이라는 것을 알았다. 그러나 엘리자베스는 경건한 마음으로 슘페터의 위대함을 믿었고, 그를 매우 사랑했다. 그래서 엘리자베스는 슘페터와의 관계에서 본인이 당사자가 아닌 제3자라는 부차적인 위치에 놓일지라도 싫어하지 않았다.

엘리자베스는 5년 전에 걸린 암 때문에 1953년 7월에 죽었다. 엘리자베스의 죽음은 『경제 분석의 역사』가 출판되기 1년 전 그리고 그녀가 쉰다섯 살 생일을 맞이하기 한 달 전에 일어났다. 1943년 엘리자베스는 "여보, 우리 부부는 아이를 함께 가질 수 없기 때문에 이 책을 함께 가져요"라고 말했다. 이에 슘페터는 "여보, 왜 우리가 아이를 가질 수 없겠어요? 많은 아이를 가질 수 있지 않아요? 우리에겐 많은 책들이 있잖아요?"라고 한 적이 있다. 결국 그들은 해내고야 말았다. 조지프 슘페터의 『경제 분석의 역사』는 어마어마한 양의 책이다. 아내 엘리자베스가 그 거대한 책을 탄생시켰다.

유산

"약간만이라도 과학자로 봐줄 만한 가치가 있는 자주적인 과학자는 온전히 자신의 진심에서 우러나오는
헌신을 보여준다. 그것은 극도의 자기희생이 요구될 수도 있는 소명이다."
— 노버트 위너, 『인간존재의 인간적 활용The Human Use of Human Beings』, 1950

1950년에 슘페터가 죽자 그의 친구 대부분은 그가 과로로 죽었다고 생각했다. 분명히 그가 연구활동에 강박적으로 매달렸다는 점에는 의문의 여지가 없었다. 거의 50년 동안 그는 쉼 없이 자본주의의 모든 측면을 탐구했다. 자본주의의 강점과 약점, 사회적·문화적·경제적·개인적 측면에 대해서 말이다. 그리고 그는 과학적 객관성에 몰두했으면서도, 사람들이 그 엔진을 잘 움직이는 방법을 확실히 이해할 수 있기를 바랐다. 그러기 위해서 그는 사람들이 당장 눈앞에 보이는 것들(황금만능주의와 불평등과 부패 등) 너머의 것을 봐야 하며, 전 세계적으로 자본주의만이 가져다줄 수 있는 장기적인 생활수준의 향상을 생각해야 한다고 봤다.

슘페터가 남긴 유산은 창조적 파괴라는 혁신이 자본주의뿐만이 아니라 전반적인 물질적 진보의 '궁극적인' 추진력이라는 통찰이다. 대부분의 기업은 어

떤 순간에 아무리 강해 보일지라도 결국은 무너지며, 거의 모두가 혁신에 실패해 무너진다. 경쟁 기업은 앞선 기업을 따라잡으려고 사정없이 달려든다. 격차가 아무리 클지라도 말이다. 알 만한 기업인은 자신들이 이런 교훈을 가볍게 지나쳤음을 위기의 순간에 알아챈다. 슘페터가 『자본주의·사회주의·민주주의』에서 이야기했듯이, 그들은 매일 "변화가 임박했음이 분명한 상황에" 있다고 느낀다. "그들은 발밑이 무너지는 땅에 서 있는" 것이다.

오늘날 혁신과 지구촌 경제가 가속화되는 시대에 기업인은 어느 때보다 위기의식을 느끼고 있다. 이 시대는 아직 초기일뿐이며, 더욱 극심한 변화가 다가올 것이 분명하다. 슘페터의 연구 전체가 예측하고 있는 대로다. 어떤 나라도 번영 기간이 아무리 길지라도 영원한 발전을 당연시할 수는 없다. 또 어떤 회사도 계속 있으리라 확신할 수 없다. 디지털 이퀴프먼트, 팬아메리칸 항공, 풀먼, 더글러스 항공, 펜실베이니아 철도 같은 이름의 회사들이 우리에게 일깨워주고 있듯이 말이다. 이들 여러 회사는 한때 자기네 산업 분야뿐만이 아니라 미국 기업 전체에서 최첨단을 걷던 회사들이었다. 이들 모두는 이제 다른 수십만 곳의 크고 작은 기업과 함께 역사의 쓰레기통 속으로 들어갔다. 한때는 공룡처럼 강했지만 이제는 사라져버렸다.

정부의 지원을 받는 독점기업 이외에는 어느 기업도 혁신과 기업가정신을 통해서만 오랫동안 살아남을 수 있다. 물론 슘페터는 기업가라는 말을 주장하고 보급한 가장 중요한 사람이었다. 이 말은 1934년 『경제 발전의 이론』 영어판에 나온 말이었다.(본래의 1911년 독일어판에서는 독일어 Unternehmer를 썼는데, 이 말은 그리 유행이 되지 않았다. 글자 그대로의 의미가 '실행자'였다는 것이 한 이유였다.) 기업가정신의 중요성 때문에 그리고 슘페터가 이에 대해 통찰력 있게 열정적으로 글을 썼기 때문에 그의 이름은 영원히 이 사상과 연관될 것이다.

1920년대 말부터 슘페터는 기업가정신이 소기업뿐만이 아니라 대기업이나 중간 규모 기업에서도 (관료주의적인 문제가 있기는 하지만) 일어날 수 있다고 밝히고 있다. 그는 20세기 중반에는 "기존 법인의 울타리 안에서 일어난" 혁신이 "주인이 직접 경영하는 기업에서보다 기업가적 기능에 쉽게 접근할 수 있도록 한다. 오늘날 많은 기업가 지망생은 회사를 세우지 않는데, 이는 그렇게 할 수 없어서가 아니라 그저 다른 방식을 선호하기 때문이다"라고 주장했다.[1]

"새로운 기업"을 설립하는 "새로운 사람들"은 여전히 중요하다. 그러나 이제는 그들만이 혁신의 담당자는 아니다. 그런 경제적 역할은 오래되고 큰 회사들에서도 이루어질 수 있다. 기업가는 여전히 개인 형태로 나타나지만, 혁신은 사람들이 속한 집단에 의해 수행될 수 있고 매우 큰 기업들의 경우에는 곧바로 집단에 의해 수행되어야 한다. 한편으로 슘페터가 선호했던 기업 창업 같은 것에 따른 지속적인 에너지 주입은 여전히 경제의 창조성에 결정적인 원천이다.

정보기술산업의 역사는 그의 생각을 특히 잘 입증해주고 있다. 사라졌거나 살아 있는 중소 규모의 적극적인 실리콘밸리의 신생 기업들이든, 휼렛패커드, 인텔, 오라클, 시스코시스템스, 구글, 야후 같이 대기업으로 성장한 다른 기업들이든 모두 마찬가지다. 실리콘밸리 밖에서도, 십 대였던 빌 게이츠와 마이클 델이 각각 1975년과 1984년에 설립한 마이크로소프트와 델컴퓨터도 분명히 같은 유형이다.[2]

슘페터의 사상은 20세기 말과 21세기 초 기업에 엄청난 영향을 미쳤다. 그가 말한 창조적 파괴는 관용구가 되었다. 게다가 컨설팅회사와 경제 신문들은 물론 온갖 종류의 회사에서 매우 자주 경영 전략(또는 기업 전략으로서의 변형)이란 말을 써서 금융이나 마케팅 같은 주제들과 거의 같은 반열에 올랐다. 특히 세계화의 도래와 함께 온갖 종류의 기업은 자신들의 명확한 전략을 짜냈다. 혁신과 기업가정신, 신용창조 같은 슘페터의 핵심적인 명제들은 이런 전략들을 짜는 데 중요한 역할을 했다. 기업이 크건 작건 마찬가지다.[3] 대학에서 슘페터의 영향력이 가장 강하게 나타난 곳은 경제학부에서가 아니라 사회학부, 정치학부, 역사학부에서였다. 이들 학부에서는 그의 책들이 자주 과제물로 나왔다. 그리고 이 네 가지 전통적인 학문 분야보다 많이 전 세계 경영대학원의 커리큘럼을 완전히 장악했다. 경영대학원은 그가 죽었을 때에 비해 훨씬 많아졌고(7배쯤 되었다), 연구도 훨씬 면밀해졌다. 21세기에 들어서 모든 유명 경영대학원이 기업가정신과 혁신, 경영 전략을 다루는 여러 과목을 개설하고 있고, 이런 주제들을 전공하는 독자적인 학부를 둔 곳도 많다.[4]

슘페터는 자본주의와 대기업을 자주 변호했다. 그러나 그는 1990년대와 21세기 초에 터진 스캔들에 따라 대중의 의식에 들어오게 된 기업가의 행동을 용서하려 한 것은 결코 아니었다. 회계 부정, 터무니없는 경영 간부의 임금 체계, 스톡옵션의 소급 적용, 관리자여야 할 경영 간부들이 회사 금고를 터는 기타 여러 사건 말이다. 그는 이런 짓이 자본주의에 대한 배신이라고 생각했을 것이다. 이 모든 것은 슘페터가 지지했던 제도의 결여를 나타냈다. 이 일들은 또한 정부 당국이 끊임없이 경계하고 때맞춰 행동해야 할 필요성을 드러내는 신호였다. 이는 슘페터와 많은 시민이 계속 과소평가해왔던 요소들이었다.

슘페터는 낮은 세율에 대한 철학도 있었다. 그러나 1980년대와 특히 21세기 첫 10년 동안 미국 연방정부에서와 같은 무모한 재정 적자를 옹호하지도 않았을 것이다. 또 단기적인 소비 확대나 수많은 신용카드로 엄청난 개인 빚을 쌓는 일을 부추기지도 않았을 것이다. 2005년 미국은 대공황 이래 처음으로 마이너스 저축률을 기록했다. 저축과 투자가 자본주의적 혁신을 위한 엔진의 연료라고 한 슘페터의 주장을 생각하면, 그는 이 전개 과정을 회의와 반감 없이 보지는 못했을 것이다. 그는 신용창조를 강조했지만, 정부의 적자와 과소비를 메우기 위해 중국과 일본의 중앙은행에서 막대한 돈을 빌려올 생각은 하지 않았다. 이러한 일탈은 자본주의 역사 속의 비슷한 에피소드 대부분이 그랬듯이 일시적이기를 바라야 할 것이다.

자본주의는 끊임없이 변화했기 때문에 슘페터가 관심을 가졌던 문제의 본질은 1950년 이후 달라졌다. 끊임없는 변화의 예언자로서 그는 이런 결말을 처음으로 예측한 사람이었을 것이다. 그가 연구했던 몇 가지 문제(화폐, 경기순환)는 이제 덜 긴급해졌고, 다른 문제들(혁신, 기업가정신, 신용창조)은 더 긴급해졌다. 자본주의의 중요한 본질 그리고 자본주의에서 나온 풍성한 과실[성과*]의 불평등한 분배 같은 가장 까다로운 문제는 언제라도 사상가들의 관심을 끌 만한 일들이다.

슘페터의 생애 전반에서 두 주제가 특히 크게 다가왔다. 화폐 문제와 경기순환이다. 오늘날 이 두 문제에 대한 이해는 더욱 깊어졌고, 몇몇 중대한 예외가 있지만 더욱 완전하게 통제되고 있다. 화폐 관리는 슘페터의 시대에 시작된 큰 변화를 만났다. 이런 변화의 누적 효과는 세계화 및 컴퓨터 기술의 등장과 함께 극적이라 할 만했다. 막대한 돈이 이제 일상적으로 한 나라에서 다른 나라로 순식간에 움직인다. 매일 수십억 달러에 이르는 거래가 기업 간 이동에 의해, 주식과 채권 거래에 의해, 헤지펀드 운용에 의해 주요 통화에서 다른 통화로 전환된다(주로 달러, 유로, 엔 사이의 이동이다). 슘페터나 케인스나 그 시대의 다른 어떤 경제학자도 통화가 이렇게 빠르고 대량으로 움직이리라곤 예상하지 못했다. 거의 모든 나라의 중앙은행은 이 제도를 더 잘 통제하기 위해 크고 복잡한 진용을 갖추고 있다. 상당 부분이 규제하기 어려운 수준이기 때문이다. 그러나 끊임없이 변화하는 이 유형은 혁신과 신용창조가 자본주의의 시금석이라는 슘페터의 일반론과 정확히 맞아떨어진다.[5]

두 번째 문제(경기순환)는 여전히 중요하지만 슘페터가 활동하던 시대보다는 주목도가 떨어졌다. 혼합경제의 등장은 산업계 전반의 구매력을 뒷받침했다. 모든 선진국은 이제 중앙은행에 따른 금리 조정과 (사회보장, 건강보험 및 실업보험 등 여러 조치 같은) 붙박이 안정 장치 등의 경기를 상쇄하는 정책들을 쓰고 있다. 현대의 혼합경제는 아마도 케인스주의의 중요한 유산일 것이다. 그것이 (높은 수준에 있는 풍요의 자연적인 부산물로서) 산소텐트에 기댄 자본주의인지 아닌지는 정말로 문제가 되지 않는다. 슘페터는 1943년에 그것이 둘 다 뜻한다고 말했다. 요점은 혼합경제가 경기순환을 무력화시키는 경향이 있다는 것이다.[6]

경기순환에 덜 관심을 가지게 되면서 경제학자들은 그들의 관심을 다른 주제들로 돌렸다. 이는 신흥시장의 발전, 세계화와 실업 문제, 대수학과 계산법을 통한 정밀한 표현을 써야 하는 거의 끝없이 이어지는 좁지만 중요한 문제들 등이다. 한두 가지 예리한 통찰이 들어 있는 간명한 학술 논문이 강단 경제학자들의 상투적인 책을 대신했다. 1950년 이래의 경제학에서 펼쳐진 전반적인 길은 슘페터가 경제사회학이라 즐겨 불렀던 흥미로운 한 장이었다. 그러나 1960년대 초가 되면 경제학자들은 모든 강단 사회과학자 가운데서 가장 자기확신에 차 있으면서도 (명예롭게도) 가장 자기비판적인 학자들이 되었다.[7]

오늘날 경제학부에서는 매우 똑똑한 사람들이 엄청나게 복잡한 수학 이론과 통계 기법을 쓰며 연구에 매진하고 있다. 그들은 비교적 평범하면서도 중요한 문제들에 관한 흥미로운 가설을, 훌륭한 연구 설계와 방대한 정보에 대한 컴퓨터 분석으로 검증하고 있다. 가장 주목받는 대학원 강좌를 보면 고급수학에 대한 훈련을 받지 않은 경제학부 학생은 이를 이수할 수가 없다. 20세기 말에 진행된 하버드대, 예일대, 매사추세츠공대, 시카고대, 스탠퍼드대, 컬럼비아대 대학원생들을 상대로 한 어떤 조사에서는 다음과 같은 결과가 나왔다. "학생들은 어떤 능력이 있어야 지름길로 접어들 수 있을 것 같은가?"라는 질문이었는데, 수학에 뛰어난 것이 매우 중요하다는 사람이 57퍼센트였던 반면에 2퍼센트만이 중요하지 않다고 응답했다. 경제학 문헌에 대한 폭넓은 지식을 가지는 것은 10퍼센트가 매우 중요하다고 했고, 43퍼센트는 중요하지 않다고 했다. 경제에 대한 철저한 지식을 가지는 것은 3퍼센트만이 매우 중요하다고 했고, 68퍼센트는 중요하지 않다고 했다. 이는 아마도 슘페터가 경제학에서 수학을 더 써야 한다는 주장을 폈을 때 생각지 못했던 일일 것이다.[8]

새로운 경제학의 세계에는 슘페터가 말한 개인으로서의 기업가도 없고 보다 많은 관심을 끄는 현상으로서의 기업가정신도 없다. 대부분의 주요 대학, 특히 미국과 영국에 있는 대학에서 경제학부 교수가 슘페터의 단골 주제에 초점을 맞춘다면 실직의 직행 티켓을 끊는 것이다. 이런 전개는 강단 경제학이 스스로 역사학, 사회학 등 사회과학들로부터 자신을 고립시켰기 때문에 생겨났다. 이는 슘페터 자신이 먼저 흘낏 경험하고 탄식했지만 그가 죽은 뒤 60년 동안 빠르게 가속화된 경향을 나타내는 것이었다.[9]

그러나 동시에 대조적인 경향도 나타났다. 몇몇 경제학자들은 슘페터가 누구보다 강조했던 현상인 혁신의 본질에 대한 폭넓은 탐구를 시작했다. 즉 이런 문제를 연구하는 경제학자들은 슘페터가 그들에 앞서 제기했던 질문에 대한 답을 찾는 일을 통해, 같은 생각을 가진 사회학자, 정치학자, 심리학자, 역사학자, 경영관리를 전공한 교수들의 대열에 합류했다.

예컨대 혁신을 만드는 원동력은 무엇인가? 그것은 단순한 돈벌이 전망인가? 아니면 슘페터가 초기에 주장했듯이 '쾌락주의류의 동기' 이상의 어떤 것인가? 슘페터는 혁신적 기업가는 정복의 욕망을 가지고 있다고 생각했다. "우리 같은 유형[자신이 거기에 포함된다는 이야기인 듯한 단어 선택을 보여준다]은 어려움과 변화를 위한 변화, 모험 속의 즐거움을 추구한다." 20세기 말과 21세기 초에 이루어진 수백 건의 혁신에 관한 사례 연구는 슘페터의 명제를 확인해줬다. 돈 이외의 힘이 카네기, 튀센, 포드를 움직였던 것처럼, 모리타 아키오, 에스티 로더, 앤디 그로브, 리처드 브랜슨, 스티브 잡스, 오프라 윈프리 같은 후대의 기업가들에게도 이는 진실이었다.[10]

슘페터의 책에 함축된 두 번째 부류의 문제들은 이런 것이었다. 자본주의 국가들은 민주주의적 정치 제도를 촉진하게 되는가, 아니면 그 반대인가? 최근 중국의 경우처럼 경제 발전이 정치적 자유화보다 선행되어야 하는가, 아니면 인도에서처럼 반대여야 하는가? 무엇보다도 심각한 문제는 자본주의의 전통도 민주주의의 전통도 별로 없는 러시아, 우크라이나, 이집트, 콩고, 사우디

아라비아 같은 나라들이 자본주의적 민주국가들과 도대체 경쟁해나갈 수 있느냐 하는 점이다. 만약 "문명의 충돌"이 일어난다면 그것은 한편의 (전 지구적 자본주의로 가장 잘 대표되는) 광범위한 근대화와 다른 한편의 (이슬람 테러가 가장 좋은 예인) 퇴행적인 근본주의 간의 대결이 될 것인가? 아니면 어떤 더욱 폭넓은 형태의 갈등이 될 것인가?

물론 이 문제들에 대한 해답은 슘페터의 책에서 발견할 수 있는 것이 아니다. 그러나 이 기본적인 문제들에 대한 숙고가 그의 책에 있고 내용도 풍부하다. 특히『경기순환론』과『자본주의·사회주의·민주주의』가 그렇다. 그의 제자가 이야기했듯이, 슘페터는 자본주의의 동력에 관한 역사적 전망이 마르크스와 같지만, 그의 진짜 지적 조상은 플라톤과 성 아우구스티누스, 토마스 아퀴나스같이 더 심오한 사상가들이었다.[11]

슘페터는 이데올로기적 시각이라는 문제에 직면한 모든 분석가의 선택을 좌우했으며, 때로는 그가 특정한 종류의 결론을 만들어냈음을 알았다. 그는 젊은 시절, 자본주의를 그의 중심 주제로 택했다. 자본주의에 경제성장을 촉진하는 독특한 가능성이 있음을 직관적으로 깨달았기 때문이다. 그리고 그가 이 문제를 대할수록—경험적이고 상대적인 차원을 탐구할수록—그는 자본주의의 창조적인 측면이 파괴적인 측면을 넘어선다는 사실을 더욱 믿게 되었다. 파괴는 비록 쓰라리지만, 더 나은 물질적인 생활로 가는 창조적 진보에 필요한 대가다. 그러나 올바른 순서를 찾는 것이 중요하다. 창조적 혁신이 먼저이고, 그다음 그 길에 놓여 있는 장애물의 파괴가 이뤄져야 한다.

슘페터의 통찰에 깊이가 있음은 잘못 생각한 지도자들이 이 순서를 뒤바꾸려고 시도했을 때 분명해졌다. 예를 들어 1960년대 중국의 문화대혁명 초기에 마오쩌둥의 지도 강령은 "먼저 파괴하라. 그러면 건설은 따라올 것이다"였다. 이는 슘페터의 창조적 파괴와 정반대였고, 결과는 참혹했다. 최소 100만 명 이상이 죽었고, 그보다 많은 사람이 거처에서 쫓겨났으며, 국가교육 제도의 황폐화 등 다른 재난이 많이 일어났다. 꼭 10년 동안 거의 모든 것의 무분별한 파괴가 대부분의 창조를 방해했다. 덩샤오핑 등 마오쩌둥 후계자들의 창조적 충동이 문화대혁명 자체를 파괴하고 나서야 비로소 중국의 거대한 인적 잠재력을 발산할 수 있게 되었다. 그리고 그들이 선택한 길이 혁신과 기업가정신, 신용창조를 장려하는 슘페터식 시장경제였음은 결코 우연이라고 보기 어렵다. 이런 방법이 극심한 정치적 억압과 만연한 국가 개입이라는 환경하에서 장기적으로 유지될 수 있을지는 지켜볼 문제다.

슘페터는 브리태니커 백과사전에 자본주의에 관한 글을 썼는데, 9절로 된 글에서 3개의 절 제목은 "자본주의사회의 계급구조The Class Structure of Capitalist Society" "착취와 불평등Exploitation and Inequality" "실업과 낭비Unemployment and Waste"였다. 그는 자본주의에 심각한 폐해가 있는 것은 다른 모든 체제에서와 마찬가지로 불가피하다는 사실을 당연시했다. 수백 년간 대중의 생각은 "자본주의의 여러 현상에 대해 우리 시대와 똑같은 방식으로 반응했다. 고리대금과 투기, 상공업의 독점, 상품 매점 등의 악폐에 불만을 터뜨렸고, 이에 쓰인 논거는 상식적이면서도 일방적인 이야기들이었다. 20세기의 일반적인 주장들보다 그다지 못할 것도 없고 나을 것도 없었다. 정부는 동정심을 발휘하는 차원에서 규제를 통해 반응했다." 이런 유형은 자연스럽고, 예측 가능하며, 방어할 수 있다. 정부의 개입은 자본주의의 동력이 온전히 남아 있는 한 아주 적절했다. 슘페터는 결코 당대 여러 사람이 생각했던 것처럼 성찰적인 보수 경제학자가 아니었다. 그의 동료 갤브레이스는 1986년에 슘페터가 "20세기의 가장 정교한 보수주의자"라고 표현했다.[12]

슘페터는 기회의 불평등은 받아들일 수 없는 것으로 생각했으나, 그 또한 노력의 차이에서 생긴 결과는 당연한 것으로 여겼다. 전반적으로 그는 소득 격차가 자본주의사회에서 불가피할 뿐만 아니라 혁신을 자극하는 데 효과적임을 깨달았다. 그에게 돈은 기업가에게 유일한 동기는 아니지만, 중요한 것이고 큰 성공을 거둔 사람들을 평가하는 한 잣대이기도 했다. "고소득층 '내부' 격차의 중요성은 특히 주목할 필요가 있다. 하나의 큰 성공은 같은 양이지만 여럿에게 평등하게 나눠진 것에 비해 산업에 훨씬 많은 지식과 부를 동원하게 할 수 있다. 이런 의미에서 불필요하고 심지어 터무니없이 높은 보상이라는 현재의 관점 그리고 기업가의 성과에 대한 사회의 총비용에 대한 관점은 마땅히 수정되어야 한다."[13]

여기서 슘페터는 아주 미묘한 부분을 제시하고 있다. 중요한 혁신이 사회에 끼친 기여와 승리한 기업가에게 생긴 넉넉한 이득은 성공하지 못한 기업가가 같은 업종에서 들인 시간과 돈의 총비용과 대비해서 측정해야 한다는 것이다. 그들은 자신이 쏟은 노력에 대한 보상을 전혀 받지 못했지만, 그들의 경쟁 압박은 승리자만이 승리할 수 있도록 자극해 사회에 커다란 이득을 가져다줬다. 승리자가 모든 보상을 독차지하는 일은 아주 부차적인 것이며, 일시적인 것일 뿐이다. 모방꾼들이 혁신을 베끼게 되면서 "무한 경쟁"이라는 요인이 결국 그 이득을 갉아먹을 것이기 때문이다.

슘페터가 죽은 지 오랜 뒤인 20세기 말까지도 경제성장의 원천으로 혁신과 기업가정신, 경영 전략, 창조적 파괴 그리고 충분한 신용을 그가 강조했다는 중요성은 분명히 알려지지 않았다. 그의 생전에는 그가 고백한 바람대로 슘페터학파라는 것도 존재하지 않았다. 그러나 오늘날에는 생겨났다. 그것은 어떤 특정한 분야에 있지도 않고 특정한 이론에 한정되지도 않았다. 많은 경제학자, 사회학자, 역사학자, 정치학자, 경영관리 전공 교수들 그리고 그 밖의 다른 학자들이 스스로 슘페터의 후예라고 인식하고 있다. 그리고 모든 자본주의적 혁신가는 그들이 인식하든 못하든 슘페터의 후예다.

1980년대에 혁신과 기업가정신은 더욱 주목받게 되었고, 슘페터의 저작들은 독자층을 넓혀가기 시작했다. 그 뒤에는 더욱 넓어지게 되었다. 동유럽 및 중부 유럽의 명령경제[1989~1990년까지 동유럽에서 일반적이었던 "계획경제"인데,

경제는 중앙정부에 의해 지도되고 상품과 서비스의 시장 할당은 단지 주변적인 역할만을 하는 제도*]가 붕괴하고 중국, 인도 등 아시아 국가들이 놀라운 경제 성과를 거두자 혁신과 기업가정신의 본질, 기업과 정부 간의 관계에 대한 첨예한 실질적 쟁점들이 제기되었다.

반면 미국에서는 1980년 말과 1990년대에 증권시장의 기록적인 상승으로 자본주의 분석상의 비상한 관심을 불러일으켰다. 1980년대에 다우존스지수는 사상 처음으로 1000을 넘어섰고, 이후 급상승해 1999년에 1만 1000까지 올랐다. 주식공개 상장, 벤처캐피털, 창업, 신흥시장같이 한때 기업가들만이 쓰던 전문용어들이 평범한 시민의 식탁 대화에 끼어들었다.[14]

이런 배경 아래 혁신과 기업가정신에 관한 슘페터의 선구적 연구가 새로운 관심을 불러일으키지 않을 수 없었다. 저널리스트와 학자들은 그의 저작에서 자신의 문제에 대한 해답이나 새로운 연구법을 위한 소중한 지침을 찾기 시작했다. 슘페터와 케인스 탄생 100주년이었던 1983년에 『포브스』는 전 세계를 휩쓴 빠른 경제 변화에 최상의 지침을 제공한 것은 케인스가 아니라 슘페터였다고 주장했다.[15]

1984년에 『아메리칸 이코노믹 리뷰』에 기고한 한 독일인 교수는 같은 관점을 제기하면서, "케인스의 시대"에 이어 "슘페터의 시대"가 도래했다고 주장했다. 곧 수많은 논문이 전문 학술지에 게재되기 시작했고 대중 언론도 뒤를 이었다. 2000년 12월 『비즈니스 위크』는 슘페터에 관한 양면 기사를 실었는데, 그 제목이 "50년 전에 죽은 미국에서 가장 인기 있는 경제학자"였다. 21세기 들어 전산 입력된 데이터베이스에서는 슘페터의 저작에 대한 인용이 케인스의 저작 인용을 넘어서기 시작한 것으로 나타났다. 불과 몇 년 전만 해도 상상조차 할 수 없었던 상황이다.[16]

1986년에 일군의 학자들이 국제슘페터학회를 결성했다. 2010년 무렵에는 회원이 400명에 이르렀고, 이들은 30여 개국 출신이며 적어도 6개 이상의 학문 분야 출신이다. 학회는 격년으로 모임을 갖고 있으며, 모임의 내용은 통상 중진 학자들의 글을 모은 책으로 나온다. 이 학회는 슘페터적인 전통에 관한 최우수 출판물에 대해 시상도 한다.[17]

그리고 또 하나의 정규적 표현 수단은 계간지 『저널 오브 에볼루셔너리 이코노믹스Journal of Evolutionary Economics』다. 이 학술지는 명확하게 슘페터적인 주제들만을 특화해 다룬다. 슘페터 저작의 영향을 받은 논문들은 종종 『저널 오브 인스티튜셔널 이코노믹스Journal of Institutional Economics』『이코노믹 디벨롭먼트 앤드 컬처럴 체인지Economic Development and Cultural Change』『저널 오브 이코노믹 히스토리Journal of Economic History』『비즈니스 히스토리 리뷰』와 기타 학술 계간지들을 통해 발표되고 있다. 슘페터의 창조적 파괴는 아마도 현대의 경제 관련 책에서 가장 널리 이용되는 비유일 것이다(인터넷 검색을 해보면 천문학적인 숫자의 참고 자료가 나온다). 이 개념은 또한 역사와 문학 등 경영·경제 이외 분야의 책 제목에도 쓰이고 있다.[18]

슘페터가 죽은 뒤 하버드대 경제학부는 엘리자베스 슘페터와 슘페터의 친구들이 기부한 돈으로 뛰어난 학생에게 그를 기념하는 상을 매년 주고 있다. 1990년대부터 그라츠대는 뛰어난 학자들을 초빙해 슘페터 연례 강의를 주최하고 있는데, 연사는 여러 나라에서 초빙되는 사람들이다. 그라츠대 슘페터학회가 이 프로그램을 관리하고 있으며, 활동 내용을 전하는 웹사이트도 운영하고 있다.[19]

아마도 다른 어느 정상급 경제이론가 이상으로 슘페터는 그의 학문을 "인간화"했던 것 같다. 평생의 고투 끝에 그는 정확한 경제학은 정확한 역사학과 마찬가지로 이루기 어렵다고 결론내렸다. 예정된 이야기를 가진 어떤 인간사도 모두 허구일 뿐이기 때문이다. 인간의 행동에는 수많은 영향력이 끊임없이 뒤섞이고 있기 때문에 실재하는 경제 상황 두 가지가 완전히 일치한 적은 결코 없었다. 따라서 경제학은 자연과학처럼 결정론적 법칙이나 실험에 자신을 내맡길 수는 없다. 세계 최고의 수학이라도 물리학이나 순수수학의 증명에 걸맞는 만족스러운 경제적 증명을 만들어낼 수는 없다. 불확실한 인간의 행동이 언제나 끼어 있기 때문에 변수가 너무나 많은 것이다. 노벨경제학상 수상자 더글러스 노스가 1994년에 말했듯이, "당신이 정확성을 위해 지불한 대가는 현실 문제를 다룰 수 없다."[20]

세상에 대해 알고 있는 것을 표현하는 가장 좋은 대안은 종종 방정식이 아니라 이야기일 때가 있다. 이는 어떤 종류의 딜레마에 직면한 실제 등장인물이 있는 이야기다. 경영대학원의 커리큘럼은 대부분의 경제학부 커리큘럼과는 달리 이야기에 바탕을 둔 수업들(보통 실생활 사례 연구)이 많이 들어 있다. 이는 혁신과 금융, 마케팅, 전략, 기업가정신, 윤리, 일반 관리에 관한 특정한 부분을 드러내주기 위해 설계된 것들이다. 통상적인 경영학 석사학위의 교육과정은 각기 다른 문제점이 무엇이든 상관없이 학생들이 학위를 마치기 전까지 이런 사례를 수백 건 만나게 하며, 기업인들이 매일매일 맞닥뜨리게 되는 딜레마와 선택 속에서 사는 경험을 얻는 효과가 쌓이게 한다. 여기서 다시 슘페터는 인간의 경제생활을 둘러싼 경험을 직접적으로 이야기한다. 그는 기업인이 무너져가는 지반 위에 서 있다고 하는 느낌을 묘사하면서 그리고 특정 기업인(또한 특정 경제학자)의 모습을 그려내면서 자본주의의 현상들에 잊을 수 없는 인간의 얼굴을 그려넣었다.[21]

슘페터가 죽은 직후 그의 하버드대 동료 가운데 한 사람은 그가 자신의 시대에 가장 어려운 경제학적 문제에 매달렸다고 말했다. "우리는 무엇을 고상한 것이라고 합당하게 표현할 수 있는가" 하는 문제다. 30년 뒤인 1981년에 새뮤얼슨은 "슘페터가 태어난 지 100년 뒤에 우리는 그의 책을 진지하게 받아들이고, 그것들을 현재의 논쟁에 생생하게 기여하는 것으로 받아들이게 되었다"고 썼다. 1984년에 또 다른 경제학자는 "기억이 생생한 어느 날이나 마찬가지겠지만 오늘날 일어나는 문제에 대한 슘페터의 안목을 존경하는 것은 당연한 일이다"라고 말했다. 그리고 그보다 뒤에 경제학자 로버트 하일브로너는 베스트셀러 『세속의 철학자들The Worldly Philosophers』에서, 자신이 책에서 다룬 어떤 다른 위대한 경제학자들보다도 슘페터가 "틀림없이 현대적인 목소리로 우리에게 이야기를 들려주고 있다"고 썼다.[22]

슘페터는 절대로 편협하지 않았으며, 언제나 경제학자의 테두리를 넘어서 있었다. 그의 세 저서 『경제 발전의 이론』『자본주의·사회주의·민주주의』『경제 분석의 역사』는 아직도 여러 언어로, 값싼 페이퍼백 형태로 유통되고 있다. 세 권 모두 그렇지만 특히 『자본주의·사회주의·민주주의』는 시대를 위한 책이다. 슘페터는 때로 풍자적인 형태로 글을 쓰거나 모순되는 말들을 했기 때문에 그가 말한 모든 것에 동의하거나 반대하기는 불가능하다. 그의 책을 읽는 것은 베토벤의 교향곡을 듣거나 피카소의 그림을 바라보는 일과 같다. 끊임없이 도발적이면서도 때로는 짜증나게 하지만 전혀 지루하지 않다. 그런 경험을 몇 번이고 반복하더라도 언제나 새로이 발견할 수 있는 무언가가 있는 듯하다.

| 저자 서문 |

1. 인용된 1800년 이후 미국의 비교소득 수치는 인플레이션 비율이 감안된 세전稅前 달러를 대상으로 측정된 것이다. 지난 200년 동안의 소득 배수는 Angus Maddison, *Dynamic Forces in Capitalist Development*, New York: Oxford University Press, 1991, pp. 6~7 에서 추출했고, 나중에 매디슨이 수정했다. 더욱 자세한 것은 Thomas K. McCraw, ed., *Creating Modern Capitalism: How Entrepreneurs, Companies, and Countries Triumphed in Three Industrial Revolutions*, Cambridge, Mass.: Harvard University Press, 1997, 1장과 13장을 보라. 독일, 오스트리아, 체코 (그리고 기타 약 120개국)의 1인당 소득 비교는 세계은행의 World Development Report, New York: Oxford University Press에서 찾아볼 수 있을 것이다. 내가 독일, 오스트리아, 체코와 관련해 인용한 부분은 명목소득 비교가 아니라 구매력 패리티parity의 차이에 관한 것이다. 여기서는 차이가 더욱 크게 나타난다.

19세기 이전 기간에 관해 인용한 통계는 개별적인 정보에서 나온 것이지만, 이 주제를 연구하는 많은 학자가 축적한 최선의 평가를 담고 있다. 위에서 인용한 매디슨의 연구와 함께, William J. Baumol, Sue Anne Batey Blackman, and Edward N. Wolff, *Productivity and American Leadership: The Long View*, Cambridge, Mass.: MIT Press, 1989, p. 12 그리고 Paul Bairoch, "Was There a Large Income Differential before Modern Development?" in Bairoch, *Economics and World History: Myths and Paradoxes*, Chicago: University of Chicago Press, 1993, pp. 101~110 등을 보라.

2. 마르크스와 엥겔스에 대한 인용은 *The Manifesto of the Communist Party*, printed in Eugene Kamenka, ed., *The Portable Karl Marx*, New York: Penguin [Viking Portable Library], 1983), p. 209에서 한 것이다. 슘페터는 나중에 "(『공산당선언』의) '적정한 경제학'

에서 가장 중요한 점은 마르크스가 부르주아의 성과에 대해 경제학 서적에서 유례가 없을 정도로 비난을 퍼부은 것이다"라고 썼다. Schumpeter, "*The Communist Manifesto* in Sociology and Economics", *Journal of Political Economy* 57, June 1949, pp. 199~212, reprinted in Richard V. Clemence, ed., *Joseph A. Schumpeter: Essays on Entrepreneurs, Innovations, Business Cycles, and the Evolution of Capitalism*, Cambridge, Mass.: Addison-Wesley, 1951을 보라. 인용은 p. 301에서 했다.

3. Jacob Viner, "Schumpeter's *History of Economic Analysis:* A Review Article", *American Economic Review* 44, December 1954, p. 894.

| 제1부 무서운 아이, 1883~1926: 혁신과 경제학 |

들어가며: 그는 누구이며 무엇을 했는가

1. Schumpeter, *Capitalism, Socialism and Democracy*, New York: Harper & Brothers, 1942, p. 83; Schumpeter, *Business Cycles: A Theoretical, Historical, and Statistical Analysis of the Capitalist Process*, two vols., New York: McGraw-Hill, 1939, II, p. 1033.

2. Fitzgerald, *The Crack-up*, New York: Scribner, 1936. "낭만적인 기교"라는 표현은 빈 출신의 작가 카를 크라우스가 한 것이며, Edward Timms, "Images of the City: Vienna, Prague and the Intellectual Avant Garde", in Robert B. Pysent, ed., *Decadence and Innovation: Austro-Hungarian Life and Art at the Turn of the Century*, London: Weidenfeld and Nicolson, 1989, p. 3에 인용되어 있다.

3. 피터 케인이 Richard Swedberg, *Joseph A. Schumpeter: His Life and Work*, Oxford: Polity Press, 1992에 서평을 쓴 *Economic Journal* 102, 1992, p. 1543. 스베드베리의 책은 미국에서는 *Schumpeter: A Biography, Princeton University Press*, 1991로 출간되었다.

4. 슘페터에 대한 실제적인 묘사는 John Kenneth Galbraith, *A Life in Our Times: Memoirs*, Boston: Houghton Mifflin, 1981, pp. 48~49에 보인다.
옷을 입는 데 한 시간이나 걸린 일에 대한 슘페터의 언급은 프린스턴대 경제학 교수 프랭크 페터의 아들 윗슨이 "An Early Memory of Joseph Schumpeter", *History of Political Economy* 6, Spring 1974, pp. 92~94에 기록하고 있다. 다른 인용문들을 보려면 슘페터의

1932년 일자 미상 일기(낙장), Schumpeter Papers, HUG(FP)—4.1, Brief Daily Records, notes and diaries, ca. 1931~1948, box 7, folder Ca. 32~33, Harvard University Archives(이하 HUA로 약칭); Robert Loring Allen, *Opening Doors: The Life & Work of Joseph Schumpeter*, two vols., New Brunswick, N.J.: Transaction, 1991, I, p. 294; 슘페터가 셀리그먼에게 보낸 1913년 11월 23일 편지, in Ulrich Hedtke and Richard Swedberg, eds., *Joseph Alois Schumpeter, Briefe/Letters*, Tübingen: J. C. B. Mohr, Paul Siebeck, 2000, p. 53 등을 보라.

5. 슘페터의 비전이 전개되는 과정은 이 책의 몇 가지 주제 가운데 하나다. Enrico Santarelli and Enzo Pesciarelli, "The Emergence of a Vision: The Development of Schumpeter's Theory of Entrepreneurship", *History of Political Economy* 22, Winter 1990, pp. 677~696 및 David Reisman, *Schumpeter's Market: Enterprise and Evolution*, Cheltenham, U.K.: Edward Elgar, 2004, 2장 등을 보라.

6. 슘페터가 갤브레이스에게 보낸 1948년 10월 28일 편지, in Hedtke and Swedberg, eds., Briefe, p. 366.

7. Schumpeter, *Capitalism, Socialism and Democracy*, p. 137.

8. Schumpeter, "Capitalism", *Encyclopaedia Britannica*, New York: Encylopaedia Britannica, 1946, VI, p. 801.

9. 인용은 Schumpeter, *History of Economic Analysis*, New York: Oxford University Press, 1954, p. 555에서 했다. 기업가정신에 대한 간단한 토론과 유용한 정의는 Howard H. Stevenson, "A Perspective on Entrepreneurship", in H. H. Stevenson, Michael J. Roberts, and H. Irving Grousbeck, eds., *New Business Ventures and the Entrepreneur*, Homewood, Ill.: Irwin, 1985, pp. 2~15에서 찾아볼 수 있을 것이다.

10. 1944년 6월 30일 슘페터의 일기(노트 수록), box 4, folder 1944, June 30, 1944.

11. 여기서 나는 스미스나 마르크스의 입장을 왜곡하려는 것은 아니다. 이들에 대해서는 이 책 뒷부분에서 다시 언급하겠다. 슘페터 자신이 『자본주의·사회주의·민주주의』 1~4장에서 밝히고 있듯이, 마르크스의 관점에서 부르주아 기업가는 세계에 혁명을 일으킨 거의 기적과 도 같은 성과를 거둔 사람이었다. 그러나 마르크스의 잘못된 예언에서는 기업가는 "프롤레타리아 독재"를 통해 보통 사람들에게 쫓겨날 것이 분명했고, 자본주의의 파멸은 역사의 필연이었다. 한편 슘페터는 마르크스가 진짜 기업가들과 자본주의적 "착취자들"을 구분하지

못했다고 봤다.

12. Schumpeter, *History of Economic Analysis*, p. 1171. 서구사회가 시장경제로 전환한 일이 지니는 사회적 함의에 관한 고전적인 분석은 Karl Polanyi, *The Great Transformation: The Political and Economic Origins of Our Time*, New York: Rinehart, 1944이다[칼 폴라니, 『위대한 전환』, 홍기빈 옮김, 길, 2009로 출간되었음*]. 자신보다 세 살 위였던 슘페터와 마찬가지로 폴라니도 빈 출신이었으며 1930년대에 오스트리아를 떠났다. 그는 영국 시민이 되어 옥스퍼드대 및 런던대에서 가르쳤다.

13. 누구나 짐작할 수 있듯이, 이 주제에 대해서는 매우 폭넓은 문헌이 있다. 가장 충실하고 훌륭한 주장 가운데 하나가 Benjamin M. Friedman, *The Moral Consequences of Economic Growth*, New York: Knopf, 2005다. 다른 여러 성장주의자와 마찬가지로 프리드먼은 부와 소득의 불균등한 분배에 대해 경고하고 있다.

14. Schumpeter, *Capitalism, Socialism and Democracy*, pp. 67~68.

제1장 고향을 떠나다

1. 1921년 체코슬로바키아에 새로운 국가가 세워진 뒤 이 마을의 이름은 독일어 트리슈 Triesch에서 체코어 트르제슈티Třešť로 바뀌었다. 영어 발음은 "쩨쉬트Tzesht"나 "체쉬트 Chesht"에 가깝다.

2. Richard Swedberg, *Schumpeter: A Biography*, Princeton, N.J.: Princeton University Press, 1991, p. 8.

3. Robert A. Kann, *The Multinational Empire: Nationalism and National Reform in the Habsburg Monarchy*, two vols., New York: Columbia University Press, 1950, II, p. 302; Robert Loring Allen, *Opening Doors: The Life & Work of Joseph Schumpeter*, two vols., New Brunswick, N.J.: Transaction, 1991, I, pp. 7~14.

4. 지금은 체코어로 이흘라바Jihlava라고 불리는 이글라우Iglau는 구스타프 말러의 출생지 이기도 하다. 요한나보다 1년 먼저 가난한 유대인 가정에서 태어난 말러는 세계의 음악가들 이 꿈꿀 수 있는 최고의 자리 가운데 하나인 빈 임페리얼 오페라의 저명한 작곡자 겸 지휘자 가 되었다.

5. 모차르트 가의 아파트는 그들의 두 번째 주거지였는데, 그들은 좀 작은 건물에서 몇 달 살

다가 그곳으로 옮겼다.

6. Swedberg, *Schumpeter: A Biography*, pp. 6~8; Allen, *Opening Doors*, I, pp. 7~14. 광대한 다민족국가였던 오스트리아-헝가리 제국에서는 개인의 민족적 정체성이 분명한 화제가 되지 않았다. 슘페터가 살던 시대의 인물이었던 유명한 『빈 숲속의 이야기 Geschichten aus dem Wiener Wald』의 작가 외된 호르바트가 한번은 이런 말을 했다. "나는 헝가리 국적을 가지고 있다. 그러나 나에게는 모국이 없다. 나는 아주 전형적인 옛 오스트리아-헝가리 제국 출신의 혼혈이다. 마자르인이면서 크로아티아인이고 독일인이면서 체코인이다. 내 나라는 헝가리고 내 모국어는 독일어다."
슘페터도 자신을 같은 방식으로 묘사했을 것이다. Jacques Rupnik, "Central Europe or Mitteleuropa?", *Daedalus* 119, Winter 1990, p. 251에 인용된 호르바트의 말을 보라. 합스부르크가의 오스트리아-헝가리 제국은 현재 국가의 영역에 상응하는 '오스트리아'라는 이름의 지리적 단위를 포함하고 있지 않다. 독자의 편의를 위해 나는 오스트리아라는 말을 제1차대전 이전에는 헝가리를 제외한 모든 합스부르크 영토를 포괄하는 지역을 가리키는 것으로 그리고 제1차 대전 뒤에는 작은 오스트리아 공화국을 가리키는 것으로 쓰겠다. 또 학자들은 당연히 합스부르크 전체 영토를 왕국 또는 군주국의 상대 개념으로 제국이라 불러야 한다는 데 여러 의견이 있겠지만, 나는 '제국'이라는 용어를 자유롭게 쓰겠다.

7. Allen, Opening Doors, I, pp. 15~18; Richard Swedberg, ed., *Joseph A. Schumpeter: The Economics and Sociology of Capitalism*, Princeton, N.J.: Princeton University Press, 1991, pp. 4. 78n3.

8. Allen, *Opening Doors*, I, pp. 17~18.

9. Gottfried Haberler, "Joseph Alois Schumpeter, 1883~1950", in Seymour E. Harris, ed., *Schumpeter, Social Scientist*, Cambridge, Mass.: Harvard University Press, 1951, p. 25. 이것은 『리뷰 오브 이코노믹스 앤드 스태티스틱스』의 후원으로 스무 편의 논문을 묶어 출간한 추모집인데, 스무 편 가운데 열다섯 편이 1951년 5월 출간시 처음 발표되었다.

10. Allen, *Opening Doors*, I, pp. 20~23; II, p. 229.

11. William M. Johnston, *The Austrian Mind: An Intellectual and Social History, 1848~1938*, Berkeley: University of California Press, 1972, pp. 66~69[윌리엄 존스턴 지음, 『제국의 종말, 지성의 탄생: 합스부르크 제국의 정신사와 문화사의 재발견』, 김래현·사지원·이기식·채연숙·오용록·변학수·고원·신혜양 옮김, 글항아리, 2008로 출간됨*].

12. 일부 필자들은 슘페터 자신이 반유대주의자였으며, 이는 그가 가끔 언급하거나 일기에 쓴 내용과 함께, 그가 성장한 빈 사회의 분위기 그리고 그가 미국에 간 뒤 부딪쳤던 하버드대 환경에 만연한 반유대주의로 어느 정도 입증될 수 있다고 주장했다. 예를 들어 Bernard Semmel, "Schumpeter's Curious Politics", *The Public Interest* 106, Winter 1992, pp. 3~16; Melvin W. Reder, "The Anti-Semitism of Some Eminent Economists", *History of Political Economy* 32, 2000, pp. 834~856(이 글은 필자인 레더가 반유대주의자로 꼽은 3명의 경제학자 가운데 케인스에 대해서는 매우 강력한 논거를 제시했으며, 슘페터에 대해서는 조금 약한 논거를, 하이에크에 대해서는 전혀 논거를 제시하지 않고 있다); John Medearis, *Joseph Schumpeter's Two Theories of Democracy*, Cambridge, Mass.: Harvard University Press, 2001 등을 보라. 이들 각 필자는 로버트 앨런이 쓴 슘페터 전기 『열린 문Opening Doors』에 크게 의존하고 있는데, 이 책은 좀 더 균형적인 판단을 내리고 있지만 이 책 역시 슘페터는 종종 반유대주의적인 경향을 보였다고 결론짓고 있다. 앨런 자신은 주로 슘페터의 일기에서 증거를 제시하고 있다. 이러한 비판은 옳을지도 모른다. 그러나 반유대주의를 확인하려면 '합리적인 의심 이상의' 검증에 근접하는 무언가가 필요해 보인다. 앨런을 포함해 4명의 필자 가운데 어느 누구도 이 기준에 일정 부분 이상 부합하는 것으로 보이지는 않는다. 누구도 이 문제를 생각하는 데 대단히 철저하거나 공상적이지 않았으며, 이들 모두 반대의 결론을 이끌어낼 증거의 실체를 놓치고 있다. 그 증거는 다음과 같이 요약될 수 있을 것이다.

빈에 살던 슘페터의 동시대인 상당수는 그를 친유대주의자Judenfreund라고 생각했다. 빈의 정치 상황에서 기독사회당 및 기타 보수 집단의 유력 인사들은 그가 완전히 반유대주의적이지 않은 것으로 봤다. 무엇보다도 중요한 것은, 슘페터의 일생 동안 꽤 여러 명의 유대인 친구가 그가 경력을 쌓는 중요한 순간에 결정적인 도움을 줬거나, 그의 제자와 동료로서 자신들이 경력을 쌓는 과정 가운데 슘페터가 도움을 준 점에 감사를 표했다는 점이다. 이런 사람들로는 구스타프·볼프강 슈톨퍼, 루돌프 힐퍼딩, 에밀 레더러, 오토 바우어, 한스 켈젠, 프랭크 타우시그, 바실리 레온티에프, 한스 징거, 아우구스트 뢰슈, 폴 새뮤얼슨, 시모어 해리스, 아브람 베르그송 외에도 여러 명이 있다. 슘페터에게 도움을 주거나 그로부터 도움을 받은 이들 대부분은 양친이 모두 유대인이었고, 일부는 한쪽만 유대인이었다. 이들 가운데 일부는 물려받은 신앙을 지켜나갔고, 어떤 사람들은 불가지론자였으며, 일부는 기독교인이 되었다. 1930년대에 유럽을 빠져나와 직장을 잡는 데 슘페터의 도움을 받은 여러 유대인 출신 학자의 경우도 이와 마찬가지였다.

물론 유대인 개개인과 친밀하게 지내면서도 반유대주의를 지니는 것이 불가능한 일이 아님은 충분히 입증되고 있다. 그러나 광범위하고 장기간에 걸친 적극적인 (모두가 서로 주고받는) "후원"의 유형이 나타나는 경우는 전혀 다른 문제다. 슘페터가 반유대주의자가 아니었다는 해박한 (그리고 분노에 찬) 주장은 Wolfgang F. Stolper, *Joseph Alois Schumpeter: The Public Life of a Private Man*, Princeton, N.J.: Princeton University Press, 1994, pp. 10~12, 217을 보라.

이 책에서 나는 이 문제에 관한 증거를 제시하고 독자들이 스스로 판단을 내리도록 했다. 내가 보기에 이 증거들은 슘페터가 편견을 갖기는 했으나(예컨대 그는 귀족에 대해 과도한 존경심을 지닌 엘리트주의자였다), 반유대주의는 이 편견 가운데 하나가 아니었음을 시사하고 있다. 그의 시대를 감안할 때 그는 놀랄 만큼 관용적이고 개방적이었으며, 다른 어떤 요인보다도 순수한 재능과 성과를 존중했다.

13. Johnston, *The Austrian Mind*, pp. 68~69.

14. Schumpeter, "Ships in the Fog", Schumpeter Papers, HUG(FP)—4.3, Misc. personal writings and notes, box 1, Material for Ships in the Fog, HUA. 이 중요한 기록은 읽기가 엄청나게 어렵다. 내용은 누런 종이로 된 작은 쪽지에 작고 때로는 알아볼 수 없는 연필 글자로 씌어 있다. 슘페터는 1930년대 중·후반에 간헐적으로 소설을 썼으며, 대부분 영어로 썼지만 일부는 프랑스어, 독일어와 지금은 쓰지 않는 가벨슈베르거 Gabelsberger 속기법으로 썼다. 초고(총 32쪽 분량) 가운데 일부는 연인 사이의 대화도 있고, 다른 부분에는 주인공이 직접 구했거나 생각하고 있었던 기업 및 정부 기관 내 직장에 관한 내용도 있으며, 또 나중에 완성시킬 계획이었던 것이 분명한 몇 가지 사건의 개요도 담겨 있다.

15. Ibid.

16. Paul A. Samuelson, "Schumpeter as a Teacher and Economic Theorist," in Harris, ed., *Schumpeter, Social Scientist*, pp. 48~49; Samuelson, "Joseph A. Schumpeter", *Dictionary of American Biography*, New York: Scribner, 1977, Supplement Four, p. 722. 정체성 문제에 대한 손쉬운 개관을 비롯해 정확한 자기인식을 이루는 것이 어렵다는 점에 관한 새 시선들에 대해서는 Timothy Wilson, *Strangers to Ourselves: Discovering the Adaptive Unconscious*, Cambridge, Mass.: Harvard University Press, 2002를 보라.

제2장 인격이 만들어지다

1. 빈과 오스트리아-헝가리 제국에 관한 방대한 학술 자료 가운데, 나는 다음 저작들이 특히 유용하다는 것을 발견했다.
- William M. Johnston, *The Austrian Mind: An Intellectual and Social History, 1848~1938*, Berkeley: University of California Press, 1972.
- Hilde Spiel, *Vienna's Golden Autumn, 1866~1938*, New York: Weidenfeld and Nicolson, 1987.
- Carl E. Schorske, *Fin de Siècle Vienna: Politics and Culture*, New York: Knopf, 1979.

- Allan Janik and Stephen Toulmin, *Wittgenstein's Vienna*, New York: Simon & Schuster, 1973.
- Jacques Le Rider, trans. Ralph Manheim, "Between Modernism and Postmodernism: The Viennese Identity Crisis", in Edward Timms and Ritchie Robertson, eds., *Vienna 1900: From Altenburg to Wittgenstein*, Edinburgh: Edinburgh University Press, 1990, pp. 1~10.
- Arthur J. May, *Vienna in the Age of Franz Josef*, Norman: University of Oklahoma Press, 1966.
- Robert A. Kann, *A History of the Habsburg Empire, 1526~1918*, Berkeley: University of California Press, 1977.
- C. A. Macartney, *The Habsburg Empire, 1790~1918*, London: Macmillan, 1969.
- Arthur J. May, *The Habsburg Monarchy, 1867~1914*, Cambridge, Mass.: Harvard University Press, 1951.
- A. J. P. Taylor, *The Habsburg Monarchy, 1809~1918: A History of the Austrian Empire & Austria-Hungary*, New York: Harper & Row, 1965.
- F. R. Bridge, *The Habsburg Monarchy among the Great Powers, 1815~1918*, New York: St. Martin's Press, 1991.
- Alan Sked, *The Decline and Fall of the Habsburgs, 1815~1918*, London: Longman, 1989.
- Samuel R. Williamson, Jr., *Austria-Hungary and the Origins of the First World War*, New York: St. Martin's Press, 1991.

유익하지만 조금 학술적인 성격이 덜한 책들로는 Claudio Magris, trans. Patrick Creagh, Danube , London: Collins Harvill, 1989와 프레더릭 모턴의 두 책, *A Nervous Splendor: Vienna 1888/1889*, Boston: Little, Brown, 1979 및 *Thunder at Twilight: Vienna, 1913/1914*, New York: Scribner, 1989 등이 있다. 전자는 20세기 후반의 옛 하보름슈부르크Habormsburg 지방의 상황을 잘 재현하고 있다. 이 시기 빈 상류사회의 분위기는 소설가 세라 게인험이 그녀의 논픽션 에세이 *The Habsburg Twilight: Tales From Vienna*, New York: Atheneum, 1979에 잘 표현하고 있다. 또 Felix Somary, trans. A. J. Sherman, *The Raven of Zurich: The Memoirs of Felix Somary*, New York: St. Martin's Press, 1986), 1~10장의 내용도 보라.

2. 이러한 재건은 비평가 칼 쇼르슈케가 표현했듯이 "현대적이고 합리적인 문화와 속세 학문의 회복(오랜 중세 속 맹신의 밤 뒤에 나타난) 사이의 역사적 연관성을 주장하기 위해" 이루어진 것이었다. Schorske, *Fin de Siècle Vienna*, pp. 8, 26, 38~40, 46[칼 쇼르슈케 지음, 『비엔나 천재들의 붉은노을』, 김병화 옮김, 생각의나무, 2010으로 출간됨*]. 또 Herbert Muschamp, *New York Times*, Sunday, June 2, 2002, p. 30 of the Art and Architecture

section도 보라. 그는 창조적 파괴라는 슘페터의 용어를 쓰고 있다.

3. Edward Timms, "Images of the City: Vienna, Prague, and the Intellectual Avant-Garde", in Robert B. Pysent, ed., *Decadence and Innovation: Austro-Hungarian Life and Art at the Turn of the Century*, London: Weidenfeld and Nicolson, 1989, p. 3. 여기서 팀스는 오스트리아뿐만 아니라 독일도 언급하고 있다.

4. 이 대관람차는 1949년의 고전 영화 「제3의 사나이The Third Man」를 통해 세계의 관객에게 친숙해졌는데, 이는 제2차 대전 뒤 빈에 세워진 것이었다.

5. 말러와 요한나는 거의 같은 시기 같은 곳(이흘라바)에서 태어났지만, 그들은 분명히 서로 알지 못했다.

6. Stefan Zweig, *The World of Yesterday: An Autobiography*, London: Cassell, 1943, pp. 21~22.

7. 에드워드 팀스는 제국의 일부 전통은 "시계를 멈추게 하려는 거대한 시도처럼" 보였다고 썼다. Timms, "Images of the City: Vienna, Prague, and the Intellectual Avant-Garde", p. 3. 철학자 루트비히 비트겐슈타인의 아버지인 카를 비트겐슈타인은 "분리주의자 박물관Secessionist"의 가장 중요한 돈줄이었는데, 그 박물관 벽은 아직도 빈 출신의 위대한 화가 구스타프 클림트가 그린 벽화로 장식되어 있다.

8. Spiel, *Vienna's Golden Autumn, 1866~1938*, p. 150. 그리고 Harold B. Segel, *The Vienna Coffeehouse Wits, 1890~1938*, West Lafayette, Ind.: Purdue University Press, 1993도 보라.

9. "1890년대에는 이미 중·상류층의 영웅은 더 이상 정치 지도자들이 아니라 배우, 예술가, 비평가들이었다." Schorske, *Fin de Siècle Vienna*, pp. xviii, 8을 보라. 반유대주의가 되살아나고 있던 빈의 정치 상황을 감안하면 문화적 르네상스의 상당 부분을 유대인이 이끌었다는 것은 아이러니컬하다. 음악에서는 아널드 쇤베르크와 구스타프 말러, 정치학에서는 빅토르 아들러와 오토 바우어, 문학에서는 슈테판 츠바이크와 카를 크라우스, 정신분석학에서는 지그문트 프로이트가 유대인 출신이었다.

10. Mark Twain, "Stirring Times in Austria", *Harper's New Monthly Magazine* 96, March 1898, p. 530.

11. 황제는 언제나 영국식 호칭인 Francis Joseph을 선호했지만, 당대 사람들 다수는 그를 Franz Josef 또는 종종 Franz Joseph로 불렀다. 오스트리아-헝가리 제국의 영토는 38만 6422평방킬로미터로, 33만 6352평방킬로미터인 독일 제국보다 15퍼센트 크다. (이에 비해 미국의 텍사스 주는 43만 2913평방킬로미터, 현재의 독일은 22만 2089평방킬로미터이며, 현재의 오스트리아는 5만 2142평방킬로미터이다.) 빈의 프란츠 요제프 황궁에서 발포한 포고령의 시작은 다음과 같다. "우리는 신의 은총에 따라 오스트리아 황제, 헝가리 왕과 보헤미아, 달마티아, 크로아티아, 슬라보니아, 갈리치아, 로도메리아, 일리리아 왕, 예루살렘 왕과 오스트리아 대공, 토스카나, 크라쿠프대공, 로렌 공과 잘츠부르크, 슈티리아, 카린티아, 카르니올라, 부코비나 공과 트란실바니아 대공과 모라비아 후작, 상·하 실레지아 공과 모데나, 파르마, 피아첸차, 구아스텔라 공과 아우스슈비츠, 사토르 공과 테셴, 프리아울·라구사, 자라 공, 합스부르크·티롤 왕실백작과 키부르크, 고르츠, 그라디스카 왕실백작, 트리엔트, 브릭센 공, 상·하 라우시츠 후작과 이스트리아 후작, 호헨엠브스, 펠트키르히, 브레겐츠, 존넨베르크 등지 백작, 트리에스테 경과 카타로 및 빈디쉬 이북 지방 경, 보이보디나세르비아 대관(大官)……"

이들 가운데 몇몇 지역의 위치에 관해서는 Ernst Bruckmüller, trans. Nicholas T. Parsons, "The National Identity of the Austrians", ch. 8 of Mikuláš Teich and Roy Porter, eds., *The National Question in Europe in Historical Context*, Cambridge: Cambridge University Press, 1993, 특히 pp. 202~204, 218~219를 보라. 같은 책 9장 체코(by Arnošt Klíma, trans. Milan Hauner), 10장 헝가리(by Emil Niederhauser, trans. Mari Markus Gömöri), 11장 달마티아, 크로아티아(by Mirjana Gross) 또한 합스부르크 제국의 복잡한 민족 문제에 관한 적절한 설명을 제공하고 있다.

12. Mark Twain, "Stirring Times in Austria", pp. 532~533.

13. István Deák, *Beyond Nationalism: A Social and Political History of the Habsburg Officer Corps, 1848~1918*, New York: Oxford University Press, 1990. 데아크는 군대가 실제 전쟁에서 싸우는 것보다 통합에 더욱 효과적이었으며, 군대가 '최소 병력'으로 '기적적인'(p. 8) 보존을 이루었다고 주장한다. 요제프 로트(trans. Joachim Neugroschel)는 고전적 소설 *The Radetzky March*, New York: Knopf, 1996, 초판 1932에서 지방 군대생활을 생생하게 환기시키고 있다.

14. Edward Crankshaw, *The Fall of the House of Habsburg*, London: Longmans, Green, 1963, pp. 4, 82.

15. "하층 귀족은 프란츠 요제프의 궁정에 출입할 수 없었다. 고대의 의전 관례에 따르면 궁정 출입 자격hoffähig을 얻으려면 고조기高潮期로 거슬러올라가 16명의 조상이 모두 귀족

이어야 했다. (…) 귀족은 80개의 가문에 집중되어 거의 그들끼리 결혼했기 때문에 이들이 하나의 대가족을 이뤘다." Johnston, *The Austrian Mind*, pp. 39~40을 보라. 또 Henry Wickham Steed, *The Hapsburg Monarchy*, London: Constable and Company, 1913, p. 133; May, *Vienna in the Age of Franz Joseph*, p. 162도 보라.

16. 프란츠 요제프의 여러 전기 가운데 영어로 된 고전적인 연구는 Joseph Redlich, *Emperor Francis Joseph of Austria: A Biography*, New York: Macmillan, 1929다. 또 간명하고 매우 읽기 쉬운 Steven Beller, *Francis Joseph*, London and New York: Longman, 1996도 보라. 이 책의 첫 장에서는 합스부르크 연구에 관한 훌륭한 역사기록학적 개관을 얻을 수 있다. 오스트리아 사회에서의 프란츠 요제프의 역할에 관해서는 Johnston, *The Austrian Mind*를 보라.

17. Alan Bullock, *Hitler and Stalin: Parallel Lives*, London: HarperCollins, 1991, p. 22; Alan Palmer, *Twilight of the Habsburgs: The Life and Times of Emperor Francis Joseph*, New York: Grove Press, 1995, p. 270 그리고 Janik and Toulmin, *Wittgenstein's Vienna*, 2장도 보라. 오스트리아의 반유대주의에 관한 여러 유용한 책 가운데서는 특히 Bruce F. Pauley, *From Prejudice to Persecution: A History of Austrian Anti-Semitism*, Chapel Hill: University of North Carolina Press, 1992; Peter Pulzer, *The Rise of Political Anti-Semitism in Germany and Austria*, London: Peter Halban, 1988; Robert S. Wistrich, The *Jews of Vienna in the Age of Franz Joseph*, Oxford: Oxford University Press, 1989 및 비스트리히가 편집한 평론집 *Austrians and Jews in the Twentieth Century: From Franz Joseph to Waldheim*, New York: St. Martin's Press, 1992 등을 보라.

18. 뤼거에 관해서는 John W. Boyer, *Political Radicalism in Later Imperial Vienna: Origins of the Christian Social Movement, 1848~1897*, Chicago: University of Chicago Press, 1981. 특히 pp. 318~319, 367, 379, 411을 보라. 그리고 뤼거가 권좌에 오른 뒤의 일에 관해서는 John W. Boyer, *Cultural and Political Crisis in Vienna: Christian Socialism in Power, 1897~1918*, Chicago: University of Chicago Press, 1995, 1~4장을 보라. 일부 비평가는 뤼거가 정치적 반유대주의를 상황 논리로 이해하려는 보이어의 시도들을 받아들이는 반면, 다른 사람들은 보이어가 뤼거에게 무척 관대하다고 판단했다.

19. 모두 Ibid. 또 Brigitte Hamann, trans. Thomas Thornton, *Hitler's Vienna: A Dictator's Apprenticeship*, New York: Oxford University Press, 1999, pp. 273~303을 보라. 『나의 투쟁』으로부터의 인용은 p. 399에 나온다.

20. 합스부르크가 치하에서의 건전한 경제 발전에 대한 해석으로 가장 큰 논란을 일으켰던 책 가운데 하나가 David F. Good, *The Economic Rise of the Habsburg Empire, 1750~1914*, Berkeley: University of California Press, 1984이다.

21. Johnston, *The Austrian Mind*, pp. 64~66; Boyer, *Political Radicalism in Later Imperial Vienna*, pp. 318~319, 367, 379, 411; Boyer, *Cultural and Political Crisis in Vienna*, 1~4장. 석유산업에 관해서는 Alison Fleig Frank, *Oil Empire: Visions of Prosperity in Austrian Galicia*, Cambridge, Mass.: Harvard University Press, 2005를 보라. 이 책은 산업 발전의 경제적 측면뿐만 아니라 사회적·문화적 측면도 명쾌하게 분석하고 있다.

22. Steven Beller, *Francis Joseph*, p. 151. 1897년 마크 트웨인이 방문했을 당시에 의회에는 두 가지 문제가 제기되었다. 첫 번째 문제는 (이중군주제 아래 오스트리아와 헝가리를 통합한) 협정Ausgleich이 맺어진 지 10년째가 되어 예정된 갱신을 앞둔 것이었다. 두 번째 문제는 각 지역 내부 또는 지역 간에 반복되는 민족적 우월감 문제에서 자라난 것이었다. 특히 독일인은 모라비아와 보헤미아에서 독일어와 함께 체코어를 공문서에 쓰도록 한 새 규정에 신경이 곤두서 있었다. 이 지역에서는 체코인이 독일어 사용 인구에 비해 훨씬 많았지만, 독일어 사용자들은 격렬하게 저항했고 그 결과 새 법은 나중에 없어졌다. 대부분의 체코인은 독일어를 알았지만 극소수의 독일인만이 체코어를 알았다. 따라서 체코어가 관청 업무에서 공식어 가운데 하나가 된다면 많은 공무원의 일자리가 체코인 쪽으로 넘어가게 되는 것이었다. 합스부르크 각국에서는 공무원이 매우 급속하게 늘어나, 1870년 약 10만 명에서 1910년에는 40만 명으로 늘어났다. 이 때문에 첨예한 대립 구도가 생겼다. 관련 내용은 Steed, *The Habsburg Monarchy*, p. 88 및 Boyer, *Political Radicalism in Later Imperial Vienna*, p. 383를 보라. 매우 논란이 컸던 이 결정 뒤 프라하와 기타 도시에서는 봉기가 일어났으며, 봉기는 빈에서조차도 종종 일어났다.

베를린 방문자의 말은 Hamann, *Hitler's Vienna: A Dictator's Apprenticeship*, p. 119에 인용되어 있다. 하만은 이어서 히틀러가 스스로 1908년과 1909년에 자주 의회에 나왔으며, 나중에 『나의 투쟁』에서 의원내각제 구상이 "수많은 사람이 보기에 얼핏 매력적으로 보였지만 (…) 그럼에도 불구하고 이는 인간의 쇠퇴 징후 속에서 평가되어야 하며", 의원들은 "그들 스스로 자만하고 과장하는 만큼 정신적으로 허섭스레기이자 아마추어들의 무리"라고 썼다고 말했다(p. 132).

23. 위쪽 방청석에서 바라보던 마크 트웨인은 의원들이 폭력에 호소하지 않고 모욕을 받아들이는 대신 서로 욕하는 것에 그리 놀라지 않았다. "이 사람들은 직업적인 깡패가 아니다. 그들은 대체로 신사이며 교육을 받았다. 그러나 그들은 그런 말을 쓰고 받아들이기도 한다. 그들은 자신의 행위에 정말로 아무런 의미도 두지 않는 듯하다. (…) 분명히 그들은 각자 원

하는 것을 서로 외치고, 아무런 유감없이 집으로 돌아간다." 트웨인이 추측하기에 그러한 일은 미국에서나, 심지어 영국의 교정에서도 일어날 수 있는 일이 아니었다. "Stirring Times in Austria," pp. 533~537.

24. Boyer, *Political Radicalism in Later Imperial Vienna*, p. 363. 대학 내 주먹다짐에 관해서는 Somary, *The Raven of Zürich*, pp. 7~8도 보라.

25. 슘페터의 스승으로 유명한 뵘바베르크의 말은 1913년에 나온 것이었고, Richard Swedberg, *Schumpeter: A Biography*, Princeton, N.J.: Princeton University Press, 1991, p. 199; Somary, *The Raven of Zürich*, pp. 14~15에 인용되어 있다.

26. Edmund Burke, *Reflections on the Revolution in France*, 1790, ed. Thomas Mahoney, New York: Bobbs-Merrill, 1955, pp. 57~59[에드먼드 버크, 『프랑스혁명에 관한 성찰』, 이태숙 옮김, 한길사, 2008로 출간됨*].

27. 아일랜드인은 유일한 예외였다. 11세기와 그 이후, 합스부르크가는 영국에 그들의 통치자를 두고 있으면서 영지領地를 억지로 한 국가에 통합시키려 하지 않았다(웨일스는 1536년에, 스코틀랜드는 1707년에 그리고 아일랜드는 1800년에 병합되었다). 프랑스 왕들은 15세기에, 러시아의 차르들은 17~18세기에, 프러시아 왕들은 19세기에 비슷한 행동을 취했다. 그러나 합스부르크 내 나라는 민족적으로 더욱더 다양했고, 그들을 한 나라로 합치기 위해서는 매우 강력한 접근법이 요구되었다. 이런 점은 Karl R. Stadler, *Austria*, London: Ernest Benn, 1971, pp. 56~70에서 논의되고 있으나, Dominic Lieven, *Empire: The Russian Empire and Its Rivals*, New Haven, Conn.: Yale University Press, 2001, p. 193에서는 이의가 제기되고 있다. 리벤의 책 5장은 오스트리아-헝가리 제국을 검토한 뒤 1900년에는 이미 이 나라가 "민주적 다민족 연방을 향해 접근해갔고, 국민에게 큰 시장의 경제적 이득과 법적으로 보장되는 신분상의 평등 그리고 제국의 전통적인 은택이었던 안전을 제공할 수 있게 되었다"고 주장하고 있다.

28. Somary, *The Raven of Zürich*, p. 120.

29. Samuelson, "Joseph A. Schumpeter", in *Dictionary of American Biography*, Supplement Four, 1946~1950, New York: Scribner, 1974, pp. 720~723.

제3장 경제학을 배우다

1. 슘페터가 수강한 강좌와 그들을 지도한 강사의 전체 목록은 Ulrich Hedtke and Richard Swedberg, eds., *Joseph Alois Schumpeter, Briefe/Letters*, Tübingen: J. C. B. Mohr, Paul Siebeck, 2000의 서문(pp. 3~5)에 있다.

2. William M. Johnston, *The Austrian Mind: An Intellectual and Social History, 1848~1938*, Berkeley: University of California Press, 1972, pp. 69~73에는 이 대학의 일과가 잘 묘사되어 있다.

3. Schumpeter, "Eugen von Böhm-Bawerk", in *Ten Great Economists: From Marx to Keynes*, New York: Oxford University Press, 1951, p. 148 (1914년 출간된 본래 글의 헤르베르트 차센하우스 역본)[조지프 슘페터 지음, 『10대 경제학자: 마르크스에서 케인스까지』, 정도영 옮김·전철환 해제, 한길사, 1998로 출간됨*]. *History of Economic Analysis*, New York: Oxford University Press, 1954을 보면, 유명한 앨프리드 마셜이 여러 해 동안 가르쳤던 케임브리지대에서는 "경제학과 연관 분야인 정치학의 우등졸업시험이 1903년까지 만들어지지 않았다. 그 이전에 경제학은 사실 가르치기는 했지만 상설 형태의 전문 연구 분야로 인정받지는 못하고 있었다. 그 뒤 강의는 늘어났지만 이 기간에 오늘날의 경제학부 같은 것은 없었다"고 슘페터는 적고 있다(p. 755n3). 그는 이어서 독일과 그 외 다른 나라에서는 경제학을 개혁의 방편으로 삼으려는 경향이 매우 강했지만, 신생 오스트리아학파에서는 그렇지 못했다고 말했다.

4. 경제사상사에 관한 뛰어난 저작이 많다. 가장 읽기 좋은 책은 Robert L. Heilbroner, *The Worldly Philosophers: The Lives, Times and Ideas of the Great Economic Thinkers*, New York: Simon & Schuster, 1953이다[로버트 하일브로너 지음, 『세속의 철학자들』, 장상환 옮김, 이마고, 2005로 출간됨*]. 이 책은 6판(1992) 이후로는 슘페터를 다룬 장이 포함되었다 (하일브로너가 장 전체를 할애해 개별적으로 다룬 경제학자는 그를 포함해 5명뿐이었다). 다른 일반적인 연구들로는 Mark Blaug, *Economic History and the History of Economics*, New York: New York University Press, 1986; Mark Blaug, *Economic Theory in Retrospect*, 5th ed., Cambridge: Cambridge University Press, 1997; Alessandro Roncaglia, *The Wealth of Ideas: A History of Economic Thought* , Cambridge: Cambridge University Press, 2005 등이 있는데, 모두 슘페터에 관한 토론이 들어 있다. David Warsh, *Knowledge and the Wealth of Nations: A Story of Economic Discovery*, New York: Norton, 2006는 1940년대 수학혁명 이후의 강단경제학의 정신과 문화를 잘 파악하고 있다[데이비드 워시 지음, 『지식경제학 미스터리』, 김민주·송희령 옮김, 김영사, 2008로 출간됨*]. 슘페터가 직접 쓴 『경제 분석의 역사』는 1949년까지를 다룬 책 가

운데 여전히 정상급이며 많은 전문가의 견해를 따르자면 최고의 책이다.

5. Schumpeter, *History of Economic Analysis*, p. 181. Adam Smith, *An Inquiry into the Nature and Causes of the Wealth of Nations*, Chicago: University of Chicago Press, [1776], 1976). 스미스는 보이지 않는 손이라는 비유를 그의 이전 책에서 비경제적인 맥락으로 적어도 두 번 이상 썼다. 이 구절은 『국부론』에서 강조되지는 않았으나, 1976년판 pp. 487~490에서 대외무역을 논의하는 부분에 나온다.

6. 슘페터의 숭배자이자 후원자였던 저명한 미국 경제학자 존 클라크는 1890년에 토지보다는 노동을 중시하는 주장을 하면서 이와 연관된 관점을 세웠다. 클라크의 주장에는 경제학자 사이에서 점점 더 유명해진 구절이 들어 있다. 그 구절은 이렇다. "1.6평방킬로미터의 초원에 한 사람만을 투입한다면 그는 많은 수확이 있을 것이다(클라크는 한 사람이 그 넓은 땅을 혼자서 일굴 수 있다고 가정하고 있는 듯한데, 이는 의문스러운 전제다). 같은 땅에 2명이 투입되면 1인당 수확량은 줄어들 것이고, 인력을 10명으로 늘리면 마지막 사람은 아마도 임금만을 받게 될 것이다." 많은 학자가 클라크를 한계생산력설의 가장 중요한 선구자로 생각하고 있으며, 그 이론에서 이 설명이 좋은 사례로 쓰이고 있다. Clark, "Distribution as Determined by a Law of Rent", *Quarterly Journal of Economics* 5, 1891, p. 304를 보라. 아직도 이 사례는 토지가 매우 작은 필지로 나뉘어져 있는 멕시코 같은 개발도상국에서는 타당성이 있다.

7. 슘페터는 스승의 가르침을 아무런 적절한 수정 없이 맹종하는 리카도의 추종자들보다는 항상 조심스럽게 자신의 주장을 점검했던 리카도 본인을 더 존경했다. 예컨대 Schumpeter, *History of Economic Analysis*, pp. 472~475를 보라. 여기에서 그는 리카도의 엄격함과 지도력에 대해 넉넉한 믿음을 보였으나, 그가 끼친 영향에 대해서는 전체적으로 비판적이다. 수확 증가를 수학적으로 정형화하는 것은 수확 감소를 정형화하는 것보다 어렵고, 수확 증가에 관한 가격 이론은 더더욱 어렵다. 이 때문에 주류 강단경제학자들은 이 문제와 (경제성장과 기타 문제에 관한) 공공정책의 영향에 효과적으로 대처하기 위해 여러 해 동안 고심했다. 수확 증가 문제를 이해하려는 실무경제학자의 꾸준한 노력은 이들의 철도산업 분석을 통해 결실을 맺기 시작했다. 1880년대 아서 해들리와 헨리 애덤스의 연구가 이에 해당한다. 피에로 스라파는 20세기 초에 이미 이 문제를 현대 경제 분석에 도입했다. 1960년대 이후에 연구물을 낸 후대의 선구자 가운데 F. M. 셔러와 리처드 넬슨은 기술적 진보와 동적 수입 증가라 부를 만한 것을 강조했다.
1980~1990년대 "신성장이론New Growth Theory"에서의 수확 증가 문제의 중요성에 관해서는 저널리스트적인 시각에서 다룬 Warsh, *Knowledge and the Wealth of Nations*를 보라. 이 문제를 다룬 중요한 저작들로는 Elhanan Helpman and Paul Krugman, *Market Structure and Foreign Trade: Imperfect Competition, Increasing Returns, and the*

International Economy, Cambridge, Mass.: MIT Press, 1985; Paul Romer, "Increasing Returns and Long-Run Growth", *Journal of Political Economy* 94, October 1986, pp. 1002~1037; Paul Romer, "Endogenous Technological Change", *Journal of Political Economy* 98, part 2, October 1990, pp. 71~102 등이 있다. 슘페터의 연구도 본인의 주장을 결코 계량화할 수는 없었지만 분명히 이 작업의 일환이었다.

8. Schumpeter, *History of Economic Analysis*, p. 571.

9. 1871년에 창간된 이 저널은 몇 차례의 명칭 변화를 거쳐 1913년에 약칭인 『슘몰러 연감 Schmollers Jahrbuch』으로 불리게 되었다. 이 저널은 독일과 오스트리아에서 널리 읽혔고 아직도 읽히고 있으며, 그 영어판인 『저널 오브 어플라이드 소셜 사이언스 스터디스 Journal of Applied Social Science Studies』도 영어권 국가에서 역시 널리 읽히고 있다. 슘페터의 말은 *History of Economic Analysis*, p. 809n4에 나온다.

10. 이 주제에 관한 여러 문헌에서, 학자들은 유용하게 신·구 독일 역사학파를 구분했다. 예를 들어 Geoffrey M. Hodgson, *How Economics Forgot History: The Problem of Historical Specificity in Social Science*, London: Routledge, 2001, pp. 41~134의 철저한 분석을 보라. 독일 역사학파가 독일의 것도 아니고 역사에 관한 것도 아니며 학파도 아니라고 주장하는 도발적인 견해는 Heath Pearson, "Was There Really a German Historical School of Economics?", *History of Political Economy* 31, 1999, pp. 547~562를 보라.

11. 슘페터는 베버의 『사회과학 및 사회정책 잡지Archiv für Sozialwissenschaft』에 기고했으나, 베버의 연구를 거의 인용하지 않았다. 또 내가 아는 한 베버도 슘페터의 연구를 전혀 인용하지 않았다. 그러나 서로에게 영향은 있었다. Riccardo Faucci and Veronica Rodenzo, "Did Schumpeter Change His Mind? Notes on Max Weber's Influence on Schumpeter", *History of Economic Ideas* 6, 1998, pp. 27~54; Yuichi Shionoya, *The Soul of the German Historical School: Methodological Essays on Schmoller, Weber, and Schumpeter*, New York: Springer Science & Business Media, 2005를 보라.
1920년대 중반에 슘페터는 자신의 경제학에 대한 접근법을 재검토하기 시작했고, 사회학과 역사학이 자신이 생각했던 것보다 중요하다는 결론을 내렸다. 그래서 그는 「구스타프 폰 슘몰러와 오늘날의 문제」라는 제목의 긴 논문을 써서, 경제학이라는 학문을 불모의 이론 너머, 슘페터가 '보편사회과학universal social science'이라 부른 것까지 키우는 데 공헌한 슘몰러의 연구를 기렸다. 그는 역사학과 사회학을 체계화한 슘몰러의 작업을, 경제 이론화 과정에서의 자신 및 다른 사람들의 노력과 연결시키고 있다. Schumpeter, "Gustav v. Schmoller und die Probleme von heute", *Schmollers Jahrbuch für Gesetzgebung, Verwaltung und Volkswirtschaft im Deustchen Reich 50*, June 1926, I, pp. 337~388를 보라.

12. Richard S. Howey, "The Origins of Marginalism", in R. D. Collison Black, A. W. Coats, and Craufurd D. W. Goodwin, eds., *The Marginal Revolution in Economics: Interpretation and Evaluation*, Durham, N.C.: Duke University Press, 1973. pp. 15~36. 오스트리아학파가 사회 문제를 무시한 것은 결코 아니다. 슘페터의 스승인 비저와 뵘바베르크는 제국 내각에서 근무했다. 그리고 황태자 루돌프의 가정교사였던 카를 멩거는 종종 농업 및 기타 분야에서 좋은 풍습의 사례를 만들어내는 데 귀족의 책임을 강조했다. Erich W. Streissler and Monika Streissler, eds., *Carl Menger's Lectures to Crown Prince Rudolf of Austria*, trans. Monika Streissler with the assistance of David F. Good , Aldershot, U.K.: Edward Elgar, 1994. p. 183를 보라.

13. Léon Walras, *Elements of Pure Economics, or The Theory of Social Wealth*, trans. William Jaffé of *Éléments d'économie politique pure, ou théorie de la richesse sociale*, Homewood, Ill.: Irwin [1874], 1954[레옹 발라 지음, 『순수 경제학: 사회적 富에 관한 이론』, 심상필 옮김, 민음사, 1996으로 출간됨*]; W. Stanley Jevons, *The Theory of Political Economy*, London: Macmillan, 1871; Carl Menger, *Principles of Economics*, trans. James Dingwall and Bert F. Hoselitz of *Grundsätze der Volkswirtschaftslehre*, New York: New York University Press, [1871] 1981, [1874], 1954)[칼 멩거 지음, 『국민경제학의 기본원리』, 민경국·이상헌·김이석 옮김, 자유기업원, 2002로 출간됨*]; John B. Clark, *The Philosophy of Wealth: Economic Principles Newly Formulated*, Boston: Ginn and Co., 1887; Schumpeter, History of Economic Analysis, pp. 868~870, 909~919. 또 William M. Johnston, *The Austrian Mind*, 4장도 보라. 슘페터는 *History of Economic Analysis*, pp. 463~465에서 19세기 초의 다른 몇몇 경제학자가 한계효용설 및 한계생산력설의 어떤 측면을 예측했음을 입증하고 있다. 전자에 대해서는 쥘 뒤퓌, 헤르만 고센, 윌리엄 로이드 등이, 후자에 대해서는 마운티포트 롱필드와 요한 튀넨 등이었다.

14. 그러나 제번스와 발라는 다른 여러 선구자와 마찬가지로 그들이 죽을 때까지 자신들의 지적인 의무를 받아들이지 않았다. 제번스는 조용하고 겸손한 사람이었으며, 슘페터는 그가 경제학에 수학이 필수불가결함을 강력히 주장했기 때문에 그를 존경했다. 발라와 균형의 중요성에 대해서는 Schumpeter, *The Theory of Economic Development*의 일본어판(Tokyo: Iwanami Shoten, 1937) 서문을 보라. 이는 Schumpeter, *Essays on Entrepreneurs, Innovation, Business Cycles, and the Evolution of Capitalism*, Richard V. Clemence, ed. (초판 Addison-Wesley, 1951; 신판 Transaction, New Brunswick, N.J., 1989, 서문 Richard Swedberg), p. 165에 수록되어 있다. 마그나카르타와의 유사성은 Schumpeter, History of Economic Analysis, p. 242에 나온다. 슘페터는 더 나아가 "그러나 발라 자신과 그의 추종자들은 모두 발라의 이론이 일반적인 기업 현실이

라는 점에 직면하기 전에 검증받았어야 했고, 지금도 검증받아야 하는 점을 매우 과소평가했다는 점이 여전히 사실"임을 인정하고 있다. Ibid., p. 1015.

몇몇 학자는 한계효용설과 균형의 관계를 탐구했다. 예를 들면 G. L. S. Shackle, "The Harvest", in Black, Coats, and Goodwin, eds., *The Marginal Revolution*, pp. 321~336 같은 것들이다. 슘페터 자신은 이렇게 썼다.

"현대의 학자 모두는 아니겠지만 대부분 효용 및 한계효용설의 역사적 중요성이, 주로 이들 경제학자가 일반적인 경제적 균형을 아는 단계로 올라가게끔 사다리 노릇을 했다는 사실에 있었음을 인정할 것이다. 물론 이런 인식은 오스트리아학파나 제번스보다도 발라에 의해 더욱 분명하게 인지되고 완전하게 발전되었지만 말이다." Schumpeter, "Vilfredo Pareto", in *Ten Great Economists*, p. 126를 보라. 이 글은 본래 1949년에 발표된 평론이다.

15. 멩거에 대한 슘페터 자신의 스케치는 그의 책 위대한 『10대 경제학자』 3장에 그리고 초기 오스트리아학파에 관한 것은 *History of Economic Analysis*, pp. 844~855에 나온다. 아주 많은 글이 방법론 논쟁Methodenstreit을 다루고 있다. 오스트리아학파의 관점에서 간략히 개관한 글로는 Samuel Bostaph, "The Methodenstreit", in Peter J. Boettke, ed., *The Elgar Companion to Austrian Economics*, Brookfield, Vt.: Edward Elgar, 1994, pp. 459~464를 보라.

16. 귀족의 아들인 비저는 지혜와 예술적 진지함이 조화된 성격이었는데, 이는 슘페터로서는 표현해내기 어려운 것이었다. 그는 1921년에 있었던 비저의 일흔 살 생일 축하연을 기억한다. 이 자리에서 슘페터 자신을 포함해 서로 다른 세 하객이 "그를 괴테와 비교했다"고 한다. Schumpeter, *Ten Great Economists*, p. 299를 보라.

17. 뵘바베르크에 관한 슘페터의 회상 기록이 『10대 경제학자』 6장에 담겨 있다. 이는 1914년에 발표된 것을 차센하우스가 번역한 것이다. 이 인용은 p. 145에 있다. 또Schumpeter, *History of Economic Analysis*, p. 844에는 이런 구절이 있다.

"(뵘바베르크의 공직생활은) 그의 과학적 연구를 평가하기 위해서는 유념해둬야 할 부분이다. 마치 우리가 리카도의 작업을 정당하게 평가하려면 그의 사업활동을 염두에 둬야 하는 것과 마찬가지다. 우리 앞에 놓인 그의 글은 뵘바베르크가 마음속에서 생각했던 최종 내용이 아니다. 출간된 연구물의 여러 부분은 급하게 쓰였고, 결론은 뵘바베르크가 고칠 기회도 전혀 갖지 못했다." 비저와 뵘바베르크 외에 빈 대학교에서 슘페터에게 가장 큰 영향을 끼친 스승은 뛰어난 경제사가 오이겐 필리포비치였다. 빈의 오스트리아학파에 관해서는 Johnston, *The Austrian Mind*, 4장을 전체적으로 보라.

18. 슘페터가 1941년에 한 강연에서 밝힌 정의는 Wolfgang F. Stolper, Joseph Alois Schumpeter: *The Public Life of a Private Man*, Princeton, N.J.: Princeton University

Press, 1994, p. 35에 인용되어 있다. 레더러, 미제스, 슘페터는 강단경제학자로서의 경력을 가지고 있고, 바우어와 힐퍼딩은 정치와 공공재정 분야에서 일했다(이들은 나중에 슘페터가 오스트리아 정치계에 뛰어드는 데 힘을 모았다). 일부 필자들은 이 학생 명단에 펠릭스 소머리의 이름을 추가하기도 했다. 펠릭스는 슘페터의 친구였고, 나중에 유럽에서 손꼽히는 은행가 중 한 사람이 되었다. 그러나 그가 뵘바베르크의 세미나에 참여한 것은 조금 뒤의 일이었다.

마르크스에 대한 뵘바베르크의 비평은 「마르크스와 제도적 귀결Karl Marx and the Close of His System」과 뵘바베르크의 분석에 대한 힐퍼딩의 언급 「뵘바베르크의 마르크스 비평 Böhm-Bawerk's Criticism of Marx」을 보라. 두 글은 모두 같은 제목을 달고 한 권으로 묶여 재출간되었는데, 편집을 맡은 사람은 마르크스주의 경제학자이자 하버드대에서 슘페터에게 박사학위 지도를 받은 제자 가운데 한 사람인 폴 스위지였다. 스위지는 이 책(New York: Augustus M. Kelley, 1949)에 25쪽에 이르는 유익한 서문을 덧붙였다.

19. Paul A. Samuelson, "Schumpeter's *Capitalism, Socialism and Democracy*", in Arnold Heertje, ed., *Schumpeter's Vision: Capitalism, Socialism and Democracy after 40 Years*, New York: Praeger, 1981, pp. 1, 13 등 여러 부분.

20. 오스트리아학파가 자유시장에 대한 정부 개입을 격렬하게 반대해(슘페터는 이 생각을 공유하지 않았다) 유명해진 것은 주로 슘페터의 친구인 미제스와 그의 뛰어난 제자 하이에크의 연구에서 출발했다. 일부 필자는 슘페터를 오스트리아학파의 일원으로 생각하지 말아야 한다고 주장했다. 이는 흥미로운 문제이기는 하지만 특별히 중요하진 않다. 그를 명확하게 오스트리아학파로 규정하는 주장은 D. Simpson, "Joseph Schumpeter and the Austrian School of Economics", *Journal of Economic Studies* 4, 1983, pp. 15~28를 보라. 슘페터의 경제 발전 이론에 끼친 독일과 오스트리아 지적 전통의 특별한 양상에 관해서는 Guido Frison, "Some German and Austrian Ideas on 'Technologie' and 'Technik' between the End of the Eighteenth Century and the Beginning of the Twentieth", *History of Economic Ideas* 6, 1998, pp. 108~133를 보라. 두 지적 전통의 혼효混淆에 대해서는 Erich W. Streissler, "The Influence of German and Austrian Economics on Joseph A. Schumpeter", in Yuichi Shionoya and Mark Perlman, eds., *Innovation in Technology, Industries, and Institutions: Studies in Schumpeterian Perspectives*, Ann Arbor: University of Michigan Press, 1994, pp. 13~38를 보라.

21. Schumpeter, "Eugen von Böhm-Bawerk", p. 165.

22. Menger, *Principles of Economics*, pp. 45, 92~94. 또 하이에크가 쓴 이 책 서문에 언급된 문제(p. 16)를 보라. 슘페터가 보기에 멩거는 도무지 수학을 쓰지 않았다. 자신이 썼던 수준에 못 미쳤고, 틀림없이 발라만큼도 되지 않았다.

23. Schumpeter, "The Common Sense of Econometrics," *Econometrica* 1, January 1933, p. 9. 그 뒤 슘페터는 한계효용설 혁명의 이론적 변화에 관해 이와 반대되는 듯한 글을 썼다. 새로운 사고 방식은 "실제 문제에 상관없이 순전히 분석적인 일"로서 나타났다는 것이었다. 그러나 여기서 그는 기업 실무가 아니라 공공정책 문제를 언급하고 있는 듯하다. *History of Economic Analysis*, p. 888를 보라. 현대의 상황과 한계효용설의 관계에 대해서는 R. W. Coats, "The Economic and Social Context of the Marginal Revolution of the 1870s", in Black, Coats, and Goodwin, eds., *The Marginal Revolution*, pp. 37~58를 보라.

24. 이런 부분 및 한계효용설과 연관된 다른 여러 측면에 대해서는 전체적으로 Black, Coats, and Goodwin, eds., *The Marginal Revolution*을 보라. 헤르베르트 호벤캄프는 "The Marginalist Revolution in Legal Thought", *Vanderbilt Law Review* 46, March 1993, pp. 305~359에서 법률과 관련된 다양한 문제를 고찰하는 방편으로 한계효용설에 관한 검토를 제시하고 있다.

25. 적정가격 개념의 바탕을 이루는 사고는 고대 그리스 철학자들이 윤곽이 그렸고, 그 뒤 중세 말기에 아퀴나스의 『신학대전Summa Theologica』이 이후 스콜라철학자들의 책에서 분명해졌다. 슘페터가 『경제 분석의 역사』에서 이 문제를 비롯해, 그것을 어떻게 다뤘는지 간명하게 학술적으로 설명한 대목은 Raymond de Roover, "Joseph Schumpeter and Scholastic Economics", *Kyklos* 10, 1957, pp. 115~143에서 찾아볼 수 있다. 데루버는 스콜라철학자의 저작에서 "다수에 따르면 적정가격은 시장가격이거나 법정가격이었다. 문헌적 증거로 보면 의문의 여지는 거의 없다"고 결론짓고 있다. 실제적인 문제로서, 적정가격의 강요는(역사상 다른 가격통제 방식의 강요와 마찬가지로) 암시장 및 기타 도피처로 인한 문제를 야기해왔다.
초기 자본주의 시대에 적정가격 개념이 끈질기게 남아 있었음을 드러내는 사례들은 여러 연구에서 나타난다. 예를 들어 Mack Walker, *German Home Towns: Community, State, and General Estate, 1648~1871*, Ithaca, N.Y.: Cornell University Press, 1998과 Bernard Bailyn, *The New England Merchants in the Seventeenth Century*, Cambridge, Mass.: Harvard University Press, 1955 같은 연구가 그렇다.

26. 이는 발라보다는 멩거와 제번스의 견해가 더 진실에 가까웠을 것이다. William Jaffé, "Léon Walras' Role in the 'Marginal Revolution' of the 1870s", in Black, Coats, and Goodwin, eds., *The Marginal Revolution*, pp. 118~119를 보라.

27. Menger, *Principles of Economics*, p. 127. 이 획기적인 책의 3장 제목은 「가치 이론」이며, 다음과 같은 정의가 들어 있다(p. 116). "따라서 가치는 상품 안에 있는 게 전혀 아니며

속성도 아니고, 그저 처음에 우리의 필요를 얼마나 만족시킨다고 생각하느냐는 중요도에 지나지 않는다."

28. 한계효용에 관련된 설명은 Richard S. Howey, "The Origins of Marginalism", in Black, Coats, and Goodwin, eds., *The Marginal Revolution*, pp. 30~32를 보라. 이 글에서는 그 용어를 처음 쓴 것이 슘페터의 스승 비저가 아니라 필립 윅스티드라고 생각하고 있는 듯하다. 이 문제는 독일어 단어의 번역으로 밝혀졌고, 이런 생각은 비저의 연구에 분명하게 나타났기 때문에 그리 중요한 문제는 아니다. 개념 자체의 간략한 개관을 위해서는 Jack High, "Marginal Utility", in Boettke, ed., *The Elgar Companion to Austrian Economics*, pp. 87~91를 보라.

29. Schumpeter, "On the Concept of Social Value", *Quarterly Journal of Economics* 23, February 1909, p. 214. 이 문제를 철저히 다루기 위해서는 *Journal of Political Economy* 58, August 1950, pp. 307~327 및 59, October 1950, pp. 372~396에 2부로 나뉘어 실린 George J. Stigler, "The Development of Utility Theory"를 보라.
경제학에서 효용이 얼마나 중요한지 밝힌 슘페터 자신의 최종적인 견해에 관해서는 *History of Economic Analysis*, pp. 912~913을 보라. "한계효용과 총효용 개념은 소비자의 필요와 연관된다. 따라서 이 개념들은 상품 및 서비스와의 연관 속에서만 직접적인 의미를 지니는데, 이 상품과 서비스를 씀으로써 소비자의 필요는 충족된다. 그러나 멩거는 더 나아가, 생산수단(그의 표현으로는 고차재高次財)은 또한 소비자의 만족을 가져온다는 사실 덕분에 경제재經濟財의 개념 안에 들어간다고 말하고 있다. 물론 생산수단이 소비자의 만족을 가져오는 것은 소비자의 필요를 직접 만족시키는 물품 생산을 돕는다는 간접적인 점일 뿐이기는 하지만 말이다. 이제 잠시 멈춰 서서, 매우 단순하고 심지어 진부한 듯하지만 진짜 기발한 이 분석 장치를 검토해보자." 그것이 "한계효용을 생산과 '유통'의 전 분야로" 넓힐 수 있도록 하기 때문이다. 이런 식으로 "순수경제학의 모든 도구는 이렇게 하나의 원칙(어떤 의미에서는 이전에는 전혀 따르지 않았던 원칙이다)에 비춰 통합적임을 알 수 있는 것이다."

30. Schumpeter, "On the Concept of Social Value", p. 231. 또 Wolfgang F. Stolper, *Joseph Alois Schumpeter: The Public Life of a Private Man*, Princeton, N.J.: Princeton University Press, 1994, p. 38 및 Arnold Heertje, "Schumpeter and Methodological Individualism", *Journal of Evolutionary Economics* 14, 2004, pp. 153~156도 보라.

31. 더욱 정확하게는 변동비에 비해 고정비의 비율이 높은 산업들이다. 한계생산력설은 최적 산출량과 노동·자본·원료의 투입 비율을 계산하는 더 나은 방법을 제공했다. 이 한계생산력설은 서로 몇 년 간격을 두고 태어난 세 경제학자가 만들었는데, 그들은 바로 영국 학자 앨프리드 마셜(1842년생)과 필립 윅스티드(1844년생) 그리고 미국의 존 클라크(1847년생)다.

32. (생산되는 것이 철강이든 어떤 다른 것이든) 어떤 공장의 생산이 생산력의 100퍼센트에 접근할 때 한계비용곡선은 위쪽으로 호를 그리게 된다. 덜 효율적인 장비들이 100퍼센트 가까이 쓰이기 때문이다. 산업 전반에서의 최적 설비가동률은 통상 85퍼센트에서 92퍼센트 사이다.

33. 나는 이 사례를 두 방법으로 단순화시켰다. 첫째로, 평균비용은 그림에서처럼 직선형으로 떨어지지 않는다. 또 경제학자 헨리 애덤스가 1887년에 이미 보여줬듯이, 고정비의 확대가 반드시 진정한 규모의 경제는 아니다.

34. 경제학자들은 이 현상을 '수요의 가격탄력성'과 연관시켰다. 균형 이론에서처럼 초기의 한계효용설 계산법 역시 정태경제에 가장 쉽게 적용되었다. 그러나 몇몇 초기 한계효용론자들은 동태경제의 측면을 다뤘다. 물론 계산법을 제한적으로 쓰기는 했지만 말이다. 예를 들어 멩거는 하이에크가 지적했던 것처럼 다음과 같이 생각했다. "경제활동은 본질적으로 미래를 향한 계획이며, 인간이 여러 필요를 예상하는 기간(또는 어쩌면 다른 기간)에 대한 그의 검토는 분명히 현대적인 측면이 있다."
Menger, 『경제학의 원리Principles of Economics』에 붙인 하이에크의 서문(p. 18)을 보라. 그러나 역동적 사고로의 진정한 도약은 다음 세대 학자로부터 나왔다. 특히 슘페터와 하이에크의 가장 중요한 스승이었던 미제스가 대표적이었다.
한계효용설은 전체적으로 지나치게 포괄적이고 복잡한 것이어서, 내가 이 장에서 제시한 요점을 넘어서 토론하기는 어렵다. 그것은 여러 소비자 및 생산자 변수를 안고 있다. 이는 현 소유물, 예산집행, 대용물, 보완물 그리고 순수한 독점적 경쟁 개념 같은 것들이다. 또 내가 규모의 경제와 한계비용 가격제를 나란하게 놓은 것도 엄밀하게 정확한 것은 아니다. 다만 이 둘은 분명히 밀접한 관계가 있다.

35. 카네기의 성공은 여러 조건 속에서 이뤄졌다. 대규모 공장, 매우 중요한 기술적 진보(1차적으로 베서머제강법이 나왔고, 이어 평로平爐 시스템이 나왔다), 한 공정에서 다른 공정으로의 제품 흐름을 가속화시키기 위한 보다 효율적인 플랜트 디자인(예컨대 강철을 봉이나 판으로 만들기 전에 열 손실을 최소화하는 따위), '집중 사용hard-driving'(장비를 집중적으로 사용한 뒤 같거나 더 나은 품질의 설비로 재빨리 교체하는 것) 그리고 철저한 비용 절감 등이다. 슘페터 자신은 나중에 그의 책 Business Cycles, New York: McGraw-Hill, 1939의 철강에 관한 부분에서 이런 몇몇 수단에 대해 썼다. 카네기의 방법에 관한 간명하지만 생생한 묘사가 Harold C. Livesay, *Andrew Carnegie and the Rise of Big Business*, Boston: Little Brown, 1975에 실려 있다. 카네기의 경험(그리고 석유산업의 록펠러와 자동차산업의 포드의 경험 등)에서 나온 중요하면서도 일반적인 교훈은 규모를 키우는 것은 언제나 기술적 진보를 필요로 하며, 이는 종종 한계비용을 더욱 크게 떨어뜨린다는 점이다.

36. 물론 한계비용은 내려갈 수도 있지만 올라갈 수도 있다(그리고 때때로 올라간다). 예를 들어 1960년대 전기 생산의 한계비용은 80년간 꾸준히 내려간 뒤, 갑자기 긴 상승 곡선을 그리기 시작했다. 연료비 증가와 환경 규제, 전기산업상 기술혁신의 추세 둔화, 새 발전소 건설비용의 증가 등이 원인이었다.

그 당시 대부분의 전력 공급사가 소비자에게 매기는 요금은 '역진율逆進率 구조'였다. 이는 소비자가 전기를 더 많이 쓸수록 추가 요금이 싸지는 형태였다. 이 방식은 전기 사용량의 지속적인 증가를 부추겨 이제 소비자들에게 완전히 그릇된 메시지를 보내게 되었다. 가격 제도의 혁신이 필요해졌고, 시간대별 차등요금제(직장과 가정에서 에어컨을 많이 쓰는 더운 여름에 특히 심해지는 집중부하 문제를 해결하기 위한 것이다)와 다른 여러 변경 사항이 도입되었다. 이처럼 새로운 상황하에서 전기의 한계비용가격제를 도입하는 데 가장 두드러지게 활약한 선구자가 뉴욕공익위원회의 앨프리드 칸 위원장이었는데, 강단경제학자 출신(그는 코넬대에서 가르쳤다)이었던 그는 슘페터의 영향을 많이 받았다. 칸은 전기 생산자 및 사용자의 교육과 설득을 포함하는 엄청난 분투 끝에 한계비용에 기반을 둔 대단히 성공적인 새 요금구조를 정착시키는 데 성공했다. 그 구조를 도저히 정확히 알 수는 없었으나, 칸은 미심쩍어하는 구성원들에게 입버릇처럼 물었다. "당신은 정확하게 틀리길 원하오, 아니면 근사하게 맞기를 원하오?"

결국 칸의 위원회는 요금구조를 급진적으로 개혁하는 데 성공했다. 개혁이 어느 정도 이뤄졌냐 하면 뉴욕의 전기료는 무더운 여름 낮의 킬로와트/시당 30센트에서 겨울밤의 2.5센트까지 차이가 나는 등 최고 12배까지 격차가 났다. 칸은 소비자(특히 상공업 종사자)가 가격 신호에 반응해 더 에너지 효율이 높은 설비를 택하고, 성수기보다는 비수기 사용으로 옮겨가며, 전체 소비를 줄일 것이라고 주장했다. 그리고 실제로 그런 일이 일이 벌어졌다. 칸은 나중에 비슷한 한계효용론적 원칙을 뉴욕의 원격통신산업에 적용했고, 1977년 민간항공위원회) 위원장이 되어서는 항공산업에도 적용시켰다. Thomas K. McCraw, *Prophets of Regulation: Charles Francis Adams, Louis D. Brandeis, James M. Landis, Alfred E. Kahn*, Cambridge, Mass.: Harvard University Press, 1984, 7장을 보라.

37. 멩거가 말했듯이 "인간이 처분하는 소비품의 양은 인간의 지식 정도에 의해서만 제한"되며, "'끝없는' 성장을 위한 인간의 욕구도 채워질" 수 있다. Erich Streissler, "To What Extent Was the Austrian School Marginalist?", in Black, Coats, and Goodwin, eds., *The Marginal Revolution*, p. 165에 인용되어 있다.

38. 슘페터가 학생 시절 썼던 논문들의 제목은 영어로 "국제가격International Pricing" "지수법The Method of Index Numbers" "표준인구법The Method of Standard Population" 등이다. 이 논문들은 통계학 그리고 경제사 강좌의 세미나 발표 논문을 바탕으로 한 것이었다. 이들 강좌 담당 교수도 슘페터의 다른 스승들인 비저와 뵘바베르크처럼 정부에서 일했다. 이들의 경우 오스트리아 중앙통계국의 국장을 잇달아 맡았다. 세 논문은 모두 짧아서,

가장 긴 것이 7쪽짜리였다. 모두 빈에서 발행된 오스트리아 『통계 공보 Statistische Monatschrift』에 실렸다. 슘페터의 수학에 관한 논문은 "Über die mathematische Methode der theoretischen Ökonomie", *Zeitschrift für Volkswirstschaft, Sozialpolitik und Verwaltung* 15, 1906, pp. 30~49다.

39. Wolfgang F. Stolper, "Joseph Alois Schumpeter", *Challenge* 21, 1979, p. 65.

제4장 여행을 시작하다

1. 이 장 여러 곳에서 다루고 있는 이 시기 슘페터의 삶을 다룬 문헌은 Richard Swedberg, *Schumpeter: A Biography*, Princeton, N.J.: Princeton University Press, 1991, pp. 13~17 및 Robert Loring Allen, *Opening Doors: The Life & Work of Joseph Schumpeter*, two vols., New Brunswick, N.J.: Transaction, 1991, I, pp. 56~71를 보라.

2. John Maynard Keynes, *The Economic Consequences of the Peace*, New York: Harcourt, Brace and Howe, 1920, pp. 11~12; Arthur Smithies, "Memorial: Joseph Alois Schumpeter, 1883~1950", in Seymour E. Harris, ed., *Schumpeter, Social Scientist*, Cambridge, Mass.: Harvard University Press, 1951, p. 11.

3. 슘페터가 존 클라크에게 보낸 1907년 5월 2일 및 6월 6일 편지, in Ulrich Hedtke and Richard Swedberg, eds., *Joseph Alois Schumpeter, Briefe/Letters*, Tübingen: J. C. B. Mohr, Paul Siebeck, 2000, pp. 39~41.

4. 슘페터가 조지 스타킹에게 보낸 1949년 9월 19일 편지, in Hedtke and Swedberg, eds., *Briefe*, p. 389.

5. Schumpeter, *History of Economic Analysis*, New York: Oxford University Press, 1954, pp. 831~832. 슘페터는 pp. 833~840에서 마셜을 상세하게 다루고 있다.

6. 슘페터는 나중에 이렇게 썼다. "(이론가로서의 마셜의 통찰 가운데 일부는) 당시의 기업 실정을 한결같으면서도 호의적인 눈으로 관찰한 것이었다. 그는 이전의 강단경제학자들이 이 일을 거의 하지 않았다고 생각했다. 그 본질상 이런 성과는 어떤 한계가 있었다. 당시 중간 규모의 영국 기업 내 현실은 일반론에 큰 영향을 미치는 논문이 필요한 것 이상으로 분석가들의 관심을 끌었음에 틀림없다. 그러나 그런 한계 속에서도 유일하게 비교해볼 대상인 애덤 스미스의 예보다 현실을 잘 반영하는 데 성공했다. 이것이 바로 영국에서 그에 대한 제도권의 반대가 일어나지 않았던 이유 가운데 하나일 것이다." 1941년에 나온 평론 "Alfred

Marshall", in *Ten Great Economists: From Marx to Keynes*, New York: Oxford University Press, 1951, p. 94를 보라.

7. 캐링턴 사에서 슘페터에게 보낸 1907년 8월 13일 편지, Schumpeter Papers, HUG(FP) —4.7, Correspondence and other misc. papers ca. 1920s~1950, box 3, folder C 1940, HUA. 어떤 자료에 따르면 글래디스는 이때 스물세 살이었다고 하고, 다른 자료에는 서른여섯 살로 되어 있다. Swedberg, *Schumpeter: A Biography*, p. 253n31를 보라. 유명한 두 학자가 이 문제에 관해 정반대의 입장을 취하고 있다. 크리스티안 자이들 교수는 글래디스가 스물세 살이었다는 증거를 갖고 있었고, 반면에 시오노야 유이치 교수는 슘페터의 나이가 스물네 살이고 글래디스는 서른여섯 살인 혼인증명서를 복사했다고 진술했다.

8. 결국 글래디스의 가장 큰 공헌은 그의 영어 실력을 향상시킨 것이었다. 그들은 사는 곳 어디에서나 영어로 대화했다.

9. Allen, *Opening Doors*, I, pp. 67~69.

10. 독일어 제목이 *Das Wesen und der Hauptinhalt der theoretischen Nationalökonomie* (The Nature and Content of Theoretical Economics)인 이 책은 라이프치히의 큰 출판사인 덩커 앤 훔볼트에서 나왔다.

11. Schumpeter, *History of Economic Analysis*, p. 850.

12. Erich Schneider, "Schumpeter's Early German Work, 1906~1917", in Harris, ed., *Schumpeter, Social Scientist*, p. 54에 슈나이더의 번역으로 인용되어 있다.

13. 슘페터는 이어서, 그는 대신에 "이미 얻어진 균형을 전혀 파괴하지 않는 에너지원이 경제 제도 안에 있다"고 생각했다고 썼다. 이는 그가 균형 이론에 관한 발라의 연구를 평가 절하했다는 의미는 아니다. 그는 균형 이론에 대한 발라의 공헌이 어느 경제학자보다 컸다고 줄곧 믿었다. *The Theory of Economic Development*의 일본어판(Tokyo: Iwanami Shoten, 1937)에 붙인 슘페터의 서문, printed in Schumpeter, *Essays on Entrepreneurs, Innovation, Business Cycles, and the Evolution of Capitalism*, Richard V. Clemence, ed.(초판 Addison-Wesley, 1951; 신판 Transaction, New Brunswick, N.J. 1989, 서문 Richard Swedberg), p. 166를 보라. 또 슘페터가 쉰 살 위인 발라에게 쓴 1908년 10월 9일 및 11월 6일 그리고 1909년 6월 7일로 된 아부 넘치는 세 통의 편지, Hedtke and Swedberg, eds., Briefe, pp. 43~44, 47를 보라.

14. '혁신'이라는 말은 슘페터의 영어판 저작에서 1928년까지 전혀 나타나지 않는다. 다만 이 생각은 독일어로 된 이전 연구에 담겨 있다. A. C. Taymans, "Tarde and Schumpeter: A Similar Vision", *Quarterly Journal of Economics* 64 , November 1950, pp. 613~615를 보라 (테이먼스는 관련 논문 "자본주의의 불안정성"의 연도를 1927년으로 잘못 적었다). 경기순환은 슘페터가 독창적으로 생각한 것은 아니다. 윌리엄 페터 경과 리샤르 캉티용은 17세기와 18세기 초에 이 개념을 개략적으로 제시했고, 프랑스 중농주의자들이 18세기 중반에 이를 상세하게 정리했다.

15. John B. Clark, *Political Science Quarterly* 24 , December 1909, pp. 721~724. 슘페터는 예전에 연락을 한 적이 있던 클라크에게 편지를 보내 "영광스럽게도 당신이 내 책에 서평을 쓸 것이라는 소식을 듣고 (매우) 기뻤다"고 했다. 이 편지를 보낸 주목적은 「사회적 가치라는 개념에 대하여On the Concept of Social Value」라는 논문 수정을 의논하기 위해서였는데, 이 논문은 슘페터가 『쿼털리 저널 오브 이코노믹스』에 실으려고 준비하고 있던 것으로, 이후 23권(1909), pp. 213~232에 실렸다. 슘페터가 클라크에게 보낸 1908년 12월 3일 편지. 또 슘페터가 클라크에게 보낸 1909년 3월 25일 편지도 보라. 모두 Hedtke and Swedberg, eds., Briefe, pp. 45~46.

16. Schumpeter, *Das Wesen und der Hauptinhalt der theoretischen Nationalökonomie*, p. vi. 인용된 구절은 벤야민 헤트가 번역했다.

17. Schumpeter, "Neue Erscheinungen auf dem Gebiete der Nationalökonomie", (Recent Publications in the Field of Economics), *Zeitschrift für Sozialpolitik und Verwaltung* 20, 1911, p. 241; Schumpeter, "Meinungsäusserung zur Frage des Werturteils"(Comment on the Question of Value Judgment), in *Äusserungen zur Werturteildiskussion im Ausschuss des Vereins für Socialpolitik*, pp. 49~50, printed in Schumpeter, *Aufsätze zur Tagespolitik*(Essays on Current Policy), Christian Seidl and Wolfgang F. Stolper, eds., Tübingen: J. C. B. Mohr, Paul Siebeck, 1993, pp. 127~128. 인용문은 벤야민 헤트 번역.

18. Schumpeter, "Die 'positive' Methode in der Nationalökonomie", *Deutsche Literaturzeitung*("The 'Positive' Method in Economics", *German Literary Times*) 34, 1914, reprinted in Schumpeter, *Aufsätze zur ökonomischen Theorie*(Essays on Economic Theory), Erich Schneider and Arthur Spiethoff, eds., Tübingen: J. C. B. Mohr, Paul Siebeck, 1951, p. 549. 첫 번째 인용 구절은 벤야민 헤트 번역. 두 번째 인용 구절은 Erich Schneider, "Schumpeter's Early German Work, 1906~1917", p. 58의 번역이다.

19. 슘페터가 빈 대학교 사무처에 보낸 1907년 10월 21일 편지(그의 졸업장이 그가 한 것을 입증하는지와 그것이 라틴어로 발부되는지를 묻는 내용), in Hedtke and Swedberg, eds., Briefe, p. 42; Allen, *Opening Doors*, I, 5장 등 여러 곳.

20. 일부 독일어 사용자의 조상들은 오스트리아 동부 지역 지배를 강화하고자 이 지역으로 강제 이주를 당했다. 슘페터가 가르쳤던 독일어 대학을 설립한 것도 같은 목표의 일환이었다. 제1차 대전 뒤에 이 도시는 루마니아의 일부가 되어 체르너우치Cernăuţi로 개명했다. 독소불가침조약 뒤 독일은 1940년 루마니아를 강압해 부코비나의 상당 부분을 소련의 우크라이나에 양도하도록 했고, 이에 따라 소련의 일부가 되었다. 이 도시의 러시아어 이름은 체르노프치Chernovtsy였다. 이런 식의 변동은 제1·2차 대전이 끝난 뒤의 국경 재구획에 따른 흔한 일이었다. 체르노비츠의 유대인 인구 변동 통계는 Peter Pulzer, *The Rise of Political Anti-Semitism in Germany & Austria*, London: Peter Halban, 1988, p. 335에서 찾아볼 수 있다.

제5장 학자로 도약하다

1. 링컨의 말과 그 배경은 David Herbert Donald, *Lincoln*, New York: Simon and Schuster, 1995, pp. 80~82에 나온다. "회관 연설Lyceum address"로 알려진 연설에서 자신의 야망의 깊이를 처음으로 강력히 밝힌 링컨은 미국의 이전 세대에 대해 "명성과 영예와 차별을 추구한 모든 사람은 국가의 실험이 성공하면 그것을 얻을 수 있으리라고 기대했다"고 한탄하고, 그러나 링컨 자신의 세대는 노예제라는 고차원적인 문제에 직면해 있다면서 이는 "가능하다면 노예해방을 희생시키려 하거나 자유로운 이들을 노예화함으로써 [차별하는 행위]"라고 말했다.

2. Robert Loring Allen, *Opening Doors: The Life & Work of Joseph Schumpeter*, two vols., New Brunswick, N.J.: Transaction, 1991, I, pp. 97~98. 또 Gottfried Haberler, "Joseph Alois Schumpeter, 1883~1950", in Seymour E. Harris, ed., *Schumpeter, Social Scientist*, Cambridge, Mass.: Harvard University Press, 1951, p. 27도 보라.

3. Allen, *Opening Doors*, pp. 98~99. 슘페터는 빈 대학교 학부생 시절에 펜싱 레슨을 받았으나, 전문가 수준과는 거리가 멀었다.

4. 독일에서 이 책은 *Theorie der wirtschaftlichen Entwicklung*, Leipzig: Duncker & Humblot, 1912[실제 출간은 1911]이라는 제목이었다. 영역본 제목은 *The Theory of Economic Development*, Cambridge, Mass.: Harvard University Press, 1934였다. 슘페터는 나중에 자신이었다면 "발전Development"보다는 "진화Evolution"를 선호했을 것이라

고 말했다(Entwicklung은 어느 쪽으로도 번역할 수 있다). 강단 경제학에서 발전이라는 단어는 주로 경제성장 과정을 시작하는 나라들과 연관되지만, 슘페터는 그의 책이 자본주의화 과정에 대한 보편적 분석이 되길 바랐다. 아래에 제시될 이 책의 분석에서 나는 편의상 주로 1934에 출간된 영어판(이는 1926년 및 1931년 독일어 개정판을 저본으로 한 것이다)을 사용했다. 이 책 뒷부분에 나오는 것처럼, 슘페터는 『경제 발전의 이론』의 초판을 많이 줄였고, 그와 번역자는 영어판 내용을 더욱 짧게 줄였다. 마르크스의 저작에서 기업가는 종종 경제성장에 기여하는 중개인으로 나타나지만 그래도 착취하는 자본가다. 이와 대조적으로 슘페터는 『경제 발전의 이론』에서 혁신적인 기업가와 그들에게 자금을 대는 자본가를 구분했다.

5. 슘페터의 이론적인 입장은 매우 "확고"했기 때문에 그는 이자interest와 이윤profit을 모두 제도 바깥의 것으로 규정했다. 이런 주장들은 그가 서술한 제한적인 방식에서는 근거 없는 것이 아니었지만, 부메랑이 되어 그를 괴롭혔다. 이 책이 출간되고 얼마 지나지 않아서 그는 자신의 과거 스승이었던 뵘바베르크와 제로금리Zero Interest Rate에 관해 치열한 논쟁을 벌였고, 이 논쟁은 그 뒤 오랫동안 다른 필자들의 저술활동에서 계속되었다. 예를 들어 Paul A. Samuelson, "Paradoxes of Schumpeter's Zero Interest Rate", *Review of Economics and Statistics* 53, November 1971, pp. 391~392를 보라. 이 글 자체는 새뮤얼슨이 이전에 주장한 것을 또 다른 필자가 문제를 제기한 뒤 그 내용을 다시 반론한 것이다.

6. 『경제 발전의 이론』의 헝가리어 번역본 서문에서 A. 머다르스는 적절한 지적을 했다. "슘페터 연구의 내부적인 긴장은 정치경제학과 경제 이론의 수백 년 묵은 옛 모순에서 유래한 것이며, 그것은 추상적·논리적인 분석과 역사적·사회학적인 접근 사이의 관계 때문에 생겨났다." Madarász, "Schumpeter's *Theory of Economic Development*", *Acta Oeconomica* 25, 1980, pp. 337~367(이것은 필자의 헝가리어 번역본 서문을 따로 실은 것이다). 에리크 라이네르트는 "Schumpeter in the Context of Two Canons of Economic Thought", *Industry and Innovation* 9, April/August 2002, pp. 23~39에서 비슷한 관점을 제시했다.

7. *The Theory of Economic Development*, pp. 75~78.

8. Ibid., pp. 78, 81.

9. Ibid., pp. 91~94. 마르쿠스 베커와 토르비에른 크누센은 "Schumpeter 1911: Farsighted Visions on Economic Development", *American Journal of Economics and Sociology* 61, April 2002, pp. 387~403에서, 슘페터가 그의 책 1911년판에서 1934년 영역본에 비해 기업가 경제에서 중심적 역할을 한다는 데 더 동조했다고 주장했다.

10. *The Theory of Economic Development*, pp. 91~94. 슘페터는 다른 저작에서, 그가

다뤘던 부류의 사람들은 산업계에 국한되지 않으며 "미개 부족이나 사회주의 공동체에도" 존재할 수 있다는 점을 분명히 했다. Schumpeter, *Business Cycles: A Theoretical, Historical, and Statistical Analysis of the Capitalist Process*, two vols., New York: McGraw-Hill, 1939, I, p. 223. 또 Harry Dahms, "The Entrepreneur in Western Capitalism: A Sociological Analysis of Schumpeter's *Theory of Economic Development*", diss., New School for Social Research, 1993도 보라. Israel Kirzner, *Competition and Entrepreneurship*, Chicago: University of Chicago Press, 1973은 나중에 오스트리아학파 지도자가 된 저자가 기업가정신에 대해 쓴 영향력 있는 저서다. 슘페터가 말한 "영웅적"인 기업가처럼, 그들이 무엇을 대변하는지를 여러 필자가 느슨하게 생각했던 강조점을 고친 중요한 주장은 Nicolò De Vecchi, trans. Anne Stone, *Entrepreneurs, Institutions and Economic Change: The Economic Thought of J. A. Schumpeter(1905~1925)*, Aldershot, U.K.: Edward Elgar, 1995에 들어 있다. 데 베키는 제도 및 금융 측면에서 슘페터 사상의 구성 요소를 강조한다. Maria T. Brouwer, "Weber, Schumpeter and (Frank) Knight on Entrepreneurship and Economic Development", *Journal of Evolutionary Economics* 12, 2002, pp. 83~105에는 다른 관점이 제시되어 있다. 이 글은 슘페터가 언급한 기업가가 지닌 니체적인 특성을 지적하고 있다.

11. The Theory of Economic Development, pp. 155~156. 점차 늘어나고 있는 가족자본주의에 관한 책 가운데서 특히 Geoffrey Jones and Mary Rose, eds., *Family Capitalism*, Philadelphia: Taylor and Francis, 1994와 Harold James, *Family Capitalism: Wendels, Haniels, Falcks, and the Continental European Model*, Cambridge, Mass.: Harvard University Press, 2006을 보라.

12. *The Theory of Economic Development*, p. 86. 다른 여러 필자도 통상적인 사고 방식을 뒤엎는 일에 관해 비슷한 관점을 제기했다. 예컨대 John Maynard Keynes, *The General Theory of Employment, Interest and Money*, New York: Harcourt, Brace, 1936와 Thomas Kuhn, *The Structure of Scientific Revolutions*, Chicago: University of Chicago Press, 1962 등이다[토마스 쿤 지음, 『과학혁명의 구조』, 김명자 옮김, 까치글방, 2001로 출간됨*]. 경제 제도에 관해서 이런 관점은 Mancur Olson, *The Rise and Decline of Nations*, New Haven: Yale University Press, 1982에 매우 자세히 나와 있다.

13. *The Theory of Economic Development*, pp. 86~87, 133.

14. 슘페터는 이들 기업가를 직접 거론하지는 않았다. 그가 『경제 발전의 이론』에서 묘사한 것은 대체로 이상형이었지 특수한 개인을 지목한 것은 아니었다. 이러한 방식은 그의 책 『경기순환론』에서 바뀌게 된다. 여기서 그는 여러 특정 기업과 기업가를 분명히 밝힌다.

15. *The Theory of Economic Development*, p. 65.

16. Ibid., p. 66. 여러 해가 지나서 또 다른 주요 학자들이 이 정의를 쓴 사례에 대해서는 Alfred D. Chandler, Jr., *Scale and Scope: The Dynamics of Industrial Enterprise*, Cambridge, Mass: Harvard University Press, 1990, pp. 830~831n1를 보라.

17. *The Theory of Economic Development*, pp. 66, 137. S. M. 칸부르는 위험 부담에 대한 슘페터의 말이 기업가의 기회비용을 무시하고 있음을 정확히 지적하고 있다. "A Note on Risk Taking, Entrepreneurship, and Schumpeter", *History of Political Economy* 12, Winter 1980, pp. 489~498를 보라.

18. 이어서 슘페터는 유통시장에서 주식과 채권을 매매하는 일(즉 투자자와 기업가 간이 아니라 증권사를 통한 거래)은 월스트리트 주식시세의 경우처럼 널리 대중매체를 타게 된 것이 사실이라고 했다. 그러나 그는 이 거래를 "쉽게 근본을 덮어버릴 중개 방식"으로 봤다. 실제 기업에서 "화폐나 자본시장의 주요 기능은 자금 조달을 위해 신용을 거래하는 것"이다. *The Theory of Economic Development*, pp. 126~127.

19. Ibid., pp. 116, 126. 슘페터는 나중에 많은 독자가 자신의 주장 가운데 다음과 같은 핵심 부분을 놓쳤다고 평했다. 『경제 발전의 이론』이 처음 나왔을 때, "이제는 평범한 일이 되어버린 신용창조의 한 부분에 비판이 몰렸다. 신용창조와 혁신을 연결시키는 정말 논란이 되는 명제는 당시에 전혀 논의되지 않았다. 그 뒤에도 실제로 토론된 적이 없었다. 은행이 자금 조달을 하는 것은 바로 혁신이 아니라 유동 상품의 거래라는 취지의 고전금융 이론상의 주장은 이 중요한 지점을 완전히 무시하고 있기 때문이다." Schumpeter, *Business Cycles*, p. 109n1. 그러나 그는 맨 먼저 이 문제를 분명히 하고 있다. 그는 *The Theory of Economic Development* (p. 68)에서 이렇게 썼다. "(신용과 은행업에 관한 전통 이론은) 항상 그것과 관련이 있을 법한, 해마다 조금씩 늘어나는 저축과 투자에만 관심을 기울인다. 그럼으로써 전통 이론은 잘못된 내용을 주장하는 것은 아니지만 훨씬 근본적인 문제를 완전히 도외시한다." 『경제 발전의 이론』에서 슘페터가 주장한 기술혁신과 경제성장에 금융매개자가 필수적이라는 명제를 뒷받침하는 경험적인 검증으로는 Robert G. King and Ross Levine, "Finance and Growth: Schumpeter Might Be Right", *Quarterly Journal of Economics* 108, August 1993, pp. 717~737를 보라.

20. *The Theory of Economic Development*, pp. 70~74.

21. Schumpeter, "Recent Developments of Political Economy", in Richard Swedberg, ed., *Joseph A. Schumpeter: The Economics and Sociology of Capitalism*, Princeton,

N.J.: Princeton University Press, 1991, p. 296. 이 글은 슘페터가 1931년 오사카에서 한 강의를 이 책의 5장에 담은 것이다.

경제 발전에서 화폐와 신용을 강조한 슘페터의 주장에 대한 또 다른 분석으로는 Wolfgang F. Stolper, *Joseph Alois Schumpeter: The Public Life of a Private Man*, Princeton, N.J.: Princeton University Press, 1994, pp. 46~51 등 여러 곳을 보라.

슘페터는 경제 발전에서 은행의 역할을 강조할 때 영국이나 미국 금융 기관보다는 유럽, 특히 독일의 금융 기관을 염두에 뒀다. 자본의 대부분을 해외에 투자한 로이즈나 베어링 브러더스 같은 영국 은행과는 대조적으로 독일 은행은 내수시장을 파고들었다. 그들은 종종 국내의 신생 벤처기업에 투자했고, 보다 일반적으로는 전기산업의 대기업 지멘스 같은 혁신기업에 자금을 댔다. 몇몇 독일 은행은 (기업과 때로는 개인에게 대출해주는) 상업금융과 (주식과 채권을 인수하는) 투자금융을 조합한 초대형 "종합" 금융회사로 발전했다. 그 예로 도이치 은행과 드레스너 은행이 있다.

그렇지만 『경제 발전의 이론』에서 제시된 생각은 기업가와 신용창조가 강조된 가운데 미국의 역사적 경험에 섬뜩할 정도의 힘을 발휘했다. 1911년에 슘페터가 그의 책을 탈고했을 때, 그는 아직 미국에 가보지 못한 상태였고 나중에 알게 된 것처럼 미국의 금융 제도에 익숙했던 것은 아니었다. J. P. 모건이나 골드만삭스 같은 유명한 개별 투자은행이 있었지만, 미국 자본주의사에서 은행은 유럽에서 그랬던 것처럼 경제 발전에 큰 역할을 하지는 못했다. 가장 중요한 요인은 미국 은행 제도의 극단적인 분권주의였는데, 이는 미국에서 집중화된 경제력이 불신을 받았고 지점은행 제도가 오랫동안 금지돼 있었기 때문이다. 『경제 발전의 이론』을 평한 하버드대의 B. M. 앤더슨은 이 점을 알아차렸다. Anderson, "Schumpeter's Dynamic Economics", *Political Science Quarterly* 30, December 1915, pp. 645~660를 보라.

이는 물론 미국이 덜 기업가적이었다는 것을 뜻하지는 않는다. 미국은 세계에서 가장 기업가적인 나라였지만, 은행 때문만은 아니었다. 상당수의 새 기업은 은행 대출로 자금을 조달하기보다는 부유한 집안의 '보통주'를 통하거나 특히 철도의 경우는 (대체로 전 세계에서 팔린 채권이라는 형태의) '빚'으로 자금 조달을 했다. 새로운 회사가 발전하는 미국 경제의 온실 환경에서 성장하기 시작하면서 이들은 대체로 이익잉여금을 통해 스스로 자금을 조달했다. 19세기 말과 20세기 내내 대기업 자금원의 대부분은 계속된 발전을 위해 회사에 재투자되는 이익잉여금이었다.

이러한 일반 유형의 귀결은 크게 두 가지였다. 첫 번째는 1970~80년대에 비교적 연륜이 짧은 기업의 발전을 위해 자금 조달을 해주고자 고수익('정크') 채권[일반적으로 기업의 신용등급이 아주 낮아 회사채 발행이 불가능한 기업이 발행하는 회사채를 뜻한다*]이 크게 늘어났다는 점이다. 두 번째는 창업회사에 자금을 대고 기존 기업이 신상품을 개발하는 데 막대한 자금을 쏟아붓는 일에서 벤처투자가의 역할이 더욱 중요해졌다는 것이다. 1950년대에 시작되어 1960년대에 활동을 2배로 늘린 벤처투자가들은 수백 곳의 하이테크기업(가장 두드러진 곳이 캘리포니아의 실리콘밸리다)에 자금을 지원했다. 그들은 또한 미국 내 여러 곳의 주요 대학연구소 부근에 위치한 수많은 생명공학 업체에도 투자했다. 폭발적인 1990년대 미국 경제성장의 상당 부분은 벤처투자가의 투자에 말미암은 것이었다. 이 시기는 이례적인 기업가정신의 시대였고, 당연한 결과로 슘페터의 창조적 파괴라는 말이 더욱 보편적으로 쓰이게 된 시대였다.

벤처 자본의 역할에 관한 철저한 분석은 Paul Gompers and Joshua Lerner, *The Money of Invention: How Venture Capital Creates New Wealth*, Boston: Harvard Business School Press, 2001에서 찾아볼 수 있을 것이다.

22. 『경제 발전의 이론』은 제목 때문에 당연히 개발도상국의 전략에 큰 영향을 미친(또는 미쳐야 했던) 것으로 추론할 수 있다. 그러나 이는 사실과 달랐다. 슘페터는 나중에 『경기순환론』에서 썼듯이, 선진 공업국이 자본주의적 과정을 분석하는 일을 더 선호한다고 믿었고, 이것이 그만의 방법론이었다. 또 앞서 말한 바와 같이 슘페터는 원제목의 Entwicklung을 "발전"보다는 "진화"로 번역하는 것을 선호했다.

슘페터의 생각이 개발도상국에 적합한지를 따져본 글은 많지 않으며, 전체적으로 실망스러운 수준이다. 가장 괜찮은 논문 두 편은 P. S. Laumas, "Schumpeter's Theory of Economic Development and Underdeveloped Countries", *Quarterly Journal of Economics* 76, November 1962, pp. 653~659와 R. C. Wiles, "Professor Joseph Schumpeter and Underdevelopment", *Review of Social Economy* 25, September 1967, pp. 196~208이다.

23. 슘페터는 1934년에 영어판 출간을 앞두고 있던 하버드대출판부에 편지를 보내 "1911년 이 책이 처음 출간되었을 때 (…) 거의 모두 등을 돌렸다"고 썼다. 슘페터가 데이비드 포팅어에게 보낸 1934년 6월 4일 편지, in Ulrich Hedtke and Richard Swedberg, eds., *Joseph Alois Schumpeter, Briefe/Letters*, Tübingen: J. C. B. Mohr, Paul Siebeck, p. 270을 보라. 다만 이는 사실이 아니었고, 슘페터는 같은 편지에서 그의 주장이 영향력을 끼쳤으며 그의 책이 몇 개의 다른 언어로 번역되었다고까지 했다.

24. B. M. Anderson, "Schumpeter's Dynamic Economics"; J. B. Clark, *American Economic Review* 2 (December 1912), pp. 873~875. 앤더슨은 그의 리뷰에서 이렇게 덧붙였다. "(슘페터의 글에서 보이는) 소심하고 정적인 대중 대 뛰어나고 동적인 소수란 뚜렷한 대비는, 의문의 여지없이 유럽보다는 미국 상황에 들어맞았다. 사업가는 함께하는 많은 사람에게서 더욱 많은 공감과 협력을 찾아냈다."

전체적으로 앤더슨은 슘페터가 크게 기여했다고 판단했다. 즉 "경제학자들은 매우 오랫동안 정적인 이론에 만족해왔고", 슘페터가 끊임없는 변화를 강조한 것은 "경제생활을 더 잘 이해하는 데 엄청나게 중요하다"는 것이다. 앤더슨은 또한 슘페터가 경제 '진화'를 다룬 논문을 쓰면서 찰스 다윈과 허버트 스펜서를 언급하는 것을 빠뜨렸다고 충고했다.

25. Alvin Hansen, *Journal of Political Economy* 44, August 1936, pp. 560~563.

26. 『경제 발전의 이론』과 슘페터의 전반적인 영향력을 고찰한 문헌은 John E. Elliott, "Schumpeter and the Theory of Capitalist Economic Development", *Journal of Economic Behavior and Organization* 4, December 1983, pp. 277~308를 보라.

27. Christian Seidl, "Joseph Alois Schumpeter: Character, Life and Particulars of His Graz Period", in Seidl, ed., *Lectures on Schumpeterian Economics*, Berlin: Springer-Verlag, 1984, pp. 193~195(이하 Seidl, "Schumpeter's Graz Period"로 인용). 또 Allen, *Opening Doors*, I, pp. 117~119도 보라.

28. Seidl, "Schumpeter's Graz Period", p. 194. 번역은 자이들이 했다.

29. Ibid., pp. 193~195; Allen, *Opening Doors*, I, pp. 117~119.

30. Seidl, "Schumpeter's Graz Period," pp. 193~195; Allen, *Opening Doors*, I, pp. 117~119.

31. 슘페터가 클라크에게 보낸 1912년 3월 10일 편지, in Hedtke and Swedberg, eds., *Briefe*, pp. 48~49.

32. Seidl, "Schumpeter's Graz Period", pp. 195~196; Allen, Opening Doors, I, pp. 123~127.

33. Seidl, "Schumpeter's Graz Period", p. 196; Allen, Opening Doors, I, pp. 123~127.

34. Allen, *Opening Doors*, I, pp. 125~127.

35. 슘페터의 미국 체류에 관한 이하의 서술은 주로 Allen, *Opening Doors*, I, pp. 129~135에 근거한 것이다.

36. 셀리그먼이 니컬러스 버틀러에게 보낸 편지. Allen, *Opening Doors*, I, p. 130에 인용된 것이다.

37. 슘페터가 셀리그먼에게 보낸 1913년 11월 23일 편지. 셀리그먼은 처음에 슘페터에 푹 빠

졌으나 곧 그를 싫어하게 되었다. 그는 프린스턴대의 프랭크 페터에게 이런 편지를 썼다. "우리끼리 얘기지만, 내가 당신이라면 그처럼 지겨운 사람을 이틀 동안(기차 여행 제안이 있었다)이나 참고 함께 지낼 생각은 하지 않을 겁니다. 우리는 이제 완전히 그에게 진절머리가 났습니다." 셀리그먼이 페터에게 보낸 1913년 12월 19일 편지. 이 두 편지는 모두 Hedtke and Swedberg, eds., *Briefe*, pp. 53~54에 수록되어 있다.

38. Schumpeter, "The United States of America in Politics and Culture," *Neue Freie Presse*, October 21, 1919, in Schumpeter, *Aufsätze zur Tagespolitik*(Essays on Current Policy), eds. Christian Seidl and Wolfgang F. Stolper, Tübingen: J. C. B. Mohr, Paul Siebeck, 1993, pp. 128~132. 또 Schumpeter, *Capitalism, Socialism and Democracy*, New York: Harper & Brothers, 1942, p. 331 및 Felix Somary, trans. A. J. Sherman, *The Raven of Zürich: The Memoirs of Felix Somary*, New York: St. Martin's Press, 1986, p. 34도 보라.

39. 슘페터가 홀란더에게 보낸 1913년 11월 11일 편지, Jacob Harry Hollander Papers, Ms. 59, Special Collections, Milton S. Eisenhower Library, The Johns Hopkins University.

40. 슘페터가 페터에게 보낸 1914년 3월 21일 편지. Allen, *Opening Doors*, I, pp. 131~134에 인용되어 있다. 같은 날 그는 그가 방문했던 다른 사람들에게도 비슷한 편지를 보냈다. 존스홉킨스대의 제이컵 홀란더에게 그는 이렇게 썼다. "나는 미국인과 당신 대학의 교수법에 대해서도 확고한 경외감을 지닌 채 미국을 떠납니다. 그리고 나는 선생으로서 그리고 동료로서 여기서 느꼈던 행복감을 다시는 맛볼 수 없을 것 같은 생각이 듭니다." 슘페터가 홀란더에게 보낸 1914년 3월 21일 편지, Jacob Harry Hollander Papers, Ms. 59, Special Collections, Milton S. Eisenhower Library, The Johns Hopkins University.

제6장 전쟁과 정치

1. 제1차 대전에 관한 수많은 역사서 가운데 가장 읽기 쉽고 중요한 것들로는 다음과 같은 책이 있다.
– Barbara Tuchman, *The Guns of August*, New York: Bantam Books, 1976
[바바라 터크먼 지음, 『8월의 총성』, 이원근 옮김, 평민사, 2008로 출간됨*]
– Paul Fussell, *The Great War and Modern Memory*, Oxford: Oxford University Press, 1989

― Hanson W. Baldwin, *World War I: An Outline History*, London: Hutchinson, 1963
― John Keegan, *The First World War*, New York: Knopf, 1999
[존 키건 지음, 『1차세계대전사』, 조행복 옮김, 청어람미디어, 2009로 출간됨*]
― David Stevenson, *Cataclysm: The First World War as Political Tragedy*, New York, Basic Books, 2004
― Hew Strachan, *The First World War*, New York: Viking, 2004.
또 풍부한 삽화가 들어 있는 Susanne Everett, introduction by John Keegan, *World War I*, London: Hamlyn, 1980도 보라.

2. 독일을 구성하는 여러 지방 가운데 프로이센, 작센, 바이에른 같은 오래된 주요 지역도 있지만, 독일 제국(제2제국을 말한다. 제1제국은 신성 로마 제국)은 1871년에 비로소 통일되었다. 생산 통계에 관해서는 Jeffrey Fear, "German Capitalism", in Thomas K. McCraw, ed., *Creating Modern Capitalism: How Entrepreneurs, Companies, and Countries Triumphed in Three Industrial Revolutions*, Cambridge, Mass.: Harvard University Press, 1997, p. 141를 보라.

3. 이탈리아는 편을 바꿔 연합국의 일원으로 1915년 전쟁에 참여했다.

4. 특히 Keegan, *The First World War* 그리고 Stevenson, *Cataclysm: The First World War as Political Tragedy*를 보라.

5. Karen Barkey and Mark von Hagen, eds., *After Empire: Multiethnic Societies and Nation Building. The Soviet Union and the Russian, Ottoman, and Habsburg Empires*, Boulder, Col.: Westview Press, 1997. 중동 문제의 처리에 대해서는 David Fromkin, *A Peace to End All Peace: Creating the Modern Middle East*, New York: Henry Holt, 1989를 보라.

6. Baldwin, *World War I: An Outline History*, pp. 156~157; Everett, *World War I*, p. 249; John Horne, ed., *State, Society and Mobilization in Europe during the First World War*, Cambridge: Cambridge University Press, 1997. István Deák, *Beyond Nationalism: A Social and Political History of the Habsburg Officer Corps*, New York: Oxford University Press, 1990은 사상자에 대해 조금 적은 수치를 제시하고 있으며, 독일어 사용 장교 집단과 함께 마자르어 사용 장교 집단에 대해서도 당연히 주목하고 있다.

7. Helmut Gruber, *Red Vienna: Experiment in Working-Class Culture, 1919~1934*, New York: Oxford University Press, 1991.

8. 글래디스가 홀란더에게 보낸 1915년 11월 16일 편지, Jacob Harry Hollander Papers, Ms. 59, Special Collections, Milton S. Eisenhower Library, The Johns Hopkins University.

9. 홀란더가 글래디스에게 보낸 1915년 12월 6일 편지; 홀란더가 슘페터에게 보낸 1915년 12월 7일 편지; 슘페터가 홀란더에게 보낸 1916년 1월 7일 편지(타이핑본); 글래디스가 홀란더에게 보낸 1916년 1월 16일 편지; 홀란더가 글래디스에게 보낸 1916년 2월 21일 편지(슘페터의 편지를 전달한 것). 이상 ibid.

10. Robert Loring Allen, *Opening Doors: The Life & Work of Joseph Schumpeter*, two vols., New Brunswick, N.J.: Transaction, 1991, I, p. 139.

11. 제안된 저널과 다른 추가 사항에 대해서는 슘페터가 파울 지베크에게 보낸 1916년 5월 14일 및 6월 16일(두 통), 1916년 8월 5일, 1916년 8월 10일 편지를 보라. 마지막 편지에서 슘페터는 기존 저널의 공동 편집자로 일하는 데 동의하고 있다. Ulrich Hedtke and Richard Swedberg, eds., *Joseph Alois Schumpeter, Briefe/Letters*, Tübingen: J. C. B. Mohr, Paul Siebeck, 2000, pp. 61~71를 보라.
관대함에 대한 주장의 한 사례는 Schumpeter, "Die 'positive' Methode in der Nationalökonomie"(The 'Positive' Method in Economics), *Deutsche Literaturzeitung* 35, 1914, pp. 2101~2108에 보인다.
경제사상사에 관한 책을 쓰도록 배정한 것은 독일의 대大학자 막스 베버였고, 이 책은 베버가 사회학과 경제학의 기초에 관해 편집한 시리즈의 첫 권으로 출간되었다. 이 책은 여러 해가 지난 뒤 슘페터의 명저 『경제 분석의 역사』(이 책은 약 80만 단어로 이뤄졌는데, 그의 모든 저작 중 가장 긴 분량이었다)의 토대 가운데 일부가 되었다. 베버의 시리즈는 『사회과학의 기초Grundriss der Sozialökonomik(Foundations of Social Economics)』였다. 슘페터가 쓴 책은 *Epochen der Dogmen- und Methodengeschichte*, Tübingen: J. C. B. Mohr, 1914이라는 제목이었다. 이 책을 쓴 일에 대한 자세한 내용은 슘페터가 출판사에 보낸 1912년 9월 18일 편지, in Hedtke and Swedberg, eds., *Briefe*, pp. 49~51를 보라. 이 책은 처음 출간된 지 40년 지나서 R. 에어리스가 영어로 번역해 *Economic Doctrine and Method: An Historical Sketch*, New York: Oxford University Press, 1954라는 제목으로 냈다[조지프 슘페터 지음, 『경제학의 역사와 방법』, 성낙선 옮김, 한신대학교출판부, 2007로 출간됨*].

12. 슘페터는 지베크에게 보낸 1916년 6월 16일 편지 두 통 가운데 한 통에서 장기 계획의 규모를 설명하고 지베크의 조언을 구했다. 이 중요한 편지는 슘페터의 관심과 의도를 매우 솔직하게 드러내고 있다(벤야민 헤트의 번역).

제가 처해 있다고 느끼는 '저술' 상황은 다음과 같습니다. 우선 중요한 작업(진행되고 있는 논문 작업 등과 함께) 두 가지가 처리되어야 하며, 이는 '전집'의 틀 속에서 굳게 약속되었고 모든 점에서 이미 굳어져 있습니다. 이 과정 뒤 그리고 과정중에 저는 제가 가장 큰 관심을 가지고 있는 주제(이에 관해서는 아마 나중에 말씀드릴 기회가 있을 것입니다)에 관한 연구 분야를 늘리고자 합니다. 그러나 세 번째 작업은 강의 및 다른 활동들과 연관되는 것 같습니다. 그것은 사실 대학 안팎 강의실에서의 헛된 노력인데, 그라츠 대학교나 심지어 빈 대학교 같은 데서 제공해야 할 것입니다. 그런 강의를 통해 저는 종종 이것들이 더 넓은 범위에서 이루어질 수 없음을 유감스럽게 생각하고 있습니다. 무엇보다도 강의 형태상 이러한 측면이 정말로 이 청중에게 적합하기 때문입니다. 이렇게 곧 연구하고 출판할 아이디어가 떠올랐고, 그것은 다음과 같습니다.

1) 완벽을 기하기 위해 저는 지성사의 얼개에 관한 우리의 전체 출판 계획(이미 진행중입니다)을 언급했는데, 이는 제가 그 주제에 관한 세미나를 연 뒤 바로 검토에 들어가겠습니다.
2) 저는 강의와 연설에서 화폐론과 통화정책 연구를 언급했는데, 이는 어느 곳에서도 출판되지 않을 것입니다. (…) 이렇게 한 책에서 가장 중요한 화폐의 이론적·실제적·법적 문제와 현대의 신용을 둘러싼 본질을 다룹니다.
3) 연전에 저는 사회계급 문제에 관한 연구를 시작했고, 그 뒤 강의에서 체르노비츠와 뉴욕의 사회계급에 대한 제 이론을 제시했습니다. 이제 이번 학기에 저는 이 문제로 돌아와 관련 세미나를 열고 있습니다. 작업은 몇 달 안에 잠정적으로 마무리될 수 있고, 또 5000매 가까운 분량의 책이 될 것입니다.
4) 가장 저를 "사로잡고" 있는 일은 금융에 관한 제 강의들인데, 이는 청중이 늘 좋아하며 생동적이고 시류와 맞기 때문에 아마도 출판에 적합할 것입니다. 역시 작은 분량으로 『재정정책에 대한 강의Lectures on Financial Policy』 같은 제목이 될 것입니다.
5) 정치 사상의 사회학사에 관한 자료를 모았는데, 역시 완성작이 될 수 있으며 다행히도 세미나의 구속이 없는 책이 될 것입니다.
6) 매우 여러 주제를 논하는 제 강연은 항상 제 스스로의 생각들을 끄집어내려 하고, 강의실에서는 항상 성공하고 있음에도 불구하고 결국 무無의 나락으로 사라져버리고 마는데, 이는 책으로 만들면 두 권짜리가 될 듯합니다. 하나는 여성 문제를 다루는 주제들이고 또 하나는 잡동사니들인데, 내고는 싶지만 모두 제게는 시간이 몹시 걸릴 것이라는 사실이 핑계거리입니다. (…)

모든 주제의 중요 작업은 이미 마쳤기 때문에, 일이 순조롭게 된다면 저는 아마도 1918년부터(내년에는 아마도 제가 학장직을 맡아야 할 것으로 보여 시간을 내지 못할 듯합니다) 시작해 매년 한 권씩 써나갈 수 있을 듯합니다. 그러나 긴급하게 필요한 경험적·심리학적 연구나 기타 연구 때문에 방해받는 일도 염두에 둬야 할 것 같습니다. 저는 아직 누구에게도(동료든 출판사든) 이 계획을 말한 적이 없습니다(그래서 발설하지 말아달라고 부탁드립니다).

1916년 7월 1일자로 되어 있는 지베크의 긴 답장은 제안된 책들을 내는 일에 지베크 자신이 관심을 갖고 격려하며, 몇몇 기획을 잇달아 출간하는 것의 조언으로 가득하다. 두 편지는 모두 Schumpeter Papers, HUG(FP)—4.7, Correspondence and other misc. papers, ca. 1920s~1950[sic], box 8, folder Mohr—Siebeck, HUA에 들어 있다. 슘페터가 지베크에게 보낸 1916년 6월 16일의 긴 편지는 Hedtke and Swedberg, eds., Briefe, pp. 64~71에 실려 출판되었다.

13. Allen, *Opening Doors*, I, p. 145.

14. 슘페터가 오토 하라흐 백작에게 보낸 1916년 1월 25일 편지, printed in Schumpeter, *Politische Reden*(Political Addresses), eds. Christian Seidl and Wolfgang F. Stolper, Tübingen: J. C. B. Mohr, Paul Siebeck, 1992, pp. 361~363. 이 편지의 번역된 부분은 Wolfgang F. Stolper, *Joseph Alois Schumpeter: The Public Life of a Private Man*, Princeton, N.J.: Princeton University Press, 1994, p. 189에서 인용했다.

15. 슘페터가 하라흐 백작에게 보낸 1916년 2월 1일 편지, in Schumpeter, *Politische Reden*(Political Addresses), eds. Seidl and Stolper, p. 364(크리스토퍼 홀 번역). 슘페터는 하라흐에게 적어도 열두 통의 편지를 썼는데, 이 모든 내용은 『정치 연설Politische Reden』에 나왔다. 그는 하라흐에게 보낸 편지 겉봉에 "존경하는 당신께"라 쓰고 합스부르크 왕자를 "빛나는 왕자"라고 불러 당대 귀족의 관습을 드러냈다.

16. Stolper, *Joseph Alois Schumpeter*, pp. 268~269n3에는 20세기 초엽에 전개되었던 독일과의 통일운동에 관한 개관이 나와 있다.

17. 슘페터가 하라흐 백작에게 보낸 1916년 1월 25일 편지. Stolper, *Joseph Alois Schumpeter*, p. 190에 번역되어 있다. 하라흐에게 보낸 비슷한 편지들(1916년 2월 1일, 1917년 1월 14일, 2월 9일, 5월 7일, 6월 25일, 7월 6일, 1918년 2월 7일, 2월 19일)은 모두 독일어 원문으로 Hedtke and Swedberg, eds., *Briefe*, pp. 55~59, 71~72, 74~82, 84에 실려 있다. 또 슘페터가 아이젠호프에게 보낸 1917년 2월 14일 편지, in ibid., pp. 72~74도 보라.

18. 슘페터가 라마슈에게 보낸 1916년 2월 21일 편지. Stolper, *Joseph Alois Schumpeter*, p. 173에 번역 수록되고 독일어 원문으로 Hedtke and Swedberg, eds., *Britfe*, pp. 59~61에

실려 있다. 또 Allen, *Opening Doors*, I, pp. 152~153도 보라.

19. 이 메모는 Schumpeter, *Aufsätze zur Wirtschaftspolitik*(Essays on Economic Policy), eds. Christian Seidl and Wolfgang F. Stolper, Tübingen: J. C. B. Mohr, Paul Siebeck, 1985, pp. 251~272에 실려 출판되었다. 인용된 구절은 p. 271에 있다.

20. 두 번째 메모는 Schumpeter, *Aufsätze zur Wirtschaftspolitik* (Essays on Economic Policy), eds. Seidl and Stolper, pp. 272~289에 실려 출판되었다. 번역된 구절은 Stolper, *Joseph Alois Schumpeter*, pp. 180~181에 나온다.

21. 슘페터가 하라흐 백작에게 보낸 1917년 5월 7일 편지, in Schumpeter, *Politische Reden* (Political Addresses), eds. Seidl and Stolper, p. 368(크리스토퍼 홀 번역).

22. Stolper, *Joseph Alois Schumpeter*, p. 179n22. 슈톨퍼는 슘페터의 제자이자 오랜 친구였다. 슘페터가 하라흐 백작에게 보낸 1917년 7월 16일 편지, in Schumpeter, *Politische Reden*(Political Addresses), eds. Seidl and Stolper, p. 372. 크리스토퍼 홀 번역.

23. 예를 들어 슘페터가 하라흐 백작에게 보낸 1917년 2월 9일 편지는 이러하다. "우리는 아마도 이것을 오스트리아 최고의 것으로 만들고 이로써 시대의 첨단을 걷는 수단을 만들 수 있을 것이며, 여론을 지배하는 현대 기술을 오스트리아의 전통적인 사상과 관심 영역에 이용하는 중요한 일을 해낼 수 있을 것입니다. (⋯) 글의 독자(이와 함께 여론 주도층)는 성직자에서 기업인까지 넓혀질 것입니다. 그것은 그들 모두에게 다른 어떤 것보다도 많은 정보를 줘서 이제까지 낯설었던 영역으로 조금씩 보수적인 관점을 전달하는 또 다른 목표를 이룰 수 있게 할 것입니다. (⋯) 이 글의 성공에 유익할 수밖에 없는 특별히 가톨릭식 관점은 전반적으로 강조되어야 할 것입니다. 이런 관점은 확실히 드러나 있지 않은 경우에라도 오스트리아인의 잠재의식 속에 종종 분명하게 있기 때문입니다. 그리고 이 글은 성공적인 정부의 정책상 밑바탕이 될 수 있을 것입니다." Schumpeter, *Politische Reden*(Political Addresses), eds. Seidl and Stolper, pp. 366~367(크리스토퍼 홀과 앨리슨 프랭크 번역)을 보라. 같은 문제에 관해 하라흐 백작에게 보낸 다른 편지들(1917년 6월 4일 및 1918년 2월 19일)은 같은 책, pp. 369~370 및 374~375에 실려 있다.

24. 세 번째 메모는 처음 두 메모와 달리 제목('군주제의 이득과 정치 상황The Political Situation and the Interests of the Monarchy')이 있는데, Schumpeter, *Aufsätze zur Wirtschaftspolitik*(Essays on Economic Policy), eds. Seidl and Stolper, pp. 289~310에 실려 출판되었다. 슘페터의 이 세 메모는 모두 Stolper, *Joseph Alois Schumpeter*, pp. 177~188에서 분석되었고, 여기 인용된 구절은 p. 184에 나온다. 슘페터는 하라흐 백작 등

과의 접촉을 통해 자신의 메모를 외무부장관에게 전달했다. 슘페터가 하라흐에게 보낸 1917년 5월 7일 및 5월 17일 편지, in Schumpeter, *Politische Reden*(Political Addresses), eds. Seidl and Stolper, p. 368을 보라.

25. 미국의 참전 이유에 대한 슘페터의 언급은 신문 기고 "The United States of America in Politics and Culture," *Neue Freie Presse*, October 21, 1919에 실렸고, Schumpeter, *Aufsätze zur Tagespolitik*(Essays on Current Policy), eds. Christian Seidl and Wolfgang F. Stolper, Tübingen: J. C. B. Mohr, Paul Siebeck, 1993, p. 132에 실려 출판되었다(크리스토퍼 홀과 앨리슨 프랭크의 번역).

26. 슘페터가 하라흐 백작에게 보낸 1917년 6월 25일 편지는 이러하다. "오직 프라하의 대관식과 남슬라브인에 대한 충분한 양보 그리고 독일 제국을 향한 매우 단호한 태도만이 난국을 타개할 방책입니다. 이를 행하기 위한 자극은 보수 정당과 보수적인 정부로부터만 올 수 있습니다."
Schumpeter, *Politische Reden*(Political Addresses), eds. Seidl and Stolper, pp. 370~371(첫 번째 편지), pp. 373~374(두 번째 편지)를 보라. 슘페터는 의회의 움직임과 언론에 대해 우려가 있었다. 그는 하라흐에게 보낸 또 다른 편지(1917년 7월 6일)에서 "우리는 이 민주적 제도를 만들었지만, 영국 사회와는 달리 그것을 어떻게 써야 하는지 알지 못합니다"(ibid., p. 371, 크리스토퍼 홀 번역)라고 썼다. 또 그 밖의 정치적 견해와 방책에 대해서는 슘페터가 아이젠호프에게 보낸 1917년 1월 14일, 2월 2일, 2월 8일, 1918년 8월 22일 편지를 보라. 이들은 모두 Hedtke and Swedberg, eds., *Briefe*, pp. 72~74, 81~83, 85~86에 실려 출간되었다. 다른 유용한 정보들은 Allen, Opening Doors, I, pp. 154~155 및 Stolper, *Joseph Alois Schumpeter*, pp. 173~174에 나와 있다.

27. 레들리히의 말은 Christian Seidl, "Joseph Alois Schumpeter: Character, Life and Particulars of His Graz Period", in Seidl, ed., *Lectures on Schumpeterian Economics* (Berlin: Springer-Verlag, 1984), pp. 203~204(자이들 번역)에 인용되어 있다.

28. Felix Somary, trans. A. J. Sherman, *The Raven of Zürich: The Memoirs of Felix Somary*, New York: St. Martin's Press, 1986, pp. 120~121.

29. 슘페터는 비슷한 시기에 중요한 글을 또 하나 썼는데, 이것은 아직도 대학 교재로 쓰이고 있다. 『제국주의들의 사회학The Sociology of Imperialisms』라는 이 글은 영역본으로 98쪽에 달하며, 1955년 사회계급에 관한 두 번째 글과 묶여 대학 강의용으로 재출간되었다. *Imperialism, Social Classes: Two Essays by Joseph Schumpeter*, trans. Heinz Norden, New York: Meridian Books, 1955를 보라. 아래의 논의는 주로 pp. 23~54, 73, 89에 근거

한 것이다. 또 Richard Swedberg, *Schumpeter: A Biography*, Princeton, N.J.: Princeton University Press, 1991, pp. 98~102도 보라.

슘페터는 "제국주의들의 사회학"에서 자본주의는 근본적으로 반제국주의적이고 사회적 통념(정통 마르크스주의적인 해석을 포함해)에 반하는 것이며, 아직도 뜨거운 논쟁 속에 있다고 주장했다. 슘페터는 강조 표시를 한 어느 구절에서 이렇게 썼다. "제국주의를 자본주의의 필수적인 과정으로 묘사하거나 심지어 자본주의가 제국주의로 발전한다고 말하는 것은 근본적으로 잘못이다."

그는 역사를 찬찬히 읽으며 자신의 주장을 폈고, 제국주의는 몇 가지 다른 형태로 나타났음을 지적했다. 그래서 제목에도 "제국주의들imperialisms"이라는 복수형을 썼다. 그의 분석은 가까운 영국과 독일 제국부터 시작해 페르시아, 이집트, 로마 같은 고대 열강까지 거슬러 올라갔다. 이들 고대 제국은 구조상 내수만으로는 지탱할 수가 없었다. 따라서 그들은 국내 경제가 잘 돌아가도록 하기 위해 계획된 약탈 원정으로 주변 지역을 침략하고 병합했다. 한번 시작한 "정복정책은 불가피하게 또 다른 정복을 강요하는 상황에 몰리게 되었다." 그것은 세력 확장이 도를 넘어 영토를 다스리기에는 매우 멀리까지 가는 시점이 되어서야 끝났다.

이와 대조적으로, 자본주의경제는 정반대의 방식으로 움직인다고 슘페터는 주장한다. 자본주의는 기업가정신과 신용에 집중하기 때문에 군사적 모험주의에 빠져들 시간이나 기미가 없다.(그는 식민 세력이 제국을 이용해 원료 공급을 통제하고 전속시장을 제공한다는 익숙한 주장들을 평가절하한다). 자본주의의 뛰어난 생산성으로 말미암아 내수시장에 필요한 것 이상의 상품과 서비스를 만들게 되고, 성공적인 자본주의국가는 다른 나라를 약탈하기보다는 그 나라에 수출을 할 가능성이 높은 것이다.

가장 최근의 연구는 슘페터의 분석을 뒷받침하는 골격을 확인해준다. 적어도 식민지가 통상 이익을 내서 종주국에 기여하는 부분보다 많은 행정 및 방위비용이 든다는 좁은 주제로 보자면 말이다. 물론 경제비용편익 분석은 민족적 자긍심과 경쟁적인 제국 건설을 설명해주지는 못한다. 또 위정자들의 생각에 대해서도 마찬가지다. 상대적인 위신과 군사적 우위 경쟁은 제1차 대전까지의 오랜 발전 과정에서 프랑스, 독일, 영국이 감행한 제국주의적 모험의 특징이었다.

슘페터(1946)는 나중에 자본주의와 제국주의 사이의 관계를 설명하면서 자신이 반대한 관점에 대해, 그 문제점은 명백하지만 "이를 뒷받침하는 세 지점은 언급할 필요가 있다"고 썼다. 우선 그 관점은 미국 자신이 에스파냐-미국 전쟁을 계기로 제국주의적 모험에 뛰어든 해인 1898년 이래, "모든 경제적·정치적·문화적 유형"을 고려한 주도면밀한 이론이다. 둘째, 사건들 즉 자본주의 열강의 제국주의적 행동에 따라 피상적으로 "입증된" 이론이다. 그리고 "셋째, 사실과 해석상에 틀린 부분이 있을지라도 이는 분명히 토를 달 수 없는 사실, 즉 기업 합동과 대규모 콘체른의 출현 경향에서 출발하고 있다." 다시 말해서 제국주의는 대기업이 발전하고 그들에게 해외시장이 필요해짐에 따라 커졌다는 것이다. 그들의 모국이 자기네 시장을 닫아버리는 바로 그 순간에 말이다. 그러나 20세기 전반기의 이런 경향에도 불구하고 슘페터는 자신의 생각을 바꾸지 않았다. 그리고 20세기 후반기의 자유무역 및 '세계화'의 대두는 그의 본래 관점이 옳았음을 입증하고 있다.

Schumpeter, "Capitalism", in *Encyclopaedia Britannica*, New York: Encyclopaedia Britannica, 1946, pp. 801~807, reprinted in Richard V. Clemence, ed., *Joseph A. Schumpeter: Essays on Entrepreneurs, Innovations, Business Cycles, and the Evolution of Capitalism*, Cambridge, Mass.: Addison-Wesley, 1951, pp. 189~210를 보라. 인용된 구절은 p. 197에 있다.

30. Schumpeter, "The Crisis of the Tax State", in Richard Swedberg, ed., *The Economics and Sociology of Capitalism*, Princeton, N.J.: Princeton University Press, 1991, pp. 100~101. 이 글의 제목을 더 설명하는 방식을 뜻하는 것으로 바꾼다면 "최근 오스트리아 전쟁 위기와 관련된 자본주의경제에서의 세금 관리The Management of Taxes in a Capitalist Economy, with Special Reference to the Current Austrian War Crisis"가 될 것이다. 이것은 본래 빈에서 열린 사회학회 강연이었고, 1918년에 처음 나왔다. 이 글에서 슘페터는 사회학자 루돌프 골드샤이트가 "'재정은 모든 그릇된 이데올로기를 배제한 국가의 뼈대'라는 진실을 선포함으로써 재정의 역사를 보는 관점을 제대로 강조했다"는 점에서 당연히 그를 신뢰한다고 했다.

31. Ibid., pp. 99, 113.

32. Ibid., pp. 114~116.

33. 슘페터가 봤듯이 1918년의 오스트리아의 딜레마(그의 책 제목에 나오는 재정 '위기')는 당연한 수순으로 진행되었다. 우선 전쟁 자체가 오스트리아의 재정을 무너뜨렸다. 그리고 정치체제도 체코, 세르비아, 헝가리의 민족주의로 인해 붕괴되었으며, 그 결과 정치적 동요가 일어나 반자본주의운동을 촉발시켰다. 오스트리아가 어떤 식으로든 정상적으로 존립하려면 경제를 재건하고 전쟁 빚이 탕감되어야 했다. 오스트리아 정부는 "전상자戰傷者에 대한 보상과 제대비용, 피해지 복구, 전쟁 피해 보상 등에" 막대한 자금을 쏟아부어야 했다. Ibid., pp. 117~120.

34. Ibid., pp. 120~131.

35. Ibid., pp. 122~125.

36. 이 위원회는 유명한 사회주의자 카를 카우츠키가 주재했다. 펠릭스는 이렇게 썼다. "힐퍼딩은 슘페터가 (사회화위원회에서) 급진적이어서 놀랐다고 종종 내게 말하곤 했다. 그러나 슘페터는 전혀 급진적이지 않았다. 그는 그저 주어진 전제에 맞는 결론을 따라갔을 뿐이다.

그는 전쟁이 끝난 뒤 사회주의를 받아들여야 한다면 일관된 방식으로 추진해야 한다고 생각했다." Somary, *The Raven of Zurich*, p. 120를 보라.

슘페터와 하버드대에 함께 근무했던 하벌러에 따르면, 그는 자신의 역할에 대해 농담을 자주 했다. "누군가가 자살을 하려 한다면 의사가 옆에 있는 것이 좋다."

그러나 훗날 그와 함께 사회화위원회의 멤버였던 사람은 이런 평가가 슘페터의 행동을 온전히 이해한 것은 아니었다고 말했다.

> 분명히 슘페터가 있음으로써 위원회 회원 간의 내부 토론과 위원회 외부와의 비공식적인 대화가 질이 매우 높아지고 관심도 더해진 것은 사실이다. 사실 슘페터는 대체로 즉각적이고 통합적인 사회화 주장자, 즉 당시 급진적이고 교조주의적이었던 레더러의 편을 들어, (…) 늘 그렇듯이 실제적인 문제에 보다 타협적이고 반대자들의 주장을 받아들일 자세가 되어 있었던 힐퍼딩의 의견을 반대했다. 슘페터와 다른 몇몇 멤버가 개인적인 대화를 나눴을 때, 모임이 끝나고 내가 그의 입장에 대해 놀라움을 표시하자 그는 이렇게 대답했다.
> "나는 사회주의가 실제로 가능한지 아닌지는 모릅니다. 그러나 나는 그것이 전면적으로 적용되지 않으면 불가능하다는 확신을 가지고 있습니다. 어쨌든 사회주의는 흥미로운 실험이 될 것입니다."
> Theodor H. Vogelstein, "Joseph A. Schumpeter and the Sozialisierungskommission: An Annotation to Gottfried Haberler's Memoir of Schumpeter", Allen, Opening Doors, I, p. 180, 주3 및 주4에 인용된 일자 미상의 미출간 메모. 또 Stolper, *Joseph Alois Schumpeter*, 11장도 보라.

37. 사회민주당의 최고 지도자 가운데 한 사람인 바우어는 독일 모델을 본뜬 오스트리아 사회주의위원회도 이끌었다. 카를 레너는 제2차 대전 뒤 다시 한번 오스트리아 정부를 이끌었다.

38. 슘페터의 재무부장관 재직에 관한 설명으로는 Eduard März, *Joseph Schumpeter: Scholar, Teacher and Politician*, New Haven: Yale University Press, 1991, 9장을 보라.

39. Wolfgang F. Stolper, *Joseph Alois Schumpeter*, pp. 255~256을 보라. 슈톨퍼는 이어서, 이 계획은 속속들이 "슘페터풍이었다"고 말한다. "그 계획은 사실을 있는 그대로 본 것이었지, 그가 보고자 하는 대로 본 것이 아니었다. 그의 해법에는 이데올로기적 편견이 전혀 없었다. (…) 장기적 분석에 근거한 발전 전망도 슘페터풍이었다. (…) 이 계획은 재정정책과 통화정책 사이의 밀접한 관련성을 강조했는데, 이는 당시로서는 분명히 일반적이지 않은 것이었다." 그 여러 조항은 몇 년 뒤 제2차 대전 패전국인 독일과 일본이 미국과 영국의 후원 아래 추진했던 개선된 정책들과 여러 면에서 닮아 있다.

40. 재정계획Finanzplan과 슘페터를 따라다닌 엉터리 스캔들을 더 논의하려면 Stolper, *Joseph Alois Schumpeter*, pp. 217~293을 보라. 슈톨퍼는 "Schumpeter's Ministerial Days", *History of Economic Ideas* 3, 1995, pp. 93~103에서 몇 가지 세부 정보를 더 제시하고 있다.

41. *Neue Freie Presse*, 1919년 4월 14일, in Schumpeter, *Politische Reden*(Political Addresses), eds. Seidl and Stolper, p. 42. 이 신랄한 언급은 1919년 3월 21일 빈의 신문 기사로 실렸는데, 이것이 Allen, *Opening Doors*, I, p. 171에 인용되어 있다. 이 신문들은 슘페터가 빈 대학교 사회학회에서 한 연설(1918년에 출판되었다)에서 이 언급을 인용했을 것이다. 그 표현은 슘페터가 이 연설을 바탕으로 쓴 논문에 사용된 구절과 비슷하며, 이는 "The Crisis of the Tax State", in Swedberg, ed., *The Economics and Sociology of Capitalism*, pp. 125~126로 재출간되었다.
슘페터의 연설과 신문 기사, 그의 재무부장관 및 은행 재직에 관한 공개 기록 상당수는 크리스티안 자이들과 볼프강 슈톨퍼가 세 권의 책으로 편집해 독일어판으로 냈다. *Aufsätze zur Wirtschaftspolitik*(Essays on Economic Policy)(1985), *Politische Reden*(Political Addresses) (1992), *Aufsätze zur Tagespolitik*(Essays on Current Policy)(1993) 등이며, 이들은 모두 Tübingen: J. C. B. Mohr, Paul Siebeck에서 나왔다.

42. Stolper, *Joseph Alois Schumpeter*, pp. 18~20 및 *März, Joseph Schumpeter: Scholar, Teacher and Politician*, pp. 151~163를 보라.

43. 1919년 5월 31일에 바우어는 카를 레너 총리에게 편지를 보내 "나는 당분간 가만히 있을 것이지만, 평화조약이 마무리된 뒤에는 (슘페터의) 사임을 압박하는 일이 불가피할 것입니다"라고 썼다. März, *Joseph Schumpeter: Scholar, Teacher and Politician*, p. 157를 보라. 슘페터와 바우어 사이의 의견 대립을 균형적인 시각으로 설명한 것은 1919년 10월 9일자 『노이에 프라이에 프레세Neue Freie Presse』에 실려 있으며, 슘페터에 비판적인 기사는 또 다른 (사회주의자) 신문인 『아르바이터 자이퉁Arbeiter Zeitung』 1919년 10월 10일자에 실렸다. 두 기사는 Schumpeter, *Politische Reden*(Political Addresses), eds. Seidl and Stolper, pp. 273~277에 수록되어 출간되었다. 또 Christian Seidl, "The Bauer-Schumpeter Controversy on Socialization", *History of Economic Ideas* 2, 1994, pp. 41~69도 보라. 독일과의 통일에 대한 국민의 바람에 대해 슘페터가 한 언급은 슘페터가 빅토르 헬러에게 보낸 1943년 4월 30일 편지에 나온다(Hedtke and Swedberg, eds., *Briefe*, p. 342에 실려 출간). 전쟁중 빈의 끔찍한 식량 상황에 대해서는 Maureen Healy, *Vienna and the Fall of the Habsburg Empire: Total War and Everyday Life in World War I*, Cambridge: Cambridge University Press, 2004, 특히 1장을 보라.

44. 그 다른 규정 가운데서 베르사유조약과 짝을 이루어 특히 오스트리아와 관련되었던 생제르맹조약(1919년 9월 10 조인)은 오스트리아의 경제적 생존력을 엄청나게 약화시켰다. 오스트리아 대표단은 조약 초안을 이렇게 평했다. "남은 독일계 오스트리아인은 살아갈 수 없다. 우리 영토는 오로지 산악 지역만으로 이루어지게 되었고, 전체 인구 600만 가운데 200만 주민이 사는 수도 빈은 이전 나라의 나머지 지역에서 분리됨으로써 제국의 다른 어떤 지역들보다 큰 고통을 당했다. 이 새로운 나라는 주민에게 필요한 식량의 4분의 1밖에 생산하지 못해 나머지 4분의 3은 밖에서 수입해야 한다. 게다가 매년 1200만 톤의 석탄을 외국에서 들여와야 하고, 자체 생산량은 200만 톤도 되지 않는다." Karl R. Stadler, *Austria* , London: Ernest Benn, 1971, p. 117을 보라. 인용된 편지는 구스타프 슈톨퍼가 쓴 것으로, Allen, *Opening Doors*, I, pp. 178~179에 인용되어 있다. 슈톨퍼는 나중에 슘페터의 가장 가까운 친구 가운데 한 사람이 되었다.

45. 비저의 1919년 3월 15일, 3월 19일, 5월 30일 일기, printed in Schumpeter, *Politische Reden*(Political Addresses), eds. Seidl and Stolper, pp. 10~11(크리스토퍼 홀 번역). 또 Stolper, *Joseph Alois Schumpeter*, p. 293도 보라. 1919년 5월에, 통일에 반대하는 유명한 보수 정치인 이그나츠 자이펠은 하인리히 라마슈에게 편지를 보내, "나는 (오토 바우어에게 반대하는 데) 매우 용감한 슘페터와 긴밀한 연락을 하고 있다"고 썼다. März, *Joseph Schumpeter: Scholar, Teacher and Politician*, p. 155에 인용되어 있다.

46. Fromkin, *A Peace to End All Peace: Creating the Modern Middle East, 1914~1922* 를 보라.

47. Stolper, *Joseph Alois Schumpeter*, pp. 221, 233, 240, 247, 263n.

48. 폴란드의 최종 국경은 그 뒤에도 몇 년 더 확정되지 못한 상태로 있었다. 유고슬라비아의 경우, 새 나라의 처음 이름은 세르비아, 크로아티아, 슬로베니아 왕국이었다. 의회 간 논쟁이 매우 첨예해져서 1928년에 세르비아 의원 하나가 크로아티아 농민당 지도자를 쏴 죽였다. 이 사건이 부분적으로 영향을 미쳐 알렉산드르 1세는 1928년에 나라 이름을 유고슬라비아('남슬라브인의 땅'이라는 뜻이다) 왕국으로 바꾸자고 제안했다. 1934년에 크로아티아 민족주의자들은 알렉산드르 왕을 암살했다.

49. 조약 문안에서 오스트리아와 독일의 통일이 명시적으로 금지되지는 않았으나, 국제연맹의 승인을 얻도록 되어 있어서 통일은 거의 가능성이 없었다.

제7장 거대한 낭비

1. Schumpeter, "Should the Reserve Bank Be Established?" *Die Börse*, September 21, 1922, in Schumpeter, *Aufsätze zur Tagespolitik*(Essays on Current Policy), eds. Christian Seidl and Wolfgang F. Stolper, Tübingen: J. C. B. Mohr, Paul Siebeck, 1993, pp. 53~54(크리스토퍼 홀 번역). 슘페터는 여기서 중앙은행의 역할을 언급했으며, 그의 논점 가운데 하나는 강한 예비은행이 필요하기는 하지만 그 은행들이 만능일 수는 없다는 것이었다. 이 논문은 전체적으로 1990년대 공산주의체제 붕괴 뒤의 러시아와 다른 동유럽 나라가 '충격요법'을 쓰면서 고생했던 여러 복잡한 사태 전개를 상당수 예측하고 있다.

2. 베를린에서 온 제안에 관해서는 슘페터가 막스 압트에게 보낸 1919년 8월 24일, 11월 24일, 1920년 6월 29일, 7월 28일 편지 그리고 슘페터가 아르투어 슈피트호프에게 보낸 1921년 9월 2일 편지를 보라. 이들은 모두 Ulrich Hedtke and Richard Swedberg, eds., *Joseph Alois Schumpeter, Briefe/Letters*, Tübingen: J. C. B. Mohr, Paul Siebeck, 2000), pp. 87~91, 94f에 수록되어 있다.
이 장에 인용된 1차 자료 외에 1919~1925년 사이의 슘페터의 활동에 대한 가장 좋은 자료로는 Wolfgang F. Stolper, *Joseph Alois Schumpeter: The Public Life of a Private Man*, Princeton, N.J.: Princeton University Press, 1994, 20~21장 및 Robert Loring Allen, *Opening Doors: The Life & Work of Joseph Schumpeter*, New Brunswick, N.J.: Transaction, 1991, I, 10장을 들 수 있다.

3. 연관된 교신에 대해서는 슘페터가 재정 고문 버먼에게 보낸 1921년 2월 13일 편지와 슘페터가 슈피트호프에게 보낸 1921년 9월 2일 편지를 보라. 모두 Hedtke and Swedberg, eds., Briefe, pp. 92~95에 실려 있다.

4. Allen, *Opening Doors*, I, pp. 184~186.

5. "Conversation with Former State Secretary Dr. Schumpeter", *Die Börse*, November 11, 1920, in Schumpeter, *Aufsätze zur Tagespolitik*(Essays on Current Policy), eds. Seidl and Stolper, pp. 20~22(크리스토퍼 홀 번역). Allen, *Opening Doors*, I, p. 186. Stolper, *Joseph Alois Schumpeter*, p. 307n3에는 1923년 현재 비더만 은행의 지분 보유 현황이 나와 있는데, 보수적인 기독교사회주의 정당과 밀접하게 연결되어 있던 사업가 고트프리트 쿰발트가 9만 5000주로 최대 주식 보유자였던 것으로 나타나고 있다. 슘페터는 아마도 그의 양보에 대한 대가로 약 2만 5000주를 받았던 듯하고, 1923년까지 자신의 수입으로 6만 5000주를 더 사들였다. 8만 5000주를 가진 세 번째 대주주는 앵글로-오스트리아 은행으로, 잉글랜드 은행 계열사이며 비더만 은행의 가장 믿을 만한 현금 창구였던 듯하다. 아르투

어 클라인은 네 번째로, 7만 6000주를 갖고 있었다.

6. 슘페터 자신은 이 주제에 관해 약간 기술적인 시론을 썼다. Schumpeter, "Procedural Difficulties Raise the Costs of the Banking Business", *Die Börse*, October 23, 1924, printed in Schumpeter, *Aufsätze zur Tagespolitik*(Essays on Current Policy), eds. Seidl and Stolper, pp. 60~63을 보라. 이어지는 분석에서 슘페터는 이렇게 썼다. "이것[이런 유형의 인플레이션]이 어떻게 호황기와 비슷한 기간으로 받아들여지는지 일반적으로 알려져 있는데, 이 기간에 평화와 질서는 잘 유지되며 많은 어려움은 '평가절하된 크로네 보유자들의 희생 혹은 크로네로 지불할 수 있는 요구의 희생으로' 피해가거나 완화되며 지연된다." Schumpeter, "The Currency Situation in Austria", in United States Senate, Commission of Gold and Silver Inquiry, Foreign Currency and Exchange Investigation Serial 9, *European Currency and Finance*(1925), printed in Schumpeter, *Aufsätze zur Tagespolitik*(Essays on Current Policy), eds. Seidl and Stolper, pp. 63~70를 보라. 인용 부분은 p. 64에 있다. 도이치 은행의 경험에 관해서는 David A. Moss, "The Deutsche Bank", in Thomas K. McCraw, ed., *Creating Modern Capitalism: How Entrepreneurs, Companies, and Countries Triumphed in Three Industrial Revolutions*, Cambridge, Mass.: Harvard University Press, 1997, p. 243를 보라.

7. Allen, Opening Doors, I, pp. 186~187.

8. "Bank President Schumpeter—The Girardi of the Financial World", *Die Börse*, April 28, 1921, in Schumpeter, *Aufsätze zur Tagespolitik*(Essays on Current Policy), eds. Seidl and Stolper, p. 17(크리스토퍼 홀과 앨리슨 프랭크 번역). 제목에 나오는 지라르 디는 당시의 성악가 겸 희극 배우다.

9. 그 직전에 그는 오스트리아가 "2년 전 상황에서 회복되었으며, 피난처가 아직 손에 들어 오지는 않았지만 시야 안에 들어오기는 했다"고 썼다. Schumpeter, "Recapitalization and Monetary Value Policy", *Neue Freie Presse*, January 30, 1924, in Schumpeter, *Aufsätze zur Tagespolitik*(Essays on Current Policy), eds. Seidl and Stolper, p. 55(크 리스토퍼 홀 번역).

10. Stolper, *Joseph Alois Schumpeter*, p. 307. 슘페터가 떠난 지 2년 뒤인 1926년에 비더 만 은행은 영업을 중단해 133년 만에 문을 닫았다. 슈톨퍼에 따르면, 이 은행은 "파산하지 않았고, 여느 경우와 달리 모든 채권자가 최종적으로 전액을 지급받았다." 슘페터 자신이 지 불받은 일에 대해 이야기한 것은 Stolper, p. 317에 인용되어 있고, 슈톨퍼가 그의 무고함을

인정한 것은 p. 315n22에 나온다.

11. "A Lawsuit against the Former Finance Minister Dr. Schumpeter", *Neue Freie Presse*, July 11, 1925, in Schumpeter, *Aufsätze zur Tagespolitik*(Essays on Current Policy), eds. Seidl and Stolper, pp. 95~96을 보라. 이 신문 기사는 슘페터와 그의 지인 리하르트 슈탐페스트(슘페터의 재정 문제에 정말로 책임이 있는 자이다)에 대한 법원 판결을 보도하고 있다. 비너 카우프만스 은행(슘페터는 이 은행의 이사회 회원이었다)가 유리회사(슘페터는 이 회사의 이사도 겸하고 있었다)의 자본 확충과 관련해 제기한 소송이었다. 19억 크로네의 대출이 다툼거리였는데, 소송은 이자를 갚지 않는 데서 촉발되었다. 슘페터는 지불 기일과 소송 제기일 훨씬 전에 회사를 떠났기 때문에, 그에 대한 판결은 본래의 빚을 지는 과정에 참여했던 부분만 인정되어 19만 9000크로네와 8퍼센트의 이자만 물도록 판결이 났다.

12. 볼프강 슈톨퍼는 이 일들을 *Joseph Alois Schumpeter*, pp. 306~325에서 꼼꼼하게 파헤치고 있다. 철저한 재정 파탄에 관한 슘페터의 이야기는 p. 316에 인용되어 있다. 이 에피소드의 내막은 몹시 얽히고설켜서 올바른 기업적인 판단은 말할 것도 없고 정직성에서까지 그의 명성에 금이 가게 되었다. 예를 들어 "Involuntary Resignation of President Dr. Schumpeter", *Die Neue Wirtschaft*, September 11, 1924, in Schumpeter, *Aufsätze zur Tagespolitik*(Essays on Current Policy), eds. Seidl and Stolper, pp. 94~95를 보라. 이 기사는 브라운-슈탐페스트 스캔들에서의 슘페터의 행동에 관한 비판적인 글인데, 종종 신뢰성이 떨어지는 신문에 실린 것이었다. 이 기사는 다음과 같은 잘못된 보도를 했다. "처음부터 슘페터 박사는 그의 친한 친구에게 가능한 모든 편의를 봐줬다. 한동안 그는 친구를 비더만 은행 이사로 있도록 주선하기까지 했으며, 비더만 은행은 엉터리 회사를 세우려고 돈줄을 챙기려는 그의 모든 노력에 적극적인 지원을 아끼지 않았다."
이 기사는 좀 더 자세하게 보도를 이어간다. "슘페터의 이름값은 이들 가짜 벤처기업이 금융 지원을 받는 데 결정적이었다. 비더만 은행이 해주지 않으면 다른 금융 기관에서 받을 수 있었다. (…) 상황은 슘페터 박사에게 더욱 좋지 않게 흘러갔다. 운수 사납게도 프랑화 투기에 말려든 것이다. 비더만 은행뿐만이 아니라 다른 은행들, 특히 헨델스크레디트 은행도 관련이 되었다. 비록 그 뒤에 비더만 은행장의 차변 잔고는 정리되었지만, 멀쩡한 정신을 가진 사람이라면 이런 정리가 퇴임 은행장에게 해준 정산의 일부라는 사실을 넉넉히 짐작할 수 있다." (p. 94, 앨리슨 프랭크 번역).

13. 슘페터는 거의 전적으로 기업 실무 분야에서 일하고 있던 이 시기에도 종종 학술 저작들을 발표했고, 그런 글들에 새 혁신 기업에 대한 자신의 선호를 직간접적으로 끼워넣곤 했다. 예를 들어 Schumpeter, "Angebot(Supply)," in *Handwörterbuch der Staatswissenschaften*(Dictionary of Political Science), fourth edition, vol. 1, Jena: Gustav Fischer, 1923, pp. 299~303, in Schumpeter, *Aufsätze zur Tagespolitik*(Essays

on Current Policy), eds. Seidl and Stolper, pp. 132~139를 보라. 이것은 핸드북에 적합한 내용이다. 슘페터는 공급곡선과 탄력성 효과 그리고 기타 경제학의 전통적인 도구에 대해 논의했다. 그는 여기서 기업가정신이 투철한 신생 기업이 오랜 전통의 기존 기업보다 전체 경제에 더 도움이 된다는 점을 암시하려 애썼다.

14. Schumpeter, *Capitalism, Socialism and Democracy*, New York: Harper & Brothers, 1942, pp. 73~74.

15. Alfred North Whitehead, *Dialogues of Alfred North Whitehead, as Recorded by Lucien Price*, Boston: Little, Brown, 1954.

16. 슘페터는 자신의 재산을 잃기 오래전에 전쟁이 경제에 미치는 해로운 영향에 관한 글을 썼다. "노동계급의 요구와 과격한 폭동, 파업 의지는 상황의 원인이 아니라 오히려 결과며, 전쟁이 (우리의) 신경과 사회 조직에 강요한 인내력 테스트다."
Schumpeter, "World Economic Crisis", *Die Börse*, January 20, 1921에 발췌, in Schumpeter, *Aufsätze zur Tagespolitik*(Essays on Current Policy), eds. Seidl and Stolper, pp. 22~29를 보라. Schumpeter, "Financial Policy and the League of Nations", *Neue Freie Presse*, March 23, 1922, in ibid., pp. 39~42도 보라. 그는 더 폭넓은 분석을 통해 "실업과 자본 손실, 이 전후의 붕괴 현상은 전쟁의 참상과 수많은 나라의 빈곤화, 현재의 사회적 긴장, 무엇보다도 모든 나라의 공업이 전시 생산체제에서 평시 생산체제로 불가피하게 구조가 급격히 변하는 것"이라고 말했다. Schumpeter, "Old and New Bank Policy", *Economic-Statistical Reports*, 1925, in ibid., pp. 78~93(크리스토퍼 홀과 앨리슨 프랭크 번역)을 보라.

17. Schumpeter, "World Economic Crisis", *Die Börse*, January 20, 1921에 발췌, in Schumpeter, *Aufsätze zur Tagespolitik*(Essays on Current Policy), eds. Seidl and Stolper, pp. 22~29(크리스토퍼 홀과 앨리슨 프랭크 번역).
이 주제를 좀 더 파고들어 그는 위기가 근본적으로 그 당시 여러 사람이 주장했던 것처럼 통화 문제가 아니라고 강조했다. 이는 오히려 기업활동의 모든 요소가 뒤얽힌 것이어서 재정 하나만 만지작거리는 것으로는 치료될 수 없다는 것이다. 그는 『경제 발전의 이론』에서 시작한 분석에 이어, 이제 자신의 기업 관련 경험까지 끄집어냈다. 그는 1925년에 이렇게 썼다. "호황기 특징으로 두드러지는 점은 단순한 경제활동 증가와 통상적인 경로에서 일어나는 극심한 투기가 아니다. 이 현상의 진수는 완전한 새 길에 더욱 많이 나타난다. 새 목표를 가진 새 사람이 나타나고, 경제 생산력은 새 설비와 생산방법에 적용된다. 새 기업에서 전면적이라 할 수 있을 정도의 혁신이 이뤄지지만, 이러한 혁신이 꼭 가장 가까운 기존의 관련 회사에서 일어나는 것은 아니며, 오히려 이들의 바로 옆에서 일어나 그들과 경쟁하게 된다. (…)

어떤 새 일에 나서는 것은 기술적·심리적으로나 매우 어려운 일이다."
Schumpeter, "Old and New Bank Policy", *Economic-Statistical Reports*, 1925, in
Schumpeter, *Aufsätze zur Tagespolitik*(Essays on Current Policy), eds. Seidl and
Stolper, p. 87. 슘페터는 같은 구절에 경기순환에 관한 몇 가지 언급을 덧붙였다.
"불황이 되풀이되는 것의 의미와 기능은 정상적인 주기에서 새로운 창조를 재흡수하고 소화
해낸다는 것이다. 매 호황기는 제한된 수의 새로운 관점 주변을 맴돌기 때문에 추진력은 몇
년 지나면 힘을 잃게 된다. 그리고 새로 만들어진 것은 실제로 제한적이기 때문에 불황기는
언제나 몇 년 안에 그 역할을 수행한다."(크리스토퍼 홀과 앨리슨 프랭크 번역) 여기에 인용
된 부분 가운데 일부는 슘페터가 1939에 펴낸 『경기순환론』에 거의 그대로 재수록되었다.

18. 그는 이렇게 썼다. "누군가가 그 경제 주기에서 이전에 알려진 바 없는 새로운 일을 감행
한다면(또는 누군가가 새 기업을 세우고 새 생산방법을 도입하는 따위의 일을 한다면), 보통
은 이전의 산물이었던 금융자원이라, 여기에 부합하는 것은 찾을 수 없을 것이다. 따라서 그
는 신용에 의존하게 된다. 그러나 신용은 순환계 안에서 그것이 전적으로 기술적인 시장 기
능만을 수행하는 정적인 주기에서 일어날 수 있다는 개념이 아니라, 완전히 근본이 다른 개
념이다." Schumpeter, "Old and New Bank Policy", *Economic-Statistical Reports*,
1925, in Schumpeter, *Aufsätze zur Tagespolitik*(Essays on Current Policy), eds. Seidl
and Stolper, p. 88(크리스토퍼 홀 번역)를 보라.

19. 그는 이렇게 덧붙였다. "이렇게 말할 수 있을 것이다. 택시 기사가 한번 승차에 많은 돈
(예컨대 가까운 장래에 고객들이 모두 택시 정류장을 찾지 않게 될 정도로 많은)을 주는 고
객을 찾을 수 있다면 온 나라가 '그 택시 기사의 방식'을 따를 것이다." Schumpeter,
"Austria's Credit Problems", *Die Börse*, April 7, 1921, in Schumpeter, *Aufsätze zur
Tagespolitik*(Essays on Current Policy), eds. Seidl and Stolper, pp. 29~32(크리스토퍼
홀과 앨리슨 프랭크 번역). 인용 부분은 p. 31에 있다. Schumpeter, "The Currency
Situation in Austria", in United States Senate, Commission of Gold and Silver
Inquiry, Foreign Currency and Exchange Investigation Serial 9, *European Currency
and Finance*(1925), printed in ibid., p. 69.

20. Schumpeter, "Current Economic Problems", *Die Börse*, December 15, 1921, in
Schumpeter, *Aufsätze zur Tagespolitik*(Essays on Current Policy), eds. Seidl and
Stolper, p. 38. 이것은 "유가증권의 실제 가치 대 수익 가치를 둘러싼 논쟁에 관한"(즉 투자
자들은 인플레이션 시기에 회사 주식보다 부동산 같은 자산을 선택해야 하는가에 관한) 슘
페터와의 인터뷰 보도다. Schumpeter, "Financial Policy and the League of Nations",
Neue Freie Presse, March 23, 1922, in Schumpeter, *Aufsätze zur Tagespolitik*(Essays
on Current Policy), eds. Seidl and Stolper, pp. 39~42(크리스토퍼 홀 번역). 인용 부분

은 p. 41에 있다.

21. Schumpeter, "The Currency Situation in Austria", in United States Senate, Commission of Gold and Silver Inquiry, Foreign Currency and Exchange Investigation Serial 9, *European Currency and Finance*(1925), printed in Schumpeter, *Aufsätze zur Tagespolitik*(Essays on Current Policy), eds. Seidl and Stolper, p. 70.

22. 1922년에 슘페터는 한 신문 기고에서, 빈은 금융 중심지로서의 위치를 상실할 위기에 처해 있으며, 국가는 세계경제 주기의 회복에 희망을 집중시켜야 한다고 썼다. Schumpeter, "The Big Question Marks", *Die Börse*, May 4, 1922, in Schumpeter, *Aufsätze zur Tagespolitik*(Essays on Current Policy), eds. Seidl and Stolper, pp. 42~47. 합스부르크 후계국의 전후 경제정책에 대해서는 Rawi Abdelal, *National Purpose in the World Economy: Post-Soviet States in Comparative Perspective*, Ithaca and London: Cornell University Press, 2001, pp. 155~170에 간명하게 요약되어 있다.

23. Abdelal, *National Purpose in the World Economy*, pp. 155~170; Alice Teichova, *The Czechoslovak Economy, 1918~1980*, London: Routledge, 1988, pp. 3~18; Teichova, "Czechoslovakia: The Halting Pace to Scope and Scale", in Alfred D. Chandler, Jr., Franco Amatori, and Takashi Hikino, eds., *Big Business and the Wealth of Nations*, Cambridge: Cambridge University Press, 1997, pp. 433~434, 439~441.

24. 슘페터의 1944년 2월 13일 일기(노트 수록), Schumpeter Papers, HUG(FP)—4.1, Brief Daily Records, notes and diaries, ca. 1931~1948, box 4, folder 1943~1944, HUA.

제8장 애니

1. Schumpeter Papers, HUG(FP)—66.90, Publisher and Estate Correspondence, box 4, "The Diaries of Anna Reisinger Schumpeter: A Report"라는 제목의 타이핑본(에리카 게르셴크론이 작업했다), HUA(이하 Gerschenkron, "A Report"로 인용)을 보라. 이 기록의 pp. 20~26, "안나 슘페터 부인의 일기 요약Summary of Mrs. Anna Schumpeter's Diaries"은 애니의 생애에 대한 훌륭한 연대기이자 분석이다. 이 기록은 일기 연구에 필요한 출발점인데, 일기가 매우 특이한 구조를 갖고 있기 때문이다. 일기 자체는 열 권으로 된 작은 가죽 제본이며, 슘페터가 직접 애니의 일기 원본을 복사한 것이다. 그는 몇 년에 걸쳐 이것을 만들었다. 관련된 내용은 Gerschenkron, "A Report," pp. 2~6에 나온다. Robert Loring Allen, *Opening Doors: The Life & Work of Joseph Schumpeter*, two vols. (New Brunswick, N.J.: Transaction, 1991), I, pp. 192~198에는 주로 게르셴크론 보고서에 근

거해서 슘페터와 애니의 관계를 보충 설명한 인터뷰가 나온다.

2. Gerschenkron, "A Report," pp. 20~22.

3. Anna Reisinger Schumpeter, Schumpeter Papers, HUG (FP)—4.2, 대부분 Annie's diary, vol. IV, June 15, 1919, HUA(이하 애니의 일기로 인용)에서 뽑은 것이다. 애니의 일기에서 속기로 된 것은 모두 Erica Gerschenkron, "A Report", Appended Transcripts I, pp. 27~41과 II, pp. 52~118의 해독을 따랐다. 이 장에 나오는 애니의 일기 번역은 특별히 언급된 게르셴크론의 번역을 제외하고는 대부분 홀거 프랑크가 한 것이다. 1919년 6월 17일 자『뉴욕 타임스』에는 빈의 폭동 기사가 다음과 같이 소개되었다.
"소동은 6000명의 시위자가 토요일 체포된 공산당 지도자들을 감옥에서 빼내가려고 하면서 시작되었다. 경찰은 공중에 사격을 한 뒤 군중을 향해 쐈다. 시위자들은 공산당 지도자들을 빼내는 데 성공했다. (…) 오늘의 소요는 정치적인 관점에서 지난 11월 이후 빈에서 가장 심각한 것으로 보인다. (…) 지역 공산주의자들이 정부에 대항해 일어선 것은 오늘이 처음이다." 전쟁중 그리고 전후기 빈의 빈곤과 동란에 대해서는 Maureen Healy, *Vienna and the Fall of the Habsburg Empire: Total War and Everyday Life in World War I*, Cambridge: Cambridge University Press, 2004를 보라.

4. Gerschenkron, "A Report", pp. 21~24.

5. 언급된 날짜의 Annie's Diary, vol. II. 애니Annie의 철자법과 구두점은 가끔 제멋대로다. 인용은 대부분 원문을 그대로 살렸지만, 아주 가끔은 그녀의 의도를 분명하게 하기 위해 보충했다. 또 Gerschenkron, "A Report", p. 21n++(게르셴크론 양의 주석은 +부호로 들어가 있다. 그 페이지의 첫 번째 것은 +로, 두 번째 것은 ++로 하는 식이다)도 보라. 다른 사례들도 있다.

> 1920년 6월 4일(vol. IV) : 슘[슘페터*]이 그라츠에서 편지를 보냈다. 그는 월요일을 기대하고 있다. (…) 나는 월요일이 걱정된다.
> 6월 26일(vol. II) : 슘에게 편지를 썼다.
> 7월 1일(vol I) : 슘(의 편지)에 답을 했다.
> 7월 6일(vol I) : 슈미[슘페터*]로부터 또 편지를 받았다.
> 7월 22일(vol I) : 사무실을 나와 슘을 만났다. 그는 내가 답장을 안 해서 모욕감을 느낀 것일까? 신경쓰지 않는다.
> 7월 26일(vol I) : 사무실에서 나의 명명축일[Namentag, 애니의 수호성인 안나 크리스타 축일. 명명축일은 오스트리아와 독일 가톨릭에서 중요한 행사였다] 축하. 어느 정도 관심을 기대했던 사람들이 (관심을) 드러내지 않았다. 슘도 한슐도 결국 내게 편지하지

않아서 매우 슬펐다. (…) 저녁에는 집에. 슘은 매우 쌀쌀. 잊지 않을 거다.

6. 이 아이 가운데 하나인 에곤이 특히 그녀에게 빠져 있었다. 애니는 그녀가 에곤과 계속 사귄 일(이 사귐은 그녀의 아버지 때문에 끝이 났다)과 가끔씩 슘페터와 만난 일을 함께 적고 있다. Annie's Diary, vol. II, 1920년 8월 6일, 9일, 16일, 22일, 23일, 29일, 9월 1일, 22일 내용을 보라.

7. Annie's Diary, vol. I, 1920년 9월 4일, 28일, 30일, 10월 1일자. 애니의 '무례한' 편지 (1920년 10월 일자 미상)는 Schumpeter Papers, HUG(FP)—4.4, Personal letters, miscellany, box 1, folder Personal letters—Annie (wife) ca. 1923~1926, HUA에 있다. 벤야민 헤트 번역.

8. Annie's Diary, vol. III, 1920년 10월 3일.

9. Annie's Diary, vol. I, 1920년 10월 7일, 9일, 11일, 13일, 22일, 28일, 30일, 11월 5일, 19일.

10. Gerschenkron, "A Report", pp. 21~22; Annie's Diary, vol. II, 1920년 말 및 1921년 초 여러 곳. 또 Allen, *Opening Doors* I, pp. 192~198도 보라.

11. Gerschenkron, "A Report", p. 22.

12. Annie's Diary, vol. I, 1922년 11월 9일; vol. II, 1923년 6월 6일, 7월 19일. 또 Allen, Opening Doors, I, pp. 193~197도 보라.

13. Gerschenkron, "A Report", pp. 22~23; Allen, *Opening Doors*, I, pp. 192~198.

14. Gerschenkron, "A Report", p. 23n++에 인용. Annie's Diary, vol. IV, 1924년 4월 5일.

15. Gerschenkron, "A Report", pp. 23~24. Annie's Diary, vol. I, 1924년 9월 10일; vol. III, 1924년 9월 29일, 10월 14일, 15일, 23일, 31일. 또 vol. IV, 1925년 2월 9일 (Gerschenkron, "A Report", p. 24n+++에 인용)도 보라.

16. Gerschenkron, "A Report", pp. 23~24. Annie's Diary, vol. III, 1924년 10월 23일, 26일, 27일, 28일, 29일, 30일.

17. Annie's Diary, vol. III. 본문에 언급된 날짜들 외에 1924년 10월 15일, 23일, 26일, 27

일, 28일, 30일, 11월 4일, 7일, 9일도 보라.

18. Annie's Diary, vol. IV, 언급된 날짜의 일기들. 그 밖에 1925년 5월 12일, 19일도 보라. 또 Gerschenkron, "A Report," p. 24n++++(1925년 4월 25일 일기에 대한 것)도 보라.

19. Annie's Diary, vol. I, 언급된 날짜의 일기들. 슘페터의 이 첨기添記는 1933년에 그가, 8년이나 지난 뒤 그날을 떠올리며 적은 것이다. Gerschenkron, "A Report", Appended Transcripts I, p. 40. 게르하르트 엘에 대한 토론의 자세한 내용은 Gerschenkron, "A Report", p. 25에 언급되어 있다. 이미 언급한 애니의 일기 날짜 외에 vol. II, 1925년 5월 23일, 24일, 25일, 28일, 29일, 6월 1일, 2일, 4일, 5일, 12일, 20일, 21일, 27일, 28일, 30일, 7월 1일도 보라. 애니가 보낸 1925년 8월 7일 편지는 Schumpeter Papers, HUG(FP)—4.4, Personal letters, miscellany, folder Personal letters—Annie (wife) ca. 1923~1926, HUA에 들어 있다(벤야민 헤트 번역).
결혼 전에 애니가 슘페터에게 자신의 낙태에 대해 말했는지는 분명히 알 수 없다. 그러나 1925년 10월 25일 일기에 대한 슘페터의 언급을 보면 그녀가 말을 했던 듯하다. 그는 나중에 그녀의 일기를 보면서 이 사실을 알았지만 투덜거리지 않았다. 아래 주20에 실은 마지막 일기를 보라.

20. Annie's Diary, vol. I, 언급된 날짜의 일기들. 슘페터는 1933년에 Annie's Diary, vol. I, 1925년 9월 4일자를 부연하는 별도의 기록을 추가하면서 "함께한 첫날밤"이라고 썼다.
이 기간 동안의 사례들로 Annie's Diary, vol. I에 들어 있는 것은 다음과 같다.

> 1925년 9월 6일: [판독 불능] 산속의 작은 집으로 가는 길. 슈네베르크반 철도(부흐베르크빈행)로 돌아옴. 다시 함께 식사. 헤어짐.
> 9월 9일: 11시에 만남. 미사. J는 아주 조용하고 지침. 저녁에 엄마와 산책.
> 9월 11일: 밀리. [그녀의 여동생. 그녀는 그 이름을 가끔 'Milly'로 적었다] 및 J와 함께 [영화관에]. '힘과 미로 향하는 길the path to power and beauty'[아마도 영화 제목인 듯]. 그리고 시민 정원에.
> 9월 12일: J 및 밀리와 여행. [방문지 나열].
> 9월 16일: [1933년 9월 16일에 슘페터가 여기에 자신의 생각을 길게 적었다. Gerschenkron, "A Report", Appended Transcripts I, p. 41] 이 작은 책[그녀의 일기]에는 아무것도 없지만 나는 도블호프가세Doblhofgasse[두 사람이 모두 이곳에 있는 아파트에서 성장했다]의 애니를 찾아갔다. 우리는 침모針母에게 갔다. 저녁에 다시 만나 임페리얼[호텔]에서 식사했다. 참 화려하고 엄청나게 아름다웠다.
> [이 항목 앞쪽에 슘페터는 아래와 같이 몇 줄의 생각을 적었는데, 일종의 시였고 매우 감동적이다.]

즐거운 소식과 끝없는 화려함.

우리는 원할 때 서로 키스하고, 그러나 헤어지고 만나고……

우리는 신세를 갚아야 한다……

그럴 리 없지만 당신에게 무슨 일이 생긴다면……

내 생각에 우리는 '학생과 그의 연인'이 되겠지.

그리고 Annie's Diary, vol. III에는 이런 내용이 들어 있다.

1925년 10월 1일: 요쉬가 베를린으로 떠났다[과학예술공공교육부 면접을 위한 것이다].

10월 5일: "기쁜 날!" 아빠 생신. 50세. 송아지커틀릿, 샐러드, 과자를 만들었다.

10월 26일: [나중에 슘페터가 속기 메모를 첨부함. 전날인 10월 25일에 그는 메모 상단에 '탄로!'라고 적었다. 이날 애니의 일기를 보면 그녀는 낙태를 위해 린츠로 간 듯하다. 위 주19의 전거를 보라.]

21. 슘페터가 슈피트호프에게 보낸 1925년 6월 30일, 8월 10일, 9월 9일 편지. 모두 Ulrich Hedtke and Richard Swedberg, eds., *Joseph Alois Schumpeter, Briefe/Letters*, Tübingen: J. C. B. Mohr, Paul Siebeck, 2000, pp. 100~104에 실려 있다. 또 Allen, *Opening Doors*, I, pp. 193~198, 270도 보라. 도쿄제국대학 강의 초청은 슘페터를 만나러 빈을 방문했던 아라키 고타로 교수의 주선으로 이뤄진 듯하다.

22. Annie's Diary, vol. III, 1925년 10월 5일.

23. Annie's Diary, vol. III, 언급된 날짜의 일기들. Gerschenkron, "A Report", pp. 23~24도 보라.

24. 글래디스의 태도는 그녀가 사태를 알아차리고 본에 있는 슘페터에게 위협적인 내용이 담긴 편지를 쓰기 시작하면서부터 분명해졌다.

25. Annie's Diary, vol. III, 1925. 11. 8일, 13일, 14일, 15일, 16일, 17일; Allen, *Opening Doors*, I, pp. 194~198. 한스 켈젠은 오스트리아뿐만 아니라 독일 바이마르에서도 뛰어난 헌법학자였다. 그는 몇 년간 슘페터와 간간이 접촉해왔다. 예를 들어 1940년 프란츠 바이스를 대신한 편지에서는 "그의 운명에 대해서 나는 현재의 [나치] 상황에서 엄청난 공포를 느끼고 있습니다"라고 썼다. 켈젠은 슘페터에게 바이스를 사회 연구를 위한 뉴스쿨의 앨빈 존슨에게 추천해달라고 요청했다. 그가 운영하는 망명 대학교는 추방된 유럽 학자들, 특히 유대인 난민들에게 일자리를 제공하고 있었기 때문이다. 켈젠이 슘페터에게 보낸 1940년 9월 12일 편지, Schumpeter Papers, HUG(FP)—4.7, Correspondence and other misc.

papers, box 1, folder Unidentified 1920, HUA(벤야민 헤트 번역)를 보라.

26. Allen, *Opening Doors*, I, pp. 192~198.

27. Ibid., pp. 192~197.

제9장 비통에 잠기다

1. 애니의 일기, Schumpeter Papers, HUG(FP)—4.2, vols. I, III, and IV, HUA(이하 Annie's Diary로 인용)의 여러 항목은 본 대학교로 옮기기 전후의 여러 날을 자세히 이야기 하고 있다. 2차 서술은 Robert Loring Allen, *Opening Doors: The Life & Work of Joseph Schumpeter*, two vols., New Brunswick, N.J.: Transaction, 1991, I, pp. 201~207 및 Richard Swedberg, *Schumpeter: A Biography*, Princeton, N.J.: Princeton University Press, 1991, pp. 69~70에 들어 있다.

2. 두 사람의 관계에 대해서는 예컨대 슘페터가 슈피트호프에게 보낸 1921년 9월 2일, 10월 19일, 1922년 6월 14일, 1924년 4월 17일 편지를 보라. 이들은 모두 Ulrich Hedtke and Richard Swedberg, eds., *Joseph Alois Schumpeter, Briefe/Letters*, Tübingen: J. C. B. Mohr, Paul Siebeck, 2000, pp. 94~97, 99~100에 실려 있다.

3. 슘페터가 슈피트호프에게 보낸 1924년 4월 17일, 1925년 6월 30일 편지, in Hedtke and Swedberg, eds., *Briefe*, pp. 99~101(홀거 프랑크 번역). 또 슘페터가 슈피트호프에게 보낸 1925년 3월 20일 편지, in the Spiethoff Papers at the Universitätsbibliothek Basel, Handschriftenabteilung도 보라. 여기에는 1918~1925년 사이 슘페터가 슈피트호프에게 보낸 편지 열여덟 통이 HA NR 301: Spiethoff로 분류되어 들어 있다. 이 편지 가운데 여덟 통은 헤트케-슈베드베리가 편집한 책에 들어 있다. 나는 거기에 들어 있지 않은 것과 슘페터에 관한 슈피트호프의 편지를 Spiethoff Papers, UB Basel로 인용했다.

4. 슈피트호프가 교육부에 보낸 1925년 7월 2일 편지, Spiethoff Papers, UB Basel(홀거 프랑크 번역).

5. 슘페터가 슈피트호프에게 보낸 1925년 6월 30일, 8월 10일, 9월 9일 편지. 모두 Hedtke and Swedberg, eds., *Briefe*, pp. 100~104에 들어 있다. 슘페터가 추천한 참고 자료는 p. 102 및 103 하단에 정리되어 있다. 또 슘페터가 슈피트호프에게 보낸 1925년 8월 4일, 9월 26일, 28일(전보), 10월 6일 편지도 보라. 모두 Spiethoff Papers, UB Basel에 들어 있다.

6. 슈피트호프가 교육부에 보낸 1925년 7월 4일 편지, Spiethoff Papers, UB Basel. 이것은 길고 주도면밀한 편지로, 중간 보고서다. 홀거 프랑크 번역.

7. 슈톨퍼와 그의 형제자매는 태어나면서부터 독일어를 쓴 첫 세대였다. 그는 언젠가 슘페터에게 보낸 편지에서 "나는 유대인 자손이고 그러한 사실을 반유대주의자에게 숨기려고 해본 적이 없었다"라고 썼다. 그러나 그는 무교라고 공언했으며, 그의 첫 부인은 개신교도였다. 이런 유의 이야기는 빈에서 늘 하는 것이었고, 빈의 유대인 주민은 각기 환경이 다른 여러 지역 출신에다가 온갖 종류의 목표를 추구했다. 예를 들어 슈톨퍼는 시오니즘을 극력 반대했다. 그 자신이 지은 방대한 저작 외에 슈톨퍼에 관한 가장 좋은 자료는 그의 두 번째 부인이 쓴 전기다. Toni Stolper, *Ein Leben in Brennpunkten unserer Zeit, Vien Berlin, New York: Gustav Stolper 1888~1947*(A Life in the Hot Spots of Our Time: Vienna, Berlin, New York), Tübingen: Rainer Wunderlich Verlag, Hermann Leins, 1960. 이 책에는 슘페터 및 그와 슈톨퍼의 관계에 대한 많은 참고 자료가 있다. Nachlass Gustav und Toni Stolper, N 1186/31, Bundesarchiv Koblenz는 1918년부터 1937년까지 슘페터가 구스타프 슈톨퍼(그리고 토니 슈톨퍼, 또는 둘 다)에게 보낸 백열두 통의 편지를 모은 것이다. 이 편지들 가운데 아래 인용된 것을 제외한 서른네 통의 편지는 Hedtke and Swedberg, eds., *Briefe*에 실려 출판되었다. 두 사람이 처음 만난 직후인 1918년 6월 4일로 되어 있던 슘페터의 편지는 그가 그라츠대에서 휴가중인 병사들에게 강의를 해야 하며, 슈톨퍼를 다시 만나고 싶다는 내용이 담겨 있었다. 왜냐하면 "오스트리아에서는 흥미로운 인물이 그리 흔하지 않아 두 일 가운데 하나를 버리기가 쉽지 않기 때문"이라는 것이었다.

8. 슈피트호프가 구스타프에게 보낸 1925년 8월 14일 편지. Wolfgang Stolper, *Joseph Alois Schumpeter: The Public Life of a Private Man*, Princeton, N.J.: Princeton University Press, 1994, p. 310에 인용된 것이다. 볼프강은 구스타프의 아들이었다.

9. 구스타프가 슈피트호프에게 보낸 1925년 8월 22일 편지. Wolfgang Stolper, *Joseph Alois Schumpeter*, pp. 310~311에는 편지 전문이 실려 있다. 볼프강 슈톨퍼 번역.

10. 구스타프가 슈피트호프에게 보낸 1925년 8월 22일 편지. Wolfgang Stolper, Joseph Alois Schumpeter, p. 310에 인용되어 있다. 볼프강 슈톨퍼 번역.

11. 슘페터가 "St"(구스타프 슈톨퍼)에게 보낸 1925년 11월 28일 편지. Eduard März, *Joseph Alois Schumpeter—Forscher, Lehrer und Politiker*(Scholar, Teacher and Politician), Munich: R. Oldenbourg Verlag, 1983 부록에 실려 출간되었다. 홀거 프랑크 번역.

12. Erich Schneider, trans. W. E. Kuhn, *Joseph A. Schumpeter: Life and Work of a Great*

Social Scientist, Lincoln: University of Nebraska Bureau of Business Research, 1975, p. 29. 슈나이더는 슘페터의 본 대학교 제자 중 한 사람이었다. Spiethoff, "Josef Schumpeter in Memoriam", *Kyklos* 3, 1949[원문에 따르면 슘페터는 1950년에 죽었다], p. 290.

13. Schneider, *Joseph A. Schumpeter*, p. 29.

14. M. Ernst Kamp and Friedrich H. Stamm, Bonner Gelehrte—Beiträge zur Geschichte der Wissenschaften in Bonn: Staatswissenschaften, Bonn: H. Bouvier and Co. Verlag/Ludwig Röhrscheid Verlag, 1969, p. 63. Swedberg, *Schumpeter: A Biography*, p. 71의 인용 및 번역.

15. 슘페터가 'St...'(구스타프 슈톨퍼)에게 보낸 1925년 11월 28일 편지, März, *Joseph Alois Schumpeter* 부록에 실려 출간되었다. 홀거 프랑크 번역.

16. 슘페터가 교육부에 보낸 1926년 2월 25일 편지, in Hedtke and Swedberg, eds., *Briefe*, pp. 108~109.

17. 애니의 일기, 1·2권의 일기들은 슘페터 부부의 일상생활, 특히 그들과 슈피트호프 부부와의 긴밀한 우정을 생생하게 그리고 있다. 이 내용을 포함해 이 장에서 애니의 일기를 인용한 부분은 모두 홀거 프랑크 번역이다. 1권에는 이런 부분이 있다.

> 1925년 11월 16일 : 슈피트호프 교수가 우리 집에 왔다.
> 11월 17일 : 슈피트호프 부부의 집에서. 축음기—춤, 매우 즐거웠다.

2권에는 이런 부분이 있다.

> 6월 13일 : (일요일) 폴크, 슈피트호프, 슐첸 부부와 후설이 우리 집에 왔다.
> 6월 23일 : 영화관에. 슐츠 가족 내방. 슈피트호프 부인 매우 멋지다.
> 6월 30일 : J와 모터보트를 타고 고데스베르크[바트 고데스베르크, 라인 강변을 따라 본 옆에 있는 도시다]에. 9시 야외 식당에서 저녁. 우리는 베케라트[Beckerath, 역시 경제학 교수), 킨스, 폰 라츠를 만났다.
> 7월 10일 : 슈피트호프 부부와 레마겐에 기선汽船 여행을 하고 돌아옴. 매우 더웠다.

18. 슘페터가 H[하인리히 회프플링거]에게 보낸 1926년 1월 1일 편지, in März, *Joseph Alois Schumpeter*, appendix. 홀거 프랑크 번역. 글래디스로부터 온 편지와 슘페터의 1933년 이전 논문들은 대부분 남아 있지 않다. 그는 이 편지와 주고받은 다른 편지를 보관했을 것이다.

그러나 그가 그의 책과 논문들을 보관한 본 인근 장소는 1944년 미 공군에 폭격당했다.

19. Annie's Diary, vol. IV, 1926년 4월 4일 일기, Gerschenkron, "A Report", p. 26, n++
에 인용; Allen, Opening Doors, I, pp. 216~217.

20. Allen, *Opening Doors*, I, pp. 208~210, 217~218, 219n33~34.

21. Annie's Diary 1926년 6월 18일, 21일, 22일 내용은 모두 2권에 있다.

22. 애니의 편지는 Schumpeter Papers, HUG (FP)—4.4, Personal letters, miscellany,
box 1, folder Personal letters—Annie(wife), ca. 1923~25, HUA에 들어 있다. 벤야민 헤
트 번역. 이 편지는 '수요일'로 적혀 있어서 1926년 6월 23일인 듯하다. Go-Go라는 별명은
원문 그대로다.

23. Annie's Diary, vol. II, 언급된 날짜의 일기들.

24. 미아 슈퇴켈이 슘페터에게 보낸 1938년 10월 22일 편지, 그녀의 어머니가 죽었을 때 그
가 그녀에게 한 말이 인용되어 있다, in Schumpeter Papers, HUG(FP)—4.5, Letters from
Mia, 1932~1940, box 2, folder 1938, HUA. 벤야민 헤트 번역.

25. Annie's Diary, vol. II, 언급된 날짜의 일기들. 슘페터가 슈톨퍼에게 보낸 1926년 8월 1
일 일기, in Hedtke and Swedberg, eds., *Briefe*, pp. 117~120.

26. 슘페터가 오틸리 예켈에게 보낸 1926년 8월 3일 편지, in Hedtke and Swedberg, eds.,
Briefe, p. 120. 로버트 앨런·플로리안 뮐러 번역.

27. 슘페터가 'St'(구스타프 슈톨퍼)에게 보낸 날짜 미상('1926년 8월')의 편지. März, *Joseph
Alois Schumpeter—Forscher, Lehrer und Politiker* 부록에 실려 출간되었다. 홀거 프랑크
번역. 슘페터가 예켈에게 보낸 1926년 8월 22일 편지, in Hedtke and Swedberg, eds.,
Briefe, pp. 121~122. 플로리안 뮐러 번역.

28. 슘페터가 예켈에게 보낸 1926년 8월 22일 편지, in Hedtke and Swedberg, eds.,
Briefe, pp. 121~122. 로버트 앨런·플로리안 뮐러 번역; 슘페터가 예켈에게 보낸 날짜 미상
('1926년, 금요일')의 편지, Marz, Joseph Alois Schumpeter 부록에 실려 출간되었다. 홀거
프랑크 번역. 돌아오는 첫날에 대한 인용은 Annie's Diary, vol. I, 1933년 8월 7일에 대한
슘페터의 주석에서 따온 것이다(Gerschenkron, "A Report", Appended Transcripts I, p.

39를 보라). 홀거 프랑크 번역.

29. Allen, *Opening Doors*, I, pp. 223~224.

30. 슘페터가 웨슬리 미첼에게 보낸 1926년 8월 30일 편지, in Hedtke and Swedberg, eds., *Briefe*, pp. 126~127.

31. 슘페터가 슈톨퍼에게 보낸 1926년 8월 일자 미상의 편지, Nachlass Gustav und Toni Stolper, N 1186/31, Bundesarchiv Koblenz. 홀거 프랑크 번역.

| 제2부 성인, 1926~1939: 자본주의와 사회 |

들어가며 : 그는 무엇을 배웠는가

1. 슘페터는 오랫동안 자본주의의 사회적·문화적 측면에 관심을 가졌다. 1926년 이전 시기의 그의 논문 가운데 일부는 본질상 경제학적이면서도 상당히 사회학적이었다. 그리고 그가 미국에 머물던 때인 1914년에 이미 슘페터의 세미나를 주최한 한 사람은 세미나를 소개(아마도 슘페터 자신이 만든 자료일 것이다)하면서 이렇게 말했다. "최근 슘페터 교수의 관심은 사회학 분야 전반에 걸쳐 있지만, 그는 아직 이 분야의 책을 한 권도 내지 못했습니다." 제이컵 홀란더가 슘페터에게 보낸 1914년 2월 7일 편지, Jacob Harry Hollander Papers, Ms. 59, Special Collections, Milton S. Eisenhower Library, The Johns Hopkins University를 보라. 또 1941년에 그는 젊은 시절의 자신에 관해 기록하면서 "초기의 사회학과 역사학에 대한 관심을 접고 경제이론가가 되었다"고 썼다. 슘페터가 로이드 헌츠먼에게 보낸 1941년 5월 26일 편지, in Ulrich Hedtke and Richard Swedberg, eds., *Joseph Alois Schumpeter, Briefe/Letters*, Tübingen: J. C. B. Mohr, Paul Siebeck, 2000, p. 333.
나는 여기서 1926년에 경제학에서 사회학으로의 갑작스런 변화가 일어났다는 주장을 하려는 것은 아니다. 그러나 중요한 변화가 일어난 것은 분명하며, 이는 이 책의 나머지 부분에서 제시될 것이다. Richard Swedberg, *Schumpeter: A Biography*, Princeton, N.J.: Princeton University Press, 1991; Yuichi Shionoya, *Schumpeter and the Idea of Social Science: A Metatheoretical Study*, Cambridge: Cambridge University Press, 1997; David Reisman, *Schumpeter's Market: Enterprise and Evolution*, Cheltenham, U.K.: Edward Elgar, 2004, 특히 3장을 보라. 슘페터가 이 시기 동안에 쓴 글들의 상당수는 같은 빈 출신의 칼 폴라니에게 큰 영향을 받았는데, 그의 책 *The Great Transformation: The Political and Economic Origins of Our Time*, New York: Rinehart, 1944에서 취한 접근법과 비교될 수

있을 것이다. 폴라니의 책은 역사학·경제학·사회학을 통합한 것이었다[칼 폴라니 지음, 『거대한 전환―우리 시대의 정치·경제적 기원』, 홍기빈 옮김, 길, 2009로 출간됨*]

2. Arthur Young, *Political Essays concerning the Present State of the British Empire* (London, 1772), pp. 20~21. 로버트 포겔, 스탠리 엥게르만 등은 미국에서의 노예제가 초래한 손실에 관한 유익한 저작을 발표했다. 여기서 나는 전 세계에 수천 년 동안 발생한 기회비용이라는 더욱 넓은 범주를 이야기하려 한다.

3. 복지자본주의의 뿌리는 영국의 빈민구제법 조항처럼 수백 년 전으로 거슬러올라간다. 대체로 현대적인 첫 번째 조항은 비스마르크 시대 독일에서 나왔는데, 이때 많은 회사는 자기 회사 종업원에게 집 등 여러 편익을 제공해야 했다. 영국과 다른 유럽 국가도 종종 사회주의자의 압력에 응해 각기 다른 수준으로 이 조항을 따랐다.
이런 추세의 예외가 미국이었다. 미국은 기업을 제약하고 아동 노동자와 실업자, 노인층에 복지를 제공하는 법을 제정하는 데 매우 늦었다. 미국에서의 운동은 '진보 시대Progressive Era(1901~1916)에 시작되었으나, 루스벨트의 뉴딜정책(1933~1938) 이전에는 성과가 적었다. 제2차 대전 기간 및 그 이후에 마련된 법안들, 특히 1960년대 동안 제정된 입법이 현대 미국의 혼합경제를 도모했다. 비슷한 형태의 혼합경제가 20세기 동안 거의 모든 근대 공업국가에서 전개되었다. 그렇지만 단순히 모든 자본주의체제가 같지는 않다고 말하는 것은 극단적인 표현을 삼가는 것이라 할 수 있다.

4. Carl N. Degler, *Out of Our Past: The Forces That Shaped Modem America*, New York: Harper, 1959), p. 1.

5. 연례 *World Development Report*, New York: Oxford University Press for The World Bank), 1996~현재까지를 보라.

제10장 새로운 지적 목표를 향하여

1. 슘페터가 자신의 빚 문제를 걱정했던 것은 이십여 통의 편지에 생생하게 드러나 있다. 그 대부분은 예켈에게 보낸 것이며, Eduard März, *Joseph Alois Schumpeter―Forscher, Lehrer und Politiker*(Scholar, Teacher and Politician), Munich: R. Oldenbourg Verlag, 1983, appendix로 출간되었다. 그의 교수직에 나쁜 영향을 미친 데 대한 언급은 1927년 1월 20일 편지(홀거 프랑크 번역)에 나온다. 또 Wolfgang Stolper, *Joseph Alois Schumpeter: The Public Life of a Private Man*, Princeton, N.J.: Princeton University Press, 1994도 보라. 이 책의 몇 장은 슘페터의 금융거래와 그 여파에 관한 풍부한 세부 정보가 나온다.

2. 그가 사용한 단어는 패드를 넣은 벽으로 이루어진 방Tobsuchtszelle이었다. 슘페터가 슈톨퍼에게 보낸 1926년 8월 25일 편지, in Ulrich Hedtke and Richard Swedberg, eds., *Joseph Alois Schumpeter, Briefe/Letters*, Tübingen: J. C. B. Mohr, Paul Siebeck, 2000), pp. 122~125. 홀거 프랑크 번역.

3. 슘페터가 베낀 하젠이 죽고 나서 몇 년 뒤에 쓰인 애니의 일기는 호소로 가득차 있다. 그리고 그의 강의 노트에는 'H s D'란 표기가 자주 나타난다. Schumpeter Papers, HUG(FP)—4.2(대부분 Annie's diary에서 뽑은 것), and HUG(FP)—4.62, Lecture notes, 1930~1949, passim, HUA.

4. 그는 또한 가톨릭교도였던 소년 시절 뒤 잠복 상태에 들어갔던 영적생활에 대한 관심을 되살렸다. 하버드대 자료보관소의 슘페터 관련 자료에는 성당 스케치와 사진이 많이 들어 있다. 예를 들어 HUG(FP)—4.3, Misc. personal writings and notes, box 1, folder Notebook, HUA를 보라.

5. 1935년에 출판된 독일어 4판도 있었다. Yuichi Shionoya, "Schumpeter's Preface to the Fourth German Edition of *The Theory of Economic Development*", *Journal of Evolutionary Economics* 14, 2004, pp. 131~142를 보라. 여기에는 새 서문의 상당 부분을 영어로 번역한 내용도 나온다.

6. Oscar Morgenstern, *American Economic Review* 17, June 1927, pp. 281~282. (Oscar는 다른 일부 출판물에는 'Oskar'로 되어 있다.) 슘페터는 개정하면서 본래의 일곱 장 가운데 한 장을 삭제하고 나머지 여섯 장을 압축했다. 그는 2장 「경제 발전의 근본 문제The Fundamental Problem of Economic Development」를 완전히 재구성했다. 이 장은 분석상 핵심이었는데, 그는 장을 세 부분으로 나눠 자신의 주장을 더 분명하게 드러냈다. 그는 주로 문화의 사회학을 다룬 7장을 삭제했다. 삭제한 이유는 이 문제에 관심이 없어서가 아니라(그는 여기에 관심이 있었고, 자주 여기에 관한 글을 썼다), 경제 발전에 관한 그의 핵심 메시지를 전하는 이 책의 의도에 있어서 이 대목이 독자들의 관심을 흐트러뜨린다고 생각했기 때문이다.
6장에서 그는 자신의 관점과 다른 경제학자들의 관점을 비교하는 자료를 넣고, 경기순환에 관한 슈피트호프의 생각에 경의를 표했다. 슈피트호프는 "이 분야에서 가장 철저한 노력"을 했다고 그는 썼다. 그는 더 나아가, 자신과 슈피트호프는 근대적 자본주의의 기원을 영국에서는 1821년, 독일에서는 1840년대로 잡고 있다고 말했다. 이때 호·불황의 교대가 규칙적으로 일어나기 시작했다는 것이다. 다시 말해서 자신과 슈피트호프는 모두 자본주의가 어느 정도 특유의 경기순환의 존재임을 규정하기 시작했다는 것이다. 슘페터는 이 문제를 1939년 출간된 『경기순환론』에서 풍부한 내용으로 전개하고 있다.

7. 타우시그가 페이비언 프랭클린에게 보낸 1930년 12월 31일 편지, Frank W. Taussig Papers, HUG 4823.5, box 4, folder F 1930~1931, HUA. 영어 번역의 내력은 좀 복잡하다. 런던의 출판사인 앨런&언원에 보낸 1931년 6월 18일 편지에서 슘페터는 맥밀런 사가 자신에게 앨런&언원에서 번역본을 낼 것이라고 확언했으며, 자신은 지금 이를 확인하고 모든 계약을 해지할 수 있는지 알아보고 있다고 썼다.

> 지난 몇 년간 저는 여러 나라의 번역자와 출판사들로부터 그 책을 비롯해 다른 책 출간에 대해서도 제안을 받았습니다. 저는 이 제안 가운데 어느 것에도 응하지 않았습니다. 제가 그 책들을 다시 쓰려기 때문이기도 하고, 다른 일에 매달리느라 이 문제에 필요한 만큼의 관심을 쏟을 수 없다고 생각했기 때문입니다. (…) 저는 제 답신의 사본을 보관하고 있지는 않지만, 제가 하고 싶었던 이야기는 어느 경우에든지 그 책을 다시 쓸 시간을 낼 수 있을 때까지 미뤄두자는 것이었습니다. 제가 1930년에 하버드대에 있는 동안 제 훌륭한 친구 타우시그 교수가 이 책을 지금 형태로 번역·출판하도록 권하지 않았더라면 아마도 문제는 여기서 영원히 멈춰버렸을 겁니다. 그는 더 나아가서 비길 데 없는 친절을 발휘해, 제가 일본과 인도네시아를 여행하는 동안 번역자를 찾아내 테스트하고 출판사와 연락을 하는 등의 일을 맡아줬습니다. (…) 저는 기꺼이 이 일을 타우시그 교수의 손에 맡겼고, 그는 당연히 그가 관계 맺고 있는 출판사들과 조건을 협의하기 시작했습니다. 제가 지금 당신의 편지를 보고 알게 된 사실을 그가 알았다면(당신의 편지를 그에게 보냅니다) 당신의 출판사와 기꺼이 연락했을 것이라고 확신합니다. 그도 저와 마찬가지로 당신네 출판사의 명성이 최고임을 인정했을 것이기 때문입니다. 지금으로서는 몹시 늦은 것 같은데, 제가 그로부터 소식을 듣는 대로 다시 연락드리겠습니다.

영어로 쓰인 이 편지는 Hedtke and Swedberg, eds., *Briefe*, p. 193에 실려 출판되었다. 타우시그는 번역료를 700달러로 정했다. 『경제 발전의 이론』의 번역본을 내는 과정에서 영국 출판사 앨런&언원은 뜻을 이루지 못했으며, 하버드대출판부가 이 책의 영국 내 출판권을 옥스퍼드대출판부에 넘겨 경제학 시리즈에 넣도록 하자, 출판 권한을 빼앗긴 앨런&언원은 언짢을 수밖에 없었다. 여러 번 주고받은 편지 가운데 스탠리 언원 사장이 하버드대출판부에 보낸 1933년 7월 19일 편지 ("우리에게 전혀 책임도 없는 상황을 설명하는 긴 편지를 쓰느라 많은 시간을 들이는 몇몇 책이 있습니다. 우리는 사실 이 과정이 몹시 피곤해 레드버스 오피 박사에게 계약을 해지할 테니 미국 출판사와 계약하라고 편지해 버렸습니다.") 및 타우시그가 언원에 보낸 1934년 2월 13일 편지, in UAV 349.11, Department of Economics, Correspondence and Records, 1930~1961, box Robertson—Schumpeter, folder Joseph A. Schumpeter, HUA를 보라.

8. 오피가 슘페터에게 보낸 1932년 11월 21일 편지, in Schumpeter Papers, HUG(FP)—4.7, Correspondence and other misc. papers, ca. 1920s~1950, box 8, folder R1930, HUA;

슈페터가 하벌러에게 보낸 1931년 8월 6일 편지, in Hedtke and Swedberg, eds., *Briefe*, pp. 196~198; Robert Loring Allen, *Opening Doors: The Life & Work of Joseph Schumpeter*, two vols., New Brunswick, N.J.: Transaction, I, p. 278.

9. Schumpeter, *The Theory of Economic Development: An Inquiry into Profits, Capital, Credit, Interest, and the Business Cycle*, Cambridge, Mass.: Harvard University Press, 1934, preface.

10. 본래의 글은 *Archiv für Sozialwissenschaft* 44, 1917, pp. 627~715에 발표되었다. 이 것은 슈페터의 친구 아서 마거릿이 번역해 「사회 생산과 돈의 축적Social Product and Money Calculations」이라는 제목으로 *International Economic Papers* 3, 1953, pp. 148~211에 영문으로 실렸다. 슈페터는 또한 1920년대에 네덜란드어로, 가격 안정을 이루기 위해 특정 유형의 통화 관리를 쓰는 것을 반박하는 글들을 썼다. 이 글들은 네덜란드 경제 학자 J. G. 코프만스에게 영향을 끼쳤다. M. M. G. Fase, "The Rise and Demise of Dutch Monetarism; or, the Schumpeter–Koopmans–Holtrop Connection", History of Political Economy 26, 1994, pp. 21~38를 보라.

11. 슈페터가 슈톨퍼에게 보낸 1930년 4월 2일 편지, Nachlass Gustav und Toni Stolper, N 1186/ 31, Bundesarchiv Koblenz. 슈페터가 하벌러에게 보낸 1933년 3월 20일 편지, in Hedtke and Swedberg, eds., *Briefe*, p. 239.
슈페터를 좋아하는 몇몇 사람은 1970년에 이 화폐론에 관한 책을 부분적으로 냈다. 그러나 이 시기에는 화폐론이 매우 발달해서 슈페터의 주장은 대부분 낡은 것이 되어버렸다. 그의 책은 여러모로 건질 만한 것이 있었지만, 그는 스스로 불만스러워하는 책을 내지 않기로 당연하게 결정한 듯하다. 이 책은 1970년에 *Das Wesen des Geldes*(The Nature of Money), ed. Fritz Karl Mann, Göttingen: Vandenhoeck and Ruprecht라는 제목으로 나왔다.
이 책의 1970년판에 관해서는 Erich Schneider, "The Nature of Money: On a Posthumous Publication by Joseph A. Schumpeter", German Economic Review 8 , 1970, pp. 348~352; Parth J. Shah and Leland B. Yeager, "Schumpeter on Monetary Determinacy", *History of Political Economy* 26, 1994, pp. 443~464 그리고 특히 Marcello Messori, "The Trials and Misadventures of Schumpeter's Treatise on Money", *History of Political Economy* 29, 1997, pp. 639~673를 보라. 마지막 논문은 화 폐론 관련 책에 관한 완벽한 역사를 제공하고 있다. 또 Marcello Messori, "Credit and Money in Schumpeter's Theory", in Richard Arena and Neri Salvadori, eds., *Money, Credit and the Role of the State: Essays in Honour of Augusto Graziani*, Aldershot, U.K.: Ashgate, 2004, pp. 175~200도 보라.
슈페터는 그가 죽기 두 달 전인 1949년 11월까지도 이 주제에 관한 저술을 생각하고 있었다.

"저는 1~2년 안에 저의 최근 관점을 보여줄 화폐론 관련서를 쓰고 싶습니다." 슈페터가 르네 루에게 보낸 1949년 11월 8일 편지, in Hedtke and Swedberg, eds., *Briefe*, p. 391.

12. 슈페터의 하버드대 제자 가운데 한 사람인 리처드 머스그레이브는, 1917년 슈페터가 쓴 논문 가운데 케인스가 "통화 이론에 관한 아이디어 일부를 훔쳐갔다"고 슈페터 본인이 생각했음을 증언했다. 당시 내 연구에 참여했던 벤야민 헤트가 머스그레이브와 한 2000년 11월 30일자 인터뷰 참고.
슈페터는 케인스에게 보낸 편지에서 그 책이 "역작이며 당신에게 대단한 만족을 줄 것입니다. 저는 그 책이 이 분야에서 영원한 이정표가 될 것으로 생각합니다"라고 썼다. 조금 뒤에 슈페터는 케인스에게 편지를 보내, 자신이 오랫동안 배를 타고 가면서 고전에 박식한 교수와 함께 『화폐론』에 관해 토론했다고 썼다. 이 사람은 "당대 과학자들을 그리스적인 학자냐 아니냐로 나누기를 좋아했는데, 그리스적인 학자로는 단 두 사람, 당신과 아인슈타인만을 꼽았습니다. 이걸 허투루 듣지 마십시오. 이것이 진정한 여론입니다." 슈페터가 케인스에게 보낸 1930년 11월 29일 및 1932년 10월 22일 편지, in Hedtke and Swedberg, eds., *Briefe*, pp. 180~181, 224~225를 보라.
슈페터가 나중에 내린 판단은 케인스의 책이 "아무래도 실패로 끝났다. (…) 그는 자기 자신의 개인적 메시지의 알맹이를 전달하는 데 실패했다"는 것이었다. Schumpeter, "Keynes, the Economist," in Seymour E. Harris, ed., *The New Economics: Keynes' Influence on Theory and Public Policy*, New York: Knopf, 1947, p. 89를 보라. 이 평론은 *American Economic Review* 36, September 1946에 처음 발표되었다.

13. 슈페터 자신은 케인스를 "우리 시대의 가장 영향력 있는 이론가"로 묘사했다. Schumpeter, "Keynes and Statistics," *Review of Economic Statistics* 28, November 1946, pp. 194~196를 보라.

14. 슈페터가 하벌러에게 보낸 1933년 3월 20일 편지, in Hedtke and Swedberg, eds., *Briefe*, p. 239. 슈페터가 여기서 의미한 것은 그가 말하는 '총체적(거시적) 분석'으로, 케인스가 경제학 이론에 남긴 가장 중요한 유산이다. 슈페터가 데이비드 라이트에게 보낸, Wright, "Schumpeter and Keynes", in Weltwirtschaftliches Archiv 65, 1950, pp. 188~189에 인용된 편지; 슈페터가 베르너 리히터에게 보낸 1929년 2월 28일 편지, in Hedtke and Swedberg, eds., *Briefe*, p. 165. 더욱 일반적인 것으로는 Herbert von Beckerath, "Joseph A. Schumpeter as a Sociologist", Weltwirtschaftliches Archiv 65, 1950, pp. 200~214 및 Richard A. Swedberg, *Schumpeter: A Biography*, Princeton, N.J.: Princeton University Press, 1991의 전반적인 주장을 보라.

15. 하버드대 경제학부의 역사에 대한 유용한 글로는 Edward S. Mason, "The Harvard

Department of Economics from the Beginning to World War II", *Quarterly Journal of Economics* 97, August 1982, pp. 384~433에 있다.

16. Schumpeter, "Gustav v. Schmoller und die Probleme von heute", *Schmollers Jahrbuch für Gesetzgebung, Verwaltung und Volkswirtschaft im Deutschen Reich* 50, 1926, vol. I, pp. 337~388. 이 글의 중요성에 대한 철저한 토론을 위해서는 Swedberg, *Schumpeter: A Biography*, pp. 82~89를 보라. 슘페터가 본에 있던 자신의 절친한 친구이자 슈몰러의 제자였던 슈피트호프와 맺은 긴밀한 관계는 그의 새로운 사고 방식을 확인하는 데 도움을 주었을 듯하다.

17. Schumpeter, "Die Tendenzen unserer sozialen Struktur"(The Tendencies of Our Social Structure), in *Die Chemische Industrie* 51/52, December 24, 1928, printed in Schumpeter, *Aufsätze zur Tagespolitik*(Essays on Current Policy), eds. Christian Seidl and Wolfgang F. Stolper, Tübingen: J. C. B. Mohr, Paul Siebeck, 1993, pp. 177~193. 슘페터는 한 나라가 이 구조 가운데 하나를 바꿈으로써 다른 것 안에 간직되어 있는 요소를 지켜낼 수 있다고 주장했다. 일례로 그는 1846년 영국의 유명한 곡물조례(수입 곡물에 높은 관세를 매겼던) 폐지를 들고 있다. 이 조례를 없앰으로써 대지주에게 돌아가던 경제적 보조금이 중단되었지만, 조례의 진짜 목적은 나라의 사회·경제구조를 지켜내는 것이었다. 곡물조례를 없앰으로써 식료품 값이 싸지고, (영국 의회는 유지하려 했던) 기성 질서를 해치는 도시 폭동도 막을 수 있었다.

18. 슘페터는 이어서, 불균형하게 과도한 출산율을 보이고 있는 농민이 도시 노동자와 전문 기술자를 공급하는 데 "특히 유리한 상황에 있다"고, 약간 모호하게 말했다. 그러나 농촌적인 사고 방식은 농민들이 도시로 이주한 뒤에도 오랫동안 남아 있었고, 이것이 정치적 안정의 토대가 되었다. Ibid. 플로리안 뮐러 번역.

19. Ibid. 플로리안 뮐러 번역. 슘페터는 여기서, 점점 강력해지는 사회주의자들이 공업화를 받아들이는 데 적극적이었다고 덧붙였다. 그러나 사회주의자들이 정치적으로 승리하는 것이 분명치는 않았을지라도 낡은 문화는 사라지게 될 것이 분명했다.

20. 후자의 경우, 슘페터는 새로운 공업 노동자계급을 언급하고 있었다. 전자에서는 떠오르던 소기업의 중산층 전통을 언급했다. "6~50명을 고용한 독일 기업의 수가 1907년 16만 곳에서 1925년 20만 6000곳로 늘었다는 것이 중요치 않다고는 할 수 없다." Ibid. 플로리안 뮐러 번역.

21. 슘페터가 말했듯이 금융 분야에서 "사실상의 자본가인 '대출자'는 우선 은행가로 대표되

고 다음에는 '투자 대중'(가장 순수한 형태는 은퇴자다)으로 대표된다. 후자는 인플레이션에 매우 영향을 받았을 뿐만 아니라, 주주로서의 권리도 점점 더 박탈당했다." Ibid. 플로리안 뮐러 번역. 여기서 슘페터가 말한 것은 독일뿐만 아니라 당연히 어떤 근대적 경제권에도 적용된다. 미국의 평론가 에드먼드 윌슨이 언젠가 썼듯이, "무엇보다 마르크스는 미국을 알지 못했다." *To the Finland Station: A Study in the Writing and Acting of History*, New York: Harcourt, Brace, 1940, p. 376를 보라.

22. Schumpeter, "Die Tendenzen unserer sozialen Struktur"(The Tendencies of Our Social Structure). 플로리안 뮐러 번역.

23. Ibid. 플로리안 뮐러 번역.

24. Ibid. 플로리안 뮐러 번역.

25. Schumpeter, trans. Heinz Norden, "Social Classes in an Ethnically Homogeneous Environment", in *Imperialism, Social Classes: Two Essays by Joseph Schumpeter*, New York: Meridian Books, 1955. 슘페터는 15년 이상 간헐적으로 이 논문에 매달렸는데, 1910년 체르노비츠대에서 강의로 이 작업을 시작했다. 그가 회상했듯이 "그 뒤 1913~1914년 겨울에 컬럼비아대에서 나는 '사회계급의 이론The Theory of Social Classes'라는 제목의 강좌를 통해 이를 상세히 제시했다." 그는 1926년 하이델베르크대에서의 "리더십과 계급 형성Leadership and Class Formation"에 관한 강의를 위해 이를 더욱 다듬었다. 그리고 그는 1927년 이를 "동일한 인종 환경에서의 사회계급Social Classes in an Ethnically Homogeneous Environment"(pp. 106~108)이라는 포괄적인 제목으로 발표했다. 이 글에 더욱더 설명적인 제목을 붙이자면 "산업화 시대 내 사회의 상위층에서 늘어나는 유동성The Growing Fluidity at the Top of Society in the Age of Industrialization"이 될 것이다.

26. Ibid., pp. 109~110.

27. 그러나 어떤 형태의 사회계급은 언제나 인류사회에 퍼져 있었기 때문에 특별히 언제 시작되었다고 할 수는 없다. 사회계급의 유일한 진짜 기원은 가족이다. 가족은 "진짜 계급 단위이고 계급 이론이지, 구체적인 개인이 아니다." 혈연관계가 시금석이 되어 계급 분석에서 가족은 씨족과 부족으로 확대될 수 있다. Ibid., pp. 111~113.
그 결과 (정말로 어떤 종류의 성공이든) 경제적 계층 이동은 "교활하고 때로는 무자비한 기존 수입원의 수탈 그리고 그 수익의 합리적 활용을 전제로 한다." 결국 "지배층의 부는 그들 정책의 성공이나 실패에 따라 늘어나고 줄어든다." 그들 사회가 가장 높게 여기는 목표를 이뤘는지에 따라서다. 이는 서구사회의 여러 측면에서 일어난 진화상의 핵심 요소였다. 봉건제, 군사적 공적에 따른 귀족제의 발달, 심지어 가톨릭교회에서의 고위직 선임(특히 이탈리아 같은 나라에서)이 그러했다. Ibid., pp. 114~117.

28. Ibid., p. 119.

29. Ibid., pp. 120~122.

30. Ibid., 강조 추가.

31. Ibid., pp. 120~123.

32. Ibid., pp. 123~124.

33. 영국에서는 공적과 부의 축적을 통해 귀족층에 들어가는 일이 오스트리아보다 훨씬 쉽다. 그리고 마침내 일부 '세습' 귀족은 당장 눈앞에 있는 일에 적용했다. 중대한 순간에 대지주는 농업 기술 개선을 택할 준비가 되어 있었고, "우리 시대조차도 여러 걸출한 영국 철도회사 사장이 궁정 귀족의 일원이 되었다."
슘페터는 이어서, "영국인은 항상 '능력 있는' 귀족을 생산적으로 유지하는 방법을 찾을 줄 아는 것 같다"고 말한다. 그러나 그들이 일을 해낼 수 없으면 지위를 잃는다. 예를 들어 귀족을 위해 만들었던 군직은 19세기 말인 "글래드스턴의 두 번째 집정 때 폐지되었다." 그는 영국 귀족이 다른 나라 귀족보다 그 지위를 더 오래 유지했는데, 이는 주로 "그들이 지배자라기보다는 대리인"이었기 때문이라고 덧붙였다. 영국 귀족은 다른 나라 귀족이 당파적 존재로 전락했던 것과 달리 "모든 경제활동에서 자유로움을" 유지했다. 19세기 공업화의 물결이 거세지자 물려받은 재산으로 계급을 영속화하는 옛 방식은 더 이상 유지될 수 없었다. 역사는 가속화되고 있었기 때문이다. 지도자적인 기업인들인 새 '고위층 부르주아'는 계속 상류층에 머무르려면 그 신분을 유지해야 했다. "중세의 통치계급은 한때 단일하게 구축된 사회 피라미드의 정점이었다(그러나 부르주아는 그런 적이 없었다)." 이렇게 "실패한 부르주아 집안은 그 계급에서 재빨리 떨어져나가, 계급 자체는 항상 일반적으로 기능이 동일한 집안들로 이뤄진다." Ibid., pp. 152~163.

34. Ibid., pp. 160~163.

35. 이 글의 전체적인 스타일은 10년 뒤에 출판된 슘페터의 책 『경기순환론』과 비슷하다. 논증적이고, 사색적이며, 무례하지는 않지만 자신만만하며, 또 상대 의견을 받아들일 듯해서 이 문제에 관해 배워야 할 것이 많은 듯한 생각도 든다. 그리고 사회계급에 관한 이 글의 사

고방식은 그의 책 『경제 발전의 이론』으로부터 직결된다. 슘페터 스스로 그의 초기 저작과의 연결을 특별히 언급한 바 있다. "Social Classes in an Ethnically Homogeneous Environment," p. 177n4를 보라.

36. Schumpeter, "The Instability of Capitalism", *Economic Journal* 38, September 1928), pp. 361~386. 이 평론은 Richard V. Clemence, ed., *Joseph A. Schumpeter: Essays on Entrepreneurs, Innovation, Business Cycles, and the Evolution of Capitalism*, Cambridge, Mass: Addison-Wesley, 1951에 실려 재출간되었다. 이 책에서 그 논문은 pp. 47~72에 있으며, 이 주석의 아랫부분에 인용된 구절은 pp. 71~72에 있다. 슘페터는 자본주의가 영원히 이어질 것이라고 생각해서는 안 된다고 덧붙인다. 다른 어떤 경제 제도나 사회 제도도 그런 적이 없으며, 자본주의는 더욱 평등적인 질서를 향한 큰 움직임의 한 과도적 단계라는 것이다.

이 글의 마지막 문장에서 슘페터는 대담한 예측을 한다. "자본주의는 경제적으로 안정되고 심지어 안정성을 더해가고 있지만, 인간의 생각을 합리화함으로써 그 근본 조건과 원동력, 사회 제도 등과 나란히 할 수 없는 정서와 생활 방식을 만들어낸다. 또 경제적 필요에 따른 것이 아니라 심지어 경제적 복지를 일부 희생하면서까지, 단순히 취향이나 용어의 문제로 사회주의라고 부르거나 말 체제로 바뀔 것이다."

이 도발적인 진술은 글의 진짜 주제는 아니며, 일종의 여담으로 생각해야 할 것이다. 그러나 이는 같은 생각을 매우 완전하게 전개한 슘페터의 1942년도 대작 『자본주의·사회주의·민주주의』의 전조가 되고 있다. 슘페터는 1920~1926년에 『이코노믹 저널』의 오스트리아 '통신원'(지역의 창구 역할을 하는 전문가), 1927~1932년에는 독일 통신원이었다.

그의 1928년 논문은 빽빽한 주석이 달렸고, 전 세계의 주요 경제학자의 연구에 많은 참고가 되었다. 그와 케인스는 이 논문을 고치는 동안 여러 차례 편지를 주고받았다. 슘페터는 초고의 개선점을 지적해준 케인스의 "비길 데 없는 너그러움과 친절"에 감사를 표했으며, 이어서 "제 글을 저보다 훨씬 뛰어나다고 생각하는 경제학자가 보살펴줘 매우 영광으로 생각하며, 엉성한 주장을 인정(당연히 나에게는 소중한)해주고 비판해주신 데 대해 무한히 감사드립니다"라고 말했다. 슘페터가 케인스에게 보낸 1928년 5월 28일, 7월 7일, 8월 16일 편지, in Hedtke and Swedberg, eds., *Briefe*, pp. 146~150, 153~154, 176n6를 보라.

37. 그는 이어, 기존 이론은 경제적 진보를 공업화의 확대와 인구 증가로 규정하며 이들은 대개 예측 가능한 방식으로 전개된다고 말한다. 그러나 이 두 현상은 그것만으로는 자본주의적 '질서'가 어떻게 발전하는지를 보여주지 못한다. "왜냐하면 확대라는 것은 어떤 요인의 역할을 보여줄 기본 사실이 '아니고', 그 자체가 더욱 근본적인 '경제적 힘'의 결과이기 때문이다." Schumpeter, "The Instability of Capitalism", pp. 61n2, 62. 거의 같은 시기에 그는 한 젊은 경제학자에게 보낸 개인적인 편지에서 이렇게 말했다. "물론 경제적 진보의 정성定性 이론을 세우는 것은 우리 세대의 커다란 과업입니다. 그리고 우리가 정보를 이론적 처리

에 맞춰야 하듯이, 그 전에 이론을 과업에 맞추어야 할 것입니다." 슘페터가 아서 마거릿에게 보낸 1928년 8월 30일 편지, Schumpeter Papers, HUG(FP)—4.7, Correspondence and other misc. papers, ca. 1920s~1950, box 7, folder M1920, HUA.

38. Schumpeter, "The Instability of Capitalism", pp. 63~64.

39. Ibid., pp. 64~66.

40. Ibid., pp. 67~68.

41. Ibid., pp. 69~70.

42. Ibid., pp. 70~71.

43. 밀리 라이징거가 슘페터에게 보낸 1930년 5월 28일 및 6월 30일 편지, Schumpeter Papers, HUG(FP)—4.7.5, Miscellaneous correspondence, box I, folder Miscellaneous Correspondence Received, HUA. 벤야민 헤트 번역. 1938년 12월 13일 편지에서, 이제는 결혼한 밀리는 슘페터에게 다시 한번 라이징거 가족에게 "매달 송금을 해준" 것에 감사를 표했다. Ibid.

44. Schumpeter, "Ships in the Fog", Schumpeter Papers, HUG(FP)—4.3, Miscellaneous personal writings and notes, box 1, folder Material for Ships in the Fog, HUA.

제11장 정책과 기업가정신

1. 로버트 앨런에 따르면 슘페터는 1927년도 중반에 처음 미아를 고용했다. Allen, *Opening Doors: The Life & Work of Joseph Schumpeter*, two vols., New Brunswick, N.J.: Transaction, 1991, I, pp. 233~235를 보라. 그러나 미아의 어떤 편지는 그녀가 슘페터와 처음 일하기 시작한 것이 1926년 1월임을 분명히 밝히고 있다. 그보다 18개월 전이자 애니가 죽기 7개월 전이다. Schumpeter Papers, HUG(FP)—4.5, Letters from Mia, 1932~1940, HUA.

2. 많은 미아의 사진이 Schumpeter Papers, HUG (FP)—4.5, Letters from Mia, 1932~1940, box 1, folder Photos of Mia and family, HUA에 들어 있다. 미아가 슘페터에게 보낸 편지에서 이야기한 그들의 작업에서 그녀가 역할을 한 것은 분명하며, 그 가운데 상

당수는 아래 16장에 발췌되어 있다.

3. 그가 본에 머물던 첫해에 학술지에 실린 가장 중요한 '과학적' 간행물은 신용 통제에 관한 논문과 오랫동안 『이코노믹 저널』의 편집자였던 영국 경제학자 프랜시스 에지워스의 연구에 대한 찬사였다. Schumpeter, "Kreditkontrolle", *Archiv für Sozialwissenschaft* 55, 1925, pp. 289~328를 보라. 에지워스에 관한 논문은 *Weltwirtschaftliches Archiv* 22, 1925, pp. 183~202에 실렸다. 슘페터는 또한 경제학 교과서 작업에도 매달렸으나 완성할 시간을 얻지 못했다.

4. 슘페터가 예켈에게 보낸 연도 미상(1929년) 1월 25일 편지, printed in März, *Joseph Alois Schumpeter—Forscher, Lehrer und Politiker*(Scholar, Teacher and Politician), Munich: R. Oldenbourg Verlag, 1983, appendix. 홀거 프랑크 번역.

5. 슘페터가 예켈에게 보낸 1928년 9월 22일 편지, in Ulrich Hedtke and Richard Swedberg, eds., *Joseph Alois Schumpeter, Briefe/Letters*, Tübingen: J. C. B. Mohr, Paul Siebeck, 2000, pp. 154~155. 홀거 프랑크 번역

6. 슈톨퍼는 『저먼 이코노미스트』를 만들기 전에 『베를린 파이낸셜 저널Berliner Börsen-Courier(Berlin Financial Journal)』 편집진에 참여해 베를린에서의 직장생활을 시작했다. 이들 두 저널에 대한 슘페터의 초기 기고 상황은 슈톨퍼에게 보낸 다음 날짜의 편지들에서 추적할 수 있다. 1925년 12월 17일, 1926년 2월 14일, 2월 25일, 3월 2일, 5월 29일, 6월 24일, 8월 1일, 8월 25일, 9월 7일, 10월 8일, 11월 3일, 1927년 3월 5일, 3월 21일, 3월 27일, 4월 6일, 5월 15일, 5월 24일, 6월 22일. 이들은 모두 Hedtke and Swedberg, eds., *Briefe*, pp. 105~108, 110~120, 122~125, 128~132, 133~140에 실려 출간되었다. 그 밖에 슘페터가 보낸 수십 통의 편지(대부분 『저먼 이코노미스트』와 관계된 것이다)가 Nachlass Gustav und Toni Stolper, N 1186/31, Bundesarchiv Koblenz에 들어 있다.

7. Schumpeter, "금의 미래The Future of Gold"는 1941년 4월 14일에 디트로이트경제 클럽에서 행한 연설로, Schumpeter, *Aufsätze zur Tagespolitik*(Essays on Current Policy), eds. Christian Seidl and Wolfgang F. Stolper, Tübingen: J. C. B. Mohr, Paul Siebeck, 1993, p. 71에 실려 출간되었다. 그는 더 나아가 이렇게 말했다. "이 문제들은 대체로 정치적인 것이다. 당신들이 무엇을 하고자 하는지를 말하고 그것을 위해 싸우는 일이나, 무엇을 찬양하려 하고 무엇을 파괴하려 하는지를 말하는 것은 당신들에게 달려 있다. 경제학자는 그러한 측면에 들어 있는 어떤 주제에 관해 특별한 능력이 없다."

8. 슘페터가 예켈에게 보낸 1928년 9월 22일 편지, in Hedtke and Swedberg, eds.,

Briefe, p. 155; 역시 예켈에게 보낸 일자 미상(연도가 적혀 있지 않다. 1928년?)의 편지, printed in März, *Joseph Alois Schumpeter—Forscher, Lehrer und Politiker*, appendix. 홀거 프랑크 번역.

9. 바이마르 정가에서 매우 중요한 부분을 차지하며 물의를 일으켰던 배상금 문제는 1930년대 초반까지 이어졌다. 1923년 1월 독일이 배상금을 내지 못하자 1924년 도스플랜(이는 위원장이던 미국인 찰스 도스의 이름을 딴 것이다)에 따라 지불 일정과 관리 계획의 세부 조정이 이루어졌다. 또 하나의 조정은 1929년의 영플랜(도스와 마찬가지로 미국의 기업인 겸 정치가 오언 영의 이름을 딴 것이다)에 의해 이뤄져 1930년 3월 발효되었다. 독일에서는 미국의 차관을 가장 잘 이용하는 방법을 놓고 정치가와 유권자들이 심각하게 분열되었다. 한쪽에서는 공공사업으로 기반시설을 재건하고 사회복지 프로그램을 지원하자고 주장했고, 다른 한편에서는 이 돈을 기업의 지원비로 돌리자고 했다. 후자의 경우에는 어떤 기업에 줄 것이냐가 다시 문제로 떠올랐다. 슘페터는 결국 석탄이나 철강 같은 기존 산업으로 돈이 매우 많이 가고 새 기업으로는 몹시 적게 갈 것이라고 정확히 지적했다.

10. 오스트리아–헝가리 의회의 분열은 주로 민족과 초보적인 민족주의에 기인한 것이었다. 반면 독일 의회의 분열은 보다 계급과 종교와 이데올로기에 기인한 것이었다. 특히 이데올로기는 때때로 몹시 미세하게 따진 요인이었다. 독일 바이마르에 관한 역사 연구는 이례적으로 자세해서 꽤 논란이 있어왔다. 많은 연구 가운데 다음 글들을 보라.
– Harold James, *The Reichsbank and Public Finance in Germany, 1924~1933: A Study of the Politics of Economics during the Great Depression*, Frankfurt am Main: Fritz Knapp Verlag, 1985
– William C. McNeill, *American Money and the Weimar Republic: Economics and Politics on the Eve of the Great Depression*, New York: Columbia University Press, 1986
– Harold James, *The German Slump: Politics and Economics, 1924~1936*, New York: Oxford University Press, 1986
– Larry Eugene Jones, *German Liberalism and the Dissolution of the Weimar Party System, 1918~1933*, Chapel Hill: University of North Carolina Press, 1988
– Eberhard Kolb, *The Weimar Republic*, London: Unwin Hyman, 1988
– Ian Kershaw, ed., Weimar: *Why Did German Democracy Fail?*, New York: St. Martin's, 1990
– Detlev J. K. Peukert, trans. Richard Deveson, *The Weimar Republic: The Crisis of Classical Modernity*, New York: Hill and Wang, 1992
– Theo Balderston, *The Origins and Course of the German Economic Crisis, November 1923 to May 1932*, Berlin: Haude and Spende, 1993

– Hans Mommsen, trans. Elborg Forster and Larry Eugene Jones, *The Rise and Fall of Weimar Democracy*, Chapel Hill: University of North Carolina Press, 1996
– Sheri Berman, "Civil Society and the Collapse of the Weimar Republic", *World Politics* 49, 1997, pp. 401~429
– Peter C. Caldwell, *Popular Sovereignty and the Crisis of German Constitutional Law: The Theory and Practice of Weimar Constitutionalism*, Durham, N.C.: Duke University Press, 1997.

11. 위 주10에 인용된 연구 외에 이들 투표 결과에 대한 빠른 개관과 기본적인 경제 통계는 Hermann Kinder and Werner Hilgemann, trans. Ernest A. Menze, *The Penguin Atlas of World History, Vol. 2: From the French Revolution to the Present*, New York: Penguin Books, 2003, pp. 148~151, 183~185에서 찾을 수 있다.

12. Jeffrey Fear, "German Capitalism", in Thomas K. McCraw, ed., *Creating Modern Capitalism: How Entrepreneurs, Companies, and Countries Triumphed in Three Industrial Revolutions*, Cambridge, Mass.: Harvard University Press, 1997, p. 158. 오늘날 독일과 미국을 포함한 대부분의 나라에서는 이러한 표준이 주로 업계 내 단체에서 시행되고 있다. 때로는 이것들이 다른 나라의 경쟁자에 대한 방어적 성격을 띤 비관세장벽용으로 쓰였다.

13. Fear, "German Capitalism", in McCraw, ed., *Creating Modern Capitalism*, pp. 180~182. 중소기업이 독일 경제에서 대단히 중요하다는 주장은 Hartmut Berkhoff, "The End of Family Business? The Mittelstand and German Capitalism in Transition, 1949~2000," *Business History Review* 80, Summer 2006, pp. 263~295를 보라.

14. (다른 화제를 포함해) 트러스트 형성에 관한 슘페터의 견해는 독일 경제학자 로베르트 리프만이 쓴 책의 영향을 받은 듯하다. Liefmann, *Kartelle und Trusts und die Weiterbildung der volkswirtschaftlichen Organisation*, Stuttgart, 1910을 보라. 독일에서의 트러스트 형성에 관한 자세한 내용은 여러 연구 가운데 Wilfried Feldenkirchen, "Big Business in Interwar Germany: Organizational Innovation at Vereinigte Stahlwerke, IG Farben, and Siemens", *Business History Review* 61, Autumn 1987, pp. 417~451; Jeffrey Fear, *Organizing Control: August Thyssen and the Construction of German Corporate Management*, Cambridge, Mass.: Harvard University Press, 2005, 13~16장; Fear, "German Capitalism", in McCraw, ed., *Creating Modern Capitalism*, fig. 6.2, p. 220; Alfred D. Chandler, Jr., *Scale and Scope: The Dynamics of Industrial Capitalism*, Cambridge, Mass.: Harvard University Press, 1990, appendix C.2, pp.

705~713 등을 보라.

'합리화rationalization'와 함께 합병도 일시적인 기업 위기를 가중시키는 데 쓰일 수 있다. 특히 1920년대 초반 독일의 인플레이션 기간에 그러했다. 예를 들어 기업가이자 '인플레이션 왕'으로 불렸던 후고 슈티네스는 수많은 기업을 사들여 자산을 빼냈고, 게다가 수십 곳의 신문사를 인수해 자신의 우익적 관점을 전파하기 시작했다.

15. 예를 들어 Mary Nolan, *Visions of Modernity: American Business and the Modernization of Germany*, New York: Oxford University Press, 1994를 보라.

16. Schumpeter, "Kreditpolitik und Wirtschaftslage"(Lending Policy and the Economic Situation) in *Berliner Börsen-Courier* 58/603, December 23, 1925. 이는 Schumpeter, *Aufsätze zur Tagespolitik*(Essays on Current Policy), eds. Seidl and Stolper, pp. 154~158에 실려 출간되었으며, 인용 부분은 p. 158에 있다. 홀거 프랑크 번역. 여기서 슈페터가 주장하고 있는 것은 일본인과 한국인이 제2차 대전 뒤 경제 기적을 일으키는 과정에서 '창구 지도window guidance'라 불렸던 예견의 성격을 띤 관용어다. 이는 융자와 지원금을 우선적으로 받을 성장 가능성이 높은 산업을 택하는 것인데, 이 비용을 받는 기업들이 제시된 성과 기준을 맞춘다는 조건하에 주어진다.

비슷한 글에서 슈페터는 또다시 보조금정책을 분석하면서 전후 독일뿐만 아니라 프랑스, 영국, 이탈리아도 거론하고 있다. 그는 보편적으로 만능 대책은 없으며 특수한 국가 상황이 고려되어야 한다고 말한다. 그는 다시 한번 장기적으로 바라보고 있으며, 새로운 기업의 기업가정신에 따른 발전을 강조하고 있다. Schumpeter, "Subventionspolitik"(Subsidy Policy), in *Handelsblatt des Berliner Börsen-Courier, 3. Beilage*(third supplement), February 21, 1926, printed in Schumpeter, *Aufsätze zur Tagespolitik*(Essays on Current Policy), eds. Seidl and Stolper, pp. 158~162를 보라.

17. 그는 재정 문제의 한 원인을 바이마르헌법에서 찾는다. 헌법은 서로 다른 주장을 내세우는 다양한 소수정당이 만들어지도록 부추기고 있는 것이다. 그는 의회 자체가 여러 정당의 꼭대기에 있는 소수 지도자들의 대리인에 불과하기 때문에 내각이 의회의 지원을 받지 못한다고 말한다. 이 지도자들은 내각이 구성된 방식을 통제해, 의회 내에서 협력할 수 있는 여러 정파의 모임 안에서 총리가 영향력을 크게 가질 수 없도록 한다. 슈페터는 장래에 새 선거법을 통해 의회의 효율성을 높일 수 있으리라는 약간의 희망을 밝히고 있다. Schumpeter, "Finanzpolitik und Kabinettsystem"(Fiscal Policy and the Cabinet System), in Der deutsche *Volkswirt* 1, 1926, pp. 865~869, printed in Christian Seidl and Wolfgang F. Stolper, eds., *Aufsätze zur Tagespolitik*(Essays on Economic Policy), Tübingen: J. C. B. Mohr, Paul Siebeck, 1985, pp. 70~76을 보라. 이와 함께 Schumpeter, "Finanzpolitik"(Fiscal Policy), in *Der deutsche Volkswirt* 1, 1926/27, printed in ibid.,

pp. 63~70도 보라.

그는 또한 실제로 어떤 재정정책의 성공은 구체적인 내용이 어떻게 대중에게 전달되고 받아들여지느냐에 달려 있다고 지적한다. 정치심리학과 사회심리학적 측면이 들어 있는 것이다. 그러나 독일에서는 1926년까지도 관료와 유력 기업가 또는 대중 사이에 필요한 인식이 충분히 이뤄지지 않고 있었다. 납세자는 국가의 주장이 받아들여질 수 있도록 더 많은 권리를 가져야 했다. 다시 말해서 납세자는 어떤 재산과 자금이 실제로 과세 대상이 될 수 있는가에 대해 지금보다 많은 법적 보호를 받아야 했다. Schumpeter, "Geist und Technik der Finanzverwaltung"(Spirit and Technique of Fiscal Administration), in *Der deutsche Volkswirt*, 1, 1926, pp. 1028~1031, printed in *Aufsätze zur Tagespolitik*(Essays on Economic Policy) eds. Seidl and Stolper, pp. 77~83를 보라. 앞으로 나는 이 경제 논문의 제목을 영어 번역으로만 제시하겠다.

슘페터는 이어서 모든 중앙정부의 태생적인 문제는 어떻게 '균형'을 이뤄내 지방정부가 갈등을 최소화하고 자금을 올바르게 나눠 자기 지역에 적합한 정책을 펼칠 수 있도록 하느냐에 있다고 말한다. 그는 영국과 프랑스 등의 나라가 이를 잘하고 있다고 주장한다. 그러나 독일은 그렇지 못한데, 그 이유는 1871년 통일 이전에는 여러 지방(프로이센, 작센, 하노버, 바이에른 등등)이 역사적으로 독립해 있었고, 현재 독일의 일반적인 인식도 중앙정부의 권한이 매우 강하다고 생각하고 있기 때문이라는 것이다. 그는 중요한 변화에서는 언제나 격렬한 반발이 나타날 것이라 경고한다. Schumpeter, "Fiscal Equilibrium", I, in *Der deutsche Volkswirt* 1, 1926/1927, printed in *Aufsätze zur Tagespolitik*(Essays on Economic Policy), eds. Seidl and Stolper, pp. 84~91를 보라.

슘페터가 이 글을 쓸 때 독일 정부는 영국이나 프랑스 정부보다 덜 중앙집권화된 연방체제였다(아직도 그러하다). 독일 정부는 서로 세금을 달라고 아우성치는 심각한 문제를 아직도 안고 있다. 오늘날 독일에서 이 문제는 '보완성 원칙'으로 알려져 있고, 이는 어떤 면에서 미국 연방과 주정부와 지방정부 간의 기능 분할과 비슷하다. Schumpeter, "Fiscal Equilibrium", II, in *Der deutsche Volkswirt* 1, 1926/1927, printed in ibid., pp. 92~99. 또 Schumpeter, "The Power to Tax and the National Future", in *Der deutsche Volkswirt* 1, 1926/1927, printed in ibid., pp. 55~63도 보라.

18. 슘페터는 또한 주정부가 술에 대한 세금을 올릴 수 있다고 말한다. "Fiscal Equilibrium", II, in *Der deutsche Volkswirt* 1, 1926/1927, printed in Schumpeter, Aufsätze *zur Wirtschaftspolitik*(Essays on Economic Policy), eds. Seidl and Stolper, pp. 92~99를 보라. 그는 일반판매세를 1퍼센트에서 적어도 1.5퍼센트로 올릴 것을 주장한다. 이는 소비자에게 불편을 주지 않고 충분한 추가 재원을 마련할 수 있을 것이라고 그는 말한다. 소비자는 소폭의 판매세 인상으로 구매 습관을 바꾸지 않을 것이기 때문이다. 또 국내 판매세는 수출 의존적인 독일에 중요한 요소인 수출가격에도 아무런 영향을 미치지 않을 것이다. 전체적으로 판매세는 다른 세금보다 국가 발전을 덜 저해한다고 그는 결론지었다. 그것은 기업가의 자본

투자에 필요한 어떠한 자금도 축내지 않기 때문이다. Schumpeter, "Whom Does the Turnover Tax Hit?", in *Der deutsche Volkswirt* 3 , 1928/1929, pp. 206~208, printed in Schumpeter, *Aufsätze zur Wirtschaftspolitik*(Essays on Economic Policy), eds. Seidl and Stolper, pp. 107~112를 보라.

19. 이와 짝을 이루는 접근법은 소비에 쓰이지 않는 사람들의 소득에 대해 세금을 감해주는 일이 될 것이다. 이는 민간자본의 급격한 성장을 이뤄낼 것이다. 부유한 나라에서는 이런 종류의 정책이 사실상 불공평한 것이다. 그러나 개발도상국이나 독일처럼 많은 문제를 안고 있는 나라의 경우, 실제로 굶주리는 사람이 없다는 전제하에서 슘페터는 올바른 길로 추천한다. Schumpeter, "What Could a Financial Reform Do?" in *Der deutsche Volkswirt* 4, 1929/1930, pp. 75~80, printed in Schumpeter, *Aufsätze zur Wirtschaftspolitik*(Essays on Economic Policy), eds. Seidl and Stolper, pp. 112~123. 재정정책이 어떻게 이런 목표를 달성할 수 있는지에 대해서는 구스타프 슈톨퍼가 다른 여러 논문에서 설명했다고 슘페터는 말한다. 슈톨퍼는 일부 산업의 장래 지출을 제한하고, 담배 전매를 도입해 자금을 늘리며, 주세를 올릴 것을 제안했다.

20. 슘페터는 많은 독일인이 소득세를 '현대의 강도귀족robber-barondom'으로 생각한다고 주장한다. 고비율의 세금은 개인에게 불공정할 뿐만 아니라, 저축을 줄이고 투자도 줄인다. 이는 슘페터가 글을 쓰던 당시 독일이 그러했던 것처럼, 혁신적인 계획에 막대한 자본을 쏟아부어야 하는 때라면 특히 부적절한 결과다. Schumpeter, "Economics and Sociology of the Income Tax", in *Der deutsche Volkswirt* 4, 1929/1930, pp. 380~385, printed in Schumpeter, *Aufsätze zur Wirtschaftspolitik*(Essays on Economic Policy), eds. Seidl and Stolper, pp. 123~132를 보라. 미국 소득세의 전개에 대해서는 W. Elliot Brownlee, *Federal Taxation in America: A Short History*, New York: Cambridge, University Press, 1996를 보라.

21. Schumpeter, "Inheritance Tax", in *Der deutsche Volkswirt* 3, 1928/1929, pp. 110~114, printed in Schumpeter, *Aufsätze zur Wirtschaftspolitik*(Essays on Economic Policy), eds. Seidl and Stolper, pp. 99~107.

22. Schumpeter, "World Crisis and Fiscal Policy", in *Der deutsche Volkswirt* 6 (1931~32), pp. 739~742, printed in Schumpeter, *Aufsätze zur Wirtschaftspolitik* (Essays on Economic Policy), eds. Seidl and Stolper, pp. 143~150.

23. Schumpeter, "If the Finance Reform Fails", *in Der deutsche Volkswirt* 4 , 1929/1930, pp. 695~699, printed in Schumpeter, *Aufsätze zur Wirtschaftspolitik*(Essays on

Economic Policy), eds. Seidl and Stolper, pp. 133~143. 슘페터는 그의 단골 주제인 추가적인 내부 투자를 강조했다. 이는 저축으로만 가능한 것이었고, 간단한 논리에 따라 주로 부유한 계급에서 나와야 했다. 이때 독일 상황은 몇 해 뒤 영국이라든지 특히 미국과는 달랐다. 이들 나라에서는 충분한 자본이 있었지만 수요가 미약했기 때문에 기업이 투자를 하려 하지 않았다. 그런 상황은 케인스에 의해 '유동성 함정liquidity trap'이라고 정확히 진단되었으며, 이는 슘페터가 1929년 독일에 권고한 것 같은 정책으로는 도움이 되지 않았다. 그러나 독일에서는 영국이나 미국에 비해 유동성이 턱없이 부족했다.

24. Schumpeter, "Unemployment", in *Der deutsche Volkswirt* 1, 1926/27, pp. 729~732, printed in Schumpeter, *Aufsätze zur Wirtschaftspolitik*(Essays on Economic Policy), eds. Seidl and Stolper, pp. 153~160.

25. 슘페터는 균형임금에 대한 표준적인 경제학적 정리定理를 언급하면서 독자에게 노동의 수요-공급의 왕복운동이 임금을 안정화함을 상기시켰다. 이 균형을 향한 움직임에 반해서, 오직 새로운 생산 기술의 '진보'와 그 밖의 혁신만이 생산성을 높이고 가격을 낮추며 이에 따라 실질임금을 높일 수 있다. 기계화와 기업 조직의 개선이 실업률을 높인다는 반대 주장은 일시적인 현상을 말한 것이며, 따라서 장기적인 정책의 기초로서는 적합하지 않다. 결국 소비자의 수요는 고생산-저비용을 따라잡아 더 많은 노동자를 고용하도록 자극할 것이다. 그는 이어서, 미국의 자동차산업에서 일어나곤 했던 것처럼 어떤 경우에는 임금 인상이 곧 생산성을 떠받친다고 말한다. 그러나 대부분의 산업에서는 이러한 일이 일어나지 않는다. 생산성 향상 없는 임금 인상은 전체 경제에 타격을 준다. 결론적으로 슘페터는 경제 발전을 촉진하는 모든 정책은 임금수준에 긍정적인 영향을 미칠 수 있다고 말한다. 그러나 발전의 도구로서 단지 임금 인상만을 겨냥한 정책은 결국 성공할 수 없다. Schumpeter, "Wage Configuration and Economic Development", in *Der Arbeitgeber* 18, 1928, pp. 479~482, printed in Schumpeter, *Aufsätze zur Wirtschaftspolitik*(Essays on Economic Policy), eds. Seidl and Stolper, pp. 173~185.

26. Gerald D. Feldman, *The Great Disorder: Politics, Economics and Society in the German Inflation, 1914~1924*, New York: Oxford University Press, 1993, p. 811에 인용된 헤르만 달의 말.

27. 그는 이어서, 이 경우에도 실제로는 임금수준이 약간 '올라'가면 통상적으로 실업률이 상대적으로 더 많이 높아진다고 말했다. 반대로, 임금이 약간 '내려'가면 새 일자리가 더 많이 늘어난다. Schumpeter, "The Limits of Wage Policy", in *Der deutsche Volkswirt* 3, 1928/29, pp. 847~851, printed in Schumpeter, *Aufsätze zur Wirtschaftspolitik*(Essays on Economic Policy), eds. Seidl and Stolper, pp. 192~201. 기업 경영에서 노동자가 실

질적으로 경영자와 똑같은 발언권이 있는 독일 특유의 공동 결정 관행은 슘페터가 이 글을 쓸 때 이미 시작되었다.

28. Schumpeter, "Unemployment", in *Der deutsche Volkswirt* 1, 1926/27, pp. 729~732, printed in *Aufsätze zur Wirtschaftspolitik*(Essays on Economic Policy), eds. Seidl and Stolper, pp. 153~160.

유치幼稚산업에 일시적인 보호가 필요하다는 슘페터의 인식은 1953~1973년 사이 일본이 '경제 기적'을 이루는 동안 따른 조치들을 예견한 것이었다. 이를 통해 일본은 철강, 자동차, 기계, 전자 등의 산업 분야에서 세계 선두가 되었다. 그는 나중에 이렇게 썼다. "순수하게 경제적 고려만을 한 보호관세의 효과에 관한 어떤 분석도 혼란과 오해밖에는 가져올 것이 없음을 나는 강하게 믿고 있다."
다른 문제도 고려해야 한다. 한 국가가 독립하려는 욕구나 '자신들이 처해 있는' 특수한 상황 같은 것 말이다. 이상적인 세계에서는 자유무역(정통경제학의 근본 신조다)을 보편적으로 시행하는 것은 전적으로 옳다. "그러나 이 때문에 현실을 벗어나는 것은 무의미하다." Schumpeter, "The Influence of Protective Tariffs on the Industrial Development of the United States", *Proceedings of the Academy of Political Science*, 29, May 1940, p. 2; Schumpeter, "English Economists and the State–Managed Economy", *Journal of Political Economy*, October 1949, pp. 371~382, reprinted in Richard V. Clemence, ed., *Joseph A. Schumpeter: Essays on Entrepreneurs, Innovations, Business Cycles, and the Evolution of Capitalism*, Cambridge, Mass.: Addison–Wesley, 1951, p. 320.
그가 이런 이야기를 쓴 뒤 많은 나라가 보호주의정책을 펼쳤지만 대부분 목적을 달성하지 못했다. 가장 두드러진 두 사례는 1960년대와 1970년대의 인도와 브라질이다. 대부분의 정부는 자국 프로그램을 제대로 수행할 체제가 갖춰지지 않았다. 특히 수입품으로부터 계속적으로 보호하려면 높은 경제 성과가 필요했다. 그러나 일본은 경제 기적을 이루는 동안에 이 체제를 갖추고 있었고, 독일도 제1차 대전 이전 기간에 그러했다. 그리고 높은 관세를 물린 19세기 미국의 사례는 경제성장 과정에서의 유치산업 논란에 "거의 이상적인 사례를 제공한다"고 슘페터는 말한다. 그가 보기에 독일과 미국의 경제사는 보호주의가 꼭 혁신을 억제하는 것은 아님을 보여줬다. 슘페터가 잘 알고 있었듯이 초기(1879~1913) 독일의 공업 발달은 보호주의정책에 의존한 것이었다(아니면 적어도 그 정책과 함께 나타났다). 미국 공업사에서 보호주의의 역할에 대한 언급은 Schumpeter, "The Influence of Protective Tariffs on the Industrial Development of the United States", p. 4에 보인다.

29. 슘페터는 이어서, 경기순환 연구(아마도 그가 이 글을 쓸 당시에 경제학계에서 가장 뜨거운 주제였을 것이다)는 미래를 분석적으로 생각하려고 노력하는 사업가에게 특히 적절해야 한다고 말했다. 그는 제1차 대전 이전 수십 년간에 나타났던 6~11년 주기를 확인해냈다. 그는 이어서, 이 '정상적인' 주기는 언제나 이례적인 사건들에 따라 흐트러진다고 지적한다.

그는 제1차 대전과 전후의 인플레이션 그리고 당시 독일에서 진행되고 있던 것과 같은 정치적·사회적 위기 등을 언급한다. 다른 모든 자료에 반하는 전반적인 상황을 가장 정교하게 분석한 것은 경제 위기의 이론적 작업에서 가장 잘 이뤄졌다. 그 이론은 자연히 경기순환 연구와 합쳐진다. Schumpeter, "Konjunkturforschung"(Research on the Economic Situation or Cycle, two parts), *Berliner Börsen-Courier*, 58/137, Beilage 4 (Supplement 4, April 4, 1926); ibid., 58/159, *Beilage 2*(Supplement 2, April 7, 1926). 둘 다 Schumpeter, *Aufsätze zur Tagespolitik*(Essays on Current Policy), eds. Seidl and Stolper, pp. 163~173에 실려 출간되었다.

슘페터는 여기서 심리학적인 요인(소비자와 경영자 양쪽이 미래에 대해 가지고 있는 기대)에 대해서는 분명하게 언급하지 않고 있으나 그런 생각을 가지고 있었음은 분명하다. 예를 들어 그는 독일 경제가 매우 수출 의존적이어서 기업가가 국제시장에서의 미묘한 변화에도 세심한 관심을 가져야 한다고 지적한다. 현대 자본주의의 유동적인 조건하에서 경영자와 투자자들은 더 이상 그들의 직관적인 '기업가의 후각'(그는 이렇게 표현했다)에만 기댈 수는 없게 되었다. 끊임없는 혁신으로 그들은 상세한 통계 자료가 필요했다. 슘페터는 의미 있는 지표로 다섯 가지 유형을 언급하고 있다. (1) 은행 금리, 전체 자금 내 비중으로 표시된 중앙은행의 점유율과 준비금, 주식시장과 금융시장의 시세 등 금융 자료 (2) 여러 나라의 수출 및 수입, 가격수준 및 이와 유사한 지표를 보여주는 국제 자료 (3) 공업 생산수준에 관한 정보, 특히 철강, 석탄, 구리, 면화 등 핵심 산업에 관한 것 (4) 새로운 종류의 산업 부상에 관한 자료 (5) 무역, 조세, 통화 문제에 관한 여러 국가의 정책

그는 이런 것들이 자본주의체제하에서 기업가가 잘 다룰 필요가 있는 가장 초보적인 정보들이라고 지적한다. 만약에 보다 자세한 정보원에 접하고 싶다면 하버드대와 영국 케임브리지 이코노믹 서비스 그리고 새로 만들어진 독일경제상황분석협회에서 개발한 새 경제 모델에서 정교한 통계 도구와 이론적 도구를 구할 수 있을 것이다. 슘페터 자신은 베를린에 있던 위 독일 기관이 수집한 자료를 썼다. 이 자료는 다른 나라에서 유익했던 형태의 많은 자료를 제공했다. 특히 뱁슨 앤드 브루크마이어 같은 미국 기업이 개발한 형태의 것들이다. 슘페터는 소기업과 개인 투자자들은 이런 종류의 자료를 더욱 많이 이용해야 한다고 말했다. 당시까지만 해도 독일에서는 체계적인 자료 수집은 주로 은행이 했다. 이 자료들은 다른 기업이 많이 쓰지 않았으며, 접근이 가능한 때도 마찬가지였다. 슘페터는 위기를 예측하는 데 쓸모 있다고 입증된 '경제지표'에 대해서도 이야기한다. 그는 하버드 인덱스, 뱁슨 시스템, 슈피트호프 인덱스(그의 가까운 친구가 개발했으며, 철강 생산량에 중점을 두고 있다) 등과 같은 척도의 장점도 이야기한다. 그런 뒤에 그는 전형적인 경기순환의 단순화된 모델을 제시하고 있다. Ibid.

30. Schumpeter, "Change in the World Economy", in *Der deutsche Volkswirt* 4, 1929/ 30, pp. 1729~1733, printed in Schumpeter, *Aufsätze zur Wirtschaftspolitik*(Essays on Economic Policy), eds. Seidl and Stolper, pp. 218~225. 슘페터는 여기서 이런 진보의 결과로 사회주의가 일어날 수 있을지를 묻는다. 그는 전통적인 소유 형태로부터의 이탈 경향(즉

토지와 장비 같은 실물자산으로부터 주식과 채권 같은 증서로의 이동)이 아마도, 자본주의냐 사회주의냐를 따지는 것은 단순한 취향의 문제에 불과한 세계를 만들어낼 것이라고 말한다. 그는 이처럼 자극적인 말을 즐겨 썼으며, 다른 여러 저작에서 1940년대까지 비슷한 표현을 썼다.

31. 미국의 부존 천연자원 개발에 관한 최근 연구는 슘페터의 주장을 상당 부분 뒷받침하고 있다. Gavin Wright, "The Origins of American Industrial Success, 1879~1940", *American Economic Review* 80, September 1990, pp. 651~688를 보라. 슘페터는 더 나아가, 유럽이 경쟁력을 갖출 수 있도록 해줄 일부 원자재에 대해 미국이 사실상의 독점을 하고 있다는 주장까지 제기했다. 이는 독점이 실제로 무엇인가에 대한 오해에 기초하고 있다고 그는 말한다. 면화 같은 물건에 대한 진정한 독점은 실제로 미국 기업인과 소비자들에게 타격을 가할 수 있으며, 유럽 기업인과 소비자들에게도 마찬가지다. 전쟁이 없는 한 미국에 부존된 원자재는 유럽의 성장을 억제하는 주요소가 되지는 못한다. 어쨌든 유럽 자체는 대부분 중요한 산업 원자재가 상당량 매장되어 있기 때문에 이 모든 주장은 설득력이 없다.
그는 또한 미국 산업과 기반 시설은 매우 효율적이지만, 미국 정부는 사실상 모든 수준에서 형편없이 운영되고 있으며 지나치게 비용이 많이 든다는 견해를 제시하고 있다. 이 모든 관점에 대해서는 Schumpeter, "Change in the World Economy", in *Der deutsche Volkswirt* 4, 1929/30, pp. 1729~1733, printed in Schumpeter, *Aufsätze zur Wirtschaftspolitik*(Essays on Economic Policy), eds. Seidl and Stolper, pp. 218~225를 보라.

32. 여기서 슘페터는 그의 명저 『자본주의·사회주의·민주주의』가 나오기 10년 전에, 그의 유명한 창조적 파괴 이론을 거의 분명하게 제시하고 있다. Schumpeter, "Enduring Crisis", in *Der deutsche Volkswirt* 6, 1931/32, pp. 418~421, printed in Schumpeter, *Aufsätze zur Wirtschaftspolitik*(Essays on Economic Policy), eds. Seidl and Stolper, pp. 202~210.

33. Schumpeter, "The Function of Entrepreneurs and the Interest of the Worker", in *Der Arbeitgeber* 17, 1927, pp. 166~170, printed in Schumpeter, *Aufsätze zur Wirtschaftspolitik*(Essays on Economic Policy), eds. Seidl and Stolper, pp. 160~173.

34. Ibid.

35. Ibid.

36. Ibid., p. 168. 슘페터는 2년 뒤 다음 논문에서 같은 속담을 사용한다. "The Entrepreneur in the National Economy Today", in Bernhard Harms, ed., *Strukturwandlungen der*

Deutschen Wirtschaft(Structural Changes in the German National Economy), 2nd ed., Berlin: Reimar Hobbing, 1929, pp. 306~326, reprinted in Schumpeter, *Aufsätze zur Wirtschaftspolitik*(Essays on Economic Policy), eds. Seidl and Stolper, p. 235. 여기서 그는 이것이 영국 속담이라고 말한다. 또 Schumpeter, trans. Heinz Norden, "Social Classes in an Ethnically Homogeneous Environment", in *Imperialism, Social Classes: Two Essays by Joseph Schumpeter*, New York: Meridian Books, 1955, p. 129도 보라.

37. Schumpeter, "The Function of Entrepreneurs and the Interest of the Worker", in *Der Arbeitgeber* 17, 1927, pp. 166~170, printed in Schumpeter, *Aufsätze zur Wirtschaftspolitik*(Essays on Economic Policy), eds. Seidl and Stolper, pp. 160~173.

38. Schumpeter, "The Entrepreneur in the National Economy Today", in Harms, ed., *Strukturwandlungen der Deutschen Wirtschaft*, printed in *Aufsätze zur Wirtschaftspolitik*(Essays on Economic Policy), eds. Seidl and Stolper, pp. 226~247.

39. Ibid. 슘페터는 반독점을 명시적으로 언급하지는 않았으나, 이를 생각하고 있었음은 분명하다.

40. 세 번째 강력한 단서도 있다. 영국 자유주의의 "가장 대표적이고 뛰어난 주창자"라는 빅토리아 시대 정치가 윌리엄 글래드스턴을 그가 자주 칭찬한 것이다. 그는 나중에 글래드스턴에 대해 이렇게 썼다.

사회적으로 바람직한 결과를 이끌어내기 위해 개인을 방임한다는 원칙과 그들의 자유로운 교섭에 맡긴다는 원칙은 (그의) 정책을 요약한 세 가지 원칙에 가장 잘 표현되어 있다. 첫째로 공공지출은 필수적인 서비스에 필요한 최소한의 범위로 그쳐야 하고('긴축'), 둘째로 예산은 균형을 맞출 뿐만 아니라 국가 부채의 감축으로 돌리기 위해 흑자를 내야 하며, 셋째로 과세는 필요한 세입을 올리는 것 외에 다른 어떤 목적에도 기여하지 말아서 소득분배나 거래 경로에는 최소한의 영향만 미쳐야 한다는 것이다. 소득세는 이 프로그램상 필수적이었다. 그러나 그것이 덜 중요해서 부수적인 요소가 될 만큼 낮아서는 안 되는 것이었다.

네 번이나 총리를 역임한 글래드스턴은 가난한 사람에 대한 연민 그리고 그의 재정 프로그램과 함께 추진한 여러 사회입법으로도 유명하다. Schumpeter, "Capitalism", in *Encyclopaedia Britannica*, New York: Encyclopaedia Britannica, 1946, pp. 801~807, reprinted in Clemence, ed., *Joseph A. Schumpeter: Essays on Entrepreneurs, Innovations, Business Cycles, and the Evolution of Capitalism*, pp.

189~210을 보라. 인용된 구절은 p. 193에 있다.

41. 여러 일본 경제학자는 슘페터의 연구에 특별한 친밀감을 드러냈다. 경제성장은 1868년 메이지 유신 이래 일본에서 거의 국가적 규모의 강박관념이었고, 슘페터의 『경제 발전의 이론』(1911)은 성장 이론의 진정한 첫 고전이었다. 그가 비더만 은행에서 뜻밖에 불행을 겪은 뒤 1925년에 도쿄의 대학들이 가장 먼저 그를 채용하겠다고 제안한 것은 우연이 아니었다. 1931년에 그는 개선장군처럼 일본을 여행하며 강연을 많이 했고 언론에도 널리 소개되었다. 그의 개인적인 편지에도 나타나듯이 슘페터는 일본 학계에 특별한 친밀감을 느꼈으며, 그들 가운데는 그가 본 대학교와 하버드대에서 가르친 제자들도 있었다. 그가 죽은 뒤 도쿄의 히토쓰바시대는 그의 장서를 사들였고, 아직도 이를 별도의 방에 전시하고 있다. 전반적인 관련 내용은 Jean-Pascal Bassino, "The Diffusion and Appropriation of Schumpeter's Economic Thought in Japan", *History of Economic Ideas* 6 (1998), pp. 79~105를 보라. 슘페터는 열한 권의 책을 썼으며, 이 책들은 그의 생전 또는 사망 직후에 나왔는데, 그 가운데 열 권이 일본어로 번역되었다(나머지 한 권은 경제학자를 위한 수학을 다룬 간단한 공저서인데, 그가 하버드대 강의를 위해 보완한 내용이 담겨 있다.) 다른 어느 언어로도, 심지어 독일어나 영어로도 그렇게 많은 그의 책을 접할 수 없다. 일본의 슘페터 연구자로서 가장 잘 알려진 사람들 가운데 하나가 시오노야 유이치다. 그는 분석 연구로뿐만 아니라 국제슘페터학회 회장으로도 유명하다. 아마도 가장 많은 글을 쓴 것은 가나자시 모토이일 것이다. 353쪽이나 되는 마시모 아우젤로의 꼼꼼한 책 *Joseph Alois Schumpeter: A Reference Guide*, Berlin: Springer-Verlag, 1990에 올라 있는 여러 일본인 학자 가운데 하나다. 또 Swedberg, ed., *Joseph A. Schumpeter: The Economics and Sociology of Capitalism*, pp. 445~481에 나와 있는 아우젤로의 서지학적 평론도 보라. 슘페터에 관한 일본어 책의 사례로는 *Kei Seminar* 541(February 2000) 특집판이 있는데, 이는 슘페터 연구가 최근 일본의 경제 문제에 적합한지를 다루고 있다.

물론 어떤 국가경제도 순수하게 케인스적·마르크스적·슘페터적·하이에크적인 때는 없었다. 그러나 1953년~1973년의 기적적인 성장 기간에 일본 내 경제 제도의 핵심이 슘페터 경제학이 있었음은, 정부의 강력한 주도에도 불구하고 틀림없다. 가장 중요한 슘페터적 요소는 다음 여섯 가지다. 일찍이 없었던 기업가정신의 분출, 상대적으로 협조적인 임금결정 제도, 소비세에 중점을 두고 저축을 장려하는 재정구조, 매우 높은 투자율, 높은 성장 잠재력이 있는 산업에 대한 지원, 자본도피의 엄격한 방지를 포함하는 국내 신용의 관대한 적용 등이다. 이 여섯 가지 정책은 모두 혁신과 창조적 파괴, 신용 확대가 경제성장의 열쇠라는 슘페터의 전제와 일치한다. 그리고 이 여섯 가지 정책은 모두 정부와 기업 양쪽에 따른 일관된 추진력으로 촉진되었다. 이 가운데 가장 중요한 요소가 일본적 기업가정신인데, 여기에 대해서는 많은 분석가가 아직 그다지 관심을 보이지 않고 있다.

42. 슘페터가 예켈에게 보낸 1927년 2월 5일 편지, printed in März, *Joseph Alois*

Schumpeter—Forscher, Lehrer und Politiker(Scholar, Teacher and Politician),
appendix. 프라이부르크대의 제안에 관해 슘페터는 슈톨퍼에게, 학교 측의 친절은 프러시
아에서 가장 귀한 것이었다며 "내 생애 처음으로 모든 것이 빠짐없이 기뻤다"고 썼다. 슘페터
가 슈톨퍼에게 쓴 1927년 2월 9일 편지, Nachlass Gustav und Toni Stolper, N 1186/31,
Bundesarchiv Koblenz. 홀거 프랑크 번역.

43. 슘페터가 예켈에게 보낸 1927년 2월 5일 편지, printed in März, *Joseph Alois
Schumpeter—Forscher, Lehrer und Politiker*(Scholar, Teacher and Politician),
appendix.

44. Ibid.; 또 슘페터가 예켈에게 보낸 1927년 7월 26일 및 일자 미상(1927년 8월)의 편지
(ibid.)도 보라. 홀거 프랑크 번역. 슘페터가 베를린의 교육부에 보낸 1927년 8월 3일 편지,
in Hedtke and Swedberg, eds., *Briefe*, p. 142.

제12장 본 대학교와 하버드 대학교를 오가며

1. 타우시그가 슘페터에게 보낸 1912년 11월 27일 편지(경제학의 상황에 관한 슘페터의 편지
에 대한 답장), in Schumpeter Papers, HUG(FP)—4.7, Correspondence and other misc.
papers, ca. 1920s to 1950, box 9, folder T 1910; 타우시그가 로웰에게 보낸 1913년 10월
22일 편지, UAI.5.160, Presidential Papers of A. Lawrence Lowell, box Series
1909~1914, folder 413, Economics Department—Taussig(Chairman). 모두 HUA에 있다.

2. Schumpeter, Arthur H. Cole, and Edward S. Mason, "Frank William Taussig,
1859~1940", *Quarterly Journal of Economics* 55, May 1941, pp. 337~363, reprinted
in Schumpeter, *Ten Great Economists: From Marx to Keynes*, New York: Oxford
University Press, 1951, pp. 191~221; 버나드 바루크가 앨린 영에게 보낸 1925년 12월 19일
편지, UAV 349.10.5, Department of Economics—Correspondence of A. A. Young,
Chairman 1925~1927, Departmental Correspondence, 1925~1926, folder 1, HUA.

3. Schumpeter, *History of Economic Analysis*, New York: Oxford University Press,
1954), p. 870; Edward S. Mason, "The Harvard Department of Economics from the
Beginning to World War II", Quarterly Journal of Economics 97, August 1982, pp.
393~394, 408.

4. Schumpeter, Cole, and Mason, "Frank William Taussig, 1859~1940", in
Schumpeter, *Ten Great Economists*, pp. 191~207. 공저로 되어 있지만 이 글은 거의 완전

히 슘페터가 쓴 것이다. 1896년부터 1936년까지 40년간 타우시그는 권위 있는 『쿼털리 저널 오브 이코노믹스』를 편집했다. 슘페터는 1931년에 타우시그에 대해, 그는 "멋진 유대인 청년 은 아니었으나 일흔두 살의 유명한 경제학자였으며, 아마도 세계 최초로 하버드대에 경제학 부를 만들어 거기서 거의 50년 가까이 학생들을 가르쳤다"고 썼다. 슘페터가 예켈에게 보낸 1931년 1월 5일 편지, printed in Eduard März, *Joseph Alois Schumpeter—Forscher, Lehrer und Politiker*(Scholar, Teacher and Politician), Munich: R. Oldenbourg Verlag, 1983, appendix. 홀거 프랑크 번역.

유럽에서도 그렇지만 미국에서는 유대인이라는 게 간단한 문제가 아니었고, 타우시그는 유 대인 문제와 관련해서 자신의 신분을 밝히지 않는 편을 택했다. (예를 들어 타우시그가 자신 의 경력에 대해서 쓴 8쪽짜리의 요약문을 보라. 이 글은 Taussig Papers, HUG 4823.5, box 12, folder Taussig, Frank W., HUA에 보관되어 있다.) 그러나 타우시그와 5년간 함께했고 무수한 대화를 나누었던 슘페터가 자기 친구의 배경을 전혀 몰랐을 것 같지는 않다. 한 예 로, 타우시그의 여동생은 첫 번째 유대인 대법관 루이스 브랜다이스의 동생 앨프리드 브랜 다이스와 결혼했다.

5. Schumpeter, Cole, and Mason, "Frank William Taussig, 1859~1940", in Schumpeter, *Ten Great Economists*, pp. 206~207, 217. 타우시그의 책 『미국 비즈니스 리더들의 기원Origins of American Business Leaders』은 C. S. 조슬린과 함께 쓴 것이다.

6. 이듬해의 입학에 대해서는 앨린 영이 클리퍼드 무어 학장에게 보낸 1927년 6월 6일 편지, UAV 359.10.5, Correspondence of A. A. Young, Chairman 1925~1927, Departmental Correspondence 1926~1927을 보라. 슘페터를 공식 임명한 일에 대해서는 ibid.; 무어가 로웰에게 보낸 1927년 7월 8일 편지; 로웰이 영에게 보낸 1927년 7월 19일 편지, UAI.5.160, Presidential Papers of A. Lawrence Lowell, box Series 1925~1928, folder 668, Economics Department—Budget for 1927~1928을 보라. 이 파일에는 관리 '법인' 멤버 등 하버드대 관계자와 왕복한 편지가 모두 열세 통 들어 있다. 대부분의 편지가 관련 서류다. 경제학과의 회의록(1927년 1월 11일)은 이 결정을 다음과 같이 기록하고 있다. "뛰어난 유럽 경제학자를 내년에(혹은 아마도 3년 동안) 하버드대에 초빙하는 문제가 논의되 었다. 학과에서는 1년 계약을 선호하고 있다고 밝혔다. 본 대학교의 슘페터, 스톡홀름대의 카셀, 런던대의 캐넌 교수 등이 거명되고 논의되었다. 미국 경제학자를 하버드대에 임용하기 위한 조치를 지금으로선 전혀 취할 필요가 없다는 것이 학과의 의견인 듯하다." Economics Department Meeting Minutes/Records, UAV 349.3, box 1, folder Economics Dept. Records 1920~1927. 자료는 모두 HUA에 있는 것이다.

7. 하버드대는 슘페터가 안 되면 스웨덴의 유명한 경제학자 구스타브 카셀을 초빙할 것임을 암시했다. 슘페터는 자신의 친구 구스타프 슈톨퍼에게, 자기는 정말 가고 싶지 않았지만 카

셀이 그 자리를 차지하는 것도 원치 않았다고 말했다. 슘페터가 구스타프 슈톨퍼에게 보낸 1927년 6월 22일 및 7월 9일 편지, in Ulrich Hedtke and Richard Swedberg, eds., *Joseph Alois Schumpeter, Briefe/Letters*, Tübingen: J. C. B. Mohr, Paul Siebeck, 2000, pp. 140~141. 슘페터에게 전보를 치도록 지시한 실무자에게 앨린 영이 보낸 1927년 5월 12일 타이핑 메모, UAV 349.11, Department of Economics Correspondence and Records, 1930~1961, box Robertson–Schumpeter, folder Joseph Alois Schumpeter, HUA; 슘페터가 영에게 보낸 1927년 3월 31일 및 6월 15일 전보, ibid. 슘페터는 화폐 및 은행에 관한 그의 강좌에서, 본 대학교에서와 마찬가지로 신용창조의 이론과 구조에 중점을 뒀다.

8. 타우시그가 콜로니얼 클럽 집행위원회에 보낸 1927년 10월 19일 편지는 이러하다. "그는 뛰어난 필자이자 학자입니다. 그리고 그가 올해 하버드대에서 일하는 것은 그의 명성과 더불어 우리의 명성도 높여줄 것입니다. 그는 또한 가장 매력적인 신사입니다." UAV 349.11, Department of Economics Correspondence and Records, 1930~1961, box Robertson–Schumpeter, folder Joseph Alois Schumpeter, HUA.

9. 슘페터가 예켈에게 보낸 1927년 10월 29일 편지, printed in März, *Joseph Alois Schumpeter*, appendix. 홀거 프랑크 번역. Mason, "The Harvard Department of Economics from the Beginning to World War II", p. 413. 1925~1926학년도의 실제 대학원생 수는 75명이었고, 학부 전공자는 324명이었다. Confidential Report on Long-Range Plans for the Department of Economics(Revised Edition), typescript, February 25, 1948, HUG 4795.5, Sumner H. Slichter Personal Papers, box 1, Correspondence Relating to Harvard, Special Folders: A–F, folder Harvard Correspondence, Old, HUA를 보라. 또 Paul H. Buck, Provost of Harvard University, to Slichter, March 27, 1948, UAV 349.208, Department of Economics, Budget, folder Budget 1940/41~1945/46, HUA도 보라. 이 보고서와 관련된 것은 1948년 3월 9일 학과집행위원회에 의해 채택되었다.

10. 슘페터가 예켈에게 보낸 1927년 11월 20일 편지. März, *Joseph Alois Schumpeter*, appendix에 실렸다. 홀거 프랑크 번역.

11. Ibid. Robert Loring Allen, *Opening Doors: The Life & Work of Joseph Schumpeter*, two vols., New Brunswick, N.J.: Transaction, 1991, I, p. 245도 보라.

12. 슘페터가 경제학부장 해럴드 버뱅크에게 보낸 1928년 4월 9일 편지; 버뱅크가 학장 클리퍼드 무어에게 보낸 1928년 4월 13일 편지; 무어가 버뱅크에게 보낸 1928년 4월 16일 편지("나는 그를 퇴진시킨 것을 후회하지만, 이제 와서 그에 반대하는 것도 현명한 일은 아니라고 생각

합니다"); 버뱅크가 슘페터에게 보낸 1928년 4월 17일 편지. 모두 UAV 349.10, Department of Economics, Correspondence and Records, box 7, folder Correspondence S, HUA에 있다.

13. 슘페터가 구스타프 슈톨퍼에게 보낸 1928년 4월 26일 편지, in Hedtke and Swedberg, eds., *Brirfe*, p. 143.

14. 미아가 슘페터에게 보낸 1934년 1월 11일 편지, Schumpeter Papers, HUG(FP)—4.5, Letters from Mia, 1932~1940, box 1, folder 1934, HUA. 벤야민 헤트 번역.

15. 미아가 애니의 무덤에 자주 갔던 일은 1930년대에 미아가 슘페터에게 보낸 여러 편지로 봤을 때 분명하다. 모두 ibid., box 1 and 2에 있다.

16. 나중에 슘페터가 하버드대로 옮긴 뒤 이것이 바뀌었고, 그는 세 번의 긴 여름휴가를 미아와 함께 보냈다.

17. Allen, *Opening Doors*, I, pp. 281~283.

18. Ibid., pp. 282~283.

19. Barbara Wood, *E. F. Schumacher: His Life and Thought*, New York: Harper & Row, 1984에 인용되었고, Allen, *Opening Doors*, I, p. 258에도 언급되었다.

20. Allen, *Opening Doors*, I, p. 258에 인용되었다.

21. 슘페터가 예켈에게 보낸 일자 미상(1929년 9월) 및 1929년 11월 30일 편지. März, *Joseph Alois Schumpeter*, appendix에 수록되었다. 홀거 프랑크 번역.

22. 버뱅크가 슘페터에게 보낸 1928년 12월 21일 편지, UAV 349.10, Department of Economics, Correspondence and Records, box 7, folder Correspondence S, HUA; Mason, "The Harvard Department of Economics from the Beginning to World War II," p. 413. 이어서 버뱅크의 편지에는 이런 내용이 나온다.
"우리가 당신을 원한다는 것은 더 말할 필요도 없으며, 지난해 여러 차례 이야기한 대로입니다. 중진 교수들은 이제 나이가 많습니다. 앨린 영이나, 우리의 바람이지만 당신 같은 새로운 사람들을 중심으로 새 학부를 만들어야 합니다. (…) 저는 우리가 당신을 필요로 하는 것만큼 분명하게 당신이 우리를 필요로 한다면 좋겠습니다. 그러나 저는, 어떨지는 모르겠지만 우리 하버드대가 뛰어난 능력과 성과를 갖추었기 때문에 당신에게 제안하기에 부끄럼이 없다고 생각합니다. 우리가 학부에서 연구에 필요한 모든 시설을 마련하고 인원을 늘려 수업 부담을 줄일 수 있도록 충분한 학과 재원을 갖추는 일은 시간문제일 뿐입니다. 곧 봉급도 상당히 높은 수준으로 오를 것입니다. 이런 물질적인 강점은 눈에 띌 정도로 좋아질 것입니다. 이런 점은 하버드대가 영향력이나 성과 면에서 꾸준히 발전해야 한다는 목표로 이어집니다. 저는 이와 같은 전망이 당신에게 솔깃하게 다가오리라 확신합니다. 이로 인해 당신이 보이는 관심의 정도가 참을 수 없을 만큼 강하기만 바랄 뿐입니다."

23. 슘페터가 버뱅크에게 보낸 1929년 3월 31일 편지, ibid. 그는 이어서 이렇게 말한다.
"당신은 자상하게도 제가 하버드대를 위해 어떻게 해야 할 것인지도 말씀해주셨는데, 물론 하버드대는 제게 그 이상의 의미입니다. 그것은 제가 연구하고 가르치기 위해 원하는 환경일 것이며, 저는 미국 밖에서의 연구 계획을 실천할 수 있을지 모르겠습니다. 제가 연구하려는 주제를 여기서 말하는 것은 무의미할 것이며, 다른 한편으로 저는 스스로 접근할 수 있는 통계 자료를 다루는 방법을 전혀 알지 못합니다. 하버드대의 훌륭한 전통을 이어가고 정량定量 이론 노선을 개발하고 발전시키는 일을 돕는 데 기여하는 것은 하버드대로 오라는 기회가 생긴 뒤 열렬하게 원해온 것입니다. 무엇보다도 흡족한 환경과 이름 있는 동료들 틈에서 생활하고 연구하는 일이 제게는 어떤 일보다도 큰 즐거움이 되리라는 점은 더 말할 필요도 없습니다."

24. 슘페터가 버뱅크에게 보낸 1929년 3월 31일 편지.

25. 로웰이 슘페터에게 보낸 1929년 4월 15일 편지, UAI.5.160, Presidential Papers of A. Lawrence Lowell, box Series 1928~30, folder 476, Economics Department— Schumpeter, HUA. 슘페터가 학제 연구에 매진해줄 것을 호소하면서 로웰은 이 편지에서 다음과 같이 썼다. "저는 이 간극을 메우는 것이 당신에게 흥미로운 일이 되지 않을까 생각합니다. 그 일은 경제학적 지식의 정당성을 부여할 매우 중요한 기회를 제공할 것이기 때문입니다. (…) 여기서 흥미로운 일이 생겨납니다. 인간생활의 여러 측면에서 한쪽의 생리학[원문은 그렇게 되어 있지만 '심리학'의 오타인 듯하다]과 다른 한쪽의 산업을 연결시키는 문제입니다. 우리는 계속 이런 연구를 할 자금을 얻고자 노력중이며 돈을 얻어낸다면 당신도 흥미를 갖게 될 것으로 생각합니다."
슘페터가 로웰에게 보낸 1929년 5월 8일 편지, ibid. 또 슘페터의 편지에는 다음과 같은 부분이 있다.
"아마 제 친한 친구 타우시그(또는 버뱅크)가 이유를 설명했을 것으로 압니다만, 그런 이유로 저는 원하는 것과는 달리, 제 책무를 다하면서 하버드대의 초청을 받아들이기는 영원히 어려우리란 결론을 내릴 수 밖에 없을 듯합니다. 현재로서는 그런 결정을 뒤집기는 어려울 것 같습니다."

그러나 정기적으로 하버드대를 방문해달라는 새 제안에 대해서는 "당신이 주재하는 훌륭한 과학 공동체의 말석末席에 참여하기를" 희망한다고 했다.

26. 버뱅크가 슘페터에게 보낸 1929년 5월 4일 편지는 이러하다. "매년 절반 정도만 거주하는 방식으로 문제의 많은 부분이 해소되리라 생각합니다. (…) 당신은 이곳에서 정량 이론의 발전에 흥미를 느끼게 될 것입니다. 우리의 자금은 곧 들어올 예정이며, 중진 연구자들의 지휘하에 연구를 시작해 성과를 거두게 될 것입니다. 이는 무한한 가능성이 있는 모험입니다. (…) 이 작업이 우리가 기대하는 것처럼 중요한 자리를 차지하게 된다면 당신의 식견과 능력이 매우 필요할 것입니다. (…) 당신이 1929년 하반기나 1930년 상반기 가운데 어느 때든지 해줄 수 있다면 우리에게 도움이 될 것이며, 어렵다면 그다음 해에 오실 것이라는 기대를 품고 최선을 다하겠습니다." 또 타우시그와 버뱅크가 슘페터에게 보낸 5월 29일 전보도 보라. 둘 다 UAV 349.10, Department of Economics, Correspondence and Records, box 7, folder Correspondence S, HUA에 있다.

27. 슘페터가 버뱅크에게 보낸 1929년 5월 8일 및 12월 5일 편지, 1930년 2월 25일 전보, 1930년 3월 4일 편지; 버뱅크가 슘페터에게 보낸 1929년 6월 4일 및 1930년 1월 20일, 3월 31일 편지. 모두 ibid. 첫 번째 과목을 다시 이름붙이며 슘페터는 이렇게 썼다. "그런 생각은 경제 분석의 도구를 토론하기 위한 것으로, '계량경제학'에 도움이 되고 커다란 현대적 논쟁을 검토할 수단이 될 것입니다." 슘페터가 버뱅크에게 보낸 1930년 3월 4일 편지 및 버뱅크가 슘페터에게 보낸 1930년 3월 31일 편지. 모두 ibid.

28. 버뱅크는 슘페터에게, 새로운 기숙사 제도는 "생활 여건상 매우 바람직한 변화를 가져오는 데 그치지 않을 것입니다. 그것은 이곳뿐만 아니라 이 나라 모든 학교에서 학부교육의 혁명으로 입증될 것입니다."(버뱅크가 슘페터에게 보낸 1930년 3월 31일 편지). 또 타우시그가 체스터 그리너프(던스터 하우스 사감)에게 보낸 1930년 5월 16일 편지; 그리너프가 슘페터에게 보낸 1930년 5월 24일 편지. 모두 ibid.

29. 슘페터가 버뱅크에게 보낸 1929년 12월 5일 편지; 버뱅크가 슘페터에게 보낸 1930년 1월 20일 편지. 모두 ibid. 또 그리너프가 로웰에게 보낸 1932년 11월 17일 편지도 보라. "슘페터 교수에 관한 당신의 11월 4일 편지에 매우 감사드립니다. 저는 어떤 식으로든 그가 던스터 하우스와 연관을 맺게 되어 기쁩니다." Presidential Papers of A. Lawrence Lowell, UAL 5.160, box Series 1930~1933, folder 45: Economics Department—Schumpeter, HUA. 슘페터가 예켈에게 보낸 1930년 9월 17일 편지(März, *Joseph Alois Schumpeter*, appendix에 실렸다. 홀거 프랑크 번역).

30. 슘페터가 교육부에 보낸 1930년 1월 30일 편지. 또 슘페터가 슈톨퍼에게 보낸 1930년

7월 1일 및 8월 30일 편지; 슘페터가 케인스에게 보낸 1930년 9월 9일 편지도 보라. 모두 Hedtke and Swedberg, eds., *Briefe*, pp. 170~171, 174, 175~177에 있다.

31. 슘페터가 예켈에게 보낸 1930년 10월 18일 편지. März, *Joseph Alois Schumpeter*, appendix에 실렸다. 홀거 프랑크 번역.

32. 슘페터가 하벌러에게 보낸 1939년 11월 30일 편지, in Hedtke and Swedberg, eds., *Briefe*, pp. 181~182; 버뱅크가 슘페터에게 보낸 1930년 12월 8일 및 12월 15일 편지; 슘페터가 버뱅크에게 보낸 1930년 12월 12일 편지. 모두 UAV 349.10, Department of Economics, Correspondence and Records, box 7, folder Correspondence S; Burbank, Memoranda [sic], typescript, December 22, 1930, UAV 349.11, Department of Economics, Correspondence and Records, 1930~1961, box Robertson-Schumpeter, folder Joseph Alois Schumpeter에 들어 있다. "H. H. B.(버뱅크)가 12월 21일 슘페터와 면담했다. 그는 1932~33학년도에 돌아가겠다는 의사를 명확히 표명"했으며, 그가 가르치려는 것에 대한 상세한 내용을 말했다. HUA.

33. 회의 말미에 슘페터는 하버드대 동료들에게 작별 인사를 했으며, 하버드대가 프리슈를 채용하도록 추천했다. 그는 클리블랜드에서 버뱅크에게 편지를 보내 이렇게 말했다. "또다시 저는 프리슈에게서 깊은 감명을 받았습니다. 그는 참으로 대단한 [판독 불능] 재능이 있고 과학에 전념하고 있으며, 저와 마찬가지로 하버드대에 애정이 있어서 그를 임시로 채용하는 것이 중요하다는 점을 다시 한번 강조하지 않을 수 없습니다." 슘페터가 버뱅크에게 보낸 1931년 1월 1일 편지,UAV 349.10, Department of Economics, Correspondence and Records, box 7, folder Correspondence S, HUA.
계량경제학회의 역사와 회원 및 재정에 관한 연례 보고서는 학회 웹사이트(http://www.econometricsociety.org/, 2006년 6월 3일 접속)를 보라. 슘페터의 논문 제목은 "The Common Sense of Econometrics", *Econometrica* 1, January 1933, pp. 5~12이다. 21세기 들어 계량경제학회 회원은 약 2300명 정도이며, 주로 미국, 영국, 독일, 일본 등 공업 선진국 내 사람들로 모여 있다. 특히 회원 가운데 3분의 2가 미국에 있다.

34. 슘페터가 캘리포니아 주 카멜바이더시의 플라야 호텔에서 슈피트호프에게 보낸 1931년 1월 8일 편지, in Hedtke and Swedberg, eds., *Briefe*, pp. 183~186.

35. 슘페터가 클리퍼드 무어에게 보낸 1931년 2월 13일 편지, in Hedtke and Swedberg, eds., *Briefe*, p. 186.

36. 슘페터가 토니와 구스타프에게 보낸 1931년 2월 24일 편지; 슘페터가 일본의 젊은 경제

학자 도바타 세이치에게 보낸 1931년 3월 17일 편지. 모두 Hedtke and Swedberg, eds., Briefe, pp. 187~189에 있다. 또 Allen, *Opening Doors*, I, pp. 271~272도 보라.

37. 슘페터가 예켈에게 보낸 1931년 3월 13일 편지. März, *Joseph Alois Schumpeter*, appendix에 실렸다. 홀거 프랑크 번역.

38. 슘페터가 예켈에게 보낸 1931년 4월 31일 편지, printed in ibid., appendix. 홀거 프랑크 번역. 슘페터가 슈톨퍼에게 보낸 1931년 9월 14일 편지, in Hedtke and Swedberg, eds., Briefe, pp. 199~200. 슘페터가 슈톨퍼에게 보낸 1931년 5월 8일 편지, in Hedtke and Swedberg, eds., *Briefe*, pp. 189~192. 홀거 프랑크 번역.

40. Allen, *Opening Doors*, I, p. 290에 인용되어 있다.

41. 이 논점은 슘페터의 편지에 상세히 묘사되어 있다. 슈톨퍼에게 보낸 1931년 5월 8일, 7월 30일, 9월 14일 편지; 1932년 2월 22일, 7월 8일 편지; 전에 교육부의 베르너 리히터에게 보낸 편지 내용을 슈톨퍼에게 전달하는 1932년 3월 26일 편지; 1932년 7월 5~6일 에밀 레더러에게 보낸 세 통의 편지 등이다. 이들은 모두 Hedtke and Swedberg, eds., Briefe, pp. 189~192, 194~196, 200, 203~204, 206~211, 216~219에 들어 있다. 또 슘페터가 슈톨퍼에게 보낸 1931년 8월 2일 및 8월 5일 편지, 1932년 7월 5일, 7월 6일 및 일자 미상(1932년 여름)의 편지, Nachlass Gustav und Toni Stolper, N 1186/31, Bundesarchiv Koblenz도 보라. 홀거 프랑크 번역.

42. 슘페터가 슈톨퍼에게 보낸 1931년 5월 8일 및 9월 23일 편지, in Hedtke and Swedberg, eds., *Briefe*, pp. 189~192, 200~201. 홀거 프랑크 번역. 유대인 사회주의자 레더러는 히틀러의 1933년 4월 숙청으로 자리를 잃고 독일을 떠나 미국으로 왔다.

43. 슘페터가 리처드 토마에게 보낸 1932년 3월 31일 편지, in ibid., pp. 211~213.

44. 징거의 언급은 Allen, *Opening Doors*, I, pp. 282에 인용되어 있다. 독일 정치에 대한 언급은 슘페터가 하벌러에게 보낸 1932년 8월 3일 편지, in Gottfried Haberler Collection, box 31, folder: Schumpeter, Joseph, Hoover Institution Archives를 보라. Schumpeter, "The Whence and Whither of Our Science", in Erich Schneider and Arthur Spiethoff, eds., *Aufsätze zur ökonomischen Theorie*(Essays on Economic Theory), Tübingen: J. C. B. Mohr, 1952. 이것은 슘페터가 1932년 6월 20일에 본 대학교 학생들에게 한 긴 고별 연설이다. 어떤 비평가들은 이 연설의 일부를 들어 그가 나치즘과 반유대주의에 동정적이었다는 증거로 삼고 있는데, 그들의 견해는 이해할 수 있다.

우리는 역사에 일찍이 없었던 강력한 움직임 앞에 서 있습니다. 기성 정당에 반대하는 일에 성공한 조직은 일찍이 없었습니다. 이 강력한 권력의 도구는 무한한 추진력을 지닌 괴물처럼 보이며, 이를 어떻게 쓰느냐에 따라 <u>독일 국민에게 대재앙이 될 수도 있고 영광을 가져다줄 수도 있습니다. 그러나 이 거대 조직이 경제 문제에 있어서 올바르게 인도되고, 그들 가운데 국가사회주의를 믿으면서도 경제적 기술을 무시하지 않는 사람들이 있다면 이는 매우 중요한 조직이 될 것이며, 젊은이들에게 놀라운 독자적 가능성을 보여줄 것입니다!</u>

사람이란 아직 아무것도 철저히 생각하지 않은 어떤 존재를 의미할 뿐입니다. 불합리한 프로그램을 가진 정당에 의존할 수밖에 없다는 것은 웬만한 정치인은 다 아는 이야기입니다. 벤저민 디즈레일리가 보수주의자가 된 것은, 자산가가 따라야 할 규범을 제공해준 훌륭한 신사들이 뒤를 받쳐줬기 때문입니다.

번역은 모두 홀거 프랑크의 것이며, 연설의 밑줄 친 부분은 출간본이 근거로 삼은 클레레 티슈와 아우구스트 뢰슈의 본래 메모에 있는 것이다. 티슈와 뢰슈는 모두 유대인이었고 슘페터가 좋아하는 학생들이었으며, 그들도 슘페터의 팬이었다. 슘페터의 말은 적어도 이들에게 이상한 느낌을 주었을 것이며, 아마도 디즈레일리를 예로 들었기 때문에 그러한 느낌이 더했을 것이다.

슘페터가 히틀러의 급부상을 예상하지 못했다는 사실과 그의 이민 이유에 대한 언급은 그가 1943년 2월 5일 또 다른 유럽계 이민자인 당시 『리뷰 오브 폴리틱스Review of Politics』 편집자 발데마르 구리안에게 쓴 편지에 들어 있다. 이 편지는 Hedtke and Swedberg, eds., *Briefe*, p. 339에 실려 출간되었다. 슘페터는 독일 '노동자당'에서 촉발된 파도를 두려워했지만, 당시의 바이마르 정부는 실제로는 1930년 뮐러 총리에서 브뤼닝 총리로 바뀌면서 좌파가 아니라 권위주의적 우파로 옮겨가기 시작했다.

45. 내가 본 자료 가운데 슘페터에게 불리한 가장 결정적인 증거는 1932년에 쓴 일기다. 히틀러가 집권하기 몇 달 전이자 슘페터 자신이 미국으로 가게 될 것을 알았던 시점이었다.
"나는 떠나야 한다. 나와 가깝고 내가 함께 일할 사람은 모두 한편에 서 있다. 그리고 내 가슴속 깊은 곳에 생각하고 있는 것은 히틀러가 중심이다. 하지만 정말로 그럴까?"
Allen, Opening Doors, I, pp. 285~288를 보라. 이 기간에 페터의 일기에는 이런 식의 햄릿 같은 이야기들이 여러 주제에 걸쳐 수십 번 나온다. 그는 종종 자기가 생각한 것과는 반대되는 주장을 적곤 했으며, 자신의 진짜 생각을 표현하려 애썼다. 그러나 이런 때에는 그 배경이야 어떻든(30퍼센트의 실업률과 여러 해 동안 허약한 상태인 독일 정부 등) 그런 감정은 도무지 이해할 수 없는 것이었다.

46. 버뱅크가 슘페터에게 보낸 1932년 2월 1일 편지, UAV 349.11, Department of Economics, Correspondence and Records, 1930~1961, box Robertson-Schumpeter,

folder Joseph Alois Schumpeter, HUA. 레온티예프는 1931년 8월 10일 슘페터에게 미국에서 일자리를 찾는 데 도와달라는 편지를 썼다. 레온티예프는 곧 미국에 왔고, 1931년 10월 7일에 다시 슘페터에게 편지를 썼다. 이때는 전미경제연구소(당시 컬럼비아에 있었다)라 찍힌 편지지에 썼다. "얼마 전 사흘 동안 하버드대에 다녀왔습니다. 모든 경제학자가 매우 친절하게 저를 맞아줬습니다. 누구나 제대로 일해볼 수 있는 곳이 분명합니다. 비공식적으로 방법론 문제에 관한 강의를 몇 번 해줄 수 있는지 하는 요청을 받았습니다." 편지들은 Schumpeter Papers, HUG(FP)—4.7, Correspondence and other misc. papers, ca. 1920s~1950, box 6, folder Leontief Only, HUA에 들어 있다. 벤야민 헤트 번역.

하벌러 역시 슘페터에게 직장 문제에 대한 조언을 구해, 유럽에서 고려해볼 일자리들을 추천하는 여러 통의 편지를 받았다. 결국 하버드대와 접촉하는 방법을 소개받아 하벌러는 1930년대 중반에 교수로 들어갔다. 슘페터가 하벌러에게 보낸 1930년 8월 25일; 1932년 8월 3일; 1933년 3월 20일 및 5월 24일; 1934년 7월 23일, 11월 2일, 일자 미상(겨울); 1935년 4월 5일 편지를 보라. 모두 Gottfried Haberler Collection, Box 31, folder: Schumpeter, Joseph, Hoover Institution Archives에 들어 있다.

47. 슘페터가 버뱅크에게 보낸 1932년 3월 9일 편지; 버뱅크가 슘페터에게 보낸 1932년 5월 26일 및 6월 13일 편지. 모두 UAV 349.11, Department of Economics, Correspondence and Records, 1930~1961, box Robertson-Schumpeter, folder Joseph Alois Schumpeter, HUA에 있다. 슘페터가 슈톨퍼에게 보낸 1932년 5월 13일 편지, Nachlass Gustav und Toni Stolper, N 1186/31, Bundesarchiv Koblenz. 홀거 프랑크 번역.

48. Allen, *Opening Doors*, I, pp. 293~295에 인용된 슘페터의 일기. 제인 오스틴의 1818년 소설 『설득』에 나오는 여성 등장인물 하나가 매우 비슷하게 비꼬면서 이렇게 말한다. "당신들(남자들)에게는 헤쳐나가야 할 고난과 궁핍과 위험이 쌓여 있습니다. 당신들은 끊임없이 일하고 고생하며, 여러 위험과 고난에 노출되어 있습니다. 당신들의 집과 나라와 친구들은 모두 사라졌습니다. 시간도, 건강도, 인생도 마음대로 할 수 있는 것이 없습니다. 이 모든 것에 여자의 마음이 더해진다면 (…) 정말로 너무 힘들 것입니다."

49. Schumpeter, "The Whence and Whither of Our Science." 홀거 프랑크 번역.

50. 슘페터가 베를린의 교육부에 보낸 1932년 5월 13일 편지; 아돌프 그리메 장관에게 보낸 1932년 6월 2일 편지; 토니와 구스타프 슈톨퍼에게 보낸 1932년 9월 12일 편지. 모두 Hedtke and Swedberg, eds., *Briefe*, pp. 214~215, 219~221에 있다. Holger Frank 번역.

제13장 하버드대에서

1. 그림이 많이 들어간 Douglass Shand-Tucci, *Harvard University: An Architectural Tour*, New York: Princeton Architectural Press, 2001를 보라. 2006년의 경우 하버드대의 기금은 260억 달러였다. 다른 모든 비영리 기관이 그렇듯이, 정확한 금액은 주식과 다른 자산의 현재 시장가에 따라 달라진다.

2. 학부 과정 외에 하버드대 내 9곳의 전문대학원은 법학, 의학, 경영, 공중보건, 행정, 교육, 신학, 치과학, 디자인 등이었다. 일반대학원과 함께 이들 전문대학원은 6500명의 학부생보다 많은 학생이 다니고 있다. 21세기 초 각급 학교의 총 학생 수는 약 1만 8000명이었다. 2010년 현재 졸업생에 관한 자료는 *Harvard Gazette*, March 30, 2006을 참고.

3. 사립 고등학교 출신 학생 가운데 3분의 1은 엑서터, 앤도버, 세인트폴스쿨, 밀턴 아카데미 등 네 학교 출신이었다. 하버드대 학부생(전 미국 대비 1.5퍼센트에 불과하다)의 절반 가까이는 연간 소득 7500달러 이상(이는 대공황 기간에는 상당한 액수였다)의 가정 출신이었다. Morton and Phyllis Keller, *Making Harvard Modern: The Rise of America's University*, New York: Oxford University Press, 2001, 2장을 보라.

4. 반뉴딜 정서에 관해서는 *Harvard Magazine* 107, November-December 2004, p. 63를 보라. 반유대주의에 대해서는 Keller and Keller, *Making Harvard Modern*, pp. 47~51 등 여러 곳을 보라. 슘페터가 본 대학교에 있을 때에 비해 하버드대에서 반유대주의가 더 강했을 가능성이 있다.

5. Keller and Keller, *Making Harvard Modern*, pp. 51~59 등 여러 곳. 슘페터가 슈톨퍼에게 보낸 1937년(일자 미상) 편지, Nachlass Gustav und Toni Stolper, N 1186/31, Bundesarchiv Koblenz.

6. Keller and Keller, *Making Harvard Modern*, p. 110. 이 조사는 28개 학문 분야를 망라했다.

7. 내가 풋내기 교수였을 때 전 문리학부장 존 던롭은 내게, "프리마돈나가 되는 것이 이 대학의 교수가 되는 데 장애물이 되는 것은 아니다. 오히려 전제 조건일 것이다"라고 말했다.

8. 슘페터와 파슨스의 관계는 여러 해 동안 이어졌고, 이는 파슨스가 이후 현대 기업사의 선구자 앨프리드 챈들러 2세에게 영향을 미쳤기 때문에 더욱 중요하다(아래 15장 참조). 슘페터는 파슨스의 연구가 지닌 중요성과 함께 한계도 잘 인식하고 있었다. 파슨스는 장점도 많았지

만 글을 어렵게 쓰기로 악명이 높았다. 슘페터는 하버드대 사회과학연구위원회 요청으로 쓴 파슨스의 원고 「사회학과 인간 행위의 요소Sociology and the Elements of Human Action」에 대한 1936년 12월 23일자 평가서에서 출판을 권고하면서 이 연구의 여러 장점을 칭찬했는데, 파슨스가 막스 베버와 에밀 뒤르켐의 통찰을 영어권 독자에게 소개했다는 것이었다. 그러나 원고가 매우 장황해서 "상당 부분을 쳐내야 한다"고 말하기도 했다. 또 파슨스의 글은 "사실 독일어투가 매우 배어 있어서 어떤 곳에서는 그 내용에 관해 영어로 분명하게 쓸 수 없었으며, 어떤 표현은 독일어로 번역해야만 제대로 이해할 수 있을 정도다"라는 평도 했다. Committee on Research in the Social Sciences, UAV 737.32, Combined Correspondence, General and Subject File, 1929~1949, box 6, folder Parsons' Mss: Criticisms of Readers, HUA. 몇 년 뒤 슘페터와 파슨스는 합리성을 연구하는 모임을 만들었다.

9. 이러한 변화는 Keller and Keller, *Making Harvard Modern*의 주요 주제이다. 또 Richard Norton Smith, *The Harvard Century: The Making of a University to a Nation*, New York: Simon and Schuster, 1986도 보라.

10. 타우시그가 경제학부장 해럴드 버뱅크에게 보낸 1930년 7월 15일 편지. 슘페터가 타우시그에게 보낸 1930년 6월 19일 편지 초록이 동봉되어 있다.
"나는 방금 슘페터에게 긴 편지를 받았는데, 그는 내년 겨울과 그 뒤의 계획을 이야기하고 있습니다. 이 편지에는 당신이 봐두면 좋을 것이라고 생각되는 부분이 있습니다. 우리가 생각해봐야 할 몇 가지 학부 문제에 대한 것입니다. 현재로서는 비밀이라고 생각해주십시오." UAV 349.10, Department of Economics, Correspondence and Records, box 7, folder Correspondence S, HUA. 슘페터는 로웰이나 코넌트 모두 잘 알지 못했다. 그러나 그는 명문가 출신을 좋아했기 때문에 코넌트의 능력주의 입장을 존경했으면서도 그보다는 로웰을 높게 평가했다.

11. 슘페터가 로웰에게 보낸 1932년 10월 29일 편지; 로웰이 슘페터에게 보낸 1932년 10월 31일 편지, Presidential Papers of A. Lawrence Lowell, UAI.5.160, box Series 1930~1933, folder 45, Economics Department—Schumpeter, HUA.

12. 1932년에 그가 전임으로 왔을 때 봉급 기준은 다음과 같았다. 정교수 8000~1만 2000달러, 부교수 6000~7000달러, 조교수 4000달러(갱신시 매년 300달러씩 증가), 전임 강사 3000달러 이하였다. Final Revised Budget 1932~33, UAV 349.208, Department of Economics Budget, folder Budget 1930/31~1939/40, HUA를 보라.

13. 무어가 로웰에게 보낸 1930년 10월 7일 편지; 로웰이 무어에게 보낸 1930년 12월 9일 편지, Presidential Papers of A. Lawrence Lowell, UAI.5.160, box Series 1930~1933,

folder 45, Economics Department—Schumpeter, HUA. 환율 자료는 1930년 12월 31일 당시 환율(인터넷 데이터베이스 Global Financial Data, 2004년 9월 접속).

14. 무어가 로웰에게 보낸 1930년 12월 10일 편지; 로웰이 무어에게 보낸 1930년 12월 29일 편지; 무어가 로웰에게 보낸 1931년 1월 3일 편지, Presidential Papers of A. Lawrence Lowell, UAI.5.160, box Series 1930~1933, folder 45, Economics Department— Schumpeter, HUA.
타우시그는 전폭적인 지원을 아끼지 않고 다시 슘페터에게 하버드대의 '독서 기간'(12월 초 종강과 1월 중·하순의 시험 사이)에 정기적인 유고有故 결근을 허가해주려 했다. 이는 교수 진에게 매년 6~8주를 내어 여행을 하거나 다른 활동을 할 수 있도록 하는 것이었다. 슘페터 도 한 번 혜택을 받아 동아시아로 여행을 떠날 수 있었으며, 타우시그는 이를 자주 썼다. 그 러나 여기서 로웰 총장은 선을 긋고 나서 타우시그에게 이렇게 썼다.
"당신이 그에게 독서 기간에 실제 가능한 것보다 자유롭게 자리를 비울 수 있다는 생각을 갖 게 한 것 같습니다. 물론 당신 나이 정도 되면 젊은 사람들에게는 허용되지 않는 방식으로 대접해야 합니다. 나는 당신이 그에게 통상적으로 결근을 허락받을 수 있다는 인상을 주지 않았나 우려합니다만, 통상적으로는 그는 가서는 안 된다는 게 내 생각입니다. 그런 일은 무 슨 특별한 이유가 있을 경우에 가끔 할 수 있을 뿐입니다."
타우시그가 로웰에게 보낸 1931년 9월 28일 편지(이 문제를 이야기하면서 타우시그가 슘페 터에게 보낸 메모 사본을 동봉했다); 로웰이 타우시그에게 보낸 1931년 10월 1일 편지를 보 라. ibid. 슘페터가 이런 귀결을 알았을 때 그는 아직도 일본 여행중이었다. 거기서 그는 학 장에게 이런 편지를 썼다. "나는 방금 고베를 떠났고, 어제 거기서 1월 15일(1935년)로 된 당 신의 편지를 받았습니다. 나는 당신과 총장 그리고 하버드대의 동료들께, 이런 가외加外의 호의를 베풀어주신 데 대해 감사드리지 않을 수 없습니다. 더욱 기쁘고 놀라웠던 것은 이 여 행이 제안된 조건에 들어 있지 않았기 때문입니다. (…) 이것은 독일에서 하는 은퇴 준비라고 보시면 될 것입니다."
슘페터가 무어에게 보낸 1931년 2월 13일 편지, in Ulrich Hedtke and Richard Swedberg, eds., Joseph Alois Schumpeter, Briefe/Letters, Tübingen: J. C. B. Mohr, Paul Siebeck), 2000, p. 186.

15. 불변不變 달러로 1932년 봉급 1만 2000달러는 21세기 초의 17만 달러에 해당한다. 물론 높은 조세율을 고려하지 않은 것이어서 17만 달러에서 상당 부분은 깎아야 하지만 말이다. 한편 하버드대 교수 봉급은 상당히 올랐다. 21세기 초에 슘페터 급의 사람이라면 불변 달러 로 그보다 훨씬 많이 받을 것이며 아마도 30만 달러 이상일 것이다. 그가 원했다면 그는 이 돈을 더 많은 강의료로 바꿀 수 있었을 것이다. 그러나 슘페터의 '타락'에 대한 정서를 생각 하면, 그는 오늘날 유명 교수 대부분에 비해 그런 성향이 적었던 것 같다. 보다 풍요한 시대 인 21세기 초에 그의 기본급은 1인당 세전소득 평균의 9~10배 정도가 될 것이다. 매우 많은

보수지만, 그래도 슘페터가 살던 당시인 1932년의 30배에는 미치지 못한다. 이 수치는 노동통계국의 해당 연도 자료에 나 자신의 하버드대 급여의 정보를 더해 산출한 것이다. 매달 생활비에 대해서는 슘페터가 하벌러에게 보낸 1930년 11월 30일 편지, in Briefe, pp. 181~182를 보라.

16. 슘페터가 버뱅크에게 보낸 1932년 7월 6일 편지, UAV 349.11, Department of Economics, Correspondence and Records, 1930~1941, in box Robertson—Schumpeter, folder Joseph Alois Schumpeter, HUA; 슘페터가 로웰에게 보낸 1932년 8월 5일 편지; 로웰이 슘페터에게 보낸 1932년 8월 20일 편지. 또 타우시그가 케네스 머독 학장에게 보낸 1932년 3월 18일 편지(머독이 1932년 3월 21일에 로웰에게 전달한 것); 슘페터가 대학 관계자 F. W. 휸웰에게 보낸 1932년 5월 3일 편지; 휸웰이 슘페터에게 보낸 1932년 5월 13일 편지도 보라. 모두 Presidential Papers of A. Lawrence Lowell, UAI.5.160, box Series 1930~1933, folder 45, Economics Department—Schumpeter, HUA에 있다.

17. 그는 1932/33학년도와 1933/34학년도에 국가재정 전공인 타우시그(스물네 살 연상) 및 C. J. 불럭(열네 살 연상)과 같은 연봉이었는데 타우시그가 곧 퇴임했다. 1934/35년에 그는 불럭과 같은 연봉이었는데, 불럭은 그해 연말에 퇴임했다. 1935/36학년도에 그는 경제사가이자 전 경영대학원장인 에드윈 게이(열여섯 살 연상)와 같은 연봉이었고 게이는 그해 연말에 퇴임했다. 그 뒤에는 슘페터만이 1만 2000달러로 학부에서 가장 높은 봉급을 받았다. UAV 349.208, Department of Economics, Budget, folders Budget 1930/31~1939/40 및 Budget 1940/41~1945/46, HUA를 보라.
1932/33학년도에 경제학부의 봉급 총액은 10만 4528달러였고, 다른 재원으로 다른 업무를 맡은 사람들에게 지불된 것이 2만 5000달러였다. 예컨대 버뱅크 학부장은 8000달러에 지도비 2000달러를 더 받았다. 지도비는 학생 접촉 업무를 맡은 9명의 직원들에게 추가로 지급되는 것이었는데, 그를 제외한 대부분은 그보다 훨씬 어렸다.
일설에 따르면 하버드대는 미국에서 대공황 기간에 교수 봉급을 깎지 않은 유일한 대학이었다. 그러나 1940년대 인플레이션 시기에 교수 봉급의 인상률은 떨어졌다. 코넌트 총장이 인상에 인색하기로 악명이 높았기 때문이었다. 하버드대는 하급 교수에게 주는 보수는 올렸지만 정교수 봉급의 상한을 1만 2000달러로 동결했다가 1940년대 후반에 1만 4000달러(슘페터도 이 금액을 받았다)로 올렸다. Robert Loring Allen, *Opening Doors: The Life & Work of Joseph Schumpeter*, two vols., New Brunswick, N.J.: Transaction, 1991, I, p. 234를 보라.

18. Paul A. Samuelson, "Schumpeter as a Teacher and Economic Theorist", in Seymour E. Harris, ed., *Schumpeter, Social Scientist*, Cambridge, Mass.: Harvard University Press, 1951, p. 48; Allen, *Opening Doors: The Life & Work of Joseph*

Schumpeter, II, p. 45. 비행기 사고에 대한 이야기는 슘페터가 버뱅크에게 보낸 1937년 1월 13일 육필 편지, UAV 349.11, Department of Economics, Correspondence and Records, 1930~1961, box Robertson—Schumpeter, folder Joseph Alois Schumpeter, HUA에 들어 있다.

19. John Kenneth Galbraith, *A Life in Our Times: Memoirs*, Boston: Houghton Mifflin, 1981, pp. 48~49.

20. Samuelson, "Schumpeter as a Teacher and Economic Theorist", pp. 50~51.

21. 리처드 머스그레이브, 당시 나의 협력 연구자 벤야민 헤트와의 2000년 9월 30일 인터뷰; Samuelson, "Schumpeter as a Teacher and Economic Theorist", pp. 50~52.

22. 슘페터의 매우 무질서한 파일이 그의 Papers, HUG (FP)—4.1 through 4.66–90, HUA의 132개의 상자에 담겨 남아 있다. 그의 어지러운 파일 체계에 대해서는 그의 평론 "John Maynard Keynes", in Schumpeter, *Ten Great Economists*, New York: Oxford University Press, 1951, p. 273n14에서 슘페터가 자신에 대해 한 말을 보라.

23. 예를 들어 슘페터가 버뱅크에게 보낸 1933년 2월 18일 편지, in Hedtke and Swedberg, eds., *Briefe*, pp. 231~233을 보라. 여기에는 11명의 대학원생을 나열하고 거의 모든 사람에 대해 무언가 칭찬할 말을 찾아 적고 있다. 특히 폴 새뮤얼슨은 종종 슘페터가 성적 평가에서 지나치게 너그러웠다고 평했다.

24. 발췌한 것은 모두 슘페터의 Weekly Review, in Diary of Anna Reisinger Schumpeter, Schumpeter Papers, HUG(FP)—4.2. 대부분 Annie's diary, vol. I, October 9~15 and 25~31, 1933, HUA에서 뽑았다. 속기 해독은 에리카 게르셴크론. Gerschenkron, "A Report", Appended Transcripts II, p. 66을 보라. 이 기간의 일기는 주 단위 기록이 들어 있으며, 몇 달은 빠져 있다. 여기서 슘페터는 대부분 독일어로 썼지만, 가끔 영단어와 구절이 들어 있다. 홀거 프랑크 번역.

25. 슘페터가 학생 및 동료들과 자주 점심·저녁식사를 했던 것은 그의 일기, 특히 1933~1936년의 일기에 기록되어 있다. 대학원생의 활동에 대해 그가 관심을 보인 사례는 버뱅크에게 보낸 1935년 12월 4일 편지, UAV.349.11, Department of Economics, Correspondence and Records, 1930~1961, box Robertson—Schumpeter, folder Joseph A. Schumpeter 1933~1942, HUA를 보라. 인용은 Paul M. Sweezy, "Schumpeter on 'Imperialism and Social Classes'", in Harris, ed., *Schumpeter, Social Scientist*, p.

124에서 한 것이다.

26. 1934년에 '현명한 남자들'은 루스벨트 행정부의 초기 시책에 대한 비판인 『회복 프로그램의 경제학The Economics of the Recovery Program』이라는 소책자를 한정판으로 발간했다. 뉴딜은 초기 경제정책에서 몹시 여러 방향으로 진행되었기 때문에 학문적인 정합성整合性 측면에서 비판할 부분이 많았다. 그러나 이 책의 출간은 시기상조였다. 잘못된 조언에 따라 열의가 지나친 젊은 비평가들이 쓴 모험적인 책이었던 것이다. 슘페터는 이 책에 깊이 관여하지도 않았고, 그의 기여가 눈에 띄는 성과를 이룬 것도 아니었다. 그는 정치적 담론에 첨벙거리는 것을 싫어했고, 그를 저널리즘으로 이끌어낼 부채 상환의 극심한 압박도 더 이상 없었기 때문이다. "이 책은 큰 성공을 거두지 못했고, 좋은 책도 아니었다." Harris, "Introductory Remarks", in Harris, ed., *Schumpeter, Social Scientist*, p. 5.

27. Allen, *Opening Doors*, II, pp. 4, 27, 62. '노벨경제학상'은 알프레드 노벨의 뜻에 따라 1901년 마련된 문학, 화학, 물리학, 의학, 평화상 등과는 별개의 것이다. 경제학상의 정확한 명칭은 '알프레드 노벨 기념 스웨덴 중앙은행 경제학상'이다. 1968년 설립되었고 스웨덴 중앙은행이 기금을 마련했다. 엄격하게 말하자면 '노벨경제학상'이라는 말은 옳지 않지만, 이 책에서는 편의상 이렇게 부르겠다.

28. Harris, "Introductory Remarks", in Harris, ed., Schumpeter, Social Scientist, pp. 5~7.

29. Ibid., p. 6.

30. 슘페터가 케인스에게 보낸 1932년 12월 3일 및 1933년 4월 19일 편지, in Hedtke and Swedberg, eds., *Briefe*, pp. 230, 245.

31. Gottfried Haberler, "Joseph Alois Schumpeter, 1883~1950", in Harris, ed., Schumpeter, Social Scientist, p. 39; Harris, "Introductory Remarks", in ibid., p. 6; 슘페터가 헨리 튜더에게 보낸 1937년 9월 28일 편지, UAV 349.11, Department of Economics, Correspondence and Records, 1930~1961, box Robertson—Schumpeter, folder Joseph A. Schumpeter, 1933~1942, HUA.

32. Harris, "Introductory Remarks", in Harris, ed., *Schumpeter, Social Scientist*, p. 6. 또 Arthur Smithies, "Memorial: Joseph Alois Schumpeter, 1883~1950", in ibid., pp. 14~15를 보라. 슘페터는 "아이디어가 약간이라도 번뜩이는 학생이 있으면 그와 시간을 보내는 데 인색하지 않았다."
그는 선생으로서의 실력을 기르기 위해 줄곧 노력했다. 1933년 초에 그는 케임브리지대의 뛰어난 경제학자 조앤 로빈슨에게 편지를 보내 이렇게 썼다. "고백하건대, 나는 나이를 먹어가면서 옛날보다 더 우리 학문을 가르치는 문제에 점점 흥미를 더해가는 것 같습니다."
그는 로빈슨 여사에게 "경제학 교수教授에 관한 메모 같은 것"을 보내달라고 부탁했다. 그는 또 다른 케임브리지대 경제학 교수에게 그 메모에 대해 들었던 것이다. 슘페터가 조앤 로빈슨에게 보낸 1933년 3월 20일 편지, in Hedtke and Swedberg, eds., Briefe, p. 242.

33. 주간 요약에 대해서는 위의 주24를 보라. 프랑크푸르트대 경제학자 아돌프 뢰베에게 그는 이렇게 썼다. "저는 오랫동안 애착을 가져왔던 하버드대에서의 생활이 매우 즐겁습니다. 제 연구도 현재 원했던 속도로 진행되고 있으며, 매력적인 라인 강변에 있을 때보다 훨씬 빠릅니다. 그러나 전 이제 쉽게 가르쳐야 한다는 의무 같은 건 없다는 사실을 분명하게 알았습니다. 우리가 학생들에게 이야기해야 할 것에 학생들이 정말로 관심이 있다면 공식적으로 가르쳐주는 양이 아무리 적더라도 학생들은 엄청난 시간과 노력을 들일 것이기 때문입니다. 그리고 이제부터는 그것을 잊지 않을 겁니다."
슘페터가 뢰베에게 보낸 1932년 11월 19일 편지. 또 차기 계량경제학회장을 맡고 싶지 않다는 취지에서 슘페터가 어빙 피셔에게 보낸 1933년 2월 25일 편지("내가 가진 에너지를 긴급히 꼭 해야 하는 연구에 몽땅 쏟아버렸습니다.") 및 빈의 하벌러에게 보낸 1933년 3월 20일 편지("제 얘기는 늘 마찬가지입니다. 꼭 해야만 하는 연구 프로그램이 제 에너지를 모두 빼앗아가고 다른 일을 위해 남은 것이라고는 거의 없습니다")도 보라. 모두 Hedtke and Swedberg, eds., *Briefe*, pp. 226, 235, 239에 있다.

34. Fritz Machlup, "Schumpeter's Economic Methodology," in Harris, ed., *Schumpeter, Social Scientist*, pp. 95~96; Ragnar Frisch, "Some Personal Reminiscences on a Great Man," in ibid., p. 8. 프리슈는 슘페터에게 보낸 1939년 10월 13일 편지에서 비슷한 말을 했다. "나는 다른 사람의 관점을 이해하고 상대를 공정하게 대하는 데 당신만큼 능력과 열의를 가진 사람을 만나지 못했음을 이야기하고자 합니다."
프리슈는 이 편지를, 나치의 움직임과 러시아-핀란드 전쟁으로 노르웨이의 미래가 불투명했던 '슬픈 아침'에 오슬로에서 썼다. Schumpeter Papers, HUG(FP)—4.7, Correspondence and other misc. papers, ca. 1920s~1950, box 4, folder F1930, HUA.

35. 슘페터는 프리슈의 연구를 매우 높이 평가했기 때문에 그것을 원어로 읽기 위해 노르웨이어를 배우려고 했다. 그는 특히 프리슈의 수학 실력을 존경했다. 예를 들어 슘페터가 슈톨퍼에게 보낸 1930년 10월 25일 편지, in Hedtke and Swedberg, eds., *Briefe*, pp. 179~180을 보라. 당시 예일대를 방문하고 있었던 프리슈의 연구를 칭송하고 있다. 슘페터는 또 하버드대 동료들에게 프리슈를 채용 가능한 사람으로 거론했다. 프리슈가 '계량경제학'이라는 말을 창안한 일에 관해서는 Schumpeter, *History of Economic Analysis*, New York: Oxford University Press, 1954, p. 209n2를 보라. 슘페터는 언어에 대한 특유의 감

수성으로, 더 나아가 이렇게 말한다. "이 용어는 언어학적인 측면에서 난점에 부닥쳤다. 이것은 Ecometrics나 Economometrics가 되어야 한다."

계량경제학자들은 슘페터가 제안한 입장을 받아들이는 문제에서 의견이 갈렸다. 프리슈의 의견에 동의하지 않는 얀 틴베르헌은 슘페터가 『이코노메트릭스』에 처음 기고한 논문의 언급을 볼 때 "그것은 놀라운 일이며 따라서 그 이후의 최대 저작(『경기순환론』)을 찬찬히 살펴보면 계량경제학적 연구에 비견되는 정신 자세를 발견할 수 있다. 이는 상당히 중요할 뿐만 아니라 어느 정도 낯선 것이기도 하다." Tinbergen, "Schumpeter and Quantitative Research in Economics", in Harris, ed., *Schumpeter, Social Scientist*, p. 59.

36. Schumpeter, "The Common Sense of Econometrics", *Econometrica* 1, January 1933, pp. 5~6. 슘페터의 이론들을 수식화해서 이를 새뮤얼슨의 연구와 일치시키려는 부분적인 시도에 관해서는 H. W. Ursprung, "Schumpeterian Entrepreneurs and Catastrophe Theory, or a New Chapter to the Foundations of Economic Analysis", *Zeitschrift für Nationalökonomie*, supplement 4, 1984, pp. 39~69를 보라. 우르슈프룽은 여러 주장을 하면서(특히 pp. 53~55에서) 이렇게 말한다. "금세기 초 독일어권 국가에서 수학적 방법을 앞장서서 주장한 사람들이 그 생각을 언어적으로 표현해내는 데 만족해야 했다는 것은 그리 놀라운 일이 아니다. 당시에 있던 수학적 도구들은 슘페터의 목적에는 전혀 쓸모없는 것이었다." 또 리처드 넬슨과 시드니 윈터가 만든 매우 중요한 저작 *An Evolutionary Theory of Economic Change*, Cambridge, Mass.: Harvard University Press, 1982과 뒤에 나온 넬슨, 윈터와 그 제자들 그리고 다른 사람들의 여러 논문도 보라. 좋은 사례 하나는 Sidney G. Winter, "Schumpeterian Competition in Alternative Technological Regimes", *Journal of Economic Behavior and Organization* 5, September–December 1984, pp. 287~320다.

37. Schumpeter, "The Common Sense of Econometrics", pp. 8~9, 11.

38. 슘페터가 E. B. 윌슨에게 보낸 1934년 5월 24일 편지, in Hedtke and Swedberg, eds., *Briefe*, pp. 268~269. 슘페터는 또한 그의 동료 W. L. 크룸과 함께 작업했고, 나중에 크룸이 수학의 사용에 관해 경제학과 대학원생용으로 준비했던 짧은 글을 보완했다. 몇 해 뒤에 레온티예프가 이 과정을 지도했다.

39. 슘페터가 윌슨에게 보낸 1934년 5월 24일 및 1937년 5월 19일 편지, in *Briefe*, pp. 268~269, 306; Paul A. Samuelson, "How Foundations Came to Vie", *Journal of Economic Literature* 36, September 1998, p. 1376. 슘페터는 1935년과 1937년에 윌슨의 강좌에 참여했고, 아마 다른 해에도 참여했을 것이다.

40. Haberler, "Joseph Alois Schumpeter, 1883~1950", in Harris, ed., *Schumpeter, Social Scientist*, p. 24; Samuelson, "Schumpeter as a Teacher and Economic Theorist", in ibid., pp. 50~52; Tinbergen, "Schumpeter and Quantitative Research in Economics", in ibid., p. 59. 새뮤얼슨의 슘페터 비판에 대한 언급과 슘페터의 반론은 당시 나의 연구 협력자였던 벤야민 헤트가 2000년 9월 30일에 또 다른 유명한 슘페터의 제자 리처드 머스그레이브와 인터뷰한 내용에서 나왔다. 새뮤얼슨의 지적 우월함에 관한 슘페터의 언급은 조지 버코프 학장에게 보낸 1937년 2월 1일 편지, Schumpeter Papers, HUG(FP)—4.8, carbons of JAS's correspondence, 1932~1949, box 2, folder B, HUA에 나온다.

41. 그는 이어서 이렇게 말한다. "저는 '이론'에 관한 심화 과정을 운영하는데, 여기서는 수학이 매우 조심스럽고 가벼운 형태로 나오지만 듣는 사람을 뼛속까지 두려움에 떨게 만듭니다. 저는 또한 2주에 한 번 만나는 작은 저녁 모임을 갖고 있는데, 여기서 그들과 함께 쿠르노의 책을 읽으며 설명해주고 있습니다. 이것은 분명히 충분치 않습니다."
그리고 그는 슐츠에게 여러 문제를 제기했다. 중진 교수들이 수학을 강조하는 교육자 모임을 만들어야 하는가? 계량경제학회가 관여해야 하는가? 수학이 모든 과정에 들어가야 하는가, 아니면 그 자체가 별도의 과정이 되어야 하는가? 대부분의 사람은 수학을 가장 높은 수준의 학생들이 다뤄야 한다고 했지만 그는 이렇게 말했다. "저는 반대로 완전 초보자들이 근본 개념과 방법들에 쉽게 익숙해질 수 있으며, 이는 그들에게 물리학을 가르치는 것보다 전혀 어렵지 않습니다. 물리학을 가르칠 때도 처음부터 정확한 개념을 가르칩니다."
그는 그의 과거 제자였던 에리히 슈나이더가 독일에서 이 두 번째 방법을 "김나지움에서 시도해 큰 성공을 거뒀습니다. 열네댓 살 먹은 어린 학생들이 몇 주 뒤에 열심히 수요곡선을 그렸습니다"라고 말했다. 그는 "이것이 권고할 만한 일이며, 시카고대나 하버드대가 아니라 다른 대학에서도 똑같이 할 수 있는 것이 아닐까" 생각했다. 슘페터가 헨리 슐츠에게 보낸 1933년 3월 9일 편지, in Hedtke and Swedberg, eds., *Briefe*, pp. 236~238.

42. 슘페터가 하벌러에게 보낸 1933년 3월 20일 편지, in ibid., p. 240. 슘페터는 이어서 100년 전에는 수학자와 물리학자들이 서로 상대를 미심쩍어 해서 서로를 향해 알 수 없는 말들을 했다고 말했다. 그러나 이제 수학 없는 물리학은 전혀 무의미하며, 경제학은 물리학자들이 그랬던 것처럼 어떻게 수학을 자기네 학문에 접목시킬 것인지를 배워야 한다고 했다.

43. Sweezy, "Schumpeter on 'Imperialism and Social Classes,'" in Harris, ed., *Schumpeter, Social Scientist*, pp. 119; Samuelson, "Schumpeter as a Teacher and Economic Theorist," in ibid., p. 53. 슘페터는 새뮤얼슨의 경우와 마찬가지로 스위지의 발탁을 주장했다. 1945년에 그는 하버드대의 폴 벅 학장에게, 스위지가 존 던롭에 앞서서 부교수로 승진해야 한다고 편지를 보냈다. 던롭은 중요한 공백을 메울 노동경제학자로 지목되었는데, 슘페터는 그 공백이 이야기되었던 것보다 크지 않다고 주장하고 스위지를 선호하는 다

른 이유들도 있다고 말했다. "여기서 초래될 어떠한 균형의 결핍도 업적의 생동성과 독창성 증대로 충분히 보충할 수 있습니다. 이런 관점이 퍼질 수 있게 된다면, 학과가 20년 뒤 어떤 모습으로 보일지 생각해보려 할 때 (…) 제기된 노동 분야의 임명 필요성이 참으로 우울한 일이라는 결론에 도달했습니다."

스위지의 장점에 관한 첨부 메모에서 슘페터는 이렇게 썼다. "스위지가 군에 들어가기 직전에 출간된 그의 최근 책은 『자본주의적 발전 이론The Theory of Capitalist Development』 (1942)라는 제목입니다. 이 책은 마르크스의 사상 체계에 관한 훌륭한 해설서입니다. 이 일은 여러 나라에서 수십 명의 경제학자가 시도했었지만 이렇게 잘해낸 적은 없었습니다." 턴롭은 스위지에 앞서 승진했고, 계속해서 교수와 학부장, 미국 노동부장관 등으로 두드러진 경력을 쌓아나갔다. 그러나 순수한 학자로서는 스위지를 따라가지 못했다. 슘페터가 벅에게 보낸 1945년 5월 19일 편지, in Schumpeter Papers, HUG(FP)—4.7, Correspondence and other misc. papers, ca. 1920s~1950, box 5, folder 1943~49, Miscellaneous correspondence through department secretary, HUA.

44. Sweezy, "Schumpeter on 'Imperialism and Social Classes'", in Harris, ed., Schumpeter, Social Scientist; Harris, "Introductory Remarks", in ibid., p. 5. 환멸을 느낀 슘페터는 1933년에 한 친구에게 이렇게 썼다. "더욱 씁쓸하게 느껴지는 것은, 나의 충성을 이끌어낼 수 있는 세련된 보수주의(슘페터는 conservativism이라고 썼다)가 자리잡을 수 있는 여지가 이 지구상에는 더 이상 없고 앞으로도 전혀 없을 것이라는 점입니다."

1937년에 쓴 또 다른 편지에서 그는 같은 친구에게 이렇게 썼다. "보수주의의 정당성에 대한 아무런 만족스런 설명도 존재하지 않습니다. (…) 보수주의가 한 번도 만족스럽게 규정되지 않았다는 것은 우스꽝스러운 상황이 아닐 수 없습니다." Wolfgang F. Stolper, *Joseph Alois Schumpeter: The Public Life of a Private Man*, Princeton, N.J.: Princeton University Press, 1994, p. 35를 보라.

제14장 고통과 외로움

1. 앞서도 비쳤듯이 화폐론에 대한 책 문제는 슘페터의 다른 연구 성향을 나타내주는 것이었고, 그것이 때로 그들에게 도움이 되었다. 주장을 단순화시키는 데 반대하고 지나치게 세밀함을 추구하는 태도 말이다. 또 슘페터의 저작 가운데 수학적 표기법을 쉽게 빌려온 것은 많지 않았는데, 이는 가끔 화폐에 대한 전문적인 토론을 위해 필요했다.

2. Robert Loring Allen, *Opening Doors: The Life & Work of Joseph Schumpeter*, two vols., New Brunswick, N.J.: Transaction, 1991, II, p. 43.

3. 슘페터가 피셔에게 보낸 1936년 3월 19일 편지, in Ulrich Hedtke and Richard

Swedberg, eds., *Joseph Alois Schumpeter, Briefe/Letters*, Tübingen: J. C. B. Mohr, Paul Siebeck, 2000), p. 282.

4. 슘페터의 1936년 10월 19일 일기(낙장), HUG(FP)—4.1, Brief Daily Records, notes and diaries, ca. 1931~1948, box 7, folder ca. 1936~1937, HUA (이하 슘페터의 일기로 인용); 슘페터가 피셔에게 보낸 1936년 3월 19일 편지, in Hedtke and Swedberg, eds., *Briefe*, p. 282.

5. 안나 슘페터의 일기에 대한 슘페터의 주석, Schumpeter Papers, HUG(FP)—4.2(대부분 애니의 일기에서 뽑은 것), vol. II, May 21~27, 1934; vol. IV, February 11~17 and May 5~12, 1935; vol. VI, October 19~25, 1936, HUA. 이하 '애니의 일기에 대한 슘페터의 주석'으로 인용. 슘페터가 하벌러에게 보낸 1935년 12월 9일 편지, Haberler Papers, box 31, folder: Joseph Schumpeter, Hoover Institution Archives. 홀거 프랑크 번역. Seymour E. Harris, "Introductory Remarks", in Harris, ed., *Schumpeter, Social Scientist*, Cambridge, Mass.: Harvard University Press, 1951, p. 6.

6. 슘페터가 플렉스너에게 보낸 1934년 5월 8일 편지, in Hedtke and Swedberg, eds., *Briefe*, pp. 261~262.

7. 슘페터가 프리슈에게 보낸 1935년 5월 10일 편지, in Hedtke and Swedberg, eds., *Briefe*, pp. 278~279.

8. 슘페터가 코넌트에게 보낸 1936년 12월 7일 편지, in Hedtke and Swedberg, eds., *Briefe*, pp. 287~288. Schumpeter Papers, HUG(FP)—4.7과 Department of Economics, Correspondence and Records, UAV 349.160 and 349.11, HUA에는 모두 수많은 남녀 학생을 위해 써준 연구 장학금 및 교직원 추천서들이 들어 있다. 그 가운데 세 사례는 다음과 같다. "성실하고 유능한 학생이며, 당신이 도움을 줄 가치가 있을 것입니다."(슘페터가 미국여대생연합 장학위원장에게 베티 골드버를 추천, 1935년 11월 27일자) "나는 피네 양이 고려해볼 만한 충분한 자격이 있다고 강조할 수 있습니다. 그녀는 훌륭한 경제학자이며, 그녀의 연구는 우리의 학문에 중대한 기여를 할 것이라 믿습니다."(셀마 피네 추천서, 1936년 12월 9일) "이 글은 매리언 크로퍼드 양의 연구 장학금 신청을 뒷받침하기 위한 것입니다. (…) 그녀의 능력은 학부 최종 학년생으로 대학원 과정을 매우 쉽게 이수하고 있는 것으로 입증될 수 있습니다. 사실 남자든 여자든 대부분의 대학원생보다도 낫습니다."(슘페터가 래드클리프대 학장 버니스 크롱카이트에게, 1937년 2월 11일) 모두 UAV 349.11, Department of Economics, Correspondence and Records, 1930~1961, box Robertson-Schumpeter, folder Joseph A. Schumpeter, 1933~1942, HUA에 들어 있다.

9. 슘페터가 코넌트에게 보낸 1936년 12월 7일 편지, in Hedtke and Swedberg, eds., *Briefe*, pp. 287~288.

10. Ibid., p. 289.

11. 슘페터가 폴린 부인(보스턴 주의회 이주·미국귀화분과)에게 보낸 1933년 2월 24일 편지, in Hedtke and Swedberg, eds., *Briefe*, p. 234. Schumpeter's Diary, 일자 미상 (1936), box 7, folder Ca. 1935~1936.

12. 슘페터가 케인스에게 보낸 1932년 12월 3일 편지, in Hedtke and Swedberg, eds., *Briefe*, p. 230. 또 다른 사례는 계량경제학회 설립 과정에서 나왔다. 슘페터와 함께 계획을 짜던 동료들이 참여 대상자를 선정하려 할 때, 프리슈는 슘페터의 몇 가지 반론이 사회주의 자와 아마도 유대인, 특히 러시아에서 독일로 온 경제학자 야코프 마르샤크 같은 사람들을 배제하기 위한 것인 듯하다고 썼다. 이에 대해 슘페터는 이렇게 답했다. "아닙니다. 당신은 저를 오해했습니다. (…) 제가 만약 정치적 견해를 고려했다면 사회주의자들을 우리의 명단에 넣는 데 더욱 찬성했을 것입니다. 사실 저는 그렇게 하는 것이 좋은 방침이라고 생각합니다. 저는 반유대주의를 품고 있지 않고 품어본 적도 없습니다." "(그러나 마르샤크는) 유대인이고 사회주의자이며, 아마도 당신이 잘 모르는 유형의 사람일 것입니다. (그는 틀에 박힌 파르티 잔이며, 그의) 이 두 특징과 합치되는 민중에 대한 충성심은 매우 강해서, 그는 (…) 우리가 다수를 차지해야만 비로소 만족할 것이고, 그 경우 다른 모든 요소를 무시할 것입니다. 이것이 문제의 본질입니다. 그러나 개인적으로 저는 그를 무척 좋아하고 있고, 그를 많이 생각하고 있습니다."
슘페터가 프리슈에게 보낸 1932년 12월 3일 편지, ibid., pp. 227~228. 슘페터는 이 편지를 1932년 12월에 썼다. 히틀러가 권좌에 오르기 한 달 전이다. 그는 2주 전 미아에게 받은 편지에 영향을 받았다. 아직 반유대주의에 젖어 있던(나중에는 이를 버렸다) 미아는 슘페터에게 최근 파리에서 있었던 경제학자들의 모임을 이야기했다.
"(이 모임에서 마르샤크는) 정말로 무례하게 행동한 것 같습니다. 저는 그것이 혐오스럽습니다. 저는 왜 그런 일이 벌어졌는지 모르겠지만, 이 유대인들은 학회를 지도하거나 지배하고 싶어하는 것 같습니다. 아직 제대로 만들어지지도 않았고, 정말로 만들어지지도 않을 학회를 말입니다."
과거 슘페터의 제자 가운데 한 사람인 에리히 슈나이더는 미아에게 편지를 보내 파리 회의와 계량경제학회 창립에 관한 우려를 전달했고, 미아는 "유대인이 지도적인 역할을 하려 하고 있으며 당신은 마르샤크의 영향권에서 벗어나야 합니다"라고 결론지었다. 미아가 슘페터에게 보낸 1932년 11월 1일 편지, Schumpeter Papers, HUG(FP)—4.5, Letters from Mia, 1932~1940, box 1, folder 1932, HUA. 벤야민 헤트 번역.
나중에 슘페터는 망명 대학교 관계로 앨빈 존슨에게 편지를 하는 등 여러 사람에게 추천서를 써주면서 마르샤크를 열심히 지원했다. 슘페터는 1938년 록펠러재단의 트레이시 키트리 지에게 편지를 쓰면서, 마르샤크가 "러시아에서 독일로 왔을 때 그는 초보에 불과했으나" 그 이후 장족의 발전을 이루었다고 썼다.

"히틀러 정권이 들어선 뒤에 그는 옥스퍼드대로 가서 통계학 기관을 조직하기 위해 동분서 주했고, 그것은 성공적인 듯합니다. 그의 정치 연구의 관찰법 프로그램과 시계열 분석 및 함 수 계산을 경제학에 적용하는 프로그램은 물론 요즘 유행하는 아이템이며, 어떠한 특별한 목적도 지니지 않는 것입니다."

슘페터로서는 이는 극찬이며, 마르샤크가 학문을 사회주의의 도구로 생각했다고 보았던 태 도가 변화했다는 증거다. 슘페터가 키트리지에게 보낸 일자 미상(1938년 9월)의 편지, UAV 349.11, Department of Economics, Correspondence and Records, 1930~1961, box Robertson-Schumpeter, folder Joseph Alois Schumpeter, HUA. 나중에 하버드대 경제 학 교수 섬너 슬리처에게 보낸 편지에서 그는 계량경제학회와 미국경제학회 연석회의에서 다 른 두 후보보다는 마르샤크가 논문 발표자로 선정되어야 한다고 추천했다. 슘페터가 슬리처 에게 보낸 1941년 10월 14일 편지, ibid. 마르샤크는 미국에서, 그 세대의 지도적인 수리경제 학자로 계속 뚜렷한 이력을 쌓아나갔다.

13. 슈톨퍼가 슘페터에게 보낸 1933년 1월 31일 편지, in Schumpeter Papers, HUG(FP)— 4.7, Correspondence and other misc. papers, ca. 1920s~1950, box 8, folder S, HUA.

14. 리플레이션과 다른 문제들에 관해서는 Hansjörg Klausinger, "Schumpeter and Hayek: Two Views of the Great Depression Re-Examined", *History of Economic Ideas* 3, 1995, pp. 93~127를 보라. 슘페터와 하이에크는 약간 다른 입장을 취했지만, 둘은 모두 리플레이션이나 가격 안정이 모두 효과적이라고 믿었다.

15. 슘페터가 어빙 피셔에게 보낸 1933년 2월 25일 편지, in Hedtke and Swedberg, eds., Briefe, p. 235. 1934년에 슘페터는 "어쨌든 위기는 있을지 모르겠지만, 불황의 깊이를 좌우 하는 것은 비경제적인 원인이다"라고 썼다. 그의 관점에서 정치학과 경제학의 상호작용은 문 제를 매우 복잡하게 만들었으며, 특히 매우 나쁜 통화정책이 그러했다. 그렇더라도 역사적인 유형은 거의 자동적으로 회복되는 것이기 때문에 그는 정부의 '리플레이션'이 불필요하다고 보았다. 슘페터가 도바타 세이치에게 보낸 1934년 6월 16일 편지, ibid., p. 272를 보라. 슘페 터는 또한 자신이 1939년에 썼듯이, 독일이 전에 초超인플레이션을 겪었기 때문에 히틀러 정 부조차도 리플레이션을 아주 달가워하지 않았다고 생각했다. "일반인들은 아직도 1923년에 일어난 일을 기억하고 있다. (그래서) 그토록 강력한 (국가사회주의당) 정부였지만 첫해에는 통화에 손대는 것을 두려워했다. 그것은 독일에서 권위의 손상을 의미했기 때문이다." 슘페 터가 『크리스찬 사이언스 모니터Christian Science Monitor』의 H. B. 엘리슨에게 보낸 1939 년 2월 2일 편지, ibid., p. 314.

16. 슘페터가 하벌러에게 보낸 1933년 3월 20일 편지, in Hedtke and Swedberg, eds., *Briefe*, p. 241.

17. 이들 학자 상당수는(특히 그들이 유대인일 경우) 이것이 독일에서의 생활상 끝이라고 생각했다. 그들은 가능한 한 빨리 이민을 가려고 계획을 세우기 시작했다. 나머지 사람은 최선의 경우를 기대하며 몇 달 또는 몇 년 동안 머물렀다. F. M. Scherer, "The Emigration of German-Speaking Economists after 1933", Journal of Economic Literature 38 (September 2000), pp. 614~626를 보라. 슘페터와 가까웠던 사람 가운데 경제학자가 아닌 이로 유명한 헌법학자 한스 켈젠이 있다. 그는 유대인으로 1925년 슘페터가 애니와 결혼할 때 들러리였다. 슘페터가 미첼에게 보낸 편지는 1933년 4월 22일자이며, Hedtke and Swedberg, eds., Briefe, pp. 249~251에 나온다.

18. 슘페터가 포즈디크에게 보낸 1933년 4월 19일 편지, in Hedtke and Swedberg, eds., Briefe, pp. 243. "독일 현 정부가 히브리족이라는 이유 혹은 신앙 문제로 자리에서 쫓아낸 몇몇 독일 과학자를 돌보는 위원회를 만든다는 제 계획과 관련해 당신의 이름이 제게 추천되었습니다. (…) 매우 자연스럽게 일어날 오해를 피하고자, 저는 독일 국민이지만 유대인이나 유대인 자손이 아니라는 점을 밝혀두고자 합니다. (…) 저는 보수적인 신념을 지녔기 때문에 히틀러 내각이 전 세계로부터 받고 있는 비난에 동참하기는 불가능합니다. 저는 순전히 제 동료였던 사람들에 대한 의무감에서 그들에 대한 몇 가지 도움을 체계화하려고 노력하고, 필요하다면 그들이 이 나라에서 조용히 과학 연구를 할 수 있도록 하려는 것입니다." 슘페터가 미첼에게 보낸 1933년 4월 19일 편지, ibid., pp. 246. 편지는 이렇게 이어진다. "우리가 이야기한 독일의 히브리인 동료들 명단을 동봉하니 받아주십시오. 저는 기억을 더듬어 그 명단을 적게 했지만……." 더 자세한 것은 제공할 수 없었다. "저는 일부러 확실히 우수하지 않은 사람들은 전혀 포함시키지 않았습니다. 물론 그들 간에는 매우 큰 차이가 있습니다. 현재로서 가장 눈에 띄는 사람들은 슈톨퍼와 마르샤크 그리고 자신의 특별한 전공을 가지고 있는 만하임 등입니다. 그러나 이는 저 못지않게 당신도 잘 알고 있는 일입니다."
슘페터의 명단에는 구스타프 슈톨퍼, 야코프 마르샤크, 한스 나이서, 카를 만하임, 에밀 레더러, 아돌프 뢰베, 게하라르트 콜름, 카를 프리브람, 유진 알출 등이 들어 있었는데, 알출을 제외한 전원이 탈출에 성공했고 대부분 1933년 미국으로 왔다.

19. 슘페터가 한센에게 보낸 1933년 4월 19일 편지, in Hedtke and Swedberg, eds., *Brirfe*, pp. 244. 슘페터는 자신이 만하임의 학문적 접근법에 동의하지 않으나 만하임은 "그런 사고 방식에서 두드러진 전형"이라고 덧붙였다. 또 슘페터가 데이에게 보낸 1933년 5월 2일 편지, ibid., pp. 251~252도 보라.

20. 슘페터가 존슨에게 보낸 1933년 5월 2일 편지, in Hedtke and Swedberg, eds.,

Briefe, pp. 252~254.

21. 슘페터가 미첼에게 보낸 1933년 5월 2일 편지, in ibid., pp. 254~255.

22. 슘페터가 미첼에게 보낸 1933년 4월 19일 편지. 슘페터는 구스타프 슈톨퍼를 높이 추앙해, 그가 『저먼 이코노미스트』를 설립했고 독일 의회에서 활약했으며 영어를 잘했다고 썼다. 요컨대 이런 인물이었다. "3년 전만 해도 멀리 독일 재무부장관을 맡고 있던 매우 뛰어난 인물. 여러모로 유용한 인물. 많은 것을 누리고 있지만 정부의 뜻에 반해 나라를 떠난다면 아마도 맨주먹이 될 듯."
또 슘페터가 록펠러재단의 에드먼드 게이에게 보낸 1933년 5월 2일 편지 및 앨빈 존슨에게 보낸 1933년 5월 2일 편지도 보라. 모두 Hedtke and Swedberg, eds., *Briefe*, pp. 246~253에 있다. 슘페터가 토머스 라몬트에게 보낸 1933년 4월 19일 편지, Schumpeter Papers, HUG(FP)—4.7, Correspondence and other misc. papers, ca. 1920s~1950, box 4, folder Jobs or recommendations, HUA.
슈톨퍼는 1933년 4월 2일 슘페터에게 보낸 편지에 이렇게 썼다. "당신의 편지에 진심으로 감사드립니다. (…) 거기서 시작하자는 제안은 말 그대로 원칙적인 이야기입니다. 저는 봉급과 관련해서 필요한 모든 일을 바로 해주십사고 당신께 부탁드립니다."
슈톨퍼는 자기 한 몸이 탈출하는 이상의 준비를 의논하고 있었다. 즉 다른 학자들에게 돈을 마련해 주거나 또 다른 잡지를 창간하자는 것이었다. 그는 자신의 출판 경험을 바탕으로 이렇게 말했다. "이 일을 위해서 확실히 필요한 자금은 15만 달러입니다. 저 역시 이 액수에서 최대한 많은 부분을 마련하기 위해 자연스럽게 이곳에 있는 제 지인들을 동원하겠습니다. 그러나 결정적으로 가장 어려운 점이 있습니다. 타우시그 교수는 당신에게 도움이 되지 못할 것입니다. 제게는 인원 문제가 있지만, 어떻든 제가 미국에 넓은 인맥을 가지고 있기 때문에 비교적 풀기 쉬울 것입니다."
그는 이어서 슘페터에게 슘페터의 본 대학교 시절 제자였던 자신의 아들 볼프강이 "보스턴의 어느 곳(은행이나 그 비슷한 곳)에 다니면서 생활비를 벌고 당신의 보살핌을 받을 수 있도록" 일자리를 알아봐달라고 부탁했다. 슈톨퍼가 슘페터에게 보낸 1933년 4월 2일 편지, Schumpeter Papers, HUG(FP)—4.7, Correspondence and other misc. papers, ca. 1920s~1950, box 31, folder Unidentified 1930 [sic], HUA.

23. 슘페터가 하벌러에게 보낸 1933년 9월 25일 편지, Gottfried Haberler Collection, box 31, folder: Schumpeter, Joseph, Hoover Institution Archives; 슘페터가 에스더 로웬탈(스미스대)와 수전 킹스베리(브린마워대)에게 보낸 1933년 5월 26일 편지; 슘페터가 존 라이언(가톨릭대)에게 보낸 1934년 10월 15일 편지. 모두 Hedtke and Swedberg, eds., *Briefe*, pp. 257, 275에 있다.

24. 슘페터가 도널드 영에게 보낸 1935년 4월 2일 편지, in Hedtke and Swedberg, eds., *Briefe*, p. 277; 차센하우스의 아내는 유대인이었으나, 슘페터는 자신의 편지에서 그것을 언급하지 않고 있다. 슘페터는 도움 요청을 받았을 뿐만 아니라 나중에 감사 편지도 받았다. 예를 들어 과거의 동료 가운데 한 사람은 쾰른-브라운슈펠트에서 그에게 이렇게 썼다. "라인 강변에서 우리가 함께 일했던 것을 기억하며 이 편지를 띄웁니다. 그들은 내 종손 게오르그 할음에게 그렇게 친절하고 효과적인 방식으로 도움을 줘 그가 새로운 터전을 잡을 수 있도록 해주신 점에 감사해하고 있습니다. 당신의 도움이 없었다면 그가 미국에서 자리잡고 교육활동에 종사하기가 훨씬 어려웠을 것입니다." 에커트가 슘페터에게 보낸 1937년 5월 31일 편지, HUG(FP)—4.7, Correspondence and other misc. papers, ca. 1920s~1950, box 3, folder E1930, HUA. 벤야민 헤트 번역.

25. Alvin Johnson, *Pioneer's Progress: An Autobiography*, New York: Viking, 1952, pp. 332~348. 슘페터는 1930~1940년대에 추방된 유럽 학자들을 도우면서 항상 그들의 능력을 솔직하게 평가하고자 했다. 슘페터가 오스트리아 법학자 오스카 피스코를 위해 윌리엄 랭거에게 보낸 1939년 5월 3일자 편지; 프랑스 경제학자 가티앙 피루와 오스트리아 경제학자 겸 사회학자 에드가 잘린에 관해 앨빈 존슨에게 보낸 1940년 11월 21일 편지; 오스트리아 경제학자 빅토르 헬너를 위해 에드워드 메이슨에게 보낸 1940년 11월 23일 편지 등을 보라. 모두 Hedtke and Swedberg, eds., Briefe, pp. 317~318, 325, 327에 있다. 앨빈 존슨이 기금 마련을 위한 운동을 벌이면서 슘페터에게 망명 대학교의 연구활동에 대한 보장을 요청하자 그는 그 노력 자체와 지원받는 학자들의 연구를 함께 찬양하는 열렬한 편지를 보냈다. 슘페터가 존슨에게 보낸 1937년 2월 12일 편지, UAV 349.11, Department of Economics Correspondence and Records, 1930~1961, box Robertson-Schumpeter, folder Joseph A. Schumpeter 1933~1942, HUA를 보라. 특정인에 대한 추천서의 다른 사례는 슘페터가 독일 철학자 율리우스 크라프트를 추천해 바사르대 학장에게 보낸 1938년 4월 13일 편지; 슘페터가 볼프강 슈툴퍼를 추천해 캘리포니아대(버클리) 경제학부장 로버트 칼킨스에게 보낸 1938년 5월 18일 편지; 슘페터가 베를린대의 유명한 법학 교수(그는 아내가 유대인이라는 이유로 쫓겨났다)의 아들인 요하네스 슐츠를 추천해 하버드대 장학위원회 관계자 R. T. 샤프에게 보낸 1938년 5월 20일 편지 등을 보라(모두 ibid.). 하버드대 자체의 임시 조치들에 대해서는 슘페터가 캘리포니아대(버클리)의 S. V. 시리아시 웬트럽에게 보낸 1939년 1월 4일 편지, in ibid를 보라. 슘페터는 이 일에는 깊이 관여하지 않았고, 이는 중진 유럽 학자들을 위해 하버드대 학장들이 처리했다.

26. Scherer, "The Emigration of German-Speaking Economists after 1933," pp. 614~616. 해석 결과는 주로 Harald Hagemann and Claus-Dieter Krohn, eds., *Biographisches Handbuch der deutschsprachigen wirtschaftswissenschaftlichen Emigration nach 1933*(Biographical Handbook on the Emigration of German-

Speaking Economists after 1933), two vols., Munich: K G. Saur, 1999에서 얻었다. 나는 이 수치를 '1세대' 이민자로 제한했다. 몇몇은 자녀들도 경제학자가 되었다.

27. 이미 1930년에 슘페터는 빈 대학교 교수로 임용된 경제학자들의 능력에 대해 실망감을 표명한 바 있다. 당시 그는 여전히 빈 대학교가 독일어권 대학 가운데서 경제학 연구를 선도하는 중심지로 생각하고 있었다. 슘페터가 하벌러에게 보낸 1930년 5월 27일 및 8월 25일 편지를 보라. 1933년 여름 이전에 그는 하벌러에게 이렇게 썼다. "독일인 임용에 대한 당신의 태도는 당신에게 명예를 가져다주지만, 그것은 우리 학문에 해가 됩니다. 제가 런던에서 만난 독일인 망명자들(레더러 집단)도 같은 생각입니다." 슘페터가 하벌러에게 보낸 1933년 7월 21일 편지. 모두 Gottfried Haberler Collection, Box 31, folder: Schumpeter, Joseph, Hoover Institution Archives에 있다.

28. 슘페터가 S. 콜럼 길필런에게 보낸 1934년 5월 18일 편지, in Hedtke and Swedberg, eds., *Briefe*, p. 265. 슘페터 일기에 들어 있는 다른 여러 편지와 일기는 3년 동안 유럽에서 보낸 여름날을 따라가고 있다.

29. Robbins, "Schumpeter's History of Economic Analysis", *Quarterly Journal of Economics* 69, February 1955, p. 22.

30. 슘페터의 여행은 그의 1933~35년 주간 리뷰에 시간 순으로 모두 기록되어 있다. Annie's Diary, vols. I-IV. 스파에 관해서는 슘페터가 하벌러에게 보낸 1935년 8월 25일 편지, Gottfried Haberler Collection, box 31, folder: Schumpeter, Joseph, Hoover Institution Archives를 보라.

31. 엘리자베스의 대학 경력은 『래드클리프대 연감』(1920년판), p. 36에 요약되어 있다. 연보와 그녀의 생애에 관한 다른 세부 사항은 슐레진저 도서관(래드클리프협회, 하버드대)에 있는 관련 기록에 나와 있다. 특히 유용한 자료는 제2차 대전 기간과 그 뒤 연방정부에 지원하면서 그녀가 기록한 상세한 신상명세서들이다. 또 엘리자베스 길보이의 회상기 겸 서문 "Elizabeth Boody Schumpeter, 1898~1953", Elizabeth Boody Schumpeter, *English Overseas Trade Statistics, 1697~1808*, Oxford: Oxford University Press, 1960), n.p.도 보라. '로메인 부디'에 관해서는 존 도노번이 어빙 사젠트에게 보낸 1939년 1월 25일 편지, in R. Elizabeth Boody Schumpeter Papers, 1938~1953, A-43, Schlesinger Library, Radcliffe Institute, Harvard University를 보라. 이하 엘리자베스의 관련 문서에서 인용.

32. 일자 미상(1950)의 4쪽짜리 연방정부 임용 지원서, 13쪽짜리 일자 미상(1950)의 개인 이력 진술 및 12쪽짜리 부록. 모두 엘리자베스의 문서에 있다. 두 문서에 담겨 있는 내용은 상

당히 많이 겹친다. 이들은 동시에 작성된 것 같다.

33. 개인 이력 진술 p. 8, ibid.

34. 개인 이력 진술 p. 10, ibid. 또 Allen, *Opening Doors*, II, pp. 29~30도 보라.

35. 그녀의 논문 일부가 1960년에 English Overseas Trade Statistics 1697~1808, Oxford: Oxford University Press로 출간되었으며, 여기에는 T. S. 애슈턴의 서문이 붙어 있다. 이 짧은 판의 책자 본문은 커다란 스프레드시트처럼 보이는데, 거기에 기입된 수많은 숫자 대부분이 활자가 아니라 엘리자베스가 직접 깔끔하게 적어넣은 것이라는 점이 눈에 띈다.

36. Gilboy, "Elizabeth Boody Schumpeter, 1898~1953", n.p. 1950년 무렵의 엘리자베스의 키와 몸무게는 일자 미상(1950)의 연방정부 임용 지원서, p. 1 및 일자 미상(1950)의 개인 이력 진술, p. 2에 나와 있다. 모두 엘리자베스 관련 문서에 나와 있다.

37. 개인 이력 진술 부록, p. 4, Elizabeth Boody Schumpeter Papers.

38. 미아가 항의한 것은 이 시기에 그녀가 보낸 편지들을 보면 분명하다. Schumpeter Papers, HUG(FP)—4.5, Letters from Mia 1932~1940, box 1, folder Letters from Mia 1932~1936, HUA. 엘리자베스와 타코닉에 대해서는 슘페터의 Weekly Review, in Annie's Diary, vol. VI 및 Schumpeter's Diary, box 7, folders ca. 1936 and ca. 1936~1937을 보라.

39. Schumpeter's Diary, n.d. (April 6, 1937), box 7, folder ca. 1936~1937. 거의 비슷한 시기의 또 다른 일기 역시 운문 형태로 되어 있다 (ibid.).

> 달리기에 지친 마차 끄는 말처럼
> 온종일 지겹게 기다려도
> 모든 것은 어둡고 우울하며
> 내 계획은 썩어가고 있다.
> 세찬 물줄기는 흐르지 않고
> 내게는 즐거울 일이 없다.
> 그러나 날짜는 자꾸만 가고
> 일도 계속해서 바뀐다.
> 나는 도대체 왜 괴로워하는 걸까……
> 그래, 상황은 결코 나쁘지 않아!
> 어지럽구나.

40. 엘리자베스가 슘페터에게 보낸 1937년 7월 8일 및 7월 12일 편지, Schumpeter Papers, HUG(FP)—4.4, Personal letters, miscellany, folder Letters from EBF—summer 1937, HUA.

41. 엘리자베스가 슘페터에게 보낸 1937년 7월 12일 편지, ibid.

42. 슘페터의 일기, 여러 곳. 엘리자베스는 1937년 여름('목요일 아침'이라고 적혀 있다) 뉴욕의 코즈모폴리턴 클럽에서 슘페터에게 보낸 편지에 자신의 병을 말하고 있다. "어제 만난 의사는 제가 아이를 가져야 한다고 생각하지 않았어요. 가능은 하지만 그녀는 그것을 권하지 않더군요. 그것은 제가 당뇨병이 있기 때문이지 제 나이 때문이 아닙니다. 다른 모든 면에서 저는 매우 건강한 체질입니다. 우리가 신경을 써야 할까요? 물론 우리는 이 의견을 최종적인 것이라 생각할 필요는 없습니다. 제가 레이크빌(타코닉 부근)의 의사에게서 다른 이야기도 많이 들었기 때문에 그 이야기를 해드려야 할 것 같아요." 엘리자베스가 슘페터에게 보낸 일자 미상(1937)의 편지, Schumpeter Papers, HUG(FP)—4.7.5, Miscellaneous Correspondence, folder E–J, HUA.

43. 엘리자베스가 슘페터에게 보낸 일자 미상(1937년 여름) 및 1937년 7월 12일 편지, Schumpeter Papers, HUG(FP)—4.4, Personal letters, Miscellany, folder Letters from EBF, HUA.

44. 엘리자베스가 슘페터에게 보낸 일자 미상(1937년 여름)의 편지, ibid.

45. 엘리자베스가 슘페터에게 보낸 일자 미상(1937년 여름)의 편지, ibid.

46. 엘리자베스가 슘페터에게 보낸 일자 미상(1937년 여름)의 편지, ibid.

47. 엘리자베스가 슘페터에게 보낸 일자 미상(1937년 여름)의 편지, Schumpeter Papers, HUG(FP)—4.7.5, Miscellaneous correspondence, folder E–J, HUA. 1937년 8월 16일 결혼 청첩장 인쇄물, Schumpeter Papers, HUG(FP)—4.7, Correspondence and other misc. papers, ca. 1920s~1950, box 9, folder wedding announcement, HUA. 또 Allen, Opening Doors, II, p. 47도 보라.

들어가며 그는 어떻게, 왜 역사를 선택했는가

1. Hendrik Wilm Lambers, "The Vision", in Arnold Heertje, ed., *Schumpeter's Vision: Capitalism, Socialism and Democracy after 40 Years*, New York: Praeger, 1981, p. 114.

2. Jacob Viner, "Schumpeter's History of Economic Analysis: A Review Article", *American Economic Review*, 44, December 1954, p. 895.

3. Schumpeter, *History of Economic Analysis*, New York: Oxford University Press, 1954, pp. 12~13. 1949년 전미경제연구소가 주최한 회의에서 그는 동료 경제학자들에게 거의 같은 말을 했다. "만약 착한 요정이 당신에게 '경제사'와 '계량경제학' 가운데 하나만 고르라고 한다면 뛰어난 경제학자가 되기 위해서는 경제사 대전을 달달 외우시오." Paul A. Samuelson, "Reflections on the Schumpeter I Knew Well," *Journal of Evolutionary Economics* 13, 2003, p. 465를 보라. 슘페터의 하버드대 동료 가운데 하나인 뛰어난 경제사가 A. P. 어셔는 "역사학에서 사활의 문제는 '사건이 어떻게 일어나는가?'이다"라고 말하고, 이것이 경제 발전 이론에 대한 슘페터의 접근법이었다고 덧붙였다. Usher, "Historical Implications of the Theory of Economic Development", in Seymour E. Harris, ed., *Schumpeter, Social Scientist*, Cambridge, Mass.: Harvard University Press, 1951, p. 125를 보라. 어셔는 이어서 이론과 역사와 통계를 융합하려는 슘페터의 시도는 매우 독창적이었다고 말했다. 마르크스주의자 외에는 거의 아무도 이런 시도를 하지 않았고, 마르크스주의자는 "이론을 위해 역사를 희생시켰다."
슘페터의 대학원생 제자였던 볼프강 슈톨퍼가 나중에 썼듯이, 그의 "역사의식과 독특한 역사와 경제 이론의 조합"이 그의 모든 저작에 나타나 있다. Stolper, "The Schumpeterian System", *Journal of Economic History* 11, 1951, pp. 273~274. 네이선 로젠버그는 그의 중요한 저작 *Schumpeter and the Endogeneity of Technology: Some American Perspectives*, New York: Roudedge, 2000에서, 슘페터는 기본적으로 경제사가였다고 주장하고 있다.

제15장 『경기순환론』과 경영사

1. 이 책의 원제목은 *Business Cycles: A Theoretical, Historical, and Statistical Analysis of the Capitalist Process*, New York: McGraw–Hill, 1939이다. 1939년 1월 2일 일기에서 슘페터는 이렇게 썼다. "12월 9일 나는 『경기순환론』을 탈고했다! (…) '돈의 책'을 제쳐두고

1934년 여름에 나는 그 이듬해에 『경기순환론』을 마무리짓고자 했고, 이에 맞추어 계획을 세웠었다. 그런 소망이 어리석은 것이었는지, 나는 이제 계획을 고쳐서 3년 반(학년도로 계산해서) 동안 늦게 일을 마치고 허망한 꿈이 나온다는 상아의 문을 지났다. 이 일이 아니었다면 다른 기회가 있었을지도 모르는 기간이었다. 이에 대해서는 앞으로 보상받을 길이 없을 것이며, 이 일로 말미암아 주기적으로 겪어야 했던 비참함과 게으름과 바보짓은 사실로서 받아들여야 할 것 같다." Robert Loring Allen, *Opening Doors: The Life & Work of Joseph Schumpeter*, two vols., New Brunswick, N.J.: Transaction, 1991, II, pp. 71~72에 인용. 슘페터가 죽은 아내의 일기 사본에 쓴 주간 리뷰 가운데 1939년 이전의 몇 년 부분은 자신의 저술이 지체된 것에 대한 자책으로 가득차 있다. Gerschenkron, "The Diaries of Anna Reisinger Schumpeter, A Report", Appended Transcripts II, pp. 176~190, in Schumpeter Papers, HUG(FP)—66.90, Publisher and Estate Correspondence, box 4, HUA를 보라.

2. 슘페터가 사회과학연구위원회에 보낸 1937년 6월 18일 편지, UAV 737.18, box P–Z, folder Prof. Schumpeter(Economics), HUA; 슘페터가 버뱅크에게 보낸 1938년 1월 17일 편지, UAV 349.11, Department of Economics Records and Correspondence, 1930~1961, box Robertson–Schumpeter, folder Joseph A. Schumpeter, HUA. 현대의 큰 프로젝트의 사례로 로버트 린드와 헬렌 린드 부부의 지도하에 이루어진 '중산층 도시'(인디애나 주, 먼 시)에 관한 두 권의 사회학 명저, 후버 정권 때 연방정부에서 출간한 여러 권짜리 『소셜 트렌드Social Trends』, 1930년대 후반 미국 의회의 임시국가경제위원회에서 만든 미국 경제에 대한 철저한 연구 등이 있다.
슘페터가 있던 당시에 하버드대에서는 경제연구위원회가 있었는데, 이 작은 기구는 연구를 돕는 조수들의 급료를 지급하는 등 교수들을 약간 지원해줬다. 그러나 자금 규모는 슘페터가 『경기순환론』에서 하려고 했던 것을 기준으로 할 때 전혀 충분치 않았다. 1920년대와 1930년대 당시 컬럼비아대에 본부가 있었고 슘페터의 친구 웨슬리 미첼이 이끌었던 갓 출범한 전미경제연구소는 경제 통계를 수집하고 체계적으로 출간하는 일로 옮겨갔다. 오늘날 여러 기관 가운데서 전미경제연구소는 슘페터가 거의 혼자서 했던 형태의 작업에 필요한 팀 프로젝트를 지원하고 있다.

3. 슘페터가 미첼에게 보낸 1937년 5월 6일 편지; 슘페터가 오스카 랑에에게 보낸 1937년 2월 24일 편지. 모두 Ulrich Hedtke and Richard Swedberg, eds., *Joseph Alois Schumpeter, Briefe/Letters* (Tübingen: J. C. B. Mohr, Paul Siebeck, 2000), pp. 295, 301, 303에 있다. 슘페터는 이전에 경기순환에 관해 몇 차례 글을 쓴 적이 있다. 예를 들어 Schumpeter, "Über das Wesen der Wirtschaftskrisen"(On the Nature of Economic Crises), *Zeitschrift für Volkswirtschaft, Socialpolitik und Verwaltung* 19, 1910, pp. 79~132; 『경제 발전의 이론』(부제가 '이윤, 자본, 신용, 이자 및 경기순환의 관리술An

Inquiry into Profits, Capital, Credit, Interest, and the Business Cycle'이다);
Schumpeter, "The Explanation of the Business Cycle," Economica 7 (December
1927), pp. 286~311(원래는 아서 피구의 책 『산업 변동Industrial Fluctuations』 (1927)을
평가한 논문이다); Schumpeter, "The Analysis of Economic Change", *Review of
Economic Statistics* 17, May 1935, pp. 2~10(이는 『경기순환론』 논쟁에 관한 부분적인 시
론이다); Harald Hagemann, "Schumpeter's Early Contributions on Crises Theory and
Business—Cycle Theory", *History of Economic Ideas* 9, 2003, pp. 47~67 (이는 주로 슘
페터의 1910년 논문을 다루고 있다) 등을 보라.

4. *Business Cycles*, I, p. v.

5. Ibid., I, pp. 169, 173~174. 이 책에서 그는 때로 세 파동뿐만 아니라 다섯 파동에 관해
서도 썼다. 사실 그보다 훨씬 많은 것도 있을 수 있으며, 이는 수많은 주식시장 분석가가 보
여주려 했던 것이다. 그러나 전체적인 요점은 그가 서문에서 썼던 내용이다. 즉 순환은 자본
주의의 본질이며, 이에 따라 불황은 자본주의가 진화하는 과정에서 피할 수도 없고 심지어
유익한 단계라는 결론에 이른다. 슘페터는 이 책을 탈고한 뒤 미국 학자 폴 호먼에게 보낸 편
지에서 좀 더 자세히 말했다. "경기순환이 자본주의적 진화의 전형적인 형태라고 생각하고
이 장기적인 움직임(이는 종종 산업혁명이라 불린다)을 경기순환의 한 부류로 본다면, 자본
주의사회의 경제학과 사회학 전체를 사실상 이 순환 현상과 연결시키는 것은 매우 당연한 일
입니다." 슘페터가 호먼에게 보낸 1938년 4월 2일 편지, in Hedtke and Swedberg, eds.,
Briefe, p. 309.

6. *Business Cycles*, I, p. 299. Samuelson, "Joseph A. Schumpeter", *Dictionary of
American Biography*, Supplement Four, 1946~1950, New York: Scribner, 1974, p.
299. 이는 순환이라는 틀이 전혀 가치가 없다거나 '필연적인' 결정론이라는 말은 아니다. 예
를 들어 다음 글들을 보라.
— Nathan Rosenberg and C. R. Frischtak, "Technological Innovation and Long
Waves", *Cambridge Journal of Economics* 8, March 1984, pp. 7~24.
— Walt W. Rostow, "Kondratieff, Schumpeter, and Kuznets: Trend Periods Revisited,"
Journal of Economic History 35, December 1975, pp. 719~753.
— Allen Oakley, *Schumpeter's Theory of Capitalist Motion: A Critical Exposition and
Reassessment*, Aldershot, U.K.: Edward Elgar, 1990.
— Christopher Freeman, "Schumpeter's Business Cycles Revisited", in Arnold Heertje
and Mark Perlman, eds., *Evolving Technology and Market Structure: Studies in
Schumpeterian Economics*, Ann Arbor: University of Michigan Press, 1990, pp.
17~38.

– William R. Thompson, "Long Waves, Technological Innovation, and Relative Decline", *International Organization* 44, Spring 1990, pp. 201~203.
– Maria Brouwer, *Schumpeterian Puzzles: Technological Competition and Economic Evolution*, New York: Harvester Wheatsheaf, 1991, 특히 1장을 볼 것.
– Roger Lloyd-Jones and M. J. Lewis, "The Long Wave and Turning Points in British Industrial Capitalism: A Neo-Schumpeterian Approach", *Journal of European Economic History* 29, 2000, pp. 359~401.
– Mümtaz Keklik, *Schumpeter, Innovation and Growth: Long-cycle Dynamics in the Post-WWII American Manufacturing Industries*, Aldershot, U.K: Ashgate, 2003.

7. 슘페터가 미첼에게 보낸 1937년 5월 6일 편지, in Hedtke and Swedberg, eds., *Briefe*, pp. 301~303; *Business Cycles*, I, p. 174.

8. J. Marschak, *Journal of Political Economy* 48, December 1940, p. 893; Schumpeter, *Business Cycles*, I, p. v.

9. 틀림없이 이 주제에 관해서는 이야기할 것이 매우 많다. 그러나 슘페터가 '자포자기식 간 결함'의 정신이라고 즐겨 이야기한 바에 따라 내 언급을 다음 두 단락으로 줄이겠다.
1927년에 하버드대 경영대학원은 이시도어 슈트라우스 일가의 기부에 따라 경영사 강좌를 개설했는데, 슈트라우스는 메이시 백화점을 이끈 기업가로 1912년 타이타닉 호 침몰 때 죽은 사람이었다. 이 강좌 담당 교수로 처음 채용된 사람은 캐나다 경제학자 노먼 그라스로, 그는 하버드대 경제학부 교수이자 나중에 경영대학원 창설시 대학원장이 되는 에드윈 게이의 제자였다. 슘페터보다 한 살 연하인 그라스는 경제사에 관한 유용한 책을 여러 권 썼다. 슘페터의 『경기순환론』이 출간된 그해에 그라스는 교과서 『비즈니스와 자본주의: 경영사 입문Business and Capitalism: An Introduction to Business History』, New York: Crofts, 1939을 냈고, 그의 유능한 동료 헨리에타 라슨과 함께 방대한 『미국 경영사 사례집 Casebook in American Business History』, New York: Crofts, 1939을 냈다. 재미있는 일은 이들이 바로 찰스 강 건너편에 사무실이 있던 슘페터와 거의 왕래가 없었다는 점이다. 슘페터는 나중에 경영대학원 베이커 도서관에 위치한 희귀서 도서관인 크레스 도서관에서 많은 시간을 보내며 그의 기념비적인 저작 『경제 분석의 역사』를 위한 연구에 매달리기도 했다. 나는 슘페터와 그라스 양쪽의 개인 문서 가운데서 그들이 주고받은 편지를 전혀 발견하지 못했으며, 개인적인 접촉이 있었다는 다른 증거도 찾지 못했다.
그라스와 라슨 그리고 그들의 경영사에 대한 접근법에 관해서는 Barry E. C. Boothman, "A Theme Worthy of Epic Treatment: N. S. B. Gras and the Emergence of American Business History", *Journal of Macromarketing* 21, June 2001, pp. 61~73 및 라슨의 연구에 대한 메리 예거의 분석 "Mavericks and Mavens of Business History: Miriam

Beard and Henrietta Larson," Enterprise and Society 2, December 2001, pp. 687~768을 보라.

1940년대 후반에 '현대' 경영사 발달에 핵심 인물인 앨프리드 챈들러 2세는 하버드대 대학원 생으로 슘페터를 만났다. 그러나 챈들러는 주로 자신의 스승 파슨스를 통해 간접적으로 슘페터의 영향을 받았고, 파슨스는 직접 슘페터와 함께 연구한 사람이었다. 경영사와 관련해 파슨스의 연구가 지닌 풍부한 잠재력에 대해서는 Louis Galambos, "Parsonian Sociology and Post-Progressive History", *Social Science Quarterly* 50, June 1969, pp. 25~45를 보라.

10. 나는 여기서 매우 넓게 일반화했고, 분명한 예외도 떠오른다. 수많은 산업과 회사를 연구한 독일 역사학파 사람들을 깊이 있게 조사한 하버드대 경영대학원의 그라스와 라슨이다. 그러나 이 모든 사례에서는 슘페터 연구에 특징적인 이론적 엄밀성 같은 것이 대체로 없었다. 미국에서는 예레미야 젱크스, 엘리엇 존스, 윌리엄 리플리, 아서 하들리, 프랭크 타우시 그 같은 슘페터의 선배 경제학자들이 행한 경험적 연구가 명단에 있는 다른 사람들의 연구보다 이론적으로 더 근거가 있었다. 그러나 이 학자들의 연구를 경영사라고 하는 것은 지나친 억지일 것이다.

11. 슘페터가 브루클린대 학생이었던 에드너 로네건에게 보낸 1942년 2월 16일 편지, in Hedtke and Swedberg, eds., *Briefe*, pp. 339~340. 슘페터의 연구와 앨프리드 챈들러 2세(그리고 마르크스를 포함하는 다른 학자들도)와의 지적인 연관성은 William Lazonick, *Business Organization and the Myth of the Market Economy*, Cambridge: Cambridge University Press, 1991, 4장에 논의되어 있다.

『경기순환론』을 경영학의 하위 학문과 연결시킨 초기 학자 가운데 한 사람이 로버트 울프선이다. "The Economic Dynamics of Joseph Schumpeter", *Economic Development and Cultural Change* 7, October 1958, p. 52n4.

"이 [프리츠] 레들리히(챈들러에게 직접 영향을 끼친 독일인 이민자)의 연구와 함께 지난 10년 정도 사이에 발전해온 경영사 전 분야가 분명히 슘페터에 기인하고 있음을 알 수 있다."

그 밖의 적절한 해명으로는 시오노야 유이치의 『경기순환론』과 『경제 발전의 이론』의 연관성에 관한 논의를 보라. "Schumpeter's Preface to the Fourth German Edition of The Theory of Economic Development", *Journal of Evolutionary Economics* 14 , 2004, pp. 131~142; Shionoya, *Schumpeter and the Idea of Social Science: A Metatheoretical Study*, Cambridge: Cambridge University Press, 1997; Mário da Graça Moura, "Schumpeter on the Integration of Theory and History", *European Journal of the History of Economic Thought* 10, Summer 2003, pp. 279~301.

12. *Business Cycles*, I, pp. 72~73, 84~102. 여기서 슘페터는 『경제 발전의 이론』에서 처

음 제기한 혁신의 범주를 되풀이하고 있다. 그는 또한 경영사가에게 큰 영향을 끼친 그의 논문 "The Creative Response in Economic History", *Journal of Economic History* 7 , November 1947, pp. 149~159의 논지를 미리 제시하고 있다.

13. *Business Cycles*, I, pp. 100~102.

14. Ibid., I, pp. 102~103. 슘페터는 이어 "두 유형 및 두 기능에 대한 경제적·사회적 분석의 개요"는 『경제 발전의 이론』 2장과 4장에 나타난다고 말한다.

15. *Business Cycles*, I, pp. 103~104.

16. Ibid., I, p. 104. 계급에 관한 그의 선입견에 대한 여러 사례 가운데 다음을 보라. Schumpeter, "Die Tendenzen unserer sozialen Struktur"(The Tendencies of Our Social Structure), in *Die Chemische Industrie* 51/52, December 24, 1928, printed in Schumpeter, *Aufsätze zur Tagespolitik*(Essays on Current Policy), eds. Christian Seidl and Wolfgang F. Stolper, Tübingen: J. C. B. Mohr, Paul Siebeck, 1993, pp. 177~193; 1927년 처음 발표된 "Social Classes in an Ethnically Homogeneous Environment", reprinted in *Imperialism, Social Classes: Two Essays by Joseph Schumpeter*, New York: Meridian, 1955, trans. Heinz Norden.

17. *Business Cycles*, I, pp. 104~107.

18. Ibid., I, pp. 105~108, 291.

19. Ibid., I, pp. 240~241. 슘페터는 이를 충분히 강조하지 않았지만, 시계의 사용은 이후의 여러 산업혁명에 결정적인 혁신이었다. 노동자는 해시계를 쓰며 집에서 개별적으로 일하는 대신 한곳에 모여 엄격한 시간표에 따라 일했다. 공장 밖에서도 시계는 사람들이 삶의 일반을 생각하는 방식을 변화시켰다. David S. Landes, *Revolution in Time: Clocks and the Making of the Modern World*, Cambridge, Mass.: Harvard University Press, 1983를 보라.

20. Business Cycles, I, p. 242. 면화가 양모보다 우월하다는 점에 대한 자세한 설명은 David S. Landes, *The Wealth and Poverty of Nations: Why Some Are So Rich and Some So Poor*, New York: Norton, 1998를 보라[데이비드 랜즈 지음, 『국가의 부와 빈곤』, 안진환·최소영 옮김, 한국경제신문, 2009로 출간됨*]. 앞서 말했듯이, 학자들은 "산업혁명"이라는 용어의 적절성에 동의하지 않고 있지만 슘페터는 이를 받아들이고 종종 썼다.

21. *Business Cycles*, I, p. 242.

22. Ibid., I, pp. 240~243.

23. Ibid., I, pp. 243~244.

24. Ibid., I, pp. 240~241, 244.

25. Ibid., I, p. 243. 슘페터는 *The Theory of Economic Development* (p. 65)에서, 회사가 소비자에게 "새것을 원하도록" 가르쳐야 했다고 썼다.

26. *Business Cycles*, II, p. 1035. 미국 경제에서의 마케팅과 광고, 판매의 중요성에 관해서는 다음 글들을 보라.
 - Roland Marchand, *Advertising the American Dream: Making Way for Modernity 1920~1940*, Berkeley: University of California Press, 1985.
 - Susan Strasser, *Satisfaction Guaranteed: The Making of the American Mass Market*, New York: Pantheon, 1989.
 - Richard S. Tedlow, *New and Improved: The Story of Mass Marketing in America*, New York: Basic Books, 1990.
 - Daniel Pope, *The Making of Modern Advertising*, New York: Basic Books, 1983
 - Pamela Walker Laird, *Advertising Progress: American Business and the Rise of Consumer Marketing*, Baltimore: Johns Hopkins Press, 1998.
 - Walter A. Friedman, *Birth of a Salesman: The Transformation of Selling in America*, Cambridge, Mass.: Harvard University Press, 2004[월터 프리드먼 지음, 『세일즈맨의 탄생』, 조혜진 옮김, 말글빛냄, 2004로 출간됨*].

27. *Business Cycles*, I, pp. 270~271. '캘리코calico'란 말은 '캘리컷Calicut'의 변형이다. 영국인은 나중에 세계 1위의 면직물 생산지였던 인도에서의 생산을 제한했다. 본국의 의류 수출을 지원하기 위한 방편이었다. 인도 공업은 20세기가 될 때까지 회복되지 못했다.

28. Ibid., I, p. 271.

29. Ibid., I, pp. 271~272.

30. 경제 발전을 분석하면서 혁신이 아닌 발명에 초점을 맞추면 "혼란만이 일어날 수 있다." Ibid., I, pp. 84~85, 271~272. 이러한 구분은 나중에 기술사의 하위 학문 분야의 초석이

된다. 이는 학술지 『테크놀로지 앤드 컬처Technology and Culture』의 어느 글이라도 정독해 보면 분명히 알 수 있다. 이 주제를 다룬 여러 책 가운데 두 권의 뛰어난 책이 David S. Landes, *The Unbound Prometheus: Technological Change and Industrial Development in Western Europe from 1750 to the Present*, Cambridge: Cambridge University Press, 1969와 Joel Mokyr, *The Lever of Riches: Technological Creativity and Economic Progress*, New York: Oxford University Press, 1990이다. 모키어의 책에는 슘페터의 과학 기술에 대한 관점을 효과적으로 (그리고 분명하게) 서술한 내용이 나와 있다.

31. *Business Cycles*, I, p. 272.

32. Ibid., I, 272. 면화 수요가 급증함에 따라 미국인 엘리 휘트니의 조면기繰綿機[목화의 씨를 빼거나 솜을 트는 기계*](1793)가 역사상 가장 중요한 발명품 가운데 하나가 되었다. 이는 여러 의미에서 사실이었다. 휘트니의 발명은 담배와 쌀 플랜테이션에서 사양길에 접어 들었던 노예제를 엄청나게 확대시켰기 때문이다.

33. Ibid., I, pp. 272~273.

34. Ibid., I, p. 376. 여러 학자가 이 과정을 분석했다. 예를 들어 William Lazonick, *Competitive Advantage on the Shop Floor*, Cambridge, Mass.: Harvard University Press, 1990, 3~5장 및 이 장들의 주석을 보라.

35. 영국 직물업, 특히 면방직의 발전에 관한 수많은 연구가 슘페터가 이 분석을 쓰기 앞뒤로 쏟아져나왔다.

36. Ibid., I, p. 357. 독일에 관한 이야기의 다른 측면은 슘페터의 몇몇 주제를 뒷받침한다. "과거의 잠사업이 부의 증대에 따라 부활했으나, 기계화된 대량 생산이 이뤄지기까지 어떠한 혁신의 움직임도 보여주지 못했다." "(반면에) 리넨은 면화에 밀려 쇠퇴했다. 이런 측면과 공장 및 역직기[수력·전력 따위의 동력으로 움직이는 베틀*]에 의한 발전으로 말미암아 이 산업은 어떻게 새것이 옛것을 밀어내는가에 대한 강력한 사례가 되었다." 양모에서도 유형은 비슷했는데, 다만 쇠퇴의 형태가 리넨처럼 급박하지는 않았다.

37. Ibid., I, pp. 433~434.

38. Ibid.

39. Ibid., I, p. 435. 물론 나중에 밝혀지듯이 레이온은 화학산업에서 생겨난 합성섬유의 긴

목록 가운데 첫 번째에 지나지 않았다. 가장 중요한 것은 슘페터가 『경기순환론』을 쓰고 있던 1930년대에 개발된 나일론이었다. 이후 다른 합성화학제품이 쏟아져나왔고, 모두 화학회사(특히 뒤퐁)나 정유회사의 석유화학 자회사가 만들어냈다. 레이온과 나일론 그리고 올론, 데이크론, 폴리에스테르 등 그 뒤 엄청나게 많은 합성화학제품이 '낡은' 직물업을 완전히 바꿔놓았다. 그리고 모든 경우에 누구인지 밝힐 만한 기업가들이 길을 이끌었다. 이들이 '새로운 사람들'이지만, 이 경우에는 기존의 과학을 기반으로 한 회사에서 일하던 사람들이었다. 20세기 후반에 석유를 기반으로 한 합성화학제품이 공업화된 모든 나라로 퍼져나갔다. 이들은 수백 가지의 새로운 플라스틱제품을 만들어 천연 가죽, 고무, 목재, 금속, 안료, 접착제를 대체했다. 석유화학 혁명은 매우 광범위해서, 증기기관 및 발전기와 비교할 만했다. 그것은 한 분야의 산업에만 파문을 일으킨 것이 아니라 전체 경제에 영향을 미쳤다. 이 주제에 관한 수많은 저작 가운데 특히 David A. Hounshell and John Kenly Smith, *Science and Corporate Strategy: Du Pont R&D, 1902~1980*, Cambridge: Cambridge University Press, 1988; Peter H. Spitz, *Petrochemicals: The Rise of an Industry*, New York: Wiley, 1988; Alfred D. Chandler, Jr., *Shaping the Industrial Century: The Remarkable Story of the Evolution of the Modern Chemical and Pharmaceutical Industries*, Cambridge, Mass.: Harvard University Press, 2005 등을 보라.

40. *Business Cycles*, I, pp. 291~292.

41. Ibid., I, p. 383.

42. Ibid., I, p. 327. 슘페터는 이 책 다른 부분에서 전신을 언급하고 있지만, 관심이 무척 적었다.

43. Ibid., I, pp. 383~388. 슘페터는 여기에 나열된 모든 도시를 언급하지 않았다.

44. Ibid., I, pp. 339~341.

45. Ibid., I, pp. 328~330. 슘페터는 여기서, 그가 말하고 있는 것은 의문의 여지가 없으며 다른 학자들도 "종종 역설하고 이의가 제기되지 않았다"는 점을 일부러 적고 있다. 그의 전체적인 관점은 신용창조의 결정적인 중요성이며, 그는 이를 종종 자본주의를 규정하는 특성 가운데 하나라고 밝히고 있다.

46. Ibid., I, pp. 338~339, 383.

47. Ibid., I, pp. 303~304.

48. Ibid., I, p. 247.

49. Ibid., I, p. 246.

50. Ibid., I, pp. 244~247.

51. Ibid., I, pp. 244~247, 280, 307.

52. 슘페터는 여기서 다루고 있는 문제에 대해 속속들이 파고들진 않는다. 그러나 그는 『경기순환론』을 쓰면서 1930년대 영국의 합자회사를 연구한 동료 학자를 이야기하면서, 통계적 시계열이 매우 쓸모 있기는 했지만 충분치는 않았다고 썼다.
"따라서 우리는 해가 갈수록 경제적 유기체에 실제로 무슨 일이 일어났는지 알기 위해서는 산업사 및 금융사로 눈을 돌려야 했으며, 이를 파악한 뒤라야 시계열에 따라 밝혀진 변동의 진정한 의미가 나타나게 된다. 그렇기 때문에 나는 경제사가 경기순환과 심지어 가장 실제적인 현대의 문제들을 이해하는 데 결정적인 중요성을 지닌다고 생각하는 것이다."
슘페터가 비숍 헌트에게 보낸 1935년 6월 13일 편지, Schumpeter Papers, HUG(FP)—4.7, Correspondence and other misc. papers, ca. 1920s~1950, box 5, folder H 1930s, HUA.

53. *Business Cycles*, I, pp. 402~403. 미국 철도에 관한 책은 매우 많다. 입문용으로는 John F. Stover, *American Railroads*, Chicago: University of Chicago Press, 1961와 특히 Alfred D. Chandler, Jr., ed., *The Railroads: The Nation's First Big Business*, New York: Harcourt, Brace, 1965 같은 옛날 자료들이 좋다.

54. 슘페터는 합병운동을 매우 강조하고 있지만, 여기에 인용된 통계는 제시하지 않는다. 또 열거된 회사들의 이름도 언급하지 않고 있다. 합병의 물결에 대해서는 Jesse Markham, "Survey of the Evidence and Findings on Mergers", in *Business Concentration and Price Policy*, Princeton, N.J.: Princeton University Press, 1955, 특히 p. 157; Ralph Nelson, *Merger Movements in American Industry, 1895~1956*, Princeton, N.J.: Princeton University Press, 1959; Naomi R. Lamoreaux, *The Great Merger Movement in American Business, 1895~1904*, Cambridge: Cambridge University Press, 1985 등을 보라.

55. *Business Cycles*, I, pp. 403~404. 미국 기업의 역사에서 슘페터가 논의하고 있는 기간은 중요한 새 기업이 가장 많이 만들어진 축에 속하는 시기였다. 나중의 연구에 의해 밝혀지게 되지만, 1990년대 『포춘』의 미국 내 500대 기업의 절반 이상이 1880년에서 1930년까지 50년 동안 설립되었다. 이 기업 대부분은 기업가정신으로 창업한 뒤 내부적인 확장을 통해

대기업으로 성장했다. 다른 기업들(제너럴 일렉트릭, US 스틸, 제너럴 모터스, IBM)은 기존 회사들의 합병을 통해 만들어졌다.

시간이 지나면서 대기업은 특정한 산업에서만 번창했다. 대부분 막대한 자본 투자가 필요한 산업들로 석유, 철강, 자동차, 화학, 중장비 등 위에 열거된 회사들로 대표되는 분야였다. 가구와 주택 건설, 보석 세공 같은 대부분의 산업에서는 대기업이 자리잡지 못했다. 식당이나 호텔, 각종 수선업 등 서비스 분야에서도 대기업은 종종 효율적이지 못했다(부분적인 예외가 1960년대에 급속히 성장하기 시작한 프랜차이즈 기업이었는데, 이는 대기업과 소기업의 장점을 결합한 것이었다).

또 슘페터가 다룬 시기를 보면, 무분별한 기업가들이 되지도 않는 합병을 함으로써 막다른 길로 접어들기 시작했다. 문제가 된 산업들에서는 구조상 소기업으로 흘러가게 마련이었기 때문이다. 스탠더드 오일은 낯익은 이름이지만, 스탠더드 로프 앤드 트와인은 금방 사라졌다. 내셔널비스킷(RJR 나비스코)은 오늘날 중요한 회사로 남았지만, 내셔널 코디지와 내셔널 스타치, 내셔널 솔트, 내셔널 노벨티는 모두 금세 사라져버렸다. 1901년에 US 스틸은 세계 최대 기업이 되었지만, US 버튼은 설립자들이 해당 산업을 같은 방식으로 '트러스트화'하려고 했으나 성공하지 못했다.

일부 산업은 대기업으로 성장하고 다른 산업은 그렇지 못했다는 경향에 대해서는, 오늘날이나 슘페터의 시대에나 충분히 인식되지 못했다. 그러나 그가 살던 시대 뒤에 글을 쓴 대부분의 학자는 이 산업별 차이에 관한 중요한 부분들을 파악하지 못했다. 가장 두드러진 예외는 Alfred D. Chandler, Jr., *The Visible Hand: The Managerial Revolution in American Business*, Cambridge, Mass.: Harvard University Press, 1977이다. 그러나 역사 기록을 보면, 정부가 강제로 농공업을 큰 단위로 집산화한 공산주의국가를 제외하고는 세계의 노동력은 대부분 대기업에 소속되어 일한 적이 없었다. 중소기업의 고용자 총수는 항상 1000명 이상을 고용한 대기업 고용자 총수를 훨씬 웃돌았다. 왜 기업이 대형화되었는가를 다룬 경제학 책은 매우 많지만, 많은 논란이 있다.

56. 이 주장은 슘페터의 여러 책에 나오며, 『경기순환론』의 내용에도 함축되어 있다. 외판원에 대한 언급은 1권 p. 405에 있다. 그는 『경기순환론』에서는 물론 그 이전 저작에서도 기업가가 모든 사회계급에서 나왔다고 자주 지적했다. 나중에 그는 『자본주의·사회주의·민주주의』에서, 미국인이 대기업을 '독점'이라고 비난한 것을 신랄하게 공격했다. 그리고 그는 특히 동료 경제학자가 그 문제에 대해 오해하고 있다고 스스로 생각하는 부분에 대해 불쾌하게 여겼다.

57. Business Cycles, I, 415~416. Alfred D. Chandler, Jr., ed., *Giant Enterprise: Ford, General Motors, and the Automobile Industry: Sources and Readings*, New York: Harcourt, Brace, 1964, 1~2 및 여러 곳. 자동차산업에 관한 많은 자료를 담고 있는, 미국 대량 생산의 역사에 관한 교과서적인 책은 David. A. Hounshell, *From the American*

System to Mass Production, 1800~1932: The Development of Manufacturing Technology in the United States, Baltimore: Jones Hopkins University Press, 1984이다.

58. *Business Cycles*, I, p. 415. Alfred P. Solan, Jr., *My Years with General Motors*, New York: Doubleday, 1964, 9장; Tedlow, *New and Improved: The Story of Mass Marketing in America*, 3장; Arthur J. Kuhn, *GM Passes Ford, 1918~1938: Designing the General Motors Performance-Control System*, University Park: Pennsylvania State University Press, 1986; Daniel M. G. Raff, "Making Cars and Making Money in the Interwar Automobile Industry: Economies of Scale and Scope and the Manufacturing behind the Marketing", *Business History Review* 65, Winter 1991, pp. 721~753.

59. *Business Cycles*, I, p. 416n.

60. Ibld., I, p. 372.

61. Ibid., I, pp. 372~373.

62. 베서머는 비교적 짧은 시간 안에 성공을 거뒀는데, 슘페터는 "그가 공격하고자 했던 적"이었던 다른 제강업자에 대해서가 아니라 "연철 생산자들에 대해서" 거둔 성공이었다고 말한다. Ibid., I, p. 373.

63. Ibid., I, p. 373.

64. Ibid., I, pp. 373~374.

65. Ibid., I, p. 388. 상세한 것은 Harold C. Livesay, *Andrew Carnegie and the Rise of Big Business*, Boston: Litde, Brown, 1975를 보라.

66. *Business Cycles*, I, pp. 397~398, 412.

67. Ibid., I, pp. 412~413.

68. Ibid., I, p. 412.

69. Ibid., II, pp. 771~772. 슘페터는 이어서 절대수로 보면 가설된 전화는 1897년 51만 5200대에서 1914년 1000만 대 이상으로 늘었다고 말한다. "자동" 전화의 수는 1919년 1270

만 대에서 1920년 2000만 대 이상으로 늘었다. 그는 사람들의 예상과는 달리 여러 해 동안 세계 최대의 개인 기업이었던 AT&T를 많이 다루지 않았다.

70. Ibid., I, p. 413. 좀 더 자세한 개관을 위해서는 Alfred D. Chandler, Jr., *Scale and Scope: The Dynamics of Industrial Capitalism*, Cambridge, Mass.: Harvard University Press, 1990), pp. 212~221 및 Appendix A.1, p. 642를 보라.

슘페터는 『경기순환론』에서 언급했듯이 한 나라에서 일어나는 혁신의 역사를 다른 나라의 사례와 비교하고 있다. 독일에서는 "전기 사업의 핵심이 '많은 자금'이었다." 거대 "제조"회사만이 발전·송전 사업에 뛰어들 수 있었다. 그들은 계열 금융 자회사("은행")를 통해 일을 했는데, 그 은행들은 모기업인 제조업자를 위한 시장으로서 지역 전력 제도를 넘겨받았다. 세 개의 큰 콘체른이 이런 움직임을 주도했다. 첫째는 전력 보안을 위한 은행으로, 베를린에 본사를 두고 AEG(German General Electric, 미국 회사 GE와는 아무런 관련이 없다)와 손을 잡았다. 둘째는 콘티넨털 컴퍼니 포 일렉트릭 엔터프라이지스로, 뉘른베르크를 중심지로 하는 지멘스의 자회사였다. 셋째는 전기기업을 위한 은행으로, 처음부터 국제 경영을 목표로 했으며 취리히에 위치했다.

"그러나 미국에서와는 달리 독일은 공기업화되는 경향이 강했고, 그것도 비교적 이른 단계에 서였다. 가끔 이로 인한 갈등이 있었지만 전체적으로 보아 이런 형태의 '도시사회주의 municipal socialism'는" 민간 부문을 침해하지는 않았다고 슘페터는 지적한다. 20세기 초에는 이미 독일 전역에 대부분 전기가 들어왔다. 미국 기준으로는 전형적인 발전소가 여전히 소규모였지만 말이다.

자체 기술진을 많이 갖고 있던 몇몇 독일 기업은 전기 분야에 집중 투자하는 데 큰 이점이 있었다. 독일에서 전기 기술은 오래전에 "실험실과 학교에서 배우고 개발할 수 있게 된 응용과학"이 되었다고 슘페터는 지적한다. 큰 회사의 기술 부문은 "새로운 사람들"을 많이 보유하고 있어 "새 기업"을 따로 세울 필요가 없음이 드러났다. "기업가 대부분 피고용인이 되는" 이 유리한 상황에서 독일 기업은 1913년에 이미 세계 전기제품 생산량의 3분의 1을 만들어내고 있었다. 독일의 6대 제조회사 가운데 적어도 3곳이 전기 설비를 만들어냈다. 이는 AEG, 지멘스-슈케르트, 지멘스-할슈케 등이었다.

인용문과 독일에 관한 다른 측면에 대해서는 *Business Cycles*, I, pp. 439~441를 보라. 미국, 독일, 영국의 전화電化에 관한 권위 있는 비교사 책으로는 Thomas Parke Hughes, *Networks of Power: Electrification in Western Society 1880~1930*, Baltimore: Johns Hopkins University Press, 1983이 있다. 특정 회사에 관한 상세한 내용을 알려면 Alfred D. Chandler, Jr., *Scale and Scope: The Dynamics of Industrial Capitalism*, pp. 463~474 및 Appendix C.1, p. 703을 보라. 순위는 자산 순이다.

한편 영국에서는 전기기계 제작이 뒤떨어져, 미국과 독일의 대기업과 효과적으로 경쟁할 수 있는 회사가 없었다. 대부분의 내수시장은 제너럴 일렉트릭, 웨스팅하우스, AEG 및 지멘스 계열 두 회사 제품의 수입이나 이들 네 회사의 국내 자회사 제품들로 채워졌다.

전력 시스템 개발에서 영국 사기업은 "경제적 과업에서 명백하게 실패했다." 따라서 미국과는 대조적으로 정부가 공백을 메워야 했다. 1929년에는 이미 공공 기관이 영국 내 공급 제도의 70퍼센트 이상을 차지했다. 이 '전국 송전선망National Grid'은 다른 나라들의 공공 사업의 유용한 모델이 되었다. 그러나 처음부터 영국은 전기설비를 공급하는 산업에서 미국 및 독일과 경쟁할 수 없었다. *Business Cycles*, II, pp. 757~758를 보라.

이후의 상세한 연구는 슘페터가 여기서 주장한 바를 확인해줬다. 독일의 6대 제조업체 가운데 3곳이 이 제품을 만들고 미국에서는 상위 17개 업체 가운데 둘이 이 분야였지만, 영국에서는 최대의 전기제품 제조사가 국내 제조업체 순위 50위였고 이 분야에서 두 번째 큰 회사는 54위였다. 둘 다 중량급 제품은 만들어내지 못하고, 백열전구나 다른 작은 물품으로 특화했다. 그다음으로 큰 세 '영국' 전기제품회사는 독일 및 미국 대기업의 현지 자회사들이었다. 제1차 대전 시작 무렵, 영국의 전기설비 생산의 3분의 2는 제너럴 일렉트릭과 웨스팅하우스, 지멘스 계열사들의 것이었다. 제1차 대전 기간에 정상적인 무역 유형이 무너진 뒤 영국 회사들은 형편이 얼마간 나아졌다. 그러나 그들은 미국과 독일의 대기업을 따라잡지 못했다. Chandler, *Scale and Scope*, p. 276 및 Appendix B.1, p. 671을 보라.

71. *Business Cycles*, II, pp. 907, 1033. 괄호 안에 있는 "내생적endogenous"이라는 말은 원문에 있는 것이다. 슘페터는 더 나아가 현재의 자본주의가 어떻든 안정화되지 않을 경우에 대해 이렇게 말했다.

"그때 나타나는 현상은 투자나 심지어 재투자를 갈수록 꺼리게 되는 것이다. 이는 '자본을 잠식'하고 균형을 유지하며 한 계급에 허락된 모든 변화를 통해 사라진 소득을 재창출하는 것인데, 이 계급은 이전에는 제 기능을 발휘하지 못했지만 봉건 시대의 선조들처럼 이전에 채워졌던 기능에 의해 얻어지고 그와 연관된 권력을 한동안 유지하게 되는 계급이다. 불균형과 실업, 자원의 불충분한 이용(이제 그 본질은 다르지만), 중립적이고 불안정하며 낮은 평형 상태가 이후 팽창하지 않는 세계와 함께 머물 것이다." 이 진술은 『경기순환론』의 다른 부분들과는 달리, 케인스의 『고용, 이자 및 화폐의 일반 이론』과 공통된 여러 요소가 있다.

72. Neisser, *Annals of the American Academy of Political and Social Science* 208, March 1940, pp. 205~206; Lange, *Review of Economic Statistics* 23, November 1941, pp. 190~193; Rosenberg, *American Historical Review* 46, October 1940, pp. 96~99. 로젠베르크는 이어서 이 책의 여러 장점에도 불구하고 슘페터 이론에 대한 증거 일부는 '흥미로운 작업가설'에서 멀리 벗어나지는 못했다고 말한다. Schumpeter Papers, HUG(FP)—4.7, Correspondence and other misc. papers, ca. 1920s~1950, box 1, folder Business Cycles, n.d., HUA에는 이 책에 대한 비평들이 더 있는데, 출판사를 위해 오스카 랑에가 보내온 것이다. "내 생각에 가장 중요한 부분은 1) 이 책의 역사적인 부분—이는 정말로 경기순환에 대해 체계적·포괄적인 영어 서술로 된 첫 번째 책이다. (…) 2) 자본주의가 어떻게 진화를 이뤄내는가에 관한 부분과 경기순환에서의 기술적 진보의 역할에 관한 부분은 그 독

창성을 떠나서 역시 이 주제에 관해 영어로 읽을 수 있는 거의 유일한 포괄적 논술이다."

73. Simon Kuznets, *American Economic Review* 30 (June 1940), pp. 257, 266~271.

74. 리처드 머스그레이브와 당시 내 연구 조력자였던 벤야민 헤트와의 2000년 9월 30일 인터뷰; 슘페터가 하벌러에게 보낸 1942년 9월 30일 편지, UAV 349.11, Department of Economics, Correspondence and Records, 1930~1961, box Robertson—Schumpeter, folder Joseph A. Schumpeter, 1933~1942, HUA. 또한 Wolfgang F. Stolper, "Reflections on Schumpeter's Writings", in Seymour E. Harris, ed., *Schumpeter, Social Scientist*, Cambridge, Mass.: Harvard University Press, 1951, p. 109n27도 보라.

75. 슘페터는 이렇게 썼다. "(외부 사건을 감안한 정보 보정이 이뤄지지 않았다면) 의사가 "유기체적으로 이 사람은 완전히 정상이다. 만약 그가 죽는다면 그것은 그의 머리 위에 떨어진 벽돌 때문이다'라고 말하는 것도 받아들일 수 없을 것이다."
슘페터가 미첼에게 보낸 1937년 5월 6일 편지, in Hedtke and Swedberg, eds., Briefe, pp. 301. 또 이 주장은 그것 자체로 완벽히 이치에 맞는다. 그러나 그것은 정확한 경제학에는 해가 된다. 정보 보정이 필요한 외부 사건을 선택하는 데나 보정수준에 대한 믿을 만한 지침이 없기 때문이다. 둘 다 본질상 주관적이다. 슘페터는 미첼에게 보낸 편지에서 이렇게 덧붙였다. "우리는 이 (순환) 현상이 단순하며 이론적이거나 통계적인 간단한 방법에 의해 직접 통제될 수 있다는 편견을 깨끗이 몰아내야 한다는 것을 뼈저리게 느끼고 있습니다." 이런 정확한 통찰은 정확한 경제학으로부터의 일탈을 의미한다.
쿠즈네츠가 『경기순환론』에 대한 자신의 리뷰를 발표하기 전에, 그는 이 책에 묘사된 사이클의 정확한 시기에 관해 슘페터와 편지를 주고받았다. 슘페터는 이렇게 대답했다.
"그러나 당신은 제가 시기를 산정한 것이 솔직히 실험적인 것이며 여러 사례에서 오직 근사치일 뿐이라는 것을 이해하실 수 있을 것입니다. 예를 들어 저는 제가 연구한 3개국에서 새로운 발전의 물결이 시작된 것이 1780년대라는 데 대해 매우 강한 확신을 가지고 있습니다. (…) 저는 콘드라티예프파동[장기 순환]이 설명하는 산업혁명 순환의 각 단계를 호경기(1787~1800) − 후퇴(1801~1813) − 불경기(1814~1827) − 회복(1828~1842)으로 잡고 있습니다. 부르주아 순환의 각 단계는 호경기(1843~1857) − 후퇴(1858~1869) − 불경기(1870~1884/5) − 회복(1886~1897)입니다. 그리고 신중상주의 순환의 각 단계는 호경기(1898~1911) − 후퇴(1912~1924/5) − 불경기(1926~1938)입니다. 저는 제가 위험스럽게도 의심스러운 일에 매우 적극적이라는 것을 압니다. 그러나 저는 스스로 이렇게 말할 수 있다고 생각합니다. 아무리 이 틀이 맞지 않더라도 저는 이 일탈을 충분히 설명할 수 있는 교란요인의 존재를 상세하게 입증할 준비가 되어 있습니다."
슘페터가 쿠즈네츠에게 보낸 1940년 3월 18일 편지, in Hedtke and Swedberg, eds., *Briefe*, pp. 321~322.

76. Jacob Viner, "Mr. Keynes on the Causes of Unemployment", *Quarterly Journal of Economics* 51, 1936, p. 147. 앨빈 한센은 나중에 생각을 바꿔 미국에서 가장 영향력 있는 케인스 신봉자가 되었다.

77. 슘페터의 『일반 이론』 리뷰, in *Journal of the American Statistical Association* 31, December 1936, p. 791.

78. Ibid., p. 792.

79. Ibid., pp. 794~795.

80. Ibid., pp. 794~795.

81. 슘페터가 랑에게 보낸 1937년 2월 24일 편지. 같은 날 그는 또 다른 경제학자 아서 마거릿에게 이런 편지를 썼다. "저는 미래에 대해 당신보다 비관적입니다. 저는 독재자도 믿지 않고, 바보라서 실패한 다른 누구도 믿지 않습니다. 왜냐하면 이것은 인간이 사랑하는 문제이기 때문입니다. 우리 앞의 특별한 사례에서 저는 바로 우리의 뛰어난 젊은이 대부분이 케인스의 책에 완전히 열광하고 있다는 사실에 상당한 충격을 받았으며, 이런 현상은 상당히 일반적인 것으로 보입니다." 두 편지는 모두 Hedtke and Swedberg, eds., *Briefe*, pp. 295~297에 실려 출간되었다.

82. *Business Cycles*, I, p. vi. 슘페터는 이어서 자신이 "제 분석이 자유방임주의의 어떤 일반 원칙도 뒷받침하는 것이 아님을 분명히 하기"를 원한다고 말한다.

83. E. Rothbarth, *Economic Journal* 52, June–September 1942, p. 229; J. Marschak, *Journal of Political Economy* 48, December 1940, p. 892.

84. 슘페터는 케인스에게 『경기순환론』을 한 부 보내고 정성 어린 답장을 받았다. 그러자 그는 케인스에게 이렇게 썼다. "저는 당신이 정말로 그 두 권을 꼼꼼히 다 읽어주셨다는 것을 상상하기 어렵습니다. 정말 다 읽어주셨다면 사죄드려야겠네요. 제 이야기에 대한 자기중심적인 집착(그것을 당신은 그렇게 관대하게 용서해주셨습니다)과 아울러, 제가 쥐글라파동이라 부른 것의 16개 단위를 역사적·통계적으로 다 다뤄 제 도식이 맞거나 맞지 않는 모든 경우를 일일이 지적하고자 한 제 욕심 때문에 엄청나게 불어난 분량에 대해서도 말입니다." 슘페터가 케인스에게 보낸 1939년 10월 3일 편지, in Hedtke and Swedberg, eds., *Briefe*, pp. 319~320.

85. 슘페터는 『경기순환론』의 '감사의 말'에서 몇몇 연구 조력자에게 감사를 표하고 하버드대 동료 시모어 해리스와 W. L. 크룸 및 "현재 캘리포니아대에 재직하고 있는 고든 교수와 본 대학교의 클로징 박사"에게도 간단히 감사를 표했다. 그러나 엘리자베스나, 그에게 유익한 조언을 했을 법한 다른 여러 친구나 동료들은 언급하지 않았다.

86. 토빈의 서문, Eduard März, *Schumpeter: Scholar, Teacher, Politician*, New Haven, Conn.: Yale University Press, 1991, p. ix.

87. *Business Cycles*, I, pp. v~vi.

88. 퍼킨스는 또한 스콧 피츠제럴드와 어니스트 헤밍웨이의 책 대부분을 편집했다. 그는 『천사여 고향을 보라』를 요약한 외에, 울프의 『시간과 강물에 대하여』를 대략 절반으로 줄였다. 아마도 예술적인 이유보다는 법적인 이유가 컸을 것이다. 잘라낸 부분은 주로 울프와 무시무시한 얼라인 번스타인과의 스캔들을 다룬 것인데, 이것 때문에 스크라이브너 사가 소송에 말려든 듯하다. David Herbert Donald, *Look Homeward: A Life of Thomas Wolfe*, New York: Little, Brown, 1987, pp. 202, 294~303 및 pp. 464~484에 있는 울프의 사후 출간 소설들에 대한, 또 다른 편집자(에드워드 애스웰)의 논란 많은 작업에 대한 긴 토론을 보라.

89. 1964년에 과거 슘페터의 제자였던 밴더빌트대의 경제학 교수 렌디그스 펠스가, 여기서 묘사한 형태로는 아니지만 『경기순환론』을 절반 정도로 압축했다. 원출판사인 맥그로힐은 요약판도 출판했으나 그리 성공을 거두지는 못했다.

90. 제대로 논의가 되었다면 『경기순환론』의 또 다른 방법론은 케인스의 접근법과 슘페터의 접근법을 통합하는 데 기여했을 것이다. 제임스 토빈은 이렇게 쓴 적이 있었다. "나는 개인적으로 슘페터와 케인스가 완전히 모순되는 점을 발견하지 못했다. 케인스는 기업 투자의 본질적인 예측 불가능성을 강조했고, 슘페터는 왜 그렇게 되어야 하는지 중요한 이유들을 제시했다." 토빈의 서문, März, *Joseph Schumpeter*, p. ix를 보라.
슘페터 자신은 『경기순환론』이 나오고 10년 뒤에 글을 쓰면서 이렇게 주장했다. "(통계학적 요소를 포함하는) 계량경제학적 모델의 역할은 현상에 대한 역사 분석을 보완하는 것이며, 구조 전체를 묘사하는 불가결한 서비스를 제공하는 것이다."
그는 이어 "생산과 소비 기능의 끊임없는 변화"에 관한 상세한 연구를 주장했다. 그는 이렇게 결론지었다.
"현대 경기순환 연구의 가장 심각한 문제점은 아무도 산업과 각 기업이 어떻게 부침浮沈하며 그런 부침이 어떻게 전체에 영향을 미치고 우리가 막연하게 '일반적인 기업 환경'이라고 부르는 것이 무엇인지 이해하거나 제대로 신경쓰지 않는다는 점이다."
이것은 매우 설득력 있는 비판이었다. Schumpeter, "The Historical Approach to the

Analysis of Business Cycles", Universities-National Bureau Conference on Business Cycle Research, November 1949, printed in Richard V. Clemence, ed., *Joseph A. Schumpeter: Essays on Entrepreneurs, Innovation, Business Cycles, and the Evolution of Capitalism*, Cambridge, Mass.: Addison-Wesley, 1951, pp. 327, 329를 보라.

제16장 유럽에서 온 편지

1. 1920~1940년까지의 기간에 대한 학술적인 탐구를 위해서는 William N. Parker, "Capitalistic Organization and National Response: Social Dynamics in the Age of Schumpeter", *Journal of Economic Behavior and Organization* 5, March 1984, pp. 3~23을 보라.

2. 지식인들이 공산주의에 매혹된 일에 대해서는 François Furet, trans. Deborah Furet, *The Passing of an Illusion: The Idea of Communism in the Twentieth Century* , Chicago: University of Chicago Press, 1999를 보라. 1930년대에 미국을 포함한 거의 모든 나라의 지식인 대부분은 좌익 정치, 때로는 소비에트식 공산주의로까지 경도되었다. 특히 프랑스 지식인은 소비에트 정권의 흉포성에 관한 진실조차도 받아들이기를 꺼렸던 듯하다. 역설적으로 다른 여러 프랑스 지식인은 파시즘에 매혹되었다. David Carroll, *French Literary Fascism: Nationalism, Anti-Semitism, and the Ideology of Culture* , Princeton, N.J.: Princeton University Press, 1995를 보라.

3. Hermann Kinder and Werner Hilgemann, trans. Ernest A. Menze, *The Penguin Atlas of World History Vol. 2: From the French Revolution to the Present*, New York: Penguin Books, 2003, p. 139; Mark Mazower, *Dark Continent: Europe's Twentieth Century*, New York: Knopf, 1998, p. 18.

4. Mazower, *Dark Continent*, p. 16에 인용되어 있다.

5. 독일 바이마르에서 48호 법령은 1925년에서 1930년 사이에 16차례만 발동되었다. 그런데 1931년 한 해에 그것이 42차례 발동된 데 비해 의회에서 통과된 법률은 35개였고, 1932년에는 59차례 발동되었으며 의회 통과 법률은 5개에 불과했다. Mazower, *Dark Continent*, p. 21을 보라. 우익 성향의 총리는 하인리히 브뤼닝이었고, 그는 1930년 봄에 좌익 성향의 사회민주주의자 헤르만 뮐러로 교체되었다. 브뤼닝은 우익 가톨릭중앙당 출신이다. 그의 주요 정책은 호엔촐레른가의 부활을 위해 노력하는 일과 서구 동맹국에 독일이 배상금 지불을 계속할 수 없음을 납득시키는 일 등 두 가지였다. 그는 두 번째 정책(그것 자체는 훌륭한 생각이었다)을 추구하기 위해 통화수축deflation이라는 미련한 정책을 폈고, 이에 따라 경기 침체

는 더욱 심해질 수밖에 없었다.

6. Mazower, *Dark Continent*, p. 19. 여러 흥미로운 현대적 시선 가운데 하나로 William E. Rappard, *The Crisis of Democracy*, Chicago: University of Chicago Press, 1938)를 보라. 유럽의 상황에 대한 손쉬운 역사기록학적 연구로는 다음의 서평 논문 네 편을 보라(각 논문마다 몇 가지씩의 중요한 책들을 다루고 있다). John Hiden, "Hard Times—From Weimar to Hitler", *The Historical Journal* 32, December 1989, pp. 947~962; Theo Balderston, "Coping with Catastrophes: Economic Policy, Performance and Institutions in Troubled Times, 1919~1955", *The Historical Journal* 36, June 1993, pp. 455~468; Patricia Clavin, "The Impact of Inflation and Depression on Democracy: New Writing on the Inter-War Economy", The Historical Journal 38, September 1995, pp. 749~757; Omer Bartov, "Review Forum: Rewriting the Twentieth Century", *Kritika: Explorations in Russian and Eurasian History* 3, Spring 2002, pp. 281~302.
대공황에 관한 수많은 책 가운데 요약·설명이 잘된 책은 Charles Kindleberger, *The World in Depression, 1929~1939*, Berkeley: University of California Press, 1987이다. 케인스의 『일반 이론』은 당대를 분석한 많은 책 가운데 현재로서는 가장 중요한 책이다.

7. Kinder and Hilgemann, *The Penguin Atlas of World History* vol. 2, p. 184.

8. 슘페터가 오스카 랑에게 보낸 1937년 2월 24일 편지, in Ulrich Hedtke and Richard Swedberg, eds., *Joseph Alois Schumpeter, Briefe/Letters*, Tübingen: J. C. B. Mohr, Paul Siebeck, 2000, p. 295.

9. 이런 관계는 미아의 편지에 나타난다. Schumpeter Papers, HUG(FP)—4.5, Letters from Mia 1932~1940, passim, HUA. 불행하게도 그녀와 슘페터가 주고받은 수많은 편지 가운데 그녀가 보낸 편지들만이 남아 있다. 슘페터의 편지는 제2차 대전 동안 없어졌기 때문이다. 그러나 그가 편지에서 말한 내용의 상당 부분은 그녀의 답장을 통해 밝혀지고 있다.

10. 슘페터가 라이징거 여사에게 송금한 내역은 1938년과 1939년에 그의 비서 캐서린 버넬과 함부르크-아메리카 라인 및 노스 저먼 로이드의 보스턴 지부 대리인 P. 퍼차우 사이에 주고받은 편지들에 적혀 있다. Schumpeter Papers, HUG(FP)—4.25, *Business Cycles* Correspondence, 1937~1938, folder Correspondence re: Permissions for *Business Cycles*. 또 밀리가 슘페터에게 보낸 1930년 6월 30일 및 1938년 12월 13일 편지, HUG (FP)—4.7.5, Miscellaneous correspondence, box 1, folder Miscellaneous

correspondence received, all in HUA도 보라. 이 기간에 환율은 변화가 매우 심했으며, 슘페터는 얼마든지 살 수 있도록 200마르크 수표를 보냈다. 아래 주11도 보라.

11. 이런 모든(그리고 더 많은) 도움에 대해서는 미아와 그녀 가족에게서 온 감사 편지에 언급되어 있다. Schumpeter Papers, HUG (FP)—4.5, Letters from Mia, 1932~1940, passim, HUA. 슘페터 관련 문서에는 그가 라이징거 가족에게 선물한 것에 대한 내용도 들어 있다. HUG(FP) 4.7.5., box 1, Miscellaneous correspondence, folder Miscellaneous correspondence received. 또 그가 미아에게 송금을 주선하는 편지 사본도 보라. 미아가 그르노블에서 공부하는 데 돈을 댄 일에 대해서는 슘페터가 독일 쾰른의 프랑스 영사에게 보낸 1935년 10월 9일 편지, UAV 349.11, Department of Economics, Correspondence and Records, 1930~1961, box Robertson−Schumpeter, folder Joseph A. Schumpeter 1933~1942를 보라. 미아의 결혼 선물에 대해서는 짐머만 앤드 포셰이 투자유가증권회사에서 슘페터에게 보낸 1936년 10월 20일 편지를 보라. 그들이 슘페터의 주문을 받았으며, "제국 마르크로 약 1500마르크 상당의 결혼 선물"을 독일의 미아와 슈토얀에게 보낼 것이라고 했다. "그러나 이는 달러당 3.33제국마르크(또는 마르크당 30센트)의 환율로 오늘 당신에게 제공할 수 있는 지폐/쿠폰을 매개로 해서만 이루어질 수 있습니다."(이는 450달러에 상당하는 것이어서 2004년의 6135달러에 해당한다. Bureau of Labor Statistics, at http://www.bls.gov, 2004년 10월 6일 접속) Schumpeter Papers, HUG(FP)—4.7, Correspondence and other misc. papers, ca. 1920s~1950s, box 9, folder XYZ.

12. 미아가 슘페터에게 보낸 1933년 10월 3일 편지, Schumpeter Papers, HUG (FP)—4.5, Letters from Mia, 1932~1940, box 1, folder 1933, HUA. 벤야민 헤트 번역.

13. Schumpeter Papers, HUG(FP)—4.5, box I에는 1932년부터 1936년까지의 편지가 들어 있으며(미아 아버지가 보낸 1947년도 편지만 예외), box II에는 1937년 이후의 것이 들어 있다. 아래 편지의 대부분은 벤야민 헤트 번역이다. 1936년도분 대부분과 1937년도분 상당수는 미아가 프랑스어로 썼으며, 이 편지들은 펠리스 위텀 번역이다.

14. 슐라이허는 잇달아 단명한 총리 가운데 마지막이었던 사람으로 12월부터 1월까지 재임했으며, 그 뒤에 히틀러가 여든네 살의 파울 폰 힌덴부르크에게 총리 지명을 받았다.(슐라이허는 1934년 룀의 숙청 때 나치에게 살해당했다.) 1932년 봄에 대통령 선거가 있었는데, 육군 원수 출신의 힌덴부르크가 히틀러와 대결해 이겼다. 1932년에는 두 번의 총선거가 있었는데, 나치는 7월 선거에서 38퍼센트를 얻어 제1당이 되었고 11월 선거에서는 33퍼센트를 얻었다. 히틀러의 정당이 의석을 잃는 가운데 그가 총리가 된 일은 바이마르헌법의 태생적 문제점이 드러난 마지막 사례였다. 공산당은 7월 14.3퍼센트에서 11월 16.6퍼센트로 의석이 약간 늘었다. Volker Berghahn, *Modern Germany: Society, Economy and Politics in the*

Twentieth Century, Cambridge: Cambridge University Press, 1982, pp. 113, 184를 보라.

15. 미아는 거의 확실하게 슘페터가 『로이즈 먼슬리 리뷰Lloyd's Monthly Review』에 기고해 히틀러를 비판한 글을 언급하고 있다. 슘페터가 리처드 토마에게 보낸 1932년 3월 31일 편지, in Hedtke and Swedberg, eds., *Briefe*, pp. 211~213를 보라.

16. 여기서 미아가 쓴 독일어 "슈바르츠Schwartz"는 내가 지적한 것처럼 '꼬리'를 의미하기도 하지만 '남근'을 의미할 수도 있는데, 그녀는 아마 후자의 의미로 썼던 듯하다.

17. 미아의 의심은 근거가 없었다. 슘페터는 거듭 스토얀에게 록펠러 장학금을 받아주려고 노력했다. 슘페터가 트레이시 키트리지에게 보낸 일자 미상(1938년 9월)의 편지, UAV 349.11, Department of Economics, Correspondence and Records, 1930~1961, box Robertson—Schumpeter, folder Joseph A. Schumpeter, 1933~1942, HUA. 장학금 수여를 담당한 트레이시 키트리지에게 보낸 그의 탄원서와 함께, 불가리아 및 세르비아 지역의 추천 책임자인 불가리아 소피아대의 오스카 앤더슨에게 슘페터가 1938년 4월 13일로 보낸 편지(ibid.)도 보라.

18. 1941년 2월 8일 편지는 여기에 쭉 발췌된 다른 편지들과 달리 Schumpeter Papers, HUG(FP)—4.7, Correspondence and other misc. papers, 1920s~1950, box 1, folder unidentified 1940, HUA에 들어 있다.

19. 오토 슈퇴켈이 슘페터에게 보낸 1947년 5월 1일 편지, Schumpeter Papers, HUG(FP)—4.5, box 1, folder Letter on Mia's death. 슘페터는 슈퇴켈 집안 사람들로부터 몇 통의 편지를 더 받았는데, 주로 그의 지속적인 배려에 감사하는 내용이었다. 예를 들어 HUG(FP)—4.7, Correspondence and other misc. papers, ca. 1920s~1950, box 1, folders unidentified 1930, unidentified 1940, unidentified no date, all in HUA를 보라. 예를 들어 오토 슈퇴켈이 슘페터에게 보낸 1948년 3월 2일 편지 (ibid., box 8, folder S)는 이러하다.

어제는 제 일흔일곱 살 생일이었습니다. 돌아보니 제 삶은 고난과 일뿐이었고, 제 아내와 미아, 스토얀, 토니를 잃고 큰 고생을 했습니다. 그러나 저는 제 운명에 만족합니다. 미아의 두 아이들은 나를 계속 젊고 건강하게 해줬으며, 자기 부모를 대신하고 있습니다. 그 아이들은 매우 재능 있고 예쁜 아이들입니다. 조라는 2월 4일에 열 살 생일이 지났고, 블라도는 5월 29일에 일곱 살이 됩니다.
저는 이 아이들에게 제 집과 정원을 남겨주고 싶습니다. 집은 형편없이 망가져 복구해야 합니다. 이 도시에서는 건축 허가와 자재 구득이 어렵습니다. 잘 알려졌다시피 윌리히는

1944년 11월 16일에 큰 폭격을 당해 도시의 97퍼센트가 파괴되었습니다.

이와 비슷하게 오토 슈퇴켈은 슘페터에게 보낸 1948년 5월 29일 편지(ibid.)에서 이렇게 말했다. "저는 늘 아내와 미아, 스토얀, 토니를 생각하느라 잠을 자지 못하지만, 그래도 아침에는 생생하고 건강합니다. (…) 미아의 두 아이는 잘 지냅니다. (…) 며칠 전에 당신이 세 번째 부친 돈이 도착했습니다. 이 훌륭한 선물에 진심으로 감사드립니다."

윌리히에서 트레셴 슈퇴켈(프라우 다우첸베르크)이 슘페터에게 보낸 1949년 3월 13일 편지는 이러하다. "당신이 친절하게 배편으로 보내주신 것이 이주에도 다시 우리를 행복하게 해줬고, 그것으로 당신이 아직 살아 계시다는 것을 알 수 있었습니다. 온 가족을 대표해서 진심으로 감사드립니다. 당신은 필요한 때에 오시는 진정한 구원자이십니다. (…) 최근에 우리는 다시 한번 당신에 관한 강연을 라디오에서 들었습니다."

그녀는 1949년 3월에 찍은 미아의 두 아이의 사진을 동봉했다. Ibid. 모두 벤야민 헤트 번역.

제17장 하버드대, 떠날 것인가 머무를 것인가?

1. 슘페터 부부는 결혼한 뒤 처음 아홉 달 동안 아카시아 가와 아주 가까운 애시 가 15번지에 살았다. 이 주소지들에 거주한 날짜는 엘리자베스의 날짜 미상(1950년) 개인 이력 진술, p. 9, in the R. Elizabeth Boody Schumpeter Papers, 1938~1953, A-43, at Schlesinger Library, Radcliffe Institute, Harvard University(이후 엘리자베스 슘페터의 문서에서 인용)에 나온다. 아카시아 가의 집 구입은 케임브리지의 미들섹스 카운티 등기소에 엘리자베스와 조지프 공동 명의로 등록되어 있다. 엘리자베스는 이 집을, 1950년 1월 남편이 죽고 나서 그해 6월 22일에 팔았다.

2. 엘리자베스 슘페터가 J. C. 로라백에게 보낸 1939년 6월 2일 편지, Elizabeth Boody Schumpeter Papers. 다툼은 엘리자베스가 그녀의 재산 일부를 판 뒤인 1938년부터 시작되었다. 엘리자베스는 더 나아가, 이웃인 데크나텔 부부가 자신이 원하는 것을 쉽게 들어줄 수 있었다고 말했다. 그녀는 조경에 대해서도 걱정했다. "나는 지난해(그녀가 그 땅에 있는 두 집 가운데 하나를 데크나텔 부부에게 팔았을 때) 당신에게서, 현재의 식수와 조경은 나의 동의를 얻고서만 변경할 수 있다고 들었던 것 같습니다."

3. 그와 함께 엘리자베스는 윈디힐의 땅을 고치는 데 많은 노력을 들였다. 그녀는 또한 피루스키와의 결혼생활 그리고 슘페터와 결혼한 뒤 몇 년 가운데 어느 기간에 작은 상업적 육묘장을 운영하기도 했다. Robert Loring Allen, *Opening Doors: The Life & Work of Joseph Schumpeter*, two vols., New Brunswick, N.J.: Transaction, 1991, II, p. 32.

4. 그는 더 나아가 이렇게 말했다. "저는 당신이 우리 그룹의 토론에 기여하고 또 그 토론을

이끌어주심으로써 개인적으로 빚지고 있음에 감사드리고자 합니다. 저는 여태껏 우리가 해온 일을 발전시키고 조정하는 작업을 계속하는 데 찬성이며, 더 키워보자는 데도 찬성입니다." 슘페터가 파슨스에게 보낸 1940년 6월 12일 편지, in Ulrich Hedtke and Richard Swedberg, eds., *Joseph Alois Schumpeter, Briefe/Letters*, Tübingen: J. C. B. Mohr, Paul Siebeck, 2000, p. 324. 파슨스는 슘페터보다 열아홉 살 아래였다. 이 합리성 연구 집단에 관한 제안서 초안은 슘페터가 자필로 쓴 것이다. "T. 파슨스와 J. 슘페터는 '행동에서의 합리성의 의미The Meaning of Rationality in Action'에 관한 토론 집단을 출범시킬 것을 제안하며, 진심으로 당신의 참여를 요청합니다. 첫 모임은 27일(금요일) 오후 4시 파슨스 씨의 아파트(애덤스 하우스 G23)에서 있으며, 슘페터가 '경제 현상 해석에서 이성의 역할The Role of Rationality in the Interpretation of Economic Phenomena'을 발표합니다. 회답 [판독 불능] 주십시오."

슘페터 논문의 전문 대부분은 슘페터가 죽은 뒤인 1984년 한 독일 학술지에 발표되었다. 「사회과학에서 이성의 의미The Meaning of Rationality in the Social Sciences」라는 제목의 완전한 텍스트는 Richard Swedberg, ed., *Joseph A. Schumpeter: The Economics and Sociology of Capitalism*, Princeton, N.J.: Princeton University Press, 1991, pp. 316~337에 들어 있다. 이 논문이 1939년에 쓰였는지 1940년에 쓰였는지는 분명치 않다.

초청장 초안은 날짜가 적혀 있지 않으며, 1939년도 날짜의 경제학부 내 왕복 편지가 들어 있는 함에 있다. 초청장 수신인들은 오버턴 테일러 박사, 폴 스위지 박사, 레온티예프 교수, 하벌러 교수, 베르그송 씨, 던롭 씨(그리고는 여기에 줄이 그어져 위쪽의 경제학자들과 아래쪽의 나머지 사람들을 구분하고 있다), 크레인 브린턴 교수, 링컨 고든 씨 그리고 페티 박사(이들 가운데 적어도 두 사람은 행정학부 소속이었다). UAV 349.11, Department of Economics, Correspondence and Records, 1930~1961, box Robertson—Schumpeter, folder Joseph Alois Schumpeter, HUA.

5. Schumpeter, *History of Economic Analysis*, New York: Oxford University Press, 1954, p. 801n5.

6. 슘페터가 코넌트에게 보낸 1938년 10월 24일 편지, Schumpeter Papers, HUG(FP)—4.8, Carbons of JAS's correspondence, 1932~1949, box 2, folder C, HUA.

7. 코넌트가 슘페터에게 보낸 1938년 10월 25일 편지, Schumpeter Papers, HUG(FP)—4.7, Correspondence and other misc. papers, ca. 1920s~1950, box 3, folder C1940, HUA.

8. Robert Loring Allen, Opening Doors, II, p. 94에 인용된 슘페터의 일자 미상(1930년대 말) 일기. 슘페터는 새뮤얼슨의 문제가, 그가 반유대주의자일 가능성과 함께 지적으로 원로들보다 확실히 뛰어났기 때문에 생긴 것이라고 봤다. ibid., pp. 94~95 및 Richard

Swedberg, *Joseph Schumpeter: A Biography*, Princeton, N.J.: Princeton University Press, 1991, p. 139를 보라. 새뮤얼슨은 인근에 있는 매사추세츠공대에 자리를 얻었으며, 거기서 그는 세계 유수의 경제학부를 만드는 일에 힘을 보탰다. 또 그는 슘페터 등의 후원 아래 하버드대 신진 연구원이 되었는데, 자신의 연구와 저술 외에는 아무런 의무도 없는 3년 계약직 연구원이었다. 새뮤얼슨이 그의 획기적인 책 『경제 분석의 기초Foundations of Economic Analysis』를 쓴 것이 이 기간이었다.

9. Allen, Opening Doors, II, p. 94에 인용된 슘페터의 1940년 1월 일기.

10. 아리스토텔레스의 말은 *Politics*(B.C. 340년경)에서 인용한 것이다[아리스토텔레스 지음, 『정치학Politics』, 손병희 옮김, 숲, 2009로 출간됨*].

11. 퍼니스가 슘페터에게 보낸 1940년 5월 1일편지, Schumpeter Papers, HUG(FP)—4.1, Brief Daily Records, notes, and diaries, ca. 1931~1948, box 4, folder 1940, HUA. 퍼니스는 이어서 예일대의 목적은 "1차적으로 대학원의 연구를 강화하려는 것"이라고 말했다. 퍼니스는 논의를 위해 언제든지 케임브리지로 오라고 제안했다.

12. 퍼니스가 슘페터에게 보낸 1940년 5월 18일 편지, ibid.

13. 슘페터가 퍼니스에게 보낸 1940년 5월 20일 편지, ibid.

14. Ibid. 앨런은 "1940년 6월에 그는 하버드대에 사임 의향을 통보했다"(*Opening Doors*, II, p. 95)고 썼다. 나는 공식 통보한 아무런 기록도 발견하지 못했으나, 다른 증거들로 보면 슘페터가 모종의 방식으로 자신의 의사를 드러냈던 것으로 보인다. 어빙 피셔는 1940년에도 여전히 활동적인 학자였다. 1935년 예일대에서 퇴임하기 전 여러 해 동안 그는 경제학부에서 큰 역할을 맡지 않았다. 강의도 조금만 맡았으며, 그 대신 자신의 여러 연구 프로그램에 집 중했다. 그는 (동시에 진행된) 프로젝트를 뉴헤이븐에 있는 자신의 넓은 집에서 진행했으며, 이 집에는 많은 연구보조원이 일하고 있었다.

15. 여기에는 에드워드 체임벌린, 바실리 레온티예프, 에드윈 프리키, 존 블랙, 윌리엄 크룸, E. B. 윌슨, 앨빈 한센, A. E. 먼로, O. H. 테일러, A. P. 어셔, J. H. 윌리엄스, 에드워드 메 이슨, 섬너 슬리처, H. H. 버뱅크, 시모어 해리스 그리고 고트프리트 하벌러 등이 포함되었 다. 1940년 6월 3일에 쓴 그들의 편지가 Schumpeter Papers, HUG(FP)—4.7, Correspondence and other misc. papers, ca. 1920s~1950, box 5, folder Harvard Department Business, 1935–1940, HUA에 있다.

16. 이 편지도 1940년 6월 3일이다(ibid.). 여기에는 새뮤얼슨, 토빈, 볼프강 슈톨퍼, 아브람 베르그송, 로버트 비숍, 존 윌슨, 맥신 스위지, 존 던롭, 리처드 머스그레이브, 대니얼 판데르 묄렌, 시드니 알렉산더, 벤저민 히긴스, 쓰루 시게토, 로플린 맥휴, 허버트 올리, 메리언 새뮤 얼슨, 리처드 슬리터, 하인리히 호이저, 폴 스위지, R. M. 굿윈, 러셀 닉슨, 로이드 메츨러, 줄리안 홀리, 윌리엄 샐런트, 웬들 한스, P. D. 브래들리 등이 서명했다.

17. 슘페터가 동료들에게 보낸 6월 8일 편지, Schumpeter Papers, HUG(FP)—4.7, Correspondence and other misc. papers, ca. 1920s~1950, box 9, folder Yale Decision, 1940, HUA.

18. Allen, *Opening Doors*, II, p. 97에 인용되어 있다.

19. 퍼니스가 슘페터에게 보낸 1940년 6월 22일 편지, Schumpeter Papers, HUG(FP)—4.7, Correspondence and other misc. papers, ca. 1920s~1950, box 9, folder XYZ 1940; 시모어가 슘페터에게 보낸 1940년 9월 7일 편지, Schumpeter Papers, HUG(FP)—4.1, Brief Daily Records, notes and diaries, ca. 1931~1948, box 4, folder 1940, HUA.

20. 체임벌린이 슘페터에게 보낸 1940년 9월 13일 편지, Schumpeter Papers, HUG(FP)— 4.7, Correspondence and other misc. papers, ca. 1920s~1950, box 3, folder C 1940; Ferguson이 Schumpeter에게 보낸 1940년 9월 16일 편지, ibid., box 9, folder XYZ 1940, HUA.

제18장 기질을 거스르다

1. Schumpeter, *Capitalism, Socialism and Democracy*, New York: Harper & Row, 1950, p. 404.

2. Ibid., p. 399.

3. 슘페터가 장 후터에게 보낸 1937년 4월 22일 편지, in Ulrich Hedtke and Richard Swedberg, eds., *Joseph Alois Schumpeter, Briefe/Letters*, Tübingen: J. C. B. Mohr, Paul Siebeck, 2000, pp. 299~300.

4. 운문 형태로 된 이 인용문은 슘페터의 일기(낙장)에 있는 것이다. Schumpeter Papers, HUG(FP)—4.1, Brief Daily Records, notes and diaries, ca. 1931~1948, box 4, folder 1940, n.d. (1940), HUA(이하 슘페터의 일기에서 인용). 마지막의 생략 부호는 원문에 있는

것이다. 다른 두 인용문은 Schumpeter's Diary, box 7, folder Taconic 9IV39~5II40(즉 1939년 4월 9일~1940년 5월 5일), n. d.에 있는 것이다. 아래 주5~6의 출처도 같은 box, folder이다.

5. Ibid., 1939년 9월 1일 일기(노트 수록).

6. Ibid., 일자 미상(1939년 9월)의 일기(노트 수록) 및 일자 미상(1940년 10월)의 일기(낙장).

7. 미국의 중립 선호에 관한 여러 책 가운데 권위 있는 Wayne S. Cole, *Roosevelt and the Isolationists, 1932~1945*, Lincoln: University of Nebraska Press, 1983 및 Justus D. Doenecke, The Battle against Intervention, 1939~1941, Malabar, Fla.: Kreiger, 1997 을 보라. 후자는 해설 논문과 기록 원문 모음으로 구성된 얇은 책자다. 루스벨트의 1940년 연설은 선거 며칠 전인 1940년 10월 30일 보스턴에서 한 것이다.

8. 이는 Morton and Phyllis Keller, *Making Harvard Modern: The Rise of America's University*, New York: Oxford University Press, 2001 및 Richard Norton Smith, *The Harvard Century: The Making of a University to a Nation*, New York: Simon and Schuster, 1986을 보면 분명하다. 손턴 브래드쇼는 이어서, "많은 학우가 애국 단체에 구급차를 제공하기 위해 기금을 모았다. 내가 아는 한 아무도 링컨 여단에 참여하기 위해 떠나지는 않았다." 링컨 여단은 독재자 프랑코에 맞서 싸우기 위한 미국 지원병들이었고, 프랑코는 파시스트들에게 지원을 받고 있었다. Jeffrey L. Lant, *Our Harvard: Reflections on College Life by Twenty-two Distinguished Graduates*, New York: Taplinger, 1982, pp. 116~117, 137을 보라.

9. 수많은 연구가 나왔지만 대공황의 원인에 대해서는 역사학자와 경제학자들 사이에 오직 부분적인 공감대만 이뤄져 있다. 권위자 대부분이 인정하는 한 가지는 미국 연방준비제도 이사회의 형편없는 솜씨다. 그들의 통화정책이 불황을 훨씬 악화시켰다는 것이다. 아래 인용된 뉴딜에 관한 자료들은 모두 대공황을 어느 정도 자세하게 다루고 있는데, 이들 외에 아래 연구들을 참조하라.
- Michael A. Bernstein, *The Great Depression: Delayed Recovery and Economic Change in America, 1929~1939*, New York: Cambridge University Press, 1987.
- Lester V. Chandler, *America's Greatest Depression, 1929~1941*, New York: Harper & Row, 1970.
- Milton J. Friedman and Anna Schwartz, *A Monetary History of the United States, 1867~1960*, Princeton, N.J.: Princeton University Press, 1960.
- John Kenneth Galbraith, *The Great Crash: 1929*, Boston: Houghton Mifflin, 1955.

[존 케네스 갤브레이스 지음, 『대폭락 1929』, 이헌대 옮김, 일리, 2008로 출간됨*]
— John Maynard Keynes, *The General Theory of Employment, Interest and Money*, New York: Harcourt, Brace, 1936.
— Peter Temin, *Lessons from the Great Depression*, Cambridge, Mass.: MIT Press, 1989.
— Barry Eichengreen, *Golden Fetters: The Gold Standard and the Great Depression, 1919~1939*, New York: Oxford University Press, 1992.
— Robert M. Collins, *The Business Response to Keynes: 1929~1964*, New York: Columbia University Press, 1981.

루스벨트는 대통령에 취임하고 나서 처음 100일 동안 의회 특별 회기를 열도록 요구하고 50 건의 새 법안 입법을 추진했다. 여기에는 은행과 증권에 관한 입법(금융시장의 하락을 막기 위한 것), 농업조정법(농산물가격을 올리기 위한 것), 구제 및 공공고용 프로그램(소비자의 주머니에 돈이 들어오게 하기 위한 것), 테네시강유역개발공사법 같은 개발 법률들(어려움을 겪고 있는 지역을 돕기 위한 것), 전국산업부흥법(산업의 카르텔화와 노동자들의 조합화, 공공 사업 프로젝트를 촉진하기 위한 폭넓은 조치) 등이 포함되어 있었다. 쏟아져나온 이 법들은 대부분 약간의 적자 지출이 필요한 것들이었다.

1935년 두 번째 100일간에 루스벨트 행정부는 또 한 번 새로운 법률을 대거 쏟아냈다. 이 법들은 그 뒤 미국 정부의 골격을 상당 부분 정했다. 가장 중요한 두 법은 노동운동을 강화하는 전국노동관계법과 온건한 복지국가의 초석이 된 사회보장법이었다. 게다가 두 번째 100일은 수십만 개의 새로운 공공 부문 일자리를 만들어낸 공공사업촉진국과 수백만 농장에 전기를 공급한 농촌전화사업국, 전력산업에 대한 연방정부의 통제를 강화한 공공전력지주회사법 등을 만들어냈다. 뉴딜에 관한 문헌은 매우 많다. 대표적인 예로는 다음과 같은 것들이 있다.

— William E. Leuchtenberg, *Franklin D. Roosevelt and the New Deal, 1932~1940*, New York: Harper & Row, 1963.
— Arthur M. Schlesinger, Jr.의 3부작 *The Age of Roosevelt*, Boston: Houghton Mifflin, 1957~1960: *The Crisis of the Old Order, The Coming of the New Deal, The Politics of Upheaval*
— Ellis W. Hawley, *The New Deal and the Problem of Monopoly: A Study in Economic Ambivalence*, Princeton, N.J.: Princeton University Press, 1966.
— Harvard Sitkoff, ed., *Fifty Years Later: The New Deal Evaluated*, New York: Knopf, 1985[여기에는 경제정책과 그 배후에 있는 사상을 연구한 Thomas K. McCraw, "The New Deal and the Mixed Economy"(pp. 37~67)가 들어 있다]
— Lizabeth Cohen, *Making a New Deal: Industrial Workers in Chicago*, Cambridge: Cambridge University Press, 1990.
— Colin Gordon, *New Deals: Business, Labor, and Politics in America, 1920~1935*,

Cambridge: Cambridge University Press, 1994.

– Alan Brinkley, *The End of Reform: New Deal Liberalism in Recession and War*, New York: Knopf, 1995.

– Jason Scott Smith, *Building New Deal Liberalism: The Political Economy of Public Works, 1933~1956*, Cambridge: Cambridge University Press, 2006. 1930년대부터 제2차 대전까지의 전 시기에 대한 광범한 조망을 위해서는 David M. Kennedy, *Freedom from Fear: The American People in Depression and War, 1929~1945*, New York: Oxford University Press, 1999를 보라.

10. 일자 미상(1939년 6월)의 슘페터의 일기(노트 수록), box 7, folder Taconic 9IV39~5II40. 이 폴더에는 언급한 날짜의 일기와 함께 1930년대 후반에 쓴 것들도 들어 있다.

11. 슘페터가 하벌러에게 보낸 1934년 11월 7일 및 1935년 8월 15일 편지, Gottfried Haberler Collection, Box 31, folder: Schumpeter, Joseph, Hoover Institution Archives, Stanford University. Schumpeter's Diary, n.d., box 4, folder 1941~1942 [sic]. 일부 뉴딜정책 연구자들은 루스벨트가 탁월한 정치가였지만, 그의 경제정책과 통치 철학은 매우 융통성이 커서 모순 그 자체에 가까웠다고 생각한다. 이런 관점에 대한 간명한 서술은 Paul K. Conkin, The New Deal, 3rd. ed., Wheeling, Ill.: Harlan Davidson, 1992을 보라. 슘페터의 견해와 다른 동시대 이론가들(특히 앨빈 한센과 가드너 민스)의 견해에 대한 흥미로운 비교는 Theodore Rosenof, *Economics in the Long Run: New Deal Theorists and Their Legacies, 1933~1993*, Chapel Hill: University of North Carolina Press, 1997에서 찾아볼 수 있다.

12. Schumpeter's Diary, June 24, 1939, notebook entry, box 7, folder Taconic 9IV39~5II40.

13. 슘페터의 가까운 친구로 믿을 만한 소식통인 하벌러는 슘페터가 "실제로 당시 기준으로는 매우 큰 금액인 90억 달러짜리 비상 정부 지출 프로그램을 권고했다"고 썼다. Haberler, "Schumpeter's Capitalism, Socialism and Democracy after Forty Years", in Arnold Heertje, ed., *Schumpeter's Vision: Capitalism, Socialism and Democracy after 40 Years*, New York: Praeger, 1981, p. 77n. 또 David McCord Wright, "Schumpeter and Keynes", *Weltwirtschaftliches Archiv* 65 (1950), p. 195n17(하벌러에게 받은 편지를 인용하고 있다) 및 Robert Loring Allen, *Opening Doors: The Life & Work of Joseph Schumpeter*, two vols., New Brunswick, N.J.: Transaction, 1991, II, pp. 21, 33n4도 보라. 후자는 슘페터가 다른 동료들에게 한 비슷한 언급을 인용하고 있다.

14. 이 로웰 강의는 Richard Swedberg, ed., *Joseph A. Schumpeter: The Economics and Sociology of Capitalism*, Princeton, N.J.: Princeton University Press, 1991, pp. 339~400에 실려 출간되었다. 보통 크기의 책으로는 전체 길이가 100쪽쯤 될 것이다.

15. 로웰 강의 제1회, in ibid., p. 340. 슘페터는 이어, "과세는 기업 및 사생활이 과세가 전혀 없었을 경우와 똑같이 발전되는 한도 내에서 이뤄져야 한다"는 공감대가 있었다고 말한다. "그것이 대개 (그가 늘 존경을 표한) 글래드스턴의 재정 원칙이었다"는 것이다.

16. 로웰 강의 제1회, in ibid., pp. 341, 343.

17. 로웰 강의 제1회, in ibid., pp. 343~345.

18. 로웰 강의 제2회, in ibid., pp. 345~347.

19. 로웰 강의 제3회, in ibid., pp. 348~351.

20. 로웰 강의 제3회, in ibid., pp. 349~351.

21. 로웰 강의 제3회, in ibid., pp. 351~352.

22. 로웰 강의 제3회, in ibid., p. 353.

23. 로웰 강의 제3회, in ibid., pp. 353~354.

24. 뉴딜에 대한 슘페터의 반감 가운데 일부는 그 조세 제도 때문에 생겨난 것이다. "여러분, 역사가 반동주의자라거나 경제적 왕당파라고 이야기하지 마십시오. 저는 오해받고 싶지 않습니다." 그의 불만은 세금 자체에 대한 것이 아니라 '저축에 대한 차별'이었다. 그가 보기에 이는 커다란 죄였고, 그는 케인스의 『일반 이론』을 같은 혐의로 비난했다. 로웰 강의 4회 및 5회, in ibid., pp. 362, 366~368, 370.

25. 슘페터는 이어서 정치가는 항상 국내에서의 인기를 높이기 위해 대외적으로 강경론을 펴려는 유혹을 받는다고 말했다. "대외 정책은 국내 정책이며, 국내 정책은 대외 정책이다." 밖으로부터 가해진 경제제재는 제재 대상 국가의 국민을 통합시키게 된다. 그것이 독일에서 일어났다. 독일에서 베르사유조약의 징벌적 제재는 정치가가 이용할 현실적인 불만을 불러일으켰다. "예를 들어, 히틀러 정부의 대부분의 조치, 새로운 국민정신을 창출하기 위한 대부분의 시도는 국가적 성공이라는 목표에 의해 촉진되었다." 로웰 강의 제7회, in ibid., pp.

382~383, 386~387, 391.

26. 로웰 강의 제7회, in ibid., pp. 387~388.

27. 로웰 강의 제8회, in ibid., p. 391. 슘페터는 알지 못했지만, 히틀러의 외무부장관 요아힘 폰 리벤트로프는 1940년 스탈린에게 편지를 보내, 이 두 나라가 "경직된 금권적 민주주의 국가에 대항해 세계의 새 질서를 만들려는 욕구로 활기차다"고 썼다. Richard Overy, *The Dictators: Hitler's Germany and Stalin's Russia*, New York: Norton, 2004에 인용되어 있다[리처드 오버리 지음, 『독재자들—히틀러 대 스탈린, 권력 작동의 비밀』, 조행복 옮김, 교양인, 2008로 출간됨*].

28. 만약 전쟁이 "1, 2년이 아니라 10년 동안" 계속된다면, 사회적·경제적 긴장이 높아져 미국의 민주주의는 엄혹한 검증을 받을 것이다. 한 가지 특별한 위험은 인플레이션 압력이 거의 통제 불능이 되리라는 점이다. 슘페터는 레닌의 유명한 발언을 인용한다. "부르주아사회를 무너뜨리려면 먼저 돈을 망가뜨려야 한다."
그리고 모든 나라 가운데 가장 부르주아적인 미국에서 인플레이션으로 말미암아 극도의 '도덕 붕괴'가 나타나리라는 점이다. 오스트리아와 독일에서 인플레이션의 비참한 결과를 직접 목격한 슘페터는 미국에서 인플레이션을 최소화하기 위해 고안한 정책을 나열했다. 이는 저축을 권장하고, 임금을 통제하며, 배급 제도와 가격 규제를 실시하고, 세율을 높이고, 할부와 기타 형태의 소비자신용을 금하자는 내용이었다. 슘페터는 대부분의 쟁점에서 보수주의자였지만, 자유시장적 근본주의자와는 거리가 매우 멀었다. 그는 강력한 반인플레이션 조치들을 주장했고, 그가 의회에서 이를 입법화할 의지가 있느냐를 두고 회의를 품었음에도 불구하고 대부분 미국이 참전한 뒤인 1942년에서 1943년 사이에 입법화되었다. 로웰 강의 제8회, in Swedberg, ed., *Joseph A. Schumpeter: The Economics and Sociology of Capitalism*, pp. 394~396.

29. 로웰 강의 제8회, in ibid., p. 397.

30. 로웰 강의 제8회, in ibid., pp. 397~399. 루스벨트의 독재성에 대한 언급은 슘페터가 찰스 벌링엄에게 보낸 1941년 5월 21일 편지, Hedtke and Swedberg, eds., *Briefe*, p. 332에 나온다. Schumpeter's Diary, n.d., May~June 1940, two loose sheets, box 4, folder 1940.

제19장 그녀의 신념에 담긴 용기

1. E. B. Schumpeter, ed., *The Industrialization of Japan and Manchukuo*,

1930~1940: Population, Raw Materials and Industry, New York: Macmillan, 1940. 그녀의 책과 함께 다음 논문들을 보라.
— "Manchoukuo, the Key to Japan's Foreign Exchange Problem", *Far Eastern Survey* 6, May 12, 1937, pp. 107~112.
— "Politics and the Yen", *Far Eastern Survey* 6, May 26, 1937, pp. 117~122.
— "Japanese Economic Policy and the Standard of Living", *Far Eastern Survey* 7, January 19, 1938, pp. 13~20.
— "The Problem of Sanctions in the Far East", *Pacific Affairs* 12, September 1939, pp. 245~262.
— "The Policy of the United States in the Far East", *Annals of the American Academy of Political and Social Science*, July 1940, pp. 98~106.
같은 기간에 엘리자베스는 그녀의 학위 논문에 바탕을 둔 중요한 역사학 논문도 발표했다. "English Prices and Public Finance, 1660~1822", *Review of Economic Statistics* 20 (February 1938), pp. 21~37. 이 주와 이하에서 나는 엘리자베스의 이름을, 인용된 각각의 기록에 나타나는 형태대로 적었다.

2. 편의상 나는 이 장에서 베이징Beijing 같은 단어를 현대 영어식 철자로 쓰고, 그 당시 썼던 북경Peking이나 그 시대 서양인들이 선호했던 북평Peiping으로 쓰지 않겠다. 따라서 Mao Tse-Tung이 아니라 Mao Zedong 등으로 쓴다. 한 가지 예외는 Nanking이다. '난징 대학살rape of Nanking'이라는 표현이 전 세계적으로 쓰이고 있기 때문이다.

3. 엘리자베스는 그녀의 논문 대부분이 "출간 전에 국무부의 헤르베르트 파이스에게 제출되었으며, 그 논문들은 보다 조심스러웠던 시기에 국무부의 승인을 얻었음을 알고 있습니다"라고 썼다. 엘리자베스가 『유나이티드 스테이츠 뉴스United States News』(나중의 『US 뉴스 앤드 월드리포트U.S. News and World Report』) 편집자 데이비드 로런스에게 보낸 1940년 10월 10일 편지. 또 엘리자베스가 찰스 비어드에게 보낸 1940년 2월 9일 편지("예일대의 [A. 휘트니] 그리스월드 교수와 저는 극동 문제에 관해 매우 비슷한 관점을 가지고 있고 지난해에 어느 정도 서로 협력해왔습니다."); 비어드가 엘리자베스에게 보낸 1940년 2월 12일 편지(그녀의 수정에 감사하고 그녀의 논문을 칭찬하는 내용); 월터 리프먼이 엘리자베스에게 보낸 일자 미상(1940년 2월 13일)의 편지(사태가 "우리에게 나쁜 상황에서 더욱 나쁜 상황으로 흘러가고 있다"는 데 동의하는 내용); 엘리자베스가 리프먼에게 보낸 1940년 2월 14일 편지; 존 록펠러 2세에게 보낸 1939년 9월 5일 편지; 데이비드 록펠러에게 보낸 1940년 3월 28일 편지; 데이비드 록펠러가 엘리자베스 슘페터에게 보낸 1940년 3월 24일 편지 등도 보라. 모두 R. Elizabeth Boody Schumpeter Papers, 1938~1953, A-43, Schlesinger Library, Radcliffe Institute, Harvard University에 있다(이하 엘리자베스 슘페터의 문서에서 인용). 엘리자베스는 또한 당시 유명한 뉴욕의 법률사무소 설리번&크롬웰의 파트너였던 존 포스터

덜레스에게도 편지를 썼다. 덜레스는 1940년 3월 8일에 이런 답장을 보냈다.

"저는 당신의 견해에 상당 부분 동의하며, 제가 2년 전 일본에 있을 때 받은 인상으로는 우리의 금수禁輸 조치는 실수인 듯합니다. 우리 행동만으로는 충분치 않을 것입니다. 그것은 군대 뒤에 있는 국민을 단합하게 만들 것입니다. 그들은 서구 열강의 압박에 지나치게 민감하고 저항적이기 때문입니다. 이는 또한 일본이 동양을 침략하는 구실 노릇을 톡톡히 할 것입니다." (Ibid.)

4. Fortune, *September* 1936. '일본주식회사Japan, Inc.'라는 말이 처음 나타난 것은 바로 이곳에서다(p. 176). 이후 아시아에서 일본의 경제 팽창을 다룬 것으로는 Peter Duus, Ramon H. Myers, and Mark Peattie, eds., *The Japanese Informal Empire in China, 1895~1937*, Princeton, N.J.: Princeton University Press, 1989; Christopher Howe, *Origins of Japanese Trade Supremacy: Development and Technology in Asia from 1540 to the Pacific War*, Chicago: University of Chicago Press, 1996 등이 있다. 1953~1973년의 '경제 기적' 기간과 그 뒤에 일본 경제에 관한 수많은 책과 논문들이 쏟아져 나왔다. 일본 기업사 일반에 대한 간명하고도 철저한 주석이 붙은 서술은 Jeffrey Bernstein, "Japanese Capitalism", in Thomas K. McCraw, ed., *Creating Modern Capitalism: How Entrepreneurs, Companies, and Countries Triumphed in Three Industrial Revolutions*, Cambridge, Mass.: Harvard University Press, 1997, pp. 441~489를 보라.

5. Elizabeth Boody Schumpeter, "Japanese Economic Policy and the Standard of Living", p. 20; Elizabeth Boody Schumpeter, "The Problem of Sanctions in the Far East", p. 262.

6. Elizabeth Boody Schumpeter, "The Problem of Sanctions in the Far East", p. 262. 엘리자베스가 프레더릭 필드에게 보낸 1938년 8월 12일 및 1939년 10월 4일 편지, in Elizabeth Boody Schumpeter Papers.

7. Elizabeth Boody Schumpeter, "The Policy of the United States in the Far East", pp. 99~100.

8. Ibid., pp. 100~104.

9. Ibid., pp. 104~105.

10. Ibid., pp. 105~106.

11. Ibid.; George H. Gallup, *The Gallup Poll: Public Opinion 1935~1971*, two vols., New York: Random House, 1972, I, p. 388.

12. Elizabeth Boody Schumpeter, "The Problem of Sanctions in the Far East"(1940년 『퍼시픽 어페어스』 편집자에게 보낸 17쪽짜리 타이핑본 답장), Elizabeth Boody Schumpeter Papers. 인용은 pp. 16~17에서 했다.

13. E. B. Schumpeter, ed., *The Industrialization of Japan and Manchukuo, 1930~1940*. 이 책은 엘리자베스가 쓴 여섯 장에다 E. F. 펜로즈 (7장), G. C. 앨런 (11장), M. S. 고든 (4장) 등의 기고를 합친 것이다. 4명의 필자 가운데 앨런과 펜로즈는 가장 적격자들인 듯했다. 앨런은 일본에서 3년을 보냈고, 펜로즈는 5년이나 있었다.

14. E. B. Schumpeter, ed., *The Industrialization of Japan and Manchukuo, 1930~1940*, p. vii.

15. Ibid., p. 861.

16. 전체적으로 우호적인 리뷰를 쓴 사람들은 브리티시컬럼비아대의 H. F. 앵거스(*Canadian Journal of Economics and Political Science* 8, February 1942, pp. 116~119); 노스캐롤라이나대의 D. H. 뷰캐넌(*Journal of Economic History* 1, May 1941, pp. 102~103); 캘리포니아대의 J. B. 콘들리페(*American Economic Review* 31, March 1941, pp. 126~129); A. J. 브라운(*International Affairs Review Supplement* 19, June 1941, pp. 285~286) 등이다.

17. 컬럼비아대 경영대학원의 John E. 오처드(*Pacific Affairs* 14, June 1941, pp. 240~246); 노스웨스턴대의 케네스 콜그로브(*American Political Science Review* 37, February 1943, pp. 161~162) 등의 리뷰를 보라.

18. C. R. 페이의 리뷰(*Economic Journal* 52, March 1942, pp. 88~90).

19. 엘리자베스가 데이비드 로런스에게 보낸 194년 10월 10일 편지, Elizabeth Boody Schumpeter Papers.

20. 엘리자베스가 데이비드 록펠러에게 보낸 1940년 3월 28일 편지. 엘리자베스가 데이비드 월시 상원의원에게 보낸 1941년 10월 23일 편지의 내용은 이러하다. "일본 잡지에 따르면 일본의 자유주의자와 온건파들은 무력화되었다는 말씀을 드려야겠습니다. 이 나라가 극동에

서 어떤 종류의 협상 타결도 원치 않으며, 우리가 양쪽 대양에 해군을 가질 때까지 그저 처박혀 있다는 생각 때문입니다. 그들은 우리와의 전쟁을 원치 않습니다. 그러나 그들은 이제 미국과 대영 제국이 결국 자신들을 괴멸시키기로 했으며, 그 결과 그들은 자신들에게 다른 대안이 없기 때문에 자포자기하는 심정으로 그 도박을 받아들여야 한다고 생각하고 있습니다. 이 사람들이 잘못하고 있을지라도 우리는 그들이 무슨 생각을 하고 있는지 알 수 있어야 하리라고 봅니다." 그녀는 이어 같은 내용을 아르투어 판덴베르크 상원의원에게도 보낸다고 적고 있다. 또 엘리자베스가 O. K. 암스트롱에게 보낸 1941년 11월 18일 편지도 보라. 이 편지들은 모두 엘리자베스 슘페터의 문서에 있다.

21. 엘리자베스가 프레더릭 앨런에게 보낸 1941년 12월 15일 편지, Elizabeth Boody Schumpeter Papers. 그녀는 앨런을 알고 있었고, 그녀가 미국인과 미국 정부에 "여러 해 동안, 그들이 일본을 경제적으로 과소평가하고 있다"고 말하려 노력해왔다고 덧붙였다. 일본이 남아시아에서 벌인 잔혹한 전쟁에 관한 몇몇 책 가운데 특히 Christopher Bayly and Tim Harper, *Forgotten Armies: The Fall of British Asia, 1941~1945*, Cambridge, Mass.: Harvard University Press, 2005를 보라.

22. 체임벌린의 리뷰(*New York Times*, February 2, 1942).

23. 엘리자베스가 조지 페티에게 보낸 1941년 12월 15일 편지, Elizabeth Boody Schumpeter Papers.

제20장 고립무원

1. 이 장에 나오는 FBI 파일에 대한 모든 전거와 인용은 FBI의 슘페터 가족관계 서류 Federal Bureau of Investigation, Freedom of Information/Privacy Acts Section, Subject: Joseph Alois Schumpeter, File Number 100-HQ-32226에서 뽑은 것이다.

2. "하워드Howard"대로 타이핑된 것은 어떤 곳에서는 손 글씨로 "하버드Harvard"대로 고쳐져 있기도 했다.

3. 그녀의 남편이 죽은 지 4개월이 지난 1950년 5월 18일, FBI가 다시 엘리자베스를 찾아와 그녀의 견해를 물었다. FBI 기록에 따르면 그녀는 질문자에게 이렇게 말했다. 그녀는, "1930년대에 미국이 일본의 전쟁 가능성을 매우 낮게 평가했다고 느꼈다. 그녀는 그런 결론이 담긴 견해를 공개적으로 밝혔기 때문에 많은 사람이 자신을 친일파로 생각했다고 말했다. 그녀는 FBI가 자신을 신중하고 당황스럽지 않은 방식으로 조사한 데 대해 감사를 표했다. 그러나 그녀는 자신에 대한 조사가 이뤄지고 있을 때 줄곧 조사 사실을 알고 있었다고 말했다. (…)

이제 일본이 강적이라는 그녀의 평가는 역사적으로 옳았음이 입증되었다고 그녀는 지적했다."
1951년에 엘리자베스는 의회 내 매캐런 위원회에 출두해 비밀회의에서 '반미 행위'에 관한 더욱 많은 의문점을 증언했다. 7월 3일에 한 그녀의 증언은 매캐런 위원회 보고서 vol. 65, pp. 1~18에 나온다. 여기에는 이전 기록에서 추가된 것이 없고, 다만 미국 정부쪽의 잘못된 조사에 대한 증거만이 더해졌다.

4. 물론 그들만이 아니었다. FBI는 전쟁 기간에 이민자 수천 명을 조사했다. 후버는 이런 식의 의무를 부과한 '특수 요원' 숫자를 1930년대 중반 300명에서 1945년에는 5000명까지 늘렸다. 그는 보고서를 처리하기 위해 7000명의 직원을 더 채용했다.
이 프로그램에 관한 책은 매우 많다. 예를 들어 Alexander Stephan, trans. Jan van Huerck, *'Communazis': FBI Surveillance of German Emigré Writers*, New Haven: Yale University Press, 2000를 보라. 이 책은 특히 토마스 만과 그의 가족에 대한 폭넓은 조사에 대해 철저히 파헤치고 있다. 또 다음 연구들도 보라. Athan G. Theoharis and John Stuart Cox, *The Boss: J. Edgar Hoover and the Great American Inquisition*, Philadelphia: Temple University Press, 1988; William W. Keller, *The Liberals and J. Edgar Hoover: Rise and Fall of a Domestic Intelligence State*, Princeton, N.J.: Princeton University Press, 1989; William S. Graebner, *The Age of Doubt: American Thought and Culture in the 1940s*, Boston: Twayne, 1990; Athan G. Theoharis, ed., *The FBI: A Comprehensive Reference Guide*, Phoenix, Ariz.: Oryx, 1999.

5. 안드레아스 프레될이 슘페터에게 보낸 1940년 5월 28일 편지, in Schumpeter Papers, HUG(FP)—4.7, Correspondence and other misc. papers, ca. 1920s to 1950, box 8, folder P1940. 벤야민 헤트 번역. Schumpeter's Diary, December 28~30, 1941, Schumpeter Papers, HUG(FP)—4.1, Brief Daily Records, notes and diaries, ca. 1931~1949, box 4, folder Taconic 6XI41–Taconic 9VIII42(이하 슘페터의 일기에서 인용). 모두 HUA에 있다.

6. 슘페터가 워싱턴의 영국 대사관에 근무하고 있던 오피에게 보낸 1941년 6월 13일 편지, in Ulrich Hedtke and Richard Swedberg, *Joseph A. Schumpeter: Briefe/Letters*, Tübingen: J. C. B. Mohr, Paul Siebeck, 2000. p. 334.

7. 슘페터의 문서에는 연도별로 정리된 12상자의 강의 노트가 들어 있다. HUG(FP)—4.62, Lecture notes 1930~1949, HUA. 그는 해마다 각 과목을 새롭게 준비하고 각 강좌의 개요를 썼으며, 어떤 때는 매우 자세히 쓰기도 했다. 강의실로 가게 되면 그는 노트를 방에 두고 가서 강의하기 때문에 수강생들에게는 즉흥적인 것처럼 보였다.

8. 슘페터가 윌리엄 O. 웨이포스에게 보낸 1940년 12월 11일 편지, in Hedtke and Swedberg, eds., *Briefe*, p. 328; Schumpeter's Diary, n.d. (1941), box 7, folder 1941~1942. 1941~1942학년도의 슘페터의 강의 일정은 그에게 전형적인 것이다.

> 경제학 103: 경제 이론 심화반. 화·목·토요일 오전 10:00.
> 경제학 113B: 1776년 이후의 경제학사 및 경제학 문헌(제2학기). 월·수·금 오전 11:00.
> 경제학 145a: 경기순환 및 경제 예측 (제1학기). 화·목 오후 2:00~3:30.
> 경제학 145b: 경기순환 및 경제 예측 세미나 (고트프리트 하벌러와 공동, 제2학기). 시간 추후 공지.

이 시간표는 학과 실무자가 1941년 9월 9일 편지로 타코닉에 있는 슘페터에게 보내온 것이다. Department of Economics, Correspondence and Records, 1930~1961, UAV 349.11, box Robertson—Schumpeter, folder Joseph Alois Schumpeter, HUA.

9. Robert Loring Allen, *Opening Doors: The Life & Work of Joseph Schumpeter*, two vols., New Brunswick, N.J.: Transaction, 1991, II, pp. 99~100에 인용된 슘페터의 1940년 9월 4일 일기.

10. 슘페터가 게인즈빌에 위치한 플로리다대 경영대 몽고메리 앤더슨에게 보낸 1941년 11월 5일 편지, in Hedtke and Swedberg, eds., *Briefe*, pp. 336~337. 슘페터의 미개봉 편지 가운데는 그에게 여러 번 편지를 보낸 본 대학교 시절 제자 클레레 티슈의 마지막 편지도 있는데, 티슈가 나치에 잡혀 사형에 처해지기 직전에 보낸 것이었다. 티슈가 슘페터에게 보낸 1941년 11월 8일 편지, Schumpeter Papers, HUG(FP)—4.7, Correspondence and other misc. papers, ca. 1920s~1950, box 9, folder T 1940, HUA.

11. 슘페터가 캔필드에게 보낸 1942년 4월 14일 편지, Department of Economics, Correspondence and Records, 1930~1961, UAV 349.11, box Robertson—Schumpeter, folder Joseph A. Schumpeter 1933~1942, HUA.

제21장 『자본주의·사회주의·민주주의』

1. 슘페터의 이전 저작 상당수는 『자본주의·사회주의·민주주의』에서 더욱 완전하게 전개된 주제들을 예고하고 있다. 목록을 적자면 매우 길겠지만, 나는 다음 사항들만 언급하겠다. 그의 기업가정신에 대한 분석은 『경제 발전의 이론』(1911)에서 한 연구와 1920년대 후반에 그가 썼던 여러 논문 그리고 『경기순환론』(1939)에서 비롯되었다. 자본주의의 쇠퇴에 관한 그의 언급은 논문 「조세국가의 위기」(1919) 및 「자본주의의 불안정성」(1928)에서 비롯되었다.

그의 사회학적 분석은 논문 「사회계급」(1927)에서 비롯되었다. 그의 대기업 분석은 『경기순환론』에서 비롯되었다. 가장 최근에는 그의 로웰 강의(1941)가 이 책의 몇 가지 주장의 윤곽을 제시했다.

2. Schumpeter, *Capitalism, Socialism and Democracy*, New York: Harper & Brothers, 1942, 2nd ed., 1947; 3rd ed., 1950. 세 판의 쪽 매김은 똑같다. 다만 2판과 3판은 각기 한 장씩 추가되어 있다. 3판은 총 431쪽으로, 초판보다 50쪽이 많다.

3. Ibid., pp. 32, 44. 이 문제에 대해 더 자세히 알려면 John E. Elliott, "Marx and Schumpeter on Capitalism's Creative Destruction: A Comparative Restatement", *Quarterly Journal of Economics* 95, August 1980, pp. 45~68를 보라.

4. *Capitalism, Socialism and Democracy*, pp. 15~16, 24. 슘페터는 마르크스가 노동계급을 강조한 근원을 그의 개인사에서 찾을 수 있다고 생각했다. 그는 1848년에 실패한 혁명가이자 영국 망명객이었기 때문에 노동자나 함께 기반을 잃은 동료 지식인 이외의 집단에는 영향을 미칠 수 없었으리라는 것이다. 그리고 슘페터는 마르크스의 세계주의에 대해서도 비슷하게 이야기하고 있다. "자기 자신에게 조국이 없었기 때문에 그는 쉽게 프롤레타리아에게도 조국이 없다고 확신했다." (Ibid., p. 312).

5. Ibid., pp. 35, 38.

6. Ibid., pp. 36~37, 66~67. 슘페터가 이 책 뒷부분에서 밝히고 있듯이, "실제로 늘어나는 것은 자본주의 내 노동자의 몫이다." (Ibid., p. 310.) 마르크스와 엥겔스는 영국의 노동조합을 믿지 않고, "이 계급이 부르주아의 지위와 부르주아의 태도를 갖게 될 위험성을 알았다." (Ibid., p. 315.) 최근 들어, 특히 1980년대 이래로 여러 선진국에서 전체 국민소득에서 차지하는 노동자의 비중이 조금씩 줄어들기 시작했다. 가장 두드러진 나라가 미국이다. 그러나 슘페터가 이 책을 쓸 당시에는 그가 옳았다.

7. Ibid., pp. 32~37.

8. Ibid., pp. 6, 48.

9. Ibid., pp. 49, 63~64. 슘페터는 여러 다른 곳에서 은행의 실패가 대공황을 더욱 심하게 만들었다고 쓰고 있다. 대부분 독립적인 약 3만 곳의 은행을 가진 미국의 금융 제도는 (법에 따라) 매우 분권화되어 있으며, 다른 어느 선진국과 비교해도 더욱 그렇다. 1949년에 슘페터는 이렇게 썼다. "금융 전염병이 극성스러운 이유는 비효율적인 난쟁이 은행이 수없이 많고,

큰 은행 가운데 일부가 잘못 경영되고 있기 때문이다." Schumpeter, "The Historical Approach to the Analysis of Business Cycles", Universities-National Bureau Conference on Business Cycle Research, November 25~27, 1949, reprinted in Richard V. Clemence, ed., *Joseph A. Schumpeter: Essays on Entrepreneurs, Innovations, Business Cycles, and the Evolution of Capitalism*, Cambridge, Mass.: Addison-Wesley, 1951, p. 324를 보라. 다른 분석가와 마찬가지로 슘페터도 연방준비제도 이사회의 정책에 거센 비난을 퍼부었다.

10. *Capitalism, Socialism and Democracy* p. 61. 슘페터는 이전에 이 표현을 썼다. 1936년 1월 18일 농업부 인사들을 대상으로 한 강연에서 그는 자신의 강연 제목을 "자본주의는 살아남을 수 있는가"로 잡았다. 그의 강연 첫머리는 이러했다. "아니오, 여러분, 살아남을 수 없습니다." 그 강연의 이어진 언급들은 『자본주의·사회주의·민주주의』의 몇몇 주장을 예고한 것이었다. 강연 전문은 Richard Swedberg, ed., *Joseph A. Schumpeter: The Economics and Sociology of Capitalism*, Princeton, N.J.: Princeton University Press, 1991, pp. 298~315를 보라.

11. *Capitalism, Socialism and Democracy*, p. 61. 여러 필자가 말했듯이, 슘페터는 자본주의의 생존 불가능성에 대해 '예언'한 뒤 곧바로 자기 말의 의미를 한정시켰다. "분석은 경제에 관한 것이든 다른 분야의 것이든 관찰 가능한 유형을 서술한 것 이외의 내용을 만들어낼 수는 없다. 그리고 이것은 유형에 무슨 일이 '일어날지'는 결코 말해주지 못하며, 오직 우리가 관찰한 시간 동안에 움직였던 것과 똑같이 움직여나가고 다른 요인이 끼어들지 않는다면 무슨 일이 '일어날지'를 말해줄 뿐이다. '불가피성'이나 '필연성'은 결코 이 이상의 의미를 지닐 수 없다. 그 뒤의 이야기는 이런 전제하에서 읽어야 한다." 슘페터는 놀라게 하는 표현을 즐겨썼고, 그의 자주 인용되는 문답은 단순히 독자의 집중된 관심을 불러일으키려는 수단이었을 것이다.
슘페터의 제자였던 볼프강 슈톨퍼는 그 첫마디 이후의 일도 기록하고 있다. "(슘페터는 또한) 자본주의가 적어도 50년은 더 잘 굴러갈 것임을 내비쳤다. 그것은 50이라는 숫자가 단순히 긴 시간을 의미하는 대신 글자 그대로의 의미로 선택되었다 하더라도 당시로서는 상당히 용감한 발언이었다. 당시 세계는 전시경제체제 아래 신음하며 통제가 만연해 있었다." 게다가 유럽 대륙에서는 파시즘과 공산주의가 지배하고 있는 상황이었다. Stolper, *Joseph Alois Schumpeter: The Public Life of a Private Man*, Princeton, N.J.: Princeton University Press, 1994, p. 105를 보라.

12. *Capitalism, Socialism and Democracy*, p. 63. 슘페터는 「그럴듯한 자본주의」라는 제목의 장(pp. 72~79)에서, 1840년에서 1940년 사이에 일어난 막대한 생산 증가가 자본주의 덕분임을 정당화할 수 있는가라는 문제에 조심스럽게 답하고 있다.

13. Ibid., pp. 67~68.

14. 토빈의 서문, Eduard März, *Joseph Schumpeter: Scholar, Teacher and Politician*, New Haven, Conn.: Yale University Press, 1991, p. xiii. 토빈은 이어서 슘페터는 자신의 연구 본문에서 여러 이론을 제시하고 있다고 말한다. "국가에 관해, 사회계급에 관해, 제국주의에 관해 모두 마르크스와는 상반되는 설명을 하고 있다. 슘페터도 마르크스와 마찬가지로 과학적 객관성을 가장해, 우리에게 자신의 희망과 선호를 말해주는 것이 아니라 역사와 틀림없는 미래를 말해주고 있다." 20세기 초의 막스 베버와 1960년대의 월트 로스토를 비롯한 여러 학자는 마르크스를 "뒤집어엎어야" 한다고 주장했다. 슘페터의 인용은 *Capitalism, Socialism and Democracy*, p. 81에서 했다.

15. *Capitalism, Socialism and Democracy*, p. 83. 이 부분에서 슘페터가 든 사례인 US 스틸은 그가 논의하고 있는 합병의 움직임을 잘 보여주고 있다. 그러나 효율성 모델로서는 이 회사가 예컨대 제너럴 모터스나 스탠더드 오일, 프록터 앤드 갬블 같은 회사보다 썩 적절하진 않았다. US 스틸은 1901년 카네기 스틸(자체가 매우 효율적인 기업이며 큰손이었다)과 페더럴 스틸 그리고 여러 다른 회사를 합병해 만들어진 뒤 줄곧 시장점유율이 떨어졌다. US 스틸의 시장 점유율 하락은 부분적으로 반독점법에 의한 기소를 피하기 위해 의도적으로 택한 것이었다. Thomas K. McCraw and Forest Reinhardt, "Losing to Win: U.S. Steel's Pricing, Investment Decisions, and Market Share, 1901~1938", *Journal of Economic History* 49, 1989, pp. 593~619를 보라.
마이클 페렐먼이라는 학자는 미국 경제학자 데이비드 웰스가 1889년에 『최근의 경제학적 변화Recent Economic Changes』라는 책에서 창조적 파괴에 관한 슘페터의 생각을 앞서서 내놓았다고 썼다. 페렐먼이 쓴 논문의 시각에서 보면 독자는 페렐먼이, 슘페터가 웰스에게 힘입은 사실을 제대로 밝히지 않았다고 생각했다는(그가 분명하게 말하지는 않았지만) 인상을 받는다. 이 주장은 그럴듯하기는 하지만, 슘페터가 모든 경제학자 가운데 다른 사람들, 특히 자기 선배들의 연구를 인정하고 찬양하는 데 가장 너그러웠던 이 가운데 한 사람이었다는 것은 여전히 사실이다. Perelman, "Schumpeter, David Wells, and Creative Destruction," *Journal of Economic Perspectives* 9 (Summer 1995), 특히 pp. 195~196을 보라.

16. *Capitalism, Socialism and Democracy*, pp. 83~84. 또한 David L. McKee, *Schumpeter and the Political Economy of Change*, New York: Praeger, 1991도 보라.

17. *Capitalism, Socialism and Democracy*, pp. 83~84.

18. 슘페터는 '경영 전략'이라는 말을 만들어내지는 않았으나, 그가 여기서 이 말을 쓴 것은

이 생각을 대중화시키는 데 매우 중요했다. 이 말이 처음 등장한 시기의 사례 가운데 하나가 A. C. Miller, "Theory of Collective Bargaining: Discussion", *American Economic Association Quarterly* 3rd ser. 10, April, 1909, p. 42이다. 그 뒤 30년 사이에 이 말은 종종 재등장한다. 예를 들면 다음과 같다.

– R. H. 토니가 쓴 헨리 해밀턴의 책 *English Brass and Copper Industries to 1800* , London: Longmans, 1926에 대한 리뷰(*English Historical Review* 42, April 1927, p. 293.

– T. J. 크렙스, "Joint Costs in the Chemical Industry", *Quarterly Journal of Economics* 44, May 1930, pp. 428, 447, 454.

– 같은 필자(크렙스)가 쓴 긴 리뷰의 논문 "Profits and Prices in Prosperity and Depression: Paton, Epstein, Mills", *Quarterly Journal of Economics* 51, August 1937, p. 689.

– Ben W. Lewis, "The Government as Competitor: The Effect on Private Investment", *American Economic Review* 29, June 1939, p. 296.

– S. R. Dennison, "Vertical Integration and the Iron and Steel Industry", *Economic Journal* 49, June 1939, p. 256.

– E. G. Nourse, "The Meaning of 'Price Policy'", *Quarterly Journal of Economics* 55 , February 1941, pp. 175, 190

– Sidney Weintraub, "Price Cutting and Economic Warfare", *Southern Economic Journal* 6, January 1942, p. 312.

'전략적 요소strategic factor'라는 말은 체스터 바너드의 중요한 책 The *Functions of the Executive*, Cambridge, Mass.: Harvard University Press, 1938, pp. 204~205에 사업적 맥락에서 등장했고[체스터 바너드 지음, 『경영자의 역할: 경영자는 어떻게 조직의 성패를 결정짓는가』, 이정혜 옮김, 2009, 21세기북스로 출간됨*], 슘페터는 이 책을 잘 알고 있었다. '기업 전략'이라는 말도 경제학 저작에 가끔 등장하지만, '경영 전략'만큼 자주 나오는 것은 아니다.

거론된 자료들에서 이 말의 본질은 슘페터가 밝힌 의미를 향해 발전해갔다. 특히 크렙스의 두 논문과 1939~1942년 사이에 발표된 글들이 그러했다. 바로 이 시기에 『자본주의·사회주의·민주주의』가 나왔다. 슘페터가 기업가와 함께 경영 전략을 탐구하면서 군사적인 추론을 썼음은 거의 확실하다. 그는 1946년에 이렇게 썼다. "예컨대 내가 젊었을 때 권위가 있다고 생각되는 사람 밑에서 전략과 전술의 역사를 약간 연구했다. 아직도 내 기억에 또렷한 것 하나는 '군인'이나 '명장'이라는 단일한 유형은 없으며, 그런 유형을 만들어내려는 시도는 군사의 역사에 대한 우리의 인식을 왜곡시킬 뿐이라는 것이었다."

슘페터의 미출간 메모(1946) "Comments on a Plan for the Study of Entrepreneurship", printed in Swedberg, ed., *Joseph A. Schumpeter: The Economics and Sociology of Capitalism*, p. 426n14를 보라.

1960년 이후, 전략에 관한 가장 영향력 있는 책 세 권은 Alfred D. Chandler, Jr., *Strategy* *and Structure: Chapters in the History of the Industrial Enterprise*, Cambridge, Mass.: MIT Press, 1962; Kenneth Andrews, *The Concept of Corporate Strategy* , Homewood, Ill: Irwin, 1971; Michael E. Porter, *Competitive Strategy: Techniques for Analyzing Industries and Competitors*, New York: Free Press, 1980였다[마이클 포터 지음, 『마이클 포터의 경쟁 전략: 경쟁 우위에 서기 위한 분석과 전략』, 조동성 옮김, 2008, 21세기북스로 출간됨*].

경영대학원과 컨설팅회사에서 이 말이 폭발적인 인기를 끌고 있는 데 대해 잘 설명한 글로는 Pankaj Ghemawat, "Competition and Business Strategy in Historical Perspective", *Business History Review* 76 (Spring 2002), pp. 37~74를 보라. 이 글은 체스터 바너드의 '전략적 요소'를 언급하고 있지만, 슘페터의 '경영 전략'이나 『자본주의·사회주의·민주주의』 이전에 나온 위에 제시한 다른 자료들을 언급하지 않고 있다.

19. Capitalism, *Socialism and Democracy*, pp. 83, 104~106.

20. Ibid., p. 189.

21. Ibid., pp. 78~79.

22. Schumpeter, *History of Economic Analysis*, New York: Oxford University Press, 1954), p. 305; Schumpeter, *Capitalism, Socialism and Democracy*, p. 79. 폴 새뮤얼슨 등이 나중에 지적했듯이, 게임 이론상의 접근법이 1940년대에 글을 썼던 슘페터가 알 수 없었던 방식 가운데 효과적일 것이다. 몇몇 다른 수학적 방법도 마찬가지다.

23. *Capitalism, Socialism and Democracy*, pp. 84~86.

24. Ibid., p. 106. 이 점을 더 자세히 탐구하려면 Nathan Rosenberg, "Joseph Schumpeter, Radical Economist", in Rosenberg, *Exploring the Black Box: Technology, Economics, and History*, New York: Cambridge University Press, 1994, pp. 47~61를 보라.

25. *Capitalism, Socialism and Democracy*, pp. 93, 99~100. 미국인이 독점을 머릿속에서 지울 수 없다는 점에 대해 슘페터는 "국민적인 기억으로서 그만큼 끈질긴 것은 없다"고 말하고 있다. 많은 학자는 슘페터가 대기업의 출현이 혁신에 도움이 되었다고 생각했는지 방해가 되었다고 생각했는지의 여부 그리고 더 중요하게는 이 명제의 내용과 반독점정책에 대한 함의를 놓고 논쟁을 벌였다.

첫 번째 문제의 해답은 슘페터 자신이 일관성이 없었던 듯하다는 점이다. 그러나 1920년대 후반에 쓰인 그의 논문 일부에서 시작해 『경기순환론』과 『자본주의·사회주의·민주주의』와 1940년대에 나온 몇몇 논문에서 명시적으로 나타났듯이, 그는 늘 규모 자체는 혁신을 방해하는 것이 아니며 소기업에서는 일어나지 않는 방식으로 혁신을 촉진할 수 있다고 주장했다. 그는 통상 소기업이 태생적으로 덜 혁신적이라는 주장은 하지 않았으며, 평생 기업가의 창업을 칭찬했다.

두 번째 문제에 대해서는 회사 규모가 큰 것이 혁신에 더 유리하다는 '슘페터 가설'(잘못 붙여진 이름이다)에 관해 약 20편쯤의 유용한 논문이 발표되었다. 괜찮은 논문 가운데 몇 가지를 들어보면 다음과 같다.

— F. M. Scherer, "Firm Size, Market Structure, Opportunity, and the Output of Patented Inventions", *American Economic Review* 55, December 1965, pp. 1097~1125.

— Franklin Fisher and Peter Temin, "Returns to Scale in Research and Development: What Does the Schumpeterian Hypothesis Imply?" *Journal of Political Economy* 81, January–February 1973, pp. 56~70.

— Paul J. McNulty, "On Firm Size and Innovation in the Schumpeterian System", *Journal of Economic Issues* 8, September 1974, pp. 626~632.

— A. Mayhew, "Schumpeterian Capitalism versus the Schumpeterian Thesis", *Journal of Economic Issues* 14, June 1980, pp. 583~592.

— F. M. Scherer, "Schumpeter and Plausible Capitalism", *Journal of Economic Literature* 30, September 1992, pp. 1416~1433.

— Mark Frank, "Schumpeter on Entrepreneurs and Innovation: A Reappraisal", *Journal of the History of Economic Thought* 20, 1998, pp. 505~516.

— Tom Nicholas, "Why Schumpeter Was Right: Innovation, Market Power, and Creative Destruction in 1920s America", *Journal of Economic History* 63, December 2003, pp. 1023~1058.

이 논쟁의 일부는 David Reisman, *Schumpeter's Market: Enterprise and Evolution*, Cheltenham, U.K.: Edward Elgar, 2004, 5장에서 분석하고 있다.

'슘페터 가설'을 자주 오독한 사례는 J. B. Rosenberg, "Research and Market Share: A Reappraisal of the Schumpeter Hypothesis", *Journal of Industrial Economics* 25, December 1976, pp. 101~112이다.

"슘페터는 기술혁신이 소기업보다는 대기업에서 일어날 가능성이 높다고 생각했다."(p. 101) 이 진술은(그리고 이와 같은 다른 필자들의 많은 진술도) 부정확하나 그럴듯하기도 하다. 슘페터는 종종 모순된 말을 하기도 하고 모호한 표현을 쓰기도 했기 때문이다.

26. 1943년 11월 6일 슘페터의 일기, Schumpeter Papers, notebook entry, HUG(FP)—4.1, Brief Daily Records, notes and diaries, ca. 1930~1948, box 4, folder 1943~1944, HUA.

27. *Capitalism, Socialism and Democracy*, pp. 101~102, 110. 슘페터는 이어서 많은 경제학자가 고집스럽게 시도했던 것처럼 자본주의와 기술혁신을 구분하는 것은 "아주 잘못된 것이고, 매우 비마르크스적"이라고 말했다. 독점과 정부의 정책에 대한 그의 여러 언급 가운데 가장 분명한 것은 조지 스타킹 교수에게 보낸 1949년 9월 19일 편지, in Ulrich Hedtke and Richard Swedberg, eds., Joseph Alois Schumpeter, *Briefe/Letters*, Tübingen: J. C. B. Mohr, Paul Siebeck, 2000, pp. 387~390에 나타난다. 거기서 다시 한번 분명해진 사실은, 정치적 고려와 경제학자 자신의 완전경쟁 모델에 대한 집착 때문에 슘페터는 장기적으로 경제에 도움이 될 만한 조치를 취할 반독점 당국의 능력을 의심했다는 점이다.

28. *Capitalism, Socialism and Democracy*, pp. 129~130.

29. 전체 논쟁은 *Capitalism, Socialism and Democracy*, pp. 124~157에 실려 있다.

30. Ibid., p. 128.

31. Ibid., pp. 129, 139.

32. Ibid., p. 138.

33. Ibid., pp. 138~139.

34. Ibid., p. 142. 이 책 뒷부분에서 슘페터는 이 현상을 "재산 자체의 증발Evaporation of the Substance of Property"이라 부르고 있다(p. 156).

35. Ibid., pp. 132~133. 많은 학자는 슘페터가 여기서 실제로 의미한 것을 두고, 자본주의든 대기업이든 모두 기업가정신을 죽이고 다른 한편으로는 수집 기능만을 만들어내고 있을 뿐이라고 주장했다. 이 주제에 관한 그의 많은 다른 저작, 특히 『경기순환론』은 후자를 강하게 암시한다. 즉 개별 기업가의 영역은 줄어들겠지만(완전히 없어지지는 않는다), 기업가적 '기능'은 대기업에 상당히 많이 남아 주로 최고 경영진이 수행하리라는 것이다.

36. *Capitalism, Socialism and Democracy*, p. 143.

37. Ibid., pp. 145~147. 슘페터는 1948년 독일에서 「자본주의와 지식인」이라는 제목으로 발표된 추후 논문에서 같은 관점을 더욱 심하게, 다만 대학생활을 한 많은 사람은 그들의 정견이 어떠하든 상관없이 금방 알아들을 수 있는 방식으로 표명했다. 자본주의의 사건이란 "주머니 속에 사형 판결문을 준비해두고 있는 판사들 앞에서 재판을 진행하고 있다"는 것이다.

그리고 이런 구절로 이어진다. "자본주의를 향한 적대적 분위기는 (…) 그렇지 않았다면 그 경제적·문화적 성과에 대한 합당한 관점을 이뤄낼 일을 더욱 어렵게 만들고 있다. (…) 자본주의와 그 모든 기제에 대한 비난은 필연적인 귀결이며, 사실상 토론의 예의가 필요한 일이다. (…) 다른 어떤 입장도 미쳤고 반사회적이라고 인식되며 부도덕한 예속의 징표로 보이는 것이다." 이 논문은 *Merkur: Deutsche Zeitschrift für Europäisches Denken* , Mercury: German Journal for European Thought 2, 1948에 실려 있다. 인용된 부분은 pp. 161~162에 있다. 벤야민 헤트 번역.

38. *Capitalism, Socialism and Democracy*, pp. 129~130.

39. Ibid., p. 331. 이 비교는 더욱 확대할 수 있다. 1837년 제2기를 끝낸 앤드류 잭슨부터 1901년 취임한 시어도어 루스벨트 사이의 미국 대통령 가운데 에이브러햄 링컨을 제외하고는 진정으로 인상깊은 대통령이 아무도 없다. 전체 명단은 이름이 언급된 사람들 외에 마틴 밴 뷰런, 윌리엄 해리슨, 존 타일러, 제임스 폴크, 재커리 테일러, 밀러드 필모어, 프랭클린 피어스, 제임스 뷰캐넌, 앤드류 존슨, 율리시스 그랜트, 제임스 가필드, 그로버 클리블랜드, 벤저민 해리슨, 윌리엄 매킨리 등이다. 이와 대조적으로, 19세기의 다른 탁월한 재계 지도자들로는 코넬리어스 판데르빌트, 제이 굴드, J. 톰슨, 제이 쿡, A. T. 스튜어트, H. J. 하인즈, 마셜 필드, J. P. 모건, 헨리 클레이 프릭, 구스타브 스위프트, E. H. 해리먼, 제임스 힐 등이 있고, 발명가형 기업가로는 알렉산더 벨, 조지 웨스팅하우스, 토머스 에디슨 등이 있다.

또 슘페터의 관점은 그의 단골 주제 가운데 하나를 잘 드러내준다. 모든 사회는 1급 재능인이 부족하면 곤란을 겪는다는 것이다. 그는 이 문제에 관해 젊었을 때 글을 썼으며, 바로 『자본주의·사회주의·민주주의』 2판(1947)에서는 현대의 기업활동에서 법적 문제와 노동 문제, 가격 통제, 반독점법에 따른 고발 등이 뭉뚱그려져 "기업가적이고 경영적인 에너지의 고갈"을 초래했다고 주장했다. 그런 일들에 매우 많은 노력을 소모했기 때문에 경영자는 종종 "자기들의 기술적·상업적 문제를 처리할 힘이 남지 않게" 된다. 그 결과로, 많은 전문가를 둘 수 있는 매우 큰 회사를 제외하고는 "꼭대기(경영자) 자리들이 '생산 계통'이 아니라 '해결사'와 '분쟁 조정자'들로 채워지게 된다." (p. 388)

40. Capitalism, Socialism and Democracy, p. 167. 풍자 문제는 Jerry Z. Muller, "Capitalism, Socialism, and Irony: Understanding Schumpeter in Context", *Critical Review: An Interdisciplinary Review of Politics and Society* 13, 1999, pp. 239~268 및 물러의 *The Mind and the Market: Capitalism in Modern European Thought*, New York: Knopf, 2002 11장 "슘페터: 혁신과 분개Schumpeter: Innovation and Resentment"에 잘 설명되어 있다. 전체적으로 『자본주의·사회주의·민주주의』를 통찰력 있게 분석한 이들도 슘페터가 사회주의를 다루는 과정에서 나온 풍자 문제를 놓쳤다. 대표적인 사례가 Herbert Gintis, "Where Did Schumpeter Go Wrong?" *Challenge* 1, January/February

1991), pp. 27~33이다. 조너선 스위프트의 팸플릿 원제는 "A Modest Proposal for preventing the Children of poor People in Ireland, from being a Burden to their Parents or Country: and for making them beneficial to the Publick"이다.

41. 조너선 스위프트가 영국 다방 문화의 발생기에 글을 썼다는 것은 우연한 일이 아니다. 사회주의에 대한 슘페터의 주석 또한 성 빈센트 백작이 나폴레옹 전쟁 기간에 영국 상원에서 했다는 유명한 재담과 비슷한 점이 많다. 백작은 본래 제르비스 제독이었는데, 성 빈센트 곶 앞바다에서 큰 승리를 거둬 이 작위를 받았다. 전쟁 후반에 나폴레옹이 영국 상륙 침공을 위해 25만 명을 모으자 노老제독은 상원에 나가 국민에게 영국 해군의 보호를 상기시키며 이렇게 말했다. "저는 [나폴레옹이] 올 수 없다고 말하지는 않겠습니다. 다만 전 그가 바다를 통해서는 오지 못할 것이라곤 말하겠습니다." 유일한 다른 길은 하늘을 통해 오는 것이었지만, 다 알다시피 이는 당시에는 말도 안 되는 일이었다.

42. Machlup, "Capitalism and Its Future Appraised by two Liberal Economists", *American Economic Review* 33, June 1943, pp. 302, 318. 슘페터가 『자본주의·사회주의·민주주의』에서 택한 접근법은 하이에크(그 또한 세 번째 오스트리아인이다)가 *The Road to Serfdom*[프리드리히 A. 하이에크 지음, 『노예의 길: 사회주의 계획경제의 진실』, 김이석 옮김, 나남출판, 2006으로 출간됨*]에서 택한 접근법과 비교가 된다. 1944년에 출간된 하이에크의 이 책은 20세기 후반에 가장 영향력 있는 연구 가운데 하나였고, 영국에서는 대처리즘의 성서이자 미국의 여러 '시카고학파' 경제학자의 성서이기도 했다. 하이에크는 슘페터와 달리 절묘한 표현이나 풍자를 피했다. 그는 사회주의를 직접적으로 공격했다. 이 책은 쉽게 읽히는 형태로 썼고, 길이도 『자본주의·사회주의·민주주의』의 절반 이하였다. 또 슘페터는 나치에 대해 조금 쓰고 소련을 많이 다룬 데 비해, 하이에크는 반대였다. 하이에크는 당시 런던정경대에서 가르치고 있었는데, 나중에 그가 설명한 바에 따르면 그는 이 책을 영국 국민을 대상으로 해서 썼으며 그들이 같은 편에서 전쟁을 치렀던 소련과 멀어지는 것을 원치 않았다고 한다.

43. *Capitalism, Socialism and Democracy*, pp. 186~188.

44. Ibid., pp. 187, 200, 219ff. 슘페터는 마르크스가, 영국의 페이비언 사회주의자들의 점진주의와는 다른 자신의 '근본 교리'에 '혁명 이데올로기'를 '접목'했다고 말했다(Ibid., p. 323). 그러나 러시아에서는 레닌이 "명백히 시기상조인 상황에서 쿠데타pronunciamiento를 통한 사회주의화"를 도입하고 "프롤레타리아 자신의 노력에 따른 것이 아니라 오합지졸을 지휘한 일군의 지식인의 노력으로"(Ibid., p. 330) '해방'을 가져옴으로써 마르크스주의에서 벗어났다.

45. Ibid., pp. 167, 170, 190~191. 슘페터는 이 책 후반부에서 더욱 강경한 노선을 취한다. 사회주의체제하에서는 "부르주아체제에 의해 정치권에 강요되었던 자동적 제약"이 더 이상 존재하지 않게 된다는 것이다. "효율적인 관리의 부재는 빵의 부재를 뜻한다"(p. 299)고 그는 말하고 있다.

46. Ibid., pp. 170~171, 188.

47. Ibid., pp. 172, 188, 190. 슘페터는 이 책 16장 「사회주의 청사진The Socialist Blueprint」 (pp. 172~186)에서 중앙 권력이 "무엇을 어떻게 만들어낼지"를 결정할 방법들에 대해, 합리적 행동의 법칙에 근거하고 쓸모 있는 자료들(이전 자본주의 시기의 자료 포함)을 동원해 상세히 설명하고 있다. 그는 엔리코 바로네가 그런 결정이 가능한가라는 "문제를 해결한 경제학자"라고 말하고, 다른 여러 학자도 함께 거명하고 있다. 프리드리히 폰 비저, 빌프레도 파레토, 오스카 랑에, A. P. 러너, 프레드 테일러, 헤르베르트 차센하우스 등이다. 이들 경제학자 가운데 일부는 사회주의자였으며, 몇몇은 슘페터의 친구였다. 비저는 빈 대학교에서 그의 스승이었고, 차센하우스는 본 대학교 시절 그의 제자였다. 슘페터가 사회주의의 작동 가능성에 대한 자신의 주장을 탐구하면서 제시한 핵심 논거는 같은 오스트리아인이었던 미제스와 하이에크의 비판적 논리(동적 할당)보다는 랑에와 러너의 호의적인 접근법(정적 할당에 근거한)과 더 유사하다. 인용은 pp. 172~173에서 한 것이다. 슘페터가 사회주의를 다룬 것에 대한 더 자세한 분석과 비판은 Reisman, *Schumpeter's Market: Enterprise and Evolution*, 7~9장 및 여러 곳을 보라.

48. *Capitalism, Socialism and Democracy*, pp. 186, 194, 202.

49. Ibid., p. 195.

50. Ibid., pp. 195~196.

51. Ibid., p. 196.

52. Ibid., p. 197~199.

53. Ibid., pp. 172~187, 200~201, 219ff 및 여러 곳.

54. Ibid., pp. 204~205.

55. Ibid., pp. 208~210. 슘페터는 『자본주의·사회주의·민주주의』 제2판(1946)에서 이렇게

썼다. "(소련의) 업체 경영자가 지닌 권력과 사회적 지위(고소득을 높이 평가하는 중요한 이유 가운데 하나가 바로 이것이다)는, 특히 그가 볼셰비키 당의 지역 지도자일 경우 미국 기업가들의 권력과 사회적 지위에 비해 훨씬 더 높다." p. 382n4를 보라.

56. Ibid., pp. 210~213.

57. Ibid., p. 214. 예를 들어 미국에서는 1930년대 중반에 이미 고용주 관련 교육을 더 이상 정부에서 지원하지 않았다. 정부 기관은 3단계 과정을 거쳐 태도를 바꿨다. 그들은 고용주를 지원하는 정책에서 중립적인 정책으로 바꾸고, 최종적으로는 고용주나 조합원이 되기를 원하지 않는 개인 노동자에 맞서 노동조합을 도왔다. 여기서 슘페터는 분명히 뉴딜의 노동정책을 이야기하고 있다. 그는 이런 변화가 독일, 프랑스, 영국 등 선진 공업국에서 비슷한 변화가 일어난 지 수십 년 뒤에 이루어졌다는 사실에는 별로 주목하지 않았다. 1930년대 미국의 새로운 정책 가운데는 노동자들이 조합을 결성하고 임금과 노동시간을 협상할 수 있도록 보장했을 뿐만 아니라 최저임금제와 아동 노동의 금지까지도—마침내—얻어냈다.

58. Ibid., p. 215~218.

59. Ibid., p. 215~217.

60. Ibid., p. 218. 슘페터는 1937~1938년 사이의 공개재판 물결을 언급하지 않았다. 이 기간중 정계 및 업계 관계자들은 노동자들에 대해 그리 권위주의적이지 않았다(심지어 생산 목표에 미달한 경우에 대해서도 마찬가지였다). 그래서 "파괴자"라는 죄목을 "인정"하고 공개재판에서 유죄 판결을 받았다. 이에 따라 많은 사람이 총살당했다. 슘페터는 파괴자를 언급했지만(p. 226), 그가 이 사태의 전모는 알지 못했던 것 같다. 그가 주석(p. 231)에 언급했듯이 그는 『자본주의·사회주의·민주주의』의 이 부분을 1938년에 썼기 때문이다. "파괴" 그리고 이와 연관된 공개재판에 관해서는 Roy Medvedev, *Let History Judge: The Origins and Consequences of Stalinism*, New York: Columbia University Press, 1989, pp. 452~453을 보라.

61. *Capitalism, Socialism and Democracy*, pp. 210, 218, 225.

62. Ibid., pp. 219~229. 슘페터는 이미 1913년 무렵에, 미국이 대기업을 많이 보유하고 있다는 이유로 영국이나 다른 나라들보다 사회주의의 "여건이 더 성숙"되어 있다고 주장했다. 그러나 그는 1913년의 독일이 변화의 채비가 훨씬 잘되어 있다고 말한다. 독일은 오래전에 "결손국가가 되고, 일찍이 세상에 존재했던 것 가운데 최고의 관료들이 국민을 현재 상태로 이끌고 훈련시켜왔다." 독일은 미국보다도 훨씬 강력한 노동조합이 있었다.

영국에 관해 '현재로서는'이라고 말하면서 슘페터는 『자본주의·사회주의·민주주의』의 이 부분을 1938년에 썼다고 밝히고 있다. 그는 제2차 대전 동안의 변화에 맞춰 본문을 고치지 않았다고 말했는데, 그것은 그가 상황을 전쟁에 따른 변형된 형태로가 아니라 물려받은 그대로 보고자 했기 때문이었다. 전쟁은 사회주의로의 변화 과정에서 어떤 부분은 더 쉽게, 또 어떤 부분은 더 어렵게 만들어버렸다.

63. Ibid., pp. 221~223.

64. Ibid., pp. 222~225.

65. Ibid., pp. 226~227.

66. Ibid., p. 226.

67. Ibid., pp. 228. 슘페터는 1930년대 말 영국 상황에 대한 점검과 영국이 이후 50년 내지 100년에 걸쳐 사회주의로 휩쓸려가리란 전망으로 그의 논의를 마무리했다. 그는 한편으로 영국의 "상공업의 구조가 분명히 단번에 사회주의화에 성공하기에는 부족한 상태며, 특히 기업 통제의 집중도가 충분치 못하기 때문"이라고 판단했다. 또 "생생한 '개인주의'가 많이 남아 있"는데, 자본가나 전문 경영자뿐만 아니라 노동자의 마음속에도 역시 그러하다는 것이다.
그러나 이러한 사회주의에 대한 장벽들과 대조적으로 영국에서는 수십 년 동안 "사업상의 노력이 눈에 띄게 감퇴"되어왔다. 그리고 부분적으로 전쟁과 복지정책을 통해 "영국은 이제 전체적으로 결손국가가 되어가고 있다." 노동조합은 강하다. 공무원은 유능하다. 그리고 지배계급은 "지배하려고 하지만, 변화하는 세력을 대신해 지배할 준비가 되어 있다."
결국 수백 년간 영국은 놀라운 유연성을 보여왔다. 농지개혁론을 잘 처리했듯이 산업주의도 잘 처리했다. 자유무역론과 함께 보호무역론도 마찬가지였다. 반대 정당과 사회 이단자들이 추진한 것이라도 유용한 프로그램들을 성공적으로 진행했다. "그리고 영국은 상대방의 프로그램뿐만 아니라 스스로의 두뇌까지도 전용할 수 있는 천하무적의 재능을 지녔다." 영국 지배계급은 "디즈레일리를 흡수"했으며, "필요하다면 트로츠키까지도 흡수할 수 있었을 것이다."
따라서 슘페터는 영국이 사회주의를 향해 점진적으로 옮겨갈 수 있을 것이라고 생각했다. 당분간 대부분의 산업은 그대로 둔 채 은행, 보험, 국내 수송, 전기, 광산, 철강, 건설 등 기본적인 분야를 국유화하는 것이다. 오랜 조정 기간을 거쳐 경제의 다른 부문도 사적 영역에서 공공 영역으로 옮겨간다. 슘페터는 토론 말미에 자신은 이런 일이 전혀 일어나기를 바라지 않는다는 점을 분명히 한다. 그러나 미래를 상상해볼 때 그는 그런 일이 일어나지 않을 이유는 조금밖에 없고 일어날 이유는 많다고 주장한다. Ibid., pp. 228~231. p. 231의 주4에서 슘페터는 사회주의가 영국에서 어떻게 이루어질지를 이야기하면서 이렇게 말한다.

"나는 경제학자로서 제기할 반론이 없다." "여기는 개인적인 선호를 말할 자리가 아니다. 그렇지만 나는 위의 이야기가 전문가로서의 의무에 대한 문제로 제기되었으며, 내가 그 제안을 좋아한다는 의미는 아님을 알아주었으면 한다. 내가 영국인이었다면 나는 도리어 힘닿는 데까지 반대했을 것이다."

68. Edgar Salin, "Einleitung", in Schumpeter, *Kapitalismus, Sozialismus und Demokratie*, Bern: Verlag A. Francke, 1946, p. 8. 스위프트의 서문, *The Battle of the Books*(1704).

69. 책의 이 부분(Part IV)은 길이가 71쪽(pp. 232~303)에 이르며, 구조는 논쟁 분석에 적합하다. 장 제목들은 「문제의 배경The Setting of the Problem」(20장, 15쪽), 「고전적 민주주의 학설The Classical Doctrine of Democracy」(21장, 19쪽), 「또 다른 민주주의 학설Another Theory of Democracy」(22장, 15쪽), 「결론The Inference」(23장, 12쪽)이다. 이 책의 다른 장들과 마찬가지로 각 장에는 하위 제목이 있는데, 장별로 2~5개씩이 붙어 모두 13개다.

70. *Capitalism, Socialism and Democracy*, pp. 235~236, 238~239.

71. Ibid., pp. 242~243. 슘페터의 많지 않은 정치적 우상 가운데 하나인 윌리엄 글래드스턴은 1858년 영국 하원에서 한 연설에서, 민주주의가 '방법'이라는 슘페터의 말과 비슷한 이야기를 했다. "다수에 따라 결정하는 것은 가스로 불을 켜는 것만큼이나 편리한 일입니다."

72. *Capitalism, Socialism and Democracy*, pp. 240~242.

73. Ibid., p. 242.

74. Ibid., pp. 243~246.

75. Ibid., pp. 251, 256, 257.

76. Ibid., pp. 260~264. 그 뒤의 논문에서 슘페터는 경제학자가 "사업의 과정은 기업가의 관심을 통해 봐야 한다"는 것을 인정했으나 "정치 과정 그리고 이와 관련된 경제생활에 영향을 미치는 정치적 조치들을 정치인의 관심을 통해 이해해야 한다"는 것은 인정하지 않았으며, 많은 경제학자는 여전히 "정치권력과 특히 근대 대의제를 표방하는 국가의 정부를 국민의 의지와 공익을 실현하기 위해 애쓰고 있는 신 같은 존재로" 취급하고 있다고 썼다. 마르크스는 이 현상을 제대로 밝혀냈지만, "그는 '정책은 정치다policy is politics'라는 슬로건을 사악한 부르주아 세계에 관한 것으로만 받아들인 듯하다." *The Communist Manifesto* in

Sociology and Economics", *Journal of Political Economy* 57, June 1949, pp. 199~212, reprinted in Richard V. Clemence, ed., *Joseph A. Schumpeter: Essays on Entrepreneurs, Innovations, Business Cycles, and the Evolution of Capitalism*, Cambridge, Mass.: Addison-Wesley, 1951을 보라. 인용은 pp. 300~301에서 한 것이다. 슘페터는 1950년의 첫 주에, 그가 죽지 않았으면 했을 월그린 강의를 준비하면서 적은 메모 "미국 학회와 경제 진보"에서 비슷한 이야기를 썼다. "모든 집단은 상상 속의 국가라는 것에 따라 보호되는 영원한 '공익' 원칙에 맞춘 정책을 찬양한다. 정책이 정치임을 이해하지 못하는 한 아무도 정치적 성숙을 얻을 수 없다. 경제학자들은 특히 이런 진실을 간과하는 경향이 있다." Swedberg, ed., *Joseph A. Schumpeter: The Economics and Sociology of Capitalism*, p. 441을 보라.

77. *Capitalism, Socialism and Democracy*, pp. 296~298.

78. Ibid., pp. 297~298.

79. Ibid., pp. 299~300. 슘페터의 이 설명에서 눈에 띄게 사라진 것이 독일 나치에 대한 언급이다. 히틀러의 '국가사회'당은 매우 민족주의적이었으나, 슘페터의(또는 마르크스의) 정의에 따르면 거의 사회주의적이지 않았다. 기업 제도가 여전히 민간의 손에 움직이고 있었기 때문이다. 나치 정부는 국가경제를 철저하게 감독했고, 슘페터가 사회주의로 규정한 여러 노동 통제를 시행하고 있었다. 그러나 동시에 히틀러는 행정 조직과 다른 책임 있는 자리에서 진짜 사회주의자들을 조직적으로 몰아냈다. 그 뿌리에 있어 파시즘은(히틀러의 독일에서든, 무솔리니의 이탈리아에서든, 프랑코의 스페인에서든, 페론의 아르헨티나에서든) 자본주의나 사회주의 모두와 현저하게 달랐다.

80. Ibid., pp. 301~302. "생산부장관은 영국 보건부장관이나 국방부장관이 자신들의 부서 내부의 운영에 개입하는 것 이상으로 개별 기업의 운영에 개입할 필요가 없다." 그러나 사회 민주주의는 "모든 '성숙' 요건을 갖춘 사회의 예가 아니라면 완전히 희망 없는 작업일 것이다. (…) 그 요건들은 특히 민주적 방식으로 사회주의적 질서를 세울 능력과 적절한 지위 그리고 경험을 갖춘 관료의 존재 등을 포함한다." 그의 친구 레온티예프가 나중에 지적했듯이, 슘페터의 사회주의에 대한 평가는 "전문적인 경제학의 한계를 훨씬 넘어섰다." 사회주의를 향한 추세에 대한 그의 언급을 뒷받침하는 근거는 "우리의 전체 사회, 정치 제도의 내막에 대한 폭넓고 철저한 분석이었다. 슘페터의 분석 결과에 따르면 새로운 사회가 필연적으로 채택하게 될 모든 영역의 사회적·문화적 가치들을 경멸하면서도 이러한 예측을 했다는 사실은 한 인간으로서의 지적인 수준을 무엇보다 잘 드러내주고 있다." 그러나 결국 슘페터 자신이 서 있던 자리에 대해서는 의문이 별로 없다.
레온티예프가 이어서 말하고 있듯이, "'사회주의가 작동할 수 있습니까?'라는 부분은 틀림없이 사회주의에 대한 슘페터의 혐오를 어느 정도 드러내는 가시와 풍자로 점철되어 있다. p. 208에는 명예의 상징으로 바지에 동전 도장을 찍는 것에 대한 공격이 나와 있고, 그 밖에도 여러 언급이 있다. 예를 들어 p. 212에서 그는 사회주의체제하에서는 '모든 동지가 (…) 파업의 중요성을 깨닫게 될 것이다. (…) 거기에는 더 이상 (…) 파업 노동자와 그 지도자들을 칭찬하는 것이 매우 재미있다고 생각하는 선의의 부르주아는 남녀 불문하고 없을 것이다.'" Leontief, "Joseph A. Schumpeter(1883~1950)", *Econometrica* 18, April 1950, pp. 103~110.

81. 홉스봄의 언급은 *Revolutionaries—Contemporary Essays*, New York: Pantheon, 1973, pp. 250~251에 있다[에릭 홉스봄 지음, 『혁명가—역사의 전복자들』, 김정한·안중철 옮김, 길, 2008로 출간됨*]. David McCord Wright, "Schumpeter's Political Philosophy", in Seymour E. Harris, ed., *Schumpeter, Social Scientist*, Cambridge, Mass.: Harvard University Press, 1951, pp. 130~135.
슘페터의 주장은 민주주의라는 주제에 대한 연구가 쏟아져나오는 데 기여했다. 합리적 선택 운동을 시작한(그것은 결국 정치학이라는 학문 내부의 가상 내전을 시작했다) 연구 가운데 하나인 앤서니 다운스의 고전 *Economic Theory of Democracy*, New York: Harper & Row, 1957는 슘페터에게 신세졌음을 밝히고 있다. 그러나 합리적 선택과 공공 선택의 학문에 대한 슘페터의 전체적인 영향은 그리 크지는 않았다. W. C. Mitchell, "Schumpeter and Public Choice, Part I: Precursor to Public Choice?" *Public Choice* 42, 1984, pp. 73~88 및 Mitchell, "Schumpeter and Public Choice, Part II: Democracy and the Demise of Capitalism: The Missing Chapter in Schumpeter", *Public Choice* 42, 1984, pp. 161~174를 보라. 또 Manfred Prisching, "The Limited Rationality of Democracy: Schumpeter as the Founder of Irrational Choice Theory", *Critical Review* 9, 1995, pp. 301~324도 보라.
라틴아메리카 정치사상에 미친 슘페터의 영향에 대해서는 José Nun, trans. David Haskel and Guillermo Haskel, *Democracy: Government of the People or Government of the Politicians*, Lanham, Md.: Rowman & Littlefield, 2003를 보라.
슘페터의 민주주의에 대한 입장에 관한 대체로 부정적인 평가는 John Medearis, "Schumpeter, the New Deal, and Democracy", *American Political Science Review* 91, December 1997, pp. 819~832 및 Medearis, *Schumpeter's Two Theories of Democracy*, Cambridge, Mass.: Harvard University Press, 2001를 보라. 후자는 슘페터 자신의 민주주의에 대한 책들과 함께 이 책들에 대한 여러 2차 문헌을 많이 인용하고 있다.

82. 조앤 로빈슨의 리뷰, *Economic Journal* 53, December 1943, pp. 161~175.

83. A. B. 울프의 리뷰, *Political Science Quarterly* 58, June 1943, pp. 265~267. 프린스

턴대의 윌리엄 카펜터는 슘페터가 자신의 명제를 뒷받침한 증거가 "거의 전적으로 유럽의 경험"에서 나왔다고 썼다. *American Political Science Review* 37, June 1943, pp. 523~524의 리뷰.

84. 우턴이 슘페터에게 보낸 1943년 10월 2일 편지, Schumpeter Papers, HUG(FP)—4.1, Brief Daily Records, notes and diaries, ca. 1930~1948, box 4, folder 1943~1944, HUA.

85. 슘페터가 라이트에게 보낸 1943년 12월 6일 편지, in Hedtke and Swedberg, eds., *Briefe*, p. 343.

86. 아서 슐레진저 2세의 리뷰, *The Nation*, April 26, 1947, pp. 489~491.

87. Arnold Heertje, ed., *Schumpeter's Vision: Capitalism, Socialism and Democracy after 40 Years*, New York: Praeger, 1981. Hendrik Wilm Lambers, "The Vision", in ibid., pp. 107~129. 폴 새뮤얼슨은 이 회고집 첫머리에서 슘페터가 "위대한 책"을 썼다고 선언했다. Samuelson, "Schumpeter's *Capitalism, Socialism and Democracy*", p. 1. 슘페터의 친구이자 오랜 하버드대 동료였던 하벌러는, 슘페터가 『자본주의·사회주의·민주주의』에서 그렇게 말하지는 않았지만 그의 "진짜 생각"은 "자본주의 또는 부르주아사회가 매우 추구할 만한 가치가 있다는 것"이었음은 분명하다고 썼다. 자본주의가 몰락하리라는 슘페터의 예측은 "많은 사람을 충격에 빠뜨렸고 당혹스럽게 했다. 그러나 모든 요건과 단서와 설명에 합당한 관심을 기울인다면 (…) 자본주의의 소멸이 불가피함은 상당 부분 근거를 잃을 것이다." 그리고 슘페터가 과세에 대한 분노가 늘어남을 강조한 것은 1970년대에 시작된 미국의 납세자 반란을 예견한 것이었으며, 이 반란은 대단한 중요성을 지닌(그리고 21세기에도 계속되고 있는) 운동이었다. Haberler, "*Schumpeter's Vision: Capitalism, Socialism and Democracy after Forty Years*", in ibid., pp. 70~71, 74~75, 83~84, 89.
경제학자 로버트 하일브로너는 『자본주의·사회주의·민주주의』가 심오하며 선구적인 연구였다고 평가했다. 뛰어난 문장가였던 하일브로너는 더 나아가 이 책을 일정 부분 예술적인 견지에서 평하고 있다.
"상당히 점잔을 빼고 (…) '부르주아의 간담을 서늘케 하고 급진파의 코를 비트는 데서 노골적인 즐거움을 느꼈다." 그러나 이 책에는 "날카로운 통찰"이 가득하다. 일례로 "자본주의적 생활 방식은 소스타인 베블런의 명언인 '현대 신사복의 유래라는 말로' 가장 잘 표현되었다"는 슘페터의 말 같은 것들이다. Heilbroner, "Was Schumpeter Right?" in ibid., pp. 95~96, 99~100, 101~102, 106.
슘페터의 제자이자 동료였던 아서 스미시스는 『자본주의·사회주의·민주주의』를 부분적으로 케인스주의에 대한 반동으로 봤다. 슘페터는 케인스의 『일반 이론』에 나오는 '정체 이론'을 공개적으로 비웃었다. 이 이론은 한 나라가 부유해지면 저축 성향이 커지는 바로 그 순간에 투자 기회가 줄어든다고 본다. 따라서 저축과 투자는 실업률이 높은 상태에서만 균형을 이룬다는 것이다. 스미시스는 "그것이 타당성이 있었다면 오랫동안 유지된 이 케인스의 주장이 사회주의의 강력한 논거가 되었을 것이다"라고 썼다. 그러나 슘페터는 정체 이론의 바탕이 대공황이라는 변칙적인 조건이었다고 봤다. 그는 "멀쩡한 정신으로" 그러한 문제들은 영속적인 것이 아니라 순환적인 것이라고 주장했다. 슘페터의 인플레이션 우려에 대해 1940년대 영미 경제학자들은 그것이 '강박관념'이라고 했다. 그러나 1970년대의 세계적인 두 자릿수 인플레이션은 슘페터의 역설이 매우 선견지명이 있는 주장으로 보이게 만들었다. Smithies, "Schumpeter's Predictions", in ibid., pp. 130~132, 145~146.

슘페터의 하버드대 동료 일부는 그의 전체 저작에 대한 회고에서, 전체적으로는 찬사를 보내면서도 특정한 분석은 그리 확신하지 못했다. 예를 들어 슘페터보다 스물다섯 살 아래면서 매우 가까운 사이였던 에드워드 메이슨은 슘페터가 "전통적 유형의 반독점 사상에 관한 가장 효과적이고 철저한 비판"을 내놓았다고 생각했다. 슘페터는 "전통 이데올로기의 두 주요 기둥을 그럴듯하게 무너뜨렸다. 첫째는 힘이라는 것은 착취할 능력을 의미하기 때문에 시장 지배력은 정당한 공격 대상이라는 것이고, 둘째는 경쟁의 유지는 시장 지배력의 설 자리를 없애는 것이기 때문에 자원의 효과적인 이용을 보장하리라는 것이다." 미국인의 전통적인 신조에서 시장 지배력은 그 자체로 나쁜 것으로 보는 데 반해, "슘페터의 입장에서 드러난 본질은 시장 지배력이 혁신을 위해 필요하고 혁신은 효과적인 경쟁의 핵심이라는 것이다."

그러나 슘페터는 정말로 정책에 유용한 지침은 전혀 제시하지 않았다고 메이슨은 덧붙였다. 이상적인 반독점 전략이 개별 기업과 시장구조의 역사적 진화에 대한 철저한 조사를 포함하는 모든 관련 문제를 포괄하는 것이라면, 그 과정은 반독점 주창자에게 요구되는 즉각적인 결정에 상당한 어려움을 초래한다. 메이슨은 대기업이 일반적으로 혁신에 도움이 된다는 슘페터의 언명을 받아들일 용의가 있는 것도 아니었다. 대부분의 경험적 연구도 이를 입증하는 것 같지 않았으며, 슘페터 자신이 평생 여러 차례 표명한 소규모 신생 기업에 대한 선호는 다른 방향을 가리키는 것 같았다. 어떻든 혁신은 슘페터가 『자본주의·사회주의·민주주의』에서 썼던 것처럼 대기업이면 자동적으로 이루어지는 것은 아니었다. 메이슨은 이렇게 결론지었다.

"그렇지만 정부의 반독점정책의 지적 기반이었던 정태경제 분석의 한계에 대한 그의 강력한 공격은 매우 유익하고 확실히 옳은 것이었다." Mason, "Schumpeter on Monopoly and the Large Firm," in Harris, ed., *Schumpeter, Social Scientist*, pp. 89~94를 보라.

88. 이 인용문은 종종 탈레랑이 한 말이 아니라 클레망소가 한 말이라고도 한다.

89. 슘페터 자신은 이 비유를 *History of Economic Analysis*, New York: Oxford University Press, 1954, p. 975n9에서 썼다. 다음과 같이 '경쟁'을 정의하는 자리에서였다. "물론 이 이야기의 교훈은 어떤 현상을 논리적 구성 요소로 분해하고 순수한 논리를 캐내려

하면, 그것을 이해하려 시도하는 가운데 현상 자체를 잃어버리게 된다는 것이다. 화합물의 본질은 그 화합물 자체에 있는 것이지 일부 혹은 전체 성분에 있는 것이 아니다."

제22장 전쟁과 혼란

1. 대공황과 미국에서의 부와 소득의 불공정한 분배에 환멸을 느낀 여러 미국 지식인은 공산당에 참여했다. 여러 연구 가운데 다음을 보라.
— Richard H. Crossman, ed., *The God That Failed: A Confession*, New York: Harper & Brothers, 1950. 네 유럽인과 두 미국인(라이트와 피셔)이 직접 체험한 것을 기록한 고전적인 책이다.
— Harvey Klehr, *The Heyday of American Communism: The Depression Decade*, New York: Basic Books, 1984.
— Stephen Koch, *Double Lives: Spies and Writers in the Secret Soviet War of Ideas against the West*, New York: Free Press, 1994.
— Judy Kutulas, *The Long War: The Intellectual People's Front and Anti-Stalinism, 1930~1940*, Durham, N.C.: Duke University Press, 1995.
— Franklin Folsom, *Days of Anger, Days of Hope: A Memoir of the League of American Writers, 1937~1942*, Niwot, Col.: University Press of Colorado, 1994.
— John Earl Haynes, "The Cold War Debate Continues: A Traditionalist View of Historical Writing on Domestic Communism and Anti-Communism", *Journal of Cold War Studies* 2, Winter 2000, pp. 76~115.

2. Seymour E. Harris, "Introductory Remarks", in Harris, ed., *Schumpeter, Social Scientist*, Cambridge, Mass.: Harvard University Press, 1951, p. 7.

3. Haberler, "Joseph Alois Schumpeter, 1883~1950", in ibid., p. 138.

4. 이 슘페터의 일기(1941년 9월)는 Robert Loring Allen, *Opening Doors: The Life & Work of Joseph Schumpeter*, two vols., New Brunswick, N.J.: Transaction, 1991, II, p. 103에 인용되어 있다. 다른 일기들은 Schumpeter Papers, HUG(FP)—4.1, Brief Records, notes and diaries, ca. 1930~1948, box 4, folder 1942~1943, notebook entries, April 25, 1943, and n.d., July 17, 1943, HUA(이하 슘페터의 일기에서 인용)에 있다.

5. George H. Gallup, *The Gallup Poll: Public Opinion 1935~1971*, two vols., New York: Random House, 1972, I, p. 472.

6. Schumpeter, "The United States of America in Politics and Culture", *Neue Freie Presse*, October 21, 1919, printed in Schumpeter, *Aufsätze zur Tagespolitik*(Essays on Current Policy), eds. Christian Seidl and Wolfgang E Stolper, Tübingen: J. C. B. Mohr, Paul Siebeck, 1993, p. 132. 크리스토퍼 홀과 앨리슨 프랭크 번역. Schumpeter's Diary, box 4, folder 1942~1943, notebook entry, n.d., July 1943, HUA.

7. Schumpeter's Diary, box 5, folder 1945~1946, loose sheet, n.d., 1945, HUA; Gallup, *The Gallup Poll*, I, p. 337. 슘페터가 1815년의 사례와 비교한 것은 의문스럽다. 거기서 악역은 프랑스 민족보다는 나폴레옹 자신이었을 가능성이 높으며, 제1차 대전 뒤의 베르사유·생제르맹조약은 1815년에 빈회의에서 결정되었던 것보다 패전국에 훨씬 가혹한 내용이 담겨 있었다.

8. Schumpeter, *Capitalism, Socialism and Democracy*, New York: Harper & Brothers, 1942, p. 360.

9. Schumpeter's Diary, notebook entries, November 1944, box 5, folder 1945 [sic]; April 14 and May 3~7, 1945, and n.d., November 1945, folder 1945~46, HUA.

10. Schumpeter's Diary, May 11 and 14, 1945, notebook entries, box 5, folder 1945, HUA.

11. Schumpeter's Diary, May 3~7, 1945, notebook entries, box 5, folder 1945; n.d. , November 1945; box 5, folder 1945~1946; and n.d., November 1944, box 5, folder 1945 [sic].

12. 슘페터가 인기 있는 정권이 국내 정책상 좌익으로 기울어지리라 예측한 내용은 정확성이 떨어졌다. 즉 그들은 전쟁 전 영국에서 나타나 처칠의 연립정부 내 사회주의자들이 강화시킨 '노동당' 유형을 따르리라 예측한 것이다. 이는 영국에서 사실로 입증되었지만, 다른 대부분의 나라에서는 그렇지 않았다. Schumpeter, *Capitalism, Socialism and Democracy*, pp. 373~374.

13. Schumpeter's Diary, February 20 and 28, and March 16, 1944, notebook entries, box 4, folder 1943~1944; April 11, 1944, loose sheet, and May 11, 1945, notebook entry; and n.d., October—November, 1943, loose sheet, folder 1943~1944, HUA.

14. Schumpeter's Diary, n.d., February 1941, notebook entry, box 4, folder 1941~

1942; and n.d., January and February 1945, folder 1945, HUA.

15. Schumpeter's Diary, May 14 and 25, 1944, and n.d., 1944, notebook entries, box 5, folder 1944; and May 14, 1945, notebook entry, folder 1945, HUA.

16. 여러 도시를 향한 "구역 폭격"은 결국 독일의 군수품 생산력을 떨어뜨렸으나, 감소 추이는 아직까지 논란거리로 남아 있다. 전쟁 직후 활동한 전략폭격조사단은 공업 분야의 생산상 피해가 생각했던 것보다 훨씬 적었음을 발견했다. 다른 연구들은 이런 판단에 이의를 제기했다. 그러나 이 활동으로 나온 추론은 매우 분명하다. 가장 통찰력 있는 제2차 대전 전공역사가 가운데 한 사람은 이렇게 썼다. "제독과 장군들은 루스벨트와 처칠에게, 폭격기를 (도시 공격에서) 빼내 전선에서 추축국 군대를 물리치는 데 도움이 될 수 있도록 하자고 청했다. 1942년 소련의 제2전선 요구라는 긴급한 압박이 없었다면 처칠과 루스벨트라도 물러서고 말았을 텐데, 이런 맥락에서 폭격은 회유용이었다. 전략적인 폭격은 작전 성공이 입증되어서가 아니라 정치적 필요에 따라 중요한 약속으로 제시된 것이었다. 그것은 강한 군부의 반대에도 불구하고 민간인을 택해 민간인을 향해 퍼부은 것이었다." Richard Overy, *Why the Allies Won*, New York: Norton, 1995, p. 110. 또 Mark A. Stoler, *The Politics of the Second Front: American Military Planning and Diplomacy in Coalition Warfare, 1941~1943*, Westport, Conn.: Greenwood Press, 1977도 보라.

17. Hermann Kinder and Werner Hilgemann, trans. Ernest A. Menze, *The Penguin Atlas of World History: Vol. 2: From the French Revolution to the Present*, New York: Penguin Books, 2003, p. 200. 오토 슈퇴켈이 슈페터에게 보낸 1948년 5월 29일 편지, Schumpeter Papers, HUG(FP)—4.7, box 8, folder S, HUA.

18. Schumpeter's Diary, June 10 and n.d., 1945, notebook entries, box 5, folder 1945~1946, HUA. 일본에 원자폭탄을 투하한 일에 대한 언급은 Allen, *Opening Doors: The Life dr Work of Joseph Schumpeter*, II, p. 155에 인용되어 있다.

19. Schumpeter's Diary, n.d. (1944), notebook entry, box 4, folder 1945 [sic], HUA. 미국 폭격시 민주주의에 관한 언급은 인도에서 서방 세력이 철수한다는 맥락에서 나온 것이다. 그에게서 박사 과정을 지도받았던 제임스 토빈은 "내가 들었던 몇 안되는 슘페터의 격렬한 견해 표명 가운데 하나가 미국의 히로시마 폭격에 대한 비난이었다"고 회상했다. 토빈의 서문, Eduard März, *Schumpeter: Scholar, Teacher, and Politician*, New Haven, Conn.: Yale University Press, 1991, p. xiii. 미군 사망자 수에 대해서는 *Historical Statistics of the United States*, two vols., Washington, D.C.: Government Printing Office, 1970, II, p. 1140를 보라.

"구역 폭격area bombing" "전략적 폭격strategic bombing" "융단 폭격carpet bombing" "집중 폭격saturation bombing" "대량 폭격mass bombing" "절멸 폭격obliteration bombing" 등 여러 가지로 불리는 제2차 대전 동안의 민간인 폭격은 전쟁과 관련된 모든 문제를 통틀어 가장 뜨거운 논쟁 가운데 하나였다. 미국과 영국의 폭격 작전에 관해서는 여러 우수한 책이 나왔는데, Ronald Shaffer, *Wings of Judgment: American Bombing in World War II*, New York: Oxford University Press, 1985; Michael S. Sherry, *The Rise of American Air Power: The Creation of Armageddon*, New Haven, Conn.: Yale University Press, 1987; Robert A. Pape, *Bombing to Win: Air Power and Coercion in War*, Ithaca, N.Y.: Cornell University Press, 1996 등이 대표적이다. 미국의 폭격에 따라 죽은 일본 민간인 수는 정확히 알 수 없다. 본문상에 어림잡아본 내용은 어떤 필자들의 추산보다는 조금 적고 또 다른 필자들의 추산보다는 조금 많다.

이 문제를 가장 세밀하게 논의한(그리고 연합국에 가장 비판적인) 책 가운데 하나가 A. C. Grayling, *Among the Dead Cities: The History and Moral Legacy of the WWII Bombing of Civilians in Germany and Japan*, New York: Walker, 2006인데, 여기에는 커티스 르메이의 증언도 들어 있다(p. 171). 나중에 베트남전쟁 기간 가운데 국방부장관을 지낸 로버트 맥나마라는 젊은 시절에 르메이와 다른 사람들과 함께 일본 폭격 작전을 세우는 일을 했다. 그 역시 나중에, 만약 미국이 패전했다면 자신이 전범 재판에 회부되었을 것이라고 말했다. 그레일링은 연합국의 독일 및 일본에 대한 구역 폭격으로 인한 전체 사망자를 80만 명으로 추산했다.(일부에서는 사망자 수가 더 많다고 주장하기도 한다.) 그의 책의 46쪽에 이르는 부록은 독일에 대한 영국의 폭격 작전을 모두 나열하고 폭격으로 인한 사망자뿐만 아니라 그에 따라 집을 잃게 된 사람의 숫자도 명확히 추산하고 있다. 예를 들어 1944년 3월 18일~19일의 프랑크푸르트 공습에서는 421명이 죽었고, 5만 5000명 이상이 폭격으로 집을 잃었다. 가장 집중적인 공격을 받은 곳은 함부르크 등 항구 도시들 그리고 베를린, 쾰른, 드레스덴과 루르 지방의 공업 도시들이었다.

전체적으로 민간인 폭격을 지지하는 가장 강력한 논거는 적군의 자원을 군수품 생산에 투입하지 못하게 하고 생산 자체를 방해하며, 군인들을 연합군과 맞닥뜨리는 전장보다는 수천 곳의 방공 포대에 배치하게 할 수 있다는 것이었다. 가장 나쁜 점은 이러한 민간인 침탈이 대부분 너무나도 늦게 독일과 일본 모두 전쟁상으로 결말이 확실해졌을 때 이뤄졌다는 것이다. A. C. 그레일링은 저명한 철학자인데, 그의 책은 이 문제를 여러 측면에서 다루고 있다. 독일과 일본의 잔학 행위가 연합군보다 훨씬 심했음을 인정하면서도(인류의 전 역사에서 어떤 일이 홀로코스트와 비교될 수 있겠는가?), 그는 그럼에도 불구하고 이렇게 결론짓는다.

"구역 폭격은 필요했는가? 아니다. (…) 그것은 사람들이 전쟁을 통제하고 제한하는 방편으로서 선언하고자 노력해온 인도주의 원칙을 거스르는 것이었는가? 그렇다. 그것은 서구 문명이 지난 500년간, 심지어 2000년간 알고 따른 도덕적 잣대에 반하는 것이었는가? 그렇다. 그것은 성숙한 국법이 살인과 신체 상해와 파괴를 금지하는 방식으로 제공하고 있는 것이나 재산권에 반하는 것이었는가? 그렇다. 여기서 정리해보자면 구역 폭격은 잘못된 것이었는가? 그렇다. 매우 잘못된 것이었는가? 그렇다."

이는 물론 매우 논란이 될 만한 판단이다. 그러나 이것은 슘페터가 1945년에 생각한 방식을 거의 완전하게 표현하고 있다.

20. 여기에 언급된 수치들은 Williamson Murray and Allen R. Millett, *A War To Be Won: Fighting the Second World War*, Cambridge, Mass.: Harvard University Press, 2000, p. 558에서 인용한 것이다. 저자들이 말하고 있듯이 이 수치들은 어림짐작해본 것이며, 다른 자료들은 더 많은 수치를 제시하고 있다. 특히 소련의 경우가 그렇다. Kinder and Hilgemann, *The Penguin Atlas of World History, Vol. 2: From the French Revolution to the Present*는 다음과 같이 말하고 있다(p. 218). 소련인 1360만 명, 중국인 640만 명(공산당 및 국민당), 독일인 400만 명, 일본인 120만 명 등 전체적으로 약 2600만 명이다. 스탈린그라드전투에 관한 여러 책 가운데 좋은 책의 하나로 Antony Beevor, *Stalingrad: The Fateful Siege, 1942~1943*, New York: Viking, 1998이 있다[안토니 비버 지음, 『피의 기록, 스탈린그라드 전투─히틀러와 스탈린이 만든 사상 최악의 전쟁』, 조윤정 옮김, 다른세상, 2012로 출간됨*]. 소련의 보병 사상자와 영국 및 미국의 보병 사상자에 대한 비교(그리고 그 이유)는 Max Hastings, *Armageddon: The Battle for Germany, 1944~1945*, New York: Knopf, 2004를 보라.

21. Schumpeter, *Capitalism, Socialism and Democracy*, New York: Harper & Row, 1942, pp. 362n16, 373. 이 전쟁은 사망자 발생 외에 역사상 최대의 난민 문제를 일으켰다. 추방과 이주로 말미암아 약 3000만 명의 '유민流民'이 집을 잃고 기아에 허덕였다. 1700만 명 정도가 독일계였는데, 이들은 전쟁 뒤 러시아, 폴란드, 체코슬로바키아 등 여러 나라에서 쫓겨난 사람들이었다. 같은 식으로 다수의 이탈리아인이 유고슬라비아에서 쫓겨났고, 200만 명 이상의 일본인이 만주에서 쫓겨났다. 수십만 명의 폴란드인을 비롯한 다른 동유럽인이 소련의 적군赤軍에 이끌려 시베리아의 상설 강제수용소로 보내졌다. 그리고 살아남은 유럽 내 유대인 이주가 본격적으로 시작되어 이스라엘이 1948년 독립적인 국가임을 선포했다. Kinder and Hilgemann, *The Penguin Atlas of World History, Vol. 2: From the French Revolution to the Present*, pp. 221~222; Mark Mazower, *Dark Continent: Europe's Twentieth Century*, New York: Knopf, 1998, p. 412를 보라.
여러 나라에서 추방되어 독일로 돌아온 독일인 총수總數는 다양한 자료에서 뽑아냈다. 제3제국 시기에 "생활권Lebensraum"[독일의 지리학자이자 인종학자인 프리드리히 라첼이 만든 조어로 원래 인간이 모여사는 사회 집단도 사람 개개인의 신체 조직과 같아서 충분히 숨을 쉬고 밥을 먹고 잠을 잘 수 있는 공간이 있어야 한다라는 뜻이었으나, 이후 독일의 제국주의 팽창정책을 정당화시키는 사상으로 발전했다*]정책에 따라 동유럽을 식민지화하기 위해 히틀러가 보냈던 독일 민족과, 베르사유조약 뒤 새로 수립된 체코슬로바키아의 "수데텐란트Sudetenland"로 배치되었던 독일 민족이다. 이 숫자에는 현대적인 공업 기술 및 민정民政을 전파하기 위해 제정러시아에 초빙되었던 사람들(및 그 자손), 또 합스부르크가의 권면에 따라 부를 찾아 오스트리아-헝가리 제국의 동부 변경으로 갔던 사람들도 포함된다.

22. 이 총액은 1945년부터 1953년 스탈린 사망 때까지 140억 달러로 추산되었다. Mazower, *Dark Continent: Europe's Twentieth Century*, p. 280을 보라.

23. Schumpeter's Diary, n.d., March 1945, notebook entry, box 5, folder 1945, HUA.

24. 제2차 대전 사상자 추계는 자료마다 다르지만, 엄청난 숫자에 달하는 것은 마찬가지다. 여기에 제시된 수치는 Murray and Millett, *A War To Be Won*, pp. 554~555에서 인용한 것이며, 더 자세한 것은 pp. 556~559에 나와 있다. 또 Kinder and Hilgemann, *The Penguin Atlas of World History Vol. 2: From the French Revolution to the Present*, p. 218도 보라. 여기에는 군인 사망자가 500만 명 이상으로 나와 있으며, 이는 민간인 사망자보다 약간 적은 수치다. 유럽의 거의 모든 나라에서 많은 유대인이 죽었으며, 600만 명 가운데 대부분은 폴란드인과 러시아인이다.

25. Robert Skidelsky, "Hot, Cold & Imperial", *New York Review of Books* 53, July 13, 2006, p. 50.

26. OSS[미국 CIA의 전신인 전략사무국*]에서의 매우 폭넓은 학자들의 역할에 관해서는 Barry M. Katz, *Foreign Intelligence: Research and Analysis in the Office of Strategic Services, 1942~1945*, Cambridge, Mass: Harvard University Press, 1989를 보라.

27. 이 일에 관한 여러 책 가운데 Elizabeth Borgwardt, *A New Deal for the World: America's Vision for Human Rights*, Cambridge, Mass.: Harvard University Press, 2005를 보라.

28. 1942년 부활절에 슘페터가 슈톨퍼에게 보낸 편지, Nachlass Gustav und Toni Stolper, Nl 1186/31, Bundesarchiv Koblenz. Gallup, *The Gallup Poll*, I, p. 478; 조사 대상의 7퍼센트는 무응답이었다.

29. U.S. Bureau of the Census, *Historical Statistics of the United States: Colonial Times to 1970*, II, p. 1141를 보라.

30. 전체 미국 항공산업은 국내 생산 가치에서 1939년 44위이던 것이 1944년에는 1위가 되었다. 자세한 것은 I. B. Holley, Jr., *Buying Aircraft: Matériel Procurement for the Army Air Forces*, Washington, D.C.: Government Printing Office, 1964; Jacob Vander Muelen, *The Politics of Aircraft: Building an American Military Industry*, Lawrence: University Press of Kansas, 1991; Robert D. Cuff, "Organizing U.S. Aircraft Production for War, 1938~1944: An Experiment in Group Enterprise", in Jun Sakudo and Takao Shiba, eds., *World War II and the Transformation of Business Systems*, Tokyo: University of Tokyo Press, 1994; Jonathan Zeitlin, "Flexibility and Mass Production at War: Aircraft Manufacture in Britain, the United States, and Germany, 1939~1945", *Technology and Culture* 36, January 1995, pp. 46~79를 보라. 국가별 비교 수치는 Richard Overy, *Why the Allies Won*, New York: Norton, 1995을 보라.

31. 제2차 대전 당시 미국의 전시 동원에 관한 많은 공개 자료 가운데 가장 완전한 것은 U.S. Department of Commerce, Bureau of the Budget, *The United States at War: Development and Administration of the War Program by the Federal Government*, Washington, D.C.: Government Printing Office, 1946이다.

32. Robert D. Cuff, "Organizational Capabilities and U.S. War Production: The Controlled Materials Plan of World War II", Boston: Harvard Business School Case no. 390116, 1997. 정교한 '물자 통제 계획'을 짠 것은 뉴욕의 투자은행 경영자 페르디난트 에베르슈타트였다. Calvin Lee Christman, "Ferdinand Eberstadt and Economic Mobilization for War, 1941~1943", Ph.D. diss.(history), Ohio State University, 1971; Robert C. Perez and Edward F. Willett, *The Will to Win: The Biography of Ferdinand Eberstadt*, New York: Greenwood Press, 1989를 보라.

33. 이 기간중에 미국의 일반적인 역사에 대해서는 David M. Kennedy, *Freedom from Fear: The American People in Depression and War, 1929~1945*, New York: Oxford University Press, 1999를 보라. 배급제 등 전시체제에 대한 정평 있는 연구로는 전시생산국장의 육성 기록인 Donald Nelson, *Arsenal of Democracy: The Story of American War Production*, New York: Harcourt, Brace, 1946; 정통한 경제 저널리스트가 쓴 Eliot Janeway, *The Struggle for Survival: A Chronicle of Economic Mobilization in World War II*, New Haven, Conn.: Yale University Press, 1951; 강단 역사학자의 간명한 서술인 Richard Polenberg, *War and Society: The United States, 1941~1945*, Philadelphia: Lippincott, 1972; 자신이 참전 군인이었던 또 다른 유명 역사학자가 쓴 John Morton Blum, *V Was for Victory: Politics and American Culture during World War II*, New York: Harcourt Brace Jovanovich, 1976; 실물경제학자가 썼기 때문에 특히 통계에 강한

Harold G. Vatter, *The U.S. Economy in World War II*, New York: Columbia University Press, 1985 등이 있다.

34. Andrew H. Bartels, "The Office of Price Administration and the Legacy of the New Deal, 1939~1946", *Public Historian* 5, Summer 1983, pp. 5~29; Harvey C. Mansfield, *Historical Reports on War Administration: Office of Price Administration*, vol. XV of which is *A Short History of OPA*, Washington, D.C.: Government Printing Office, 1947.

35. 루스벨트 행정부는 1936년에 유보이익세를 도입했다. 수익의 일부를 주주에게 나누지 않고 유보하고 있는 회사들에 누진세를 부과하는 매우 강력한 조치였다. 이 법은 다른 뉴딜정책과 마찬가지로 기업들의 불만을 사서 1938년 및 1939년에 통과된 법에 따라 폐기되었다.

36. W. Elliot Brownlee, *Federal Taxation in America: A Short History*, New York: Cambridge University Press, 1996; Carolyn C. Jones, "Class Tax to Mass Tax: the Role of Propaganda in the Expansion of the Income Tax during World War II", *Buffalo Law Review* 37, Fall 1988/89[sic], pp. 685~737.

37. Ibid. (두 자료 모두).

38. 이 문제를 다룬 책은 많다. 앞서 언급한 전시 동원에 관한 연구들 외에, 작은 예로 D'Ann Campbell, *Women at War with America: Private Lives in a Patriotic Era*, Cambridge, Mass.: Harvard University Press, 1984; Ruth Milkman, *Gender at Work: The Dynamics of Job Segregation by Sex during World War II*, Urbana: University of Illinois Press, 1987[루스 밀크맨 지음, 『젠더와 노동: 제2차 세계대전기 성별 직무분리의 역학』, 전방지 옮김, 이화여자대학교출판부, 2000로 출간됨*]; Carl Abbott, *The New Urban America: Growth and Politics in Sunbelt Cities*, Chapel Hill: University of North Carolina Press, 1981; Ann Markusen, Scott Campbell, Peter Hall and Sabina Deitrick, *The Rise of the Gunbelt: The Military Remapping of Industrial America*, New York: Oxford University Press, 1991; Gerald D. Nash, *The American West Transformed: The Impact of the Second World War*, Bloomington: Indiana University Press, 1985 등을 보라.

39. 넬슨, 제인웨이, 폴렌베르크, 블룸, 파터의 전시 동원에 관한 일반사와 함께 Robert Higgs, "Wartime Prosperity? A Reassessment of the U.S. Economy in the 1940s", *Journal of Economic History* 52, March 1992; Hugh Rockoff, "From Plowshares to

Swords: The American Economy in World War II", *National Bureau of Economic Research Historical Paper* 77, December 1995; U.S. Department of Commerce, Bureau of the Budget, *The United States at War*를 보라.

40. 미국과 일본의 인종차별에 관해서는 John W. Dower, *War Without Mercy: Race and Power in the Pacific War*, New York: Pantheon, 1993를 보라.

41. *Review of Economic Statistics* 25, February 1943. 인용은 표지에서 했다. 이 특집호는 13개 꼭지에 100쪽 분량이었다. 그 가운데 한 꼭지는 수학자 E. B. 윌슨과 제인 우스터가 공동 집필했고, 나머지 열두 꼭지는 단독 필자로 아브람 베르그송, R. M. 굿윈, 트리그베 호벨모, 오스카 랑에, 프리츠 매클럽, 야코프 마르샤크, 로이드 메츨러, 폴 새뮤얼슨, 아서 스미시스, 한스 슈텔레, 볼프강 슈톨퍼, 폴 스위지 등이다.

42. 매클럽, 새뮤얼슨, 슈톨퍼, 스위지가 쓴 꼭지들이 특히 흥미롭다. 전체적으로 슘페터의 『경제 발전의 이론』은 그의 다른 어떤 연구보다 인용이 많다. 몇몇 필자는 슘페터가 독일어로 쓴 논문들로 거슬러올라갔고 한 필자는 각주에서 『자본주의·사회주의·민주주의』를 언급했는데, 이 책은 저널 발간을 위해 쓴 시간을 감안하면 더욱 폭넓은 고찰을 하기에는 너무나 늦게 나왔다. 대부분의 논문에서 케인스의 영향이 많이 눈에 띄었고, R. M. 굿윈이 쓴 꼭지는 케인스 이론과 슘페터 이론을 합치시키려는 노력을 분명히 드러내고 있다.

43. George H. Gallup, *The Gallup Poll*, I, p. 471.

44. Schumpeter's Diary, April 14, 1945, notebook entry, box 5, folder 1945, HUA.

45. Schumpeter, *Capitalism, Socialism and Democracy*, 2nd ed., 1947, pp. 398~399.

46. Ibid., pp. 398~399.

47. Ibid., p. 401. 슘페터는 미국의 자기만족을, 이전에 소련이 나치의 시도에 분노해 어떻게 했던가와 비교하지 않을 수 없었다. "독일 혹은 국가사회당 정권에 대한 격렬한 증오에 따라 행동한 사람들은 만족해했다. 그들이 현실 도피라고 낙인을 찍었던 바로 그 이유로 그들은 이제 러시아에 대한 정책을 지지했다. 히틀러가 있던 독일의 경우 유화책이라고 낙인찍어버린 것이다."

48. Ibid., p. 402.

49. Ibid., pp. 398~399n31, 402n32. 여기서 슘페터는 소련을 스탠더드 오일에 비유하는데, 스탠더드 오일은 이제 완전히 자리잡아서 더 이상 록펠러의 천재성이 필요치 않다.

50. Ibid., p. 403.

51. Ibid., pp. 404~405. p. 404의 각주37에서 슘페터는 파시즘을 "경쟁적 리더십의 반대인 독점적 리더십"이라고 정의하고 있다.

52. 일본과 스페인에 관해 그는 한 각주에서, "용어상에 어떤 유의미한 차원으로 보더라도 두 나라는 경제적 성격상 '전체주의적'"이라고 말했다. 물론 그가 제2차 대전이 시작된 뒤 일본 경제학자들과의 접촉이 끊어진 것을 인정한 상태에서 내린 결론이었다. *History of Economic Analysis*, New York: Oxford University Press, 1954, p. 1153n1.

53. Ibid., pp. 1155~1156.

54. Ibid., p. 1156. 로버트 스키델스키는 *John Maynard Keynes: The Economist as Savior, John Maynard Keynes: A Biography*, 3 vols., New York: Viking, 1986~2001의 2권 마지막 장에서 이러한 판단을 받아들이고 있다[로버트 스키델스키 지음, 『존 메이너드 케인스』, 고세훈 옮김, 후마니타스, 2009로 출간됨*]. 또 George Garvy, "Keynes and the Economic Activists of Pre-Hitler Germany", *Journal of Political Economy* 83, 1975, pp. 391~406 및 J. Backhaus, "Review Article: Theories and Political Interests: Scholarly Economics in Pre-Hitler Germany", *Journal of European Economic History* 12, Winter 1983, pp. 661~667도 보라.

55. *History of Economic Analysis*, p. 1156. 이탈리아에서의 유대인 박해는 독일보다 늦었으며, 현실화되지 않았다.

56. Ibid., p. 1157.

57. Ibid., p. 1157.

58. Ibid., p. 1158.

59. Martin Amis, *Koba the Dread: Laughter and the Twenty Million*, New York: Hyperion, 2002), pp. 97, 121. 에이미스는 그 차이를 1억 6200만 명 대 1억 7000만 명으로 이야기하고 있다. 수치는 Robert Conquest, *Reflections on a Ravaged Century*, New

York: Norton, 2000, p. 96에서 인용된 것이다. 점령지에서 실종된 1500만 명 가운데 1000만 명이 기아와 추방으로 죽었다고 보고 있다.

60. *History of Economic Analysis*, pp. 1158~1159.

61. Ibid., p. 1159n11.

62. 이 주제에 관한 연구들이 쏟아져나오고 있다. 여러 훌륭한 분석 가운데 Alec Nove, *An Economic History of the U.S.S.R., 1917~1991*, 3rd ed., London: Penguin, 1992; Andrei Yu. [sic] Yudanov, "Large Enterprises in the USSR", in Alfred D. Chandler, Jr., Franco Amatori, and Takashi Hikino, eds., *Big Business and the Wealth of Nations*, Cambridge: Cambridge University Press, 1997, pp. 397~433; Richard Overy, *The Dictators: Hitler's Germany and Stalin's Russia*, New York: Norton, 2005 등을 보라. 유다노프의 글은 소련의 기업체제가 어떻게 작동하는가를 매우 명확하게 제시하고 있고, 오버리의 책은 소련의 행정 조직을 나치의 행정 조직과 비교해 매우 상세히 제시하고 있다. 스탈린 정권의 공포에 대해서는 Roy Medvedev, ed. and trans. George Shriver, *Let History Judge: The Origins and Consequences of Stalinism*, New York: Columbia University Press, 1989[로이 메드베제프 지음, 『역사가 판단하게 하라1·2』, 새물결, 1991로 출간됨*]; Robert Conquest, *The Great Terror: A Reassessment*(Oxford: Oxford University Press, 1990; Martin Malia, *The Soviet Tragedy: A History of Socialism in Russia, 1917~1991*, New York: Free Press, 1994; Stéphane Courtois, et al., *The Black Book of Communism: Crimes, Terror, Repression*, Cambridge, Mass.: Harvard University Press, 1999 등을 보라.

제23장 자기성찰

1. Schumpeter's Diary, October 9, 1942, notebook entry, Schumpeter Papers, HUG(FP)—4.1, Brief Daily Records, notes and diaries, ca. 1931~1948, box 4, folder 1942~1943; May 3~7, 1945, notebook entries, box 5, folder 1945, HUA(이하 슘페터의 일기로 인용). 슘페터는 하버드대에 덜 머물고 윈디힐에 더 머물렀기 때문에 자신이 자리를 비운 데 대해 학과의 양해를 구해야 했다. 그 전형적인 편지가 1944년 12월 8일자로 타코닉에서 해럴드 버뱅크 경제학부장에게 친필로 써서 보낸 다음 편지다.

친절하게도 중요한 문제가 토의될 학부회의에 불러주셔서 무한한 감사를 드립니다. 그러나 제가 가지 못하는 걸 용서해주시기 바라며, 제 생각을 아실 수 있도록 짧막한 메모를 동봉합니다. 사실 저는 휘발유가 떨어져 여기에 고립되어 있으며, 더군다나 제가 가려면

2~3일의 작업을 희생해야 하는 사연이 있답니다. 제가 제 자신의 작업에 대해 말씀드리려는 것은 변명하려는 게 아닙니다. 당신은 친구로서 그리고 학부장으로서 저의 이유를 알아야 하기 때문입니다. 또 당신이 친절하게도 소식을 전해달라고 격려해 제가 기꺼이 이 기회를 쓰고 있는 것입니다.

또 그는 자신이 하고 있는 작업을 상세히 열거했다. Department of Economics, Correspondence and Records, 1930~1961, UAV 349.11, box Robertson-Schumpeter, folder Joseph Alois Schumpeter, HUA를 보라. 그 뒤 몇 년 동안 슘페터의 편지는 조금씩 뜸해졌고, 학부에서 보낸 답장의 분위기도 조금 냉랭해졌다. 그리고 그는 하버드대 일에 덜 관심을 가지고, 저술활동에 더 집중했다. 그것은 갑작스런 변화가 아니었다. 그는 대략 1935년 무렵부터 이런 방향으로 일을 처리해왔다. 그리고 여러 자료에서 드러나듯이 강의에 대한 관심이 줄어든 것은 아니었다. 그러나 슘페터가 저술에 몰두하는 일과 대학에 일정 시간 머물러 있어야 한다는 하버드대 규정 사이에 틈이 생겼다. 슘페터는 폴 벅 학장에게 보낸 1945년 5월 2일 편지 초안에서 하버드대의 "독서 기간"(5월 31일~6월 9일)에 휴가를 요청했다. 그는 자신이 두 권의 책을 쓰고 있다고 설명하고, 자신이 이듬해 어쩌면 그다음 해에도 다시 휴가를 신청할지 모른다고 말했다. 그는 같은 날 버뱅크 학부장에게도 비슷한 편지를 보냈는데, 벅에게 보내는 편지 사본을 동봉하면서 "이것을 잘 살펴주시고 도와주시기를 바랍니다"라고 했다. 슘페터는 이렇게 덧붙였다. "중요한 것은 휴가를 얻을 경우 여기[케임브리지]보다, 심지어 강의가 없는 때와 비교해서도 훨씬 방해받지 않은 채 연구할 수 있으며, 약 2주 정도만 있었도 저에게는 매우 큰 차이가 있습니다. 때때로 저는 당신이 그토록 친절하게 관심을 가져주셨던 '[경제 분석의] 역사'가 완성되지 못할 듯한 생각이 듭니다."
Schumpeter Papers, HUG(FP)—4.7, box 5, folder 1943~1948, misc. corr. through Dept. Secretary, HUA. 그리고 "학부장님" 앞으로 퉁명스럽게 요청을 철회하는 내용을 같은 5월 2일 편지(ibid.)로 보냈다. 슘페터의 편지들이 경제학부 직원을 통해 보내졌다는 것은 관대한 버뱅크도 벅 학장에게 편지를 쓰지 않겠다고 슘페터에게 이야기했음을 알려준다.
이 독서 기간의 휴가 문제는 여러 차례 제기되었다(슘페터는 물론 하버드대의 여러 다른 교수도 마찬가지였다). 오래전 슘페터를 본 대학교에서 데려오는 일을 조율할 때도 타우시그 교수가 슘페터를 대신해 이 문제를 제기했으나, 로웰 총장은 이를 단호히 거부한 바 있다.

2. 슘페터의 일기 1941년 9월 6일(노트 수록); 일자 미상(1941년 12월~1942년 1월); 일자 미상(1941~1942, 낙장); 1942년 1월 5일, 10월 30일, 11월 29일(노트 수록) 및 일자 미상(1942, 낙장), 모두 box 4, folder 1941~42. 인용문의 생략 부호와 연결 부호는 원문에 있는 것이다.

3. Robert Loring Allen, *Opening Doors: The Life & Work of Joseph Schumpeter*, two vols., New Brunswick, N.J.: Transaction, 1991, II, p. 111에 인용되어 있다.

4. Schumpeter's Diary, n.d., October–November, 1942 and November 23, 1942, notebook entries, box 4, folder 1942~1943.

5. Samuelson, "Schumpeter as a Teacher and Economic Theorist", in Seymour E. Harris, ed., *Schumpeter, Social Scientist*, Cambridge: Harvard University Press, 1951, p. 50에는 이런 말이 있다. "슘페터는 대단히 과시적인 사람이었다. 그는 틀림없이 역사상 다른 분야의 학자들보다도 많은 전 세계의 경제학자들 앞에서 이야기했고" "정말로 자신의 강의실에서 최선을 다했다." 『하버드 크림슨Harvard Crimson』이 발행한 *Harvard Service News*, April 11, 1944, p. 1에는 한 선배가 신입생에게 슘페터에 대해 말한 것이 나와 있다.

6. Schumpeter's Diary, dates noted, notebook entries and loose sheets, box 4, folders 1942~1943, 1943~1944, 1944~1945. 여기에 일부 언급된 것을 비롯해 106개의 경구가 Richard Swedberg, *Schumpeter: A Biography*, Princeton, N.J.: Princeton University Press, 1991, Appendix I, pp. 199~206에 나열되어 있다.

7. Schumpeter's Diary, March 16, 1944, notebook entry, box 4, folder 1944.

8. Schumpeter, *History of Economic Analysis*, New York: Oxford University Press, 1954, p. 185.

9. 슘페터는 본인의 경제 사상에 관한 구조를 드러내면서 케인스의 『일반 이론』과 맞먹을 책을 쓰려고 생각하지는 않았다. 그러나 그는 (스스로 케인스의 『일반 이론』이 문제투성이라고 생각했지만) 그것을 케인스가 쓴 것의 반박 혹은 반증이라기보다는 보충 작업으로 생각했던 듯하다. 아래 25장과 Schumpeter's Diary, n.d., 1947, notebook entries, box 5, folder 1947 및 Allen, *Opening Doors*, II, p. 182를 보라.

10. 그와 가까웠던 제자 가운데 한 사람은 이렇게 썼다. "슘페터는 기질적으로 지적인 선구자들이 보통 하는 것처럼 추종자들을 끌어모으고 자신의 견해를 널리 알리는 따위의 일을 내켜하지 않았다. (…) 특정 사상으로 모인 '학파'를 기피한 데에는 지적인 온전함을 바탕으로 한 천진함이 결합되어 있었다. 사실 여러 사회과학 학문에는 학파가 있었으며 학파 설립을 위한 정당한 이유가 있었다." John E. Elliott, "Schumpeter and the Theory of Capitalist Economic Development", *Journal of Economic Behavior and Organization* 4, December 1983, pp. 277~308, 특히 pp. 295~298.

11. 조지 스티글러의 『경제 분석의 역사』에 대한 리뷰, *Journal of Political Economy* 62, August 1954, pp. 344~345.

12. 슘페터가 피셔에게 보낸 1946년 2월 18일 편지, in Ulrich Hedtke and Richard Swedberg, eds., *Joseph Alois Schumpeter, Briefe/Letters*, Tübingen: J. C. B. Mohr, Paul Siebeck, 2000, p. 356. 이 기간에 언급된 날짜의 슘페터의 일기(box 4, folder 1944, and box 5, folder 1945, notebook entries) 일부는 이러하다.

> 1944년 2월 28일 : 기분(Laune라는 독일어를 썼다) 잡쳤다! 이건 내가 해야 할 일이 아니다!
> 2월 29일 : 기분 잡쳤다! (⋯) 이 모든 것이 고통스럽고 혐오스럽고 지겹다!
> 5월 30일 : 물론 여기(타코닉)서는 모든 것이 즐겁고 심지어 멋지다. (⋯) 그러나 내게 있어 모든 것은 이 열패감 때문에 빛을 잃었다.
> 7월 28일~31일 : 나는 즐겁지는 않지만 평온하다. 공포와 슬픔은 계속 나에게 걱정거리지만, 그래도 더 가벼워지고 더 줄었다.
> 11월 ? : 나의 성공은 집중력 때문이다. 나의 실패는 집중력 부족 때문이다.
> 1945년 1월 21일 : 요 몇 달을 돌아보고 아직 남아 있는 몇 주를 생각해볼 때 그리고 흘러가고 있는 내 일생을 되돌아볼 때 세 가지가 두드러진다.
> 1) 언제나 같은 잘못을 저지르고 같은 형태의 강점과 약점이 나타났다.
> 2) 이야기는 잃어버린 기회라는 측면에서 쓰여야 한다(물론 돌이켜보면 매우 즉각적으로 생각나는 것도 있지만).
> 3) 그러나 후회는 없다. 내가 어떤 다른 기회를 택했더라도 더 잘해내지는 못했을 것이다. 어쩌면 반대로 그 가운데 어떤 길에서 완전한 성공을 거두기 위해서는 나 자신을 특정 노선에 가두고 나 자신을 한정시킬 뿐만 아니라 불안한 상황에 빠뜨려야 했을지도 모른다.
> 2월 8일(슘페터의 생일) : 안녕, 친구! 예순두 살이 되니 어때? 당연히 늙었고 그렇다고 느끼지. 한 가지, (⋯) 미국에 손 모아 감사하고 (⋯) 반복은 없고, 현재의 상황에 대한 쓸데없는 후회도 슬픔도 없어. 오히려 받아들일 만해. 느낌으로는, 더 나쁠 수 있지!

13. Schumpeter's Diary, April 3, 1946, notebook entry, box 5, folder 1945~1946.

제24장 영광과 위기

1. 슘페터의 논문들은 마시모 아우젤로가 정리했고 Richard Swedberg, ed., *Joseph A. Schumpeter: The Economics and Sociology of Capitalism*, Princeton, N.J.: Princeton University Press, 1991, pp. 445~481에 실려 있다. 1946~1948년 사이에 발표되거나 쓰인 논문들은 pp. 477~480에 있다.

2. Oskar Morgenstern, "Obituary: Joseph A. Schumpeter, 1883~1950", *Economic*

Journal, March 1951, pp. 197~198; Arthur Smithies, "Memorial: Joseph Alois Schumpeter, 1883~1950", in Seymour E. Harris, ed., *Schumpeter, Social Scientist*, Cambridge, Mass.: Harvard University Press, 1951, p. 15.

3. 슘페터가 해럴드 버뱅크에게 보낸 1944년 12월 8일 편지, UAV 349.11, Department of Economics, Correspondence and Records, 1930~1961, box Robertson-Schumpeter, folder Joseph Alois Schumpeter, HUA. 슘페터는 또한 그의 동료인 하버드대 사회과학연구위원장 존 블랙에게 보낸 1944년 7월 10일 편지에서, "완성하려면 아직 몇 년 더 걸려야할 '경제학의 분석 장치The Analytic Apparatus of Economics'라는 가제의 포괄적인 연구" 초고를 언급하고 있다. 그는 블랙에게 자신의 작업 진도를 알리고 이듬해에 그에게 필요한 연구 지원을 추산했다. 그는 이 편지에서 자신의 『경제 분석의 역사』가 "올해 말까지 출판 준비가 완료되어야 한다"고 썼다. Ulrich Hedtke and Richard Swedberg, eds., *Joseph Alois Schumpeter, Briefe/Letters*, Tübingen: J. C. B. Mohr, Paul Siebeck, 2000, pp. 346~347을 보라.

4. Elizabeth Boody Schumpeter, *English Overseas Trade Statistics, 1697~1808*, Oxford: Oxford University Press, 1960. T. S. 애슈턴의 서문이 붙어 있다.

5. Schumpeter's Diary, Schumpeter Papers, HUG(FP)—4.1, Brief Daily Records, notes and diaries, ca. 1931~1948, boxes 4 and 5, passim, HUA(이하 슘페터의 일기에서 인용); Robert Loring Allen, *Opening Doors: The Life & Work of Joseph Schumpeter*, two vols., New Brunswick, N.J.: Transaction, 1991, II, pp. 149~150, 193.

6. Allen, Opening Doors, II, p. 234에 인용되어 있다. 슘페터가 테레즈 다우첸베르크에게 보낸 1948년 5월 20일 편지, in Hedtke and Swedberg, eds., *Briefe*, p. 361.

7. Allen, *Opening Doors*, II, pp. 219~221에 인용되어 있다. 슘페터는 처음의 충격을 완화하려고 노력하면서 그의 일기에 "완전한 혼란이 계속된다. (…) 그러나 나는 이제 '가시적으로' 망가진 것은 없음을 알아야 한다"고 썼다. 이튿날은 "머리가 혼란스럽다"고 했고, 그 뒤 엘리자베스의 수술일이 다가오면서는 "마음을 다잡아야 한다"고 했다. Schumpeter's Diary, notebook entries, September 4, 5, and 13, 1948, box 5, folder 1948/2, HUA. 수술은 코네티컷 주 샤론에 있는 병원에서 했다.

8. Allen, *Opening Doors*, II, p. 221에 인용되어 있다.

9. Schumpeter's Diary, notebook entry, June 25, 1947, box 5, folder 1947, HUA.

Allen, *Opening Doors*, II, p. 182. 슘페터가 쓰루에게 보낸 1949년 8월 10일 편지, in Hedtke and Swedberg, eds., Briefe, pp. 386~387. 쓰루 시게토는 매우 흥미로운 경력의 소유자다. 그는 마르크스주의자지만 히로히토 천황의 사촌과 결혼했다. 제2차 대전 종반에 미국과의 평화협정을 모색하던 일본 외교관들은 소련에 협정을 주선해달라고 접근했지만 면담을 거절당했다. 두 번째 파견단을 이끈 것이 쓰루였는데, 일본 외교관들은 그가 마르크스주의자라서 받아주리라 생각했다. 소련은 쓰루를 만나줬지만, 그는 임무를 달성하진 못했다. 소련도 이 전쟁에서 한몫 챙기려 했기 때문이었다. 이 에피소드의 출처는 F. M. 세러다.

10. Allen, *Opening Doors*, II, pp. 161, 238. 알렌은 이 시기에 대학원생이었다.

11. Samuelson, *Newsweek*, April 13, 1970; Allen, *Opening Doors*, II, pp. 170~171. 스위지가 나중에 그에게 한 이야기가 실려 있다.

12. Opinions of Returning Graduate Students in Economics, 1948, UAV 349,448, Department of Economics, HUA. 학생들은 숫자로 교수들의 순위를 매기지 않았다. 나는 많은 내용을 담은 이 긴 기록의 여러 언급에서 대략적인 순위를 추정했다. 한센이 1위, 슘페터가 2위, J. H. 윌리엄스가 3위, 레온티예프가 4위다. 나는 본문에서 보고서의 이 부분에 있는 슘페터 관련 언급을 모두 인용했다. 거론된 것 가운데 다음 두 내용은 다른 대목에 나온다.

> 강의에서 큰 자극을 주시는 교수님이다. 여러 연구 분야에서 끌어온 폭넓은 배경지식을 지니셨다. 강좌에서 다루는 내용은 매우 학식 있고 특별한 재능이 있는 분의 강의를 듣는 기회치고는 그리 중요한 것들이 아니다.

> 슘페터 교수: 강의자는 자신의 주제에 흥미가 있었고, 매우 정통해 있었으며, 학생들과 어려운 문제를 토론하고자 했고, 전달방법이 훌륭했다.

인용은 리포트의 pp. 36, 39, 41, 43~44에서 했다.

13. Schumpeter, "Comments on a Plan for the Study of Entrepreneurship"(미출간 메모, 1946), printed in Richard Swedberg, ed., *Joseph A. Schumpeter: The Economics and Sociology of Capitalism*, Princeton, N.J.: Princeton University Press, 1991, pp. 426~427.

14. Allen, *Opening Doors*, II, pp. 172, 173.

15. 존슨은 이 이야기를 로버트 앨런에게 했고, 그는 이를 *Opening Doors*, II, p. 194에 공

개했다.

16. 3분의 1이라는 수치는 이전 기간의 2분의 1에서 줄어든 것이다. Report on Long-Range Plans for the Department of Economics(Revised Edition), HUG 4795.5, Sumner H. Slichter, Personal Papers, Correspondence on matters relating to Harvard University, box 1, folder Harvard Correspondence—Old, p. 4, HUA. 또 Paul H. Buck, Provost of Harvard, to Sumner H. Slichter, March 27, 1948, UAV 349.208, Department of Economics, Budget, folder Budget 1940/41~1945/46, HUA도 보라.
경제학부에서도 그랬지만, 역사학부와 행정학부의 학부 전공자와 대학원생 수도 보고서에 나오는 이 기간에 상당히 늘었다.

	1930~1931년	1947~1948년
경제학부 학부생 대학원생	397 82	726 264
역사학부 학부생 대학원생	254 138	327 207
행정학부 학부생 대학원생	130 56	763 129

하버드대 행정대학원 신설이 경제학부와 행정학부에서 올라온 대학원생 수가 급증한 이유 가운데 하나였다.

17. 폴 벅이 섬너 슬리처에게 보낸 1948년 3월 27일 편지, UAV 349.208, Department of Economics, Budget, folder Budget 1940/41~1945/46, p. 6, HUA. 위원회는 경제학부가 매우 많은 대학원생을 배출한다고 생각해 264명에서 200명으로 줄이자고 제안했으며, 그 숫자조차도 "전쟁 이전의 2배"라고 지적했다.
승인된 학과의 열일곱 번째 멤버는 아서 스미시스로 예정되어 있었는데, 그는 1907년생이었으며 슘페터의 제자이면서 가까운 친구 사이였다. 스미시스는 1949년에 정교수로 승진했다. Ibid., pp. 15~16.
이 보고서에서 가장 놀라운 부분 중 하나는 리포트에 생년월일이 기재된 '전임 교원'들이 비교적 고령이었다는 것이다(ibid., p. 2). 16명 중 7명이 예순 살 이상이었고, 4명이 쉰 살 이상이었다(규정된 퇴임 연령은 일흔 살이었다). 다음 학년도에는 2명만이 마흔아홉 살 이하였다.

A. P. 어셔 1883년 1월 13일생

J. A. 슘페터1883년 2월 8일생

J. D. 블랙 1883년 6월 6일생

A. E. 먼로1885년 8월 2일생

J. H. 윌리엄스 1887년 6월 21일생

H. H. 버뱅크1887년 7월 3일생

A. H. 한센 1887년 8월 23일생

S. H. 슬리처 1892년 1월 8일생

E. 프릭키 1893년 8월 20일생

S. E. 해리스 1897년 9월 8일생

O. H. 테일러 1897년 12월 11일생

E. S. 메이슨 1899년 2월 22일생

E. H. 체임벌린 1899년 5월 18일생

G. 하벌러 1900년 7월 20일생

W. W. 레온티예프 1905년 8월 5일생

J. T. 던롭1914년 7월 5일생

18. Allen, *Opening Doors*, II, p. 226. 앨런 자신이 대학원생이었으며, 여기서 슈나이더의 방문 이야기를 적고 있다.

19. 1948년에 슘페터는 메인 주 콜비대, 버팔로대, 케임브리지의 MIT대학원생 클럽에서 학생과 교수들에게 강연했다. 그는 또 보스턴경제 클럽과, 하버드대에서는 대학원생경제 클럽, 사회관계집담회Social Relations Colloquy, 청년공화당Young Republicans 등을 상대로 강연했다. 1949년에 그는 하버드대 필라델피아 클럽과 보스턴경제 클럽, 초트 클럽, 래드클리프대, 예일대대학원생 클럽에서도 강연했다. 그는 경제학자국가통화정책위원회 멤버로서 의회 증언에 초청되었으나, 정치가 마음에 맞지 않다고 생각해 거절했다. 이런 활동 대부분은 슘페터의 일기에 분명하게 적혀 있다. 또 Allen, *Opening Doors*, II, pp. 187, 225도 보라.

20. 첫 번째 노벨경제학상은 1969년에 얀 틴베르헌과 슘페터의 친한 친구인 랑나르 프리슈가 공동으로 수상했다. 1970년 두 번째 상은 슘페터의 제자였던 폴 새뮤얼슨이 받았다.

제25장 혼합경제를 향하여

1. "Capitalism in the Postwar World," in Seymour E. Harris, ed., *Postwar Economic Problems*, New York: McGraw-Hill, 1943, pp. 113~126, reprinted in Richard V. Clemence, ed., *Joseph A. Schumpeter: Essays on Entrepreneurs, Innovations,*

Business Cycles, and the Evolution of Capitalism, Cambridge, Mass.: Addison-Wesley, 1951, pp. 175~188. 인용은 p. 176에서 했다.

2. Ibid., pp. 181~182.

3. *The Impact of the War on Civilian Consumption in the United Kingdom, the United States and Canada: A Report to the Combined Production and Resources Board from a Special Combined Committee on Nonfood Consumption Levels*, Washington, D.C.: Government Printing Office, 1945를 보라.

4. 슘페터는 1943년에 이렇게 썼다. "빈곤 가구의 결핍은 매우 긴급하고 분명해서 불가피했던 전후기 불황도 모두 빠르게 재건 붐으로 이어졌다." "Capitalism in the Postwar World," pp. 182~183.

5. Ibid., pp. 183~185.

6. Ibid., pp. 186~187.

7. Ibid., p. 188.

8. Schumpeter, "Capitalism", in *Encyclopaedia Britannica*, New York: Encyclopaedia Britannica, 1946, pp. 801~887, reprinted in Clemence, ed., *Joseph A. Schumpeter: Essays*, pp. 209~210.

9. Schumpeter, trans. Michael G. Prime and David R Henderson, "The Future of Private Enterprise in the Face of Modern Socialistic Tendencies", reprinted in Richard Swedberg, ed., *Joseph A. Schumpeter: The Economics and Sociology of Capitalism*, Princeton, N.J.: Princeton University Press, 1991, pp. 401~405. 인용은 pp. 401~403에서 했다.

10. Ibid., p. 404.

11. 경제 문제에 관한 이후의 회칙回勅, 특히 선진국이 더욱 풍요를 누리던 시기에 쓰인 교황 요한 23세와 바오로 6세의 회칙은 기업에 대해 더 비판적인 견해를 띠는 경향이 있었다. 그들은 사유재산의 정당성을 재확인했으나, 자본주의체제의 사회적 의무를 강조했다.

12. 쿠아드라제시모 안노에 대한 스베드베리의 해설, in Swedberg, ed., *Joseph A. Schumpeter: The Economics and Sociology of Capitalism*, pp. 70~71를 보라.

13. Schumpeter, "The Future of Private Enterprise in the Face of Modern Socialistic Tendencies", in ibid., pp. 404~405.

14. 미국 역사에서 협동조합주의 실험으로는 19세기의 철도 연합과 19세기 막바지 여러 산업 분야(석유, 화약, 석탄 등)에서 가격을 고정시키고 생산을 제한하기 위한 협정들 그리고 사실상 허버트 후버 상무부장관이 앞장선 1920년대의 광범위한 동업조합활동 등이 있다. 이들 각 실험은 약간의 성공을 거뒀지만, 모두가 "거래 제한을 통해" 주와 연방의 법들을 위반한 셈이었다. 특히 1880년대에 통과된 각 주정부의 반독점법들, 1890년의 셔먼법[미국 내 반트러스트법의 하나로 주 사이나 외국과의 거래에서 독점하거나 거래를 제한하는 모든 기업의 결합 및 공모를 금지하고 이에 대한 제재를 규정한 내용을 담고 있다*], 1914년의 연방통상위원회법 등에 대한 위반이었다.
1920년대에 관해서는 Robert F. Himmelberg, *The Origins of the National Recovery Administration: Business, Government, and the Trade Association Issue, 1921~1933*, 2nd ed., New York: Fordham University Press, 1993와 Ellis W. Hawley, "Three Facets of Hooverian Associationalism", in Thomas K. McCraw, ed., *Regulation in Perspective*, Boston: Harvard Business School Press, 1981 그리고 더 일반적으로 Ellis W. Hawley, "Society and Corporate Statism", in Mary K. Cayton, Elliott J. Gorn, and Peter W. Williams, eds., *Encyclopedia of American Social History*, New York: Scribner, 1993, pp. 621~636를 보라. 1930년대에 관해서는 Hawley, *The New Deal and the Problem of Monopoly: A Study in Economic Ambivalence*, Princeton, N.J.: Princeton University Press, 1966; Donald R. Brand, *Corporatism and the Rule of Law: A Study of the National Recovery Administration*, Ithaca, N.Y.: Cornell University Press, 1988을 보라.

15. 협동조합주의에 대한 논의와 슘페터의 몬트리올 연설에 관해서는 Josef Solterer, "*Quadragesimo Anno*: Schumpeter's Alternative to the Omnipotent State", *Review of Social Economy*, March 1951, pp. 12~23 및 데일 크레이머와 찰스 리더스의 신중한 분석 "Schumpeter's Corporatist Views: Links among His Social Theory, *Quadragesimo Anno*, and Moral Reform", *History of Political Economy* 13, Winter 1981, pp. 745~771을 보라.
협동조합주의 일반에 관한 연구는 비교적 많다. 좋은 입문서로 Philippe Schmitter, "Still the Century of Corporatism?" in Frederick Pike and Thomas Stritch, eds., *The New Corporatism: Social-Political Structures in the Iberian World*, Notre Dame, Ind.:

University of Notre Dame Press, 1974가 있다. 또 Philippe Schmitter and Gerald Lembruch, eds., *Trends toward Corporatist Intermediation*, Beverly Hills, Calif.: Sage, 1979; Peter J. Williamson, *Corporatism in Perspective: An Introductory Guide to Corporatist Theory*, Newbury Park, Calif.: Sage, 1989도 보라.

16. Schumpeter, *Capitalism, Socialism and Democracy*, 2nd ed., New York: Harper, 1947, pp. 376, 384. 그는 15쪽에 이르는 새 장의 이 절을 다음과 같이 구성했다.

　미국의 경제적 가능성
　1. 조세를 통한 소득 재분배
　2. 위대한 가능성
　3. 실현을 위한 조건
　4. 과도기의 문제들
　5. 불황론
　6. 결론

17. Ibid., pp. 382~384.

18. Ibid., pp. 385~387.

19. Ibid., pp. 384, 387~388, 389n13, 390n15.

20. Ibid., pp. 392~394. 그는 "불황론The Stagnationist Thesis"이라는 부분에서 "많은 경제학자에게 전후기 문제의 대표적인 사례로 꼽히고 있는, 어떻게 적절한 소비를 확보할 것인가라는 지점을 깨닫는 일이 남아 있다"고 썼다. 슘페터는 그가 1920~1940년 기간의 '국가의 세일즈맨적 사고 방식'이라고 부른 것을 "내가 제시할 설명의 전부"라고 말했다.

21. Ibid., p. 395. 슘페터는 대공황의 정서적 결과를 "케인스식 심리 법칙의 심리학적 설명"이라고 했다.

22. 이 일련의 강의 가운데 하나가 슘페터가 이용한 강의 개요 형태로 Swedberg, ed., The Economics and Sociology of Capitalism, pp. 429~437에 실려 출간되었다. 인용 자료는 pp. 434~435에 있다.

23. Ibid., p. 436.

24. Schumpeter, "There Is Still Time to Stop Inflation", *Nation's Business*, June 1948, pp. 33~35, 88~91, reprinted in Clemence, ed., *Joseph A. Schumpeter: Essays*, pp. 241~253. 이 논문은 대중적인 경제 주간지로 나오기에는 매우 난해한 글이었을 것이다. 참고 문헌이 불명확한 부분도 매우 많았고, 특정 산업과 연관되지도 않았으며, 충분한 통계를 제시하지도 않았고, 제시된 개선책의 기간도 분명히 드러내지 않았다. 인용된 구절들은 pp. 241~244에 있다.

25. Ibid., pp. 241. 슘페터는 인플레이션 분석을 설명하고(불필요하게 길었다) 그것이 어떻게 미국의 현재 상황에 적용되는지를 보여줬다. 그의 결론은 다음과 같다.

> 우리 정치 제도가 견뎌내기에 매우 심한 불황을 만들어내지 않고 그 자리에서 끝내게 할 인플레이션은 없다. 그러나 인플레이션의 진행을 점차 사라지게 할 수는 있으며, 견뎌내기 어려운 정도의 불황은 그런 방식으로 피할 수 있다.

> 직접적인 통제[임금과 가격]는, 개별 사례에 대한 임시 조치 이외에는 무의미하다.

> [통화를 강제로 유통에서 빼내는] 스탈린식 방법이나 자본과세에 따른 통화량 감축은 불가능하다.

> 여신 규제는 [논문에서] 제시한 한도 내에서 필요하지만, 그것만으로 충분치는 않다. 그것과 함께 저축 지향적인 재정정책과 한 푼이라도 아끼는 공공지출 태도로 보완되어야 한다.

> 우리가 만약 "비상시를 제외하고"라는 단서를 붙인다면 우리가 얻을 것이라곤 정치가들이 모든 지출 상황을 '비상시'로 명하리라는 것밖에 없다. (…) 레닌의 최고 명언 가운데 하나가 "부르주아를 무너뜨리려면 돈을 망가뜨려야 한다"는 것이었다.

Ibid., p. 251. 그가 다른 저작들에서 사용하곤 했던 레닌의 말에 대한 인용 이외에, 이 요약 부분은 슘페터의 통상적인 문장 스타일과 다르다. 아마도 『네이션스 비즈니스Nation's Business』 편집진이 그의 초고를 보고 요약한 듯하다.

26. Schumpeter, "Capitalism, Socialism and Democracy", in Christian Seidl and Wolfgang E Stolper, eds., *Aufsätze für Tagespolitik*(Essays on Current Policy), Tübingen: J. C. B. Mohr, Paul Siebeck, 1993, pp. 249~251, 253. 이것은 하버드대 행정학부 교수인 윌리엄 엘리엇이 주관한 세계문제연구소 해든 하우스 강좌였다(이 프로그램이 열린 장소가 타코닉과 가까웠다). 제국주의가 자본주의의 마지막 단계라는 것은 마르크스주

의의 기본 신조였으며, 이는 레닌과 트로츠키 그리고 과거 슘페터의 동창생이었던 오토 바우어와 루돌프 힐퍼딩 등이 개발한 이론이었다.

27. Schumpeter, "English Economists and the State−Managed Economy", *Journal of Political Economy* 57, October 1949, pp. 371~382, reprinted in Clemence, ed., *Joseph A. Schumpeter: Essays*, pp. 306~321. 인용된 부분은 pp. 309, 312, 319에 있다. 나는 분명하게 하기 위해 슘페터가 쓴 단어 'bureausadism'에 하이픈을 붙였다.

28. *Capitalism, Socialism and Democracy*, 3rd ed., New York: Harper, 1950, pp. 418~419. 이 책에서 이 인용문의 첫 번째 문장은 강조 표시가 되어 있다. 엘리자베스가 남편의 출간 인사말을 준비했는데, 그의 친필 초고에 그녀의 노트에 있던 마무리 구절과 이에 관해 그녀가 슘페터에게 들었던 내용을 추가했다. 또 Schumpeter, "American Institutions 미국 제도와 경제학적 과정and Economic Progress"(그가 죽을 때 예정되어 있었던 월그린 강의를 위해 1949년 말 또는 1950년 초에 정리한 노트), in Swedberg, ed., *Joseph A. Schumpeter: The Economics and Sociology of Capitalism*, p. 443의 "(현 추세의) 잠정적인 결과는 영국 노동당 강령의 중간 기착지"라는 슘페터의 언급도 참조하라.

29. *Capitalism, Socialism and Democracy*, 3rd ed. (1950), p. 419.

30. Ibid., p. 419. 슘페터는 당시에, 과거에 여러 차례(오스트리아에서건, 독일에서건, 미국에서건) 지적했듯이 자본주의의 아킬레스건으로 만성 인플레이션을 지적했다. 그는 1920년대 독일에서 잡지에 기고한 글 및 1948년 『네이션스 비즈니스』 기고문에 제시했던 목록과 비슷한 처방전을 나열했다. 이는 더 완만하게 누진적인 소득세, 법인세 감면, 판매세에 더욱 중점을 두는 일 등이다. Ibid., p. 421~424, 특히 p. 423.

31. 물론 그러한 경영 제도가 내부에서 안정적으로 돌아가진 않았다. 슘페터가 옳게 지적한 대로 안정적인 자본주의란 모순된 표현이다.

제26장 『경제 분석의 역사』

1. 장서에 관해 크레스 도서관에 필적할 상대는 런던대에 있었다. 두 곳의 장서들은 영국에서 개인 수집가가 모은 옛 팍스웰 장서에 뿌리를 두고 있다. 둘 다(특히 크레스 도서관 것은) 계속 구매해서 장서가 많이 늘었다. 인용은 Schumpeter's Diary, July 20, 1943, HUG(FP)—4.1, Brief Daily Records, notes and diaries, c. 1931~1948, box 4, folder 1944, loose sheet, n.d., summer 1944, HUA(이하 슘페터의 일기에서 인용)에서 한 것이다.

2. Robert Loring Allen, *Opening Doors: The Life & Work of Joseph Schumpeter*, two vols., New Brunswick, N.J.: Transaction, 1991, II, p. 99에 인용된 슘페터의 일기.

3. 그의 동료 교수들은 "이런 그의 이력"을 믿지 않는 것 같았다고 역시 지적하고 있다. Schumpeter's Diary, box 4, folder 1942~43, notebook entries, April 25 and July 20, 1943; box 5, folder 1945, notebook entry, February 12, 1945. 슘페터가 윌리엄 크럼에게 보낸 1945년 9월 11일 편지 및 에드워드 메이슨에게 보낸 1949년 8월 10일 편지, in Ulrich Hedtke and Richard Swedberg, eds., *Joseph Alois Schumpeter, Briefe/Letters*, Tübingen: J. C. B. Mohr, Paul Siebeck, 2000, pp. 353, 386.

4. 엘리자베스의 서문, in Joseph Schumpeter, History of Economic Analysis, New York: Oxford University Press, 1954), p. v. 1914년도 책의 제목은 『학설사와 방법사의 시기들Epochen der Dogmen— und Methodengeschichte』(History of Doctrines and Methods)로, 베버의 『사회경제학 요강*Grundriss der Sozialökonomik*』[Foundations of Social Economy*] 가운데 한 권이었다. 엘리자베스는 이어서 슘페터의 이전 책은 "100쪽 조금 넘는 긴 에세이(약 6만 단어)였고, 이는 네 부분(장)으로 나뉘어 있었다"고 말했다.

5. 엘리자베스의 서문, in Joseph Schumpeter, *History of Economic Analysis*, pp. v~vi. 또한 C. E. Staley, "Schumpeter's 1947 Course in the History of Economic Thought", History of Political Economy 15, Spring 1983, pp. 25~37도 보라. 이는 강좌와 이 책 사이의 관계를 명확히 해준다.

6. 엘리자베스의 편집자 주, in Joseph Schumpeter, *History of Economic Analysis*, p. 159. 크레스 도서관에서의 작업은 나와 내가 아는 다른 여러 학자에게 이런 종류의 영향을 줬다. 2003~2005년 사이에 베이커 도서관이 전면적인 재건축에 들어가는 동안, 크레스 도서관도 안타까운 변화가 있었다.

7. 엘리자베스의 서문, in Joseph Schumpeter, *History of Economic Analysis*, p. vi. 슘페터가 아서 스미시스에게 보낸 일자 미상(1943)의 편지, Smithies, "Memorial: Joseph Alois Schumpeter, 1883~1950", in Seymour E. Harris, ed., *Schumpeter, Social Scientist*, Cambridge, Mass.: Harvard University Press, 1951, p. 14에 인용되어 있다.

8. 엘리자베스의 서문, in Joseph Schumpeter, *History of Economic Analysis*, pp. vii. 또한 p. 55도 보라.

9. Ibid., pp. vii~viii.

10. Ibid., pp. viii~ix.

11. 편집 과정은 "무한정 갈 수 있었다"고 엘리자베스는 덧붙인다. 그녀는 데이비드 록펠러에게 선물을 받았고 록펠러 재단에서 지원금도 받았는데, "그것으로 위에 개략적으로 말한 사무 및 편집상의 지원을 대부분 받을 수 있었다." 엘리자베스가 목차의 대부분을 짰는데, 그것만으로도 작은 활자로 15쪽에 달했다. 그녀는 또한 본문에 약간의 자료를 더했는데, 독자가 구분할 수 있도록 괄호 안에 넣었다. 내용 대부분은 한 절에서 다음 절로 넘어가는 과도적인 것이었다.
슘페터의 친구와 하버드대 동료 몇 사람도 도움을 줬고, 그녀는 그들 모두에게 감사를 표했다. 그들 가운데 아서 마거릿은 『경제 분석의 역사』 전체를 타이핑본으로 읽은 첫 번째 사람"이었고 편집 방향에 대해 그녀에게 조언했으며 가치와 화폐에 관한 장을 정리했다. 하벌러는 타이핑본 대부분을 읽고 불분명한 참고 문헌을 검토하는 데 도움을 주었다. 스위지는 책 전권의 교정쇄를 읽고 "귀중한 여러 제안을 해줬으며, 내가 놓친 몇몇 오류도 지적해줬다." 슘페터의 또 다른 제자였던 리처드 굿윈은 케인스 혁명으로 끝나는 이 책의 마지막 부분을 정리했다. 그 밖에 엘리자베스가 감사를 표한 슘페터의 동료들은 앨프리드 콘래드, 윌리엄 펠너, 알렉산더 게르셴크론, 프리다 울리안 등이었다. 엘리자베스의 서문, in Joseph Schumpeter, *History of Economic Analysis*, pp. ix~xiii을 보라.
엘리자베스의 서문은 1952년 7월에 쓴 것으로 되어 있다. 보충 주석에서 발행자는 엘리자베스가 슘페터가 죽은 1950년 1월부터 "그녀가 지병으로 숨진 마지막 순간까지" 대부분의 시간을 책 출간 준비에 쏟았다고 부언했다. 1953년 엘리자베스가 죽었을 때, 책의 본문은 완성되었고 저자 색인(여기에는 약 1500명의 경제분석가의 이름이 들어 있다)이 거의 마무리되었다. 옥스퍼드대출판부 또한 "레온티예프 교수가 출판을 도와준 데 대해 깊은 감사를 표한다"고 말했다. 이는 거의 틀림없이 그렇게 긴 책을 출판하는 데 드는 막대한 초기비용을 대기 위해 재정적 기부를 한 일을 지적한 것이리라.

12. *History of Economic Analysis*, pp. 6, 873. 실업계에서 경제 현상을 이해하는 일은 계속 진화해왔다. 경제학자들은 자기만족을 할 이유가 없다고 슘페터는 덧붙인다. "우리의 성과가 보잘것없을 뿐만 아니라 지리멸렬한 것이고 항상 그래왔기" 때문이다. 또 경제학자들은 물리학이나 수학에서처럼 "'학문의 현황'을 요약하기 위해 서로를 믿는 것"도 불가능하다고 했다.

13. 그는 이어서, 경제사상사에서 경제에 관한 매우 훌륭한 생각이 여럿 제시되었지만, 곧 시야에서 사라졌다고 말했다. 이것은 물리학에서처럼 누적적으로 진보를 이룰 학문적 능력을 손상시켰다. 따라서 학설사 연구는 이 잃어버린 생각 일부를 찾아준다는 것이다. 경제학은 사실 하나의 과학이지만, "특히 어려운 경우다. 이 분야의 상식적인 지식은 다른 어떤 분야보다 우리가 얻을 과학적 지식과 비교해 훨씬 멀리 나아가 있기 때문이다." Ibid., pp. 6, 9.

14. Ibid., pp. 54~55.

15. Ibid., pp. 74, 92.

16. Ibid., pp. 181~182. 마지막 언급은 스미스보다는 슘페터에 관해 더 많은 것을 말해 주는 듯하며, 어떻든 꼭 맞지는 않는다. 스미스의 사촌 제인 더글러스가 여러 해 동안 그의 집 안일을 돌봤으며, 스미스는 1760년대의 긴 프랑스 체류 기간에 살롱을 열고 있는 몇몇 여성과 지속적인 친분을 맺었다.

17. Ibid., pp. 184~186.

18. Ibid., pp. 185~186.

19. 그것은 "먼 선배들(애덤 스미스는 그들을 기꺼이 인정하지 않았다)에 비해서도" 이론적 진전이 있는 것은 아니었지만, 스미스는 "사실 자체를 더 불타오르게 하는" 데 타의 추종을 불허했다. "사실들은 흘러넘치고 서로가 서로에게 채어 넘어진다. (…) 더 많은 사실이 쌓이고 이론적인 기술들이 개선되었지만, 오늘날까지 아무도 스미스가 했던 것처럼 그 두 분야(그리고 약간의 정치사회학까지)를 통합하는 데 성공하지 못했다." *History of Economic Analysis*, pp. 186~187. 여기서 슘페터는 주로 스미스가 중상주의와 관련 문제들을 토론하고 있는 『국부론』 4권에 관해 쓰고 있다.

20. *History of Economic Analysis*, pp. 193~194. 슘페터는 선구자들이 누구였는지를 이야기하고 그들의 공헌을 열거한다. 스미스의 책 출간 역사에 관한 그의 지식은 하버드대 경영대학원의 크레스 도서관에서 얻은 것인데, 이 도서관은 이제까지 출간된 『국부론』의 모든 언어판을 최소한 한 권 이상 갖고 있다. 이 장서만 해도 지금 가치로 수백만 달러어치에 해당한다.

21. *History of Economic Analysis*, p. 199. 그는 또한 해밀턴의 동료인 미국 국세청장 텐치 콕스를 언급하고 있는데, 그의 에세이 및 연설문집 『미국의 관점A View of the United States』은 "사실상 거의 체계적인 논문에 가깝다."

22. *History of Economic Analysis*, p. 223.

23. Ibid.

24. Ibid., pp. 473~474.

25. Ibid., pp. 470, 473.

26. Ibid., pp. 473~474. 케인스는 Phyllis Deane, *The Evolution of Economic Ideas*, Cambridge: Cambridge University Press, 1978, p. 83에 인용되어 있다. 딘은 맬서스가 수학적 엄밀성보다 도덕적 관심을 앞세우고 리카도의 가정을 단순화시켰기 때문에 케인스가 맬서스를 선호했다고 주장했다(ibid., p. 80).

27. History of Economic Analysis, p. 382. 그러나 슘페터는 이어서 이 모든 입장의 배경이 "종신 재직권이나 심지어 그 자리를 아주 오래 유지하려는 것이 아니었음을 밝혀줬다"고 말했다.

28. Ibid., pp. 382~383.

29. Ibid., p. 397. 슘페터는 여기서 자유무역과 관세가 미국 정치를 심각하게 분열시켰음을 덧붙여도 좋았을 것이다. 즉 보호무역을 주장하는 동북부의 제조업자와 자유시장을 주장하는 남·서부 농민 간의 대립 말이다. 노예제 이외에, 자유시장파와 보호무역파 간의 싸움은 19세기 거의 전 기간에 걸쳐 가장 첨예한 쟁점이었다(의회에서의 싸움에서는 대부분 보호무역파가 이겼다). 슘페터는 이 모든 것을 알고 있었고, 이는 그의 이전 저작들에 나타난다.

30. Ibid., p. 771.

31. Ibid., pp. 771~772. 슘페터는 모더니스트들을 거명하지는 않는데, 물론 그는 여러 나라 출신의 긴 명단을 만들 수 있을 것이다.

32. Ibid., pp. 754~758. "[독일에서 노동운동과 노동 개혁에 동조하는] 사회정책학회는 1872년 설립되었고, 미국경제학회는 1885년에(미국역사학회는 1884년에) 그리고 (최종적으로 채택된 이름인) 영국의 왕립경제학회는 1890년에 설립되었다." 사회정책학회는 순수하게 과학적이지 않은 특수한 목적 하나를 갖고 있었으며, 미국경제학회의 당초 정관에는 다음과 같은 선언적 조항이 있었다. "우리는 국가를, 인류 진보를 위한 불가결의 조건 가운데 하나로써 적극적으로 지원해야 할 기관으로 생각한다." 이 문장은 "정책 원칙을 전달하기 위한 것"이었다고 슘페터는 썼는데, 1888년에 삭제되었다. 아마도 학회를 본질상 덜 정치적이고 더 과학적인 단체로 만들기 위해서였을 것이다.
같은 기간에(대부분은 1880년대에) 경제학자들은 새로운 전문 학술지들을 창간했다. 슘페터는 12부를 거명하고 있는데, 그 가운데 독일이 5부였고 미국이 3부, 영국·프랑스·이탈리아·노르웨이가 각각 1부씩이었다. 그리고 특별히 과학 진흥을 위한 몇몇 기구도 새로 생겨났다. "그리고 더 중요한 런던정경대학(1895)이 세워졌다."

33. Ibid., pp. 764~766, 769.

34. Ibid., pp. 801~802, 873. 그는 기타 몇몇을 거론했으나, 그들이 근본적으로 분석에 아무런 기여도 하지 않았고, "자신들이 그 활용의 대가였음이 입증되지도 않았다"고 덧붙였다. "나는 저명한 헨리 애덤스, [리처드 T.] Ely, [제이컵 헨리] 홀랜더, [J. 로런스] 로플린, [헨리] 시거, [E. R. A.] 셀리그먼 등을 예로 들겠다." 이런 표현은 몹시 가혹하다. 거명된 사람 가운데 몇몇은 중요하게 기여했다.

35. Ibid., pp. 514~515.

36. 보다 폭넓게, 그는 이렇게 썼다. "경제학자들이 총체적으로 역사적 사실이나 당대 사실들에 대한 연구를 경멸했던 시기가 있었다거나, 경제학 전체가 사변적이거나 사실을 통한 보완이 모자랐던 시기가 있었다는 신화를 깨는 일이 이 책의 주요 목적 가운데 하나다." Ibid., pp. 807~808. 슘페터는 독일 역사학파의 연구 상당수가 별 볼일 없었음을 인정한다. 그는 말 몇 마디로 성격을 전달하는 데 뛰어난 헨리 입센이 「헤다 게블러Hedda Gabler」에 나오는 평범한 남편 테스먼 박사를 두고 "16세기 브라반트의 리넨산업에 관한 연구를 막 완성했다!"고 묘사했음을 지적했다. Ibid., p. 810.

37. 슘페터는 독일 역사학파의 몇몇 인사와 특히 슈몰러 같은 사람이 "나중에 자신의 잘못을 솔직하게 인정했지만, 이론(그 자체)을 '자유무역주의Manchesterism'와 연결시켰다. 다시 말해서 무조건적인 자유방임과 연결시켰다는 것이다"라고 했다. Ibid., pp. 809~815, 849.
슘페터는 이어 독일 역사학파의 마지막 유명인사 3명에 대해 논의하고 있다. 본 대학교 시절 자신의 가까운 친구이자 슈몰러의 조수였던 아르투어 슈피트호프, 모든 사회과학자 가운데 가장 위대한 축에 속했던 막스 베버 그리고 논란이 많은 베르너 좀바르트 등이다. 좀바르트는 잘 알려진 자본주의 연구의 권위자로 나중에 나치에 협력했는데, 슘페터는 그를 매우 싫어했다. 슘페터는 좀바르트의 책 『근대 자본주의Modern Capitalism』(1902년 처음 나오고, 나중에 1920년대까지 시리즈로 확대 출간되었다)에 대해 이렇게 썼다.
"(그 책은) 종종 근거 없는 재치를 부려 전문 역사가들을 놀라게 했다. 그들은 이 책에서 진짜 연구라고 할 만한 것을 전혀 찾아내지 못했다. 이 책의 자료는 사실상 전부가 2차적인 것이었고, 부주의한 여러 부분도 거슬렸다. 그러나 어떤 의미에서 이 책은 역사학파의 최고 업적이었으며, 그 잘못된 부분조차도 매우 큰 자극이 되었다."
이런 칭찬에 인색한 혹평을 보면 슘페터가 좀바르트의 어설픈 일반화를 그다지 존중하지 않았음은 분명하다. 그는 좀바르트가 모든 면에서 조심스러웠던 아르투어 슈피트호프와는 대척점에 있었다고 쓰고 있다. 슘페터는 분명하게 그렇다고 말하지는 않았지만, 좀바르트의 국제적 명성이 과대평가된 것임을 시사하고 있다. 그러나 그는 좀바르트가 베버와 마찬가지로 경제 이론에 대해 다른 대부분의 역사학파 인사들보다 덜 적대적이었음을 인정하고 있다. Ibid., pp. 815~818. 내가 여기에서 제시한 것보다 좀바르트에 관한 더 호의적인 해석은 Günther Chaloupek, "Long-term Economic Perspectives Compared: Joseph Schumpeter and Werner Sombart", *European Journal of the History of Economic Thought* 2 (1995), pp. 127~149를 보라. 찰루페크는 『자본주의·사회주의·민주주의』가 부분적으로 좀바르트의 저작들에서 힌트를 얻었다고 암시하기도 한다.

38. 슘페터는 더 나아가 발라도 인용했다. "'빨리 수확하기를 바란다면 당근과 샐러드를 심어야 한다. 오크나무를 심으려 한다면 내 손자들이 그 그늘에서 쉬게 될 것이라고 생각해야 한다'고 그는 친구에게 쓴 적이 있다." *History of Economic Analysis*, pp. 827~829.

39. Ibid., p. 773n5.

40. Ibid., pp. 10~11, 337n6. 슘페터는 "대가를 받든 못 받든 '특별 변호인'은 '공정한 철학자'(만약에 그런 부류가 정말로 있다면)"만큼의 발언 기회가 주어져야 한다고 주장했다.

41. 슘페터는 하이에크가 다른 학문으로부터의 무분별한 차용을 경고했다는 점에서 그를 찬양했다. 하이에크는 이를 "과학만능주의Scientism"라 불렀다. Ibid., pp. 15, 17, 19.

42. Ibid., pp. 19, 27. 20세기 말과 21세기 초에 심리학과 경제학의 융합이 종종 시도되었고, 두 노벨상 수상자를 포함한 몇몇 경우에는 경제학자들에게 호의적으로 인식되었다. 오스트리아학파에 대해 슘페터는 모든 면에서 항상 긍정적이었는데, 특히 『경제 분석의 역사』에서 이전 저작들보다도 눈에 띄게 열정적으로 변했다. Lutz Beinsen, "Schumpeter's Perception of Austrian Economics: A Comparison between *Epochen der Dogmen-und Methodengeschichte and the History of Economic Analysis*", *History of Economic Ideas* 6, 1988, pp. 55~77를 보라.

43. Ibid., pp. 41~42. 슘페터는 케인스의 생각이 『일반 이론』의 18장, 특히 pp. 249~254에 집약되어 있다고 쓰고 있다.

44. *History of Economic Analysis*, pp. 42~43.

45. Ibid., pp. 42~43.

46. Ibid., pp. 561~562, 570.

47. Ibid., p. 570.

48. Ibid., pp. 571~572.

49. Ibid., pp. 572~573. p. 573의 주5에서 슘페터는 이 현상을 계급 대립론의 반대인 계급 화합론과 비교하고 있다. "후자는 막강하게 주장했고, 급진적 지식인의 이데올로기도 전달 했다. 전자는 강제적으로 한 적이 없었고, 심지어 그럴듯하기까지 했다. 그리고 그것은 급진 적 지식인들의 책과 맞지 않았다. 그래서 그것을 지니고 있는 사람은 카스파 밀크토스트[당 시에 만화 『소심한 영혼The Timid Soul』에 나온 등장인물] 같은 사람으로 조롱당했고, 이는 정색하고 토론을 하는 것만큼, 혹은 그보다 효과적이었다."

50. Ibid., pp. 573~574.

51. Ibid., pp. 893, 897~898.

52. Ibid., pp. 555~556. 슘페터는 이렇게 덧붙였다. "독일에서 기업가라는 개념은 '관방경제 학'(중상주의) 전통의 친숙한 요소였다. 그리고 그에 상응하는 운테르네머Unternehmer[담 당자라는 뜻]도 마찬가지였으며, 당시 [19세기 전반의] 경제학자들은 줄곧 이 말을 썼다."

53. Ibid., pp. 556~557.

54. Ibid., p. 897. 여기서 슘페터는 부득이하게 좀 전문적으로 나갔지만 생각은 매우 분명했다.

55. Ibid., pp. 893, 897~898.

56. Ibid., p. 545. 그는 이어서 이렇게 말한다. "그리고 경제 행위에 대한 이론가들의 일반화 된 묘사를 보면, 모든 상품의 가격과 '함수'들이 각 가구와 각 기업이 느낄 수 있을 만큼의 영향을 받을 수 없으며 따라서 주어진 대로 다뤄진다는 가정에 따라 매우 단순화되었다는 것은 당연하다." Ibid., p. 972. p. 973의 주4에서 슘페터는 "순수경쟁pure competition"이 라는 용어가 E. H. 체임벌린의 1927년도 박사학위 논문의 아이디어를 이어받은 그의 『독점 적 경쟁 이론The Theory of Monopolistic Competition』(1932)에서 처음 쓰이기 시작했다 고 덧붙였다.

57. *History of Economic Analysis*, p. 1171. 슘페터가 쓴 장은 그가 죽을 때까지 타이핑과 교정·편집이 되지 않은 필사본 상태였다. 그러나 그는 케인스에 대해 여러 차례 썼고, 이 마 지막 진술은 비록 초고 상태로 발표되었지만 분명히 오랜 성찰의 산물이었다.

58. Ibid., p. 1171.

59. Ibid., pp. 1171~1172. 슘페터는 케인스가 『일반 이론』을 쓰는 데 긴요한 도움을 많이 줬다고 덧붙였다. "다음으로 우리는 케인스가 신세진 사람들에 대해 감사의 말을 했던 것을 기록해야 한다. 모든 사람이 개별적으로 한몫씩 했지만, 조앤 로빈슨 여사, R G. 호트리, R. E 해러드가 있고 특히 R. E. 칸이 역사 쪽에서 이뤄낸 것은 공저자나 거의 다름이 없었다."

60. 그러나 슘페터가 보기에 케인스가 정말로 급진적이었던 것은 다른 부분이었다. 자본주의 경제에서 저축의 기능에 관한 케인스의 주장은 한 세기 동안 지속된 믿음을 완전히 탈피하는 것이었다. "그의 분석은 반反저축의 관점에 대한 지적 숭앙을 재건한 듯하다. 그리고 그는 『일반 이론』 24장에서 이에 대한 암시를 했다. 이렇게 그의 과학적 메시지는 최고의 경제학자들에게 호소력을 발휘했지만, 『일반 이론』에서 지출의 신경제학New Economics of Spending 이외에 아무것도 배우지 못한 경제학 주변의 글쟁이와 이야기꾼들에게도 호소력을 발휘했다. 그는 이들을 위해 마르세 여사[1816년에 처음 출간된 매우 대중적인 경제학 교과서의 저자 제인 마르세]가 살았던 행복한 시절을 되돌려줬다. 이 시대에는 어린 학생들까지도 몇 가지 간단한 개념만 배우면 자본주의사회의 매우 복잡한 구조의 구석구석을 판단할 능력을 습득할 수 있었다." 슘페터는 분명히 부분적으로 개인적인 여담으로서, 각주에서 이렇게 덧붙였다. "노년기나 심지어 장년기의 학자들은 자신의 과거 연구를 통해 형성된 습관적 사고의 희생자일 뿐만 아니라 수혜자이기도 할 것이다."
정책의 선호와는 별개로, "분석적 경험 같은 것이 있다. 그리고 종종 훈련이 불충분하고 젊은 학자 대부분이 충분한 지식이 없는 경제학 같은 분야에서는 이 사례와 같은 요소가, 교육이 지루할지는 모르지만 항상 제대로 이뤄지는 물리학에서보다 더욱 중요하다." *History of Economic Analysis*, pp. 477n12, 1171, 1180~1181.

61. Ibid., p. 1181.

62. "그의 『일반 이론』은 리더십을 다룬 측면에서 비슷한 업적을 이뤘다. 이 책은 분명히 일반적인 분석이라는 형태를 띠면서 영국의 사회적·경제적 상황에 대한 자기 자신의 개인적인 견해와 '영국이 어떤 일을 해야 하는가'에 대한 자신의 개인적 견해를 영국에 가르쳤다." *History of Economic Analysis*, pp. 1170~1171.

63. Ibid., p. 1171. 조지 스티글러의 리뷰, *Journal of Political Economy* 62, August 1954, p. 344.

64. 프랭크 나이트의 리뷰, *Southern Economic Journal* 11, 1955, p. 261. 이 책의 가장 철저한 연구 가운데 하나는 내용 요약이 포함된 H. Aufricht, "The Methodology of

Schumpeter's History of Economic Analysis", *Zeitschrift für Nationalökonomie* 18, December 1958, pp. 384~441이다. 경제사학회는 1994년 연례회의의 대부분을 『경제 분석의 역사』 출간 40주년에 할애했으며, 여기서 나온 논문들을 다음 책으로 출판했다. Laurence S. Moss, ed., *Joseph A. Schumpeter, Historian of Economics: Perspectives on the History of Economic Thought: Selected Papers from the History of Economics Society Conference*, 1994, New York: Routledge, 1996.

65. Jacob Viner, "Schumpeter's History of Economic Analysis: A Review Article", *American Economic Review* 44, December 1954, pp. 894~898. 그러나 바이너는 이어서 저자가 평소 선호하는 견해가 『경제 분석의 역사』에서 두드러지게 나타난다고 말한다. "능력의 근본적인 차이의 중요성은 슘페터가 매우 확신했던 것 가운데 하나였다. 나는 애덤 스미스 이외의 중요한 인물을 알지 못하는데, 그는 분업의 유용성 가운데 일을 적성에 따라 할당할 수 있게 하는 특성이 있음을 지적해내지 못했다."
바이너는 이렇게 판단했다. "애덤 스미스의 『국부론』에 대한 슘페터의 '독자를 위한 가이드'(비록 미완성이긴 하지만)는 그 책에 담겨 있는 이론구조 혹은 체계에 대한 훌륭한 개관이며, 그 책의 어느 새로운 판본에 붙이더라도 매우 유용한 길잡이가 될 것이다. 그러나 슘페터는 스미스를 이론가로도, 인간으로도, 그의 사회관마저도 좋아하지 않았다. (…) 애덤 스미스를 굳이 경제학의 영웅으로 받아들이지 않더라도, 슘페터의 객관성이 스미스와 자신의 '이데올로기' 대립 때문에 약간 떨어진다는 결론을 내릴 수 있다고 나는 생각한다." Ibid., pp. 899, 904.
I. M. D. 리틀은 또 다른 긴 평론에서 『경제 분석의 역사』가 "관련된 주제로 이제까지 나온 것 가운데 가장 중요한 [책]"이라고 말한다. 저자 색인은 "1500명에 이를 것이며, 슘페터는 비록 자신이 러시아어를 못한다고 고백했지만 거의 모든 유럽 언어의 고대어와 현대어를 읽을 수 있었고 분명히 읽었다." 그리고 "슘페터 스스로가 독창적인 일급 이론가"였으며, "독점, 이윤 및 기업가의 역할 그리고 자본주의의 쇠퇴를 몰고 온 동력에 관한 그의 견해는, 많은 사람에게 깨달음을 준 경제 과정의 역동적인 전망을 가능케 했으며, '분석'이라는 이름을 얻을 만하다. 그러나 (…) 그는 책에서 절대로 자신을 내세우지 않고 있다."
리틀은 슘페터가 수학으로 대표되는 경제 이론의 "도구적 측면"에 너무나 집착했고, 현실적으로 경제 이론이 어떻게 기여할 수 있을지 충분히 돌아보지 않았다고 생각했다. 정치에 깊이 관여하게 된 전문가들에 대한 슘페터의 "강한 불만"은 "경제 이론을 지나치게 이상주의적인 관점으로 바라본 데서 나온 것으로 보인다." 이런 맥락에서 정치경제학에 대한 그의 불신이 영국 고전경제학자들을 향한 비우호적인 판단으로 이어졌다. 리틀의 견해에 따르면, "만약 과학적 양심을 지극히 깨끗하게 유지한다면 경제학의 대부분은 사라진다"는 것이다. 리틀은 흥미로운 생각을 다음과 같이 드러냈다. "경제학자들에 대한 슘페터의 존경은 책이 성공을 거두고 독자층이 폭넓으며 정치적으로 영향력을 미친 것과는 다른 지점으로 연관되어 있는 듯하다. 슘페터는 이런 식으로 성공을 거둔 사람은 누구도 높이 평가할 수 없었다."

다만 이런 비평은 오직 부분적으로만 진실일 수 있다. 슘페터가 전체적으로 앨프리드 마셜과 특히 카를 마르크스를 호의적으로 다뤘기 때문이다. 마르크스는 어마어마한 독자층을 거느 렸고, 막대한 정치적 영향력을 발휘해 리틀이 글을 쓰던 당시 소련, 중국, 기타 공산주의국 가에서 절정의 인기를 구가하고 있었다. 리틀의 리뷰 논문, *Economic History Review*, 2nd ser., 8, August 1955, pp. 91~98를 보라.

66. Kuznets, *Journal of Economic History*, 15, September 1955, pp. 323~325. 쿠즈네 츠는 이어서 슘페터가 밝힌 목표가 오직 분석만을 다루는 것이었다고 할지라도, 이 책은 실 질적으로 "경제사상사이며 대부분 경제 이데올로기와 역사적 일반화를 다뤘고 가치중립적 인 경제'구조론'은 상대적으로 부족했다. 내 생각에 이것은 오히려 행운이었다." 정치와 경제 학은 서로 매우 긴밀히 결합되어 "경제 이론은 종종 이데올로기로 나타난다. 이데올로기란 바로 정치투쟁에 이용되는 구체화된 집단의 입장이다." 비록 쿠즈네츠가 저자의 말을 믿지 않는다 할지라도, 그가 새로 서술을 시작한다면 그는 이론보다는 경제사를 강조하게 될 것 이다. "나는 슘페터가 기본적으로 역사가이자 사회철학자이며 아마도 그런 이유로 그가 수 학적 도구와 형식적 이론에 과도한 경의를 표하게 되었다고 생각한다."
Stigler, *Journal of Political Economy* 61, August 1954, pp. 344~345. 경제 분석의 역사 를 연구했던 스티글러는 몇몇 오류를 지적해 낸 뒤, 쿠즈네츠의 말을 되풀이해 "내가 제기하 려는 단 하나의 일반적인 반론은 (⋯) 그가 뛰어난 (예컨대 발라 같은) 형식적 이론가들을 존 경함으로써 이 영역을 매우 신주단지 모시듯 하게 되었다"고 말했다. Hayek, *Studies in Philosophy Politics and Economics*, Chicago: University of Chicago Press, [1954], 1964), pp. 339~341. 캐나다 경제학자 V. W. 블라덴도 하이에크의 이야기에 동조했다. "매 우 훌륭한 책이다. (⋯) 그는 훌륭한 경제학자였고 훌륭한 스승이었다. 그는 이 책을 통해 계 속 경제학을 가르칠 것이다."
Bladen, "Schumpeter's History of Economic Analysis and Some Related Books", *Canadian Journal of Economics and Political Science* 22, February 1956, pp. 104, 111.

67. 리처드슨은 슘페터가 경제학자의 "비전"을 강조하면서 "중요한 조건을 붙여 이데올로기 적 편견이 있는 마르크스의 이론을 받아들였다"고 주장했다. "이 이론에 따르면 인간의 생각 과 제도는 객관성을 주장하면서도 실제로 특정 국가나 계급이나 세력을 정당화하거나 높이 거나 강화하려는 무의식적 욕망에 의해 왜곡된다." 슘페터가 케인스의 견해에 유보적인 태도 를 보인 점을 두고 리처드슨은 이렇게 추측한다. "케인스가 자주 인용한 속담 '어떻든 결국 위험한 것은 기득권층이 아니라 사상'이라는 말은 그에게 얄팍한 이성주의의 이분법으로 보 였을 것이다. 즉 슘페터는 철학과 도덕관념 연구에서 비교적 확고한 신념이 있는 대부분의 영국 경제학자가 편협하며 깊이도 떨어지는 생각을 가져왔기 때문이라고 느꼈을 것이다. 물 론 그는 이런 시선에 관해 더 충분한 확신을 원했고 이를 얻을 수 있었다."

리처드슨은 이어서 『경제 분석의 역사』 본문을 보면 슘페터는 가장 넓은 시야를 지닌 사람들에게 '개인적 호감'을 몹시 강하게 품었던 것이 분명하며, "이들은 당장의 실용 가치보다는 원대한 구상을 우리에게 각인시킨 사람들이다." 그래서 슘페터는 마르크스와 발라를 리카도, 마셜, 케인스보다 높이 평가한 것이다. 여기서 리처드슨은 슘페터가 넓은 시야를 중요시했기 때문에 다른 사람들은 인정받을 수 없었다고 쓰고 있다. 예컨대 케인스는 "마르크스에게서 한물간 문제 제기 외에는 아무것도 발견할 수 없었다." Richardson, "Schumpeter's *History of Economic Analysis*", *Oxford Economic Papers*(new series) 7, June 1955, pp. 136~137, 139~141, 150.

68. Robbins, "Schumpeter's History of Economic Analysis", *Quarterly Journal of Economics* 69, February 1955, pp. 2~3, 4, 7, 20~21.

69. Smithies, "Schumpeter and Keynes", in Seymour E. Harris, ed., *Schumpeter, Social Scientist*, Cambridge, Mass.: Harvard University Press, 1951, p. 136. Schumpeter, "John Maynard Keynes, 1883~1946", *American Economic Review* 36, September 1946, pp. 495~518; Schumpeter, "Keynes and Statistics—Four Views", *Review of Economic Statistics* 28, November 1946, pp. 194~196.

70. Smithies, "Schumpeter and Keynes", p. 138.

71. Schumpeter, "Capitalism," in *Encyclopaedia Britannica*, New York: Encyclopaedia Britannica, 1946, reprinted in Richard V. Clemence, ed., *Joseph A. Schumpeter: Essays on Entrepreneurs, Innovations, Business Cycles, and the Evolution of Capitalism*, Cambridge, Mass.: Addison-Wesley, 1951, p. 204.

72. Smithies, "Schumpeter and Keynes", p. 139. 그러나 스미시스는 이어서 케인스식 거시경제 조치(즉 모든 산업에 영향을 미치는 통화정책 및 재정정책들)가 변화된 형태로 나타나는 것은 민주적 정부가 취할 수 있는 유일한 현실적 조치며, 이는 그런 조치들이 특정 산업에 유리하거나 불리하게 차별하지 않기 때문이라고 말한다. 전체적으로 그러한 정책들은 "특정 산업 차원에서 일반적인 경제 문제를 다루려는 어떤 정부의 정책보다도 의미상 덜 반자본주의적"일 것이며, 그렇게 했던 초기 뉴딜정책 가운데 일부는 1938년 이후의 거시적 단위의 조치보다 급진적이었다. "내가 보기에는 통합적인 정책이 매우 복잡한 미국 경제 내 사기업들과 조화를 이룰 유일한 부류의 정책인 듯하다." Ibid., p. 140.

73. 슘페터의 비전과 소스타인 베블런의 비전(이 용어에 대한 슘페터 자신의 정의에 따른)에 대한 간단한 비교는 L. A. O'Donnell, "Rationalism, Capitalism, and the Entrepreneur:

The Views of Veblen and Schumpeter", *History of Political Economy* 5, Spring 1973, pp. 199~214를 보라.

제27장 불확정성의 원리

1. 엘리자베스의 서문, in Joseph Schumpeter, *History of Economic Analysis*, New York: Oxford University Press, 1954, pp. v~vi. "초고"에 대해서는 슘페터가 존 블랙에게 보낸 1944년 7월 10일 편지, in Ulrich Hedtke and Richard Swedberg, eds., *Joseph Alois Schumpeter, Briefe/Letters*, Tübingen: J. C. B. Mohr, Paul Siebeck, 2000. p. 347도 보라. 최종적인 제목은 "경제학의 분석 장치The Analytic Apparatus of Economics"다.

2. Robert Loring Allen, *Opening Doors: The Life & Work of Joseph Schumpeter*, two vols., New Brunswick, N.J.: Transaction, 1991, II, p. 163.

3. Schumpeter's Diary, Schumpeter Papers, HUG(FP)—4.1, Brief Daily Records, notes and diaries, c. 1931~1948, box 5, folder 1948/1, notebook entries, n.d. , 1948; boxes 4 and 5 passim, HUA; Allen, Opening Doors, II, pp. 158, 190, 231. 산업구조를 설명하는 데 도움을 주는 지브라의 법칙[소득분포에 관한 법칙의 하나로 1931년 프랑스의 통계학자 지브라를 통해 제시된 이론이다. 소득분포뿐만 아니라 일반적으로 대수정규분포를 갖는 갖가지의 경제량, 즉 임금·기업수 등의 분포의 불균형도不均衡度의 측정에도 쓰인다*]은 1931년 이후에 존재했으며, 이는 게임 이론과 함께 (슘페터가 염두에 뒀던 몇 가지 응용에 유용한) 혼돈 이론의 중요한 전조였다. "슘페터식" 주제에 대해 수학을 가장 중요하게 적용한 것은 리처드 넬슨과 시드니 윈터의 매우 중요한 책 *An Evolutionary Theory of the Firm*, Cambridge, Mass.: Harvard University Press, 1982와 시기상 그 책의 출간 앞뒤로 나온 논문들에서 시작되었다.

4. 시모어 해리스가 엮은 추모집 *Schumpeter, Social Scientist*, Cambridge, Mass.: Harvard University Press, 1951에서 슘페터의 하버드대 동료 에드워드 체임벌린은 슘페터가 경제학은 확실하지 않은 학문임을 (한동안) 몰랐다고 지적했다. 체임벌린의 출발점은 과점에 관한 자신의 연구였는데, 그는 슘페터가 과점을 이해하지 못했거나 충분히 알지 못했다고 잘못 생각했다. 체임벌린의 진짜 주장은 슘페터에 대한 것이 아니라 학계의 경향에 대한 것이었던 듯한데, 그는 그 경향을 다음과 같이 정확하게 묘사했다.
"이렇게 경제학은 단순히 '자립적인 과학autonomous science'(*Business Cycles*, p. 41)이 아닐 뿐 아니라, 그런 체하다가 결국 없어지고 말 것이다. 경제학은 확실한 것뿐만 아니라 불확실한 것도 찾아내야 하며, 지금 수학자들에게 매우 인기 있는 매력적인 방편을 조심스럽게 피해가야 할 것이다. 경계해야 할 방편이란 곧 명확한 해답을 보증한다는 '목표'로 문제의 공식화를 조정하는 일이다.

체임벌린은 이어서 슘페터는 『경기순환론』에 제시된 그의 입장을 3년 뒤에 나온 『자본주의·
사회주의·민주주의』에서 이미 철회했다고 지적하고 있다. Chamberlin, "Impact of Recent
Monopoly Theory on the Schumpeterian System", pp. 84~85, 87를 보라.

5. Schumpeter, "The Communist Manifesto in Sociology and Economics", *Journal of
Political Economy* 57, June 1949, pp. 199~212, reprinted in Richard V. Clemence, ed.,
*Joseph A. Schumpeter: Essays on Entrepreneurs, Innovations, Business Cycles, and the
Evolution of Capitalism*, Cambridge, Mass.: Addison−Wesley, 1951, pp. 293, 305.
슘페터는 종종 그랬던 것처럼 이곳 및 다른 곳에서, 마르크스 등이 자본가와 노동자라는 오
직 두 사회계급만을 상정하는 엄청난 오류를 저질렀다고 지적했다. 즉 그들은 훨씬 넓은 범
위를 봤어야 했다는 것이다. 슘페터는 "최소한 대·중소기업의 통제에 관련된 계급, 다른 직
종의 계급과 매우 달라 그 계급 가운데 하나에 포함시킬 수 없는 농민들, '금리생활자'계급
(보다 좁지만 유용한 의미에서의 '자본가'들), 전문직 계급, 사무원('화이트칼라')계급, 숙련
노동자들, 미숙련 노동자들 간의 협력과 대립의 상호작용"을 포함시켜 판단해야 한다고 본
것이다.
Schumpeter, "Capitalism," in *Encyclopaedia Britannica*, New York: Encyclopaedia
Britannica, 1946, pp. 801~887, reprinted in Clemence, ed., *Joseph A Schumpeter:
Essays*, pp. 189~210를 보라. 인용은 pp. 200~201에서 했다. 또 H. E. Jensen, "J. A.
Schumpeter on Economic Sociology", *Eastern Economic Journal* 11, July−September
1985, pp. 257~266과 특히 Tom Bottomore, *Between Marginalism and Marxism: The
Economic Sociology of J. A. Schumpeter*, New York: Harvester Wheatsheaf, 1992도 보
라. 후자는 슘페터 자신의 사상적 근원과 경제학·역사학·사회학을 융합하려 했던 시도 그
리고 마르크스와 그의 지적인 관계 등을 탐구하고 있다.

6. Schumpeter, "Comments on a Plan for the Study of Entrepreneurship"
(Schumpeter Papers, HUA에 들어 있던 미발표 논문), printed in Swedberg, ed., *Joseph
A. Schumpeter: The Economics and Sociology of Capitalism*, Princeton, N.J.:
Princeton University Press, 1991, pp. 406~428. 인용된 구절은 p. 409에 있다.

7. 이 기간에 슘페터는 대작 『경제 분석의 역사』와 논문들을 쓰고 1948년 12월에 자신이 회
장으로 있던 미국경제학회의 프로그램을 조직하느라 무척 바빴다. 센터가 창설되고 1950년 1
월, 그가 죽기까지의 17개월 동안 이 일로 그는 대부분의 시간을 보냈다. 처음 센터를 계획하
면서 콜은 특히 슘페터의 참여를 원했으며, 그가 처음 짠 예산 계획에서는 슘페터에게 연간
1000달러의 사례비를 제안했다. 당시로서는 상당한 금액이었다. 콜이 하버드대 교무처장 폴
벅에게 보낸 1947년 9월 2일 편지("기업가역사연구위원회"라는 제목의 긴 제안서가 동봉되어

있다), Papers of Arthur H. Cole, HUG 4290.507, Additional correspondence relating to the Research Center in Entrepreneurial History, 1940s and 1950s, box 1, folder Buck, Paul H., HUA를 보라.

센터의 주요 지도자는 콜을 비롯해 사회학자 릴랜드 젱크스, 역사학자 토머스 코크란, 유럽 경제사학자 프리츠 레들리히 등이었다. 센터의 활동에 참여한 젊은 학자들의 명단은 다음 세대에 활약한 역사학자들의 올스타 팀처럼 보인다. 앨프리드 챈들러 2세, 버나드 베일린, 데이비드 랜디스, 휴 에이킨, 더글러스 노스, 헨리 로소브스키, 존 소이어 등이다. Ruth Crandall, *The Research Center in Entrepreneurial History at Harvard University 1948~1958: A Historical Sketch*, Cambridge, Mass.: The Center, 1960; Hugh G. C. Aitken, ed., *Explorations in Enterprise*, Cambridge, Mass.: Harvard University Press, 1965, 특히 슘페터의 역할을 묘사한 pp. 8~11 및 24~26; Steven A. Sass, *Entrepreneurial Historians and History: Leadership and Rationality in American Economic Historiography 1940~1960*, New York: Garland, 1986 등을 보라. 콜의 언급에 대한 인용은 그의 회상록 "Joseph A. Schumpeter and the Center for Research in Entrepreneurial History", *Explorations in Entrepreneurial History* 2, 1950, p. 56에서 했다.

8. Schumpeter, "The Historical Approach to the Analysis of Business Cycles", Universities-National Bureau Conference on Business Cycle Research, November 25~27, 1949, printed in Clemence, ed., *Joseph A. Schumpeter: Essays*, p. 327; Schumpeter, "Comments on a Plan for the Study of Entrepreneurship", p. 416.
「기업가 연구 계획에 대한 언급Comments on a Plan for the Study of Entrepreneurship」은 센터의 설립 촉진과 지적인 생활을 위한 슘페터의 주 논문이었다. 아서 콜은 그것이 "이 분야(기업가정신)의 지속적인 연구를 돕고 특히 중앙의 조정국 또는 기구 설립을 위한 강력한 논거"라고 했다. Crandall, *The Research Center in Entrepreneurial History*, p. 8을 보라. 슘페터는 그의 논문에서 몇몇 기존 연구를 언급했으며, 특히 프리츠 레들리히의 *History of American Business Leaders*(Ann Arbor, Mich.: Edwards, 1941)와 아서 콜과 해럴드 윌리엄슨의 *The American Carpet Manufacture*, Cambridge, Mass.: Harvard University Press, 1941을 기업가에 대한 역사의 전형이라고 칭찬했다. 1948년 10월 7일에 슘페터는 센터의 두 번째 논문을 제출했는데(첫 번째 논문은 콜이 냈다), 「경제 이론과 기업가의 역사Economic Theory and Entrepreneurial History」라는 제목이며 센터에서 *Change and the Entrepreneur: Postulates and Patterns in Entrepreneurial History*, Cambridge, Mass., 1949, pp. 63~84에 실어 출간했다.

9. Schumpeter, "Comments on a Plan for the Study of Entrepreneurship", pp. 408, 424.

10. Ibid., p. 408. 대부분의 경영사는 앨프리드 챈들러 2세가 나오기 전까지는 비논리적이

고 미숙한 상태였다. 챈들러는 경제학과 사회학을 역사학과 융합한 일련의 개척자적인 책과 논문들에서, 전 세계적으로 경영사라는 세부 학문을 굳건히 세웠다. 그의 책 가운데 가장 창의성 있고 영향력이 컸던 것은 *Strategy and Structure: Chapters in the History of the American Industrial Enterprise*, Cambridge, Mass.: MIT Press, 1962; 퓰리처상(역사 부문)과 밴크로프트상을 동시에 받은 *The Visible Hand: The Managerial Revolution in American Business*, Cambridge, Mass.: Harvard University Press, 1977; 미국, 영국, 독일에서 발전한 기업을 비교 분석한 860쪽 분량의 *Scale and Scope: The Dynamics of Industrial Capitalism*, Cambridge, Mass.: Harvard University Press, 1990 등이다.

챈들러는 슘페터보다 35년쯤 뒤에 태어나 하버드대에서 학·박사학위를 받았다. 두 사람은 몇 차례 만났지만, 챈들러는 세계에서 가장 유명한 사회학자 가운데 한 사람인 파슨스에게 더욱 직접적인 영향을 받았다. 파슨스는 1930년대에 대학원생 시절 관심 분야를 사회학으로 돌리기 전에 슘페터 등 하버드대 경제학자들과 가까이 지냈다. 파슨스는 나중에 막스 베버의 저작을 번역하고 대중화시켰는데, 슘페터는 수십 년 전에 베버의 저작에 영향받은 인물이었다. 이렇게 강력한 이론적·경험적 전통의 몇 가지 가닥이 챈들러의 명저에 섞여들었다. 그리고 이 책들은 이제 기업(특히 대기업) 내부사에 관해 다른 어떤 학자의 저작만큼이나 많은 것을 세상에 가르쳐주었다. 챈들러는 그 자신이 "슘페터 학도"임을 바로 인정했다.

챈들러의 이력과 영향에 대해서는 Thomas K. McCraw, "The Intellectual Odyssey of Alfred D. Chandler, Jr.", introduction to McCraw, ed., *The Essential Alfred Chandler: Essays Toward a Historical Theory of Big Business*, Boston: Harvard Business School Press, 1988을 보라. 챈들러의 연구를 출발점으로 한 경영사 분야에 대한 연구로는 Richard R. John, Jr., "Elaborations, Revisions, Dissents: Alfred D. Chandler's *The Visible Hand* after Twenty Years", *Business History Review* 71, Summer 1997을 보라. 챈들러의 연구와 슘페터의 연구 사이의 관계에 관한 몇 가지 양상에 관해서는 Richard Langlois, "Schumpeter and Personal Capitalism", in Gunnar Eliasson and Christopher Green, eds., *Microfoundations of Economic Growth: A Schumpeterian Perspective*, Ann Arbor: University of Michigan Press, 1998, pp. 57~82를 보라.

11. Schumpeter, "Comments on a Plan for the Study of Entrepreneurship", p. 411.

12. Ibid., p. 412. 슘페터는 이어서 창조적 반응은 분명히 "많든 적든, (a) 사회가 동원할 수 있는 인원의 질 (b) 인원의 상대적인 질, 즉 동시에 다른 분야에서 동원할 수 있는 질에 대비한 특정 활동 분야의 질 (c) 개별적인 행동의 결정·실행·유형"과 관련이 있다고 말했다.

13. Ibid., pp. 419, 420. 그는 이렇게 덧붙였다. 베블런의 "『유한계급론Theory of the Leisure Class』은 내 생각을 잘 나타낸 사례다[소스타인 베블런 지음, 『유한계급론』, 김성균 옮김, 우물이있는집, 2012로 출간됨*]. 그 책은 훌륭하고 함축성이 있다. 그러나 그것은 관

련된 진짜 문제들을 다루지 않은 인상파의 에세이다."

14. Schumpeter, "The Creative Response in Economic History", *Journal of Economic History* 7, 1947, p. 149. 이 글은 더욱 긴 그의 미출간 논문 「기업가 연구 계획에 대한 언급」을 압축한 것이다. Schumpeter, "Economic Theory and Entrepreneurial History", p. 75.

15. Schumpeter, "Comments on a Plan for the Study of Entrepreneurship", p. 412; Schumpeter, "미국 제도와 경제적 진보"(1949년 말, 그가 죽을 때 예정되어 있던 월그린 강의용 메모). Swedberg, ed., *The Economics and Sociology of Capitalism*, p. 438~444 에 실려 출간되었다. 인용된 구절은 p. 442에 있다.

16. Schumpeter, "American Institutions and Economic Progress", p. 442.

17. Schumpeter, "Science and Ideology," *American Economic Review* 39, March 1949, pp. 345~359, reprinted in Clemence, ed., *Joseph A. Schumpeter: Essays*, pp. 273~286. 인용은 pp. 275~277에서 했다.

18. Ibid., pp. 276~278.

19. Ibid., p. 277.

20. Ibid., pp. 277~278.

21. Ibid., pp. 278~279.

22. Ibid., pp. 279~281. 슘페터는 이어서 스미스의 경제학이 낡았으며(대부분 산업화 이전의 것이다), "이데올로기적 본성을 지닌 반半철학적 요소가 일부 있지만 그것은 그의 과학적 주장을 손상시키지 않고도 제거할 수 있다"고 말했다.

23. Ibid., p. 281.

24. Ibid., p. 282.

25. Ibid., p. 282.

26. Ibid., pp. 282~283.

27. Ibid., p. 283.

28. Ibid., p. 283. 1946년에 슘페터는 이 기이한 사태의 전개에 대해 자신이 어떻게 생각했는지 다음과 같이 간단명료하게 적었다. "경제학이 절약과 저축을 산업의 물리적 도구 확대(자본축적) 또는 심지어 모든 경제적 진보에 가장 필요한 것으로 여기는 데 사실상 의견의 일치를 보이는 한, 가장 중요하고 정말로 결정적인 평등의 경제적 논거는 저축의 대부분이 고소득층을 따라 이뤄지고 따라서 부의 분배정책을 토한 평등화가 대중의 생활수준을 향상시키도록 작용하는 과정과 병행한다는 것이었다. 그러나 그런 실질적인 합의는 더 이상 없다. (…) 1930년대에 점차 많은 경제학자가 반대 견해, 즉 저축이 소득 요소를 소비자의 상품으로 확장되는 것을 막아 경제 발전을 저해하는 결과를 가져오고, 따라서 플랜트와 설비 확장을 촉진하는 것이 아니라 방해한다는 관점을 택했다." Schumpeter, "Capitalism," in *Encyclopaedia Britannica*, reprinted in Clemence, ed., *Joseph A. Schumpeter: Essays*, p. 204를 보라.

29. "Science and Ideology," p. 283. 슘페터는 1946년 브리태니커 백과사전에 실린 "자본주의" 항목에서 불황 내지 '자본주의의 성숙'에 관한 케인스의 견해를 더욱 자세히 다루었다. "(그것은) 투자 기회 상실론이라고도 부를 수 있을 진대, 현대 자본주의사회의 전반적인 경제적·정치적 유형을 설명하려는 것은 아니다. 그것은 다음과 같은 명제들로 스스로를 한정한다. (1) 자본주의는 기술적인 이유와 인구 증가율의 둔화로 성장 가능성, 특히 새로운 대규모 투자의 기회를 거의 소진했다는 의미에서 성숙기에 도달했다. (2) 자본주의사회의 전체적인 구조, 특히 저축 습관은 그러한 기회를 활용하는 일에 연관되어 있기 때문에 기회가 점차 사라지면서 무기력성 불황이 지속적으로 닥칠 것이다. (3) 이러한 성숙 또는 불황 상태에서 자본주의적 과정은 정부의 적자 지출을 통한 끊임없는 구매력 주입을 통해서만 이어질 수 있다.
주로 1930년대 미국(그리고 프랑스)에 만연한 불만스러운 상황을 설명하기 위해 만들어진 이 이론은 1932년 이전에 일어난 어떤 사실로도 뒷받침되지 않는다. 그러나 그것이 광범위하게 받아들여진 것은 이해할 만하다. 정부 및 경제계는 모두 반세기 전 상황의 유추보다는 자신의 문제와 고민에 담긴 실제적인 혹은 예상되는 특수한 상황에 보다 관심이 쏠리는 경향이 있다." Clemence, ed., *Joseph A. Schumpeter: Essays*, p. 196에 재수록된 브리태니커 백과사전 기고문을 보라.

30. "Science and Ideology", pp. 284~285.

31. Ibid.

32. Ibid., p. 285.

33. Ibid. 아주 충실히 연구된(때로는 과장된) 해석으로 M. Gottlieb, "The Ideological Influence in Schumpeter's Thought", *Zeitschrift für Nationalökonomie* 19, January 1959, pp. 1~42가 있다.

34. "Science and Ideology", p. 286.

35. Ibid., p. 286.

36. 슘페터가 "과학과 이데올로기"에서 제기한 여러 주장은 로버트 하일브로너가 1983년 마르크스 사망 및 케인스, 슘페터 탄생 100주년을 기념해 발표한 논문 "Economics and Political Economy: Marx, Keynes, and Schumpeter", *Journal of Economic Issues* 18, September 1984, pp. 681~695에 예리하게 분석되어 있다. 슘페터가 선호했던 단어인 '비전' 대신에 하일브로너는 정치를 강조한다. 그는 위대한 세 경제학자가 제시한 서로 다른 경제생활의 유형에 대해 "각 모델은 이를 제기한 사람들의 정치적 가치관을 뒷받침하거나 구체화하기에는 매우 평범하다"고 쓰고 있다. 그는 또한 흥미로운 발견(슘페터도 알아차린 것이다)을 했다. "케인스에 관한 한 마르크스의 흔적이 전혀 없다"(pp. 681~683)는 것이다. 매우 이상한 일이지만 하일브로너는 슘페터의 회장 인사말이었던 "과학과 이데올로기"에 대해서는 아무 말도 하지 않는다. 그러나 하일브로너가 그의 글에서 『경제학적 사고의 역사History of Economic Thought』라고 잘못 부른 『경제 분석의 역사』의 비슷한(그리고 종종 보다 완전한) 진술에서 증거를 취한다.
Heilbroner, "Was Schumpeter Right?" in Arnold Heertje, ed., *Schumpeter's Vision: Capitalism, Socialism and Democracy after 40 Years*, New York: Praeger, 1981, 특히 pp. 95~106 및 하일브로너가 그의 이전 견해를 고치고 보충한 "Was Schumpeter Right After All?" *Journal of Economic Perspectives* 7, Summer 1993, pp. 87~96를 보라.

37. Allen, Opening Doors, II, p. 221에 인용된 슘페터의 일기.

제28장 글을 맺으면서

1. 슘페터가 헤르베르트 베케라트에게 보낸 1949년 1월 24일 편지, in Ulrich Hedtke and Richard Swedberg, eds., *Joseph Alois Schumpeter, Briefe/Letters*, Tübingen: J. C. B. Mohr, Paul Siebeck, 2000, p. 367.

2. Robert Loring Allen, *Opening Doors: The Life & Work of Joseph Schumpeter*, two vols., New Brunswick, N.J.: Transaction, 1991, II, p. 235에 인용된 1949년 2월 8일 슘페터의 일기.

3. 두 번째는 이탈리아의 위대한 사회학자 겸 경제학자 파레토에 관한 긴 논문이었고, 세 번째는 『공산당선언』에 대한 슘페터의 100주년 재평가, 네 번째는 『영국 경제학자와 국가 주도 경제English Economists and the State-Managed Economy』에 대한 서평 논문, 다섯 번째는 독일어로 된 짧은 글 「민주주의적 과정Der demokratische Kurs」(The Democratic Course), 여섯 번째는 그의 긴 평론 「경제학 이론과 기업가의 역사Economic Theory and Entrepreneurial History」, 일곱 번째는 「경기순환 분석에 관한 역사적 접근The Historical Approach to the Analysis of Business Cycles」, 여덟 번째는 몇 년 뒤 이탈리아어 회고판으로 나온 『경제 분석의 역사』의 한 절의 초고인 「경제학 개관Some Questions of Principle」, 아홉 번째는 웨슬리 미첼 사망을 다룬 자세한 기사와 비평, 열 번째는 『저널 오브 더 아메리칸 스태티스티컬 어소시에이션Journal of the American Statistical Association』에 발표된 경기순환과 예측에 관한 소론, 열한 번째는 그의 논문 「사회주의로의 전진」이었다.

서지학적인 전거로는 Massimo M. Augello, comp., "Works by Schumpeter", in Richard Swedberg, ed., *Joseph A. Schumpeter: The Economics and Sociology of Capitalism*, Princeton, N.J.: Princeton University Press, 1991, pp. 479~481을 보라. 『자본주의·사회주의·민주주의』에 대한 새로운 서문은 사실 1949년도 영국용 3판이었으나, 미국의 하퍼 사 1950년판에도 실렸다.

4. Schumpeter, *Capitalism, Socialism and Democracy*, 3rd ed., Harper, 1950, p. 416.

5. Ibid., pp. 412, 416.

6. Allen, *Opening Doors*, II, pp. 199, 236에 인용된 1949년 5월 29일 및 일자 미상(1940년대 말)의 슘페터의 편지.

7. Allen, Opening Doors, II, p. 236에 인용된 1949년 9월 노동절에 쓴 슘페터의 일기.

8. Allen, Opening Doors, II, pp. 238~239. 그는 이 여섯 강의 가운데 다섯 번째 강의 제목을 "개인 요소와 기회 요소: 불확정성의 원리The Personal Element and the Element of Chance: A Principle of Indeterminateness"로 붙였다. Swedberg, ed., *Joseph A. Schumpeter: The Economics and Sociology of Capitalism*, pp. 75, 438~444 참조.

9. 슘페터의 죽음과 그의 마지막 날에 대해서는 Allen, *Opening Doors*, II, pp. 238~241에 묘사되어 있다. 앨런은 코네티컷 주 샐리스버리 인근의 타운홀에서 사망진단서를 검토했다.

10. 이 메모는 하버드대 문리학부 기록물로 보존되었으며, Seymour E. Harris, ed.,

Schumpeter, Social Scientist, Cambridge, Mass.: Harvard University Press, 1951, pp. ix~x에 실려 출간되었다.

11. Harris, ed., *Schumpeter, Social Scientist*. 1951년 5월 발간된 『리뷰 오브 이코노믹스 앤드 스태티스틱스』는 두 번째로 슘페터에게 헌정되었다. 첫 번째는 그의 예순 살 생일을 기념해 1943년에 헌정되었다. 그 사이에 잡지 이름이 바뀌었는데, 예전 이름은 『리뷰 오브 이코노믹 스태티스틱스Review of Economic Statistics』였다.

12. Harris, "Introductory Remarks", in Harris, ed., *Schumpeter, Social Scientist*, pp. 1, 4, 7.

13. Haberler, "Joseph Alois Schumpeter, 1883~1950", in ibid., pp. 30, 47.

14. Smithies, "Memorial: Joseph Alois Schumpeter, 1883~1950", in ibid., pp. 14~15.

15. Ibid., p. 16.

16. Ibid., pp. 14~15.

17. Ibid., pp. 21~22.

18. Ibid., pp. 21, 136. 스미시스는 『사회과학자 슘페터』의 최종 취합에서 한 편이 아닌 두 편의 글을 기고했다. 첫 번째 글은 본래 『아메리칸 이코노믹 리뷰』에 실렸던 것이다. 스미시스는 그의 두 번째 평론 "슘페터와 케인스"에서, 슘페터의 공과를 분명히 하기 위한 방편으로 비교를 택했다. 특히 p. 136을 보라. 여러 필자가 두 위대한 경제학자를 비교했고, 앞으로도 많은 사람이 그렇게 할 것이다. 그러나 스미시스의 노력을 능가한 사람은 아직 나오지 않았다.
거시 이론의 선구자인 슘페터에 대해서는 Hansen, "Schumpeter's Contribution to Business Cycle Theory", in Harris, ed., *Schumpeter, Social Scientist*, p. 79를 보라. "거시경제학은 통화 및 경기순환론에서 시작되었다. 슘페터는 경기순환 연구로 현대 거시경제학의 토대를 쌓은 5명의 유럽 대륙 경제학자 가운데 하나였다." 이들 5명은 "현대 경기순환론의 기본적인 아이디어에서 모두 시작(가장 중대한 누락은 승수와 소비함수였다)"했으며, 슘페터는 5명 가운데서도 "가장 명석하고 독창적인 축"에 속했다. 다른 4명은 빅셀, 슈피트호프, 투간바라노프스키, 아프탈리옹이다.

19. Smithies, "Memorial: Joseph Alois Schumpeter, 1883~1950", in ibid., p. 15.

20. Ibid., p. 16.

21. Oskar Morgenstern, "Obituary: Joseph A. Schumpeter, 1883~1950", *Economic Journal*, March 1951, pp. 201~202.

22. 레온티예프가 쓴 「조지프 슘페터(1883~1950)Joseph A. Schumpeter(1883~1950)」"는 『리뷰 오브 이코노믹스 앤드 스태티스틱스』나 『사회과학자 슘페터』의 어디에도 실리지 않았으나, 계량경제학회지 *Econometrica*, 18, April 1950, pp. 103~110에 실렸다. 인용은 pp. 104, 109~110 등에서 한 것이다.

23. Morgenstern, "Obituary: Joseph A. Schumpeter, 1883~1950", p. 201; G. B. Richardson, "Schumpeter's History of Economic Analysis", *Oxford Economic Papers*, New Series 7, June 1955, p. 136.

| 에필로그: 유산 |

1. Schumpeter, "Comments on a Plan for the Study of Entrepreneurship", in Richard Swedberg, ed., *Joseph A. Schumpeter: The Economics and Sociology of Capitalism*, Princeton, N.J.: Princeton University Press, 1991, pp. 425~426. 슘페터의 책에서 기업 가정신에 대한 생각은 그의 생애를 통해 개인의 역할에서 조직의 기능 쪽으로 옮겨가는 경향을 보이고 있다.

2. 물론 이 명단에 여러 나라 출신의 다른 기업가 수백 명을 더 넣을 수 있다. 기업가적인 행동의 자연스런 본원이 소기업이냐 대기업이냐 하는 문제에 관해서는 본문 21장 주25의 서지학적 논의를 보라.

3. '경영 전략'이라는 말의 발전에 대해서는 본문 21장 주18을 보라.

4. 경영대학원의 확산과 슘페터의 역할 그리고 기업가정신에 대한 다른 많은 정보는 Amar V. Bhidé, *The Origin and Evolution of New Businesses*, Oxford: Oxford University Press, 2000, 특히 서문과 13장에 잘 분석되어 있다. 기업가정신을 주요 기구의 공식 연구 주제로 도입한 전말은 Jeffrey L. Cruikshank, *Shaping the Waves: A History of Entrepreneurship at Harvard Business School*, Boston: Harvard Business School Press, 2005에서 알 수 있을 것이다.

5. 1944년에 새로운 국제통화 제도에 대한 협상이 타결되었는데, 명칭은 회의가 열렸던 뉴햄프셔 휴양지의 이름을 딴 브레턴우즈체제였다. 국가 통화의 반半고정환율제('금환본위제')가 특징인 이 체제는 30년 가까이 지속되었으며 1971년에 무너진 뒤 변동환율체제가 시작되었다. 예를 들어 엔화의 경우, 일본의 수출을 촉진하고 경제를 재건해 소련의 팽창에 대한 방파제 역할을 하고자 국제통화 당국이 고의로 낮게 평가해왔으나, 1971년 이후 달러당 360엔에서 100엔으로까지 '변동'시켰다. 이는 상당한 조정이지만, 수십 년에 걸쳐 일어났다. 한편 유럽연합 소속 여러 나라에서는 유로화가 각국 통화를 대체했다.

6. 여기서 제시된 증거는 매우 분명하다. 미국사를 통해 경기순환의 상승과 하강을 그래프로 그려본다면 결과는 제2차 대전 전후가 완전히 다를 것이다. 1780년에서 1940년 사이의 160년 동안 상승 및 하강은 어김없이 요동쳤다. 심각한 경기 침체가 매우 자주 일어났고, 대규모 불황은 1780년대, 1810년대, 1830년대, 1850년대, 1870년대, 1890년대, 1907~08년, 1920~21년, 1929~39년에 엄청난 충격을 줬다. 이 유형을 그린 그래프는 크게 오르락내리락하는, 서투른 거짓말쟁이에 대한 거짓말탐지기 실험에서 나오는 선과 같을 것이다. 반면에 1940년대 뒤에는 미국과 다른 공업 선진국들의 경기순환이 훨씬 부드러워진다. 물론 경제는 때때로 나타나는 심각한 인플레이션 발작에 따라 후퇴하고 다시 상승한다. 그러나 전체적인 경기순환은 보다 큰 통제 속에 놓이게 되었다.
물론 이것은 경기순환과 관련된 문제들이 더 이상 학자들의 관심 대상이 아니라는 말은 아니다. 논쟁은 아직도 계속되고 있고, 수많은 논문이 발표되고 있다. 특히 슘페터 유의 서술로는 E. Montgomery and W. Wascher, "Creative Destruction and the Behavior of Productivity over the Business Cycle", *Review of Economics and Statistics* 70, February 1988, pp. 168~172를 보라. 이 논문은 1953~1983년의 기간을 검토하고 있으며, 수학적인 표현법을 상당히 많이 썼다.

7. 이 주제에 관한 연구는 매우 많지만, 네 가지 사례면 충분할 것이다. 모두 경제학자가 썼지만 관점은 매우 다르다. Robert M. Solow, "Economic History and Economics", *American Economic Review* 75, May 1985, pp. 328~331; Donald N. McCloskey, *The Rhetoric of Economics*, Madison: University of Wisconsin Press, 1985; Philip Mirowski, *More Heat Than Light: Economics as Social Physics: Physics as Natures Economics*, Cambridge: Cambridge University Press, 1989; Douglass C. North, *Institutions, Institutional Change and Economic Performance*, Cambridge: Cambridge University Press, 1990.
더욱 최근 문헌으로, 경제학자들 사이에 계속되는 논쟁에 대해서는 David Warsh, *Economic Principals: Masters and Mavericks of Modern Economics*, New York: Free Press, 1993에서 사례를 볼 수 있고, 21세기의 사례는 워시의 온라인 뉴스레터 〈이코노믹 프린서펄스Economic Principals〉에서 볼 수 있다.

8. Arjo Klamer and David Colander, *The Making of an Economist*, Boulder, Col.: Westview Press, 1990, pp. 17~18. 이 연구는 1980년대 말에 이루어졌으나, 그때 뒤로 상황이 많이 달라졌다고 볼 이유는 별로 없다.

9. 이 주제에 관한 여러 책 가운데 ibid.를 보라. 또 Yuval Yonay, *The Struggle Over the Soul of Economics: Institutionalist and Neoclassical Economists in America between the Wars*, Princeton, N.J.: Princeton University Press, 1998 및 Michael A. Bernstein, *A Perilous Progress: Economists and Public Purpose in Twentieth-Century America*, Princeton, N.J.: Princeton University Press, 2001도 보라. 사회학자 요네이의 책에는 제목에서 밝힌 기간 너머까지 미치는 분석이며, 번스타인의 책은 경제학자들이 "자유시장"에 대해 무비판적인 "과학적" 찬사를 보냄으로써 자신들의 사회적 책임을 저버리고 있다는 비판이 담겨 있다. 계몽적이면서도 이례적으로 실명을 거론한 책은 E. Roy Weintraub, *How Economics Became a Mathematical Science*, Durham, N.C.: Duke University Press, 2002다.

경제학과 다른 사회과학의 관계는 중요하고도 역설적인 두 주제가 있는 복잡한 이야기다. 대학 내 경제학부에서는 경제사, 경제사상사 혹은 이와 비슷한 주제의 과목을 경시하는 경향이 있었다(아예 빼버리는 경우도 종종 있었다). 언제나 치밀한 수학적 기법을 선호하는 것이다. 한편 비슷한 수학적 방법들이 경제학자들에 의한 보편적 "제국주의"(많은 비판자가 그렇게 부른다)를 따라 정치학, 사회학, 경제사 같은 자매 학문으로 침투해 들어왔다. 이런 경향은 오늘날의 각 학문 분야 내 전문 학술지에 실린 내용을 한 세대 전에 출간된 같은 학술지의 쟁점들과 비교해보면 금세 알 수 있다. 일반적으로 오늘날 학술지에 실린 글들은 비전문가들이 거의 이해할 수 없는 편이다. 한 세대 전에는 분야에 상관없이 대부분의 사회과학자가 쉽게 이해할 수 있었다. 물론 이 같은 현상은 인문학을 포함한 거의 모든 다른 학문 분야에서도 이런저런 형태로 나타났다.

10. Schumpeter, trans. Redvers Opie, *The Theory of Economic Development*, Cambridge, Mass.: Harvard University Press, 1934, pp. 91~94. 혁신에 대해 어떻게 연구해야 하는지(그것은 주로 산업과 기업 수뇌부에 대한 역사적 분석을 통해야 하는 것이었다) 슘페터 자신이 드물게 견해를 표명한 것은 그가 1944년 7월 17일로 루퍼트 매클로린 교수에게 보낸 장문의 편지, printed in Ulrich Hedtke and Richard Swedberg, eds., *Joseph Alois Schumpeter, Briefe/Letters*, Tübingen: J. C. B. Mohr, Paul Siebeck, 2000), pp. 349~351에 나타난다.

물론 지난 반세기 동안 전 세계 시장경제국가에서 나온 주요 기업가 수백 명을 나열하는 것은 어려운 일이 아니다. 실리콘밸리에서만도 최소한 20명은 거명할 수 있다. 슘페터와 혁신에 관한 책은 많이 나와 있고 지금도 빠르게 늘어나는 추세다. 저널리스트의 관점에서 다룬 것이든 학자의 학술적인 것이든 이는 마찬가지다. 이들 연구는 슘페터와의 직접적인 연관성을 여러 지점에서 갖고 있으며 내용이나 질적인 수준도 각각 다르다. 이 연구 전체를 놓고 볼 때 중요한 점은 경제성장에서 혁신이 중심적 위치를 차지한다는 것에 대한 인식이 폭넓다는 점이며, 이 가운데는 진짜 보석도 있다. 학술 연구의 사례로는 다음과 같은 것들이 있다(발표 연도순으로 나열하겠다).

- Universities—National Bureau Committee for Economic Research, *The Rate and Direction of Inventive Activity: Economic and Social Factors*, Princeton, N.J.: Princeton University Press, 1962(초창기 학술회의 보고서).

- Jonathan Hughes, *The Vital Few: The Entrepreneur and American Economic Progress*, New York: Oxford University Press, 1965.

- Edwin Mansfield, *Industrial Research and Technological Innovation*, New York: Norton, 1968.

- Nathan Rosenberg, *Technology and American Economic Growth*, New York: Harper & Row, 1972.

- Edwin Mansfield, John Rapoport, Anthony Romeo, Edmund Villani, Samuel Wagner, and Frank Husic, *The Production and Application of New Industrial Technology*, New York: Norton, 1977.

- F. M. Scherer, *Innovation and Growth: Schumpeterian Perspectives*, Cambridge, Mass.: MIT Press, 1984.

- Joel Mokyr, *The Lever of Riches: Technological Creativity and Economic Progress*, New York: Oxford University Press, 1990.

- Frederic M. Scherer and Mark Perlman, eds., *Entrepreneurship, Technological Innovation, and Economic Growth: Studies in the Schumpeterian Tradition*, Ann Arbor: University of Michigan Press, 1992.

- Mark Elam, *Innovation as the Craft of Combination: Perspectives on Technology and Economy in the Spirit of Schumpeter*, Linköping, Sweden: Dept. of Technology and Social Change, Linkoping University, 1993.

- Yuichi Shionoya and Mark Perlman, eds., *Innovation in Technology Industries, and Institutions: Studies in Schumpeterian Perspectives*, Ann Arbor: University of Michigan Press, 1994.

- David E. H. Edgerton. ed., *Industrial Research and Innovation in Business*, Cheltenham, U.K.: Edward Elgar, 1996.

- Clayton M. Christensen, *The Innovator's Dilemma: When New Technologies Came Great Firms to Fail*, Boston: Harvard Business School Press, 1997(본래 기업 경영자들을 위한 책이었는데, 이후 개정판이 수차례 나왔다).

- Johannes M. Bauer, "Market Power, Innovation, and Efficiency in Telecommunications: Schumpeter Reconsidered", *Journal of Economic Issues* 31,

June 1997, pp. 557~565(이 글에서 필자는 슘페터가 규제 완화에 영향을 끼쳤을 가능성이 있다고 말한다).

— F. M. Scherer, *New Perspectives on Economic Growth and Technological Innovation*, Washington, D.C.: Brookings Institution Press, 1999(간명한 책이지만 이례적으로 관련 연구를 모두 참조물로 제시했다).

— Bruce McFarling, "Schumpeter's Entrepreneurs and Commons's Sovereign Authority", *Journal of Economic Issues* 34, September 2000, pp. 707~721(이 글에서 필자는 혁신에 대한 슘페터의 접근법과 존 커먼스의 접근법을 결합시키려 하고 있다).

— Nathan Rosenberg, *Schumpeter and the Endogeneity of Technology: Some American Perspectives*, New York: Roudedge, 2000.

— John Cantwell, "Innovation, Profits, and Growth: Penrose and Schumpeter", in Christos Pitelis, ed., *The Growth of the Firm: The Legacy of Edith Penrose*, Oxford: Oxford University Press, 2002, pp. 215~248(이 글에서 필자는 펜로즈가 혁신에 관한 슘페터의 생각을 자신의 생각에 편입시켜 현대화했다고 주장한다).

— Richard Arena and Cécile Dangel Hagnauer, eds., *The Contributions of Joseph Schumpeter to Economics: Economic Development and Institutional Change*, London: Routledge, 2002(대체로 슘페터의 경제학이 제도주의적이고 진화론적이어서 혁신 및 경쟁에만 관심을 가진 것은 아니었다고 주장하는 프랑스 학자들의 평론집이다).

— Mümtaz Keklik, *Schumpeter, Innovation and Growth: Long-cycle Dynamics in the Post-WWII American Manufacturing Industries*, Aldershot, U.K.: Ashgate, 2003.

— Robert F. Lanzillotti, "Schumpeter, Product Innovation and Public Policy: The Case of Cigarettes", *Journal of Evolutionary Economics* 13, 2003, pp. 469~490.

— Tom Nicholas, "Why Schumpeter Was Right: Innovation, Market Power, and Creative Destruction in 1920s America", *Journal of Economic History* 63, December 2003, pp. 1023~1058. 목록이 길다고 생각되겠지만, 이는 사실 혁신에 관한 방대한 연구의 간략한 사례에 불과하다.

11. Wolfgang F. Stolper, "Reflections on Schumpeter's Writings", in Harris, ed., *Schumpeter, Social Scientist*, p. 108.

12. Schumpeter, "Capitalism", in *Encyclopaedia Britannica*, New York: Encyclopaedia Britannica, 1946, pp. 881~887, reprinted in Richard V. Clemence, ed., *Joseph A. Schumpeter: Essays on Entrepreneurs, Innovations, Business Cycles, and the Evolution of Capitalism*, Cambridge, Mass.: Addison—Wesley, 1951, pp. 189~210. 인용은 p. 190에서 한 것이다. John Kenneth Galbraith, *A View from the Stands of People, Politics*, Military Power and the Arts, Boston: Houghton Mifflin, 1986, p. 288.

13. Schumpeter, "Capitalism", in *Encyclopaedia Britannica*, reprinted in Clemence, ed., *Joseph A. Schumpeter: Essays on Entrepreneurs, Innovations, Business Cycles, and the Evolution of Capitalism*, p. 204. 슘페터는 이 과정을 『경기순환론』에서 가장 철저하게 묘사했다.

14. 20세기 초에 주식을 보유한 미국인은 50만 명 이하였다. 1929년에는 1000만 명이 '시장에 들어와' 20배로 증가했다. 20세기 말에 이 숫자는 1억 명으로 늘어 1900년의 200배가 되었다. 2만 퍼센트가 늘어난 것이다. 훗날 주식 보유자들은 대부분 연금 펀드나 기타 은퇴자 펀드에 투자함으로써 주식을 보유했다.
1929년에 다우존스지수는 381까지 치솟았다가, 그 이후 1932년까지 해당 가치의 90퍼센트가량 사라지고 지수 41로 바닥을 쳤다(이런 규모의 중기中期 혼란은 60년 이상을 넘어 완만한 경기순환을 거친 뒤인 오늘날로서는 믿기 어렵다.) 대공황 이후 다우존스지수는 이상하게도 올라가기 시작했고, 거래량도 점차 회복되었다. 그렇지만 주식거래량이 1929년도 수치와 같아지는 데는 34년이 걸려 1963년이 되어서야 이뤄졌다. 거래가 곧 상승 곡선을 그리기 시작했고, 특히 1980년대와 1990년대에 활발했다. 이와 함께 다우존스지수는 1980년대 초 1000으로, 1987년에는 2500까지 올랐고(이때 다시 25퍼센트 정도의 하락 장세가 나타났다), 1990년대 동안에 지속적이고 극적인 상승으로 1999년 지수 1만 1000을 넘어서 절정에 달했다. 그 시점에서 닷컴기업의 거품이 빠지는 등의 이유로 지수가 그 뒤 몇 년 동안 약간 떨어졌다. 그러다가 2006년에는 지수 1만 2000에 도달했다. 한편 나스닥 종합지수가 만들어져 정보 기술과 바이오 기술을 보유한 하이테크기업의 빠른 성장을 확인할 수 있게 되었다. 이들 가운데 기업가들이 세우고 벤처 투자가들이 후원한 수천 곳의 새 기업도 있었다.

15. Peter E Drucker, "Schumpeter and Keynes", *Forbes*, May 23, 1983, p. 124.

16. Herbert Giersch, "The Age of Schumpeter", *American Economic Review* 74 , May 1984, pp. 103~109. 또 Herbert Giersch, "Economic Policies in the Age of Schumpeter", *European Economic Review* 31, February/March 1987, pp. 35~52도 보라. Charles J. Whalen, "America's Hottest Economist Died 50 Years Ago", *Business Week*, December 11, 2000.

17. 독일 비즈니스 저널 『비르차프츠보헤Wirtschaftswoche』가 이 상을 후원했는데, 이 잡지는 구스타프 슈톨퍼의 『도이체 폴크스비르트Deutsche Volkswirt』의 후신이었다. 국제슘페터학회에 대한 상세 정보는 홈페이지(http://www.iss-evec.de)에서 찾을 수 있을 것이다. 학회에서 추진하는 책들은 때로 슘페터가 발전시킨 주제(과학 기술과 혁신 같은)와 관련된 것도 있고 때로 슘페터 자신과 관련된 것도 있다. 후자의 좋은 예가 Yuichi Shionoya and Mark Perlman, eds., *Schumpeter in the History of Ideas*, Ann Arbor: University of

Michigan Press, 1994다.

18. 『저널 오브 이볼루셔너리 이코노믹스Journal of Evolutionary Economics』는 영어판으로 인쇄해 독일에서 발간되었다. 슘페터의 지속적인 영향에 대한 다른 언급은 Uwe Cantner and Horst Hanusch, "On the Renaissance of Schumpeterian Economics", Working Paper No. 51, Universität Augsburg, Institut für Volkswirtschaftslehre, 1991; Richard Swedberg, Can Capitalism Survive? Schumpeter's *Answer and Its Relevance for New Institutional Economics*, Stockholm: Stockholm University, Department of Sociology, 1992; Jan Fagerberg, "Schumpeter and the Revival of Evolutionary Economics: An Appraisal of the Literature", *Journal of Evolutionary Economics* 13, 2003, pp. 125~159 등을 보라.

19. 그라츠대 슘페터학회가 주최한 강의 시리즈와 그 밖의 활동에 대해서는 http://homepage. univie.ac.at/Bernd.Brandl/schumpeter/schumpeter.html을 보라. 첫 번째 슘페터 강의는 J. Stanley Metcalfe, *Evolutionary Economics and Creative Destruction*, Florence, KY: Routledge, 1998이었는데, 슘페터 자체보다는 이를 묶은 책 제목에 나왔던 주제에 더 집중하고 있다. 이후의 강의 시리즈는 위의 웹사이트에 목록이 나와 있는데, 다양한 주제를 다루고 있다. 슘페터 자신의 폭넓은 관심으로 볼 때 이는 당연한 일이었다.

20. 더글러스 노스의 말은 *The Wall Street Journal*, July 29, 1994, p. B1에 실려 있다. 노스는 나중에 "슘페터는 나에게 큰 영향을 미쳤다"고 썼다. "Douglass C. North", in William Breit and Roger W. Spencer, eds., *Lives of the Laureates: Thirteen Nobel Economists*, 3rd ed., Cambridge, Mass.: MIT Press, 1995, p. 254를 보라.
노스는 선구적인 "계량경제사학자cliometrician"(선진적인 수학적 기법을 사용하는 경제사학자)였다. 일련의 간략화 가정이 주어지면 정확히 특화된 경제적 명제에 따라 증명을 얻을 수 있다. 회귀 분석과 연립방정식 같은 기법을 조심스럽게 쓰면 연구자는 검증되지 않은 가설을 통하는 것(주먹구구식 계산)보다 훨씬 경제적 엄밀성에 다가설 수 있다. 그러나 결국 무한한 통계치와 수많은 방정식으로도 중요한 경제 문제, 이를테면 경기순환이나 산업 또는 국가경제의 미래, 심지어는 경영 환경에서의 리더십의 중요성같이 명백하게 단순한 문제에 대해서도 정확한 판단력을 가져다주지는 못한다. 이 모든 현상에 들어 있는 변수의 가짓수는 거의 무한하다. 어떤 경제 문제의 해답이든 본질적으로 통계와 수학뿐만 아니라 전쟁과 가뭄, 구성원의 심리 상태 같은 외생外生 요인에 달려 있다. 그리고 특히 자본주의경제에서는 끊임없는 혁신이라는 내생적인 힘도 영향을 미친다.

21. 대학 경제학부에서는 교수들이 "이야기"에 대해서도 말한다. 그러나 여기서 그들이 통상 의미로 삼는 것은 형식화된 행동 모델이다. 그렇지만 그들의 가장 인상적인 일반화는 항상

짧은 이야기에 들어 있고 종종 은유로 표현되었다. 애덤 스미스의 "보이지 않는 손", 마르크스의 "실직한 산업예비군reserve army of the unemployed", 슘페터의 "창조적 파괴", 소스타인 베블런의 "과시적 소비conspicious consumption", 폴 새뮤얼슨의 "현시顯示 선호 revealed preference"(어떤 사람이 무엇을 원하는가에 대한 최고의 길잡이는 그 사람의 행동이다), 올리버 윌리엄슨의 "제한된 합리성bounded rationality"(아무도 모든 것을 알 수 없다), 폴 데이비드의 "경로의존path dependency"(타성이 종종 혁신을 막는다) 그리고 로런스 서머스의 "아무도 빌린 차를 세차하진 않는다"는 경구 등이 이에 해당된다. 그러나 이런 정형화가 슘페터가 말한 "슬로건"(전반적인 진실의 편리한 대용물)이 될 수 있다고 하더라도, 특수한 상황 속의 사실들에 따라 조절되지 않으면 그릇될 가능성이 있다.

22. A. P. Usher, "Historical Implications of the Theory of Economic Development", in Seymour E. Harris, ed., *Schumpeter, Social Scientist*, Cambridge, Mass.: Harvard University Press, 1951, p. 129; Paul A. Samuelson, "Schumpeter's Capitalism, Socialism and Democracy", in Arnold Heertje, ed., *Schumpeter's Vision: Capitalism, Socialism and Democracy after 40 Years*, New York: Praeger, 1981, p. 21; Sidney G. Winter, "Schumpeterian Competition in Alternative Technological Regimes", *Journal of Economic Behavior and Organization* 5, September–December 1984, p. 287; Robert Heilbroner, *The Worldly Philosophers: The Lives, Times, and Ideas of the Great Economic Thinkers*, 6th ed., New York: Hyperion Books, 1991, p. 291.
하일브로너는 단 5명에게만 한 장을 통째로 할애했는데, 슘페터가 그중 한 사람이었다(나머지 4명은 애덤 스미스, 카를 마르크스, 소스타인 베블런, 존 메이너드 케인스였다). 저자는 이어서 경제학은 더 이상 "세계적인 철학자"를 배출하기에는 몹시 협소한 분야가 되었다고 말한다.

| 조지프 슘페터의 주요 저작 |

단행본

Schumpeter, Joseph, *Das Wesen und der Hauptinhalt der theoretischen Natinalökonomie* [The essence and the main content of the theoretical economics], Leipzig: Dunkell&Humbolt, 1908.

_____, *Theorie der wirtschaftlichen Entwicklung*[Theory of Economic Development], Leipzig: Dunkell&Humbolt, 1912.

_____, *Epochen der Dogmen-und Methodengeschichte*[Epochs of the history of dogma and methods], Max Weber (Hr.) Grundriss der Sozialoekonomik, I. Abteilung, Wirtschaft und Wirtschaftswissenschaft, Tüebingen, 1914.

_____, Vergangenheit und Zukunft der Sozialwissenschaft[Past and Future of Social Science], *Schriften des sozialwissenschaftlichen akademischen Vereins in Czernowitz*, Muenchen und Leipzig, 1915.

_____, *Zur Soziologie der Imperialismen*[The Crisis of the Tax State], Tüebingen, 1919.

_____, "Depressions: Can we learn from past experience?", DV Brown et al. Eds, *The Economics of the Recovery Program*, New York and London, 1934, pp. 3~21.

_____, *Business Cycles: A Theoretical, Historical and Statistical Analysis of the Capitalist Process*, 2 Vols., New York and London, McGraw-Hill, 1939.

_____, *Capitalism, Socialism and Democracy*, New York: Harper&Brothers, 1942.

_____, "Capitalism in the Postwar World", *Postwar Economic Problems*, Ed. by SE Harris, New York and London, 1943, pp. 113~126.

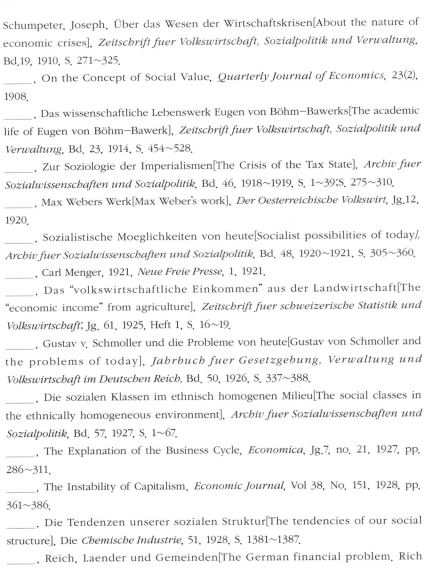

_____, *History of Economic Analysis*, Ed. and introduction by E. Boody Schumpeter, London:Oxford University Press, 1954.

논문

Schumpeter, Joseph, Über das Wesen der Wirtschaftskrisen[About the nature of economic crises], *Zeitschrift fuer Volkswirtschaft, Sozialpolitik und Verwaltung*, Bd.19, 1910, S. 271~325.

_____, On the Concept of Social Value, *Quarterly Journal of Economics*, 23(2), 1908.

_____, Das wissenschaftliche Lebenswerk Eugen von Böhm—Bawerks[The academic life of Eugen von Böhm—Bawerk], *Zeitschrift fuer Volkswirtschaft, Sozialpolitik und Verwaltung*, Bd. 23, 1914, S. 454~528.

_____, Zur Soziologie der Imperialismen[The Crisis of the Tax State], *Archiv fuer Sozialwissenschaften und Sozialpolitik*, Bd. 46, 1918~1919, S. 1~39;S. 275~310.

_____, Max Webers Werk[Max Weber's work], *Der Oesterreichische Volkswirt*, Jg.12, 1920.

_____, Sozialistische Moeglichkeiten von heute[Socialist possibilities of today], *Archiv fuer Sozialwissenschaften und Sozialpolitik*, Bd. 48, 1920~1921, S. 305~360.

_____, Carl Menger, 1921, *Neue Freie Presse*, 1, 1921.

_____, Das "volkswirtschaftliche Einkommen" aus der Landwirtschaft[The "economic income" from agriculture], *Zeitschrift fuer schweizerische Statistik und Volkswirtschaft*, Jg. 61, 1925, Heft 1, S. 16~19.

_____, Gustav v. Schmoller und die Probleme von heute[Gustav von Schmoller and the problems of today], *Jahrbuch fuer Gesetzgebung, Verwaltung und Volkswirtschaft im Deutschen Reich*, Bd. 50, 1926, S. 337~388.

_____, Die sozialen Klassen im ethnisch homogenen Milieu[The social classes in the ethnically homogeneous environment], *Archiv fuer Sozialwissenschaften und Sozialpolitik*, Bd. 57, 1927, S. 1~67.

_____, The Explanation of the Business Cycle, *Economica*, Jg.7, no. 21, 1927, pp. 286~311.

_____, The Instability of Capitalism, *Economic Journal*, Vol 38, No. 151, 1928, pp. 361~386.

_____, Die Tendenzen unserer sozialen Struktur[The tendencies of our social structure], Die *Chemische Industrie*, 51, 1928, S. 1381~1387.

_____, Reich, Laender und Gemeinden[The German financial problem. Rich

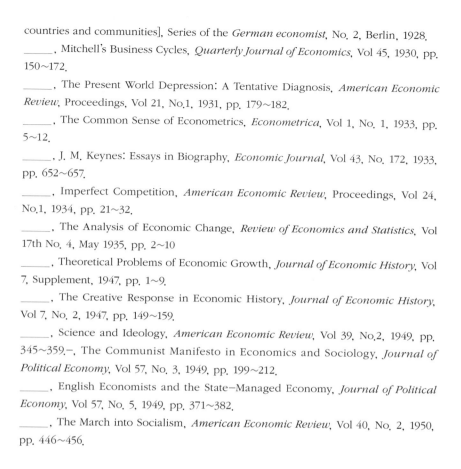

countries and communities], Series of the *German economist*, No. 2, Berlin, 1928.

_____, Mitchell's Business Cycles, *Quarterly Journal of Economics*, Vol 45, 1930, pp. 150~172.

_____, The Present World Depression: A Tentative Diagnosis, *American Economic Review*, Proceedings, Vol 21, No.1, 1931, pp. 179~182.

_____, The Common Sense of Econometrics, *Econometrica*, Vol 1, No. 1, 1933, pp. 5~12.

_____, J. M. Keynes: Essays in Biography, *Economic Journal*, Vol 43, No. 172, 1933, pp. 652~657.

_____, Imperfect Competition, *American Economic Review*, Proceedings, Vol 24, No.1, 1934, pp. 21~32.

_____, The Analysis of Economic Change, *Review of Economics and Statistics*, Vol 17th No. 4, May 1935, pp. 2~10

_____, Theoretical Problems of Economic Growth, *Journal of Economic History*, Vol 7, Supplement, 1947, pp. 1~9.

_____, The Creative Response in Economic History, *Journal of Economic History*, Vol 7, No. 2, 1947, pp. 149~159.

_____, Science and Ideology, *American Economic Review*, Vol 39, No.2, 1949, pp. 345~359.–, The Communist Manifesto in Economics and Sociology, *Journal of Political Economy*, Vol 57, No. 3, 1949, pp. 199~212.

_____, English Economists and the State–Managed Economy, *Journal of Political Economy*, Vol 57, No. 5, 1949, pp. 371~382.

_____, The March into Socialism, *American Economic Review*, Vol 40, No. 2, 1950, pp. 446~456.

| 국내 번역된 슘페터 저작 |

성낙선 옮김, 『경제학의 역사와 방법』, 한신대학교출판부, 2007.
박영호 옮김, 『경제 발전의 이론』, 지만지, 2012.
(『경제 발전의 이론』은 박영호 옮김, 박영률출판사 2005년판도 출간되었음)
변상진 옮김, 『자본주의·사회주의·민주주의』, 한길사, 2011.
(『자본주의·사회주의·민주주의』는 이상구 옮김, 삼성출판사 1977년판;1982년판;1990년판도 출간되었음)
이상구 옮김, 『마르크스學說』, 博英社, 1982.

정도영 옮김, 전철환 해제, 『10대 경제학자: 마르크스에서 케인스까지』, 한길사, 1998.

| 2차 문헌: 단행본 및 논문 |

단행본(국내)

김수행, 『마르크스·슘페터·케인즈』, 중앙일보사, 1984.

변은현, 『슘페터 경제학 연구』, 심지, 1993.

유동운, 『경제진화론』, 선학사, 2000.

이 근, 『동아시아와 기술추격의 경제학- 신슘페터주의적 접근』, 박영사, 2007.

이택면, 『슘페터』, 평민사, 2001.

이상구, 『슘페터 : 資本主義論 硏究』, 裕豊出版社, 1982.

이상락, 『정보시대의 노동전략: 슘페터 추종자의 자본전략을 넘어서』, 갈무리, 1999.

이해주·조준현, 『근대 사회 경제 사상사의 이해』, 신지서원, 2000.

장지용·정향교·최성일, 『근대사회 경제사상의 탐구』, 시그마프레스, 2008.

정규백, 『資本主義 經濟體制에 대한 Marxian-Keynesian-Schumpeterian system의 比較論的 考察』, 조세문제연구소, 1996.

정규백, 『租稅國家의 危機理論과 財政社會學에 대한 政治 社會的 硏究 : Schumpeterian system을 中心으로』, 조세문제연구소, 1993.

伊東光晴·根井雅弘, シュンペーター― 孤高の經濟學者, 민성원 옮김, 『조셉 슘페터: 고고한 경제학자』, 소화, 2004.

吉川洋, いまこそ、ケインズとシュンペーターに学べ : 有效需要とイノベーションの經濟学, 신현호 옮김, 『케인스 vs 슘페터 : 현실 경제를 바라보는 두 개의 시선』, 새로운 제안, 2009.

Bottomore, T. B, Between marginalism and Marxism : the economic sociology of J.A. Schumpeter, 邊相眞 옮김, 『限界主義와 맑스主義 사이에서 : J.A. 슘페터의 經濟社會學』, 성균관대학교출판부, 1997.

Heilbroner, Robert, The Worldly Philosophers, 장상환 옮김, 『세속의 철학자들-위대한 경제사상가들의 생애, 시대와 아이디어』, 이마고, 2005.

Jessop, Bob, future of the capitalist state, 김영화 옮김, 『자본주의 국가의 미래』, 양서원, 2010.

단행본(국외)

Allen, Robert, *Opening Doors: The Life & Work of Joseph Schumpeter*, two vols., New

Brunswick, N.J.: Transaction, 1991.

Augello, Massimo, *Joseph Alois Schumpeter: A Reference Guide*, Springer, 1990.

Clemence, Richard ed., *Joseph A. Schumpeter: Essays on Entrepreneurs, Innovations, Business Cycles, and the Evolution of Capitalism*, Cambridge, Mass.: Addison–Wesley, 1951.

Eliasson, Gunnar and Green, Christopher, eds., *Microfoundations of Economic Growth: A Schumpeterian Perspective*, Ann Arbor: University of Michigan Press, 1998.

Harris, Seymour, ed., *Schumpeter, Social Scientist*, Cambridge, Mass.: Harvard University Press, 1951.

Hedtke, Ulrich and Swedberg, Richard eds., *Joseph Alois Schumpeter, Briefe/Letters*, Tübingen: J. C. B. Mohr, Paul Siebeck, 2000.

Heertje, Arnold, ed., *Schumpeter's Vision: Capitalism, Socialism and Democracy after 40 Years*, New York: Praeger, 1981.

März, Eduard, *Joseph Schumpeter: Scholar, Teacher and Politician*, New Haven: Yale University Press, 1991.

Medearis, John, *Joseph Schumpeter's Two Theories of Democracy*, Cambridge, Mass.: Harvard University Press, 2001.

Reisman, David, *Schumpeter's Market: Enterprise and Evolution*, Cheltenham, U.K.: Edward Elgar, 2004.

Seidl, Christian, ed., *Lectures on Schumpeterian Economics*, Berlin: Springer–Verlag, 1984.

Shionoya, Yuichi and Perlman, Mark eds., *Schumpeter in the History of Ideas*, Ann Arbor: University of Michigan Press, 1994.

Shionoya, Yuichi, *The Soul of the German Historical School: Methodological Essays on Schmoller, Weber, and Schumpeter*, New York: Springer Science & Business Media, 2005.

Stolper, Wolfgang, *Joseph Alois Schumpeter: The Public Life of a Private Man*, Princeton, N.J.: Princeton University Press, 1994.

Swedberg, Richard ed., *Joseph A. Schumpeter: The Economics and Sociology of Capitalism*, Princeton, N.J.: Princeton University Press, 1991.

Swedberg, Richard, *Schumpeter: A Biography*, Princeton, N.J.: Princeton University Press, 1991.

논문(국내)

김기철, 「企業家의 革新이 經濟發展의 原動力」, 『월간 경영과 마아케팅』, 한국마케팅연구원,

1983(7월호, 제17권 제7호).

김만기, 「슘페터 화폐이론의 성격과 구조에 관한 연구」, 『전문경영인연구』, 한국전문경영인학회, 2002(제5권 제1호).

김호균, 「지식경제의 제도경제학적 정초」, 『경상논총』, 한독경상학회, 2006(제24권 제3호).

박하섭, 「슘페터이론에서의 경제발전과 독과점에 대하여」, 『사회과학논총』, 전주대학교 사회과학연구원, 2006(제21집)

박홍기, 「다산 정약용과 J. A. Schumpeter의 현실 분석과 비전의 문제」, 『정신문화연구』, 한국학중앙연구원, 2008(여름호, 제32권 제2호).

송치웅·오완근, 「제조기업의 연구개발활동과 소비자지향성이 기술혁신에 미치는 영향」, 『기술혁신학회지』, 한국기술혁신학회, 2010(제13권 제1호).

서문기, 「신기술혁신과 장기파동이론」, 『한국사회학』, 한국사회학회, 2003(제37집 6호).

성낙선, 「슘페터, 경제발전 그리고 기업가의 역할」, 『경제학연구』, 한국경제학회, 2005(제53권 제4호).

성태경, 「기업특성과 기술혁신활동: 슘페터적 가설을 중심으로」, 『산업조직연구』, 한국산업조직학회, 2001(제9권 제3호).

신태영, 「제조업 기업의 기술혁신 형태와 결정요인 : 기업규모와 기술혁신」, 『기술혁신학회지』, 한국기술혁신학회, 1999(제2권 제2호).

윤지영·민진영·한세희·이희석, 「개방형 혁신이 산업에 미치는 효과: 슘페터 경쟁하의 전략적 제휴를 중심으로」, 『지식경영연구』, 한국지식경영학회, 2011(제11권 제4호).

윤충한·권지인, 「IT산업과 한국경제; 슘페터가설에 대한 정보통신산업의 실증 분석? 1996-2001년 IT기업의 패널자료(panel data) 분석」, 『정보통신정책연구』, 정보통신정책학회, 2002(제9권 제2호).

이동수, 「기술발전에 따른 산업구조 변화」, 『사회과학연구』, 충북대학교 사회과학연구소, 2010(제27권 제1호).

이상구, 「마르크스서거(逝去) 및 슘페터탄생(誕生) 백과년기념(百過年記念) 특별초청강연순서(特別招請講演順序) : 슘페터의 생애(生涯)와 업적(業績)」, 『한국국제경제학회 동계학술발표논문집』, 한국국제경제학회, 1983.

이종록, 「슘페터의 자본주의관–현대적 관점에서의 비판–」, 『전대논문집』, 전북대학교 상업경제연구소, 1986(제16집).

장만순, 「북방학 정립을 위한 기초 연구 : 슘페터 이론 체계의 가치와 그업적에 관한 고찰 – 북방진출 경제이론 정립을 위한 기초연구 –」, 『한국북방학회논집』, 한국북방학회, 2001(제8집)

탁충습, 「자본주의 경제에 관한 슘페터적(的) 고찰」, 『사회과학연구』, 순천향대학교 사회과학연구소, 2008(제14권 제1호).

논문(국외)

Brouwer, Maria, "Weber, Schumpeter and (Frank) Knight on Entrepreneurship and Economic Development", *Journal of Evolutionary Economics* 12, 2002, pp. 83~105.

Elliott, John, "Schumpeter and the Theory of Capitalist Economic Development", *Journal of Economic Behavior and Organization* 4 (December 1983), pp. 277~308.

Fagerberg, Jan, "Schumpeter and the Revival of Evolutionary Economics: An Appraisal of the Literature", *Journal of Evolutionary Economics* 13, 2003, pp. 125~159.

Faucci, Riccardo and Rodenzo, Veronica, "Did Schumpeter Change His Mind? Notes on Max Weber's Influence on Schumpeter", *History of Economic Ideas* 6, 1998, pp. 27~54.

Giersch, Herbert, "Economic Policies in the Age of Schumpeter", *European Economic Review* 31, February/March 1987, pp. 35~52.

_____, "The Age of Schumpeter", *American Economic Review* 74, May 1984, pp. 103~109.

Gintis, Herbert, "Where Did Schumpeter Go Wrong?", *Challenge* 1, January/February 1991, pp. 27~33.

Heertje, Arnold, "Schumpeter and Methodological Individualism", *Journal of Evolutionary Economics* 14, 2004, pp. 153~156.

King, Robert and Levine, Ross, "Finance and Growth: Schumpeter Might Be Right", *Quarterly Journal of Economics* 108, August 1993, pp. 717~737.

Laumas, P., "Schumpeter's Theory of Economic Development and Underdeveloped Countries", *Quarterly Journal of Economics* 76, November 1962, pp. 653~659.

Madarász, "Schumpeter's *Theory of Economic Development*", *Acta Oeconomica* 25, 1980, pp. 337~367.

Medearis, John, "Schumpeter, the New Deal, and Democracy", *American Political Science Review* 91, December 1997, pp. 819~832.

Messori, Marcello, "The Trials and Misadventures of Schumpeter's Treatise on Money", *History of Political Economy* 29, 1997, pp. 639~673.

Mitchell, W., "Schumpeter and Public Choice, Part I: Precursor to Public Choice?", *Public Choice* 42, 1984, pp. 73~88.

_____, Schumpeter and Public Choice, Part II: Democracy and the Demise of Capitalism: The Missing Chapter in Schumpeter, *Public Choice* 42, 1984, pp. 161~174.

Moura, Mário, "Schumpeter on the Integration of Theory and History", *European*

Journal of the History of Economic Thought 10, Summer 2003, pp. 279~301.

Muller, Jerry, "Capitalism, Socialism, and Irony: Understanding Schumpeter in Context," *Critical Review: An Interdisciplinary Review of Politics and Society* 13, 1999, pp. 239~268.

Prisching, Manfred, "The Limited Rationality of Democracy: Schumpeter as the Founder of Irrational Choice Theory", *Critical Review* 9, 1995, pp. 301~324.

Reinert, Erik, "Schumpeter in the Context of Two Canons of Economic Thought", *Industry and Innovation* 9, April/August 2002, pp. 23~39.

Roover, Raymond, "Joseph Schumpeter and Scholastic Economics", *Kyklos* 10, 57, pp. 115~143.

Rosenberg, J., "Research and Market Share: A Reappraisal of the Schumpeter Hypothesis", *Journal of Industrial Economics* 25, December 1976, pp. 101~112.

Santarelli, Enrico and Pesciarelli, Enzo, "The Emergence of a Vision: The Development of Schumpeter's Theory of Entrepreneurship", *History of Political Economy* 22, Winter 1990, pp. 677~696.

Schneider, Erich, "The Nature of Money: On a Posthumous Publication by Joseph A. Schumpeter", *German Economic Review* 8, 1970, pp. 348~352.

Seidl, Christian, "The Bauer–Schumpeter Controversy on Socialization", *History of Economic Ideas* 2, 1994, pp. 41~69.

Semmel, Bernard, "Schumpeter's Curious Politics", *The Public Interest* 106, Winter 1992, pp. 3~16.

Shah, Parth and Yeager, Leland, "Schumpeter on Monetary Determinacy", *History of Political Economy* 26, 1994, pp. 443~464.

Simpson, D., "Joseph Schumpeter and the Austrian School of Economics", *Journal of Economic Studies* 4, 1983, pp. 15~28.

Solterer, Josef, "*Quadragesimo Anno*: Schumpeter's Alternative to the Omnipotent State", *Review of Social Economy*, March 1951, pp. 12~23.

Wiles, R., "Professor Joseph Schumpeter and Underdevelopment", *Review of Social Economy* 25, September 1967, pp. 196~208.

Winter, Sidney, "Schumpeterian Competition in Alternative Technological Regimes", *Journal of Economic Behavior and Organization* 5, September–December 1984, p. 287.

Wright, David, "Schumpeter and Keynes", *Weltwirtschaftliches Archiv* 65, 1950, p. 195n17.

1883년	오스트리아-헝가리 제국 모라비아 지방의 소도시 트리슈에서 출생(2월 8일).
1887년	아버지가 사냥중 별세.
1893년	어머니 요한나가 육군중장 출신의 지그문트 폰 켈러와 재혼함.
1893년	귀족학교인 테레지아눔에서 수학(~1901년까지).
1901년	빈 대학교 법학부에 진학.
1906년	빈 대학교에서 법학 박사학위 취득 및 졸업.
	베를린 대학교에서 공부하며 정치경제학 세미나도 참여.
	(독일 역사학파의 주요 인물인 슈몰러, 좀바르트 등과 교분을 쌓음)
1907년	영국 성공회 대주교의 딸인 글래디스 시버와 결혼(11월 5일).
1908년	카이로에서 변호사 업무를 잠시 수행.
	교수 자격 청구 논문으로 『이론경제학의 본질과 주요 내용』출간(3월 2일).
1909년	체르노비츠 대학교 조교수로 취임(~1911년까지 재직).
1911년	그라츠 대학교 교수로 취임(~1921년까지 재직).
1912년	『경제 발전의 이론』 출간.
1913년	미국 컬럼비아 대학교 교환 교수로 재직.
	(미국 체류 기간에 하버드 대학교에서 절친한 사이로 지내게 될 타우시그 교수를 만남)
1914년	『학설사와 방법사의 시기들』 출간.
1915년	「사회과학의 과거와 미래」 발표.
1918년	「조세국가의 위기」 발표.
1919년	독일사회화위원회 위원으로 활동.
	「제국주의들의 사회학」 발표.
	오스트리아 재무부장관직 수행(3월~10월).
1921년	비더만 은행장으로 취임(~1924년까지).

1925년	안나(애니) 라이징거와 재혼(11월 5일).
	본 대학교 교수로 취임(~1932년까지).
1926년	어머니 요한나 사망(6월 22일).
	아내 애니 임신중 사망(8월 3일).
	『경제 발전의 이론』 2판 출간.
1927년	하버드 대학교 교환 교수로 재직(~1928년까지).
1928년	「사회구조의 경향」, 「동일한 인종 환경에서의 사회계급」 발표.
	「자본주의의 불안정성」 발표.
1930년	「세계 경제의 변화」 발표.
1931년	도쿄 대학교, 히토쓰바시 대학교, 고베 대학교에서 강연.
1932년	하버드 대학교 교수로 정식 취임(~1950년까지 재직).
1935년	『화폐의 본질』 탈고(슘페터 사후, 1970년에 출간).
1937년	엘리자베스 부디와 결혼.
1939년	『경기순환론』 출간.
1941년	미국계량경제학회 회장으로 취임.
1942년	연인이었던 미아 슈퇴켈 나치군의 총살로 사망.
	『자본주의·사회주의·민주주의』 출간.
1943년	『경제 분석의 역사』 집필(슘페터 사후, 아내 엘리자베스를 통해 1954년에 출간).
1948년	미국경제학회 회장으로 취임.
1949년	국제경제학회 회장으로 취임.
1950년	사망(1월 7~8일)
1951년	『10대 경제학자』 출간.
1986년	국제슘페터학회 창립.

굴드, 제이슨 Gould, Jason Jay(1836~1892)

미국 철도회사 경영자·금융업자·주식투자가. 금융 조작의 귀재로 알려지기도 한 그는, 1869년 금 투자로 이른바 '암흑의 금요일(9월 24일)'로 일컬어지는 공황의 원인을 제공해 기소되었다. 1872년 2500만 달러라는 대자본으로 유니언퍼시픽 철도회사를 매입해 1874년 운영권을 획득했고 1881년까지 미국 전체 철도의 15퍼센트에 해당되는 2만 5000킬로미터의 철도를 점유, 미국의 철도 황제 가운데 한 사람으로 군림했다.

나이서, 한스 Neisser, Hans(1895~1975)

독일 경제학자. 바이마르 공화국의 경제 고문을 비롯해 정부 산하 다양한 경제위원회에서 활동했다. 독일의 주요 경제 주간지인 『비르차프트』의 편집을 맡았으며, 1927년 킬 대학교에서 교수를 맡음과 동시에 세계경제를 위한 연구소에서 일하기도 했다. 1933년부터 1934년까지 펜실베이니아대에서 통화 이론 분야 교수로 지냈다. 유대인 출신 교수는 그가 처음이었다. 나이서는 슘페터의 『경기순환론』을 두고, 이 책이 슘페터 한 사람을 통해 쓰였다는 사실에 무척 놀라워했다.

나이트, 프랭크 Knight, Frank Hyneman(1885~1972)

미국 경제학자·사회철학자. 순수이론경제학의 수립자이자 시카고학파의 창시자 가운데 한 사람이다. 많은 저작 가운데 『경제 조직』이라는 소책자가 큰 영향을 끼쳤다. 슘페터의 『경제분석의 역사』에 대해 극찬을 보낸 반면, 케인스의 『일반 이론』에 대해 신랄하게 비판했다.

넬슨, 도널드 Nelson, Donald Marr(1888~1959)

미국 기업가. 미국 생산관리국의 감독으로 있기 전에 시어스 로벅 사의 부회장을 지냈다. 1942년부터 1944년까지 전시생산국의 국장으로 활약했으며 1945년부터 1947년까진 독립영화제작자협회 회장으로 일했다.

데글러, 칼 Degler, Carl Neumann(1921~)

미국 역사가. 미국역사가위원회 회장을 지냈으며, 스탠퍼드대 미국사 담당 명예 교수로 있다. 1972년에 브라질과 미국의 노예 및 인종 간의 관계를 살펴본 『흑도 백도 아닌』으로 퓰리처상 역사 부문을 받았다.

라마슈, 하인리히 Lammasch, Heinrich(1853~1920)

오스트리아 법학자. 범죄와 국제법 분야를 교수를 지냈다. 헤이그 중재재판소 구성원 중 한 사람으로 세계적인 명성의 헌법 전문 변호사였다. 라마슈는 오스트리아-헝가리 제국의 유일한 비귀족 출신 수상이기도 했다.

랑에, 오스카 Lange, Oscar(1904~1965)

폴란드 경제학자. 화폐효용이라는 개념을 도입해 고전경제학파와 케인스학파의 체계를 일반 균형 이론의 입장에서 종합해낸 『가격 신축성과 고용』으로 높이 평가받았다. 슘페터가 하버드대로 임용을 요청한 교수 가운데 한 사람이었다.

러너, 아바 Lerner, Abba Ptachya(1903~1982)

미국 경제학자(영국 태생). 이자, 독점, 국제경제학 분야에서 많이 기여했다. 1933년 힉스, 스위지 등과 함께 『리뷰 오브 이코노믹 스터디스』를 창간했으며, 제2차 대전 뒤 이스라엘 정부의 경제 고문을 지냈다. 주저 『고용의 경제학』은 완전고용, 물가안정, 최적성장을 고려한 신축적인 화폐 및 재정 이론과 정책을 기능적 재정으로 분석한 케인스 경제학의 전개였다. 이 책을 통해 잦은 논쟁이 펼쳐졌다. 슘페터가 하버드대 재직시 토론을 즐긴 젊은 연구자 가운데 한 사람이었다.

레더러, 에밀 Lederer, Emil(1882~1939)

독일 경제학자·사회학자. 뉴욕대 내 사회 연구를 위한 뉴스쿨에 망명 대학교를 세우는 일을 도왔다. 우수한 경제학자였지만 당파성이 강한 사회주의자이기도 했다. 1919년 슘페터와 함께 빈에 있던 독일사회화위원회에서 일했다. 일본, 독일, 미국 등지에서 매우 명망 있는 학자였다.

레들리히, 요제프 Redlich, Joseph(1869~1936)

오스트리아 헌법 전문 변호사·정치인. 그는 법 교육의 권위자로 윌리엄스타운에 있는 정치학협회와 하버드대에 강연 요청을 받기도 했다. 그러나 1931년 오스트리아가 처한 재정 위기를 해결하고자 두 번째 통상부장관직을 맡으러 귀국했다. 라마슈 내각 당시, 통상부장관직을 놓고 슘페터와 경쟁을 벌였다.

레온티예프, 바실리 Leontiev, Wassily(1906~1999)

미국 경제학자(러시아 태생). 계량경제학 분야인 산업연관론, 투입산출 분석, 다부문 분석 등으로 불리고 있는 산업 부문 분석을 새로 만들었다. 슘페터가 동료 가운데 가장 명석한 사람이라고 칭송했으며, 슘페터와 가장 잘 어울렸던 노벨경제학상 수상자 출신 친구 가운데 한 사람이었다. 1973년에 노벨경제학상을 받았다.

로더, 에스티 Lauder, Estée(1908~2004)

세계적인 화장품기업 '에스티 로더'의 창업자. 어려서부터 피부 미용에 관심이 많았던 로더는 일찍이 화학자인 삼촌이 만든 미용 크림을 미용실 등에 팔러다니면서 화장품과 인연을 맺었다. 그 뒤 자신이 직접 만든 화장품을 미용실 손님들에게 나눠주며 고객을 확보했고, 화장품이 인기를 얻자 1946년 남편 조지프와 함께 자신의 이름을 딴 화장품회사를 차리게 된다. 1948년부터는 뉴욕 백화점에 제품을 납품해 고급 브랜드의 이미지를 굳혔고, 업계 최초로 무료 샘플과 고급 매장 전략을 실시해 명성을 쌓아나갔다. 1998년 미국 시사주간지 『타임』은 로더를 "20세기의 가장 영향력 있는 천재 경영인 20명" 가운데 한 사람으로 선정했다. 국내에 자전적 에세이 『에스티 로더: 향기를 닮은 여자』(어문각, 2001)가 나와 있다.

로버트슨, 데니스 Robertson, Sir Dennis Holme(1890~1963)

영국 경제학자. 영국 경제학계의 중진으로 피구, 케인스와 함께 케임브리지학파의 거두였다. 스물다섯 살에 낸 『경기변동론』은 이론적 분석의 투철함과 자료의 풍부함 때문에 경기의 실물 분석으로 최고의 책이라는 평가를 오늘날까지도 받고 있다. 케인스의 『일반 이론』이 나왔을 때 좋은 평가를 내리지 않았다.

로빈스, 리오넬 Robbins, Lionel Charles(1898~1984)

영국 경제학자. 케인스에 반대해 자유무역과 불황시에 공공지출을 삭감하는 정책을 옹호했으며, 1930년 경제학자 위원회에서 케인스와 정면으로 맞닥뜨렸다. 학술지 『쿼털리 저널 오브 이코노믹스』에 슘페터의 저작 『경제 분석의 역사』에 관한 23쪽짜리 비평을 쓰기도 했다.

로빈슨, 조앤 Robinson, Joan Violet(1903~1983)

영국 경제학자. 완전경쟁과 완전독점의 이원론적 가정을 극복해, 독점 아래 경쟁의 이론화를 시도한 불완전경쟁 이론을 확립했다. 이를 통해 케인스 이론의 장기화를 목표로 한 고용 이론을 전개한 로빈슨은 케인스학파의 일원으로 관련 이론의 보급과 확충에 노력했다. 전쟁 뒤에는 마르크스경제학 분야에도 진출해 자신의 적극적 주장을 체계화시켜나갔다. 슘페터의 『자본주의·사회주의·민주주의』를 두고 "현 시대의 우파, 좌파, 중도에 관한 정설을 담은 가치 있는 책"이라 평가했다.

로젠베르크, 한스 Rosenberg, Hans(1904~1988)

독일 역사학자. 전후기 독일 학자들이 '근대 사회사의 아버지'로 따를 정도로 후학들에게 많은 영향을 끼쳤다. 슘페터의 『경기순환론』을 두고 "이 책은 단순히 읽는 책이 아니라 공부해야 하는 책"이라는 극찬을 남겼다. 1979년에 독일 정부가 민간인에게 주는 최고의 훈장인 독일연방공화국훈장을 받았다.

뢰베, 아돌프Löwe, Adolph(1893~1995)

미국 경제학자(독일 태생). 1930~1940년대 초반 미국으로 이주했던 가장 뛰어난 유대인출신 지식인 가운데 한 사람이었으며 카를 만하임, 파울 틸리히와 함께 히틀러가 지목한 가장 위험한 지식인 명단에 이름을 올리기도 했다.

뢰슈, 아우구스트Lösch, August(1906~1945)

독일 경제학자. 1934~1935년, 1936~1938년 두 차례에 걸쳐 록펠러재단 연구원으로 미국에서 공부했으며 이 기간에 이론적·실증적 연구를 종합, 정리해 『경제의 공간적 질서』라는 책을 냈다. 1940년 이후 킬국제경제연구소에서 일했으나 나치에 반대한다는 이유로 어려운 생활을 보냈다. 슘페터의 제자 가운데 한 사람이었다.

마셜, 앨프리드 Marshall, Alfred(1842~1924)

영국 경제학자. 신고전경제학파의 창시자로 수학의 경제학적 응용 및 가치론상의 중요한 이론을 세웠다. 주저 『경제학 원리』는 영국 각 대학교에서 반세기 이상에 걸쳐 교과서로 쓰였다. 그는 영국 경제학계의 지도자 및 각종 왕립위원회 위원으로 활약하며 정책상으로도 크게 기여했다. 슘페터는 여행중 만난 마셜과 아침식사를 했는데 경제학이 경제학 자체를 위한 공부여야 하는지(슘페터의 입장), 아니면 전문가가 상인이나 공무원에게 지침을 줄 수 있는 형태가 되어야 하는지(마셜의 입장)을 놓고 토론을 벌이기도 했다. 슘페터와 케인스 둘 다 그를 경제학계의 대단한 거물로 생각했지만 오만불손하고 교만하며(슘페터), 꽤 답답한 사람(케인스)으로 평하기도 했다.

매클럽, 프리츠 Machlup, Fritz(1902~1983)

미국 경제학자(오스트리아 태생). 1933~1935년 록펠러재단의 연구원으로 일했으며, 1935년 하버드대 초빙 강사, 존스홉킨스대 경제학 교수, 코넬대 초빙 교수 등으로 있었다. 1940년 미국으로 귀화해 1966년 미국경제학회 회장을 지냈으며 영국경제학회, 계량경제학회 회원이기도 했다. 슘페터와 절친한 사이였으며 『자본주의·사회주의·민주주의』를 두고 "유쾌하고 아이러니한 로코코 양식" 같다는 평가를 남겼다.

메이슨, 에드워드 Mason, Edward Sagendorph(1895~1988)

미국 경제학자·교육자. 하버드대에서 무려 46년간이나 학생들을 가르쳤으며 학장을 지냈다.

그는 특히 개발도상국의 중간급 관리를 위한 연구 프로그램을 조직했으며 나중에 이 프로그램은 그를 기리기 위해 '에드워드 메이슨 프로그램'으로 불리게 되었다. 오랫동안 세계은행의 자문 역할을 맡기도 했다. 슘페터가 '내부 서클'이라고 즐겨 부른 재능 있는 6명의 경제학자 가운데 한 사람이었다.

멩거, 카를Menger, Carl von(1840~1921)

오스트리아 경제학자. 오스트리아학파의 시조이자 한계효용설의 제창자 가운데 한 사람이다. 주저인 『국민경제학 원리』를 통해 각자의 재화에 대한 주관적 평가를 분석하는 것을 출발점으로 가격, 가치, 교환, 화폐 등의 현상을 해명하고 종래의 고전경제학파 이론을 과학적으로 구명하고자 노력했다. 슘페터의 연구 틀에 많은 영향을 준 인물이었다.

모건, 존(혹은 모건, J. P.)Morgan, John Pierpont(1837~1913)

미국 금융자본가. 독일 괴팅겐 대학교에서 수학 뒤, 금융업에 관계하여 모건 회사를 세웠다. 철도 사업에도 진출해 북대서양 철도회사(1901)를 비롯해 12곳의 철도회사를 지배했고 광대한 철도 왕국을 건설했다. 경제공황기를 틈타 정부와 각종 산업상의 융자를 통해 금융 지배력을 더욱 키웠고 철도 분야 외에도 광업, 해운, 통신, 은행, 보험까지 지배 영역을 넓혔다. 메트로폴리탄 미술관은 그의 수집품을 기초로 세워진 것이며 만년에 그는 교회, 학교, 미술관, 자선 사업 등을 대상으로 기부활동을 펼쳐나갔다.

모르겐슈테른, 오스카Morgenstern, Oscar(1902~1977)

미국 경제학자(독일 태생). 빈 대학교에서 이론경제학을 연구했으며, 1935년에 같은 대학교 교수가 되었다. 특히 노이만과 함께 쓴 『게임 이론과 경제 행위』에서 그는 경제학적 측면을 담당했으며, 특히 국제무역정책 관련 이론에 큰 성과를 올렸다고 평가받고 있다. 슘페터가 좋아했던 젊은 연구자 가운데 한 사람이었다.

모리슨, 새뮤얼Morrison, Samuel Eliot(1887~1976)

미국 역사가·제독. 권위 있고 재미있는 해양사 연구로 정평이 난 인물이었다. 하버드대에서 40년간 가르쳤다. 크리스토퍼 콜럼버스와 존 폴 존스의 생애를 다룬 『대양의 제독』으로 퓰리처상을 받았다.

모리타 아키오盛田昭夫(1921~1999)

유명 전자제품 제조업체 '소니'의 창립자. 공동 설립자인 이부카와 함께 소니사의 전신인 도쿄통신공업을 세운 뒤 12년 후 소니로 회사명을 바꾸고 전 세계적인 인기를 구가하는 텔레비전, 비디오, 워크맨 시리즈 등을 만들어냈다. 소니의 미국 시장 진출을 위해 가족과 함께 미국으로 이주해 시장 개척을 직접 지휘하기도 했으며, 소니 설립취지서에 그가 직접 넣은 "기술의 힘으로 조국 부흥에 이바지한다"는 지금도 '소니의 정신'으로 불린다. 국내에 자전 에세이 『나는 어떻게 미래를 지배했는가』(황금가지, 2001)가 나와 있다.

미제스, 루트비히 Mises, Ludwig Edler von(1881~1973)
미국 경제학자(오스트리아 태생). 빈학파(혹은 신오스트리아학파)의 선구자로 1946년에 미국으로 귀하해 1945년부터 맡아온 뉴욕 대학교 교수직을 계속 수행하면서, 화폐가 금 가치의 대용임을 한계 효용설의 입장에서 해명하고, 은행의 자의적인 신용창조가 경기변동을 낳는다고 주장했다. 그는 또한 사회주의경제는 가격이라는 계산 기준이 없기 때문에 운영이 불가능하다고 주장하기도 했다.

미첼, 웨슬리 Mitchell, Wesley Clair(1874~1976)
미국 경제학자. 미국경제학회, 미국통계학회, 미국계량경제학회 회장을 지냈으며, 화폐수준과 물가수준의 관계 연구를 비롯해 특히 미국지폐사에 관한 주목할 만한 연구를 남겼다. 무엇보다 미첼을 유명하게 만들어준 연구는 경기순환의 통계적 연구로, 경기순환이 단순한 총체적 활동의 변동이 아니라 경제 전반에 걸쳐 널리 확산되어 있으며 이러한 현상은 균형 상태로부터의 우발적인 괴리에서 오는 것이 아니라 경제 기구 자체의 자생적 변화라고 주장했다. 소스타인 베블런과 함께 제도학파를 이끈 중요한 한 사람이었던 미첼은, 나치 정권이 유대인, 사회주의자, 공산주의자 출신 학자들을 탄압할 때 슘페터와 함께 그들을 구명하기 위한 운동에 앞장섰다.

바우어, 오토 Bauer, Otto(1881~1938)
오스트리아 정치가. 오스트리아 마르크스주의의 이론적 지도자였으며, 1918~1919년 외무부장관으로 있으면서 독일-오스트리아 간 합병을 주장했다. 1934년 빈 봉기(이른바 2월 사건)에 실패해 자신이 속한 독일사회민주당 내 활동이 금지되자, 체코슬로바키아 브르노에 사회민주당 망명 조직을 지도하다가 프랑스로 망명, 파리에서 죽었다.

바이너, 제이컵 Viner, Jacob(1892~1970)
미국 경제학자(캐나다 태생). 시카고학파의 일원이었다. 가격과 무역에 관한 대표적인 이론가였으며, 경제 사상 분야에서 최고의 역사가로 평가받고 있다. 슘페터의 『경제 분석의 역사』가 나온 뒤, 엄청난 경외심을 표했다.

발라, 마리(혹은 발라, 레옹) Walras, Marie Esprit Léon(1834~1910)
프랑스 경제학자. 수학과 경제학을 접목해 수요·공급이 폭넓게 균형을 찾아간다는 일반균형론을 만들어냈으며, 슘페터는 이 이론을 '경제학의 마그나카르타'라고 극찬했고 발라를 '경제학의 뉴턴'이라고 불렀다. 『순수경제학 원리』(1874~1877)에서 멩거, 제번스와 함께 한계효용설을 제창한 그는 근대경제학의 시조로 평가받고 있다.

보데, 카를 Bode, Carl(1912~1993)

미국 문학·문화의 권위자. 멩켄, 소로, 에머슨을 다룬 내용을 포함해 30권 이상의 책을 쓰고 편집했다. 볼티모어에 멩켄 박물관이 세워질 수 있도록 이끌었으며, 40년 가까이 영미 연구에 전념했다. 기존에 남성만이 들어갈 수 있었던 사교 클럽인 코스모스 클럽에 여성이 멤버십을 얻을 수 있도록 노력했다. 슘페터는 나치 정권의 폭압으로 보데가 힘들어 할 당시 미국가톨릭대 교수로 일할 수 있게 힘썼다.

뵘바베르크, 오이겐Böhm-Bawerk, Eugen von(1851~1914)

오스트리아 경제학자. 오스트리아학파를 대표하는 학자였다. 멩거의 뒤를 이어 오스트리아학파의 기초 확립에 기여했다. 1884년부터 1889년에 걸쳐 발표된 『자본 및 자본이자』는 그의 대표작으로 제1권은 자본 이론에 관한 종래의 학설을 해명·비판하고, 제2권은 적극적으로 자신의 학설을 주장했다. 이 책에서 그는 우회 생산의 정도에 따른 사회의 자본량을 생각하고, 그것이 일정한 한도에서 결정되기 위한 이자·임금 등의 조건을 밝혔다.

분데를리히, 프리다 Wunderlich, Frieda(1884~1965)

독일 사회학자·경제학자. 독일 민주당 정치인으로도 활동했다. 여성 평등을 위한 운동에 깊이 관여해왔다. 슘페터는 나치 정권 당시, 유대인 여성 출신이라는 이유로 핍박받았던 그녀가 다시 교수직을 얻을 수 있도록 스미스 칼리지와 브린마워대에 편지를 보냈다.

브랜슨, 리처드 Branson, Sir Richard Charles Nicholas(1950~)

영국 기업인·세계적인 유명 기업 '버진 그룹'의 총수. 1970년에 음반사 버진 레코드를 세워 섹스 피스톨스, 컬처 클럽, 마이크 올드필드 등 인기 뮤지션이 속한 영국을 대표하는 음반사로 키웠다. 아울러 항공산업에도 진출해 1984년 버진 애틀랜틱 항공사를 세웠고 세계 최초의 이코노미 클래스에 시트 내장 텔레비전 도입, 기내 안 마사지 서비스, 등받이가 완전히 펼쳐지는 비즈니스 클래스 도입, 초대형 항공기 A380-800 도입 등 혁신적인 서비스를 계속 고안, 제공했다. 그는 비행기의 무착륙 세계 일주 비행과 우주여행 모험에도 적극적으로 참여했으며, 특히 1991년 열린 태평양 횡단 도전 당시 자신이 직접 탑승자로 참여하기도 했다. 국내에 자전적 에세이 『발칙한 일 창조 전략: 상상과 열정, 재미가 만나 이루는 독특한 시너지 효과』(황금부엉이, 2010), 『리처드 브랜슨 비즈니스 발가벗기기』(리더스북, 2010), 『내가 상상하면 현실이 된다: 괴짜 CEO 리처드 브랜슨의 도전과 창조』(리더스북, 2007) 등이 나와 있다.

비저, 프리드리히 Wieser, Friedrich von(1851~1926)

오스트리아 사회학자·경제학자. 오스트리아학파의 시조인 멩거의 후계자로 뵘바베르크와 함께 오스트리아학파의 대표적 인물로 활약했다. 제1차 대전중 상무부장관을 역임하기도 했다. 시장가치가 인간의 주관적 인식에 따라 결정된다는 멩거의 '주관가치설'을 계승해, 뵘바베르크와 함께 '한계효용설'의 보급과 발전에 힘을 쏟았다. 주요 저서로 『경제 가치의 기원과 주요 법칙』『자연가치론』 등이 있다. 슘페터는 비저가 자신이 생각하는 경제학에 가장 가까이 있는 학자라고 생각했다.

빅셀, 요한 Wicksell, Johan Gustaf Knut(1851~1926)
스웨덴 경제학자. 자본의 수익력을 나타내는 자연 이자와 현실의 금리가 일치하지 않는 비정상 상태가 가격의 변동을 초래한다는 경제의 동태 과정 분석으로 유명하다. 주저『화폐 이자와 재무가격』은 기존의 단순한 화폐수량설을 극복하고 화폐가치 또는 수량의 변화와 경제활동 전반, 특히 저축과 투자와의 동학적 관계를 분명히 밝힌 획기적인 연구로 평가받았으며, 이후 근대 화폐 이론의 출발점이란 지위를 얻게 되었다.

새뮤얼슨, 폴 Samuelson, Paul Anthony(1915~2009)
미국 경제학자. '현대 경제학의 아버지'라 불린다. 미국경제학회·계량경제학회 회장을 지냈으며 케네디 정부 시절 케네디 대통령의 경제 브레인으로 활약했다. 그의 이론적 입장은 거시적인 케인스 이론과 고전적인 미시 이론을 종합한 신고전경제학파의 결합적 이론이었다. 주저인『경제 분석의 기초』를 통해 각 경제주체가 효용이나 이윤의 극대화를 추구해 행동한다는 전제 아래, 여러 이론적 명제를 연역해 시장의 균형이 어떠한 조건하에 안정적인가를 살폈다. 1930년대 말부터 1960년대까지 경제학 분야의 최고 권위자로 추앙받으면서 전 세계 경제학계에 많은 영향을 미쳤다.

셀리그먼, 에드윈 Seligman, Edwin Robert Anderson(1861~1939)
미국 경제학자·재정학자. 공공 재정의 전문가이자 경제사상사의 권위자로, 조세 이론 분야에 큰 업적을 남겼다. 자신의 이름을 딴『셀리그먼사회과학백과사전』(총 15권)의 편집 주간으로도 유명하다. 셀리그먼은 슘페터가 컬럼비아대 교환교수로 재직할 당시 직접 참여한 강연을 인상 깊이 보고 슘페터의 강의가 경제학 이론에만 국한된 것이 아니라 사회학·심리학과의 밀접한 관계 속에서 이뤄지고 있다는 내용의 보고서를 썼다.

소로킨, 피티림 Sorokin, Pitirim Alexandrovich(1889~1968)
미국 사회학자(러시아 태생). 1917년 페테르부르크대 최초의 사회학 교수. 학생 시절부터 정치에 관심이 많아 케렌스키 내각의 각료, 러시아 공화국회의 및 헌법회의 위원을 지냈다. 이른바 11월 혁명 뒤 케렌스키파라고 하여 사형선고를 받았으나, 구명운동으로 1923년 국외추방령에 따라 미국으로 건너갔고 1930년에 귀화했다. 이후 미네소타대, 하버드대에서의 교수생활을 통해 미국 사회학계의 거두로 자리잡았다. 그의 사회학은 농촌사회학을 비롯해 러시아혁명의 체험에 따른 사회문화변동론 같은 주제를 비롯해 종합적인 사회학이라는 구상을 구체화시켜나갔다.

슈나이더, 에리히 Schneider, Erich(1900~1970)

독일 이론경제학자. 독일의 대표적인 근대경제학 입문서인 『경제 이론 입문』의 저자다. 쌍방독점, 복점 등의 독과점 이론과 일반균형론에 의한 생산설 등을 연구했다. 슘페터의 제자 가운데 한 사람으로, 그는 유명한 경제학자가 된 뒤 슘페터를 다시 찾았을 때 슘페터를 강아지처럼 따라다녔을 정도로 슘페터를 특별히 생각했다고 한다.

슈몰러, 구스타프 Schmoller, Gustav von(1838~1917)

독일 경제학자. 독일 역사학파의 거두로 경제학이 자연과학과 정신과학의 중간 지점에 위치한다는 견해 아래, 경제학에 윤리적 개념을 도입한 신역사학파를 일으켰다. 슘페터는 슈몰러가 베버와 함께 당시 새로운 학문 분야였던 경제사회학을 향한 단초를 제시했다고 생각했다.

슈톨퍼, 구스타프 Stolper, Gustav Von(1888~1947)

오스트리아 경제학자·경제 저널리스트. 슘페터가 비더만 은행에서 어려운 일을 당하고 힘들어 할 때 그가 학문사회로 다시 돌아올 수 있도록 애썼던 친구였다. 슘페터와 많은 편지를 주고받으면서 마음을 터놓고 지낸 사이였다.

슈피트호프, 아르투어 Spiethoff, Arthur August Caspar(1873~1957)

독일 경제학자. 자본주의사회에서의 경기변동에 관한 실증 연구에 주력했다. 슈피트호프는 경기변동이 화폐적 현상이라기보다는 자본재산업의 운동에 따른 것이라고 봤다. 그는 특히 호황시 투자 기회가 늘어나는 것을 통해 자본재산업의 원재료 부문과 고정자본 부문이 서로 수요를 파급, 자극해 불균형 상태가 나타나고, 이것이 곧 노동력과 소비재 부족을 초래해 호황이 무너진다고 주장했다. 슘페터가 비더만 은행에서 어려운 일을 겪고 방황할 때 그가 학문의 길을 갈 수 있도록 도와준 친구 가운데 한 사람이었다.

슐레진저 2세, 아서 Schlesinger Jr., Arthur Meier(1917~2007)

미국 역사학자. 1939~1942년 하버드대 특별연구원, 1942~1943년 국방성 전시정보국, 1943~1945년 전시전략국에서 일했으며 1946~1961년까지 하버드대 교수를 지냈다. 그 뒤 케네디 대통령의 특별보좌관을 거쳐 1966년 뉴욕시립대 교수로 일했다. 1946년, 1966년 각각 역사학 부문과 전기 부문으로 퓰리처상을 받았으며 국내외 여러 대학에서 명예 법학 박사, 문학 박사학위를 받았다. 진보적인 정치관을 가진 그는 '민주적 행동을 위한 미국인'이란 모임을 만들기도 했다.

슐츠, 헨리 Schultz, Henry(1893~1938)

미국 경제학자(폴란드 태생). 수학, 통계학을 경제 분석에 적용해 계량경제학에서 선구적인 업적을 이뤘다. 주저 『수요에 관한 이론과 계측』은 수요 이론이나 통계 분석 발전에 큰 영향을 끼쳤다. 슘페터가 하버드대 경제학부 재직시 경제학부 안에 수학을 가르칠 필요성을 알리려 할 때 조언을 부탁했던 사람이었다.

스위지, 폴Sweezy, Paul Malor(1910~2004)
미국 경제학자. 주저인 『자본주의 발전의 이론』으로 마르크스주의자로서의 이론적 체계를 확립했다. 슘페터가 아꼈던 제자 가운데 한 사람이었다.

스위프트, 구스타브Swift, Gustavus Franklin(1839~1903)
미국 기업가. 19세기 고기 도축업을 지배했던 인물이었다. 냉동 철도차량을 통해 고기가 신선하게 운송될 수 있는 체계를 개발했으며 이를 통한 값싼 고기의 시대를 연 주역이자 근대적 식품산업의 공로자로 인정받고 있다.

스즈키 도시후미鈴木敏文(1932~)
세븐 일레븐 창립자. 인사 책임자로 근무하던 1973년, 주위의 맹렬한 반대를 무릅쓰고 사내 벤처로 '세븐 일레븐 재팬'을 설립한 뒤 상식 파괴와 발상의 전환으로 세븐 일레븐을 일본 소매업 부문 최고 기업으로 성장시켰다. 국내에 자전적 에세이 『도전하지 않으려면 일하지 마라』(서돌, 2009), 도시후미가 매주 한 번씩 열었던 회의에서 한 발언을 모아놓은 『장사의 원점』『장사의 창조』 등이 나와 있다.

스테티니어스 2세, 에드워드Stettinius Jr., Edward Reilly(1900~1949)
미국 정치인·기업가. 루스벨트, 트루먼 대통령 재임 기간에 국무부장관을 지냈다. US 스틸을 비롯한 다양한 기업에서 주요 경영 보직을 수행했다. 다이아몬드 매치 사의 회장이었으며, 제1차 대전 동안 영국과 프랑스에 군수품을 판매하는 부서를 J.P.모건 은행에 세우기도 했다. 제너럴 모터스의 창고 담당자로 일하기도 했던 그는 실업자들의 구제 프로그램을 제너럴 모터스 안에 만들었다.

아넬리, 조반니Agnelli, Giovanni(1921~2003)
이탈리아 기업가. 그룹의 경영에는 크게 관여하지 않으면서도 가장 강력한 영향력을 행사했던 인물로 세계적인 기업인인 동시에 자동차 기업 피아트를 통해 자동차 업계의 대형 인물로 군림했었다.

어셔, 애벗Usher, Abbott Payson(1883~1965)
미국 경제사학자. 특히 산업사·기술사 분야에 관심이 많았으며 기술혁신을 통한 산업발전의 구조를 고찰하는 데 힘썼다. 그의 업적을 기리기 위해 1961년 애벗어셔상이 만들어졌다.

에지워스, 프랜시스Edgeworth, Francis Ysidro(1845~1926)
영국 경제학자·통계학자. 수학을 경제학에 응용한 선구자다. 지수론을 비롯해 효용 측정의 문제, 경제 균형의 대수적 표와 그 문제 등 여러 업적을 남겼다. 『이코노믹 저널』의 초대 편집장이었다.

영, 아서Young, Arthur(1741~1820)

영국 농업경제학자. 18세기 말 농업혁명기에 영국, 프랑스 각지의 농업 사정을 시찰하고 여행기 등의 저서를 출간해 명성을 얻었다. 특히 농업 근대화의 본질을 포착해 농업 기술의 개선과 새로운 경영 방식의 보급에 힘썼다. 주저 『농민의 연중행사』 『아일랜드 여행』 『프랑스 여행』 등은 농촌에 관한 귀중한 사료로 오늘날에도 널리 쓰이고 있다.

오피, 레드버스Opie, Redvers(1900~1984)

영국 경제학자. 슘페터의 『경제 발전의 이론』을 영어판으로 번역한 일로 유명해졌다. 1939~1946년 영국 대사관 참사관, 경제 자문관을 지냈으며, 케인스에게 워싱턴에 떠도는 소문을 공급한 사람이기도 했다.

월턴, 샘Walton, Sam Moore(1918~1992)

세계 최대의 유통 기업 월마트를 설립한 미국의 기업가. 1998년 『타임』이 뽑은 '20세기 가장 영향력 있는 인물 100인'에 선정되었으며, 헨리 포드 이후 세계에 가장 큰 영향력을 미친 경영자로 불리고 있다. 국내에 『샘 월튼: 불황없는 소비를 창조하라』(21세기북스, 2008), 『샘 월튼』(우리시대사, 2001) 등의 자전적 에세이가 나와 있다.

윅스티드, 필립Wicksteed, Philip Henry(1844~1927)

영국 수리경제학자. 런던의 유니버시티 칼리지를 졸업한 뒤 아버지의 업을 이어 목회자 활동을 하면서 유니테리언파 지도자가 되었다. 1897년 이후 관심사였던 경제학 관련 책 집필에 몰두했다. 주저 『정치경제학의 상식』은 근대경제학파 최고의 경제철학서로 평가받고 있다.

이스트먼, 조지Eastman, George(1854~1932)

미국 발명가·사진업자. 로체스터의 공립학교를 졸업한 뒤 보험회사 및 은행 등에서 일했으나 이후 사진 건판을 발명하고 1880년 로체스터에 공장을 세워 본격적인 사진 관련 업무를 했다. 1884년 롤 필름의 제작에 성공한 그는 1888년 코닥 카메라를 고안했고 이후 이스트먼 코닥 사를 설립해 사진 대중화에 기여했다. 미국의 대표적인 자선가였던 이스트먼은 자기 재산의 대부분을 로체스터대와 매사추세츠공대에 기부했다.

제번스, 윌리엄Jevons, William Stanley(1835~1882)

영국 경제학자·논리학자. 대표작인 『정치경제학 이론』(1871)을 통해 고전경제학파의 이론을 예리하게 비판했으며, 멩거, 발라와 함께 한계효용 이론을 창시했다. 태양 흑점의 수와 크기가 경기에 변동을 가져오고 그에 따른 농산물의 풍작과 흉작이 경기변동을 가져온다는 '경기변동에 관한 태양흑점설'의 제창자였다. 케인스가 쓴 에세이 『인물 평전』의 주인공 가운데 한 사람이기도 했다. 제번스는 평소 경제학에 수학이 필요하다고 강하게 주장했는데, 슘페터는 그의 견해를 존중했다.

존슨, 앨빈 Johnson, Alvin Saunders(1874~1971)
미국 경제학자. 뉴스쿨의 공동 창립자였다. 『폴리티컬 사이언스 쿼털리』의 보조 편집자였으며, 『뉴 리퍼블릭』의 편집자이기도 했다. 존슨은 나치가 정권을 잡던 시절, 수많은 유럽 학자를 도왔다.

존슨, 해리 Johnson, Harry Gordon(1923~1977)
캐나다 경제학자. 국제무역과 국제 재정 전문가였다. 그는 세계 여러 대학교를 돌아다니는 것을 즐겼으며 특히 캐나다와 아시아 지역 대학교에 관심이 많았다. 슘페터의 제자였던 그는 리카도의 『정치경제학과 조세의 원리에 대하여』에서 오류를 발견했고, 이를 눈여겨본 슘페터는 그가 이를 다룬 논문을 쓰도록 도왔다.

좀바르트, 베르너 Sombart, Werner(1863~1941)
독일 역사경제학자. 베를린대에서 경제학을 공부했고 슈몰러, 마르크스의 영향을 받았다. 베버와 함께 잡지 『사회과학·사회정책』을 발간해 경제 이론과 역사의 종합을 꾀했다. 경제체제의 개념을 수립해 경제와 사회의 전체적인 파악을 시도했으며, 베버의 금욕설과는 대조적인 해방설로 모험적 기업가정신을 중요하게 생각했다. 1909년 독일사회학회의 창설 멤버이기도 하다.

쥐글라, 조제프 Juglar, Joseph Clément(1819~1905)
프랑스 의사·경제학자. 쥐글라는 미국, 영국, 프랑스 등에서 주기적으로 나타나는 경기파동을 관찰했고 그 순환엔 대개 6~10년이 걸린다는 사실을 알아냈다. 그는 경기를 순환하게 만드는 여러 변수 가운데 가장 핵심적인 요소는 '설비투자'라고 보았다. 그는 이를 바탕으로 금리, 인플레, 차입금 등을 분석해 순환모델을 만들었다. 그 때문에 '쥐글라파동'은 '설비투자 사이클'이라고 불렸다. 실제 그가 이 순환이론을 발표한 1860년대의 설비투자는 규칙적으로 6~10년의 사이클을 나타냈다. "불황의 유일한 원인은 번영이다"라는 유명한 말을 남겼다.

체임벌린, 에드워드 Chamberlin, Edward Hastings(1899~1967)
미국 경제학자. 근대 경제 이론이 완전경쟁과 완전독점을 상정해 시장과 가격 문제를 분석해 온 것에 반대했으며, 현실 속의 시장은 중간적 독점 경쟁 시장이라 규정하고 광고나 신용 등의 효과를 포함한 경쟁 문제를 분석하는 독점적 경쟁 이론을 주창했다. 슘페터의 부인 엘리자베스가 쓴 『1930~1940년 일본과 만주국의 산업화에 대한 연구: 인구, 원자재 산업을 중심으로』를 독자들이 직접 읽어보길 권했던 사람이었다.

칼도어, 니컬러스 Kaldor, Nicholas(1908~1986)
영국의 경제학자(헝가리 태생). 가장 강력한 직관력을 지녔다고 평가받는 20세기 경제학자 가운데 한 사람이다. 1939년 12월 『이코노믹 저널』에 실린 논문 「화폐임금과 실업과의 관계에 관한 피구 교수의 견해」는 경제학자들을 케인스 이론으로 전향시키는 데 중요한 역할을 했다.

케넌, 조지 Kennan, George Frost(1904~2005)
미국 정치학자·역사학자. 냉전기에 "봉쇄의 아버지"라는 칭호를 부여받으며 널리 알려졌다. 이후 러시아와 서구 세력 간의 관계를 다룬 역사쓰기에 힘을 쏟았다. "더 와이즈 맨"이라고 불린 미국의 외교정책 관련 엘리트 가운데 한 사람이었다.

켈젠, 한스 Kelsen, Hans(1881~1973)
오스트리아 법학자. 법리론, 공법학, 정치 이론, 사상사 등 다양한 학문 분야에서 활약했다. 특히 순수법학의 창시자로 법을 정치적·윤리적·사회적 관심에서 엄격히 분리해 법 규범 그 자체의 실증적 탐구를 강조했으며, 오스트리아 헌법의 초안을 잡았다. 슘페터가 애니 라이징거와 결혼식을 올렸을 때 슘페터의 들러리가 되어줬다.

콘드라티예프, 니콜라이 Kondratiev, Nikolai Dmitrievich(1892~1938)
러시아 경제학자. 콘드라티예프는 자본주의사회에서는 40~60년을 주기로 하는 장기파동이 존재한다고 말함으로써 이후 콘드라티예프파동으로 불리는 논의를 시작했다. 그는 이 장기파동의 침체기에 중요한 발명이나 혁신적인 진보가 이루어짐으로써 다음 사이클이 발생하고, 이로써 자본주의는 새로운 산업과 기술의 혁명을 이룰 수 있다고 생각했다.

쿠르노, 앙투안 Cournot, Antoine Augustin(1801~1877)
프랑스 수학자·철학자·경제학자. 『부 이론의 수학적 원리에 관한 연구』를 통해 수요의 법칙이나 독점 이론의 기초를 이루는 독점가격의 원리를 밝혀냈다. 이 책은 출간 뒤 세간의 주목을 받았고 쿠르노는 근대 수리경제학의 시조로 불리게 되었다. 슘페터는 하버드대 교수 재직시 학생들과 수많은 소규모 토론 집단을 만들었는데 그중 하나가 '쿠르노 그룹'이었다.

쿠즈네츠, 사이먼 Kuznets, Simon Smith(1901~1985)
미국 경제학자(러시아 태생). 국민소득 이론과 국민소득 통계의 권위자다. 경제학에서의 수량적·실증적 분석에 공헌해 1971년 노벨경제학상을 받았다. 슘페터의 『경제 분석의 역사』에 대해 "거대하고 웅장한 책"이라는 평가를 내렸다.

크누센, 윌리엄 Knudsen, William Signius(1879~1948)
미국 기업가(덴마크 태생). 포드와 제너럴 모터스의 고위 간부직을 지내며 자동차산업계를 주도했다. 제2차 대전 기간에는 미국의 물자 생산을 도왔다.

클라크, 존 Clark, John Bates(1847~1938)

미국 경제학자. 한계효용설을 확립했으며 미국 근대 경제학의 창시자로 일컬어진다. 처음에는 목사를 지망해 애머스트대에 진학했으나 도중에 경제학으로 전과해 하이델베르크대와 취리히대에서 역사학·경제학을 공부했다. 이후 컬럼비아대 교수가 되어 경제 이론 연구에 전념했다. 주요 저서로 『경제 이론의 본질』 『부의 분배』 등이 있다.

키친, 조제프 Kitchin, Joseph(1861~1932)

영국 통계학자·경제학자. 직접 고안한 '키친파동'으로 유명해졌다. 이는 영국과 미국의 생산자 물가와 금리, 수표, 채권 발행 규모 등을 조사해 발표한 순환 주기다. 설비보다는 재고량의 증감 관점에서 만들어진 이론으로, 설비투자에 관한 지표만으로 분석된 사이클인 쥐글라파동보다 사이클이 훨씬 짧았다. 키친파동은 주기가 40개월 정도다. 키친이 재고에 주목한 이유는 설비투자는 경기가 불황이고 재고가 쌓이면 중단되고 반대로 호황기엔 늘어나지만, 재고는 경기에 관계없이 새 산업의 탄생이나 새 기술의 발견에 따라 늘어나거나 줄어드는 측면이 있었기 때문이다.

타우시그, 프랭크 Taussig, Frank William(1859~1940)

미국 경제학자. 무역과 관세 분야를 연구해 미국 경제학 발전의 기초를 마련했다. 주저 『경제학 원리』는 케인스의 『일반 이론』이 겨냥했던 고전경제학파의 주장을 요약한 것으로 간주된다. 슘페터를 하버드대로 데려온 주역이자 슘페터와 가장 친한 동료로 지냈다.

토빈, 제임스 Tobin, James(1918~2002)

미국 경제학자. 소비함수에 대한 유동자산 가설, 신고전경제학파 성장 이론의 정식화, 금융론에서의 '예일 어프로치' 등 많은 업적을 남겼다. 1971년 외환 투기를 막고 외환시장을 안정시키기 위해 국제외환거래에 대해 1퍼센트의 세금을 부과하는 방안을 제시하기도 했다. 금융시장의 분석 및 지출 결정, 고용·생산 및 재가격과 금융시장과의 관련 분석에 기여한 공로가 인정되어 1981년 노벨경제학상을 받았다. 슘페터가 하버드대를 떠나기로 결심했다고 알려지자 이를 말리고자 편지를 함께 쓴 제자 가운데 한 사람이었다.

튀넌, 요한 Thünen, Johann Heinrich von(1783~1850)

독일 농업경제학자. 고전경제학파의 영향하에서 농업경제학의 연구를 통해 독자적인 지위를 구축해나갔다. 주저 『고립국』을 통해 차액지대론이나 자연임금론 등 독창적인 이론 전개를 시도했다. 경제학에 수학의 원리를 도입하려고 애쓴 슘페터가 참고했던 학자 가운데 한 사람이었다.

튀센, 아우구스트 Thyssen, August(1842~1926)

독일 기업가. 유럽에서 손꼽는 강철 제조회사 튀센의 대표다. 1926년 튀센사와 다른 7곳의 회사가 합병해 연합강철회사라는 대기업이 태어났다. 이것은 당시 세계 최대의 광산·강철 카르텔이었다. 그러나 제2차 대전 뒤 독점금지법에 의한 카르텔 해제 조치가 취해지자 연합철강회사는 연합고등위원회의 명령으로 해체되었다.

파레토, 빌프레도 Pareto, Vilfredo(1848~1923)

이탈리아 경제학자·사회학자. 모든 사람이 상대방의 불만을 사는 일 없이는 자기만족을 더이상 늘려나갈 수 없다는 사고 방식인 '파레토최적'을 만든 인물이다. 레옹 발라의 뒤를 이어 스위스 로잔대 교수가 된 뒤 로잔학파의 대표적인 한 사람으로 남았으며 발라가 수립한 일반균형 이론을 재구성하기도 했다. 그는 사회학 분야에도 관심을 가졌는데 인간의 행동을 합리적 행동으로 파악했을 뿐 아니라, 불합리한 행동도 중시해 이후 이탈리아 파시즘의 사상적 원류로 이어졌다는 평가를 받았다. 슘페터가 본 대학교에 있을 당시 그의 강연을 즐겨 들었던 사람 가운데 하나였다.

페터, 프랭크 Fetter, Frank Albert(1863~1949)

미국 경제학자. 뵘바베르크, 피저, 미제스, 하이에크와 함께 오스트리아학파의 주역이었다. 앨프리드 마셜과 지대가 자본과 이론적으로 동떨어질 수 있는가라는 문제를 두고 뜨거운 논쟁을 벌이기도 했으며, 가치 이론의 주체적 적용이라는 측면을 깊이 탐구해왔다.

프리슈, 랑나르 Frisch, Ragnar Anton Kittil(1895~1973)

노르웨이 계량경제학자. 20세기 경제학의 가장 큰 줄기인 계량경제학의 선구자로 계량경제학이라는 용어도 그에게서 나왔다. 록펠러재단의 초청으로 미국에 머물던 시절, 어빙 피셔를 설득해 1930년 계량경제학회를 세웠다. 그 뒤 오슬로대에 경제학과를 신설하고 1933년에 학회지 『이코노메트리카』를 창간해 21년간 편집장을 맡으면서 경기순환과 계량경제학을 접목한 논문과 신조어를 쏟아냈다. 1969년 네덜란드 경제학자인 얀 틴베르헌과 함께 1회 노벨 경제학상 수상자로 선정되었다. 슘페터는 하버드대가 그를 교수로 임용해야 한다는 내용의 편지를 보내기도 했다.

플렉스너, 에이브러햄 Flexner, Abraham(1866~1959)

미국 교육가. 1910년에 출간된 플렉스너 보고서는 미국 의료교육 개혁에 큰 영향을 끼쳤다. 프린스턴고등연구소의 설립자이기도 하다. 슘페터가 하버드대에 관료주의적인 분위기에 불만이 쌓여 있을 때 도움을 청했던 사람 가운데 하나였다.

피구, 아서 Pigou, Arthur Cecil(1877~1959)

영국 경제학자. 앨프리드 마셜의 뒤를 이은 신고전경제학파의 대가다. 주저 『후생경제학』을 통해 규범적인 경제학에 큰 관심을 보였으며, 사회의 경제적 후생을 늘리기 위한 생산 및 분배 조건 그리고 이를 실현하기 위한 방책을 추구하는 데 힘썼다. 그는 "임금과 물가가 내리면 사람들이 갖고 있는 화폐적 자산의 실질적 가치가 올라가 소비가 늘어나는 원인이 된다"고 봤는데, 이를 이후 '피구 효과'라 불리게 된다. 케인스와 대립각을 세운 학자이기도 했다.

피셔, 어빙Fisher, Irving(1867~1947)

미국 경제학자. 계량경제학의 창시자 가운데 한 사람으로 1932년 계량경제학회 초대 회장을 역임했다. 경제 분석에 수학적·통계적 수법을 본격적으로 도입해 화폐 이론의 뛰어난 업적으로 평가받는 화폐수량설과 물가 지수론을 확립했으며 근대경제 이론 개척자의 지위를 얻었다. 주저 『가치와 가격 이론의 수학적 연구』는 수리경제학의 고전적 저서로 칭송받고 있다. 슘페터가 육체적·정신적으로 힘들 때 피셔에게 편지를 보내 상담을 받을 정도로 사이가 막역했다.

필드, 마셜Field, Marshall(1834~1906)

미국 기업가·백화점 경영자. 한 상회의 사무원이자 판매원으로 들어와 1861년 총지배인이 되었고 그 뒤 마셜 필드 상회를 설립해 백화점을 경영했다. '마셜 필드 앤드 컴퍼니'는 바로 창업자인 그의 이름을 딴 것으로, 그는 백화점 경영전략상에 당시로서는 혁명적인 여러 판매 방법을 도입해 소비자가 자신의 백화점에서 모든 상품을 구비하게 했다. 아울러 고객이 원하는 서비스를 제공함으로써 완벽한 쇼핑이 이루어질 수 있도록 노력했다.

하벌러, 고트프리트Haberler, Gottfried von(1900~1995)

미국 경제학자(오스트리아 태생). 주저 『국제무역론』을 통해 기회비용 개념을 도입, 비교생산비 이론의 근대화에 기여했다. 국제경제학회 초대 회장, 미국경제학회 회장 등을 지냈다. 슘페터는 하벌러가 하버드대에서 교수직을 얻을 수 있도록 힘을 썼다.

하인즈, 헨리Heinz, Henry John(1844~1919)

미국 기업가. 미국의 주요 식품 기업이자 다국적 기업인 H.J.하인즈의 설립자다. 독일에서 이민온 가정에서 태어나 채소를 키우는 데 흥미를 가졌던 하인즈는 자신이 설립한 회사가 성공함으로써 훗날 '피클의 왕'으로 불렸다.

한센, 앨빈Hansen, Alvin Harvey(1887~1975)

미국 경제학자. 처음에는 경기변동 이론에 관심을 갖고 연구하다가 케인스의 책에 영향을 받고 케인스 이론의 계몽적 전개와 미국 경제에 대한 적용에 힘썼다. 특히 선진자본주의국가에서의 만성적 불황을 설명한 장기정체론을 주창했으며 뉴딜정책의 이론적인 기초를 마련했다. 슘페터의 『경제 발전의 이론』을 읽고 극찬을 보낸 사람 가운데 한 사람이다.

해리스, 시모어Harris, Seymour(1897~1974)

미국 경제학자. 케인스 이론의 가장 뛰어난 전문가 가운데 한 사람이자 에드워드 메이슨과 함께 슘페터를 가장 따른 제자였다. 슘페터가 죽고난 뒤 그를 기리는 의미로 나온 『사회과학자 슘페터』의 출간 작업을 적극적으로 도왔다.

홀란더, 제이컵Hollander, Jacob Harry(1871~1970)
미국 경제학자. 존스홉킨스대 교수를 지냈으며 슘페터가 제1차 대전 당시 부인이었던 글래디스와 연락이 끊겼을 때 연락을 이어주는 역할을 맡았다.

홀콤, 아서Holcombe, Arthur Norman(1884~1977)
미국 역사학자·교육가. 1936년 미국정치학회 회장을 지냈다. 하버드대에 정치철학과 그 외 기초과목을 커리큘럼 안에 집어넣고자 노력한 인물이다. 존 에프 케네디, 헨리 키신저 등 미국 정치계에 중요한 인물이 그의 제자였다.

힉스, 존Hicks, Sir John Richard(1904~1989)
영국 이론경제학자. 주저 『가치와 자본』은 케인스의 『일반 이론』과 함께 현대경제학의 고전으로 꼽힌다. 1964년 기사 작위를 받았으며, 1972년 노벨경제학상을 받았다.

힐, 제임스Hill, James B.(1856~1945)
미국 발명가. 벅아이도랑굴착기Buckeye Traction Ditcher를 만들어 경작시 배수용 타일을 빨리 배치시킬 수 있게 했으며, 젖은 땅에서도 잘 움직일 수 있는 "에이프런 트랙션"이라는 타이어를 발명하기도 했다. 특히 이 타이어는 현대적 탱크에 쓰이는 타이어 모델의 전조가 되었다.

힐데브란트, 브루노Hildebrand, Bruno(1812~1878)
독일 경제학자. 초기 독일 역사학파의 대표자로, 주저 『현재 및 미래의 국민경제학』을 통해 독일 및 독일에 영향을 끼친 경제사상의 역사적 회고와 사회주의 비판을 시도했으며, 고전경제학파에 반대하는 입장을 선보였다. 이런 관점을 통해 그는 국민경제학에 역사적 방법을 도입하고 통계적 파악을 시도하고자 했다. 특히 논문 「자연·화폐·신용경제」에서는 경제 발전 단계에 대해 유통수단의 변천을 바탕으로 한 자연경제·화폐경제·신용경제의 발전 단계를 주장해 경제 이론을 구체화했다. 슘페터가 그라츠대 정치경제학과 교수로 부임하려는 과정에서 슘페터의 연구를 비판해 갈등을 초래했다.

힐퍼딩, 루돌프Hilferding, Rudolf(1877~1941)
독일 의사·정치가·경제학자(오스트리아 태생). 제1차 대전 뒤, 독일사회민주당에 입당해 이론적 지도자가 되었고 1932년 이후엔 두 차례에 걸쳐 재무부장관을 지냈다. 주저인 『금융자본론』을 통해 독점자본주의 단계의 경제를 산업자본과 은행자본이 결합된 금융자본의 운동이라는 측면에서 해명했으며, 이 책은 마르크스경제학의 발전에 크게 기여한 저술 가운데 하나로 평가받고 있다.

감사의 말

이 책을 쓰는 데 가장 많은 신세를 진 사람은 수전 매크로다. 그녀에게 이 책을 바친다. 그녀가 법률 실무를 보던 시절에 갈고닦은 통찰력과 편집 기술은 모든 쪽에 담겨 있다. 그녀의 미술가적인 안목도 책 속 삽화를 고르는 데 발휘되었다. 여기에 드러나 있지는 않지만 그녀는 여러 해 동안 우리 가족을 꾸준히 보살폈다. 내 연구를 지속적으로 도와준 일은 말할 것도 없고, 때로는 자신을 기꺼이 희생했다. 괴테는 언젠가 "결혼한 두 사람이 서로에게 진 빚은 계산할 수 없으며 영원히 갚을 수 없다"고 쓴 적이 있다. 내게 이 말은 조금도 지나치지 않다.

책을 쓰면서 나는 여러 친구와 동료 학자들에게 혁신과 자본주의에 관한 지식을 얻을 엄청난 기회를 맞이했다. 내 전공 분야인 역사학은 물론이거니와 다른 대여섯 분야에서도 마찬가지였다. 그러나 친구와 학자들의 이름을 언급하기 전에, 나는 내 제자들에게 많이 배웠음을 밝힌다. 이는 큰 행운이었다. 내가 가르친 학교에서 제자들의 평균 연령은 스물일곱 살이었고, 그들은 전 세계 곳곳에 거의 모든 종류의 산업에서 일하거나 공직에 있었다. 박사 과정 세미나를 제외하고 나의 전형적인 강좌에는 95명의 학생이 참여했고, 그들은 부유한 나라에서부터 매우 가난한 나라까지 포함한 26개국에서 왔다. 일부 학생은 풍족한 가정에서 태어났지만 대부분은 그렇지 못했다. 자본주의의 역사와 본질에 관한 그들의 토론은 활발하고 열기를 띠었으며 때로는 분노로도 이어졌다. 이런 식의 이야기들을 (매일 그리고 매년) 자세히 듣는다면, 아주 둔한 교사가 아니고서는 이를 통해 가르침을 '받지' 않을 수 없을 것이다. 로마 격언에도 있듯이, "가르치는 자가 배운다Qui docet discet".

이 경험은 유쾌했고, 수업에 깊이가 더해졌다. 오래전 소련이 무너질 때 나는 어떤 수업에서 학생들에게 자본주의에 대한 정의를 내려보도록 한 일이 있었다. 잠시 두서없는 토론이 이어진 뒤 한 러시아 출신 학생이 "그것은 당신이 번 돈을 지키는 제도다"라고 말했다. 이 짧은 문장에서 이 학생은 성공한 자본주의사회의 요점 두 가지를 밝혀냈다. 사유재산과 법의 지배다. 그 뒤 (그 러시아 학생의 나라를 포함해) 수십 개국이 자본주의를 정착시키려 노력하면서 (성공 여부는 제각기 달랐지만) 그의 말은 어느 때보다 진실된 것으로 받아들여졌다.

내가 과제물로 내준 독본 가운데 학생들은 조지프 슘페터의 저작을 가장 중요하게 생각했다. 이는 내가 책을 쓴 동기 가운데 하나였다. 슘페터의 자본주의 분석(각자의 나라 또는 다른 나라에서의 편익과 비용, 창조 효과와 파괴 효과)에 대한 학생들의 반응은 "그래, 이것이 바로 자본주의가 '저기에' 존재하는 방식이야"로 모아졌다. 슘페터에 관한 글을 쓰기 시작하면서 나는 많은 사람이 그가 듣기 좋아했던 같은 이야기를 했음을 알게 되었다.

오늘날 슘페터의 생애와 업적을 공부하는 모든 사람은 이전 학자들의 연구에 크게 힘입고 있다. 이 선구자의 수는 수백 명에 이르고, 내가 주석에서 그들을 언급한 것 자체가 그들에게 큰 신세를 졌음을 인정하는 일이다. 그러나 나는 일단 리샤르드 스베드베리, 울리히 헤트케, 로버트 앨런, 볼프강 슈톨퍼, 크리스티안 자이들 등 5명의 필자를 더 설명하려고 한다.

스베드베리 교수는 슘페터의 연구에 대해 더 많은 대중이 관심을 갖도록 어느 누구보다도 많은 일을 한 뛰어난 사회학자다. 그는 슘페터에 관해 훌륭한 약전略傳을 썼는데, 특히 슘페터의 사회경제학에 대한 기여를 강조했다. 그는 또한 슘페터의 논문집을 편집했고, 헤트케와 함께 귀중한 슘페터 서한집을 공동 편집했다. 헤트케 교수는 베를린에서 한 웹사이트(www.Schumpeter.info)를 운영하고 있다. 이는 슘페터의 저작을 깊이 연구하는 모든 사람에게 꼭 필요한 사이트다. 세상을 떠난 앨런은 또 다른 좋은 전기를 썼다. 기록이 종종 들쑥날쑥하지만 슘페터가 언제 무슨 일을 했는지를 확인하고, 이제는 더 이상 살아 있지 않은 사람들과의 인터뷰를 참조하는 데 매우 유용하다. 역시 세상을 떠난 슈톨퍼도 전기를 썼는데 슘페터의 공직생활에 초점을 맞췄다. 이 책역시 중요한데 슈톨퍼 교수는 슘페터의 생애와 저작에 관해 날카로운 해석을 선보인 자이들 교수와 함께 슘페터가 미국에 오기 이전 기간의 방대한 저작들을 찾아내 선별하고 세 권으로 공동 편집했다.

슘페터를 연구하는 내 동료들과 많은 경제학자(적어도 20명에 이르는 나의 박사 과정 세미나 학생들을 포함해)는 내가 전문적인 실수를 범하지 않고, 그들의 학문 분야에서 슘페터가 차지하는 독특한 위치를 이해할 수 있게 도와줬다. 이들의 이름을 모두 적을 수는 없지만, 특히 하버드대의 마이크 셔러와 조지 메이슨대의 잭 하이에게 감사를 드린다. 두 분은 모두 매우 날카로운 시선을 지닌 중진 경제학자로, 원고를 다 읽고 많이 고쳐줬다. 마이크는 초고를 마쳤을 때 그리고 잭은 한 장 한 장이 끝날 때마다 오랫동안 편지를 나누면서 검토해줬다. 정치학자 가운데서는 로위 아브델랄이 가장 많은 도움을 줬다. 그 또한 원고를 다 읽고(이 방대한 양을 두 차례 이상이나) 여러 유용한 조언을 해줬다.

재능이 남다른 젊은 역사학자 세 분은 오스트리아-헝가리 제국과 양차 대전 사이의 독일 그리고 중부 유럽에 대한 나의 이해를 높여줬다. 앨리슨 프랭크는 이중 제국[1867~1918년의 오스트리아-헝가리 제국을 불렀던 용어*]과 특히 빈에 관한 방대한 자료로 나를 이끌어줬다. 그녀는 또한 책의 1부와 2부에 해당하는 초고를 편집해줬고, 몇 가지 까다로운 번역을 도와줬다. 벤야민 헤트는 이 프로젝트의 초기 단계에서 많은 시간을 들여 효과적인 작업을 해줬다. 일급 역사학자이자 노련한 법률가이기도 한 그는 슘페터의 초기 연구와 '슘페터 문서'에서 중요한 자료들을 찾아냈다. 그는 내가 이 책의 당초 계획을 자세히 따져보는 데도 도움을 줬다. 그리고 젊은 역사학자 제프리 피어는 원고 전체를 읽고 독일 경영사에 대한 그의 해박한 지식을 내게 줬다. 이 책을 쓰기 전과 쓰는 동안에 나는 혁신과 산업 조직 그리고 독일식 자본주의의 본질에 관해서 그와 많은 이야기를 나눴다.

경영사라는 하위 학문 분과를 연구하는 다른 대부분의 사람과 마찬가지로 나 역시 다른 어느 학자보다도 앨프리드 챈들러 2세에게 많은 것을 배웠다. 그는 30년 이상 나의 길잡이이자 가까운 친구였으며, 개인적으로나 직업적으로나 그에게 신세를 많이 졌다. 이는 오랫동안 나와 함께 하버드대에서 경영사를 연구해온 다른 세 동료도 마찬가지다. 리처드 테들로와는 지난 6년 동안 이 책에 관해 수많은 대화를 나눴다. 리처드 비에토는 총 4장에 달하는 초고에 유익한 비판을 해줬고, 전 학장 존 맥아서의 영감 넘치는 지도 아래 기업과 정부를 연구하는 학제 그룹을 만드는 일에 나와 함께 15년째 참여하고 있다. 그리고 월터 프리드먼은 내가 『비즈니스 히스토리 리뷰』를 편집할 때 부편집자·공동편집자였고, 아직까지 공동편집자로 일하고 있다. 그는 이 책 원고를 고치는 데 매우 진지한 조언을 건넸다. 그는 자주 자신의 글쓰는 시간을 쪼개어 책 편집을 도와주었고, 구석에 파묻힌 자료들을 찾아줬다.

우리 경영학부 동료 가운데서는 하워드 스티븐슨에게 가장 많은 신세를 졌다. 그는 학부를 만들고 지도했으며, 초고에 대해 조언해줬다. 빌 살먼은 슘페터가 신용창조라고 불렀던 기업 금융 연구의 선구자다. 톰 니컬러스는 젊은 경제사학자로 3장을 꼼꼼하게 편집해줬다. 테레사 아마빌레는 창의성 연구의 대가로, 학부장으로서 학부를 세심하게 보살피고 있다. 나와 친한 사이인 제프리 존스는 경영사 교수로 국제경영사의 권위자 가운데 한 사람이다.

나는 이 책 각 부분의 초고를 논설·평론·논문으로 발표할 기회를 얻게 된 것에 감사드린다. 하버드대 경영사 세미나, 몇 차례의 연례 경영사 학술회의, 역사학회, 뉴욕대의 오스트리아 경제학 세미나, 『아메리칸 스콜라The American Scholar』, 경제사학회 20세기 최고의 책 기념전(www.eh.net.project2000), 『스턴 비즈니스Stern Business』『비즈니스 히스토리 리뷰』, 스턴 경영대학원의 버클리기업연구센터(내가 그곳의 첫 번째 기업가정신 석좌 교수였다) 등이다.

연구와 번역을 도와준 데 대해 나는 우선 홀거 프랑크에게 고마움을 표한다. 그는 2년 이상 하버드대의 슘페터 문서에 들어 있는 까다로운 자료더미와 씨름했다. 그는 슘페터가 소년 시절과 교수로서 살았던 그라츠 지역의 토박이였는데, 연구조사단을 조직해 우리를 슘페터가 살고 가르쳤던 유럽의 여러 지역으로 데려가줬다. 그 지역은 체코 공화국의 슘페터 탄생지부터 그라츠와 빈, 본 그리고 슘페터가 거쳐간 여러 곳이었다. 연구와 번역 또는 두 분야 모두에서 꼭 필요한 도움을 준 그 밖의 사람들로는 케빈 버크, 러스틴 게이츠, 크리스토퍼 홀, 히키노 타카시曵野孝, 수재너 킴, 필 미드, 플로리안 밀러, 데이비드 니클스, 펠리스 휘텀 등이 있다.

짐 보먼, 빌 차일즈, 폴 글래드, 후버트 맥알렉산더, 딕 월턴 등 5명의 가깝고도 오랜 친구는 초고의 각 장을 읽고 날카로운 조언을 해주는 등 이 책을 만드는 여러 단계에서 많이 도와줬다. 내가 만났던 편집자·발행자 가운데 가장 현명한 두 사람인 조지 깁슨과 마이클 아론슨도 역시 소중한 조언을 해줬다.

이 책을 만드는 여러 단계에서 내가 가장 운이 좋았던 부분은 편집이었다. 이미 언급한 여러 친구와 동료들 외에도 진정한 영어의 달인 제프 스트라본과 수전 뵈머가 꼼꼼하게 초고를 읽고 많은 부분을 고치도록 일러줬다. 수전은 또한 원고 입고에서부터 출판까지 이 책의 제작 과정을 보살폈으며, 커다란 사진에서 미세한 부분에 이르기까지 정확하고 훌륭하게 판단했다.

필사본 모음을 바탕으로 하는 다른 모든 책과 마찬가지로 이 책도 도서관 사서와 기록물 관리자들이 없었으면 쓰지 못했을 것이다. 나는 특히 하버드대 푸지 도서관의 로빈 매컬러니, 래드클리프대연구소 슐레진저 도서관의 엘렌 셰어, 존스홉킨스대 밀턴 아이젠하워 도서관의 마거릿 부리, 바젤 대학도서관의 도미니크 헝거, 후버연구소 기록실의 캐롤 리드넘, 코블렌츠 독일연방 문서보관소의 마누엘라 베크 그리고 빈에 위치한 오스트리아 국립도서관 사진부 직원들에게 감사드린다. 나는 또한 이들 각 기관이 소장 자료들을 인용하고 복제하도록 허락해준 것에도 감사드린다. 하버드대 경영대학원 연구국은 오랜 연구와 저술 기간에 어김없이 넉넉한 지원을 해줬다.

이 책에 아직도 오류와 부적절한 표현들이 남아 있을 것이다. 모든 책임은 물론 나에게 있다.

| 용어 |

혁신의 예언자

1판 1쇄	2012년 11월 5일
1판 2쇄	2012년 11월 16일

지은이	토머스 매크로
옮긴이	김형근 전석헌
펴낸이	강성민
편집	이은혜 박민수 김신식
독자모니터링	황치영
마케팅	최현수
온라인 마케팅	김희숙 김상만 이원주

펴낸곳	(주)글항아리	출판등록 2009년 1월 19일 제406-2009-000002호
주소	413-756 경기도 파주시 문발동 파주출판도시 513-8
전자우편	bookpot@hanmail.net
전화번호	031-955-8891(마케팅) 031-955-2670(편집부)
팩스	031-955-2557

ISBN	978-89-6735-026-0　03900

글항아리는 (주)문학동네의 계열사입니다.

이 도서의 국립중앙도서관 출판시도서목록(CIP)은 e-CIP홈페이지(http://www.nl.go.kr/ ecip)와
국가자료공동목록시스템(http://www.nl.go.kr/kolisnet)에서
이용하실 수 있습니다.(CIP제어번호: CIP2012004845)